KB148298

헤겔

Hegel

by Charles Taylor

Copyright © 1975 by Cambridge University Press 1975
Korean translation copyright © 2014 by Greenbee Publishing Co.
This Korean edition published by arrangement with the Syndicate of the Press of the University of
Cambridge through Shinwon Agency Co.

헤겔

초판1쇄 펴냄 2014년 4월 10일
초판4쇄 펴냄 2022년 10월 21일

지은이 찰스 테일러
옮긴이 정대성
펴낸이 유재건
펴낸곳 (주)그린비출판사
주소 서울시 마포구 와우산로 180, 4층
대표전화 02-702-2717 | **팩스** 02-703-0272
홈페이지 www.greenbee.co.kr
원고투고 및 문의 editor@greenbee.co.kr

편집 신효섭, 구세주, 송예진 | **디자인** 권희원, 이은솔
마케팅 육소연 | **물류유통** 유재영, 유연식 | **경영관리** 유수진

이 책의 한국어판 저작권은 신원 에이전시를 통한 저작권자와의 독점계약으로 (주)그린비출판사에 있습니다.
저작권법에 의하여 한국 내에서 보호를 받는 저작물이므로 무단전재와 무단복제를 금합니다.
책값은 뒤표지에 있습니다. 잘못 만들어진 책은 구입처에서 바꿔 드립니다.
ISBN 978-89-7682-415-8 93160

學問思辨行: 배우고 묻고 생각하고 판단하고 행동하고
독자의 학문사변행을 돕는 든든한 가이드 _그린비 출판그룹

그린비 철학, 예술, 고전, 인문교양 브랜드
엑스북스 책읽기, 글쓰기에 대한 거의 모든 것
곰세마리 책으로 크는 아이들, 온 가족이 함께 읽는 책

헤겔

찰스 테일러 지음 | 정대성 옮김

프리즘총서 012

그린비

집필하기 시작할 때 들어와서
결코 끝날 것 같지 않다고 생각했던
캐런에게

서문

이 작품은 지금까지 헤겔을 해명하고자 한 시도들과는 다르다. 나는 이 서문에서 나의 시도를 정당화하려는 노력을 기울이는 것이 불필요하지는 않은지, 그런 노력이 오히려 문제를 더 복잡하게 하지는 않을지 염려가 되기는 한다. 하지만 헤겔을 해명하는 지금까지의 모든 시도가 부딪혔던 문제들을 살펴볼 필요가 있다고 생각한다.

그 시도들은 대개 서로 다른 두 가지 방식으로 이뤄지는데, 그 중 하나만을 택해서 헤겔을 해명할 경우 문제가 있을 수밖에 없다. 하나는 아주 명쾌하고 합리적으로 헤겔을 해명하기는 하지만, 그 대가로 헤겔을 왜곡하고 어려운 부분들을 삭제하는 것이다. 다른 하나는 이해하기 어렵더라도 헤겔에 아주 충실하게 서술하는 것이다. 이 경우 독자들은 이 해설을 이해하기 위해 결국 다시 헤겔의 텍스트로 돌아가야 할 것이다.

독자들은 나의 시도가 이 두 난관 중 하나를, 혹은 둘 다를 피했는지 스스로 판단해야 할 것이다. 하지만 내가 어떤 노력을 기울였는지는 설명하고 싶다. 이 책의 1부는 헤겔의 용어에 의존하지 않고 헤겔 사상의 중심 노선을 설명하고자 하는 시도이다. 나는 이것이 위험한 일임을 인정한다. 그러나 나는 그의 철학의 윤곽을 그의 세대의 주된 열망과 관계시킴으로써 헤겔의 의도에 충실하게 머물고 싶다. 왜냐하면 헤겔의 철학적 비전은 그만의 고유한 방식으로 그 세대의 문제에 대응한 것이었기 때문이다.

1장은 따라서 1790년대 젊은 낭만주의자 세대의 열망을 서술하는 데 바쳐진다. 이 시기부터 헤겔은 도약하여 그들과 대립하는 가운데 자신을 정립시켜 간다. 헤겔의 발전을 다룬 짧은 장을 서술한 이후에 나는 3장에서 그의 중심 아이디어들의 윤곽을 드러내고자 했다.

이 책의 나머지 부분에서 나는 1부에서 제시한 이런 대략의 스케치를 채워 나갔는데, 그의 작품의 주된 부분들을 해명하는 방식을 사용했다. 2부는 『정신현상학』을 해명하는 데 바쳤다. 3부에서 나는 『논리학』을 해명하고자 했다. 이 부분은 가장 길고 어려운데, 헤겔의 상세한 논의에 관심이 없는 사람들에게는 가장 보상이 적은 부분일 것이다. 헤겔 사유의 일반적 방향에 관심을 가진 독자, 혹은 특히 헤겔의 정치철학이나 역사철학, 근대 문명에 대한 그의 견해에 관심이 있는 사람은 이 부분을 건너뛰어도 될 것이다. 그러나 헤겔의 철학이 헤겔 자신의 관점에서 어떻게 정당화되었는지 이해하고 싶은 사람, 그리고 그의 철학과 그 정당화가 헤겔에게서 어떻게 서로 분리될 수 없는지를 이해하고 싶은 사람에게 『논리학』은 불가피하게 필요한 부분이다.

4부는 헤겔의 역사철학·정치철학을 해명하고 있으며, 근대 사회의 딜레마에 대한 헤겔의 통찰을 다루고 있다. 5부에서 나는 헤겔의 예술철학과 종교철학, 그리고 그의 철학사에 대해 간단히 살펴본다. 그리고 결론 장으로 이어진다. 우리의 문명에서는 해석들을 둘러싼 끊임없는 갈등이 있는데, 결론 장에서는 왜 헤겔 철학이 이런 반복적 갈등의 본질적인 한 부분인지를 살펴볼 것이다.

나는 우선 아이자이어 벌린(Isaiah Berlin)과 스튜어트 햄프셔(Stuart Hampshire), 그리고 A. J. 에이어(A. J. Ayer)에게 감사드린다. 이들은 내가 기억하고 회상할 수 있는 것 이상으로 수년 전 이 기획에 착수하도록 고무하였다. 그리고 아이자이어 벌린에게 대단히 감사드리는데, 그는 수고를 읽고 많은 조언을 해주었다. 그는 헤겔이 활동하던 시기 독일의 사유와 감성의 전체 국면에 대해 광대한 지식과 이해를 가지고 있다.

나는 또한 버나드 윌리엄스(Bernard Williams)에게도 감사드린다. 그는 아주 가치 있는 제안들을 해주었고, 그래서 내가 충분하게 설명하지 못한 부분들을 수정할 수 있었다. 그리고 헤르만 뵈셴슈타인(Hermann Boeschenstein), 해럴드 사프(Harold Sarf), 제프리 챔버스(Geoffrey Chambers) 등 이들 교수들에게도 감사드린다. 이들은 수고의 많은 부분에 대해 조언해 주었다.

차례

약어표

약어	원제목	비고
SW	*Sämtlich Werke*, Jubiläumsausgabe, Hrsg. Hermann Glockner, in XX Bänden, Stuttgart, 1927~1930.	
Nohl	H. Nohl(Hrsg.) *Hegels theologische Jugendschriften*, Tübingen, 1907.	출판되지 않은 1790년대 수고들 모음집.
Knox	T. M. Knox(ed.) *Early Theological Writings*, Chigago, 1948.	놀(H. Nohl)이 편집한 수고 모음집 일부의 영어판.
Differenz	*Differenz des Fichteschen und Schellingschen Systems der philosophie*, Hrsg. G. Lasson, Leipzig, 1928.	1801년 7월 출판된 헤겔의 첫 철학 저작.
SdS	*System der Sittlichkeit*, in G. Lasson(Hrsg.), *Schriften zur politik und Rechtsphilosophie*, Leipzig, 1923.	출판되지 않은 예나 시기의 작품.
Realphilo, II	*Jenenser Realphilosophie*, Hrsg. J. Hoffmeister, Hamburg, 1967.	1805~1806년 예나 시기 헤겔의 강의록. 1930년대에 호프마이스터(J. Hoffmeister)가 처음으로 출판함.
PhG	*Phänomenologie des Geistes*, Hrsg. G. Lasson & J. Hoffmeister, Hamburg, 1952.	예나 시기 말인 1807년 헤겔이 출판함.
WL	*Wissenschaft der Logik*, G. Lasson edition, Hamburg, 1963.	뉘른베르크 시기인 1812~1816년 헤겔이 출판한 『논리학』. 일반적으로 『대논리학』으로 알려져 있음.
EL	*System der Philosophie*, erster Teil. Die Logik, *SW* VIII.	1817년 『엔치클로페디』라는 이름으로 출판된 책 중 1부의 『논리학』을 지칭함. 『엔치클로페디』는 1827년에 2판, 1830년에 3판이 출판됨. 이 책에서는 3판을 사용하며, 『소논리학』으로 표기함.

EN	*System der Philosophie*, zweiter Teil. Die Naturphilosophie, *SW* IX.	『엔치클로페디』의 2부인 『자연철학』.
EG	*System der Philosophie*, dritter Teil. Die Philosophie des Geistes, *SW* x.	『엔치클로페디』의 3부인 『정신철학』.
PR	*Grundlinien der Philosophie des Rechts*, Hrsg. J. Hoffmeister, Hamburg, 1955; *Hegel's Philosophy of Right*, trans. T. M. Knox, Oxford, 1942.	1821년 처음 출판된 『법철학』. 인용하거나 언급할 때는 원문에 따라 절 번호(§)를 사용함.
VG	*Die Vernunft in der Geschichte*, Hrsg. J. Hoffmeister, Hamburg, 1955.	『역사철학 강의』의 서론 부분. 여러 번의 강의 노트들을 그의 사후 수집해 놓은 것.
GW	*Die germanische Welt*, Hrsg. G. Lasson, Leipzig, 1920.	『역사철학 강의』의 결론 부분. *VG*와 같은 방식으로 강의 노트들을 수집해 놓은 것.
I & I	*Die Idee und das Ideal*, Hrsg. G. Lasson, Leipzig, 1931.	『미학 강의』의 첫번째 부분. *VG*와 마찬가지로 강의 노트들을 그의 사후 수집해 놓은 것.
BRel	*Begriff der Religion*, Hrsg. G. Lasson, Leipzig, 1925.	『종교철학 강의』의 첫번째 부분. 강의 노트들을 그의 사후 수집해 놓은 것.
NatRel	*Die Naturreligion*, Hrsg. G. Lasson, Leipzig, 1927.	『종교철학 강의』의 두번째 부분. 강의 노트들을 그의 사후 수집해 놓은 것.
RelGI	*Die Religionen der geistigen Individualität*, Hrsg. G. Lasson, Leipzig, 1927.	『종교철학 강의』의 세번째 부분. 강의 노트들을 그의 사후 수집해 놓은 것.
AbsRel	*Die absolute Religion*, Hrsg. G. Lasson, Leipzig, 1929.	『종교철학 강의』의 네번째 부분. 강의 노트들을 그의 사후 수집해 놓은 것.
GPhil	*Geschichte der Philosophie*, Hrsg. J. Hoffmeister, Leipzig, 1940.	『철학사 강의』의 서론 부분. 강의 노트들을 그의 사후 수집해 놓은 것.

| 일러두기 |

1 이 책은 Charles Taylor, *Hegel*(Cambridge University Press, 1975)을 옮긴 것이다.

2 본문의 주석은 모두 각주로 표시했으며, 옮긴이 주는 '―옮긴이'라고 표시했다. 본문 내용 중 옮긴이가 추가한 내용은 대괄호([ ])로 묶어 표시했으며, 인용문에서 지은이가 추가한 내용은 해당 부분 끝에 '―테일러'라고 표시해 옮긴이 첨언과 구분해 주었다.

3 각주에서 헤겔의 문헌은 10~11쪽에 나와 있는 약어로 표기하고 그 옆에 쪽수를 넣었다.

4 원서에서 이탤릭체로 강조한 표현들은 볼드체로 표시했다.

5 단행본·정기간행물 등에는 겹낫표(『 』)를, 논문 등에는 낫표(「 」)를 사용했다.

6 외국 인명·지명은 2002년에 국립국어원에서 펴낸 '외래어 표기법'에 따라 표기했다.

1부 | **사변 이성의 요청**

1장

새 시대의 목표

헤겔은 1770년에 태어났다. 이때는 독일의 문화가 질풍노도(Sturm und Drang)의 시기로 알려진 급진적 변혁의 시대로 접어든 시기이며, 세기의 전환기에 독일의 사유와 문학을 변혁하고자 한 세대가 태어나던 때이다. 헤겔은 느슨하게나마 소위 '낭만주의'(Romantik)라 일컬어지는 이 세대에 속해 있다. 사실 그러한 분류를 하는 것은 잘못이다. 스스로를 낭만주의자로 간주하든 그렇지 않든 간에 이 세대의 사상가들과 예술가들은 특정한 생각에 붙잡혀 있었다. 이 생각은 헤겔과 같은 낭만주의에 대한 날카로운 비평가들도 공유했다. 헤겔을 붙잡고 있었던 근본 문제와 열망을 목도하기 전에는 그가 어떤 입장을 취했는지 우리는 이해할 수 없다. 이러한 근본 문제와 열망은 그 시대의 문제이기도 했다.

물론 당시는 혁명의 시대였다. 혁명이란 우리에게 하나의 진부한 문구가 되어 버렸다. 왜냐하면 세계에서의 혁명은 우리 경험의 하나의 항구적 요소가 되어 있기 때문이다. 그러나 1790년대의 프랑스혁명은 파리를 넘어 유럽 전체에 영향을 미칠 만큼이나 충격적이었다. 그 영향은 이중적 특성으로 인해 훨씬 더 강력한 힘을 발휘했다. 독일의 젊은 지성인들은 당혹스런 공포와 동시에 열광을 드러냈다. 헤겔과 당대 지식인들의 많은 작품은 고통스럽고 소용돌이치는, 그리고 갈등을 내재한 프랑스혁명의 도덕적 경험을 정당화하고자 하는 욕구로 볼 때 잘 이해될 수 있다. 그러나 우리는 또한 이러한 세기적 사건을 울려 퍼지게 한 매개체, 독일의 젊은 신흥 교양 세대를 주조하고 발전시킨 사유와 감정의 분위기도 이해해야 한다.

아마도 이런 지적 분위기를 가장 잘 묘사하는 방식, 혹은 헤겔을 이해하기 위해 필요한 요소들을 가장 경제적으로 묘사하는 방식은 당대 사상가들이 해결책을 제시하고자 꾸준히 노력했던 당시의 중심 문제를 개관하는 일일 것이다. 그 문제는 인간 주체의 본성 문제, 인간 주체가 세계와 맺는 관계와 관련이 있다. 그것은 외견상 불가피해 보이는 인간에 대한 두 이미지를 통합하는 문제였다. 이 두 이미지는 어떤 수준에서는 서로 유사성을 가진 것처럼 보이지만, 실제로는 결코 화해할 수 없는 것으로 등장했다.

1

이 두 견해는 17세기와 18세기에 영국과 프랑스에서 발전했던 급진적 계몽 사상의 주류에 대한 반작용으로 나타났으며, 따라서 부분적으로 그런 계몽 사상의 발전이라 할 수 있다. 여기서 급진적 계몽 운동이란 부분적으로는 17세기의 과학혁명에 영감을 주었고 또 부분적으로는 그 혁명의 수혜자인 인식론적 혁명과 더불어 시작된 사유의 노선을 의미한다. 급진적 계몽 사상은 베이컨, 홉스, 데카르트, 로크 등의 다양한 사상가들이 발전시켰다. 그리고 갈릴레이와 뉴턴의 과학에서 영향을 받은 이 사유 노선은 인식 이론에서뿐 아니라 인간과 사회에 대한 이론에서도 18세기에 강력하게 유지되었다. 이 사유 노선을 좀더 급진적으로 주장한 사람들은 인간과 사회를 설명하는 데서 철저한 원자론과 기계론으로 발전해 갔으며, 때때로 유물론으로 나아갔다. 그리고 이 노선은 윤리학에서 급진적 공리주의로 나아갔다. 엘베시우스, 돌바크, 흄, 벤담 등은 이 넓은 사유 노선 위에서 나타난 상이한 조류를 대표하는 사람들이다.

이런 사상들의 운동을 독해하는 다양한 방법이 있다. 가장 일반적인 방법은 방금 언급한 것이다. 즉 우리는 이 운동이 일차적으로 인간학적 결과로 이어지는 인식론적 혁명이라고 생각할 수 있다. 그러나 만약 우리가 처음부터 이 사유 운동의 근저에 놓여 있던 주체 개념에 집중한다면 우리 목적에 더 부합하는 결과를 가져올 수 있을 것이다.

17세기의 근대인들은 인식론적 혁신자들로서 아리스토텔레스적 과학에 대한 조롱과 비판, 그리고 이 과학과 복잡하게 얽힌 중세와 초기 르네상스 사유의 우주론에 대한 조롱과 비판에 방향을 맞추었다. 목적인(final cause)[1]에 기초한 세계상, 그리고 우주를 질적으로 상이한 수준의 의미 있는 질서(meaningful order)로 보는 상은 처음에 (브루노, 케플러, 그리고 부분적으로 갈릴레이 등에서처럼) 수학적 질서라는 플라톤적-피타고라스적 상으로 대체되며, 마지막으로는 결국 경험적 관찰에 의해 확인될 수 있는, 궁극적으로 우연적 상호관계로 맺어진 세계라는 상을 제시하는 '근대적

---

1) 아리스토텔레스는 사물의 운동을 설명하기 위해 4원인설을 제기했다. 목적인, 형상인, 질료인, 작용인이 그것이다. 질료인은 사물의 재료가 무엇인지를, 형상인은 사물의 형태가 어떠한지를 묻고, 작용인은 사물들의 외적 인과관계를 묻는다. 목적인은 사물의 궁극적 목적이 무엇인지를 묻는데, 그 목적의 성취 정도에 따라 사물의 현 상태를 평가할 수 있다. 아리스토텔레스는 사물의 운동과 상태를 설명하는 데 이 네 원인이 모두 고려되어야 한다고 하며 특히 목적인은 사물의 가치를 판단하는 가장 중요한 원인이라 말한다. 목적은 (주관적) 가치와 연관되어 있고, 따라서 목적인에 기초한 세계관은 상이한 가치를 지니는 의미 있는 질서의 세계를 만들어 낸다. 하지만 근대 과학은 관찰될 수 없는 그런 가치를 과학의 영역에서 배제하고자 했으며 작용인에 기초한 새로운 세계상을 만들어 냈다.—옮긴이

세계관'으로 대체된다. 근대적 관점에서 볼 때 그 이전의 세계상들은 이해할 수는 있지만 개탄할만한 인간의 유약함을 폭로하고 있으며, 발견하고 싶은 형식들, 완전하고 평안하다고 느끼는 형식들을 사물들에 아무렇게나 투사하는 방종을 범한다. 과학적 진리와 발견을 위해서는 베이컨이 "인간 정신의 우상"이라고 부른 것에 맞선 단호하고 용기 있는 투쟁이 필요했다.

우리는 모두 이런 이야기를 충분히 잘 알고 있는 '근대인'이다. 우리는 갈릴레이가 목성의 위성들을 발견한 것에 대해 17세기 초에 행해진 다음과 같은 '반박'을 읽게 되면 겸손과 당혹감이 혼합된 감정을 갖게 된다.

> 동물에게는 머리 부분에 일곱 개의 창(窓)이 있다. 이를 통해 공기는 육체의 성막에 입장할 수 있고, 육체를 밝게 하고 따뜻하게 하며 양육한다. 이 **소우주**에서 이러한 창조는 어떻게 나타나는가? 두 개의 콧구멍, 두 눈, 두 귀, 그리고 하나의 입으로 나타난다. **대우주**인 하늘에서도 이와 같다. 잘 알려진 두 별, 불길한 두 별, 두 발광체, 그리고 수성이 그것이다. 이로부터, 그리고 자연 안에 있는 이와 유사한 것들, 예컨대 열거할 필요까지는 없는 일곱 금속 등으로부터 우리는 행성의 수가 필연적으로 일곱 개라는 사실을 알게 된다.[2]

'의인적' 가설로서의 이런 추론의 밑바닥에는 의미 있는 질서라는 상이 놓여 있다. 그것은 의미 있는 질서라고 불릴 수 있는데, 왜냐하면 이러한 생각은 피조 세계의 서로 다른 요소들이 특정한 이념들의 질서를 표현

---

2) Francis Bacon, *Francis Bacon: A Selection of His Works*, ed. Sidney Warhaft, Toronto: Odyssey Press, 1965, p. 17에서 재인용.

하거나 구현하고 있다는 것을 의미하기 때문이다. 이것이 머리, 행성, 금속 그리고 "열거할 필요까지는 없는" 다른 현상들 등의 구멍이 서로 관련을 맺을 수 있는 이유이다. 이 모든 것은 상이한 매체에 반영된 동일한 이념을 체현하고 있다. 이는 '그것은 뜨겁다'(It's hot)와 프랑스어 표현 'Il fait chaud'가 동일한 진술을 다른 언어로 표현한 것과 같다. 이런 일치성 때문에 우리는 하나의 본성을 다른 것의 본성에서 이끌어 낼 수 있다. 이는 마치 어떤 사람이 프랑스어로 'Il fait chaud'라고 말할 때 학습을 통해 그것이 '그것은 뜨겁다'를 의미한다고 알게 되는 것과 같다. 의미 있는 질서라는 이념은 목적인과 불가분의 관계에 묶여 있다. 왜냐하면 우주는 이 이념에 따라 배치되어 있으며, 이러한 생각들을 구체화하기 위해 이 이념이 행하는 대로 발전한다고 하기 때문이다. 궁극적으로 설명해야 하는 것은 바로 이 질서다.

세계를 의미의 범주들로 이해하는 것, 즉 세계를 이념들의 질서나 원형들의 질서를 구현하고 표현하기 위해 실존하는 것으로, 혹은 신적 삶의 리듬이나 신들의 정초 행위, 하나님의 의지를 표현하는 것으로 이해하는 것, 그리고 세계를 텍스트로, 혹은 우주를 책으로(갈릴레이도 이 생각을 가지고 있었다) 보는 것 등 이러한 유의 **해석적** 사물관은 근대 이전의 많은 사회에서 여러 형태로 중요한 역할을 수행했는데, 우리는 이것을 세계에 대한 의인적 투사라는 패러다임으로 알고 있으며, 아직 성인이 되지 못한 세대에게나 어울리는 것으로 간주한다. 그런데 이것이 지성사와 문화사에서 일어난 이러한 이행을 바라보는 우리의 유일한 해석이라면, 우리는 기계론에 반대하는 18세기 후반의 혁명들, 예컨대 괴테의 비전, 낭만주의적 상상력, 셸링과 헤겔의 자연철학 등을 신경과민에 의한 단순한 실패로, 향수에 젖어 이전의 안락한 환상의 시대로 회귀한 것으로 해석해야 할 것이다.

일반적으로 사람들은 철학의 역사를 이런 방식으로 [즉 고중세의 목적론적 사물관에서 근대의 원자론적 기계론으로 이행했다고] 이해한다. 하지만 이 이해 방식은 기계론에 대한 반작용으로 나타난 18세기 후반 혁명들의 요점을 놓치고 있으며, 오늘날까지도 그 중심 문제가 무엇이었는지를 알아차리지 못하게 한다. 만약 우리가 갈릴레이와 파두아의 철학자들 사이에서, 근대 과학과 중세 형이상학 사이에서 제기된 문제를 자아 안에서의 두 경향, 즉 환상을 평안하게 인정하는 경향과 척박한 실재만을 보는 경향 사이의 투쟁으로 보지 않을 경우, 이 문제를 자아 이해의 근본 범주에서의 혁명으로 볼 수도 있을 것이다. 이것은 이 문제가 그 시대에 그런 방식으로 이해되었다는 것을 말하는 것이 아니라, 이런 식으로 문제를 구성해야 18세기 후반기의 운동이 아주 잘 이해될 수 있다는 것을 말하는 것이다.

근대인은 자기 선조들과 적대자들이 스스로 짠 환상의 거미줄에 붙잡혀 있으며, 마음속에서 고안된 의미들을 자기 멋대로 사실들에 투사한다고 한다. 그런데 이런 독해 방식은 엄격한 정통주의로부터 벗어나고자 하는 개혁가들의 투쟁이라는 관점에서 볼 때 잘 이해될 수 있다. 하지만 근대 혁명의 위대함이 우리의 세계 이해에 많은 영향을 미쳤기 때문에 이런 독해 방식은 부분적으로 유지되고 있다. 자아는 방종과 단호함 사이의 이런 투쟁을 위한 처소인데, 바로 이 근대의 자아 개념은, 비록 에피쿠로스의 견해에 그 전조가 있기는 했지만, 17세기가 되어서야 비로소 존재하게 된다.

그 본질적 차이는 아마도 다음과 같이 말할 수 있을 것이다. 즉 과거의 견해에 의하면 주체는 우주적 질서와의 연관 속에서 규정되는 데 반해, 근대의 주체는 자기 규정적이다.

인간 주체에 대한 어떤 설명도 경험의 보편적인 어떤 측면과 조화되지 않으면 안 된다. 즉 우리 자신과, 그리고 우리의 중심 관심사와 '감응'할 수 있는 시기에 우리는 우리가 누구이고 우리의 목적이 무엇인지를 분명하게 알게 되는 반면, 그렇지 않은 다른 시기에 우리는 혼란스러움과 불명료함에 빠지거나 산만해지거나 비본질적인 것에 붙들리거나 아주 태만해진다. 많은 개념과 이미지를 가지고 이런 대립된 조건들을 묘사할 수 있을 것이다. 조화 대 갈등, 심오함 대 피상적임, 자기 소유 대 자기 상실, 자아 중심 대 발산 등이 그것이다. 물론 각자는 중요한 것이 무엇인지에 대해 경쟁이 될 수 있는 해석을 제안할 수 있다는 점에서 어느 것도 중립적이지 않다. 상이한 주체 개념들은 매우 다른 해석들을 제시하기 때문이다.

'자기 현존'[3]이라는 개념을 일단 '혼란'(distraction)이나 '발산'(dispersal)과는 대립하는 개념으로 생각해 보자. 고대의 지배적 주체관은 인간이 우주적 질서와 감응할 때, 그것도 이념의 질서로서의 그 질서에 가장 적합하게 감응할 때, 즉 이성에 순응할 때 인간은 자기 자신에게 온전히 머문다는 것을 의미했다. 이것은 분명히 플라톤의 유산이다. 인간의 영혼의 질서는 합리적 존재 질서라는 상과 불가분리적이다. 아리스토텔레스에 따르면 이러한 질서를 숙고하는 것이 인간의 최고 활동이다. 아우구스티누스를 통해 중세 사유의 기초로 작용하게 된 신플라톤주의적 상에도 이와 기본적으로 동일한 생각이 내재해 있다.

---

3) '자기 현존'(self-presence)으로 번역된 독일어 Beisichsein은 Bei sich sein의 합성어다. Er ist bei sich라는 독일어는 '그는 자기 자신에게 머문다'는 말로 직역되는데, 이는 '그는 정신이 똑바로 박혀 있다', '그는 제정신이다' 등을 의미하며(이에 반해 Er ist außer sich[그는 자기 밖에 있다]는 '그는 제정신이 아니다'를 의미한다), 여기서 더 나아가 이 표현은 '그는 자유롭다', '그는 평화롭다' 등으로 의미가 확대되기도 한다. 헤겔은 직역으로 '자기 자신에게 머묾'을 의미하는 Beisichsein이라는 합성어를 만들어 '자유' 개념과 연관시킨다. 한 사람이 자유로운 것은 그가 타자에 의해 규제되는 상태에 있는 것이 아니라 자기 스스로 규정을 세우고 그 규정에 따르기 때문이다. 즉 자기 규정(Selbstbestimmung)은 주체가 자기 자신에게 머물 때 발생한다. 그래서 헤겔은 '정신이 자기 자신에게 머물 때 이를 자유'라고 말한다. — 옮긴이

이러한 관점에서 보면 우주적 질서가 부재한 상태에서, 혹은 우주적 질서에 무지하거나 그 질서와 아무런 관련이 없는 상태에서 자기 현존과 명료함에 도달한 주체 개념은 전혀 의미가 없다. 꿈이나 혼돈, 그리고 환상에서 벗어나는 것은 **바로** 사물의 질서를 보는 것이다. 우리는 이러한 관점에는 근대적 의미에서의 자아 개념이 없다고 말할 수 있다. 즉 나를 둘러싸고 있는, 그리고 내가 거하는 세계를 둘러싸고 있는 것을 참고하지 않고서 나 자신을 위해 규정할 수 있는 동일성 개념이 여기에는 없다. 이러한 견지에서 나는 본질적으로 질서의 상 아니면 환상의 상이다.

이제 17세기의 혁명과 더불어 발생한 변화는 무엇보다 근대적인 자아 개념으로의 변화이다. 데카르트의 코기토(cogito)에는 이러한 종류의 생각이 깔려 있다. 여기에서는 외부 사물의 실존과 심지어 신도 의심의 대상이 되는 반면 자아의 실존은 증명된다고 한다. 이와 유사하게 의미로부터의 해방이라는 말의 저변에도 이러한 생각이 깔려 있다. 만약 사람들이 이념의 질서에 다름 아닌 합리적인 우주적 질서라는 상 안에서만 자기 현존에 도달한다면, 그리고 의식의 최고 양태로서의 과학이 자기 현존을 전제한다면 과학은 의미 있는 질서라는 상 위에 구축되어야 할 것이다. 이러한 생각은——엄격한 논증에 의해 이끌리기보다 사유에 무언의 한계를 설정하는 방식이긴 하지만——갈릴레이의 적대자들의 논증에서 잘 드러난다. 의미 있는 질서가 있어야 **했다면** 이 질서와 일치하는 것들이 있어야 할 것이다. 그러나 이러한 생각의 출발점은 세계의 합리적 파악의 조건으로서의 질서, 우리가 과학이라고 부른 소여된 합리적 질서, 그것도 '합리성＝이러한 질서상'이라는 가정에 근거해 있었다. 물론 이러한 사실을 하나의 **논증**으로 우리 시대 사람들에게 제시한다면 이는 시대착오일 것이다. 왜냐하면 칸트 이후의 사람인 우리는 과학의 사실로부터 그러한 이해를 선험적 논증으로 처리해 버릴 수 있기 때문이다. 그러나 그런 논증을 사유의 불명확한 한계로 생각하는 것은 어느 정도 일리가 있고 또 정당하다.

그러나 명백히 그 반대의 관계 역시 유지된다. 그리고 의미 있는 질서라는 개념을 없애는 것은 자아를 재정의하는 것이었다. 상황은 이제 반전되었다. 즉 완벽한 자기 소유는 우리가 이미 주어져 있는 의미를 사물에 투사하는 것에서 우리 자신을 해방시켰음을 전제하며, 우리가 세계로부터 되돌아와 순수하게 사물에 대한 관찰과 사유의 과정에 집중할 수 있게 되었음을 전제한다. 과거의 모델은 이제 자아 발산(self-dispersal)의 꿈처럼 보인다. 자기 현존은 이제 우리의 본질을 아는 것, 우리가 관찰하고 판단하는 세상과 상관없이 우리가 행하고 있는 것을 아는 것이다. 따라서 근대 인식론의 자기 규정적 주체는 자연스럽게 동일한 운동에서 성장한 심리학과 정치학의 원자적 주체이다. 주체라는 바로 그 개념은, 수많은 동시대의 사상가들이 지적하듯이, 근대의 맥락에서 새로운 의미를 취한다.[4]

물론 위에서 언급한 것처럼 근대적 자아 개념의 전례가 없지는 않았다. 고대에는 에피쿠로스주의자들과 회의주의자들[5]이 어떤 질서와도 상관없이 정의되는 자아관을 가지고 있었다. 고대의 이런 소수 전통이 근대적 혁명에 연료를 제공했다는 것은 놀랄 일이 아니다. 그리고 계몽의 많은 인물들이 에피쿠로스와 루크레티우스를 위대한 모범으로 여겼다는 것도 놀랄 일이 아니다. 그러나 근대적 주체는 [이와 구별되는] 아주 중요한 새로운

---

4) 예를 들어 하이데거의 다음의 글을 보라. Martin Heidegger, "Die Zeit des Weltbildes", *Holzwege*, Frankfurt: Vittorio Klostermann, 1950, S. 81~85.

5) 헬레니즘 시기의 대표적 사상이었던 쾌락주의와 회의주의를 지칭한다. 에피쿠로스는 쾌락주의의 창시자이고, 회의주의는 피론에 의해 대표된다. 둘 다 원자론적 세계관을 가지고 있었다는 점에서 근대의 기계론적 세계관의 전범이 된다. ─옮긴이

흐름을 제공했다.

　에피쿠로스주의자들과 회의주의자들은 세계에서 물러남으로써 자기 규정[즉 자유]이라는 개념에 도달했다. 그들은 우주적 질서에 대해서 의심했고, 신들이 중요하지 않다는 것을 정당화하고자 했다. 이와 대조적으로 자기 규정하는 주체로의 근대적 이행은 세계에 대한 통제라는 의미와 연결되어 있다. 이는 처음에는 지적인 통제로, 그다음에는 기술적인 통제로 나타난다. 즉 세계가 텍스트나 의미의 구현체로 간주될 수 없다는 근대적 확신은 세계가 이해할 수 없는 난공불락과 같은 것이라는 의미에 근거해 있지 않다. 반대로 그 확신은 투명한 수학적 추론에 의지하여 사물들 안에 있는 규칙성을 정밀하게 도식화하고 또 그에 상응하여 조작적 통제를 강화함으로써 성장했다. 이러한 사실은 세계를 궁극적으로 중립적·우연적 상호 연관의 장소로 보는 상이 확립되었음을 의미한다. 고대의 회의주의자들은 사물의 본성을 알 수 있는 인간의 본성을 부정했지만, 인간이 삶을 영위하는 데 필요한 직접적으로 중요한 상황 파악 능력은 가진다고 주장했다. 17세기에도 종종 이와 동일한 공식이 등장하기도 하지만, 그 내용이 근본적으로 변했다. 근대인은 사물에 대한 직접적 인식이 목적인에 기초한 고대의 인식과 비교할 수 없을 만큼 고귀한 위신을 갖는다고 생각하게 되었다. 사물에 대한 그런 직접적 인식이 그들에게 인식의 패러다임으로 이해되었다.

　근대의 과학·기술과 더불어 성장한 사물에 대한 이러한 통제는 종종 과학혁명과 근대적 세계관의 발전을 가능하게 한 주된 동기로 간주된다. 자주 인용되는 베이컨의 슬로건 "아는 것이 힘이다"는 이러한 인상을 우리에게 쉽게 제공하며, 17세기 혁명의 이런 '기술적' 관점은 베이컨이 종종 갈릴레이·데카르트와 더불어 그 혁명에서 위대한 역할을 한 자로 간주되는 이유들 중 하나다. 그러나 베이컨의 경우에도, 그가 철학은 "인간의 조건을 개선하고 인간에게 이익을 주는 경향이 있는 단 하나의 실험도 수행해 내지 못한다"[6]며 철학의 무익함을 주장할 때 우리는 그의 동기를 다른 방식으로 독해할 수 있다. 더 정확히 말하자면 우리는 통제가 그 자체로 가치 있다기보다는 사물에 대한 특정한 관점을 확증하는 데서 가치가 있다고 볼 수 있다. 이때 그 관점은 세계를 의미의 장소가 아니라 우연의 장소로, 즉 사실적 상호 관계의 장소로 여기는 관점이다. 세계의 조작(操作) 가능성은 새로운 자기 규정적 동일성이 있어야 함을 보여 준다. 인간이 의미 있는 질서와 맺는 적절한 관계는 인간이 이 질서에 맞추는 것이다. 그에 반해 세계를 통제의 대상으로 성공적으로 다루는 것보다 더 명쾌하게 이러한 상을 거부하는 징표도 없다. 조작은 막스 베버의 용어로 말하자면 '탈마법화'된 사물이라는 상을 증명하고 또 장려한다.

기술적 진보는 우리의 삶을 변형시키고 또 우리에게 필요한 아주 많은 것들을 산출했으며, 따라서 우리는 이러한 이익에 의지하여(이것이 이익이라는 점에 이의가 없다고 가정하고) 17세기 혁명의 성과를 쉽게 생각해 볼 수 있다. 그러나 17세기에 이러한 성공은 매우 적었다. 베이컨과 동시대의 많은 사람에게 통제는 증명된 것 이상으로 중요했다. 인간의 조건을 개선하고 인간에게 이익을 주는 실험에 대해 말한 위의 인용문과 같은 문단에서 베이컨은 다음과 같이 말한다. "왜냐하면 열매와 업적은 철학들의 진리를 위한 지원자이자 보증자이기 때문이다." 그리고 나중에 그는 두 고려 사항들 중 상대적으로 더 중요한 것을 명백히 대조한다. "업적들 그 자체는 삶의 안락에 기여하는 것으로서보다는 진리를 약속하는 것으로서 더 위대

---

6) Francis Bacon, *Novum Organum*, 1620, Book I, LXXIII.

하다."[7] 우리는 이것을 잘못된 과학적 경건함이라 생각할 이유가 없다.

베이컨은 이후에 "발명의 모든 열매보다 그 자체로 더 가치 있다"고 한 이런 목표를 "미신이나 사기, 실수나 혼돈이 전혀 없는 사물 자체에 대한 숙고"로 정의한다.[8] 이런 독특한 비전이 기술적 '성공'으로 나타나기 훨씬 이전에 이미 이 비전은 강력한 매력을 가졌었다. 즉 이 비전은 탈마법화된 세계는 자기 규정적 주체와의 연관 속에 있다는 것, 자기 규정적 동일성의 획득은 유쾌함과 활력을 부여했다는 것, 그리고 주체는 더 이상 자신의 완벽함이나 악, 자신의 평정심이나 부조화 등을 외부 질서와의 관계 속에서 정의할 필요가 없게 되었다는 것 등을 매력으로 가졌다. 근대의 이런 주체를 형성하는 가운데 새로운 자유 개념이 생겨났고, 이 주체에게는 자유에 기여하는, 결정적이고 확고부동한 새로운 중심 역할이 부여되었다.

앞에서 우리는 17세기 유럽에서 아직 미미한 수준이긴 하지만 철학적 전망에서 변화가 있었음을 말했다. 그런데 근대의 주체 개념은 유럽 사회에서, 그리고 전 세계에서 모든 것을 변화시켰다. 부분적으로 우리는 이런 사실을 처음에는 소수에 의해 서구 사회에만 영향을 미쳤지만 나중에 그 이외의 사회들까지 확산된 정치적·경제적·사회적 변화의 결과로 본다. 그러나 유럽의 경우 동일한 방향에서 움직인 것처럼 보인 또 다른 강력한 영향력이 있었다. 대부분의 비철학자에게 존재는 보다 큰 질서와의 관계에서 정의된다고 느껴졌는데, 이런 느낌은 대부분의 사람에게 대부분의 시기에 가장 강력하게 작용한 종교적 의식, 성스러움의 의식에 의해 수행되었다. 바로 이것은 어떤 선택된 장소나 시간, 그리고 행동 속에 신적인 것이

---

7) *Ibid.*, Book I, CXXIV.
8) *Ibid.*, Book I, CXXIX.

임재한다는 것을 의미했다. 가톨릭 교회는 자신들만의 성찬에서뿐 아니라 '기독교식'으로 변형된 이방의 축제들에서도 이런 신성한 것들을 바로 이 러한 의미에서 간직하고 있었다. 그러나 프로테스탄티즘과 특히 칼뱅주의 는 그것을 우상으로 분류하고 그것과의 전쟁에 돌입했다. 칼뱅과 그의 후 계자들은 신에게만 헌신한다는 명목하에 세계의 탈신성화를 위한 무한 투 쟁을 수행했다. 그런데 이 투쟁은 피조계는 인간이 자기 자신을 규정할 때 항상 참고해야 하는 바로 그 의미의 장소라는 이전의 생각을 철폐하는 데 도움을 주었다. 물론 칼뱅의 후예들이 그 행위를 한 목적은 자기 규정적 주 체를 주조하려는 것이 아니라 오히려 신자는 신에게만 의존해야 한다는 사실을 확증하려는 것이었다. 그러나 프로테스탄트의 경건함이 약화되면 서 탈신성화된 세계는 인간 주체와 연관되어 있다고 생각하기 시작했다. 이 주체는 이제 원래 창조자를 위해 뿌려졌던 열매를 거두어들였다.

어쨌든 철학 혁명과 종교개혁의 영향으로 우리는 이 나라들에서 근대 주체 개념의 발전을 분별할 수 있게 되었다. 나는 근대 주체를 자기 규정 적인 것으로 특징지었고, 이와 연관하여 사물들을 내적 의미를 결한 것으 로, 세계를 관찰에 의해 확인되고 어떤 선천적 패턴에도 순응하지 않는 그 런 우연한 상호 관계의 장소로 특징지었다. 나는 이러한 세계상을 베버의 용어를 빌려 '탈마법화'로 표현했으며, 또는 종교적 발전에서의 '탈신성화' 라고 말했다. 아마도 여기서 내적 의미의 세계에 대한 이런 부정, 즉 세계 가 체현된 의미로 간주되는 것에 대한 부정을 포괄하기 위해 '객체화'라는 용어를 도입할 수도 있을 것이다. 이 용어를 사용하는 이유는 근대적인 관 점에서 의미와 목적의 범주들은 오로지 주체들의 사유와 행동에만 적용될 뿐이며, 이 주체들이 그것에 대해 생각하고 또 그것 위에서 행동하는 바로 그 세계에서는 어떤 가치도 발견할 수 없다는 사실을 표시하기 위해서이다. 의미나 목적 같은 용어들을 사용하여 사물들을 설명한다는 것은 주관적 범주들을 투사하는 것이고, 따라서 이 범주들을 고려하지 않는 것이 '객체화'하는 것이다. 이것은 새로운 주체성에 상응하는 근대의 새로운 객체성 개념을 표시한다.

새로운 객체성 개념은 목적인에 대한 의존을 거부하며, 작용인에만 의존한다는 의미에서 기계적이다. 이와 연관하여 근대의 객체성은 원자적인데, 왜냐하면 그것은 복잡한 사물들에서 일어나는 변화를 형태적인 혹은 전체적인 속성들에 의해서 설명하는 것이 아니라 구성 요소들 사이의 작용인적인 관계에 의해서만 설명하기 때문이다. 근대의 객체성은 동질성을 향해 가는 경향이 있는데, 왜냐하면 외관상 질적으로 구분되는 것처럼 보이는 것들도 사실은 동일한 근본 요소들이나 원리들이 서로 다른 모습으로 구성된 것으로 설명되기 때문이다. 아리스토텔레스는 움직이는 행성과 떨어지는 사과를 설명하기 위해 달 밖의 사물과 달 안의 사물을 구별했는데, 근대 물리학의 가장 눈에 띄는 결과들 중 하나는 이런 구별을 동일한 공식 아래에서 붕괴시켰다는 것이다. 따라서 근대의 과학은 기계적이고 원자적이고 동질화하는 학문이며, 당연히 사물들의 모양을 우연적인 것으로 보았다.

그런데 이러한 근대 객체성 개념은 외부 자연에 한정될 수 없다. 인간은 인식의 주체일 뿐 아니라 자연 안에 있는 객체이기도 하다. 따라서 새로운 과학은 인간에 대해 기계적·원자적·동질적 모형에 따라 이해하도록 장려했으며, 인간이 우연에 기초해 있다고 생각하게 했다. 흄은 우리에게 처음에 그 관찰의 매체가 내성의 형식으로 나타나는 이러한 유의 인간관의 탁월한 예를 보여 준다. 동일한 개념들이 나중에 인간학에서 '행동주의적' 시도의 초석이 된다. 엘베시우스, 돌바크, 콩도르세, 벤담 등과 같은 급진적 계몽주의자들이 제시한 그러한 과학적 시도들은 이러한 객체성 개념에 근거해 있었으며, 계몽의 시대는 비록 완전히 일관적이지는 않지만 두 견해를 혼합한 인간학을 발전시켰다. 즉 새로운 객체성과 상관 관계에 있는 자기 규정적 주체성 개념과 인간을 자연의 일부로 보는, 따라서 이러한 객체성에 철저히 종속된 것으로 보는 견해의 혼합. 이 두 측면이 언제나 행복한 동거를 한 것은 아니다. 이 둘은 각각 원자론을 지지했다. 원자론적 자연과학은 자연 상태의 개인에서 출발하는 정치 이론과 입론을 같이한다. 그러나 예컨대 결정론과 같은 문제에서 이들은 서로 갈등한다. 결정론에서 주체로서의 인간의 자유는 인간을 자연의 일부로 세우는 엄격한 인과적 필연성에 의해 제약된다. 그리고 이것은 자연이 실천이성과 맺는 관계에 대한 다양한 개념들 속에 반영되었다. 예를 들어 칸트에게서 자연의 자극들은 자유의 요청과 대립해 있다. 반면 계몽의 주류들에게 자연은 전체가 서로 맞물려 있는 객관적 실재의 체계로, 이 체계 안에서 인간을 포함한 모든 존재는 다른 모든 것과 같이 자연적 실존 양식을 가진다. 바로 이 자연은 욕망하는 자연적 존재로서의 인간을 위한 모델로 제시되며, 행복과 선함에 이르기 위한 이성의 계획을 규정한다.

그러나 양자 간의 이런 긴장에도 불구하고 자기 규정하는 주체와 새로운 객체의 연합은 유지된다. 물론 양자는 부분적으로 결합되고 또 부분적으로는 갈등 관계에 있다. 그리고 이 두 요소는 인간의 정신적 본성과 운명을 강조한 온건한 이신론에서 아주 급진적인 유물론에 이르기까지, 그리고 계몽을 위한 인간의 일반적 능력을 의심하는 극도의 염세주의에서 과학에 의해 재건된 세계라는 극단적인 유토피아적 희망에 이르기까지 아주 다양한 견해를 발생시킬 만큼 서로 다른 방식으로 결합되어 있다. 이것들이 우리가 계몽으로 알고 있는 시대의 견해들이다.

2

독일의 사유는 이러한 인간학, 즉 이 두 주된 경향을 반영하는 인간학에 대한 공격을 감행했는데, 이 두 경향의 화해는 헤겔 세대의 주된 문제였다. 그러나 이것이 급진적·기계적·유물론적 계몽이 독일에서 강했다고 말하는 것은 아니다. 정반대이다. 만약 우리가 프랑스의 유물론자들을 가장 발전된 형태로 간주한다면 계몽은 독일에서 아직 온건한 형태로 완전히 전개되지 않았다고 할 수 있다.

급진적 계몽이 인간 주체성과 인간의 능력에 대한 엄청난 신뢰를 전제하는 한, 우리는 아마도 계몽의 독일적 변형을 독일의 후진성의 결과로, 30년 전쟁의 유산으로 이해할 수 있을 것이다. 즉 독일의 계몽은 무수히 작은 수많은 나라들로의 내적 분열, 스스로 설 수 있는 중간 계급의 더딘 발전, 서유럽에 비해 상대적으로 후진적인 경제 상황, 토착 문화의 후진성 등의 반영이라 할 수 있다. 그리고 독일에서 나타난 계몽의 형식에 대한 몇몇 훌륭한 해명들은 명백히 종교적 배경을 가지고 있다. 프랑스의 가톨릭이 계몽과의 근본적 대립과 치명적 싸움에 빠르게 빠져들어 간 데 반해, 루터 교회는 그렇지 않았다. 이런 관점에서 독일은 오히려 프로테스탄트의 영국과 닮았다. 그러나 이를 넘어서 독일에서의 계몽과 계몽에 대한 반작용은 부분적으로 경건주의(pietism)라고 알려진 중요한 종교 재생 운동에 의해 형성되었다.

영어권의 감리교와 유사한 측면을 갖는 독일의 경건주의는 영적 삶의 재생[거듭남] 운동이다. 17세기에 시작된 이 운동은 18세기에 정점에 이른다. 이 운동은 공식적 루터주의의 형식주의적 특성, 올바른 믿음과 기존의 구조에 대한 관심의 강조에 반발했다. 이 모든 것은 경건주의자들에게 주된 요점이 아니라 부차적인 것이었다. 마음에서 우러나는 그리스도와의 내적 관계가 중요했다. 경건주의는 이런 의미에서 과거 독일의 정신적 전통의 또 다른 성과물이었다. 그 전통은 중세의 신비주의자 에크하르트(Johannes Eckhart)와 타울러(Johannes Tauler)에까지 이르며, 루터에게도 영향을 준 뵈메(Jakob Böhme)를 거친다. 이 전통은 영혼과 신의 내적 만남을 중시한다.

이 운동은 인간을 성령의 불로 가득 채우는 마음의 종교, 열광적 헌신의 종교, 거듭남의 종교 운동으로 바뀌었다. 그 운동은 비록 계몽과 정신적 토대에서 근본적인 차이가 있었지만 결과적으로 어떤 중요한 측면에서 동맹을 맺었다. 경건주의 역시 교리와 교회 간의 차이들에 대한 관심을 중요하게 여기지 않는 경향이 있었다. 그것은 또한 복종을 요구하는 국가와 교회라는 보다 큰 공적 구조에 대항해서 개인을 옹호했고, 개인의 확신과 자유롭게 선택된 그의 공동체를 지지했다. 그것은 또한 인간이 스스로 삶을 개선하고 교육과 복지에 힘쓰도록 장려했다. 사실 마음의 종교를 강조하는 경건주의자들은 처음에 계몽주의자(Aufklärer)들보다 계급과 교육의 차이를 덜 강조했다.[9]

이러한 일치점 외에 경건주의와 계몽의 정신 사이에는 엄청난 차이도 있다. 계몽이 경건주의와 공유하는 것도 있었지만 경건주의는 마음의 자발적 반응 대신 올바른 **명제들**을 강조하고 진리를 올바르게 **진술되고 증명**된 것에 국한시키는 것에 대한 정통적 적대자였다. 따라서 나중에 더 보게 되겠지만 경건주의는 계몽에 대한 반발에서 매우 중요한 요소가 되었다.

---

9) '계몽주의자'로 번역되는 독일어 Aufklärer는 영어로 men of the Enlightenment로 번역된다. 나는 한 단어로 표기되는 독일어의 경제성 때문에 영어 대신 그냥 독일어로 쓸 것이다.

그러나 경건주의와 계몽의 격론이 있기 이전에 이미 경건주의는 독일 계몽의 분위기와 음조에 영향을 미쳤다. 왜냐하면——헤른후트파의 지도 자 친첸도르프[10]가 "자신의 마음으로 신을 이해하고자 하는 자는 무신론자가 된다"[11]고 선언한 것에서 보듯——많은 경건주의자들이 지성적 증명에 대해 아주 회의적이었다고 하더라도, 경건주의는 독일의 위대한 계몽주의자들 중 몇 명을 형성하는 데 지대한 영향을 미쳤기 때문이다. 예컨대 칸트와 레싱이 그들이다. 레싱의『현자 나탄』(Nathan der Weise)은, 앞으로 보게 되겠지만, 청년 헤겔에게 많은 영향을 주었으며, 교리들 간의 차이를 넘어서고 "차가운 독서 학습"(kalte Buchgelehrsamkeit)[12]을 뛰어넘어 합리적·인간적 종교를 추구했다. 이런 생각은 계몽의 이성과 경건주의의 영성 양자의 영향에 의해 이뤄졌다. 이러한 유의 상호 결합으로 종교와 계몽은 프랑스에서와 달리 적대적인 두 진영일 수 없었다.

그러나 이유가 어떻든지 간에 독일의 계몽은 자신만의 지적 분위기를 만들어 갔다. 독일의 계몽은 급진적 유물론보다 이신론[13]에 대해 훨씬 더

---

10) 헤른후트파는 15세기 신비주의자 뵈메의 영향으로 생겨났으며, 독일 작센 지방의 한 도시 헤른후트(Herrnhut)에 본거지를 두고 있어서 헤른후트파로 불린다. 경건주의의 일파인 이 집단은 지도자 친첸도르프(Nikolaus Zinzendorf, 1700~1760)에 의해 개혁되어 많은 영향을 미쳤다.—옮긴이

11) Koppel S. Pinson, *Pietism as a Factor in the Rise of German Nationalism*, New York: Columbia University Press, 1934, V. 23, p. 52에서 재인용.

12) 이 말은『현자 나탄』5막 6장에 나오는 것으로, 레카(Recha)가 한 말이다.

13) 신관은 철학과 시대를 읽는 또 하나의 기준이다. 유신론(theism), 이신론(deism), 범신론(pantheism), 무신론(atheism)은 근대의 발전 과정을 이해하는 데 도움을 준다. 유신론은 유대-기독교적 신관을 가장 잘 드러내는 것으로, 신을 창조자이며 주재자로 이해한다. 즉 신은 세계를 창조한 초월자이면서 현재에도 여전히 세계를 주재하는 존재로 간주된다. 이것은 중세적 신관을 대표한다. 이에 반해 데카르트에게서 드러나듯 이신론은 신의 세계 창조를 긍정하지만, 신의 세계 주재는 인정하지 않는다. 신은 세계를 합리적으로 만들었기 때문에 더 이상 세계에 관여할 필요가 없다는 것이다. 마치 시계를 만든 시계공이 시계에 더 이상 관여

우호적이었다. 물론 18세기 이신론은 자아의 새로운 의미와 자아가 세계와 맺는 관계의 새로운 의미를 반영했다. 그리고 이러한 생각은 신 개념에 가장 명확하게 반영되었다. 여기서 신은 우주의 최고 건축자로서 우주를 객관적인 인과 법칙에 따라 운행하도록 건설했다. 그리고 이렇게 건축된 우주적 질서는 의미의 질서, 즉 이념을 체현하고 있는 질서가 아니라 그 구성 요소들의 상호작용의 결과가 완벽하게 측정되는 그런 질서이다. 따라서 우주는 시계의 이미지를 갖게 된다. 그리고 신이 초주체라면, 인간은 우주의 법칙을 점점 더 많이 파악하며 자연의 질서를 자신의 노력으로 점점 더 알아 갈 수 있도록 운명 지어진 자이다.

그러나 독일에서 이신론은 유럽의 다른 곳과는 다른 특징을 드러냈다. 즉 라이프니츠 체계의 형식을 받아들였는데, 그것은 크리스티안 볼프에 의해 해석된 것으로 18세기 독일의 철학계를 지배했다. 이 철학은 어떤 관점에서 보면 우주적 질서라는 철학과 급진적 계몽 사이의 일종의 어중간한 거처로 간주될 수 있다. 물론 훨씬 더 생산적인 다른 관점에서 보면 그것은 명백히 헤겔 시기의 분위기를 만든 계몽 이후의 중요한 출발의 맹아이기도 하지만 말이다. 라이프니츠는 실제로 우리에게 우주적 질서를 제시한다. 여기서 궁극적 설명은 목적인에 의해 이뤄진다. 즉 이 세계는 '가능한 세계들 중 최선의 세계'라는 것이다. 그러나 그 질서는 자기 스스로

할 필요가 없듯이. 스피노자에게서 잘 드러나는 범신론은 초월적 창조자로서의 신을 부정하는 반면 주재자로서의 신을 긍정한다. 소위 내재적 신으로 알려진 신은 세계 안에서 스스로를 끊임없이 이끌어 간다. 프랑스 계몽주의자들과 유물론자들에게서 잘 드러나듯 무신론은 창조자로서의 신도 주재자로서의 신도 부정한다. 근대의 발전은, 엄밀한 전진성을 띠고 있지는 않지만, 중세의 유신론을 극복하고 점차적으로 신의 영향력을 감소하는 방향으로 나아가고 있음을 확인할 수 있다. 그리고 그에 반비례해 인간의 주체성의 크기는 그만큼 커 가고 있음을 볼 수 있다.—옮긴이

전개되는, 근대적 의미에서 진정으로 주체인 존재들, 즉 모나드들로 이루어져 있다. 라이프니츠식의 사물들의 질서는 어떤 관념들의 질서를 구체화시킨 것이 아니라, 아주 거대한 질서나 조화와 양립 가능한 거대한 다양성을 실현한 것이다. 이것은 우리가 사물들을 이해할 때 세계를 마치 텍스트를 해석하듯이 해석하려 시도하는 것이 아니라 모나드들의 목적이 어떻게 다른 모나드들과 부합하는지를 본다는 것을 의미한다. 그리고 이것은 수학적 물리학과 어울리는 이해의 틀이 된다(또 다른 어중간한 거처는 섀프츠베리가 말한 자연의 조화로운 질서인데, 궁극적으로 케임브리지의 플라톤주의자들에게 영향을 받았으며, 독일에서도 매우 잘 알려져 있었다).

어쨌거나, 독일의 저변에서는 프랑스의 계몽은 따라야 할 전범이고 프랑스 문화는 베껴야 할 모델이라는 프랑스 사람들과 많은 독일 사람들의 일반적 인식에 반대하여 계몽 이후의 기운이 생겨나기 시작했으며, 동시에 근대 혁명의 주된 주제들에 대한 비판이 제기되었다. 하지만 아직까지는 프랑스 계몽의 많은 것을 얻으려고 노력하였다. 이러한 구조적인 배경을 도식화하는 가운데 나는 두 가지 흐름을 뽑아 내고 싶다.

첫째 흐름은 1770년대 표출되기 시작한다. 소위 '질풍노도'로 알려진 이 시기는 독일 문화의 미래를 결정한 독일 문학과 비평에서 혁명이 일어난 시기이다. 여기서 가장 중요한 사상가는 아마도 헤르더일 것이다. 그는 '질풍노도'의 주된 이론가이자 비평가로서 성장기의 괴테에게 결정적인 영향을 주었다.

헤르더는 계몽의 인간학에 반대했다. 즉 그는 내가 위에서 인간 본성의 '객체화'라 부른 것에 반대했고, 인간의 정신을 상이한 능력들로, 인간을 육체와 영혼으로 분석하는 것에 반대했고, 계산적 이성 개념을 감정과 의지에서 분리하는 것에 반대했다. 그리고 그는 대안적 인간학을 발전시

키는 데 결정적인 영향을 주었는데, 그 인간학의 중심 범주는 '표현'이다.[14]

　나는 이 범주에 기초한 인간론에 함유된 것을 다소 면밀하게 검토하고자 한다. 왜냐하면 이 범주는 헤겔이나 이 시기를 이해하는 데 중심이 되기 때문이다. 그 중심 사상은 인간의 활동과 인간의 삶이 표현들로 간주된다는 것이다. 그런데 우리는 위에서 자기 규정하는 주체 모델이 사물들을 객체화하는 결과를 가져왔음을 보았다. 즉 그 모델은 '의미', '표현', '목적' 등과 같은 개념을 객관적 실재에 대한 부적절한 기술로 간주하여 금지했다. 그리고 대신 그것들을 주체의 정신적 삶에 귀속시켰다. 예를 들어 홉스로부터 콩디야크에 이르는 언어 의미론들은 의미성을 어떤 표시, 소리, 사물이나 관념(표상) 등이 우리에 대해 가지는 외적 관계로 본다. 말하자면 이 관계는 주체의 마음에 있으며, 우리가 어떤 다른 것을 지시함으로써 사유되고 사용되는 그런 표시와 소리 등으로 이루어져 있다. 세계에는 우리가 의미의 범주들로 말할 수 있는 어떤 것들이 있다. 이러한 사실은 이 범주들이 적용될 수 없는 다른 것들도 있다는 것을 전제한다. 왜냐하면 첫번째 것(기호, 말, 관념 등)은 두번째 것과의 지시 관계 위에서만 이 범주들에 적합하기 때문이다. 더 나아가 어떤 것들이 의미 범주들로 기술될 수 있다는 것은 이러한 기술이 '객관적' 사실이 아니라는 것, 즉 이것들이 인간의 마음

---

14) '표현'(expression)은 여기에서 임시방편의 술어이다. 나는 여기에서 Isaiah Berlin, "Herder and the Enlightenment", ed. Earl R. Wasserman, *Aspects of the Eighteenth Century*, Baltimore: Johns Hopkins Press, 1965의 주장을 따르고 있는데, 벌린은 이 글에서 헤르더의 혁신적 생각들을 '표현주의'(expressionism)라는 용어로 규정해 준다. 20세기에 나타난 표현주의 운동과의 혼동을 피할 필요가 있어서, 나는 벌린의 용어 대신 '표출주의'(expressivism)라는 용어를 사용하고자 한다. 이것은 벌린의 생각과 형식에 있어서 다소간 차이는 있지만 중요한 점에서 일치한다(이 용어는 벌린과의 사적인 대화에서 벌린이 제안한 것이다)[하지만 본 역서에서는 expressivism을 '표현주의'로 번역할 것이다. 적어도 이 책에서 20세기의 표현주의와 혼동될 일은 없기 때문이다].

속에 있는 특별한 내용과 신념에 상관없이 유지되는 것이 아니라는 것이다. 의미를 만들어 내는 연관은 주관적이다. 따라서 이러한 언어 의미론은 철저히 '객체화'하는 이론이다. 그것은 의미와 존재를 적극적으로 구별한다. 이 이론은 중세와 초기 르네상스의 세계관을 일관적 진술이 불가능한 텍스트로 만든다. 세계의 사물들을 어떤 이상적 질서의 표현으로 보는 사상, 우리가 질서를 파악하든 그렇지 않든 이 질서는 있다는 생각은 무의미해진다. 근대 초의 이런 이론은 중세의 유명론을 타협 없이 극단으로까지 밀고 간 것이다.

그렇다면 표현의 인간학은 근대 주체성 혁명의 단순한 역전 혹은 반전을 의미하는가? 위에서 말한 대로 많은 사람이 그렇게 생각했다. 그러나 이것은 심각한 오독이다. 왜냐하면 여기서는 다른 표현 개념이 사용되고 있기 때문이다. 갈릴레이의 적대자들에게 영감을 주었던 주도적 모델에 대해 말할 때 나는 우리가 상응하는 항들을 상응하는 것으로(즉 얼굴에 나 있는 구멍들은 행성이나 금속 등에도 상응한다고) 고찰할 수 있다고 말했다. 왜냐하면 그것들은 동일한 이상적 질서를 표현 혹은 체현하고 있기 때문이다. 여기서 우리는 표현을 이 표현이 지시하는 이상이라고 말하고 있다. 이것이 바로 표현이라는 말의 의미, 혹은 우리 사유가 언어로 표현된다고 말할 때의 그런 의미이다. 그러나 표현이란 말은 우리가 느끼고 바라는 것을 터뜨리는 것이라는, 외부의 실재 속에서 실현하는 것이라는 또 다른 의미도 지닌다. 이것은 우리가 욕을 하거나 나를 자극하는 자를 때리는 것을 나의 분노의 표현이라고 말할 수 있다는 의미이다. 이 후자의 의미에서 표현되는 것은 주체 혹은 주체의 특정한 상태이며, 혹은 최소한 주체를 닮은 어떤 삶의 형식이다(인간을 자신의 느낌을 표현하는 동물이라고 말할 때 우리는 이 용법을 사용하고 있다).

이 새로운 인간학에서 중심 개념은 표현으로서의 인간의 행위 혹은 표현으로서의 삶이라고 나는 말하고 있는데, 이때 나는 이 후자의 의미에서 표현이라는 말을 사용하고 있다. 물론 우리가 볼 것처럼 첫번째 의미도 어느 정도 들어 있지만 말이다. 헤르더와 이를 따르는 사람들에 의해 발전된 인간학에는 기본적으로 아리스토텔레스적 개념들의 복원이 보인다. 삶을 표현으로 본다는 것은 삶을 목적의 실현으로 본다는 것이다. 그리고 이 목적이 궁극적으로 맹목적이라는 것을 의미하지 않는 한 우리는 이 표현을 이념의 실현이라고 말할 수 있다. 그러나 이 개념은 또한 자아의 실현으로 이해된다는 점에서 근대적이고, 아리스토텔레스를 넘어가며, 라이프니츠와 닮아 있다.

여기에서 말하는 자아의 실현이란 적절한 인간적 삶은 단순히 인간 외부에 놓여 있는 이념이나 계획의 완성이 아니라는 것을 의미한다. 이때 이 이념이나 계획은 (아리스토텔레스적인 인간 형상처럼) 이를 실현하는 주체와 상관없이 고착되어 있는 것으로 상정되는 그런 것이다. 오히려 이런 삶은 주체가 그 삶을 자신의 것으로, 자기 내부로부터 아직 전개되지 않은 것으로 인정할 수 있는 부가된 차원을 가져야 한다. 자기 연관된 이런 차원은 철저히 아리스토텔레스적 전통과 단절되어 있다. 이 전통에서 적절한 인간적 삶은 오로지 나는 한 인간이라는 의미에서 '나 자신의 것'이며, 따라서 이러한 삶은 나에게 딱 들어맞는 삶이다. 내가 실현한 인간의 본질은 나의 것이라는 이런 세기적 요청을 제기한 것, 따라서 각각의 개별자(그리고 헤르더식의 용어로 각각의 민족)는 자기만의 인간성을 갖는다는 생각을 시작한 것은 헤르더와 그가 발전시킨 표현주의적 인간학이었다. 이때 개별자의 삶의 양식이 다른 사람의 양식과 교환될 경우 엄청난 왜곡이나 자기단절이 발생하지 않을 수 없다.

그러나 우리가 삶을 자아의 전개라고 말할 때 아리스토텔레스의 형상의 실현이라는 개념에 첨가된 것은 정확하게 무엇인가? 여기에는 좀더 추적할 만한 가치가 있는 연관된 두 조류가 있다.

첫째, 인간의 형상을 실현한다는 것은 내적인 힘이 자기 자신을 외적인 실재에 부과한다는 것, 경우에 따라서는 외부의 장애물을 극복하고서 부과한다는 것을 포함한다. 따라서 아리스토텔레스의 철학이 인간의 성장과 발전, 인간의 형상의 실현을 무질서와 부조화에 의해 끊임없이 위협받는 가운데 질서와 평형 상태로 가려는 경향으로 본 지점에서, 표현주의적인 견해는 이러한 발전을 주변 세계가 부과한 힘들에 대항하여 자기 자신의 형태를 실현하고 유지하려는 내적 힘[15]의 선언으로 본다. 따라서 이상적인 실현은 이념에 순응한 실현일 뿐 아니라 또한 내부로부터 발생한 실현이다. 사실 이 두 전제는 자유로운 주체성 개념을 구체화하는 적절한 인간 형상에서 분리될 수 없다.

루소가 이 이론의 발전에서 중요한 역할을 했다는 것은 의심의 여지가 없다. 그는 덕과 악의 전통적 대립을 자아 의존성 대 타자 의존성이라는 근대적 대립으로 옮겨 놓았다. 그러나 이에 상응하는 인간론은 그의 저술에서 거의 드러나지 않으며, 심지어 일관적이지도 않다. 그 이론은 독일의 사상가들에게, 특히 헤르더에게 빚지고 있다. 그들은 자기 전개하는 주체 개념을 중심으로 인간학을 전개했다.

라이프니츠 역시 당연히 아주 중심적 인물이다. 그의 모나드 개념은 자기 전개하는 주체 개념과 유사하다. 그러나 헤르더와 그 시대 사람, 그리고 그 계승자들은 스피노자에게도 많은 영향을 받았다. 스피노자가 반

---

15) 헤르더의 힘(Kräfte) 개념을 참조하라.

(反)주체를 주창한 위대한 철학자였다는 것을 생각해 보면 놀라운 일일 것이다. 그는 서구 전통에서 다른 어떤 철학자보다도 주체를 초월해 가는, 주체 외부의 것을 말하는 것처럼 보이는 철학자이다. 그러나 그를 수용한 그 시기는 스피노자를 특정한 방식으로 독해했다. 그의 철학은 인간의 삶을 자기 전개하는 것으로 보는 것을 부정하지 않은 것으로 간주되었다. 오히려 스스로를 보존하기 위해 모든 사물에 내재해 있다고 하는 그의 코나투스(conatus)[16]라는 개념은 이러한 관점에서 읽혔다. 스피노자가 제공한 것, 그가 괴테와 많은 다른 사람들을 유인한 이유는 다음과 같다. 즉 그는 유한한 주체가 삶의 보편적 흐름에 어떻게 어울려 가는지를 제시했다. 이 과정에서 스피노자는 보편적 삶의 힘이라는 일종의 범신론으로 나아갔다. 다른 말로 하면 그 힘은 자기 전개라는 범주를 구체화하기 위해 재해석되었으며, 이제 어떤 주체보다 더 큰 보편적 삶의 행위로, 하지만 자기 전개하는 삶으로서 주체와 유사한 것으로 간주되었다. 그런 강한 욕구가 왜 삶의 이런 보편적 흐름과의 연관 속에서 제기되었는지를 나는 뒤에서 다시 설명할 것이다.

표현주의에서 중요한 두번째 흐름은 형상의 실현이란 그 형상의 본질을 분명히 하고 규정한다는 생각이다. 한 행위나 제스처는 한 인간의 특징을 표현하는 방법이라고 한 우리의 비유로 돌아와 말하자면, 이 생각과 연

---

16) 코나투스는 스피노자 윤리학의 핵심 개념으로, 모든 사물에 내재해 있는 자기 유지를 위한 힘을 말한다. 모든 사물은 자기 유지를 위해 힘쓰는데, 예컨대 움직이는 사물은 계속 움직이려 하고, 정지한 것은 정지하고자 하는 물리적 관성도 그것의 하나이다. 생명체에 적용하면 생명은 말 그대로 생명이기에 계속해서 살고자 하는 힘을 갖는데, 인간 삶의 표현들(개인적 차원의 행위들뿐 아니라 문화 차원에서 등장하는 모든 것들) 역시 그런 자기 보존의 힘이 드러난 것이다. 인간에게 코나투스는 하고자 하는 의지, 이루고자 하는 욕망 등과 연관된 개념이다.—옮긴이

관련 두 가지 측면이 있음을 볼 수 있다. 내가 행하거나 말한 것은 다른 사람들이나 나 자신에게 나의 느낌이나 열망을 명확히 한다는 의미에서 그 느낌이나 열망을 표현할 수 있다. 이런 의미에서 한 인간이 궁극적으로 자신에게서 걸어 나와 자신이 느끼고 바라는 것을, 아마도 처음으로, 규정할 때에야 우리는 그가 자기 자신을 표현한다고 말할 수 있다. 또 다른 의미에서는, 어떤 사람이 원하는 것을 수행할 때 혹은 자신의 열망을 실현할 때에야 비로소 그의 행위를 그의 느낌이나 욕구의 표현이라고 말할 수 있다. 이 두 측면은 분리될 수 없다. 나는 나의 욕구를 행위 없이 언어적으로 표현할 수도 있고, 나 자신과 타자에게 수수께끼 같은 일을 하거나 그런 수수께끼로 남을 수도 있다. 그러나 이것들은 종종 함께 일어나며, 우리는 자주 자신이나 타자에게 우리가 행위할 때까지는 우리가 느끼고 원한 것을 실제로 알지 못한다고 말하는 경향이 있다. 따라서 가장 온전하고 가장 확신을 주는 주체의 표현은 그 주체가 자신의 열망을 실현하면서 동시에 명확히 하는 곳에서 일어나는 그런 표현이다.

내가 여기서 표현주의적 이론이라 부른 것은 주체적 표현이라는 보다 온전한 이런 모델이다. 만약 우리가 우리의 삶을 본질이나 형상의 실현으로 본다면, 이것은 실재 속에서 이런 형상을 구체화한다는 것만을 의미하는 것이 아니라 규정적 방식으로 이러한 형상의 본질을 규정한다는 것도 의미하게 된다. 그리고 이것은 또 다른 방식으로 표현주의적 모델과 아리스토텔레스적 전통 사이의 중요한 차이를 보여 준다. 표현주의적 모델에서 인간이 실현하는 이념은 전적으로 사전에 규정된 것은 아니다. 그것은 완성되는 가운데 완벽하게 규정될 뿐이다. 그러므로 나의 인간성은 너의 것과 등가가 아니라 나에게 유일한 것이며, 이 유일한 성질은 내 삶에서만 드러날 수 있다는 것이 헤르더의 생각이다. "각각의 인간은 자기 자신의 척도를 가지며, 동시에 모든 감각적 느낌에 대한 자신만의 색깔을 갖는 다."[17] 이런 생각은 사람들은 서로 다르다는 것만을 의미하지 않는다. 이것은 새로운 생각이 아니다. 여기서 중요한 것은 오히려 차이들이 우리 각자가 실현해야 한다고 요청받는 유일한 형식을 정의한다는 사실이다. 차이들은 도덕적 중요성을 획득한다. 따라서 주어진 삶의 형식[형상]이 어떤 개인이나 민족의 진정한 표현인지의 문제가 처음으로 제기되었다. 이것은 **자기** 실현 이론에 의해 부가된 새로운 차원이다.

따라서 인간의 삶을 표현으로 보는 생각은 표현을 목적의 실현으로 볼 뿐 아니라 이러한 목적의 명료화로도 본다. 그것은 삶의 완성일 뿐 아니라 의미의 명료화이기도 하다. 살아가는 가운데 나는 나의 인간성을 완성해 갈 뿐 아니라 나의 인간성이 무엇인지도 명료화한다. 명료화로서의 나의 삶의 형식은 단순히 목적의 완성이 아니라 의미의 체현이며, 이념의 표현이다. 표현 이론은 의미와 존재 사이의 계몽적 이분법을 단절한다. 최소한 인간의 삶과 연관되는 한에서는 그렇다. 인간의 삶은 사실이자 의미 있는 표현이다. 그리고 인간의 삶의 표현은 지시체가 어떤 다른 것과 맺는 주관적 관계에 정주하지 않는다. 그것은 자신이 실현하는 이념을 표현한다.

이것은 인간을 합리적 동물로 보는, 즉 합리적 인식을 자신의 본질로 갖는 존재로 보는 전통적 견해에 대한 새로운 재해석이다. 이러한 생각은 이제 자기 인식이라는 새로운 개념으로 구성된다. 우리가 본 것처럼 우리의 삶은 우리가 무엇인지를 명료히 한다는 의미에서 자기 표현으로 간주된다. 이런 명료화는 주체에 의한 인지를 전제한다. 의식적 존재로서의 인

---

17) Johann Gottfried Herder, *Ideen*, VIII. I, *Herders sämtliche Werke*, Hrsg. Bernhard Suphan, Berlin: Weidmann, 1891, Band 13, S. 291.

간은 자신의 삶을 자신의 잠재적 삶의 본질에 대한 적절한, 참된 표현으로 인식할 때에야 최고점에 이른다. 마치 예술가나 작가가 자신의 작품을 자신이 말하고자 한 것을 가장 적절하게 표현한 것으로 인식할 때처럼 말이다. 그리고 이 경우든 저 경우든 '메시지'는 그것이 표현되기 전에는 알려질 수 없다. 전통적 견해는 표현주의적인 새로운 형식을 수용한다. 즉 인간은 자신이 무엇인지를 표현하고 명료화함으로써, 그리고 이런 표현 속에서 자신을 인식함으로써 자신을 알게 된다는 생각을 수용한다. 인간 삶이 갖는 독특한 속성은 표현을 통한 자기 인식에서 그 정점에 이른다.

따라서 표현주의적 인간학은 자연[본성]에 대한 근대 과학의 객체화와 분명한 단절을 이룬다. 적어도 인간 본성[자연]과 연관되는 한에서는 그렇다(우리는 나중에 표현주의적 인간학이 이것을 어떻게 넘어서는지를 볼 것이다). 인간의 삶을 표현으로 봄으로써 표현주의적 인간학은 존재에 대립하는 의미라는 이원론을 거부한다. 이 이론은 아리스토텔레스적인 목적인과 전체론적 개념을 다시 한번 다룬다. 그러나 또 다른 측면에서 그것은 전형적으로 근대적이다. 왜냐하면 그것은 자기 규정하는 주체성이라는 이념을 체현하고 있기 때문이다. 자신의 본질의 실현은 주체의 자기 실현이다. 그래서 그가 스스로 규정한 것은 초월적인 이상적 질서가 아니라 그 자신으로부터 전개된 것이며, 자기 자신의 실현이고, 그 실현 가운데서 처음으로 규정된 것이다. 이것은 18세기 후반 혁명의 바탕이 되는 주된 이념들 중 하나다. 하지만 그것은 그 이상이다. 그것은 유사 이래 성장해 온 문명의 근본적 이념들 중 하나이다. 다른 말로 하자면 그것은 동시대 세계를 형성했던 주된 이념들 중 하나이다. 그것이 포함하는 바는 좀더 자세히 검토할 가치가 있다.

이러한 유의 이론이 언어와 의미에 대한 계몽의 견해와 단절했다는 것은 분명하다. 언어학적 의미에만 국한되지 않고, 의미를 한 주체에게 유효한 하나의 지시 관계로 한정하지 않는 그런 의미 이론이 필요했다. 이 혁명의 상속자인 우리에게는 예술이 그런 패러다임의 전형으로 보인다. 왜냐하면 우리는 예술 대상들을 어떤 것의 표현으로 이해하지만, 그 대상들이 자기 외부의 어떤 것을 반드시 지시하는 것은 아니라는 생각에 익숙해 있기 때문이다.

그러나 18세기에는 이러한 예술 이해가 아직 정착되어 있지 않았다. 예술에 대한 주된 견해는 아리스토텔레스의 미메시스 개념이었다. 예술은 주로 실재의 모사나 묘사로 이해되었다. 표현주의적 인간관은, 사유에서의 모든 심오한 변화와 마찬가지로, 자신의 패러다임을 산출해야 했다. 즉 표현적 예술 이론이 필요했으며, 언어적 의미 혹은 기호의 의미가 의미를 표현하는 또 다른 형식들과 날카롭게 구별되는 것이 아니라 예술의 표현적 의미와 연속적인 그런 의미 이론이 필요했다. 그러나 언어적·예술적 표현에 대한 이런 새로운 이해가 인간의 삶을 표현으로 이해할 수 있게 하는 모델을 위해서만 필요한 것은 아니다. 요점은 삶을 예술로 본다는 것만이 아니다. 비록 이것이 의심의 여지 없이 이 시기의 중요한 유산들 중 하나이기는 하지만 말이다. 만약 인간의 삶이 강한 의미에서, 즉 인간의 삶은 목적의 완성이자 의미의 명료화라는 의미에서 표현이어야 한다면, 그것은 인간이 단순한 생명체 이상으로 표현적 활동을 할 수 있는 존재이기 때문이다. 인간이 표현할 수 있게 만드는 것은 언어와 예술이다. 따라서 이것들은 표현으로서의 인간의 삶을 위한 모델들을 제공할 뿐 아니라 이런 표현을 실현할 수 있게 하는 탁월한 매체이다.

여기에는 서구 전통과의 연속성뿐 아니라 이 전통에 대한 새로운 급진적 도전도 함께 놓여 있다. 언어가 인간에게 중심적이라는 주장은 서구 전통의 큰 흐름에 속한다. 이런 주장은 인간을 '합리적 동물'로 규정한 고대의 정의 이래 꾸준히 있어 왔다. 새로운 도전은 언어가 더 이상 이념의 담지자로서 결정적 중요성을 갖지 않는다는 사실에 있다. 사실 이 시기의 어떤 작가들에게 언어는 더 이상 결정적 중요성을 갖지 않는다. 헤르더가 그런 사람인데, 이런 관점에서 그는 유명론자로 분류될 수 있다. 오히려 그는 언어를 자아의 표현으로 본다. 결과적으로 언어는 인간 행위의 패러다임으로서의 예술에 의해 밀려나는 위험에 처하게 된다. 인간의 중심은 이제 로고스[언어, 철학]에서 포에시스[시, 예술, poesis]로 이동한다.

새로운 언어 이론, 새로운 예술관, 양자의 중심에 대한 새로운 이해 등 서로 연관된 이 세 전환은 헤르더와 질풍노도기의 다른 작가들, 그리고 이를 잇는 '낭만주의' 세대의 작업을 통해 발전한 것으로 간주할 수 있다. 우리는 헤르더의 중요한 논고인 『언어의 기원에 대하여』(*Abhandlung über den Ursprung der Sprache*, 1772)에서 홉스에서 콩디야크에 이르기까지 발전한 언어에 대한 계몽주의적 이해 양식이 단절되는 것을 본다. 헤르더는 이 문제를 근본적으로 다른 방식으로 다룬다. 그는 사막에 있는 두 아이가 특정한 기호들과 특정한 대상들을 결합시키는 방식을 점차로 습득해가는 것을 관찰하면서 그들 사이에서 언어가 어떻게 발생하는가를 보여준 콩디야크의 설명을 인용했다. 약 2세기 후에 비트겐슈타인은 '다르지 않음'의 이론에 대항한 언어 이론을 전개시키는데, 비트겐슈타인의 이 이론을 연상시키는 부분에서 헤르더는 콩디야크의 설명이 실제로는 아주 중요한 단계를 이미 주어진 것으로 전제하고 있다고 지적한다. 아이들은 어떻게 어떤 것들이 다른 것들을 대신할 수 있다는 생각, 혹은 **기호**와 같은 것이 있을 수 있다는 생각을 처음으로 얻는가? 다른 말로 하면 아이들은 어떻게 동물로부터 언어적, 즉 인간적 의식에 이르게 되는가?

헤르더는 실제로 이 질문에 대해 스스로 대답하지는 않았다. 그래서 많은 사람들은 저 논고명이 잘못되었다고 비평하기도 한다. 그러나 중요한 점은 헤르더가 우리의 언어 이해를 변화시켰다는 것이다. 그의 계몽주의 선배들이 가지고 있었던 재현 의식에 따르면 어떤 것이 어떤 다른 것을 대신한다거나 지시한다고 하는 언어관은 당연한 것이었다. 이런 이해는 주체의 경험에 내재한 연상 활동에서 자연스럽게 발생했다. 언어의 기구, 즉 임의의 기호들은, 콩디야크가 말하고 있듯이, 우리의 연상의 흐름을 통제하고, 우리의 사유에 질서를 도입하며, "우리의 상상력을 지배하도록" 하는 데 기여할 뿐이다.[18] 이러한 관점에 따르면 단어들은 기호의 하위 집합이며, 그 단어들의 의미는 단순히 그것들의 소여물에, 사물들에 대한 지시 관계 속에 놓여 있게 된다.

그러나 헤르더에게 이런 재현적 의식 혹은 언어적 의식의 실존은 아주 중요한 질문 사항이다. 동물들은 꿈과 같은 경험의 선율적 흐름에 머물러 있다. 반면 우리는 어떻게 사물들에 대한 분명한 인식, 집중된 인식을 가질 수 있게 되었는가? 이것을 가능하게 하는 것은 언어이다. 따라서 언어는 완전히 다른 관점에서 검토되어야 한다. 언어는 단순히 어떤 것을 지시함으로써 의미를 갖는 기호들의 집합이 아니다. 언어는 인간에게만 특징적인 특정한 의식 형태의 필연적 매개체이며, 헤르더가 '성찰'[19]이라 부른, 사물들에 대한 분명한 장악이다. 다른 말로 하면 단어들은 단순히 지시하는 것이 아니라 그 안에 인간적 의식 형태가 존재하는 그런 활동의 침전물이다.

---

18) Étienne Bonnot de Condillac, *Essai sur l'origine des connaissances humaines*, 1746, Tome 1, Section 2, Chapitre IV, §46.
19) 원어로는 Besonnenheit로 '신중함', '사려 깊음'이라는 뜻을 갖는다. —옮긴이

따라서 단어들은 세계를 묘사할 뿐 아니라 또한 의식의 양태도 표현한다. 그것은 위에서 말한 대로 이중적 의미에서 그렇게 하는데, 즉 단어들은 의식의 양태를 실현하고, 그 의식이 어떤 양태인지를 규정한다.

이것이 바로 헤르더의 근본적인 생각이다. 만약 인간이 표현의 범주로 이해되어야 하는 존재라면, 인간의 특징이 어떤 의식의 형태, 즉 성찰이라면, 그리고 이것이 언어 속에서만 실현된다면 사유·성찰 등과 같은 명료하게 인간적인 활동은 체현되지 않은 요소 속에서 실행될 수 있는 것이 아니다. 그런 것은 매체 속에서만 존재할 수 있다. 언어는 사유에 본질적이다.[20] 그리고 사유나 특징적인 인간적 활동이 언어라는 매체 속에서만 존립할 수 있다면 서로 다른 자연 언어들은 한 민족으로 하여금 인간적 본질을 실현하게 하는 독특한 방식을 표현한다. 한 민족의 언어는 그 민족의 인간성의 특권적 거울이거나 표현이다. 언어 연구는 인간의 다양성을 이해하는 중심적이고 불가피한 도정이다. 따라서 헤르더의 작업은 이 시기에 시작된 언어학적 연구의 위대한 성장의 기원이 된다.[21]

그러므로 언어는 헤르더에게서 계몽주의자들과는 다른 차원에서 이해된다. 언어는 지시적 기호일 뿐 아니라 또한 표현이다. 그리고 이러한 측면에서 그것은 예술과 연속선상에 있다. 따라서 헤르더의 견해는 언어의 기원은 시와 노래와 분리될 수 없다는 것이고(물론 이 견해는 그의 원래 생각이 아니라 질풍노도 운동이 새롭게 부여한 것이다), 가장 적절한 언어는 세계의 기술과 느낌의 표현을 통일한 것이라는 것이다. 강한 의미에서 언어

---

20) 헤르더가 이러한 생각의 함의들을 언제나 알고 있었던 것은 아니다. 하지만 앞으로 보게 되겠지만 이 함의들은 헤겔에게 아주 중요했다.
21) 또한 헤르더는 이 시기에 시작된 민족의 노래와 문화에 대한 거대한 관심을 불러일으킨 장본인이다.

란 느낌의 표현이라는 이런 언어관은 계몽주의의 인간론·의미론과 함께
할 수 없다. 물론 이런 언어관이 어떤 계몽주의의 작품들 속에, 예컨대 '천
재'에 대한 디드로의 논의에 등장하고 있기는 하지만 말이다. 예를 들어 울
부짖음은 느낌을 표출한다는 의미에서, 그리고 이후에 하나의 기호로 선
택될 수 있다는 의미에서 느낌의 자연적 '표현', 느낌의 자연적 배출인데,
이념[생각]은 바로 이런 울부짖음의 연속선상에 있다는 것이다.[22] 그러나
느낌이 무엇인지를 **정의하는** 강한 의미에서의 표현이라는 이념은 새로운
인간론과 함께 생겨난다. 언어는 세계를 기술하지만 또한 그것은 인간을
실현해야 하고, 또 이를 통해 인간이 무엇인지를 명료화해야 한다.

언어가 예술과, 적어도 질풍노도기에 발전해서 새롭게 이해된 예술과
연속선상에 있다는 것은 바로 이러한 의미이다. 그 시대의 표준적인 견해
에 따르면 예술은 그 기능에 있어서 주로 모방이거나 교훈적이거나 만족
을 주는 것이었다. 즉 예술은 세계를 모사하려고, 혹은 인간을 향상시키려
고 존재하거나 아니면 인간에게 쾌감을 주려고 존재하는 것으로 간주되었
다. 하지만 질풍노도의 세대는 표현적 예술관을 발전시켰다. 즉 예술은 예
술가의 심층적 느낌을 표현하며, 그 과정에서 자신을 완성하고 자신의 실
존을 확장시킨다는 것이다. 괴테는 '정화'(Läuterung)라는 개념을 사용한
다. 괴테의 이 술어가 함축하듯이 바로 이 표현이란 것은 느낌들에 대한 표

---

22) 이 말은 울부짖음은 느낌의 표현이자 그 자체로 그런 느낌을 지시하는 하나의 기호라는 의미
   이다. 예를 들어 '그는 울부짖는다'라는 표현은 그의 현재의 느낌을 표현하고 있을 뿐 아니라
   울부짖고 있는 그런 상태를 기술하는 것이기도 하다. 느낌의 표현이 사태에 대한 주관적 측
   면을 강조한다면, 상태의 기술은 사태에 대한 객관적 측면을 강조한다. 테일러는 언어가 가
   지는 이런 이중적 측면을 받아들일 경우 주관과 객관의 엄격한 구분에 매달리는 계몽의 이분
   법을 넘어설 수 있다고 본다. 그리고 그 원형을 헤르더의 표현주의적 언어관에서 보며, 헤겔
   의 변증법에서 그 만개된 형식을 본다. ─옮긴이

출일 뿐 아니라 높은 형식으로의 이 느낌들의 변형이다. 동일한 이유에서 이 표현은 그 엄격한 의미에서 주관적이지 않으며, 결코 진리 요청을 하지 않는다. 반대로 최고의 예술 형태는 그것이 자연[본성]에 충실하기 때문에 최고이다. 그것이 최고 예술인 것은 모사라는 의미에서가 아니라 오히려 그 가능성의 최고의, 가장 완벽한 표현이라는 의미에서 그렇다.

예술은 이런 새로운 의미에서 표현적인 것으로 간주되었다. 그래서 예술가는 창조자로 간주되었으며, 천재 테마는 18세기에 새로운 추동력을 부여했다. 천재에게는 사전에 어떤 공식도 주어질 수 없고, 단지 전개되어 가는 과정에서 드러날 수 있는 힘이 주어져 있다고 한다.

질풍노도의 세대에게 인간에 대한 가장 진정한 표현인 예술은 사람들이 다른 사람들과의 유대와 자연과의 통합을 회복하는 중요한 길이었다. 나는 이후에 이 주제로 돌아올 것이다.

그래서 1770년대의 독일은 새로운 인간론의 발전의 일부를 이루는 새로운 언어철학과 예술론을 보았다. 이 운동의 결과로 예술은 인간 본성의 실현에서, 인간을 완성하는 과정에서 중심적 역할을 수행하는 것으로 간주되었다. 예술이 종교와 유사한 기능을 담당하고 어느 정도 종교를 대체하기 시작한 것은 바로 이 시기부터이다. 예술의 이런 준(準)종교적 기능이 우리 시대 문명의 근본 형태라고 할 때 1770년대는 근대 세계의 발전에서 분수령이었다고 간주될 수 있다.

예술의 핵심적 중요성은 느낌에 대한 가치 평가가 높아진 것과 긴밀한 연관이 있다. 우리가 본 것처럼, 인간의 실현은 명료화라는 의미에서 인간이 무엇인지에 대한 표현을 포함한다. 이것이 바로 최고의 완성이 표현적 활동을 통해 도달되는 이유이다. 이런 표현은 그 최고의 형식 속에서 인간에 의해 인식되어야 하고, 우리가 위에서 본 것처럼 자기 인식의 양식이어야 한다. 왜냐하면 그 최고 형식의 주체성은 자기 의식이기 때문이다. 그러나 주체의 삶은 느낌의 삶이기도 하며, 주체의 자아 실현 혹은 자아 실현의 결여는 결코 무관심의 문제가 아니라 고통과 기쁨이라는 느낌들과 더불어 경험되는 것이다. 그리고 여기서 언급된 느낌은 단순히 정신의 수동적 상태만이 아니라 의지의 기질이기도 하다. 그러므로 이런 자기 인식은 자아의 비전일 뿐 아니라 자아의 느낌이기도 하며, 스스로를 유지하거나 자기 자신을 실현하려는 열망과 더불어 충족된다. 그리고 이 모든 것은 서로 분리될 수 없다. 따라서 최고의 표현적 활동은 비전[표상, 관념]과 느낌 양자의 매개체이며, 이것은 언어가 그 기원에서만이 아니라 그 최고의 기능에서도 예술과 연속선상에 있는 이유가 된다.

여기서 느낌은 계몽의 주된 흐름에 속한 개념이 아니다. 계몽에 따르면 느낌은 수동적 심정 상태로서, 한편으로는 이런 상태를 불러일으킨 것과, 다른 한편으로는 이 상태가 다른 것에 작용을 미치는 행위와 우연적 방식으로만 결합되어 있다. 오히려 우리는 생산적인 의미에서 느낌이 사유와 분리 불가능할 것이라 생각한다. 물론 사유도 실재와 진정으로 관계 맺으려면 느낌과 분리될 수 없다. 그래서 헤르더는 다음과 같이 말한다. "모든 것[정열과 감각—테일러]은 최고의 인식 속에서 작동할 수 있고 작동해야 한다. 왜냐하면 이 인식은 바로 그런 것들로부터 성장했고, 그것들 안에서만 살 수 있기 때문이다."[23] 게으른 사변만이 느낌에 동반될 수 없다. "거짓말쟁이와 무기력한 존재"만이 이런 게으른 사변에 만족할 수 있다.

우리는 표현적 존재이기 때문에 우리의 삶은 단일체이며, 따라서 구분

---

23) Herder, *Vom Erkennen und Emfinden der menschlichen Seele, Herders sämtliche Werke*, Band 8, S. 199.

되는 수준에 따라 인위적으로 나뉠 수 없다. 즉 사유에 대항하는 삶, 합리성에 대항하는 감성, 의지에 대항하는 인식 등으로 나뉠 수 없다. 인간은 이성이 부가된 동물이 아니라 분할할 수 없는 전혀 새로운 형식이다.[24] 따라서 느낌들은 인식의 양태이며, 느낌의 사유 내용은 그 느낌에 내재해 있고, 이느낌들은 자신들이 체현하고 있는 사유나 인식에 의해 질적으로 분화될수 있다. 따라서 느낌의 위계는 자기 인식의 위계와 불가분하게 묶여 있으며, 의지의 성향들의 위계와도 묶여 있다. 왜냐하면 "충동은 우리의 실존을추동하는 힘이고, 우리의 가장 고귀한 인식에서도 그런 힘으로 남아야 하"기 때문이다. 그러므로 "사랑은 가장 고귀한 느낌인 것과 마찬가지로 인식의 가장 고귀한 형식이다".[25]

　따라서 최고의 인간 실현의 본질적 구성 요소는 특정한 질적 느낌이다. 즉 자기 비전으로서의 자기에 대한 느낌, 느낌/비전[26]이 우리의 최고의활동 속에서, 즉 언어와 예술 속에서 표현되는 그런 질적 느낌이다. 완벽하게 전개된 인간은 삶으로서만이 아니라 표현적 활동을 할 수 있는 존재로,즉 자기 명료화와 자유에 도달할 수 있는 존재로도 현실화된다. 이것이 바로 헤르더가 인간의 결정적 특성이라고 말한 '성찰'(Besonnenheit)이라는 개념 속에 내포된 의미이다. 인간의 완전성이라는 이런 정의에서 우리는 고전적 전통과의 유사성과 동시에 단절을 볼 수 있다. 인간은 합리적 동물이다. '인간성'(Humanität)은 헤르더에 의해 '이성과 공평함'(Vernunft

---

24) Herder, *Über den Ursprung der Sprache, Ibid.*, Band 5, S. 28~29.
25) Herder, *Vom Erkennen und Emfinden der menschlichen Seele, Ibid.*, Band 8, S. 199~200.
26) 감정의 동물로서 갖는 느낌과 이성의 동물로서 갖는 비전이 인간에게서 동떨어질 수 없는 것임을 표현하기 위해 테일러는 이를 '느낌/비전'이라는 형식으로 기호화한다. ―옮긴이

und Billigkeit)[27]으로 정의된다. 그러나 합리성은 우주적 질서와의 조응이라는 원리가 아니다. 오히려 그것은 자기 명료화, 즉 성찰이다. 이에 도달할 경우 우리는 우리 속에서 존재해야 하는 것이 되며, 우리의 완전한 자아를 표현하고, 그리하여 자유로워진다.

따라서 우리가 완전히 실현된 상태에서 우리 자신에 대해 갖는 느낌/비전은 우리의 완성에 본질적이다. 즉 우리는 자연적 존재이자 정신적 존재로서, 자연적 욕망의 주체이자 자기 명료화와 자유 그리고 표현적 형상을 얻고자 하는 최고의 열망의 주체로서 존재하며, 이 모든 것들이 조화로운 통일을 이루는 그런 존재이다. 이것이 바로 이런 느낌/비전이 실현되게 하는 매체인 예술이 우리의 실존을 확장하고 우리를 정화하는 이유이다.

1790년대의 문제들이 드러나도록 무대를 설치하기 위해 이 새로운 인간론에서 흘러나온 몇몇 열망을 살펴보자. 표현주의적 인간학은 인간의 삶에 대한 기계론적·원자론적·공리주의적 해명에 대한 반응이다. 만약 우리가 자유에 대한, 혹은 자기 규정에 대한 통찰에서 계몽의 인간학의 본모습을 볼 수 있다면, 계몽의 인간학에 대한 반발은 이런 인간 이해를 건조하고 죽은 것으로, 삶을 파괴하는 것으로 인식했다. 왜냐하면 자기 규정하는 이성적 주체로서의 자유에 대한 통찰은 자연을 객체화함으로써, 심지어 우리가 우리 자신에 대해 객체로 존재하는 한 우리 자신의 본성[자연]도 객체화함으로써만 얻어진 것이기 때문이다. 그런 자유관은 인식하고 의지하는 주체와 소여된 것, 즉 자연적으로 존재하는 것 사이의 균열을 전제하고서야 습득된다. 그리고 이 소여된 것의 영역은 세계 내에 있는 외적인 사물들뿐 아니라 주체 안에 소여되어 있는 것, 즉 그의 욕망·느낌·경향성·친밀

---

27) Herder, *Ideen*, XV. 3, *Herders sämtliche Werke*, Band 14, S. 230.

감 등도 포함한다.

계몽은 인간 본성[자연]을 포함한 자연을 주체가 인식하고 행위할 때 다뤄야 하는 객체화된 사실들의 집합으로 생각한다. 물론 자연은 부분들이 완벽하게 서로 맞물려 있는 조화로운 전체로서, 인간의 완성을 위한 원료를 제공할 뿐 아니라 인간을 위한 모델이자 청사진을 대변했다. 그러나 거기에는 여전히 자연과 의지 사이에 균열이 있었다. 이때 자연은 계획이나 도구로 나타나며, 의지는 이 계획 위에서 행동하는 것으로 나타난다.

표현주의적 이론의 추동자들──루소, 헤르더 그리고 이후의 낭만주의자들──이 참을 수 없었던 것은 바로 이런 균열이다. 그들은 이러한 [계몽주의적] 사물관을 삶의 통일성을 찢어 버리는 것으로 여겼다. 이런 사물관에서 자연은 사유와 의지의 영감이자 추동력으로 존재해야 한다. 자연이 의지를 위한 청사진을 제공하는 것으로는 충분하지 않았다. 자연의 목소리는 의지를 통해 말해야 한다.[28]

따라서 주체에 대한 어떤 견해에서는 자아의 확증으로 경험된 것이 다른 견해에서는 추방으로, 혹은 내적인 균열로 느껴진다. 어떤 견해에 따르면 객체화된 세계는 주체의 자기 소유를 보여 주는 증거이지만, 다른 견해에 따르면 그것은 주체의 삶을 부정하는 것이고, 주체가 자연과 연합되어 있음을 부정하는 것이며, 자신의 자연적 존재 속에 자신을 표현하는 것을 부정하는 것이다.

---

28) 확실히 인간 행위의 모델로서의 계몽의 자연관은 자연의 목소리라는 표현주의적 개념으로의 이행의 가능성을 제공한다. 돌바크와 같은 급진적 계몽 사상가들이 자연을 칭송하는 몇몇 문장들은 표현주의적 감성에 거의 접근해 있는 것 같다. 그러나 루소, 헤르더 그리고 이들의 후계자들 등 내가 표현주의의 선구자라고 부른 사람들은 자연의 목소리라는 이런 개념과 조응하는 인간론을 발전시켰다. 물론 섀프츠베리와 도덕 감정 이론가들도 부분적으로 그 이론의 발전에 기여했다.

객체화된 세계를 추방으로 보는 이런 경험은 표현주의적 반작용이 왜 세계가 텍스트로 간주되고 자연이 의미의 장소였던 그 이전 시기에 대한 향수로 간주되었는지, 그리고 왜 스스로를 그런 향수로 간주했는지를 설명한다. 그러나 위의 논의에서 명백하게 드러나듯이 그 열망은 진실로 복귀를 위한 것이 아니었다. 표현주의적 견해는 심지어 주체성의 이념을 강조할 때조차 주변 환경과의 유대를 주장하는데, 이때 이 유대는 이념들의 우주적 질서를 숙고하는 형태로 욕망되는 것이 아니라, 우리가 아래에서 볼 것처럼, 주체성들에 적합한 유대로 욕망된다.

이런 견해로부터 발생한 열망에 대해 살펴보자. 첫째, 통일성과 전체성에 대한 열정적 요구가 있었다. 표현주의적 견해는 계몽의 사상가들을 맹렬히 비난했는데, 왜냐하면 그들은 인간을 쪼갰고, 따라서 인간의 본성을 객체화하는 가운데 인간적 삶의 참된 상을 왜곡시켰기 때문이다. 그들은 영혼을 육체와, 이성을 감정과, 이성을 상상력과, 사유를 감각과, 욕망을 계산과 나누었다. 이 모든 이원성은 인간의 참된 본성을 뒤틀었다. 하지만 인간의 본성은 오히려 단일한 하나의 삶의 흐름으로 간주되어야 한다. 그런 흐름은 예술 작품에서 그 훌륭한 모델을 볼 수 있는데, 왜냐하면 여기에서는 어떤 부분도 다른 부분들과의 추상 속에서[즉 다른 부분들로부터 격리된 채] 정의될 수 없기 때문이다. 이런 분리들은 따라서 실재로부터의 추상으로 간주되었다. 그런데 이런 분리는 이러한 사실 그 이상이었다. 그것은 인간을 훼손했다. 이런 잘못된 견해들은 단순한 지적 오류 이상이었다. 왜냐하면 인간은 자기 표현적 존재이며, 예술과 언어라는 표현 수단을 이용해 자기의 느낌과 열망에 부여한 결정적 형태를 통해 부분적으로 자신을 실현하므로, 그런 잘못된 견해는 인간의 완성에 장애가 되기 때문이다. 자신의 느낌들을 사유와는 다른 범주에 속하는 것으로 보는 사람, 즉 기계적으로 설명될 수 있는 자신에 대한 사실들로 간주하는 사람은 느낌들의 변형된 표현으로 고양될 수 없다. 따라서 이런 지적 오류는 도덕적 열정과 충돌하지 않을 수 없다. 우리는 이런 사실을 헤르더가 다양한 능력심리학 이론들과 싸운 곳에서 발견할 수 있다.[29]

인간 안에 있는 이원성을 공격하는 가운데, 우리는 계몽의 주된 흐름이 때때로 또 다른 종류의 추상을 수행한다고 비난받는 것을 볼 수 있다. 즉 계몽은 인간을 실제 삶의 현장에서 단절하는 잘못된 표상의 세계를 도입한다는 것이다. 이러한 비판은 루소의 주된 테마들 중 하나이며, 통상 그의 영향을 보여 준다. 우리는 이러한 사실이 이념들의 동일한 질서로부터 어떻게 흘러나오는지 볼 수 있다. 인간의 자기 표현은 왜곡되어 있으며, 그의 삶은 그 자신을 표현하는 것이 아니라 그의 실제 느낌과 열망에 대한 상상적 대체물을 표현할 뿐이다.

이 점에서 우리는 헤겔의 작품을 이해하는 데 있어 아주 중요한 표현주의적 이론의 강력한 요지들 중 하나를 만날 수 있다. 즉 표현주의는 강력한 반이원론이고, 데카르트의 유물인 육체-영혼 이원론 혹은 정신-자연 이원론을 극복하고자 한다. 표현주의는 이런 분리를 가로지르는 삶의 범주를 향하고 있으며, 위에서 본 것처럼 아리스토텔레스를 끌어들인다. 육신을 입지 않은 어떤 정신적 실재가 존재한다는 사실에 대한 거부는 우리가 보게 될 것처럼 헤겔 철학의 근본 원리들 중 하나이다.

---

29) 능력심리학(faculty psychology)은 정신 활동을 몇 가지 능력으로 구분하고서 정신 현상의 실체, 원인, 설명 원리 등을 이끌어 내는 심리학이다. 플라톤이 인간의 영혼을 지·정·의로 나눈 것이 가장 고전적 예에 속한다. 근대에 크리스티안 볼프는 인간의 능력을 인식 능력과 욕망 능력으로 나누었고, 이 능력들 중에서 열등한 것과 우등한 것 등을 세분했다. 헤르더는 인간의 능력을 이렇게 구분하는 것을 인위적인 것으로 여겨, 통합된 인간 영혼의 상을 제시한다.―옮긴이

둘째, 표현주의적 이론은 자유를 중심적 가치는 아니더라도 인간 삶의 한 가지 가치로 만든다. 자유는 우리가 본 것처럼 자기 규정하는 주체라는 근대적 개념과 함께 중요한 가치가 된다. 그러나 표현 이론은 자유의 개념을 변경시키며, 또한 자유의 중요성을 크게 고양한다. 자유에 대한 계몽의 표준적 견해에 따르면 자기 규정하는 주체는 외부의 통제와 관련하여, 특히 국가나 종교적 권위로부터 독립성을 갖는다는 점에서 자유롭다. 표현 이론은 이런 자유관을 변경시킨다. 새로운 자유는 진실한 자기 표현에 그 본질이 있다. 자유는 외부의 침입에 의해서뿐 아니라 표현을 강압하는 모든 왜곡에 의해서도 위협받는다. 자유는, 궁극적으로 외적 기원을 갖지만 자아 속에 안착될 수 있는 잘못된 형성물에 의해 실패할 수 있다. 루소는 우리에게 이러한 유의 이론을 제시한다.

자유는 인간의 기본적 목표인 자기 실현과 동의어이기 때문에 아주 중요한 지위를 갖는다. 자유는 인간의 자기 실현이라는 목표를 특징화할 수 있는 방법들 중 하나일 뿐이다. 이런 의미에서 자유는 유일한 중심적 가치 그 자체라기보다는 그런 가치들 중 하나일 수 있다. 우리는 그 목표를 통일, 최고의 완성, 조화 등으로 표시할 수 있다. 모든 작가가 다 자유를 최고의 목표라고 서술하는 것은 아니지만, 확실히 자유가 이런 목표에 도달하기 위한 유용한 가치라고 서술하기는 한다.

셋째, 표현 이론은 계몽이 위험한 것으로 여겼던 자연과의 연합을 위한 영감을 부여했다. 우리는 위에서 객체화된 자연이 어떻게 추방으로 경험되는지 보았다. 그리고 사실 표현으로 이해된 삶의 욕구들은 육체와 영혼, 사유와 감각 사이의 이런 이원론을 용납할 수 없었고, 육체의 경계들에 머물 수 없었다. 내가 나를 내적 본성과 외적 자연에 마주한 정신으로 보는 것에 만족하지 않으며, 나를 그 안에서 자연으로 하여금 사유와 의지를 통해 말하게 하는 삶으로 생각해야 한다면, 따라서 내가 주체로서 내 육체와 하나라면, 나는 내 육체가 외부의 더 큰 자연과 상호 교호 작용에 있다는 사실을 고려해야 한다. 자연은 어떤 육체적 한계도 없으며, 따라서 주체로서의 나는 더 큰 이 자연과의 상호 교호 작용 안에 있어야 한다.

그러나 이때 나의 삶이 나의 표현적 활동 속에서 완전히 반영되어야 한다면, 그리고 이 활동에 의해 표현되는 나 자신의 느낌/비전이 나의 실제 실존에 적합해야 한다면, 이런 느낌은 나의 자아의 경계에 머물 수 없다. 오히려 그것은 자신을 가로질러 흐르는 거대한 삶의 흐름에 개방되어야 한다. 자아 속에 통일이 있어야 한다면, 나 자신의 육체적 삶에 머물지 않는 보다 더 거대한 이 흐름이 자유와 표현을 향한 보다 고귀한 열망과 통합되어야 한다. 따라서 자아에 대한 우리의 느낌은 우리를 관통하여 흐르고 우리가 그 일부로 있는 이런 보다 큰 삶의 흐름에 대한 우리의 느낌과 연속적이어야 한다. 이런 흐름은 우리를 육체적으로뿐 아니라 정신적으로 양육해야 한다. 그러므로 그것은 물질의 유용한 상호작용 그 이상이어야 한다. 그것은 유대감 있는 공동체로 경험되어야 한다.

그래서 헤르더는 다음과 같이 말한다. "전체 자연을 보라. 피조계의 위대한 유사성을 보라. 모든 것은 자기 자신을 느끼고 자신과 유사한 것을 느낀다. 삶은 삶으로 물결친다."[30] 신의 형상인 인간은 "피조계의 정수이자 관리자"로서 다음을 위해 부름받았다. 즉 "피조계의 모든 생명체가 신과 맺는 관계에 따라 보자면 인간은 자기 신의 감각 기관이 된다."[31]

---

30) Herder, *Vom Erkennen und Emfinden der menschlichen Seele, Herders sämtliche Werke*, Band 8, S. 200.
31) *Ibid.*, S. 200.

따라서 표현주의적 견해의 주된 열망들 중 하나는 인간이 자연과의 유대 속에서 연합되어 있다는 것, 인간의 자기 감정은 모든 생명체에 대한 공감, 살아 있는 것으로서의 자연에 대한 공감과 연합되어 있다는 것이었다. 객체화된 우주는 자기 자신 내부에 기계적 관계만을, 그리고 주체와의 기계적 관계만을 허용하는데, 우리는 그런 우주가 어떻게 죽은 것으로, 추방의 장소로, 피조물들 사이에서 획득된 보편적 공감의 부정으로 경험되는지를 볼 수 있다.

우리는 또한 이런 요구가 어떻게 세계-텍스트라는 전근대적 사상으로의 회귀를 위한 요구와 혼동될 수 있었는지, 하지만 이런 요청이 어떻게 실제로 유지되지 않는지를 볼 수 있다. 두 견해 다 인간을 위한 의미를 전혀 갖지 않는 객체화된 우주라는 근대적 상에 대립한다. 전자의 경우[전근대적 세계관의 경우]에 세계는 이상적 의미를 구현하고 있는 것으로 간주되며, 우리가 세계와 접촉하는 방식은 이상들에 대한 명상이다. 후자의 경우[표현주의적 세계관의 경우] 자연은 우리가 그 일부로 존재하는 삶의 거대한 흐름으로 간주되며, 따라서 우리가 그 세계와 접촉하는 방법은 이 흐름으로의 공감적 이입이다. 여기서 추구되는 것은 합리적 질서상이 아니라 보다 큰 삶과의 상호작용이다.

이 시기에 나타난 전근대에 대한 향수의 가장 중요한 형식, 특히 고전기 그리스에 대한 존경과 심지어 숭상을 보면 이러한 사실을 확인할 수 있다. 이것은 18세기 마지막 30년에 독일 문학의 가장 강력하고 깊이 느껴지는 주제들 중 하나였다. 빙켈만[32]의 연구는 심오하고 지속적인 반응을 불

---

32) 요한 요하임 빙켈만(Johann Joachim Winckelmann, 1717~1768)은 독일의 미술 고고학자로서 『그리스 미술 모방론』(*Gedanken über die Nachahmung der Griechischen Werke*

러일으켰다. 인간에 대한 표현 이론이라는 맥락에서 이 문제를 볼 경우 우리는 그 이유를 비교적 쉽게 알 수 있다. 왜냐하면 고대 그리스는 이 시기 사람들에게 최고의 삶의 형식을 구가한 것으로 재현되었기 때문이다. 그곳에서는 인간의 최고의 것, 그리고 인간이 추구하는 형상·표현·명료함 등이 인간의 본성과, 그리고 또한 전체 자연과 일치하는 것으로 여겨졌다. 그때는 인간 내부에 통일과 조화가 있던 시기이다. 그 상태에서는 사유와 느낌, 도덕성과 감성이 분리되어 있지 않았으며, 인간이 자신의 (도덕적·정치적 혹은 정신적) 삶에 각인한 형식은 그의 자연적 본성에서 흘러나오고, 순수한 의지의 힘에 의해 강요받지 않았다. 물론 이 시기에 자연스럽게 표현된 삶의 거대한 흐름은 인간의 정신에 낯설지 않았다. 반대로 그 시기의 인간은 인간의 형상을 입은 신들 속에 살았다. 인간은 이 신들과 깊은 관계속에 있었고, 그 신들은 사람들이 최고의 영웅적 행위를 하도록 격려했다.

따라서 질풍노도기의 많은 사상가들이 그리스에서 본 것은 전근대적 의식이 아니었다. 전근대적 의식에 따르면 인간은 자신을 넘어서 있는, 그리고 여러 가지 점에서 자신과 부합하지 않는 그런 질서와의 관계속에서 정의되었다. 하지만 그들이 그리스에서 본 것은 오히려 그들 자신이 열망한 것, 즉 자기와의 통일과 자연과의 교감이 드러난 형상이었다. 그리고 이런 교감은 느낌의 하나였다. 실러의 『그리스의 신들』(*Die Götter Griechenlandes*)은 이런 갈망하는 향수를 가장 잘 드러낸 작품들 중 하나로 간주되는데, 여기에 다음과 같은 시구가 있다.

---

in der Malerei und Bildhauerkunst, 1756), 『고대 예술사』(*Geschichte der Kunst des Altertums*, 1764) 등 고대 예술에 대한 중요한 작품들을 남겼다. 그는 당시까지의 예술가 중심의 역사 서술 대신 예술과 삶의 관계, 정신상의 문제들 등을 탐구하는 새로운 양식을 수립했다. 이런 업적으로 인해 그는 오늘날 독일 정신과학의 아버지로 숭앙받고 있다. — 옮긴이

시인의 마법의 망토가

살포시 진리를 감쌌을 때,

피조계에 삶의 충만함이 흘러넘쳤지요.

그리고 거기에서는 [오늘날] 더 이상 느낄 수 없는 것들이 느껴졌습니다.

사람들은 자연에 위대한 고귀함을 부여했습니다.

봉헌된 눈을 가진 이들에게 모든 것은

신의 흔적으로 드러났습니다.

그러나 인간이 "신 없는 자연" 앞에 서 있을 때 이런 교감은 이제 회복 불가능하게 파괴된다.

그것이 선사한 기쁨도 의식하지 못하고,

그것의 위대함에 현혹되지도 않으며,

그것을 이끌어 가는 정신을 전혀 알지 못하고,

나의 행복을 통해 축복되지 않으며,

그것을 조성한 자의 영예를 지각하지도 못하고,

추시계의 죽은 종소리와 똑같이,

그것은 중력의 법칙에 노예처럼 봉사한다오,

신이 없어진 자연은.

이런 교감의 존재론적 기초는 무엇이라고 생각되었던가? 실러는 위의 시에서 어떤 신들도 실제로 없으며, 오히려 자연 속의 신들의 세계가 시의 창조물임을 암시한다. 그런데 우리가 앞으로 보게 될 것처럼 표현 이론에 대한 태도에서 실러는 이중적이다. 그러나 또 다른 유명한 시로서 베토

벤의 9번 교향곡 합창의 마지막 부분에 사용된 「환희의 송가」(Ode an die Freude)에서 그는 환희를 모든 것을 관통하여 흐르는 삶의 거대한 통합 과정으로 간주한다.

표현 이론에 좀더 천착했던 사람들의 토대는 각자 달랐다. 예를 들어 헤르더의 표현 이론은 보편적 공감 개념에서 훨씬 더 나아간 것 같지 않다. 보편적 공감이란 질풍노도기 이전에, 예컨대 섀프츠베리에게서 이미 통용되던 생각이다. 그러나 다른 사람들은 자연을 관류해 흐르는 보편적 삶이라는 개념을 향해 나아갔다. 그런 생각은 삶의 범주들로 변형된 스피노자의 사유에 기초해 있었다. 괴테는 이러한 유의 견해를 다소간 가지고 있었던 듯하다. 나중에 우리는 이 보편적 삶에 주체성을 부여함으로써 아주 진전된 존재론적 가정을 보게 될 것이다. 헤겔의 해결책은 이러한 유의 생각들 중 하나이다.

이 경우 우리는 세계라는 텍스트에 대한 전근대적 이해를 상기시키는 이론과 다시 한번 마주한다. 그 이론에서는 자연의 상이한 측면들이 상이한 이념들을 구현하고 있다고 간주된다. 따라서 셸링과 헤겔의 자연철학은 과거로의 회귀로 보인다. 그러나 결정적 요점은 자연에 내재한 의미에 대한 이런 독해가 우주적 주체라는 개념에 의해 지지된다는 것이다. 그리고 의미들 그 자체는 이 사상가들이 전개한 주체성 개념에서 인출된다. 이런 관점에서 그들은 근대 주체성의 원리에서 조금도 떨어져 있지 않다.[33]

넷째, 자연과의 교감은 동일한 힘으로 다른 사람들과의 교감에 적용된다. 여기서도 역시 표현주의적 견해는 계몽의 사회상에 경악과 전율로 반응한다. 계몽의 사회상은 도덕적으로 자기 충족적인 원자적 주체들에 기초해 있는데, 이 주체들은 개인의 권리를 추구하거나 방어하는 가운데 서로 외적 관계에 접어드는 자들이다. 이에 반해 표현주의 이론가들은 인간들 사이의 공감을 그들의 최고의 자기 감정과 결합시킬 감정적 통일의 보다 심오한 교감을 추구한다. 이런 교감 속에서 사람들의 최고 관심사는 개인을 보존하는 데 머물기보다 공동체적 삶을 분유하고 그 안으로 들어가는 것이다.

여기서도 역시 그리스의 폴리스는 근대적 인간이 슬프게도 잃어버렸던 패러다임을 제공하는 것으로 보였다. 헤겔을 포함한 이 시기의 많은 독일인은 고대 폴리스에서 인간이 도달한 비교할 수 없는 최고의 성취를 보았다. 그들은 폴리스는 공적인 삶이 중시되고, 시민에게 가장 중요한 것들이 이뤄지는 장소라고 인식했다. 따라서 이들은 몽테스키외가 말한 덕(vertu), 즉 도시를 위해 자신의 모든 것을 바칠 마음의 준비를 최고의 형태로 가지고 있었을 뿐 아니라, 또한 도시의 삶을 스스로 형성하여 그 안에서 표현된 자신을 발견하기도 했다. 도시와의 동일화와 도시 안에서의 표현은 동일한 동전의 양 측면이었다. 그래서 고대의 폴리스는 완전한 자유를 최고의 공동체적 삶과 결합시켰고, 따라서 표현주의적 이상이었다.

---

33) 하만의 경우는 이 시기의 세계상과 어울리는 것 같지 않다. 그는 자연을 신의 말씀이라고 하면서 세계를 이념들의 체현물이라고 한 전근대적 견해로 돌아간다. 하만은 정통 기독교도로 머물러 있었으며, 헤르더에게서, 그리고 당연히 괴테와 같은 비기독교도에게서 명백하게 드러나는 스피노자의 범신론적 경향에 경도되지도 않았다. 그러나 그가 당시의 전형적인 운동과 동떨어져 있었다는 사실과 상관없이 그는 이 운동에 영감을 주었다. 자연에 내재한 신의 말씀이라는 그의 사상은 체현된 이념들의 질서라는 사상과 전혀 다르며, 그것은 신이 인간에게 하는 살아 있는 말이다. 그것은 랑그[언어 체계]가 아니라 신의 파롤[음성]이다. 이런 점에서 그의 사상은 『성서』와 일치한다[요한 게오르크 하만(Johann Georg Hamann, 1730~1788)은 기독교적 종교 체험에 깊이 각인된 사상가로 신앙의 변호자였다. 통일은 이성이 아니라 신앙으로 이뤄진다고 주장했으며, 따라서 계몽을 비판했다. 이런 점에서 그는 질풍노도기의 개척자였으며, 헤르더와 괴테 등에게 영향을 주었다. 괴테는 하만을 당대의 가장 뛰어난 두뇌의 소유자로 평가했다. 『성서적 고찰』(Biblische Betrachtungen, 1758), 『이성의 순수주의에 대한 메타 비판』(Metakritik über den Purismus der Vernunft, 1784) 등의 저서가 있다].

이 네 요구들, 즉 통일성, 자유, 인간과의 교감, 자연과의 교감은 표현 주의적 의식의 열망을 반영한다. 이 요구들, 그리고 근대 사회에 대한 불만들은 여기서 우리가 살펴본 방식에서뿐 아니라 전혀 다른 방식들에서도 불가분하게 연관된 것으로 간주되었다.

그래서 실러는 『인간의 미적 교육에 관한 서한』(*Briefe über die ästhetische Erziehung des Menschen*)의 6번째 서한에서 인간이 고대 그리스에서 근대 사회로의 진화 과정에서 겪은 분열을 추적한다. 근대인은 고전기 인간에서 통합되었던 능력들을 분열시켰다. 그리고 그렇게 함으로써 인간은 특화되었고, 따라서 각자는 전체를 표현하는 대신 인류[인간성]의 파편으로만 존재할 뿐이다. 인간의 이런 특화는 오성의 이원론의 결과로 주어진 것으로서 이번에는 사회에서의 계급들 간의 분열로 연결된다. 왜냐하면 계급들은 각자 기능적인 관점에서만 서로 관련되어 있기 때문이다. 계급으로의 이런 분열은 사회의 살아 있는 통일체를 기계적 상호 의존으로 변형시킨다. 근대 사회라는 복잡한 기계를 작동시키기 위해 구성원들의 자발적 참여는 필요 없고 오로지 관료적 공식만을 따라야 한다. 인간은 더 이상 구체적 존재로 간주되지 않고 단순한 지적 구성물로 취급된다. 그래서 인간은 국가와의 어떤 동일화도 느끼지 못하며, 결과적으로 국가는 모든 권위를 상실하고 단순한 통치 권력으로 전락한다.

실러의 이 문구들은 표현 이론의 기본 아이디어들이 어떻게 계속하여 상이한 공식들 속에서 오늘날까지 계속 수용되는지를 보여 준다. 계몽에 대한 불만, 근대에 발전한 사회에 대한 불만 등은 오늘날 여러 가지 면에서 계몽의 상속자인 기술 사회에 대한 비판과 맞닿아 있다. 우리 시대도 역시 이성을 감정으로부터 분리하는 것, 사유를 느낌에서 분리하는 것을 비난한다. 왜냐하면 그것은 인간을 협소하게 만들고, 인간의 창조성을 무디게 만들기 때문이다. 그리고 이 과정에서 인간을 기형으로 만들고, 따라서 인간을 서로 분리시켜 계급 사회를 만든다. 그리하여 사람들이 자신과 동일시하는 공동체는 부정되고, 그 대신 사람들은 인간의 자유를 부정하는 원초적 권력에 마주하게 된다.

그래서 1968년 5월 파리에서 '장벽 없는' 사회라는 열망이 표출되었던 것이다. 그 사회에서는 삶의 상이한 측면들 사이의 장벽, 즉 일과 놀이, 사랑과 정치 등의 장벽이 깨진다고 하며, 동일하게 계급들 사이의 장벽도 깨진다고 한다. 이런 장벽 없음의 상태는 창조적 에너지의 범람에 의해 수행되고 또 그런 에너지를 발산하기도 한다. 따라서 극복된 궁극적 장벽은 예술[인간이 만든 것]과 삶 사이의 장벽이다. 표현주의적 인간관은 단순히 역사적 관심 그 이상임이 명백하게 드러난다.

우리는 표현주의적 의식을 주체가 객체화된 세계에 마주 서 있는 그런 곤궁으로부터 탈출하고자 하는 열망이라는 관점에서 살펴보았다. 표현주의적 의식은 주체와 객체 사이의 간극을 극복하고자 하며, 객체성을 주체성의 표현으로, 혹은 주체와 상호작용하고 있는 것으로 본다. 그러나 세계와의 통일에 대한 이런 강력한 요청은 주체의 실존을 위협하지 않는가? 이것은 불가피하게 발생하는 질문 혹은 딜레마이다. 이 문제에 답하기 전에 우리는 주체성 개념이 어떻게 이 시기에 자연과의 대비 속에서 전개되었는지를 살펴볼 것이다.

3

계몽의 극단적 객체화에 대한 또 다른 강력한 반작용이 있었다. 이번에는 특히 도덕적 자유의 이름으로 인간의 본성을 객체화하는 것에 저항한다.

만약 인간이 내성에서건 외적 고찰에서건 간에 객체화된 자연의 또 다른 조각으로 간주되어야 한다면, 그의 동기는 다른 사건들과 마찬가지로 인과적으로 설명되어야 할 것이다. 이러한 인과적 설명이나 견해를 받아들인 사람들은 이것이 인간의 자유와 양립할 수 있다고 주장했다. 그 이유는 인간이 자신의 욕망에 의해 움직인다면, 비록 거기에 원인이 있기는 하지만 자유롭게 행동한 것이라는 것이다.

그러나 자유에 대한 좀더 급진적인 견해에서 보면 이것은 받아들일 수 없다. 도덕적 자유는 옳은 것을 위해 모든 경향성에 맞서 결정할 수 있음을 의미해야 한다. 물론 이런 급진적 견해는 동시에 공리주의적 정의도 거부한다. 도덕적으로 옳은 것은 행복에 의해, 따라서 욕망에 의해 결정될 수 없다는 것이다. 도덕적으로 자유로운 주체는 자신의 다양한 욕망과 경향성을 통해 흩어지는 것이 아니라 말하자면 스스로를 모을 수 있어야 하며, 자신의 총체적 책무에 대해 결정을 내릴 수 있어야 한다.

급진적 자유라는 이 혁명의 주된 인물은 두말할 필요 없이 칸트다. 어떤 점에서 루소는 이런 생각의 선구자이지만, 칸트의 생각은 그런 사유의 공식화였고, 그때나 오늘날이나 여전히 효력을 갖는다. 칸트의 비판 철학과 같이 아주 강력하고 그 세부적인 부분에서 풍부한 내용을 담고 있는 철학 작품들에서 단 하나의 주제만을 끌어내는 것은 그런 작품들을 과도하게 단순화하는 것이다. 하지만 급진적 자유로 정의되는 주체성이 칸트 철학의 주된 동인들 중 하나였다고 말하는 것이 지나친 왜곡은 아닐 것이다.

칸트의 비판 이론은 새로운 출발을 이룬다. 그리고 주체를 선험적으로 논증하고자 하는 그의 비판 철학은 엄청난 영향을 주었다. 주체가 또 하나의 객체처럼 연구될 수 있다는 사실은 흄과 같은 계몽 사상가들에게 당연한 것으로 받아들여졌다. 계몽에 따르면 우리가 주체에 접근하는 방식은 외적 사물에 대한 지식을 산출해 주는 일상적 지각보다는 오히려 '반성'[성찰, reflection]을 통해 이뤄지며, 그런 한에서 주체는 확실히 특별한 존재다. 그러나 어떠한 경우에도[즉 대상을 다루든 주체를 다루든 간에 계몽의 방식에 따르면] 우리는 소여된 것, 즉 우리의 시선에 나타난 현상들의 집합을 다룬다. 이것이 바로 흄이 자아를 현상들의 집합으로 다룬 이유다. 흄은 자아를 어떤 가시적인 통일의 원리도 갖지 않는 '지각의 다발'로서 아주 독특한 사물이라고 했다.

다른 한편 선험적 논증을 행하는 칸트의 목표는 주체를 내적인 성찰에 소여된 것으로서가 아니라 객체들에 대한 우리의 경험이 가능하기 위해 반드시 있어야 하는 것으로 정의하는 것이었다. 선험적 논증은 경험으로부터 그 경험의 주체로 나아가는 추론을 하고자 한다. 그 질문은 다음과 같다. 우리가 하는 그런 유의 경험을 하기 위해 우리는 어떤 존재여야 하는가? 이런 방식으로 선험적 논증은 경험의 대상들에서 발견될 수 없는 주체의 본성에 대해 뭔가를 말할 수 있다고 한다. 지각의 다발이라는 흄의 자아 이론에 대한 칸트의 답변은 주체는 내적 반성에 주어진 현상들에 의해 고갈되지 않으며, 자기 자신이나 외적 세계를 관찰할 때 그 토대에 놓여 있는 것이라는 것이다. 즉 주체는 이런 관찰의 주체라는 것이다. 그런 한에서 관찰하는 자로서의 이 주체는 관찰되는 자가 아니다. 그러나 주체의 이 차원은 추론을 통해서만 도달할 수 있다. 즉 '경험이란 무엇인가'로부터 '이런 경험이 가능하려면 자아의 구조가 어떠해야 하는가'로 나아가는 논증을 통해 이 차원에 이를 수 있다.

이것이 바로 선험적 논증이다. 그리고 이 차원을 도입하면서 칸트는 철학사에 새로운, 아직 완결되지 않은 장(章)을 개시한다. 그러나 칸트는 피히테나 셸링 그리고 헤겔과 같은 그의 후계자들과는 달리 이런 새로운 논증 노선을 끝까지 밀고 나가지는 않는다. 선험적 논증을 통해 그는 경험의 주체가 통일체여야 함을, 즉 자신의 모든 표상에 잠재적으로 동반되어야 하는 '나는 생각한다'라는 통일체여야 함을 보여 주었다.[34] 그리고 그는 흄이 현상 세계에는 존재하지 않는다며 부정하고자 한 필연적 연관성들이 반드시 그 통일체에 있어야 한다는 것을 보여 주었다. 왜냐하면 그 연관들은 그 통일체의 필수적인 구조를 형성하기 때문이다. 그러나 칸트에게서 현상적 필연성에 대한 이러한 유의 요청은 현상들을 사물들 자체와 구별할 경우에만 가능할 수 있었다. 왜냐하면 주체의 본성에 근거하여 이 주체와 독립해 있는 사물들에 내재한 필연성의 형상을 증명해야 한다는 요청은 거친, 그리고 근거 없는 가정으로 보이기 때문이다.

따라서 칸트의 경험 세계는 궁극적 실재와 구별된다. 그 세계는 부분적으로 주체에 의해, 우리 정신의 구조에 의해 형성된다. 그리고 이 구조는 선험적 논증에 의해 해명될 수 있다. 그러나 그 세계의 형태가 부분적으로 우리에 의해 주어져 있다는 사실에 의해, 사물 그 자체의 형태가 어떠한 것인지에 대해 우리는 어떤 결론도 내릴 수 없게 된다고 한다. 유한한 주체인 우리가 외부 사물로부터 영향을 받기 때문에 그런 외부 사물은 반드시 존재해야 하며, 우리의 직관은 그 내용을 우리 외부로부터 수용한다. 그러나 이런 궁극적 실재의 본성은 우리에게 닫혀 있는 책이며, 그리고 그것을 결코 열 수 없다.

우리는 궁극적 실재로부터의 이런 분리가 어떻게 칸트의 직계 상속자들에게 참을 수 없는 것으로 느껴졌는지 곧바로 보게 될 것이다. 그들에게

---

34) 칸트는 우리의 모든 경험(표상)의 배후에는 '나는 생각한다'(cogito)라는 통일체가 있다고 보았다. 그는 그 선험적 통일체를 선험적 통각이라 부른다. ─옮긴이

칸트는 중도에 포기한 사람으로 보였다. 그러나 칸트에게 이 입장은 계몽의 정찰병들과 사냥하며 도덕적 주체의 내적 통일과 자유를 유지하면서도 라이프니츠 형이상학의 바로크적인 모든 구조를 파헤칠 수 있게 하는 그런 타협이 아니었다. 칸트는 신앙을 위한 여지를 마련하기 위해 신에 관한 사변적 지식에 대한 요청을 파괴하고자 한다고 말했다. 그런데 이것은 단순히 달콤한 언사가 아니다. 여기서 그의 근원적 관심은 주체의 도덕적 자유에 있으며, 엄격한 의미에서 이것은 인간은 자신의 도덕적 규준을 신과 같은 어떤 외적인 출처로부터가 아니라 자신의 의지로부터 인출해야 한다는 것을 의미한다. 따라서 『실천이성 비판』에서 칸트는 우리의 사변 이성이 우리를 더 나아갈 수 없게 한 것은 우리에게 행운이라고 말한다.[35] 만약 우리가 신과 불멸성의 전망을 확실하게 볼 수 있다면 우리는 언제나 두려움과 희망에 따라서 행동해야 할 것이며, 도덕적 삶의 핵심인 의무에 대한 내적 동기를 결코 발전시키지 못할 것이다.

칸트는 도덕적 자유 개념을 바로 이 제2비판서에서 정립했다. 도덕성은 행복이나 쾌락과 철저히 다른 것이다. 도덕적 명령은 정언적이며, 이 명령은 우리를 무조건적으로 구속한다. 그러나 우리 행복의 대상은 모두 우연적이며, 그 대상들 중 어떤 것도 그런 무조건적 책무의 토대일 수 없다. 이런 책무는 의지 그 자체 속에서 구축될 수 있을 뿐이다. 여기서 의지는 어떤 다른 이유 때문이 아니라 우리가 바로 그것이기 때문에, 우리가 바로 합리적 의지이기 때문에 우리를 구속한다.

따라서 칸트는 도덕 법칙은 선천적 구속력이 있어야 한다고 논증한다. 그리고 이것은 도덕 법칙이 우리가 욕구한 대상이나 우리가 투사한 행위

---

35) Immanuel Kant, *Kritik der praktischen Vernunft*, 1788, Band 2, Sektion 4.

의 특수한 본성에 의지할 수 없고, 오히려 순수하게 형식적이어야 한다는 것을 의미한다. 즉 형식적으로 필연적인 법칙, 즉 그것의 모순이 곧 자기 모순이 되는 그런 법칙은 합리적 의지에 묶여 있다. 칸트가 여기에서 사용한 논증은 매우 논란이 되었다. 그리고 정당하게도 형식적 법칙에의 칸트적 호소는 그것이 비록 형식적이기는 하지만 우리가 해야 할 것이 무엇인지에 대한 질문에 [구체적인] 특정한 대답을 주어야 한다는 점에서 다소간 원형 사각형과 같은 것[즉 모순적인 것]으로 보였다. 그러나 이러한 도덕철학의 흥미로운 핵심은 무한한 영향력을 행사했는데, 그 핵심은 급진적 자유 개념이다. 나는 순수한 형식적 법칙에 의해 규정되는 가운데 나 자신을 단순히 합리적 의지로 묶는데, 이때 나는 나 자신을 모든 자연적 고려와 동기로부터 독립해 있는 존재로, 그런 고려와 동기를 지배하는 자연적 인과성에서 독립해 있는 존재로 천명한다. "그러나 그런 독립성은 엄격한, 즉 선험적 의미에서 **자유**라고 불린다."[36] 나는 엄격한 의미에서 자유로우며, 자연적 존재로서가 아니라 순수한 도덕적 의지로서 자기 규정자이다.

이것이 바로 칸트 윤리학의 핵심적인 개념이다. 도덕적 삶은 도덕적 의지에 의한 자기 규정이라는 이런 근본적 의미에서 자유와 등가이다. 이 것이 '자율성'[자기 지배]이라고 불리는 것이다. 자유로부터의 어떤 일탈도, 외적인 고려에 의한, 어떤 경향성에 의한, 심지어 가장 유쾌한 선의나 신만큼이나 고귀한 권위에 의한 어떤 규정도 타율성[타자 지배]으로 매도된다. 도덕적 주체는 올바르게 행동해야 할 뿐 아니라 또한 올바른 동기에 따라 행동해야 한다. 그리고 올바른 동기는 그가 합리적 의지로서의 자기 자신에게 부여한 도덕 법칙 그 자체에 대한 존경으로부터만 올 수 있다.

---

36) *Ibid.*, Band 1, Part 1, Sektion 5.

도덕적 삶에 대한 이런 비전은 자유에 대한 열망뿐 아니라 경건이나 종교적 경외감에 대한 변화된 정서를 유발했다. 사실 이러한 정서의 대상은 변했다. 경외감을 불러일으키는 신성한 존재는 신이 아니라 도덕 법칙 그 자체, 즉 이성이 스스로 부여한 명령이었다. 그래서 사람들은 자신이 예배할 때가 아니라 도덕적 자유 속에서 행동할 때 신성에, 즉 무조건적 존경을 명령하는 것에 가장 가까이 다가간다고 생각했다.

그러나 이런 엄격한, 두드러진 교설은 대가를 요구했다. 자유는 경향성과 대비되는 것으로 정의되었다. 그리고 칸트는 당연히 도덕적 삶을 항구적 투쟁으로 보았다. 왜냐하면 자연적 존재로서 인간은 자연에 의존해 있어야 하며, 따라서 욕망과 경향성을 갖지 않을 수 없기 때문이다. 이런 욕망과 경향성은 자연에 의존해 있기 때문에 순수이성이라는 전혀 다른 뿌리를 가진 도덕성의 요구와 일치할 가능성이 전혀 없다.[37] 그러나 더 중요한 것은 사람들은 이성과 경향성의 궁극적 평화가 득보다는 실이 더 많다는 불편한 느낌을 갖는다는 것이다. 더 이상 대립이 없다면 도대체 무엇을 위해서 자유가 필요할 것인가? 칸트는 이 문제를 결코 완전히 해결하지 못했다. 그리고 이 문제와 관련해서 헤겔은 그를 자주 비판적으로 언급했다. 그리고 이 문제는 당혹스러운데, 왜냐하면 그것은 완벽을 추구하는, 즉 경향성이라는 대립되는 충동을 극복하고, 칸트가 말하듯이, 성스러움의 상태에 도달하고자 하는 도덕적 인간의 의무의 일부이기 때문이다. 바로 그런 성스러움의 상태에서는 우리를 도덕 법칙에서 일탈하게 하는 욕망의 가능성이 결코 발생하지 않으며, 우리는 언제나 도덕 법칙을 즐겁게 수행한다고 한다.[38]

---

37) Kant, *Kritik der praktischen Vernunft*, Band 1, Part 3, S. 149.

칸트는 그런 신성함이 이런 눈물의 골짜기에서 불가능하다고 순수하게 믿음으로써 이 문제에 직면하지 않을 수 있었다. 즉 우리는 완벽함에 도달하려 투쟁하는 무한한 임무에 마주한다는 것이다. 그러나 그의 계승자들에게 이 문제는 아주 긴급한 문제가 되었다. 왜냐하면 그들은 칸트의 급진적 자유에 의해서뿐 아니라 인간에 대한 표현 이론에서도 영향을 받았기 때문이다.

숙고해 보면 이것은 놀라운 일이 아니다. 이 두 견해 사이에는 놀라운 유사성이 있었다. 표현 이론은 우리가 자유 속에서 인간의 완성을 향하게 했다. 물론 이때 자유는 자기 규정으로서의 자유이지 외적 접촉과 상관없는 자유가 아니다. 그러나 자기 규정적 자유의 가장 순수하고, 가장 위대하며, 가장 포괄적인 상은 칸트의 상이다. 이 상이 그 전체 세대의 중심이 되었다는 것은 놀라운 일이 아니다. 피히테는 철학의 두 근간 사이에서 선택해야 한다는 것을 분명히 했다. 하나는 주체성과 자유에 기초한 철학이고, 다른 하나는 객체성과 실체에 기초한 철학이다. 그리고 그는 단호히 첫번째 것을 선택했다. 만약 인간의 완성이 자기 규정적 주체의 완성이라면, 그리고 주체성이 이성 안에서의 자기 명료성, 자기 소유라면, 칸트가 말한 도덕적 자유는 그 정점으로 간주되어야 한다.

그러나 다른 길에서도 그런 유사성을 볼 수 있다. 자기 규정으로서의 칸트의 자유는 완성을 요구한다. 완성에 이르려면 자유를 가두고 있는 한계들을 극복해야 하고, 또 모든 것을 규정하는 자가 되어야 한다. 그런 자유는 내적·정신적 자유의 한계에 만족할 수 없지만, 또한 자연에 자신의 목적을 각인하고자 해야 한다. 그것은 총체적으로 되어야 한다. 어쨌든 바로

---

38) *Ibid.*, Band 1, Part 3, S. 149.

이것이 칸트의 비판적 글들이 나왔을 때 젊은 세대가 받아들인, 그리고 열광적으로 수용한 중심적 생각이었다. 물론 이때 나이든 현명한 사람들이 그것을 어떻게 받아들였는지는 여기서 별로 중요하지 않다.

그러나 동일한 사람들을 자신의 궤도로 끌어들인 두 견해 사이의 이런 깊은 유사성과 더불어 명백한 충돌도 있다. 급진적 자유는 자연과의 분리를 전제했을 때만 가능할 것 같다. 그 분리는 자기 자신 내부에서의 이성과 감성의 분리로 유물론적·공리주의적 계몽이 생각했던 것보다 훨씬 더 급진적이다. 그리고 그 분리는 외적 자연과의 분리이기도 한데, 비록 현상적으로 인간의 행위가 외적 자연의 인과 법칙에 순응한 것처럼 보인다 하더라도, 사실상 자유로운 자아는 그 법칙으로부터 근본적으로 독립해 있어야 한다. 근본적으로 자유로운 주체는 자연과 외적 권위에 대립함으로써 자기 자신에게로, 즉 개별적 자아로 되돌아오며, 이를 통해 어떤 다른 사람도 관여할 수 없는 결정을 이끌어 낸다.

1790년대의 젊은 독일인들과 그렇게 젊지 않은 몇몇 지성인들에게 이 두 생각, 즉 표현과 급진적 자유는 엄청난 힘으로 여겨졌다. 의심의 여지 없이 이러한 사실은 부분적으로 독일 사회의 변화에서 기인한 것이다. 그런 변화는 새로운 정체성 형성에 대한 욕구를 느끼게 만들 만큼 아주 강렬했다. 그런데 그 힘은 구질서가 단절되고 프랑스혁명의 영향으로 신질서가 탄생했기 때문에 훨씬 더 강해졌다. 이 혁명이 공포정치(terror)의 시기를 거친 이후 과거에는 이 혁명에 열광했던 사람들이 이제 양가적 감정이나 적대감을 갖게 되었다. 그러나 이러한 사실이 신질서의 필연성에 대한 사유를 약화시키지는 않았다. 오히려 그 반대였다. 사람들은 위대한 변화가 필요하며 또 가능하다고 생각했고, 그것은 다른 시기 같으면 사치처럼 보이는 희망을 불러일으켰다. 위대한 단절은 내적으로 필연적인 것으로 느껴졌다. 그리고 독일에서의 상황과 프랑스혁명의 변화 때문에 이 희망은 곧 정치적 영역에서 사라졌으며, 문화와 인간 의식의 영역에서 아주 강렬해졌다. 그리고 만약 프랑스가 정치적 혁명의 고향이라고 한다면 독일이 아닌 어느 나라가 위대한 정신적 혁명을 이뤘다고 할 수 있을까?

그 희망은 사람들이 두 가지 이상, 즉 급진적 자유와 통합적 표현을 통일하려는 것이었다. 위에서 언급했듯이 이 두 이상 사이에는 유사성이 있었기 때문에 하나가 강력하고 심오하게 느껴질 경우 다른 하나도 그렇게 느껴지는 것은 불가피했다. 좀더 나이든 세대의 사람들은 하나의 이상에만 몰두하지 않았다. 그래서 헤르더는 칸트 사유의 비판적 전회에 동감하지 않았다. 그리고 헤르더가 쾨니히스베르크에서 공부하는 동안 아주 친근했던 두 사람은 1780년대에 이르러 서로 다소간 소원해졌다. 헤르더는 칸트의 선험적 해명에서 주체를 분열하는 또 다른 이론만을 보았다. 반면 칸트는 헤르더의 역사철학에 대해 오만한 입장을 취했고, 그의 표현 이론의 강한 진술에 이끌리지 않았다.

칸트의 제3비판서가 시대정신에 의해 움직였다는 것은 사실이다. 이 책의 일부는 심미적 판단을 검토하는 것에 할애된다. 그리고 이것은 칸트에 의해 순수한 사실적 판단[순수이성 비판]과 순수한 도덕적 판단[실천이성 비판] 사이의 매개로 간주되었다. 그리고 이 책의 또 다른 부분은 질료와 형상을 밀접하게 연합시키는 목적론적 개념들에 대한 연구에 할애된다. 아름다운 것에 대한 논의에서 칸트는 미(美)를 우리의 직관과 오성 능력의 순수한 유희로 보는 관점으로부터 아름다운 대상을 경험 속에서는 완벽하게 출현할 수 없는 보다 고귀한 실재에 대한 어슴푸레하고 필연적으로 파편적인 재현으로 보는 관점으로 이동하는 것 같다. 그는 요한 게오르크 하만을 회고하는 문단에서 심지어 "암호화된 텍스트"라는 말을 하는

데, "이 텍스트를 통해 자연은 아름다운 형상들을 한 상태로 우리에게 모습을 드러내며 말을 건넨다"고 한다.[39]

바로 이런 이유 때문에 제3비판서가 이 두 이상을 통합하고자 하는 사람들에게 엄청나게 중요하기는 하지만, 이 임무를 자신의 것으로 받아들인 자들은 1790년대의 세대이다. 서로 극단적으로 다른 사유가 있었지만 이 문제에서는 궁극적으로 동일했다. 청년 프리드리히 슐레겔에게 그 임무는 괴테와 피히테를 통합하는 것이었다. 괴테의 시는 미와 조화를 최고의 형태로 재현하는 것이었고, 피히테의 철학은 자아의 자유와 숭고함에 대한 가장 완벽한 진술이었다. 슐레겔은 한동안 『빌헬름 마이스터』[40]를 이 두 이상을 통합한 것으로 생각했는데, 이 두 이상을 통합하는 것은 사람들을 의식과 예술의 새로운 고지에 올려놓는 것을 의미했다. 프랑스 사람들이 정치 세계를 혁명적으로 변화시키고자 했다면, 독일 사람들은 보다 새롭고 고차적인 문화적 시기를 열어 젖혔다.

슐라이어마허와 셸링 같은 다른 사람들은 칸트와 스피노자를 종합하고자 했다. 이때 스피노자는 위에서 언급한 것처럼 삶의 범주들로 이식되었고, 표현 이론이 요구하는 방식으로 주체와 만물의 통일의 패러다임이 되었다.

그러나 이 문제를 진술하는 가장 기본적인 방식들 중 하나는 역사를

---

39) Kant, *Kritik der Urteilskraft*, 1790, Sektion 42, p. 170.
40) 『빌헬름 마이스터』는 괴테의 가장 중요한 작품에 속하는 소설로, 『빌헬름 마이스터의 수업 시대』(*Wilhelm Meisters Lehrjahre*, 1796)와 『빌헬름 마이스터의 편력 시대』(*Wilhelm Meisters Wanderjahre*, 1829)로 나뉜다. 이 소설은 빌헬름이 거장(마이스터)이 되기 위해 쌓았던 수련 기간과 그 이후의 삶을 추적한다. 한 인물의 생애의 발전을 묘사하는 이러한 방식의 소설을 '교양 소설' 혹은 '성장 소설'이라 하는데, 이러한 유의 소설이 주류로 자리매김하는 데 있어서 괴테의 이 작품이 중요한 역할을 했다. —옮긴이

통해 보는 것, 즉 고대적 삶과 근대적 삶에서 가장 위대한 것을 통합하는 것이었다. 우리는 이를 실러, 프리드리히 슐레겔, 청년 헤겔, 그리고 횔덜린과 다른 많은 사람들에게서 볼 수 있다. 위에서 본 것처럼 그리스 사람들은 표현주의적 완벽함이라는 패러다임을 제시했다. 이러한 사실은 빙켈만이후 독일의 세대가 왜 고대 그리스에 그렇게 엄청나게 열광했는지를 설명해 준다. 고대 그리스는 자연과 최고의 인간적 표현 형식이 가장 완벽하게 통일에 이른 것으로 추정되었다. 인간답게 된다는 것은 말하자면 자연에 주어진 것이었다. 그러나 이 아름다운 통일은 죽었다. 더 나아가 그것은 사라질 수밖에 없었다. 왜냐하면 근본적으로 자유로운 존재인 우리가 우리 자신을 실현하고자 할 경우 이성이 보다 명료한 자기 인식에 이르러야 하는데, 이성의 이런 발전을 위해서는 저 아름다운 통일이 소멸해야 했기 때문이다. 실러는 다음과 같이 쓴다. "지성은 정확한 이해에 도달하고자 시도하는 가운데 불가피하게 느낌과 직관으로부터 스스로 분리되지 않을 수 없었다."[41] 그리고 그 아래에서 다음과 같이 쓴다. "만일 인간 안의 다양한 가능성들을 발전시킬 수 있으려면 그 가능성들 각자를 서로 대립시키는 것 외에 다른 방법이 없었다."[42]

다른 말로 하면 인간이 성장하기 위해서는 내적으로 분열되어야 하기 때문에 아름다운 그리스의 종합은 소멸해야 한다. 특히 이성과 급진적 자유의 성장은 자연적인 것과 감각적인 것으로부터의 분리를 요구했다. 근대인은 자신과의 싸움에 돌입해야 했다. 표현 모델의 완벽함으로는 충분

---

41) Friedrich Schiller, *Briefe über die ästhetische Erziehung des Menschen*, 1795, 6th Letter, Para. 11.
42) *Ibid.*, 6th Letter, Para. 12.

하지 않으며, 표현 모델은 급진적 자유와 통합되어야 한다는 견해는 이러한 역사상 속에 원래의 통일의 상실은 불가피했고 그것으로의 귀환은 불가능하다는 사실을 각인했다. 잃어버린 그리스의 아름다움에 대한 강한 향수는 그 시대로의 귀환 프로젝트로 넘쳐흐르지는 않았다.

인간은 완벽한 자기 의식과 자유로운 자기 규정으로 발전하기 위해 불가피하게 희생을 필요로 한다. 그러나 귀환의 희망은 없었다 하더라도 언젠가 인간이 자신의 이성을 완벽하게 발전시키고, 조화로운 통일과 완벽한 자기 의식이 통합되어 있는 보다 높은 종합을 이룰 능력을 전개시킬 것이라는 희망은 있었다. 초기 그리스의 통일이 무반성적이었다면, 그리고 반성이란 인간을 내부에서 둘로 나누기 때문에 그 종합이 무반성적이어야 했다면, 새로운 통일은 반성적 의식을 습득하여 완벽하게 체현하고 있으며, 이런 반성적 의식에 의해 산출된다고 한다. 휠덜린은 『휘페리온 단편』(*Fragment von Hyperion*)에서 다음과 같이 말한다.

우리 실존의 두 이상이 있다. 하나는 최고의 단순성의 상태이다. 이 상태에서 우리의 욕구들은 우리 편에서 어떤 인위적 작용도 없이 서로서로, 우리의 힘과, 우리가 관련되어 있는 모든 것과 조화를 이루고 있는데, 이때 **오직 자연이라는 단순한 조직체를 통해** 그러하다. 다른 하나는 최고의 도야의 상태이다. 여기서 이런 조화는 무한히 분화되고 강화된 욕구들과 힘들 사이에서 발생할 것이다. 이때는 **오직 우리가 우리 자신에게 부여할 수 있는 조직체를 통해** 그러하다.

인간은 첫번째 상태에서 두번째 상태로 길을 가도록 부름받았다.
이러한 나선형적 역사관에 따르면 우리는 우리의 출발점으로 귀환하는 것이 아니라 보다 높은 단계의 통일체로 귀환한다. 이 통일체는 두 이상 사이의 대립뿐 아니라 그 대립이 통합될 수 있다는 희망에 불타는 요구를 동시에 표현하고 있다. 사유와 감성의 첫번째 임무는 필연적이었던, 하지만 이제는 극복되어야 하는 그런 심각한 대립들을 극복하는 것이었다. 이 것들은 급진적 자유와 총체적 표현으로의 두 이상의 분리를 아주 날카롭게 표현한 대립들이었다.

이 분리는 다음과 같다. 한편에는 사유·이성·도덕성이, 다른 한편에는 욕구·감성이 놓여 있는 그런 분리, 한편에는 완벽한 자기 의식적 자유가, 다른 한편에는 공동체에서의 삶이 놓여 있는 그런 분리, 한편에는 자기 의식이, 다른 한편에는 자연과의 유대가 놓여 있는 그런 분리. 그리고 이를 넘어 자연을 관통하여 흐르는 무한한 삶으로부터 유한한 주체성의 분리, 즉 칸트적 주체와 스피노자적 실체 사이의 장벽. 이때 스피노자적 실체는 스피노자식으로 '신 즉 자연'(deus sive natura)으로 표현되거나 레싱식으로 '하나이자 만물'(hen kai pan)로 표현된다.

4

이 위대한 재통합은 어떻게 도달될 수 있었는가? 사람들의 희망은 어디에 근거할 수 있었던가? 그 희망의 한 가지 토대는 아주 극단적인 관념론, 총체적 관념론이었다. 피히테는 이 일에 착수했다. 처음에는 칸트의 가장 총명한 제자로 (칸트에 의해서도) 인정받았던 피히테는 시대와 심오하게 대결하는 가운데 전체 체계를 변형하고자 움직였다. 칸트주의에서 참을 수 없었던 것은 물자체(Ding an sich)로부터의 분리였다. 피히테는 물자체를 거부했다. 궁극적으로 완벽하게 알려질 수 없는 낯선 실재의 세계와 마주하는 주체성은 없다. 오히려 주체성은 모든 것의 토대에 놓여 있다. 대상 세계는 '나는 생각한다'(cogito)에 의해 정립되며, 따라서 궁극적으로 주체에 의존한다.

물론 이런 사실은 일상적인 유한한 주체가 알 수 있는 것이 아니다. 그것은 '지적 직관'에 의해 습득될 수 있다. 세계를 정립하는 주체성은 유한한 주체성과 동일한 것으로 생각될 수 없다. 그것은 모든 유한자가 그로부터 유출되어 나오는, 모든 것을 감싸는 주체와도 같다. 피히테는 1800년대 처음 10년과 그가 이른 죽음을 맞았던 1814년까지 이 문제의 해결에 골몰했다. 그리고 궁극적 주체로서의 신이 위대한 역할을 했다. 그러나 피히테 체계의 결정적 요점은 칸트의 도덕적 주체에 전권을 위임한 것이었다. 1794년에 출간된 『지식론』(Wissenschaftslehre)은 칸트의 이 도덕적 주체 개념에 강한 영향을 받았다. 이런 생각은 이원론을 극복할 뿐 아니라, 인식과 의지의 주체를 제약하는 모든 장벽을 허물어뜨리는 데도 성공했다.

피히테의 이론은 매우 흥미로웠다. 아마도 분열의 고통은 최초의 분열적 자기 의식을 자신의 대립이 포함된 완전한 전개에 이를 때까지 밀어붙임으로써 극복될 수 있을지 모른다. 하지만 결국 그것은 성공할 수 없었다. 피히테는 칸트로부터 아주 눈에 띄게 벗어나고자 했음에도 불구하고 실제로는 너무나 칸트적이어서 그 두 이상을 통합할 수 없었다. 즉 그의 관심은 여전히 오로지 도덕적 자유의 문제였다. 피히테에 따르면 주체가 세계를 정립한 것은 인식과 의지의 주체가 존재할 수 있도록 하기 위해서이다. 인식의 주체는 대상이 알려지기를 요구하며, 의지는 장애물이 작용하기를 요청한다. 주체의 최고 활동은 자유의지이다. 그리고 이것은 '나는 생각한다'라는 정립 행위의 궁극 목표이다. 그러나 이때 피히테는 칸트와 동일한 문제에 직면한다. 즉 만약 우리가 자연이라는 장애물에 대항해서 싸울 경우에만 자유롭다면 우리의 투쟁은 끝없는 투쟁일 것이다. 우리는 자연과 자유의지의 통합에 결코 이를 수 없으며, 자유의지의 소멸이라는 고통에 이를 수 있다. 그래서 피히테는 비록 존재론적으로 일원론에 복귀함에도 불구하고 조화로의 복귀에 대한 어떤 전망도 갖지 않는다. 자연과 도덕성을 함께 가지는 그런 완벽함은 우리가 언제나 추적하지만, 결코 따라 잡을 수 없는 것이다. 우리는 그것에 접근하지만 결코 다다를 수 없다. 그것은 언제나 당위의 영역에만 있지 존재의 영역에는 있지 않다. 피히테는 두 이상을 결합시키지 못했다. 그는 통합적 표현의 요청을 충족시킬 수 없다.

이와 유사한 또 하나의 접근법을 실러의 『인간의 미적 교육에 관한 서한』에서 볼 수 있다. 실러는 헤겔, 횔덜린 그리고 슐레겔 형제보다 더 나이든 세대에 속한다. 그가 일원론적 존재론으로 돌진함으로써 존재의 통합적 토대를 추구하지 않은 것은 아마도 이와 관련이 있을 것이다. 실러는 주체성에 대한 칸트의 설명에 대체로 동조했다. 즉 우리는 주체로서 우리가 감각을 통해 받아들인 재료를 구성한다. 인간으로서 우리는 지각할 수 있는 것을 경험할 수 있게 하는 '감각적 충동'을 가지고 있으며, '형상 충동'은 경험에 질서와 형식을 부여하고자 한다. 이 둘 다 인식에 본질적이며, 서로를 제약한다. 실천적 영역에서 그것들은 서로 욕구와 자유로 대립한다.

그러나 실러는 이 두 기능을 불가분하게 통합하는 제3충동의 가능성을 본다. 여기에서는 우리 앞에 놓인 감각적 사물이 어려움 없이 형식을 취하며, 형식은 사물 속에서 표현을 발견한다. 그리고 여기에서 욕구는 자발적으로 자유의 실행과 만난다. 이 제3충동의 대상은 삶과 형식을 통합하며, 그것은 살아 있는 형태(lebende Gestalt)이다. 실러는 그것을 미(美)와 동일한 것이라고 말한다. 우리 본성의 두 측면은 미 안에서 조화롭게 만난다. 아름다운 대상은 감각적 형식(sensible form)이다. 여기서 감각적 형식이란 감각적 내용의 모든 부분이 그 형식과 조화롭게 놓여 있는 그런 것이다. 그 형식은 이 내용을 취할 수 있을 뿐이고, 내용은 그 형식을 취할 수 있을 뿐이다. 이것은 관찰된 실재를 개념으로 포섭하는 것과 대조를 이룬다. 여기서는 이 실재의 몇몇 속성들만이 포섭을 정당화하며, 나머지 것들은 우연적으로 연관된다. 말하자면 이 나머지 것들의 포섭은 언제나 자의적이다. 하지만 아름다운 대상에서 형식은 바로 이 내용을 요구하며, 내용은 이 내용을 받아들이는 우리의 지각 안에서 이 형식을 자발적으로, 불가피하게 취한다.

이 제3의 충동은 우리가 대립의 긴장을 넘어서게 한다. 이런 긴장 속에서는 형식과 감각적 충동이 서로를 제약하고 서로에게 필연성을 부과한다. 이 세번째 충동은 진지한 노력을 넘어서 있다. 그것은 놀이[유희]이다. 그래서 실러는 그것을 '놀이 충동'(Spieltrieb)이라 부른다. 이 놀이 충동은 그 말의 외견상의 의미가 보여 주는 것과는 달리 인간과 인간의 자유의 완벽한 실현을 드러낸다고 한다. 우리는 여기서 표현 이론의 이상을, 즉 그 안에서 자연적 욕망과 최고의 인간의 형식이 별 노력을 들이지 않고 통합되어 있는 그런 표현적 조화를 볼 수 있다. 이것은 통합적이고 분열되어 있지 않으며 갈등 없는 자기 표현이라는 의미에서의 자유이다. 이런 노고 없음, 조화, 자유로운 창조성 등이 바로 실러가 '놀이'라는 말로 전달하고자 한 모든 것이다.

따라서 "인간은 자신이 말 그대로 인간인 한에서 놀이를 하며, 인간은 자신이 놀이하는 곳에서만 그렇게 온전히 현존한다".[43]

표현 모델에 대한 위의 논의가 나온 이후 인간이 자신의 통일성을 심

---

43) Schiller, *Briefe über die ästhetische Erziehung des Menschen*, 15th Letter, Para. 9.

미적 차원에서 발견한다는 사실은 더 이상 놀랄 일이 아니다. 실러는 여기서 분명하게 칸트의 제3비판서에 기초해 있다. 그러나 그는 명백히 이보다 훨씬 더 나아간다. 미의 경험은 우리 능력이 별 노력을 들이지 않고 동의하는 경험도 아니고, 세상에서 이성의 이념들의 실현이라는 어렴풋한 상도 아니다. 오히려 그것은 우리 안에서 수동적인 것과 자발적인 것의 회복된 통일을 드러낸다. 바로 이 통일에서 그것들은 단순히 일치하는 것이 아니라 융합되어 있다. 놀이 충동에서 자연과 정신은 하나의 목소리로 말한다.

물론 『인간의 미적 교육에 관한 서한』의 궁극적 가르침이 무엇인지는 분명하지 않다. 실러는 어떤 부분에서는 심미적인 것을 도덕적 자유를 향한 도정, 그 길에 이를 수 있도록 도움을 주는 것으로 여기기도 하고, 다른 부분에서는 그것을 도덕적 자유의 장식물 정도로 취급하기도 한다. 그러나 위에 인용된 부분과 같은 곳에서는, 놀이 충동에서 도달한 통일은 인간 자신의 완성과 실현인 것 같다. 이것은 그 통일이 도덕적 자유를 대체한다고 말하는 것이 아니다. 오히려 그것이 말하는 바는 그런 통일이 더 이상 자연과 갈등하지 않을 때 도덕적 자유가 완전하게 성취된다는 것이며, 놀이 충동은 갈등의 이러한 극복을 제공할 수 있다는 것이다. 실현된 인간성은 전적으로 미를 창조하고 미를 사랑하면서 살아간다.

어쨌거나 이러한 사실은 자유와 통합적 표현을 통일하고자 하는 사람들이 『인간의 미적 교육에 관한 서한』에서 얻을 수 있는 비전이다. 그러나 실러 자신은 그런 위대한 희망으로 나아가지는 않았다. 오히려 그는 칸트적 전망에 머물렀다. 즉 그는 실현된 인간성의 모습을 제시한 것이 아니라 이 목표를 향한 점진적 진전을 보여 주었을 뿐이다.

실러는 두 이상의 통합적 통일이라는 요청에 완벽하게 대답할 수 없었다. 그에게는 피히테가 제공하기 시작한 것, 즉 이러한 통일을 위한 존재론적 토대가 결여되어 있었다.

인간의 최고의 정신적 측면, 즉 도덕적 자유가 인간의 자연적 존재와 우연한 조화를 이루는 것 그 이상이려면 자연 그 자체는 정신적인 것과 경향상 같아야 한다. 이러한 요청을 공식화하기 위해 우리는 칸트의 술어를 뛰어넘어야 한다. 즉 우리는 칸트가 생각하는 자연관을 극복해야 한다. 칸트는 자연이란 우리의 현상적 인식의 대상으로서 그 궁극적인 존재론적 토대인 물자체는 신비 속에 감싸여 있다고 말한다. 이와 달리 우리는 표현이론을 따라 자연을 스스로를 현상으로 드러내는 근저에 놓인 힘으로 이해해야 한다.[44]

그렇다면 통일에의 요구는 이러한 의미로 이해된 자연이 정신적 목표를 실현하기 위해 자신 속에 가져야 하는 것, 혹은 가지게 되는 것으로 간주될 수 있다. 물론 자연 안에서 거대한 삶의 흐름과 일치하고자 하는 단순한 열망은 자연주의적 비전과 만날 수 있다. 자연주의적 이상에 따르면 원래 그대로의 자연적 인간은 자신의 자생적 욕망과 감정이 자연과 조화를 이루는 그런 존재이다. 자연은 그와 하나이고, 언제나 그의 부름에 응답한다. 다른 생명체들은 전체를 관통하여 흐르는 공감이라는 동일한 사슬로 그와 연결되어 있다.

이러한 유의 비전은 18세기 말에 많은 옹호자들을 가졌고, 오늘날에도 그 방어자들이 많다. 그러나 이러한 생각은 낭만주의 세대를 만족시킬 수 없었다. 왜냐하면 이들의 목표는 인간이 자신의 최고의 정신적 성취물

---

44) 칸트 자신도 제3비판서의 어떤 곳에서 이와 비슷한 말을 한다. 예를 들어 그는 "예술에 규칙"을 부여하는 "주체 안의 본성[자연]"이라는 말을 한다. Kant, *Kritik der Urteilskraft*, Sektion 46, S. 182.

인 의식과 도덕적 자유를 온전하게 유지하면서도 내적·외적 자연과 통일을 이루는 것이었기 때문이다. 그런데 사실 바로 이것이 자연주의가 꿈꾼 통일로 가는 길이다. 왜냐하면 인간은 자기의 외부에 있는 자연의 거대한 과정에 아주 많이 의존하고 있어서 조화를 이루기 위해 자연을 수용해야 하는 바로 그런 자이기 때문이다. 이런 불균등한 통일에서 '정신적' 존재는 열등한 파트너이다. 인간은 이성의 부름을 넘어서 있는 무의식적·무반성적 힘들을 수용해야 한다. 그리고 그는 자기 안에 있는 대개 무의식적이고 무반성적인 것, 즉 본능의 목소리를 들음으로써만 그 힘들과의 조화에 이를 수 있다.

우리가 자연을 맹목적 힘들이나 야생적 사실들과 연관된 영역으로 생각하는 한, 이 자연은 인간 안에 있는 합리적이고 자율적인 것과 융합할 수 없다. [이 경우] 우리는 자연주의를 따라 자연에 항복하거나 우리 자신 내부에서 때때로 나타나는 부분적 일치에 만족해야 한다. 이때 가끔씩 나타나는 이 일치는 끊임없는 노력에 의해 습득되며, 우리와 언제나 상호작용하고 있는, 우리를 둘러싸고 있으며 변형되지 않은 자연의 거대한 현존에 의해 끝없이 위협받는 그런 일치이다. 만약 급진적 자유에 대한 열망과 자연과의 통합적인 표현적 통일에 대한 열망이 함께 완전하게 충족될 수 있으려면, 만약 인간이 거의 완벽하게 자기 규정하는 주체로 머물면서 동시에 자기 내부의 그리고 우주 안의 자연과 하나로 있을 수 있으려면 나의 기본적인 자연적 경향성이 자발적으로 도덕성과 자유로 방향 맞춰져 있어야 한다. 그리고 더 나아가 나는 자연이라는 보다 큰 질서에 의존해 있기 때문에 나의 내·외부에 있는 전체 질서는 정신적 목표를 향해야 하며, 이 질서를 주관적 자유와 통합할 수 있는 형식을 실현하고자 해야 한다. 만약 내가 정신적 존재로 머물러 있으면서, 자연과 상호작용을 할 때 아직 자연과 대립해 있지 않다면, 이러한 상호작용은 내가 어떤 정신적 존재나 힘과 관련 맺을 수 있도록 하는 상호 간의 교감이지 않으면 안 된다.

그러나 이것은 정신적 목표를 향하는 경향이 있는 정신성이 자연의 본질이라고 말하는 것이다. 근본적인 자연적 실재는 스스로를 실현하고자 하는 정신적 원리이다.

그런데 자연의 근저에 정신적 원리가 놓여 있다고 하는 것은 우주적 주체를 정립하는 것과 아주 밀접한 연관이 있다. 여기가 바로 피히테가 진행해 가던 곳이다. 그러나 그는 결정적으로 거기에 미치지 못하고 멈춰 버렸다. 칸트와 마찬가지로 피히테의 주된 초점은 인간의 도덕적 소명과 자유에 맞춰져 있었다. 그래서 피히테의 급진적 관념론에서 자연 세계가 '나는 생각한다'에 의해 정립됨에도 불구하고, 이 자연은 여전히 지각의 대상이거나 의지의 원료이다. 그것은 아직 독립적 실재가 아니며, 자기 자신의 근저에 놓인 힘들의 명료화가 아니다. 자연은 본질적으로 주체성과 관련되어 있다. 그러나 자연은 주체에게 이 주체가 스스로를 실현하기 위해 고투할 필요가 있는 본질적 타자로 마주해 있다. 이러한 타자로서 자연은 주체의 육체적 표현이 아니다. 실제로 피히테의 절대적 주체는 개별자와 동일하지 않다. 이 주체는 오히려 개별자가 그에 통합되고자 고투하는 보편자이다. 그러나 바로 이 이유 때문에 피히테의 주체는 우주적 주체보다는 보편적인 도덕적 주체와 일치하지 않으면 안 된다. 이때 우주적 주체란 그 삶이 자연의 거대한 흐름 속에서 보일 수 있는 그런 주체이다. 이런 점에서 피히테의 이론은 여전히 칸트의 선험적 관념론이다. 물론 이때 그의 이론에서 물자체가 설 곳은 없다. 즉 그의 이론에서는 '나는 생각한다'에 의해 조형되는 현상들이 유일한 객관적 실재를 구성한다. 말하자면 객관적 세계는 어떤 깊이도 갖지 않는다. 그것은 그저 도덕적 드라마를 위한 버팀목을 제공할 뿐이다.

자유와 자연에 대한 이런 견해는, 헤겔이 첫 출판물에서 명료히 밝히고 있듯이,[45] 그 두 요소의 완벽한 통일을 결코 이룰 수 없다. 왜냐하면 자아는 자아 자신이 극복하고자 고투하는 비아(非我)를 정립하기 때문이다. 그러나 주체는 존재하기 위해 어떤 다른 것과 관계 맺을 필요가 있다. 결과적으로 만약 주체가 사라지지 않는다면 비아의 극복은 결코 완수될 수 없다. 그러므로 비아의 극복은 실현되어야 하지만 완벽하게 실현될 수는 없는 목표를 향한 주체의 자기 실현의 무한한 과정으로 간주되어야 한다.

이것이 바로 만약 우리가 자연을 주체에 마주해 있는 것으로, 즉 단순히 주체의 자기 실현을 위한 포장으로 정립된 것으로 이해하는 한 발생하게 되는 경우라고 헤겔은 논증한다. 주체와 객체의 실제 통일은 자연이 주체의 진정한 표현일 경우에만, 말하자면 자연이 스스로 자유와의 통일을 이룰 수 있는 독립적인 정신적 실재일 경우에만 도달할 수 있다.

피히테가 놓치고 있는 것, 즉 자연을 우주적인 정신적 원리에 근거 짓는 일은 스피노자에게서 발견할 수 있다. 스피노자는 우주적 실체와의 연합을 제공한다. 그러나 이 체계는 그 반대의 단점을 갖는다. 즉 이 체계 안에서는 유한한 주체성이 흔적 없이 사라져 버린다.

만약 우리의 임무가 유한한 주체와 우주적인 정신적 원리 혹은 우주적 주체가 결합해 있는 가운데서 자유와 자연의 통일을 위한 존재론적 토대를 발견하는 것이라면 피히테와 스피노자를 종합할 필요가 있다. 그리고 이러저러한 종합의 형식은(예를 들어 프리드리히 슐레겔에게서 나타나는 피

---

45) 1801년에 나온 『피히테와 셸링 철학 체계의 차이』(*Die Differenz des Fichteschen und Schellingschen Systems der Philosophie*)로, 이때 헤겔은 셸링의 영향 아래 있었다.

히테와 괴테의 종합, 슐라이어마허에게서 나타나는 칸트와 스피노자의 종합 등) 1790년대 세대, 즉 낭만주의 세대의 중요한 주제였다.

예를 들어 슐레겔 형제와 노발리스 같은 청년 낭만주의자들은 피히테에 의해 엄청난 자극을 받았다. 그들은 피히테에게서 자기 자신의 피조물들로부터 장엄하게 풀려난 자유롭고 창조적인 주체라는 생각을 받았다(프리드리히 슐레겔의 '아이러니'론을 참조하라). 그런데 그들이 피히테의 이론에서 받아들인 주체의 이념은 피히테 철학의 완고한 도덕적 목적과 완전하게 일치하는 것은 아니었다. 그러나 그들은 곧 이 철학이 부적절하다는 것을 알았다. 왜냐하면 그들은 또한 자연과의, 인간 외부에 있는 더 큰 삶과의 공감도 추구하고 있었기 때문이다. 그리고 그들은 질풍노도 운동과 좀 더 최근에 발간된 실러의 『인간의 미적 교육에 관한 서한』의 주도적 직관을 따르면서 이런 공감이 예술을 통해 실현될 수 있다고 생각했다. 그들은 야콥 뵈메, 스피노자 그리고 괴테 등에 의지해 자연을 표현으로, 일종의 우주적 정신의 시로 볼 수 있는 비전을 발전시켰다. 인간은 자기 자신의 시적 표현을 통해 이 자연과 통합될 수 있다는 것이다. 그리고 이를 통해 청년 낭만주의자들은 필연적으로 피히테를 넘어서야 했다. 그들은 창조적 주체성이라는 피히테의 근본 개념을 자연에 대한 그들 자신의 시적 비전과 통합하고자 했다. 셸링은 이러한 필요에 답한 철학자다.

셸링은 천재 소년이었다. 그는 헤겔보다 5살 아래(1775년생)였지만, 예나──셸링이 헤겔을 1800년에 예나로 불렀다──에서 공동 작업을 할 때 헤겔의 상급자였다. 그는 10대 후반에 이미 저작을 출판하기 시작했고, 10년 동안 많은 양의 책들을 출간했다.

셸링의 지적 성장을 상세히 서술하는 것은 어렵지만, 그 일반적 경향은 분명하다. 그는 피히테주의자로 출발했지만, 그 이후 피히테를 스피노자로 보충했다. 그는 주체성이 세계를 정립한다는 피히테의 주장을 받아들였고, 이를 주체성을 자연 속에서 스스로를 표현하는 근본적 원리로 보는 관점으로 확장했다. 이렇게 함으로써 그는 우주적인 정신적 원리라는 시적 비전에 구체적 형태를 부여했고, 이를 자연철학으로 발전시켰다.

1800년에 나온『선험적 관념론의 체계』(*System des transzendentalen Idealismus*)에서 셸링은 자연은 주체성의 무의식적 산물이라는 견해를 제시했다. 그러나 자연 그 자체는 주관적 삶을 실현하고자 하는 내적 경향을 갖는다. 이 내적 경향은 자연이 다양한 수준으로 분화된 모습을 설명해 준다. 즉 시간과 공간 속에서 기계적 법칙과 화학적 결합에 종속되어 있는 무생물의 수준에서 가장 높은 유기적 자연의 수준에 이르기까지 자연은 분화되어 있다. 삶은 객관적 세계에서 주체성을 드러내기 때문에 우리는 자연이 목적론적임을, 자신의 목적을 지향함을 볼 수 있다. 따라서 어느 한 단계에서는 필연성과 자유의 조화가 이뤄질 수 있다.

이것이 바로 셸링의 자연철학의 원리이다. 즉 자연 안에 있는 무의식적 주체성은 완전한 주체성과 재결합하고자 한다는 것이 그의 자연철학의 원리이다. 그러나 반대로 의식적 주체성은 자신의 대상적 상대자와 결합하고자 한다. 그리고 이것은 본질적이다. 왜냐하면 자연이 스스로 할 수 있는 최상의 것은 삶이기 때문이다. 그러나 이것은 필연성과 자유를 통합함에도 불구하고 의식을 구체화하지는 않는다. 그래서 의식적 주체성이 자연을 구체화하는 데까지 나아가는 보다 높은 통일이 있어야 한다. 그리고 이것은 예술에서 얻어진다.

셸링은 실러의 비전을 받아들이며, 실러를 넘어 칸트의 제3비판도 받아들인다. 제3비판서의 두 가지 주제인 미와 목적론은 이 비판서의 체계의 정점에 놓여 있다. 그러나 심미적인 것을 자유와 필연성이 통일을 회복한 장소로 보는 실러의 생각은 이제 존재론적 토대를 부여받는다. 예술은 의식적인 것과 무의식적인 것이 만나는 지점, 의식적 활동이 우리 안의 무의식적 심연에서 오는 영감과 결합하는 지점, 따라서 이 두 요소가 대립을 넘어 조화에 이르는 지점이다. 그러므로 바로 이 지점에서 자발성과 수용성, 자유와 자연은 하나이다. 그리고 이 회합 지점은 자연과 의식이 궁극적으로 동일한 근원, 즉 주체를 갖는다는 존재론적 사실에 묶여 있다.

따라서 주체성은 말하자면 두 세계를 낳는다. 즉 자연이라는 무의식적 세계와 도덕적 행위와 역사라는 의식적 세계가 그것이다. 동일한 토대를 가지고 있는 이 두 세계는 서로 재결합하고자 고투한다. 자연의 존재 위계는 무의식의 세계가 의식의 세계로 향하는 경향을 보여 주며, 역사는 의식의 세계가 무의식의 세계로 발전해 가는 경향을 보여 준다. 위에서 언급한 역사의 나선형적 비전은 존재론적 토대를 부여받는다.

따라서 셸링은 낭만주의의 시적 비전을 철학적으로 표현했다. 낭만주의의 시적 형상은 슐레겔과 노발리스에 의해 정식화되었는데, 이들은 자연을 잠자고 있는 정신으로 표현했다. 이로써 셸링은 마침내 급진적 자유와 통합적 표현이라는 두 이상을 서로 완벽하게 통합해야 한다는 필요에 답한 것처럼 보인다. 왜냐하면 급진적 자유의 자기 의식은 이제 내적이고 외적인 총체적 자연 속에서 표현되는 것으로 간주될 수 있었고, 예술 속에서 자연의 이 거대한 흐름과 통일될 수 있었기 때문이다.

이러한 종합에서 셸링은 낭만주의 사상가들과 더불어 칸트 이후의 사상의 발전 노선 및 표현주의 이론과 연결되었다. 그뿐 아니라 이들은 학식 있는 자들의 인정은 받지 못했지만 오랫동안 대중적 영향력을 행사해 온 종교적 사유의 흐름에 새로운 해석을 부여했다. 우리는 이미 뵈메가 그들에게 미친 영향을 살펴보았다. 동시에 역사에 대한 그들의 나선형적 비전은 역사를 세 시기 사이의 분열로 본 과거의 예언적 구조, 즉 아버지의 시대[성부 시대], 아들의 시대[성자 시대] 그리고 성령 시대라는 역사 구분에 새로운 형식을 부여했다. 그리고 이런 나선형적 비전은 낙원-타락-구원이라는 기독교적 드라마의 변형이었다. 이러한 연결은 단순한 우연적 수렴의 결과가 아니다. 낭만주의자들은 이런 신비적이고 종말론적인 뿌리들을 아주 잘 의식하고 있었다. 그리고 그들이 종교적 용어를 사용하는 용법은 중요한 변형이 이뤄졌다는 그들의 느낌을 반영하고 있었을 뿐 아니라 그 느낌을 고양했다.[46] 이런 점에서 헤겔은 낭만주의 세대와 같았다. 이에 대해서는 앞으로 보게 될 것이다.

그러나 헤겔은 낭만주의자로 불릴 수 없다. 실러는 통일에 대한 낭만주의자들의 욕구를 공유하기는 했지만 일반적으로 낭만주의자로 분류되지 않는다. 그 이유는 부분적으로 그가 철학자로서건 작가로서건 간에 신적 자연으로, 혹은 절대적 주체성으로 나아가는 존재론적 도정을 밟지 않았다는 데 있다. 그러나 헤겔을 낭만주의자로 분류하지 않는 것은 이러한 이유 때문이 아니다. 반대로 그의 체계는 절대자는 주체라는 생각을 중심으로 한다. 헤겔과 낭만주의를 가르는 선은 그의 사유의 아주 철저한 일관성에서 볼 수 있다. 즉 그는 자기만의 일관적인 방식으로 급진적 자유와 통합적 표현 사이의 통일의 요청을 끝까지 밀고 나갔다. 사실 셸링의 종합도, 낭만주의자들의 종합도 이러한 요청을 완벽하게 달성하지는 못했다.

헤겔과 낭만주의의 차이, 그리고 문제를 해결하는 데 있어서의 커다란 불일치는 우리가 주체성과 자연의 종합이라는 것이 무엇을 의미하는지 좀

---

46) 이에 대해서는 다음을 참조하라. Meyer Howard Abrams, *Natural Supernaturalism: Tradition and Revolution in Romantic Literature,* New York: Norton, 1971, Chap. 3~4.

더 자세히 살펴보면 드러날 수 있다.

이러한 종합은 우리가 이미 본 것처럼 우리가 우주적 주체성을 정립한다는 점을 전제한다. 그러나 이 우주적 정신이 유한한 정신들, 즉 인간들과 맺는 관계는 어떠한가? 한편으로 우주적 정신은 최고 상태의 인간의 정신과 일치한다고 생각될 수 있다. 그래서 최고로 완성된 인간의 자아는 모든 객관적 실재의 토대에 놓여 있는 것으로 간주될 수 있다. 이것은 바로 피히테의 절대적 자아 개념과 다르지 않아 보인다. 물론 그의 자아 개념에는 이런 궁극적 완성이 이뤄지지 않았고 이뤄질 수도 없지만 우리가 언제나 그것을 향해 고투해 간다는 중요한 유보 조항이 붙어 있다.

다른 한편 만약 자연이 인간의 의식과 의지의 필연적인 토대 그 이상이어야 한다면, 따라서 만약 우리가 우주적 정신을 인간을 포함한 자연의 아주 다양한 영역에서 명료하게 표현되는 내적 힘이라고 생각한다면, '범신론적' 견해를 수용해야 한다는 유혹은 아주 강할 수밖에 없다. 왜냐하면 만약 표현적 통일의 원리, 즉 육체와 정신의 통일의 원리가 우주적 정신에도 적용되어야 한다면 자연 전체는 이 정신의 '몸', 즉 그 정신과 분리 불가능한 표현일 것이기 때문이다.

그러나 이러한 의미의 범신론은 큰 의미가 없다. 왜냐하면 이러한 이해에 따르면 인간은 자연 전체를 관통하여 흐르는 신적 삶의 미미한 부분에 불과할 것이기 때문이다. 자연의 신과의 공감[유대]은 삶의 거대한 흐름에 자신을 양보한다는 것, 급진적 자유를 포기한다는 것을 의미할 뿐이다. 따라서 헤르더에서 괴테에 이르는 이 세대의 견해는 단순한 범신론이 아니라 인간을 소우주로 보는 르네상스 사유의 변형이다. 인간은 단순히 우주의 일부분이 아니다. 다른 방식에서 보면 인간은 전체를 반영하며, 자연이라는 외적 실재에서 스스로를 표현하는 정신은 인간에게서 의식적 표현을 얻는다. 이것이 바로 셸링의 초기 철학의 이념이며, 그 원리는 자연의 창조적 삶과 사유의 창조적 힘은 하나라는 것이었다.[47] 따라서 요하네스 호프마이스터가 지적한 것처럼, 우리는 괴테와 낭만주의자들을 거쳐 헤겔에 이르는 가운데 서로 다른 형식들로 계속 등장하는 두 개의 근본적 사상을 볼 수 있다. 하나는 우리는 자연과 동일한 실체로 이뤄져 있기 때문에 자연을 실제로 알 수 있으며, 자연을 분석적 오성의 범주에 종속시키기 위해 자연을 지배하거나 분해하려고 할 때가 아니라 실로 이 자연과 공감하고자 할 때에만 우리는 이 자연을 적절히 알 수 있다는 것이다.[48] 다른 하나는 우리가 어떤 의미에서든 자연을 만든 것과, 즉 자연 속에서 스스로를 표현하고 있는 정신적 힘과 결합해 있기 때문에 우리는 자연을 안다는 것이다.

그러나 그렇다면 유한한 정신들로서 우리가 모든 자연의 근저에 놓인 이 창조적 힘과 맺는 관계는 무엇인가? 자연이 우리 안에 있는 사유의 창조적 힘과 하나라고 말하는 것은 무슨 의미인가? 사유의 창조적 힘은 자연 속에 이미 완성된 채 존재하는 삶을 의식적으로 반성할 수 있는 힘을 의미하는가? 그러나 그렇다고 한다면 이것은 어떤 의미에서 급진적 자유와 양립 가능한가? 그러한 경우 이성은 우리에게 규범들의 자율적 원천이 아닐 것이다. 오히려 우리의 최고의 성취는 우리를 포함하고 있는 보다 큰 질서를 충실하게 표현하는 것일 것이다. 급진적 자율성의 열망이 성취되려면 소우주라는 관념은 인간의 의식이 자연의 질서를 반영할 뿐 아니라 자연을 보충하고 완성하기도 한다는 관념으로 훨씬 더 나아가야 한다. 이러한

---

47) Johannes Hoffmeister, *Goethe und der deutsche Idealismus*, Leipzig: Felix Meiner, 1932, S. 10.
48) 괴테는 이렇게 읊는다. "눈이 태양같이 빛나지 않는다면, / 태양은 눈을 알아볼 수 없으리. / 우리 안에 신의 고유한 힘이 놓여 있지 않다면, / 어떻게 신적인 것이 우리를 매혹할 수 있겠는가?"

관점에서 자연 속에서 전개되는 우주적 정신은 의식적 자기 인식을 통해 스스로를 완성하고자 고투하며, 이러한 자기 의식의 장소는 곧 인간의 마음[정신]이다.

그래서 인간은 그 자체 완전한 자연을 반성하는 것에 그치지 않으며, 우주적 정신이 스스로를 완벽하게 표현할 수 있게 하는 담지자[매개체]이다. 이를 위한 최초의 시도는 우리를 자연 안에 놓는 일이다. 표현주의적 견해에서와 마찬가지로 인간은 자기 인식의 표현이기도 한 삶의 형식 속에서 자신의 완성에 이른다. 이렇듯 여기서 자연의 근저에 놓인 힘인 정신은 자기 인식에서 자신의 가장 완벽한 표현에 도달한다. 그러나 이것은 인간을 넘어선 어떤 초월적 영역에서 이뤄지지 않는다. 만약 그렇다고 한다면 우주적 정신과의 합일을 위해 인간은 자신의 의지를 보다 높은 존재에 종속시켜야 할 것이며, 자신이 타율적임을 받아들여야만 할 것이다. 반대로 정신은 인간 안에서 이러한 자기 인식에 도달한다.

따라서 자연은 정신을 실현하고자 하는 경향, 즉 자기 의식의 경향을 갖는 반면, 의식적 존재인 인간은 자연을 파악하고자 하는 경향을 갖는다. 그러한 파악을 통해 인간은 자연을 정신으로, 자기 자신의 정신과 하나인 것으로 보게 될 것이다. 이러한 과정에서 인간은 자기에 대한 새로운 이해에 도달한다. 즉 사람들은 스스로를 우주의 개별적 파편으로 보는 것이 아니라 우주적 정신의 담지자로 보게 된다. 따라서 인간은 단번에 자연과의, 즉 자연 속에서 자신을 전개하는 정신과의 가장 위대한 통일에 이를 수 있고, 가장 완벽한 자율적 자기 표현에 이를 수 있다. 인간의 기본적 정체성은 정신의 담지자이기 때문에 이 두 요소[자연과 정신]는 함께 진행해야 한다.

이러한 종류의 우주적 정신이라는 견해는 일견 원형 사각형을 만드는 것과 같은 것으로 보인다. 말하자면 유한한 정신과 우주적 정신의 연합의 토대를 제공할 수 있기 위해 요청되는 것은 인간이 자기 자신의 자기 의식과 자율적 의지를 버리지 않고서 전체에 연합되어야 한다는 것이다. 낭만주의 세대가 얻고자 노력한 것, 그리고 셸링이 자연 속에서의 창조적 삶과 사유의 창조적 힘이 동일하다는 자신의 생각을 통해 정의하고자 한 것은 바로 이러한 종류의 것이었다. 그 공식은 다음과 같은 것이었다. "자연은 볼 수 있는 정신이고, 정신은 볼 수 없는 자연이다."

그리고 헤겔의 생각도 결국 이러한 유의 것이었다. 헤겔의 정신 혹은 가이스트(Geist)는, 종종 그가 그것을 '신'이라고 부르기도 하고 그 개념으로 기독교 신학을 명료화하고자 하기도 하지만, 전통적인 유신론의 신이 아니다. 그가 말하는 정신은 인간이 실존하지 않을 때조차 창조 이전에 아브라함의 하나님, 이삭의 하나님, 야곱의 하나님으로 실존하는, 인간과 완전히 독립해서 존재하는 그런 신이 아니다. 반대로 그것은 인간을 통해서만 정신으로 살아가는 정신이다. 인간은 그 정신의 정신적 실존인 의식·합리성·의지 등의 담지자, 필수불가결한 담지자이다. 그러나 동시에 정신은 인간으로 환원될 수 없다. 그것은 전체 우주의 근저에 놓인 정신적 실재이기 때문에 인간의 정신과 등치될 수 없다. 그리고 정신적 존재로서 그 정신은 목적을 가지며, 유한한 정신에 귀속될 수 없는, 반대로 유한한 정신이 봉사하는 그런 목표를 실현한다. 성숙한 헤겔은 인간이 스스로를 보다 큰 정신의 담지자로 볼 때에야 자기 자신에 도달[자아 실현]하게 된다고 말한다.

우리는 3장에서 헤겔의 생각을 검토할 것이다. 하지만 이러한 모델에서 우주적 정신에 대한 일관된 견해를 얻는 것, 혹은 이 모델이 요구하는 견해를 명료하게 유지하는 것은 (불가능해지는 않지만) 쉽지 않다는 것을 미리 밝힐 필요가 있다. 이 모델은 적어도 두 가지 사실을 요구한다. 첫째, 우리는 자연을 '화석화된 정신'으로, 우주적 정신이 자기 의식적인 완전한 실현으로 나아가는 도중에 나타나는 침전물로 볼 수 있게 하는 일리 있는 해석을 제시할 수 있어야 한다. 우리는 자연 속에서 '정신의 역사'를 발견해야 한다.[49] 그리고 이것은 우리에게 우주적 정신을 이런 관점에서 그려볼 수 있게 하는 일련의 이미지를 우리가 자연 속에서 발견한다는 것만을 의미하지는 않는다. 오히려 그것은 자연을 정신의 자기 실현의 과정에서 등장하는 최초의 불완전한 시도로 보는 이러한 자연관이 자연에 대한 궁극적으로 참되고 기초적인 설명을 제시하며, 자연이 그렇게 있는 근거를 제시한다는 것을 의미한다. 둘째, 이와 더불어 우리는 인간은 합리적 자율성을 포기하지 않으면서도 정신의 매개체라고 말하는 것이 무엇을 의미하는지 밝혀야 한다.

낭만주의자들의 첫번째 과업은 자연의 시, 리터류의 물리학, 그리고 궁극적으로 셸링의 자연철학과 일치했다.[50] 하지만 그들은 슬프게도 두번째 과업에서 아주 빗나가 버렸다.[51] 정신(인간은 이 정신의 매개체이다)의

---

49) Hoffmeister, *Goethe und der deutsche Idealismus*, S. 18.

50) 요한 빌헬름 리터(Johann Wilhelm Ritter, 1776~1810)는 괴테와 특히 셸링의 낭만주의에서 지대한 영향을 받은 화학자이자 물리학자이다. 그는 두 개의 극단적 힘에 의해 물리적 현상을 설명하는 방식을 추구했는데, 예컨대 열선(적외선)의 존재를 보고받은 이후 그 반대 극에 다른 선이 있는 것을 예견하고서 '화학적 선들'이라 이름 붙였다. 이는 이후 자외선 발견의 이론적 선구로 받아들여진다. 그 외에도 전기에 관한 많은 글을 남겼다. ─옮긴이

51) 여기서 나는 괴테와 그가 낭만주의자들과 맺은 관계에 대해 말하고 있다. 사실 괴테는 영감을 주는 자들 중 한 명이었고, 낭만주의 세대의 귀감이었다. 그리고 의심의 여지 없이 그들은 괴테로부터 자연을 정신적 삶의 유출로 보는 사상을 배웠다. 바로 이런 자연에서 인간은 자기 삶의 비밀을 알 수 있다고 한다. "너희 안에서 찾으라. 그러면 너희는 모든 것을 발견할 것이다. 그리고 너희가 너희 안에서 긍정적인 것으로 발견한 모든 것이 너희가 언제나 즐겨 부르는 너희 밖의 자연에도 있다는 것을 발견할 경우 너희는 유쾌해질 것이다"(Hoffmeister, *Goethe und der deutsche Idealismus*, S. 7).
그러나 괴테의 고전주의는 낭만주의자들의 지칠 줄 모르는 추구와 열광과는 아주 다르다. 왜냐하면 비록 괴테의 작업이 표현주의적 인간관에 깊이 뿌리를 두고 있기는 하지만, 그는 이 젊은 세대의 또 다른 열망, 즉 칸트와 피히테의 급진적인 도덕적 자율성의 이상에는 아무런

자기 인식이라는 개념이 우리를 의식적 자기 소유와는 상관없는 지점으로 까지 끌고 가서 우리의 이성에 의해서는 결코 파악할 수 없는 삶의 흐름으로 다시 한번 침몰시켜 버린다면 어떻게 되겠는가? 그렇다면 우리는 다시 한번 타율성 속에 떨어질 것이다. 주의 깊은 종합은 다시 한번 인간을 전체 속에 침잠시켜 버리는 범신론적 견해로 방향을 틀었다. 그리고 결국 우리가 이 길을 충분히 멀리 따라가다 보면 인간은 스스로 인간 없이도 완벽하고 인간을 초월해 있는 신, 즉 전통적 신앙에서 말하는 신을 마주하게 될 것이다.

그리고 사실 범신론적 견해를 경험한 후 대부분의 낭만주의 세대는 결국 다소간 정통 이신론자가 되었다. 슐라이어마허와 노발리스가 그 첫번

감동도 받지 않았기 때문이다. 피히테를 열광하게 하고 또 그를 통해 젊은 세대에게 영향을 준 칸트의 이러한 요소가 괴테에게는 그렇게 영향을 주지 못했다. 그는 급진적 자유에 대해 그렇게 흥분하지 않았다. 자유와 이성의 이상들이 그에게 아무것도 의미하지 않은 것은 아니다. 다만 그는 그러한 이상을 칸트적 자율성의 술어로, 즉 인간 이성이 스스로에게 부여한 법칙이라는 술어로 해석하고자 하지 않았을 뿐이다.

결과적으로 그는 인간이 중심에 서 있는 세계관에 만족하지 않았다. 그는 인간은 보다 큰 삶과 연관되어 있다는 이념을 아무런 저항 없이 수용할 수 있었다. 그 큰 삶의 입장에서 보면 인간은 왜소할 수밖에 없으며, 인간이 최고로 성장한다고 하더라도 인간이 그 삶을 완벽히 이해할 수 있는 것은 아니라고 한다. 괴테는 인간이 전체와 표현적 통일을 이루고 있다고 생각했고, 그 속에서는 급진적 자율성을 위한 장소를 발견해야 한다는 조바심이 있을 필요가 없다고 보았다. 그런데 아이러니하게도 괴테의 차분한 '고전주의'는 주체의 제약 없는 자유를 확보하기 위해, 즉 "시인의 의지는 자신을 얽어 매는 어떤 법칙에도 고통당하지 않는다"는 인식을 확보하기 위해 모든 대가를 지불하고자 하는 낭만주의자의 자극적 비전들보다는 이성과 자기 명료화를 위한 보다 안전한 장소를 발견하는 것으로 끝난다. "시인의 의지는 자신을 얽어 매는 어떤 법칙에도 고통당하지 않는다"는 문구는 프리드리히 슐레겔이 낭만주의 시에 대해 서술하면서 쓴 것으로(Rudolf Haym, *Die romantische Schule*, Berlin: R. Gaertner, 1870, S. 256), 그에 의하면 그런 이상은 『빌헬름 마이스터』에서 가장 잘 실현되었다.

헤겔만이 창조성과 형식 사이의 상당한 균형을 습득했으며, 괴테는 그를 대체로 긍정적으로 평가했다. 그리고 괴테는 비록 관념론적 노선을 좋아하지는 않았지만 낭만주의와 셸링의 자연철학적 시도에 대해 긍정적이었다.

째 사람이고, 프리드리히 슐레겔은 가톨릭으로 전향했다. 그리고 셸링조차도 이후 정통 기독교인으로 돌아왔다.

이러한 발전이 불가피했건 그렇지 않았건 간에 낭만주의적 종합이 처음부터 불완전했던 것은 사실이다. 첫째, 그들은 이러한 종합, 즉 유한한 정신과 우주적 정신이 만나는 지점을 무한히 창의적인 과정이나 활동, 혹은 끊임없이 새로운 형식을 창조하고 결코 최종적인 구현에 머물지 않는 그런 과정이나 활동으로 보는 견해에 아주 매력을 느꼈다. 그런 과정이나 활동은 사물들에 대한 하나의 상, 하나의 예술 작품, 혹은 하나의 삶의 방식에 (혹은 이 모든 것을 아우른 것에) 도달할 수 있다고 보지 않는다. 지속적 창조라는 이러한 상은 프리드리히 슐레겔의 '아이러니' 개념에, 혹은 노발리스의 '마법적 관념론'에 함축되어 있다. 이런 방식으로 그들은 우주적 정신의 담지자로서의 인간의 소명을 인간의 자유로운 주체성과 완전히 일치하는 것으로 보았다. 자유로운 주체성이란 본질적으로 무한한 창조적 힘이 아니었던가?

그러나 원래 무한히 창조적인 힘이라는 이러한 생각은 자율성과 표현, 주체성과 자연의 완벽한 통합이라는 요구와 모순된다. 새로운 형식들을 창조하도록 부단히 영감을 받는 주체성은 정의상 통합적 표현에 도달할 수 없으며, 진실로 자기 자신을 표현하는 형식을 발견할 수 없다. 원본성, 무한한 창조적 자유 등은 자유로운 주체성의 본질이 아니었던가? 어쨌든 이것이 바로 그들이 피히테로부터 이끌어 낸 것이었고, 그들이 관념론에 열광한 것이었다. 무한한 변화라는 이런 낭만주의적 이상은 궁극적으로 무한한 추구라는 피히테의 철학에 의해 영감을 받았으며, 헤겔이 '악무한'이라는 말로 비난했던 것과 동일한 부적합함을 가지고 있다. 아이러니라는 이런 낭만주의적 개념은, 헤겔이 미학 강의에서 논의한 것처럼,[52] 정신의 어떤 외적 표현이 궁극적 상태에 도달한다는 사실을 거부한다. 왜냐하면 정신의 모든 표현은 무한히 창조적인 '자아'(I) 앞에서 그렇게 중요하지 않기 때문이다. 그러나 바로 이 '자아'는 동시에 외적 표현을 추구하고 갈망하며, 따라서 아이러니의 성공적 자기 확인은 상실감, 갈망(Sehnsucht)을 위한 여지를 부여하며,[53] 정신이 떠나 버린 세계에서의 초연을 위한 여지를 남겨 둔다. 바로 이러한 사실을 많은 낭만주의자들이 경험했으며, 헤겔은 '아름다운 영혼'이라는 주제 아래 이를 묘사했다. 헤겔의 견해에 따르면 무한한 창조성이라는 낭만주의적 주체의 요청과 신이 떠나 버린 세계라는 낭만주의자의 경험 사이에는 내적인 연결이 있는데, 이에 대해 헤겔은 현실의 합리성이라는 이름으로 꾸준히 투쟁한다.

그리고 낭만주의의 원본성 개념, 혹은 노발리스의 '마법적 관념론'에서 나타나듯이 피히테가 환상의 영역으로 전이되었을 때 어려움은 배가된다. 왜냐하면 주체의 이런 활동, 즉 상상력의 무한한 원본성은 의식적 삶과 무의식적 삶이 교차하는 희미한 영역에서 일어나는데, 주체 자신에 의해 완벽하게 이해되지는 않기 때문이다. 그러나 이것은 자율성의 주된 전제, 즉 합리적 자기 의식과 모순된다. 고갈되지 않는 비옥한 환상의 물결은, 단일한 하나의 상에 의해 포섭될 수 없다는 사실은 말할 것도 없고, 이성에 의해 결코 완벽하게 파악될 수도 없다. 그러나 근본적으로 이성이 오히려 몽유병자의 본능에 따라 움직이는 이 영역에 놓여 있다고 한다면 이성이 규칙을 제공해야 한다고 요청하는 도덕적 자율성은 어떻게 되는가?

이로 인해 우리는 헤겔과 낭만주의자를 구별해 주는, 그리고 이성의

---

52) *I & I*, 95~102.
53) *I & I*, 99.

위치를 정확히 종합에 연관시키는 두번째 근본 문제에 봉착한다. 낭만주의자들에게 주체성과 자연의 통일은 직관이나 상상력에 의해 이뤄졌다. 이성은 분리하고 분석하고 나누는 능력으로 간주되었다. 왜냐하면 이 능력은 우리를 자연과의 연합에서 아주 멀리 떨어내기 때문이다. 이성을 이렇게 결정적으로 배제하는 현상은 어떤 의미에서 셸링의 해결책에도 함축되어 있다. 최고의 종합이 예술에서 발견되는 한, 의식과 무의식의 통일은 완벽하게 이해될 수도 없고, 이성에 투명하게 드러나지도 않는다. 그런 통일은 완벽하게 해명될 수 없는 직관의 대상이다. 칸트가 지적했듯이 예술적 창조에 관해서는 우리가 어떤 특정한 공식도 부여할 수 없다는 것이 핵심이다.[54]

그러나 만약 우리가 이것을 받아들인다면 우리는 우리의 종합에서 뭔가를 희생하고 있는 것이다. 왜냐하면 아주 명료한 합리적 이해는 자기 규정하는 자유의 본질이며, 이러한 상태를 우리는 순수이성이 법칙을 부여하는 곳에서 습득하기 때문이다. 우리는 순수한 직관 속에서 도달한 자연과의 통일에 대해 어떤 합리적 설명도 할 수 없다. 그래서 그런 통일에 도달하는 것은 삶의 거대한 흐름 속에서 자기 자신을 잃는 것이며, 이것은 자율성과 표현의 종합이 아니라 자율성을 포기한 일종의 항복이다. 그것은 나선적 상승에 의해 도달한 보다 높은 종합이라기보다 반성에 의해 깨졌던 원래 종합으로 되돌아가는 것이다.

---

54) 그리고 이후에 셸링이 『선험적 관념론의 체계』를 넘어갔을 때, 그는 피히테에게서 훨씬 더 멀어져 스피노자에게로 나아갔다. 그는 더 이상 자연과 정신 이 양자의 근원을 주체성으로 여기지 않고, 주체와 객체를 넘어선 절대자, 즉 "무차별자"로 규정했다. 그러나 이 절대자에 대해 자유로운 주체는 이 절대자 안에서 흔적 없이 포섭된다고 말하는 것이 더 참된 진술일 것이다. 이에 대한 헤겔의 이의 제기는——그는 이를 "모든 소가 검게 보이는 밤"이라고 말한다——1807년 셸링과의 단절의 뿌리가 된다.

다른 말로 하면 인간이 우주적 정신의 담지자이면서 여전히 자신의 자율성을 보유하고 있어야 한다면, 우리가 이해하고 있는 정신과 정신의 자기 실현에는 이성을 위한 장소가 있어야 한다. 이것은 그의 세대 중 헤겔만이 아주 명료하게 보았고 또 끝까지 유지했던 중심적 통찰이다. 이에 반해 이런 통찰을 가지지 않은 낭만주의자들은 신이 떠난 세계에서 절망적인 추방에 처하거나 아니면 자연과 신의 통일을 직관과 환상이 교차하는 희미한 지역에서 발견할 뿐이었다.

그러나 이것은 낭만주의자들이 통찰의 결여에 책임이 있다고 말하는 것이 아니다. 사실 우리의 어려움은 우리가 이성의 중심 역할을 수용할 때 시작된다. 그리고 바로 이 어려움으로 인해 낭만주의자들은 이성으로부터 환상, 창의성 혹은 예술로 나아갔다.

만약 우리가 정신을 무한한 창조적 힘으로 보는 관점을 포기하고 주체와 자연의 종합을 어떤 고정된 형태를 취하는 것으로 볼 경우, 우리는 자유로운 주체성의 본질적 성질들을 포기하는 것은 아닌가? 왜냐하면 주체의 삶은 활동을 계속하는 데 반해 우리는 궁극적이고 정태적인 조건을 정립하고 있는 것처럼 보이기 때문이다. 그리고 해결책을 하나의 포괄적 형식 속에서 보게 될 경우, 주체를 너무 지나치게 한정하는 것처럼 보이며, 우주적 주체는 무한하게 만드는 데 반해 이 주체는 아주 유한한 것으로 만들어버리는 것 같다.

우리의 종합의 요건들은 우리를 딜레마에 빠뜨리는 것 같다. 헤겔은 그것을 모르지 않았다. 그러나 그는 이 어려움을 피할 해결책을 주조했다고 주장했다. 그는 환상과 무한한 창조성의 힘을 말하는 낭만주의적 비전에 대해 매몰찬 태도를 취했다. 그는 궁극적 종합은 이성이 포괄할 수 있는 것이어야 한다고 주장했다. 그러나 동시에 그는 주체는 본질적으로 활동성이며 무한한 활동성이라는 견해를 가지고 있었다. 해결책은 그의 무한성 개념에 놓여 있었다. 그의 무한성 개념은 유한자를 통합하고 있으며, 원(圓)이 그러하듯 다시 자기 자신에게 돌아온다. 이러한 사유의 핵심이 무엇인지를 우리는 나중에 검토할 것이다. 그러나 이러한 유의 생각만이 무한한 활동성을 완결된 형식에 한정하는 딜레마를 해결할 수 있다.

헤겔은 '이성(그의 용어로 하자면 '오성')은 분리하고 분석하고 파편화하고 죽인다'고 한 낭만주의자들의 이성에 대한 주된 반론을 받아들인다.[55] 다른 말로 하면 합리적 이해는 주체와 객체, 자아와 타자, 합리적인 것과 정념적인 것 등 이것들 사이의 구분을 명료하게 의식하지 않을 경우 일어날 수 없다. 그리고 바로 이것 때문에 헤겔은 궁극적 종합은 통일뿐 아니라 분리를 포함한다고 주장하고자 한다. 다시 한번 말하지만, 헤겔은 외관상 조합 불가능한 것을 조합해야 한다고 요구한다. 그는 "동일성과 비동일성의 동일성"[56]에 도달해야 한다고, 즉 삶이라는 단일한 하나의 흐름과 합리적 의식에 함축된 주체와 객체 사이의 분열을 통일해야 한다고 요구할 것이다. 이것은 아마도 헤겔 체계의 중심적이고 가장 '흥미로운' 생각일 것이다. 우리는 이 문제와 간단하게나마 씨름할 것이다. 이 생각은 비슷한 생각을 공유한 동시대 전체 세대에서 그를 분명하게 구분해 주는 것이다.

헤겔은 예술을 통한 종합을 거부한다. 물론 그는 예술을 결코 버리지 않는다. 그는 예술을 절대 정신의 첫번째 단계로서 보다 높은 실현의 방식,

---

55) 『정신현상학』 「서설」에서 헤겔은 오성의 이런 분석적 힘을 죽음의 힘에, 사물들을 삶의 통일에서 떨어내는 힘에 연결시킨다. 그러나 그는 정신과의 화해의 길은 어떤 "무능한 아름다움"인 이런 죽음을 회피하는 것이 아니라 "이 죽음을 확고히 붙잡는 것", "이 죽음을 간직하고 이 죽음에서 스스로를 유지하는 것", "그것과 동거하는 것"이라고 주장했다. 이런 동거는 "죽음을 존재로 되돌리는 마술적 힘"이다(*PhG*, 29~30).
56) *Differenz*, 77.

즉 종교와 (최고의 명료성의 단계인) 철학 아래 종속시킨다. 따라서 개념적 명료성으로서의 이성은 헤겔의 종합에서 중심적 역할을 한다. 이것은 직관이나 이성을 통해 실체적으로 동일한 형상에 다가가는 우리의 **접근** 양식만의 문제로 생각될 수 없다. 왜냐하면 사실 실체와 표현 양식은 모든 표현 이론에서처럼 여기서도 분리될 수 없기 때문이다. 정신이 자기 자신에 대한 완벽한 합리적 이해에 이른다고 하는 생각은 이성으로서의 정신에 필수적이다. 그러나 정신에 대한 우리의 이해는 결국에는 정신의 자기 이해와 구별되지 않는다. 따라서 우리가 오직 종합의 분명하지 않은 직관에만 이를 수 있다면, 그리고 이와 유사하게 정신의 자기 이해가 분명하지 않고 직관적이라면 우주적 주체성의 본성도 달라야 할 것이다. 즉 그것은 합리성을 구현하고 있지 않아야 할 것이다.

따라서 성숙기의 체계에서 헤겔은 그가 속해 있던 세대와 비교하여 자신만의 고유한 입장을 발전시켰다. 그는 그들의 열망을 폐기하지 않고, 대신 주체의 완전한 도덕적 자율성을 인간 내부에서, 인간들 사이에서 최고의 표현적 통일과 결합했으며, 또 그 자율성을 자연과도 결합했다. 그는 이런 전례 없는 세기적 종합이 자연의 근저에 놓인 정신적 실재, 즉 우주적 주체라는 비전이 습득될 수 있을 경우에만 달성 가능하다는 희망을 공유한다. 이때 인간은 이 우주적 주체와 스스로를 관계시킬 수 있고, 그 주체 안에서 궁극적으로 자기 자신을 발견할 수 있다고 한다.

그러나 그는 이러한 종합에 함축된 요청들을 놀라울 정도로 엄격하고 끈질기게 타협 없이 충족시키고자 했다. 그리고 결과적으로 그는 그 시대 (근대 문명의 결정적 시기)의 위대한 열망을 채우는 위대한 기념비를 세운 한 인물이 되었다. 사실 만약 이러한 열망이 충족되었다고 누군가가 주장한다면, 헤겔의 체계에 의해서 그렇게 되었다고 해야 할 것이다. 우주적 주체 혹은 정신(Geist)이라는 개념, 즉 유한자를 내포하고 있는 무한자라는 개념, 그리고 이성에 무한한 신뢰를 보내는 주장 등으로 인해 그는 종합을 위한 아주 진지한 도전자가 되었다.

이를 생각해 보면 우리는 헤겔의 종합이 왜 우리 문명에서 끊임없이, 반복적으로 우리의 관심을 불러일으키는지 알 수 있다. 왜냐하면 두 가지 강력한 열망, 즉 표현적 통일과 급진적 자율성은 근대인들에게 중심적 관심 사항으로 남았었기 때문이다. 그리고 이 둘을 결합하고자 하는 희망은 이러저러한 형식으로, 예컨대 맑스주의나 통합적 무정부주의, 혹은 기술적 유토피아주의나 자연으로의 복귀의 형식으로 일어날 수밖에 없다. 낭만주의적 혁명은 감소되지 않고 지속되며, 예견할 수 없는 새로운 형식으로 계속 나타난다. 예컨대 다다이즘이나 초현실주의의 형식으로, 그리고 '히피', 즉 억압되지 않은 의식이라는 우리 시대의 문화 등의 형식으로 계속 등장한다. 우리를 둘러싼 이 모든 현상으로 인해 우리는 우리의 중심적 딜레마를 해결했다고 한 최초의 위대한 종합으로 되돌아가지 않을 수 없다. 물론 그 종합은 실패했지만, 어떤 점에서는 여전히 아주 탁월한 해결책으로 남아 있다.

나는 앞에서 헤겔의 철학적 사유를 이끌었던 근본 사상들의 기본 이념을 제시하고자 했다. 물론 나는 이것을 헤겔 세대에게 받아들여졌던 모습의 일반적인 형식으로만 제시했다. 그가 이 사상들과 어떻게 마주하게 되었는지를 스케치하기 전에, 헤겔의 개인적 이력과 이러한 철학적 목표들이 그의 마음에 어떻게 형성되었는지를 간단하게 살펴보는 것이 유용할 것이다. 다음 장은 바로 이 문제를 다룰 것이다.

2장

헤겔의 청년기

1

헤겔은 1780년대에 청년기를 보냈다. 이때 그는 슈투트가르트 김나지움에 다녔고, 그 이후에는 튀빙겐 신학교를 다녔는데, 당시의 표현주의적 조류에 깊은 영향을 받았다. 이 조류는 인간은 자기 자신뿐만이 아니라 사회 내의 다른 사람들과도 동일하다는 생각, 소위 포괄적인 통합된 삶의 이미지를 가지고 있었는데, 헤겔은 이런 이미지의 범례를 고전기 그리스에서 발견했다.

그러나 이 외에도 두 가지 다른 중요한 요소가 그의 사유와 열망에 영향을 주었다. 이 두 극단은 그 당시에 이미 명백하게 모습을 드러내고 있었고, 여러 모양으로 그에게 생동적으로 영향을 미쳤다. 첫번째는 계몽의 도덕적 열망이다. 이에 따르면 인간은 마침내 이성을 통한 자기 규정의 자유에 이르렀다고 한다. 나중에 그는 이 열망의 중요한 대표자로 칸트를 생각하게 되지만, 처음에는 멘델스존과 레싱이 이 분야에서 그에게 더 중요한 인물이었다. 두번째 그가 주로 참고한 것은 기독교였다. 신학이 그의 관심영역에 속한다는 것은 그가 대학에서 신학을 전공했다는 사실에서 자연스럽게 도출될 수도 있을 것이다. 하지만 기독교에 대한 그의 관심은 그보다 훨씬 더 깊다. 사실 그가 튀빙겐에서 교육받은 신학은 그의 반발을 불러일으켰다. 튀빙겐 신학은 그가 초기 글들에서 자기 입장을 말할 때 **비판적으로 대했던** 부정적 사유들 중 하나였다. 그리고 그의 기독교관이 심오한 변화를 겪었다는 사실, 하지만 그의 기본적인 견해가 성숙한 체계에서도 줄곧 유지된다는 사실은 이 방향이 그저 지나가는 영향의 결과가 아님을 보여 준다.

이 세 조류는 잠재적으로 서로 깊은 갈등 속에 있었으며, 성숙한 헤겔의 사유는 이 세 조류를 화해시키고자 한 영웅적인 시도이다. 하지만 초기 튀빙겐 시기에 그는 앞서 말한 이 세 조류가 동일한 방향을 향한다고 느꼈다. 그 시대는 헤겔과 그의 많은 동시대인에게 자발성이 분열하고 억압되는 시기로 간주되었다. 그들은 자발성을 표현적 총체성 속에서 회복하고자 했으며, 따라서 인간의 도덕적 활동과 사회적 삶은 단순히 죽어 있는 공식에 의해 규제되기보다는 통일성과 선에 대한 생동적인 경험으로부터 와야 한다고 생각했다.

그러나 이러한 표현적 열망은 그들에게 기본적으로 계몽의 요청과 다르지 않은 것으로 보였다. 즉 계몽에 의하면 인간은 과거의 위신에 기초한 외적인 비합리적 권위 대신 자기 자신의 이성에 따라 살아야 한다고 한다. 두 경우[표현주의와 계몽] 다 외부의 권위에 대항해서 인간의 자율성을 회복하는 문제였으며, 외적인 것과 단순한 오성의 대상에 대항해서 생동적인 것과 자아에 의해 느껴지는 것을 회복하는 문제였다. 그리고 이 두 경우에 혁명은 (자율성과 총체성을 회복한) 개인의 삶뿐 아니라 사회 안에 있는 사람들 사이의 관계에 영향을 미친다. 이때 지배 관계는 자발적이고 동등한 연합에 자리를 양보한다.

따라서 헤겔과 튀빙겐의 젊은 급진주의자들은 그리스의 이상을 회복하는 것을 계몽에 대한 충성과 충돌하는 것으로 보지 않았다. 페리클레스, 소크라테스, 레싱 그리고 칸트는 동일한 이상에 기초해 서 있는 자들이다. 그러나 이들은 그 시대에 존립하는 기독교와 갈등 관계에 빠지지 않을 수 없었는데, 왜냐하면 당시의 기독교는 자신의 주장을 초자연적 권위에 기초해 세웠으며, 영적인 영역과 세속적 영역 모두에 걸쳐 있는 명령의 위계질서를 지지하고 있었고, 인간 안에서 죄 많은 본성과 정신[영] 사이의 엄격한 분열을 말하고 있었기 때문이다.

이러한 이유로 인해 헤겔 시대의 젊은 급진주의자들 몇 명은 기독교 신앙에 대해 단호한 반대 입장을 내세웠다. 비록 나중에 입장을 선회하기는 하지만 청년 셸링이 그 경우에 해당한다. 그러나 헤겔은 횔덜린과 더불어, 비록 기존의 기독교에 대해 근본적인 비판을 수행하고 때때로 그리스도 자신에 대해서도 비판을 가했지만, 이로 인해 기독교 신앙을 파기하지는 않는다.

그들은 (그들이 이해한) 예수의 원래 가르침을 표현적 통일성의 요청과, 그리고 이성의 요청과 교환 가능할 뿐 아니라 근본적으로 동일한 것으로 간주했다. 예수는 문자가 삶을 죽이는 데 반해 영[정신]은 삶을 살린다고 가르친 교사였으며, 아가페[헌신적 사랑]의 자발성으로써 율법을 완성하러 온 선생이었다.

헤겔은 튀빙겐에서 1788년에서 1793년까지 살았다. 이 시기는 독일 청년들에게 아주 중요한 시기였다. 계몽의 성장, 최근에 일깨워진 그리스의 이상에 대한 동경, 질풍노도기에 뒤이은 문화적 소요 상태 등이 파리에서 발생한 세기적 사건들[프랑스혁명과 그 여파들]에 덧씌워졌다. 독일이 위대한 아테네 시대의 새로운 버전으로 변할 것이라는 희망, 심지어 그렇게 변화시킬 수 있을 것이라는 희망의 불꽃이 젊은이들의 마음에 점화되었는데, 이것은 이상한 일이 아니다. 헤겔과 교류하고 있던 튀빙겐의 젊은 급진주의자들은 자기들의 언어로 자기 자신 및 자신의 이상과 관련하여 이 세 조류[고대 그리스의 통일적 삶, 기독교, 계몽]의 모든 관점을 성찰했다. 횔덜린의 위대한 언어인 '하나이자 만물'은 인간이 재결합해야 하는 모든 존재를 관류하는 거대한 삶의 흐름을 표현한다. 레싱이 사용하여 유통시킨 '하나이자 만물'의 이상은 앞부분에서 언급한 스피노자주의에 대한 표현주의적 독해에 기초한 것이다. '이성과 자유'는 보편적 슬로건이었다. 하지만 고대 그리스를 열망하는 계몽주의자들의 바로 이 그룹은 스스로를 '보이지 않는 교회'라고 불렀으며, 다소 아이러니하게도 자신들의 목표가 '신의 왕국'이라고 말했다.[1]

따라서 청년 헤겔이 생각하기에 독일은 재탄생할 필요가 있었는데, 그것은 계몽의 자율적 이성의 승리, 그리스의 정신에서 꽃피웠던 것의 재창출, 그리고 예수의 순수 가르침의 회복을 동시에 의미하는 것이었다. 출판되지 않은 헤겔의 최초의 글들은 바로 이 세 열망에 자극받은 연구라 할 수 있다. 그리고 1790년대부터 자신의 체계가 대충의 윤곽을 드러낸 1800년대 초에 이르는 그의 발전은 부분적으로 두 가지 압박에 대한 반응으로 간주될 수 있다. 첫째, 재생[거듭남]의 희망이 실현되지 않았다는 외적인 실패, 둘째, 이 세 경향 모두와 그것들 사이의 관계 양식을 다시 정의해야 한다는 이 세 경향들 사이의 내적 긴장이 그것이다.

헤겔이 튀빙겐 대학 시절에 쓴 아주 초창기의 한 수고는[2] 재생을 위한

---

1) Henry Silton Harris, *Hegel's Development*, Oxford: Clarendon Press, 1972, Part 2, Chap. 4를 참조하라.

그의 비전이 프랑스혁명을 변형시켰던 세속적 혁명가들의 비전이 아니며, 가장 근본적인 수준에서의 종교적 삶의 재생을 포함하고 있음을 보여 준다. 그러나 헤겔의 종교는 전통적인 경건의 종교가 아니다. 이 단계에서 계몽의 종교는 대개 칸트에 의해 정의되었다.

칸트적 정의가 유행한 이후 (도덕성을 종교의 관점에서 고찰하는 것이 아니라 그와 반대로) 종교는 도덕성의 관점에서 고찰되었다. 이에 따르면 나는 내가 당위적으로 해야 하는 것을 종교적 신앙이나 신의 명령에 따라 규정하는 것이 아니라, 반대로 합리적 존재로서의 나 자신이 부여한 명령에 따라 규정한다. 사실 종교의 합리적 핵심, 즉 신에 대한 믿음과 불멸성의 토대는 최고의 선이 실현되려면 반드시 요청되는 것으로서의 도덕성의 요청이다. 헤겔의 초기 글들은 우리가 칸트에게서 본 것, 즉 인간은 순수한 도덕 의지의 주체로 행동할 때 성스러움에 가장 근접하게 된다는 생각에 잘 들어맞는다.

그러나 온전한 의미에서의 종교는——이때 이 종교는 위에서 말한 '합리적' 믿음에만 관련되는 것은 아니다——그래도 아직 인간에게 필수불가결하다. 인간은 합리적일 뿐만 아니라 또한 감각적이기도 한 피조물이다. 우리가 도덕 법칙에 대한 순수한 존경에서 행동하는 인간을 최상의 이상으로 정립할 수 있다 하더라도——헤겔은 칸트 윤리학의 이런 핵심에 아직 도전하지 않는다——이런 생각은 인간이 실제로 서 있는 바와는 아주 거리가 있다. 사실 인간은 감성과 엮여 있는 마음과 경향들로 인해 선한[좋은]

---

2) Georg Wilhelm Friedrich Hegel, "Fragmente über Volksreligion und Christentum", *Hegels theologische Jugendschriften*, Hrsg. Hermann Nohl, Tübingen: J. C. B. Mohr, 1907, S. 1~72를 참조하라.

것에 효과적으로 이끌린다. 바로 이 마음과 경향 등이 다양한 선행의 형태들, 예컨대 사랑·우정·연민 등을 구성한다.[3] 이런 점에서 헤겔은 루소에 근접해 있다.

이제 종교는 초자연적인 것에 대한 수많은 명제들을 맹목적으로 믿는 것이 아니고, 외적인 실천을 수행하는 것도 아니다. 오히려 그것은 생동적인 경건으로서 전인[온전한 인간]을 위해 좋은 것을 수행할 동기를 부여하는 위대한 원천이다. 그래서 헤겔은 이 단편을 객관 종교와 주관 종교를 구분하는 것으로부터 시작한다. 객관 종교는 그저 신학일 뿐이고 외적으로 드러나는 실천일 뿐이다. 주관 종교는 선과 이 선의 입안자로서의 신에 대한 인간의 생동적 경험이다. 물론 여기서 이런 경험은 신앙과 제의의 형태로 표현된다.[4]

그러므로 헤겔은 처음부터 이성이 허락한 것 이외의 어떤 것도 믿을 수 없다고 하는 종교에 대한 협소한 계몽주의의 관점을 받아들이지 않는다. 사실 그는 미신을 저주한다. 미신적 신앙을 가진 사람은 초자연적인 것으로부터 응답을 얻기 위해 행위하며, 화난 신을 달래기 위해 희생 제의를 치른다. 그러나 헤겔은 예컨대 희생 제의 그 자체가 형벌을 피하기 위한 수단으로서가 아니라, 경건한 감사의 정신에서 신에 대한 의탁을 고마워하는 표현으로 수행된다면 그 제의가 순수한 종교에서 어떤 자리를 차지할

---

3) *Nohl*, 18.

4) 이런 생각은 유행하던 경건주의의 흔적이 이 시기 독일의 사유에 엄청난 영향을 미치고 있었으며, 이 경건주의가 부분적으로 계몽주의의 열망과 결합되었음을 보여 준다. 예를 들어 이런 결합을 레싱에게서 볼 수 있으며, 그는 김나지움 시기와 대학 시절의 헤겔에게 아주 많은 영향을 준 것 같다(이 책 31쪽 참조). 헤겔의 주관 종교는 따라서 레싱의 『현자 나탄』——헤겔 초기 글들에서 자주 인용되는——에서 레카가 저주했던 "차가운 독서 학습"의 종교와 대립되는 것으로 정의된다.

수 있을 것이라고 생각했다(헤겔은 그리스의 희생 제의에서 그러한 사실을 보았다).[5]

이 수고에서 또 다른 중요한 구분은 사적 종교와 '민중 종교'(Volksreligion)의 구분이다. 사적 종교는 개인의 삶을 그 개인적 관계와 가족 관계 등에서 건드리며, 민중 종교는 사회라는 공적 삶과 엮여 있다. 헤겔에게 민중 종교의 가장 중요한 모델은 명백히 고대 그리스의 공적 종교들에 의해 제공되었다. 이 종교들은 사회적 삶의 필수적 일부였고, 도시의 공동의 실존을 유지하는 다른 측면들과 떨어질 수 없었으며, 심지어 도시의 정체성 형성에 본질적이었다.

이러한 구분이 헤겔의 목적을 위해 아주 중요하다는 사실은 쉽게 드러난다. 그가 추구하는 재생은 그 안에서 사람들이 도덕적 자기 규정이라는 자유에 도달하는 것이며, 동시에 이성이 정열과, 혹은 정신이 감성과 투쟁하는 것이 아니라 온전한 인간이 자발적으로 도덕적 선을 향해 나아가는 그런 전체성과 통일성을 회복하는 것이다.

그리고 이런 전체성은 인간 내부의 분열뿐 아니라 사람들 사이의 분열도 치유한다고 한다. 헤겔이 추구한 재생은 따라서, 그리고 필연적으로 정치적인 것이다. 그 안에서 사람들이 자유롭고 분열되지 않는 그런 사회의 회복이라는 점에서 그렇다. 그리스인이 그런 사람들이었는데, 그리스에서 공적 삶은 도전할 수 없는 권위에 의해 주체에 부과되는 것이 아니라 시민들의 자발적 표현, 공통의 표현이었다. 그래서 헤겔은 초기 프랑스혁명에 아주 동조했다. 그리고 사실 1789년의 이상들은 일생 동안 그의 정치적 사유의 중요한 부분으로 남아 있었다.

---

5) *Nohl*, 25~26.

다른 말로 하면 헤겔은 표현적 통일의 열망에 사로잡혀 있었다. 그에게 이성과 감성의 칸트식의 급진적 분리를 받아들일 수 없게 한 것은 인간의 오류 가능성이라는 단순한 생각보다는 오히려 이런 표현적 통일이라는 이상이었다. 그리고 이런 생각은 그를 루소에게 근접하게 했으며, 궁극적으로 칸트에 대항하게 했다.

그런데 온전한 인간[전인]을 포함하는 이러한 유의 재생은, 헤겔에 따르면, 종교에 의해서만 성취될 수 있다. 그러나 이것을 하기 위해 종교는 철저히 주체화되어야 한다. 즉 종교는 한 인간을 자기 내부에서 통합하기 위해 어떤 교리나 실천에 대한 외적인 충성 이상이어야 하며, 생동적인 경건이어야 한다. 그리고 종교가 인간들 서로를 통합할 수 있으려면 종교는 몇몇 개인의 종교 이상이어야 하고, 민중의 삶과 엮여 있어야 하고, 개혁된 정치 제도들과 결합되어 있어야 한다.[6] 여기서 말하는 종교가 곧 주체화된

---

6) 죄르지 루카치는 『청년 헤겔』(Der junge Hegel)에서 헤겔의 초기 저술들을 종교에 대한 성찰로 간주하는 표준적 해석에 대해 강도 높은 공격을 감행하는데, 이런 관점에서 볼 때 우리는 루카치의 공격이 이 시기 헤겔의 사유를 얼마나 왜곡할 수 있는지를 볼 수 있다. 루카치는 청년 헤겔에 대한 이런 "신학적" 접근을 "반동적 전설"이라고 말한다. 오히려 헤겔의 초기 글들은 정치적 혁명과 변화라는 문제와 관련해서 보아야 한다는 것이다.

물론 헤링(Theodor Haering)이나 발(Jean Wahl), 그리고 크로너(Richard Kroner)와 같은 사상가들이 보여 주는 헤겔의 초기 종교적 견해에 대한 몇몇 해석은 비판받아 마땅하다. 그러나 루카치의 전반적 이의 제기는 헤겔의 사유를 잘못된 이분법으로 인도하고 있다. 1790년대 헤겔의 사유를 표현주의 이론의 영향을 받고 종교적 삶과 사회적 관계를 분리하지 않았던 그리스에 의해 영감을 받은 종교관으로 특징짓는다면, 우리는 종교에 대한 그의 관심의 핵심이 정치적 개혁과 자유를 위한 것이라는 사실에 이의를 제기할 수 없다. 물론 청년 헤겔은 도덕적 자율과 정치적 자유의 복원을 추구했다. 그러나 이것은 그에게서 심오한 종교적 재생과 분리될 수 없었으며, 따라서 그런 재생 없이 실현될 수 없었다.

발터 카우프만은 이와는 다른 관점에서 헤겔 초기 저술들을 지칭하는 '신학적'이라는 말에 이의를 제기한다. 그는 오히려 이 저술들이 반(反)신학적 글들이라고 한다(Walter Kaufmann, "The Young Hegel and Religion", ed. Alasdair C. MacIntyre, Hegel, Garden City, N. Y.: Anchor Books, 1972, pp.61~100을 참조하라). 그러나 이것 역시 아주 잘못된 독해다. 헤겔은

민중 종교이다. 그럼에도 불구하고 이 종교는 계몽과 모순 관계에 있지 않으며, 미신의 종교가 아니다.

이것은 헤겔이 이 초기 수고의 말미에 제시한 세 가지 요청으로 표현된다. 새로 태어난 종교는 다음과 같아야 한다.

① 그 교설은 보편적 이성에 근거해 있어야 한다.
② 상상, 마음, 그리고 감성이 공허하게 되어서는 안 된다.
③ 민중 종교는 삶의 모든 욕구, 공적인 국가 행위가 이 종교와 연결되게 하는 특성을 가져야 한다.[7]

이 요청은 헤겔 사유의 두 극점을 분명하게 표현해 준다. 첫번째 요청은 계몽에의 충성을 반영한다. 즉 종교는 초자연적인 것에 대한 합리적 교설, 즉 신의 실존, 불멸성, 그리고 그것들이 (신에게 아양 떨기 위해서가 아니라) 자기 자신을 위해 추구해야 하는 선[좋은 것]과 맺는 관계 등에 대한 합

주관 종교, 즉 생동적인 경건에 대립한 죽어 있는 공식이라는 의미에서의 신학에 강하게 반대한다. 하지만 헤겔의 초기 글들은 신, 정신, 삶, 혹은 무한자 등(헤겔의 표현과 개념은 이 시기 10년에 걸쳐 계속 변화한다)과의 관계를 회복할 수 있는 방법을 찾고자 하는 시도로 읽어야 가장 잘 이해할 수 있다. 신이나 정신, 삶, 혹은 무한자 속에서야 비로소 이런 생동적인 경건이 다시 생겨날 수 있다.

또한 낭만주의에 **대립적인** 계몽과의 친화성을 청년 헤겔에 적용시키는 것 역시 너무 성급하다 (*Ibid.*, pp. 72~74). 헤겔은 생동적인 것을 추상적인 공식으로 포획하여 파편화시키는 시도를 수행하는 '오성'에 대한 표현주의자들의 불신을 공유했다. 이런 생각은 특정한 관점에서 보면 계몽의 사람들이라 불릴 수도 있는 헤르더와 괴테 같은 사상가에게서 유래한다. 그러나 이런 표현주의 이론은 낭만주의에서 본질적으로 중요한 요소가 되었다. 따라서 한 측면이 다른 측면에 대립한다고 하는 주장은 매우 잘못된 독해이다[즉 헤겔에게는 낭만주의적 요소와 계몽의 요소가 아주 본질적으로 섞여 있다].

7) *Nobl*, 20.

리적 교설과 반대되는 어떤 것도 가르쳐서는 안 된다. 나머지 두 요청은 표현적 통일성에의 열망을 반영한다. 두번째 요청은 온전한 인간의 발전은 이성만 장려하는 것이 아니라 보다 높은 실재를 감각적 이미지로 포착할 수 있는 능력인 '상상'도 장려해야 하며, '마음' 혹은 도덕적 감정과 감성, 즉 인간 본성의 감각적 측면도 이러한 전인적 발전에 기여해야 한다는 것이다. 세번째 요청은 이성과 전인의 이런 결합이 사적 영역이나 삶의 한 부분에 국한되는 것이 아니라 '삶의 모든 욕구'와 관련이 있는 것으로, '폴리스의 공적 행위'로 엮여 들어가야 한다고 한다. 다른 말로 하면 세번째 요청은 그리스인이 향유했던 민중 종교에 대한 요청이다.

그러나 이러한 생각이 헤겔 사유의 세번째 축인 기독교와 어떻게 조화될 수 있을까? 사실 아주 쉽지 않다. 헤겔은 1790년대 내내 이런 긴장 속에 놓여 있었다. 출판되지 않은 많은 다른 수고들은 이 문제 및 이와 연관된 문제를 다룬다. 이것들 중 특히 「기독교의 실정성」(Die Positivität der christlichen Religion)이라는 제목이 붙은 1795/1796년에 쓰인 베른 시기의 글과 「기독교의 정신과 그 운명」(Der Geist des Christentums und sein Schicksal)이라 불리는 프랑크푸르트 시기의 큰 수고가 그 문제를 다룬다. 이 후자는 1798년에 쓰였고, 1800년에 다시 쓰였다.

물론 제도적 기독교, 특히 미신을 장려하는 권위의 종교인 가톨릭은 한 번도 출발점이 되지 않았다. 하지만 원래의 순수한 기독교가 어떻게 저 세 요청에 마주할 수 있는지 하는 문제가 제기되었다. 헤겔은 이 기독교가 첫번째 요청은 잘 충족시킨다고 본다. 1790년대 초·중반 수고에 나타난 예수의 상은 칸트의 예수 상에 의지하지만, 예수는 총체성을 체현하고 가르치는 사람이다. 예수는 유대 율법의 도덕성에 대항해 이성과 마음에 기초한 가르침을 제시했다. 그의 복음의 원리는 하나님의 의지였지만, 동시에

자기 마음에서 나온 "의무와 권리에 대한 살아 있는 감정"이기도 했다.[8]

바로 이 예수는 칸트 윤리학의 요청과 표현주의적 이상을 놀랍도록 결합한다. 아마도 신으로부터 외적 명령으로 유전되는 법[율법]에 대항하여 **"자기** 마음에서 나온 살아 있는 감정"을 제시함으로써(혹은 이 법을 마음의 법으로 변형시킴으로써, 따라서 법을 '완성'함으로써) 헤겔의 예수는 타율성을 자율성으로 대체한다. 그러나 "자기 **마음**에서 나온 살아 있는 감정" 속에서 하나님의 의지를 발견하는 가운데 그는 이성과 감성의 대립을 피하며, 도덕적 삶을 그의 인간성의 통합적 표현으로 본다. 그는 명령으로서의 법과 건조하고 추상적인 공식으로서의 법 둘 다를 넘어선다. 우리는 이성과 감성의 이런 조합이 이 시기 작가들과 사상가들이 구체화하고자 추구했던 것이라고 말했는데, 이 조합은 여기서 아주 쉽게 이뤄진다. 하지만 앞으로 볼 것처럼, 헤겔은 이런 조합을 오랫동안 지속시키지 않는다.

어떤 의미에서 「기독교의 실정성」 수고의 주된 목적은 예수의 종교에서 발생한 일을 설명하는 것이다. 즉 예수의 종교가 어떻게 오늘날의 기독교로 격하되었는지를 보여 주는 것이다. 이 문제에 대답하는 가운데 사용되는 주된 개념이 바로 이 '실정성'이라는 개념이다. '실정' 종교는 우리 자신의 이성에 의해 요청되는 것이 아니라 권위에 기초한 종교이다(그리고 물론 이는 이성이 요청한 것에 대한, 예컨대 신을 향한 우리의 헌신의 이미지와 제의 등에 대한 우리의 느낌에 관한 감각적 반응에 의해 보충된다). 우리가 "계율들은 우리가 믿을 것인지 말 것인지 주저해서는 안 되는 어떤 권위에 의해 우리에게 주어졌기 때문에 진리로 받아들이지 않으면 안 된다고 하는 그러한 종류의 종교적 교리의 체계"를 가질 때 우리는 실정 종교를 갖는

---

8) *Knox*, 75; *Nohl*, 158.

다.[9] 실정성이라는 이 개념은 명백히 법에 기원을 두고 있는데, 법에서 '실정법'은 권위의 명령에 기초해 있으며, '자연'법에 대립한다.[10]

그런데 기독교의 파토스는 예수의 가르침이 법의 엄격한 유지와 계율을 지키는 데 고착된 세대와 사람들에게까지 침투할 수 없었다는 데서 생겨난다. 예수는 메시아 신화에 의존하지 않을 수 없었는데, 이 신화를 통해서야 위대한 스승이었던 예수는 자기 추종자들을 발견할 수 있었다. 이에 대한 그의 응답은 그 신화를 보다 고귀한 의미에서 제시하고자 한 것이었다. 그러나 이성과 마음의 완전한 통일 속에서 살아갈 수 없는 사람들은 결국 예수의 종교를 설교하지 않을 수 없었고, 또 다른 실정 종교를 구축하지 않을 수 없었다. 여기서 실정 종교는 신의 의지를 자기 자신의 마음속에서 회복하는 종교가 아니라 그리스도에 대한 **신앙**에 기초한 종교이며, 혹은 도덕 법칙에 대한 존경에서가 아니라 그리스도가 명령했기 때문에 선을 행해야 하는 그런 종교이다.[11]

하지만 예수의 원래 가르침을 정당화하는 것으로 보이는 이런 서술은, 저 세 요청을 만족시키는 재생된 민중 종교의 토대를 예수의 가르침에서 찾고자 하는 사람들에게 커다란 문제를 제기한다. 헤겔은 이러한 사실을 매우 잘 알고 있다. 그런데 사람들이 자율성과 완전함의 이런 통일에 이를 수 없다면 이 양자를 동시에 내용으로 갖는 종교를 설교함으로써 습득되는 것은 무엇인가? 한 측면을 얻을 경우 다른 측면을 잃게 된다면, 그것은 상실 그 이상이다. 왜냐하면 자율적 통합의 이상은 다시금 인간에게서 벗

---

9) *Nohl*, 233.
10) 그러나 실정 종교를 '자연' 종교에 대립시키는 것은 헤겔의 생각에 심각한 문제를 불러일으키게 된다. 이런 문제를 그는 (1800년에 개정된) 이 글의 첫 부분에서 이야기한다.
11) *Nohl*, 212; *Knox*, 144.

어나, 인간이 기도를 드리는 그리스도나 이 세상을 넘어선 사후의 삶 등 인간에게 외적인 어떤 것이 되기 때문이다. 뿐만 아니라 여기서는 분리와 부적합성의 의식이 너무 크기에 이런 통합의 이상은 그 이전의 선구자들보다 더 크다. 왜냐하면 이 이상은 외부에서 주어진 법에 대한 복종에 그치는 것이 아니라 의도의 순수성도 함유하고 있어야 하기 때문이다. 그렇지 않을 경우 사람들은 마음의 불순함, 즉 의지의 악함을 느껴야만 한다.

이것이 바로 '불행한 의식'(unglückliches Bewußtsein)이라는 주제에 대한 헤겔의 성찰의 기원을 이룬다. 불행한 의식에 대한 가장 강력한 표현은 『정신현상학』에서 '불행한 의식'이라는 제목을 달고 있는 부분이다. 헤겔은 이미 베른 시기에 이 문제를 심도 있게 보기 시작했다. 우리가 예수의 가르침을 일단 이해할 경우 기독교는 어떤 의미에서 **실패한** 종교이다. 실패는 예수가 죽어야만 했다는 사실에서 가장 극적으로 볼 수 있다. 그만큼 세계는 그의 메시지를 받아들일 준비가 되어 있지 않았던 것이다. 이후의 기독교는 어느 정도 멜랑콜리로 특징지어지는데, 왜냐하면 십자가에 달린 자가 기독교적 예배의 중심에 서기 때문이다. 하지만 이것은 그리스 종교와 엄청난 대조를 이루는데, 그리스 종교에서 신은 공동체의 자기 확신과 엮여 있다.

그러나 이런 멜랑콜리는 더 나아가 심오한 분열로부터 발생하는 것으로 이해될 수 있다. 이때 이 분열은 기독교가 이미 극복했다고 하는 인간의 정신적 소명과 자연 속에서의 그의 삶 사이의 균열을 의미한다. 이런 생각은 헤겔이 이런 균열의 깊이와 중요성을 의식하는 가운데 헤겔의 사유에서 점점 더 성장해 간다. 그리고 이것은 어떤 의미에서 분열을 절대적인 것으로 만든 칸트를 재평가하지 않을 수 없게 만들었다.

이 주제는 1799~1800년에 쓴 수고들, 소위 「기독교의 정신과 그 운명」

으로 묶인 수고들에서 더 전개된다. 이 수고는 불행한 의식에 대한 헤겔의 원본적 패러다임으로 간주되는 연구를 담고 있다. 여기서 그는 아브라함에 의해 설립된 유대인의 종교를 다룬다. 아브라함은 자연과의, 그리고 자기 부족과의 원래적 통일에서 벗어났다. 자연은 그에게 정신과 통일될 수 없는, 더 나아가 정신에 의해 지배되지 않으면 안 되는 아주 중립적 물질에 불과했다. 이때 헤겔이 인간 정신의 이런 운명적 전환을 표시하기 위해 사용한 핵심 술어는 '분리'이다.

> 아브라함을 한 민족의 조상으로 만든 최초의 행동은 방금 살펴보았듯이 공동체적인 삶과 사랑의 유대를 끊은 바로 이러한 단절이었다. 그는 지금까지 자연, 인간과 더불어 살아 왔던 관계의 총체, 즉 그가 젊었을 때 가지고 있던 아름다운 총체적 관계를 거부했다.[12]

이와 연관된 다른 술어는 '지배'라는 개념이다. 아브라함을 이끌어 간 정신은 다음과 같았다.

> 그 정신은 모든 것을 엄격하게 대립시키며, 사유에 의한 산출물[신]을 지배적인 통일체로 삼아 그가 무한하고 적대적인 것으로 간주한 자연 위에 군림하게 한다. 왜냐하면 적대자들은 지배 관계 속으로 들어올 수밖에 없기 때문이다.[13]

---

12) *Knox*, 185.
13) *Knox*, 186.

헤겔은 아브라함의 정신을 우리가 위에서 자연의 '객체화', 자연의 '탈마법화'라 불렀던 것으로 해석한다. 이때 자연은 더 이상 성스럽고 신령한 질서(인간은 이 질서와의 관계 속에서 자신을 정의해야 한다)의 체현으로 간주되지 않으며, 인간 의지에 의해 모양을 형성하게 되는 원료로 머문다. 헤겔은 이런 객체화에서 자연으로부터의 분리와 자연은 지배되어야 하는 어떤 것으로 우리와 관계 맺는다고 하는 것 사이에 있는 어떤 본질적 연관을 본다. 따라서 헤겔은 근대적 의식의 중심적 흐름들 중 하나를 유대 종교의 설립자에게 투사한다. 역사적으로 보자면 이런 주장은 유지되기 어렵다. 그러나 기독교, 특히 칼뱅주의가 객체화라는 근대적 의식을 형성하는 데 있어서 중요한 역할을 수행했다는 주장이 옳다면 여기서 헤겔의 주장은, 비록 잘못된 자리에 놓여 있기는 하지만, 통찰력이 있다고 할 수 있다.[14]

물론 헤겔은 자연에 대한 아브라함의 의식이 근대의 물화된 의식이라고 주장하지는 않는다. 자연 지배는 아브라함에게서 인간에게 귀속되는 것이 아니라(이는 아브라함과 달리 결국 안 좋은 결말로 끝나고 만 바벨탑의 건축자인 니므롯과 비교된다), 순수 정신인 신에게 투사된다. 신에게 빌붙음으로써 인간은 결국 자연에 대립하는 이런 순수한 통일에 참여하며, 이 목적을 위해 선택된 민족은 다른 민족들과, 그리고 자연의 신들과 철저하게 분리되어야 한다. 그러나 자신을 지배의 신에게 양도하는 것은 자신을 그의 의지에 복종시키는 것, 즉 그의 종이 되는 것이다. 그러므로 불가피하게 자연의 일부일 수밖에 없는 인간이 자연의 지배자가 되려면 지배 관계에

---

14) 헤겔은 기독교를 탈마법화의 수행자라고 말한다. "기독교는 발할라(Valhalla)를 텅 비게 만들었다. 기독교는 신성한 숲을 베어 버리고 민족의 상상력을 한갓 미신 또는 독소(毒素)로 간주하여 제거해 버렸다"(*Nobl*, 215).

종속되지 않으면 안 된다. 그리고 '적대자'로서의 자연은 지배당하거나 지배할 수밖에 없다. 인간의 유일한 선택은 죽은 사물에 예속될 것인가 살아있는 신에 예속될 것인가에 있다. 그러므로 신이 이스라엘의 자손들에게 한 약속은 그리스인이 성취한 자연과의 표현적 통일이 아니다. 오히려 그 약속은 그들의 욕구를 만족시켜 줄 '젖과 꿀이 흐르는 땅'이었다.

이것이 헤겔이 나중에 '불행한 의식'이라 부른 분석의 최초 형태이다. 불행한 의식이란 자연과의 분리의 의식이며, 통일성과 상호성이 지배와 예속에 의해 대체되는 의식으로서 인간과 자연, 자연과 정신, 그리고 궁극적으로 인간과 인간 사이의 분리를 전제하는 의식이다. 표현적 통일성을 얻고자 하는 사람들 중 한 명인 헤겔에게 이 의식은 서로를 찢는다는 점에서 불행할 수밖에 없다. 예수의 메시지는 인간에게 상실된 통일성을 회복하도록 요청한다. 즉 외부에서 명령하는 법, 인간을 자연과 다른 인간으로부터 분리하는 법을 마음의 목소리로 대체하라고 요청한다. 그리고 정신과 자연의 친화성은 사랑 안에서 온다고 한다.

하지만 우리가 이미 본 것처럼 예수의 이 메시지는 진지하게 받아들여질 수 없었다. 이 메시지는 제자들에게도 완전히 이해될 수 없었다. 이러한 실패에 대한 헤겔의 설명은 「기독교의 실정성」 수고와 「기독교의 정신과 그 운명」 수고에서 다르다. 「기독교의 정신과 그 운명」에서 중심적인 생각은 예수가 메시아 신화를 이용하지 않을 수 없었으며, 결과적으로 역사가 진행하는 과정에서 새로운 실정적 권위가 확립되지 않을 수 없었다는 것이다. 반면 「기독교의 실정성」 수고에서 중심적 생각은 퇴각의 사유, 내부로의 방향 전환의 사유이다.

이런 새로운 설명은 칸트에 대한 새로운 비판적 평가와 맞물려 있다. 헤겔은 궁극적으로 도덕적 자율성이라는 칸트적 이상과 표현적 통일성이라는 열망 사이의 균열을 보지 않을 수 없었다. 우리는 초기 수고들, 예컨대 「기독교의 실정성」 수고와 「예수의 생애」(Das Leben Jesu)로 불리는 수고에 나타난 예수가 양자를 통합했다고 보았다. 그는 도덕적 응답의 전체성, 즉 이성과 마음의 통일성을 설교하는 칸트적 전사였다. 칸트와의 갈등은 칸트적 사유의 중심인 도덕성과 경향성의 분리를 헤겔이 받아들이고자 하지 않은 처음부터 이미 내재해 있었다. 그러나 이제 갈등은 공개적으로 드러난다. 「기독교의 정신과 그 운명」에서 예수는 바로 그 중심적인 생각에서 칸트와 대비된다. 즉 예수는 칸트적 의미에서 '도덕성'을 설교하는 것이 아니라 경향성과 선의 자발적 통일을, 따라서 법을 초월하고 '완성할' 것을 설교한다.[15]

의무와 욕망을 분리시키는 칸트에 대립하여 헤겔은 예수의 비전을 이 양자의 연합으로 본다. 이 연합에는 화해의 정신[16]이 자리하고 있는데, 이 법은 특수한, 한정된 규정들을 지닌 법을 넘어서 가며, 따라서 그 법을 완성한다. 마음의 경향성은 더 이상 특수하거나 이기적이지 않으며, 자신의 원래의 정당함으로 돌아온 삶 그 자체이다. 그리고 실제로 서로에게 귀속되는 대립자들의 통일로서 그것[특수하거나 이기적이지 않은 마음의 경향성]은 '사랑'[17]이다. 사랑은 인간이 자기 자신과의, 다른 사람들과의, 그리고 자연과의 통일을 회복한 정신이다.

이와 대조적으로 칸트의 도덕성은 분리의 정신으로 남는다. 여기서 헤겔은 나중에 자신의 칸트 비판의 핵심이 되는 공식에 이른다. 즉 권리 개

---

15) *Nobl*, 266. 헤겔은 "도덕성을 넘어선 예수의 정신"이라고 말한다.
16) *Nobl*, 269.
17) 특히 *Nobl*, 327을 보라.

넘을 나의 경향성이라는 실재와 분리시키는 칸트의 도덕은 단지 '당위' (Sollen)를 표현할 뿐이다. 그러나 이 양자를 결합하는 예수의 종교는 '삶의 양태'인 존재(Sein)에 기초해 있다.[18]

그러나 칸트에 대한 헤겔의 주된 비판은 인간에 대한 문제이다. 칸트의 도덕성은 자율성을 안전하게 보호해 주고 어떤 '실정적' 도덕성도 피한다는 데 장점이 있다. 그러나 헤겔은 칸트 도덕성이 인간을 분리하여 인간의 한 측면인 이성을 다른 측면인 감성과 경향성 위에 둠으로써 "파괴할 수 없는 실정성의 잔존물"을 유지한다고 주장한다. 따라서 실정 종교의 신자들과 칸트적인 의미의 도덕적 인간의 차이는 칸트가 주장하는 것과 달리 그렇게 크지 않으며, 그 차이는 단지 "전자는 자신 밖에 있는 주인을 섬기는 반면 후자는 자신 안에 있는 주인을 섬긴다는 점이며, 따라서 후자는 자기 자신의 노예라는 점이다".[19]

도덕주의자는 '자기 자신의 노예'라는 헤겔의 주장은 인간에 대한 단순히 영특한 논의 이상으로서, 그의 확신에서 나온 것이다. 자율성 개념은 이 자율성이 귀속되는 자아의 의미를 보게 만든다. 칸트적 자아는 궁극적으로 법을 우리 자신에게 부여하는 능력, 즉 이성과 동등하다. 따라서 인간은 경향성에 저항할 때 자유롭다. 그러나 헤겔은 근본적으로 표현주의적 인간관을 가지고 있다. 즉 자아는 이성뿐 아니라 경향성을 전개하는 가운데 자기 자신을 표현하는 단일한 내적 근원이다. 따라서 낯선 법을 우리 존재의 이런 측면들 중 하나에 부과하는 것은 일종의 (부분적) 예속화다.

보다 직접적으로 말하자면 칸트에 대한 이런 맹비난은 이 수고에서

---

18) *Nohl*, 266; *Knox*, 212.
19) *Nohl*, 266; *Knox*, 211.

헤겔 논증의 논리에 잘 들어맞는다. 맨 처음 아브라함에 대한 논의에서 그는 분리는 지배와 예속의 관계를 초래할 수밖에 없다는 사실을 강조한다. 자연으로부터 분리됨으로써 우리는 자연을 지배하거나 자연에 지배되어야 하는 선택에 직면한다. 그리고 자연적 존재로서의 우리 자신에게서 정신을 분리하는 것은 우리를 신의 노예로 만든다. 유사하게 이성과 경향성의 분리는 우리를 이성의 규정의 노예로 만든다. 이 규정들은 감성과 감정에서 생겨나는, 우리의 현 상황과 관계들에 대한 생동적인 감응 능력으로부터 단절되었기 때문에 필연적으로 추상적이고 완고하다. 칸트의 도덕적 인간은 아브라함의 후예인데, 그는 질투하는 법 제정자인 신을 내면화하여 그것을 '이성'이라 부른 것에 불과하다.[20]

아브라함에서 칸트에 이르는 법의 정신은 인간을 법 위반의 관점에서, 그리고 그에 적합한 형벌의 관점에서 판단할 수 있다. 그리고 법에 의해 부여된 형벌은, 그것이 인간에 의해 부여되었든 신에 의해 부여되었든, 정의롭다. 왜냐하면 형벌의 원리는 내가 법을 위반하면 나의 권리를 상실한다는 것이기 때문이다. 그러나 법은 법 위반을 극복할 수 없는데, 왜냐하면 법 아래 존재한다는 것은 본질적인 법 위반에 책임이 있다는 것이고, 그것은 삶의 통일에 반하는 것이기 때문이다.

따라서 우리가 법 아래서 형벌에 고통을 당할 때에도 우리는 우리의

---

20) 바리새파와 칸트적 도덕주의자를 병치시킨 것은 이보다 더 불공정한 비판이다(*Knox*, 220). 여기서 칸트의 도덕철학과 아브라함의 종교 사이의 유사성에 대한 헤겔의 생각은 칸트와 모세를 등치시킨 휠덜린에게서도 발견된다. 그는 자기 형제에게 보낸 편지에서 다음과 같이 말한다. "칸트는 우리 민족을 이집트의 무기력 상태에서 자기 사변이라는 자유롭고 고독한 사막으로 인도한 우리 민족의 모세다"(*SW*, III, 367). 칸트는 우리를 이런 잠에서 깨웠지만, 이런 분리는 우리를 사막으로 인도한다. 휠덜린은 여기서 칸트인 분리가 필요했다고 보며, 이런 점에서는 그는 성숙한 헤겔과 같은 입장을 갖는다.

죄에서 벗어날 수 없다. 왜냐하면 법에 의한 심판은 개념에 의한 심판인데, 이 심판은 삶으로부터 추상되고 따라서 삶과 대립하는 그런 심판이기 때문이며, 그리고 사회적 수준에서는 판단하고 형을 집행할 능력을 가진 인간과 판단되는 인간 사이의 제도적 구분을 전제하기 때문이다. 따라서 우리가 형벌을 받는다 해도 우리는 우리를 고소한 법과 화해하지 못한다. 또한 만약 법이 내면화되면 법은 양심의 가책의 형태로 우리 가운데 현재한다. 어떤 경우에나 분열은 남는다.

헤겔은 인간이 신과 자기 자신의 양심, 그리고 사회 등과 맺는 이러한 관계[분열의 관계]의 상에 대립하여 「기독교의 정신과 그 운명」 수고에서 하나의 대안을 제시한다. 그리고 그 중심 개념은 '운명'이다. 그리스의 드라마를 연구하면서 자극을 받은 헤겔은 한 운명의 민족을 제시한다. 이 운명 이론에 따르면 우리의 힘이 미치는 영역 외부에서 우리에게 일어난 일, 역사에서 우리에게 우연히 일어난 일 등은 우리가 삶을 위반함으로써 우리에게 가해진 반작용으로 간주되어야 한다. 삶에 대한 위반이란 한 사람 내부에, 혹은 사람들 사이에, 혹은 사람과 자연 사이에 존재하는 생동적 전체를 분열하는 것이고 그것 자체가 분리이다. 삶의 파괴는 삶을 적으로 돌려놓는다. 왜냐하면 "삶은 불멸이며, 삶이 살해될 경우 삶은 자신의 모든 부분을 관통하는 무서운 유령으로 나타나서 자기의 복수의 여신을 풀어 놓"[21]기 때문이다. 따라서 예를 들어 자연으로부터 분리됨으로써 주변의 자연 및 인류와 지배나 예속의 관계만을 가질 수밖에 없었던 유대 민족은 반복되는 노예 상태로 고통받아야 하는 운명을 가지고 있었다.

만약에 우리가 법의 모델이 아니라 바로 이 모델에 입각해서 신과 맺

---

21) *Nobl*, 280; *Knox*, 229.

는 우리의 관계(그리고 역사에 나타나는 인간 사회와의 관계)를 이해한다면 우리는 위반에서 벗어나 화해가 어떻게 가능한지 볼 수 있다. 왜냐하면 우리가 운명으로부터 받는 형벌은 상해받은 삶의 형벌이며, 이 형벌은 화해의 길을 제공하기 때문이다. 우리는 우리의 운명이 우리 행위의 바로 그 반대쪽 측면임을 인지함으로써 화해에 이를 수 있다. 이를 인지함으로써 우리는 통일을 회복할 수 있으며, 더 이상 분열시키는 행위를 하지 않을 수 있고, 따라서 우리에게 부과된 외관상 낯선 운명에 비는 행위를 그칠 수 있다. 이로써 우리는 삶의 유일성을 회복하고, 위반으로 인해 발생한 분열을 완전히 극복하며, 따라서 위반과 운명으로부터의 분열을 완전히 우리 뒤에 떨쳐 버리게 된다. 운명은 형벌이다. 그러나 법의 형벌과는 달리 운명의 형벌은 삶의 거대한 흐름에 의해 부과된다. 그러므로 우리는 삶과 화해할 수 있고, 삶이 우리와 하나라는 사실을 볼 수 있으며, 위반을 삶을 통해 치유할 수 있다. "운명 속에서 인간은 자기 자신의 삶을 인지"하며,[22] "삶은 자신의 상처를 다시 치유할 수 있다".[23]

그런데 이런 생각은 기독교가 아니라 그리스에서 영감을 받은 것이다. 이러한 사실은 예수의 종교를 이해하는 데 어떤 도움을 줄 수 있을까? 우리의 운명 속에서 상처받은 우리 자신의 삶을 인지하는 정신, 상처를 치유하고 분열을 극복하는 정신은 헤겔이 사랑이라고 부른 것이다. 헤겔은 그의 수고에서 기독교적 아가페[헌신적 사랑]를 이런 사랑으로 해석한다.

예수의 가르침은 이 사랑에 대한 가르침이었다. 그는 사랑이 산출한 전체와의 완전한 화해 속에서 살았다. 이런 방식으로 그는 어떤 의미에서

---

22) *Nohl*, 282; *Knox*, 231.
23) *Nohl*, 281; *Knox*, 230.

운명에서 벗어났다. 즉 그는 삶의 통일성을 위반하지 않았으며, 따라서 적대적 운명을 조우하지도 않았다. 그렇다면 예수는 완벽한 종교를 제공했는가? 즉 합리적이면서 온전한 인간[전인]을 말하는 가르침, 그리고 칸트의 분열적 이성보다 더 고귀한 것처럼 보이는 그런 가르침을 주는가? 그렇지 않다. 왜냐하면 또 다른 의미에서 예수는 운명에서 벗어날 수 없기 때문이다. 운명은 순수한 자도 포획한다. 왜냐하면 이런 순수한 자는 자신의 의지와 상관없이 위반으로 이끌려 들어오기 때문이다. 내가 공격당할 때 나의 권리를 위해 투쟁하거나 부당한 일이 벌어지도록 그대로 방치한다고 생각해 보라. 어떤 경우에도 나는 내가 행하는 바에 의해, 혹은 고통당함으로써 삶의 통일성을 위반한다.

이런 딜레마에서 빠져나올 수 있는 유일한 길은 나의 권리를 즐겁게, 자발적으로 포기하는 것이며, 이 권리들을 철회하는 것이다. 말하자면 타자와 분리되지 않기 위해, 따라서 사랑과 분리되지 않기 위해 모든 것을 자발적으로 용인하는 것이다. 뺨을 때린 사람에게 반대쪽 뺨을 대는 것, 1마일을 함께 가자고 하는 사람과 2마일을 동행하는 것 등 이러한 방식으로 권리의 상처라는 우리 사이에 놓인 장벽 없이 나에게 해를 끼친 자와 "화해할 수 있게" 된다.[24]

이것이 바로 예수가 취한 길, 헤겔이 "영혼의 아름다움"[25]이라 부른 퇴각의 길이다. 그리고 이러한 퇴각은 때때로 이뤄지는 것이 아니라 항구적으로 일어난다. 왜냐하면 사실 예수의 메시지는 유대의 율법주의의 정신

---

24) *Knox*, 236.

25) 여기서 이 생각은 기본적으로 『정신현상학』에 나오는 '아름다운 영혼'의 내용에 내포된 생각과 동일하다. 아름다운 영혼에 대한 헤겔의 비판적 입장은 예수와 그의 교회에 대한 이 연구에서 보여 준 이중적 감정에서 이미 그 전조를 드러낸다.

이 최고의 지위를 차지하고 있는 곳에서는, 모세의 율법이 삶의 모든 측면에, 즉 공적 삶뿐 아니라 가족 관계에도 관철되던 곳에서는 수용될 수 없는 그런 분위기에서 나왔기 때문이다. 예수가 설교한 삶의 온전함은 이러한 율법주의의 테두리 내에서는 성취될 수 없었다. 그리고 유대인들을 이 정신에서 이탈시킬 수 없었던 예수는 정상적인 방식으로 그들에게 인간의 삶을 표현할 수 없었다. 그의 새로운 종교적 의식은 유대 민중의 공적 삶에서 표현될 수 없었고, 따라서 예수는 자기 주변에 조그만 집단을 이루는 데 만족했다. 그뿐 아니라 그는 결혼이나 가족을 이루는 등의 정상적 관계들도 포기해야 했다. 왜냐하면 이것들 역시 자기가 극복하고자 했던 율법의 정신과 얽혀 있었기 때문이다.

다른 말로 하면 예수는 자기 메시지의 순수성을 유지하기 위해 그런 퇴각을 강요받았다. 그리고 이런 퇴각의 논리적 귀결은 자신의 삶을 포기하는 것이었다. 즉 그는 자신의 삶을 적대적 권위자들에게 양도했다.

예수의 퇴각의 삶에 대한 헤겔의 해석은 예수가 전략적인 근거에서 그런 퇴각을 감행했지 그런 퇴각 자체를 용인한 것은 아니라는 것이다. 예수는 죽음을 수용하며, 자기 세계의 무기로 싸우고자 하지 않았다. 그런 행위는 희생을 통해 순수하게 유지되는 삶이 이후의 자기 공동체에서 전개될 수 있기를 바라는 희망 속에서 이뤄졌다. 하지만 그의 퇴각을 강요했던 조건들은 그의 사후 이런 희망이 전개되는 것을 허용하지 않았다. 공동체는 민족의 공적 삶에 뿌리내릴 수 없는, 자기의 사랑의 순수성을 노심초사 유지하고자 하는 그런 박해받는 집단으로 머문다.

기독교의 실패에 대한 이런 새로운 설명은 새로운 실정성의 창출이라는 술어로 기독교를 비판했던 더 이른 시기의 설명을 대체하는 것이 아니라 오히려 보충한다. 예수조차도 할 수 없었듯이, 사도들은 그들의 사회에 새로운 삶을 전달할 수 없었을 뿐 아니라 예수가 했던 것을 그들 가운데서 온전히 유지할 수도 없었다. 그들은 이미 떠나 버린 예수에 의존하며 살았다. 예수는 자기 방어를 할 때조차 분열의 무기로 사용될 수 없는 사랑의 희생물로서 이른 죽음을 받아들였을 뿐 아니라, 또한 자신의 죽음이 자기에 대한 제자들의 의존성을 치유할 것이라는 희망으로 그 죽음을 받아들였다. 그러나 이러한 관점에서 그의 희망은 이뤄지지 않았다.

이러한 설명으로부터 우리는 기독교에 내재한 특성들을 끌어낼 수 있다. 우선, 그리스의 종교와 달리 기독교는 본질적으로 공적 표현을 포기한, 그리고 그 근원에서 카이사르의 것과 신의 것을 엄격하게 구분하는 사적 종교이다. 하지만 둘째, 공적인 것과 사적인 것의 이런 분리는 보다 심오한 균열의 외적 표현이다. 이 분열은 삶의 다양한 측면들에서 퇴각하려는 경향에 그 뿌리를 두고 있는데, 그런 분열된 삶에서는 온전한 사랑이 통합적으로 수행될 수 없다. 왜냐하면 그런 다양한 삶의 측면들은 가족과 재산 관계 등을 포함하는 '이 세계'에 묶여 있기 때문이다.

초기 교회는 재산을 공동 소유함으로써 이런 관계들에서 벗어나고자 했다. 그리고 헤겔은 초기 교회가 [위의 정신에 맞게 결혼까지도] 공동의 결혼으로 하지 않은 것은 오로지 용기의 결핍 때문이라고 한다. 그러나 물론 그런 다양한 삶의 측면들이 영원히 회피될 수는 없다. 따라서 기독교인들은 유대인들보다 더 심오한 불행한 의식에 빠지고 만다. 유대의 정신은 자연을 그리고 삶의 관계들을 객체화된 실재로 만들었다. 그러나 사람들은 신에 복종한 결과 이 실재를 모두 향유할 수 있었다. 하지만 기독교적 의식은 이러한 관계들이 모두 사랑의 표현이어야 한다고 요청한다. 그런데 이런 관계를 객체화된 것으로밖에 경험할 수 없기 때문에 기독교적 의식은 그런 관계들을 금욕을 함으로써 포기하거나 항구적인 양심의 가책을 가지면서 향유해야 한다. 여기에 균열은 여전히 남아 있고, 기독교적 의식은 그리스적인 아름다움의 의미를 회복하는 데 있어서 유대교적 의식만큼이나 실패할 수밖에 없다.[26]

이러한 균열이 기독교의 예배에 멜랑콜리의 특성을 부여하는 것이며, 십자가에 달린 신이 예배의 중심에 오는 이유이며, 따라서 예수가 신의 왕국에 가기 위해 잠정적으로나마 필요한 것으로 여긴, 하지만 나중에 궁극적으로 없어질 고통이 이 공동체에서 중심적인 것으로 변화된 이유이다.

그러나 물론, 우리가 이미 본 것처럼 공동체는, 십자가에 못 박힌 그리스도건 부활한 그리스도건 간에, 권위와 지속적 근원으로서 그리스도에게 의존해야 했는데, 이것은 예수의 사명의 실패를 보여 준다. 예수는 정신[성령]이 그들에게 들어가면 그들이 자신처럼 화해된 삶을 독립적으로 살 수 있을 것이라고 생각했다. 실정성으로의 이런 회귀는 현재 기독교의 세번째 중요한 특성이다.

헤겔은 교회가 성장하여 궁극적으로 세상에 확실히 '토대를 형성'할 때 불가피하게 겪게 될 부패를 지적한다. 강력한 공동체적 삶을 살았다는 것, 이것이 바로 초기 교회의 이런 퇴각이 갖는 실정적 측면이다. 물론 그때 사람들은 세상에 연루되는 것에 저항하여 자신들의 공동체를 열렬히 지켜 내고자 했다. 교회가 성장하고 불가피하게 세상과 엮이게 되었을 때 위선이 증가할 수밖에 없었고 그 결과 양심의 가책도 증가했다. 세상에 자리 잡은 또 다른 교회가 세상에서 권력을 가짐으로써 필연적으로 양자[교회와 세상] 모두 부패해지고 말았다. 순수함이 이미 불순함과 섞여 있을 때 불순함에 대항한 순수함의 투쟁은 "끔찍한 것"[27]이 된다. 더 나아가 순수함을

---

26) *Nohl*, 313; *Knox*, 266.

얻고자 하는 이런 노력은 실정적 종교로 전이되어서 때 묻지 않은 신앙을 유지하고자 하는 투쟁이 되며, 교회사에서 아주 많이 드러나듯 박해와 이단 사냥을 산출한다.

따라서 기독교는 진실로 운명을 벗어날 수 없다. 아니 오히려 거기에는 운명을 넘어서고자 하는 사람들, 세상의 분열에서 벗어나고자 하는 사람들을 기다리는 특수한 운명이 있다. 그리고 이것은 어떤 점에서 보면 자신이 대체하고자 한 것보다 더 나쁘다. 기독교는 실패한 것으로 보인다. 그리고 헤겔은 자기에게 아주 중요한 세 사유의 조류를 결코 통일시키지 못한 것 같다. 기독교는 그리스의 통일성과 통합될 수 없으며, 또한 칸트의 도덕적 자유 역시 양자와 조화하지 못한다.

2

하지만 이 세 사유 요소들의 완전한 새로운 종합, 새로운 해결책을 위한 몇몇 암시들이 「기독교의 정신과 그 운명」 수고들에 이미 내재한다.

삶으로부터의 정신의 이러한 분리가 인간 규범으로부터의 무익한 타락은 아니라는 통찰과 더불어 완전히 새로운 종류의 종합의 필요성이 생겨난다. 그런 종합에는 어떤 필연성이 있으며, 적어도 그런 종합에 대한 불가피성이 있다. 따라서 사랑의 종교로서의 기독교가 본질적으로 사적 종교라는 사실, 기독교는 일반적인 사회적 관계망과 쉽게 어울리지 않는다는 사실 등은 2,000년 전 예수의 메시지를 수용할 수 없었던 유대인들의 무능력으로 환원될 수 없다. 1797년 혹은 1798년 쓰인 「사랑」 수고[28]에서

---

27) *Nohl*, 329.

헤겔은 재산 관계란 본질적으로 사물에 대한 배타적 지배에 속하기 때문에 이런 관계는 사랑하는 자들의 완벽한 연합에 한계를 긋는다고 말한다. 헤겔은 초기 교회의 재산 공동체에 대한 요구도 유사하게 해석한다. 그리고 여기에서 그는 교회의 요청들이 시민사회의 요청들과 갈등하는 것을 본다. 중세와 근대 유럽에서 그러했듯 교회에 그 영역이 포섭된 시민사회에서는 긴장 관계가 없을 수 없다.[29]

헤겔은 또 다른 수고[30]에서 기독교 앞에서 이교가 쇠퇴한 것은 명백히 고대 사회의 내적 연약함에 그 원인이 있다고 말한다. 정신과 자연이 통합되어 있었고, 지배의 정신과는 거리가 있었던 고대의 아름다움의 종교들은 고대의 자유가 쇠하면서 같이 쇠했다. 모든 시민이 자기 자신과 동일시했던 폴리스가 특정한 계급에게 다른 계급을 지배하게 허용하여 궁극적으로 거대한 제국이 되었을 때 사람들은 더 이상 국가를 자신들의 소산으로 보지 않고 단지 제국의 도구로만 보았다. 그러나 정치적 영역에서 사람들이 더 이상 자기 자신이 제시한 법을 제출하지 않을 때 자율의 비전은 신성한 영역에서도 사라지고 만다. 사람들은 실정 종교를 수용했으며, 이와 동시에 자기 자신의 부패를 용인하는 교설을 받아들였다.[31] 따라서 이러한 교설은 단순히 과거의 종교의 대체만을 의미하지는 않았다. 또한 어떤 의미에서 부패는 실재이고 '경험과도 일치'하기 때문에 이 교설은 자발적 신뢰를 얻었다. 노예들의 종교는 노예들에 의해 자연스럽게 받아들여졌다.

---

28) *Nobl*, 378~382; *Knox*, 302~308.
29) 부에 대한 복음의 멸시를 설명하면서 헤겔은 다음과 같이 쓴다. "재산이라는 운명은 너무나 강력하기 때문에 우리가 그것에 대해 성찰하는 것은 불가피하며, 그것과 우리를 분리시키는 것은 생각조차 할 수 없다"(*Nobl*, 273; *Knox*, 221).
30) *Nobl*, 219~230; *Knox*, 151~165.
31) *Nobl*, 225~226.

분리의 불가피성에 대한 이런 암시들이 어떤 방식으로 기독교의 실패를 극복하는 길을 제시할까? 분리의 불가피성에 대한 이런 생각들은 후기 헤겔 사유의 뿌리를 이루는데, 후기의 헤겔에 따르면 분리는 인간의 완전한 실현에 본질적이기 때문에 [통일의 종교인 그리스를 뒤이은] 유대-기독교는 분리를 가질 수밖에 없으며, 인간의 완전한 실현은 그리스의 통일성의 회복 그 이상을, 즉 그리스의 통일성과 자율적 정신의 자유의 통합을 함유한다.

헤겔은 그 시대의 임무가 그리스 사회의 상실된 통일을 단순히 회복하는 것이라고 생각한 것 같지 않으며, 혹은 이런 회복이 실제로 가능하다고 생각한 것 같지도 않다. 내가 말한 것처럼 처음부터 그의 사유는 기독교와 비견될 수 없는 그 시대의 업적인 계몽에 이끌렸다. 하지만 이것은 우리를 고대인들로부터 분리시킨 변화가 얼마나 철회되기 힘든지, 그리고 고대의 정신과 근대의 정신 사이의 대립이 얼마나 뿌리 깊은지를 헤겔이 처음부터 알고 있었다는 것을 뜻하지는 않는다.

사실 여기서 설명하고자 하는 나의 견해는 헤겔이 회복된 사회에 대한 자신의 상, 즉 그리스의 표현적 통일성과 계몽의 합리성의 자유를 정화된 기독교 문맥에서 결합시킨다고 하는 회복된 사회상을 심화시키고자 했을 때 이런 생각이 점차 분명해졌다는 것이다. 그는 자신이 기대고 있는 상이한 사유 경향들[기독교, 계몽, 그리스 사유] 사이의 근본적 대립을 점차 알게 되었다. 기독교는 원래 표현적 통일성과 자율성의 통합을 이뤄 낼 것으로 간주되었는데, 이런 기독교를 어떻게 회복할 것인지를 검토하는 가운데 그는 이런 열망이 얼마나 모순투성이인지를 보기 시작했다. 그래서 그는 프랑크푸르트 시기 말경에 보편적 사랑 공동체를 단호히 추구하는 예수의 종교가 폴리스의 생명을 유지했던 자신만만한 공적 종교와 어떻든 조화될 수 없다는 생각에 이르게 된다. [보편적 사랑 공동체라는] 그런 요청은 너무 높으며, 더 나아가 보편적 사랑 공동체는 도시로부터의 일탈과 탈출을 장려하지 않을 수 없다. 이런 생각은 '기독교는 인간을 보편적 정신과 통합시키고자 하는 시도로서, 인간적인 것과 신적인 것의 통일을 특정한 지역주의 안에서 수행한 폴리스의 경계를 넘어가야 했다'고 본 헤겔 만년의 생각의 맹아를 이룬다.

이와 유사하게 우리는 「기독교의 정신과 그 운명」 수고에서 그리스의 폴리스는 복구될 수 없고, 복구되어서도 안 된다는 후기 견해의 전조를 볼 수 있다. 그 이유는 그런 복구가 개인의 자유라는 근대의 정신, 그 중에서도 시민사회와 그 소유 관계에 반영된 근대의 정신과 조화될 수 없다는 데 있다. 이러한 생각의 단초는 상호 간의 사랑에 기초한 공동체는 사적 소유를 위한 여지를 가질 수 없다는 통찰에서 드러난다.

그렇다면 여기서 가장 중요한 사실은 그가 칸트의 자율적 도덕성의 요청과 표현적 통일성의 요청은 서로 대립함을 보았다는 사실이다.

따라서 그가 분리는 피할 수 없고 인간은 그리스의 아름다운 통일성에서 벗어나지 않을 수 없다는 사실을 깨달았을 때, 인간이 자유로운 합리적 존재로서 자신의 사명을 완수할 수 있기 위해 이런 분리가 본질적이고 또 그런 분리를 경험하지 않으면 안 된다는 사실을 그는 통찰하게 되었다.

그렇기 때문에 칸트적 자유가 그리스의 표현적 통일성과 조화를 이룰 수 없다고 하더라도 그는 자기 사유의 한 축, 즉 칸트가 가장 잘 공식화한 합리적 존재로서의 자유의 개념을 포기할 필요가 없다. 반대로 헤겔은 자기의 원래 사유를 이끌었던 세 입각점을 확고히 한다. 오히려 이런 분리를 통해 그는 과제를 근본적으로 재정식화한다.

1800년 말에 헤겔은 프랑크푸르트에서의 개인 교사 일을 그만두고 대학에서의 경력을 시작하게 되는 예나로 옮겼다. 옮기는 과정에는 자기보다 어린 친구인 셸링의 자극과 도움이 있었다. 프랑크푸르트에서의 마지막 시기와 예나에서의 첫해에 시대의 상황에 대한 그의 생각은 점차 변하여 궁극적인 형태를 취해 갔다.

우리가 본 것처럼 원래 헤겔은 시대의 거듭남[재생]을 사람들 내부에서의, 그리고 사람들 사이에서의 통일성의 회복으로 보았다. 물론 이때 그런 통일성은 동시에 자율성의 성취이기도 하다. 서로 모순 관계에 있지 않은 이 두 목표는 동일하다고 하며, 동일한 성취의 서로 다른 서술 방식일 뿐이라고 한다. 그러나 그가 이성에 기초한 급진적 자율성의 요구와 표현적 통일성 혹은 전체성에 대한 요구가 서로 대립된다는 것을 알기 시작했을 때, 이 양자를 모두 실현하고자 한 그의 과제의 구상은 변화될 수밖에 없었다. 그는 자신의 원래 임무를 통일성의 회복과 분리의 극복이라고 했다. 하지만 이제는 대립자의 화해를 그 임무로 본다. 이전에는 분리를 단순히 타락으로, 없어져야 할 것으로 봤는데, 성숙한 체계에서는 자유의 발전과 불가피하게 얽힐 수밖에 없는 것으로 본다. 따라서 인간의 완성이라는 요구와 인간의 역사적 곤궁 사이에 갈등이 있을 뿐 아니라, 또한 인간의 실현을 위한 서로 다른 요구들 사이에도 대립이 있다. 그러므로 문제는 통일의 정신 속에서 분리를 단순히 제거함으로써 한 측면이 다른 측면을 일방적으로 정복한다고 해서 해소될 수 없다. 오히려 두 측면은 각각의 요구가 통합적으로 만족될 때 다소간 통일에 이르게 된다. 이것이 바로 헤겔의 성숙한 체계가 도달하고자 한 —아마도 불가능한— 과제이다.

앞서 논의한 것처럼, 이런 의미에서 헤겔은 세기의 전환기 즈음에 낭만주의 세대의 중심 문제에 대한 하나의 공식화에 이른다. 그 문제는 표현적 전체성과 급진적 자유를, 즉 스피노자와 칸트를 어떻게 통합할 것인가이다. 그는 낭만주의자들의 여행지를 거의 모두 거침에도 불구하고 여기서 자기의 최초의 출발점을 놓치지 않는다. 즉 그리스에 대한 열광, 칸트의 유행, 1789년의 흥분시키는 희망, 스피노자의 영향, 회복된 기독교에 대한 열망 등이 그것이다. 그러나 그는 분명히 자기 자신만의 길을 발견할 수 있었다. 그리고 이것이 바로 그를 여전히 연구할 가치가 있는 이유이다.

그러나 「기독교의 정신과 그 운명」 수고의 시기에, 비록 여기서 헤겔이 이미 그의 사유의 세 축들 사이의 긴장을 탐구하고 있었음에도 불구하고, 재생에 대한 그의 생각은 여전히 분리를 극복한 통일성이라는 의미의 재생이었다. 사랑은 회복된 이런 통일성이며, 그것은 분리의 여지를 가지지 않는다. "신을 사랑한다는 것은 삶의 우주에서 무한자 속에 아무런 한계 없이 거한다고 느끼는 것이다.……사랑만이 한계를 갖지 않는다."[32]

그리고 다른 곳에서는 더 분명하게 말한다.

신적인 것은 순수한 삶이기 때문에 이것에 대한 언어적 표현과 진술들은 그 자신 안에 어떠한 대립도 포함하지 않는다.[33]

대학에서 철학 교수로 새로운 경력을 시작할 때 나온 최초의 출판된 저서인 1801년의 『피히테와 셸링 철학 체계의 차이』(*Die Differenz des Fichteschen und Schellingschen Systems der Philosophie*)에서 우리는 변화된 관점을 볼 수 있다. 헤겔은 철학의 형식적 과제를 "분리의 지양"이라고 한다.[34] 그러나 문제를 푸는 방식이 "대립자의 한쪽을 파괴하고 다른 쪽

---

32) *Nohl*, 296; *Knox*, 247.
33) *Nohl*, 303; *Knox*, 255.

을 무한성으로 올리는 것"은 아니라고 한다. 분리와 동일성 둘 다 고유한 권리를 갖는다는 것이다. 따라서 다음과 같은 유명한 공식이 나온다.

그러나 절대자는 동일성과 비동일성의 동일성이다. 대립과 통일성은 절대자 안에 있는 두 측면이다.[35]

관점이 이렇게 바뀌면서 분리의 생성에 대한 헤겔의 이전 모든 분석, 즉 아브라함과 함께 나타난 종교적 의식의 분열에 대한 연구, 고대 도시의 쇠퇴에 대한 암시들 등이 파기되는 것은 아니다. 그것들은 성숙한 입장에 섞여 들어온다. 그러나 그는 분리의 생성을 더 이상 단순한 불행이 아니라 필연적 발전으로 간주한다. 그것도 우리가 위에서 간략하게 말한 이중의 의미에서 그렇다. 즉 그러한 분리는 인간에 의해 **회피될 수 없을** 뿐 아니라 또한 인간의 자기 실현에 **본질적**이다. 그런 분리는 본질적인데, 왜냐하면 정신적 존재로서의, 즉 자유로운 합리적 존재로서의 인간의 자기 실현은 인간이 근원적으로 통일되어 있는 부족(部族)의 상태를 깨뜨릴 것을 요구하기 때문이다. 인간은 스스로 합리적 사유만을 하고 다른 모든 것을 거부함으로써 자유롭고 합리적인 주체가 된다. 그리고 이것은 이성에 호소하지 않는 다른 사람들과의, 한 사회의 수백만의 전통과의, 그리고 보편적 이성의 검열을 견딜 수 없는 자기 공동체의 편협한 풍습과의 단절을 의미하지 않으면 안 된다. 사람들은 자연 속에서 신적인 것이나 정신적인 것의

---

34) *Differenz*, 75.
35) 1800년 수고인 「체계 단편」(Systemfragment)에서 이미 헤겔은 종합, 삶에 대한 추구를 "결합과 비결합의 결합"이라고 말한다(*Nohl*, 348).

이미지를 발견하는 신비적 사유를 포기하고 순수한 개념에 천착해야 한다. 그리고 이것은 인간 내부에서의 단절도 의미한다. 왜냐하면 그렇지 않을 경우 이성의 기준이 우리를 움직이게 하는 욕망과 감정에 의해 흔들리게 되기 때문이다. 그리고 자율적 활동을 위해 이성은 삶의 실재들을 우리의 생생한 많은 경험들을 추상한 개념들에 종속시켜야 한다.

헤겔은 분리가 자유에 본질적이라는 사실을 그 시대의 다른 사상가들보다 더 늦게 수용한 것 같다. 이것은 아마도 그가 셸링이나 낭만주의 사상가들, 혹은 횔덜린 등과는 달리 1790년대 중반에 피히테와 그의 『지식론』의 영향을 별로 받지 못했으며, 더 나아가 베른에서 개인 가정 교사로 일하면서 그 사유의 진앙(震央)에서 멀리 떨어져 있었기 때문일 것이다. 하지만 그런 사실을 인지한 이후에 그는 그 시대의 다른 사상가들보다 더 일관되고 철저하게, 그리고 더 열렬하게 이 문제를 생각했다. 그리고 1절에서 본 것처럼, 이러한 사실은 궁극적으로 그를 낭만주의와 구별시킨다. 그가 셸링을 넘어 성장하고, 결국 예나 시기 말에 그와의 철학적 연합을 단절하게 된 것은 바로 이 때문이다. 그와의 그런 단절은 『정신현상학』의 「서설」에서 다음과 같은 방식으로 요약된다. 즉 그는 셸링의 절대자를 모든 차이를 사라지게 하는 "심연"으로, 말하자면 "모든 소가 검게 보이는 무차별의 밤"으로 묘사한다.[36]

헤겔은 자연으로부터의 분리를 피할 수 없으면서도 본질적인 것으로 보게 된다. 그러나 그는 그것이 불가피하다고 보았다. 다른 말로 하면 그는 이 새로운 전망과 더불어 역사의 개념을 어떤 인간적 운명의 필연적 전개로 발전시켰다. 이것은 섭리에 대한 헤겔의 재해석이다. 18세기에는 잘 결

---

36) *PhG*, 18~19.

합된 우주가 인간을 향한 신의 목적에 완벽하게 부합한다는 아주 낙관적인 섭리 개념이 지배했는데 헤겔은 이 생각을 조롱했다. 그런 생각에 반대해 그는 역사를 비극적 갈등으로부터, 그런 갈등 내에서, 그런 갈등을 관통해 보다 높은 화해로 나아가는 전개 과정이라는 견해를 발전시켰다. 분리는 불가피하게 발생하는데, 왜냐하면 그것은 인간에게 본질적이기 때문이다. 그러나 사람들은 또한 사회와의, 그리고 (외부의 자연이든 내부의 자연이든) 자연과의 통일을 필요로 한다. 따라서 사람들은 서로 양도될 수 없는 목표들 간의 비극적 갈등과 마주하지 않을 수 없다. 그러나 이런 갈등이 본질적이기에 회피될 수 없다면 두 가지 목표가 서로 완성되는 보다 높은 화해가 있어야 한다. 역사는 자신이 만든 상처를 치유하기 위해 움직인다.[37]

따라서 우리가 본 것처럼, 헤겔은 낭만주의 세대에 이미 중요했던 사유의 범주를 자신의 방식으로 받아들인다. 즉 역사는 원환(圓形), 아니 오히려 나선으로서, 이 안에서 통일은 분열에 자리를 내주고, 그런 다음 다시 보다 높은 단계에서 회복된다.[38]

따라서 예나로 이주할 때쯤 헤겔은 그 시대의 상황에 대한 자신의 생각을 낭만주의자들의 노선에 훨씬 더 가깝게 밀고 갔다. 그러므로 예나로의 이주는 최고의 성공을 거두고 있던 청년 셸링의 궤도로의 이주였다. 그

---

37) 우리는 이미 「기독교의 정신과 그 운명」 수고에 있는 '운명' 개념에서 이와 유사한 생각을 접했다. 우리에게 발생한 일은 우리가 삶을 위반한 것에 대한 삶의 복수이지만, 바로 그것 때문에 화해의 가능성이 열린다. 우리는 헤겔이 역사철학을 전개하는 데서 그리스의 비극이 얼마나 중요했는지를 다시 보게 될 것이다.

38) 이 생각 역시 「기독교의 정신과 그 운명」 수고에 그 전조가 드러난다(*Nohl*, 318; *Knox*, 273). 거기서 다뤄지는 것은 상실된 통일과 회복된 통일의 문제이다. 그리고 헤겔은 삼위일체의 세 인격인 성부·성자·성령에 병행하여 세 단계를 정립하는데, 이것은 그의 성숙한 작품에서 중요한 주제가 된다.

리고 이와 더불어 헤겔의 사유는 칸트 이후의 철학의 술어들로 이행해 갔다.[39] 여기서 우리는 그의 최종 체계에 결정적으로 중요한 두번째 변화에 이르게 된다.

왜냐하면 이 이행은 외부에 의해 매개되거나 헤겔의 새로운 경력에 의해 우연히 발생한 것이 아니라 다른 중요한 변화들과 함께 수행되기 때문이다. 초기 수고들에서, 그리고 「기독교의 정신과 그 운명」 수고에서도 여전히 헤겔은 사랑을 통해 회복된 통일은 개념적 사유를 통해 적절하게 표현될 수 없다고 믿는다. 통일은 이런 의미에서 오성을 넘어서 있다. 헤겔은 1796년 횔덜린에게 쓴 시 「엘레우시스」(Eleusis)에서 이런 생각을 분명하게 드러낸다.

봉헌된 아들에겐 고귀한 가르침의 충만함과
형용할 수 없이 심오한 느낌 너무나 성스러워
메마른 말들로 그는 그 가치를 측량할 수 없었다오.
사유로는 영혼을 파악할 수 없다네,
시공 너머 무한성을 예감하며
침잠한 채 자기를 잊다가 다시금 의식으로 깨어나는 것이
영혼이기 때문이라오. 다른 이에게 이 사실을 알리고자 한 이는,
천사의 입술로 말한다 해도, 언어의 빈곤함을 느꼈을 뿐이라오.

---

39) 물론 철학의 술어들은 1790년대 수고들에도 빈번히 등장한다. 아브라함 분석에서는 통일성과 다양성의 대립을 말하는 데 반해, 「기독교의 정신과 그 운명」에서 그의 칸트 비판은 부분적으로 보편자와 개별자의 대립이라는 술어를 사용한다. 그리고 주관성과 객관성, 자연과 자유 등에 대한 많은 언급이 있다. 그러나 예나 시기에 새로워진 것은 칸트 이후의 철학의 언어, 즉 피히테와 셸링, 자아(Ego), 자아와 비아(non-Ego)의 관계 등에 관해 이론적으로뿐 아니라 실천적으로도 진지하게 파악하기 시작했다는 점이다.

그리고 프랑크푸르트 시기의 한 단편에서 그는 다시금 종교의 통일성 혹은 사랑을 "우리가 파악할 수 없는 하나의 기적"[40]이라고 말한다.

그러나 헤겔의 최종적 입장에서 보면 철학이 최고의 지위를 차지한다. 왜냐하면 철학은 최고의 통일성을 가장 완벽하게 표현하기 때문이다. 즉 철학은 정신이 완전히 자기 자신에게 돌아오게 하는 매체이다. 따라서 철학적 사유의 발전은 이러한 최고의 종합을 완성하기 위해 본질적으로 중요하다.[41]

이러한 변화를 관통해 가는 중요한 연속성이 있는 것은 사실이다. 「기독교의 정신과 그 운명」에서 오성의 한계를 말하는 가운데 헤겔은 사랑의 통일성이 '오성'의 한계를 넘어간다고 말한다. 이때 그는 오성을 "절대적 분리, 삶의 파괴"와 등치시킨다.[42] "모든 반성은 사랑을 무화한다."[43]

그런데 이런 술어들은 그의 성숙한 체계에서 대립자들의 통일을 파악할 수 없는 사유 양식으로 지시하기 위해 계속 사용된다. 사실 '오성' (Verstand)이라는 개념은 그의 최초의 사유가 시작될 때부터 그의 사유의

---

40) *Nohl*, 377.
41) 헤겔이 이런 철학적 사변에 이렇게 늦게 도달한 것은, 비록 이로 인해 그가 철학적으로 보다 경험이 많은, 자기보다 젊은 셸링의 뒤에 ─그리고 그의 그늘에─ 잠시나마 있었지만, 셸링과 그의 나머지 동료들을 추월하는 데 실질적인 도움을 주었다. 인간의 종교적·사회적 발전에 대해 그렇게 오랫동안 숙고함으로써 헤겔은 칸트 이후의 관념론의 범주들을 훨씬 더 풍부한 영역에 적용시킬 수 있었고, 비교할 수 없는 영향력을 끼치게 된다. 피히테와 셸링은 자아, 비아, 주체성과 객체성 등의 문제에 지나치게 안주했다. 또한 셸링은 괴테와 낭만주의자들로부터 자연에 대한 시적인 상을 흡수하여 자신의 자연철학에 이식했다. 그러나 헤겔과 더불어 철학은 인간 역사의 전체 영역, 즉 정치적·종교적·철학적·미학적 영역 등을 밝히는 데 사용되었다. 피히테는, 비록 지식인으로서 현실 참여에 아주 적극적이었지만, 그 시대의 커다란 사건들이 갖는 역사적·철학적 의미를 이해한 자로 취급되지 않는다.
42) *Nohl*, 311; *Knox*, 264.
43) *Nohl*, 302; *Knox*, 253.

발전을 관통하여 줄곧 사용된다. 이 개념은 언제나 요소들을 경험으로부터 추상하여 분석하며, 이 요소들을 추상한 채 그리고 완고하게 분열한 채 유지하는 일종의 지성이며, 무엇보다도 분열을 고착시키고, 이 분열들을 매개할 수 없는 것으로 놔두며, 따라서 전체를 이해할 수 없는 사유의 형식이다. '반성'(Reflexion)은 인간과 세계를 분열과 대립의 범주 아래서 기술하는 사유 양식을 지시하거나 개념들의 영역에 적용될 때 서로 대립된 개념쌍을 지시한다. 따라서 반성은 본질적으로 분리의 사유이다.

그러나 단어 사용에 있어서의 이런 일관성에도 불구하고 변화된 것은 헤겔이 초기 수고에서 오성과 반성을 넘어서는 개념적 사유의 가능성을 보지 못했다는 사실이다. 혹은 아마도 표현적 통일성과 칸트의 이성이 서로 조화될 수 없는 이상이라는 직관이 증가함에 따라 보다 고차적인 개념적 사유 양식에 대한 믿음이 사라지게 되었다고 말하는 것이 더 올바를 것이다. 하지만 그가 예나에 와서 도달한 새로운 입장에 따르면 그런 믿음은 기세등등하게 되돌아온다. 사실 그는 그것을 '믿음'이라고 부르는 데 동의하지 않을 것이다. 그것은 헤겔의 이성(Vernunft) 개념인데, 이 개념은 헤겔의 철학 체계의 초석이다.

앞서 언급한 것을 참고한다면, 이런 변화를 쉽게, 적어도 부분적으로는 쉽게 이해할 수 있다. 우리는 앞에서 헤겔은 "궁극적 종합은 통일성뿐 아니라 분리를 위한 여지도 가져야 한다"는 생각을 키워 갔다고 말했다. 분리는 합리적 자율성을 위해 본질적이다. 그리고 합리적 자율성을 구체화하는 종합은, 1절에서 언급한 것처럼, 이성의 언어로 표현되어야 한다. 따라서 헤겔은 이성에 오성과 대립되는 새로운 의미를 부여하며, 철학에서 완전한 종합을 추구한다. 자유와 총체적 표현의 대립을 화해시키는 종합은 분리되지 않은 원래의 통일성으로 단순히 회귀하는 것이 아닌데, 헤겔은 이런 종합은 철학적 해명을 **필요로 한다**고 보았다. 이 점에서 그는 낭만주의자들과 갈라진다.

예나 시기 초기에 헤겔이 겪은 세번째 중요한 변화는 그의 사유의 무게중심이 인간에서 정신(Geist)으로 바뀌었다는 것이다.

우리는 1장에서 헤겔이 정신 개념에 어떻게 도달했는지를 보았다. 그의 정신 개념은 유신론의 초월적 신도 아니고, 인간의 정신과 단순히 일치하지도 않는다. 이 정신은 우주적 정신이지만, 이 정신적 삶의 담지자는 인간이다.

그런데 이와 더불어 헤겔은 자신의 체계를 형성하는 데서 더 나아가게 된다. 그는 튀빙겐 시절에 실제로 유신론적 관점에서 출발했다. 왜냐하면 그는 실천이성은 신의 실존을 필연적으로 요청한다는 칸트의 테제에 동의했기 때문이다. 그러나 1790년대 중반 그는, 부분적으로는 셸링의 영향하에, 인격적인 초월적 신 개념을 포기하며, 오히려 정신 개념 혹은 삶 개념을 받아들인다. 그런데 이 개념은 어떠한 경우에도 인간과 세계에 대립하지 않는데, 이것이 유신론의 신과 다른 점이다.

그러나 헤겔이 베른과 프랑크푸르트 시기 동안 자신의 절대자관을 어디에서도 정의하지 않았음에도 불구하고, 그리고 그가 절대자를 단순히 회복된 인간과 등치시키지 않았음에도 불구하고 그의 종교 개념, 즉 인간과 이 절대자의 관계는 매우 인간 중심적이었다. 따라서 그는 처음에 도덕법칙은 철저히 인간의(궁극적으로 개인의) 이성의 요청에 의해 인출된다는 칸트의 생각을 받아들였다. 그리고 그는 자연과의, 그리고 인간 안에서의 회복된 통일성을 자율성의 이러한 회복과 동일한 것으로 본다. 통일성 안에서 인간은 그 중심에 자리를 잡고 있으며, 자기 밖의 더 큰 질서에 순응하고자 하기보다는 자신의 열망을 자기 자신으로부터 이끌어 낸다. 「기독교의 정신과 그 운명」 수고에서 칸트의 도덕성과 비판적 거리 두기를 하는 와중에도, 헤겔은 사랑으로 재결합된 인간은 자신의 감정과 행위의 패턴을 자기 자신으로부터 인출하지 보다 넓은 질서에서 그것을 찾으려 시도하지 않는다고 보았다. 물론 그 인간은 보다 큰 삶의 흐름과 결합해 있기는 하지만 말이다. 예수는 한 인간으로서 정신적으로 자기 충족적인 자로 그려진다. 이런 형상과 어울리지 않는 복음의 측면들, 예컨대 예수가 '기도'의 대상이 되는 '아버지'에 대해 말하는 것, '죄'와 '용서'에 대해 말하는 것 등은 모두 '탈신화화'의 방식으로 설명된다. 그것들은 모두 예수가 당시 그의 백성들과 의사소통하기 위해 사용하지 않을 수 없었던 것이라는 것이다. 그리고 헤겔은 예수의 그러한 태도가 그를 비극적 인물로 만들기도 하지만, 예수가 이런 측면에서 원리상 다른 사람들과 다르지 않았음을 분명히 한다.[44] 예수는 자신이 사랑의 정신으로 교류한 것처럼 죽음 이후 그가 남긴 공동체도 아주 독립적으로 머물기를 바랐다. 이것이 바로 그가 이른 죽음을 받아들였던 이유들 중 하나였다.

따라서 초기 신학적 수고들에서 헤겔은 인간의 재생이라는 인간 중심적 견해를 가지고 있었다.[45] 실제로 인간은 비록 전체성을 회복하기 위해

---

44) *Knox*, 268.

45) 헤겔 사후 그의 체계를 해석하고 수용하는 문제를 둘러싸고 인간 중심적 관점과 신 중심적 관점 사이의 논쟁이 그의 지적 후계자들 사이에서 다시 발발했다. '노년 헤겔주의자들'은 정통 유신론의 관점에서 그의 철학을 이끌어 갔고, '청년 헤겔주의자들'은 정신을 인간과 동일시하는 인간 중심적 해석을 선호했다. 이런 생각은 포이어바흐와 청년 맑스의 작품에서 그 정점에 이른다. 이 두 입장은 당연히 유신론적인 것도 무신론적인 것도 아닌 헤겔적 종합에 맞지 않다. 하지만 내가 옳다면 청년 헤겔은──성숙한 헤겔과 달리──이후의 청년 헤겔주의자들과 다소 유사하다. 이러한 사실은 그때까지 알려지지 않았는데, 왜냐하면 그의 초기 수고들이 아주 나중에야 출판되었기 때문이다. 하지만 초기 맑스와 친화성을 갖는 맑스주의자들이 청년 헤겔을 흥미를 가지고 연구하는 것은 놀라운 일이 아니다. 루카치의 『청년 헤겔』(*Der junge Hegel*)을 보라.

보다 큰 삶과 통합해야 한다고는 하지만, 때때로 인간은 **유일하게 정신적인** 존재로 현상한다.[46)]

성숙한 헤겔은 이런 견해를 벗어났다. 그리고 정신(Geist)을 절대자 개념으로 채택했다. 정신적 존재로서의 인간은 보다 큰 정신적 활동의 틀과 연관된다. 의무의 내용을 이성의 필연적 형식으로부터 도출하고자 시도한 칸트의 형식주의는 헛되고 공허하다고 끊임없이 공격받는다. 그 이유는 사람들은 오로지 스스로를 보다 큰 틀의 일부로 봄으로써만 인륜적 삶의 참된 내용을 발견할 수 있다는 데 있다. 이것은 타율성으로의 후퇴로 이해되어서는 안 되는데, 왜냐하면 우리가 1절에서 본 것처럼 인간이 스스로를 정신의 필연적 담지자로 여기게 하는 그런 보다 큰 틀이 곧 정신 그 자체이기 때문이다. 이런 해결책이 얼마나 잘 유지될 수 있는지는 나중에 검토할 것이다. 여기서 요점은 헤겔이 타율성을 피하라고 주장하면서도 칸트에게서 영향받은 이전의 자신의 견해, 즉 인간 중심적인 자율성의 개념에서 벗어난다는 점이다. 자유는 더 이상 자기 자신에게서 법칙이나 사랑의 영감을 이끌어 내는 것이 아니다.

이런 전환은 우리가 앞에서 언급했던 다른 것들과도 연결되어 있는 것 같다. 인간의 자율성의 요청은 전체와의 통일성의 요청과는 전혀 다른 방향에서 이끌린다고 알게 됨으로써 헤겔은 자신의 전체적인 사물관에서 인간 중심적 자율성의 장소를 재평가하지 않을 수 없게 되었다. 보다 큰 **삶**의 흐름과의 통일성을 회복하는 것이 정신적 존재에 충분할 수 없다는 것을 알게 된다. 반대로 전체와의 재통합은 우주적 정신과의 접촉을 다시 획득

---

46) 이러한 사실은 "비개인적인 생동적 아름다움 속에서 안식을 발견하는 것"(*Nohl*, 342; *Knox*, 301)을 목표로 하는 통일성의 목적에 대한 기술에 함축되어 있는 것 같다.

하는 것을 의미하지 않으면 안 된다. 그러나 이런 종합은 인간 중심적 자율성을 위해 반드시 필요한 분리와 자연과의 표현적 통일성을 통일하지 않으면 안 된다. 따라서 그것은 어느 한쪽에 등치되어서는 안 되고 양자보다 더 높아야 한다. 따라서 인간 중심적인 이런 자율성은 더 이상 절대적 목표일 수 없다. 그것은 보다 넓은 종합 속에 놓여야 하고, 이것이 성숙한 헤겔이 하고자 한 것이다.

물론 헤겔 사유에서 이러한 발전이 그의 지적 목표들 사이의 이런 논리적 연관들에 의해 추동되었다고 생각할 수는 없다. 그의 발전은 당시 일련의 사건들에 의해 영향을 받았다. 증거 불충분 때문에 확신할 수는 없지만 초기 헤겔은 정치적으로 급진적이었던 것 같다. 튀빙겐 대학 시절에 청년 급진주의자들은 파리에서 일어난 사건들을 관심과 열정을 가지고 지켜봤다. 그리고 비록 프랑스혁명(여기서 자코뱅당의 공포정치를 말하는 것은 아니다. 물론 반동주의자[보수주의자]들은 프랑스혁명에 참여한 모두를 자코뱅주의자라고 불렀다)이 독일에서 그대로 재현되기를 바라지는 않았다고 하더라도, 이들 모두는 평등과 국민 대의제의 방향에 있어서 훨씬 더 많은 정치적 변화가 있어야 한다고 믿었던 것 같다. 심지어 1789년에 헤겔은 그의 고향 뷔르템베르크의 헌정 체제의 미래에 대한 논쟁에 가담할 목적으로 팸플릿 하나를 썼다(이것은 출판되지 않았다). 그는 상당한 정도의 선거권을 보장하는 지방 의회의 선출을 옹호한 것 같다.

반면 성숙한 헤겔은 결코 정치적 급진주의자가 아니었다. 왜 그렇게 변했는지를 추적해 가는 것은 쉽지 않다. 그 변화를 좌에서 우로의 변화라고 보는 것은 너무 단순하고 잘못된 독해이다. 첫째, 그리스로부터 인출된 '유기적' 국가 개념, 특정한 제도적 틀 외부에서 행해지는 '폭동'에 대한 불신, 분화된 기능에 대한 강조 등 후기 정치 이론에 아주 중요한 이런 생각들을 그는 처음부터 가지고 있었다. 그리고 또한 성숙한 헤겔은, 비록 많은 사람들이 그를 당시 프로이센의 옹호자라고 비난하고 있지만, 1789년의 원리들을 자기 시대의 프로이센에 구체화된 것보다 훨씬 더 많이 강조한다. 그리고 그가 자본주의 경제의 돌진에 대항해서 예견적 불신을 보여 준다는 점을 고려한다면 어떤 점에서 그는 당시의 부르주아 작가들보다 뛰어나다.

변화는 오히려 정치적 변화를 위한 의도된 행위의 역할에 대한 그의 관점 변화에 있다. 그가 1790년대에 추구한 재생은 대체로 종교적·정치적 개혁에 의해 **행해져야** 하는 어떤 것이다. 후기 체계에서 인간 운명의 완성은 **이미 준비되어 있는** 어떤 것이다. 이것을 인식하고 이런 인식에 맞게 살아가는 것이 인간의 임무이다. 물론 여기서도 우리는 그 차이를 쉽게 이해할 수 없다. 자기와 정신의 연관성을 인식하는 것은 사실 자신과 자기의 행위 방식을 중요한 측면에서 변화시키는 것이다. 의식의 변화는 실재의 변화와 단순히 대립되지 않는다. 양자는 서로 엮여 있다. 그리고 양자 사이의 이런 연관은 헤겔 사유의 처음부터 중요했다. 물론 그에게는 종교적 개혁이 중심이었다. 그럼에도 불구하고 두 견해 사이에는 차이가 있다. 즉 폭넓게 의도된 사회적·정치적 변혁은 재생에 도달하고자 하는 사람들에 의해 **행해**져야 한다고 보는 견해와 중요한 사회적·정치적 변혁은, 사람들이 수용하고 그 정신 안에서 살아갈 수 있도록 하기 위해, **분별**될 필요가 있다고 보는 견해 사이에는 차이가 있다.

이것이 바로 헤겔의 네번째 주요한 입장 변화이다. 이런 입장은 다른 것들보다 다소 늦게 성숙함에 이르렀다. 하지만 다른 국면보다는 늦게 성숙했지만 확실히 세번째 입장 변화와 맞닿아 있다. 재생에 대한 인간 중심적 관점은 당연히 욕구된 목적을 실현하기 위해 제도들의 의도된 변혁을 추구한다. 그러나 인간보다 더 큰 주체라는 정신 개념을 전개함으로써 헤겔은 의식적 인간의 목적에 의해 설명될 수 없고 오히려 정신의 보다 큰 목적에 의해 설명될 수 있는 역사적 과정이라는 개념을 발전시켰다. 인간이 자신의 운명을 성취하기 위해 실현해야 하는 정치적·사회적·종교적 제도들의 변혁은 더 이상 사람들이 의식적으로 이루어야 하는 임무로 간주되지 않는다. 반대로 그 임무들이 사람들에 의해 완수된다고 하더라도, 이 임무들이 완전히 실현된 이후에야 사람들의 역할이 완벽하게 이해될 수 있다. 이것이 바로 성숙한 헤겔의 '이성의 간지'(List der Vernunft)라는 사상이며, 역사에 대한 회고적 이해의 사상이다. 헤겔은 『법철학』 「서문」에서 역사에 대한 회고적 이해를 다음과 같은 유명한 말로 공식화한다. "미네르바의 부엉이는 황혼이 깃들어서야 날갯짓을 한다."[47]

다른 말로 하면 '인간은 보다 큰 우주적 주체와 연관되어 있다'는 생각은 헤겔의 사유에서 역사의 주체로 이동했는데, 이 역사의 주체는 더 이상 단순히 인간이 아니라──그가 분명하게 말하듯이──정신이다. 따라서 의도된 행위를 수행한다는 의미에서 **행해**져야 할 필요가 있는 것은 역사의 제도적 변혁이 아니라(왜냐하면 이런 변혁은 더 이상 의도적 의미에서 파악될 수 없기 때문이다), 오히려 정신이 발전 **과정**에서 산출한 것을 인식하고, 그렇게 산출된 것과 인간 자신이 맺는 관계를 인식하는 것이다. 물론 청년 맑스가 '철학자들'이 세상을 변화시키는 것이 아니라 해석하기만 해왔다고 불평을 터뜨렸을 때 저항했던 것이 바로 이것이다. 여기서 청년 헤겔은 만년의 체계적 헤겔보다는 맑스에 더 가깝다.

이 네 번의 입장 변화는 헤겔이 예나로 이주할 때쯤 발생하여 예나 시

---

47) *PR*, 13.

기 동안 그의 성숙한 입장으로 변해 갔는데, 이런 입장 변화들은 서로 연관되어 있다. 분리를 궁극적 통일성의 일부로 수용하는 것, 철학을 결정적 매체로 인정하는 것으로의 이동, 인간 중심적 이론에서 정신에 중점을 둔 이론으로의 이동, 인간의 자기 실현은 인간 자신에 의해 계획되는 것이 아니라 사후적으로만 인식될 수 있다는 생각이 그런 변화된 입장들이다. 처음의 두 요소는 분리와 자율성 사이, 자율성과 합리성 사이의 연관이라는 헤겔적 의미를 통해 연결되어 있다. 자율성과 표현적 통일성이 서로 대립된 개념임을 인식한 후 헤겔은 인간보다 더 큰 주체인 정신 개념으로 나아갔으며, 역사의 주체로서의 정신을 받아들임으로써 그의 역사관은 변화한다. 인간의 임무는 이제 인식하는 것, 명확하게 인식하는 것이다. 이런 인식은 인간의 합리적 자율성이라는 소명을 부정할 수도 있는 흐릿한 직관에 의해 이뤄져서는 안 된다. 따라서 인간의 자기 실현의 정점은 정신의 자기 실현으로 변화되는데, 그것은 철학적 인식에 놓여 있다.

이런 요점으로부터 우리는 헤겔 사유에서 이런 복합적 전환이 그 당시 정치적 사건들에 의해 자극되었다는 사실을 좀더 분명하게 볼 수 있다. 1790년대 초 독일의 많은 급진적 청년들은 그들의 조국에서 혁명적 운동이 일어나기를 희망했다. 1790년대 말쯤에 이런 희망은 사라졌다. 독일에서의 구체제는 어떤 내적 변혁에도 관심이 없었다. 변화에 대한 주된 희망은 프랑스군에, 나중에는 그 지도자인 나폴레옹에게 남겨졌다. 헤겔은 1800년대에 나폴레옹 정권의 결과들에 호의적 반응을 보인 독일 젊은이들 중 한 명이었던 것 같다. 그러나 이를 통해 얻어진 변화들은 1790년대 초에 꿈꿨던 변화들만큼 급진적이지 않았으며, 더 나아가 외부로부터 수행된 이 혁명은 시민들의 활동성을 일깨우지도 못했다. 1790년대 후반과 1800년대 초반에 독일은 프랑스혁명군의 침략에 맞설 힘이 없었으며, 시대에 보다 적합한 국가 형태를 찾아갈 능력도 없어 보였다. 사람들은 의식적으로 그리고 신중하게 자기 자신의 역사를 만들어 간다고 확신할 만한 출발점이 없었다.

물론 당연히 이것은 헤겔에 관한 한 전체 이야기가 아니다. 나폴레옹이 프로이센을 예나 전투에서 물리치고 슈타인(Baron vom Stein)에 의해 개혁의 물꼬가 트임으로써 개혁의 정신이 독일을 둘러싼 후에 또 다른 희망의 계기가 있었다. 헤겔은 이런 운동에 상대적으로 영향을 받지 않았다. 아마도 그의 입장은 이미 상당히 굳어 있었던 것 같다. 이 영역에서 그의 초기 경험은 후기 경험들보다 더 중요하다. 어떻든 개혁 운동은 수복 이후 시들어 버렸다.

이제 헤겔의 성숙한 입장을 살펴보자.

1

우리는 지난 두 장에서 헤겔 철학이 추구하는 근본적 문제와 열망이 어디에 있는지 드러내고자 했다. 그의 시대에는 서로 관련이 있으면서도 대립하는 두 열망이 있었다. 이 두 열망을 통일할 수 있는 삶과 사유의 방식을 발견하려는 강력한 소망이 그의 시대에 있었다. 나는 이러한 관점에서 볼때에야 헤겔의 문제의식이 가장 잘 드러날 수 있다고 제안했다. 관련이 있으면서도 대립하는 두 열망 중 하나는 인간은 표현적 존재로서 자연과의 통일, 다른 사람들과의 통일 그리고 자기 자신과의 통일을 추구한다고 하는 분파이며, 다른 하나는 칸트와 피히테에게서 범형적으로 나타나는, 급진적인 도덕적 자율성을 추구해야 한다고 하는 분파이다.

나는 1800년대 초쯤 헤겔이 이 두 열망이 서로 대립되는 것임을 어떻게 깊이 알게 되었는지를 말했다. 특히 그는 자유가 인간 내부에서 표현적 통일성, 즉 분열되지 않은 원래의 전체성과의 단절을 요구하며, 다른 사람들과의 연합 그리고 자연과의 연합의 단절을 요구한다는 사실을 알게 되었다. 그는 동시대의 많은 사람들처럼 그러한 연합이 이전 시대, 특히 고대 그리스 시대에 속하는 것으로 생각했다. 그 시대의 많은 작가들은 죽어 있는 기계적 우주와 사회에서 소외감을 경험했고, 또 그런 소외를 확인해 주고 있는데, 이러한 파편적 세계에서 오는 상실감은 이전의 파라다이스가 이유 없이 사라져 버린 것에서 결과한 것이라 할 수 없다. 오히려 그것은 인간이 합리적이고 자유로운 행위자로 발전하기 위한 필연적 결과였으며, 인간의 완전한 실현에 본질적인 것이었다.

그러나 이야기는 거기서 멈추지 않는다. 이런 필연적 분리는 보다 높은 화해 속에서 치유될 수 있었다. 이 화해는 진행 중에 있는, 역사에서 드러나는, 그리고 철학에 의해 분별되고 파악되며, 따라서 완성되는 그런 목적의 합리적 전개의 결과로 나타난다고 생각되었다. 왜냐하면 이성을 체현하고 있는 이런 화해가 이성의 언어 속에서만 적절하게 정식화될 수 있기 때문이다. 당대의 많은 사람들처럼 헤겔은 자신의 시대가 이러한 화해의 동이 트는 결정적 시기라고 생각했다. "우리의 시대가 탄생의 시대이고 새로운 시기로의 이행의 시대임을 어렵지 않게 볼 수 있다."[1] 그리고 헤겔은 같은 문단에서 이것을 "질적 도약"이라고 말한다.

따라서 헤겔에게 철학의 주된 임무는 "분리의 지양"(die Aufhebung der Entzweiung)[2]으로 표현될 수 있다. 대립들은 원래의 표현적 통일이 깨지면서 생겨났다. 따라서 우선 인식 주체로서의 인간은 자연과 분리된다. 이제 인간은 이 자연을 어떤 이념이나 목적을 표현하지 않는 맹목적 사실로 본다. 따라서 자연은 정신과 달리 어떤 합리적 필연성이나 표현적 형식

---

1) *PbG*, 15. Georg Wilhelm Friedrich Hegel, *Hegel: Texts and Commentary*, ed. & trans. Walter Kaufmann, New York: Anchor Books, 1966, p. 20에서 재인용
2) *Differenz*, 75.

을 드러내지 못한다. 그리고 이런 구분을 끝까지 밀고 갈 경우 우리는 칸트에 동의하지 않으면 안 된다. 칸트는 우리가 경험 속에서 발견하는 어느 정도의 필연적 형식을 우리 오성에 영향을 미치는 실재의 속성으로 여기는 것이 아니라 오성의 속성으로 여긴다. 어느 정도의 필연적 형식은 경험에 본질적이기 때문에 우리는 실재 그 자체가 즉자적으로 그렇다는 것을, 즉 우리가 실재에 부과한 어떤 구조들에 의해 변화되지 않는다는 것을 인정해야 하며, 우리의 인식의 범위를 언제나 넘어서 있다는 것을 인정해야 한다. 자연으로부터의 인간의 벗어남은 세계를 궁극적으로 미지의 영역으로 만들어 버린다.

인간 자신의 사유에 대한 인간의 자기 의식이 성장하는 가운데 발생하는 이런 분리는, 정신과 세계 사이의 간격을 매개하거나 연결할 수 있는 어떤 것도 허용하지 않는다는 의미에서, 그리고 모든 것은 이 측면 아니면 저 측면이라는 의미에서 하나의 대립이 된다.[3] 그러나 그것은 또한 정신과 세계 사이의 이런 분리가 인식하는 정신의 본성과 목적에 반한다는 보다 강력한 의미에서도 하나의 대립이다. 그래서 헤겔은 종종 물자체라는 칸트의 생각이 비일관적이라고 비판한다. 즉 이 술어를 사용하는 철학자는 정신이 정립하는 영역 외부에 존재할 수 없음에도 불구하고 이 영역 외부에 있는 어떤 것을 정립하고 있다는 것이다(물론 칸트주의자는 이런 반박이 경험될 수 있는 것과 사유될 수만 있는 것 사이의 구분을 무시하고 있다고 반박하고자 할 것이다. 그러나 헤겔의 요점은 바로 이런 구분에 저항하는 것이다).

---

3) 물론 칸트는 제3비판서에서 이런 매개를 향한 진전을 이루어 냈다. 그러나 칸트는 이원론의 경계를 넘어서고자 하지 않았다. 따라서 생명체에 대한 목적론적 이해는 생명체가 '마치' 목적인에 봉사하기나 한 '것처럼'(as if) 우리가 현상들을 질서 짓는 방식이다. 헤겔을 포함한 칸트의 후계자들은 이러한 생각을 넘어섰다.

따라서 여기서 대립은 첨예화된다. 인식 주체에게는 두 요청이 놓여 있다. 즉 인식 주체는 한편으로 자신이 행위하는 것을 완전히 의식한다는 의미에서 자기 자신을 대상과 구별할 것을 요청받으며, 다른 한편 인식 주체는 또한 그 대상을 철저하게, 그 가장 깊은 곳까지 알고 있을 것을 요청받는다.

유사한 대립이 인간 안에서도 일어난다. 즉 인간의 합리적 의지와 그의 본성·욕구들·경향들 사이의 대립이 그것이다. 다시 한번 인간은 자기 의식이 성장하는 과정에서 자기 의지의 합리적 결정 인자를 구별하게 되며, 이것은 합리성과 자유의 성장에 본질적인 것 같다. 그리고 이러한 분리는 대립이 된다. 이 대립 안에서 이성과 자연은 어떤 교차도 없는 빈틈없는 범주들로 간주될 수 있을 뿐 아니라, 우리 의지의 통제를 위해 서로 다툼에 따라 갈등하게 된다. 그러나 이런 갈등은 우리를 행위자로 묶어 주는 두 요청 사이의 대립을 반영한다. 한편으로 우리는 자유로운 합리적 행위자로 호명되며, 따라서 이성을 따른다. 다른 한편 자유는 자기에게서 나온 동기에 따라 행동하는 것을 의미하지, 외적으로 부과된 혹은 첨가된 동기에 의해 행동하는 것을 의미하지 않는다. 그러나 나는 또한 자연적 존재이기 때문에 자연적 경향을 배제하는 혹은 반대하는 그런 자유관은 결함이 있을 수밖에 없다.

따라서 자연과 자유의 대립은 또한 이론적으로 인간의 행위에 대한 두 종류의 설명 방식의 대립으로 제시될 수 있다. 즉 인간의 행위는 자연적 필연성에 의해 설명되거나 자유롭게 선택된 목표들에 의해 설명되는데, 사실 이 양자는 불가분하게 묶여 있으면서도 갈등 속에 있는 것처럼 보인다.

셋째, 자기 의식의 성장과 더불어 개인은 스스로를 자기 부족이나 공동체와 구별하게 된다. 그리고 성장하는 개별성의 감각은 다시 실질적 대립을 낳는다. 즉 개인과 사회 사이의 이해관계의 갈등을 낳는데, 이런 대립은 반대로 서로 갈등 관계에 있는 자유의 요청들에 그 기원을 둔다. 자유로운 인간은 자기 자신의 주인이어야 하며, 따라서 어떤 타자에 종속되어서는 안 된다. 그러나 동시에 자기 자신에게만 기대는 인간은 유약하며, 필연적으로 외부의 도움에 의존한다. 따라서 순수한 개인의 자유는 매우 한정되고 모호하지 않을 수 없다. 하지만 이보다 더 중요한 것은, 문화적 존재로서의 인간은 정신과 자기 자신의 목적을 타자와의 상호작용으로부터만 발전시킨다는 사실이다. 개인의 자유를 향한 이 열망은 이런 상호작용에 의해 양분을 공급받지만, 바로 그것에 의해 삐걱거리고 왜곡될 수 있다. 따라서 총체적 자유는 개인 혼자에 의해서는 습득될 수 없다. 그런 자유는 이 자유에 양분을 제공하는 문화를 지탱하고 자유에 효력을 불어넣는 제도들을 지탱하는 사회에서 경험되지 않으면 안 된다. 자유는 개인의 독립성과 보다 큰 삶에의 통합이라는 두 요소를 모두 요구하는 것 같다.

개별적 인간은 단순히 보다 큰 사회의 일부인 것만은 아니다. 반대로 개별자와 사회는 보다 큰 틀, 즉 인류와 전체 자연 속에 자리하고 있다. 개인과 사회는 이것들과 상호작용하며, 이것들에 의존한다. 자기 의식의 성장은 이런 보다 큰 틀로부터의 분리를 의미했다. 이 큰 틀은 전에는 의미 있는 질서로 간주되었고, 이제는 우리 행위의 실질적 한계들과 조건들의 집합으로 간주된다. 위에서 우리는 이러한 분리가 어떻게 인식 주체의 대립물을 낳는지 보았다. 그러나 이런 분리는 또한 자유로운 표현적 존재로서의 주체에게도 하나의 대립을 산출한다. 나의 자유는 내가 자연이라는 보다 큰 틀에 의존하고 있다는 사실에 의해 제약된다. 그러나 나의 이성이 나의 욕구와 맺는 관계 혹은 나의 자유가 나의 사회와 맺는 관계와 마찬가지로, 이런 의존성은 딜레마를 산출한다. 혹은 이런 딜레마는 표현주의적 인간론의 가설에서 생겨난다. 이 이론에 따르면 인간은 자연이라는 보다 큰 질서와의 연합을 추구한다. 왜냐하면 우리 자신에게 충실하기 위해 우리는 보다 큰 이 틀로부터 분리되면서 동시에 그 틀 안으로 통합되어야 하는 것처럼 보이기 때문이다.

우리는 2장에서 정신적 존재로 남아 있으면서 동시에 자연과의 통합을 이뤄야 한다는 이 이중의 요청이 어떻게 많은 사람들로 하여금 자연을 밑받침하는 우주적 정신이라는 견해에 마주하게 했는지를 보았다. 그러나 우리는 또한 이런 견해가 단순히 딜레마를 바꿔 놓을 뿐이라는 것도 보았다. 왜냐하면 그 딜레마는 이제 인간이 이 우주적 정신과 맺는 관계에 초점을 맞추기 때문이다. 이제 대립은 '유한한 정신들의 자기 의존성과 자율성'과 '우주적 정신과의 통일이라는 요구' 사이에 놓여 있다. 이때 유한한 정신들의 자기 의존성과 자율성은 인간을 자유롭게 행위하는 합리적 존재로 그려 주며, 또한 우주적 정신이 없다면 인간은 스스로를 통합적 표현으로 드러내지 못하고 파편적으로 머물러 있게 된다.

따라서 네번째 대립은 유한한 정신과 무한한 정신 사이의 대립으로, 인간의 자율성의 요구와 무한한 삶의 흐름에 동참해야 한다는 요구 사이의 대립으로 묘사될 수 있다. 우리가 2장에서 본 것처럼 헤겔은 자신의 정신 개념에서 이에 대한 해결책을 찾았다. 그러나 이러한 대립은 '운명' 개념으로 표현될 수도 있다. 자율적인 유한한 주체의 관점에서 볼 때 이 주체에 영향을 미치는 보다 큰 과정의 사건들은 그에게 우연히 발생한 것, 즉 자신의 운명으로서 그가 행한 것과 구분된다. 이런 운명은 주체 개념과 상당히 구분된다. 왜냐하면 운명은 주체의 표현이 결코 아니며, 사람들이 행위하는 가운데 그저 발견될 수 있을 뿐이기 때문이다. 이러한 관점, 즉 분리의 관점에서 볼 때 인간 자신을 운명과 화해시키고자 한, 즉 운명의 필연성을 보고서 그것과 화해시키고자 한 헤겔의 초기 시도는 보다 깊은 통찰로 나아간 것이 아니라 포기로 이해될 수 있을 뿐이다.

그러나 사물들의 과정은 어떤 의미에서 우주적 정신의 표현이다. 따라서 그 과정을 완전히 낯선 것으로 보는 것은 스스로를 우주적 정신에 대립하는 것으로 한정하는 것이다. 다른 한편 무한한 정신에 통합되는 것, 혹은 스스로를 무한한 정신의 담지자로 보는 것은 실재의 표현을 자신의 운명 속에서 자신과 분리되지 않은 것으로 인지하는 것을 의미할 것이다.

그러므로 유한한 정신과 무한한 정신의 대립은 '운명에 대항하여 스스로를 확고히 하고자 하는 자유로운 인간의 욕구'와 '자기 자신을 운명과 화해시키고자 하는 요청' 사이의 대립으로 묘사될 수 있다. 전자의 욕구는 딜런 토머스[4]의 말에 잘 표현되어 있다. "그 좋은 밤으로 순순히 들어가지 마세요. / 격노하세요, 빛의 소멸에 격노하세요." 후자의 요청과 관련해서는 니체의 경구가 잘 어울린다. "그렇게 존재했던 모든 것을 내가 그렇게 가지고 있었다고 바꿔 버리면 된다."[5]

그렇다면 인식 주체와 그의 세계, 자연과 자유, 개인과 사회, 유한한 정신과 무한한 정신, 혹은 자유로운 인간과 그의 운명 등의 대립들은 철학이 극복해야만 하는 대립들이다. 물론 철학이 이런 대립을 극복한다는 것은 철학이 이 대립들이 어떻게 스스로 극복되는지를 분명하게 인식한다는 것을 의미한다. 그리고 여기서 '극복한다'는 말은 단순히 발생하지 않은 것으로 한다는 것을 의미하지 않는다. 이것은 주체와 자연의 분리 이전의 원초

---

4) 딜런 토머스(Dylan Thomas, 1914~1953)는 1930년대를 대표하는 영국 시인으로, 충격적 이미지 등을 사용해 온갖 위선과 전쟁 등을 고발하고 생명력 넘치는 시를 썼다. 『18편의 시』(*18 Poems*, 1934), 『25편의 시』(*Twenty-Five Poems*, 1936), 『사랑의 지도』(*The Map of Love*, 1939) 등의 시집이 있다. 음주와 기행으로 점철된 삶으로 여행 중 뉴욕에서 숨졌다. ─옮긴이

5) Friedrich Nietzsche, *Thus spake Zarathustra*, Everyman Edition, London: J. M. Dent & Sons Ltd., 1960, p. 126.

적 의식으로의 회귀의 문제가 아니다. 반대로 그 열망은 분리의 열매, 즉 자유롭게 합리적인 의식을 유지하고, 동시에 이 의식을 전체와, 즉 자연, 사회, 신 그리고 운명 등과 화해시키고자 한다.

하지만 각 항이 다른 항과의 대립 속에서만 등장한다면 이 대립들이 어떻게 화해될 수 있을까? 사실 이것이 우리의 문제이다. 인간은 자연, 사회, 신 그리고 운명 등으로부터 분리됨으로써만 자기의식적, 합리적 자율성을 습득한다. 그리고 헤겔은 이를 분명히 알고 있었으며, 이 때문에 단순히 근원적 통일로 회귀하기 위해 대립들을 철폐하고자 하는 모든 시도를 거부했다.

헤겔의 대답은 다음과 같다. 이런 근본적 분리를 표현하는 모든 개념은, 우리가 올바로 이해할 경우, 대립자와 대립될 뿐 아니라 또한 동일한 것으로도 드러난다는 것이다. 그리고 이 문제를 보다 면밀히 검토해 보면, 우리는 대립과 동일성의 관계가 근본적으로 서로 긴밀히 연결되어 있는 것을 보게 된다. 대립과 동일성은 서로 명시적으로 분리될 수는 없는데, 왜냐하면 각자는 독자적으로 존립할 수 없기 때문이다. 즉 각자는 주어진 두 개념쌍 사이에서 자기 자신과만 연관성을 가질 수는 없다. 반대로 그 쌍은 일종의 순환적 관계에 놓여 있다. 대립은 이전의 동일성에서 발생한다. 그것도 필연적으로 발생한다. 동일성은 그 자체로 스스로를 유지할 수 없고, 대립을 생산할 수밖에 없다. 그리고 이로부터 대립은 단순한 대립이 아니며, 각 개념이 자기의 대립자와 맺는 관계는 특별히 밀접한 관계임이 도출된다. 각 개념은 **어떤** 다른 개념과 관련 맺는 것이 아니라 **자기 자신의** 타자와 관련을 맺으며, 이 숨겨진 동일성은 필연적으로 통일이 회복될 때 다시 유효해진다.

헤겔이 동일성에 대한 일반적 견해가 소위 변증법적이라고 불리는 사유 양식을 위해 철학에서 포기되어야 한다는 사실을 주장한 것은 이 때문이다. 변증법적 사유는 모순율 —— $\sim(p \cdot \sim p)$ —— 을 위반하지 않는 하나의 명제나 일련의 명제들에서는 파악될 수 없는 것을 우리에게 제시한다. 현실에 실제로 타당한 최소한의 명제는 다음 세 가지다. A는 A이다. A는 ~A와도 같다. ~A는 결과적으로 스스로를 A로 드러낸다.

이러한 사변적 진리를 파악하는 것은 자유로운 주체성이 어떻게 자신의 대립자인 자연, 사회, 신 그리고 운명을 극복하는지를 보는 것이라고 헤겔은 주장한다. 이것은 상당히 충격적인 주장이다. 그러나 여기서는 일견 말장난처럼 보이지만 굉장히 중요한 것이 들어 있다. '동일성'과 '대립', '동일성'과 '차이' 같은 개념이 확고하게 구분되는 것이 아니라는 것은 무엇을 의미하는가? 이런 테제는 정확이 무엇을 주장하며, 어떻게 정당화되는가? 아니면 우리는 헤겔의 말을 그저 받아들여야 하는가?

2

헤겔이 여기서 말하는 바를 보기 위해 우리는 그의 정신(Geist) 개념, 즉 우주적 정신 개념을 이해해야 한다. '동일성'과 '차이'를 추상적으로 간략하게 살펴보면 이상해 보이지만 이것을 정신에 적용해 보면 그렇게 이상하게 보이지 않을 수 있다. 그런데 성숙한 헤겔에게 무한한 정신의 근본 모델은 주체에 의해 제공된다. 우리는 초기에 헤겔이 분리를 극복한 실재를 사랑이나 삶의 개념으로써 설명하고자 했다는 사실을 보았다. 그러나 그의 성숙한 견해에서 절대자를 이해하기 위한 결정적 술어는 '주체'이다.[6]

이 술어가 정신에 어떻게 적용되는지를 보기 전에 헤겔의 주체 개념이 어떠했는지를 살펴볼 필요가 있다. 데카르트 이래 철학에서는 합리론과 경험론의 형태 아래 이원론이 지배적이었는데, 헤겔은 이러한 이원론을 극복하는 인간 주체관을 성립시킴으로써 철학사적으로 중요한 의미를 획득하게 된다. 헤겔은 사실 근대의 철학적 인간학의 사유 발전에서 주요한 위치를 차지한다. 그의 철학적 인간학은 이원론도 기계론도 거부하며, 맑스주의와 현대의 현상학에서 상이한 방식으로 이어진다.

헤겔의 견해는 헤르더 등에 의해서 발전되었던 표현주의적인 이론에 기반을 둔다. 우리가 본 것처럼 이 이론은 주체, 인간을 특정한 형상의 실현자로 보게 하는 아리스토텔레스의 범주들로 우리를 인도한다. 하지만 이 이론은 이와는 다른 차원도 가진다. 즉 실현된 형상은 처음에는 알려질 수 없었던 주체의 속성을 명료히 한다는 의미에서 하나의 표현으로 고찰된다. 여기에서 우리는 아리스토텔레스의 형상 이론과 근대의 표현 이론이 결합되는 것을 보는데, 이를 통해 우리는 **자기** 실현(self-realization)을 말할 수 있다.

헤겔의 주체 이론은 자기 실현의 이론이었다. 그리고 그것 자체가 근본적으로 반(反)이원론이었다. 왜냐하면 이런 표현주의적 이론은 (경험론을 포함하여) 데카르트 이후의 철학의 이원론에 대립하기 때문이다. 이러한 이원론은 주체를 외부 세계와 그 자신을 지각하는 의식의 중심으로 보았다. 그 중심은 비물질적이다. 즉 주체 자신의 몸을 포함하여 물체 세계와는 질적으로 다르다. 사유·지각·오성 등의 '정신적' 기능은 비물질적인 이 존재에 귀속된다. 그리고 이 '정신'은 때때로 철저히 자신에게 투명한 것으로, 즉 자신의 내용들이나 '생각들'을 분명하게 볼 수 있는 것으로 간주된다(이것이 바로 데카르트의 견해였을 것이다).

---

6) *PhG*, Preface, 19 참조.

그런데 첫째, 이런 견해는 아리스토텔레스의 전통에서 이해된 삶을 위한 여지를 남겨 두지 않는다. 아리스토텔레스는 삶을 스스로 조직하고 스스로를 유지하는 형상으로 이해했다. 그런데 이런 삶은 자신의 질료적 구현체 속에서만 작동할 수 있으며, 따라서 바로 그런 질료적 구현체와 분리될 수 없다고 한다. 이러한 유의 삶은 이원론에서 사라진다. 왜냐하면 그러한 삶의 온전한 본성은 이원론이 개시한 간극을 메우고자 하기 때문이다. 이러한 삶은 질료적이지만, 형상을 유지하는 가운데 일종의 목적성을, 그리고 때로는 심지어 정신과 연관된 지성도 드러낸다. 생명체들이 새로운 상황에 대한 지적 적응을 보여 준다는 바로 그 이유 때문에 우리는 그 생명체들을 그 환경과의 연관에서 생각해 보려는 유혹을 느낀다.

다른 한편 이원론은 지성의 이런 모든 기능을 물체와는 전혀 다른 성질을 가진 정신에 귀속시킨다. 그래서 물질은 순수하게 기계적으로만 이해되어야 한다. 이런 방식으로 데카르트적-경험주의적 이원론은 기계론과 잘 결합한다. 데카르트는 생리영역을 기계론적으로 설명하며, 현대의 기계론적 심리학은 역사적으로 경험론과 아주 친화성을 갖는다. 두 측면들 중 한 측면만을 표현하는 것, 그것이 이원론이다.

그러나 근대의 이원론은 아리스토텔레스 시기와는 매우 다른 철학적 분위기에서 발생한다. 근대의 이원론은 부분적으로 유대-기독교적 뿌리에서 생겨난, 그래서 그리스적 사유와는 다른 의지 관념에 의지한다. 그것은 우리가 1장에서 다룬 자기 규정하는 주체라는 근대의 이념에서 발생한다. 간단히 말해서 근대의 이원론은 순수한 합리성과 급진적 자유라는 근대의 일반적 사상과 깊은 연관이 있다. 그리고 우리가 본 것처럼 헤겔은 이러한 생각들을 일소하고서 이전으로 돌아가고자 하지 않았다.

과학이나 수학에서 어떤 문제들로 고심하거나 어떤 도덕 원칙들에 대해 숙고할 때 우리는 정신의 순수 사유, 즉 정신의 반성적 행위에 초점을 맞출 수 있는데, 이때 정신은 외적인 통제에서 완전히 자유롭다는 인상을 준다. 예를 들어 정신은 우리의 감정적 삶에 거하는 것으로 등장하지 않는다. 이원론의 주장이 가장 그럴듯해 보이는 영역이 바로 여기이다. 나는 내 몸에서 '느낄' 수 있는 적에 대한 분노를 비물질적 허공에 위치시키는 것에 주저할 수 있다. 하지만 논리학의 문제나 도덕적 행위의 문제에 대한 나의 순수한 내적 숙고를 다른 어느 곳에 위치시킬 수 있는가?

여기가 바로 표현주의 이론의 다른 측면이 유효해지는 장소이다. 우리는 1장에서 헤르더가 언어 표현 이론을 어떻게 인간의 표현 이론의 본질적 부분으로 발전시켰는지 보았다. 이 이론에서 말들이 언어 사용자인 인간에게 의미를 갖는 이유는, 그것들이 세계나 정신 안에 있는 어떤 것을 지적하거나 지시하는 경향이 있기 때문이 아니라, 오히려 그것들이 우리 자신과 사물들에 대한 특정한 종류의 의식을 표현하거나 체현하고 있기 때문이다. 이러한 사실을 표현하기 위해 헤르더는 '성찰'(Besonnenheit)이라는 말을 사용했다. 여기서 언어는 단순히 일련의 기호들로서만이 아니라 특정한 방식으로 바라보고 경험하는 것을 표현하는 매체로도 간주된다. 따라서 언어는 그 자체로 예술과 연속선상에 있다. 그러므로 언어 없이는 어떤 생각도 있을 수 없다. 사실 서로 다른 민족의 언어는 사물에 대한 서로 다른 관점을 반영한다.

그러므로 이러한 표현 이론은 반이원론이다. 언어, 예술, 제스처, 혹은 어떤 외적인 매체 없이는 사유도 없다. 그리고 사유는 그런 매체와 분리 불가능하다. 사유가 매체 없이는 존재할 수 없다는 의미에서만이 아니라 또한 사유는 자신의 매체에 의해 형성된다는 의미에서도 그렇다. 즉 어떤 사상을 사람들이 새로운 매체로 표현할 때, 예컨대 한 언어에서 다른 언어로 번역할 때 그 사상은 변화하고 왜곡된다. 이런 생각을 다른 방식으로 설명해 보자면, 우리는 사유의 내용을 매체에 의해 '부가된' 것과 명료하게 구별할 수 없다.

따라서 질료와 형상의 관계에 대한 아리스토텔레스의 구상, 즉 질료형상론(hylomorphism)에 따르면 영혼이 육체와 분리될 수 없는 그런 생명체를 말할 수 있는데, 이와 마찬가지로 이러한 표현 이론에 따르면 사유가 매체와 분리될 수 없는 그런 사유하는 존재를 말할 수 있게 된다. 이런 표현 이론은 사람들이 비물질적 정신에 귀속시키려는 강한 유혹을 갖는 순수 사유, 반성, 숙고 등의 기능을 고려하는 가운데 이것들이 외적인 매체에 의해 표현될 수밖에 없는 체현된 실존을 갖는다고 주장한다.

따라서 질료형상의 관계론과 표현에 대한 새로운 견해의 결합으로서 표현주의 이론은 근본적으로 반이원론적이다. 그리고 헤겔의 주체 이론이 그렇다. 주체, 그리고 '정신적'이라고 명명되는 이 주체의 모든 기능이 불가피하게 몸을 입을 수밖에 없다는 것이 헤겔 사유의 기본 원리였다. 그리고 이것은 두 가지 차원과 연관된다. 한 차원은 '합리적 동물'로서, 즉 사유하는 생명체로서의 차원이고, 다른 차원은 표현적 존재로서, 즉 자신의 사유가 언제나 그리고 필연적으로 자기 자신을 매체 속에서 표현하는 그런 존재로서의 차원이다.

그렇게 말해도 된다면 필연적 체현(necessary embodiment)이라는 이런 원리는 헤겔의 정신(Geist) 개념, 우주적 정신 개념의 핵심이다. 하지만 바로 이 정신 개념을 살펴보기 전에 이런 표현주의적 주체 이론이 동일성과 대립의 통일을 말할 수 있게 하는 기본 토대를 어떻게 우리에게 제공해 주는지를 보자.

헤겔의 표현 이론은 데카르트적-경험주의적 이원론에서 발견되는 삶과 의식 사이의 메울 수 없는 틈을 인정하지 않는다. 데카르트적-경험주의적 이원론에서 생명의 기능들은 연장된 물질적 세계로 분류되고, 따라서 기계적으로 이해된다. 반면 정신의 기능은 분리된 비물질적 실체에 귀속된다. 그래서 데카르트는 동물들을 복잡한 기계로 간주할 수 있었다. 그러나 아리스토텔레스의 추종자들은 이러한 유의 분리를 인정할 수 없다. 왜냐하면 생명체는 기능하는 단일체이지, 부분들의 연쇄일 수 없기 때문이다. 더 나아가 조건들을 변화시킴으로써 특정한 형식을 유지해 가는 모습에서 생명체는 목적의 원형이라 할 만한 것을 보여 주며, 심지어 새로운 환경에 적응하는 모습에서 지성의 원형이라 할 만한 것을 보여 준다. 지성의 원형은 자기 의식적 존재들이 목표를 추구하는 가운데 자기와 환경을 설명할 수 있는 능력이다. 다른 말로 하면 생명체는 단순히 기능하는 단일체가 아니라 행위자의 본성에 놓여 있는 어떤 것이다. 이것은 인간 주체에서 그 정점에 이르는 발전 노선에 위치한다.

이러한 방식으로 헤겔은 데카르트주의에 의해 훼손된 생명체들의 연속성이라는 의미를 되살렸다. 그러나 우리와 동물들 사이의 연속성만이 아니라 또한 우리 자신 내부에 있는 생명의 기능과 정신적 기능 사이의, 삶과 의식 사이의 연속성도 존재한다. 표현주의적 견해에서 보자면 이 둘은 분리될 수 없으며, 인간 안에서 두 부분이나 기능으로 귀속될 수 없다. 헤겔은 헤르더에게 동의한다. 즉 우리는 결코 인간을 합리성을 부가받은 동물로 이해할 수 없다. 반대로 인간은 전혀 다른 종류의 총체성이다. 즉 반성적 의식만이 인간에게 고유한 것이 아니라, 반성적 존재의 감정, 욕망, 그리고 심지어 자기 보존 본능조차도 다른 동물들과 전혀 다르다. 물론 인간의 태도, 육체적 구조, 그가 겪는 질병 등도 다르다. 생명체들을 총체성으로 보는 사람에게 사물들을 이와 달리 바라볼 수 있는 방법은 없다. 즉 총체성 속에서 각 부분은 타자와의 관계, 그리고 전체와의 관계에서만 존재한다. 그리고 아리스토텔레스적인 질료형상론과 표현 이론은 둘 다 우리에게 생명체들을 총체성으로 보게 한다.

따라서 이러한 견해는 생명체들의 연속성만이 아니라 질적 불연속성도 주장한다. 생명체로서의 인간은 근본적으로 다른 동물들과 전적으로 다르지는 않다. 하지만 동시에 인간은 단순히 동물과 이성의 합이 아니다. 오히려 인간은 전적으로 다른 총체성이다. 그리고 이러한 사실은 인간이 완전히 다른 원리하에서 이해되어야 한다는 것을 의미한다.[7] 따라서 연속성의 이념과 더불어 우리는 존재의 단계들의 위계라는 이념도 갖는다. 우리는 여기서 상이한 유형들이 아니라 위계라고 말할 수 있는데, 왜냐하면 '보다 높은' 단계의 것들은 보다 낮은 단계의 것들이 불완전하게 체현하고 있는 것을 더 완전하게 실현하고 있다고 볼 수 있기 때문이다.

헤겔은 존재의 위계의 정점이 의식적 주체성이라고 주장한다. 보다 낮은 종류의 삶들은 주체성의 원형들을 보여 준다. 왜냐하면 그런 종류의 삶들은 점점 더 목적, 자기 유지 등을 삶의 형식들로 드러내며, 자기를 둘러싼 것에 대한 지식을 산출하기 때문이다. 그리고 그것들은 점점 더 행위자와

---

7) 형상들의 위계라는 이러한 관념은 환원주의적 설명의 부정이다. 환원주의적 설명은 유기체의 고차적 기능들을 보다 낮은 기능들을 설명하기 위한 설명적 개념들과 원리들로 해명할 수 있다고 하며, 더 나아가 해명의 이러한 동질성을 무생물에까지 확장한다.
헤겔의 이런 이론은 환원주의적 이론과 정반대이다. 왜냐하면 하나의 단계가 다른 단계들을 드러내는 정도만큼 그것은 낮은 차원의 것에 빛을 던지는 높은 차원의 것이기 때문이다. 이때 높은 차원의 것은 낮은 차원의 것이 목표로 하는 것을 완전히 실현하고 있다. 하지만 우리는 이러한 생각을 너무 멀리까지 수용할 수 없다. 왜냐하면 낮은 단계의 것은 보다 풍부하고 복잡한 높은 단계의 것의 원리에 의해 설명될 수 없기 때문이다. 낮은 차원의 것들은 높은 차원의 것들과 별로 관계가 없다. 따라서 그것들은 다른 종류의 실체이며, 환원주의적 가설에서와 달리 동일한 근본적 원리들의 단순한 적용으로 해명되지 않는다.

같이 되며, 더 나아가 가장 고등한 동물들은 자신으로 머물 수 있는 표현의 힘을 갈구한다. 다시 보겠지만, 헤겔은 이러한 위계를 생명체를 넘어 피조물 전체로 확장한다. 우리는 무생물의 현상들 중에서 삶이라는 보다 높은 단계를 가리키는 하나의 위계를 볼 수 있다. 동물이 인간의 주체성을 가리키는 것과 마찬가지로. 따라서 생명체가 의식의 원시형상인 것과 마찬가지로 태양계의 통일성은 생명체의 원시형상으로 간주될 수 있다.

여기까지는 헤겔의 이론이 다른 표현주의자들의 이론과, 예컨대 헤르더의 이론과 크게 다르지 않다. 하지만 그는 또한 칸트 관념론을 표현주의 이론에 끌어들인다. 의식은 앞서 기술된 방식에 있어서 삶과 연속적/불연속적일 뿐 아니라, 또한 어떤 의미에서는 삶을 '부정한다'. 왜냐하면 의식적·인지적·합리적 존재로서의 인간은, 우리가 본 것처럼, 스스로 (내적·외적) 자연으로부터 벗어남으로써만 습득할 수 있는 합리적 사유의 명료함과 자기 충족성을 목적으로 하기 때문이다. 따라서 인간은 합리적 사유를 자신의 욕망·경향성·원초성 등으로부터 분리하고 절연하기를 요청받는다. 인간은 가능한 한 경향성이라는 무의식적 표류에서 해방되고자 노력할 것을 요구받는다. 합리적 의식은 인간을 분할해야 할 소명을 갖는다. 즉 합리적 의식은 스스로를 삶에 대립시킨다. 이러한 사상은 특히 데카르트의 이원론에 표현되어 있다.

따라서 인간은 불가피하게 자기 자신과 갈등한다. 인간은 합리적 동물, 즉 사유하는 생명체이다. 그리고 인간은 살아 있는 한에서만 사유할 수 있는 존재이다. 하지만 사유는 인간을 삶과의 대립으로, 자기 안에 있는 자생적이고 자연적인 것과의 대립으로 이끌어 간다. 따라서 인간은 스스로를 분할하는 데로 이끌리며, 원래 통일이었던 자신의 내부에서 구분과 불화를 만드는 데로 이끌린다.

전개된 합리성, 따라서 불화는 인간의 출발점이 아니라 도착점이다. 그리고 이것은 두 가지 사실을 의미한다. 첫째, 삶의 형식들의 위계를 넘어서는 사유 양식들의 위계가 있다. 인간의 합리적 자기 의식이 성장함에 따라 이러한 자기 의식의 표현 양식도 바뀌지 않을 수 없다. 인간의 언어, 예술, 종교와 철학은 변해야 한다. 왜냐하면 사유는 자신의 매체의 변형 없이는 변화할 수 없기 때문이다. 따라서 보다 높은 것이 보다 낮은 것보다 더 정확하고 투명하고 일관성 있는 사유를 가능하게 하는 표현 양식들의 위계가 있어야 한다.

이러한 유의 위계 개념은 헤겔의 사유에서 중요한 역할을 한다. 이것은 예술, 종교 그리고 철학 사이의 구분과 깊은 연관이 있다. 이것들은 정신을 이해하기 위한 매체들이지만, 동등한 지위를 갖는 것은 아니다. 어떤 의미에서 우리는 동일한 진리를 이 세 양식으로 표현한다. 다만 적절함의 수준만 다를 뿐이다. 이것은 낮은 단계가 높은 단계의 원시형상을 보유하는 다른 유의 위계이다. 즉 낮은 단계의 것들은 동일한 종류의 통일체를 보다 빈약한 방식으로 표현한다.

둘째, 합리성은 인간의 출발점이 아니라 도착점이라는 사실은 인간이 역사를 가짐을 의미한다. 명료함에 이르기 위해 인간은 여러 낮은 단계들과 보다 왜곡된 의식들을 관통해 가면서 자신의 길을 분투하며 나아가야 한다. 인간은 원시적 존재로 출발하며, 문화와 오성을 고통스럽게, 그리고 서서히 습득해야 한다. 그리고 이것은 우연한 불행이 아니다. 왜냐하면 우리가 보았듯이, 사유나 이성은 생명체에 체현되어서만 존재할 수 있기 때문이다. 그러나 삶의 과정 그 자체는 무의식적이며, 무반성적 충동에 의해 지배된다. 그러므로 의식적 삶의 잠재성을 실현하기 위해서는 노력이 필요하며, 시간의 흐름에 따른 내적 분열과 변형이 필요하다. 따라서 우리는 시간이 흐르면서 나타나는 이런 변형이 의식 양태들의 위계의 상승 그 이상을 함유한다는 사실을 알 수 있다. 또한 그러한 진전은 인간이 충동과 투쟁할 것을 요구하며, 충동을 넘어 합리성과 자유를 표현할 수 있는 문화를 형성하도록 요구한다. 그러므로 인간의 역사는 문화형식들이라는 사다리를 오르는 것이다.

아마도 이제 1절의 마지막 부분에서 다소 혼란스럽게 이야기한 것을 어느 정도 이해할 수 있을 것이다. 1절에서 우리는 동일성과 대립은 결합되어 있으며, 이 양자는 동일한 개념쌍으로 이해될 수 있다고 했다. 헤겔의 주체 개념은 이러한 의미를 획득하기 시작한다.

사유하는 합리적 주체는 오로지 체현된 형태로만 존재한다. 이러한 의미에서 우리는 진실로 주체란 그의 구현체(embodiment)**라고** 말할 수 있다. 즉 사유하는 존재로서의 나는 나의 살아 있는 몸체이다. 하지만 동시에 삶에서의 이런 구현체는 우리 자신 내부의, 그리고 자연과의 무반성적 통일을 향한 성향과 충동의 흐름으로 우리를 이끌어 가려는 경향을 가진다. 이성은 스스로를 실현하기 위해 이런 경향과 싸워야 한다. 그리고 이런 의미에서 사유하는 합리적 주체의 구현체는 이 주체와 다를 뿐 아니라, 어떤 의미에서 보면 그의 반대자·한계·적대자이기도 하다.

따라서 우리는 주체는 자신의 구현체와 동일하면서 동시에 대립한다고 말할 수 있다. 이것은 주체가 헤겔에 의해 한 차원에서만 정의되지 않고, 즉 어떤 속성들과의 일치로만 정의되지 않고 두 차원에서 정의되기 때문이다. 주체는 어떤 실존 조건들, 즉 구현의 조건들을 가진다. 그러나 동시에 주체는 어떤 완성을 향해 나아가는 것으로서 목적론적으로 특징지어진다. 그것은 이성과 자유를 향한 도정인데, 이러한 생각은 아리스토텔레스와 표현주의 이론 둘 다와 같은 노선에 있다. 그리고 이런 완성에 대한 요청은 적어도 처음에는 주체의 실존 조건들과 대치된다.

주체가 자신/타자와 맺는 이중적 관계를 가능하게 하는 것은 바로 이런 내적 복잡성이다. 전적으로 의식적인 존재로 있기 위해 주체는 삶 속에 구현되어 있어야 한다. 완전한 의식을 실현하기 위해 주체는 삶의 자연적 경향을 한계로 인식하고서 싸우고 극복해야 한다. 주체의 실존 조건들은 완전성의 요청과 갈등한다. 하지만 주체에게 실존한다는 것은 완전성을 추구한다는 것이다. 따라서 주체는 필연적으로 내적 갈등의 영역이다. 그것을 모순이라고 말할 수 있지 않을까? 헤겔은 그렇다고 주저 없이 말한다.

따라서 두 관계, 즉 동일성과 대립은 서로를 지지한다고 말할 수 있다. 하지만 한 측면이 실존의 변하지 않는 조건들에 기초한다면, 다른 측면은 주체가 시간 속에서 도달해야 하는 주체의 실현에 대한 요청으로부터 나온다. 따라서 우리는 두 관계를 시간적 패턴에서 서로 연결된 것으로 생각할 수 있다. 원시적 동일성은 주체가 자기 안에 분할의 씨를 포함하고 있어서 불가피하게 발생하는 분열에 길을 양보해야 한다.

그러나 이러한 시간적 패턴의 세번째 단계, 즉 화해는 어떻게 일어나는가? 나는 1절의 마지막 부분에서 헤겔이 완전하게 이해된 대립은 통일의 회복을 보여 준다고 주장했음을 말했다. 그리고 이는 또한 헤겔의 주체 이론에서도 볼 수 있다. 인간은 사유와 삶, 이성과 자연 사이의 대립의 단계에 영원히 머물지 않는다. 반대로 양자는 보다 높은 통일에 이른다. 날것의 자연, 즉 충동의 삶은 극복되고 경작[문화화]되어 인간의 보다 높은 열망들을 반영하게 되며, 이를 통해 이성의 표현에 이르게 된다. 그리고 이성은 자연의 접근을 막기 위해 싸우는, 스스로가 보다 고귀하다고 상정하는 자아와 자신을 더 이상 동일시하지 않는다. 다른 한편 이성은 자연이 합리적 계획의 일부임을, 즉 분열은 보다 높은 통일을 위해 인간을 준비시키고 교육하는 데 불가피함을 본다. 합리적 주체는 스스로를 이런 보다 큰 이성, 즉 전체를 밑받침하고 있는 합리적 계획과 동일시하며, 더 이상 자신을 자연과 대립하는 것으로 보지 않는다. 여기서 자연은 합리성을 일정 정도 표현하고 있는 것으로 드러난다.

따라서 인간의 역사는 분열로 끝나지 않는다. 인간의 역사는 분열을 넘어 보다 높은 문화 형태로 나아가며, 이런 문화 형태 속에서 우리의 자연은, 즉 우리의 환경과 엮여 있는 우리의 개인적·집합적 삶은 자율적 개인의 계획보다 더 큰 합리적 계획을 표현한다. 그리고 그 역사는 우리로 하여금 이 큰 계획을 볼 수 있게 하며 이 큰 계획과 자신을 일치시키게 하는, 보다 높은 의식 양태까지 도달한다. 헤겔은 보다 높은 이런 의식 양태를 서술하기 위해 '이성'(Vernunft)이라는 술어를 사용한다. 그리고 그는 사물들을 분열된 혹은 대립된 것으로 보는 것을 '오성'(Verstand)이라 부른다.

이런 통일은 분화 없는 시초의 통일과 매우 다르다. 이 통일은 '매개되었다'. 그것은 자연의 경작[도야]과 이성의 발전에서 필연적이었던 분열의 의식을 간직하고 있다. 이런 통일은 완전히 의식적이며, (아마도) 철저하게 합리적이다.

따라서 인간 주체는 동일성과 대립의 관계라는 헤겔 주장의 모델이 된다. 인간 주체는 자신의 본질적 구현과 동일하면서 또한 대립한다. 뿐만 아니라 이 이중적 관계는 시간적 패턴 속에서 표현될 수 있다. 원래의 동일성 속에서 필연적으로 대립이 발생한다. 그리고 이런 대립 그 자체는 보다 높은 통일로 나아간다. 그리고 이런 과정은 이러한 대립의 불가피성과 그 합리적 필연성에 대한 인식에 기반한다.

3

그러나 인간에 대한 이런 이론이 어떻게 '동일성과 비동일성의 동일성'이라는 애초의 공식을 정당화할 수 있을까? 헤겔의 주체 이론은 인간 내부에 있는 불가피한 갈등에 대한 통찰을 제공한다. 그런 갈등을 우리는 '모순'이라고 부를 수도 있을 것이다. 이러한 사실을 인정한다 하더라도 이것이 동일성과 대립 사이의 연관성을 어떻게 정당화한다고 할 수 있는가?

답은 이 주체 이론이 인간에게만 적용되는 것이 아니라 우주적 정신, 즉 가이스트(Geist)에도 적용된다는 것이다. 사실 우리는 2절 마지막 부분에서 인간 안에 있는 대립의 해결은 우리가 인간을 넘어서는 보다 큰 합리적 계획, 즉 정신(Geist)의 계획이라 부르는 것을 요구한다는 것을 보았다.

우리는 헤겔에게서 절대자는 주체임을 보았다. 모든 실재를 밑받침하며 그 실재 안에서 자신을 드러내는 것을 스피노자는 '실체'라고 했는데, 질풍노도 운동에서 영감을 받은 모든 사람에게 그것은 모든 것을 관통하여 흐르는 신적 삶으로 간주되었다. 그리고 바로 그것을 헤겔은 정신으로 이해했다. 그러나 정신 혹은 주체성은 필연적으로 구현된다[몸을 입는다]. 따라서 정신 혹은 신은 자신이 지탱하며 그 속에서 자신을 드러내는 우주와 분리된 채 존재할 수 없다. 반대로 이 우주는 정신의 구현이다. 이 구현물 없이 정신은 실존할 수 없다. 이는 나의 것 없이는 내가 실존할 수 없다는 것 그 이상이다. 우리는 이미 헤겔이 스피노자주의 혹은 범신론으로 송사되는 이유를 보았다. 그리고 이러한 생각에서 그는 질풍노도의 사상이나 낭만주의 운동의 영향을 받은 그 시대의 많은 사람들과 일치했다. 그의 반응을 평가하기 위해 우리는 아주 특이하게 사용되는 그의 정신 개념을 보다 면밀히 살펴보아야 한다.

우리는 헤겔의 기초가 되는 표현주의적 주체 이론에 두 모델의 구현[체현]이 있음을 보았다. 하나는 생명체 속에서만 존재할 수 있는 삶-형식[형상]이라는 아리스토텔레스적 개념이다. 다른 하나는 매체를 필요로 하는 사유의 표현 모델이다. 이 두 모델은 한 인간으로서의 나의 본질, 표현주의적인 관점에서 좀더 적합하게 말하자면, **이** 인간으로서의, **이** 공동체의 일원으로서의 나의 본질을 적합하게 표현하는 삶의 양식의 개념 속에 함께 등장한다. 삶의 양식은 삶의 필연적 기능들, 즉 영양 섭취, 재생산 등을 수행하는 방식과 우리의 본질, 즉 우리의 '동일성'을 드러내고 규정하는 문화적 표현 둘 다이다. 커플의 결혼 관계, 한 사회의 경제적 생산 양식 등은 이 두 차원에서 관찰될 수 있으며, 표현주의적 관점에서 볼 때에는 관찰되어야 한다. 그것들은 삶과 재생산을 유지하는 상호 교환의 양식들이다. 그러나 그것들은 또한 역할·가치·열망 등의 정의를 구체화하며, 성공과 실패, 공정함 등을 구체화한다. 우리가 어떤 것을 인간의 결혼으로 혹은 생산 양식으로 인식할 수 있으려면 그것은 그런 정의들을 구체화하고 있어야 한다. 다른 방식으로 말하자면 이런 관계들은 언어 없이 불가능하다.

그러나 구현의 이 두 차원이 인간을 이해하는 데 필수적이더라도 두 차원이 완전히 겹치는 것은 아니다. 우리가 문화적 표현이 아니라 삶의 기능으로 이해해야 하는 인간의 측면들이 있다. 예를 들어 소화 기능이 그렇다. 또 다른 측면에서 우리는 삶의 기능과 연관시키지 않고서 이해할 수 있는 문화적 표현들이 있다고 주장할 수 있다(물론 맑스주의자들과 프로이트주의자들은 동의하지 않을 것이다). 그리고 이 두 차원에서 동시적으로 이해되어야 하는 표현들이 있는데, 결혼풍습이나 생산 양식 같은 것이 그렇다.

그러나 이 두 차원은 정신에서 완전히 일치한다. 우주는 신의 '삶-기능'의 총체성의 구현, 즉 신의 실존 조건이다. 그리고 그것은 철저히 신의 표현, 즉 자신의 본질을 표현하기 위해 신이 정립한 것이다. 그러므로 우주는 삶-형식과 유사한 것으로, 따라서 아리스토텔레스적으로 인출된 '내적 목적론'의 범주에 의해 이해되어야 하며, 동시에 신이 그 속에서 자신의 본질을 이야기하는 그런 텍스트와 유사한 어떤 것으로도 읽혀야 한다.

삶과 표현은 신 안에서 이렇듯 완전하게 일치되는데, 이런 일치는 무한한 정신인 신을 유한한 정신인 우리와 구분하는 지점이다. 우리는 우주를 신의 실존 조건들로 보아야 하며, 또한 그렇게 정립된 것으로 보아야 한다. 신은 자신의 실존 조건들을 정립하는 자로 생각될 수 있다. 이런 의미에서 우주는 자신의 창조물과 분리된 채 실존할 수 있는 설계자의 상을 버리면서도 마치 설계된 것처럼 보일 수 있다. 우리는 우주가 필연적 구조를 가진다고 말할 수 있다. 독립적인 설계자도 없이 설계된 우주라는 이 어려운 개념을 살펴보기 전에 이 필연적 구조의 모양을 살펴보자.

우주가 신 혹은 정신의 실존 조건으로 정립된다면 우리는 우주의 일반적 구조를 정신의 본성에서 연역할 수 있다. 우리가 본 것처럼, 정신 혹은 주체성은 목적론적으로 이성과 자유와 자기 의식을 실현하고자 하는 것으로, 혹은 자유 안에서의 합리적 자기 인식을 실현하고자 하는 것으로 이해될 수 있다. 우리는 이 세 항[이성, 자유, 자기 인식]이 표현주의적 주체 이론에서 어떻게 서로 결합되어 있는지를 볼 수 있다. 합리적 자기 인식은 삶에서 표현되고, 따라서 규정되는 자기에 대한 합리적 인식이다. 완전한 자기 인식에 도달하는 것은 이러한 표현이 자기에 적합한 것으로 인지될 때이다. 그렇지 않을 경우, 혹은 자기 인식이 축소되거나 왜곡되어 더 많은 변화를 요구할 경우 자기 인식은, 불충분함을 아무리 명료하게 지각하더라도, 결코 완벽할 수 없을 것이다. 왜냐하면 표현주의적 시각에서 보면 우리의 진정한 본질은 표현되기 전에는 알려지지 않기 때문이다. 유한한 존재는 완전한 표현에 이를 때에만 자신의 진정한 본질을 인지하게 된다.

그러나 표현주의적 견해에서 보면 자유는 자아가 자신을 적절히 표현할 수 있게 하는 조건이다. 그러므로 완전한 자기 인식은 자유 없이 불가능하다. 우리가 자기 인식은 주체의 본질에 속한다는 생각을 이에 덧붙일 경우 그 역명제도 참이다. 즉 자유(말하자면 완전한 자기 표현)는 자기 인식 없이 불가능하다. 이제 헤겔은 표현주의 이론의 이 일반적 토대에 다음을 덧붙인다. 즉 주체성의 본질은 **합리적** 자기 인식이며, 자기 의식은 개념적 사유라는 명료한 매체에 존재하지 흐릿한 직관이나 말로 표현하기 힘든 형상 속에 있을 수 없다는 생각을 말이다. 그러므로 그에게는 합리성도 통합적 표현 혹은 자유의 조건이며, 그 역도 성립한다.

그렇다면 이제 이런 생각을 인간에서 정신(Geist)으로 옮겨 보자. 그리고 그것이 세계의 필연적 구조에 대해 우리에게 무엇을 보여 주는지 보자. 만약 주체로서의 정신이 자유 안에서 합리적 자기 인식에 도달할 수 있다면 우주는 우선 유한한 정신들을 포함해야 한다. 정신은 체현되어야 한다. 그러나 물질적 실재는 외적 실재이며, 부분 밖의 부분(partes extra partes)[8]으로 이뤄져 있고, 시간과 공간 속에 연장되어 있다. 그러므로 의식이 존재하기 위해 그것은 어딘가에, 어느 순간에 자리를 잡아야 한다. 그러나 만약 의식이 어떤 곳에, 어느 순간에 존재한다면 그것은 어떤 다른 곳에, 어떤 다른 순간에 있는 것이 아니다. 따라서 의식은 자기 자신과 자신이

---

8) 사물들은 서로 외적인 경계를 가지고 있으며, 따라서 서로 외적으로 존재한다는 사실을 일컫기 위해 라이프니츠가 사용한 용어이다. 이것은 사물들 사이에서도 그렇지만, 하나의 사물에도 해당한다. 하나의 사물은 서로 다른 부분들, 궁극적으로는 무한소의 부분들이 서로 외적으로 결합하여 존재하며, 그런 방식으로 연속성을 갖는다. 라이프니츠의 미분·적분학은 이런 생각에 기초해 있다. —옮긴이

아닌 것 사이에서 한계를 갖는다. 그것은 유한하다.

따라서 우리는 유한한 정신의 필연성을 정신은 체현된다는 요청으로부터 보여 줄 수 있으며, 외적·공간적 실재로 체현된 것의 본질로부터 보여 줄 수 있다. 그러나 또한 헤겔이 자주 말하듯이 의식 자체의 요구로부터 나타나는 또 다른 논의가 있다. 헤겔은 의식은 필연적으로 양극적이라는, 즉 의식은 주체와 객체의 구분을 요구한다는 칸트와 피히테의 생각을 받아들인다. 이것은 칸트의 선험적 연역에서 중요한 역할을 한다. 왜냐하면 선험적 연역은 객체성을 전제하기 때문이다. 즉 선험적 연역은 단순히 나의 경험 속에 묶여 있는 현상들과 보편적·필연적으로 서로 묶여 있는 현상들 사이에 하나의 구분을 제시한다. 칸트의 제1비판서의 특별한 성취는 경험 **내부에서** 주관적인 것과 객관적인 것의 구분을 재정립한 것인데, 이때 객체는 경험 내부의 것으로서 물자체와는 전혀 다른 것이다. 경험을 위해서는 객체성이라는 축이 반드시 필요한데, 이 필연성은 칸트가 관념론을 논박하는 토대를 이룬다.

피히테는 이와 동일한 원리를 받아들였다. 자아는 비아를 정립한다. 왜냐하면 비아는 의식의 조건이기 때문이다. 헤겔은 이 원리를 받아들인다. 그리고 그는 분리가 없을 경우 합리적 인식도 없다는 견해를 발전시킨다. 의식은 주체가 객체와 마주할 때만 가능하다. 그러나 객체와 마주한다는 것은 어떤 다른 것에 의해 한정된다는 것이며, 따라서 유한하다는 것이다. 그리고 그 결과 우주적 정신이 완전한 인식에 이르기 위해서는 유한한 정신들인 매개체들을 통해야 한다. 그러므로 유한한, 한정된 주체들이 필요하다. 우주적 정신은 유한한 주체들의 방해물인 객체와의 대립 없이 자기 자신을 직접 안다고 하는데, 헤겔에 따르면 이런 우주적 정신 개념은 설득력이 없다. 그러한 정신의 삶은 기껏해야 어두운 자기 감정에 머물 것이고, 그 안에는 '의식'이라는 이름에 걸맞은 어떤 것도 없을 것이며, 더 나아가 '합리적 인식'이란 것이 있을 수 없을 것이다. 적절한 범신론적 상은 직관에 대한 낭만주의자들의 열망에는 어울리겠지만, 헤겔의 정신과는 아무 연관이 없다.

따라서 정신(Geist)은 필연적으로 유한한 정신들 속에 구현된다. 이러한 생각은 정신은 대립과 분열로부터 자신에게 귀환한다는 주장과 동일한 논의 맥락에 놓여 있다. 그리고 헤겔은 정신의 삶에 내재한 이런 양극적 차원을 언급하기 위해 자주 '의식'(Bewußtsein)이라는 단어를 사용한다.[9] 그리고 그는 이런 양극성을 피하고자 하는 어떤 인간론도 거부하고자 하며, 자아 일치에서 정점에 이른다고 하는 어떤 의식 이론도 거부한다.[10]

따라서 정신은 유한한 정신 속에 매개체를 가져야 한다. 유한한 정신이 우주적 정신이 가질 수 있는 유일한 매개체[담지자]이다. 더 나아가 우주적 정신 그 자체는 그 담지자보다 작을 수 없다. 왜냐하면 그 정신은 어떤 한 유한한 정신의 특수한 장소와 시간에 한정될 수 없기 때문이다. [우주적] 정신은 필연적으로 지역화될 수밖에 없는데, 이를 보상받기 위해 그 정신은 많은 유한한 정신들을 통해 살아간다.

따라서 정신은 스스로를 유한한 존재들 속에, 우주의 특정한 덩어리들 속에 체화해야 한다. 그리고 그 유한한 존재들은 정신을 체현할 수 있는 그런 것이어야 한다. 그것들은 살아 있는 존재들이어야 하는데, 왜냐하면 살아 있는 존재들만이 표현적 활동을 할 수 있으며, 외적인 매체를 활용할 수

---

9) 예를 들어 『정신현상학』의 목차가 이를 보여 준다.
10) 그는 이를 "나는 나다"라고 표현한다. 이것은 이 주제에 대한 그의 논의 배경에 피히테가 있음을 보여 준다.

있고, 의미를 담지한 소리·몸짓·신호 등을 만들어 낼 수 있기 때문이다. 또한 표현적 행위를 할 수 있는 존재들만이 정신을 체현할 수 있다. 따라서 우리가 확인할 수 있는 사실은, 만약 정신이 존재할 수 있으려면 우주는 우리와 같은 합리적 동물들을 포함해야 한다는 것이다.

유한한 정신들이 존재하는데, 그것들은 살아 있는 존재여야 하고, 따라서 유한한 생명체들이어야 한다. 유한한 생명체들은 자기 외부 세계와의 상호작용 속에 놓여 있다. 그래서 우주는 무생물로 이뤄진 자연뿐 아니라 다른 종류의 복수의 생명체들도 포함해야 한다. 다른 종들과 무생물의 자연은 유한한 생명체가 실존할 수 있는 배경이자 토대로 작용한다. 그러나 헤겔은 많은 종들과 무생물의 자연의 필연적 실존을 설명하기 위해 이와는 다른 논의도 전개한다. 우리가 본 것처럼, 체현되어야 하는 정신은 외면성, 즉 공간과 시간에서의 연장을 요청한다. 그것은 또한 삶을 필요로 하며, 의식적 삶도 필요로 한다. 물론 인간은 이 모든 것을 가진다. 그런데 우주에는 두 종류가 있다. 하나는 유한한 의식적 정신들이 실존하고, 순수하게 타자와의 상호작용 속에서 살아가는 그런 우주이다. 다른 하나는 삶이 의식의 차원 없이 삶 그 자체에 충실하게 실존하며, 외면성은 무생물의 자연의 형식 속에서 삶도 의식도 없이 실존하는 우주이다. 전자의 우주는 후자의 우주만큼 풍부하거나 다양한 어떤 것이 아니다. 가장 풍부한 우주는 이 모든 단계들(그리고 헤겔이 자연철학에서 무생물의 자연 내부에서 구별하는 다른 것들)이 자신에 근거하여 실존하는 우주이다.

실제 세계는 가능한 세계들 중 가장 훌륭한 세계라는 이런 라이프니츠의 원리를 헤겔에게서 발견하는 것은 이상해 보인다. 하지만 이런 생각은 헤겔 자신의 입장에 기초해 있다. 우리가 보았듯이, 우주는 정신의 구현체, 즉 정신의 실존 조건들의 현실화이며, 동시에 정신의 표현, 즉 정신의 본질에 대한 진술이다. 이 후자의 측면에서 보면 차이들이 다양하게 드러나는 세계가 의심의 여지 없이 우월하다. 이 세계는 하나의 진술로서 더 충만하고 깨끗하다.[11]

우주의 근본 구조는(여기서는 이에 대해 아주 피상적으로만 다룰 수 있으며, 자연철학과 정신철학에서 보다 상세히 다룰 것이다) 따라서 '우주는 정신의 구현과 표현'이라는 사실에 의해 규정된다. 그것은 가장 낮은 무생물의 형식으로부터 다양한 종류의 생명체를 관통하여 인간에 이르는 존재들의 위계를 포함한다. 물론 그런 다음 정신의 실현을 위해 인간은, 2절에서 본 것처럼 발전해 가야 한다. 따라서 시간 속에서 계승되고 이를 통해 역사를 형성하는 문화적 형식들과 의식의 양식들에도 위계가 있다. 공간과 시간 속에서의 우주의 분화는 우주 속에서 표현되고 체현되어야 하는 우주적 정신의 요청으로부터 연역될 수 있다. 인간 역사의 상이한 단계들조차 필연적인 것으로서 계발되지 않은 원시적 실존으로 존재했던 인간의 출발점과 그가 도달한 완성의 지점으로부터 추론될 수 있다.[12]

---

11) 『논리학』의 맨 마지막 부분에 나오는 우주의 외적 분화에 관한, 즉 자연철학으로의 이행의 지점에 대한 헤겔의 주장을 참조하라. 자유로서의 이념은 또한 자신의 구현체를 '자유롭게' 떠난다. 이념은 자신이 철저하게 통제하는 외부 실재 속에 체현되는 것이 아니라 오히려 외면성의 한계까지, 즉 "주체성 없이 절대적으로 독자적으로 존재하는 공간과 시간의 외면성으로까지" 전개될 수 있다(WZ, II, 505).

12) 헤겔은 다윈에 반세기 앞서 진화론을 발전시킬 기회를 놓쳤다. 대신 그는 인간의 문화는 연속적으로 발전하는 데 반해 동물을 포함한 사물의 세계는 그렇지 않다는 입장을 가졌다. 자연 안의 사물들이 결합된 점증적 질서는, 역사적 형식들과는 달리 시간적으로 이해되는 것이 아니라 무시간적으로 이해된다. 헤겔은 정신만이 역사를 가질 수 있다고 함으로써 이 구분을 정당화한다. 하지만 근거를 조금만 달리했다면 진화론을 수용할 충분한 이유들을 발견할 수 있었을 것이다. 실제로 그의 자연철학에 나타나는 모든 이행도 시간적으로 발생한다고 했다면 더 좋은 결과를 낳을 수 있었을 것이다. 이것은 그의 자연철학이 셸링과 같은 동시대의 다른 학자들뿐 아니라 그의 시대의 과학(에 대한 그의 이해)에 어떻게 의존하고 있었는지 보여주는 다른 예이다. 이에 반해 그의 인간철학과 역사철학은 그의 모든 동시대인을 능가했다.

그렇다면 정신이 자유 속에서 합리적 자기 인식에 도달한다는 것은 무엇을 뜻하는가? 우주가 정신의 구현/표현이기 위해서 이 우주의 구조는 현재의 모습 그대로여야 하는데, 그렇다면 정신은 이러한 사실을 인지할 때만 자기인식에 도달한다. 물론 이러한 사실은 우리 자신, 유한한 정신들에 의해서만 인지될 수 있다. 왜냐하면 우리는 인식의 유일한 담지자이기 때문이다. 그러나 이것이 사물들의 구조임을 인식함으로써 우리는 동시에 우리 자신의 동일성의 무게중심을 변경시킨다. 우리에게 가장 근본적인 사실은 우리가 정신의 담지자라는 사실이다. 완벽한 통찰에 도달함으로써 우주에 대한 우리의 지식은 변형된다. 그 지식은 우선 유한한 정신으로서의 우리가 우리와는 다른 세계에 대해 갖는 지식이며, 그다음 우리를 매개로 하여 우주적 정신의 자기 지식으로 나아간다.

그리고 완전한 자기 인식에 이름으로써 정신(Geist)은 또한 완벽한 자기 표현, 즉 자유에 도달한다. 정신은 자기 자신을 완벽하게 표현하기 위해 자신의 담지자를 형성했다. 그리고 이 담지자, 즉 인간의 본질은 정신의 담지자이기 때문에 인간 역시 존재하며, 또한 자기 자신을 완전한 자기 표현으로, 즉 자유로 안다.

그러나 정신의 자기 표현과 자기 인식은 우리 인간의 그것보다 무한히 더 고차적이다. 인간이 자신의 완벽한 자기 표현을 완전하게 인식할 때, 그는 이 인식 속에서 궁극적 소여물을 인지한다. 모든 인간에게 공통적인 인간의 본성은 모든 인간의 근본적 창조의 영역을 한정하는 토대이자 한정자로 존재한다. 그리고 나의 고유한 창조물, 혹은 다른 사람들과는 전혀 다르게 표현한 내 삶의 사물들조차도 내가 완벽하게 헤아릴 수도, 통제할 수도 없는 그런 영감으로 나에게 다가오는 것 같다. 우리가 이미 본 것처럼, 이것이 인간의 삶 전체가 표현으로 간주될 수는 없는 이유이다. 우리가 행하는 그리고 우리 안에서 진행되는 많은 것은 순수하게 우리의 삶-형식이라는 술어로 이해되어야 한다. 즉 우리는 어떤 표현의 힘도 갖지 않는 동물들과 동일한 방식으로 행위한다. 우리의 표현적 행위는 바로 이러한 삶-형식에 의해 조건 지어진다.

정신이란 다른 것으로 존재한다는 것을 의미한다. 정신의 전체 구현물은 정신의 표현으로 간주되기도 한다. 우주는 이러한 구현물로서 정신에 의해 정립된 것으로 간주된다. 정신은 자신의 구현물을 정립한다. 따라서 단순히 소여된 것은 있을 수 없다. 인간 존재로서의 나는 소여된 본성을 실현할 소명을 갖는다. 그리고 내 삶에만 적합한 나만의 원본적인 것으로 산출된 영역, 즉 나를 다른 사람들과 구분하는 나만의 특징은 그 자체로 인간 본성의 필수적 부분에 속한다. 따라서 인간에게 자유는 광범위하게 주어진 소명의 자유로운 실현을 의미한다. 그러나 정신은 근본적인 의미에서 자유여야 한다. 정신이 실현하는 것, 그리고 정신이 실현된 것으로 인식하는 것은 주어진 것이 아니라 정신 자신에 의해 결정된 것이다.

따라서 헤겔의 정신은 원본적 실존주의자로 보인다. 왜냐하면 그 정신은 자신의 본성을 근본적인 자유 속에서 단순한 소여로부터 선택하기 때문이다. 그리고 사실 헤겔은 키르케고르에서 사르트르에 이르는 현대의 '실존주의'를 위한 초석을 놓았다. 그러나 헤겔 자신은 결코 실존주의자가 아니다. 반대로 만약 헤겔의 정신의 급진적 자유를 실존주의적 의미에서 이해하고자 한다면, 헤겔의 정신이 어떻게 시작할 수 있었는지 그리고 그 정신이 어떻게 다른 세계가 아니라 이 세계를 선택할 수 있었는지를 보는 것은 어렵다. 왜냐하면 헤겔의 정신은 인간 행위자가 하는 것과는 달리 하나의 상황으로부터 출발하지 않기 때문이다.

그러나 헤겔에게 정신의 급진적 자유는 사물들의 필연적 구조와 양립 불가능한 것이 아니다. 반대로 그 두 개념은 내적으로 연결되어 있다. 정신이 존재할 수 있으려면, 세계를 정립하는 가운데 정신은 합리적 필연성, 사물들의 필연적 구조에 의해 둘러싸이지 않을 수 없다. 하지만 이것이 정신의 자유의 한계는 아니다. 왜냐하면 주체성으로서의 정신은 철저하게 이성이기 때문이다. 그리고 이성은 사람들이 사유와 행위 속에서 합리적, 즉 개념적 필연성의 노선을 따를 때 대부분 완전하게 실현된다. 만약 사람들이 어떤 주어진 가정을 단순히 받아들이지 않고 철저히 합리적·개념적 필연성에 기초한 행위 노선을 가진다면 우리는 이성으로서의 주체성의 순수한 표현을 가지게 될 것이다. 여기에서는 정신이 자기 자신을 표현된 것으로, 따라서 순수하고 온전한 자유로 인지하게 될 것이다. 그 자유는 유한한 정신들의 자유보다 무한히 더 크다. 이것이 곧 정신의 자유이다. 왜냐하면 정신은 세계를 합리적 필연성에 따라 자신의 본질적 구현체로 정립하기 때문이다.

그러나 여기에 잘못된 무언가가 있는 것처럼 보인다. **철저하게** 합리적 필연성에 기초한 행위 노선이 있을 수 있는가? 비록 행해진 모든 것이 정해진 어떤 목적으로부터 엄격한 추론에 의해 규정된다 하더라도, 우선은 출발점으로 취해지는 어떤 기본적 목표가 있어야 한다. 그렇지 않다면 자기 자신에 의한 추론을 통해 어떤 결론에 이르기 위해 어떤 행위를 취할 것인지 알 수 있을까? 그러나 그렇다면 이 기본적 목표는 단순히 주어진 것이 아닌가?

어떤 의미에서 그 대답은 '그렇다'이다. 물론 이것이 정신의 급진적 자유를 부정할 필요가 있다는 의미는 아니다. 왜냐하면 정신(Geist)은 정신(spirit) 혹은 합리적 주체성이 존재한다는 사실을 자신의 기본적 목표로 갖는다고 생각될 수 있기 때문이다. 그리고 나머지 모든 것은 필연성을 따른다고 생각될 수 있다. 만약 구현체의 원리가——논증 없이 여기서는 단순히 진술만 되는데——필연적으로 참인 것으로 보일 수 있으려면, 내가 위에서 구현체의 원리로부터 유한한 정신들, 생명체들, 비유기적 자연들 등의 실존에 이르기까지 간략하게 언급한 논증이 유지된다면, 우주의 설계는 하나의 기본적 목표로부터, 즉 합리적 주체성이 있다는 사실로부터 필연적으로 흘러나오는 것으로 보일 수 있다. 다른 말로 하면, 스스로를 합리적으로, 즉 개념적으로 인식하는 주체성이 존재해야 한다면 이 모든 것은 필연적임을 우리는 보일 수 있다.

그렇다면 합리적 주체성이야말로 이러한 합리적 필연성이 가능하기 위한 조건이다. 일단 이런 '결정'이 내려지면 나머지는 스스로 흘러나온다. 그러나 이 '결정'이 미리 정해져 있다는 사실이 정신의 자유의 한계로 간주될 수는 없다. 주체성이 존재해야 한다는 것은 주체성의 자유의 한계가 아니라 주체성의 자유의 바로 그 토대이다. 그리고 주체성은 합리적이어야 한다는 것, 즉 개념적 의식 속에서 표현되어야 한다는 것은 주체성의 본질에 속한다고 헤겔은 생각했다. 만약 주체성이 의식, 자기 의식, 그리고 지적으로 행위할 능력 등을 포함하지 않는다면 도대체 주체성은 뭘 의미하겠는가? 그런데 의식·지식 등은 개념적 사유 속에서만 그 완전성에 이른다.

따라서 일단 기본적 목표, 즉 합리적 주체성은 있어야 하며 그것은 정신의 자유에 대한 어떤 한계도 아니라는 목표에서 출발해 보자. 이로부터 볼 때 세계를 정립하는 정신의 '활동'은 철저히 합리적 필연성의 노선을 따른다는 사실이 정신의 자유의 제약을 말하는 것은 아니다. 완전히 반대로, 정신을 근본적으로 자유롭게 만드는 것, 한계 없이 무한한 방식으로 자유롭게 만드는 것이 바로 그것이다. 합리적 주체성으로서의 정신은 합리적 필연성을 따르는 가운데 자신의 본질 이외에는 아무것도 따르지 않기 때문이다. 정신을 규정하는 외부의 요소, 소여된 요소는 없다. 세계의 근본 구조가 우연적인 것으로 드러난다면,[13] 합리적 필연성 이외의, 즉 합리적 주체의 본질 이외의 다른 것이 정신을 B라기보다 A로 존재하게 규정할 것이다. 그렇다면 그것은 이 주체의 본질의 완전한 표현이 아닐 것이며, 정신은 무한히 자유롭지 않을 것이다.

그러나 존재하는 모든 것은 최초의 '결정'으로부터 합리적 필연성에 의해 흘러나오기 때문에 우리는 진실로 정신이 소여된 어떤 것과 마주해 있다고 말할 수 없다. 이러한 사실은 정신의 운명을 우리의 운명과 비교해 보면 더 분명해진다. 인간은 소여된 본성을 가진다. 이것은 다른 많은 것들과 마찬가지로 하나의 사실이다. 예컨대 우리는 특정한 시기에만 성적 열망을 갖는 동물과 달리 어느 순간에도 그런 열망을 가지며, 특정한 온도 범위 내에서만 살 수 있다. 우리에게는 자유란 이런 본성을 거스를 수 없다는 사실, 그리고 이런 본성이 허용하는 원본성 내에서만 실행될 수 있다는 사실을 포함한다. 그러나 정신에게는 어떤 것도 이런 의미에서의 순수한 사실로 소여되어 있지 않다. 유일한 출발점은 주체성이 있어야 한다는 **요구**뿐이다. 그리고 이 주체성에 첨부된 유일한 '긍정적' 내용은 합리성이라는 내용이며, 이것은 이 주체성의 본질에 속한다.

다른 모든 것에 대해 말하자면 존재하는 세계의 전체 구조는 합리적 필연성에 의한 이런 요구로부터 생겨난다.

우리는 여기에서 아주 쉽게 발생할 수 있는 오해를 피해야 한다. 헤겔

---

13) 우리는 여기서 그것이 근본 구조의 문제임을 강조해야 한다. 헤겔은 세계가 그 세세한 부분에서 어떤 우연도 가지지 않는다고 말하지 않는다. 반대로 우연이 있으며, 사물의 구조에 따르면 필연적으로 그래야 한다! 이러한 사실을 우리는 아래에서 볼 것이다.

은 존재하고 발생하는 모든 것이 필연적으로 온다고 말하지 않는다. 오히려 그는 사물들의 기본적 구조, 존재 단계들의 연쇄, 세계사의 일반 형태 등이 필연성의 표현이라고 논증하고자 한다. 그러나 이 구조 내에 우연을 위한 여지만이 아니라 우연이 반드시 있어야 한다. 왜냐하면 우리는 존재의 모든 단계가 독립적으로 실존함을 보았기 때문이다. 그러나 낮은 단계들의 특징적 표식들 중 하나는, 이 단계들은 사물들 아래 놓인 필연성을 단지 불완전하게만 드러내며 그런 필연성을 외적 방식으로만 거칠게 보여 준다는 사실이다. 그것들 안에는 순수하게 우연적인 것이 많이 있다. 따라서 사물의 많은 속성들, 예컨대 앵무새의 종들의 정확한 수 등은 세계의 개념으로부터 연역될 수 없다.[14] 인간의 문화라는 보다 높은 실현 속에서만 필연성은 완전하게 드러나며, 모든 드러남은 필연성의 반영이다.

그러나 사이사이 등장하는 우연의 이런 역할은 단순한 소여물이라는 요소를 끌어들이지 않는다. 왜냐하면 정신은 그 소여물을 스스로에게서 인출하지 않았기 때문이다. 반대로 우연성과 우주에서의 그것의 위치는 필연적으로 절대적 주체성의 요구에서 인출된다.

4

이러한 합리적 필연성의 본성은 무엇인가? 앞서 나는 '개념적 의식'이나 '필연성'을 말하면서 '합리적'이라는 말의 등가로 '개념적'이라는 표현을 사용했다. 이 두 표현을 등치시키는 것은 헤겔에게 중요하지만, 오늘날 영미권 철학의 맥락에서는 쉽게 오해를 불러일으킬 수 있다. 우리는 경험주

---

14) *WL*, II, 462. *PhG*, 193~195도 참조하라.

의적·실증주의적 뿌리로부터 개념적 필연성이라는 생각을 발전시켜 왔다. 그런데 이런 생각이 오늘날 영국 철학에서 유일한 흐름을 형성하지는 않으며—이런 생각은 퇴색하고 있다—심지어 그것은 오해다. 개념적 필연성이라는 생각은 우연적·인과적 필연성에 대립하는 것으로서, 단어들의 의미에만 의존할 때 사용된다. 어떤 진술들은 필연적이고 다른 것들은 모순적인데, 왜냐하면 그 진술들은 그 의미 덕분에 참일 수 있거나 거짓일 수 있게 하는 그런 방식으로 단어들을 서로 결합하기 때문이다. 분석적 진술들이 이러한 유형의 참된 진술로 간주되었다. 하지만 분석성에 의심을 가진 사람들에게는 논리적 진리들(예를 들어 '말은 말이다')이 예로 제시될 수 있었다.

이런 생각의 바탕에는 이런 필연적 진리들은 세계에 관한 사실들과 상관없이 단어들의 의미들 덕분에 유지된다는 사실이 놓여 있다. 한 단어의 의미는 한 기호에 부과된 의미론적·구문론적 힘이었다. 이것은 물론 바뀔 수 있다. 그리고 어떤 변화들과 더불어 이전의 몇몇 필연적 진리들은 더 이상 유지될 수 없다. '미혼남은 결혼하지 않았다'는 말은 오늘날에도 유효하다. 하지만 '미혼남'이라는 단어를 민사적으로는 결혼했다 하더라도 교회에서 결혼하지 않은 사람을 지시하기 위해 사용하기로 결정했다면 저 진술은 유지될 수 없을 것이다. 이러한 사실 앞에서는 세상 안의 어떤 것도 바뀔 필요가 없다.

물론 개념적 필연성이라는 헤겔의 생각은 이것과 달랐다. 우리는 헤겔의 개념적 필연성이 어떤 의미인지 예를 들어 위의 논의에서 볼 수 있다. 위 논의의 목적은 그러그러한 구조적 조건들이 체현된 정신에게 필요하다는 것을 보이는 것이었으며, 나아가 그 정신을 밝게 드러내고자 하는 것이 무엇인지를 보는 것이었다. 많은 논의들과 마찬가지로 이 논의도 물론 연역적 형식으로 정리될 수 있다. 하지만 이것은 그 논증의 실제 구조를 드러내지 못한다. 이것은 오히려 칸트의 선험적 연역에 더 가깝다. 칸트처럼 우리는 소여된 것에서——칸트의 경우에는 경험에서——출발한다. 여기서는 정신의 실존이 그 출발점이다. 그리고 나서 우리는 정신의 필연적 조건들로 돌아가 논증한다. 그러나 칸트의 선험적 논증이 보여 주듯이 필연적 조건들은 출발점에서 사용된 항들로부터의 단순한 연역에 의해 인출되지 않는다. 물론 인과적 관계들을 검토한다고 해서 나오는 것도 아니다.

따라서 칸트는 경험의 사실들로부터 출발한다. 그런 다음 객관적으로 그렇게 있는 것과 단지 우리에게만 그렇게 있는 것 사이의 구분을 위한 자리를 마련함으로써 세계에 대한 경험의 조건을 도출한다. 그런 다음 범주들이 없다면 이런 구분이 의미 없다는 것을 드러낸다. 그런데 이러한 논의 단계들은 단순한 연역적 추론도 아니고 인과적 추론도 아니다. 경험이 '객관적으로'와 '우리에게'의 구분을 요청한다는 사실은 '총각'이라는 말에서 '미혼'이라는 개념을 이끌어 내는 것과는 달리, 경험 개념에서 직접 추론되지 않는다. 이런 추론은 칸트적 의미에서 분석적인 것이 아니다. 물론 우리는 '경험'을 '객관적으로'와 '우리에게'의 구분을 이미 자체 안에 체현하고 있는 것으로 **결정**하고, 이 논의를 분석적 추론으로 변경시킬 수 있다. 그러나 이러한 사실은 중요한 요점, 즉 필연성은 분석적 관계에 의존하는 것이 아니라 어떤 다른 것에 의존한다는 사실을, 즉 이런 구분을 포함하지 않는, 일관성 있는 경험 개념을 형성할 수 없을 정도로 여기에는 개념적 한계가 있다는 사실을 놓치게 될 것이다. 여기에서는 '주체에 의해 그리고 어떤 것에 대해'라고 하는 경험의 전체 구조가 붕괴하고 말 것이다. 이것은 근본적으로 '총각이다, 그러므로 미혼이다'의 추론과 같지 않다. 위에서 본 것처럼 총각 개념은 변경될 수 있다. 따라서 추론은 실패할 것이다. 그러나 선험적 논증은 누구도 '경험'에 유의미한 방식으로 참견할 수 없으며, 계속해서 일관성 있게 말할 수 없다고 주장한다.

우리가 위에서 묘사한 종류의 헤겔의 논증, 예컨대 '정신은 유한한 정신들 없이 존재할 수 없다'와 같은 논증은 이러한 유형의 것이다. 여기서 결정적 단계는 체현된 정신은 어느 곳엔가 위치해야 하며, 따라서 제한되고 유한해야 한다는 것이다. 그러나 이것은 '체현된'이라는 말에서 분석적으로 도출되지 않는다. 반대로 그것은 또 다른 종류의 개념적 한계, 즉 '개별적인 어떤 곳에도 체현되어 있지 않음'을 일관되게 이해할 수 없는 그런 개념적 한계를 드러낸다.

그러나 이 두 경우에서도 '개념적 필연성'이라 말하는 것이 틀리지는 않다. 왜냐하면 지금 우리는 인과적 불가능성이 아니라 개념적 한계를 다루고 있기 때문이다. '개념적' 필연성을 말한다는 것은 이러한 사실을 강조한다.

그런데 이러한 유의 개념적 한계는 술어들의 의미 이상의 것을 우리에게 이야기해 준다. 비록 개념적 한계가 의미하는 바가 논쟁에 열려 있기는 하지만 그것은 우리에게 사물들의 구조에 대해서도 말해 준다. 칸트처럼 우리는 개념의 한계는 우리에게 우리 정신의 한계에 대해 뭔가를 말한다고 논증할 수 있다. 그러나 세계는 정신에 의해 합리적 필연성, 즉 그러한 개념적 한계들에 의해 지시되는 필연성에 따라 정립된다고 주장하는 헤겔은 개념적 한계가 우주의 특성을 따라가는 듯이 이해한다. 개념적 필연성에 따라 구성된 세계는 개념적 필연성의 진술 속에서만 적절하게 드러난다. 헤겔의 술어로 말하자면 사물들의 구조는 개념으로부터 연역될 수 있다.[15]

만약 세계가 개념적 필연성으로부터 정립된다면, 그리고 세계가 개념적으로 필연적인 사유 속에서만 적절히 이해될 수 있다면 정신의 완전한 자기 이해는 세계에 대한 우리의 가장 완전한 이해와 동일한 것으로서, 개념적 필연성의 형상이어야 하며 일종의 완전무결한 합리성이어야 한다.

그런데 지금까지의 해명을 잘 따라온 사람들도 이것이 불가능하다고 생각할 것이다. 우리의 세계상이 꼭 합리적 필연성의 상일 수는 없다. 왜냐하면 우리는 목표 속에 출발점이 있어야 하고, 합리적 주체가 있어야 한다는 것을 보았기 때문이다. 그리고 이 사실은 정신의 무한한 자유를 약화시키지 않을 것이다. 오히려 합리적 주체는 우리가 사물을 대할 때 그 자체로 추론에 의해 확립된 것이 아니라 기본 전제로 간주되어야 할 것이다.

그러나 이것은 헤겔의 이해 방식이 아니다. 정신이 스스로에 대해 갖는 상에 절대적 출발점은 없다. 오히려 순환이 있을 뿐이다. 따라서 우리는 정신이 존재해야 한다는 것을 출발점으로 **가정**해서는 안 되며, 세계의 구조를 이로부터 추출해서도 안 된다. 우리는 또한 이러한 전제를 **증명**해야 한다. 짧은 시간이나마 숙고해 보면 우리는 이러한 사실이 하나 이상의 관점에서 필연적임을 알 수 있다. 그것은 완벽한 필연성을 획득하는 문제가 아니라 우리의 주장이 타당함을 증명할 수 있느냐의 문제이다.

왜냐하면 이 세계가 정신에 의해 정신의 구현물로서 정립되었음을 추론하고자 한다면. 정신의 존재를 위해 세계의 설계를 보이는 것으로는 충분하지 않기 때문이다. 사물들이 마치 설계된 것처럼 배치되어 있다고 해서 그것이 설계자의 실존을 증명하는 것은 아니다. 우리는 여기에서 설계

---

15) 앞으로 보게 되겠지만, 헤겔의 변증법적 논증은 비록 위의 예에서 보인 선험적 논증을 체현하고 있기는 하지만, 당연히 선험적 유형의 논증보다 더 복잡하다. 그러나 두 논증은 동일한 유형의 개념적 필연성에 의존한다.

자가 실존할 개연성이 높다는 사실에는 도달한다. 하지만 우리는 [개연성이 아니라] 필연성에 관심이 있다. 따라서 우리는 이 세계를 검토하는 가운데 이 세계가 사실 정신에 의해 정립되었다는 사실을 보일 필요가 있다.

헤겔은 이를 할 수 있다고 주장한다. 사실 이 일을 하는 것이 그의 주요 작품들의 핵심이다. 헤겔은 우리가 세계의 구조를 검토할 때 그것이 정신으로부터의 유출이라는 점을 제외하고는 생각할 수 없음을 보여 준다. 그리고 변증법적 논증은 이러한 사실을 우리에게 보여 준다. 우리는 세계에 있는 사물들은 모순적이기 때문에 자기 스스로 존재할 수 없다는 사실에 도달한다. 그래서 우리는 이 사물들을 이 사물들이 의존하는, 혹은 일부나 측면으로 참여하는 보다 크거나 심오한 실재의 부분들로 이해할 수 있을 뿐이다. 변증법은 우리가 이러한 자기 유지적, 혹은 절대적 실재에 대해 만드는 불만족스런 개념들을 넘어서 점차 몇몇 단계들을 통과해 올라간다. 그 단계는 그 실재를 정신으로 보는 만족스런 개념에까지 이어진다. 이 정신적 실재는 항구적으로 세계를 자신의 필연적 구현체로 정립하며, 또한 자기 자신에게 귀환하기 위해 항구적으로 자기를 부정한다.

우리는 변증법적 논증을 아래에서 살펴볼 것이다. 여기서는 모순을 이용한 논증이 관련된 실재 안의 어떤 내적 복잡성 때문에, 따라서 존재하는 것과 존재해야 하는 것 사이에 갈등이 발생할 수 있다는 사실 때문에 유지된다는 사실을 지적하는 것만으로도 유익할 것이다. 헤겔의 논증의 천재성은 이러한 유의 복합성을 모든 출발점에서 발견한다는 점이다. 비록 그 출발점이 아주 단순하고 빈약하긴 하지만 말이다. 우리는 나중에 수많은 예들을 검토할 것이다. 그러나 우리는 이미 헤겔의 주체관에서 이러한 유의 갈등을 보았다. 헤겔의 주체는 자기 자신과의 대립 속에, 혹은 '모순' 속에 있는데, 왜냐하면 주체의 실존 조건들은 그 목적과 충돌하기 때문이다.

따라서 헤겔은 유한한 실재로부터 출발함으로써 세계를 합리적 필연성에 따라 정립하는 우주적 정신의 실존을 증명할 수 있다고 주장한다. 이 것은 확실히 그의 논증의 균열을 메우는 데 유용할 것이다. 이로써 우리는 더 이상 추정적인 '설계[디자인] 논증'에 의지할 필요가 없을 것이다. 그러나 이를 통해 우리는 철저히 합리적 필연성에 기초한 사물관에 더 가까이 다가가는가? 확실히 우리는 여기서 단지 출발점이 도출되지 않는다는 사실을 몰아냈다. 존재하기 위해 세계를 정립하는 정신의 실존으로부터 우리는 어떤 유한한 사물의 실존으로 되돌아갔고, 이 유한한 사물의 실존으로부터 우리는 변증법적 논증을 통해 정신에 도달할 수 있다. 그러나 우리는 여전히 이 유한한 사물을 사물들이 출발할 수 있기 위해 소여된 것으로 취해야 한다.

그러나 헤겔의 견지에서 보면 이 출발점도 궁극적인 출발점이 아니다. 왜냐하면 우리가 본 것처럼 이 유한한 실재의 실존은 그 스스로 증명될 수 있기 때문이다. 이것은 증명에서 무한 퇴행에 이른다는 것을 의미하는가? 이것은 확실히 총체적인 합리적 상이라는 우리의 목표와 맞지 않을 것이다. 왜냐하면 우리가 멈춰야 할 어떤 곳도 없다 하더라도 우리는 도출되지 않은 가정과 함께 어디선가 멈춰야 할 것이기 때문이다.

그러나 사실 우리는 원환으로의 무한 퇴행을 피할 수 있다. 상승하는 변증법에서 드러나는 사실은 유한한 실재가 정신의 유출로서만 존재할 수 있으며, 따라서 소여된 유한한 실재, 자기 정립하는 정신이 존재해야 한다는 것이다. 그러나 우리는 또한, 위에서 간략하게 말했듯이, 자기 정립하는 정신, 즉 자신의 실존 조건을 규정하는 우주적 정신이 우리가 알고 있는 유한한 사물들의 구조를 정립해야 한다는 사실을 증명할 수 있다. 이 두 운동, 즉 상승하는 운동과 하강하는 운동(이 두 운동은 사실 헤겔의 설명에 혼재해 있다)에서 우리의 논증은 그 출발점으로 되돌아간다. 원래 우리가 소여된 것으로 여겼던 유한한 실재의 실존은 이제 필연적인 것으로 드러난다. 이 유한한 실재의 실존은 이제 그저 출발의 기초로서 필연성의 원환 속에 귀속된다.

그러나 이것이 해결책인가? 이 질문은 당연히 제기될 수 있다. 원환은 타당하지 않은 논증의 패러다임이 아닌가? 그러나 이런 반응은 잘못된 것이다. 필연성의 헤겔적 원환은 원환 논증과 아무런 관련이 없다. 결론을 이끌어 내는 데 본질적인 전제들 속에 이미 그 결론이 나타날 때 우리는 원환에 빠졌다고 한다. 원환은 악한데, 왜냐하면 논증이란 결론이 보다 쉽게 직접 확인할 수 있는 것, 혹은 이미 알려진 것으로부터 도출된다는 것을 보이는 추론 과정이기 때문이다. 따라서 전제를 결론으로 보충할 경우에만 그 결론이 도출된다고 한다면 그 전체 추론은 오리무중에 빠질 수밖에 없다. 왜냐하면 그 결론은 좀더 진척된 또 다른 진리와의 결합을 통해 확립될 수 없기 때문이다.

헤겔의 논증은 이러한 방식의 원환을 갖지 않는다. 혹은 그의 논증이 원환적이라 하더라도 이것이 전부는 아니다. 그의 철학에서 정신의 자기 정립은 필연적인데, 이런 필연성은 정신을 가정할 필요 없이 변증법 속에서 유한한 사물들의 실존으로부터 자연스럽게 따라 나온다. 혹은 적어도 그래야 한다고 주장한다. 그리고 유한한 사물들은 반드시 존재해야 한다는 필연성은 우리가 유한성을 가정하지 않고서도 정신의 요청으로부터 흘러나온다. 여기서 중요한 것은 오히려 서로를 출발점으로 확립하는 두 계열의 비순환적 논증일 것이다.

그러나 사실 이것조차도 전적으로 옳은 것은 아니다. 왜냐하면 두 계열의 논증은 완전히 유사한 것은 아니고, 원환은 정확히 그 출발점으로 돌아오지 **않기** 때문이다. 우리는 유한한 실재로부터 상승하는 변증법을 출발시켰다. 우리는 이 유한한 실재가 필연적으로 실존한다는 사실을 보임으로써 원환에 다가간다. '필연성'은 이 두 단계에서 상이한 의미를 가진다.

상승하는 변증법에서 우리는 추론의 필연성을 다룬다. 만약 유한한 사물들이 실존한다면 그것들은 정신에 의존하고 정신에 의해 정립된다. 이것은 가설적 명제이다. 이와 유사하게 우리는 또 다른 가설적 명제를 제시할 수 있다. 이것은 만약 우주적 주체성이 존재하려면 세계의 구조는 특정한 부류여야 한다는 것과 연관된다. 그러나 헤겔의 원환은 이 둘을 엮어 놓은 것 이상이다.

헤겔이 상승하는 운동에서 보여 주었다고 주장한 것은 유한한 실존이 전제될 경우 정신이 있어야 한다는 것만이 아니다. 그는 또한 이 유한한 실존이 우주적 정신에 의해 정립되지 않고서는 실존할 수 없다는 것을 보이고자 한다. 이때 우주적 정신의 본질은 자신의 본질적 구현체를 정립하는 것이다. 따라서 상승하는 운동은 유한한 실재는 필연적 계획에 따라 주체에 의해 정립된다는 것을 우리에게 보여 준다. 내가 하강 운동이라 부른 것은 이런 계획, 즉 세계 속에서 구체화되는 우주적 정신의 전체 조건을 설명한다. 전체 원환 운동의 결과는 유한한 실재가 우연히 소여된 것이 아니라 완벽한 계획하에 거기 있게 된 것임을 보여 준다. 그리고 그 계획의 분절적 명료화[실현, 구체화, articulation][16]는 합리적 필연성에 의해 규정된다.

그러나 이제 필연성의 개념이 변했다. 우리는 '만약 A이면 B이다'라는

---

16) articulation은 나눔, 분석함 등의 작업을 통해 사물을 명확히 한다는 의미, 분명하게 한다는 의미를 갖는다. 헤겔에게 분절과 명료화는 같은 반열의 개념이고, 그에게 '반성' 개념이 주목받는 것은 바로 이런 특성 때문이다. 또한 헤겔의 정치철학과 관련한 articulation의 사용에 대해서는 839쪽 각주 71을 참조하라. —옮긴이

추론의 필연성만 다루는 것이 아니다. 실존하는 것은 합리적인 필연적 계획에 의해 실존한다고 말함으로써 우리는 그 계획에 필연적 실존을 귀속시키고 있다. 헤겔의 논증이 이끌어 낸 필연성은 사물의 실존의 토대에 관심을 둔다. 그것은 존재론적 필연성이다.

존재론적 필연성이라는 개념은 칸트가 선험적 변증법에서 비판하듯 비일관적이라고 공격받을 수 있다. 이에 대한 최종 판단은 헤겔의 상세한 논증, 특히 그의『논리학』에 대한 우리의 연구에서 이뤄질 것이다. 그러나 이 개념이 헤겔 결론의 핵심임에는 의심의 여지가 없다. 따라서 헤겔의 원환의 끝은 그 출발점 이상의 것을 포함한다. 우리는 두 가설적 논증을 유비적으로 결합시켜 다루고 있지는 않다. 오히려 우리는 되돌아와서 처음에는 그저 소여된 것이었던 출발점을 취하여, 이 출발점이 (존재론적으로) 필연적이었음을 되찾는다.

따라서 우리의 상승 운동은 요청과 함께 출발하여 필연적 추론에 의해 진행해 간다. 그러나 이 운동은 존재론적 필연성을 추론한다. 즉 실존하는 모든 것은 정신에 의해 합리적 필연성의 공식에 따라 정립된다는 명제를 추론한다. 따라서 원환은 추론의 단일한 흐름이 아니다. 오히려 그것은 출발점의 역을 함유한다. 우리는 발견의 운동인 상승 운동과 더불어 시작한다. 우리의 출발점은 우선 발견의 질서 속에 존재하는 유한한 실존이다. 그러나 우리가 드러내는 것은 만연한 존재론적 필연성이다. 그리고 이것은 우리의 원래 출발점이 사실 이차적이라는 것을 보여 준다. 유한한 실재는 그 자체 정신·신·절대자에 의해 정립된다. 이것이 존재의 질서에서 실제 출발점이다.

따라서 우리는 우연적인 그리고 단순히 소여된 출발점의 문제를 포괄하는 존재론적 필연성의 상을 통찰하는 데로 고양됨으로써 이런 출발점의 문제를 극복하게 된다. 우리는 촘촘한 필연성의 상에 도달한다. 그리고 이런 입장으로부터 우리는 원래의 출발점이 존재하는 모든 것과 함께 동일한 망의 일부임을 보게 된다. 따라서 어떤 것도 외부에 남아 있지 않으며, 어떤 것도 단순하게 소여되어 있지 않다. 그리고 정신은 철저히 자기 정립하는 자로서 참으로 자유롭고, 참으로 무한하며, 유한한 정신들과는 비교할 수 없는 절대적 의미 속에 놓여 있다.

5

자기 정립하는 신이라는 헤겔의 이런 생각은 어떤 종류의 사유인가? 우리는 이런 사유가 주체에 대한 헤겔적인(그리고 궁극적으로 표현주의적인) 사유를 신에게 적용할 때 불가피하게 따라 나온다는 것을 보았다. 그 주체는 필연적으로 체현되어 있고, 이 주체의 체현물은 그의 실존 조건이자 그의 본질의 표현이다. 우리가 본 것처럼 신이라는 표현은——인간과 달리——그 실존 조건과 맞닿아 있으며, 표현된 것은 철저히 주체인 신에 의해 규정되고, 따라서 어떤 것도 단순히 주어져 있지 않다.

　이러한 신 이념이 궁극적으로는 일관성이 있다 하더라도 이러한 신 이념을 일관성 있게 이해하고 진술하기는 어렵다. 왜냐하면 이러한 신 이념은 우리가 신과 세계에 대해 생각할 때 쉽게 이용하는 범주들에 어울리지 않기 때문이다. 헤겔의 견해와는 다른, 잘 정의되고 상대적으로 이해하기 쉬운 두 종류의 신 이해가 있다.

　하나는 우리가 유신론이라 부르는 것으로, 세계를 우주와는 구별되고 독립해 있는 신에 의해 창조된 것으로 본다. 이런 관점은 쉽사리 세계가 설계되었다고, 또는 목적성을 띤 구조를 갖는다고 생각하게 한다. 그러나 이것은 헤겔이 받아들일 수 없는 생각이다. 왜냐하면 이런 생각은 체현의 원리를 위반하기 때문이다. 세계 없이, 외부의 체현 없이 신이 실존하는 것은 불가능하다.

따라서 비록 헤겔이 기독교 교리를 다룰 때 창조의 개념을 사용하기는 하지만 그는 그것을 재해석하고 있으며, 창조를 필연적인 것이라고 말한다. 세계가 신에 의해 창조된 것이라 말하는 것은 정신이 존재할 수 있기 위해 세계가 필연적으로 실존한다고 말하는 것이다. 그것은 정신은 세계를 정립한다고 말하는 것과 동일하며, 이것이 의미하는 바를 우리는 아래에서 다소나마 밝힐 것이다. 그러나 이것은 정통 유신론이 말하듯이 신이 세계를 현재의 상태로 창조할 필요가 없었음에도 불구하고 자유롭게 창조했다는 것을 의미하지는 않는다. 즉 그는 종교철학 강의에서 "세계가 없으면 신은 신이 아니다"(ohne Welt ist Gott nicht Gott)라고 쓴다.[17]

헤겔이 말하는 바를 이해하고자 할 때 이용할 수 있는 또 다른 구도는 우리가 자연주의라고 부르는 것이다. 여기에서 우리는 창조라는 말을 해석하여 사용하지 있는 그대로 받아들이지 않는다. 우리는 실존하는 세계를 사실로서 받아들이지만, 이 세계는 합리적 삶의 담지자들이, 더 나아가 스스로를 자신보다 더 큰, 아니 오히려 전체를 포괄하는 합리적 삶의 매개자로 보는 존재들이 스스로를 전개해 가는 곳이라고 생각한다. 이런 사상은 이러한 합리적 삶 혹은 전체의 정신을 세계와 분리된 신으로 생각할 위험을 제거해 준다. 그러나 여기서도 우리는 헤겔이 수용할 수 없는 구도를 볼 수 있다. 왜냐하면 그러한 우주의 실존은 궁극적으로 소여된 사실에 지나지 않기 때문이다. 당연히 어느 정도는 전체의 의식이라 할 수 있는 합리

---

17) *BRel*, 148.

적 의식이 생겨날 수도 있을 것이다(예를 들어 이는 마치 한 인간의 정신[마음]이 그에게만 고유한 것만이 아니라 다른 사람의 삶과도, 심지어 다른 모든 존재와도 공유하는 것을 반영하듯이 말이다. 어떤 점에서는 프로이트가 이런 생각을 시도한 것 같다). 그러나 이것은 우연히 주어진 행운일 뿐이다. 이 경우 우주는 이런 합리적 의식을 체현하기 **위해** 거기 있지는 않을 것이다. 이 보편적 의식은 사물들의 구조를 인식할 때 자신의 고유한 행위를 인식하지 못할 것이다. 이 의식은 합리적 필연성에 순응하기 위해 현존하는 것, 따라서 자신의 본성을 합리적 주체로 인식하는 것에 대해 어떤 것도 알지 못한다. 오히려 이 보편적 의식은, 우리 유한한 정신이 우리 자신의 본성을 고찰할 때 그렇게 하듯이, 주어진 것만을 인식한다. 따라서 이 의식은 근본적으로 자유롭지 않을 것이고, 무제약적이지도 않을 것이다. 우리는 이런 의식을 절대자라고 부를 수 없다.

헤겔은 이 견해들 중 어떤 것도 수용할 수 없었다. 그는 양자의 모습을 결합해야 한다고 생각했다. 유신론자처럼 그는 세계를 설계된 것으로, 어떤 전망들을, 정신을 위한 체현의 조건들을 충족하기 위해 실존하는 것으로 본다. 그러나 자연주의자처럼 그는 이 세계가 외부의 존재——세계에 앞서, 세계와 독립해서 실존하는——인 신에 의해 설계되었다고 생각하지 않는다. 따라서 그는 자신의 실존 조건을 영원히 만들어 가는 신이라는 생각을 다듬어 간다. 이것이 바로 헤겔의 '정립하다'(setzen)라는 말에 대한 나의 해석이다. 이 개념의 이런 용법은 사실 피히테에게서 왔다. 피히테는 필연적 조건들의 자기 창조와 같은 것을 자아에게 귀속시킨다.

사실 피히테의 이런 생각에 의지하여 헤겔의 생각을 이런 방식으로 표현하는 것이 가장 좋을 수 있다. 우리가 헤겔의 견해와 비교했던 두 구도는 궁극적으로 다음과 같은 실존적 명제들에 의존한다. 즉 '어떤 근본적 실재가 실존한다. 그리고 이로부터 다른 모든 것이 설명될 수 있다'. 첫번째 것은 신이고, 후자는 특정한 형태를 가진 세계이다. 그러나 헤겔의 관점에서 근본적인 것은 어떤 실재의 실존이 아니라 정신이 존재해야 한다는 요청이다. 결과적으로 저 두 견해는 궁극적으로 우연성에 기초한 데 반해, 즉 세계의 실존의 우연이나 신의 실존의 우연 혹은 세계를 창조하겠다는 신의 결단의 우연 등에 기초한 데 반해, 헤겔의 견해는 철저한 필연성에 기초해 있다. 정신은 존재할 뿐 아니라 존재해야 하며, 정신의 실존 조건들은 이 필연성에 의해 만들어진다.

헤겔의 철학에는 뮌히하우젠 남작(Baron Münchhausen)을 연상시키는 뭔가가 있다. 뮌히하우젠은 말에서 늪으로 떨어지자 자기 머리카락을 잡아 올려 자기 자신을 구출했다고 한다. 헤겔의 신은 뮌히하우젠의 신이다. 그러나 이 어려운 영역에서 헤겔의 공헌이 그 정도로 폄훼될 수 있는지 모르겠다.

어쨌든 헤겔이 일상적 의미에서 유신론자도 무신론자도 아니라는 것은 분명하다. 그의 주장이 정통 루터교적이라고 주장하든 어떻든 헤겔이 자신의 철학에 의해 체계적으로 재해석된 기독교만을 수용했다는 것은 분명하다. 우리는 이 문제를 이후의 한 장에서 다룰 것이다. 그가 그 시기에 너무 많이 오해(혹은 너무 잘 이해)받았으며, 자주 이질적 견해를 지녔다고 비난받았다는 것은 그리 놀라운 일이 아니다. 혹은 그의 몇몇 추종자들이 정통 유신론의 방향에서 그를 재해석할 수 있었다는 것도 놀랄 일이 아니다. 헤겔의 입장은 어떤 의미에서 보면 유신론과 어떤 종류의 자연주의 혹은 범신론 사이의 좁은 마루였다. 그 마루의 정상의 공기는 너무 희미해서 졸도하기 아주 쉬웠으며, 여전히 그렇다.

그러나 범신론이라는 공격은 어떤가? 범신론은 유신론의 입장도 무신론의 입장도 아니다. 그것은 일견 그의 사유에 잘 어울리는 것 같다. 물론 헤겔은 그 입장을 단호하게 거부한다. 냉소주의자들은 헤겔이 이를 단호히 거부한 것은 그의 직업적 전망 때문이었다고 말한다. 즉 이를 인정할 경우 루터의 개신교를 고백한다 하더라도 베를린에서 교수직을 유지할 수 없었을 것이라는 거다. 그러나 그 두 경우 모두에서 그들은 헤겔을 정당하게 다루고 있지 못하다. 헤겔은 모든 유한한 존재에게 신성을 무분별하게 부과하는 입장을 기술하기 위해 '범신론적'이라는 개념을 사용했다. 이런 의미에서 그는 범신론자가 아니었다. 세계는 그에게 신적이지도 않고 그것의 부분들도 신적이지 않다. 오히려 신은 스스로를 세계 속에서 드러내는 합리적 필연성의 주체이다.

헤겔이 생각하는 범신론과 자기 입장의 차이는 합리적 필연성이라는 사상이었다. 합리적 필연성은 유한한 사물들의 집합체로서의 세계 없이는 실존할 수 없지만, 자신의 필요에 따라 자신의 구조를 규정한다는 의미에서 이 세계보다 더 뛰어나다. 따라서 헤겔의 정신은 세계 영혼과는 아주 다른 것이다. 왜냐하면 세계 영혼의 본성은 우리 인간의 영혼보다 크고 경이롭기는 하지만 근본적으로 같은 것으로 제시되기 때문이다. 그리고 헤겔의 견해를 어떤 낭만주의와 구별시켜 주는 것도 바로 이 합리적 필연성이라는 그의 견해이다. 왜냐하면 측량할 수 없는 우주적 정신 혹은 무한한 창조 과정이라는 낭만주의의 개념은 합리적으로 이해할 수 없는 세계 영혼이라는 개념과 닮았기 때문이다.

따라서 헤겔의 이론은 '만유 내재신론적'(panentheist) 혹은 '유출론적'(emanationist)이라 불렸고, 이런 점에서 플로티노스와 연관되었다. 확실히 둘 사이에는 유사성이 있다. 그리고 창조론에 대한 헤겔의 재해석을 진지하게 검토해 보면 그리스 사람들처럼 헤겔은 영원한 우주라는 생각을 신뢰했던 것 같다. 그러나 여기서도 역시 정확한 비교는 가능하지 않다. 유출론자의 입장에서 보면 유한한 사물들은 일자로부터 떨어져 나와 생겨난다. 태양으로부터 나오는 태양 광선이라는 유명한 이미지가 보여 주듯이, 유한한 사물들은 아마 일자로부터 불가피하게 유출된다. 그러나 그 유한한 사물들은 일자의 삶에서 어떤 본질적 역할도 수행하지 않는다. 일자는 그것들에 본질적인 데 반해 그것들은 일자에 본질적이지 않다. 그러나 헤겔에게 유한자는 무한한 삶의 실존 조건이다. 그 관계는 표현주의 이론이 나오기 전에는 생각할 수 없었다. 표현주의 이론은 고대의 가르침들과 유사한 측면이 있기는 하지만 철저히 근대적인 이념이다.

6

하지만 이것이 어떻게 동일성과 차이의 동일성이라는 헤겔의 일반적 주장을 이해하는 데 도움을 주는가? 우리는 이를 명확히 하기 위해 헤겔의 주체 개념을 검토하는 것으로 시작했다. 그리고 인간 주체가 자신의 실존 조건과 자신의 본질적 목적 사이의 상충으로 인해 내적 갈등에 희생된다는 사실을 보았는데, 이 말의 의미를 다소간 설명했다. 그리고 우리는 인간으로 하여금 자신을 단순히 유한한 정신이 아니라 우주적 정신의 담지자로 보게 하는 보다 고차적인 관점으로 이동함으로써 이런 갈등이 해결될 수 있는 방법을 간략하게나마 보았다.

그런데 동일한 기본 갈등이 절대적 주체에 영향을 준다. 이 주체 역시 자신의 목적과 상충하는 실존 조건들을 가진다. 왜냐하면 절대적 주체는 외적인 유한한 실재들에, 그리고 유한한 물질적 사물들의 실재 속에서 살아가는 유한한 정신들에 체현되어야 하기 때문이다. 하지만 이 주체의 삶은 무한하고 한정이 없다. 절대적 주체의 담지자는 처음에는 자신에 대해 아주 희미한 의식만을 가지는 유한한 정신, 결코 투명하지 않으며 그 합리적 구조가 깊이 숨겨져 있는 세계를 마주하고 있는 유한한 정신이다. 하지만 그것의 목적은 합리적 필연성에 대한 명쾌한 합리적 인식이다. 그것은 정신과 물질, 사유와 연장의 통일이다. 하지만 세계 내에서 사유하는 존재들은 외적 실재를 타자로 마주한다.

유한한 정신처럼 절대적 주체는 통일로 복귀하기 위해 분리를 겪어야 하는 원환 과정, 그런 드라마를 통과해야 한다. 절대적 주체는 내적 대립을 극복하기 위해 그 대립을 겪으며, 자신의 매개체를 통해 자신을 합리적 필연성으로 아는 의식으로 나아간다. 그리고 이 드라마는 인간 안에서 일어나는 대립과 화해의 드라마에 병행해서 진행되는 또 다른 이야기가 아니다. 그것은 보다 넓고 다른 조망 아래서만 관찰되는 드라마이다. 왜냐하면 인간은 정신의 정신적 삶의 매개자이기 때문이다.

우주적 주체에서 가장 큰 대립은 인간 안에서 이 대립을 성장시키는 출발점인데, 바로 이런 방식으로 인간과 우주적 정신은 서로 연결되어 있다. 그리고 이 대립은 인간이 자신의 행위에 대한 분명한 인식이 없음에도 불구하고 주체와 세계의 이 일차적 대립을 극복하고자 할 때 인간 안에서 성장한다. 정신에게 가장 큰 대립의 지점이 되는 일차적 대립은 정신이 자신과 상충하는 세계에 체현되어 있다는 것이다. 이 세계에는 이 대립을 없애고자 하는 행위가 아직 전혀 수행되지 않았다. 사람들과 관련되어서 말하자면 이것은 시작점이다. 이 지점에서 사람들은 여전히 자연 안에 침잠해 있고, 자신의 소명을 알지 못하며, 정신에 대한 참다운 이해에서 아주 멀리 떨어져 있다. 이것은 인간에게 원시적 통일의 지점이다. 그러나 세계와 정신의 대립을 극복하는 데 있어서 자신의 역할을 수행하기 위해 인간은 스스로를 교육해야 하며, 이성적 존재가 되어야 하고, 자연에 침잠한, 충동에 지배되는 삶에서 벗어나야 하며, 직접적인 국지적 전망을 넘어 이성의 전망으로 나아가야 한다. 그리고 이렇게 하는 가운데 인간은 그들 자신 내부에서 분열하며, 그들 자신의 삶에서 정신을 자연에 대립시킨다. 인간이 이러한 대립의 지점을 넘어서 나아갈 때, 그리고 더 큰 합리적 필연성과 이 안에서의 자신의 위치를 보게 될 때 양자를 위한 화해가 이루어진다. 이 지점에서 그들은 정신과 자연의 대립을 넘어간다. 왜냐하면 이들은 각자가 다른 것에 어떻게 필연적인지, 정신과 자연이 어떻게 이러한 대립을 규정하는 동일한 필연성에서 발생하는지, 그리고 이러한 근본적 필연성을 인식하는 가운데 이것들이 어떻게 화해하는지를 보기 때문이다.

그런데 우리는 모든 것의 근저에 놓여 있는 절대자는 정신 혹은 주체임을 보았다. 그리고 이것은 '세계는 그 안에 우리가 세계 영혼이라 부르는 단 하나의 삶의 흐름만 있도록 만들어졌다'는 것을 의미하지 않는다. 오히려 세계는 합리적 필연성 덕분에 그렇게 존재한다. 따라서 주체 안에서의 동일성과 대립의 변증법은 지엽적인 관심사가 아니다. 헤겔의 구도에 따르면 그것은 존재론적 중요성을 갖는다. 절대자가 주체라면, 그리고 존재하는 모든 것이 이 주체와의 관련에서만 존재할 수 있다면 모든 것은 이 주체의 삶을 이루고 있는 동일성과 대립의 상호작용에 휘말린다. 그렇다면 동일성과 대립의 필연적 관계라는 말은 왜곡이나 과장된 말이 아니다.

헤겔의 이런 용어나 다른 용어들이 어떻게 이러한 세계관의 맥락에서 일반적으로 적용되는지 보자.

궁극적으로 실재하는 것, 혹은 모든 것의 토대에 놓여 있는 것인 절대자는 주체이다. 그리고 우주적 주체는 세계와 동일하면서 동일하지 않은 그런 것이다. 그 안에는 정신이 세계 없이는 실존할 수 없는 그러한 동일성이 있다. 그리고 그와 동시에 대립도 있는데, 왜냐하면 외적인 세계는 정신이 자기 자신으로 존재하기 위해서 극복해야 하는, 자기 의식적 이성으로서 자신의 목표를 충족하기 위해서 극복해야 하는 파편들이자 무의식을 나타내기 때문이다.

절대적 주체의 삶은 본질적으로 과정·운동이다. 이 과정과 운동 속에서 절대적 주체는 자신의 실존 조건들을 정립하며, 그런 다음 자기 인식이라는 목표를 실현하기 위해 이 동일한 조건들의 대립을 극복한다. 헤겔은 『정신현상학』「서설」에서 이에 대해 다음과 같이 말한다. "살아 있는 실체가 스스로를 정립하는 운동인 한, 혹은 자기와 자기의 타자 사이의 매개인 한 그것은……주체다."[18]

따라서 정신은, 헤겔이 "직접적으로"라는 말로 하고자 했듯이, 그렇게 실존할 수 없다. 정신은 자신의 대립자를 극복함으로써만 실존할 수 있다. 이것이 바로 헤겔이 『정신현상학』의 앞의 인용에 이어 "절대자는 본질적으로 **결과**이다"라고 한 말의 의미이다. "절대자는 그 **결과**에서만 진리 안에 거한다"는 것이다.[19] 정신은 자기 상실과 귀환의 과정으로부터만 존재하게 된다.

그러나 정신은 모든 것의 뿌리에 있으며, 따라서 매개는 우주적 원리가 된다. 직접적으로 실존하기를 요청할 수 있는 것은 단지 질료, 즉 순수 외면성이다. 그러나 면밀히 고찰해 보면 그것은 자립적으로 실존할 수 없다. 그것이 독자적으로 존재한다는 것은 모순이며, 따라서 그것은 정신의 구현체인 전체의 일부로서만 실존할 수 있다.

---

18) *PhG*, 20. Hegel, *Hegel: Texts and Commentary*, p. 28에서 재인용.
19) Hegel, *Hegel: Texts and Commentary*, p. 32에서 재인용.

헤겔의 용법으로 말하자면 어떤 것이 다른 것과의 필연적인 연관 없이 스스로 실존할 때 우리는 그것을 '직접적'(unmittelbar) 존재라고 말할 수 있다. 그렇지 않을 경우 '매개되었다'(vermittelt)고 한다. 사변 철학의 관점에서가 아니라 일상적인 언어 사용에서 내가 누군가를 인간이라 말할 경우, 나는 그를 '직접적인' 것으로 말하고 있다. 왜냐하면 인간이란 (인간을 전체로 놓는 이 수준의 언어사용에 국한해서 보자면) 자립적으로 실존할 수 있기 때문이다. 하지만 내가 그를 아버지나 형제, 혹은 아들이라고 말할 경우 그는 "매개된" 자로 간주된다. 왜냐하면 그가 이것들 중 하나가 되는 것은 타자와의 관계를 요구하기 때문이다.

헤겔의 요점은 사물들을 직접적인 것으로 간주한 모든 기술은 보다 면밀한 검토를 해볼 경우 부적합한 것으로 바뀐다는 것이다. 즉 모든 사물은 다른 것과의 필연적 관계를 보여 주며, 궁극적으로 전체와의 관계를 보여 준다. 전체 그 자체는 직접적인 것으로 특징지어질 수 있다. 그러나 헤겔은 이런 직접성이 자기 안에 매개성을 포함한다고 즉각 강조한다. 전체는 이원론을 진술하지 않고서는 결코 진술될 수 없는데, 이때 이 이원론의 극복이 곧 전체이다. 전체를 진술하기 위해 우리는 대립 가운데 있지만 필연적인 관계 속에 있는(따라서 매개된) 두 용어를 사용해야 하며, 전체를 이 대립의 극복으로서(따라서 매개된 것으로서) 특징지어야 한다.

따라서 모든 것은 매개되어 있다. 왜냐하면 그것은 스스로 존재할 수 없기 때문이다. 그러나 그것이 스스로 존재할 수 없는 것은 내적 모순에서 비롯한 것으로 추정된다. 따라서 헤겔에게 모순은 보편적으로 적용될 수 있는 범주여야 한다.

헤겔은 유명한 한 부분[20]에서 모순은 실재에 대해서 동일성만큼이나 본질적이라고 말한다. 사실 이 둘 중에서 어느 것이 더 중요한지 선택해야 했다면 그는 모순을 선택했을 것이다. 왜냐하면 모순은 모든 삶과 운동의 근원이기 때문이다.

그러나 이것은 그 자체로 모순적인 것으로 들린다. 헤겔은 모순을 운동의 근원으로 생각한다. 왜냐하면 모순에 빠진 어떤 것도 어떤 다른 것으로 이행해야 하기 때문이다. 물론 이때 이 이행은 동시적으로 존재하는 존재의 단계들 사이의 존재론적 이행일 수도 있고, 인간 문명의 서로 다른 단계들 사이의 역사적 이행일 수도 있다. 그러나 이 두 방법 다 불가능한 것처럼 보인다. 만약 모순이 한 단계에서 다른 단계로의 이행의 근원이라면 그것은 연속된 실존에 치명적일 것이다. 모순적인 어떤 것도 실존할 수 없다는 상식적 원리로부터 생각해 봐도 그렇다. 헤겔이 이런 방식으로 변증법적 이행을 설명할 때 그는 이런 상식적 원리를 사용하고 있는 것 같다. 그러나 다른 한편 사물들은 (역사에서가 아니라면 존재의 계열에서) 모순 판정을 받은 이후에도 계속 존재하며, 실제로 모순은 모든 곳에 존립한다고 한다. 이런 주장들을 어떻게 조화시킬 수 있을까?

그 답은 모순은, 헤겔이 이 용어를 사용하듯, 실존과 전적으로 양립 불가능한 것은 아니라는 것이며, 따라서 아마도 이 명칭에 걸맞지 않을 수 있다는 것이다. 전체가 모순 속에 있다고 말할 때 그것은 전체가 동일성과 대립을 통합하고 있다는 것이며, 스스로와 대립해 있다는 것이다. 사람들은 명백한 역설을 극복하기 위해 모순을 이렇게 사용하는 것에 수정을 가하기를 원할 수도 있다. 예를 들어 우리는 '동일성'과 '대립'이 양립 불가능하다고 생각되어서는 안 된다고 말할 수 있다. 그러나 이런 방식으로 말하는 것은 요점의 일부를 놓치고 있다. 왜냐하면 어떤 방식으로든 헤겔은 '동일

---

20) *WL*, II, 58.

성'과 '대립' 사이의 충돌의 어떤 힘을 유지하고자 하기 때문이다. 왜냐하면 정신은 자신과의, 자신의 필연적 구현체와의 투쟁 속에 있으며, 이러한 투쟁으로부터만 현실화되기 때문이다. 이렇듯 우리는 '대립'은 '동일성'과 양립 가능하면서 동시에 양립 불가능하다고 말할 수 있다.

여기서 '모순'을 사용하게 하는 강제적 힘은, 앞에서 본 것처럼, 정신이 존재하기 위해 필요한 것은 완벽한 자기 의식적 합리성으로서의 자기 실현에 장애가 된다는 사실이다. 아마도 우리는 이를 위해 '존재론적 갈등'이라는 용어를 사용할 수도 있을 것이다. 그렇다면 우리는 이런 존재론적 갈등이 운동과 변화의 근원이라고 한 헤겔에 동의할 수 있을 것이다. 왜냐하면 투쟁에 의하지 않고서는, 그리고 자신의 대립자로부터 자신을 전개시키지 않고서는 어떤 것도 실존할 수 없기 때문이다.

그렇다면 전체의 수준에서 볼 때 이런 존재론적 갈등은 치명적이지 않다. 왜냐하면 그것은 전체를 정신으로 유지시키는 것이기 때문이다. 그러나 부분의 수준에서 볼 때 그런 갈등은 치명적인데, 왜냐하면 이 부분은 스스로 실존할 수 없기 때문이다. 우리는 보다 엄격한 의미에서——예컨대 유한한 정신이나 사물과 같은——전체의 부분을 자기 충족적이라고 특징지으려는 어떤 시도도 모순에 붙들리게 된다고 말할 수 있었다. 왜냐하면 부분적인 것은 본질적으로 전체와 관계되어 있기 때문이다. 부분적인 것은 전체의 표현으로서만, 따라서 자신의 대립자의 표현으로서만 존재할 수 있다. 따라서 우리가 유한자의 자기 동일성에만 붙들려 있는 경우, 우리는 본질적으로 존재론적 갈등인 것을 마치 유한자가 그런 갈등에서 벗어나 있기라도 하듯 제시하고 있을 뿐이다. 그리고 이것은 오성적 의미에서 모순이다. 헤겔의 관점에서 '오성'(Verstand)의 논리에 의해 사물들을 자기 동일적인 것으로 보려는 시도, 따라서 자기 자신과의 대립 속에 있지 않은 것으로 보려는 어떤 시도도 (치명적인) 모순을 포함한다. 왜냐하면 모든 것은 (존재론적 갈등의 의미에서) 모순 속에 있으며, 사물들을 단순한 자기 동일자로 보고자 할 경우 우리는 (일상적인 의미에서) 모순에 빠져 있기 때문이다. 다른 말로 하면 우리가 '동일성'과 '대립'에 대한 우리의 옛 생각에 고착해 있을 때는 모순이 치명적인 데 반해, 우리가 모순을 완전히 받아들일 때 그 모순은 그렇게 치명적이지 않다는 말이다.

그러나 이러한 생각은 헤겔의 견해에 아직 적합하지 않다. 왜냐하면 이론들, 즉 사물들을 부분적으로 바라보는 모든 이론은 여전히 모순을 치명적인 것으로 여기고 있기 때문이다. 반면 우리는 헤겔에게서 실제 존재들은 모순 때문에 몰락한다는 생각을 여러 번 발견한다. 이것은 역사적인 형식들에 대해서 참이지만, 또한 유한한 정신들·동물들·사물들에도 참이다. 그러나 역사적인 형식들은 사라지는 데 반해서 이 후자들은 계속 실존한다고 이의를 제기할 수 있다. 헤겔은 이에 대해 이 후자들은 유(類)로서 계속 실존하고 있지만, 개별자로서는 몰락한다고 대답한다. 그것들은 모두 사라질 수밖에 없다. 이런 소멸은 필연적이다. 그것은 존재론적 갈등의 반영이다.

우리는 위에서 유한한 사물과 관련하여 전체와의 관계에서 벗어난, 따라서 타자와의 관계에서 벗어난 독립된 실존을 주장하는 어떤 시도도 엄격한, 따라서 치명적인 의미에서 모순을 함축한다고 말했다. 그러나 헤겔은 우리가 유한한 사물, 물질적 대상, 동물, 혹은 유한한 정신 등과 같은 바로 그러한 외적 실존을 일종의 독립적 실존에 대한 요청으로 본다고 주장한다. 물질들은 부분 밖의 부분(partes extra partes)으로 실존하며 물질적으로 실존하는 것들은 일종의 독립적 실존을 갖는다는 것, 이것이 바로 물질의 속성이다. 이것은 물질적 실존이 우리와 독립해 있음을 의미하는 것만이 아니다. 그것은 그 자체로 독립적 실존의 형식**이며**, 스스로 존립하고자 하는 지속적 요청이다. 그리고 이러한 요청은, 우리가 보았듯, 본질적이다. 왜냐하면 정신은 존립하기 위해 외적인 물질적 실존을 필요로 하기 때문이다. 그러나 또한 본질적으로 이러한 요청은 철폐된다. 왜냐하면 정신은 부분들이 서로 연결되어 있는 세상에서만 존재할 수 있기 때문이다. 그리고 이것이 사물들의 본성을 결정하는 것이다. 그것들은 실존해야 하지만, 동시에 확실히 극복되어야 하는 내적 모순의 희생물이다. 그것들은 필연적으로 사라진다. 그러나 그와 동시에 그것들은 몰락하는 가운데 다른 유사한 사물들로 대체되어야 한다.

이제 우리는 유한한 사물들은 스스로가 아니라 보다 큰 전체의 일부로만 실존할 수 있다고 한 헤겔의 상승 변증법의 근본 원리를 보다 분명하게 볼 수 있다. 이 변증법의 동력은 모순이다. 그리고 모순의 본질은 다음과 같다. 즉 유한한 사물들은 공간과 시간 속에 외적으로 실존하고 있기에 독립성을 요청하지만, 이 유한한 사물들의 실존의 토대는 이것들이 이런 독립성을 용납할 수 없는 정신을 표현하고 있다는 사실이다. 상승 변증법은 사물들 속에서 모순을 드러내며, 이 모순으로부터 이 변증법은 사물들이 절대자의 자기 운동의 일부로 간주될 경우에만 이 모순이 이해될 수 있고 또 화해될 수 있다는 사실을 보여 준다.

따라서 존재론적 갈등을 자신의 부정과 결합시키는 강한 의미에서의 모순은 반드시 소멸한다. 그러나 이때 '부정'은 관찰하는 우리에 의한 지적 실수가 아니라 존재론적 갈등 속에 놓여 있는 전체에 본질적이기 때문에, 우리는 강한 의미에서의 모순이 사물을 움직이고 변화시키는 것임을 볼 수 있다. 모순은 사물들의 내적 변화 가능성이다. 반면 존재론적 갈등이라는 의미에서의 모순은 이러한 변화 가능성의 근원이다.

따라서 모순은 부분적 실재들에는 치명적이지만 전체에는 그렇지 않다. 그러나 이러한 사실은 전체가 모순을 피하기에 발생하는 것이 아니다. 오히려 헤겔에 따르면 전체는 모순에 근거하여 산다. 왜냐하면 전체는 모순을 체현하고 있으며, 전체는 자신을 지속시키는 동일성과 모순을 화해시키기 때문이다. 물질적 대상이나 유한한 정신과 같은 부분적 실재는 모순을 아우를 수 없다. 부분적 실재는 자신의 독립적 실존을 지속한다. 그리고 이런 독립성은 자신의 실존의 토대와 충돌하기 때문에 모순에 붙잡혀 죽지 않으면 안 된다. 부분적 실재는 단 하나의 항, 즉 긍정과만 동일화될 뿐 부정을 포함하지 않기 때문에 죽어야 한다.

전체는 그렇지 않다. 절대자는 유한한 사물들의 긍정과 부정 둘 다를 통해 살아간다. 절대자는 긍정과 부정의 바로 이 과정에 **의해** 살아간다. 그것은 유한한 사물들 안의 모순을 **통해** 살아간다. 따라서 절대자는 본질적으로 삶이고 운동이고 변화이다. 그러나 동시에 그것은 이러한 운동을 통해 표현되는 가운데 자기 자신으로, 동일한 주체로, 동일한 사유로 머물러 있다. 절대자는 존재론적 갈등을 먹고 사는 삶의 과정에서 자기 자신을 유지하는 가운데 동일성과 모순을 화해시킨다. 부단한 변화와 부동성의 이런 조합을 헤겔은 『정신현상학』 「서설」에서 다음과 같은 충격적 이미지로 묘사한다. "진리라는 것은 어떤 구성원도 취하지 않은 자가 없는 디오니소스적 도취 상태와 같으며, 각각의 구성원은 스스로를 분리함으로써 곧바로 해체되어 버리기 때문에 이 디오니소스적 도취 상태는 그만큼 투명하고 단순한 평온함이다."[21]

위에서 우리는 우선 주장과 부정의 언어를 사용함으로써, 그다음 이

---

21) *PhG*, 39. Hegel, *Hegel: Texts and Commentary*, p. 70에서 재인용.

언어들을 존재론적 유비로 이용함으로써 헤겔 존재론의 근본 요점인 유한 자의 필멸성을 설명하는 것이 유용함을 알았다. 이때 우리는 헤겔 자신을 따라가고 있다. 왜냐하면 그는 자신의 존재론을 표현하기 위해 '모순'과 같은 논리적 술어를 사용하기 때문이다. 그러나 바로 앞에 있는 5절에서 논 의한 이후 우리는 헤겔의 '범논리주의'라고 불리는 것을 좀더 잘 이해할 수 있게 되었다.

절대자는 자신의 구현체를 스스로 정립하는 주체, 그 구현체를 합리적 필연성에 따라 정립하는 주체이다. 그리고 이것은 우리가 본 것처럼 우주 는 우주적 삶의 구현체로뿐 아니라 표현의 범주 아래에 있는 것으로 간주 되어야 한다는 것을 의미한다. 우주의 구조는 합리적 필연성의 모양을 표 현하고 드러낸다. 왜냐하면 우주는 정신을 체현하고 있을 뿐 아니라 정신 에 의해 정신의 자기 인식 속에서 이해되도록 정립되었기 때문이다.[22] 즉 한편으로 우주는 합리적 필연성에 순응한다고 할 수 있고, 다른 한편으로 는 합리적 필연성을 표현한다고 할 수 있다. 우주는 어떤 의미에서는 **서술** (statement)과 유사한 것으로 간주될 수 있다.

물론 이런 유비는 매우 불충분하다. 서술이란 일반적으로 대부분의 경 우 미리 실존하고 있는 언어라는 매체로 언표된 것, 그리고 이 언어가 지시 하고 있는 어떤 언어 외적 실재와 관계있는 것을 의미한다. 여기에서 '매 체'는 외적 실재의 다양한 질서들로 이루어져 있으며, 이 외부 실재에 놓인 개념적 필연성의 '서술'과 그 기원이 같다. 그리고 말해진 것은 이 매체 외

---

22) 따라서 신은 세계 속에서 스스로를 사유하기 위해 세계를 정립한다. 신이란 스스로를 사유하 는 사유[사유의 사유]라는 이런 생각은 헤겔이 아리스토텔레스에게 빚지고 있음을 보여 준 다. 이러한 생각은 헤겔의 전체 작품을 관통하고 있다. 헤겔의 신은 아리스토텔레스의 『형이 상학』의 신을 계승했다. 하지만 헤겔의 신은 모든 것을 포괄하는 데까지 확장되었다.

부에 있는 어떤 실재에 대한 것이 아니다. 왜냐하면 합리적 필연성은 외부 실재 속에서 드러날 뿐 아니라 또한 이런 구현체 속에서만 존재할 수 있기 때문이다.

표현적 행위나 예술 작품에서 보다 유사한 유비를 발견할 수 있다. 창조적 작품은 부분적으로 자신의 매체를 스스로 형성할 수 있으며, 적어도 표현을 위해 미리 존재하고 있는 언어들을 심오하게 변형시킬 수 있다. 그리고 화나 기쁨 혹은 다른 기분 등을 드러내는 방식인 주체의 표현적 활동은 중요한 의미에서 외적인 어떤 것과 관련이 없다. 표현은 감정을 드러낼 뿐 아니라 감정의 본질을 규정하는 데 기여하기도 한다.

따라서 우리가 비록 이러한 유비를 끌어들일 수는 있지만, 우주는 아주 고유한 방식에서 합리적 필연성의 **표현**으로 간주될 수 있다. 그리고 이 것은 헤겔이 존재론적 맥락에서 논리적 술어를 사용하는 기초이다.

물론 '모순'과 같은 단어의 사용을 서술과 부정이라는 순수 논리적 영역으로부터 목적적 활동의 영역으로까지 확대하는 것은 부자연스러워 보인다. 만약 누군가가 어떤 결과를 겨냥하면서 동시에 그것을 부정하는 제스처를 취할 때, 그리고 그가 이런 상황을 유지하고자 할 때 우리는 그가 모순적인 방식으로 행위하고 있다고 말한다. 이것이 바로 정신에 그대로 해당하는 말이다. 왜냐하면 정신은 외부의 유한한 실재를 정립하지 않을 수 없지만, 이 외부 실재는 정신을 부정하며, 또한 역으로 이 실재는 부정되어야 하기 때문이다.

그러나 자기 인식을 목적으로 할 때 이 관계는 더욱 밀접해진다. 왜냐하면 이 경우 목적은 긍정(주장)과 부정의 '논리적' 언어를 사용하지 않고서는 적절하게 서술될 수 없는 그런 목적이기 때문이다. 만약 정신이 스스로를 표현하고자 한다면, 정신이 성장하는 가운데 등장하는 단계들로 존재하는 모든 부분적 형식은 주장과 연관된 것으로 간주될 수 있다. 주어진 문명 형식은 신과 절대자에 대한 특정한 관점과, 따라서 정신의 자기 인식의 특정한 형식과 연결되어 있다. 그러나 이와 유사하게 유한한 실재의 외적 실존은 긍정(주장)과 같은 것으로 간주될 수 있다. 왜냐하면 그것은 정신에 의해서 정립되는데, 이 정신의 근본 목표는 정신 자신에 대한 결정적 진술에 도달하는 것이기 때문이다. 정신은 세계를 정립하는 가운데 자신의 본질을 보여 주고 있다. 따라서 유한한 사물을 참으로 독립적인 것으로 간주한다면 이는 잘못된 것을 말하는 것일 것이다. 그러므로 정신은 유한한 사물을 '회수'함으로써 그것을 부정하지 않을 수 없다. 유한자의 실존과 필멸성은 둘 다 필연적이다. 그리고 이 양자는 이 맥락에서 자연스럽게 긍정(주장)과 부정으로 간주될 수 있다. 따라서 '모순'이라는 단어를 사용하는 것은 정당하다.

세계는 정립되었다는 생각을 함으로써 헤겔은 사물들이 그것의 타자와 동일할 뿐 아니라 사물들이 그것의 타자로 변한다고도 말할 수 있게 된다. 이것은 확실히 외부 구현체에 대해 참되다. 왜냐하면 이 구현체는 정신 속에서 내적인 자기 의식에 도달하기 때문이다. 그러나 세계는 정립된 것으로 간주되기 때문에, 헤겔은 여기서 정신을 말하고자 하는 것이 아니라 ─ 여기서 '정신'이라는 말은 자신의 구현체로부터 자신에게 귀환하는 주체성이라는 뜻을 함유한다 ─ 자신으로부터 자기의 타자로, 외면성으로 이행해 가는 이념을 말하고자 한다. 우리가 다음 부분에서 살펴보겠지만, 이념은 전체를 어떤 필연적 연관의 사슬로 보는 공식이다. 이것은 전체를 필연적으로 체현된 것으로 드러낸다. 그리고 '정립함'이라는 헤겔의 언어의 토대가 되는 것이 바로 이 필연성이다. 그리고 이념은 자신의 타자가 되며, 그런 다음 정신 속에서 자기 의식으로 귀환한다.

이것이 바로 헤겔이 말한 절대적 관념론의 의미이다. 이것은 역설적으로 모든 다른 형태의 관념론과 매우 다르다. 왜냐하면 그것들은 외부 실재 혹은 물질적 실재를 부정하는 경향이 있기 때문이다. 조지 버클리 철학의 극단적 형태에서 우리는 정신에의 극단적 의존성, 물론 우리의 정신이 아니라 신의 정신에의 의존성을 위해 모든 물질이 부정됨을 본다. 헤겔의 관념론은 외부의 물질적 실재를 부정하는 것과 결코 상관이 없으며, 오히려 그것을 가장 강력하게 긍정한다. 그 외부 실재는 실존할 뿐 아니라 필연적으로 실존한다.

'관념론'은 여기서 데카르트주의자들과 경험론자들이 말하는 '관념들'(ideas), 즉 정신의 내용으로서의 관념들과 관련이 있는 것이 아니다. 반대로 그것은 플라톤의 이데아들(Ideas)과 연관이 있다. 칸트는 이미 이성의 이념[관념]들이라는 말을 함으로써 그 용어를 플라톤과 연관된 의미에서 복원했다. 헤겔은 이 용법을 따른다.[23]

절대적 관념론은 이념의 드러남이 아닌, 즉 합리적 필연성의 드러남이 아닌 어떤 것도 실존할 수 없다는 것을 의미한다. 모든 것은 하나의 목적을

---

23) 영어 idea나 독일어 Idee의 근원은 철학적으로 플라톤의 '이데아'(idea)로 거슬러 올라가는데, 플라톤은 이데아를 참된 실재, 참된 객체로 이해한다. 이에 반해 영국의 경험론자들은 인간의 사유에만 있는 것, 그런 점에서 철저히 주관적인 것이라는 의미에서 이 표현을 사용한다. 그래서 우리는 그것을 '관념'이라 번역한다. 하지만 헤겔은 Idee를 대상들을 구현하는 원리, 대상들이 의지하고 있는 참된 실재, 전개되어야 할 실재라고 함으로써 다시 플라톤의 이데아와 연관시킨다. 그런 점에서 그것은 주관에만 의지하는 관념이 아니다. 그래서 우리는 이를 '이념'이라 번역한다. 하지만 영어나 독일어에서 양자는 모두 동일한 단어로 사용된다.—옮긴이

위해, 즉 합리적 자기 의식이 되고자 하는 목적을 위해 실존하며, 이것은 실존하는 모든 것이 합리적 필연성의 드러남이어야 한다고 요청한다. 따라서 절대적 관념론은 합리적 질서의 존재론적 우선성이라는 플라톤적 사유와 연관되어 있다. 이때 합리적 질서는 외부 실재의 근저에 놓여 있으며, 외부 실재는 바로 이 합리적 질서를 현실화하고자 노력한다. 이런 생각은 인식하는 정신에의 의존성이라는 데카르트 이후의 근대적 사유와 확연히 구별된다.

'부정성'(Negativität)은 헤겔의 또 다른 근본 개념이다. 이 개념의 용법은 위에서 서술한 모순 개념과 밀접한 연관이 있다. 대립들은 서로를 부정한다. 그리고 실존하는 모든 것 내부에 대립이 있기 때문에 우리는 또한 모든 것 내부에 부정성이 있다고 말할 수 있다. 특히 헤겔은 부정성을 주체와 연결시킨다. 왜냐하면 주체의 본성은 자신의 대립자를 통해 자기 자신(자기 의식)으로 귀환하는 것이기 때문이다. 그리고 우주적 정신의 경우 본성은 자신의 대립자를 정립하는 것이기 때문이다. 그래서 헤겔은 "주체로서"의 실체는 "순수하고 단순한 부정성"[24]이라고 말한다.

우리는 독립적인 것으로서의 타자 존재 내지 외적 실재를 부정성으로, "부정태의 엄청난 힘"(die ungeheure Macht des Negativen)[25]으로 정립하며 보존하는 운동을 생각해 볼 수 있다. 그리고 우리는 또한 특별한 외적 형식이 몰락하고 다른 것으로 이행해 가는 그런 운동을 부정성의 작용으로 생각해 볼 수 있다. 왜냐하면 부정성은 대립이기 때문이다. 그리고 대립은 모든 것의 본질에 속하기에 모든 것은 모순 속에 있고, 부정성을 포함하

---

24) *PhG*, 20.
25) *PhG*, 29. Hegel, *Hegel: Texts and Commentary*, p. 50에서 재인용.

며, 따라서 운동 속에 있다.

이 개념과 더불어 헤겔은 두 가지 주장을 결합할 수 있게 된다. 하나는 실존하는 모든 것은 모순적이며, 따라서 (부정을 포함하기 때문에) 필멸한다는 것이고, 다른 하나는 실존하는 모든 것은 규정되어 있기에 그 안에 부정을 포함하는 개념들 속에서만 기술될 수 있다(헤겔은 스피노자의 테제 "모든 규정은 부정이다"를 받아들인다). 규정된 기술적 개념들이라는 바로 이런 용법은 타자의 부정을 포함한다. 왜냐하면 이 개념들은 자신과 마주하고 있는 타자를 배경으로 해서만 특정한 규정된 의미를 가질 수 있기 때문이다. 헤겔은 '부정'과 규정된 존재[현존재, Dasein]의 이런 결합이 본질적으로 현존재 속에 내재한, 그리고 현존재를 구성하는 부정성의 드러남이라고 주장하고자 한다.[26]

절대적 관념론에서는 논리적 언어가 존재론적 의미로 사용되는 것이 정당화되는데, 이러한 사실은 헤겔의 '개념'(Begriff)이라는 용어의 용법에서 잘 드러난다. 그는 세계를 정립된 합리적 필연성으로, 이념의 외적 드러남으로 간주하기 때문에, 세계에 적확하게 들어맞는 참된 개념들은 설명되지 않은 우연한 사실의 문제로서의 세계에 적확할 뿐 아니라 세계를 정립하는 근본 계획을 제공한다. 그래서 우리는 개념을 더 이상 우리가 정확하게 적용하는 기술적 술어로 보지 않고 존재에 적용되는 근본적인 필연성으로 본다. 헤겔이 '개념'(the Concept)을 말할 때, 그런 다음 전체의 개념을 말할 때, 그는 종종 성숙한 작품들에서 이 개념이 주체성과 같은 의미를 갖는 것으로 사용한다. 왜냐하면 전체의 배후에 있는 합리적 필연성은 자기를 아는 주체성의 필연성이기 때문이다. 이것은 "자기를 파악하는 개

---

26) 『논리학』에 관해 논의하는 3부에서 이 부분을 다루고 있는데, 이를 참조하라.

념"(der sich begreifende Begriff)[27]이다.

그러나 헤겔의 '개념' 용법에는 이념들의 이러한 순환과 연관되어 있는 두 가지 다른 쓰임이 있다. 헤겔은, 우리가 본 것처럼, 실재가 발전[28] 가운데 있다는 견해를 가진다. 절대자는 본질적으로 결과이다. 절대자는 참된 형식을 가진 발전의 마지막 과정이다. 헤겔은 식물을 비유로 하여, 그리고 아리스토텔레스의 용어인 가능성과 현실 개념을 사용하여 이를 설명한다. 특히 현실 개념은 헤겔의 용법에 매우 자주 등장한다. 일상적 독일어에서 현실(Wirklichkeit)은 실재(Realität)의 의미와 다르지 않다. 그러나 헤겔의 용법에서 현실이라는 개념은 어떤 단순한 실재에 적용되는 것이 아니라 합리적 필연성의 전개를 표현하는 실재에만 적용된다.

그러나 식물의 비유와 아리스토텔레스의 범주에의 의존이라는 이런 설명방식은 [완전히 현실화되기 전의 내적 필연성의 맹아인] 가능성을 표현하기 위해 현실과 연결되어 있는 술어를 요구한다. 그리고 '개념'이라는 술어가 바로 이런 기능을 수행한다. 그렇다면 이 사물들이 맹아로 있을 때, 그리고 막 발전해가기 시작했을 때 이 사물들은 이 두번째 의미에서 자신의 개념 속에 있다고 할 수 있을 것이다. 이러한 용법은 앞의 첫번째 용법보다 더 빈번하게 출현하며, 『정신현상학』의 기본 용법으로 보인다. 예를 들어

---

27) *WL*, II, 504.

28) '발전'으로 번역된 영어 development, 독일어 Entwicklung은 '전개'라는 의미도 갖는다. '전개'라는 말은 '(두루마리처럼) 말려 있는 것이 펴진다'는 의미이고, '발전'이란 '진보', '진척'(progress, Fortschritt)의 의미가 강하다. 헤겔은 Entwicklung 개념을 사용하여 이 두 의미를 다 담아 내고자 한다. 그 장점은 한편으로 결과물, 혹은 현 상태가 이전의 맹아 상태에서 전개되어 나왔다는 것을 드러낼 수 있다는 점, 다른 한편으로 그런 전개물이 진보된 것임을 드러낼 수 있다는 점이다. 우리말 번역에서 '전개'라는 말에는 진보의 의미가, '발전'이라는 말에는 맹아로부터의 전개라는 의미가 잘 드러나지 않는다. 그래서 본 역서에서는 강조점이 어딘지에 따라 이 두 단어를 적절히 사용했다. —옮긴이

이 작품의 「서설」에서 헤겔은 우리 시대를 "탄생과 새로운 시기로의 이행의 시기"[29]라고 말한다. 이 새로운 시기는 그 유아기에 놓여 있다. 앞으로 발걸음을 내디딘 것은 그것의 '개념'일 뿐이다.

개념은 전개된 전체의 근저에 놓여 있는 합리적 필연성의 형식 속에서 자기 자신을 알아 가는 주체일 뿐 아니라, 또한 현실성(actuality)과 대조되는 맹아로서의 이런 필연성으로 간주될 수도 있다. 따라서 개념은 쉽게 세 번째 의미로 확대될 수 있다. 이 세번째 의미에서 개념은 일반적 의미에서의 실재(Realität), 혹은 아직 현실성으로 형성되거나 발전하기 이전의 외적 실재라는 좀더 특수한 의미에서의 실재와 대비된다. 왜냐하면 이런 외면성은 심지어 '개념'이 맹아의 단계에 있을 때조차도 언제나 존재하기 때문이다. 그리고 여기가 바로 식물 비유가 적합하지 않은 지점이다. 이 단계에서 이 외면성은 아직 적절하게 형상을 입지 않았으며, 아직 적절하게 합리적 필연성을 표현하고 있지 않다. 예를 들어 우리는 이러한 사실을 나중이 되어서야 이성에 기초한 법치 국가까지 발달하게 되는 인류 역사의 초창기 제도들에서 볼 수 있다. 이러한 점에서 이 제도들의 '실재'는 완전히 발전한 형태를 표현해 주고 있는 계획이라는 의미에서 그 '개념'과 대비될 수 있다. 따라서 '개념'은 여기서 이 제도들을 이끌어 가는, 이 제도들이 완벽히 실현된 단계를 형성하고 있다. 이것이 바로 맹아로서의 '개념'이라는 말에 함축된 의미이다. 그리고 그 완성된 단계는 현재 단계라는 아직 형태를 갖추지 않은 순수한 실재와 대조될 수 있다.

그러므로 발전의 단계들은 악명 높은 또 다른 헤겔 용어들의 기초를 이룬다. 한 과정의 처음 단계에서는 관련된 실재가 여전히 맹아의 상태에

---

29) *PbG*, 15.

놓여 있는데, 이 단계는 종종 '즉자적'(an sich)[30]이라는 술어로 특징지어진다. 헤겔은 '즉자적 인간'은 배아(胚芽)라고 말한다.[31] 이에 반해 완전히 전개된 형태는 '대자적'(für sich)[32]이라는 말로 표현된다. 그러나 때때로 제3의 단계가 있다. 왜냐하면 우리가 본 것처럼 사물들의 기초는 자신의 실현을 위해 필수적인 외부 실재를 정립하고, 그런 다음 외부 실재에서 이런 완전한 실현으로까지 발전해 가는 이념으로 이해되어야 하기 때문이다. 이과정에서 첫번째 단계는 '즉자적', 두번째 단계는 '대자적', 그리고 세번째 단계는 '즉자대자적'(anundfürsich)인 것으로 특징지어진다.

이러한 용어를 사용하는 이유를 다음과 같이 말할 수 있을 것이다. '즉자태'는 함축적인 것, 아직 발전하지 않은 것, 자기 동일자를 의미한다. 반면 '대자태'는 완전히 발전한 것, 외면화된 것을 의미하며, 따라서 그것은 '자기 자신 앞에' 놓여 있다. 단순한 식물은 이 두 단계만을 재현한다. 식물은 맹아 속에 있고, 그런 다음 완전히 전개된다. 그러나 실재를 합리적 필연성의 정립된 드러남으로 보는 헤겔의 온전한 이론의 경우 세 단계가 필요하다. 맹아 속에 있는, 즉 아직 자기 동일자로 머물러 있는 이런 필연성은 이념이다. 그것은 외화되어야 하고, 전개되어야 하며, 따라서 대자적이다. 그러나 이것은 애초의 자기 동일성을 상실했음을 의미한다. 정신은 외부 실재 속에서 상실된다. 그러나 적절한 자기 인식으로 돌아옴으로써 정신은 첫 두 단계를 조합하며, 이 정신은 완전히 전개된 외부 실재라는 대립

---

30) an sich는 문자적으로 '자기 자신 안에 있는'(in itself)을 의미한다. 하지만 일상적으로 '자기 자신에 의해'(by itself) 혹은 '그 자체'(as such)로 번역될 때 그 의미가 가장 잘 드러나는 경우가 많다.

31) *PbG*, 22.

32) für sich는 문자적으로 '자기 자신을 위한'(for itself)을 의미한다. 이 용어들은 영어로 쓰면 아주 어색하다. 그래서 나는 본문에서 독일어 표현들을 사용할 것이다.

자 속에서 자기 동일성으로 복귀한다. 그리고 그런 상태를 즉자대자적인 것으로 이해할 수 있다.

헤겔의 '즉자적'에는 또 다른 용법들이 있다. 종종 그것은 어떤 외적인 것에 의존하지 않는, '자기를 보유하는'이라는 의미를 갖는다. 물론 부분적 실재들이 변증법의 상이한 단계에서 즉자적인 것으로 나타날 수도 있지만 이런 의미에서는 오로지 전체만이 즉자적이다. 이 용법에서 '즉자적'은 보통 '대타적'(für anderes), 즉 '어떤 다른 것에 의존하는'이라는 것과 대비된다. 혹은 우리가 의식에 마주한 사물과 비교되는 사물 '그 자체'를 생각할 때(예를 들어 『정신현상학』 「서론」에서 '즉자적'과 '의식에 대하여'의 대조를 볼 수 있다), 우리는 '즉자적'이라는 말의 용법에 아주 가깝게 있다.[33]

이러한 생각들은 '보편적'이라는 헤겔 용어의 기초가 된다. 실재의 근저에 있는 것은 모든 형태의 존재와 자기 인식적 주체성을 연결하는 합리적 필연성이다. 혹은 헤겔이 자주 언급하듯이, '존재'의 근저에 있는 것은 '사유'(Denken)이다. 존재와 사유는 하나다. 이 사유는 물론 개념이며, '개념'은 우리를 자연스럽게 '보편자'로 이끈다.

그러나 개념처럼 보편자도 다른 발전 단계들과의 관계에서 다른 국면

---

33) 이 후자의 쓰임과 더불어 우리는 이 용어의 칸트적 의미에 다가간다. 칸트는 '즉자적'이라는 용어를 우리의 인식 외부에 있는 사물을 지칭하기 위해 사용한다. 영어로 그것은 '자기 자신 속에 머물러 있는 사물'(thing in itself)로 번역되는데, 이 번역은 독일어 'Ding an sich'를 잘 번역한 것으로 보인다[우리말로 이것은 '(사)물자체'로 번역된다]. '즉자적'은 여기서 '우리에게'(für uns)와 대립된다. 몇몇 헤겔의 용법은 분명하게 이와 연관이 있으며, 이것들에 대해서도 '즉자적'을 영어로 'in itself'(자기 자신 속에)로 번역하는 것이 나쁘지 않을 수 있다. 그러나 헤겔의 첫번째 의미에서 그 용어는 분명히 이와 전혀 다르다. 왜냐하면 여기에서는 그것이 '대자적'과 대비되기 때문이다. '즉자적'은 다른 것(즉 우리의 인식 능력)과의 관계 외부에 있는 것이 아니라 그 반대로 자기 안에 머문 것, 함축적인 것을 의미한다. 다른 말로 하면 칸트의 경우에는 '즉자적'(an sich)의 영어 번역이 '자기 자신에게'(by itself)가 될 수도 있으나, 헤겔의 경우에는 이렇게 번역할 경우 본질적 요점을 놓치고 말 것이다.

을 띨 수 있다. 외부 실재의 근저에 놓여 있지만 이 실재의 외부 혹은 '앞에' 독자적으로 있는 것으로 드러나는 개념이 그러하듯이, 보편자는 '추상적' 이다. 이러한 보편자는 보편자에 대한 전통적인 생각처럼 주어진 유형의 사물의 일반적인 공식으로서 구체적인 것들의 특수한 특성들로부터 추상 된 것이다. 그러나 물론 우리가 알고 있듯이 이러한 종류의 추상은 존재할 수 없다. 개념은 외부 실재를 정립해야 한다. 따라서 우리는 구체적 보편자 에 이른다. 여기서 구체적 보편자는 외부 실재에 구현된 개념인데, 이때 외 부 실재는 다시 이 개념을 실현하기 위해서, 함유된 이념을 표현하기 위해 서 존재한다.

그러나 구체적 보편자는 더 이상 특수자(das Besondere)와 구별되는 것으로 생각될 수 없고, 특수자와 단순히 외적으로 연관되는 것으로 간주 될 수 없다. 구체화된 보편자는 특별한 장소 내지 시간에 어떤 다른 특성들 등과 함께 발생해야 하는 것은 아니다. 왜냐하면 우리는 특수한 형태의 구 체적 예들과 어떤 내적 관계도 없는 보편자를 생각할 수 있기 때문이다. 그 러나 우리는 헤겔의 구체적 보편자를 이런 방식으로 생각할 수 없다. 왜냐 하면 구체적 보편자의 체현은 연관된 이념 속에 함유된 필연성의 드러남 이기 때문이며, 더 나아가 필연적 드러남, 즉 이념에 의해 정립된 것으로 간 주될 수 있기 때문이다. 이러한 이유들 때문에 헤겔은 보편자와 체현 사이 의 관계를 사유와 표현 사이의 관계 모델 위에서 볼 수 있게 한다. 구체적 보편자는 표현된 보편자, 혹은 표현된 사유이다. 그것은 특수자들과 무관 하게 통일되어 있는 것으로 간주되어서는 안 되며, 이 특수자들은 보편자 를 구체화하기 위해 배치된 것으로 간주되어야 한다.

보편자는 여기에서 특수자(das Besondere)와 내적 관계에 있는 것으 로 드러난다. 하지만 때때로 그것은 개별자(das Einzelne)와 연관되며, 또

때로는 양자 모두와 연관된다. 왜냐하면 헤겔은 많은 문맥에서 이런 분석을 사용하기 때문이다. 많은 헤겔의 용어들처럼 그것은 많은 변형을 겪기는 하지만 하나의 주제를 표현한다.

그 변형들 중 하나는 체현이 갖는 두 차원 사이의 밀접한 관계와 연관된다. 즉 사유와 표현을 연관시키는 차원과 삶과 유기체를 연관시키는 차원이 그것이다. 우리는 방금 첫번째 차원에서 보편자와 특수자의 관계를 보았다. 이 양자가 두번째 차원에서도 나타나는 것은 놀라운 일이 아니다. 추상적 보편자는 다양한 사물들의 특수한 모습들을 깎아 버리고 남은 것을 지칭하는 것이라 할 수 있다. 이와 마찬가지로 주체의 '자아'는 계속 변화하는 마음의 내용과 성격의 특성 등으로 대변되는 모든 특수자와 비교되는 보편자로 간주될 수 있다.

그리고 이러한 추상적 보편자는 특정한 단계의 인간의 발전에 상응한다고 말할 수 있다. 그 특정한 단계란 인간이 한 걸음 물러나 생각하면서 자기 자신을 모든 특수한 우연적인 요소로부터 해방시키고자 하는 그런 단계이다. 그리고 여기서 우연적 요소란 인간의 본성이나 전통 등과 같이 인간에게 소여된 단순한 사실들을 말한다. 이런 우연적 요소들로부터 해방되고서야 인간은 보편적 기준에 의해 결정할 수 있게 된다. 그러나 물론 이러한 기획은 그 자체로 성공할 수 없다. 그리고 인간은 존재의 외적 양식과 목적에 맞게 설계된 삶의 방식 속에서 자유로운 합리성을 체현함으로써만 자유에 이를 수 있다. 이 마지막 단계는 구체적 보편자에 상응하며, 우리는 개별자가 특수자를 통하지 않고서는 보편자에 이를 수 없다고 말할 수 있다.

좀더 엄격한 또 다른 용법에 따르면 보편자는 집합적 정신의 실재로서 개별자에 대립해 있다. 양자는 화해되어야 한다. 여기서 보편자가 좀더 '즉

자적'으로 존재할 뿐, 아직 시민들과의 화해에 이르게 할 수 있는 제도들의 형태로 발전하지 않은 단계는 '추상적' 단계에 상응한다. 물론 개별자의 입장에서 이와 병렬적으로 발전하는 진화가 있다. 이에 대해서는 이 장의 6절에서 간략하게 기술했다.

현실은 이미 실존하는 외적 실재 내에서 발전하며, 따라서 내적 필연성의 적절한 드러남으로 형성되어야 한다는 이러한 생각은 내면과 외면에 대한 역설적 반성, 헤겔이 심사숙고하며 종종 그의 작품에서 다시 출현하는 그런 반성의 토대가 된다.

실재는 현실태를 향해 발전한다. 예를 들어 정치적 제도들은 법에 기초한 국가로 발전하며, 우리는 무생물에서 생명으로 이행한다. 따라서 우리는 그런 과정을 점진적으로 '내면화되는 것'이라 생각할 수 있다. 왜냐하면 그 상이한 모양들은 점점 더 중심 계획과 밀접한 연관을 맺게 되며, 그런 과정은 점점 더 강력한 통일성을 보여 주기 때문이다. 그리고 궁극적으로 그 통일성은 강력한 의미에서의 '내면성', 즉 의식에 도달해야 한다. 그러나 동시에 우리는 이것을 외면화로 볼 수도 있다. 왜냐하면 형상화되지 않은 외적 실재 속에 이미 숨겨져 있던 필연성이 표현되었다는 의미에서 '외면화'[외화]되기 때문이다.

동일한 이유에서 우리는 최초의 단계를 모든 것이 전혀 표현되지 않았다는 의미에서 내적인 단계로 생각할 수 있지만, 또한 실재가 부분 밖의 부분이라는 의미에서, 즉 실재의 부분들이 어떤 내적 필연성에 의해 밀접하게 연관되어 있지 않고 서로 외적으로 머문다는 의미에서 '외면성'의 단계로 생각할 수 있다. 그래서 헤겔은 완전한 내적 실재는 필연적으로 완전히 외적이라고 자주 반복해서 진술했다.

헤겔이 특별히 꼬면서 강조하는 가장 중요한 개념들 중 하나는 무한성 개념이다. 헤겔 철학의 가장 기본적인 동기들 중 하나는, 우리가 본 것처럼, 유한자를 무한자와 화해시키는 것이었다. 그리고 헤겔의 주장은 참된 무한자는 유한자와 대립하는 것이 아니라 실제로 유한자와 하나라는 것이다. 이는 마치 참된 정신은 외부 존재와 대립하는 것이 아니라 그것과 하나라고 말하는 것과 같다.

이것은 명백히 무한자에 대한 특수한, 아니 색다른 견해를 요구한다. 헤겔의 출발점은 무한자는 한계가 없는 것, 한정할 수 없는 것이라는 것이다. 그러나 그에게 한정되었다는 말은 자기 밖의 어떤 것에 의해 제한되었음을 의미한다. 우리가 본 것처럼, 헤겔에게 유한자는 자기 너머에 자기를 '부정'하는 자를 가지며, 따라서 자기 밖에 자신에게 특정한 본성을 부여하는 자를 가진다.

따라서 우리는 무한자를 유한자와 분리된 것, 혹은 유한자 '너머'에 있는 것으로 간주할 수 없다. 우리가 신을 유한자인 우리 너머에서 우리와 독립해 실존하는 무한한 삶으로 이해할 때를 생각해 보자. 이런 입장은 무한자는 유한자와 다른 것, 따라서 유한자에 의해 한정되는 것을 의미할 것이다. 무한자는 자기 외부에 어떤 것, 즉 유한자를 가져야 할 것이며, 따라서 진정으로 무한자가 아닐 것이다.

참된 무한자는 따라서 유한자를 포함해야 한다. 그렇다면 우리는 무한자를 한정되지 않는 것으로 생각할 수 있는가? 예컨대 자기 안에 모든 객체를 포괄하는 무한한 공간이나 각각의 유한한 공간들을 포함하면서도 영원히 진행하는 자연수의 계열들을 그런 무한자라 할 수 있을까? 결단코 그렇지 않다. 헤겔은 이런 무한한 진행을 '악무한'이라며 거부했다. 이것은 유효한 무한자 모델이라기보다는 유한자의 악몽과도 같은 영속화이다. 왜냐하면 이것은 당신이 멈추고자 선택한 어느 곳에서나 항상 그것을 넘어서는 어떤 것이 있다는 것을 의미하기 때문이다. 즉 당신은 어떤 다른 것, 무한한 과정에서 그다음의 단계에 의해 한정되는 전체를 갖는다. 따라서 당신은 언제나 유한하게 존재한다.

그러므로 우리에게 필요한 것은, 외부로부터 한계 지어졌다는 의미에서의 한계를 갖지 않는 것, 하지만 경계에 도달하지 않고서 무한하게 확장할 수 있다는 의미에서는 한계가 없지 않은 것이다. 전체인 무한자는 유한자를 포함할 수 있다. 혹은 그것은 유한자와 하나인 무한자이다.

이것은 너무 과한 요구 같다. 하지만 헤겔은 이러한 요구가 충족되어야 한다고 주장한다. 왜냐하면 그의 우주는 외부에 의해 한계 지어지지 않은, 하지만 한계가 없지 않은 그런 전체이기 때문이다. 반대로 실재 전체는 각각의 부분이 자신의 필연적 위치를 갖는 그런 한정적 구조와 외연을 갖는다. 그런 의미에서 우리는 전체는 경계를 갖는다고 말할 수 있다. 그러나 동시에 전체는 외부로부터 경계 지어지지 않는다. 왜냐하면 외부는 없으며, 우주는 원환처럼 자신에게 돌아오기 때문이다. 즉 실존하는 모든 사물의 경계는 우주의 다른 요소들과의 경계이다. 존재의 각각의 단계는 보다 높은 단계에 의해 경계 지어지며, 따라서 그 높은 단계에 의해 결정되고, 동시에 그 단계에 의해 부정된다. 이를 통해 각 단계는 보다 높은 단계로 이행해 간다. 그리고 그 정점에 외적 실재로 이행해 가는, 즉 외적 실재를 정립하는 정신이 있다. 유한한 객체들은 다른 것들에 의해 한정되지만, 그것들은 원환적인 존재의 연쇄적 단계들의 일부를 형성한다. 따라서 우주는 외적 경계를 갖지 않고, 오직 내적 경계만을 갖는다. 그리고 헤겔은 이런 형이상학적 수준 위에서 대중화된 아인슈타인의 물리학과 진기하게 유사한 생각을 전개한다.

따라서 헤겔에게서 무한성에 대한 적절한 이미지는 무한하게 연장되는 직선이 아니라 원이다. 그리고 우리는 이런 관점에서 유한자는 무한자와 분리된 것이 아님을 볼 수 있다. 무한자는 질서를 갖춘 전체이다. 더 나아가 유한자는 스스로 무한자로 변한다. 왜냐하면 우리는 만약 우리가 어떤 부분적 실재와 더불어 시작한다면 이는 우리가 그 부분적 실재를 넘어선 것, 궁극적으로는 전체 체계를 지시하는 것임을 보았기 때문이다. 따라서 전체로서의 유한자는 무한자와 하나이다. 그리고 무한자는 자신의 유일한 표현을 유한자의 질서 잡힌 전체 속에서 발견한다.

현실은 자신의 참된 형식 속에서 발전 과정의 결과로서만 드러날 수 있는, 그리고 그 과정은 그 결과를 통해 정립된 것으로 드러나는 그런 원이다. 따라서 우리는 절대자에 대한 진리를 체계 속에서만 제시할 수 있다. 학(學) 그 자체는 본질적으로 전체를 위해 있는 연관된 존재 단계들에 대해 반성하고 적절하게 설명하는 원이지 않으면 안 된다. 헤겔이 말한 대로 "지는 학 또는 체계로서만 현실적(wirklich)이며, 또 서술될 수 있다".[34]

어떤 하나의 원리나 명제 위에서 이 철학을 표현하고자 하는 것은 내적으로 이 철학의 본성에 어긋난다. 왜냐하면 현실의 본성은 모순에 근거하고 있어서 이 명제의 부정도 참임을 확인해 주기 때문이다. 정신은 본질적으로 구현되어 있다(즉 몸을 입고 있다). 그리고 그것은 또한 이 구현체에 대립한다. 외적 실재는 외적인 것으로서 상호 독립적인 부분들 속에 있다. 그러나 이러한 독립성은 그 실제 본성과 모순된다. 따라서 그것은 내적으로 붕괴한다. 그리고 이렇게 계속된다. 우리는 긍정과 부정 양자가 어떻게 서로 조화를 이루는지, 그리고 어떻게 서로에게 필요한지를 봄으로써만 진리에 다가갈 수 있다. 학은 체계로만 존재할 수 있을 뿐이다.

---

34) *PhG*, 23. Hegel, *Hegel: Texts and Commentary*, p. 36에서 재인용.

이러한 형태의 학[과학, 학문]을 이끌어 가는 사유의 유형을 헤겔은 '이성'(Vernunft)이라 부른다. 이성은 모순들로 이뤄진 실재를 따라가는 사유이며, 따라서 각각의 단계가 어떻게 다음 단계로 변하는지를 볼 수 있다. 이런 의미에서 이성은 대부분의 사람들에게 일반적인 습관으로 자리 잡은, 그리고 동일성의 원리에 고착된 사유 유형인 오성(Verstand)과 구별된다. 무어(George Edward Moore)가 『윤리의 원리』(Principia Ethica) 첫 부분에 써 넣은 버틀러 주교[35]의 유명한 문구, 즉 "모든 것은 그것이 존재하는 바 바로 그것이지, 다른 것이 아니다"라는 문구가 바로 오성의 정수다. 오성이 철학에, 헤겔이 말하는 '사변적 철학'에 적합할 수 없다는 것은 분명하다. 오성은 진리를 파악 불가능한 난센스로 볼 뿐이다. 헤겔은 계속하여 오성이 고정된 딱딱함을 갖는다고 말한다. 이것은 사유의 불가피한 단계이다. 이 단계에서 사유는 스스로에게 명료하게 되고자 하며, '표상'(Vorstellung)이라는 모호한 유동성에서 벗어나고자 하지만, 그것은 새로운 유동성으로 넘어가야만 한다.

다시 한번 우리는 변형되어 나타난 칸트의 구분을 볼 수 있다. 칸트에게 이성은 직접적 맥락에서 작동하는 오성에 반하는 것으로서 전체를 생각하고자 하는 능력이었다. 그러나 헤겔은 이 구분을 자신의 이론으로 무한히 풍부하게 만들었다.

---

35) 버틀러 주교(Bishop Joseph Butler, 1692~1752)는 토머스 홉스의 이기주의론과 로크의 인격 이론을 비판하여 영국의 경험론적 전통을 데이비드 흄과 애덤 스미스에게 계승시킨 인물이다. 그는 많은 설교를 통해 이신론을 비판하기도 했다. 위에 인용된 표현은 그의 가장 유명한 문구로 오늘날 하나의 경구가 되었다. 남겨진 글로는 『자연 종교와 계시 종교의 비교』(The Analogy of Religion, Natural and Revealed, 1736) 등이 있다. ─옮긴이

이제 우리는 이러한 사유 체계가 어떻게 1절에서 언급한 대립들의 극복이라는 희망을 제시할 수 있는지를 볼 수 있다. 이때 물론 자유로운 합리성을 포기하는 대가를 지불하면서 그런 희망을 제공하는 낭만주의자들의 시도와는 달라야 한다. 헤겔의 절대자 개념은 '동일성과 차이의 동일성'이라는 자신의 주장을 의미 있게 한다. 그리고 이것은 그가 이 두 가지 길을 모두 가지고 있음을 의미한다. 말하자면 완벽하게 대립되는 두 개념을 유지하면서도 그것들을 하나로 보는 것. 즉 헤겔은 그것들을 대립으로부터 통일로 생성되어 가는 것으로 본다.

우리가 1절에서 간략하게 설명했던 주된 대립은 인간과 자연 사이의 대립(이 대립으로부터 인간은 인식하는 주체와 행위자로 구분된다)과 개인과 공동체 사이의 대립, 유한한 정신과 무한한 정신 사이의 대립이었다. 이 마지막 대립은 인간이 운명과 맺는 관계에 반영되어 있다.

인간과 자연 사이의 인식론적 간극을 보여 주는 가장 잘 알려진 형태는 현상과 물자체 사이의 칸트적 구별이다. 물자체는 영원하며, 원리상 인식될 수 없다. 헤겔은 칸트의 물자체에 대항하여 아주 강력히 저항한다. 그리고 그 궁극적 논증은 다음과 같다. 정신은 궁극적으로 실재 전체와 일치하는 것으로 드러나는데, 인식을 넘어선, 즉 마음이나 정신을 넘어선 어떤 것이 어떻게 있을 수 있는가?

더 나아가 그 대립은 세계에 대한 우리의 인식이 궁극적으로 정신의 자기 인식으로 드러난다는 사실에서 극복된다. 왜냐하면 우리는 사유를 넘어선 곳에 있다고 추정되는 세계가 실제로는 사유에 의해 정립된다는 것을, 그리고 그 세계가 합리적 필연성의 드러남이라는 것을 발견하게 되었기 때문이다. 그리고 동시에 세계에 대립해 있다고 추정되었던 사유, 즉 유한한 주체로서의 우리의 사유는 우주 자체의 사유, 즉 우주적 주체, 신으로 드러난다. 그리고 우리는 그 주체의 담지자[매개자]일 뿐이다. 사변 철학이라는 보다 높은 상태의 비전에서 세계는 사유와 더 이상 타자 관계에 있지 않으며, 주체는 유한자를 넘어가고, 따라서 양자는 만난다. 우리는 세계를 사유의 혹은 합리적 필연성의 필연적 드러남으로 봄으로써 주체와 세계의 이원론, 인식하는 인간과 자연 사이의 이원론을 극복한다. 이때 우리는 우리 자신을 이러한 사유의 필연적 담지자로서, 세계가 의식적인 것이 되는 지점으로서 간주한다(세계는 반드시 의식적인 것이 되어야 하는데, 왜냐하면 사물들의 합리적인 필연적 질서는 이 합리적인 필연적 질서가 자기 자신에게도 드러나는 그런 필연성을 포함하기 때문이다).

이것은 우리가 우리 자신을 (우리 자신의 사유를 가진) 유한한 주체로서만이 아니라 우리 자신의 것보다 더 큰 사유의 담지자로 보게 된다는 것을 의미한다. 여기서 우리의 것보다 더 큰 사유란 어떤 의미에서 전체로서의 우주의 사유이며, 헤겔의 술어로 말하자면 신의 사유이다.

따라서 칸트의 물자체 이론에 대한 헤겔의 답변은, 유한한 주체들의 인식이 무한한 주체의 자기 인식에서 정점에 이른다고 함으로써 인간과 세계 사이의 장벽을 허문다. 그러나 그는 낭만주의적인 포기의 방법에 의해 그런 장벽을 부수는 것이 아니다. 낭만주의자들은 말로 표현하기 힘들지만 반드시 존재하는 주체와 객체의 통일에 대한 직관에서 일치한다고 느꼈다.

이에 반해 헤겔은 유한한 정신과 무한한 정신의 통일의 문제를 자유에 대한 상실 없이 자신의 이성 개념을 통해 해결한다. 우리가 1장의 마지막 부분에서 본 것처럼 헤겔의 동시대 낭만주의자 누구도 이 딜레마를 해결하지 못했다. 그들은 무한히 자유로운 창조적 주체의 상을 주장하지만 신이 없는 세계로의 도피를 대가로 치러야 하거나, 아니면 이성을 넘어서 있는 신적인 것과의 통일을 추구하지만 그들의 이해를 넘어서는 보다 큰 질서를 위해 그들의 자율성을 포기하는 대가를 치러야 했다. 헤겔에게도 유한한 주체는 보다 큰 질서의 일부여야 한다. 그러나 이 질서는 제약되지 않은 합리적 필연성에 의해 배치된 질서이기 때문에 그것은 어떤 지점에서도 합리적 주체로서의 우리 자신에게 낯설지 않다. 그 질서 안에 있는 어떤 것도 무의미한 것으로, '실증적' 사실들로 받아들여져서는 안 된다. 합리적 행위자는 우주적 필연성의 담지자로서의 자신의 소명을 수용하면서도 자신의 자유의 어떤 것도 상실하지 않는다.

우주적 정신과의 이러한 연합이 보다 열등하고 경험적이며 욕구를 가진 우리의 자연[본성]을 희생하고 있기에 우리를 합리적 사유의 주체로만 간주하는 것은 아니다. 왜냐하면 이런 본성 역시 사물들의 필연적 질서의 일부이기 때문이다. 무한한 주체는 존재하기 위해 외적 체현물을 가져야 하는 그런 것이다. 그리고 외적 체현물을 말하는 자는 공간과 시간 속에서의 체현물을 말한다. 그 체현물은 어떤 곳에, 어떤 때에, 특수한 생명체 안에서, 이 생명체가 포함하고 있는 모든 것과 더불어 존재한다. 무한한 주체는 유한한 주체를 통해서만 존재할 수 있다.

그러므로 우리가 우리의 온전한 역할을 정신의 담지자로 가정할 때 우리의 어떤 것도 포기되지 않는다. 우리가 그 일부분으로 참여하고 있는 질서는 덜 성숙한 합리적 필연성을 그 본성으로 갖고 있는 정신에 의해 고용되었으며 이 정신은 필연적으로 우리를 유한한 정신으로 정립하기 때문에, 우리의 정체성은 에누리 없이 이 정신에서 성립한다. 단순히 소여된 것에 기초하지 않은 절대 이성이라는 이런 비전을 가지게 됨으로써 헤겔은 스스로 낭만주의 세대의 딜레마를 풀었다고 믿는다.

헤겔의 해결책에 내재한 본질적으로 연관된 두 형태는 이로부터 나온다. 첫번째 형태는 인간과 세계의 통일, 유한한 주체와 무한한 주체의 통일이 차이를 파괴하지 않는다는 것이다. 통일은 차이로부터 아주 어렵게 습득된다. 이는 인간이 통일을 파악할 수 있는 수준까지 성장하고자 투쟁하는 것이 쉽지 않은 것과 같다. 그뿐 아니라 궁극적 통일은 자기 안에서 차이를 유지한다. 우리는 세계 및 신과 비교해서 유한한 주체로 머물러 있으며, 우리 시대와 장소, 그리고 환경 등 모든 특수성을 가진 인간으로 머문다. 우리가 이런 특수한 실존을 보다 큰 계획의 일부로 보게 된 경우에도, 혹은 우리를 보다 큰 자기 의식의 매개자, 즉 정신의 매개자로 보게 된 경우에도 이런 사실은 달라지지 않는다. 통일로의 정신의 복귀는 필연적으로 이원성을 몸에 간직한다.

둘째, 절대자는 『정신현상학』 「서설」[36]에서 주장한 것처럼 개념 속에서 이해되어야지 감정과 직관 속에서 이해되어서는 안 된다. 인간은 오성을 통해 자신의 세계를 분석하고 자신을 자연과 분리하며 사물들 사이의 구별을 고착화하는데, 사람들은 어떤 의미에서 사물들을 삶의 흐름에서 떼어 내는 죽음의 힘과도 같은 오성의 이 "엄청난 힘"(ungeheure Macht)[37]을 포기할 수 없다. 오히려 명료한 사유의 이러한 힘을 극한으로까지 밀고 감으로써만, 즉 분열이 이성의 변증법적 사유 속에서 극복되는 지점까지 밀고 감으로써만 그 힘을 극복할 수 있다. 오성의 위대한 힘은 "죽은 것을 확고히 붙잡는 것"이다. 정신의 삶은 "죽음을 통해 스스로를 견디고 보

---

36) *PhG*, 13.
37) *PhG*, 29.

존하는" 삶이다. 정신은 "절대적 분열" 속에서만 자기 자신을 발견한다.[38] "무력한 아름다움"은 이 일을 할 수 없다. 따라서 무력한 아름다움은 통일의 실제 비전에 이를 수 없다. 왜냐하면 그것은 "부정태의 진지함, 고통, 그리고 인내와 노고"[39] 등을 체현할 수 없기 때문이다.

헤겔은 사유가 행하는 명백한 구분 작업을 포기하고자 하지 않는다. 그러나 그는 새로운 이성 개념을 가지고 그 일을 수행한다. 이 생각은 이러한 대립들이 동일성에서 출발하여 동일성으로 돌아온다는 존재론적 주장에 기초한다. 따라서 가장 명료한 구분을 만들어 내는 사유는 통일하는 사유이기도 하다. 극한으로까지 나아간 대립 그 자체는 동일성으로 이행한다. 인간은 합리적 존재로서의 자신의 소명을 실현하는 가운데 자신을 자연에서 분리한다. 그러나 이러한 소명이 완전히 실현될 때, 혹은 합리성이 완전히 전개될 때 인간은 스스로를 정신의 매개자로 드러내며, 따라서 대립을 화해시킨다.

이원성을 파괴하지 않고서 극복한다는 이런 생각은 헤겔의 핵심적인 두 술어에 잘 드러난다. 첫번째 술어는 '지양'(Aufhebung)이다. 이 술어는 변증법적 이행을 표시하기 위한 헤겔의 술어인데, 이 이행에서는 낮은 단계가 보다 높은 단계에서 무화(annul)되면서도 보존(preserve)된다. 독일어 단어 'aufheben'(지양하다)은 사실 이 두 의미 중 하나로 사용될 수 있다. 헤겔은 이 술어를 이 두 의미의 결합으로 사용함으로써 자신만의 독특한 용법으로 만들었다.

둘째, 통일은 구분을 꼭 파괴하는 것이 아니기 때문에 헤겔은 해결을

---

38) *PbG*, 29~30. Hegel, *Hegel: Texts and Commentary*, p. 50에서 재인용.
39) *PbG*, 20.

'화해'(Versöhnung)라고 종종 말한다. 이 말은 두 술어가 남아 있다는 것, 하지만 그 술어들의 대립이 극복되었다는 것을 함의한다.

우리가 잘 알고 있듯이, '화해'라는 이 술어는 종종 인간과 신, 유한한 정신과 무한한 정신 사이의 대립과 관련하여 전면에 나타난다. 이론적 대립과 관련이 있는 한, 그 대립의 해결책은 인간-세계의 이원성에 대한 앞서의 논의에 이미 함축되어 있다. 왜냐하면 인간-세계의 이원적 대립은 신의 자기 인식이 인간의 우주 인식과 궁극적으로 동일하다는 것을 보임으로써 극복되었기 때문이다. 즉 궁극적으로 헤겔이 '절대 정신'이라고 부른 예술·종교·철학은 우리에게 정신의 자기 인식을 제공한다. 따라서 물자체와 마찬가지로 신은 필연적으로 숨겨져 있고 알려질 수 없다는 사상이 인간 발전의 어떤 단계에 필연적으로 등장하기는 하지만, 그런 사상은 여기서 극복된다.

그렇다면 행위자로서의 인간과 자연, 인간과 국가, 인간과 그의 운명 등 이들 양자 사이의 실천적 대립들은 어떤가?

인간은 내적·외적 자연에 스스로를 대립시켜야 하고, 자기 안에서 본능을 억제해야 하며, 자기 주변의 사물들을 자기 의지의 실행을 위한 도구로 취급해야 했다. 인간은 자연과 맺은 이전의 통일과 유대를 끊어야 했다.[40] 인간은 세계를 '탈신성화'(entgöttern, desacralize)해야 했다. 이것은 자유를 향한 본질적 진전이었다.

---

40) 사실 헤겔의 역사관에서 보자면 그러한 단절은 한 번으로 그치지 않았다. 탁월한 '근원적 통일'의 시기, 즉 18세기 말에 위대한 향수의 대상이었던 고대 그리스 고전기는, 헤겔에 따르면, 인간의 형상에 맞춰진 예술의 창조에서 그 정점에 이르는데, 이 시기는 인간이 자기 자신과 자연을 형성하는 가운데 얻어진 산물이다. 보다 원시적인 시기들이 이 시기에 앞서 있었으며 이 시기는 이미 하나의 성취물이었다.

그러나 여기서도 극한에까지 다다른 대립은 화해에 이른다. 경향성을 버리고 순수한 실천이성의 명령에 따라 행위하고자 하는 도덕적 행위자는 결국 이성에 의해 자기 자신을 정신의 매개자로 보는 견해에, 따라서 사물들의 본성[자연]과의 화해에 이르게 된다. 사변적으로 이해하자면 그런 본성은 정신의 표현이다. 이런 화해는 원래의 통일로의 회귀를 의미하지 않고, 합리적 자유를 보존한다.

동시에 자신의 목적을 달성하기 위해 외적 자연에 작용을 가하고 또 노동하는 인간은 그 자연과 자기 자신을 변형하여, 양자를 궁극적으로 화해시킨다. 노동에 대한 이러한 생각은 맑스 이론에서 중심을 차지하는데, 노동에 결정적 중요성을 부여한 이러한 사상은 헤겔에 그 기원이 있다. 예를 들어 헤겔은 노동을 특히 『정신현상학』의 주인과 노예의 관계를 논의하는 부분에서 다룬다. 그러나 두 견해[맑스와 헤겔의 견해]에는 커다란 차이가 있다. 이 두 사상가에게 인간은 스스로를 형성하며, 자연을 지배하고 변형하는 가운데 자신의 본질을 실현하는 존재이다. 그러나 맑스에게는 자연에서 이뤄지는 실제적 변화와 그 결과로서 인간에 의해 만들어진 환경이 결정적으로 중요한 데 반해, 헤겔에게는 노동과 그 산물의 역할이 주로 인간 안에 보편적 의식을 만들고 유지하는 데 있다는 점에서 양자는 큰 차이가 있다. 물론 이것은 맑스에게는 산업혁명이 인간 역사의 주된 사실이었던 데 반해 헤겔의 사유는 여전히 산업화 이전에 있었던 것과 주로 관계한다는 사실을 반영하고 있다. 그러나 물론 그것은 또한 인간의 본질이 무엇인지에 대한 두 사상가의 상이한 통찰을 반영하는 것이기도 하다.

인간과 국가 사이의 대립의 경우 우리는 이 대립이 헤겔의 체계에서 어떻게 극복될 것인지 볼 수 있다. 국가는 인간 안에서 보편자의 구현체로서 중요한 역할을 한다. 개인을 보편적 이성의 매개자로 형성하는 가운데 국가는 필수적인 역할을 한다. 개인은 국가에 귀속됨으로써 자신을 넘어 좀더 큰 삶 속에서 살아간다. 그리고 국가가 법의 형식을 입은 보편적 이성의 표현으로서 자신의 '진리'에 도달할 때, 국가는 개인을 그의 궁극적 소명으로 이끈다.

따라서 좀더 단순한 형태의 국가는 자유로운 자기 의식적 개인이 되고자 열망하는 인간과 대립할 수 있고, 또 대립한다. 그러나 이런 대립은 극복되도록 운명 지어져 있다. 왜냐하면 자유로운 개인은 궁극적으로 자신을 보편적 이성의 매개자로 보게 되어야 하기 때문이다. 그리고 국가가 이 이성의 구현체로 완벽하게 발전할 때 국가와 개인은 화해한다. 사실 자유로운 인간은 국가 밖에서 자신을 자유롭게 유지할 수 없다. 왜냐하면 체현되지 않은 어떤 정신적 삶도 있을 수 없다는 자신의 원리에 따라 헤겔은 스토아주의자가 이해하는 자유의 정의를 받아들일 수 없기 때문이다. 스토아주의는 자유를 외부 운명에 영향받지 않는 인간의 내적 조건으로 본다. 순수하게 내적인 자유는 소망이자 그림자일 뿐이다. 인간이 이런 소망, 이런 생각을 가지게 된 때는 인간 발전의 중요한 단계이다. 하지만 그것이 현실적인 것과 혼동되어서는 안 된다. 자유는 삶의 형식으로 표현될 때만 현실적이다. 그리고 인간은 홀로 살아갈 수 없기 때문에 그 형식은 집합적이어야 한다. 그런데 국가는 공동체의 온전한 힘에 의해 지탱되는 집합적 삶의 양식이다. 따라서 자유는 국가에서 체현되어야 한다.

여기서 다루는 마지막 실천적 대립은 유한한 삶과 무한한 삶의 대립이다. 이 대립은 운명에 대한 고려에 의해서 강하게 유지되었다. 우리는 우리가 인간을 합리적 동물, 보편적 이성의 매개자로 간주하는 것과 동등한 무게로 인간의 삶을 강조할 수 있다. 이러한 사실은 인간이 자신의 힘을 완전히 전개할 때 가능하다. 그러나 가장 부조리한 사건인 죽음을 포함해 [우리가 어떤 통제도 할 수 없고, 사전에 이해할 수도 없이] 그저 발생하는 것의 부조리함에 대해서는 뭐라고 말할 수 있는가? 우리는 이런 부조리함을 어떻게 의미 있는 전체 속에 통합할 것인가? 혹은 다른 말로 하자면, (신이 우리 인간의 운명에 책임이 있다고 한다면) 신과 인간의 관계를 어떻게 정당화할 것인가?

헤겔은 이에 대해서도 다룰 준비가 되어 있다. 그는 자신의 역사철학을 '신정론'(theodicy)이라 말하며, 우리는 왜 그가 그렇게 말하는지 알 수 있다. 인간의 운명은 그가 이룬 것이 그러하듯 필연성의 과정에 놓일 수 있다.[41] 죽음 그 자체, 즉 개별 인간의 죽음은 사물들의 구조에서 보면 여타 동물의 죽음과 마찬가지로 필연적이다. 그리고 어떠한 외부 실재의 궁극적 사라짐도 필연적이다. 왜냐하면 이 모든 것은 외적인 것으로서 자기 자신과 모순되며, 몰락해야 하기 때문이다.

그러나 헤겔은 역사철학에서 인간의 죽음보다 훨씬 더 문명의 죽음을 설명한다. 무의미하고 궁극적으로 정당하지 않아 보이는 것, 가장 정교한 과거의 문명들의 파괴와 소멸 등은[42] 정신이 법에 근거한 국가와 이성으로 실현되어 가는 도정에서 필연적인 단계로 드러난다. 즉 죽음 그 자체뿐 아니라 역사에서 일어나는 특별한 운명의 사건도 의미 있는 계획의 일부로 드러난다. 왜냐하면 인간은 이성으로서 그 계획과 완전히 화해할 수 있기

---

41) 그래서 헤겔의 성숙한 '신정론'은 1790년대에 쓴 소위 「기독교의 정신과 그 운명」이라는 단편에서 해명된 운명 개념에서 발전한 것이다. 이 단편에 대해서는 2장에서 이미 다뤘다. 그러나 성숙한 신정론은 이보다 더 많은 것을 포괄한다. 인간이 화해해야 하는 운명은 이제 통일성뿐 아니라 분리도 포함한다.

42) 헤겔은 역사철학 강의에서 우리가 고대 문명의 폐허를 바라볼 때, 그리고 "역사에서 가장 부유한 형상, 가장 아름다운 삶이 몰락한 것을 발견하고 우리가 그 탁월한 것의 폐허 아래서 거닐고 있다"(VG, 34~35)고 성찰할 때 느끼지 않을 수 없는 멜랑콜리와 슬픔을 말한다.

때문이다.

신정론에 대한 헤겔의 생각은 우리에게 확신을 주지 못할 수 있다. 사실 인간이 운명과 어떻게 화해할 수 있는지, 인간이 운명을 '부정'으로 보는 것이 어떻게 실패할 수밖에 없는지 등을 아는 것은 쉽지 않다. 우리가 역사의 일반 계획을 수용한다고 해도, 그리고 문명의 죽음과 화해한다고 해도 우리는 전혀 세계사적 인물이 아닌 자, 예를 들어 아이들의 이른 죽음을 어떻게 해야 의미 있는 것으로 이해하는 것일까? 헤겔이 이런 어려움에 봉착하지 않았다는 사실을 느끼기 위해 이반 카라마조프의 긴 이야기를 가져올 필요는 없으며,[43] 또한 죄 없는 아이의 눈물에 세계사보다 더 큰 무게를 부여할 필요도 없다.

그러나 헤겔의 관점에서 보면 그런 개인적 운명의 예들은 필연성의 망 아래에 놓여 있다. 그런 예들은, 우리가 본 것처럼, 그 실존이 필연적인 그런 과정적 영역에 떨어진다. 만약 우리가 우리의 본질인 보편적 이성과 일치한다면 우리는 세계사뿐 아니라 이런 우연과도 화해할 수 있다. 만약 우리가 우리 자신을 실제로 보편적 이성의 매개자로 보게 될 경우 죽음은 더 이상 '타자'가 아니다. 왜냐하면 그것은 계획의 일부이기 때문이다. 이런 의미에서 우리는 죽음을 넘어선다. 그것은 더 이상 한계가 아니다. 그것은 죽음을 넘어서 진행해 가는 이성의 삶에 포함된다.

이것은 전통적으로 표상의 방식으로 표현되었던 영혼의 불멸에 대한 헤겔적 해석이다. 비록 헤겔이 종종 이 가르침이 참된 종교의 표식들 중 하

---

43) 이반 카라마조프는 도스토예프스키의 마지막 소설 『카라마조프가의 형제들』에서 표도르 카라마조프의 네 아들 중 둘째 아들로서 염세적인 지식인으로 등장한다. 그는 신이 창조한 세계의 불합리와 모순에 관하여 역설하는 자로서, 러시아적 박력과 순수함을 가진 첫째 드미트리, 기독교적 동포애로 무장한 셋째 알렉세이와 구별된다.―옮긴이

나이며, 높은 단계의 인간의 종교적 발전에서만 그 모습을 드러낼 수 있다고 말하긴 하지만, 그렇다고 그가 개인의 사후 생존을 실제로 믿는 것은 아니다. [사후에도] 계속 산다는 것이 몸체를 벗어나서 사는 것으로 간주된다면 어떤 경우에도 이것은 헤겔의 원리에 어긋난다. 그러나 인격성의 영원성이라는 사상은 그럼에도 불구하고 심오한 진리를 표현한다. 그것은 비록 내가 죽는다 하더라도 합리적 삶은 계속된다는 표피적 사상만을 표현하는 것이 아니다. 그것은 또한 죽음조차도 주체에 의해 정립된 필연적 구현체의 일부라고 하는 보다 심오한 사변적 사상을 표현한다. 죽음은 주체성의 외적 부정이 아니라 존재하기 위해 주체성, 즉 정신에 의해 정립된 것의 일부이다.

9

헤겔은 그의 시대에 가장 깊은 관심의 대상이었던 문제이자 자기 철학적 작업의 가장 강력한 추동력이었던 문제인 이원론의 문제를 스스로 풀었다고 믿었다. 간단히 말해 그는 가장 합리적인 자율성을 자연과의 가장 완전한 표현적 통일성과 결합시킴으로써 그 시대의 열망에 대답했다고 믿었다. 그리고 나는 위에서 그 방식에 대해 간략히 설명했다. 이러한 해결책에 대한 상세한 논의는 헤겔 작품의 가장 중요한 부분에 속한다. 이어서 나는 이것들 중 몇 가지를 검토하고자 한다.

지금까지 나는 헤겔 체계의 윤곽을 제시하고자 했다. 그러나 이 체계는 앞에서 말한 주요 대립들을 이성 자신을 통해 화해시킬 것을 요청하기 때문에 이 체계는 그 자체로 제시될 수 있어야 할 뿐 아니라 또한 증명되어야 한다. 더 나아가 이 체계의 유일하게 적절한 서술은 본질적으로 증명이라고 말할 수 있다.

여기서 증명이란 무슨 의미인가? 증명은 사물에 대한 우리의 일상적 이해에서 우리를 이끌어 내, 이런 이해가 유지될 수 없다는 것을, 그런 이해는 헤겔의 사물관에 자리를 비켜 줘야 한다는 것을 보일 수 있어야 한다. 따라서 증명은 먼저 우리가 세계라고 알고 있는 연관 없어 보이는 외적 혼란에서 출발하여, 그 정점에 정신이 놓여 있는 필연성의 체계에 대한 상으로 우리를 이끌어 간다.

그러므로 증명을 위한 한 가지 분명한 길은 우리가 관찰한 현존하는 존재 위계에서 출발하여 개요적인 방식으로나마 각 단계들이 체계적으로 결합되어 있음을 보이는 것이다. 우리는 합리적 필연성의 공식을 구현하고 표현하고 있는 존재들의 이러한 위계를 보일 것인데, 이 위계 속에서는 각각의 단계가 자신의 필연적 위치를 갖는다. 우리는 가장 낮고 외적인 수준에서, 즉 시간과 공간 속에 연장된 물질에서 출발할 것이다. 우리는 그것의 근본에 놓여 있는 개념들과 보다 높은 단계가 맺는 필연적 연관성을 보일 것이다. 이런 방식으로 우리는 무생물 존재의 다양한 단계를 지나, 그리고 삶의 다양한 수준을 지나 정신으로 나아갈 것이다. 그리고 다시 이런 과정은 인간 역사의 발전을 보여 줄 것이다.

이것은 자연철학과 정신철학에 등장하는 증명이다. 따라서 그것은 『엔치클로페디』의 마지막 두 부분을 차지하고 있다[『엔치클로페디』는 1부 『논리학』, 2부 『자연철학』, 3부 『정신철학』으로 구성되어 있다]. 그리고 이것의 부분들을 확장하여 서술한 다양한 작품으로는 법철학, 역사철학, 종교철학, 철학사, 미학 등이 있다.

그러나 우리는 어떤 의미에서 방금 말한 것보다 우선한 또 다른 증명을 생각할 수 있다. 우리가 위의 증명에서 본 존재의 전체 연쇄는, 우리가 말한 것처럼, 이념 속에서 표현된 합리적 필연성의 연쇄를 표현한 것이다. 그렇다면 우리는 왜 방금 말한 증명에서 하듯 다양한 종류의 실재에 대한 연구가 아니라 우리가 세계를 사유할 때 반드시 의지하는 범주들에 대한 연구를 보다 직접적으로 수행할 수 없을까? 범주들 각각을 검토함으로써 우리는 각각의 범주는 그 자체로 모순적이고, 자기 자신을 넘어선 것을 우리에게 지시해 주며, 궁극적으로 스스로를 유지할 수 있는 유일한 범주는 이념이라는 것을 발견하게 될 것이다. 우리는 가장 빈약하고 공허한 범주인 '존재'[있음]와 더불어 시작하여, 이 범주의 내적 모순에 의해 결국 모순적인 것으로 드러날 다른 범주들로 이행하는, 즉 언제나 점점 더 높은 단계의 복잡성으로 움직여 마지막으로 이념에까지 이르는 그런 증명을 포착할 수 있다. 이것이 우리가 『논리학』[『대논리학』]에서, 그리고 『엔치클로페디』의 첫 부분[『소논리학』]에서 발견하는 증명이다.

또 다른 증명을 위한 여지는 있는가? 어떤 의미에서는, 즉 위와 동일한 의미에서는 없다. 앞의 두 증명은 완전한 원환을 형성한다. 논리학은 이념에 이를 때까지 범주들에 대한 우리의 이해를 전개하며, 이 범주들이 필연적으로 외적 실재에 체현되어 있음을 보여 준다. 그러므로 우리는 이 외적 실재를 검토하는 데로 돌아온다. 처음에 그 실재는 가장 '외적인' 형식을 취한다. 그리고 우리는 자연철학의 영역을 지나 정신철학의 영역을 오른다. 이러한 과정의 정점에서 우리는 절대 정신의 상에, 전체에 대한 완벽한 자기 인식으로서의 신의 삶이라는 상에 도달한다. 그러나 신은 자신을 앎으로써 무엇을 아는가? 명백히 그 앎이란 논리학의 밑바닥에 놓인, 그리고 이념에서 그 정점에 이르는 합리적 필연성의 연쇄에 대한 앎이다.

그런데 이런 추론의 가치가 어떠하든 헤겔은 제3의 증명, 우리가 『정신현상학』에서 발견하는 증명을 제시한다. 우리는 이 작품을 주요 체계의 서설이나 서론으로 간주할 수 있다. 헤겔은 자신의 체계의 결정적 형태를 출판하기 수년 전인 1806~1807년에 이 작품을 썼다. 사람들은 그가 회고적으로 이 작품에 어떤 역할을 부여했는지 생각해 볼 수 있다. '현상학'이라는 제목이 정신철학의 한 부분을 지시하기 위해 다시 나타나며, 이 부분이 앞의 『정신현상학』에서 다룬 몇몇 중요한 토대를 검토하고 있다는 점에서 특히 그러하다.

그러나 이에 대한 대답은 (헤겔적 의미에서가 아니라 일상적인 부정적 의미에서) 사변적일 수밖에 없다. 즉 우리는 추측에 의존할 수 있을 뿐이다. 우리는 사실 그의 작품들 중 『정신현상학』에서 가장 강력하고 흥미로운 측면을 볼 수 있다. 그 원리는 존재의 형태들이나 범주들로부터 출발하는 것이 아니라 의식의 형태들로부터 출발하는 것이다. 이런 의미에서 이런 증명은 헤겔의 가장 중요한 목적들 중 하나를 달성하는 최선의 방식이다. 즉 그런 증명은 현재 우리가 서 있는 곳으로부터 체계에 대한 통찰을 할 수 있는 곳으로 우리를 이끌어 간다.

따라서 이런 생각은 가장 단순한 의식의 개념에서 출발하여, 이 의식이 성립할 수 없음을, 즉 그것이 내적 모순에 얽혀 있음을 보여 주며, 나아가 또 다른 보다 높은 의식에 자리를 내줘야 함을 보인다. 이 후자의 의식도 모순적인 것으로 드러나며, 따라서 우리는 의식을 자기를 아는 정신으로, 즉 절대지로 이해하게 될 때까지 계속 나아간다.

헤겔이 자신의 목표를 가장 분명하게 서술하는 곳은 아마 『정신현상학』「서론」일 것이다. 그의 목표는 논증을 통해 우리가 서 있는 곳에서 자신이 서 있는 곳으로 우리를 이끌어 가는 것이다. 이때 논증은 외적인 고려사항을 끌어들이거나 외부로부터 우리의 견해를 논박하는 방식으로 이뤄지는 것이 아니라 우리 자신의 출발점의 내적 논리에 의해 진행된다. 따라서 『정신현상학』은 우리 자신에 대한 우리의 이해가 어떠했나를 보여 주는 일종의 여정표이며, 좀더 정확하게 말하자면, 정신에 대한 동시대의 관점들과는 구별되는 자신만의 관점을 얻기 위한 투쟁이다. 헤겔에게 동시대의 관점들은 인간의 정신적 여정의 과정에서 필연적으로 발생하지만, 이제는 극복되고 격렬하게 논박되어야 하는 것들이다. 『정신현상학』은 무엇보다 스스로를 명료히 하는 작품이며, 강력한 내적 긴장으로 진행된다. 이것이 바로 이 작품을 특별히 강력하고 매혹적인 것으로 만드는 것이다.

그렇다면 우리의 다음 과제는 헤겔 철학의 이 세 가지 주된 증명을 따라가는 것이다. 그리고 이 증명들에 내재한 우선순위에 따라, 그런 다음 또 여기서 언급되었던 그 반대 순서에 따라 이 증명들을 검토해 보는 것이 좋을 것 같다. 그러므로 우리는 체계의 서설인 『정신현상학』으로부터 출발해야 할 것이다.

4장

의식의 변증법

1

『정신현상학』은 예나 시기 말(1806~1807)에 쓰였다. 이 저작은 헤겔 체계의 도입부로 간주될 수 있다. 이 저작의 기능이 일상적 의식의 편견에 파묻혀 있는 독자를 참된 학문의 입구로 인도하는 것이기 때문이다. 그러나 이것이 전부는 아니다. 헤겔 사유 체계의 본성은 모든 부분적 현실이 절대자에 의존해 있음을, 그리고 역으로 절대자는 이 부분적 현실을 필연적으로 발생시킨다는 사실을 보이는 것이다. 이러한 관점에서 체계에 포섭될 수 없는 무의미하고 파편적인 현실은 없으며, 현실의 상이한 단계들 사이의 어떤 이행도 불필요한 것이라 할 수 없다.

이러한 사실은 절대자가 정신으로 존재하는 체계에서 등장하는 의식 양태들에도 적용된다. 정신은 스스로를 알게 되며, 이러한 자기 인식의 담지자는 유한한 정신이다. 자기 인식을 향한 정신의 발전 과정은 최초의 인간의 혼동과 잘못된 이해, 그리고 아주 부분적 비전으로부터 출발한다. 따라서 이러한 것들도 체계 밖에 놓일 수 없다. 오히려 이 최초의 어두움은 절대자에 관한 어떤 본질적 측면을 담지한다. 즉 절대자는 자기 인식을 위한 투쟁을 통해 성장한다. 따라서 절대자에 대한 학의 도입부는 절대자에 대한 학의 일부로 존재할 수밖에 없으며, 건축물을 부분적으로라도 구성하고 있지 않은 토대에 대한 단순한 해명은 있을 수 없다.

이러한 사실이 『정신현상학』의 지위가 불확실하고 그에 대한 수많은 논쟁이 있어 온 이유이다. 헤겔은 이 저작을 『논리학』의 도입부로 생각한 것 같으며, 이러한 의미에서 서론이라고 한 것 같다. 하지만 동시에 그는 정신현상학이라는 제목을 적은 부분에서 이 저작을 "학의 체계의 첫 부분"이라고 기술했다. 학의 체계는 논리학과 이후에 자연철학과 정신철학으로 전개된 것도 포함해야 했다. 헤겔은 예나 시기에 그 최초의 구도를 보여 주었다. 헤겔이 학의 각 부분에 궁극적인 형태를 부여하게 되었을 때 『정신현상학』에서 다뤄진 어떤 것들은 다시 한번 정신철학에 수용되었다. 그리고 불가피하게도 정신의 발전에 대한 설명은 의식의 형태를 다루지 않을 수 없다. 그리고 혼란을 가중시키는 것은 『엔치클로페디』에는 주관 정신의 한 부분으로 '현상학'이라고 불리는 절이 있다는 것이다.

그러나 이것은 우리가 헤겔의 체계를 모든 것이 필연적인 질서를 가진 완벽하게 정치한 것으로 생각할 때에만 우리를 혼란스럽게 만든다. 헤겔은 오히려 『엔치클로페디』를 논리학과 자연철학 그리고 정신철학이라는 세 부분으로 나누는 것에서만 이러한 정치함을 보여 주고자 한다. 사실 이 세 부분을 3부작으로 드러내는 몇몇 지점들이 있기는 하지만 이것이 그의 철학적 입장과 일치하는 유일한 질서는 아니다. 요점은 오히려 우리가 제3장에서 기술한 것처럼 우리는 어떤 지점에서 출발할 수 있어야 한다는 것이고, 우리의 원래 출발점을 회복할 수 있어야 한다는 것이다. 우리의 출발점이 의존하고 있는 필연적 연관의 체계를 서술하는 데에는 여러 가지 방식이 있다.

『정신현상학』은 사물에 대한 우리의 일상 의식(자연적 의식das natur-liches Bewußtsein)으로부터 출발하고자 하며, 우리를 그 지점으로부터 참된 정신의 관점으로 이끌고자 한다. 이 작품이 '현상학'이라고 불리는 이유는 이 작품이 사물들이 의식에 현상하는 방식, 혹은 의식의 형태들을 다루고 있기 때문이다. 그러나 '현상'은 여기에서 '실재'[현실]와 대비되는 것이 아니다. 가장 실제적인 것, 즉 절대자는 본질적으로 자기 현상이다. 현상학은 방치해도 상관없는 열등한 사물들을 다루는 학이 아니라 절대적 인식에 도달하기 위한, 절대자를 '투명하게' 드러나게 하기 위한 하나의 접근방식이다.

우리의 일상적 의식은 우리를 세계에 대립해 있는 개별적이고 유한한 주체로 여긴다. 반대로 정신의 관점은 우리가 세계 속에 표현된 정신의 담지자이기도 하다는 것을 보여 준다. 따라서 이 세계는 더 이상 우리와 구별되지 않는다. 그러나 우리는 어떻게 일상 의식을 그것의 관점에서 벗어나보다 높은 단계로 이끌 수 있는가? 우리의 입장을 그저 단언하기만 하는것은 좋은 태도가 아니다. 왜냐하면 평범한 사람들이 우리를 믿을 이유가없기 때문이다. 사실 일상의식에게 입장이 허락되지 않은 절대자에 대한지식에 기초한 어떤 논증도 결코 좋은 논증이 아닐 것이다. 왜냐하면 그 논증은 **논증**으로서 이 의식에 접근할 수 없을 것이기 때문이다.

여기에서 헤겔이 사용하는 논증양식은 완전히 다르다. 그 논증의 형식은 그의 체계에 함유된 형식이다. 즉 그의 논증양식은 주의 깊게 검토된 일상 의식이 어떻게 모순으로 인해 부서지며, 자기 자신을 넘어서서 보다 적절한 형식을 취하게 되는지를 보이는 것이다. 그리고 물론 이러한 형식의 논증만이 헤겔의 결론과 일치할 것이다. 만약 일상 의식에게 절대적 지식에 이르는 길이 외부로부터 제시되어야 한다면, 그리고 일상 의식이 스스로 습득할 수 없는 정보나 통찰이 (누군가에 의해) 그 의식에 가르쳐지거나 부여되어야 한다면 그것은 정신의 자기 인식을 구성하는, 스스로 전개되고 진보하는 이해의 형태일 수 없을 것이다. 즉 그것은 절대자의 외부에 놓인 것일 것이다.

이러한 관점에서 헤겔의 『정신현상학』 「서론」은 우리의 인식 능력을 우리가 현실에 도달하기 위한 도구로, 혹은 현실을 우리에게 현상하게 하는 매체로 비판하기 시작한 사람들을 공격하면서 출발한다. 이것은 인식의 문제를 해결 불가능한 것으로 만든다. 왜냐하면 가설에서 시작하여 우리는 우리의 도구에 의해 훼손되지 않은, 혹은 우리의 매체 속에 반영되지 않은 그런 즉자적 현실에 도달할 수 없기 때문이다. 또한 이러한 접근은 절대자, 혹은 알려져야 하는 것이 이 절대자에 대한 우리의 인식과 완전히 구분되는 것이라는 사실을 가정한다. 즉 이러한 접근은 "절대자가 한편에 서 있고, 이 절대자와 구분된 채 독자적으로 실재하는 우리의 인식이 다른 편에 서 있다는 것"[1]을 전제한다. 헤겔에 따르면 이것은 사태를 너무 성급하게 판단하는 것이다. 그는 이런 일반적인 가정에 완전히 대립되는 결론에 이르고 싶어 하기 때문에 그러한 일을 하고 싶어 하지 않는다.

그렇다면 방법은 외부에서 어떤 것을 수입하는 것이 아니라 일상 의식에서 곧바로 시작하여 '내재적 비판'을 수행하는 것이다. 그리고 이러한 방법은 헤겔과 맑스의 전통으로 알려지게 되었다. 이것은 우리가 의식 안에서 변증법적 운동을 추구해야 한다는 것을 의미한다.

여기서 헤겔이 변증법적 '방법'이나 '접근'을 사용해야 한다고 제안하

---

1) *PhG*, 65. Martin Heidegger, *Hegel's Concept of Experience*, New York: Harper & Row, 1970, p. 10의 켄리 로이스 도브(Kenley Royce Dove)의 번역.

는 것이 아님을 강조할 필요가 있다. 그의 방법의 특징은, 켄리 로이스 도우브가 말 하듯이, "서술적" 방식이라고 말해야 할 것이다.[2] 왜냐하면 헤겔의 목표는 자신의 탐구 대상 속에서 작용하는 운동을 단순히 따라가는 것이기 때문이다. 철학자의 임무는 "자신의 자유를 내용 속에 침잠시켜 그 내용이 자신의 본성을 통해 움직이게 하는 것"[3]이다. 만약 논의가 변증법적 운동을 따른다면 그 운동은 사물들에 대한 우리의 사유 양식만이 아니라 사물 그 자체에 함유되어 있어야 한다.

3장에서 우리는 모든 사물은 모순 속에 놓여 있기 때문에 이 사물들 내에 변증법적 운동이 있다는 것을 보았다. 모든 부분적 현실은 전체에 의해 혹은 절대자에 의해 이 절대자의 실존을 위한 필연적 조건으로 정립된다. 왜냐하면 이 절대자는 외적·물리적 사물들과 유한한 정신들의 세계에 체현된 것으로서만 존재하기 때문이다. 그럼에도 불구하고 이 부분적 현실들은 스스로를 전체의 정립된 담지자로 규정함으로써 독립성을 요구한다. 그 이유는 이 부분적 현실들은 외적으로 존재하며, 각자는 상대에게 병렬적으로 서 있다는 데 있다.

우리는 바로 이 문맥에서 '모순'을 말하는데, 왜냐하면 우리가 사물에 대해 말할 때 요청과 부정의 언어에 의미를 부여할 수 있기 때문이다. 그러나 우리는 사물들을 바로 거기에 있는 것으로 보는 것이 아니라 정신을 구현하고 표현하기 위해 정립된 것으로 보기 때문에 이러한 언어에 의미를 부여할 수 있는 것이다. 다른 말로 하면 목적 범주의, 표현적 목적 범주의

---

2) Kenley Royce Dove, "Hegel's Phenomenological Method", *Review of Metaphysics*, Vol. 23, No. 4, June 1970.

3) *PhG*, 48.

궁극적인 존재론적 지위로 인해 존재론적 모순 이론은 의미를 가지게 된다. 세계의 전체 구조는 정신을 구체화하고 정신의 본질을 드러내기 위해 존립한다. 여기서 정신의 본질이란 자기 자신을 아는 정신이고, 자기 자신을 사유하는 사유이며, 순수한 이성적 필연성이다.

그러나 이러한 사유의 표현을 위해 불가피한 매체는 외적 현실이며, 이 현실 속에서는 그 사명이 온전히 수행될 수 없다. 현실은 외적으로 존재하고, 그 부분들은 서로 독립해 있으며, 우연에 내맡겨져 있기 때문에 이 현실은 그 사명을 왜곡시킬 수밖에 없다. 이러한 사실은 외적 현실이 합리적 필연성의 사유를 왜 현존하는 사물들 간의 상당히 안정적인 연관으로 표현하는 것이 아니라 그 사물들을 생성하고 소멸시키는 과정으로 표현하는지를 설명한다. 이 사물들은 사라져야 하는데, 왜냐하면 이것들은 합리적 필연성을 표현한다고 하는 자신의 실존의 토대와 모순되기 때문이다. 하지만 정신은 자신이 정립한 것을 삭제함으로써 자신이 원했던 것을 드러낸다. 외적 실존으로 표현될 수 없었던 것은 이러한 존재자들을 생성하고 소멸시키는 운동 속에서 표현된다. 외적 현실은 정신의 사명을 '왜곡'할 수밖에 없었는데, 이 왜곡은 이 현실의 필연적인 소멸과 더불어 교정된다. 정신은 자신 안에 모든 것을 포함하고 있는 불변의 표현 수단을 가지지 않는다. 대신 정신은 긍정하고 부정하는 운동 속에서 자신을 드러낸다.

따라서 헤겔은 실재를 어떤 것을 말하거나 드러내기 위해 정립된 것으로 묘사하기 때문에, 우리는 이 실재의 특징적이고 필연적인 특성들(예컨대 부분 밖의 부분으로 있는 실존)을 어느 정도 '왜곡'으로, 즉 그 특성들이 말하고자 했던 것과는 다른 것을 말하는 것으로, 따라서 '모순'으로 표현할 수 있을 것이다.

그러나 이러한 통찰은 우리가 이제 막 다루고자 하는 변증법과 같은 그런 상승하는 변증법을 다룰 때 우리에게 도움이 되지 않는다. 왜냐하면 우리는 일상 의식이 외부로부터 가르쳐질 수 없다는 것에 동의하기 때문이다. 오히려 우리는 일상 의식으로부터 출발해서 그 자체의 운동을 따라가야 한다. 우리가 세계를 일단 정신의 구현체/표현물이라고 수용하고 나면, 어떻게 모든 부분적 현실이 모순적이지 않으면 안 되는지를 보이는 대신, 우리는 유한한 존재들 안에 있는 모순을 지적하고 그곳으로부터 이러한 모순이 어떻게 이 유한한 사물들을 정신의 구현의 일부로 간주할 경우에만 의미가 있을 수 있는지를 보이는 데로 나아가야 한다. 그리고 우리가 3장에서 본 것처럼 이러한 유의 상승 변증법은 헤겔의 입장에 핵심적이다. 헤겔이 이런 유의 변증법을 사용하는 이유는 사람들을 확신시키고자 하는 것이 아니라 정신의 합리적 비전이 논리적 비약이 없는 합리적 논의여야 한다고 믿는 데 있다. 정신이 유한한 존재들을 요구한다는 것을 보이는 것만으로는 충분하지 않다. 우리는 또한 이 존재들이 정신을 요구한다는 것도 보여야 한다. 자세히 검토할 경우 이 존재들은 전체에 대한 자신들의 의존성을 보여야 한다. 그렇지 않을 경우 정신의 자기 인식이라는 헤겔의 구상은 신앙에 기초한, 혹은 그 타당성이 의심받는 것에 기초한 비전에 불과할 것이다. 정신이 이성이라면 이러한 사실은 수용될 수 없다.

그러나 우리는 어떻게 유한한 사물들 속에서 모순을 발견할 수 있는가? 일상 의식이 유한한 사물들을 보듯이 이 사물들을 취할 경우 물질적 대상들 혹은 유한한 정신들은 단지 소여된 것일 뿐이다. 그런데 우리는 방금 그것들을 모순 가운데 있는 것으로 보기 위해서는 그것들이 정립된 것임을 통찰해야 한다는 사실을 보았다. 하지만 우리는 이러한 사실을 처음부터 전제해서는 안 된다. 그럴 경우 왜 그런지에 대한 질문을 받을 수밖에 없으며, 또 그런 방법은 우리의 방법에 저촉되기 때문이다. 우리는 악무한에 붙잡혀 있는 것 같다. 우리는 어떻게 출발할 수 있는가?

헤겔은 우리가 생각하는 어떤 현실도, 그것이 제약되어 있고 외관상 독립적인 것으로 보인다 하더라도 모순에 필연적인 내적 분절화[명료화, articulation]를 드러내고 있다고 주장한다. 우리가 3장에서 본 것처럼, 이런 분절화는 한편으로 관련 사물이 목표로 하는 것, 혹은 되고 싶은 존재 모습과 다른 한편으로 그 사물이 현실적으로 있는 모습을 구별할 수 있는 지점이다. 그렇다면 현실적 실존과 목표로 하는 실존 사이에는 충돌이 있을 수 있으며, 따라서 그 사물은 모순에 놓이게 된다. 따라서 우리가 지각한 목표가 처음에 반드시 정신의 표현일 필요는 없다. 우리는 처음에 보다 느슨한 기준과 더불어 출발할 수 있으며, 현실적 실존이 왜 이 기준과 조응할 수 없는지를 보임으로써 모순을 드러낼 수 있다.

이것이 바로 헤겔이 『정신현상학』에 나타난 변증법적 모순에 대해 해명한 방식이다. 우리는 실현해야 할 목적을 갖는 어떤 것, 혹은 도달해야 할 기준을 갖는 어떤 것에서 출발한다. 그 이후 우리는 이것이 현실적으로 이러한 목적을 충족할 수 없다는 것, 혹은 그 기준에 상응할 수 없다는 것을 보게 된다(여기서 '할 수 없다'cannot는 개념적 필연성을 표현하고 있다). 여기서 중요한 것은 바로 모순이다.

이것은 두 가지 형태를 띨 수 있다. 목적은 현실 사물 그 자체에서 현실적으로 실현되지 않을 수 있다. 그리고 이 경우 현존하는 현실은 필연적으로 몰락하거나 목적 실현에 부적합한 것을 제거함으로써 그 목적에 맞게 변형될 것이다. 다른 한편 기준이 이미 충족되었을 수도 있다. 이때 모순은, 우리가 이러한 완성을 일관성 있게 설명하기 위해 우리의 기준관이나 목적관을, 혹은 이러한 기준을 충족하고 있는 우리의 현실관을 변경하도록 할 것이다.

사실 헤겔에게는 이 두 가지 종류의 변증법이 다 있다. 그의 역사적 변증법은 첫번째 형태에 속한다. 즉 특정한 역사적 삶의 형식들은 내적 모순에 희생되는데, 그 이유는 이 형식들이 이 형식들의 실존(예를 들어 주인-노예 관계) 목적을 부수도록 운명 지어졌거나, 아니면 이 목적의 완성에 필수적인 상이한 조건들 사이의 내적 갈등을 발생시킬 의무를 지니고 있기 때문이다(예를 들어 그리스의 폴리스를 들 수 있는데, 헤겔이 분석한 폴리스의 운명에 대해서는 6장에서 논의할 것이다). 따라서 이러한 삶의 형식들은 몰락하여 다른 것으로 대체되도록 운명 지어져 있다.

그러나 헤겔은 또한 이와는 다른 종류의 변증법도 말한다. 그것은 '존재론적' 변증법이라 불릴 수 있다. 우리는 그 예를 『정신현상학』의 1장 '감각적 확신'과 『논리학』에서 접할 수 있다. 여기서 우리는 역사적 변화를 다루지 않는다. 혹은 역사적 변화를 일차적으로 다루지 않는다. 오히려 우리는 여기서 소여된 기준과 이 기준에 상응하는 현실에 대한 우리의 관점을 심화시킨다. 그리고 이때 그 기준이 완수될 것이라는 생각은 변증법적 논의에 본질적이다. 우리는 이러한 사실을 알고 있기에 목적이나 기준이 실현될 수 없다고 하는 목적관 혹은 기준관이 잘못된 관점일 수밖에 없음을 알고 있다. 이를 통해 우리는 변증법의 한 단계에서 다음 단계로 이행한다.

이러한 구분은 변증법적 논의의 출발이 되는 토대를 다룰 때만 의미가 있다. 이 구분은 변증법적 논의가 다루는 모순과는 아무런 관련이 없다. 따라서 그러한 구분을 현실 안의 모순을 다루는 변증법과 현실에 대한 우리의 관점을 다루는 변증법 사이의 구분으로 보는 것은 잘못이다. 헤겔에게 가장 중요한 존재론적 변증법을 다루는 『논리학』에서 우리는 모순적인 관점들이(『논리학』에서 우리는 이 관점들의 변증법적 운동을 추적한다) 실제로 적용되고 있음을 보게 될 것이다. 이런 모순적 관점들은 모순적 현실들에 상응하며, 이러한 실재 그 자체는 보다 상위의 범주들이 서술하는 보다 큰 전체에 의존해 있음을 보여 준다. 다른 말로 하면 현실에 대한 우리의 관점의 모순들은 이 모순들을 모순이 없는 상으로 **해체**함으로써 극복되는 것이 아니라, 그 모순들이 보다 큰 종합 속에서 화해되는 그런 현실의 모순을 반영하고 있다고 봄으로써 해소된다.

유사하게 『정신현상학』의 의식의 변증법은 실현된 기준으로 간주되는 부적합한 지식관을 비판함으로써 진행된다. 그러나 동시에 우리가 검토하는 모든 규정은, 그것이 가장 부적합한 것이라 하더라도, 사람들에 의해 언젠가는 참된 것으로 간주되었던 것이다(어떤 사람들에게는 오늘날에도 여전히 참된 것으로 간주된다). 따라서 그런 규정들은 필연적으로 구체적 실천의 형태를 가지게 되었다. 그리고 이것은 세계에 대한 인식이 자기 인식과 구별되지 않은 곳에서 발생하는 완벽한 인식이 항상 실현되는 것은 아님을 의미한다. 하키 경기의 실천과는 달리 인식의 실천은 우리의 인식관과 분리될 수 없다. 만약 인식이 자신의 본성에 대해 오류를 가진다면 그런 인식은 그 자체 불완전하다. 따라서 완벽한 인식은 인간이 적절한 인식관에 도달할 때만 습득될 수 있다.[4]

따라서 인식 이론들의 변증법은 역사적 의식 형태들의 변증법과 연결되어 있다.

역사적 변증법이 특수한 역사적 형태와 이 형태에서 추구되는 근본 목

---

4) 이것은 감각적 확신, 지각 등으로 **정확하게** 특징지어지는 수많은 역사적 인식 형태들이 있다는 것을 의미하지 않는다. 왜냐하면 최초의 부적합한 이런 관점들의 근본적 특성은 이 관점들이 자기 자신에 대해 오류를 범하고 있다는 것이기 때문이다. 변증법의 동력이 되는 것은 이 관점들의 자기 이념과 그 구체적 현실 사이의 이러한 충돌이다. 그러나 그 관점들이 오류로 드러나는 정도만큼 그것들은 인식을 왜곡한다. 그런데 이런 왜곡은 자기 자신에 대한 이 관점들의 상에 의해서도, 완벽한 인식에 대한 관점에 의해서도 적절하게 설명될 수 없다.

적 사이의 모순을 다루기는 하지만, 인간의 사상 속의 모순과도 밀접한 연관이 있다. 사실 인간이 인류의 근본 목적을 파악하는 방식은 주어진 어떤 역사적 형태와 그 부적합성을 특징짓는 데 본질적이다. 인간이 역사의 시초에 인간의 잠재력을 실현할 수 없다는 사실은 인간(과 정신)의 목표를 적절하게 파악할 능력이 부재한 것과 밀접한 연관이 있다.

그리고 주어진 역사적 삶의 형식과 일치하는 인간의 궁극 목적에 대한 파악이 부적합하기 때문에 인간은 이 단계에서 이러한 목적을 부정해야 한다. 따라서 이런 부적합한 파악은 모순에 본질적이다. 왜냐하면 모순은 인간의 목적이 실패했다는 사실이 아니라, 인간이 그 목적을 완성하고자 노력하는 가운데 그 목적을 부정했다는 사실에서 발생하는 것이 아니라, 인간이 그 목적을 완성하고자 하지만 그 목적에 도달할 수 없다는 사실에서 발생하기 때문이다. 따라서 어떤 시기의 사회나 문화에도 모순은 있는데, 이 모순은 이 사회의 술어들로 파악된 인간의 근본 목적이 실패할 수밖에 없는 운명, 즉 자기부정의 운명을 갖는다는 사실에서 발생한다. 따라서 파악하는 관점의 끝없는 변화의 유희는 역사적 현실의 변화만큼이나 역사적 변증법에 본질적이다. 사실 전자는 후자와 밀접한 연관이 있다.

우리는 이러한 사실로부터 이 두 종류의 변증법이 헤겔의 작품에서 얼마나 밀접하게 연관되어 있는지를 볼 수 있다. 각자는 상대편을 설명하는 가운데 스스로를 서술한다. 헤겔의 역사철학은 우리에게 그의 존재론을 지시해 준다. 그리고 그의 존재론은 역사적 발전을 요구한다.

나는 위에서 변증법적 운동이 목적 혹은 기준과 시도된 충족 사이의 충돌에 의해 발생한 것이라고 말했다. 그러나 우리는 위에서의 설명을 통해, 변증법적 운동을 두 개의 항이 아니라 세 개의 항의 관계로 볼 때 보다 잘 이해할 수도 있음을 알 수 있다. 세 개의 항이란 근본적인 목적 혹은 기준, 부적합한 현실, 그리고 이 현실과 연관되어 있는 목적에 대한 부적합한 파악을 의미한다. 이것은 역사적 변증법의 경우에 분명히 드러난다. 특정한 역사적 삶의 형식으로부터 불가피하게 발생하는 부적합한 파악으로 인해 좌절된 그런 목적이 존재한다.

그러나 존재론적 변증법도 세 개의 항을 포함한다. 우리는 기준에 대한 부적합한 관념으로부터 시작한다. 그러나 우리는 또한 처음부터 기준 혹은 목적이라는 것에 대한 몇몇 근본적이고 올바른 관념들과 그런 기준에 상응해야 하는 표준적 특성들을 가지고 있다. 사실 기준에 대한 주어진 관점이 부적합하다는 것을 우리가 볼 수 있게 하는 것은 바로 표준적 특성들이다. 왜냐하면 우리는 이런 관점이 표준적 특성들과 상응하는 그런 방식으로 현실화될 수 없다는 것을, 따라서 이러한 정의는 관련된 기준과 목적에 대한 정의로 수용될 수 없다는 것을 보기 때문이다. 그러나 우리는 그 기준을 '실현'하고자 함으로써, 즉 실재[현실]를 그 기준에 따라 구성하고자 함으로써 잘못된 공식화의 부적합성을 보게 된다. 이것은 기준과의 갈등으로부터 생겨난 것이다. 따라서 실재[현실]는 세번째 항이다.

우리는 이 점을 예시할 수 있으며, 헤겔이 이러한 유의 논의를 플라톤이 하던 방식대로 '변증법적'이라고 부른 이유를 볼 수 있다. 플라톤의 논의는 때로 이러한 모델에서 이해될 수 있기 때문이다. 즉 그 논의는 이후에 보다 적합한 공식으로 대체될, 특정한 이념이나 기준의 정의(definition)로 제시된 공식 안에서의 모순의 발견으로 이해될 수 있기 때문이다.

그러므로『국가』1권에서 케팔로스(Cephalos)가 정의(justice)에 대해 '진리를 말하고 채무를 갚는 것'이라고 정의했을 때 소크라테스는 한 남자를 예로 들어 반박했다. 소크라테스는 어떤 다른 사람이 그 사람의 무기를 간직하고 있는데, 미친 상황에 있는 그 사람이 무기를 돌려달라고 했을 때를 예로 상정한다. 이 예는 케팔로스의 정의를 파기하기에 충분하다. 왜냐하면 **정의**란 '진리를 말하고 채무를 갚는 것'이라는 공식으로 정의되었기 때문이다. 이제 우리는 이 대화의 단계에서 정의에 대한 참된 정의를 모르게 된다. 그러나 우리는 여기서 정의의 표준이 되는 몇 가지 특성들에 대해서는 안다. 예를 들어 우리는 공정한 행위는 선한 행위라는 것을, 그래서 행해져야 한다는 것을 안다. 따라서 우리가 위의 공식에 상응하지만 행해져서는 안 되는 행위를 보았을 때, 사람들은 미친 사람에게 그 무기를 돌려줘서는 안 된다는 것을 분명하게 알게 되며, 따라서 그것은 정의의 정의로 유지될 수 없게 된다. 왜냐하면 그것을 계속 고집하면 그 행위가 공정하면서도 잘못되었다는 것을 말하는 모순에 처하기 때문이다.

소크라테스가 행한 것은 케팔로스의 공식으로 정의된 기준을 충족시키는 것, 즉 그 공식을 보편타당한 것으로 설명하고 어떤 경우에나 적용하는 것이 무엇을 의미하는지를 보이는 것이다. 그리고 그는 이 예로부터 케팔로스의 원리가 정의의 표준적 특성들로 완전히 충족될 수는 없다는 것을 보여 준다. 따라서 그것은 정의에 대한 정의일 수 없다.

따라서 이 변증법은 세 개의 항을 가진다. 그것은 첫째, 정의의 정의와, 둘째, 정의의 특정한 표준적 특성들로부터 출발하며, 셋째, 우리가 정의를 일상 실천에서 실현하고자 할 때 갈등에 이를 수 있다는 것을 보여 준다. 우리는 이것이 헤겔의 역사적·존재론적인 변증법적 논의와 유사성이 있음을 본다. 헤겔의 변증법 역시 언제나 세 개의 항으로 이뤄져 있다. 참된 목적이나 기준, 이 목적에 대한 부적합한 파악, 그리고 그것들이 조우하고 분리되는 현실.

따라서 우리는 처음에 헤겔의 전체상을 수용하지 않고서도 헤겔의 변증법이 어떻게 출발할 수 있는지를 볼 수 있다. 우리는 어떤 유한한 실재가 목표의 실현이나 기준의 완성으로 보일 수 있게 하는 출발점을 발견하기만 하면 된다. 우리가 처음에 확인한 이러한 목표나 기준이 자기 자신에게 되돌아온 정신의 목표나 기준일 필요는 없다. 역사적 목적은 자신의 목표에 대한 인간의 주관적 이해를 넘어가며, 따라서 후자가 전자에 대한 자기 부정적 오인이라는 것이 드러나면, 혹은 우리가 어떤 표준적 특성들을 실현된 정신과 공유하고 있는 기준을 가지고 있으면 족하다.

그렇다면 (우리의 논의에 따를 경우) 변증법은 이제 자신의 발전을 시작할 수 있다. 이 운동에서 부적합한 것으로 드러난 최초의 파악(혹은 최초의 역사적 형태)은 다른 것에 의해 대체된다. 헤겔은 변증법적 논의가 일단 시작되면 그 논의에 자의적인 것은 없으며, 각 단계는 앞 단계에 의해 규정된다는 점을 주장한다. 우리의 최초의 단계나 파악에 영향을 미치는 모순은 규정된 형태를 가지기 때문에 이 모순을 극복하기 위해 어떤 변화가 일어나야 하는지는 분명해진다. 그리고 이것은 다음 단계의 본성을 규정한다. 그러나 이 두번째 단계 그 자체는 모순에 희생된 것으로 보일 수도 있다. 왜냐하면 그 단계의 실현은 다른 방식에서 보면 표준적 특성들과 조화를 이룰 수 없거나 그런 특성들을 구체화하고자 하는 가운데 모순에 떨어질 수도 있기 때문이며, 혹은 역사적 목적을 자신의 방식으로 좌절시킬 수도 있기 때문이다. 그렇다면 변증법은 새로운 단계로 움직여 간다. 따라서 변증법적 운동을 따르는 것은 회의적 논의와 같지 않다(헤겔에 따르면 회의적 논의에서는 하나의 형태가 모순에 빠질 경우 우리는 어떠한 진전도 없이 공허에 처하게 된다). 각각의 모순은 규정된 결과를 갖는다. 그 모순은 우리에게 긍정적 결과를 남긴다.[5]

---

5) *PhG*, 68.

따라서 우리에게 출발점이 실현된 기준 혹은 목적인 현실 속에서 주어진다면, 그리고 모든 논의가 정상적으로 작동한다고 전제한다면 우리는 단계들을 거쳐 전체를 이 모순을 성공적으로 포함할 수 있는 정신으로 파악하는 데까지 올라갈 수 있다.

그러나 이러한 설명은 헤겔의 상승 변증법에 대해 만족할 만한 해명일 수 없다. 왜냐하면 어떤 것을 내적 목적의 실현으로 보는 것은 사물들을 볼 수 있는 한 가지 방식인데, 이것만으로는 모든 것을 설명할 수 없기 때문이다. 그러한 문제 있는 출발점은 변증법적 논의에 의해 아주 그럴듯하게 우리를 확신시킬 수 있는 사물관을 산출할 수는 있겠지만, 구속력 있는 논의는 아닐 것이며, 우리에게서 완전한 동의를 이끌어 내지는 못할 것이다. 헤겔이 원하는 일을 하기 위해 이 출발점은 부정될 수 있어야 한다. 그리고 이것은 엄청난 주문인 것처럼 보인다.

그러나 그는 그것을 완수하는 일에 착수한다. 나중에 우리는 전 체계를 몰락시키는 이 요구가 지속되기 어렵다는 것을 보게 될 것이다. 그의 논의가 반박될 수 있는, 외견상 내적인 목적이나 기준을 지향하고 있는 경우 이 논의는 유지될 수 없다. 우리는 나중에 헤겔에게서 상이한 변증법들 사이에서 이끌려 나온, 출발점의 본성에 방향을 맞추고 있는 차이를 살펴볼 것이다.

그러나 『정신현상학』과 관련하여 헤겔은 자신의 출발점을 정당화할 수 있고, 또 정당화한다. 왜냐하면 우리는 의식을 다루기 때문이다. 그리고 우리의 출발점은 인식하는 주체이다. 그러나 이 주체는 이미 돌이나 강과는 달리 ('자연적' 의식의 눈에서조차) 실현된 목적에 의해, 성취에 의해 규정되지 않으면 안 되는 것이다. "인식하다"는 성취 동사라고 말할 수 있다. 그러나 이때 이 의식에 대한 우리의 거친 일상적 파악은 변증법의 출발점이 될 수 있다. 왜냐하면 우리의 일상 의식이 해석하듯이 지식은 사실 (필연적으로) 실현될 수 없으며, 자신의 공식을 충족시킨 것은 자기 자신의 기준에 의해 지식으로 불릴 수 없기 때문이다. 이 경우 우리는 수정이 필요한 일상적 견해 속에서 뿌리 깊은 모순이나 비일관성을 드러내야 할 것이다.

이것은 사실 헤겔이 『정신현상학』 「서론」에서 (70~73쪽) 사물들을 드러내는 방식이다. 지식의 타당성 요청을 검토하기 위해 우리는 척도나 기준을 필요로 한다. 그러나 이 척도가 외부로부터, 혹은 이 사물들의 존재 방식에 대해 보다 우월한 지식을 가지고 있다고 주장하는 사람으로부터 주어진다면, 이것은 우리가 따르는 절차의 원리를 위반한 것일 것이다. 그러나 헤겔에 따르면 자신의 경우에는 그럴 필요가 없다. 인식하는 의식은 그 자체 내에서 우리의 인식함을 인식된 대상과 구별한다. 의식은 두 개의 극을 가진다. 의식은 어떤 것에 **대한** 의식이다. 그리고 이것은 그 내용이 비활동적이지 않을 뿐 아니라 외적인 것과 관련이 있다는 것을 의미한다. 인식하는 주체로서 나의 사유·지각 등은 또한 지식을 **요청**한다.

이제 우리는 내가 바라보는 세계, 혹은 내가 그것을 알고 있다고 주장하는 세계와 척도가 되는 세계 그 자체를 비교할 수 없다. 그러나 척도로 사용될 수 있는 것은 하나의 주장이 성공적이게끔 하는 것, 즉 타당한 지식에 대해 우리가 형성한 관점[파악, 개념]이다. 그리고 이것은 의식 외부의 기준에 호소하지 않는다. 오히려 우리는 의식 자체의 진리관에 호소한다. "그러므로 의식이 자기 내부에서 즉자 존재, 혹은 참된 것으로 표식하는 것 속에서 우리는 자신의 지식을 그에 맞춰 측정할 수 있도록 의식 스스로 제시하는 그런 기준[척도]을 가진다."[6] 우리는 이 척도와 실제적인 지식을 비

6) *PbG*, 71. Heidegger, *Hegel's Concept of Experience*, p. 20의 번역(번역 수정).

교한다. 만약 우리가 이 지식이 그 기준과 상응하지 않는다는 것을 보일 수 있다면, 만약 우리가 이 기준에 따를 때 이 기준과 양립 불가능한 것을 산출할 수밖에 없다면 우리는 우리의 불변하는 지식이라는 우리의 견해를 폐기하게 되는 그런 모순을 발견하게 될 것이다.

우리의 실제적 지식이 이미 확립된 기준에 상응할 수 없다는 것을 보일 때 우리는 명백히 이 지식의 부적합성을 드러내고 있다. 그러나 사실 보다 근본적인 비판은 이 기준과 관련이 있다. 왜냐하면 만약 우리가 이 기준이 충족될 수 없다는 것을 확증한다면 우리가 잘못된 기준을 가지고 있든지 지식이 존재할 수 없든지 둘 중 하나일 것이기 때문이다. 그러나 두번째 안은 우리가 받아들일 수 없는 안이다. 왜냐하면 우리가 그 안을 형식화하는 순간 이 테제를 반박하고 있기 때문이다. 지식은 존재하며, 그것은 기준의 성취이자 현실화이다. 만약 우리가 고안한 기준이 실현될 수 없다면 우리는 다시 고안해야 한다. 따라서 헤겔은 다음과 같이 말한다. "검사는 지식에 대한 검사일 뿐 아니라 기준에 대한 검사이기도 하다."[7]

따라서 헤겔은 여기서 실현된 기준으로 간주되어야 하는 출발점을 성공적으로 파악하게 되었으며, 따라서 가장 자연스럽고 정제되지 않은 인식 주체의 의식으로부터 상승하는 변증법을 시작할 수 있게 되었다. 그리고 그는 그것을 '감각적 확신'이라고 부른다. 그는 적어도 『정신현상학』의 첫 부분에서 자신의 약속을 성공적으로 지킨다. 즉 그는 외부로부터 어떤 지식이나 통찰도 끌어들이지 않으며, 일상 의식 그 자체의 운동만을 따라간다. 이 운동은 일상 의식 속의 모순으로부터 일어날 것이며, 이 의식은 자신의 기준이 실제 존재와 대면할 때 밝게 드러날 것이다.

---

7) *PbG*, 73.

그러나 우리는 내재적 비판을 이뤄 내야 한다는 이러한 요청에 여전히 당황스러울 수 있다. 『정신현상학』에 대해 쓰고 읽는 철학자들은 확실히 많은 평범한 사람들이 보지 못하는 것들을 보고 있다. **어떤 것**은 그들이 일상 의식을 넘어서 있다는 것을 보여 준다. 그것이 더 진척된 통찰이나 지식이 아니라면 무엇이란 말인가? 헤겔의 답은 철학자들은 일상 의식이 인정한 것에 이미 함축되어 있는 것을 명료하게 드러낸다는 점에서 평범한 사람들과 구별된다는 것이다. 그들은 그들 스스로 어떤 것도 덧붙이지 않는다.[8] 혹은 어떤 것을 덧붙인다고 해도 그들이 덧붙인 것(Zutat)[9]은 일상 의식이 아무런 연관성 없이 경험한 것들을 주의 깊게 응시함으로써 서로를 붙들어 주고 연결시킨 것일 뿐이다.

왜냐하면 이런 변증법은 일상 의식에 의해 체험되고 경험되기 때문이다. 이것은 사실 헤겔이 『정신현상학』에서 '경험'이라 부르는 술어의 의미이다. 모순은 의식의 한 양태를 무너뜨리고 다른 의식 양태로 이끌어 간다. 그러나 이 일상 경험에서는 놓치고 있지만 철학자의 설명에서는 드러나는 것은 관계, 즉 **왜** 첫번째 형태가 몰락하며 그 형태는 어떻게 다음 형태에 의해 대체되는가에 대한 이해이다. 일상 의식은 변화를 경험한다. 우리 철학자들은 그 변화를 변증법적 운동으로 본다.

세련되지 않은 유한한 주체가 가지고 있는 일상적 지식관에서 출발하는 헤겔은 몇몇 단계를 거쳐 더 이상 모순에 희생되지 않고 자기 내부에서 화해된 채 머물 수 있을 의식의 형태로까지 올라가고자 한다. 이것은 참된 혹은 절대적 지식이다.

---

8) *PhG*, 72.
9) *PhG*, 74.

저런 여정이 정신의 현상학일 것이다. 정신의 현상학에서 의식은 낯선 것에 붙들려 있는 것(mit Fremdartigem behaftet)[10]으로 보이게 하는 관점들과 싸워서 궁극적으로 그 관점들을 극복한다. 그리고 이 의식은 자기 자신을 정신의 자기 지(知)로 보게 된다. 고립된 의존적 존재가 이런 가상을 통과하고 넘어가는 도정은 곧 현상학이며, 그 단계들은 일련의 의식 형태들로 우리에게 나타난다.

이 작품이 엄청난 영역을 포괄하고 있을 것이라는 것은 분명하다. 그런데 실제로 그 영역은 위에서 논의한 것보다 훨씬 더 넓은 영역을 가진다. 헤겔의 목표는 우리가 다양한 앎의 의식의 형태를 통과해 가도록 하는 것만이 아니다. 그는 또한 행위와 욕망의 주체인 의식의 발전 형태를 추적해야 한다. 이때 주체란 의식이 자기 자신을 본다는 의미이며, 의식이 형성되어 간다는 의미이다(이런 주체는 헤겔의 용어로 '자기 의식'Selbstbewußtsein이라 불린다). 그리고 바로 이 점이 그의 작품의 본질에 속한다. 왜냐하면 그는 우리를 고립된 의식으로서의 주체의 관점으로부터 이 주체를 정신의 자기 인식의 담지자로 보는 관점으로 인도함으로써 우리의 지식관을 변경시키는 것 이상을 해야 하며, 우리의 자아관도 바꿔야 하기 때문이다. 그러나 이러한 변형을 산출하는 몇몇 결정적 이행은 우리의 인식 방식에 존재하는 모순에 의해 동력을 얻는 것이 아니라, 세계와 타자, 그리고 행위자인 우리 자신에 대해서 우리가 제기하는 요구와 관련하여 생겨난 모순에 의해 힘을 받는다.

따라서 인식의 변증법, 즉 '의식'의 변증법과 나란히 우리는 욕구와 충족의 변증법, 즉 '자기 의식'의 변증법도 본다. 자기 의식의 근원은 헤겔이

---

10) *PbG*, 75.

우리의 '자기 확신'(Selbstgewißheit)이라고 부른 것에 놓여 있다. 여기서 자기 확신이란 우리 자신에 대해 우리가 가지고 있는 개념을 지시할 뿐 아니라 우리가 추구하는 상태를 표시하기도 하는 풍부한 개념이다. 이 개념은 헤겔 사유의 표현주의적 토대로부터 이해될 수 있다. 인간은 자신을 표현하고 있는 외적인 구현물을 갖고자 한다. 그리고 그는 존재하기 위해 자신이 의존하고 있는 현실들이 자신에게 낯선 어떤 것을 반영하고 있을 때 이 목표에서 좌절을 겪는다. 자기 확신은 우리가 의존하고 있는 모든 것이 낯선 것이 아니라는 확신이며, 우리가 그것 속에서 자기 자신으로[평안하게] 머문다는 확신이다. 사람들은 이러한 자기 확신을 가장 광범위한 의미에서의 우리의 온전함에 대한 정의로 받아들일 수도 있다. 그러나 우리는 외부 실재와의 지속적인 관계 속에서 살아가는 존재, (우리가 숨 쉬고 먹고 또 어떤 것에 기반해 존재한다는 사실만 보더라도) 존재하기 위해 이 외부 실재에 의존해야 하는 존재이기 때문에 자기 확신의 개념은 그것이 어떠한 것이든 이 외부 세계에 대한 특정한 요구를 만들어 낸다. 이 자기 확신이 완성될 수 있으려면 주변 세계에는 특정한 것들이 있어야 하며, 인간은 이 것들을 산출하기 위해 투쟁한다.

하지만 자기 확신이라는 주어진 관념이 충족되지 않을 뿐 아니라 사물의 본성에 내재해 있지도 않다면, 주변의 실재가 우리 자신의 이러한 관념을 인정하지 않는다면, 상황은 어떻게 되는가? 그렇다면 이러한 이념에서 생겨난 행위는 어떤 의미에서 보면 모순적이다. 이러한 행위는 이 행위가 이뤄야 하는 것을 좌절시킨다. 헤겔이 우리의 참된 곤경이라고 부른 것처럼, 우리의 '진리'는 우리의 확신과 일치할 수 없다. 그렇다면 우리는 우리의 자기 확신이 척도의 역할을 하고 우리의 '진리'가 이 확신에 대립하여 나타나는 변증법을 가지게 된다. 그것들이 궁극적으로 서로 통일될 수 없는 것으로 드러날 경우에는 위에서 말한 것처럼 척도가 바뀌어야 한다.

이러한 형태의 변증법의 가장 유명한 예는 주인과 노예의 변증법이다. 헤겔은 인간이 자신의 자기 확신을 확증하기 위해 타자의 인정을 필요로 한다는 것을 보임으로써(즉 인정을 포함하지 않는 자기 확신의 형태들의 모순적 본성을 보여 줌으로써) 일방적으로 인정을 얻고자 하는 시도가 어떻게 실패로 끝날 수밖에 없는지를 보여 준다. 타자로부터 인정을 얻고자 하는 투쟁은 자신의 죽음으로 끝나든지 노예 상태로 끝나고 만다. 어떠한 경우에도 인정이라는 목표는 좌절되고 만다.

따라서 이 변증법은 우리의 자아 관념의 발전으로 나아간다. 그리고 『정신현상학』에서 이 변증법은 인식의 변증법과 뒤섞여 있다. 인식의 변증법은 『정신현상학』의 1부인 「의식」을 차지하고 있으며, 인정의 변증법은 2부인 「자기 의식」을 점유한다. 그렇다면 이 두 부분은 어떤 의미에서 보면 5장 '이성의 확신과 진리'에서 결합된다. 왜냐하면 우리는 '이성의 확신과 진리'에서 의식의 변증법과 함께 다시 시작하지만, 이 변증법은 '인간 이성은 스스로를 세계 안에서 만날 것'이라는 확신에 기초해 있기 때문이다. 그리고 자기 의식의 또 다른 변증법 이후에 우리는 개별성의 관념 속에서 보다 높은 종합에 이른다. 그리고 이런 종합은 훨씬 더 풍부한 또 다른 변증법으로, 즉 정신의 변증법으로 넘어간다.

『정신현상학』에서 이것은 나중에 '객관 정신'이라고 불린 것을 의미한다. 여기서 우리는 자아의 관념을 고립된 개별자들의 자아가 아니라 인간 공동체에서 거주하는 개인으로 가지게 된다. 이것은 반대로 종교의 형태로 나타나는 절대 정신으로의 이행을 가능하게 하며(7장), 여기에서 우리는 정신의 자기 의식으로서의 자기 의식이라는 관념으로 이행을 준비하게 된다. 이 두 경우에 있어서 변증법은 더 이상 단순한 인식의 변증법 혹은 확신과 진리의 변증법으로 간주될 수 없고, 양자를 통합한 변증법으로 간주된다. 그것은 역사에서 작용하는 변증법이다.

『정신현상학』의 비범한 업적은 직접적 지식 이론에서 출발하여 (간략하게 정리되어 있는) 역사철학과 종교철학의 발전에서 정점을 이룬다는 점에 있다. 그러나 후자[역사철학과 종교철학]는 전자[직접적 지식 이론]와 더불어 도입된 목표 속에 함축되어 있다. 즉 직접적 지식은 우리가 모순에 직면해서도 자기 자신을 유지할 수 있는 개념에 도달할 때까지 인간 의식의 상이한 형태를 가로질러 간다. 그러므로 우리가 도중에 인간을 개별자로 취하는 인간 의식의 형태가 근본적으로 부적절하다는 것을, 혹은 우리는 인간을 보다 넓은 의식의 담지자, 즉 정치적 사회의 담지자, 그리고 궁극적으로는 정신의 담지자로 보아야 한다는 사실을 발견한다 하더라도, 우리가 스스로의 무게로 인해 붕괴하지 않을 인간의 자기 이해와 세계 이해의 형태를 발견하고자 한다면, 우리는 이에 대해 이의를 제기해서는 안 된다. 헤겔에 따르면 인간의 의식과 지식에 관한 유일하게 일관성 있는 견해는 그런 의식과 지식을 정신의 자기 인식으로 보는 견해이기 때문이다. 우리가 타자에, 즉 세계에 직면해 있는 외로운 인간으로 남아 있는 한 내세울 만한 결과에 대한 희망은 없다. 그러나 우리가 일단 인간을 예컨대 국가와 같은 초개인적 주체의 담지자로 보게 되면, 몇몇 결정적 이행이 국가 조직의 형태들 사이에 존재할 것이며, 따라서 그것들을 따르는 가운데 우리는 역사철학의 영역으로 진입해 갈 것이다. 원리상 이것은 우리에게 놀라운 일이 아니다. 왜냐하면 우리가 헤겔에게서 본 것처럼 체계의 서론으로서의 현상학을 그의 철학의 몸체로부터 떼어 낼 길이 없기 때문이다. 유일하게 놀랄 만한 것은 『정신현상학』이 헤겔 체계의 중요한 부분들 중 몇 부분에 대한 축약판에 불과할 정도로 그의 체계가 광범위하다는 것이다.

그러나 이것이 전부는 아니다. 헤겔은 우리가 필요하다고 생각하는 것보다 훨씬 더 넓은 그물망을 도안한다. 많은 독자는 헤겔의 체계적 작품들 모두에 나타나는 이런 경향에서 놀라움을 금치 못할 것이다. 헤겔은 매 장마다 마치 다시 처음부터 시작하듯이 쓴다. 이는 헤겔의 이행 과정들을 추적하기 어렵게 만들고, 또 필요 이상의 질문거리를 만들어 내는 원인들 중 하나이다. 제기된 문제와 관련하여 새로운 길로 이행해야 할 필연성을 보인 후에 헤겔은 자신이 습득한 개념적 정교화 작업에 머물지 않고, 이러한 새로운 접근 방법을 가장 원시적인 형태로 제시하기 시작하며, 아주 서서히 뒤에서부터 밟고 올라와 다시 한번 이 새로운 영역에서 정교한 용어를 만들어 낸다. 물론 그는 전에 이미 이 용어를 사용할 권리를 갖고 있었다.

따라서 헤겔은 1부인 「의식」을 의식은 필연적으로 자기 의식으로 전환된다는 것을 보이면서 끝낸다. 그는 그 과정에서 진전된 사변 이론의 언어들 중 몇 개를 가져다 쓴다. '무한성', '자기 동일자의 분리' 등과 같은 것이 그런 개념이다. 그러나 그는 자기 의식에 관한 부분을 진전된 언어의 단 일부도 사용하지 않은 채 다시 처음부터 시작한다. 즉 그는 삶과 욕망을 연구하는 것으로 시작한다. 의식의 필연적인 일부로 드러난 보편성은 자기 의식과의 관련 속에서 다시 새롭게 사용된다.

혹은 다시 한번 헤겔은 「이성」을 '스스로 법칙을 부여하는 개별자' 개념과 함께 끝내며, (객관) 정신으로, 혹은 정치 공동체에서의 인간의 삶으로 나아간다. 우리는 이것이 우리가 상당히 진전된 단계에 있는 영역과 씨름하는 것을 정당화한다고 생각할 수 있다. 그러나 그는 그리스 사회를 다루는 것으로 시작한다. 「종교」에서는 페르시아 종교를 다루면서 시작한다.

이러한 습관은 강박적인 백과전서주의자와 같다는 인상을 준다. 이와 관련한 많은 예들이 그의 다른 체계적인 작품들에서 발견될 수 있다. 이로 인해 헤겔의 이행 과정들은 그가 주장하는 것보다는 덜 엄격한 연결 고리를 가지게 되었다. 그러나 외관상 이렇게 정처 없어 보이는 것에도 방법이 있다. 우리는 헤겔의 이러한 실행의 목표가 우리의 일상 의식으로부터, 우리의 일상적 범주로부터, 혹은 유한한 존재로부터 증명될 수 있다는 통찰을, 그리고 우리는 순수하게 내적인 논증에 의해, 즉 전제 없는 변증법에 의해 '자기를 아는 정신'이라는 헤겔의 개념에까지 이르러야 한다는 통찰을 놓쳐서는 안 된다.

그러나 사실 그러한 증명의 출발점은 자의적이다. 궁극적으로 모든 것은 절대자에서 유출된 것으로 드러나지만, 논의를 출발함에 있어서 사람들은 소여된 어떤 것을 취해야 하며, 그것으로부터 출발해야 한다. 헤겔은 자신의 입장을 강화하기 위해 자신의 종착점과 가능한 한 멀리 떨어져 있는 그런 현실이나 범주 혹은 이념을 자신의 출발점으로 선택한다. 하지만 적어도 그 체계가 이끌려 나오기 전까지는 (출발점과 종착점 사이의) '거리'에 대한 그의 판단은 대략적이고 직관적이다.

자신의 증명을 확신시키기 위해 헤겔은 모든 관점을 포괄한다. 그는 목표를 향해 최단 거리로 진행하기보다는 소여된 어떤 출발점이 누군가가 도달할 곳임을 보이기 위해 노력하는 경향이 있다. 훨씬 더 중요한 사실은 이런 증명이 헤겔의 근본적 개념을 확립하는 데 도움을 줄 뿐 아니라 모든 것이 어떻게 그 개념의 일부인지를 보이는 목적에도 봉사한다는 점이다. 따라서 헤겔의 주요한 논증적 작품들에는 모든 것을 포괄하는 데로 나아가는 운동이 존재한다. 그러므로 중요한 이념이나 현상을 이끌어 내고자 할 경우 그는 놀라울 정도로 긴 우회로를 거치며, 또한 새로운 영역으로 진입할 때 다시 한번 처음부터 시작하는 경향이 있다.

헤겔의 체계를 대표하는 상은 하나의 실개천이 아니라 오히려 강의 체계라고 해야 할 것이다. 근원으로부터 출발하여 그는 첫번째 지류에 도달하며, 그런 다음 합류된 주된 흐름을 따라가는 것이 아니라, 이 지류의 처음부터 다시 시작하고자 한다. 그런 방식으로 그는 계속 아래로 내려간다. 그는 광대한 체계의 모든 물이 절대 정신이라는 강어귀에 도달한다는 것을 보여 준다.

그러나 물론 어떤 작품도 모든 것을 다 포괄할 수는 없다. 언제나 어떤 선택의 원리가 있다. 그리고 대부분의 독자는 『정신현상학』에서 다뤄진 주제들의 모음에 당황했다. 이 작품은 지식론, 역사적 문명론, 스토아주의와 같이 인간의 문명을 형성하는 데 중요한 역할을 한 비전들, 골상학과 같은 당대의 사소한 유행들 등을 포함하고 있다. 선택의 원리가 자전적인 것에서 온 것이 아닌가 하는 추측을 할 수 있다. 즉 이 단계들은 헤겔이 수용하고 반성한, 그가 성숙한 상을 얻을 수 있게 해준 이론들, 태도들, 열망들, 혹은 역사 시기들 등을 대표하고 있지는 않은지 추측하게 한다. 하지만 자전적 해석은 쉽게 너무 극단으로 갈 수 있다. 헤겔이 골상학의 신봉자였다는 증거는 없다. 다른 한편 유대교와 그리스도의 삶에 대한 그의 풍부한 연구는 『정신현상학』에서 빠져 있다. 단지 불행한 의식이라는 주제를 다루는 곳에 그 흔적을 남기고 있을 뿐이다.

이보다 훨씬 더 그럴듯한 해석은 헤겔이 주제들을 선택함에 있어 시대의 유행들·신념들·열망들에서 깊은 영향을 받았다는 것이다. 이러한 해석은 인간을 절대적 학의 관점으로 이끌기 위해 그 인간의 관점으로부터 진행시켜 가는 작품과 관련해 의미를 지닌다. 그리고 이러한 사실은 헤겔이 몇몇 낭만주의 입장들 및 칸트 도덕 이론의 쟁점에 관심을 보인 이유를 설명한다.

사실 『정신현상학』은 너무나 방대해서 우리가 아주 세밀한 것을 제쳐 버린다고 하더라도 체계적으로 끝까지 따라가기 힘들다. 또한 많은 부들은 헤겔이 나중에야 다듬게 되는 주제들을 다룬다. 내가 하고 싶은 것은 그의 입장을 드러내고 있는 부들만을 검토하는 것이고, 다른 부들에 대해서는 전체 작품의 운동을 보여 주기 위해 대략적인 논의의 방향만을 제시할 것이다. 이후 장들에서 나는 여기서 간략하게 다루고 지나간 부들 중 몇 개로 되돌아와 언급할 기회를 가질 것이다.

2

『정신현상학』에 들어가는 처음 논의들은 헤겔의 내재적 비판의 좋은 예가 된다. 헤겔은 '감각적 확신'이라는 의식 개념과 더불어 변증법적 운동을 시작한다. 감각적 확신은 세계에 대한 우리의 인식의 한 관점이다. 이 관점에 따르면 우리가 마음의 활동, 개념적 활동이 일어나기 이전에 우리의 감각을 세계에 단순히 개방하여 우리에게 오는 인상이 무엇이든 그 인상을 수용할 때 그 세계는 가장 풍부하고 완전하다. "따라서 우리는 의식이 제공한 이러한 앎(知)에 대해 어떤 것도 변경시키지 않고, 그렇게 수용된 것에 대해 어떤 개념화 작용도 거치지 않은 채 직접적이고 수용적인 방식으로 행위한다."[11] 감각적 확신의 관점에 따르면 이런 순수한 수용성은 우리에게 가장 참될 뿐 아니라 풍부한 지식을 제공한다고 가정된다. 그것은 다음과 같은 이유 때문이다. "그것[감각적 확신]은 대상으로부터 어떤 것을 배제하는 것이 아니라, 그 대상들을 가장 완전하게 자기 앞에 세운다."[12]

---

11) *PbG*, 79.
12) *PbG*, 79.

이러한 견해는 명백히 경험주의와 유사하지만, 어떤 경우에도 경험주의와 온전히 일치하지는 않는다. 그러나 어떤 지적(개념적) 활동성에도 앞서는 원초적 수용성의 의식이라는 이러한 생각은 분명코 경험주의적인 주장을 담고 있다. 경험주의는 지성적 작용에 의해 생겨난 어떤 다른 판단들보다도 이런 수용성의 형식에 보다 높은 정도의 확실성을 부여한다.

여기서 헤겔이 변증법적 운동에 들어가는 방식은 감각적 확신의 주체가 경험한 것을 **말하기** 위해 이 주체에 대해 질문하는 것이다. 여기서 우리는 이미 헤르더가 끌어들였던 근본 이념, 즉 반성적인 인간 의식은 필연적으로 언어적 의식이며, 그것은 기호로 표현되어야 한다는 근본 이념과 동일한 것이 작용하고 있음을 볼 수 있다. 하지만 우리가 이러한 유의 주장을 받아들인다면, 우리는 우리의 방법을 위반하고 있으며 또 이념·정보·이론을 외부의 일상 의식으로부터 수입하고 있는 것은 아닌가?

여기서 헤겔은 명백히 그렇게 생각하지 않는다. 오히려 그는 앎의 표준적 특성들 중 하나로 말할 수 있는 능력을 제시한다. 그리고 이것은 동의하기가 그렇게 어렵지 않다. 왜냐하면 여기에 상응하는 의미의 지에는 알려진 것에 대한 확실한 의식이 함축되어 있기 때문이다. 여기서 중요한 것은 실천적 지식[노하우]이나 무의식적 간지, 혹은 그와 비슷한 유의 어떤 것이 아니라 깨어 있는 상태에서 경험한 지식이다. 이러한 의미에서 우리가 어떤 것을 알고 있다고 한다면, 우리가 (그에 합당한) 언어를 가지고 있지 않을 때조차, 우리가 그 경험을 잘 표현할 수 없고, 그래서 '묘사할 수 없는'과 같은 표현을 쓰는 한이 있더라도 우리는 우리가 알고 있는 것을 말할 수 있어야 한다. 여기서 요점은 알려진 것은 그것을 서술할 필요가 있을 만큼 충분히 우리의 인식 대상이 된다는 것이다. 결코 언표될 수 없는 경험, 심지어 표현하기에 불가능하지는 않지만 매우 어려운 그런 경험은, 우리가 (현재 경험된 것에 대한 지식이라는 의미에서의) 지식에 본질적이라고 생각하는 의식의 문지방 아래에 있을지 모른다. 이것은 무의식적인 체험이거나 우리의 의식의 영역 외부에 놓여 있는 주변적 체험일 것이다.

감각적 확신의 주체에게 그가 알고 있는 것을 말하도록 요청함으로써 우리는 그 주체에게 이러한 의식 양태에서 습득한 다소 실질적인 지식을 산출하도록 요구하고 있는 것이다. 그리고 이것이 모순이 일어나는 장소이다. 감각적 확신은 개념적 의식과 비교해 볼 때 측량할 수 없을 만큼 풍부한 것으로 간주된다. 왜냐하면 어떤 것도 아직 선택되거나 추상되지 않았으며, 혹은 지금 현존하지 않는 다른 현상들과 함께 하나의 범주 속으로 들어가지 않았기 때문이다. 그것의 풍부함과 특수성 속에 전체 장면이 다 들어 있다. 그러나 이제 우리는 어떤 것을 알기 위해 그것에 관한 무언가를 말할 수 있어야 한다는 사실을 알게 된다. 그리고 그것에 대해 무언가를 말하기 위해 우리는 우리 앞에 놓인 실재의 이런 혹은 저런 차원에 초점을 맞춰야 한다. 이러한 의식 형태의 위대한 풍부함은 단순한 가상이다. 우리 앞에 놓인 장면을 우리 안으로 '받아들일' 때 우리는 고갈될 수 없을 만큼 풍부한 세부적인 것들을 받아들이고 있다고 잘못 믿을 수도 있다. 왜냐하면 사실 이 장면에서 고갈될 수 없을 만큼 많은 세세한 것들을 말할 수 있기 때문이다. 그러나 우리가 알고 있는 것을 말한다는 것의 전제 조건은, 우리가 진실로 인식하고 있는 것이 이러한 고갈될 수 없는 것으로부터 선택한 것임을 보여 준다. 왜냐하면 사물들을 특정한 방식으로 서술하며 파악하는 가운데 우리는 현재 그 사물들에 대한 다른 방식의 서술들을 배제하기 때문이다. 내 연구에 필요한 대상들을 일상적인 서술 방식에 따라 유용한 대상들(타자기, 책상, 의자 등)로 바라볼 때 나는 그 대상들을 순수한 형태로 볼 수 없다. 혹은 그것들을 순수한 형태로 볼 때 나는 그것들을 상이한 질료들의 병치로 볼 수 없다. 그리고 이러한 관계는 계속된다.

다른 말로 하면 인지라는 상황은 우리가 우리 앞에 놓인 대상들의 어떤 차원들에 초점을 맞추는 것이고, 그 차원들을 바라보는 특정한 방식을 우세한 것으로 만드는 것이다. 인지하는 의식은 선택적이다. 이러한 사실은 우리가 알고 있는 것을 말하도록 요구받자마자 곧 드러난다.

따라서 헤겔에 따르면, 감각적 확신은 의식의 가장 풍부한 형식이 결코 아니며, 사실상 가장 빈곤한 형식일 것이다. 왜냐하면 그 의식은 선택성을 철저히 결하고 있으며, 이로 인해 공허한 것으로 떨어지고 말기 때문이다. '모든 것을 받아들이고자 하는' 시도를 하는 가운데 선택을 포기한다는 것은 무의식으로, 몽환과도 같은 응시 상태로 떨어진다는 것을 의미한다(『논리학』에서 '순수 존재'라는 개념이 이와 유사하게 거론될 수 있다). 따라서 감각적 확신을 실질적 지식으로 현실화하기 위한 시도는 그 자체의 근본 조건과 충돌을 일으킨다. 비선택적이고 직접적인 의식의 상태가 있다면 우리는 그것을 알기 위해 그 상태에서 걸어 나와야 한다. 그러므로 지식의 '척도'로서의 감각적 확신은 모순에 떨어지고 만다. 우리가 감각적 확신을 현실화하고자 하는 순간 우리는 그것이 지식의 표준적 특성들과 충돌을 일으킨다는 것을 볼 수 있다. 그것은 원리상 현실화될 수 없다.

비선택적 지식이라는 감각적 확신의 요청은 실현될 수 없는 것으로 판명될 뿐 아니라, 일반적 술어의 도움 없이 감각적 특수자와 직접 접촉하고자 하는 요청도 실현될 수 없는 것으로 판명된다. 어떤 것을 인지한다는 것이 그것에 대해 말할 수 있다는 것을 의미한다면, 이것은 우리 앞의 대상들을 그 자체 특수성 속에서 파악하는 것이 아니라 다른 대상들과의 관계에서 드러나는 특정한 측면들을 통해 파악한다는 것을 함유한다. 헤겔이 1장인 '감각적 확신'에서 가장 관심을 집중한 것은 인식할 때 반드시 나타나는 선택의 필연성을 보이기보다는 오히려 특수자에 대한 순수한 지식의 이러한 불가능성을 보이는 것이다.

지식은 보편자나 개념에 의해 필연적으로 매개되어 있다는 헤겔의 논의는 근본적으로 두 단계로 이뤄져 있다. 첫째, 그는 순수한 지시사('이것' 혹은 '여기' 혹은 '지금')를 가지고서 표현하기를 요구하는 감각적 확신의 주창자들에 대해 문제를 제기한다. 헤겔은 이 점에서 이 지시사들이 내가 인지하고 있는 것들을 표현하는 데 불충분하며, '이것' 혹은 '지금'과 같은 용어는 많은 상이한 내용들에 무차별적으로 적용되고, 그 자체 보편자로 기능한다는 것을 논증할 수 있었다. 따라서 이로부터 그는 특수자에 대한 지식이 결코 무매개적일 수 없다는 사실과 일반적 술어의 매개 없이는 어떤 지식도 불가능하다는 사실을 보여 준다. 사실 술어에 대한 헤겔의 특수한 용법에서 보자면 이런 유사한 기능은 이 지시사들을 보편자로 분류하기에 충분하다(그는 또한 '자아'도 그렇게 분류하고자 한다). "그런 단순한 지시사는 이것도 저것도 아닌 **이것 아님**(not-this)이라는 부정을 통해 산출되며, 따라서 이것 혹은 저것에 무차별적일 수 있다. 그런 지시사를 우리는 **보편자**라고 부른다."[13]

이 단계는 감각적 확신을 위한 가능한 반격을 고려함으로써 앞으로 나아간다. 즉 우리는 '지금' 그리고 '여기'를 의미하는 특수한 시간과 장소가 **내가** 숙고하고 있는 바로 지금 여기라는 것을 첨부함으로써 확인할 수 있다는 것이다. 그러나 헤겔이 지적하듯이, 이 맥락에서 '나'는 '이것'만큼이나 '보편자'이다. 물론 '나'는 특정한 개별적 인격체를 **의미한다**. 하지만 내가 여기서 '나'라고 말함으로써 특정한 개별적 인격체를 말하고 있다고 한

---

13) *PhG*, 82.

다면 이것은 내가 '이것'을 말함으로써 특수한 어떤 사물을 말하고 있다고 하는 것만큼 나는 아무것에도 도달하지 못한다.

그러나 물론 이것은 감각적 확신의 주창자들을 만족시키지 못할 것이다. 그리고 헤겔은 '나'를 조금 전에 논의한 지시사들과 동화시키고 있는데, 이것은 지긋지긋한 문제를 불러온다. 나는 맥락과 상관없이 어떤 사람에게나 적용될 수 있을 방식으로 '나', '지금', 혹은 '여기'가 무엇을 의미하는지 말할 수 없다. 동일한 이유 때문에 그런 단어들을 포함하고 있는 문장들은 그 맥락에서 벗어나 이식될 수 없으며, 동일한 진리치를 간직할 수 없다. 하지만 내가 '나' 혹은 '이것'이라고 말할 때 **나는** 내가 무엇을 의미하는지 안다. 그리고 만약 당신이 당신 자신을 동일한 맥락에 위치시키고 싶을 경우 나는 당신에게 **보여** 줄 수 있다.

여기서 우리는 감각적 확신의 개념의 토대에 놓인 참된 사상에 도달한다. 특수자와의 순수한 접촉으로서의 감각적 확신은 물론 맥락 속에서만 적용될 수 있으며, 개념들에 의해 매개되지 않은 지식**으로서의** 감각적 확신은 물론 단지 보여질 수 있을 뿐이다. 논의의 이 두번째 단계에서 헤겔은 참된 주제를 이야기한다.

우리는 그것[지금]이 우리에게 **드러나게** 해야 한다. 왜냐하면 이러한 직접적 관계의 진리는 지금 그리고 여기 제한되어 있는 바로 **이** 나의 진리이기 때문이다. 우리가 이 진리를 **나중에** 혹은 **거리**를 두고서 취하고자 할 경우 이 진리는 아무런 의미도 갖지 않을 것이다. 왜냐하면 우리는 그 진리에 본질적인 직접성을 지양하기 때문이다.[14]

---

14) *PbG*, 85.

우리는 여기서 명시적 정의를 가진 유사한 주제들을 다른 형식 속에서 보게 된다. 이것이 바로 논의의 매듭이다.

헤겔의 대답은 『철학적 탐구』(*Philosophische Untersuchungen*)에서 행한 비트겐슈타인의 논의와 다르지 않으며, 위에서 묘사한 노선을 따른다. 내가 말할 수 있는 모든 것이 '이것' 혹은 '여기'라면, 나는 이러한 맥락에서 내가 의미하는 바가 무엇인지를 알 수 없다. 무엇 때문에 이 술어들이 여기에서 사용되는가? '지금'을 예로 들어서 설명해 보자. 이 말은 이 찰나의 순간, 이 시간, 이날, 이 십 년, 이 시대 등을 의미하는가? 그것은 이 모든 것을 의미할 수 있으며, 상이한 맥락들에서는 상이한 것들을 의미할 수 있다. 하지만 그것이 나에게 어떤 것을 의미한다면, 그리고 단순히 공허한 말이 아니라면 이 '지금'에 어떤 형태를 부여하고 영역을 정하기 위해서 내가 말할 수 있는 어떤 다른 것이 있어야 한다. 그것은 '날'이나 '시간'같이 특정한 시간의 기간을 위한 술어일 수도 있고, 혹은 나의 주의를 끌고, 따라서 나의 현존의 차원을 규정하는 행위나 사건이나 과정에 대한 어떤 기술일 수도 있다.

이러한 방식으로 헤겔은 다음과 같은 결론을 내린다. 즉 특수자에 대한 무매개적 지식은 없다. 감각적 확신은 자신이 의미하는 바와 대립된 것을 말하면서 끝나며,[15] 이것은 감각적 확신의 모순적 본성을 증명한다. 특수자를 실제적으로 인지하고자 하는 시도는 기술적, 즉 일반적 술어들을 사용함으로써만 성공할 수 있다. 순수한 특수자에는 '도달할 수 없다'. 기술적 방식으로 표현될 수 없는 것은 "비진리, 비이성적인 것, 단순히 사념된 것에 불과하다".[16] 그리고 동일하게 특수자는 잠재적으로 무한한 기술

---

15) *PbG*, 88.

이다. 왜냐하면 어떤 지점에서도 일반적 술어들로 기술된 서술들은 그 특수성을 포착할 수 없으며, 이러한 일반 술어로 기술하는 것 이상으로 이러한 특수성을 표현할 길이 없기 때문이다.

여기에 표현된 주장은 오늘날의 많은 철학자에게 낯설지도 않고 심지어 틀리지도 않은 것처럼 보일 것이다. 그러나 여기서 나타나는 논의와 그 결론은 헤겔 철학에만 특수하게 나타나는 어떤 주된 주장들을 반영하는 방식으로 이뤄지고 있다. 따라서 순수한 특수자에 도달할 수 없다는 것은 단순한 인식론적 진리만이 아니다. 그것은 또한 특수자는 소멸할 수밖에 없는 본성으로 운명 지어져 있다는, 즉 특수자는 사멸한다는 존재론적 진리도 반영한다. 항구적인 것은 개념이다. 따라서 특수자를 말할 수 없다는 것은 특수자의 존재론적 지위를 표현한 것일 뿐이다. 즉 그것은 유지될 수 없는 것이며, 지나가야 하는 것이다. 그리고 역으로 외적인 특수한 실존은 항구적이지 않다. 왜냐하면 그것은 개념 속에서 표현될 수 없기 때문이다.

이러한 근거에서 헤겔은 몇몇 철학자들이 여전히 특수자의 감각적 실재를 지식의 최종 근거로 삼는 것에 놀라움을 표시한다. 그에 의하면 짐승들조차 이들보다 현명하다.

> 왜냐하면 짐승들은 즉자적으로 존재하는 감각적 사물들 앞에 머무는 것이 아니라 이러한 실재를 의심하고 또 이 실재들을 철저히 무실한 것으로 간주하면서 주저 없이 먹고 소화시키기 때문이다.[17]

---

16) *PhG*, 88.
17) *PhG*, 87.

그러나 헤겔의 존재론에서 특수자는 반드시 소멸한다는 것이 진실하다면, 특수자는 필연적으로 실존하며, 개념 혹은 이념은 (일련의) 특수자로 옷 입지 않을 수 없다는 것도 진실하다. 개념은 특수자들의 진행 과정에서, 특수자들이 생성되고 소멸하는 과정 속에서 드러난다. 특수자는 개념을 담지하는 소멸적 매체로 이해될 수 있을 뿐이다.

이러한 이론적 배경이 '특수자는 자신에게만 특수하게 머물러 있기 때문에 이 특수자에 대해서는 진술 불가능하다'는 헤겔의 논의를 구성한다. 이 논의는 특수자에 대한 순수한 무매개적 지식의 불가능성만을 반영하는 것이 아니다. 그것은 또한 경험의 근저에 있는 운동도 반영하고 있다. 우리는 특수한 감각적 존재들로서 특수한 사물들을 마주한다. 말하자면 우리의 감각으로 그 사물들을 이해하게 된다. 그러나 우리가 그 사물들을 잡으려 하자마자 그것들은 사라진다. 즉 우리는 그 사물들을 개념으로 포섭함으로써만 붙잡을 수 있다. 헤겔의 언어로 말하자면 사물들을 지식으로 포착하고자 하는 우리의 시도는 우선 특수자로서의 그 사물들을 부정한다. 그런 다음 이 부정을 부정하면서 우리는 그 사물들을 매개된 개념적 의식을 통해 파악함으로써 회복한다. 무매개적인 것은 부정되지만, 이것은 매개된 형식 속에서 보존된다.

'지금'은 헤겔이 이러한 논의와 연관해서 사용한 개념이다. 물론 이 특수한 예가 이 논의를 대표할 수 없는 몇 가지 측면이 있기는 하지만 이 예를 그저 일반화해 설명해 보자. 감각적 확신의 '지금'은 순간적 현재를 표현하는 것으로서 가장 직접적인 감각으로 이해될 수 있다. 그러나 이것은 지시되자마자 사라져 버리며, 따라서 '부정'된다. 하지만 우리가 우리의 현재를 서술하기 위해 '오늘'이나 '이 시간'이라고 말할 때 즉각 지나가 버리는 현재는 보다 큰 '지금'이라는 술어 속에서 반복되고 재통합된다. 첫번째 부정은 부정된다.

이 예는 생각보다 그렇게 일리 있어 보이지 않는다. 왜냐하면 찰나적 순간이 과거가 되어 감으로써 소멸해 버리는 시간의 흘러감은 '여기' 혹은 '이것'에 대한 토론과 쉽게 어울리지 않기 때문이다. 하지만 여기서 중요한 점은 다음과 같다. 즉 경험하는 가운데 우리는 특수자와 마주친다. 우리는 이 특수한 사물들을 어떤 의미에서 문자적으로 '지시'함으로써 파악하거나 혹은 지시사나 관계사에 의해서 전달될 수 있는 방식으로 한 사물에 집중함으로써만 파악할 수 있다. 하지만 지시한다는 경험 그 자체는 우리가 사물을 파악하고자 할 때 특수자의 덧없는, 파악 불가능한 본성을 보인다는 것이며, 우리가 그 사물을 보편자에 귀속시킴으로써 회복하고 우리 눈앞에 붙잡아 둘 수 있다는 것이다.

다른 말로 하면 "어떤 것을 지시하는 것은 '지금'이 보편자임을 경험하는 것이다".[18] 그리고 헤겔에게 그 술어는 이런 경험을 통해 우리는 사물의 존재론적 진리를 산출하며, 특수자는 개념의 담지자로만 존재한다는 것을 의미한다. 하지만 여기서 헤겔은 특수자에 대한 무매개적 지식의 불가능성과 개념의 필연적 역할만을 논한 것이 아니다. 내 견해에 따르면, 그는 여기서 또한 우리가 우리에게 마주친 특수자에 도달하고자 할 때 보편적 개념이라는 매개적 도구를 통해서만 가능하기 때문에 특수자를 파악하고자 하는 좌절할 수밖에 없는 시도인 이 논의들이 우리의 경험 자체를 반영한다고 생각한다.

나는 『정신현상학』 1장인 '감각적 확신'에서의 헤겔의 논의를 다소 상세히 해명하고자 했다. 그 이유는 부분적으로는 이런 상세한 해명이 그의

---

18) *PhG*, 86.

상승 변증법이라는 서술 방식에 어울릴 뿐 아니라, 다른 한편 여기서 다룬 요점, 즉 선택의 불가피성, 특수자의 소멸적 본성 등이 헤겔의 근본적 주장이기 때문이다. 불행히도 『정신현상학』에서 「의식」을 다루는 다음 두 장 ['지각; 사물과 착각'과 '힘과 오성, 현상계와 초감각적 세계']의 논의는 더 상세히 다룰 여유가 없다. 나는 일반적 경향만을 간략하게 설명할 것이다.[19]

감각적 확신의 변증법으로부터 생겨난 새로운 형태는 대상을 성질을 가진 것으로 보는 관점이다. 이러한 지식 대상의 관점을 헤겔은 '지각'(Wahrnehmung)이라고 부르는데, 이러한 관점은 특수자로서의 대상에 대한 우리의 이해를 우리가 습득한 통찰, 즉 특수자는 일반적 서술을 통해서만 파악될 수 있다는 통찰과 결합한다.

이것은 새로운 변증법의 출발점이다. 새로운 변증법에서 헤겔은 이러한 대상에 의해 한정된 경험이 다시 한번 모순적으로 드러난다는 사실을 보이고자 한다. 그 이유를 그는 대상 그 자체가 내적인 모순으로 고통받고 있다는 데서 본다. 경험 대상에 대한 일관된 관점을 얻기 위해 우리는 대상을 인과적 힘의 장소로 보는 역학적 관점으로 나아가야 한다.

이때 헤겔은 3장['힘과 오성, 현상계와 초감각적 세계']을 대상을 힘의 장소로 보는 이런 새로운 관점으로부터 시작한다. 이 장은 이러한 유의 대상에 대한 다양한 방식의 이해를 숙고한다. 힘 개념의 도입과 더불어 우리는 대상에 대한 이중적 파악 방식을 보게 된다. 한편으로 대상의 외적인, 명료한 속성들은 내적인 힘 혹은 힘들의 산물로 간주될 수 있다. 헤겔은 이러

---

19) 헤겔의 이 논의가 현재 어떤 의미를 갖는지에 대해서는 다음을 참조하라. Charles Taylor, "The Opening Arguments of Phenomenology", ed. Alasdair C. MacIntyre, *Hegel*, Garden City, N. Y.: Anchor Books, 1972, pp. 151~187.

한 내적-외적 관계를 파악하는 수많은 방식을 훑고 지나간다. 예를 들어 현상의 내적 근원을 '초감각적인 것'으로 특징짓는 것, 혹은 이러한 근원을 법칙을 통해 이해하는 것 등이 그것이다. 헤겔은 이 모든 것이 결국 몰락하며, 대상을 스스로를 드러내는 내적 필연성의 외적 발현으로 보는 개념에 우리가 도달하게 된다고 주장한다. 그 대상의 상이한 형태들이나 속성들은 자연법칙에 우연히 연결되어 있을 뿐이다. 그리고 그것들은 스스로를 필연적으로 분화하는 내적 동일성의 차이로 드러난다.

따라서 우리는 헤겔의 '개념'이라는 관념에, 즉 필연적으로 자신의 외적인 드러남을 정립하는 필연성의 이념에 도달하게 된다. 그리고 이 개념은 주체성의 구조를 가진다는 사실을 보여 주기 때문에 우리는 의식에서 자기 의식으로 이행하게 된다. 스스로를 분리하는 동일자, 즉 필연적으로 체현되는 이념이라고 말함으로써 우리는 주체에 속하는 공식을 사용하고 있다.

따라서 우리가 발견한 것은 알려진 대상의 구조와 주체의 구조는 동일하다는 것이다. 우리의 의식은 낯선 실재에 대한 의식이 아니다. 반대로 "타자에 대한 의식, 대상 일반에 대한 의식은 사실 필연적으로 **자기 의식**이며, 자기 내의 반성이고, 타자 속에서의 자신에 대한 의식이다".[20]

따라서 초현상적인 것을 가리고 있는 막은 제거되며, 우리는 그 배후에 있는 것이 그것(의식) 앞에 서 있는 것과 동일하다는 것을 발견하게 된다. "**우리**가 내적인 것을 숨기고 있다고 생각된 그 막의 배후에 서 있지 않다면, 그리고 보여질 수 있는 것이 그 막 뒤에 있지 않다면, 그 막의 배후에서 아무것도 보여질 수 없다는 것은 자명하다."[21]

---

20) *PhG*, 128.

이것은 헤겔에게 명백히 중요한 이행이다. 그러나 나는 여기서 두 가지 이유 때문에 이 논의를 하지 않고자 한다. 첫째, 이 이행은 이층위의 개념들로 이뤄진 「본질론」에서 「개념론」으로 운동해 가는 『논리학』의 부분에서 보다 더 잘, 훨씬 철저하게 다뤄지고 있기 때문이며, 둘째, 헤겔의 전체 작품에서 논의의 궁극적 타당성이 어떻든 간에 그 논의가 여기서 훨씬 더 설득력 없게 진행되고 있기 때문이다. 따라서 자연법칙을 우연적 연관으로 보는 (흄의 입장과 유사한) 우리의 일상적 견해는 불만족스런 것으로 판단되며, 이것은 그 논의에서 중요한 역할을 한다. 이런 견해는 연결된 술어들 사이의 내적 연관을 전제하는 '법칙 개념'에 모순된다. 이러한 견해에 대한 헤겔의 논거는 상이한 술어들 사이의 관계 속에 표현된 법칙이 단일한 하나의 기초적 힘이나 필연성의 유출로 간주되어야 한다는 것이다. 그러나 이것은 결코 확실하게 증명되지 않는다. 그리고 독자는 내적 필연성을 단지 전제로 가정하고 있다는 이유에서 이 논의가 순환적이라고 느끼며, 그 논의가 대상의 본성에 대한 헤겔의 결론에서 나온다고 느낀다.

여기서 헤겔의 변증법적 논의는 해체위험에 처한 것 같다. 그 위험은 다음과 같다. 탐구되고 있는 대상은 사실상 의심스런 대상이며, 결론으로 나아가기 위해 출발지점에서 유지했던 강력한 신뢰를 포기해야 하는 대상이다. 그런데 바로 이런 대상에 표준이 되는 자나 척도를 귀속시킨다면 이것은 바로 그의 변증법적 논의를 해체할 수도 있다. 왜냐하면 자연법칙에 대한 우리의 구상은 철저히 내적 필연성에 이해 이끌려야 한다는 요청이 사실 그런 귀속에 의존하는 것처럼 보이기 때문이다.

이제 『정신현상학』의 2부 「자기 의식」으로 가 보자.

---

21) *PbG*, 129.

5장
자기 의식

1

의식의 변증법에서 지식에 대한 특정한 규범과 이 규범에 도달하고자 하는 가운데 우리가 실제로 도달할 수 있는 것 사이에는 긴장이 놓여 있었다. 자기 의식과 더불어 변증법은 우리 자신에 대한 우리의 이념, 즉 당위적 우리와 현실적 우리 사이에서 일어난다. 이 양자는 헤겔이 자기 확신과 진리라고 부른 두 계기이다. 앞의 변증법에서 주된 개념이 지식이었다면, 여기서는 관심의 중심이 욕망과 욕망의 충족으로 이동한다. 우리 자신에 대한 우리의 이념에서 우리의 자기 확신의 대상은 우리가 중립적으로 향해 있는 어떤 것이 아니다. 반대로 우리는 그 대상에 대해 정열을 가지고 맞닿아 있다. 우리의 진리가 이러한 사실에 상응하지 않을 때, 그래서 우리를 또 다른 자기 확신의 모델로 이끌고 갈 때 이행은 고통 없이 수행되지 않는다.

그리고 이러한 이행 그 자체는 다른 이행과는 구분된다. 어떤 자아 개념이 유지될 수 없고 포기되어야 한다는 사실을 지적인 술어들로 드러낼 필요는 없다. 오히려 우리 자신에 대한 어떤 생각을 서술하고자 하는 시도가, 그 목표에 도달하지 못했다는 이유로 인해, 근원적인 이념을 묻어 버리는 결과로 나타날 수도 있다. 하지만 이러한 결과로부터 다음 단계가 나타 난다. 물론 이 단계는 앞선 자기 확신을 반박하면서 나오는 것이 아니라 인 간을 위한 새로운 상황의 창조에 의해 나온다.

따라서 자기 의식의 변증법은 인간의 갈망과 열망, 그리고 그것들의 변천의 변증법이다. 그 근저에 놓여 있는 것은 무엇인가? 궁극적으로 충족 될 수 있는, 그리고 변증법을 종결시킬 열망의 형식, 자기 확신의 형식은 어 떤 것인가?

목표는 통합적 표현이자 완성인데, 이 표현과 완성에서는 우리를 체현 하고 있고 우리가 의지하고 있는 외적 실재가 전적으로 우리를 표현하고 있으며 우리에게 낯선 어떤 것도 포함하고 있지 않다. 총체적 통합의 상태 라고 부를 수 있는 이러한 목표는 헤겔의 무한성 개념, 즉 주체가 그 외부 의 어떤 것에 의해서도 제한되지 않는 상태라는 개념과 동일하다. 헤겔에 게 자기 의식이 추구하는 목표는 바로 총체적 통합에 대한 이러한 갈망이 다. 이 목표는 처음에는 조야하고 비현실적인 비전으로 나타나지만 인간 이 도야되고 갈등과 모순에 의해 승화될 때 현실적인 것이 된다.

현실적인 것은 인간이 스스로를 보편 정신의 유출로 볼 때에만 습득 될 수 있다. 왜냐하면 그 상태는 우리가 우리를 둘러싸고 있는 우주를 한계 로, 타자로 보지 않는 것을 의미하기 때문이다. 인간은 인간을 둘러싸고 있 는 우주에 의존하고 있기 때문에 이 우주가 타자로 보이는 한 통합을 느낄 수 없다. 인간은 자기 자신을 유한한 존재로 바라보고 또 유한성을 반영하 고 있는 미개한 삶의 양식에서 출발하기 때문에 통합을 향한 인간의 갈망 은 인간이 스스로 보편자를 파악할 수 있는 자로까지 고양하여 스스로를 변형시키지 않는 한 좌절할 수밖에 없다.

따라서 헤겔의 정신 개념은 여기서 본질적으로 중요하다. 정신은 필연적으로 체현된다. 통합은 자기 의식이 스스로 육체적인 것에서 떨어져 나와 내적 퇴각을 수행할 경우에는 도달될 수 없다. 하지만 일단 나는 내 몸을 떠나서는 아무것도 아니라는 사실을 인정하고 나면 우리는 내 몸은 나를 둘러싸고 있는 세계에 의존적이며, 내 삶은 이 환경과의 일련의 상호작용에 의지한다는 사실을 고려하지 않을 수 없다. 그런데 헤겔이 목표로 정립한 통합은 타자에의 의존성을 부정하는 것이며, 자아에 본질적인 모든 것 속에서 자아를 인식하는 것이다. 이로부터 우리에게 통합을 제공할 수 있는 퇴각의 전략은 없다는 것이 드러난다. 즉 우리 자신을 인류라거나 혹은 개별적 인간 존재로 우회적으로 정의하는 것은 성립되지 않으며, 무엇보다도 우리가 우리 자신을 완전하게 소유한다고 느끼게 하는 순수한 정신적 존재로 정의하는 것이 성립될 수 없다. 혹은 오히려 우리가 그렇게 스스로를 정의할 경우 이러한 느낌은 가상적인 것에 불과해진다. 왜냐하면 현실적으로 그렇게 정의된 우리는 존재론적으로든 사실적으로든 간에 타자에 의존하고 있기 때문이다. 이 경우 우리는 낯선 실재의 자비에 의존한다. 이러한 유의 퇴각을 포함하고 있는 모든 역사적 해결책에 헤겔은 가상이라는 낙인을 찍는다. 이러한 사실은 예를 들어 아래에서 스토아주의를 설명하는 가운데 더 분명해진다.

극단적으로 진행된 이러한 통합의 개념 배후에는 운명에 대한 헤겔의 관점이 놓여 있다. 모든 것 중에서 외견상 가장 극복될 수 없는 것처럼 보이는 대립은 행위와 운명 사이의 대립, 즉 인간이 스스로에게 어떤 의미를 가지도록 스스로를 형성해 가는 것과 인간에게 발생한, 외견상 무의미한 것으로 보이는 것(이것들 중에서 죽음은 궁극적 극단에 속한다) 사이의 대립이다. 헤겔은 이 이원론이 극복될 때까지 만족하지 않을 것이다. 그리고 통합의 충동이 반영하고 있는 것은 바로 이러한 열망이다.

이러한 목표와 헤겔의 정신 개념과 더불어 이미 우리는 이전의 자기 확신의 단계들이 겪지 않을 수 없는 일종의 부적합성들을 볼 수 있다. 우선 정신을 반영하지 못하는 외적 실재에 대한 우리의 의존성이 문제가 된다. 둘째, 우리가 타자 의존성을 의식하지 못하기 때문에 우리가 이러한 타자 의존성 속에서 간간이 행복해하는 그런 상황이 있다. 우리는 너무나 조야하고 발전을 거치지 않았기 때문에 그 간격을 볼 수 없다. 그러한 의식은 주인과 노예의 관계에서 주인의 의식이다. 주인의 세계는 노예의 노동 속에 반영되지만 그는 제한된 자기 확신 속에 머문다. 또 한편 그리스 도시 국가의 행복한 단계는 인간이 스스로를 아직 보편자로 보지 못하기 때문에 이 도시 국가에서 자기 자신으로 머문다고 느끼는[안락함을 느끼는] 그런 단계이다. 얼마 후에 이 단계들은 인간이 자신이 아닌 곳에서 자신으로 머문다고 느끼는 자기 내 모순으로 인해 붕괴되고 만다.

세번째 단계는 앞의 두 단계들 중 하나에 반응하면서 발생할 수 있다. 그것은 퇴각에 기초한다. 인간은 스스로를 내적으로 정신적인 존재라고 정의함으로써 자기 동일성의 환상에 도달한다. 여기서 인간은 자신을 스스로 정신적 존재로, 혹은 정신으로 규정함으로써 스스로를 기만한다. 헤겔은 이러한 사태를 종종 피히테에 빗대어 "나는 나다"라는 공식으로 말한다. 여기에 표현된 실수는 자기 일치성에 대한 믿음이다. 왜냐하면 우리는 한 주체가 필연적으로 자신의 타자에 몸체를 부여하는 존재이며, 이 타자를 통해 '자기 자신에게 되돌아온다'는 것을, 즉 이 타자 속에서 자신을 의식하게 된다는 것을 보았기 때문이다. 따라서 자기를 정신적 존재로 등치시키는 것은 존재론적으로 불가능하다. 혹은 그러한 성취는 주체의 파괴로 나타날 수 있을 것이다. 다른 말로 하면, 주체는 '자기 의식'일 뿐 아니라, 필연적으로 '의식'의 구조 역시 갖는다. 즉 주체는 불가피하게 주체와 독립적 대상이라는 양극성을 갖는다.

하지만 그럼에도 불구하고 인간은 종종 기나긴 역사의 발전 과정에서 첫번째 곤궁인 낯선 실재에의 의존성으로 인해 이러한 환상에 의지하려는 유혹을 받는다. 하지만 우리는 또한 두번째 곤궁, 즉 주체인 우리에게 부적합한 외적 표현에 안주하려는 자세로부터 이러한 유혹을 받는다. 우리로 거하는 삶의 형식이 우리에게 적합하지 않은 것으로 드러날 때 그 첫번째 균열은 특정한 사람들을 그 형식에서 소외시키는 것이다. 하지만 그들의 외적인 삶이 바로 이 첫번째 형식의 사회에 여전히 묶여 있기 때문에 이 사람들은 그들이 새롭게 발견한 보편적 본성을 순수하게 정신적으로, 내적인 방식으로 아주 지성적으로 정의하게 된다. 이러한 이중적 발전의 결과로 예를 들어 스토아주의가 생겨나게 된다.

헤겔은 자기 의식의 변증법을 자기 의식이 삶과 맺는 관계를 논의하면서 시작한다. 우리는 자기 의식이 왜 생명체에서만 발생하는지를 1부에서 이미 보았다. 헤겔은 매우 특이한 방식으로 이 문제를 표현하는 것 같다. 그는 자기 의식의 '대상'은 생명체라고 한다.

하지만 이러한 '대상' 개념은 두 가지 방식으로 해석될 수 있다. 『정신현상학』 1부[「의식」]에서 자기 의식은 "자기를 자기 자신으로부터 반발하여 밀쳐 내는" 내적 실재로부터 발생했다. 그리고 그 결과는 반대로 내적 이념과 동등한 것으로 간주되지 않으면 안 되는 외적인 드러남, 혹은 외적인 대상이었다. 따라서 우리는 자기 의식이 극복하지 않으면 안 되는 외적 대상을 우리 자신의 구현체로 생각해야 할 것이다. 헤겔은 "스스로 자기 의식과 삶으로 분열되는"[1] 개념을 말하는데, 이러한 생각은 자기 반발(self-

---

1) *PbG*, 135.

repulsion)[2]이라는 바로 이런 앞선 개념으로까지 거슬러 올라간다.

하지만 자기 의식에 의해 극복되지 않으면 안 되는 이러한 대상 개념은 다른 것에도, 예컨대 **욕망**(Begierde)의 대상에도 적용될 수 있다. 그리고 여기가 바로 헤겔의 유명한 욕망 분석이 시작되는 곳이다. 헤겔에게 통합의 충동은 낮은 단계의 삶의 형식에서도 명백히 드러난다. 즉 낮은 단계의 삶의 형식을 가진 유기체들도 외부 세계에서 그들이 필요로 하는 것을 추구하며, 그것을 포획한다. 즉 그것들은 그 외부 사물을 자기 안으로 포섭한다. 그렇게 함으로써 그것들은 '자신의 타자성을 지양'한다. 이러한 과정은 그 생명체들의 지속적 실존을 위해 (인과적으로) 본질적이다. 하지만 헤겔은 이런 인과적 필연성을 존재하기 위해서는 외적인 구현체의 타자성을 지양해야 하는 모든 주체의 존재론적 범주로 삼는다. 그리고 우리가 일단 총체적 통합을 목표로 수용하고 나면 이러한 흡수는 옳다. 왜냐하면 만약 나의 육체적 실존이 낯선 실재에 의존해 있다면 나는 나의 육체적 실존 속에서 편안함을 느낀다고 말할 수 없을 것이기 때문이다. 따라서 욕망은 대상에 대한 사실적 욕구를 반영할 뿐 아니라 통합을 위한 근본적 충동을 반영하기도 한다.

따라서 자기 의식은 두 가지 대상을 갖는다. 자신의 구현체와 욕망의 대상이 그것이다. 자기 의식의 지속적 실존이란 양 대상의 극복을 함유한다. 즉 그것은 이 두 대상으로부터 '자기 자신에게 복귀함'을 함축한다. 하지만 이 두 형태의 복귀는, 첫번째 대상으로부터의 복귀는 두번째 대상을 극복한 것임을 함축하고 있다는 방식으로 서로 연관되어 있다. 이것이 바로 헤겔이 다음의 부분에서 말하고자 한 것이다.

---

2) *PhG*, 125.

자기 의식으로서 의식은 이제 이중의 대상을 가진다. 하나는 직접적 대상, 즉 의식에 대해 부정태의 특징을 갖는 것으로 드러나는, 감각적 확신과 지각의 대상이다. 다른 하나는 참다운 존재이자 첫번째 대상과의 대립 속에서야 비로소 현존하는 의식 그 자체이다. 자기 의식은 여기에서 이런 대상을 지양하고 또 자기를 자신과 일치시키는 운동으로 서술된다.[3]

자기 의식이 살아 있는 존재에만 있다는 사실은 삶이 가장 완벽한 주체의 형태 속에서 현실화될 통일의 도정의 한 단계라는 사실을 반영한다. 삶에 대해 다루는 부분은 프랑크푸르트 시기 헤겔의 견해와 일맥상통한다. 그 시기의 견해에 따르면 상이한 것의 동일성의 패러다임을 제공하는 것은 주체라기보다 삶이었다. 삶만이 실존하는 개별적 형태들로 분절하면서 실존한다. 개별적 형태들은 독립적인 것 같지만, 삶 자체의 과정 속에서만 실존한다. 개별적 형태들은 궁극적으로 사라지며, 자신의 독립적 실존을 상실하지만, 이러한 사라짐은 새로운 개별자의 탄생과 연결되어 있다(이 부분은 죽음과 재생은 원래 통일되어 있다는 헤겔의 생각에 기초한다).

따라서 삶은 개별적 생명체를 생산하는 가운데서만 스스로를 유지할 수 있는, 하지만 언제나 이 외적 실존 이상인 그런 과정이다. 삶은 이 외적 실재들과 결코 같지 않으며, 따라서 이 외적 실재들은 필연적으로 몰락해야 한다. 하지만 삶은 여전히 살아 있는 것들 속에서만 존재할 수 있기 때문에, 이 살아 있는 것들은 동시에 대체되어야 한다. 이렇듯 삶의 완전한 드러남은 죽음과 재생이라는 지속적인 순환 속에 놓여 있다. 몸을 입고서만 실존할 수 있는, 하지만 존재하기 위해 이런 몸체를 지양해야 하는 내적 실

---

3) *PbG*, 135.

재로서의 이러한 삶은 정신의 원형이다.

하지만 정신의 원형일 뿐인 삶은 이러한 과정을 무반성적으로 진행해 가며, 생명체는 죽음 가운데서 아무 소리도 없이 외부 몸체의 부정을 겪는다. 다른 한편 인간의 의식은 개별자의 삶을 초월하여 나아갈 수 있으며, 의식적 삶의 형식 속에서 보편자와의 연관성을 표현한다. 다른 말로 하면 외부 몸체의 부정, 즉 특수자로부터 보편자로의 복귀가 인간에 의해 새로운 방식으로 수행된다. 즉 그런 부정은 죽어 가는 가운데서뿐 아니라 보편자 속에서 의식적으로 살아가는 가운데서도 발생한다. 이러한 작용은 지속적인 부정을, 즉 죽음을 통해 나타나는 것과는 달리 부정된 것을 폐기하지 않는 그런 부정을 산출한다. 보편자 속에서 살아가는 가운데 인간은 죽음을 초월하여 살아간다고 말할 수도 있다(이것이 헤겔의 불멸성의 의미이다. 1부에서 이미 본 것처럼, 그는 불멸성을 일상적인 의미로 받아들이지 않는다).

우리가 이제 그 변증법적 운동을 검토하게 될 자기 의식은 보편자 안에서 이런 의식적 삶을 살도록 운명 지어진 주체이며, 또한 생명체이다. 이런 이중적 본성은 자기 의식의 변증법의 본질을 구성한다. 앞에서 언급했던 "자기 의식의 '대상'은 생명체다"라는 불분명해 보이는 헤겔의 언술은 그 대상이 두 가지 대상을 의미하는 것으로 해석되어야 한다. 왜냐하면 자기 의식은 삶 속에서 구체화되기 때문이다. 그리고 살아 있는 유기체로서 자기 의식이 욕망하는 대상은 살아 있는 존재이다. 자기 의식은 삶에서 영양분을 공급받는다.

인간은 단순한 '나'로, 단순히 자기 동일적인 자로 머물 수 없다. 왜냐하면 인간은 살기 위해 외적인 것, 외적인 삶을 필요로 하기 때문이다. 그는 욕망의 존재이다. 하지만 자신이 욕망한 것을 소비하는 가운데 그는 이런 낯선 실재를 극복하고 통합을 재발견하는 것 같다. 하지만 이러한 통합은 그에게 적합하지 않다(위의 두번째 단계를 보라). 왜냐하면 여기서 문제가 되는 타자의 부정은 단순히 폐기시켜 버리는 그런 부정이기 때문이다. 그런 부정이 완전하게 이뤄진다고 하더라도 그것은 인간을 다시 주체성의 죽음에 다름 아닌 단순한 자기 동일성으로 복귀시키고 말 것이다. 욕망의 끝은 인간의 끝일 것이다. 그러나 사실 욕망 충족은 결코 완성될 수 없다. 왜냐하면 새로운 욕망이 끝없이 생겨나기 때문이다. 따라서 이 단계에서 인간의 삶은 완전히 낯선 타자 앞에 서 있는 존재와 이 타자를 자기 안으로 완전히 받아들임으로써 결과적으로 무 앞에 서 있는 존재라는 이 두 입장 사이에서 변화한다.

외부 실재에 의존하는 존재로서의 인간은 지속적인 부정을 겪어야 하는, 하지만 그 존재가 폐기되는 것이 아니라 그 타자성만이 부정될 수 있는 그런 실재를 발견할 경우에만 통합에 이를 수 있다. 하지만 자기 파괴 없이 타자성을 부정하는 것은 동물 의식의 특권이 아니라 인간 의식의 특권이다. 따라서 자기 의식의 근본적인 욕망은 다른 자기 의식에 의해서만 충족될 수 있다. "자기 의식은 다른 자기 의식 속에서만 만족을 얻을 수 있다."[4]

2절에서 주인과 노예의 변증법을 탐구하는 가운데 보다 잘 드러나겠지만, 우리는 이미 여기서 인간은 그들 동료의 인정을 추구하고 또 그런 인정을 필요로 한다는 아주 기본적인 사상을 대하게 된다. 주체는 외부 실재에 의존한다. 만약 주체가 자기 자신에게 온전히 머물고자 한다면 이 외부 실재는 그를 반영하고 있어야 한다. 욕망의 변증법에서 우리는 우리가 파괴하여 우리 몸으로 받아들이는 그런 낯선 대상에 직면했다. 하지만 여기서는 지속적으로 머물러 있지만 그 낯섦을 지양한, 그럼에도 불구하고 그

---

4) *PbG*, 139.

속에서는 주체가 스스로를 발견할 수 있는 그런 현실을 우리는 필요로 한다. 그리고 주체는 다른 사람들이 그를 인간 존재로 인정하는 한 바로 이 다른 사람들 속에서 이러한 현실을 발견한다.

이러한 인정은 자기 의식의 실제적 완성이다. 왜냐하면 그것은 "타자 존재 속에서 자기 자신과의 통일"[5]이기 때문이다. 우주는 타자가 아니라는 사실에 대한 통찰의 도정은 인간을 상호 인정의 드라마로, 즉 '타자 속에서 자기 자신으로 머묾'다는 근본적인 상호 인정의 모델로 인도한다. 그리고 상호 인정의 모델은, 우리가 다음에 주인과 노예의 분석에서 보게 될 것처럼, 보편자에 대한 인정으로 나아간다. 그리고 이러한 상호 인정으로부터 우리는 정신의 실재를 인식하게 된다.

대립자로부터 완전히 자유롭게 있으면서 자립적으로 있는, 즉 대자적으로 존재하는 상이한 자기 의식들이 완전히 자립적으로 있으면서도 또 통일을 이루고 있는 절대적 실체, 그것은 '우리'인 '나'이면서 '나'인 '우리'이다. 의식은 정신의 개념인 자기 의식 속에서야 비로소 하나의 전환점을 이룬다. 즉 의식은 여기서 감각적 차안(此岸)의 다채로운 모습과 초감각적 피안(彼岸)의 공허한 밤으로부터 걸어 나와 현재라는 정신적 낮으로 걸어 들어간다.[6]

헤겔은 자기 의식의 변증법을 유명한 주인과 노예의 변증법과 더불어 시작한다. 이 변증법을 추동하는 모순은 다음과 같다. 인간은 인정을 추구

---

5) *PhG*, 140.
6) *PhG*, 140.

한다. 왜냐하면 이러한 방식을 통해서만 인간은 통합에 이를 수 있기 때문이다. 하지만 인정은 상호적이어야 한다. 나에 대한 그의 인정이 나에게 의미 있게 다가오는 그런 존재는 내가 인간으로 인정하는 존재여야 한다. 그러므로 상호 인정의 작용은 우리가 함께 성취하는 작용이다. 헤겔에 따르면 각각의 개별자는 타자가 자기와의 관계에서 이루고자 하는 것을 그도 스스로를 위해 수행한다. 내 상대자는 내 속에서 타자를 보지만, 이때 이 타자는 낯선 자가 아니라 자신과 통일을 이루고 있는 자이다. 하지만 나의 타자성에 대한 이러한 지양은 나 역시 수행하는 그런 것이다.

문명화되지 않은 역사의 초창기에 인간이 상호적 호혜도 없이 서로 인정을 받고자 씨름할 때 모순이 발생한다. 이 단계는 인간이 스스로를 보편자로 인정하지 못했던 단계이다. 인간이 일단 자신의 보편성을 인식하고 나면 그들은 그들에게만 해당하는 인정이 인간 자체에 대한 인정을 의미하며, 따라서 모든 인간에게 확대된다는 것을 확고히 하게 된다. 하지만 이 초기 단계에서는 자신을 내세우고 외적 확증을 받고자 하는 특수한 개별자가 문제가 된다.

이것은 심각한 투쟁을 산출한다. 헤겔에 따르면 그런 투쟁은 필연적이다. 이러한 사실은 사람들 각자가 일방적 인정만을 요구하기 때문에 그들이 서로 적대적으로 되었다는 것을 의미한다. 더 나아가 그것은 또한 인정 요청을 위해서는 생명을 건 위험 부담이 감수된다는 것도 의미한다. 우리는 이미 앞에서 자기 의식은 생명체이면서 동시에 그것 이상이라고 말했었다. 생명 이상이라는 말의 의미는 자기 의식이 삶의 과정을 무의식적으로 겪을 뿐 아니라 사유 속에서 그런 삶의 과정을 초월한다는 것을 의미한다. 스스로를 자기 의식으로 인정받으려 시도하는 가운데 사람들은 자신이 자기에만 머물러 있는 특수한 생명체에 불과하지 않다는 것을 보임으로써, '대자 존재'로 인정받는 것이 더 중요하다는 것을 보임으로써, 그리고 그런 인정을 위해 생명을 걸기도 한다는 것을 보임으로써 단순한 삶의 과정을 초월하고 있다는 것을 스스로 증명한다.

이러한 투쟁은 쉽게 한쪽 편, 혹은 두 당사자의 죽음으로 끝난다. 그리고 이 결과는 명백히 목표했던 바가 아니다. 내가 죽음의 면전에서 반대로 삶을 유지한다고 하더라도 나는 인정을 얻지 못한다. 내가 그를 '부정한' 것은 자연적인 부정이었다. 헤겔의 말로 하면, 그것은 우리가 앞에서 봤듯이 단순한 부정일 뿐이다.[7] 여기서 필요한 것은 오히려 지속적인 부정이다. 즉 나의 상대자의 생명은 지속적으로 유지되는 데 반해 그의 타자성이 지양된 그런 부정이 필요하다. 따라서 문제는 각자가 단순히 삶에 구차하게 매달리지 않는다는 것을 증명하기 위해 목숨을 걸고 투쟁을 한다 하더라도 삶은 그대로 유지되어야 한다는 데서 발생한다. 심지어 해결책으로 보일 수도 있을 투쟁은 이러한 사실을 고려하는 결과물이다.

이 문제에 대한 고전적 예로 노예 상태의 발생을 들 수 있다. 한쪽 편이 죽음에 이르기 전에 항복하여 자신이 삶에 붙들려 있는 자라는 것을 인정하게 될 경우 그는 타자의 노예가 된다. 승리자는 패배자를 노예로 만들기 위해 그를 껴안는다. 이렇게 하여 두 적대자는 삶을 보존하게 되는데, 그 방식에서 차이를 보인다. 승리자는 자신이 원하는 것에 도달했다. 즉 그는 대자 존재로, 자기 의식으로 인정받는다. 그는 기본적으로 삶에 얽매여 있지 않다. 이에 반해 노예에게는 삶이 일차적으로 중요하다. 하지만 그의 자아감은 이제 그가 통제할 수 없는 외적 실존에 종속된다.

주인과 노예의 전체 관계는 제3의 개념, 즉 사물적 실재(Dingheit)라

---

7) *PbG*, 145.

는 개념의 도움을 받아 이해되어야 한다. 주인은 이 사물적 실재를 통해 노예와 간접적으로 관계한다. 주인은 사물에 대한 명령권에 기초하여, 극단적인 경우에는 사슬을 사용하기도 하여 노예를 종속시킨다. 하지만 동시에 주인은 노예를 통해 사물적 실재와 관계한다. 주인이 자신의 환경과 맺는 관계는 순수한 소비자의 관계일 뿐이다. 사물을 변형시켜 소비할 수 있도록 준비하는 어려운 임무는 노예에게 속한다. 주인은 사물들의 비자립성만을 경험하는 데 반해, 노예는 사물들이 독립적이어서 자신의 작업에 저항하는 일을 경험한다.

하지만 이러한 결과가 죽음에 이르는 싸움보다는 낫다고 하더라도 해결책으로는 만족스럽지 않다. 여기서 인정은 일방적이다. 노예는 주인을 인정하도록 강요받지만, 그 역은 아니다. 하지만 바로 이러한 이유 때문에 그런 결과는 주인에게 가치가 없다. 그의 상대자는 참다운 타아가 아니라 사물에 묶여 있는 자로 환원된다. 따라서 그런 존재에 의한 인정은 가치가 없다. 주인은 타자 속에서 진실로 자신을 볼 수 없다. 오히려 그는 자기 의식적일 수 없는 존재들에 의해 둘러싸여 있는 위험한 조건들로 내몰린다. 따라서 그가 여전히 의존하고 있는 주변 세계는 그에게 인간적인 모습을 하고 있지 않다. 그의 통합이 그에게 확실한 것으로 보일 때, 그 통합은 급격히 와해되고 만다.

하지만 이러한 결과가 궁극적으로 주인에게 실패라고 한다면 노예에게는 궁극적 성공을 위한 근거로 작용할 수 있다. 그리고 이런 관계 내에서 역전이 발생할 여지가 생겨나게 된다. 노예는 비록 주인이 인정하지 않는다 하더라도 적어도 주인 안에서 독자적으로 존재하는 존재로 주인 앞에 서게 된다. 그의 환경은, 주인의 경우와는 달리, 인간 이하의 상태로 떨어지지 않는다.

하지만 노예의 변형을 가져오는 중요한 원천은 죽음에 대한 공포와 숙련된 노동이다. 헤겔이 이 문제를 다루는 세 쪽[8]은 『정신현상학』에서 가장 중요한 부분들 중 하나다. 왜냐하면 여기서 다뤄지는 주제는 헤겔 철학의 본질적인 측면을 드러낼 뿐 아니라 맑스주의로 변형되어 오랫동안 지속되기 때문이다. 예속이 노예의 궁극적 해방을, 그것도 실로 보편적 해방을 준비하게 된다는 사상은 맑스주의를 지탱하는 중요한 사상이다. 그런데 노동의 역할에 대한 맑스주의의 사상은 이미 여기 헤겔의 주인과 노예의 변증법에 예시되고 있다.

그러나 헤겔의 계승자의 철학에서 다뤄지지 않은 헤겔의 중요한 주제는 죽음의 공포가 맡는 역할이라는 문제이다. 주인과 노예라는 타락한 관계는 낮은 단계의 발전에 머물러 있는 제한된 지평의 인간들 사이에서 발생한다. 그들은 자신이 보편자와 연결되어 있다는 사실을 아직 눈치채지 못하고 있다. 자아감을 얻기 위해 기꺼이 자신의 외적 실존을 걸 준비가 되어 있는 모든 사람에게 그들의 이러한 자아는 여전히 특수한 개별자의 자아이며, 제한된 자아이다. 그러나 이러한 인정을 얻기 위한 참된 해결책에 도달하기 위해 사람들은, 우리가 이미 본 것처럼, 스스로를 보편자로 보아야 한다.

헤겔에게 인간의 도야 과정에서, 즉 인간이 스스로를 보편자로 만들어 가는 변형의 과정에서 결정적인 요소는 죽음에 대한 공포이다. 죽음에 대한 예견 때문에 그들은 그들 삶의 모든 특수성에서 서서히 벗어난다. 헤겔은 여기서 특수한 형식 속에서 강화되었던 삶의 상을 이용하고 있다. 죽음의 위협으로 인해 의식은 "내적으로 해체되고 아주 깊은 전율에 떨게 되며,

8) *PhG*, 148~150.

의식 안에 고정된 모든 것은 진동하게 된다".[9]

이와 동일한 사상이 『법철학』에도 나타난다. 여기서 헤겔은 필연적인 전쟁으로 인해 때때로 사람들이 보편자로 되돌아가게 된다고 한다. 일상적인 삶에서 사람들은 자신의 특수한 일상적 업무에 너무 깊이 빠져 있어서 국가로 대표되는 보편적 이념에 전혀 관심을 보이지 않는다. 전쟁과 죽음의 위험 부담으로 인해 그들은 협소한 자신만의 업무에서 풀려나 보편자로 돌아간다. 말할 필요도 없이 이 부분은 오늘날 자유주의자들이 헤겔을 악평하는 것과 아무런 상관이 없다.

하지만 죽음의 공포의 역할은 우리가 헤겔 철학이라고 본 것의 관점에서는 그리 놀랍지 않다. 보편적 정신으로의 귀환은 보편적 정신을 체현한 특수한 외적 실존의 극복을 함유한다. 이러한 사실은, 우리가 이미 본 것처럼, 죽음이 필연적으로 생명체에 따라붙는 이유이다. 물론 외적 실존에 대한 최고의 부정은 인간에 의해 사유 속에서 성취된다. 하지만 인간은 궁극적인 외적 부정인 이런 죽음에 직면함으로써 이러한 내적 부정에 도달한다. 왜냐하면 이러한 죽음은 삶 속에 있는 모든 외적 특수성의 참된 위상을 보여 주고, 그런 특수성을 지나갈 것으로, 부정될 운명에 처한 것으로 보여 주며, 따라서 보편자로의 회귀인 사유에서의 부정을 불러일으키기 때문이다. 따라서 죽음에의 예견은, 존슨 박사[10]가 말한 것처럼, 놀라울 정도로 정신에 집중하게 하며, 또한 보편자에 집중하게 한다.

---

9) *PhG*, 148.

10) 새뮤얼 존슨(Samuel Johnson, 1709~1784)은 영국의 시인, 평론가, 사전 편찬자이다. 1755년 처음으로 현대적 의미의 영어 사전을 만들어 영문학 발전에 이바지했고, 풍자시 「런던」(London, 1736), 「덧없는 소망」(The Vanity of Human Wishes, 1749)과 영국 시인 52명의 전기와 작품론을 정리한 『영국 시인전』 10권(*Lives of the Most Eminent English Poets*, 1779~1781)을 발표했다. 그의 박식함 때문에 '존슨 박사'로 불리기도 한다. ─옮긴이

여기에 이미 역전의 실마리가 놓여 있다. 죽음의 공포를 진정으로 겪은 자는 노예이다. 왜냐하면 노예는 타자의 자비에 의해 살았으며, 여전히 그렇게 살고 있기 때문이다. 따라서 승리한 주인이 여전히 자신의 강고한 자아에 묶여 있는 반면 노예는 자아에 대한 특수한 감각에서 풀려날 준비가 되어 있다. 그러나 이러한 공포로는 충분하지 않다. 만약 노예가 주인에 봉사하도록 강제당하는 가운데 수행하지 않으면 안 되는 노동을 통해 자신을 변화시키지 않는다면 이 공포는 무의미하게 지나가는 계기에 불과하게 된다.

그리고 이러한 생각은 나중에 맑스주의의 중심 사유가 된다는 것을 우리는 알고 있다. 우리가 위에서 본 주인은 사물과 단순히 향유의 관계만을 맺는다는 장점을 가지고 있다. 사물의 저항과 독립성을 경험하는 자는 노예이다. 하지만 시간이 지나면서 장점은 역전된다. 자신에게 어떤 실제적인 저항도 하지 않는 세계에 직면해 있는 존재인 주인은 무감각한 자아 동일성에 빠지고 만다. 주인은 '나는 나다'라는 정체된 극단에 도달한다. 그는 소비자일 뿐이다.

그러나 노예는 사물들과 투쟁하여 그것들을 변화시켜야 하며, 이후에는 이 사물들을 지배하게 된다. 그리고 그렇게 함으로써 그는 자신의 생각들을 그 사물에 각인한다. 따라서 인간이 만든 환경은 이 노예를 반영하게 되며, 그의 창조물이 된다.

따라서 노동은 통합을 위한 인간의 투쟁에서 결정적 역할을 한다. 앞에서 우리는 주체가 언제나 '자신의 외부에' 있으며, 그 주체는 언제나 그를 둘러싼 우주에 의존한다는 사실이 핵심적인 문제임을 이미 보았다. 따라서 주체는 자기 자신을 언제나 그를 둘러싼 이러한 세계 속에서 인지하지 않으면 안 된다. 이러한 사실은 통합의 주된 통로가 타자에 의한 인정에서 비롯되는 이유를 보여 준다. 인간의 환경에서 한 인간은 타자들 속에서 자신을 인식할 수 있다. 그러나 이제 우리는 또 다른 중요한 통로를 본다. 즉 인간은 자연환경을 자신의 기획에 맞게 변형시킴으로써 이 환경 속에서 자신을 볼 수 있게 된다. 왜냐하면 이 일을 행하는 가운데 우리는 또 다른 중요한 부정, 즉 우리 자신에 대한 지속적인 반성에 도달하기 때문이다.

통합에 이른다는 것은 이 두 통로를 여행한다는 것을 의미한다. 가장 본질적인 것은 궁극적으로 상호 인정이다. 하지만 그 궁극적 통합에 이르기 위해 우리는 우리 자신을 제한된 개별성으로부터 보편자의 자기 의식적 구현체로 변형시켜야 한다. 이를 통해 우리는 노동의 두번째 중요한 기능에 도달한다. 즉 사물을 변형시키는 가운데 우리는 우리 자신을 변화시킨다. 우리 자신을 보편적 존재로 지속적으로 반성해 가는 가운데 우리는 그러한 존재가 된다.

이러한 생각은 헤겔의 전체 사상에, 그리고 앞에서 본 것처럼 그의 철학의 기초가 되는 그의 주체 개념에 깊이 뿌리박고 있다. 주체는 필연적으로 체현[육화]된다. 따라서 제한된 개체성에서 보편적 의식으로의 변형과 같은, 주체 안에서 일어나는 어떤 변화도 그의 체현물 속에서의 변화에 의해 매개된다. 이것은, 우리가 이미 본 것처럼, 실제적 역사의 과정에서 인간의 사유 양식의 성장이 우리가 문명의 발전이라고 부르는 삶의 양식의 발전과 맥을 같이하는 이유이다. 그러나 이러한 삶의 양식은 인간이 만든 상이한 환경들을 포함한다. 헤겔이 주인과 노예의 관계를 서술하면서 보고 있듯이, 각자는 서로 사물과 관계 맺으면서 타자와 관계 맺는다. 따라서 보다 높은 형태의 인간의 공존은 우리를 통합에 보다 가까이 데려가며, 각자는 사물들과 보다 특수한 방식으로, 즉 인간이 만든 특정한 형태의 환경과 연결된다. 따라서 두 가지 통로는 서로 보충적이다. 그리고 이 두 통로는 보다 높은 형태의 인간의 정신적 상태를 체현하고 있는 보다 높은 형태의 삶의 성장에 포함되어 있다.

따라서 여기서 헤겔의 생각은 노예가 자신의 노동을 통해 보편적 의식이 된다는 것이다. 죽음에 대한 공포와 예속에의 의무, 이 양자는 필연적이었다. 죽음의 공포만으로 그는 스스로 특수자에서 풀려날 계기를 갖게 되지만, 그것으로는 지속적인 보편적 의식을 구축할 수 없다. 그러나 죽음에 대한 공포를 알지 못하는 노동만으로는 자아에 대한 보편적 의식을 산출할 수 없고 특수한 능력만을 산출할 수 있을 뿐이다.

2절에서 분명하게 보게 되겠지만, 노예가 성취한 것은 자신을 자유로운 사유로 파악하는 것이다. 그는 사물들을 변형하는 힘 속에서 사유의 힘을 인식한다. 이 힘은 사물들을 개념에 따라, 즉 보편적 모델에 따라 재형성할 수 있는 힘이다. 이러한 보편적 의식을 일깨우지 않고서도 특수한 능력과 기술을 발전시킬 수도 있을 것이다. 하지만 죽음에 대한 공포에 의해 이미 보편자가 된 노예는 자신의 변형 능력 속에서 사유하고 실행하는 의식의 힘, 즉 모델과 원형을 창조하고서 사물들을 이에 맞게 바꿀 수 있는 의식의 힘을 본다. 따라서 그는 자신에 의해 만들어진 대상 세계에서 자신이 보편자로, 사유하는 존재로 반영되어 있는 것을 본다. 이 부분은 헤겔의 역사철학이 얼마나 역사적 유물론을 선취하고 있는지를 보여 준다. 사물들을 개념 속에서 지성적으로 붙잡는다고 하는 것——'개념'이란 독일어(Begriff)에서도 영어(concept)에서도 '붙잡다'(grasp)와 어원적으로 연결되어 있다——은 노동 속에서 사물들을 물리적으로 형성한다는 것을 의미한다. 개념적 사유는 사물을 변형하는 학습된 능력에서 발생한다. 우리는 물질적 실재의 세계를 배워 가며, 이 질료들을 우리의 설계에 따라 변형시켜 감으로써 궁극적으로 우리 자신의 정신을 알아 간다. 개념적 사유는 이러한 상호작용에 의해 성장한다.

따라서 주인과 노예의 관계는 역전에 이르렀다. 단지 소비자에 머물렀던 권위로 인해 주인은 형식적인 자기 동일성에 머물게 된다. 물질이라는 다루기 힘든 실재에 종속되어 있는 노예는 점차 역습을 감행하고, 자신을 보편적 의식으로 반성하기 시작함으로써 이러한 관계를 역전시킨다. 역전은 그의 변형이 그의 종속에서 비롯된다는 점에서 그만큼 더 완벽한 역전이다. 예속의 과정을 통해서만 그는 자신의 원래 한계에서 스스로 벗어나는 노동에 착수할 수 있었을 것이다.

2

주인과 노예의 변증법은 헤겔이 스토아주의 철학과 동일시하는 보다 높은 단계에서 다시 문제가 된다. 노동, 훈육 그리고 죽음의 공포를 통해 노예는 보편자에 대한, 즉 개념적 사유의 힘에 대한 인식에 이르게 된다. 이것은 특정한 자유를 이미 획득했다는 것을 의미한다. 그 이유는 첫째, 정신적 존재로서의 인간은 보편적 반성을 수행할 수 있게 됨으로써 보다 큰 자아 실현에 이르게 되며, 둘째, 사유가 모든 것의 토대이므로 인간이 보편적 범주들로 사유할 때 사물의 낯선 본성을 보다 더 잘 극복하게 되기 때문이다. 표상과 달리 개념적 사유는 우리가 자유롭게 움직일 수 있는 매체이다. 왜냐하면 우리는 사유를 참으로 지배하기 때문이다("한 개념은 나에게 곧바로 **나의** 개념이다"[11]). 동시에 사유는 참으로 사물들의 뿌리이다. 따라서 "사유 속에서 나는 자유롭다. 왜냐하면 나는 여기서 타자 속에 있는 것이 아니라

---

11) *PbG*, 152.

나 자신과 분리되지 않은 통일성 속에 머물러 있기 때문이다".[12]

그러나 스토아적 자유는 근본적으로 불완전하다. 왜냐하면 우리는 여전히 노예의 철학을 다루고 있기 때문이다. 사물에 직면해서 노예는 사유가 모든 것의 토대라는 직관을 얻게 된다. 그러나 그들은 그들의 환경을, 특히 그들의 사회를 극복할 수 없으며, 따라서 이러한 직관을 표현할 수 없다(왜냐하면 합리적인 정치적 구조와 법은 역사의 이후 단계에서나 가능하기 때문이다). 이와 동일하게 그들은 자신의 이념을 통해 자신의 세계가 보편적인, (헤겔의 용어로 말하자면) 개념적인 필연성의 표현으로 특별하게 규정된다는 것을 보이는 작업을 할 수 없다.

이러한 두 종류의 무능력, 즉 실천적 무능력과 이론적 무능력은 헤겔의 역사철학에도 나타난다. 인간이 이러한 필연성에 따라, 즉 실천이성에 따라 자신의 인간적인 실재를 형성할 수 있을 때에만 인간은 세계를 정신으로, 즉 실재 속에 드러난 합리적 필연성으로 볼 수 있게 된다. 타자 속에서 자아를 반성할 수 있는 실천적 경험은 이론적 통찰에 있어 본질적 요소이다. 다시 한번 말하지만 우리는 여기서 정신은 필연적으로 체현된다는 주장이 어떻게 역사적 유물론과 부분적으로 일치하는지를 보게 된다.

따라서 헤겔은 스토아주의를 추상적 사유 속에 반영된 정치적 무능력의 단계와 동일화한다. 스토아주의에 대해 헤겔은, 우리의 앞선 표현을 사용해 말하자면, 퇴각의 전략이라고 비판한다. 스토아주의는 의식이란 사유에 그 본질이 있다는 직관에 기초해 있다. 하지만 스토아주의는 세계의 확정된 형태를 이 원리에서 인출할 수 없다. 스토아주의는 사물의 합리성을 분간할 수 없다. 스토아주의의 사유 개념은 여전히 추상적이다. 우리는 사

12) *PbG*, 152.

유의 체현물로부터 세계의 구조에 대해 많은 것을 도출할 수 있는데(헤겔은 이 문제를 자연철학과 정신철학에서 수행한다), 스토아주의는 사유가 반드시 자신의 이런 체현물로 '이행한다'는 생각을 아직 갖지 못했다(그리고 명백히 그런 생각을 가질 수 없었다).

이러한 사실로 인해 우리는 일종의 형식주의에 다다른다. 사유는 실재의 기초가 된다. 하지만 사람들은 그것이 어떻게 그렇게 되는지 상세히 말할 수 없으며, 따라서 세계의 특수한 내용은 필연적으로 우연적인 것으로, 단순히 주어진 것으로 드러난다. 스토아주의는 진리와 선, 지혜와 덕 등과 같은 보편적 범주를 쥐고 있을 뿐 이 범주들을 위한 확정된 내용을 인출할 수 없다.

이 분석이 비록 스토아주의에 적용되고 있기는 하지만, 이는 헤겔이 형식주의라고 비판한 다른 종류의 조류에도 타당하다. 특히 우리는 헤겔의 칸트 비판, 칸트주의적 이원론 비판을 상기할 수 있다. 칸트의 철학에 의하면 경험의 형식은 오성에 의해 인출되지만, 질료는 소여되어 있다. 그리고 그 질료는 영원히 알려질 수 없는 원천에서 유래한다. 헤겔은 스토아주의를 비판하는 가운데 명백히 이런 이원론과 투쟁하고 있다.

어쨌든, 실재의 내용을 사유로부터 도출할 수 없다는 스토아주의의 응답은 퇴각의 전략이다. 스토아주의는 이러한 내용을 비본질적인 것이라고 본다. 사유는 자유롭다. 사유하는 주체는 자유롭다. 그러나 헤겔에게서 자유는 타자 속에서, 혹은 대상 속에서 자기 자신으로 '머무는 것'(bei sich)을 의미한다. 스토아주의의 주체는 세계라는 확정된 실재와의 관계에서 자기 자신으로 머물 수 없다. 왜냐하면 이 세계는 낯선 것, 즉 사유로부터 도출될 수 없는 것이기 때문이다. 따라서 전략은 이러한 실재로부터 퇴각하는 것이며, 대상을 단지 사유의 대상으로 다시 정의하는 것이다.

따라서 스토아주의자는, "그가 왕이든 족쇄를 찬 자든 상관없이", 자신의 삶의 외적인 환경에 영향을 받지 않는 추상된 사유 주체로서 자유롭다. "자기 의식의 자유는 자연적 현존에 **아무 관심이 없다**(gleichgueltig)."[13]

하지만 이러한 일은 분명히 가능하지 않다. 내적인 자기 동일성으로의 퇴각은 구체적 몸을 가진 주체에게 자유를 가져다줄 수 없다. 구체적인 주체의 참된 자유는 삶의 방식 속에서 외적으로 표현되어야 한다. 스토아주의는 따라서 스스로와 모순된다. 스토아주의는 사실상 그 자신의 부정인 자유의 추정적 실현이다. 따라서 스토아주의는 지양되어야 한다. 개념적 사유가 사물의 뿌리라고 하는 근본적 통찰은 사멸할 수 없는 성과물이기는 하지만 내적 자유에 대한 요청은 붕괴하고 만다.

이러한 붕괴와 다음 단계의 도출을 설명하는 가운데 헤겔은 우리를 또 다른 역사상의 철학, 즉 고대의 회의주의로 인도한다. 그는 회의주의를 스토아주의의 근본 이념의 완성으로 채색한다. 스토아주의가 사물의 규정된 내용을 비본질적이고 비일관적인 것으로 보는 데 반해 회의주의는 그 공격을 넘겨받아 사물의 그 확정된 내용을 의문에 붙인다. 회의주의는 스토아주의의 한 극단적 결과이다.

하지만 회의주의는 그 근본적 모순을 더 분명하게 지적할 수 있게 한다. 왜냐하면 몸을 가진 주체로서의 우리는 외적인 실재 속에서 살아가고 있기 때문이다. 우리는 외부 실재를 비존재로 천명할 수 있지만, 그 세계는 끊임없이, 그리고 불가피하게 되돌아온다. 따라서 사실 우리는 여기서 우리 자신의 자기 동일성에 대한 감각과 변화하고 움직이는 외적 실재에 대한 우리의 의존성이라는 동일하게 생생한 우리의 감각 사이에서 갈피를

---

13) *PbG*, 158(강조는 원문).

못 잡고 있다. 우리가 우리 자신을 변화하지 않고 자기 동일적으로 머무는
자로 경험하기 위해 이 변화하는 실재를 의심스러운 것이라고 하자마자,
우리 자신의 내적인 공허함으로 인해 우리는 우리 자신이 변화하고 자기
에 외적인 것 속에서 구체화되어 있다는 사실을 수용하지 않을 수 없다.

그러나 이러한 갈팡질팡은 하나의 의식 속에서 생겨난다. 그리고
이 두 계기를 통합시킴으로써 우리는 새로운 변증법적인 단계에 진입한
다. 이 새로운 단계에서 주체는 한편으로는 변화될 수 없는 이상적인, 자
기 동일적인 존재로, 다른 한편으로는 혼돈과 변화의 세계에 잠긴 존재
로 내적인 분할을 겪는다는 사실을 인정하지 않을 수 없다(이 내적인 분열
에서 내적인 자아는 고통스럽게 분리되어 있다). 이 단계가 곧 불행한 의식
(unglückliches Bewußtsein)의 단계이다. 이 단계에서 스토아주의가 극복
했다고 주장하는 주인과 노예의 관계가 다시 등장한다. 하지만 이제 그 관
계는 주체 내부에서 발생하며, 그것도 서로 조응할 수 없는 이 두 측면 사
이의 관계에서 발생한다.

'불행한 의식'의 절은 헤겔 종교철학의 근본 이념들 중 몇 가지를 내포
하고 있다. 우리는 1790년대 쓰인 헤겔의 종교 관련 저술들의 주제에 대해,
특히 '분리'(Entzweiung)라는 주제에 대해 알고 있다. 이 저술들에 따르면
인간은 자신의 상실된 통일성을 초월적 정신에 투사하여, 그에게 인간이
스스로 절대적으로 복종하게 되었다고 한다. 바로 이런 현상을 헤겔은 '분
리'라는 개념으로 설명한다. 그리고 그는 아브라함의 종교에서 그런 현상
을 본다.

『정신현상학』에서 헤겔은 불행한 의식을 깊이 분열된 자의 의식이라
고 한다. 그 이유는 이 의식은 사유라는 변화될 수 없는 자기 동일적 주체
이면서 동시에 변화 가능한 세계에 종속되는 개별자이기 때문이다. 그러

나 자신의 삶이 처한 이러한 상황 속에서 주체는 특수자로서의 자기 자신을 비본질적이고 가변적인 것과 등치시킨다. 불변적인 것은 초월적인 것으로 투사된다. 그는 자신이 초월자와 통일되어 있다는 사실을 상실감 속에서만, 즉 자신은 현재의 상태를 어느 정도 초월하여 이 불변자와 하나가 되어야 한다는 감각 속에서만 느끼게 된다. 그러나 현재의 단계에서 특수자와 불변자는 서로 상응할 수 없는 것으로 규정되었기 때문에, 이러한 시도는 영구히 실패로 끝날 수밖에 없다. 나는 특수한 개별자이기를 멈출 수 없기 때문에 불변자와의 통일에 이를 수 없다.

내가 무관심할 수 없는, 하지만 나는 그것과의 통일을 추구해야 하는 그런 초월적 실재와의 관계로서 불행한 의식은 종교적 의식으로 간주될 수 있다.[14] 여기서 헤겔 연구에 중요한 것은 그가 종교와 철학의 관계에 대해 숙고하고 있다는 점뿐 아니라, 유대교와 기독교의 역사적 발전에 대해서도 풍부하게 숙고하고 있다는 점이다. 우리는 [종교를 다루는] 『정신현상학』의 7장을 검토하는 가운데 이 문제를 다시 볼 것이며, 이 책 18장에서 다시 토의할 것이다.

그런데 우리가 보고 있는 이 부분['불행한 의식'의 절]에서 헤겔의 변증법적 발전은 특정한 단계에 있는 중세 기독교를 (은연중에) 다루고 있다. 여기서 이 문제를 상세히 다룰 수는 없다. 이 부분은 십자군 전쟁을 역사적 예수와 접촉하고자 한 헛된 시도로 해석하는 내용을 포함하고 있다. 헤겔

---

14) 우리는 여기서 종교적 의식을 소외된 의식으로 간주한 포이어바흐와 맑스의 종교관의 원형을 볼 수 있다. 물론 포이어바흐와 맑스가 헤겔과 동일한 종교관을 가지고 있지는 않다. 헤겔의 이 계승자들은 헤겔의 정신을 인간학적으로 변형시켰다. 헤겔의 정신은 인간으로, 유적 인간으로 대체된다. 하지만 헤겔에게 인간은 스스로를 보다 큰 실재인 정신의 담지자로 보지 않으면 안 된다. 이 정신의 구현물이 곧 우주이다. 따라서 자신의 발전의 정점에서조차 인간은 자기보다 더 위대한 것의 현존에 머물러 있다.

에 따르면 역사적 예수는 특수자로서 소멸해야 하며, 시간 안에 있는 우리에게서 멀어져야 한다. 이러한 모험의 실패로 인해 인간은 신과 인간의 통일을 참된 공동체에서 만들어야 할 기독교의 운명에 직면하게 되었다.

헤겔은 분명히 중세의 교회를 다루고 있다. 물론 어떤 것들은 인간과 신의 완전한 통일을 아직 이루지 못한 종교에도 적용된다고 말하고 있기는 하지만 말이다. 분열의 의식 아래서 이끌리는 교회의 삶은 인간이 보편자를 여전히 자신 밖에서 보는, 보편자를 자신이 복종해야만 하는 것으로 보는 그런 삶이다. 중세 교회의 위계적 본성은 이러한 복종의 질서를 반영하고 있다. 그러나 앞서 노예가 그랬던 것과 동일하게, 외적인 제도 형식에 대한 이런 예속도 인간을 형성하며, 또 인간이 자기 자신 안에서 보편자를 인지할 수 있을 때까지 인간 자신을 변형시킨다. 우리는 여기서 외적인 복종으로부터 이성과의 일치로 나아가는 모습을 다시 접하게 된다. 물론 이때는 훨씬 더 내재화된 방식으로 그렇게 한다.

이러한 이행으로 인해 우리는 불행한 의식에서 보다 높은 단계로 넘어간다. 그리고 이러한 이행과 더불어 『정신현상학』의 「자기 의식」은 결말에 이른다. 헤겔이 부분적으로 르네상스와 일치시키는 보다 높은 단계는 이성이 모든 실재의 근저에 놓여 있다고 하는 사실을 인간이 알게 되는 그런 단계이다. 다른 말로 하면 사람들은 스토아적인 의식에서 놓쳤던 통찰에 이르게 된다. 즉 사유는 외적 사물들보다 더 높은 실재일 뿐 아니라 합리적 사유는 사물들의 과정을 규정한다는 사실에 이르게 된다. 따라서 사람들은 합리적 존재로서의 자신이 현실 속에서 자기 자신을 인지할 것이며, 자신이 생각하거나 행하는 것이 무엇이든 그것은 우주의 합리적 토대와 조화를 이룰 것임을 확신한다. 이제 통합의 새로운, 보다 고차적인 관념이 탄생했다. 그리고 이제 그것은 스스로를 전개시켜 가야 한다.

우리는 여기서 「자기 의식」의 결말에 도달했다. 1부「의식」에서 우리가 인식 주체와 그의 세계의 대립을 초월해 갔던 것과 동일하게 이 부「자기 의식」는 행위와 욕망의 주체에서 출발하여(처음에 이 주체는 스스로 세계에 의존적임에도 세계와 대립해 있는 것처럼 등장한다), **이 대립이 어떻게 극복되는지를 보여 준다.** 1부에서 분열을 극복하는 방식은 감각적 확신이라는 가장 원시적인 견해에서 출발하는 인식 대상에 대한 우리의 개념을 계속 발전시키고 재정의할 것을 요구했다. 이에 반해 「자기 의식」에서 우리는 타자와 대립해 있는 특수한 개별자라는 가장 원시적인 단계로부터 그의 보편적 본성을 실현하는 데로 행위자를 이끌어 갔다. 여기서 보편적 본성이란 세계의 근저에 놓인 보편적 사유와 다를 바 없다. 따라서 행위자와 세계의 상호 이질성은 극복된다. 하지만 1부에서처럼 이곳에서도 통일의 원리는 단순히 확립되어 있을 뿐이다. 이 통일의 원리는 이어지는 부들에서 계속 전개되어 갈 것이다.

3

『정신현상학』의 3부를 이루는 「이성」의 발전에 대해서는 간략하게 설명하고 넘어갈 것이다. 우리가 이미 본 것처럼, 인간은 자신의 사유의 원리인 합리성이 모든 실재를 규정하며, 따라서 인간은 세계에서 '자기 자신으로' 머문다는 직관에 도달했는데, 바로 이 지점이 「이성」의 출발점을 이룬다. 혹은 헤겔이 짧은 구절로 말해 주고 있듯이, 「이성」의 출발은 다음과 같다. "이성은 자신이 모든 실재라는 의식의 확신이다."[15]

---

15) *PbG*, 176.

「이성」은 개별적 의식을 정신의 부적합한 담지자로 드러냄으로써 그 다음의 단계로 이행하는 것으로 끝난다. 그리고 이로부터 『정신현상학』은 근본적인 변화를 갖는다. 즉 개인적 주체성을 넘어서는 보다 포괄적인 주체성의 구현체가 따라 나온다. 처음에는 정치적 사회(6장)가, 그리고 그다음에는 종교(7장)가 따라 나온다. 따라서 개별자와 더불어 시작하는 의식에 대한 검토는 그런 모든 [개인주의적] 관점이 부적합하다는 것을 보여 주며, 우리를 보다 넓은 정신으로 나아가게 한다.

i

「이성」은 세 개의 절로 이루어져 있다. 첫번째 절은 「의식」의 첫 부분과 유사하다. 첫 부분에서 상이한 과학 이론들이 다뤄진다. 그리고 첫번째 절을 이끌어 가는 의식의 근본 모티브는 '우리는 철저하게 합리적으로 규정된 사물의 비전에 도달할 수 있다'는 이성의 약속을 이행하고자 하는 시도이다. 합리적이고 필연적인 과학에 대한 추구는 '관찰하는 이성'을 가지고 수행되는데, 이 이성은 규칙들에 대한 단순한 관찰에서 자연의 법칙에 대한 추구에 이르기까지 상이한 과학적 사유 양식을 관통하여 흐른다. 이러한 추구의 결과 이성은 자신의 관심의 초점을 동물이 아닌 자연 세계에서 동물의 자연 세계로 옮겨 간다. 동물 세계로의 이행을 통해 이성은 본능적으로 자신이 자기 자신을 스스로 유지하는 그런 형식에 더 가까이 다가가고 있다고 헤겔은 생각한다. 그러나 여기에서조차 의식[이성]은 완전히 합리적인 필연성을 발견하는 데 실패한다.

헤겔은 이러한 사실이 유기적 혹은 비유기적 자연에 대한 과학의 부적합성 때문이 아님을 분명히 한다. 헤겔이 (특히 『정신현상학』 193~195쪽에서) 매우 분명히 말하고 있듯이 우연성은 이들 과학의 필연적인 모습이다.

따라서 이들 과학은 궁극적으로 이성을 통해 규칙이나 법칙을 정당화하고자 하는 노력 없이 이런 규칙과 법칙을 추적하는 수준에서는 완전히 타당한 지식 형태이다. 여기서 관찰하는 이성의 한계는 사실 사변 철학에 의해서만 충족될 수 있는 것이다. 이때의 사변 철학이란 세계는 왜 어느 정도는 우연성을 지닌 현재의 그런 구조를 가질 수밖에 없는지를 보여 주는 철학을 말한다.

마지막으로 관찰하는 이성은 인간을 검토하는 데로 이끌린다. 여기서 인간은 합리적 필연성이 작동하고 있는 것으로 보이는 가장 최적의 장소로 간주된다. 하지만 여기서 관찰하는 이성은 자신의 본성 그 자체 때문에 실패하게 된다. 왜냐하면 관찰하는 이성은 인간을 하나의 대상으로 이해하고자 하며, 따라서 스스로를 만들어 가는 인간의 본성을 포착할 수 없기 때문이다. 관찰하는 이성은 "소여된 존재와 생성된 존재의 통일"[16]로서의 인간을 적절하게 다룰 수가 없다. 오히려 이성은 여기서 양 측면을 서로 분리시키고자 한다. 이 이성은 인간을 사물처럼 다룬다. 헤겔이 인간을 다루는 부분을 골상학을 검토하는 것에서 시작하는 것은 바로 이런 이유에서이다. 골상학은 18세기 말쯤 한때 유행했던 분야이다. 골상학에서 인간은 전형적으로 비운동적인 물질로 다뤄지며, 특히 뼈의 형태에 따라 그 운명이 결정되는 것으로 간주된다.[17]

물론 헤겔은 이 주제를 사변적 관점에서 다룬다. 정신은 체현되어야 한다. 이런 점에서 정신은 물질과 동등하다. 그러나 이러한 관계는 정신과

---

16) *PbG*, 227.
17) 당대의 설명과 헤겔의 논의가 맺는 관계에 대해서는 다음을 보라. Alasdair C. MacIntyre, "Hegel on Faces and Skulls", MacIntyre ed., *Hegel*, Garden City, N. Y.: Anchor Books, 1972, pp. 219~236.

그 구현물의 동일성뿐 아니라 그 차이성도 확고히 보여 주는, 그리고 무엇보다 이런 구현물을 정신에 의해 정립된 것으로 묘사하는 "무한 판단"[18]에서 표현되어야 한다. 관찰하는 이성은 인간을 행위자로 이해하지 못한다. 따라서 우리는「자기 의식」과 평행을 이루는, 합리적 행위자로서의 인간을 그리는 이성의 단계로 넘어가야 한다.

ii

이성의 보편적 지배라는 통찰은 인간의 자기 확신도 변형시켰다. 관찰하는 이성이 자연에서 합리적 필연성을 발견했다고 확신했던 것과 마찬가지로 합리적 자기 의식은 세계 속에서 만족에 도달했다고 확신한다.

여기서 자기 의식의 변증법은 만족을 추구하는 개별자의 탐색의 형태와 더불어 시작한다. 하지만 여기서 어떤 것도 들어맞지 않는다.「자기 의식」에서 다룬 욕망의 주체와는 달리 이 개별자는 자신의 배후에 우리를 이성으로 이끌었던 발전 단계를 간직하고 있으며, 따라서 그는 자신을 둘러싸고 있는 현실 속에서 자신을 발견할 것이라는 이성의 확신을 가지고 있다. 인간과 세계는 행복을 추구하도록 설계되어 있으며, 따라서 인간은 행복의 열매를 따려고 손을 뻗을 뿐이다.「자기 의식」의 욕망의 변증법에서는 주체가 외부 실재를 소비하고자 했다면, 외부 실재와 즉자적으로 통일되어 있다고 확신하는 여기서의 주체는 이 외부 실재에서 "타자 존재의 형식"[19]을 제거한다. 쾌락의 대상은 독립적 존재로 남아 있다. 욕망의 변증법의 패러다임이 소비에 있다고 한다면, 여기서의 변증법의 패러다임은 성

---

18) *PbG*, 253.
19) *PbG*, 263.

적인 쾌락에 있다.

이 절은 (언급은 되어 있지 않지만) 계속하여 괴테의 『파우스트』를 지시하고 있다(물론 잘못된 인용도 포함되어 있다). 하지만 헤겔은 인간의 자연적 선함이라는 계몽의 가르침도 염두에 두고 있다. 인간의 자연적 선함이라는 생각은 분명히 진전된 사상을 표현하는데, 왜냐하면 인간의 자연적 선함이라는 계몽의 가르침은 인간 문화가 오랫동안 발전한 이후에야 나타났기 때문이다. 인간은 본성상 선하며, 따라서 인간의 자연적 욕망(이 욕망의 충족은 쾌락이다)에서 권리의 기준을 찾는 것이 당연하다고 여기는 계몽의 교설은 자연을 합리적인 조화를 이루고 있는 전체로 보는 견해에 의존해 있다. 바로 이런 생각이 (관찰하는 이성의) 과학적 탐구의 기초를 이뤘다. 이러한 점에서 헤겔의 추론은 일리가 있다.

하지만 자기 의식의 이 순진한 형태가, 비록 비교할 수 없을 만큼 높은 수준에 있기는 하지만, 문제를 해결하지는 못할 것이다. 왜냐하면 비록 인간이 지금 자신을 보편적 범주들 속에서 정의하고 있으며, 따라서 모든 인간을 [이성을 가지고 있다는 점에서] 인간 그 자체와 동일한 존재로 본다고 할지라도 인간은 여전히 개별자로서 쾌락을 추구하기 때문이다. 그리고 순수한 개별자로서 인간은 자신을 둘러싸고 있는 사회적·자연적 실재를 자기에게 낯선 것으로 봐야 한다. 그의 자기 실현은 다른 인간의 자기 실현과 공통적인 것이 아니라, 특수한 것이다.

하지만 모든 특수자는 사라져야 한다. 사실 우리가 본 것처럼 특수자의 완전한 자기 확신과 그 필연적 소멸 사이에는 내적인 연관이 있다. 왜냐하면 외적인 특수자는, 비록 이것이 정신 혹은 보편자의 본질적 표현이라고 하더라도, 보편자와 모순되며 그 자체로 사라져야 하기 때문이다. 그리고 이 특수자의 완전한 개화의 순간은 모순이 극단에 이르렀을 때이다.

따라서 헤겔은 특수자의 쾌락 속에서 개별자의 완성을 보는 것과 개별자의 죽음 사이에는 내적 연관이 있다고 생각한다. 특수자로서의 자신이 경험한 쾌락을 자신의 완성으로 정의하는 인간은 총체적 무화로서의 죽음에 불가피하게 직면하게 된다. 이 말은 쾌락이 죽음을 가져온다는 것, 혹은 쾌락을 피함으로써 죽음을 피할 수 있다는 것을 의미하지 않는다. 헤겔이 말하고자 하는 것은 쾌락은 피할 수 있으며 죽음은 불가피하다는 것이 아니라, 인간의 완성을 오직 쾌락에서만 찾을 경우 인간은 이러한 죽음을 돌연하고도 총체적인 종말로 경험하게 된다는 것이다.

이에 반해 인간의 완성은 보다 큰 보편적 목표에 놓여 있다고 정의하는 사람들은 죽음을 무화로 보지 않는다. 왜냐하면 그는 자기 자신을 자신의 생존을 넘어서는 것과 동일화하기 때문이다. 그러나 대립은 훨씬 더 깊어진다. 우리가 여기서 탐구하고 있는 죽음의 형태는 총체적 필연성일 뿐 아니라 또한 맹목적이고 외적인 필연성, 즉 운명이기도 하기 때문이다.

위에서 언급한 이유 때문에 죽음의 운명은 필연적으로 삶과 연관되어 있다. 하지만 이 운명은 순수한 특수자로 규정된 인간이 이러한 내적 필연성을 볼 수 없다는 바로 그 이유 때문에 맹목적이다. 순수하게 내적인 바로 이 운명은 순수하게 '외적'이다. 즉 그 운명은 그에게 맹목적이며 근거가 없다. 이에 반해 자신을 보편자의 매개자로 보는 인간은 죽음을 총체적이지 않은 것으로 볼 뿐 아니라, 그가 자신과 동일화하는 보편적 정신 때문에 죽음이 있을 수밖에 없다는 사실도 이해하게 된다. 따라서 그는 보편적 정신과 이중적으로 화해한다.

인간과 운명의 화해라는 근본적 목표는 여기서 간략하게 "의식으로 하여금 자신의 목적과 행위를 운명 속에서, 자신의 운명을 자신의 목적과 행위 속에서, 그리고 자신의 고유한 본질을 이러한 필연성 속에서 인식하게 하는"[20] 그런 조건으로 기술된다. 그러나 자신의 완성을 특수자의 쾌락으로 정의하는 인간에게는 "대립자로의 순수한 도약"[21]만이 존재한다.

따라서 이러한 형태는 모순에 놓인다. 쾌락의 완성에 도달한 인간은 가장 절대적인 비완성에 마주하게 된다. 자신을 실재 속에서 발견했다는 확신은 아무것도 아닌 것이 되고 만다. 따라서 자기 의식은 앞으로 나아갈 것을 강요받는다. 그리고 다음 단계는 명백히 이 외적인 필연성을 자신 속에 체화하는 것이다. 이러한 필연성은 특수자를 보편자에 연결하는 필연성이기 때문에 이것은 보편자를 자신의 완성의 개념 속에 체화하는 것을 의미한다. 따라서 인간의 자연발생적 욕망은 자신의 쾌락을 욕구하는 대신 보다 일반적인 재화를 목표로 하게 된다. 그리하여 우리는 여기서 자연발생적으로 선[좋음, 재화]을 욕망하는, 즉 자신의 마음속에 도덕의 법칙을 가지는 그런 인간상을 보게 된다.

이러한 이행의 필연성이 엄밀하다고 하더라도 우리는 여기서 계몽의 사유의 또 다른 중요한 흐름을 놓쳐서는 안 된다(모든 다른 것과 마찬가지로 그런 사유 흐름은 그 이래로 다시 수용된다). 공리주의는 순수한 이기주의에서 인간의 자연적 선을 보았다. 그 이유는 이익들 간의 자연적인 혹은 후천적인 조화가 이뤄질 수 있다고 보았기 때문이다. 거의 같은 시기에, 혹은 다소 늦은 시기에 바로 이런 공리주의적 이념을 보충하면서 인간이 자연발생적으로 이타적인 특성을 갖는다는 사실에서 자연적 선을 보는 이념이 나타났다. 이러한 이념을 사람들은 루소의 저작들에서 확실히 볼 수 있었으며, 이러한 유의 교설은 18세기 말에 넓게 퍼졌다. 물론 프랑스혁명

---

20) *PhG*, 265.
21) *PhG*, 265.

이 이런 흐름에 다소 제동을 걸기는 했지만 말이다. 실러의 『도적떼』(*Die Räuber*)를 (은연중에) 자주 언급하기는 하지만, 헤겔이 이런 큰 흐름을 마음속에 두고 있었다는 것은 명백하다.

따라서 이러한 형태에서 인간은 자신의 자연발생적 느낌의 선함을 믿는다. 그는 고통과 오류로 가득한 세계에 대항해서 자신을 올곧게 유지한다. 인간은 자연적으로 선하기 때문에 고통과 오류의 원천은 사회와 문명에 의해 인간에게 가해진 잘못되고 부당한 억압에 있다. 따라서 해결책은 이러한 억압으로부터 벗어나 자유로운 인간이 되는 것이며, 이런 억압의 체계를 참된 체계로 되돌리는 것이고, 따라서 마음의 법칙을 세계의 질서 속에 현실화하는 것이다.

하지만 여기서도 일치하지 않는 것이 있다. 인간은 자신의 열망이 보편적 선과 일치할 수 있도록 보편성으로 고양되어야 한다. 하지만 이것은 오랜 도야와 훈육을 전제하며, 쉽지 않은 변형을 필요로 한다. 재구성되지 않은 우리의 자연발생적 느낌이 보편자와 일치할 것이라고 생각하는 것은 바보 같은 짓이다. 헤겔에 따르면 여기서의 통일은 아직 매개되지 않았다.

결론으로 나타난 모순은 두 가지 방식으로 출현한다. 첫째, 내가 나의 마음속에서 느끼는 법칙들에 따라 묘사된 세계는 참된 보편자가 아니다. 이 세계는 단순히 나의 것인, 그리고 내가 보편자에 무비판적으로 투사한 그런 이념들과 열망들로 가득 차 있다. 따라서 이런 방식으로 세계를 재구성하고자 하는 시도는 통일과 화해에 이르지 못하고, 인간들 사이에 광적인 투쟁을 가져온다.

둘째, 하지만 사물의 진행 과정이 보편자를 반영하고 있는 곳에서조차, 예를 들어 사회의 구조와 그 법칙이 합리적 규범을 반영하고 있는 곳에서조차 이 의식은 그것을 인지할 수 없다. 왜냐하면 참된 보편자는, 우리가 이미 본 것처럼, 인간이 훈육에 의해서만 도달할 수 있는 것이기 때문이다. 따라서 합리적 법칙은 자신의 자연발생적 선함을 확신하는 사람들에게 언제나 하나의 외적인 강압으로만 나타날 것이다. 따라서 마음의 법칙은 원리상 세계를 변형시키는 데 성공할 수 없다. 왜냐하면 일단 그 법칙이 사물을 개선시키고 나면 그 법칙의 작용은 이제 이 법칙 자신에게 낯선 것이, 적(敵)이, 다른 말로 하면 이 법칙이 공격하고 있는 외적인 강압의 또 다른 형태가 되기 때문이다.

헤겔에 따르면 이러한 신념은 사실 광적인 건방짐으로 나아간다. 즉 각자는 자신의 신념 속에서 자신의 본능에 따라 세계가 변형되어야 한다고 믿는다. 결과적으로 생겨난 투쟁, 고통 그리고 좌절 등은 자신이 도달하고자 했던 화해와 정반대의 것이다. 따라서 이러한 의식 형태는 자기 자신과 날카로운 대립에 놓인다. 이러한 모순 속에서 자신을 유지하고자 하는 의식의 투쟁을 헤겔은 일종의 미친 짓으로 여긴다. 이러한 의식 형태는 세계의 악의 책임을 사제와 전제 군주에게 돌리고자 하는, 따라서 보편적 오류를 선한 마음이라 간주되는 그런 마음과 화해시키고자 하는 절망적인 시도를 감행한다. 하지만 이런 설명의 약점은 근본적 모순을 부각시킬 뿐이다. 사실 의식은 세계의 질서 속에서 '모든 마음의 법칙'을 인지해야 하며, 자신의 열망을 실현하고자 하는 모든 투쟁의 결과를 인지해야 한다.

하지만 이러한 사실은 새로운 변증법적 역전을 준비하고 있다. 만약 세계 질서가 모든 마음의 법칙이라면, 그 질서는 잠재적으로 보편자를 표현할 수 있는 것으로 간주될 수 있다. 이러한 견해에 전제된 것은 개별적인 자아 추구는 배제되어야 한다는 것일 것이다. 따라서 입장이 이제 바뀌었다. 우리 자신의 개별성을 세계에 부과함으로써 세계를 구할 수 있다고 희망하는 대신, 우리의 생각은 이제 우리의 행위에서 개별적 열망의 모든 흔적을 제거함으로써 세계를 순화하는 것이 된다.

헤겔은 의식의 이러한 입장을 '덕'(Tugend)을 실현하고자 하는 시도라고 부른다. 그러나 헤겔은 여기서 그것이 고대인의 덕이 아님을 분명히 한다. 고대인의 덕은 근대와는 달리 자기 민족의 습속에 따라 사는 것이었다. 근대의 덕은 개인주의적 덕이며, 자기 부정에 기초해 있다. 그리고 이제이 덕을 헤겔이 수용하지 않은 이유가 분명해질 것이다.

사실 이것은 내가 자기 의식에 대한 논의 첫 부분에서 언급했던 퇴각의 전략들 중 하나이다. 이것은 스토아주의를 상기시킨다. 우리의 외적인 육체적 실재를 포기함으로써 우리의 자아를 내적인 자유로 정의하는 이전의 형태와 달리 현 단계의 의식의 형태는 자아를 도덕적으로 중성화하고자 한다. 개별자의 특수한 표현은 억압되어야 하며, 그는 오로지 보편자의 표현이 되어야 한다.

이러한 유의 국면이 갖는 특이한 형태는 인간이 자신의 무가치함을 느낀다는 것이고, 자신의 실존에 대해 죄책감을 갖는다는 것이며, 자신의 특수성을 억누르려 한다는 것이고, 오로지 보편적 의지가 되고자 한다는 것이다. 『정신현상학』에서는 이러한 유의 의식에 특정한 중요성을 부여한다. 이러한 유의 의식은 세 번 등장하는데, 처음에는 불행한 의식에, 그다음에는 여기 나오는 의식에, 마지막으로는 6장 끝부분에 나타나는 악과 악의 용서에 대한 절에 나타난다. 이 마지막 것은 변증법에서 중요한 단계이다. 왜냐하면 이 단계는 절대지로의 이행에서 다시 일깨워지기 때문이다.

하지만 자신의 특수성을 억압하고자 하는 시도는 실패할 수밖에 없다. 보편자는 특수한 인간의 행위에서가 아니면 실현될 수 없다는, 그리고 그렇게 행위하는 인간은 특수한 욕구와 욕망을 가진 그런 현실적 인간과 분리될 수 없다는 간단한 이유 때문에 그러하다. 다른 말로 하면 인간은 자신의 특수성을 억압할 수 없으며, 보편자의 담지자로서만 행위할 수는 없다. 왜냐하면 인간은 자신의 행위를 모든 다른 측면을 제쳐 버리고 오로지 보편적 규준에 순응시키고자 하는 동기에서만 행위할 수는 없기 때문이다. 행위의 모든 다른 양식을 거부한다는 것은 아무것도 하지 않는다는 것이다. 그리고 이 때문에 우리는 특수성의 억압에 대한 이러한 집착을 퇴각의 형태로, 즉 특수한 외적 실존의 조건을 거부하는 것으로 볼 수 있다.

헤겔은 자기를 부정하는 덕의 철학에 대립해서 자기 실현의 철학을 말한다. 보편자의 담지자가 된다는 것은 인간에게 완성을 의미한다. 혹은 적어도 보편자의 담지자로서의 인간은 인간이 완전히 실현될 때 나타난다. 하지만 이런 완전한 형성의 과정에서 그의 보다 '낮은' 본성은 이런 보편적 사명과 갈등 관계에 있다. 이원론적 철학은 이러한 사실을 반영한다. 좀더 자세히 말하자면 이원론적 철학은 보다 높은 통합에 도달하기 위해 훈련과 훈육이 필요하다는 것을 정당화한다. 우리는 이러한 사실을 예를 들어 불행한 의식을 다룰 때 보았다.

하지만 오늘날의 관점에서 보자면 자기를 부정하는 덕의 철학은 더 이상 정당화되지 않는다. 그리고 헤겔은 이러한 철학을 다룰 때 아주 가혹하며 아이러니하다. 그의 요점은 보편자가 특수한 개별자의 삶과 행위를 통하지 않고서는 참된 실현에 이를 수 없다는 것이다. 그런데 이러한 사실은 잘 다듬어진 이미지로 구체화된다. 헤겔은 덕의 의식을 돈키호테와 같은 기사의 이미지로 형상화한다. 돈키호테는 이기적 행위자들의 세계에 효과적으로 대응할 수 없다. 왜냐하면 이 세계는 그가 그 이름을 걸고 싸우는 보편자의 실현의 조건만을 제공하기 때문이다. 헤겔은 조롱조로 말하기를, 그런 기사의 목표는 자신의 칼을 뽑지 않고 그저 유지하는 것이라고 한다. 간단히 말해서 덕의 기사는 너무 순수한 덕 개념에 매몰되어 활동하지 않는다는 비난을 받는다. 그는 선을 실현하고자 하는 역사에 효과적으로 개입할 수 없다. 왜냐하면 이 선은 자신의 특수성을 확증하는 것과 분리될 수 없기 때문이다.

이러한 모순적 결과는 「이성」에서 가장 중요한 단계인 새로운 단계로의 이행을 가져온다. 앞의 형태에서 우리는 사물의 과정을 개별자들의 자기 실현 행위의 결과로 보는 법을 배웠다. 하지만 여기에서 우리는 그런 자기 실현 행위를 통해서만 보편자에 도달할 수 있다는 것을 보았다. 이제 우리는 개별적 자기 실현을 보편자의 표현으로 볼 수 있게 하는 보다 높은 단계에 도달했다. 변증법의 다음 단계는 자신의 행위 속에서 보편자를 실현하는 것으로 자기 자신을 아는 그런 자기 의식의 형상에 이를 것이다.

iii

「이성」의 마지막 절에서 우리는 의식의 마지막 형태에 도달한다. 이 형태 속에서 개별자는 자기 자신을 보편자와 통일된 것으로 본다. 우리는 개별자의 목표와 이 목표와 대립된 실재 사이의 대립을 넘어섰다. 개별자는 이제 이성을 반영하고 있는 외부 실재와 자신의 행위 속에서 통일된다.

이러한 통일은 사실 객관 정신에서 발생한다. 객관 정신은 헤겔이 인륜적 실체라고 부른 민족의 삶 속에 반영되어 있다. 하지만 이 마지막 절에서도 헤겔은 여전히 개별적 의식의 또 다른 형태에 머문다. 그는 여기서 당대의 다른 이념들과 도덕적 신념들을 다룬다. 그런데 그의 이런 체류는 이행의 중요성을 더욱 극명히 보여 준다. 어떤 의미에서 『정신현상학』은 두 부분을 갖는 것으로 간주될 수 있다. 첫째는 개별적 의식의 형태다. 물론 이 부분에서도 주인과 노예의 변증법에서처럼 인간의 상호작용을 다루기는 하지만, 그것은 철저히 개별적 의식의 단계에 머물러 있다.

하지만 이어지는 부분, 즉 정신과 종교에 대한 장들에서 우리는 정신을 초개인적 주체로 다룬다. 즉 처음에는 민족의 정신을, 다음에는 종교 속에 표현된 세계 정신의 자기 의식을 다룬다. 물론 변증법의 이러한 변화는 우리가 정신과 세계가 통일되어 있는 절대지에 도달할 때 필연적이다. 왜냐하면 세계 주체만이 개별자로서의 개별자는 도달할 수 없는 그런 통일로 간주될 수 있기 때문이다.

따라서 특정한 한 지점에서 우리는 우리의 무게중심을 바꿔야 한다. 우리는 개별자를 더 이상 사회적 관계의 중심으로 봐서는 안 된다. 개별자를 사회적 관계의 중심으로 보는 사람은 사회적 관계를 자기 주변의 부수적 사실로 받아들인다. 오히려 우리는 사회적 전체를 중심으로, 개별자를 그 전체의 표현으로 봐야 한다. 헤겔은 자주 '실체'라는 개념을 사용하는데, 이것은 이 후자의 입장을 나타내기 위해서이다. 전체 사회의 정신은 근저에 놓인 실재이며, 이로부터 개별자의 행위가 유출되어 나온다. 하지만 이것은 개별자들이 전체의 무의미한 종속자라는 것을 의미하는 것이 아니라, 개별자는 자기 자신을 이 전체 속에서 인지한다는 것을 의미한다.[22] 더 나아가 이 정신은 개별자와 분리된 것이 아니며, 개별자 없이 실존할 수 없다. "인륜적 실체"는 "자기 의식의 본질로 사유될 수 있다. 그러나 이 자기 의식은 실체의 현실이자 규정된 현존이며, 실체의 자아이자 의지이다."[23]

따라서 민족 정신은 개별자의 주관성 속에서 현실에 이를 수 있다. 그리고 이 민족 정신은 아직 완전한 발전에 이르지 못했으며, 개별자들에게 반영되어 있지 않을 때 무의식적이고 부분적으로 기형화된다. 그러나 물

---

22) *PhG*, 310.
23) *PhG*, 312.

론 이런 상태는 전체 시기들 중에서 그리스 도시 국가의 소멸과 근대 법치 국가의 완전한 개화 사이에 있는 특별한 현실이다. 따라서 근대 법치 국가의 완전한 개화는 이중의 발전을 전제한다. 정신의 개별적 표현과 법과 제도 속에서의 공적 표현 둘 다 변화하고 성장하여, 전자[개별자]가 후자[공적 제도들] 속에서 스스로를 인식하는 데까지 나아가야 한다.

헤겔은 이 마지막 이행이 자기 시대에 발생했다고 생각하는 것 같다. 그가 여기서 연구하며 다루고 있는 형태는 모두 당대의 사상이라고 인정될 수 있는 것으로서 이 이행을 반영하고 있다. 그러나 물론 『정신현상학』에서 그의 관심은 국가의 궁극적 형태를 이끌어 내는 것이 아니다. 그의 관심은 오히려 우리는 개별자에서 '실체'로의 이러한 변화 없이는 우리가 그리스에서 출발하는 다음 부[「정신」]에서 다룰 의식을 이해할 수 없음을 보여 주는 것일 뿐이다.

「이성」에서 다루는 의식의 형태는 모두 자신의 행위의 보편적 중요성을 확신하는 그런 의식을 반영한다. 이 부의 다른 절에서처럼, 그리고 이 작품 전체에서처럼 이 [마지막] 절에서의 논의도 당대의 조류에 대한 해명을 담고 있다. 여기서 상세히 논의를 따라갈 여유는 없다. 다만 칸트에 대한 그의 취급 방식을 간단히 표현하고자 한다. 칸트는 (이름이 거론되지는 않지만) 「이성」의 마지막 절, 즉 '법칙을 심사하는 이성' 부분에서 다뤄진다.

이러한 의식 형태에서 이성은 도덕적으로 구속력이 있어야 하는 법칙들에 대해 자기 일관성의 기준을 적용하여 심사하도록 부름받는다. 그 물음의 형태는 다음과 같다. 주어진 준칙을 따를 때 모순은 있는가, 없는가?

이것이 칸트를 지시하고 있다는 것은 분명하며, 어렵지 않게 헤겔의 반응을 추측해 볼 수 있다. 그는 어떤 준칙도 일관성이 있음을 보일 수 있다는 이미 널리 알려진 반론을 사용한다. 하지만 그는 어떤 것들, 예를 들어 재산의 공동 소유가 모순적임을 보일 수 있지만, 동시에 사적 소유의 지배도 동일하게 모순적임을 보일 수 있다고 덧붙인다. 이러한 모순은 헤겔에게 어떠한 문제도 제기하지 않는다. 그는 사적 소유가 올바른 지배 체제라고 말한 칸트와 부르주아 동시대인들에게 전적으로 동의한다. 하지만 이원리에 따른 행동이라는 아마 더 큰 일관성으로부터 이 체제를 제시할 수는 없다.

그러나 정신으로의 궁극적 이행을 앞둔 이 마지막 형태로부터 우리는 다음의 생각을 이끌어 낼 수 있다. 즉 사회에 대립해 서 있는 자유로운 개별자는 자신의 도덕적 이성을 위한 어떤 실제적 내용도 발견할 수 없다는 생각을 말이다. 그런 개별자는 도덕의 유한한 결론들에 궁극적으로 근거를 댈 수 없다. 도덕성의 참된 토대는 참으로 사람이 보편적 규준에 따라 행동하는 것, 다른 말로 하자면 우리의 참된 본성, 즉 보편자인(따라서 칸트와 아리스토텔레스를 통합하고 있는) 그런 정신에 따라 행동하는 것이다. 그러나 이러한 사실을 추상적으로 이해할 경우, 우리는 공허한 기준을 가지게 될 뿐이다. 이성이 단지 형식 속에서, 즉 특정한 사유 양식 속에서 거주하는 것으로 보이는 그런 추상 가운데 어떤 것은 정당화될 수 있으며, 어떤 규준은 보편화될 수 있다. 우리가 이성을 특정한 존재론적 전제를 가지는 것으로 볼 경우에만, 그리고 이성을 외적 실재와 특정한 종류의 인간적·사회적 현실을 위해, 특히 정치적 제도들 속에서 보편적 법칙의 필요조건을 표현하고자 하는 그런 현실을 위해 소명을 받은 것으로 볼 경우에만 우리는 실천이성을 위한 내용을 가지게 된다. 우리의 도덕적 의무의 형태는 정신이 완성되기 위해 존립하지 않으면 안 되는 사회적 실재의 본성에서 나온다. 그리고 정신의 완성은 우리에게 도덕적 의무가 된다. 왜냐하면 우리의 본성은 정확히 바로 이것, 즉 정신이며, 옛 표현을 사용하여 말하자면,

합리적 삶이기 때문이다.

따라서 결국 참으로 도덕적인 인간은 순수하게 내적인 의식으로부터 자기 자신에게 법칙을 부여하고자 하는 자가 아니라, 자기 사회로부터 자신의 의무를 이끌어 낸다고 느끼는 자이다. 순수하게 자기 내부에서 추론하고자 하는 것은 기준 없이 추론하는 것이고, 따라서 자의적이다. "저런 직접적인 입법 행위는 자의를 법으로 만드는 전제 군주적 엉뚱함이다."[24] 따라서 헤겔은 자율성을 모든 도덕성의 중심으로 삼는 칸트의 명령을 완전히 역전하고자 한다.

그러나 실제로 진실은 훨씬 더 복잡하다. 보편적 개별자의 추론에 의해 스스로 깨지고 마는 최초의 무반성적 의무감이 있다. 그리고 이어서 외적 권위와 자율성 사이의 투쟁이 따라 나온다. 헤겔은 양자 중 한편의 입장에 서 있다. 그는 자율성은 인간 도야의 필연적 단계이기 때문에 옳다고 한다. 하지만 궁극적으로 양자는 통합되어야 한다고 한다. 즉 완전히 합리적인 인간이 자신의 고유한 완성태를 법치 국가 속에 반영된 것으로 볼 때 그양자는 통일되며, 여기서 그 국가의 제도에 그 사람은 신뢰를 보인다. 그런 다음 헤겔은 칸트의 비전을 일면적이라고 비판한다. 그는 칸트의 비전을 자기 이전의 비전들 중 하나로 간주하며, 칸트를 자신의 고유한 비전에 도달하기 위한 준비를 한 자로만 다룬다. 헤겔이 자신의 비전에 도달할 수 있었던 또 다른 조건은 계몽의 철학자들이 그토록 비난했음에도 불구하고 여전히 사람들의 신뢰를 받았던 종교적·정치적 제도의 점진적 발전이다.

따라서 칸트와의 단절은 헤겔이 그를 '완성해야' 한다고 요청하는 곳에서조차 완벽하게 이뤄진다. 그리고 순수한 자율성과 사회적 도덕성 사

---

24) *PhG*, 309.

이의 차이와 더불어 또 다른 차이가 있다. 완전한 윤리는 사회 속에서 작용하는 윤리이며 사회에 대한 사람들의 의무 이외에 아무것도 아니기 때문에, 최고의 윤리는 충족된 윤리이다. 그것은 존재해야만 하는 어떤 것, 즉 '당위'가 아니다. 우리가 따르는 규범은 우리 사회의 그런 제도 속에 현존하며, 우리의 신뢰를 통해 유지된다. '그래야 한다'고 하는 그런 당위로만 가득한 윤리는 헤겔에게 경멸받을 뿐이다. 바로 이 점이 칸트와 피히테의 철학에 대한 헤겔의 기본적인 반론이다. 그들은 우리에게 순수한 당위의 윤리만을 제시한다.

오히려 헤겔에 따르면 인민 속에 살아 있는 정신은 동시에 존재인, 즉 실제 현존인 그런 법률을 우리에게 제시한다. 여기서는 신앙을 위한 여지도 존재하지 않는다. 왜냐하면 자기 의식은 정신의 정신적 실재 내에서 살아가기 때문이다. 인간은 이 실재를 그리스 도시 국가의 소멸과 더불어 상실하고 말았으며, 오늘날 다시 얻고자 노력하고 있다. 우리는 이제 막 그런 실재를 보편적 이성과 일치한 형태로 재발견하려고 한다. 하지만 우선 우리는 그 실재의 원래의 무의식적 아름다움을 보는 데로 되돌아간다.

6장

/

정신의 형성

우리는 이제 헤겔이 나중에 '객관 정신'이라고 부른 '정신'(Geist)의 영역에 들어간다. 여기서 우리는 처음으로 실제 역사적 형태들을 다룬다. 앞서 우리는 이런 역사적 형태들의 추상적 측면들만을 다루었다. 예를 들어 우리는 자기 의식의 발전에서 등장하는 스토아주의를 다룬 적이 있다. 이제 우리는 스토아주의를 자신의 한 측면으로 가지는 전체 역사적 형태로 돌아갈 것이다. '정신' 장에서 우리는 단순한 이념이나 외관 혹은 이상만이 아니라 전체 정치체의 모습과 전체 문화적 삶의 모든 단계가 무대에 오르는 것을 보게 된다(이것들은 궁극적으로 정신의 빛에서만 이해될 수 있다).

비역사적 변증법으로서의 『정신현상학』은 일종의 나선형의 결과를 가지고 있다. 우리는 보다 높은(혹은 이런 은유가 가능하다면 '보다 깊은') 단계에서 동일한 현상으로 되돌아온다. 주인과 노예의 변증법에서 이성에 관한 마지막 부분까지가 함축적으로 지시하는 바는 거칠게 표현된 역사적 순서이다. 따라서 우리는 이제 [「이성」이 끝나고 「정신」으로 들어온 이 순간에] 다시 처음으로 돌아간다. 그리고 '정신' 장의 마지막에 우리는 다시 처음으로 돌아갈 것이며, 이것은 '종교' 장에서 다시 반복될 것이다.

'정신' 장에서 우리는 역사철학의 몇몇 결정적 통로를 관통해 간다. 우리는 그리스에서 출발한다. 그리스는 헤겔이 자기 시대 많은 동료들과 마찬가지로 언제나 향수를 가지고서 기억하는 완벽한 '자기 충족적'[자유로운, Beisichselbstsein] 사회이다. 우리가 기억하고 있듯이 이 사회는 시민과 사회의 완벽한 통일로 특징지어진다. 시민들의 완벽한 도덕적·정신적 열망은 공동의 사회적 삶에서 얻어진다. 이러한 공동의 삶은 따라서 공동의 실체이다. 개인은 이 실체의 일부로서 자신의 삶의 의미와 목적을 발견했다. 이 실체에서 떨어져 나가면 그는 메말라 갔다. 그러나 공동의 실체에의 이런 의존성이 이 실체를 개인이 종속될 수밖에 없는 낯선 것으로 만들지는 않았다. 왜냐하면 공동의 삶은 또한 "만인과 각자의 행위"[1]였으며, 시민들의 일[작품]이었기 때문이다. 실체가 개인을 유지했다면, 개인의 활동은 또한 실체를 유지했다.

그러나 초기의 이 통일은 깨어져야 하며,[2] 6장은 이 변증법을 추적한다. 완벽하게 보편적인 개인이 존재하게 되어야 하고, 이 개인은 도시 국가라는 편협한 장벽을 무너뜨림으로써만 이를 할 수 있다. 이로부터 오랜 기간의 소외가 따라 나온다. 이 기간에 개인은 자신을 더 이상 표현해 주지 못하는 사회에 맞선다. 하지만 이 여행의 기간은, 헤겔에게서 언제나 그러하듯이, 형성의 기간이다. 이로부터 보다 높은 단계가 출현할 것이다. 역사철학에서 이 단계는 근대의 법치 국가로 정의된다. 그러나 『정신현상학』에서 우

---

1) *PbG*, 314.
2) 헤겔이 『정신현상학』 앞부분에서 이미 말했듯이, "이성은 이 행복으로부터 걸어 나와야 한다". *PbG*, 258.

리는 당대 독일 철학의 새로운 도덕 의식으로 진입한다. 이 단계는 새롭게 철학적으로 해석된 종교 의식의 전주로 간주된다. 그 이유는[3] 아마도 『정신현상학』이 역사철학과는 다른 목적을 가진다는 사실에서 발견될 수 있을 것이다. 물론 '정신' 장에서 그것은 명백히 서로 중첩되어 나타나고 있기는 하다. 여기에서 우리의 목적은 의식이 자기 자신을 궁극적으로 세계 정신과 어울리는 것으로 이끌어 가는 것을 보는 것이다. 따라서 객관 정신의 영역에 오랫동안 머물 이유가 없다. 우리는 이후의 『엔치클로페디』에서 '절대 정신'이라고 불리는 곳에 다가가야만 한다.

1

'정신' 장의 첫 부분은 그리스 도시 국가의 원본적 통일과 그 멸망을 다루고 있다. 이 부분은 『정신현상학』의 가장 아름다운 부분들 중 하나로 평가된다. 여기서 헤겔 철학의 토대에 놓여 있는 강력한 시적 비전을 볼 수 있다. 그의 시적 이미지의 힘은 소포클레스의 비극을 매개로 그리스 사회의 내적인 긴장과 갈등을 표현하는 곳에서 최고조에 이른다.[4]

---

3) 이런 설명은 헤겔이 나폴레옹 정복의 영향 아래 '정신'이 근대 국가에서 자기 자신과의 완벽한 화해로 돌아올 수 있다는 신념을 잠시 동안 포기했다는 것에서도 찾아진다. 화해의 이념은 그의 이전의 열망들 중 하나였고, 확실히 1815년 이후 성숙한 체계의 일부였다. Franz Rosenzweig, *Hegel und der Staat*, München und Berlin: Verlag R. Oldenbourg, 1920, I, S. 217~220, II, S. 1~5를 참조하라. 이런 해석에 입각하여 말하면, 이 시기 헤겔에게 역사는 그 정점에 도달했고, 정신은 종교와 철학에서만 화해에 도달했다. 하지만 이것을 확신을 가지고 말할 수는 없다.

4) 여기서 헤겔은 그리스 도시 국가의 해체 과정을 소포클레스의 비극 『안티고네』를 분석하는 것에서 시작한다. 이 부분을 잘 이해하기 위해서는 그 내용을 알 필요가 있는데, 간단하게 요약하면 다음과 같다.

에테오클레스와 폴리네이케스는 스스로 세상의 방랑자가 된 아버지 오이디푸스 왕을 이어 차

일반적으로 말하자면 원본적 통일에 놓여 있는 갈등은 다음과 같다. 개별자는 그의 공동체와 완벽하게 통일되어 있으며, 따라서 인간은 보다 큰 주체와, 자신이 그 일부라고 느끼는 보편자와 합치되어 있다. 그런 보편적 합치는 개별자의 당위적 삶이 된다. 그러나 이러한 보편자가 완전히 보편적인 것은 아니다. 그 보편자는 많은 민족들 중 한 민족의 정신으로 있다. 따라서 인간 안에서 참된 보편성에 대한 직관은 점진적으로 인간을 그 공동체에서 분리시킨다. 보편자에 대한 이 공적 표현이 그 표현의 근거가 되는 보편자를 향한 사명과 갈등 관계에 들어설 때, 인간 안에서, 그리고 공동체 안에서 투쟁이 일어난다.

따라서 시민과 도시의 행복한 통일은 발전의 초기 단계에 있는, 즉 "자연에 파묻혀 있는" 인간 존재에 의존한다. 이 단계는 지양되어야 한다. 다른 말로 하자면 특수한 실존으로서의 도시 국가는 몰락해야 한다. 도시 국가가 참다운 보편적 의식의 표현이라면 바로 그 보편적 의식은 도시 국가보다 더 오래 지속될 것이며, 이 도시 국가를 초월해서 존재할 것이다. 이 보편적 의식은 자신의 이 표현물을 파괴함으로써 자신으로 남는다. 그러나 지역적인 의식으로서의 도시 국가의 삶은 이러한 파괴와 더불어 몰락

례로 일 년씩 테베의 왕이 되고자 하지만, 형인 에테오클레스가 약속을 지키지 않아 싸움에 돌입하고, 결국 둘 다 죽는다. 이들을 이어 왕이 된 오이디푸스의 처남이자 삼촌인 크레온은 에테오클레스를 장사지내 주지만 폴리네이케스는 짐승의 먹이가 되게 버려 두라고 명령한다. 하지만 폴리네이케스의 누이인 안티고네는 시체를 방치하는 것은 신의 법을 어기는 것이라 하여 왕의 명령을 어기고 시체를 매장한다. 이 일로 왕은 안티고네를 동굴에 가두고, 그곳에서 그녀는 자살한다. 그녀의 약혼자인 크레온의 아들 역시 그녀를 따르며, 크레온의 아내도 아들을 따라 죽는다.

헤겔은 이 비극을 국가의 법(왕의 명령)과 신의 법(가족애 등)이 아름답게 통일되어 있었던 그리스 사회가 균열을 드러내고, 마침내 이 두 법이 갈등 관계에 빠지며, 결국 그리스의 아름다운 공동체의 파괴로 나아가는 것을 보여 주는 것으로 해석한다.—옮긴이

하고, "타자 속에서 자신이 지양되는 것을 본다".[5]

그러나 헤겔은 '정신' 장의 대부분에서 사회의 인륜적 삶의 변증법을, 그의 용어로 하면 인륜성[인륜적 제도, Sittlichkeit]의 변증법을 다른 수준에서 좀더 상세히 연구한다. 여기서 그가 사용하는 용어들은 그리스 비극에서 가져온 것이다. 두 보편자 사이의 갈등은 이제 인간의 법과 신의 법 사이의 갈등으로 간주된다. 인간의 법은 시민들이 스스로를 반영하고 있다고 생각하는 국가의 명백하고 의식적인 윤리이다. 신의 법은 참으로 보편적인 것을 반영한다. 따라서 신의 법은 이 단계에서 무반성적인 것, 기록되지 않은 것, 인간에 의해 만들어지지 않은 것으로 현상한다. 그것은 언제나 존재해 왔다.[6] 참으로 보편적인 것으로서 신의 법은 개별자 그 자체에 관심을 갖지, 그가 국가와 맺는 관계에는 관심을 갖지 않는다. 따라서 이 법의 수호자를 자청하는 제도는 직접적 통일의 영역인 가족이다. 이 두 종류의 법은 두 제도들 속에서 범례적으로 표현된다. 여기서 헤겔은 성의 역할에 대한 보다 진전된 결론을 이끌어 낸다. 즉 남성은 주로 인간적이고 정치적인 것에 관심을 가지며, 여성은 신적이고 가정적인 것에 관심을 가진다.

신의 법은 개별자 그 자체에 관심을 가지지, 이 개별자들의 특수한 어떤 것에 관심을 가지지 않는다. 그러나 이 단계에서 그의 실제적인 외적 삶을 지배하는 것은 국가에서의 그의 역할이기 때문에, 그의 참다운 보편적 실존은 이러한 삶을 넘어선 것으로서만 상상될 수 있다. 그리고 이런 보편자는 자신의 그림자 속에서 표현되는데, 이 그림자 속에서 그는 "단순한 보

---

5) *PbG*, 342.
6) 헤겔의 이 말은 안티고네의 말을 연상시킨다. "불변하는 하늘의 불문율, / 그것은 어제오늘 생긴 게 아니라 / 영원히 살고 있고, 어디서 왔는지 아무도 모르니까요."

편성의 고요함"[7]을 경험하기 위해 삶의 우연성을 자신의 뒤에 제쳐 둔다.

그러고 나서 헤겔은 고대 그리스의 장례 의식에 대한 뛰어난 해석을 제시한다. 죽음은 자연적 부정으로, 인간에게 자연적으로 마주해 오는 것이다. 하지만 우리는 또한 사변적으로 이해된 죽음은 필연성이며, 어떤 지속적인 외적 표현을 그만둘 수 없는 인간 정신의 참다운 보편성의 표현임을 보았다. 장례 의식의 목표는 죽음을 이런 첫번째 실재에서 두번째 실재로 불러일으키는 것이고, 인간에게 우연히 발생한 어떤 것으로부터 정신에 의해 행해진 어떤 것으로 죽음을 재해석하는 것이다. 장례 의식은 이 의식을 치르지 않을 경우 자연의 맹목적 힘에 희생되어 버릴, 여우와 독수리에 의해 땅에 흩뿌려져 버릴 육체를 보존한다. 그리고 그 육체를 매장함으로써 그의 죽음을 의미 있는 행위로 만든다. 따라서 죽음조차도 자기 의식을 위해 재발견된다.

물론 원시적 단계에서 재발견된 자기 의식은 부정된 자기 의식과 동일하지 않다. 이 단계에서 자신의 죽음을 초월한 개별자의 존재는 그를 매장하는 가족의 행위에 의존한다. 참된 보편자가 사회의 공적 삶에서 표현되는 보다 높은 단계에서 우리 모두는 보편적 의식으로서 죽음을 경험하기 이전에도 우리 죽음을 초월한다. 그러나 이 단계에서 매장은 인간의 참된 보편성이 가져야 하는 표현이며, 따라서 신성하다. 여기가 바로 안티고네의 비극을 준비하는 단계이다.

국가와 가족에게 신의 법과 인간의 법은 갈등으로 나타난다. 그러나 이것을 설명하기 전에 헤겔은 그것들이 서로 어떻게 엮여 있으며, 서로를 전제하는지 보여 준다. 국가는 사회를 보호하고 가족을 방어한다. 이에 반

---

7) *PbG*, 321.

해 가족은 국가를 위한 시민을 형성한다. 따라서 가족을 떠받치고 있는 신적인 힘은 국가의 재화를 위해 양육되어야 하며, 동시에 국가는 신들의 이런 제의가 완수되도록 한다. 따라서 남자들은 지하의 신의 힘에 의해 양육된 가족으로부터 걸어 나와 정치적 낮의 빛 속으로 들어간다. 그리고 이들은 국가를 방어하기 위해, 따라서 가족을 방어하기 위해 자신의 목숨을 걸 것을 요청받는다. 그리고 이들은 죽음을 맞음으로써 땅으로, 그림자라는 순수한 개별성으로, 가족에 끊임없이 힘을 부여하는 지하 세계로 되돌아간다. 그리고 이번에 가족, 특히 여성은 의례를 따르는 가운데 지하의 신의 법을 낮의 빛으로 가져오며, 그 법에 공적인 표현을 부여하고, 따라서 가족을 보존함으로써 국가의 보존에서 자신이 맡은 역할을 수행한다. 따라서 두 법은 완벽한 조화를 이룬다.

그러나 현실은 그렇지 않다. 근본적으로 이 두 법은 갈등 관계에 있다. 왜냐하면 인간의 법은 참으로 보편적이지 않기 때문이다. 그리고 이러한 갈등은 역사적 행위로 표현된다. 여기에서 우리는 헤겔의 또 다른 근본적 주제와 마주한다. 즉 외부 세계에서 중요한 변화를 일으키는 행위는 필연적으로 죄를 불러일으키는 행위이다. 왜냐하면 우리의 그런 행위는 실제적으로 되며, 우리의 특수성에 실제적인 표현을 부여하기 때문이다. 하지만 이러한 행위는 보편자의 저항을 불러일으키며, 따라서 죄를 낳게 한다. 원죄 사상에 대한 헤겔의 해석은 바로 이것에서 나온다. 죄는 인간에게 필연적이라는 바로 그런 의미에서만 '본래적'이다. 이것은 철학적으로 재해석된 원죄에 대한 해명이다. 그리고 인간은 특정한 시공간에 몸을 입고 있는 유한한 정신이기 때문에, 따라서 특수자로 행위할 수밖에 없다는 바로 그 이유 때문에 죄는 필연적이다. 그리고 우리가 이미 본 것처럼, 정신이 존재하기 위해 정신은 필연적으로 몸을 입어야 한다. 그러나 그럼에도 불구하고 우리는 특수자의 이러한 자기 확증을 '죄'로 보아야 하는데, 왜냐하면 특수자가 정신의 실존에 본질적이라고는 해도 정신의 완전한 실현에는 방해가 되기 때문이다. 따라서 그것은 극복되어야 한다. 그리고 우리는 죽음이 그것을 극복하는 하나의 길임을 보았다. 정신은 완벽한 보편적 의식을 요구한다.

따라서 죄는 헤겔의 견해에서 보면 구원을 위해 필연적이다. 그리고 이러한 설명은 '정신은 자신의 구현물로부터 자신에게 되돌아옴으로써만 실존할 수 있다'는, 혹은 '외면성 혹은 소외는 정신의 자기 실현에 있어서 본질적 단계'라는 그의 기본 주장을 달리 표현한 것이다. 이어서 신성함에, 정신과의 통일에 도달하고자 하는 어떤 시도도 스스로 패배할 수밖에 없다는 사실이 따라 나온다. 이러한 시도에는 세계 내에서의 행위로부터, 그리고 이에 동반된 특수성의 확증으로부터 벗어나려는 시도도 포함된다. 우리는 유한한 정신으로서 특수한 실존으로 운명 지어져 있다. 우리가 할 수 있는 모든 것은 보편적 의식을 이끌어 갈 수 있는 삶의 형식을 실현하기 위해 우리의 특수한 실존에서부터 진행하는 것이다. 우리는 속죄를 위해 필연적인 죄로부터 진행해야 한다. 죄 그 자체는 불가피하다.

따라서 행위하지 않고 움츠러드는 퇴각은 거부되어야 한다. 그것은 파기해야 할 또 다른 퇴각의 전략일 뿐이다. 그리고 이에 대해서는 5장에서 이미 설명했다. 그곳에서 덕 있는 영혼은 자신의 이기적인 행위를 사물의 과정에서 제거하고자 했다. 우리는 이 문제를 이 장의 마지막 부분인 '죄와 용서'에 관한 절에서 다시 보게 될 것이다. 『정신현상학』은 이 주제를 수차례 반복한다. 여기서 헤겔은 "돌과 같이 행위하지 않는 존재만이 무죄다. 하지만 어린아이조차도 행위한다"[8]고 말한다.

그러나 여기서 우리는 이런 완전한 화해에 아직 도달하지 못했다. 공동체의 입장에서 세상에서의 행위는 여전히 참된 보편자와 위상을 달리한다. 따라서 행위는 특수자를 효력 있게 하려는 인륜성 내부에서의 투쟁을 개시한다. 이 투쟁은 비극이다. 이 투쟁 밖에 서 있는 우리는 그 갈등을 볼 수 있다. 우리는 소포클레스의 『안티고네』를 알고 있으며, 안티고네의 논변과 크레온의 논변을 둘 다 이해할 수 있다. 만약 우리가 그곳에 있었다면 우리는 아마 어떤 입장을 지지할 것인지 주저할 것이다.

그러나 이것은 우리에게 가치들의 충돌이다. 우리는 궁극적으로 희극의 영역에 서 있다. 왜냐하면 우리는 그 갈등에 붙들려 있지 않기 때문이다. 우리는 두 개의 선(善)이 서로 충돌할 때 그런 갈등으로 고통받는다. 그러나 우리는 이것들 중 어느 것에도 붙잡혀 있지 않다. 왜냐하면 우리는 양자를 포용할 수 있는, 두 주인공의 무게와 주장을 평가할 수 있는 보편적 의식을 가지고 있기 때문이다. 우리가 그 논쟁을 중재하는 것과는 상관없이 우리는 이러한 보편적 의식을 보유하며, 우리의 행위 속에서 이런 의식을 표현한다.

비극적 주인공의 경우는 완전히 다르다. 그는 이 투쟁에서 한편에 서 있어야 한다. 즉 그는 인간의 법이나 신의 법 편에 서 있어야 한다. 여기서 그는 타자를 볼 수 없는 지점에 서 있으며, 그 타자를 "정당성이 없는 현실" (rechtlose Wirklichkeit)[9]로만 본다. 그리고 우리가 지금 서 있는 원초적 단계에서 사람들은 이러한 유의 의식에 도달할 수 없기 때문에 그들은 그 법과의 무비판적인 직접적 동일성을 가질 뿐이다. 그리고 법이 여기서는 두 개이기 때문에 우리는 두 종류의 '인물'을 보게 된다. 두 법은 다른 종류의

---

8) *PbG*, 334.
9) *PbG*, 332.

사람들(즉 남자와 여자) 속에서 자신을 표현하며, 그들 각자는 자신의 부분과 완전히, 무비판적으로 동일화된다. 따라서 안티고네와 크레온은 폴리네이케스의 장례를 두고 투쟁을 벌이는데, 이 둘 각자의 주장은 완전히 옳은 것들이다.

무반성적 인륜성의 단계에 속하는 비극적 인물은 위태로움을 반쯤만 의식하는 사람이다. 그는 하나의 법을 본다. 그는 이 법과 묶여 있는 다른 법을 보지 못한다. 왜냐하면 이 법을 위반하는 것은 저 다른 법의 실현에 달려 있기 때문이다. 낯선 자에게서 자신의 아버지를 보지 못하고, 자신이 결혼한 왕비에게서 어머니를 보지 못한 오이디푸스처럼, 그는 눈을 가지고 있지만 보지 못한다.[10]

그럼에도 불구하고 거기에는 연결점이 있다. 신들을 모욕한 주인공은 자신의 그 행위를 부정할 수 없다. 그 행위는 진실로 그의 행위이며, 그는 모든 결과를 떠맡는다. 그가 자신의 행위의 전체 의미를 볼 수 없었다 하더라도 그 행위를 스스로 완벽히 수행했기 때문에 그는 그의 행위에 전적으로 책임이 있다. 그러나 그는 이런 결과를 기대하지 않았기 때문에 그는 발생한 사건을 운명으로 경험한다. 우리는 다시 한번 헤겔이 운명을 이해되지 않는 필연성으로 생각하고 있음을 보게 된다. 이런 생각은 5장에서 쾌락을 논의하는 가운데 등장했다. 모이라[운명의 여신]는 그리스 사유에서 큰 역할을 수행하는데, 그 이유는 사람들이 아직 보편적 의식에 도달하지 않았으며, 자신의 시계(視界) 내에서 필연성의 전체 영역을 습득할 수 없다는 데 있다. 따라서 그들에게 그 영역은 외부의 의지에 따른 어떤 것으로 나타난다.

---

10) *PbG*, 335.

종교철학에서 헤겔은 동일한 문제를 다른 방식으로 설명한다. 그리스 신은 신적 형상과 인간적 형상의 완벽한 결합물이다. 이는 마치 그리스 도시 국가에서 개인적인 것과 정치적인 것이 완벽하게 결합해 있는 것과 같다. 그러나 그 대가는 두 경우에 동일하다. 인간은 참된 보편자와 화해할 준비가 되어 있지 않으며, 동일하게 신들은 인간적인 존재가 됨으로써 다양하고 특수한 존재가 되는 대가를 치렀다. 이는 도시들이 동일한 비용을 지불하고서야 참된 인륜적 실체가 된 것과 같다. 반대로 동일한 시기에 정신의 보편성을 완벽하게 파악한 사람들인 유대인은 신적인 것에서 완전히 소외되었다는 것을 느끼는 사람들이다. 하지만 보편적 정신은 표현되어야 한다. 그리고 신들이 특수자이기 때문에 보편자는 신들도 그에 복종해야 하는 운명의 필연성으로 다시 나타난다.

그러나 하나의 법과 무비판적으로 동일화되는 주인공을 궁극적으로 없애는 것은 바로 이 필연성의 경험이다. 그는 자신의 모순으로 인해 파괴되는 경험을 한다. 그리고 인간은 자신의 고통스런 경험으로부터 전체 갈등 속에서 취득할 수 있는 의식에 도달한다. 그러나 이것은 보편적 의식, 즉 더 이상 그 특수한 사회 및 그 윤리와 무비판적으로 동일화되지 않는 의식이며, 보편적 술어로 사유하는 의식이다. 다른 말로 하면 모순을 경험함으로써 사람들은 자신의 특수한 도시와의 의문 없는 자발적 동맹 관계에서 벗어난다. 그러나 이것은 도시 자체의 쇠락을 의미한다. 왜냐하면 도시의 전체 힘은 시민과 인륜적 실체의 완벽한 통일에 있었기 때문이다. 그 대신 이제 개인들은 자신을 보편자로 보며, 하지만 동일하게 자신의 사회에서 소외된 자로 본다. 지지를 받지 못하는 도시는 이 새로운 단계에 어울리는 보편적 제국 앞에서 몰락한다. 그러나 이것은 소외의 단계이다. 왜냐하면 새로운 제국은 자신의 제도와 습속 안에서 자기 민족의 가장 심오한 가치와 열망을 표현할 수 없기 때문이다. 이 제국은 너무 광대하고 분산되어 있다. 그것은 사람들을 동일한 권력에 종속시킴으로써 그들을 그저 외적으로 통일할 뿐이다. 도시 국가의 쇠퇴는 그 자리에 비교할 만한 어떤 것도 남기지 않는다. 도시 국가는 보편적 제국의 돌격 앞에서 황폐화되어 몰락한다. 하지만 이것은 보편적 의식을 가진 개별자로 하여금 더 이상 이 의식을 반영하지 못하는 국가, 단지 외적 권위와 강제로만 경험되는 국가에 대항해서 마주서게 하는 그런 소외의 시기로 인도한다.

현실적인 이런 몰락이 어떤 구체적 역사 형태를 취하는지는 '정신' 장에서 모호하게 남겨져 있다. 다른 곳에서, 구체적으로 말하자면 역사철학과 철학사에서 헤겔은 소피스트들과 소크라테스를 다루면서 보편적 의식의 흥기를 다룬다. 『정신현상학』의 다음 장인 7장 '종교'에서 우리는 종교의 형태들의 연관된 진화를 다룰 것이다.[11]

여기서 헤겔은 전체 그림을 그리는 데 별로 관심이 없었던 것 같다. 그는 비극적 갈등이 어떻게 역사적 몰락을 초래했는지 보이는 수고를 별로 하지 않는다. 이에 대해 그는 충격적인 시적 방식으로 이 문제를 다루고 있을 뿐이다. 여기서 그는 "드러난 정신은 자신의 힘의 뿌리를 낮은 세계[지하 세계]에 가지며",[12] 죽은 자를 능욕하는 가운데 자신의 고유한 힘을 소진한다고 재차 강조한다. 그다음 헤겔은 우리에게 개와 맹금의 이미지를 제시한다. 이것들은 매장되지 않은 자의 찌꺼기들로 어지럽힘으로써 주변 사람의 제단을 더럽히는 자들이다. 그리고 헤겔은 이웃사람들이 국가에

---

11) 출판되지 않은 1790년대의 초기 수고에서 헤겔은 폴리스의 몰락에 대한 몽테스키외의 설명을 끌어들이는데, 몽테스키외는 부자와 가난한 자의 양극화가 점증한 데서 그 원인을 보았다. *Nobl*, 214~231.
12) *PhG*, 339.

복수하는 장면을 보고한다. 그러나 이 부분의 아름다움에 경탄하더라도 우리는 이 간단한 설명을 담고 있는 문장이 무엇을 의미하는지 알 수 있다.

그런 다음 헤겔은 길을 다소 벗어난다. 그는 가족과 국가, 남자와 여자, 그리고 두 법의 제도적 주창자와 개별적 주창자 사이의 싸움으로부터 출발한다. 국가에 의해 억압받는 가족, 특히 여성들은 교묘한 부패의 형식으로 복수를 감행한다. 여성들은 남성들을 꾀어 공공 복리보다는 통치자를 위해 힘을 쏟게 한다. 그들은 젊은이들의 두뇌를 장년의 지혜에서 멀리 떨어뜨린다. 그리고 이 젊은이들은 국가로부터 수호자로 칭송을 들어야 하기 때문에 이들의 부패는 치명적인 결과를 갖는다.

어쨌거나 정확한 단계들에 의해 인륜적 정신은 몰락해 가고 소외의 시대에 길을 내준다. 이전에 개별자에 의해 그림자로 표현되었던 신의 법은 이제 자기 의식의 보편적 '나'로서 낮의 빛으로 들어온다. 그러나 이 보편적 개인은 이제 결코 그를 반영하지 않는 사회, 순수한 외적 권력인 사회 안에 존재한다. 따라서 자기를 보편적 자기 의식으로 이렇게 확증하는 것은 추상적 확증에 불과하다. 그의 삶의 외적 실재는 순수하게 외적인 권력으로 인해 그의 통제 밖에 머문다. 참으로 권력은 정확하게 실행되기 위해 어느 곳엔가 집중되어야 한다. 따라서 국가의 정점은 황제이다. 그러나 이 새로운 보편적 국가는 인륜적 실체와 단절되며, 개별자가 자기와 철저히 동일시했던 영역에 대한 근본적 감각과 단절된다. 보편적 국가는 그 자리에 수순한 권력 이외에 아무것도 두지 않는다. 황제의 지배는 따라서 통제되지 않는 탐욕스런 의지의 지배이다.

통치자 역시 보편적 의식이다. 하지만 이 단계에서 이것은 그가 일상적 삶의 방식과의 의문의 여지 없는 일체감과 단절되었다는 것을 의미할 뿐이다. 보편성의 성취는 정치적 인륜성을 대가로 지불하고서 얻은 것이다. 과거의 형태는 사라졌고 새로운 형태는 고통스럽게 전개되어야 한다. 따라서 우리는 순수한 권력의 영역에 머문다. 주체들은 스스로를 국가에 대항한 순수한 개인으로 정의하는데, 자아에 대한 이런 정의는 그들을 힘으로 통제하고 그 과정에서 자주 그들을 파괴하는 국가의 순수한 권력과 대응한다.

그러므로 자기 의식은 통일감을 전략적 퇴각에 의해서만 보유할 수 있다. 그래서 이것은 스토아주의의 시대이다. 이제 우리는 여기서 스토아주의의 전체 역사적 형태를 보게 된다. 즉 자기 의식은 자기 자신을 순수하게 내적인 정신적 실재로 정의함으로써만 보편적이고 자유로운 자로 볼 수 있게 된다. 스토아주의의 자유는 외적 조건들에서 추상된 사유의 자유이다. 그러나 앞서 자기 의식에 대한 장에서 본 것처럼, 이런 퇴각의 입장은 유지될 수 없고, 상응하는 진화를 거쳐 회의주의에 도달하게 되며, 마침내 불행한 의식에 도달한다.

로마 시대는 개인의 재산권의 발전을 진전시켰다. 우리는 이 시기에 한 개인 안에 내재한 권리가 법적으로 인정되기 시작하는 것을 본다. 그러나 주체로서 이 개인은 국가의 자비 안에 거했다. 그러므로 그가 자신의 삶, 자신의 소유에 부여한 외적인 내용은 철저히 자의적 의지 안에 거했다. 그러므로 그 개인은, 회의주의적 의식이 그랬던 것처럼, 우연적이고 가변적인 것에 대한 완전한 의존성, 통합의 완전한 결여 등을 경험한다.

그리고 그 결과는, 변증법의 발전에서 보는 것과 마찬가지로, 주체가 자신의 통합을 자기 밖의 어떤 것에 놓게 된다는 것이다. 그는 자신이 바로 그 외부의 것에 종속되어 있다고 느끼며, 그 외부의 것을 열망한다. 다른 말로 하면 그는 자신의 통합을 '소외시킨다'. 이런 소외를 수행하는 가운데 그는 보다 높은 단계의 자유를 회복하기 위한 초석을 놓는 도야를 겪는다.

2

'정신' 장의 다음 절은 로마 제국에서 당대 시기에 이르는 소외와 도야의 시대를 다룬다. 그런데 헤겔은 역사철학에서 상세한 연구를 시도하지 않으며, 따라서 그의 관심은 이 시기의 정점인 18세기, 즉 계몽과 혁명에 맞춰져 있다. 우리는 여기서 이 두 시기를 만든 현상들에 대한 헤겔의 풍부하고 복잡한 해석을 응축된 형태로 살펴볼 것이며, 우리의 설명도 여기에 초점을 맞출 것이다.

소외는 다음과 같은 사실에 놓여 있다. 즉 인간은 자기 자신을 더 이상 순수한 사유로 정의하고자 하지 않으며, 자신과 외적인 사회적 실재의 동일성을 수용하고, 이 실재 내부에서 다시 한번 도시 국가의 시민처럼 존재한다는 사실 말이다. 하지만 도시 국가의 시민들과는 달리 이들은 이런 사회적 실재를 타자로 경험하며, 그 안에서 자기 자신(bei sich)으로 머문다고 느끼지 않는다. 따라서 그리스의 행복한 동일화와는 반대로 이런 소외된 동일화는 사회와의 일치라는 명료한 의식으로 표현되지 않는다. 오히려 소외된 동일화는 이들이 자신과 이 사회적 실재 사이의 간극을 메우기를 열망해야 하며, 자신의 개별적 특수성을 포기하고 국가와 같은 보다 넓은 원인에 봉사하는 가운데 자신의 삶의 본질적 실체에 더 다가가야 한다는 감각에서 도출된다. 그들의 삶의 실체가 그들 외부에 놓여 있다고 하는 이런 감각은 소외의 본질이며, 이런 사실을 통해 생성된 봉사[예배], 훈육 그리고 자기 변형은 인간을 다음 단계를 위해 형성하는 것이다.

왜냐하면 이 소외는 정신의 최종적 실현으로 향하는 도정에서 나타나는 필연적 단계이기 때문이다. 그리고 그것은 그 자체로 실제적인 것과 환상적인 것의 혼합이다. 사실 인간은 더 위대한 어떤 것에 의존하며, 인간의 정신이 아닌 그런 정신, 인간이 오히려 그에 순응하고자 하는 그런 정신에 의존한다. 그러나 동시에 인간은 이 정신 안에서 스스로를 온전히 인정하며, 그가 유한한 정신인 자기 자신을 정신의 유출물로, 정신의 담지자로 보게 되면, 이 정신 안에서 완전히 평안함을 느끼게 된다. 소외의 단계는 자기 인정이 모호하고 흐릿하게 드러나는 데 반해 의존 관계는 명확하게 드러나는 단계이다. 절대자에서 자기에게 머문다는 감각은 은폐된 형식으로만, 종교적 의식으로만 드러나며, 이 세상에서 나가 피안으로 전이된다.

따라서 우리가 다루고 있는 이 단계는 우리가 앞에서 불행한 의식의 시기로 묘사했던 것과 동일하다. 이 단계는 부재로 느껴지는, 즉 또 다른 세계에서 혹은 아주 옛 시기에나 가능한 화해의 감각을 가진다. 이때 이 화해는 우리가 본질적으로 의존해 있는 어떤 다른 곳에서나 도달된다. 이것은 소외된 의식의 일부이다.

우리는 이 의식을 우리와 절대자의 통일을 보는 데 실패한 잘못된 의식으로 간주할 수 있다. 그러나 동시에 이 결론을 부정하는 것도 옳다. 왜냐하면 이 단계에서 인간은 아직 준비가 되어 있지 않기 때문이다. 인간은 자신과 정신의 통일을 완전하게 반영하는 보편적 의식에 아직 도달하지 않았다. 다른 세계에 투사된 통일로서의 의식은 따라서 참된 사실의 왜곡된 이미지일 뿐이며, 따라서 인간은 이런 통일을 완벽하게 실현하기 위해 스스로를 변형시켜야 한다. 그리고 소외의 기능은 이런 변형을 위한 동기를 부여한다. 그것은 일종의 교육으로서 인간은 이 교육 기간 동안에 그것을 극복하도록 변형된다.

소외는 근본적으로 인간으로 하여금 자신의 실체가 자기 밖의 어떤 것에 놓여 있으며, 따라서 자신의 특수성을 극복하고 이 실재에 순응함으로써만 스스로를 실현할 수 있다고 느끼게 한다. 이런 필연성은 그것을 자발적으로 받아들여 그것에 따라 행동하고자 하는 사람들과 그것을 거부하고 밀치는 사람들, 즉 헤겔이 각각 '고귀한' 의식과 '비천한' 의식이라고 부른 모두에게 느껴진다. 또한 헤겔은 인간이 관계하는 외적 실재들 중에서 국가 권력과 '부', 그리고 경제 행위 전체를 언급한다. 그러나 종교 공동체와 같은 다른 구조들도 논리적으로 당연히 그런 역할을 수행할 수 있다.

이제 소외 아래서의 발전의 본질은 인간이 그것을 극복하도록 형성되어 간다는 것에 있다. 그리고 그 결과는 이러한 소외로부터 외적 실재를 '관통하여 보는' 의식의 생성이다(나는 여기서 변증법의 아주 많은 상세한 이야기들을 건너뛸 것이다). 인간은 자신의 현재 본질을 위해 존재하는 이런 실재를 파악할 수 있을 만큼 발전하며, 국가 권력과 부를 다른 것들과 같은 세계 안의 현상들로 볼 수 있게 된다. 왜냐하면 이것들은 다른 것들처럼 사라지도록 운명 지어져 있으며, 동일한 법칙적 조건들에 묶여 있고, 외관상 선하고 성스러운 것이 악한 것, 천한 것, 오욕스런 것과 결합된 것으로 드러나듯이 정반대의 것으로 판명되는 경험을 하게 되기 때문이다. 이러한 '통찰'은 처음에 거짓된 요청을 폭로하기에 계몽에서 그 정점에 이른다.

계몽은 소외의 종말의 시초를 알린다. 여기에서 소외된 의식의 경건함이 향하고 있는 실재들은, 그리고 이 경건함이 그에 순응하고자 하는 실재들은 제약될 수밖에 없다. 모든 외적 실재는 객체화되고, 정신적 의미를 탈취당하며, 보편적 과학의 의식 앞에 놓인 감각적으로 지각할 수 있는 물질의 세계로 간주된다. 국가와 종교적 구조는 더 이상 인간이 순응해야 하는, 경외를 불러일으키는 실재가 아니라 과학적 의식의 면밀함에 열린, 그리고 과학적 의식의 처분에 맡겨진 중립적 물질 세계의 일부일 뿐이다. 중요한 실재는 다시 한번 인간, 아니 오히려 세계를 지성적으로 다스릴 수 있게 된 보편적인 과학적 의식이 된다.[13]

자아는 다시 한번 사물의 중심이 되지만, 우리는 자아를 보편적 의식으로 간주하여 자아에 초점을 맞추었던 스토아주의와는 매우 다른 단계에 와 있다. 왜냐하면 스토아주의는 퇴각의 단계였고, 그 단계에서 자아는 외부 실재의 밖에서 자신을 발견했으며, 외부 실재에 대한 아무런 고려도 하지 않았기 때문이다. 이에 반해 여기서 과학적 의식은 이러한 실재를 철저히 관통하여 보기를 요청하며, 이 세계를 지성적으로 지배하기를 요청한다. 그리고 곧 프랑스혁명에서 보게 될 것처럼 이 의식은 행위 속에서 보편적 의지에 따라 실재를 변형함으로써 그 세계를 지배하고자 한다. 스토아주의와 계몽 사이에는 인간이 자연적·정치적 세계를 이해하고 통제할 수 있도록 배우게 되는 소외와 형성의 전체 기간이 놓여 있다. 근대의 과학적 의식은 계몽의 근거가 된다.

계몽은 이렇듯 세계를 감각적으로 지각할 수 있는 물질로 한정시키는 운동인데, 우리는 이런 계몽관으로부터 헤겔이 추출하여 보여 주는 이데올로기의 근본적인 두 양태를 이해할 수 있다. 첫째, 절대자 혹은 신은 더 이상 다른 서술이 적용될 수 없는 최고 존재(헤겔은 프랑스어로 être suprême이라고 쓴다)라는 공허한 개념으로 환원된다. 왜냐하면 모든 특수한 실재는 이제 단순히 물질적이고 감각적인 것으로 간주되며, 모든 특수한 서술은 이런 실재의 빛 아래서 해석된 것으로서만 의미를 부여받기 때문이다. 따라서 신을 아버지·창조자 등으로 서술하여 신에게 역사의 행위자의 자격을 부여하는 방식으로 신 개념을 채워 넣는 모든 시도는 철저히 무지한 것으로 드러난다. 왜냐하면 그 시도들은 의문의 여지가 있는 관계

---

13) 그러므로 여기서 헤겔은 내가 1장에서 근대의 '자기를 규정하는' 주체라고 부른 것을 특징적으로 다루고 있다.

들과 행위들을 어떤 정신적 의미를 체현하는 것으로 바라보는 우리의 시각에 의존하기 때문이다. 우리는 자연적인 부성(父性)이라는 이미지를 신에게 적용할 수 있기 위해 그 이미지를 사랑과 정신적 돌봄의 관계를 (이상적으로) 수행하는 것으로 보아야 한다. 이 외에 우리는 역사에서의 신의 행위를 일련의 물질적 변화로만이 아니라 기호로, 언어로 보아야 한다. 그러나 계몽의 의식은 세계를 순수하게 물질적이고 지각 가능한 사물들의 집합으로 본다. 그러므로 그 의식은 신을 말하기 위한 언어를 발견할 수도 없으며, 신을 역사에 관여하는 자로 파악할 수도 없다. 계몽의 신은 일종의 이신론(Deism)적 신으로, 숭배되어야 할 최고 존재를 표시할 뿐이다.

물론 많은 계몽주의자들은 신의 존재를 믿지 않았다. 하지만 헤겔에게 이런 유물론자들은 초감각적 실재를 믿는 사람들과 크게 다르지 않다. 왜냐하면 이들은 자연이나 물질과 같은 어떤 추상을 감각 세계의 변화하는 실재의 근본에 놓인 것으로 생각했기 때문이다. 그러나 물질과 같은 추상은 세계 안의 사물들에 대한 특수한 서술들 중 어떤 것도 간직하지 않으며, 따라서 정신적 실체와 구별 불가능하다. 그리고 특수한 서술이 없는 정신적 실체는 순수한 존재와 구별 불가능하다. 우리는 여기서 헤겔의 논리학의 처음에 등장하는 유명한 변증법, 즉 존재와 무의 변증법의 반향을 보게된다. 메시지는 동일하다. 모든 추상은 결국에 동일하다는 것이다. 실제 정신성은 또한 물질적이다.

계몽의 이데올로기의 두번째 개념은 헤겔이 '정신' 장의 중심 주제들중 하나로 삼은 것인데, 공리주의를 떠받치고 있는 개념인 유용성 개념이다. 어떤 것을 유용하다고 생각하는 것은 그것을 내적인 의미를 갖지 않는 것으로 생각하는 것이다. 오히려 그것의 의미는 어떤 다른 것의 목적을 위해 봉사하는 데 있다. 이런 유용성 개념은 당연히 계몽의 견해에서 흘러나온다. 왜냐하면 계몽은 세계를 물질적인 것 이외에 어떤 더 나아간 의미를 갖지 않는 것으로 보기 때문이다. 이런 중립적 세계는 인간에게 보다 고귀한 것을 표현한다는 의미도 갖지 않으며, 인간이 스스로를 실현하기 위해 그에 순응해야만 하는 그런 형태를 체현한다는 의미도 갖지 않는다. 세계 안의 사물들은 중립적인 것으로, 인간의 어떤 목적에 봉사함으로써만 의미를 부여받을 수 있다. 이런 중립적 사물들이 인간과 관련하여 의미를 부여받을 수 있는 유일한 범주는 유용성이다.

그러므로 공리주의는 계몽의 윤리이다. 공리주의는 행위를 그 결과에 따라 판단하는 윤리, 즉 외부의 목적에 상응하는지에 따라, 다른 말로 하면 유용성에 따라 판단하는 윤리이다. 이것은 행위를 어떤 내적인 질에 의해 판단하는, 예를 들어 주어진 덕을 체현하고 있는지, 혹은 어떤 도덕법에 순응하는지에 따라 판단하는 윤리와 구별된다. 그런 내적 속성들은 계몽에 의해 무의미한 것으로 일소된다. 왜냐하면 계몽은 물질적인 실재와 이것의 법칙 연관성만을 수용하며, 덕과 같은 규범적 속성들이나 자연법의 근거라고 하는 그런 규범적 질서를 위한 여지를 가지지 않기 때문이다.

그러나 헤겔에 따르면 여기에 숨겨진 모순은 유용성의 범주가 멈춰야 할 어떤 지점도 모르며, 보편적으로 적용된다는 것이다. 어떤 것은 나의 목적에 유용한 것으로 판단될 수 있다. 그러나 나 역시 세계 안의 특수한 실재이며, 따라서 나의 목적이 궁극적 목적으로 간주되어야 할 이유는 없다. 나와 나의 목적은 이번에는 다른 사람들의, 아마도 전체 사회의 목적에 봉사하거나 해를 끼치는 것으로 드러날 수 있다. 이 다른 사람들 혹은 전체 사회는 또 다른 사람들 혹은 이 사회의 구성원들에게 봉사하거나 그렇지 않은 것으로 드러날 수 있다. 그리고 이 과정은 계속된다. 우리는 악무한에 빠진다.

헤겔은 각각의 사물은 즉자적인 것으로 간주될 수 있지만, 또한 타자를 위한 것으로, 즉 도구적 의미만을 갖는 것으로도 간주될 수 있다고 말함으로써 이러한 사실을 설명하고 있다. 우리를 어떤 곳에서 멈추게 하는, 궁극적 목적을 표현하는 그런 어떤 주요한 실재의 구조는 없다. 혹은 헤겔이 말하듯이 이런 외적 정당화들의 연쇄는 전체 발전을 포괄하는 주체인 자아에로 귀환하지 않는다. 각각의 독립체는 다른 것에 봉사하며, 이런 과정은 무한히 계속된다. 우리는 이런 과정이 헤겔에게 매우 불만족스럽다는 것을 안다. 모든 부분적 목적이 그에 봉사하고, 이 모든 것을 포괄하며, 우리가 우리 자신과 동일화할 수 있는 그런 최종적 질서가 있어야 한다. 왜냐하면 그런 경우에만 우리는 우주 안에서 **우리 자신에게**(bei uns) 머물 수 있기 때문이다. 공리주의가 말하는 부분적 목적들의 무한한 연쇄에서 우리 각자는 부분적 역할을 수행하지만, 결국 우리 자신과 동일화될 수 없는 외적인 목적에 봉사하는 것으로 끝나며――우리는 우주의 유출물인데, 이 우주의 정신적 질서와 동일화될 수 있을 뿐이다――, 따라서 우리는 낯선 우주 앞에 서 있게 된다.

계몽의 근본 실수는 진리를 절반만 포착한다는 것이다. 계몽이 왕과 교회의 위선을 폭로한 것, 보편적·과학적 의식이 외적인 실재를 완벽하게 관통해 들어갈 수 있다고 본 것은 옳다. 따라서 계몽은 엄청난 중요성을 갖는다. 계몽이 궁극적으로 세계의 근저에 합리적 주체가 지배한다고 지각한 것은 옳다. 하지만 이런 주체성이 단순히 인간적인 것이라고 생각하여 최고 존재라는 공허한 구멍을 제외하고 우주적 정신을 위한 자리를 마련하지 않은 것은 틀렸다. 왜냐하면 사실 인간의 주체성은 보다 더 위대한 이 주체의 담지자로서만 이 지배에 도달할 수 있기 때문이다. 인간은 자신 밖에 중요한 실재가 있다는 것을 받아들여야 하며, 역으로 인간은 자신을 인간으로서만 동일화하지 않고 오히려 자신을 절대적 주체의 담지자로 볼 경우에만 **자기 자신**으로 머물러 있음을 완전하게 느낄 수 있다. 계몽의 근본 실수는 이런 초월성을 부정하고, 인간 홀로 이런 정상에 오르게 하려 한다는 데 있다. 계몽은 인간의 주체성을 절대적 주체의 지배에 참여시키는 대신 홀로 지배하게 하고자 한다.

이제 계몽은 이와 대칭되는 또 다른 관점과 대응한다. 헤겔은 이를 신앙이라 부른다. 신앙은 정신과 실재의 참된 화해를 기획하는 종교적 의식 형태이지만, 그런 화해를 또 다른 세계에서 추구한다. 신앙은 정신과 사유가 모든 실재의 근본에 놓여 있다는 사실을 파악했다(헤겔은 물론 기독교 신앙을 말하고 있다). 그러나 신앙은 자신의 대상을 사유로 의식하지는 못한다. 오히려 신앙은 절대자를 은유와 이미지를 통해 이해하는데, 이것들은 헤겔이 표상(Vorstellung)이라 부른 일종의 인식 양태이다. 따라서 신앙은 필연적 구조를 갖는 실재로 살펴야 하는 것을 우연히 서로 연관된 실재들의 세계라는 또 다른 세계로 바라본다.

이제 신앙은 계몽과 대칭적이다. 왜냐하면 신앙은 계몽이 결여하고 있는 절대 정신과 이 정신에의 우리의 의존성을 인정하기 때문이다. 그러나 신앙은 계몽의 중심적 이념인 인간 주체성의 본질적 역할을 보지 못한다. 인간의 주체성을 초월해 있는 세계는 고착되어 있어서 활동적인 인간의 이성의 침투를 허락하지 않는다. 계몽은 자연 세계를 명료화하고자 하지만, 이성은 이 고착된 세계를 쉽게 관통해 갈 수 없다. 따라서 이 두 견해[신앙과 계몽]는 서로 보충적이다. 하지만 이 두 견해는 이러한 사실에 무지한 채 서로 갈등 관계로 들어간다.

헤겔은 이런 갈등을 무대 위에 올리기 위해 준비하는 가운데 소외 시기의 산물뿐 아니라 신앙도 다시 끌어들인다. 이런 종교적 의식은 부분적 의식이자 소외의 한 국면일 뿐이기 때문에 헤겔의 이런 시도는 낯설어 보인다. 이러한 '추론'은 헤겔이 계몽과 신앙 사이의 투쟁을 미래의 것과 과거의 것 사이의 투쟁으로 보는 대신 동일한 단계의 두 형태 사이의 투쟁으로 논의하기 위해 고안한 인위적 장치가 아닌가? 이런 결론에 이르기 위해서는 두 가지 점이 더 논의되어야 한다. 첫째는 처음부터 종교적 신앙은 계몽의 통찰에서도 드러났던 이런 세계의 구조를 폭로하는 어떤 요소를 포함하고 있다는 것이다. 단지 종교적 신앙은 계몽된 인간의 의식을 위해서가 아니라 보다 높은 외적 실재를 위해 이런 요소들을 은닉할 뿐이다. 둘째는 헤겔이 여기서 기독교 신앙 일반에 대해 말하고 있는 것이 아니라, 당시 헤겔이 독일에서 알고 있었던, 그리고 이미 계몽에 의해 어느 정도 영향을 받았던 좀더 정신화된 형식의 프로테스탄트 신앙에 대해 말하고 있다는 점이다. 이에 대해 말하고 있는 부분[14]에서 헤겔은 신학자들이 계몽에 의해 정립된 범주들로 자신의 사유의 틀을 만들고 질문들에 대답하기 시작했을 때, 계몽의 정신이 어떻게 당대 신학으로 무의식적으로 기어들어 왔는지 묘사해 준다.

당대의 두 견해의 상호 침투와 대화에 대한 이러한 묘사는 우리에게 다소 기이해 보인다. 왜냐하면 우리는 새로운 이데올로기로서의 계몽과 오랫동안 유지되어 온 옛 이념들을 방어하는 데서 자부심을 느낀 가톨릭 교회 사이의 처절하고 긴 싸움이 실제로 존재했던 프랑스 상황에 대해 훨씬 더 많이 알고 있기 때문이다(물론 여기서 가톨릭 신학이 실제로 옛것이었는지는 다른 문제이다). 독일에서 상황은 완전히 달랐지만, 헤겔은 이 문제를 도입했고 이 문제에 대한 논의를 회피할 수 없었다.

---

14) *PhG*, 387~388.

헤겔은 이 대화가 비록 양자[계몽과 교회]가 동일한 진리를 붙들고 있지만 이 진리를 서로 다르게, 각자 한 측면만을 본다는 사실에 의해 특징지어진다고 한다. 이 양자가 그 뿌리에 있어서 동일하다는 사실은 계몽이 신앙에 침투하는 것을 용이하게 한다. 그리고 계몽이 신앙에 평화롭게 침투할 뿐 아니라 신앙과의 투쟁도 전개하는 한 이 양자의 근본적 동일성은 자중지란에 빠지게 된다. 동시에 계몽도 피장파장이라는 답변이 주어진다.

계몽은 자신의 적대자에게서 자기 자신을 인식하지 못함으로써, 신앙을 파악하면서도 오해한다. 이러한 사실의 근본적인 효과는 신앙에 본질적으로 통합되어 있던 것을 분리시켜 떼어 낸다는 것이다. 종교적 상징·성상·성체·제단 등 신앙에 의해 질료적 대상이자 보다 고귀한 어떤 것을 담지한 것으로 간주되는 것들은 계몽에 의해 질료적으로 지각할 수 있는 차원으로 환원된다. 계몽은 신앙을 돌이나 빵을 숭배하는 것으로 격하한다. 물론 이때 이런 숭배는 우스꽝스럽지만, 참된 것을 포함하고 있기도 하다. 왜냐하면 신앙이 신적인 것과 단순히 외적인 것 사이의 이러한 통일의 본성을 검토하고자 할 때 이 신앙은 스스로 이런 본성을 파악할 수 없다는 것을 알게 되며, 특히 계몽은 신앙이 장차 반드시 수용해야만 하는 그런 지성의 구조를 가지고서 사물을 분석하는 데 반해, 신앙은 그런 구조를 가지고서 이런 본성을 파악하는 일을 결코 할 수 없다는 것을 알게 되기 때문이다. 따라서 신앙은 신적인 것을 이 세상과 분명하게 분리시키는 훨씬 더 '정신적'인 종교가 되기를 강요받는다.

계몽은 유사한 방식으로 『성서』의 증언을 역사적 문서의 지위로 강등하며, 그 자체로는 거의 입증될 수 없는 그러한 문서에 속한다는 것을 보여준다. 그러나 계몽은 그런 문서가 역사적 증거 때문에 가치를 인정받은 것이 아니라, 종교적 의식에 의해 자발적으로 유효한 것으로 인정되었다는 사실에 그 가치가 있다는 것을 보지 못한다. 하지만 정신의 이러한 증언은 문제가 되며, 따라서 계몽의 범주들의 공격 아래서 불확실해진다. 동일한 방식으로 계몽은 희생과 고행이라는 신앙의 이념을 이해하지 못하며, 이로 인해 이런 이념을 변형시킨다.

신앙과 투쟁하는 가운데 드러나는 계몽의 힘은 신앙이 자신의 의식 속에 분리하고 있는 이념들을 결합시킨다는 것이다. 계몽은 신앙이 어떤 의미에서 자신의 대상을 고안한다고 비난한다. 그런데 이 말은, 헤겔이 강조한 바에 따르면, 인간은 절대자에게서 자기 자신을 인식하고, 절대자 안에서 자신으로 머물며, 따라서 절대자는 자신의 주체성으로부터 걸어 나와야 한다는 것을 의미하기도 한다. 이러한 사실은 신앙으로 하여금 계몽의 도전을 **간단히** 무시하지 못하게 만든다. 그럼에도 불구하고 절대자가 인간의 저편에 있다는 것은 사실이다. 이것은 우리가 절반의 진리만을 갖지 않으려면 반드시 인정해야 하는 본질적인 보충물이다. 계몽은 신앙을 교활한 성직자 계층이 백성을 속인 것이라고 말함에도 불구하고 자기도 모르게 절대자가 인간 저편에 있음을 암시한다. 그러나 계몽에 내재한 이런 절반의 진리는 아주 모호하기 짝이 없다고 헤겔은 말한다. 사실 백성은 그런 근본적 문제에서 기만당할 수 없다.[15] 종교를 사람들이 믿게 만들려는 순수한 고안물이라고 생각하는 것은 어딘가 어색하다. 종교가 사람들 안에서 어떤 반향을 불러일으키지 않는다면 그들은 종교를 받아들이지 않을 것이다. 헤겔의 관점에서 종교는 언제나 진리의 불투명한, 베일에 싸인 대리물이다.

하지만 계몽은 종교에 관한 자신의 이념들을 통합하는 데 실패한다.

---

15) *PbG*, 392.

계몽은 종교의 일면성을 비판하면서도 자신의 일면성은 보지 못한다.

헤겔에게 종교에 관한 결론은 '계몽된' 신학이다. 여기서 신은 희미한 최고 존재가 된다. 하지만 여기서 이 신학은, 믿지 않는 계몽과 달리, 신을 발견하고 신과 연합하고자 하는 열망을 가진다. 헤겔은 야코비나 슐라이 어마허와 같은 당대 사상가들의 신학을 분명하게 언급한다. 이들은 계몽의 비판에 귀 기울였으며, 감성이나 직관을 통해 신에 이르기 위한 또 다른 길을 제시하고자 했던 사람들이다.

그러나 헤겔은 또한 둘 사이의 일종의 종합을 프랑스혁명의 형식 속에서 현실화될 준비를 갖춘 성숙한 계몽의 형식에서 달성하고자 하는 것 같다. 하지만 더 성숙한 것으로 추정되는 이런 형식은 이전의 형식과 구별되기 힘들다. 이 과거의 형식은 세계를 유용성의 범주에서 이해했다. 그리고 이것은, 헤겔에 따르면, 전에는 결여되어 있던 독립적인 외부 실재를 제공한다.[16) 그러나 계몽 또한 일차적으로 유용성이라는 개념에 의해 특징지어졌기 때문에 변화된 것을 발견하기는 어렵다.

이 부분의 요점은 우리가 이 추정 단계를 무시하고 계몽으로부터 혁명적 행위로의 이행에 초점을 맞출 때 더 분명해질 수 있을 것이다. 왜냐하면 이 이행은 쉽게 이해될 수 있기 때문인데, 혁명적 의식은 세계를 중립적인 것, 인간의 목적에 적합하게 변형시킬 수 있는 것으로 본다. 세계 안에 내적 의미를 갖는 것, 존중받으며 취급되고 보존되어야 한다고 요구하는 것은 없으며, 모든 것은 인간의 필요와 목표에 따라 변화되고 개선될 수 있다.

더군다나 이런 의식은 특수한 개별자의 의식이 아니며, 이런 통찰을 통해 얻어진 보편적인 합리적 의식이다. 그러므로 세계를 개선하는 가운

---

16) *PbG*, 412~413.

데 나타나는 이 의식의 목적은 합리적이고 보편적인 단일한 하나의 세계를 만드는 것이다. 세계가 서로 다른 목적들의 전장이어야 하는 이유, 이성과 보편성이 지배해야 할 이유는 없다.

이로부터 일반 의지의 행동을 통해 결정적이고 완벽한 인간 사회를 창출해야 한다는 이념, 하늘에서 땅 아래로 내려와야 한다는 이념,[17] 그리고 절대자를 지금 여기서 실현해야 한다는 이념이 생겨난다. 그런데 헤겔은 이러한 시도가 위에서 언급한 것과 동일한 오류에 기반해 있다고 생각한다. 즉 계몽은 인간 밖의 중요한 실재를 인지하지 못하며, 결과적으로 이런 모순은 엄청난 재난을 가져오게 된다는 것이다.

헤겔은 여기서 『정신현상학』에서 가장 흥미로운 부분들 중 하나로 들어간다. 전 세계가 철저하게 이해 가능한 중립적 객체들로 구성되어 있다고 생각하는 보편적 인식 주체는 이 세계를 보편적 이성에 따라 변형시키려는 야망에 사로잡힐 수밖에 없다. 이것은 절대적 자유의 이념이며, 어떤 장애물에 의해서도, 심지어 다른 의지들에 의해서도 제약되지 않는 자유이다. 왜냐하면 문제가 되는 이 의지는 보편적 의지이며, 따라서 인간이 자유로운 한에서 그들 모두의 의지이기 때문이다. "세계는 [이 의식에게—테일러] 단지 자신의 의지일 뿐이며, 이 의지는 보편적이다."[18]

더 나아가 이 보편적 의지는 타자에 의해 나에게 도달한 추정적 합의여서는 안 된다. 절대적 자유의 이 세계에서는 의지의 어떤 대리자도 있어서는 안 되며, 오히려 이 의지는 모두에게 보편적이어야 한다. 헤겔은 여기서 명백히 루소의 일반 의지 이론을 거론하고 있다.

---

17) *PhG*, 413.
18) *PhG*, 415.

그런데 이런 절대적 자유의 꿈은 불가능하다. 그리고 우리는 그 주된 이유가 그런 꿈은 자신의 의지 외부에 있는 독립적 실재를 인정하지 않으며, 따라서 자기 파괴의 운명에 붙잡혀 있기 때문이라는 것을 보았다. 프랑스혁명을 다루는 이 부분에서 이런 변증법이 작동하는 방식은 아주 흥미롭게 기술되어 있다. 여기에서 이 변증법은 헤겔의 존재론과 정치철학의 연관을 드러내 주고 있다.

절대적 자유라는 꿈은 사람들로 하여금 국가와의 관계에서 상이한 기능을 수행하게 하거나, 혹은 국가를 신분으로 분할하는, 사회 내에 존재하는 어떤 구조나 분화도 참아 낼 수 없다. 그리고 사실 우리는 루소의 『사회계약론』에서 입법 과정과 관련이 있는 한 시민들 사이에는 어떤 구별도 존재해서는 안 되며, 모두가 동등하고 평등하게 참여해야 한다는 요구를 볼 수 있다. 루소의 국가에는 어떤 입법적 구조도 없다(비록 행정 구조는 있다 하더라도). 하지만 헤겔에 따르면, 이것은 그렇게 기능하는 어떤 국가도 생겨날 수 없다는 것을 의미한다. 왜냐하면 기능하고 있는 국가는 사람들이 상이한 기능을 수행할 것을 요구하기 때문이다. 그리고 그는 더 나아가 상이한 기능들이 적절하게 수행될 수 있기 위해 신분의 분화, 즉 전체 안에서 특수한 기능과 역할을 가지는 계층의 분화가 있어야 한다고 믿는다. 다른 말로 하면 역사 속에 실제로 존재하는 것, 즉 정치적 인간 공동체(이것은 일반 의지로부터도 발생하는데)는 어떤 제도 속에 구현되어야 한다. 하지만 제도들은 권력과 상이한 방식으로 관련을 맺는 인간들 사이의 분화와 상호 관계를 의미한다.

그리고 이것은 이번에는 모든 개별 인간이 이런 구조를 수용해야 하며, 이런 구조에 충성해야 한다는 것을 의미한다(이런 구조 안에서 한 사람의 통제를 벗어나 있는 다른 사람들이나 다른 의지들이 전체에 동일하게 본질적인 그런 기능들, 그 사람의 삶에도 영향을 미치는 그런 다른 기능들을 수행하는데, 그런 한에서 이런 구조는 그 사람과 그만큼 독립해 있다고 할 수 있다. 그럼에도 불구하고 그는 이런 구조에 충성해야 한다). 그의 삶에서 나온 모든 것이 그의 의지에서 발생하는 것은 아니다. 어떤 것들은 주어진 것으로 그저 받아들여야 하고, 그것들은 그가 창조한 것과 동일하게 그의 삶에 본질적이다.

그러나 이것은 절대적 자유의 이념의 부정이다. 왜냐하면 절대적 자유의 이념에 따르면 각자는 국가가 행한 모든 것을 의지해야 하고, 따라서 자신의 의지를 통해 자신이 살아가는 정치적·사회적 조건들의 총체성을 산출해야 할 것이기 때문이다. 그리고 이것은 각자에게 그의 자리와 기능을 부여하는, 지속적으로 분화하는 구조와 양립할 수 없다.

여기서 우리는 명백히 아직도 끝나지 않은 근대에 대한 필수적 논의에 도달했다. 루소의 이상은 우리 시대에 급진적 참여 민주주의의 요청, 즉 '제도화되지 않은 논의', 자발적 대중 행위의 요청으로 되돌아왔다. 이와 관련한 헤겔주의적 논점은 헤겔의 특수한 견해들, 예컨대 오늘날 명백히 지지될 수 없는 신분 분할의 필요성 등과 연결되어서는 안 된다.[19] 우리는 이 문제를 4부에서 좀더 논의할 것이다. 그러나 여기서 지적하고 가야 하는 것은 헤겔의 견해는 자신의 존재론에 깊이 뿌리박고 있다는 사실이다. 인간의 정치 공동체는 일반 의지가 분화된 국가 구조에 체현된 것인데, 이런 정치 공동체의 필요는 정신의 담지자로서의 인간을 위한 근본적인 존재론적 필연성이다.

---

19) 헤겔의 영국 추종자인 브래들리(Francis Herbert Bradley)는 이것을 "나의 위치와 그 의무들"이라는 개념으로 구성하는데, 우리는 이것을 그런 구성과도 동일화해서는 안 된다.

헤겔은 이런 근본적인 생각의 결과로서 절대적 자유에의 열망이 결국 공포정치(terror)를 발생시키는 필연성을 본다. 절대적 자유는 긍정적 실현에 결코 이를 수 없기 때문에 절대적 자유의 유일한 행위는 파괴하는 것일 수밖에 없다. 현존하는 구조, 특히 현존하는 신분 질서를 파괴하고, 그다음 과거의 것 중에서 파괴할 것이 더 이상 남아 있지 않을 때 일반 의지와 이 의지에 동조하지 못하는 사람들의 특수한 의지 사이의 대립만 남게 된다. 일반 의지의 유일한 행위는 파괴적이기 때문에 이런 특수 의지를 억압하는 데로 나아간다. 그러나 어떤 구조도 남아 있지 않기 때문에 이런 잘못된 특수 의지들과 국가의 의지 사이의 매개는 없으며, 단지 절대적 대립만 남는다. 국가는 이러한 의지들을 부정하는데, 이런 부정은 직접적 청산[즉 죽음]으로 나타날 수밖에 없다. 더군다나 억압받는 것은 (가정상) 명백히 비본질적인 특수 의지에 불과하기 때문에 이런 청산은 충격을 줄 수 있는 극적인 힘도 가질 수 없다. "따라서 그것은 양배추 머리를 자르는 것, 혹은 물 한 모금 마시는 것보다 더 큰 의미를 가질 수 없는 가장 차갑고 단순한 죽음일 뿐이다."[20]

더 나아가 청산되어야 할 구체적인 것이 실존한다는 것은 사실상 하나의 필연이다. 왜냐하면 절대적으로 보편적인 의지는 추상이기 때문이다. 사실 정부는 전체의 일부인, 그래서 특수한 견해를 갖고 있으며 다른 집단이나 파당에 대립되는 특정 집단이나 파당에 의해 운영된다. 이 파당이 모든 것을 지배할 때 다른 파당은 특수 의지의 담지자로 선언된다. 그리고 명백한 대립이 없을 때에도 일반 의지 이론의 전제 조건은 만인이 국가의 행위를 **의지한다**는 것이다. 따라서 마음속으로 공화국에서 이탈하는 것조차

---

20) *PhG*, 418~419.

범죄가 된다. 이런 이탈은 숨겨질 수 있으며, 따라서 정권은 명백한 대립이 없는 상황에서 단지 의심만으로도 사람들을 들볶을 수 있다(그래서 헤겔은 유명한 혐의자 법loi des suspects[21]을 도출하고자 한다).

따라서 프랑스혁명 이후 자코뱅당이 수행한 공포정치에 대한 헤겔의 연구는 자기 시대를 넘어서도 유효한 문제를 다룬다. 스탈린주의의 공포정치는 헤겔이 자코뱅의 공포정치에서 본 특성과 동일한 특성을 갖는다. 진부할 만치 평범하게 진행되는 청산, 주관적 일탈과 의도에 대한 주시, 그리고 스스로 증폭되는 파괴 등이 공포정치의 공통된 특성이다.

어떻든 헤겔에게 절대적 자유를 향한 열정은 공포정치라는 모순, 즉 자유롭게 된 개별자를 파괴하는 파괴적 분노의 일종으로 끝난다. 그 결과는 (나폴레옹의 치세 아래) 조직적으로 구조화된 국가가 재건되는 단계에 이르는 것이다. 비록 다른 방식이긴 하지만 이것은 시민들이 죽음에 다가가는 경험을 했기 때문에 가능한 것이다. 우리가 주인과 노예의 변증법에서 본 것처럼 이런 경험은 그들을 보편자로 데려간다. 여기서부터 헤겔은 보다 높은 형태의 국가를 전개시킬 수 있었다.

그러나 이것은 『정신현상학』에서 그의 관심이 아니다. 왜냐하면 여기서 그의 주된 관심은 상이한 형태의 의식들을, 특히 자기 시대에 유행했던 의식 형태들을 관통해 가면서 평가하는 것이며, 이 의식들이 스스로 어떻게 헤겔이 생각하는 세계관으로 발전해 가는지를 보이는 것이기 때문이다. 따라서 그는 공포정치로부터 또 다른 정치 형태로 나아가는 것이 아니

---

21) 프랑스혁명의 지도자들은 귀족과 성직자의 반혁명에 대한 두려움으로 공포정치를 시작하는데, 이를 떠받친 것이 소위 '혐의자 법'이다. 이 법에 근거하여 그들은 반혁명의 의심이 있는 사람들을 사전에 처단할 수 있었다. —옮긴이

라 이로부터 나타나는 정치로부터의 새로운 유형의 퇴각으로 나아간다.

공포정치는 소외와 도야의 최종적 종점으로 간주될 수 있다. 왜냐하면 공포정치는 그 이전의 희생과 부정을 훨씬 더 능가하는, 자기의 최종적 희생이자 부정을 산출하기 때문이다. 여기서 문제가 되는 것은 하나의 실재인 자아를 **단적으로** 부정하는 것이다. 여기서는 예를 들어 자아를 특수자에서 국가의 종복으로 변환하는 것만이 문제가 되는 것이 아니라 개별자 자체의 억압도 문제가 된다. 더 나아가 이러한 억압은 외적 필연성을 통해 발생하는 것이 아니라 개별자가 되고자 열망하는 보편적 의지를 통해 발생한다.

이 모순을 넘어가기 위해 헤겔이 선택하는 단계는 이런 드라마의 내면화이다. 새로운 의식 형태는 보편적 의지는 개별적 의지를 억압함으로써만 존립할 수 있다는 사실을 받아들인다. 그리고 이제 보편적 이성에 적합하고 개별자의 특수성을 거부하는 그런 삶을 통해 이런 새로운 의식 형태가 내적으로 산출된다는 것이다.

하나의 역전이 발생했다. 새로운 의식 형태는 자신의 개별적 의지가 보편자 속에서 효과적으로 작용하게 하는 대신 자신을 철저히 보편적 의지로 만들기 위해 자신의 개별적 의지를 포기하거나 이 의지가 드러나지 않게 하고자 한다. 여기서 우리는 『사회계약론』의 정치적 도덕성으로부터 『실천이성 비판』의 순수 의지의 도덕성으로 나아간다.

우리는 여기서 목숨을 건 투쟁으로부터 주인과 노예의 관계로 나아간 변형과 유사한 변형에 마주한다. 주인과 노예의 변증법에서 죽음의 직접적 부정은 지속적 부정으로 대체된다. 혹은 주인과 노예의 관계가 스토아주의로의 내면화의 단계로 이행한 것이 더 유사한 비교 대상일 것이다.

따라서 절대적 자유는 '자기 파괴하는 실재'를 남기고 새로운 도덕 의식이라는 내면으로 향한다. 그러나 이런 출발은 또한 지리적인 것으로도 이해될 수 있다. 절대적 자유는 "자기 의식적 정신이라는 또 다른 나라로" (in ein anderes Land des selbstbewußten Geistes)[22] 이행한다. 헤겔은 이 것을 명백히 구상적인 의미에서만이 아니라 문자 그대로의 의미로도 말한 다. 『정신현상학』 '정신' 장의 마지막 절인 '자기를 확신하는 정신. 도덕성' 에서 우리는 프랑스혁명에서 독일 철학의 도덕적 정신으로 이행한다.

3

'자기를 확신하는 정신. 도덕성' 절은 독일, 특히 칸트에서 출발해 피히테 와 독일 낭만주의로 발전해 가는 사유 운동과 관련이 있다. 우리는 여기에 서 이미 이전 장들, 특히 이성에 관한 장들에서 다룬 것과 유사한 것을 다 루게 된다.

그러나 헤겔은 여기서는 이 문제를 좀더 높은 단계에서 다룬다. 우리 는 「이성」에서 단지 개별자로서의 주체만을 다뤘다. '정신' 장 전체를 관통 하여 우리는 보다 큰 주체, 즉 민족이나 사회와 같은 주체를 다뤘으며, 개별 자도 이런 보다 큰 단위와의 관계에서 다뤄 왔다. 우리는 곧이어 마지막 장 으로, 즉 종교에 대한 장으로 이행할 것이다. 종교에 대한 장에서 우리는 우 주적 정신의 자기 이해가 실제로 무엇인지를 다룰 것이다. 비록 은폐되고 때로는 불완전한 형식 속에서이기는 하지만 말이다. 여기서 종교적 의식 을 가진 개별자는 절대적 주체의 담지자로 간주된다. 그리고 거기서 그는 자신의 근본적 정체성[동일성]에 도달한다. 이런 동일성은 사회나 민족의

---

22) *PbG*, 422.

구성원으로서의 자신의 동일성보다 더 근본적이다. 왜냐하면 시민이 자기 민족이나 사회의 정신이라는 보다 큰 삶의 담지자이듯이 역사 속에 등장한 상이한 민족 정신들은 절대 정신의 삶의 담지자로 간주될 수 있기 때문이다. 그런데 절대 정신은 (우리가 아래에서 살펴볼 것처럼 예술과 철학에서도 그렇지만) 종교 안에서 자기 의식에 도달한다.

도덕성을 다루는 이 절에서 우리는 법과 제도로 표현되는 민족이나 사회의 정신(헤겔은 나중에 이를 '객관 정신'이라 부른다)으로부터 절대 정신으로의 이런 이행에 마주한다. 우리는 개별자가──아마도 부지불식간에──보다 큰 자기 의식의 담지자가 되는 그런 세계관들을 보고 있다. 우리는 종교의 문지방에 서 있다.

따라서 이 절이 이미 앞 장['이성의 확신과 진리']에서 몇 번 다룬 칸트와 피히테의 도덕철학에 대한 논의에서 시작할 때, 그 중심 주제가 되는 것은 도덕적 **세계관**(die moralische Weltanschauung)이다. 이 말은 특히 칸트와 피히테의 견해에 적절한데, 왜냐하면 이 양자는 실천이성의 우선성을 주장하기 때문이다. 칸트에게는 이성의 실천적, 즉 도덕적 용법이 우세했다. 실천이성은 어떤 의미에서도 사변 이성의 숙고에 의존해서는 안 되었다. 반대로 실천이성은 중요한 진리들의 필연성──예컨대 신·자유·불멸성 등과 관련한 중요한 진리들의 필연성──을 요청들로서 보여 줄 수 있었다. 이러한 문제들은 사변 이성이 아무리 노력하더라도 확립할 수 없는 것들이다. 피히테는 더 근본적으로 사물들의 전체 구조를 실천이성의 요청으로부터 도출했다.

따라서 칸트와 피히테의 세계관은 도덕적이라 할 수 있다. 이들의 세계관은 도덕성에 기초해 있으며, 이들의 도덕적 견해에서 이끌려 나온다. 하지만 반대로 이들의 도덕성이 완성되려면 하나의 세계관이 필요하다.

칸트는 신의 실존과 영혼의 불멸성에 관한 실천이성의 요청이 불가피하며, 이러한 것들이 도덕성의 요청에 의해 요구된다고 주장했다.

[칸트나 피히테에 따르면] 도덕적 추론은 완전히 자율적이어야 하고, 세계에 관한 사실들이나 신의 의지에 의존하지 않아야 한다. 이런 도덕적 추론을 최고 존재나 인격적 불멸성에 기대어 완성하려는 욕구는 헤겔에 따르면 칸트의 주체 개념의 근본적 부적합성을 보여 준다. 여기서 문제가 되는 것은 급진적인 도덕적 자율성을 아주 편향된 형식에 가두는 칸트적-피히테적 열망인데, 여기서는 어떤 양보도 자연과의 통일에 대한 열망을 만들어 낼 수 없다.

헤겔은 이러한 사유와 단절하는데, 이런 단절은 1790년대까지 거슬러 올라간다. 우리가 본 것처럼 그가 기독교에 대한 초기 글들에서 칸트 철학에 함축된 것을 완전하게 이해하지도 않고서 칸트를 지지했음에도 불구하고, 어떤 의미에서 그는 이런 견해를 원래부터 지지하지 않았다. 칸트의 도덕적 자율성의 이상을 여전히 수용하던 아주 초기에 헤겔은 이미 실천이성의 요청을 위한 칸트의 논의에 만족하지 않았다.[23] 왜냐하면 사실 이런 논의는 칸트 도덕철학의 뿌리 깊은 이분법을 반영하고 있기 때문이다.

우리는 신이 최고선의 실현을 위해 필요하기 때문에 신의 실존을 요청해야 한다. 칸트는 최고선을 행복 혹은 지복(Glückseligkeit)이 덕과 조화를 이루고 있는 상태, 즉 지복이 주체들의 덕에 따라 그 주체들에게 분배되어 있는 상태라고 정의한다. 그런데 이러한 상태는 사악한 자들이 줄곧 번성하고 선이 고통받는 곳에서는 도달될 수 없다. 또한 자연에는 행복과 덕이 장차 서로 조화를 이루게 될 것이라는 희망을 우리에게 줄 어떤 근거도

---

23) *Nobl*, 70~71을 참조하라.

없다. 왜냐하면 자연과 도덕 의지는 서로 전혀 별개의 것이기 때문이다. 그러나 우리는 우리가 최고선을 추구할 의무에 묶인다면 최고선이 가능하다고 믿어야 한다. 보다 높은 권력으로서의 신만이 마무리와 보상의 이런 조화를 산출할 수 있기 때문에 도덕성은 신에 대한 믿음을 요청한다.

그런데 이런 논변은 도덕 의지와 자연의 극단적 분리에 기초해 있을 뿐 아니라 덕과 행복 사이의 간극에 기초한다. 위에 언급한 부분에서 청년 헤겔을 불쾌하게 했던 것은 바로 이런 비그리스적 이분법이다. 고대의 전사(戰士)는 자신의 폴리스를 위해 헌신했고, 자신의 폴리스를 방어했다. 이것이 그 전사의 참된 덕이었으며, 동시에 그의 지복이었다. 폴리스의 삶 속에서 자신을 넘어서는 삶을 사는 것, 자기 민족 가운데서 자신의 명성을 유지함으로써 자신의 죽음을 초월해 사는 것, 이것이 행복**이었다**. 그는 덕의 대가를 요구하지 않았다. 왜냐하면 덕은 그 자체 보상이나 위안 혹은 배상 등과는 관련이 없었기 때문이다. 배상에 대한 욕구는 근대의 타락에서 생겨난다. 정치적 덕을 상실한 사람, 자기 자신을 개별자로 정의하는 사람은 죽음을 완전한 상실로 간주한다. 고대의 전사는 자기 도시를 위해 죽음으로써 이 도시의 기억 속에서 영원히 사는 것을 기꺼워했다. 이에 반해 근대의 전사는 선을 위한 죽음을 참혹한 상실——사후의 삶에서나 보상받는——로만 이해할 수 있을 따름이다.

따라서 우리는 최고선은 신을 요청한다는 칸트의 주장에 주목하기 전에 이미 최고선이라는 바로 그 개념, 즉 행복과 덕의 **조화**라는 개념이 뿌리 깊은 분열을 전제하고 있음을 알 수 있다. 왜냐하면 여기서 선과 인간의 행복은 말 그대로 분명히 구분되어 있고 우연적으로만 서로 연관되기 때문이다. 그리고 이런 분열은 그 모델들 중 하나를 고대인들에게서 발견한 표현주의적 인간상에 수용될 수 없다.

이 문제를 다루는 『정신현상학』의 부분에서 헤겔은 칸트와 피히테의 입장을 상세히 고찰하지 않고서 재구성의 형식으로 서술한다. 이때 이 형식은 칸트의 실제 요청들을 정확하게 재현해 내지 못하고 있다. 그러나 어쨌거나 헤겔은 여기서 칸트의 요청들을 공격한다. 그리고 그는 이 요청들이 어떻게 칸트의 도덕철학이 피할 수도 없고 수용할 수도 없는 뿌리 깊은 이원론에서 발생하는지를 보임으로써 이것들을 공격한다. 우리는 자연과는 분명하게 구분되는 도덕 의지로부터 출발한다. 왜냐하면 그렇게 구분되지 않는다면 도덕 의지는 결코 자율적이지 않을 것이며, 따라서 자신의 준칙을 스스로 끌어낼 수 없을 것이기 때문이다. 그러나 동시에 도덕성과 자연의 조화, 덕과 행복의 조화는 필요한 것으로 간주되며, 따라서 그런 조화는 신의 작용이라고 생각되어야 한다.

그러나 분열은 도덕성과 내 밖에 있는 자연 사이에만, 즉 도덕성과 세계 안에 있는 사물들의 과정 사이에만 있는 것은 아니다. 또한 나의 도덕 의지는 내 안에 있는 자연, 즉 나의 욕망이나 경향성 등과 대립해 있다. 그리고 이것 역시 극복되어야 할 대립물이다. 왜냐하면 나는 나의 의무를 충족하고, 그것을 실행하며, 현실화시키려 부름받았기 때문이다. 그리고 이것은 나 자신의 자연이 의무의 요청에 순응하기 전까지는 결코 완성되지 않을 것이다. 그리고 나는 참으로 신성한 의지를 가지고 있다. 따라서 감각 세계에서는 결코 도달할 수 없는 이런 성스러움을 향해 무한히 진전해 가려면 나는 불멸성을 요청해야 한다.

헤겔에 따르면 바로 이곳이 모순이 전면에 등장하는 장소이다. 불멸성의 요청은 반드시 필요한데, 왜냐하면 우리는 도덕 의지를 자연에 대립시키는 최초의 범주를 극복해야 하기 때문이다. 그러나 이것은 단순히 최초의 범주인 것은 아니다. 그것은 또한 칸트가 정의하듯이 도덕성을 위해 필요한 범주이다. 왜냐하면 도덕 의지는 경향과 대립해서 정의되기 때문이다. 도덕 의지가 자연적 욕망과 섞일 경우 이 도덕 의지는 사라진다.

왜냐하면 **도덕성**은 부정적 본질로서의 도덕 **의식**일 뿐이기에 도덕 의지와 욕망이 완벽하게 조화될 경우 도덕 의식은 사라지고 말 것이기 때문이다. 이런 도덕 의식 앞에서 순수한 의무감은 부정적 의미, 즉 바로 이런 도덕 의식에 순응하지 않는 그런 의미만을 갖는다.[24]

따라서 완전성을 향한 무한한 진보라는 이념은 깊은 모순, 목적의 분열을 반영한다. 도덕 의지와 욕망이 성스러운 의지에서 결합하게 되는 이런 통일이 요청되기는 하지만, 그렇게 될 경우 그것은 도덕의 종말을 가져오고 말 것이다. 우리가 결코 도달하지는 못해도 끝없이 전진해 가야 할 그 무한한 미래에 타협점이 놓이게 된다. "칠흑처럼 멀리 떨어진 무한성"(dunklen Ferne der Unendlichkeit) 속에서 이런 모순은 그렇게 분명하게 식별될 수 없다.

이것은 이원론적 인간관의 모순이다. 우리는 인간에게 본질적인 것, 즉 도덕 의지를 자연[본성]에 대립시켜 정의한다. 우리는 극단적인 분열의 지점에 서 있다. 그러나 이것은 유지될 수 없다. 주체는 본질적으로 몸을 입고 있으며, 따라서 도덕 의지는 이런 몸과 화해해야 하고, 외적으로 실현되어야 한다. 칸트는 어렴풋하게나마 이런 생각을 가지고 있다. 그의 최고선 이론과 실천이성의 요청 이론은 이를 반영한다. 그러나 그는 그 생각을 구체화시키지 못했다. 왜냐하면 그는 도덕성을 분리의 술어 속에서 정의했

---

24) *PbG*, 428.

으며, 따라서 도덕성의 실현을 위한 노고는 모순적일 수밖에 없었기 때문이다. 도덕 의지를 실현하는 것은 그것을 파괴하는 것일 뿐이다.

이런 견해는 '오성'의 완고한 사유의 결과이다. 왜냐하면 오성은 분리와 구분에 확고하게 얽매여 있어서 분리된 술어들 속에서 자신의 통일성을 발견할 수 없기 때문이다. 오성은 사물들을 고정시켜 보는, 사물들을 변화를 갖지 않는 판명한 것으로 보거나 동일적인 것으로 보는 사유 양태이다. 이성만이 분리가 어떻게 동일성에서 출현하고 다시 동일성으로 되돌아가는지를 볼 수 있다.

칸트의 사유는 가장 비타협적인 형태의 오성을 대표한다. 이것이 바로 그가 분리와 함께 남아 있고 이 분리를 극복할 수 없는 이유다. 따라서 그의 사유는 모순에 떨어질 수밖에 없다. 칸트는 이런 모순을 가지고 있으면서 도덕성을 실현하고자 한다. 그러나 이런 모순은 또 다른 측면에서, 즉 우리가 도덕적 책무에 **내용**을 부여하고자 할 때도 나타난다. 칸트는 자율성을 지키기 위해 도덕 의지가 자기 스스로를 결정해야 한다고 주장한다. 즉 도덕 의지는 자신의 준칙을 어떤 외적인 사실이나 권위가 아니라 오로지 자기 자신으로부터 인출해야 한다는 것이다. 따라서 칸트는 행위의 준칙을 도덕적으로 만드는 것은 그 실체적 내용이 아니라 오로지 그 형식과만 관계한다고 주장한다. 행위의 준칙이 의무가 될 수 있으려면 그 준칙은 보편화 가능성의 형식을 지녀야 하며, 따라서 합리적 의지를 반영해야 한다.

헤겔은 많은 곳에서 칸트의 형식적 기준이 어떤 확정적인 결론을 산출하는 데 실패한다고 주장한다. 그는 이 점을 「이성」에서 말하고 있으며, 또한 다른 곳들에서도 이야기한다.[25] 물론 많은 철학자들이 칸트의 기준이 공허하다고 주장했다. 그런데 헤겔에 따르면 이런 결함은 위의 모순과 동일한 근본 이유에서 나온다. 즉 그것은 자율성과 자연 사이의 이원론에서 나온다. 칸트는 의지의 자율성을 보호하기 위해 기준이 형식적이어야 한다고 주장한다. 이 의지는 자신의 안내자로서 이성에만 의존한다. 그러나 이성에 대한 칸트의 생각에 따르면 이념은 자신의 대립자인 자연으로 스스로를 변화시키는, 이념 자신을 자신의 구현체로 변화시켜 표현하는 참된 이념이 아니다. 따라서 칸트의 이성 개념은 추상적이고, 순수하게 형식적이다. 그리고 이 때문에 이성에의 호소는 어떤 행위 지침도 제시할 수 없다. 헤겔에 따르면 이성은 사물들의 존재론적 구조와 연결되어 있으며, 이것이 바로 우리의 도덕적 행위를 형성하기 위한 안내자가 될 것이다. 그러나 칸트에 따르면 이성은 사물의 본성과 분명히 구분되며, 도덕 의지도 본성[자연]과 구별된다. 따라서 이성은 순수하게 형식적이며, 바로 이 때문에 이성은 실체적인 어떤 것도 수행할 수 없다.

따라서 우리는 헤겔이 이제 이끌어 내는 두번째 모순, 즉 도덕적 의무에 내포된 모순에 떨어진다. 인간은 보편적 법칙에 따라 행위할 수 있기 위해 의무의 순수한 원리에 묶여야 한다. 그러나 행위하기 위해 나는 의무의 이런 일반 원리가 나의 특수한 의무와 행위들 속에서 예시된다는 사실을 알아야 한다. 그러나 이것은 메울 수 없는 간극이다. 어떤 특수 행위도 구속력 있는 것[의무]으로 드러날 수 없다. 왜냐하면 보편화 가능성의 원리는 사실 어떤 것에 의해서도 충족될 수 있기 때문이다. 헤겔에 따르면 여기서 도덕적 세계관의 주창자들은 이런 간극을 메우기 위해 또 다른 요청, 즉 신에의 귀의를 주장한다. 이로써 여기서 우리의 특수한 의무들은 순수 의무

---

25) 예를 들어 예나 시기 초기의 글인 "Über die wissenschaftlichen Behandlungsarten des Naturrechts", *Schriften zur Politik und Rechtsphilosophie*, Hrsg. Georg Lasson, Leipzig: Meiner, 1923, S. 349 이하를 참조하라. 또한 *PR*, §258, *SW*, XIX, 588~596도 참조하라.

에 적합한 신성함의 성질을 분유받게 된다.

이 후자의 요청은 오히려 칸트를 아주 모호하게 만든다. 그러나 헤겔은 여기서 칸트를 엄격하게 해석하는 것이 아니라(그의 이름이 등장하지도 않는다), 자신이 칸트와 피히테가 제시한 도덕적 세계관의 내적 논리라고 본 것을 해석하고 있다. 그리고 여기에서 그의 요점은 다른 곳에서와 마찬가지로 이런 견해가 모순으로 드러난다는 것이다. 즉 이러한 견해는 수용할 수도 극복할 수도 없는 분열에 기초해 있다는 것이다. 그리고 이러한 모순은 항상 두 가지 상황에서 발생한다. 즉 그 모순은 우리가 도덕성의 실현을 생각할 때, 그리고 우리가 도덕적 책무에 확정적인 내용을 부여하고자 할 때 나타난다.

이 모순의 결과는 자율성의 원리를 그 중심 이념으로 삼아 출발하는 이 도덕성이 기계 장치를 타고 내려온 신(deus ex machina)[26]에 의지하지 않을 수 없다는 것이다. 도덕성의 완성은 먼 미래에 또 다른 세계에서 이뤄진다. 도덕성에 대한 현재 경험은 분리의 경험이다. 그것은 불행한 의식의 또 다른 형식일 뿐이다. 헤겔이 여기서 말하고 있듯이 우리는 도덕 의식이 있다는 확신에서 출발한다. 그러나 우리가 이 도덕 의식이 원리상 자연과 화해할 수 없으며 특수한 행위가 실제로 의무인지를 확증할 수 없을 경우, 우리는 특수한 행위를 함으로써 자기 자신을 실현해야 하는 감각적 존재인 인간들 사이에는 도덕 의식이 존재하지 않는다는 사실을 인정해야 한

---

26) 고대 그리스의 연극에서는 무대에서 복잡하게 전개되던 사건들이 기계를 타고 내려온 신에 의해 일거에 해결되는 모습이 자주 등장했는데, 이러한 문제 해결 방식을 예컨대 아리스토텔레스는 '기계 장치를 타고 내려온 신'이라 부르면서 이야기의 필연적 전개가 결여된 인위적 사건 해결이라며 비판했다. 오늘날 이 용어는 확장되어 사태의 내적인 본성에 의해 어떤 결론이 나는 것이 아니라 외부적 힘에 의해 우연히 혹은 강제적으로 해결되는 상황을 설명하기 위해 사용된다.—옮긴이

다. 혹은 기껏해야 자신의 모순을 드러내지 않고서는 보다 분명한 개념적 사상이 될 수 없는 표상 속에서나 그런 도덕적 의식이 존재한다고 말할 수 있을 뿐이다.

이것은 도덕성을 자연과 분리시키는, 존재에 기초하지 않고 당위에만 관심을 갖는 모든 도덕적 비전에 나타나는 운명이다. 헤겔이 이를 어떻게 극복해야 한다고 제안하는지에 대해 우리는 4부에서 검토할 것이다.

헤겔은 도덕적 세계관의 모순들을 체계적으로 들춰내는 10쪽 분량의 아주 인상적인 부분[27]과 그런 모순들에서 빠져나오기 위한 이행을 기술한 후에 부분적으로 칸트에서 출발하는 낭만주의적 양심 이론으로 나아간다. 낭만주의 이론이 이 자리에 위치하게 된 이유는 이 이론이 칸트의 도덕 이론에 대한 반론을 부분적으로 함유하고 있다는 헤겔의 판단 때문이다. 낭만주의자들은 경향성과 도덕성 사이의 칸트적인 엄격한 분리를 포기하고, 마음의 법칙과 인륜의 법칙이 합치된 자발적인 도덕적 직관이라는 비전으로 나아갔다.

그러나 이것이 「이성」에서 기술된 주관적인 도덕적 확신이라는 이전의 국면으로 돌아간 것은 아니다. 왜냐하면 여기서 주체는 개별자로서가 아니라 보편자, 즉 신과 연결되어 있는 자로서 자신의 직관을 확신하기 때문이다. 낭만주의적 양심은 종교적 양심이다. 이 양심은 경향성과 도덕성 사이의 간격뿐 아니라 인간과 신의 간격도 극복한 데서 즐거움을 느낀다. 이러한 양심의 공동체는 신의 삶의 장소이다.[28] 따라서 우리는 헤겔의 비전과 아주 유사한 비전을 여기서 보게 된다.

---

27) *PhG*, 434~444.
28) *PhG*, 460.

그러나 우리는 1장에서 헤겔과 낭만주의자들이 아주 유사한 열망을 지니고 있었음에도 그들 사이에 엄청난 차이가 있음을 보았다. 헤겔은 보편자와의 직접적 통일을 말하는 낭만주의적 사고, 신과의 형언할 수 없는 조우를 열망하는 직관에 대한 신념 등을 수용할 수 없었다. 이러한 통일은 이성에 의해서만 산출될 수 있다. 왜냐하면 이성은 통일 안에 부정과 분리를 간직할 수 있으며, 따라서 명쾌한 비전을 유지하기 때문이다.

낭만주의 이론에 대한 헤겔의 비판은 이 이론이 개인적인 영감에서 출발한다는 데 있다. 낭만주의 이론은 만약 누군가가 상응하는 영감을 느낄 경우 양심은 어떤 내용을 가지게 된다고 한다. 하지만 이것은 이 양심에 부여된 특성, 즉 보편자의 대변자라는 특성과 양립 불가능하다. 왜냐하면 보편자의 영감들은 보편적으로 인정되며, 따라서 자신을 이 영감들과 동일시하는 자아의 보편적 인정을 산출하기 때문이다. 반대로 이런 영감들로부터 나오는 행위들은 서로 충돌한다.

그 결과는 변증법적 이행이다. 우리는 더 이상 외적인 행위 속에서 순수 양심의 표현을 보지 못한다. 왜냐하면 그런 행위는 갈등의 근원일 수 있으며, 외적 실재로서 언제나 다양한 관점에서 보일 수 있고 많은 입장에서 판단될 수 있기 때문이다. 예를 들어 그 행위는 특정한 측면으로 인해 누군가에게는 도덕적 행위로 간주될 수도 있고, 다른 사람들에게는 다른 측면 때문에 자만으로 보일 수도 있다. 대신 양심의 범례적 표현은 말[언어]로 이행한다. 말[언어]은 헤겔이 반복해서 말하듯이 정신의 외적 실존의 형식이다. 이 형식은 그럼에도 불구하고 투명하게 남아 있고, 외적 실재의 다양한 본성을 갖지 않으며, 이 외적 실재와는 완전히 다른 것, 외적 실재에서는 보이지 않는 것을 우리가 볼 수 있게 한다. 말[언어]은 자아의 투명한 표현이고, 자아와의 순수 동일성이지만, 객체로 정립되어 있다.[29]

따라서 자연발생적으로 발생한 순수한 양심은 행위에서 말로, 자신의 내적 확신을 드러내는 표현으로 돌아서지만, 이 양심은 자신의 순수성과 보편성의 의미를 상실할지 모른다는 두려움 때문에 행동할 수 없다. 이것이 아름다운 영혼의 형상이다. 물론 그것은 퇴각의 또 다른 전략을 반영할 뿐이며, 헤겔은 이 문제를 간단하게 다룬다. 아름다운 영혼은 자신을 무화시키며, "공기 중으로 해체되어 버리는 형태 없는 수증기"(als ein gestaltloser Dunst, der sich in Luft auflöst)[30]로 사라져 버린다.

그러나 아름다운 영혼을 향한 헤겔의 태도는——아름다운 영혼에 대한 상은 특히 노발리스에게서 이끌어 온 것으로 보인다——위에서 함축적으로 말한 것보다 훨씬 더 모호하다. 왜냐하면 이 형상은 우리에게 프랑크푸르트 시기의 수고인 「기독교의 정신과 그 운명」에 나타난 예수를 연상시키며, 따라서 우리는 헤겔이 아름다운 영혼을 언제나 가혹하게 판단하지만은 않았다는 것을 보기 때문이다.

오히려 헤겔은 이러한 사유 단계가 순수함과 유용성 사이의 딜레마에 대한 반성을 통해 절대지로 이행하게 하는 중요한 국면임을 보여 준다. 이 문제는 '정신' 장의 마지막 부분을 차지하게 될 것이며, 절대지로의 이행을 준비하게 될 것이다. 물론 우리는 우선 보다 고차적인 종교적 비전을 그 이행의 처음 단계부터 추적해야 할 것이다.

순수함의 딜레마는 특수한 실존으로서 우리가 보편자와 맺는 관계로부터 불가피하게 발생한다. 인간은 개별자로 행위하며, 그의 개별성은 불가피하게 그의 행위 속에 섞여 나온다. 가장 보편적인 함의를 가진 가장 이

---

29) *PhG*, 458.
30) *PhG*, 463.

타적인 행위조차도 행위자가 그 안에서 어떤 종류의 만족을 발견하는 그런 행위이며, 그가 자신의 특수한 주체성을 어떤 방식으로든 각인하는 행위이다. 우리가 이미 보았듯이 이것은 헤겔의 근본 사상의 하나이다. 즉 존재하는 모든 정신적 실재는 체현되어야 하고, 체현된 것은 특정한 시간과 장소에 있는 것, 즉 특수자이다. 정신은 특수자인 유한한 정신에 체현되는 한에서만 존재할 수 있다. 실존을 위해서는 따라서 특수화가 필수적이다.

아름다운 영혼이 그러하듯, 보편자가 자신의 순수함을 유지하기 위해 특수자와 상관없이 자신을 유지하고자 하는 것은 비실존의 나락으로 떨어지는 것을 의미한다. 보편적 가치들은 말하자면 실현될 수 있기 위해 특수한 삶 속에서 체현되는 희생을 감수해야 한다. 그러나 동시에 특수자는 스스로를 희생해야 한다. 특수자는 우리가 본 것처럼 반드시 죽을 수밖에 없다. 모든 특수한 사물은 죽거나 사라진다. 그러나 특수한 인간은 말하자면 보편자에 이르기 위해 내적으로 죽어야 한다. 특수한 인간은 자신의 행위에 본질적인 것이 보편적 정신을 체현하는 것임을 인정해야 하며, 자신의 삶에 체현되어 있는 특수한 형태는 비본질적인 것, 따라서 지나갈 운명에 놓인 것임을 인정해야 한다. 그런 인간은 이 사라짐과 이미 화해했다. 즉 그는 자신의 본질적 이해관계와 정체성을 이 특수한 형태 속에 놓지 않는다.

보편자와 특수자가 서로 희생할 수밖에 없는 이런 필연성을 헤겔은 '정신' 장의 마지막 부분에서 우리가 방금 본 두 단계 사이의 대화의 형식으로 보여 준다. 자기 자신을 확신하고 행위하는 순수한 양심과 무엇보다도 보편자의 순수함을 유지하고자 하는 아름다운 영혼 사이의 대화로 말이다. 이 부분은 악과 용서라 불린다. 왜 악인가? 왜냐하면 특수자와 이것을 인정하는 것은 인간을 보편자에게서 떨어내는 것으로서, 이것이야말로 악의 본질이기 때문이다. 그러나 이 악은 피할 수 없는데, 왜냐하면 정신은 체현되어야 하고, 이것은 곧 특수화를 의미하기 때문이다. 악의 필연성이라는 이런 생각은 원죄설에 대한 헤겔의 해석의 근간이 된다. 죄는 원본적일 수밖에 없다. 이때 이 원죄는 준-역사적 의미에서가 아니라, 유한한 정신에는 반드시 특수한 실존이 따라오며, 정신이 존재할 수 있기 위해서는 유한한 정신들이 있어야 하지만, 이 정신들의 유한성은 극복되어야 할 분열을 산출한다는 의미에서 죄이다. 인간을 신과 분리시키는 것이 죄의 본질이다. 따라서 신과 인간의 통일은 죄의 상태에서 발생하는 화해에 의해서만 성취될 수 있다. 특수한 실존인 악은 있을 수밖에 없지만, 이 실존은 악을 부정하고 이 악을 넘어서 살아가는, 신학적 용어로 말하자면 악에 대한 용서를 구하는 인간을 통해 극복된다. 그리고 그렇게 함으로써 인간은 정신의 보편적 삶을 향유하며, 따라서 용서받는다.

이런 상호적 필연성은 두 양심 사이의 대화에서 산출된다. 즉 보편자를 재현하는 것은 보편자를 배신해야 할 임무를 가진 활동적인 특수한 양심을 취함으로써 시작한다. 보편자는 보편자를 자신의 목적을 위해 이용하는 특수한 양심을 비난한다. 왜냐하면 보편자는 활동적 양심에 의해 시작된 모든 행위에서 언제나 개별적 이해관계를 발견하기 때문이다. 따라서 보편자는 자신의 상대자를 위선자로, 도덕적으로 말만 하는 존재로 비난한다. 이러한 조망은 물론 헤겔에게 상당히 불만스러우며, 그래서 그는 곧바로 그에 반응한다. 즉 아름다운 영혼은 본성상 할 수밖에 없는 행위 속에서 보편적 법칙을 스스로 체현할 수 없기 때문에 우리는 도덕성에 대한 이 양심의 기여는 순전히 말로 그치며, 그래서 위선적이라고 주장할 수 있다. 헤겔은 "시종에게는 영웅이 없다"는 나폴레옹의 격언을 인용하면서 이런 입장을 인정하지 않는다. 그런 뒤 그는 다음과 같이 덧붙인다. "첫번째 사람[영웅]이 영웅이 아니어서가 아니라, 후자[시종]가 [입고 마시는 따위의 일상적 욕구를 충족시키는 모습만을 주인에게서 보고 그를 판단하는] 시종이기 때문이다."[31]

해결책은 두 측면이 다 잘못되었으며, 한 측면은 다른 측면을 필요로 한다는 것을 인정하는 것이다. 특수한 행위자는 용서를 구해야 한다. 즉 그는 자신의 특수성을 더 이상 실체화해서는 안 된다. 그러나 동시에 보편자는 이를 용서해야 한다. 즉 보편자는 이러한 특수자 없이는 자신이 있을 수 없음을, 따라서 용서해야 한다는 사실을 수용해야 한다. 우리는 절대지로 넘어가는 지점에 서 있다. 왜냐하면 우리는 자신의 특수성을 포기하고 그것을 넘어서서 살아갈 준비가 되어 있는 특수한 주체 앞에, 그리고 이제는 특수자를 총체적으로 넘어서 있는 것이 아니라 그 특수자를 필요로 하는 보편자 앞에 서 있기 때문이다.

이제 우리가 해야 할 일은 체현되고 다시 자기에게 돌아와야 하는 정신의 이런 존재론적 상을 그려 보는 것이다. 이것은 사변 철학을 통해 이뤄질 것이다.

그런데 이 상은 또한 좀덜 투명한 종교의 형식 속에도 포함되어 있다. 절대자의 자기 지식은 인류의 종교적 진화 속에서 전개되었다. 따라서 결론에 앞선 마지막 장에서는 종교를 다뤄야 할 것이다. 작품 전체의 방법에 따라 우리는 기초부터, 처음부터 시작할 것인데, 즉 자연 종교와 더불어 시작할 것이다.

---

31) *PbG*, 467~468.

7장
/
계시 종교로의 길

1

종교와 더불어 우리는 정신의 발전을 읽을 수 있는 새로운 관점에 진입한다. 앞에서 우리는 다른 관점들을 보았다. 즉 의식, 자기 의식, 이성 그리고 (객관) 정신을 보았다. 그러나 이 종교적 관점은 지금까지의 의식 형태들의 관점과 같지 않다. 종교는 정신 혹은 절대자의 자기 의식의 관점이다.

우리는 헤겔에게 신 혹은 우주적 정신이 역사를 통해 실현되고 계시되는 궁극적 실재임을 보았다. 이 신 혹은 우주적 정신의 구현체는 우주인데, 그것은 이 우주와 같으면서도 같지 않다. 정신의 이러한 자기 계시는 사변 철학에서 완성된다. 궁극적으로는 정신을 충족하고 있는 다른 의식 형태들에서와 마찬가지로 절대자의 바로 이 자기 의식에서도 다음의 사실이 확인될 수 있다. 즉 절대자는 실존하지만, 아직 덜 성숙한 모호한 형식으로 역사를 통해 드러난다.

이 형식이 바로 종교이다. 절대자의 이러한 자기 의식은, 사변 철학에서 드러나는 그 궁극적 완성에서와 마찬가지로, 인간의 의식 속에 체현되어야 한다. 그러나 헤겔은 우리가 인간 사회에서 종교의 진화를 인간 의식의 진화 이상의 것으로 보아야 한다고 제안한다. 물론 당연히 종교의 진화는 인간 의식의 진화이기도 하다. 우리는 자기 의식과 정신을 검토하는 가운데 인간의 종교적 의식의 다양한 단계를 살펴보았다. 예를 들어 '불행한 의식'이나 '초감각적 세계'가 그런 단계이다. 그러나 우리는 종교의 이런 진화를 인간 의식보다 더 큰 발전으로 보아야 한다. 물론 이에 대한 정당화는 헤겔의 정신 개념의 존재론적 실재가 타당한지를 확인하는 작업과 더불어 이뤄져야 한다.

정신의 자기 의식은 불가피하게 모든 실재의 근저에 놓여 있는 절대자의 의식이다. 그러나 이 절대자는 자신의 불완전한 이전 형태들에서는 실재와 동일한 것으로 간주되지 않았다. 그리고 어떤 의미에서는 그럴 수밖에 없는데, 왜냐하면 이 실재는 절대자의 적절한 반영이 되기 위해 역사에서 인간의 발전과 더불어 형성되기 때문이다. 따라서 종교적 의식은 신성한 것과 세속적인 것 사이의 구별을 유지하며, 그것들 사이의 긴장을 유지한다. 동일하게 이러한 자기 의식은 자기 자신을 알지 못한다. 왜냐하면 인간의 의식, 이 의식의 담지자는 종교의 대상과 분리된 것, 그 대상보다 무한히 낮은 것으로 간주되기 때문이다.

하지만 신성한 것과 세속적인 것 사이의 간극이 크게 느껴질수록, 절대자 개념은 그만큼 덜 적절해진다. 사실 절대자는 유한한 주체의 삶 속에 자신의 삶을 체현한 무한한 우주적 주체이다. 따라서 육화를 말하는 종교가 유일하게 적합한 종교이다. 그리고 기독교조차도 남겨진 소외를 극복하기 위해 사변 철학으로의 진화와 이행을 겪을 필요가 있다. 기독교에서는 그리스도를 공동체 그 자체로 보기보다는 유한한 정신과 무한한 정신이 만나는 지점으로 보는데, 이것이 바로 기독교에 남아 있는 소외이다. 그러나 우리는 이 종교가 나오기 이전, 이 종교에 앞서며 이보다 덜 적합한 일련의 종교들을 역사에서 볼 수 있다. 예를 들어 신을 정신으로 보기는 하지만 유한한 정신과는 분명하게 다른 것, 그것과는 구별되는 것으로 보는 종교(유대교, 이슬람교)나 신이 인간의 형상을 가지긴 하지만 보편성을 결하고 있다고 보는 종교(그리스 종교) 등이 있으며, 절대자를 더 이상 정신으로 보지 않는 입장을 가진 종교도 있다. 따라서 우리는 종교 발전의 변증법을 헤겔이 '자연 종교들'이라고 부른 것에서 출발할 것이다. 자연 종교는 절대자를 자유로운 주체성으로 보기보다는 어떤 자연적인 형상을 상징하는 것으로 본다.

이 낮은 단계의 종교들은 상징화에 의존해야 한다는 점에서도 보다 높은 단계의 종교와 구별된다. 궁극적으로 신은 유한한 정신들의 공동체로 우리에게 나타난다. 이 높은 단계의 종교에서 상징화는 없으며, 신은 오히려 현재하고 있고 분명하게 있다. 이것은 헤겔이 '계시 종교'라고 부른 것의 표식이다(여기서 '계시'로 번역된 독일어 offenbare는 '드러난'manifest 혹은 '분명한'evident이라는 뜻을 함축하고 있다). 그러나 신이 분명하게 존재하지 않을 때 신은 상징적으로 지시되어야 한다. 종교적 의식의 단계가 낮을수록 더 적절하지 않게 상징화가 일어난다. 신이 정신으로 파악되기 전에 인간은 자연적 현상들을 자신의 상징으로 사용할 것이다.

우리는 여기서 종교적 의식의 단계가 인간의 발전 수준과 연관되어 있음을 다시 보게 된다. 초기 단계에서 인간(유한한 정신)은 정신(무한한 정신)의 매우 부적합한 반영이다. 예를 들어 우리가 감각적 확신으로 본 것에 상응하는 단계, 혹은 주인과 노예의 변증법에 상응하는 단계, 그리고 다른 서술 단계들에서 인간 의식은 아직 보편적 사유의 담지자[매개자]가 아니다. 그곳에서 신은 완전한 타자로 간주되지 않으면 안 된다. 이 낮은 단계에서 정신 혹은 주체성은 자연의 맹목적 힘보다 더 강한 것으로 간주되지 않는다. 왜냐하면 정신은 보편자로 이해되지 않기 때문이다. 그러므로 절대자를 자연에서 인출한 어떤 상징에 의해 그려 보는 것은 아주 자연스러운 일이다.

따라서 보다 포괄적인 관점에서 볼 때 우리는 종교의 발전이 우리가 다른 수준들에서 보았던 발전을 반복하리라는 것을 알 수 있다. 의식, 자기 의식, 정신 등 이 각각의 단계는 종교의 단계들에 상응한다. 따라서 『정신현상학』은 언제나 동일한 곳으로 되돌아온다. 그러나 물론 이번에는 좀 더 핵심적인 입장으로부터 진행한다. 우리는 더 이상 일상적 의미에서 의식 형식들의 진화를 추적하는 데 만족하지 않고, 이 형식들이 사실은 집합적 삶의 형식들에 꼭 붙들려 있다고 하는 입장 변화를 겪는데, 이 단계에서 정신은 이미 이런 입장 변화를 재현하고 있다. 따라서 우리가 앞에서 다룬 단계들은 정신의 단계들의 측면들로 간주할 수 있다. 여기서 다시 우리는 만물의 가장 근본적인 발전에, 즉 정신의 자기 의식의 성장에 초점을 맞추기 위해 입장을 변경한다. 헤겔은 다른 단계들의 서술이 이러한 발전의 측면들을 우리에게 드러낸다고 보는 것 같다. 왜냐하면 이 단계에서야 발전의 근본 동력이 모습을 드러내며, 우리는 역사의 단계들 배후에 있는 궁극적으로 합리적인 것, 즉 합리적 자기 현현을 향한 정신의 약진을 볼 수 있기 때문이다. 이 말은 아마도 이 다른 단계들에서의 서술들은 술어가 주어와 관계하듯이 종교적 의식의 서술과 관계한다는 것을 의미하는 것 같다.[1]

'주어'가 '술어'와 맺는 이러한 관계로 인해 우리는 6장에서 언급한 종교와 신앙에 대한 헤겔의 구분을 이해할 수 있다. 신앙은 실재를 우리의 의식과 어떻게든 연결되어 있지만 우리 의식을 넘어서 있는 것으로 지각하

---

1) *PbG*, 479.

는 인간 의식의 한 형식이다. 이에 반해 종교는 정신의 (아마도 혼란스런) 자기 이해로 이해될 수 있는 우리 의식의 그런 특정한 국면들을 포함한다. 따라서 의식의 동일한 형식은 때때로 서로 다른 두 관점으로부터 관찰될 수 있다. 즉 한편으로는 자신을 절대자보다 아주 아래에 있는 자로 보면서 보이지 않는 먼 실재를 열망하는 개인의 신앙으로, 다른 한편으로는 신성한 것과 세속적인 것 사이의 틈으로 특징지어지는 종교적 의식의 어떤 단계로 볼 수 있다.

그러나 이 두 관점이 언제나 동일한 것은 아니다. 헤겔에게 종교는 보다 포괄적인 것이다. 정신의 자기 의식이라는 현 단계를 반영하는 것은 총체적인 종교적 실재이다. 즉 그것은 절대자의 이념일 뿐 아니라, 제의로 이뤄진 사회의 종교적 삶이기도 하다. 신학뿐 아니라 이 모든 것은 절대자에 대한 특정한 이해를 반영한다.[2] 개별자의 마음의 상태인 신앙은 따라서 특정한 단계의 문명을 가진 공동체의 종교적 삶에서 단지 한 요소일 뿐이다. 신앙은 단지 추상적 측면, 즉 '술어'이다. 정신의 유일하게 적합한 반영은 복수의 유한한 정신들의 공동의 삶의 테두리 안에 놓여 있기 때문에, 종교적 삶은 언제나 공동체의 삶이고, 반면 신앙은 영혼의 상태로서 아무리 많은 사람이 공유한다고 해도 결국에는 개별자의 상태이다.

이로부터 추측해 보건대, 헤겔은 신앙의 드라마에 아주 적극적 관심을 가졌던 것은 아닌 것 같다. 사실 신앙은 자신을 절대자(따라서 절대자가 거하는 공동체)와 분리된 자로 보는 개별자의 의식 형식으로서, 아직 완성되지 않은 종교적 삶의 반영일 뿐이다. 정신의 총체적인 자기 현현인 궁극의

---

2) 우리가 2장에서 튀빙겐 시기 헤겔의 단편들을 통해서도 보았듯이, 전체적 삶의 형식으로서의 종교와 신학 사이의 이런 구분은 헤겔 사유에서 처음부터 아주 중요한 역할을 했다.

종교에서 신앙을 위한 여지는 없어 보인다. 이상적인 경우 종교는 신앙을 넘어서야 한다.

2

우리는 자연 종교와 더불어 시작한다. 자연 종교에서 절대자는 단순히 존재에 불과하다. 절대자는 절대적 존재로서 모든 특수한 것들과 구별된다. 여기서 절대자는 만유의 통치자이고, 사물들의 특수성에 의해 영향을 받지 않는다. 그래서 헤겔은 예를 들어 초기 조로아스터교, 즉 빛과 불의 종교에서 이 종교가 구현되어 있음을 본다. 여기서 빛은 모든 특수성을 추상한 순수 존재이고, 불은 모든 특수성을 삼켜 버리는 것으로 등장한다.

헤겔의 관점에서 볼 때 이 종교에서 부족한 점은 절대자와 세계 사이의 연결점, 제1원리로부터 사물들의 필연적 전개이다. 이러한 것이 없다면 세계는 필연적 구조를 갖지 않으며, 단지 "이 실체에 붙어 있는 비본질적 보조자"[3]에 불과하다. 이것은 이 실체가 아직 주체가 아니라고 말하는 것과 동일하다. 왜냐하면 우리는 그 외적 실재가 내적 본성을 표현하는 그런 필연적 구조를 갖는 것이 주체라는 것을 보았기 때문이다.

그러나 이 실체는 모든 특수성을 파괴하는 부정적 힘으로서 이미 본질적으로 자기[자아]이며, 따라서 우리는 대체로 대자 존재의 종교로 발전한다. 그러나 우리는 아직 보편적 자아라는 생각에 이르지는 못했다. 우리는 많은 신적 존재들이 나오는 무대로 들어간다. 더 나아가 이 존재들은 매우 불완전한 주체이다. 왜냐하면 사람들은 자기 신들을 식물이나 동물의 이

---

3) *PbG*, 484.

미지로 가지기 때문이다.

그러나 서로 다른 신을 따르는 사람들 사이의 투쟁은 아무 흔적도 남기지 않는다. 왜냐하면 부정적 힘으로서의 주체는 파괴하는 것만 할 수 있기 때문이다. 그러므로 우리는 창조 행위를 통한 주체의 변혁적 힘을 지속적으로 표현하는 보다 높은 단계에 이르러야 한다. 따라서 우리는 이제 장인(Werkmeister)의 종교에 이른다. 이 이행은 노예가 자신의 숙련된 노동을 통해 겪어 나가는 과정을 연상시킨다. 외적인 자극 아래 놓여 있는 노예는 자기 자신을 변형시키는 과정을 밟아 가기 시작한다.

그리고 여기에서 헤겔은 장인의 종교를 특히 고대 이집트와 연결하여 생각하고 있다.

장인은 자신의 신의 이미지를 자연에서 발견하는 것만이 아니라 그 이미지를 돌에, 건축물과 조각에 새기고자 한다. 이런 방식으로 그는 이미 보다 높은 신관(神觀)으로 향하는 도정에 들어선다. 왜냐하면 변형된 실재는 우리에게 단순히 자연적인 존재보다 정신의 존재에 더 가까운 이미지를 만들어 주기 때문이다. 그러나 자신의 질료와 씨름하는 장인은 처음에는 자신이 추구하는 바를 만족시키는 데 유일하게 적합한 이미지가 자유로운 주체의 이미지라는 것을 알지 못한다. 그래서 그는 수많은 중간 단계를 통과해 가는데, 예를 들어 그는 낯선 괴물들, 반인반수(스핑크스) 등의 이미지로 그 신들을 표현한다. 그리고 마침내 그는 자신이 추구하는 정신의 명료한 표상, 즉 인간의 형상에 이르게 된다. 자신이 이해하지도 못하는 추동력의 영향 아래서 자신의 매개물과 싸우는 장인은 노예가 경험하는 것과 같은 경험을 한다. 즉 노예처럼 장인이 수행하는 물질의 변형은 자기 자신의 변형이며, 따라서 그는 보다 높은 단계의 종교를 얻는 것으로 나아간다. 여기서 도달한 종교가 예술 종교이다. 이 종교에서 인간은 아주 적합한 이미지의 정신성을 명료하게 숭배한다. 다른 말로 하면 노예와 장인은 자신의 질료를 변형하는 가운데 자신들이 행하고 있는 것의 의미를 회고적으로 이해할 수 있는 보다 높은 단계의 의식에 도달하며, 그들이 전에는 본능이나 외적 자극에 의해서만 작업을 했다면 이제는 명료한 의식을 가지고 작업할 수 있는 의식의 단계에 도달한다.

이 새로운 종교가 바로 그리스의 종교이며, 예술 종교이다.[4] 우리는 여기서 헤겔의 해석들 중 가장 소중한 하나로 돌아온다. 그리스 시기는 사람들이 절대자, 자연, 그리고 사회와 화해를 이루고 있었던 유일하게 행복했던 시기이다. 이 세 영역은 분명하게 서로 연결되어 있었다. 사람들은 절대자를 인간의 형상을 한 존재라는 측면에서 바라보았으며, 인간의 모습을 한 상으로 탁월하게 재현할 수 있다고 생각했다. 이것은 그리스 사람들이 신적인 것을 완전한 타자, 근본적으로 신비한 것, 그리고 이해할 수 없는 것 등으로 보지 않았음을 반영한다. 낯선 것과 불가해한 것이라는 이런 감각은 보다 이른 시기의 다른 문화들에서 신에게 부여된 기괴한 반(半)동물 형상들에 반영되어 있다. 헤겔에 따르면 그리스 사람들과 더불어 이런 동물 형상들은 사라지거나 기호들로 강등된다.[5] 이것은 동시에 인간이 이제는 자연 세계에서 자기 자신에게 머문다는 감각[자연 세계에서 두려움이나

---

4) '예술'로 번역되는 독일어 Kunst나 영어 art는 '인간의 손이 가해진 것'을 의미한다는 점에서 무엇보다 '자연'과 대비되는 개념이다. 자연 종교에서 신의 형상이 자연적 대상을 모방하거나 변형한 것이었다고 한다면, 고전기 그리스 종교에서 신의 형상은 인간의 모습을 한 것으로 그려진다. 자연 종교에 등장하는 신의 모습이 신을 낯설고 무서운 존재로 여겼다는 것을 반영한다면, 그리스 종교에 등장하는 신의 모습은 신을 보다 친근한 존재, 인간적 존재, 인간적 이해가 어느 정도는 가능한 존재로 여겼다는 것을 반영한다. 헤겔은 신의 형상의 이러한 발전을 정신의 자신감, 혹은 정신의 자기이해가 그만큼 커진 것으로 해석한다. 헤겔은 그리스 신이 인간화된 신이라는 점에서 그리스종교를 자연종교와 대비하여 '예술'종교라 명명했다.—옮긴이
5) PhG, 493~494.

낯섦을 느끼는 것이 아니라 평안함을 느낀다는 것]을 의미한다. 즉 인간의 형상을 한 신은 인간과 전혀 다른 타자임을 표현하기 위해 자연 형상들을 차용했던 이전의 신의 형상들을 대체했다. 이 모든 것은 타이탄족(Titan)에 대한 승리에 반영되어 있다.

> 이 요소들[자연의 요소들]의 자유로운 현존이 갖는 황폐한 본질과 혼란스런 투쟁, 즉 타이탄들의 비인륜적 왕국은 극복되고, 이 왕국은 점점 명료하게 드러난 세계의 가장자리에, 정신을 안식처로 하는 고요한 세계의 흐릿한 경계에 자리를 내준다.[6]

그러나 이러한 '자기에게 머묾'의 의미는 우리가 '정신' 장 첫 부분에서 논의했던 인간 개별자의 사회와의 통일감과 밀접하게 연관되어 있다. 사실 개인은 자기 자신이 사회에 완전하게 반영되어 있다고 느끼며, 자신의 행위가 그 사회의 에토스의 구현체이고 이 에토스는 그가 의존하는 실체라고 느낀다. 그런데 자신의 사회와 하나라고 하는 이런 느낌은 신과의 일체감을 가능하게 한다. 왜냐하면 신은 그 민족이나 도시의 신이며, 어떤 우주적 실재를 표현하고 있기 때문이다. 도시와의 일체감과 신과의 일체감은 함께 가며, 서로를 강화한다. 양자는 특정한 삶의 형식을 반영하며, 국가에서 자유로운 시민의 형식을 반영한다. 그러므로 우리는 이제 막 바로 '정신' 장의 '참된 정신'에 상응하는 종교적 의식을 보게 된다.

그러나 일체감의 두 형식은 결국 치명적 결함이 되는 동일한 조건에 의지한다. 인간이 자신의 특정한 국가에 한정되고, 따라서 국지적일 수밖

---

6) *PbG*, 494.

에 없는 도시와 자신을 동일화하는 것과 마찬가지로, 그는 절대적 주체가 아니라 많은 것들 가운데 단순히 하나의 신적 주체성인 신과 자신이 하나라고 느낀다. 그리스 역사의 화해는 궁극적 화해가 아니라 그 화해의 전조일 뿐이다. 이 화해는 보편적 의식의 성장과 더불어 약화됨으로써 사라질 운명을 가진다. 그리고 바로 이 보편적 의식이 정신이 자기 자신과 총체적으로 화해하는 도정을 향한 피할 수 없는 그다음의 보다 고귀한 단계이다.

헤겔은 '종교' 장의 이 부분에서 보편적 개인의 이러한 성장이 일어남을 보여 준다. 우리가 다른 곳에서 본 것처럼, 국지적 보편자 개념은 운명의 이념과 밀접한 연관이 있다. 운명은 이 종교에서 약간 의심이 되기는 하지만 신들보다 위에 있는, 이 신들보다 더 위대한 힘으로 등장하는 유일한 절대자이다. 그러나 이 절대자는 필연적으로 이 신들을 외부로부터 강제하는 비인격적 힘이다. 이 운명은 그리스 비극이 보여 주듯이 '종교' 장의 이 부분을 이끌고 가는 데 있어 일정한 역할을 할 것이다.

이러한 이행을 가능하게 하는 근본적 사상은 다음과 같다. 즉 우리가 본 것처럼, 보편자는 특수한 형식으로 체현되어야 하지만, 이 형식은 언제나 사라질 수밖에 없으며, 따라서 보편자는 이 형식을 정립할 뿐 아니라 부정한다는 것이다. 유일하게 가능한 화해는 특수한 형식이 이 과정을 완전히 이해하고 이 과정과 하나가 될 때, 즉 특수한 개별자가 자신의 필멸성이 어떻게 자신이 체현하고자 하는 질서의 불가피한 부분인지를 인지할 때 나타난다. 이 경우 죽음은 외부에서 오는 것이 아니며, 근본적인 타자도 아니고 이해할 수 없는 것도 아니다. 오히려 죽음은 어떤 의미에서 이러한 체현의 의도된 완성이다.

그러나 국지적 보편자에서 우리는 존재하기 위해 체현되어야 하는 실체, 따라서 그 체현물은 몰락해야 하는 그런 실체를 본다. 그러나 국지적인 이 보편자 스스로는 자기 자신의 소멸의 합리성을 이해할 수 없다. 따라서 이 보편자는 어떤 다른 것에 의해, 이해되지 않는 것에 의해 소멸한다. 이 보편자는 이 소멸을 불가해한 운명으로 지각한다.

그리스의 국지적 신들은 그 시대의 주어진 도시와 마찬가지로 수명이 짧은 특정한 실재들과 동일하다. 이 신들은 보편적 정신과 전적으로 일치하지는 않는다. 만약 그들이 전적으로 일치한다면 그들은 주어진 도시의 멸망에 아무런 영향도 받지 않았을 것이며, 이러한 멸망을 보편적 정신의 전개를 위해 필요한 것으로 이해했을 것이다. 그러나 국지적 보편자는 자신이 묶여 있는 현실과 함께 몰락하지 않을 수 없다. 실제 보편적 정신과 달리 국지적 보편자는 더 오랫동안 지속할 수 없다. 그러므로 신들은 인간이 그러하듯 맹목적 운명에 종속된 자로 간주된다. 이에 반해 이후에 기독교 신학에서 운명은 신적인 섭리로 드러나게 된다. 즉 '운명'은 더 이상 맹목적이지 않으며, 신이 그 위에 있다.

이와 유사하게, 우리가 6장에서 본 것처럼 비극의 등장인물들은 국지적이다. 각자는 보편자의 부분만을 표현한다. 그래서 그들 역시 자신이 이해할 수 없는 필연성에 직면하여 몰락한다. 그리고 그 인물들의 국지성, 따라서 그 가족과 국가 윤리의 국지성은 도시의 국지성과 밀접하게 엮여 있다. 왜냐하면 보편적 법칙에 기초한 도시에서만 올바름의 이 두 원천이 갈등을 멈추고 화해하기 때문이다.

따라서 그리스 문명의 화해는 몰락하도록 운명 지어져 있다. 그러나 그 문명은 헤겔에 따르면 아주 특별한 아름다움과 매력을 가지고 있다. 왜냐하면 이 문명은 자신을 계승하는 보다 고차적인 해결책[근대의 문명]과는 달리 아주 명료한 합리적 사유에 의존해 있지 않기 때문이다. 이성의 보편적 규범들은 합리적 의식의 강력한 지배를 받는 인간의 삶에서만 열매를 산출할 수 있다. 또한 참된 화해는 그리스를 계승한 기독교에서 표상으로 실존한다. 그러나 그것은 역사 속에서 완벽하게 표현될 수 없으며, 심지어 명료한 합리적 사유에 의지하지 않고서는 의식에서도 완벽하게 표현될 수 없다.

이와 대조적으로 고대 그리스의 일시적 화해는 자연발생적 감정에 완벽하게 체현될 수 있었고, 또 체현되었다. 우리의 고등 문명의 근본 이념은 종교와 철학에서 표현되지 않을 수 없는데, 이와 달리 그리스 문명의 기초는 예술에서 표현되었다. 예술은 감각적 형식을 한 이념이다. 그리고 이것은 그리스 문명에 가장 잘 어울리는 형식이다. 왜냐하면 그리스 문명은 무반성적 감정에 기초하여 정신이 자기 자신과 화해한 것이기 때문이다. 그리스의 종교는 따라서 예술 종교이다. 먼저, 종교는 여전히 그 예술 형식으로는 완벽하게 표현할 수 없는 심오한 신비를 함유했다. 그리고 보다 나중에 좀더 고차적인 종교는 신학에서 그리고 철학에서 훨씬 더 적절하게 표현된다. 그리스인만이 예술에서 자신의 패러다임을 표현하는 종교를 가졌다. 이것이 바로 '예술 종교' 시대의 사멸하지 않는 매력이다.

이어지는 헤겔의 분석에 따르면 이 예술 종교는 몰락하고, 신적인 것에 대한 이 종교의 이미지들은 자신의 실체를 상실하여, 한편으로는 보편적 정신으로 흡수되고, 다른 한편으로 보편적 자기 의식으로 흡수된다. 이 두 요소는 서로 연관하여 발전하지만, 헤겔은 여기서 이들을 분리한다. 즉 그리스 종교의 발전은 신과 공적 삶이 어떠해야 하는지를 알게 하는, 그리고 인간의 의식이 고상한 것으로 추정되는 이 모든 힘들의 배후에 놓여 있음을 알게 하는 자기 의식의 성장으로 간주된다. 이 자기 의식은 계몽의 자기 의식처럼 신들이 인간적 기원을 갖는다는 통찰에까지 이르게 된다. 헤겔에 따르면, 이 의식은 아리스토파네스 시대의 희극에 반영되어 있다. 왜냐하면 그의 희극은 일찍이 궁극적인 것으로 간주되었던 신들과 그런 신을 요청하는 대중을 우스꽝스럽게 다루기 때문이다.

다른 한편 보편적 정신은 유대 종교에서 숭상된다. 그리고 여기서도 역시 이 정신은 주체성과의 화해를 요구한다. 왜냐하면 그것은 육화되기 때문이다. 유대 종교는 위에서 말한 그리스 종교의 발전으로 대표되는 첫 번째 단계 이후에 필연적으로 따라 나오는 두번째 단계이다. 왜냐하면 자유로운 자기 의식의 이름으로 잘못된 국지적 신들이 잘못되었음을 드러내는 것으로는 충분하지 않기 때문이다. 외부 실재가 자기 의식의 표현물을 온전히 반영하고 있다면 이 실재 안에서 자기 의식은 자기 자신을 인지할 수 있을 것이다. 그런데 외부 실재가 없다면 자기 의식은 세속화된 세계를 상실했다는 무한한 상실감에 빠질 수밖에 없다. 그러나 자기 의식이 수용할 수 있는 유일한 외부 실재는 보편적 정신을 반영하고 있는 실재, 좀더 자세히 말하자면 자기 의식과 통일되어 있는 보편적 정신이다. 이러한 사실은 육화에서 일어난다.

그러나 이 단계는 다음 절에, 즉 계시 종교에 길을 양보한다. 우선 예술 종교의 단계들을 따라가 보자. 정립된 첫번째 실재는 신적인 것을 인간의 형상으로 표현한 것이다. 이것은 신적인 것을 자유로운 주체성으로 보는 이미지인데, 그런 주체성은 인간에게 가장 유사하게 드러난다. 그러나 이 것으로는 충분하지 않다. 왜냐하면 이 사람들의 신은 바로 이 사람들과 대립해 있는 대상이기 때문이다. 인간은 기도를 통해 신과 하나가 되고자 한다. 그리고 여기서 헤겔은 다시 한번 말을 영혼의 외적 실존의 매체로서 강조한다. 이미 내적으로 실존하는 어떤 실재를 번역한다는 의미에서가 아니라 다른 방식으로는 존재할 수 없는 상호 주관적 실재를 체현한다는 의미에서 그렇다. 신적 형식과 숭배자들의 찬양의 통일은 새로운 실재, 즉

"영혼이 깃든 예술 작품"(beseeltes Kunstwerk)[7]을 만든다. 이 작품은 신을 자기 의식적 주체성으로 재현하는 데 아주 가까이 다가간 것이다. 위에서 본 것처럼, 우리는 여기서 헤겔이 종교를 신학에서 다루는 신관보다 더 많은 것을 포괄하는 것으로 다루고 있음을 볼 수 있다. 여기서 신은 공동체 속에서 살아가는 것으로, 이 신의 숭배자에 의해 수신되는 자로 다뤄진다. 이때 신은 단순히 정적인 이미지를 가지는 것으로 다뤄지지 않는다.

종교가 신학보다 더 많은 것을 포괄한다는 사실은 제의(cult) 문제를 다룰 때 더 분명해진다. 제의는 헤겔이 보기에 종교의 본질적 차원이다.[8] 제의는 인간이 신과 하나가 되고자 할 때 수단이 되는 차원이다. 모든 종교는 자신이 보편적 정신의 자기 의식이라는 암시, 그래서 유한한 의식은 그것이 숭배하는 무한한 의식과 분리되어 있으면서 동시에 하나라는 암시를 약간이나마 포함하고 있다. 그러므로 분리를 극복하고 근원적 통일로 돌아와야 할 필연성이 생겨나는데, 이것이 바로 제의의 역할이다.

헤겔은 그리스 종교의 희생을 제의의 사례로 본다. 희생은 모든 제의가 두 가지 방식으로 수렴된다는 것을 보여 준다. 유한한 정신은 무한자와 하나가 되기 위해 자신의 유한성을 벗어 버린다. 그러나 무한자도 자신의 단순한 보편적인, 따라서 비실제적인 실존에서 벗어나 아래로 내려오며, 이를 통해 유한한 정신 속에 자신을 체현한다. 이 두 운동은 반드시 필요하다. 왜냐하면 유한한 정신은 자신의 특수성을 극복함으로써만 무한한 정신의 적절한 구현체가 되기 때문이다. 우리 자신을 신들에게 희생하는 것은 우리의 특수성을 포기하는 우리의 행위이다. 그러나 신들이 희생물로

---

7) *PbG*, 496.
8) 우리는 18장에서 이 문제를 다룰 것이다. *BRel*도 참조하라.

하강하는 것, 그리고 우리에게 소비되기 위해 희생물이 우리에게 돌아오는 것은 무한자가 유한한 구현체로 나아가는 발걸음이다.

따라서 종교는 신적인 것의 개념들을 넘어서 우리가 신적인 것과의 통일을 경험하는 형식, 무한한 정신과의 유사성을 향유(Genuß)하는[9] 형식으로 나아간다. 그러나 희생물을 향유하는 것만으로는 충분하지 않다. 왜냐하면 소비된 희생물은 사라지기 때문이다. 다시 한번 우리는 지속적으로 유지되는 어떤 것을 추구한다. 그리고 우리는 이것을 전체 민중이 계속 수행하고 있는 제의에서 본다. 우리는 여기서 헤겔이 살아 있는 예술 작품이라 부른 것에 이른다. 예를 들어 그것은 전체 민중의 축제에서, 혹은 신에 취한 디오니소스 축제의 여사제(maenad)의 광란에서, 혹은 운동 경기에서 나타난다.

그러나 이것 역시 빠르게 세번째 단계에 자리를 내준다. 왜냐하면 살아 있는 예술 작품은 여전히 완전한 의식, 내적 자각을 결하고 있기 때문이다. 혹은 그런 내면성이 있다고 한다면, 그것은 광란의 디오니소스 축제의 아주 혼란스럽고 신비로운 심연에 불과하다. 그래서 우리는 문학에 의해 대표되는 '정신적 예술 작품'이라는 세번째 단계로 이행한다.

이 단계에서 우리는 마침내 우리가 목표로 했던 결과를 이끌어 낸다. 왜냐하면 문학의 세 단계, 즉 서사시, 비극 그리고 희극은 우리가 위에서 국지적 보편자라고 불렀던 것의 비전과 변증법을 불가피한 결과로 산출하기 때문이다.

호메로스의 서사시에서 우리는 대개 비현실적 개별성을 가진 신들을 마주한다. 왜냐하면 이 신들은 불멸하는 자로서 서로에게 영향을 줄 수 없

---

9) *PhG*, 504.

기 때문이다. 이들의 보편성은 인간의 행위에 체현될 때에만 실제적으로 된다는 이 서사시의 기본 생각은 서사시에서 인간의 행위와 신의 행위가 서로 밀접하게 엮여 있다는 사실에서 나온다. 따라서 많은 결과들은 이 두 행위로부터 나오는데, 이 가운데 인간의 행위나 신의 행위 중 하나가 불필요한 방식으로 나타난다. 신들은 여기에서 국지적 보편자이며, 개별적 자아들이라는 구체적 실재를 결하고 있다. 또한 삶보다 더 큰 것으로 그려지는 영웅들도 그렇다. 하지만 이들은 동시에 참된 보편적 자아와 동일하지 않다. 따라서 이들은 운명의 물결 아래 놓여 있다. 그 이유를 우리는 위에서 보았다.

동시에 참으로 구체적인 개별자, 즉 서사시를 노래하는 시인은 이야기 외부에 있다. 그러므로 그다음 단계는 이 두 극단, 즉 필연성과 구체적 개별자가 연합하는 단계이다. 이것은 비극에서 일어난다. 여기서 개별적인 등장인물은 운명을 우연적이고 외적인 것으로 마주하는 것이 아니라 자신의 행위에서 필연적으로 흘러나온 것으로 마주한다. 여기서 헤겔은 우리가 '정신' 장에서 보았던 비극의 분석을 계속한다. 각각의 인물은 근본적인 가치, 즉 도시나 가족의 가치를 체현하고 있다. 각각의 가치가 실행되면, 각 가치는 다른 가치와 갈등 관계에 돌입하지 않을 수 없다. 다시 한번 말하자면, 근저에 놓인 일반 원칙은 체현되어야 한다는 원칙, 따라서 역사에서 활동한 것은 결국 해체될 수밖에 없다는 원칙이다. 그러나 참으로 보편적인 원칙들에 따라 행동할 때 이런 해체는 행위에서 흘러나온 것이고, 따라서 그 행위를 부정하지 않는다. 하지만 여기서 이것은 그 경우가 아니다. 즉 행위는 궁극적 파괴를 낳을 뿐 아니라 행위의 원칙들과 화합하지 못하고 행위와 화해하지 않는 그런 파괴를 낳기도 한다. 오히려 그 행위는 하나의 법률에 따라 행동하다 다른 법률을 어기게 되는 방식으로 범죄를 낳는다.

다른 말로 하면 모든 행위는 어떤 의미에서 죄를 만들어 낸다. 왜냐하면 행위는 어떤 특수한 것을 확고히 하지만, 이로 인해 그렇게 확고해진 특수자는 보편자와 단절되기 때문이다. 그러나 어떤 보편적 원칙을 따르는 행위의 경우 이 특수성의 요소는 제거되고, 잘못은 속죄된다. 그 이유는 부분적으로는 우리가 그 원칙을 따랐기 때문이고, 또 부분적으로는 불가피하게 받아들일 수밖에 없는 행위자와 그의 행위의 사멸 때문이다. 그러나 우리가 어떤 국지적 원리를 가진 곳에는 실제로 범죄가 있다. 왜냐하면 행위는 특수한 존재의 의지를 확고히 하는 일반적 방식에서만이 아니라 어떤 특수한 방식에서 법[옳은 것]을 위반하기 때문이다. 여기에서 가능한 유일한 속죄는 그 행위를 하지 않는 것, 그 행위를 포기하는 것이다. 그러나 이런 일은 원리상 불가능하기 때문에 행위자는 극복할 수 없는 상황에 처한다. 그는 화해할 수 없는 소멸로 나아간다. 왜냐하면 그 소멸은 그가 지지한 것의 부정을 의미하지, 그것의 완성을 의미하지 않기 때문이다.

그런데 이런 외적 부정은 그것이 만신전의 신들이었던 국지적 보편자들 가운데 있었던 것처럼 국지적 행위 속에도 함축되어 있다. 내적 필연성은 언제나 거기에 있으며, 오직 비극에서만 그런 내적 필연성이 설명되고 있다. 이 필연성은 아직 완전하게 명시적으로 설명되고 있지는 않으며, 예술 형식으로 표현된 필연성이라는 의미에서 설명되고 있다. 우리는 이 문제를 아주 분명하게 설명할 수 없다. 그러나 우리는 범죄의 불가피성을 느낀다. 이것은 또한 알려진 것과 알려지지 않은 것의 변증법에 반영되어 있다. 영웅은 자신이 알고 있는 것 혹은 들은 것에 따라 행동한다. 그러나 그가 이미 들었다는 것에는 그가 감지해야만 하는 어떤 애매함이 있었다. 그의 행위의 다른 측면, 즉 그에 의해 공격을 받은 법은 따라서 그에게 전적으로 알려진 것은 아니다. 어떤 수준에서 그것은 우리가 그 연관성을 지각하듯이 그에 의해 지각된다. 따라서 그가 전혀 책임이 없는 것은 아니다.

이러한 필연성이 완전하게 이해될 때 우리는 보편적 주체성으로 성장한다. 그러나 이 주체성으로 인해 과거의 신들은 자신들의 신성을 상실했다. 이미 비극은 이 과정을 시작했다. 이제 이 신들은 중요하지 않은 것이 되고 만다. 자연은 이 자연을 향유하는 실제 자기 의식에 의해 소비되는 것으로 환원된다. 보편적 의식이 국지적인 시민적 경건함을 꿰뚫어 볼 때 충성을 강조하는 도시와 가족의 요청은 약화되며, 다수의 지도자와 군중의 야망만이 득세하게 된다. 이러한 사실이 관찰되는 것은 물론 의식의 변화의 결과일 뿐 아니라 또한 시민적 삶의 변화의 결과이기도 하다.

따라서 예술 종교는 자기에 대한 확신을 자기가 조사한 모든 것의 지배자로 만드는 자기 의식의 승리로 끝난다. 모든 보편성은 그런 자기 의식으로 돌아오며, 이 의식은 자기 외부의 어떤 본질도 인식하지 못한다.

3

그런데 이 우주적 의식은 처음에 행복한 의식이다. 그러나 실제로 이 의식은 불행한 의식이며, 스스로를 불행한 의식으로 드러낼 것이다. 우리는 여기서 도시가 법 상태(Rechtszustand)로 해체되는 가운데 나타나는 종교적 의식을 보게 된다. 이 법 상태는 그 상황이 원자적 개인들의 권리에 의해 규정되는 보편적 국가, 원자적 개인들을 지배하는 보편적 국가를 의미한다. 따라서 이것은 「자기 의식」에서 이미 검토했던 스토아주의의 이데올로기에 상응한다.

이 단계를 어떤 관점에서 기술하든 이 단계의 근본적인 문제는 인간이 자기 자신으로의 퇴각의 대가로 자기 확신에 도달했다는 사실이다. 그러나 인간은 정신으로서 존재하기 위해 외적 체현물을 가져야 하기 때문에, 그가 사회적·정치적인 외적 형식들 속에 표현되지 않는다면 그의 자기 확신은 어떤 가치도 갖지 않는다. 자유로운 보편적 개인은 사실 운명의 장난 감이며, 정치적 야만의 무자비한 폭력의 장난감에 지나지 않는다. 그의 자기 확신은 궁극적으로 방어될 수 없는, 따라서 불행한 의식을 초래하는 내적 성채로의, 즉 '나는 나다'로의 퇴각이다.

종교 영역에서 이런 근본적 곤경은 다음의 방식으로 서술될 수 있다. 자유로운 자기 의식은 자기 밖의 세계에서 신성을 제거함으로써 불확실한 조건에 놓인다. 왜냐하면 이 의식은 이 외부 세계에 계속하여 의존하기 때문이다. 그의 삶의 형식과 그의 실제적 본성을 규정하는 것은 바로 이 외부 세계이다. 계몽의 폭로적 통찰이나 고대인의 우주적 의식이 그러하듯 신적인 것을 자기 의식으로 단순히 환원하는 것은 자기 파괴적 행위이다. 이러한 자기 의식은 신적인 것의 특권, 즉 타자 속에서 전적으로 자기로 있을 수 있는, 그리고 합리적 세계 질서의 배후에 놓인 필연성으로 있을 수 있는 정신의 특권을 유지할 수 없다. 반대로 자기 의식은 낯선 세계에 휘둘리며 버려졌다고 느낄 수 있을 뿐이다. 그런 한에서 이 의식은 불행한 의식으로서 아주 먼 곳에서만 구원을 본다.

그러므로 우리는 신적인 것을 우리의 자기 의식보다 더 고차적인 것으로 새롭게 지각할 수 있는 위치로 되돌아와야 한다. 우리는 우리가 관계 맺을 수 있는 우주적 정신을 재발견해야 한다. 그러나 이것이 우리의 출발점인 자연 종교로 돌아가야 한다는 말은 아니다. 우리는 그것과는 다른 무언가를 습득했으며, 이것은 우주적 의식의 배후에 있는 진리의 요소이다. 즉 이 우주적 정신은 유한한 정신인 우리 자신 이외에 어떤 다른 자기 의식, 어떤 다른 매개자도 갖지 않는다. 이 정신은 우리 안에서, 우리를 통해서 살아간다. 우리는 이 정신의 구현체이다. 사실 특수한 개별자들인 우리는 신에, 우주적 정신에 대립해 있으며, 우리는 부정태인 구현체이다. 그러나 우리는 반드시 소멸하기에 우리 각자는 자신의 역할을 수행한 이후 죽는 데 반해 정신은 지속된다는 사실로 인해 이러한 대립은 극복된다. 신은 자기의 구현체의 불완전함을 수리한다. 왜냐하면 신 자신의 이 구현체는 특수한 존재들 가운데 형성되며, 신은 자신의 길을 가는 가운데 이 특수 존재들을 제거함으로써 소여된 특수 존재들을 넘어서는 영원한 삶을 살아가기 때문이다. 신의 삶은 개별자를 넘어서는 보편적인 것이다. 따라서 신의 삶은 특정한 시기의 한 사회 혹은 다수의 인간들 속에서만 구현되는 것이 아니라 다른 시기의 다른 많은 공동체들에서도 구현된다.

정신의 궁극적 자기 이해는 자신을 철저히 매개자[담지자]로 보는 공동체에서 나타난다. 이 공동체에서 신은 분리되어 위에 있으면서 동시에 분리되지 않고 안에 있다. 그리고 그 공동체는 사변 이성을 통해 이 두 명제를 참인 것으로 이해할 수 있다. 이 공동체는 자신이 왜 그렇게 존재해야 하는지, 신이 어떻게 다른 방식으로는 존재할 수 없는지 등을 이해한다. 그래서 인간이 신을 필요로 하는 것과 마찬가지로, 즉 유한한 정신들이 보다 위대한 신의 우주적 삶을 드러냄으로써만 통합에 이르게 되는 것과 마찬가지로, 신은 인간을 필요로 한다. 왜냐하면 무한한 정신은 인간 공동체의 삶에 체현되지 않을 경우 추상에 불과하기 때문이다.

완전히 명료한 사변적 사유에 기초한 그러한 인간 공동체가 존재하게 될 것이라고 헤겔이 믿었는지는 불투명하다. 내가 2절에서 '미래의', '조건적인' 등의 용어를 사용한 이유는 바로 여기에 있다. 그러나 그것은 이전에 일어난 것을 이해하고자 한다면 마음속에 간직해야 하는 성장 과정의 궁극적 개념을 제공한다. 그리고 이러한 사실은 특히나 우리가 지금 도달한 단계에서 그렇다. 왜냐하면 절대 종교 혹은 계시 종교, 즉 기독교는 비록 불투명하고 모호한 형태이긴 하지만, 즉 사유와 비교되는 '표상'의 형태이긴 하지만 이런 기본적 진리들을 반영하고 있기 때문이다. 공동체는 은총을 통해 신의 삶을 살아가는 기독교 교회이다. 따라서 기독교 교회의 개화는 정신의 발전의 궁극적 단계 바로 앞 단계라고 할 수 있다. 비록 우리가 기독교의 단계를 완벽하게 넘어설 수 없을지 몰라도 말이다.

이러한 사실은 우리가 이제 하게 될 이행을 위한 배경을 제공한다. 예술 종교의 소멸로부터 발생한 보편적 자기 의식은 우주적 정신을 재발견할 필요를 느끼지만, 단순히 이 정신의 원초적 형상으로 되돌아갈 수는 없다. 이 정신의 원초적 상은 아직 주체성을 갖지 못한 존재였으며, 더 나아가 인간과 완전히 분리된 주체였다. 동시에 헤겔이 『정신현상학』에서는 거의 다루지 않지만, 종교철학 강의들에서는 중요한 지위를 점하는 또 다른 종교 형식이 있다. 그것은 유대교다. 유대교 역시 국지적 보편자를 넘어서는 종교이지만, 인간과 신의 메울 수 없는 간격을 전제로 한다. 어떤 의미에서 유대교와 그리스 종교는 상보적이다. 그리스 종교는 인간과 신의 유사성에 도달하지만 국지성을 넘어서지 못하고, 유대교는 참된 보편성에 도달하지만 모든 유사성을 부정한다.

그러나 인간과 완전히 분리된 정신인 유대교의 이 신은 신적인 것을 위한 최종적 안식처가 될 수 없다. 신을 그렇게 분리된 것으로 보는 것은 불행한 의식의 바로 그 범례이다(헤겔은 초기 신학 저술들에서 유대교를 바로 그런 것으로 보았다). 사실 신은 인간을 통해 자신의 삶을 살아가야 한다. 따라서 예술 종교 이후의 인간의 욕구와 『구약성서』의 순수한 보편적 정신의 욕구는 성육신[10]에서 통합된다. 여기서 예술 종교 이후의 욕구란 자기 의식과 연관이 없지 않은, 혹은 자기 의식을 파괴하지 않은 절대자를 다시 발견하고자 하는 욕구이고, 순수한 보편적 정신의 욕구란 인간 역사에서 매개자를 발견하고자 하는 욕구이다. 그 이유는 성육신은 양자의 욕구, 즉 신과 인간의 욕구를 통합한다는 데 있다. 즉 성육신은 신과 (마리아를 통한) 인간의 합동 작업으로부터 발생한 것으로 간주된다.

헤겔은 육화의 실재를 역사적 사건이라고 주장한다. 그리고 그는 이 사건을 세계에서의 정신의 현존을 **상상**만 할 뿐인 다양한 신비적 종교들과 구별한다. 이와 대조적으로 우리는 그리스도의 성육신에서 신이 특수한 주체로 현존함을 본다. 이 신은 "감각적 직관에 주어진 실제 개별자이다".[11] 신도들은 신을 "보고 느끼고 들을 수 있다".[12]

우리는 처음에 헤겔이 자신의 이론적 개념들의 체계 안에서 어떻게 이러한 유의 구별을 할 수 있는지 의아해할 수 있다. 왜냐하면 즉자적 신은 인간이 신의 자기 의식의 담지자[매개자]라는 의미에서 처음부터 모든 인간에게 육화되어 있기 때문이다. 최초의 자연 종교와 철학에서의 마지막 이해 사이에서 역사적으로 변한 사실은 인간이 이러한 사실을 알게 되었다는 것, 혹은 신이 인간을 통해 이러한 사실을 알게 되었다는 것이다. 그렇다면 신비적 종교에서 나타나는 단순히 상상된 육화와 실제로 발생한 육

---

10) 절대자, 정신적인 것, 혹은 신이 육체의 형상을 입는 것을 '육화'(incarnation)라고 한다. 헤겔은 정신이 반드시 자신을 세상에서 표현할 수밖에 없다는 것을 이 개념으로 설명하며, 그리스도를 신이 육신의 모습을 입은 것으로 설명한다. 기독교에서는 이를 '성육신'(Incarnation)이라 한다. 이것은 기독교의 가장 중요한 교리에 속한다. 헤겔은 기독교가 이를 명시적 교리로 삼은 것에서 기독교의 뛰어남을 본다. 본문에서는 대문자로 시작하는 Incarnation은 기독교의 용어를 따서 '성육신'으로 번역했고, 소문자로 시작하는 incarnation은 '육화'로 번역했다. —옮긴이

11) *PhG*, 528.

12) *AbsRel*, 133, 141을 참조하라. 거기서 헤겔은 또한 신은 인간에게 "직접적·감각적 직관"의 형식을 취해야 하며, 이 신은 "세상에서 보이고 경험되어야 한다"고 주장한다.

화를 어떻게 구별할 수 있을까? **즉자적으로** 성육신은 하나의 사실로 일어나지 않았다. 그런 육화는 언제나 진실이고, 하나의 인간인 그리스도에게만 사실인 것은 아니다. 하지만 **대자적으로** 이 육화는 실현으로서 발생한다. 사실 성육신은 인간의 역사에서 하나의 사건이다. 그렇다면 우리는 상상적 육화를 실제로 존재하는 육화와 어떻게 구별할 수 있을까?

그러나 헤겔에 따르면 성육신의 특징은 사람들이 이 성육신을 그런 방식으로 보게 되었다는 데 있는 것이 아니라 실체 자체가 "스스로 외화되고 스스로 자기 의식이 되었다"[13]는 사실에 있다.

다음의 사실 때문에 성육신은 아주 독특한 것이다. 즉 초기 종교들은 신적인 것을 종종 어떤 의미에서 세계에 현존하며, 따라서 어떤 신비한 방식으로 상이한 화신들 속에 거주하는 것으로 보았다. 이에 반해 기독교에서 예수**는 신이다.** 따라서 기독교에서는 이 사람과 신의 동일성이 성립한다. 이러한 사실은 이 한 인간은 두 가지 본성을 갖는다는 신학적 명제에 반영되어 있다. 그래서 신비적 종교들이 상상한 것은 제자들이 본 것과 동일하지 않다. 이전의 종교들은 정신으로서의 신**이** 인간**이라는** 결정적 통찰에 이르지 못했다. 이 종교들은 신적인 것을 다양한 현상들 속에 **나타나는 것**으로 보는 것을 넘어서지 못했다. 이러한 현상들은 인간에게서뿐 아니라 동물이나 장소에서도 발생한다는 것이다. 그래서 기독교에서는 신은 실제 인간과 마찬가지로 실제로 **현존하는데**, 이것은 어떤 의미에서 보면 전례가 없는 것이다.[14]

그런데 이런 점은 독특한 신-인[神人, 예수 그리스도]의 현상(現象)을

---

13) *PhG*, 526.
14) *PhG*, 527.

통해서만 이뤄질 수 있었다. 완전한 사변적 사유에서 우리는 '신은 각각의 인간과 동등하지만, 인간은 자신의 특수성으로 인해 신의 보편적 본성에 상응하지 못하며, 그런 만큼 신과 동등하지 않다'고 하는 진리를 파악할 수 있다. 그러나 이 상태의 인간의 단계에서 신과 인간의 통일은 직접적으로 지각할 수 있는 직관에 현존하지 않으면 안 된다. 그리고 신과 인간의 동일성이라는 이러한 요점은 신-인이라는 독특한 인격체를 통해서만 감각적으로 직관될 수 있다. 여기에서 하나의 신적 주체성은 신의 아들의 고유한 독특함으로 표상된다. 이 단계에서는 많은 육화에서 단 하나의 신을 보게 되는데, 우리가 "인도의 범신론"에서 본 것처럼 이것은 이런 육화를 "실체가 걸치고 있으면서 우연한 방식으로 바꾸는 가면들"[15]로 환원하는 것을 의미한다.

하지만 이러한 점에서 보면, 성육신[신이 육화된 모습]은 그것이 사람들에게 **나타났다**고 하는 방식으로 신적인 교육이라는 관점에서만 고찰될 수 있었다. 그러나 실체가 자기 의식이 된 일이 실제로 발생했다는 헤겔의 주장은 아직 그 의미가 분명치 않다. 이것을 이해하기 위해 우리가 기억해야 할 사실은 역사에서 종교의 발전은 인간이 정신과의 동일성을 알게 되는 것보다 더 많은 것을 전제한다는 것이다. 혹은 좀더 정확히 말하자면, 이러한 인식의 성장을 위해서는 사람들이 자신의 원래의 원시적 상태를 넘어서 스스로를 문화적으로 일궈 나가고 보편자를 표현하는 삶의 형식을 습득해야 한다. 따라서 성육신의 진리를 볼 수 있기 위해 사람들은 특정한 단계의 성숙함에 도달해야 했다. 성육신은 실제 사건이며, 신이 인간이 되었다는 믿음을 통해 알게 된 지각의 객관적 상관물이다. 그리고 역사에 등

---

15) *AbsRel*, 137~138.

장하는 다른 모든 것과 마찬가지로 이것은 사물들의 실체인 정신의 작업이기 때문에 우리는 이 실체가 실제로 자기 의식이 된다고 말할 수 있다.

그러나 이것으로는 충분하지 않다. 왜냐하면 우리는 신과 인간이 하나라는 일반적 진리의 한 실현태를 말하는 것이 아니라 오히려 이 인간인 예수가 신이었다는 지각을 말하고 있기 때문이다. 헤겔이 **이것**을 객관적 사건이라고 말할 수 있을까? 그렇게 믿기는 쉽지 않아 보인다. 왜냐하면, 내가 옳다면, 그는 일반적인 의미에서의 성육신을 믿지 않으며, 궁극적으로 예수는 모든 다른 사람이 그렇듯 어떤 의미에서도 신이 아니기 때문이다.

여기에서 우리는 예수에 관한 헤겔의 초기 글들을 상기할 필요가 있다. 헤겔이 예수 형상을 독특하고 범례적인 형상으로 간주하는 것은 사실인 것 같다. 그러나 그렇다고 확신을 가지고 말하기는 어렵다. 헤겔의 초기 글들에서 예수는 자신의 시대를 훨씬 뛰어넘어 신적인 것과 인간적인 것, 주관적인 것과 외적인 것의 통합을 조율하는 자로 그려진다. 이런 일로 인해 그는 십자가에 매달려야 했다. 그렇다면 헤겔은 인간성의 객관적 성장을 이러한 새로운 종교적 의식의 본질적 조건으로 보고 있는데, 그러한 객관적 성장을 위한 중요한 요소가 그 시대 다른 누구도 할 수 없는 방식으로 보편자와 통일되어 살았던 예외적이고 선구적인 이 개별자의 출생으로 이루어졌다고 할 수 있는가? 그리고 그렇다면 기독교는 장래의 추종자들에게 어떤 성숙함을 요구할 뿐 아니라, 동시대의 누구도 하지 못했던 방식으로 실제로 신과 합일하였던 자의 실존을 전제할 것이다.

이러한 생각이 헤겔이 『정신현상학』에서 성육신을 다룬 방식의 근저에 놓여 있으며, 아마도 그의 이후의 성숙한 체계에도 계속 남아 있게 될 것이다. 비록 성숙한 체계에서 예수의 형상은 더 이상 중심적 위치를 차지하지 않고 있지만 말이다. 그리고 만약 그렇다면 우리는 초기 작품과는 다른 중요한 변형을 볼 수 있으며, 이는 이러한 관심의 이동을 설명해 준다. 왜냐하면 우리는 더 이상 인간 중심적인 견해를 갖지 않으며, 역사의 궁극적 행위자가 정신이라는 견해에 마주하기 때문이다. 그 드라마는 더 이상 인간 예수에 관심을 두지 않으며, 여기서 실체가 자기 의식이 되었다는 사실에 관심을 둔다.

이러한 의미의 성육신은 실제 사건이며, 또한 우리의 종교사에서 결정적 단계이다. 그러나 우리는 이것을 넘어가야 한다. 왜냐하면 신이 유한한 정신인 인간과 동일하다는 것이 참이기는 하나 신이 인간과 같지 않다는 것도 참이기 때문이다. 더 나아가 신은 이 한 개별자와만이 아니라 모든 사람과 동일/비동일하다.

성육신을 초월해야 하는 이런 필연성은 기독교 교리 자체에 반영되어 있다. 왜냐하면 그리스도는 죽고, 부활하여 승천하고, 성령을 보내기 때문이다. 헤겔에게 이 모든 사건은 서로 연결되어 있다. 이 사건들이 반영하는 것은 신과 인간의 통일이 한 개별자 안에서 완벽하게 구현될 수 없다는 사실이다. 왜냐하면 보편적 정신과 어떤 특수한 구현체 사이에는 언제나 대립이 있을 수밖에 없기 때문이다. 우리가 보았듯 이 대립은 특수한 구현체가 소멸할 때 해소된다. 그래서 개별자는 죽어야 한다. 그러나 이 경우 그리스도의 죽음은 또한 신과 인간 사이의 이러한 통일이 특수한 사실에서 보편적 사실로 변형되었음도 의미한다. 이것이 죽음과 부활이 승천과 오순절과 불가피하게 연결되어 있는 이유이다. 왜냐하면 죽음의 전체 의미는 정신[성령]의 도래에 있기 때문이다. 이를 통해 성육신의 장소는 '그리스도의 몸'인 공동체로 변화한다. 그렇다면 성육신에서 오순절로 나아가는 전체 운동은 신과 인간의 통일에서 신이 특수한 존재 속에 구현되어 있다는 사실과 이 특수 존재를 넘어 계속 살아간다는 사실 사이의 필연적 긴장을 반영하는 한 단계로 간주될 수 있다. 그러나 다른 단계에서 그리스도의 죽음은 어떤 특별한 것을 포함한다. 그것은 정신이 갖는 마지막 분리, 마지막 자기 소외의 극복을 반영한다. 순수한 추상으로서의 신은 이미 육화된 인간을 향한 거대한 발걸음을 내딛었다. 그러나 신은 인간 속에서 완벽하게 실현되기 위해 다른 발걸음을 내딛어야 한다. 즉 육화된 신으로서 죽어야 하는, 그러므로 특수한 시간과 공간에 붙박인 자신을 부정하는 발걸음을 내딛어야 한다. 그래서 신의 육화는 인간 공동체의 육화가 될 수 있다.

그러므로 기독교와 기독교 신학에 대한 헤겔의 독해는 공동체의 이런 최종 단계를 고려해야만 이해될 수 있다. 이때 이 공동체는 정신의 자기 의식적 매개체이며, 참된 신-인인 공동체이다. 그러나 기독교는 이것을 아직 완전하게 실현하지 못했다. 오히려 기독교는 이러한 통일을 은연중에 보여 주기는 하지만 완전하게 드러내지는 않는다. 왜냐하면 정신은 이성이기에, 정신이 자기 자신과 맺는 통일의 완전함은 명료한 자기 인식을 포함하기 때문이다. 그러나 기독교는 이러한 통일을 여전히 혼란스럽고 모호한 방식으로 유지한다. 즉 헤겔이 '표상'이라 부른 인지 양식, 말하자면 명료한 개념적 사유가 아니라 이미지와 상징으로 작동하는 그런 인지 양식으로 유지한다. 다른 말로 하면 기독교 교회는 이러한 통일을 실제로 알지 못한 상태에서 이런 통일을 수행하며, 따라서 필연적으로 완벽할 수 없다. 그리고 이것은 기독교가 부분적으로 여전히 불행한 의식 속에서 살아가는 이유이다. 따라서 통일은 시간적으로 멀리 떨어진 것으로, 재림[임재, 도래, parousia]이 일어나는 미래의 것으로, 그리고 그리스도가 살던 과거의 것으로 간주된다.

그러나 비록 불명료한 방식으로이긴 하지만 결국 신의 참된 본성과 신과 인간이 맺는 참된 관계를 표현하는 종교인 기독교는 '계시 종교'로 불릴 수 있다. 왜냐하면 이 종교에서는 정신이 참으로 자기 자신을 드러내며, 더나아가 우리가 본 것처럼 자기 자신을 본질상 자기 계시를 할 수밖에 없는 존재로 드러내기 때문이다.[16] 따라서 헤겔은 기독교 신학에서 사변 철학의 전체 진리가 이미지의 형식으로 드러나고 있음을 본다.

계시 종교를 다루는 이 절에서 헤겔은 기독교 신학을 이러한 의미에서 해석하고 있다. 사변 철학의 기본 사상은, 우리가 본 것처럼, 이념은 스스로를 필연적으로 체화하며, 그런 다음 이 외적 체현물에서 자기 자신을 인식함으로써 이런 낯섦으로부터 자신에게 돌아온다는 것이다. 기독교 신학이 표현하는 것이 바로 이것이다. 게다가 기독교 신학은 사변 철학에서 세 단계의 운동을 구분하듯 이에 상응하여 그 운동을 세 단계로 표현한다.

그런데 이러한 헤겔의 생각은 세 단계로 이뤄진 그의 체계의 윤곽에도 들어맞는다. 그의 체계는 다음의 세 단계로 이뤄져 있다. 첫째 단계는 이념을 자신의 구현체로부터 추상된 상태에 있는 순수 범주들의 관계로 다루는 단계이고(논리학), 둘째 단계는 외적 실재에서 볼 수 있는 내적 필연성을 연구하는 단계이며(자연철학), 셋째 단계는 자연이 정신을 통해 완전한 자기 의식으로 귀환하는 과정을 추적하는 단계이다(정신철학). 이 단계에 상응하여 헤겔은 신학의 세 단계를 구별한다. 그는 이 세 단계를 조아키노의 메시아적 언어를 가지고서 확인해 주는데, 아버지의 시대, 아들의 시대, 성령의 시대가 그것이다. 조아키노의 이 언어는 나중에 뵈메에 의해 받아들여진다.[17]

---

16) 여기서 다시 종교와 신앙의 구별이 적절하다는 사실이 드러난다. 교회에서 그 삶을 이어 가는 기독교는 총체적 삶의 형식으로서 여기서 신과 인간의 통일이다. 그러나 신앙이라는 의식은 여전히 신을 분리된 것으로 본다.

첫번째 단계에서 우리는 삼위일체의 교리, 즉 신이 자기 자신과 맺는 관계를 보여 주는 교리를 본다. 그리고 이것은 셋으로 나뉜 사변적 운동을 반영한다. 즉 성부 하나님은 아들을 자기 타자로 낳으며, 성령에 의해 사랑 속에서 이 타자와 연합된다.

그러나 이 단계는 또 다른 단계를 요청한다. 아들을 낳는 것으로 표현되는 외면화는 실제 상대자, 즉 실제 외면성의 창조를 요청하며, 이것은 세계의 창조로 나타난다. 그리고 이것은 유한한 정신의 창조를 포함한다. 그러나 유한한 정신은 참된 정신이 되기 위해서 자기 의식이 되어야 한다(insichgehen).[18] 그리고 그것은 그렇게 함으로써 나머지 세계와 무한한 정신을 대면하고 자기를 알게 된다. 이러한 자기 확인은 원죄이다. 그것은 악의 탄생이다. 그러나 동시에 그것은 불가피한데, 왜냐하면 그렇지 않을 경우 유한한 정신이 있을 수 없기 때문이다. 따라서 그것은 신의 계획이다. 왜냐하면 유한한 정신이 없으면 무한한 정신도 없을 것이기 때문이다. 이러한 과정은 유한한 정신에게 필연적이다. 왜냐하면 정신은 필연적으로 자기에 대한 의식이기 때문이다. 그리고 정신은 특수한 것 속에 체현되므로, 정신의 자기 의식은 불가피하게 특수성에 붙들린 분리된 의식이 된다. 이 것을 피하는 유일한 길은 인간이 자연 속에 빠져서 동물처럼 자기를 의식하지 못하는 것, 따라서 선과 악 둘 다를 알지 못하는 것이다(헤겔은 이를

---

17) 피오레의 조아키노(Gioacchino da Fiore, 1135~1202)는 이탈리아 출신의 수도사로 산 조반니(San Giovanni) 수도회의 설립자이다. 신비주의적 전통을 간직하고 있으며, 그를 추종하는 자를 요아키마이트(Joachimites)라고 부른다. 조아키노는 역사를 세 시기로 구분한다. 성부의 시기는 구약의 시기이고, 두번째 시기는 성자의 시기로 기독교의 시기이며, 세번째는 성령의 시기이다. 이 세번째 시기에 '영원한 복음'이 조직된 교회를 완성하고 대체하면서 등장할 것이라고 한다. ─옮긴이

18) *PbG*, 537.

'순진한 것'이라고 말하는데, 그것은 선한 것과 상관없다[19]). 이것이 인간이 선과 악에 대한 인식을 습득하기 위해 타락을 필요로 하는 이유이다.

이렇듯 타락은 정신의 계획 속에 내재한다. 악에 대한, 즉 자기 자신에 만 집중하는 것에 대한 유일한 대항 수단은 이 악을 더욱더 강화하는 것, 즉 인간이 마침내 자기 안에서 보편자를 파악할 때까지 점점 더 자기 의식을 강화하는 것이다. 여기에서 우리는 신학의 세번째 단계, 즉 구원의 단계에 이른다. 우리가 이미 본 것처럼 화해는 두 측면에서 진행된다. 즉 신은 인간과의 통일을 원하며, 인간은 신과 통일되기 위해 자신의 특수성을 극복하고자 한다. 이 과정의 반성은 우리가 본 것처럼 성육신, 죽음, 부활, 그리스도의 승천, 성령의 도래와 교회의 계속되는 삶 등에 나타난다. 신은 성육신과 죽음을 통해 인간이 되며, 인간은 공동체에서의 자신의 삶 속에서의 자기 변형을 통해 신이 된다. 그러나 우리는 이 운동을 아직 완전하게 완성하지는 않았다. 왜냐하면 여전히 분리가 느껴지기 때문이다. 통일은 단지 표상을 통해서만 파악될 뿐이고, 그 통일은 현재에 인식되는 것이 아니라 미래와 과거로 연기된다.

그러나 이러한 표상의 배후에서 우리는 참된 사변적 교설을 인식할 수 있다. 사변적 관계들의 필연성은 '출생하다'나 '창조하다' 등과 같은 이미지로 표상됨으로써 기형적으로 표현된다. 그럼에도 불구하고 이런 관계들은 인식된다. 그리고 신과 인간의 상호적 접근(순수한 보편자[신]는 실제적으로 존재하기 위해 특수자와의 통일을 받아들여야 하고, 특수자[인간]는 자신의 특수성을 넘어 자신을 보편자로 고양해야 한다) 속에서 우리는 6장에서 정점에 이른 두 의식의 관계, 즉 악과 악의 용서의 관계, 행위하는 의식과

---

19) *PhG*, 537.

판단하는 의식의 관계를 인지한다. 행위하는 의식은 불가피하게 악을 발생시키며, 이것이 원죄 교설의 본질이다. 그러나 죄를 지은 보편자는 그 대가를 지불하지 않고서는 존재할 수 없다. 그러므로 이런 일은 개별자를 통해 실현되지 않으면 안 되고, 보편성을 위해 스스로 후회하는 개별자의 이런 특수성은 '용서'되어야 한다. 이런 방식으로 두 극단은 통일에 이른다.

이 장의 전개 이후 이 두 극단은 이제 신과 인간으로 고찰되어야 한다. 그리고 우리는 악과 악의 용서의 변증법이 우주적 변증법임을, 즉 그 해결이 곧 실재에 접근해 가는 궁극적 핵심인 그런 우주적 변증법임을 알게 된다. 이 궁극적 실재는 자기를 아는 우주적 정신이고, 따라서 우리는 의식의 최고 형태에 도달했다. 혹은 이 최고 형태의 문턱에 도달했다. 왜냐하면 계시 종교에서 표상으로 재현된 것은 아주 명료한 사변적 사유에서도 표현되어야 하기 때문이다. 이것에 도달한 것은 절대지에 도달한 것이다.

8장

해석적 변증법으로서의 현상학

1

절대지는 최고의 두 단계의 조합으로 간주될 수 있다. 그것은 주체와 세계의 궁극적 통일, 혹은 또 다른 관점에서 보자면 유한한 주체와 무한한 주체의, 혹은 절대적 실체와 주체성의 궁극적 통일이다. 그러나 이 통일은 즉자적으로 종교로 나타난다. 반면 '정신' 장의 최고 단계였던 도덕 의식은 주체의 의지가 보편자와의 통일을 형성한다는 생각을 명시적으로 함유하고 있었다.

모든 운동의 결과는 자아와 사물들의 본질 혹은 실체의 통일이다. 그러한 통일은 양 측면의 상호 접근을 의미한다. 자아는 스스로를 정신의 매개자로 인식함으로써 본질로 상승해 가며, 본질 혹은 실체는 자신을 주체로 파악함으로써(따라서 유한한 주체를 자신의 매개자로 필요로 함으로써) 자아로 '하강한다'.

이것이 완전하게 의식될 때 헤겔이 절대지라고 부른 지의 형태가 산출된다. 이것은 무엇인가? 그것은 하나의 명제로 표현될 수 없다. 왜냐하면 그것은 사물들의 참된 본성에 대한 파악이며, 변증법적으로만 표현될 수 있기 때문이다. 절대지는 실체는 주체가 되어야 한다는 사실, 주체는 자신을 넘어서서 스스로 분열되어야 하며 자신에 대항하여 객체가 된 후 자기 자신과 통일되어야 한다는 사실 등에 대한 온전한 이해이다.

절대지는 『정신현상학』의 전체 내용이라 말할 수도 있다. 마지막 장은 이전 모든 장들 전체의 요약이라는 의미만을 갖는다. 이것은 부분적으로 참이며, 이러한 사실을 곧이어 보게 될 것이다. 그러나 이는 부분적으로만 그렇다. 사실 절대지에 대한 통찰은 우리가 『정신현상학』에서 추적했던 것과는 완전히 다른 방식으로 이뤄질 수 있다. 『정신현상학』에서는 주체와 객체, 의식과 자기 의식, 자기 확신과 진리 사이의 균열이 드라마를 이루었다. 이러한 균열은 궁극적으로 이 작품의 마지막에 극복된다.

그러나 우리는 차이를 그 자체에 간직한 궁극적 통일로의 이러한 상승 운동을 의식의 서로 다른 형태들의 투쟁으로서가 아니라 그 궁극적 통일을 대립적으로 표현하는 기본적인 범주적 개념들에 의한 연역으로서 제시할 수 있다. 여기서 그 기본 개념들은 예컨대 존재·실체·주체·사유 등이다. 우리가 옳다면, 그리고 이것들 각각이 궁극적으로 다른 것들과의 관계에서만 이해될 수 있다면 이러한 사실은 이 개념들 자체에 대한 검토를 통해서만 증명되어야 한다.

그리고 이것은 물론 『논리학』이 시도하고자 하는 것이다. 이런 의미에서 『정신현상학』은 『논리학』의 서론으로 간주될 수 있다. 『논리학』에서 우리는 '존재'로부터 출발하는 이 범주적 개념들을 다루면서 시작할 것이다. 그리고 각각의 범주가 자신을 넘어 다른 범주들을 지시하는 것을 보게 될 것이다. 그리고 궁극적으로 그 모든 범주는 정신이 자기 세계와 대립 속에서 통일을 표현하는 체계를 형성하게 된다. 이 체계는 이념(Idee)이라 불린다. 헤겔은 이 이념[1]을 다음의 말들로 공표한다. 즉 우리는 더 이상 주체와 세계의 분리와 통일의 드라마를 연구하지 않을 것이다. 오히려 우리는 이미 존재와 자아의 통일인 개념들을 우리의 주체로서 다룰 것이다. 각각의 특수한 개념들은 자아를, 따라서 자기 안에 부정성을 함유하고 있기 때문에 "자기 자신을 지양해야 한다는 불안"에 빠진다. 그렇다면 이 순수한 학문은 이념으로까지 이행해 가는 이 개념들의 내적 운동을 따를 것이다. 언제나 그러듯이 학문은 단 하나의 명제로 표현될 수 없고, 자기 전개하는 체계 속에서만 언표될 수 있다. 그러나 여기서 체계는 우리가 『정신현상학』에서 알고 있던 매체와는 다른 매체를 통해 서술될 것이다. 정신은 "자신의 삶의 이런 에테르에서",[2] 즉 자기 자신의 매체인 개념들 가운데서 움직일 것이다.

그러나 이 논리학은 학 전체일 수 없다. 정신의 기본적 입장은 정신은 자연 속에서 외화되어야 하며, 따라서 외적·물리적·연장된 실재가 존재해야 한다는 사실을 포함한다. 또한 이 정신은 이 소외로부터 자신에게로 돌아와야 한다. 그리고 이 귀환은 또 다른 외면화, 즉 시간이라는 외면화를 전제한다. 그 외에 시간 속에서의 자기로의 이러한 귀환은 하나가 지나가면 다른 것이 온다는 점에서 서로 외적인 관계에 있는 여러 단계를 거친 이후의 귀환을 의미한다. 이 경우 문제가 되는 것은 역사에서 등장하는 집합적 삶의 현실적 형식들이다. 따라서 시간 속에서 자기로의 이러한 귀환은 순수 학의 조건이다. 이 순수 학은 정신이 자기 자신에게 귀환한다는 사실을 내적으로 의식화한 것이다.

그렇다면 정신의 이러한 자기 의식은 개념들의 순수 학 이상이어야 한

---

1) *PbG*, 562.
2) *PbG*, 562.

다. 정신은 일련의 역사적 단계들을 통해 자연 속에서의 소외로부터 되돌아온다. 이러한 귀환을 완성하기 위해 정신은 자신을 자연과 역사 속에서 파악해야 한다. 이것은 정신이 자연과 역사의 내적 필연성을 보아야 한다는 것을 의미한다. 즉 이는 정신은 외면성의 형식들 아래 놓여 있는, 따라서 시간과 공간의 상호 제약적 우연성 아래 놓여 있는 필연성을 보아야 한다는 것을 의미한다.

> 시간은 현존하는 개념 자체이며, 공허한 직관으로 의식에 표상된다. 따라서 정신은 필연적으로 시간 안에서 현상하며, 정신이 자신의 순수 개념을 포착하지 않는 한, 즉 정신이 시간을 파괴하지 않는 한 계속하여 시간 안에서 현상한다.[3]

그러므로 정신의 자기 인식은 자연과 역사의 내적 필연성에 대한 이러한 이해를 포함한다. 언제나 그러하듯이 정신의 궁극적인 자기 인식은 정신이 따라갔던 길과 분리될 수 없다. 그러나 이제 역사의 단계들은 기억으로 내면화된다.[4] 따라서 내면화된 자연과 역사는 외적 우연성의 형식, 연장과 시간의 형식에서 벗어난다. 그 결과 개념으로 파악된 역사(die begriffene Geschichte)[5]는 절대 정신의 내적 실재가 된다. 이러한 사실을 고지하면서, 그리고 실러의 시구를 (다소 변형하여) 인용하면서 『정신현상학』은 끝을 맺는다.

---

3) *PhG*, 558.
4) 헤겔은 독일어 'Erinnerung'(상기, 회상)을 자신에게 의미 있는 방식으로 언어유희한다 [Erinnerung은 '내적인 것(Inneres)'을 불러일으킴(er)'이라는 어원적 의미를 갖는다].
5) *PhG*, 564.

2

『정신현상학』은 어떻게 상승하는 변증법을 유지하는가? 이 저작에서 연구된 정말로 다양하고 풍부한 형태들을 뒤돌아볼 때, 논의의 통일적 끈을 발견하기는 쉽지 않다. 사실『정신현상학』은 논의보다는 정치사와 종교사의 특정 단계들에 대한 해석으로서 더 설득력이 있으며, 그렇게 볼 때 더 인상적이다.

헤겔의 의도와는 달리 그렇게 이해할 수 있는 이유를 보기 위해 우리는 그의 변증법적 논의의 본성을 다시 한번 살펴볼 필요가 있다. 2부를 시작할 때 우리는 두 가지 형태의 변증법, 즉 존재론적 변증법과 역사적 변증법을 구별했다.

존재론적 변증법은 우리가 특정한 표준적 특성들에 의해서만 확인할 수 있는 어떤 기준이 충족될 수 있다는 토대에서 출발하여, 이 기준에 대한 서로 다른 이해 방식을 통해 점점 더 적합한 형식으로 이동해 간다. 우리는 『정신현상학』 첫 부분인「의식」에서 이 예를 발견할 수 있다. 우리는 지식이 있으며 지식은 하나의 성과물이라고 하는 토대에서 출발한다. 그러나 우리는 이러한 방식을 따를 경우 기준에 상응하는 것이 무엇인지를 모른다. 우리는 그것에 대해 매우 불분명한 속성들만을 안다. 따라서 우리는 단순하지만 직관적으로 설득력 있는 사상, 즉 지식이란 데이터를 수집하는 것이라는 생각, 그리고 기준의 충분조건이 최대한의 개방성과 수용성이라는 생각에서 출발한다. 이것이 바로 감각적 확신의 배후에 있는 사상이다. 이것이 모순으로 드러날 때 우리는 지식의 본성에 대한 우리의 생각을 바꿔야 한다. 이것은 변증법의 두번째 단계의 출발점이 된다. 그리고 이런 방식으로 계속된다. 우리는 어떤 지식에도 기준이 없을 수 없다는 것을 알기 때문에 현실화될 수 없는 어떤 기준 개념도 잘못된 것일 수밖에 없다는 결론을 내릴 수 있다. 바로 이것이 여기에서 변증법적 운동의 핵심이 된다.

다른 한편 역사적 변증법은 비록 아직 실현되지는 **않았지만** 어떤 목적이 추구되고 있다는 주장에서 출발한다. 여기서 목적과 현실적 실재 사이의 충돌은 **우리**로 하여금 목적을 재정의하도록 이끄는 것이 아니라, 관련 실재를 파괴하고 보다 적합한 실재가 대체물로 나오게 한다(비록 이러한 사실이 역사의 **실제 행위자**의 입장에서는 목적을 재정의하는 것으로 드러나기는 하지만). 우리는 이러한 유의 발전 과정을 「자기 의식」에서 보았다. 예를 들어 이런 과정은 「이성」 바로 앞을 주도했던 주인과 노예의 변증법에서 잘 드러난다. 그리고 또한 이러한 운동은 '정신'과 '종교' 장 전체를 구성하고 있다. 삶의 역사적 형식들은 내적 모순에 의해 파괴되는데, 왜냐하면 그 형식들은 자신의 실존 목적을 파괴하기 때문이다. 주인과 노예 관계는 이러한 관계를 성립시켰던 인식의 목적을 파괴한다. 도시 국가는 보편자를 실현하는 데 실패한다. 왜냐하면 이 도시 국가의 국지적 본성은 참된 보편성과 모순되기 때문이다. 혁명적 국가는 자유를 파괴한다. 왜냐하면 그 국가는 그것이 없으면 자유도 있을 수 없는 사회의 그러한 모든 지절을 해체함으로써, 자유를 절대적인 형식으로 실현하고자 하기 때문이다.

그런데 이러한 구분은 분류적 관심 이상이다. 왜냐하면 이런 분류와 밀접한 연관이 있는 헤겔의 변증법적 논의의 토대에는 중요한 다른 점이 있기 때문이다. 우리는 1절에서 변증법적 논의의 출발점은 [외부에서 정해주는 것이 아니라] 스스로 정해져야 한다는 것, 즉 관련된 사물은 내적 목적의 실현으로 보아야 한다는 사실을 보았다. 그렇지 않을 경우 논의의 결론들은 단지 가설적으로만 유효할 것이다.

그런데 우리는 헤겔이 의식의 존재론적 변증법에서 그런 의심할 수 없는 출발점을 발견했음을 보았다. 왜냐하면 지식은 성취물이고 기준의 충족을 포함한다는 견해를 거부하기 어렵기 때문이다. 우리는 9장에서 범주들의 학인 『논리학』에서 헤겔이 이와 유사하게 의심할 수 없는 출발점을 어떻게 발견하는지 볼 것이다. 그러나 역사적 변증법은 훨씬 더 어려운 문제를 노정한다. 역사적 변증법은 역사 속의 인간이, 혹은 역사 속의 인간을 매개로 하는 정신이 어떤 목적이나 목적들을 갖는다는 사실을 전제한다. 인간 혹은 정신이 목적을 갖는다는 것이 도대체 어떻게 부정될 수 없는가?

따라서 우리는 주인과 노예의 변증법이 어떻게 인정을 받고자 하는 추동력에 의해 출발하는지를 보았다. 이런 쟁투는 죽음에까지 이르는 투쟁으로 나아간다. 죽음에 이르는 결과는 불만족스러운 것이며, 그래서 두 적대자는 주인과 노예의 관계로라도 생존해야 한다는 요구를 만들어 낸다. 그런데 이 관계는 동일한 목적의 관점에서 볼 때 부적절한 것으로 드러난다. 그렇다면 우리가 처음에 이러한 목적을 부여하는 것이 정당한가?

헤겔의 가장 성공적인 역사적 변증법들, 즉 가장 명쾌하고 확신을 주는 변증법들을 보면 우리는 그의 변증법적 서술이 훌륭한 역사 서술이 하는 것과 유사한 방식으로 역사를 서술하고 있음을 볼 수 있다. 왜냐하면 그의 변증법적 역사 서술은 해석에 잘 '맞아떨어지기' 때문이다.[6]

---

6) 물론 여기서 나는 역사를 설명하는 논쟁에서 해석적 견해를 지지하고 '포괄적 법칙'(covering law) 모델에 반대하는 입장에 서 있다. 간단하게 말하자면 나의 글 "Interpretation and the Sciences of Man", *The Review of Metaphysics*, Vol. 25, No. 1, Sept. 1971, pp. 3~51에서 나는 이 문제를 다루고자 했지만, 여기서 나의 입장을 본격적으로 논의할 수는 없다. 그러나 역사에 대한 헤겔의 설명의 동일한 요점이 다른 관점에서 이뤄졌을 수도 있다[여기서 '포괄적 법칙' 모델이란 역사 속에서 일어난 사건을 특정한 법칙 아래서 해명하고자 하는 역사 서술의 방법이며, 역사는 법칙에 의해 이끌린다는 역사철학적 입장에서 주로 나올 수 있다. 이에 반해 '해석적 견해'는 사건들을 사건 자체로 설명하고자 하는 시도로서, 사건들의 특수성을 강조하고자 하는 서술 방식이라 할 수 있다].

우리는 우리가 아는 어떤 주어진 시기에 의미를 부여할 수 있고, 이러한 해명에 일관성을 부여할 수 있으며, 어떤 경우에도 다른 경쟁적 설명보다도 더 그럴듯한 해명을 할 수 있다. 그러나 이런 해석적 설명에 관한 요점은 그런 설명이 어떤 절대적 출발점도 갖지 않는다는 사실이다. 행위자에게 어떤 목적을, 사건들에 어떤 경향이나 어떤 상황의 논리를 귀속시킨다면, 거기에서는 어떤 확실한 토대도 발생하지 않을 것이다. 그 주장이 정확하게 해명되고, 그 주장이 자신을 이끌어 낸 모든 다른 주장과 연결되어 있을 경우에만, 그런 다음 이 모든 주장이 사태에 적합하고 하나의 의미를 제시할 경우에만 그 주장은 받아들여진다.

따라서 그리스 도시 국가의 몰락에 대한 헤겔의 설명은 보편적인 의식과 삶의 양식을 실현하고자 하는 근본적 목적에 방향을 맞춘다. 폴리스는 이 목적을 충족시키지만 동시에 그 국지적 본성 때문에 이 목적을 좌절시킨다. 하지만 목적을 인간(혹은 정신)에게 귀속시키는 것이 사건들의 원천이라고 받아들일 근거는 무엇인가? 그 시기의 사건들을 우리에게 의미 있게 만드는 유일한 것은 소피스트들의 유행, 그리스 문학과 문화의 발전, 그리스 종교의 변화, 도시 국가의 몰락 등을 설득력이 있으면서도 발생한 것을 의미 있게 하는 전체와 연관시키는 것이다. 헤겔의 많은 역사적 해석들에 많은 사람이 지속적으로 관심을 보이는 이유는, 비록 이 해석들이 (맑스가 악명 높게 하고 있듯이) 여러 측면에서 교정되어야 한다고 하더라도, 진지하게 고려할 필요가 충분할 만큼 사건들의 상호 연관을 잘 드러내고 있다는 데 있다. 하지만 인간에게 목적을 귀속시키는 것은 출발점으로서 그렇게 자명할 수 없다.

이러한 문제는 헤겔의 역사적 변증법 일반을 괴롭히는 문제다. 존재론적 변증법은 실현된 목표나 기준과 더불어 출발한다. 그 최초의 임무는 문제가 되는 대상이 목표의 실현이라는 관점에서 이해될 수 있음을 보이는 것이다. 이것이 일단 확인되면 변증법은 목표를 정교화하기 위해 전진할 수 있다. 우리는 마주친 목표를 알고 있기 때문에 그 자체로 실현될 수 없다고 드러난 어떤 목표 개념도 버릴 수 있다. 우리는 어떤 정의(定義)와 더불어 출발할 수 있다. 그리고 그 정의가 자신의 완성된 모습과 어떻게 갈등을 일으키는지 보임으로써 보다 적합한 정의로 나아가며, 이 과정은 가장 온전한 정의에 이르는 데까지 계속 나아갈 수 있다. 혹은 다른 방식으로 말하자면 연구되는 대상의 본성을 통해 우리는 이 대상의 표준적 특성들을 안다. 우리는 목적을 보다 정교하게 할수록 이 특성들이 실제로 더 잘 드러날 것이라는 점을 알게 된다.

그러나 이러한 사실은 우리의 역사적 변증법에는 어울리지 않는다. 역사의 완벽한 전개 이전에 우리는 가설적으로 어떤 실현된 목적도 우리 앞에 갖지 않는다. 우리는 역사의 어떤 특성도 우리가 발견해야 할 기준의 완성으로 간주할 수 없다. 우리는 역사의 어떤 특성으로부터도 인간의 궁극적 목적에 대한 일반적 서술을 확신을 가지고 읽을 수 없다. 우리는 인간의 궁극적 완성을 보여 주는 몇몇 표준적 특성을 습득했다고도 말할 수 없다.

따라서 우리가 존재론적 변증법과 역사적 변증법을 두 종류의 변증법으로 구별한 것처럼, 두 종류의 변증법적 설명이 있을 수 있음을 인정해야 할 것 같다. 그 출발점이 부인될 수 없거나 부인되어서는 안 된다고 합리적으로 요청할 수 있는 엄격한 변증법들이 있다. 그리고 해석이 아주 그럴듯해 우리에게 확신을 주는 해석적 혹은 해석학적 변증법이 있다. 헤겔의 『논리학』은 첫번째 범주에 속한 변증법을 예시하는 반면 그의 역사적 변증법은 두번째 범주에 속한다. 이 역사적 변증법들은 엄격한 논증에 의해 우리를 확신시키는 것이 아니라 그 해석의 그럴듯함에 의해 우리를 설득한다.

헤겔은 이것으로 무엇을 말하고자 하는가? 그는 이 둘 사이의 이런 차이와 구별을 인정할 것인가? 여기서 소개된 형식으로 볼 때는 확실하지 않다. 그리고 헤겔은 자신의 체계의 어떤 부분이 엄격한 논리에 대비되는 설득력 있는 해석에 의지한다고 하는 데 동의하지 않을 것이다. 왜냐하면 이 것은 정신을 총체적 합리성으로 이해하는 자신의 입장을 포기하는 것이기 때문이다. 그러나 또 다른 형식에서 보자면 나는 헤겔의 체계에 그런 구별을 위한 장소가 있다고 본다. 『정신현상학』은 잠시 제쳐 두고 보자면 궁극적 체계인 『엔치클로페디』는 엄격한 변증법인 논리학에서 시작한다. 이 것은 독립적인 어떤 유한한 존재도 없으며, 모든 것은 이념 속에 서로 묶여 있음을 확립해 준다. 이때 이념이란 자기 자신의 외적 표현을 창조하는 합리적 필연성의 공식이다. 그렇다면 이런 결론은 이어지는 자연철학과 정신철학의 변증법들에 이용된다. 그리고 헤겔은 사실상 이런 변증법들 속에서 그 결론을 이끌어 낸다.

아주 이른 시기에는 역사의 목적을 볼 수 없고, 그 목적을 전체 사건으로부터 다소간 개연적으로만 추론할 수 있을 뿐이다. 하지만 헤겔은 그 최초의 역사적 사건만을 검토해도 역사의 확실한 목적에 도달할 수 있다고 한다. 왜냐하면 이 목적들은 그 이전에 엄격한 변증법을 통해 제시되기 때문이다. 이렇듯 역사의 목적은 우리의 역사 이해를 위한 특정한 출발점으로 사용될 수 있고, 이를 따르는 변증법은 절대적 확실성 속에서 움직인다.

따라서 『역사철학 강의』 「서론」 부분에서 헤겔은 "이성이 세계를 지배하며"[7] 세계의 궁극적 목적은 자유의 실현[8]이라는 원리들에 대해 말한다.

---

7) *VG*, 28.
8) *VG*, 63.

그런데 이 원리들은 역사 연구에 전제되어야 하는 것으로, 하지만 "철학에서 증명된 것으로"[9] 간주된다. 헤겔이 여기서 논리학을 지칭하고 있다는 것은 명백하다. 왜냐하면 증명된 것으로 간주된 테제들은 이러한 활동의 결정적인 개념인 이념과 연관이 있기 때문이다. 따라서 이 활동의 결과들은 역사철학으로 '도입'된다. 그 결과들은 역사철학을 시작할 수 있게 하는 전제들이다.

　그러나 이 부분 바로 직후 헤겔은 역사에 이성이 있다는 믿음을 다음과 같이 말한다. "그러나 사실 나는 그런 믿음을 전제된 것으로 요청할 수 없고, 반대로 우리가 수행한 통찰의 **결과**로, 내가 이미 전체를 알고 있기에 나에게 알려진 **결과**로 갖게 된다. 따라서 세계사에 대한 통찰을 통해서야 비로소 세계사는 합리적으로 진행되었고, 세계사는 세계 정신의 필연적인 합리적 과정을 드러냈다는 사실을 볼 수 있다."[10] 그리고 그는 계속하여 다음과 같이 말한다. "역사는 있는 그대로 취해져야 한다. 그리고 우리는 역사적으로, 경험적으로 진행해야 한다."

　이 부분을 통해 우리는 이성이 역사 속에서 작용하고 있다는 사실이 논리학의 엄격한 개념적 증명과는 다른 방식으로 진행된다는 것을 알 수 있다. 그리고 사람들은 전체 역사를 있는 그대로 경험적으로 연구할 수 있다. 이것이 하나의 주장에 대한 두 가지 서로 다른 종류의 증명이 있음을 부분적으로 인정하는 것인가? 여기서 한 가지 종류는 부정할 수 없는 출발점으로부터 진행되는 엄격한 증명이고, 다른 하나는 그 주장을 전체를 유의미하게 하는 유일한 결론인 전체에 대한 검토로부터 이끌어 낸 '경험적'

---

9) *VG*, 28.
10) *VG*, 30.

증명이다.[11]

그렇다면 엄격한 철학적 증명은 이런 의미에서 역사 연구를 위한 전제일 것이다. 우리는 이와 더불어 역사를 이성의 눈으로 보게 될 것이다. 그리고 이것은 필요한데, 왜냐하면 역사에서 실체적인 것을 알기 위해

우리는 역사에 이성의 의식을 들이대야 하기 때문이다. 이 의식은 물리적인 눈, 유한한 오성이 아니라 표피를 뚫고 들어가서 소여물들의 다양한 현란한 소용돌이를 관통해 가는 개념의 눈, 이성의 눈이다.[12]

그러나 일단 이런 방식으로 역사를 보기 시작하면 우리는 역사의 과정에 대한 일관적이고 설득력 있는 설명을 얻게 된다. 왜냐하면 그 설명은 이성이 세계를 지배한다는 주장에 대한 독립적 증거를 제공하기 때문이다.

만약 헤겔이 『논리학』의 결론에 입각하여 체계에서 『논리학』 '이후에' 나오는 변증법들을 해명한다고 하는 나의 설명이 틀리지 않다면, 우리는 그의 작품에서 자기 근거적인 변증법적 논의들과 다른 것에 의존적인 변증법적 논의들을 구별해야 한다. 왜냐하면 전자는 부정할 수 없는 시초로부터 출발하는 데 반해, 후자는 자신을 정당화하기 위해 다른 것의 결론을 이용해야 하기 때문이다. 이런 점에서 우리가 '엄격한' 변증법이라 부른 것은 자기 근거적이며, 우리가 '해석적' 변증법이라 부른 것은 의존적이라 할

---

11) 이것은 아마도 『역사철학 강의』 「서론」에 있는 다음의 말이 의미하는 바일 것이다. 즉 "세계사에서 이성의 현존은 이성 자신의 인식에서 자신의 적절한 증거를 갖는 진리인 반면, 세계사는 그 진리를 단순히 드러낼 뿐이다"(VG, 29). 그러나 우리가 이 부분을 전적으로 신뢰할 수 있는 것은 아니다. 왜냐하면 이 부분은 헤겔 자신이 쓴 것이 아니라 그의 강의를 들은 이들이 기록한 것이기 때문이다.

12) VG, 32.

수 있을 것이다. 그리고 우리가 (자연철학뿐 아니라) '역사적' 변증법이라 부른 것은 의존적 범주에 해당할 것이다.

그렇다면 『정신현상학』은 우리에게 무엇을 말해 주는가? 이 책은 많은 부분에서 역사적 변증법들을 드러내고 있다. 즉 이 책은 많은 경우 자기 근거적이지 않은 논증들을 보여 준다. 그러나 사실 이 변증법들은 이 작품의 첫 부분의 엄격한 변증법, 즉 의식의 변증법과 더불어 시작한다. 자기 의식의 변증법은 그 근저에 삶, 인간적 자기 의식 그리고 인정의 욕망 등의 개념이 놓여 있으며, 첫번째 변증법적 논의의 결과들에 기초하여 구축되어 있다고 할 수 있다. 이런 점에서 『정신현상학』은 『엔치클로페디』에 나타나는 체계를 닮았다.

그러나 이런 관점에서 이 책을 대할 때 우리는 처음 세 개의 장은 너무 약하고 개략적이어서 헤겔이 수행했던 역사적 해석과 인간학적 해석의 풍부한 상부 구조를 지탱할 수 없다는 사실을 볼 수 있다. 물론 헤겔의 진술들을 설득력 있게 만들고, 그의 작품에 힘과 매력을 부여하는 것은 바로 이 해석들이다. 그러나 엄격한 논의로서 이러한 해석이 성공을 거두려면 무엇보다 논의의 첫번째 고리가 단단해야 한다. 이를 통해 의식은 자기 의식으로 변한다. 말하자면 처음에는 타자로 보였던 세계에 대한 우리의 지각이 자기 인식으로 변한다. 헤겔이 한 말로 하자면 다음과 같다.

타자 의식, 대상 일반에 대한 의식은 사실 필연적으로 **자기 의식**이며, 자기 안에서의 반성됨이고, 자신의 타자 속에서의 자기에 대한 의식이다.[13]

---

13) *PhG*, 128(강조는 원문).

그러나 내가 2절에서 말한 것처럼 여기에서 사용한 논의는 논의로서의 요청을 충족시킬 수 없다. 이것은 놀라운 일이 아니다. 사물의 세계는 정신의 유출로서만 실존하고, 따라서 정신은 세계를 아는 가운데 자기 자신을 안다고 하는 헤겔의 결정적 주장을 확고히 할 수 있다면, 이것을 수행하는 논의는 확실히 길고도 어려운 논의가 될 것이며, 백과사전만큼의 고려들을 서술해야 할 것이다. 성숙한 헤겔은 아마도 그렇게 생각했을 것이다. 이러한 사실은 궁극적 체계의 근본적이고 엄격한 변증법으로 제시된 작품이 실제로 길고도 어려운 이유를 말해 준다.

『정신현상학』을 일단 제외하면 『논리학』은 사실 헤겔 체계에서 유일하게 엄격한 자기 근거적 변증법이다. 이러한 사실은 논리학이 왜 자연철학과 정신철학에 전제되어야 하는지를 말해 준다. 자신의 비전을 엄격한 논증을 통해 근거 지었다는 그의 주장은 이 작품과 더불어 유지되거나 붕괴한다. 그가 『논리학』에 헌신했다는 사실은 그렇게 놀랄 일이 아니다. 이제 그의 『논리학』을 살펴보자.

9장

범주들의 변증법

『논리학』은 두 개의 판본이 있다. 하나는 헤겔이 1812~1816년에 처음 출판하여, 죽기 직전 부분적으로 개정한 『논리학』이다. 다른 하나는 그의 철학 체계를 대표하는 『엔치클로페디』의 첫 부분의 『논리학』으로 1817년에 처음 출판되어 나중에 개정되었다. 나는 앞의 저작을 『대논리학』(*Wissenschaft der Logik, WL*)으로, 뒤의 저작을 『소논리학』(*System der Philosophie, EL*)으로 명명할 것이다[그리고 『논리학』이라는 명칭은 이 양자를 지칭할 것이다].

『논리학』은 헤겔의 사상을 가장 잘 보여 주는 두번째 저작이며, 우리가 본 것처럼 결정적으로 중요한 저작에 속한다. 왜냐하면 이 저작은 엄격한 변증법적 증명을 수행하는 유일하게 참된 후보자이기 때문이다. 실재가 실존하고 또 개념적 필연성의 구조를 갖는다면 『논리학』의 임무는 이러한 개념적 구조를 순수 개념적 논의에 의해 보이는 것이다.

이러한 사실은 일상 의식에, 그리고 대부분의 철학자들에게 이상하게 들릴 것이다. 왜냐하면 우리는 우리의 개념들을 실재에 상응하거나 상응하지 않는 우리 사유의 도구로 생각하기 때문이다. 즉 우리는 우리가 열심히 탐구해 보는 그런 세계와 대립 관계에 있는 사유 개념으로부터 출발한다. 이러한 이원론은 다른 이원론과 연결되어 있다. 개념 혹은 범주는 일반적으로 많은 내용들에 적용될 수 있는 보편자로 간주된다. 이 때문에 우리는 개념이나 범주가 그에 상응하는 감각적 내용들과 대립 관계에 있는 추상적 형식이라고 생각하는 경향이 있다.

이런 이중적 이원론으로 인해 우리는 자연스럽게 개념에 대한 연구가 실재에 대한 연구와 아주 다른 것이라고 생각하게 된다. 더 특수하게 말하자면 우리는 그런 연구로부터 발견할 수 있을 개념들 사이의 필연적 관계가 결코 이 개념들에 상응하는 사물들 사이의 필연적 관계를 이끌어 내지는 않는다고 생각하게 된다. 따라서 우리는 이런 관계들에 대한 연구로서의 논리학은 필연적으로 형식적이며, 우리의 사유 양식을 다루지 우리가 생각하는 내용을 다루는 것이 아니라고 단정하는 경향이 있다.

하지만 우리가 볼 것처럼 헤겔은 이러한 개념관을 받아들이지 않으며, 또한 이런 개념관이 포함하고 있는 이원론도 받아들이지 않는다. 사유와 사유를 작동시키는 규정들(사유 규정들 혹은 범주들)은 세계와 대립해 있는 주체의 부속물이 아니라 오히려 사물들의 근저에 놓여 있는 것이다. 왜냐하면 우리가 유한한 주체로서 지각하는 실재는 정신 혹은 무한한 주체의 구현물이기 때문이다. 그러나 정신의 삶은 합리적 사유이며, 우리의 사유 속에서, 즉 유한한 주체의 사유 속에서 수행되는 삶이다. 이러한 정신의 삶은 우리가 합리적으로 생각하는 한에서만 적절하게 표현된다. 따라서 우리의 범주들 속에서 표현되는 참으로 보편적인 합리적 사유는 정신의 자기 인식이다. 이러한 범주들에 상응하는 외적인 실재는 정신의 구현물일 뿐 아니라 정신에 의해 그의 구현물로 정립되었으며, 따라서 그 실재는 사유의 합리적 필연성을 반영하고 있다. 바로 그 때문에 우리가 사물들에 대한 사유의 범주들을 파악할 때 우리는 동시에 세계의 전개를 이끌어 가는 근본 계획이나 본질적 구조를 파악하는 것이다.

이것이 바로 첫번째 이원론, 즉 우리의 개념과 이 개념에 상응하는 세계를 대립시키는 이원론에 대한 답이다. 이에 반해서 사물들의 세계는 이러한 범주들로 표현되는 합리적 구조를 구현하기 위해 실존한다고 할 때에만 우리는 이 세계를 궁극적으로 이해할 수 있다. 하지만 이것은 두번째 이원론과의 연관성을 드러낸다. 왜냐하면 우리가 일단 세계를 정신에 의해서, 즉 자신의 삶이 곧 사유인 그런 정신에 의해서 정립된 것으로 보게 되면 우리는 사유의 범주를 필연적으로 체현된 것으로, 말하자면 자신의 구현물로 '이행해 가는 것'으로 보게 되기 때문이다. 따라서 개념을 형식으로, 그 적용 대상을 내용으로 간주해 서로 대립시키는 것은 심오한 실수로 드러난다.

따라서 헤겔의 개념관은, 우리가 이미 본 것처럼, 개념이란 사물들에 적용되는 서술적 기능만을 갖는 것이 아니라 개념이 적용되는 사물들을 정립하는 기능도 갖는다는 것으로 요약될 수 있다. 따라서 개념은 헤겔에게서 궁극적으로 주체와, 즉 자신의 구현물을 정립하는 정신적 존재와 동일화된다. 사실 우리가 개념을 합리적 필연성으로 고찰할 경우 이 개념이야말로 바로 정신적 주체이다.

헤겔은 『대논리학』 「서론」에서 이러한 사실을 명확히 한다. 헤겔은 여기서 개념을 일상적인 방식으로 다루는 것이 아니라 주체와 객체의 대립을 무너뜨리는 것으로 취급한다. 이러한 대립은 극복되어야 한다는 사실을 헤겔은 이미 『정신현상학』에서 성취한 결론으로 받아들인다. 『정신현상학』에서 우리는 (주체와 세계 사이의) "의식의 대립"이 극복된다는 것을 보았다.[1] 순수한 인식은 "사상(Gedanke)이 사태 자체인 한에서 사상을 포함하며, 혹은 사태 자체가 순수한 사상인 한에서 사태 자체를 포함한다".[2] 이로부터 우리는 "즉자대자적으로 실존하는 것은 알려진 개념이고, 반면 개념 그 자체는 **즉자대자적으로** 존재하는 것임"[3]을 알게 된다.

따라서 만약 우리가 『논리학』을 잘 알려져 있는 형식 논리학을 지칭하는 것으로 이해한다면 이는 심각한 오류이다. 사실 헤겔은 여기서 칸트의 '선험 논리학'이라는 의미로 이 제목을 사용하고 있다. '일반' 논리학, 즉 "사유 일반의 형식을 다루는"[4] 형식 논리학 외에 칸트는 "대상과 선천적으로만 관계를 맺는 오성과 이성의 법칙에 관한"[5] 선험 논리학을 제출했다. 이 논리학은 우리 사유의 특정한 필연성들을 드러내 준다. 그런 필연성은 사유의 형식적 일관성을 다룰 뿐 아니라 경험의 타당성의 조건들도 다룬다. 따라서 선험 논리학은 칸트가 범주들이라고 부른 것을, 즉 우리가 도대체 경험이란 것을 할 수 있으려면 경험의 세계가 제시해야 하는 그런 필연적이고 불가피한 개념적인 구조들을 규정한다.

그러나 이때 선험 논리학은 존재론에 아주 밀접히 다가간다. 어떤 개념적 구조가 세계에 상응해야 한다고 말하는 것은 확실히 사물의 본성에 대해 무언가를 말하는 것이다. 칸트는 현상, 즉 경험의 대상과 우리의 경험을 넘어서 있는 사물 그 자체를 구별함으로써 이러한 결론을 피한다. 범주들은 우리에게 우리를 위해 존재해야 하는 세계에 대해서만 말하지, 사물 자체의 세계에 대해서는 어떤 결론도 정당화하지 않는다.

---

1) *WL*, I, 30, 32.
2) *WL*, I, 30.
3) *WL*, I, 30~31.
4) Immanuel Kant, *Kritik der reinen Vernunft*, Riga: Verlegts J. F. Hartknoch, 1781, A55, B79.
5) *Ibid.*, A57, B82.

그러나 우리가 본 것처럼 헤겔은 현상과 실재를 가르는 칸트적 구분을 단호하게 거부한다. 『소논리학』에서처럼 『대논리학』의 「서론」에서도 그는 불가지적인 사물 자체를 말하는 칸트를 논박한다. 사실 칸트는 형식 논리학을 넘어 선험 논리학으로 가고자 한다. 그러나 그는 그 결론을 그 자체로 있는 세계와 대립해 있는 우리에게 알려진 세계에 국한함으로써 그러한 기획을 망가뜨린다. 헤겔은 존재론이고자 하는 그런 선험 논리학을 제시하고자 한다. 그는 사물 그 자체를 숨기고 있는 인식론을 넘어서고자 한다.

따라서 선험 논리학의 범주적 개념들 사이의 필연적 연관을 발견하고자 할 때 우리는 동시에 실재의 필연적 구조를 발견하고자 하는 것이다. 하지만 사람들은 이것은 문제를 뒤바꾸는 것일 뿐이라고 말할 수 있다. 범주적 개념들 사이의 필연적 관계를 아는 것이 사물의 필연적 구조를 아는 것이라고 할 경우 우리는 이런 필연적 관계를 어떻게 확립할까? 우리는 어디에서 출발할까? 우리가 행위의 의미에서 범주적 개념으로 선택할 수 있는 것은 무엇인가?

그러나 사실 헤겔은 여기서 아무런 문제도 발견하지 않는다. 아무 데서나 출발해도 된다. 그 어떤 것도 그것이 범주라면 실재의 주된 측면을 지시하는 보편적 개념으로 타당하다. 예를 들어 '존재', '원인', '실체', '양' 등이 그것이다. 사실 헤겔은 "단순한 직접성"의 범주인 "존재"[6]에서 출발한다. 왜냐하면 그것은 가장 공허하고 빈약한 범주이기 때문이다. 따라서 그것은 실재에 대한 사유가 있다는 것 외에 아무것도 전제하지 않는다. 이런 이유에서 이 범주는 그가 추구하는 종착점인 정신의 관념에서 가장 멀리 떨어져 있다. 그러므로 이런 방식으로 그는 진행 과정에서 모든 다른 범주

---

6) *WL*, I, 54.

를 다뤄야 할 것이다.

예컨대 '존재'와 함께 출발함으로써 우리는 범주적 개념들 사이의 필연적 관계를 보여야 한다. 그러나 우리는 어떻게 진행해 가야 할까? 우리는 이 개념들 속에서 변증법적 운동을 보임으로써 진행해야 한다. 변증법적 운동은, 우리가 본 것처럼, 모순에 근거해 있다. 따라서 우리가 보여야 하는 것은 일상적으로 이해되는 우리의 범주적 개념들이 합리적 필연성에 의해 관련을 맺고 있지 않고, 어느 정도 모순적이라는 것이다. 더 나아가 우리는 이러한 모순은 이 개념들이 합리적 구조 속에서 연결되어 있다고 봄으로써만 해결된다는(혹은 사실상 화해한다는) 것을 보여 주어야 한다.

우리는 하나의 개념, 예를 들어 '존재'와 함께 시작한다. 그리고 우리의 임무는 이 개념을 그 자체로 취할 때 이 개념이 모순을 발생시킨다는 것을 보이는 것이다. 이러한 사실은 물론 우리를 이곳에 머물러 있게 하지 않는다. 여기에 특정한 모순이 있기 때문에 개념의 특정한 변화나 개념의 풍부화가 필요해진다. 그리고 이러한 방식으로 우리는 새로운 범주에 도달한다. 그리고 이 지점으로부터 새로운 변증법이 시작한다. 우리는 어떤 모순도 특정한 결과를 갖는다는 헤겔 변증법의 이러한 측면에 이미 익숙하다.[7]

그러나 하나의 범주적 개념에서 어떻게 모순이 드러날까? 우리는 예컨대 '존재', '질' 혹은 '원인' 등이 비일관적임을 어떻게 보여 줄 수 있을까? 우리가 여기서 사실들과의 경험적 갈등에 대해 말하고 있지 않다는 것은 분명하다. 또한 우리는 한 표현의 의미 내에 내포된 단순한 모순에 대해, 예컨대 '둥근 사각형'과 같은 것에 대해 말하고 있지도 않다. 여기서 우리가 관심을 갖는 것은 우리가 개념을 범주적인 것으로 사용할 때, 즉 실재 일반

---

7) *WL*, I, 36~37.

에 적용되는 개념으로 사용할 때 드러나는 모순이다.

우리는 다시 한번 우리가 정의하고자 하는 것의 선구적 형태를 칸트 철학에서 본다. 칸트의 안티노미[이율배반]에서 우리는 어떤 개념들을 철저하게 적용하려고 할 때, 즉 가능한 완전한 형태로 적용하려 할 때 발생하는 모순을 본다. 이러한 개념들의 논리는 두 개의 모순적 주장을 보여 주는 것 같다. 따라서 시간과 공간의 분리라는 관념을 체계적으로 적용할 때, 혹은 한계 개념을 전체와 연관시키거나 원인과 자유 등에 연관된 개념을 철저하게 사용할 때 우리의 오성은 이 개념들이 서로 화해될 수 없는 두 주장, 각자 아주 잘 정당화된 두 주장을 하게 된다는 것을 보게 된다.

헤겔에 따르면 칸트가 이러한 생생한 안티노미를 보여 준 공로는 인정받을 만하지만, 그는 철저히 잘못된 결론에 도달한다. 왜냐하면 그는 여전히 사유를 실재에 대립시키는 오성의 실수를 따라가고 있으며, "세계 내 사물에 대한 잘못된 애정"[8]에 근거하여 이러한 안티노미의 토대를 사물들의 실제적 본성에서 찾는 것이 아니라 우리의 오성의 한계에서 찾기 때문이다. 헤겔은 칸트가 네 개의 안티노미를 설명함에 있어서 단지 표피만을 건드리고 있다고 덧붙인다.[9] 사실 이러한 사실이 우리의 범주적 사유를 특징짓고 있다. "생성, 규정된 존재 등 다른 모든 개념은 각자 자신만의 고유한 안티노미를 제공할 수 있으며, 개념들만큼이나 많은 안티노미가 생겨날 수 있다."[10]

따라서 칸트의 안티노미는 헤겔의 관점에서 보면 좀더 알려져 있는 예

---

8) *EL*, §48.
9) *EL*, §48. 또한 *WL*, I, 183~184도 보라.
10) *WL*, I, 184.

들에 불과하다. 우리가 우리의 범주적 개념들을 실재 전체의 서술들로, 혹은 이러한 실재의 널리 알려진 측면들에 대한 서술들로 간주할 때, 이 범주적 개념들은 결정적인 부적합성을 보여 준다. 그리고 이것은 우리를 모순으로 이끈다. 왜냐하면 부적합한 이 범주적 개념들이 불가피하게 존재하기 때문이다. 도대체 우리에게 실재가 있어야 한다면, 이 개념들은 실재의 불가피한 측면들을 지시해 준다. 이 개념들이 어떤 의미에서 불가능하거나 비일관적인 실재를 묘사한다면 우리는 모순에 붙잡히게 된다. 왜냐하면 실재에 대한 외관상 불가피한 서술은 존재할 수 없는 실재를 묘사하기 때문이다.

헤겔은 이것이 바로 칸트의 안티노미에서 작동하고 있는 과정이라고 한다. 이렇게 묘사된 범주들에 대한 헤겔의 변증법은 분리된 두 개의 논의를 요구하는 것 같다. 첫번째 논의는 (칸트가 선험 논리학에서 하는 것처럼) 주어진 범주가 불가피하다는 것을 보여 주며, 두번째 논의는 이 범주가 다소간 불가능하고 비일관적인 실재의 모습을 우리에게 보여 준다는 것이다. 그러나 사실 헤겔은 이 두 논의를 섞는다. 여기서 우리는 '존재'로부터 시작하는 것의 장점을 또 다른 각도에서 마주한다. 누구도 이러한 개념이 우리에게 실재일 수 있는 어떤 것에 적용되어야 한다는 사실을 부정할 수 없다. 그렇다면 '존재' 속에 놓인 모순을 보임으로써 진행하는 우리의 변증법적 논의는 그다음의 범주를 연역한다. 이 경우 '규정된 존재'가 연역되어 나온다. 따라서 새로운 이 범주는 불가피한 것으로 간주된다. 왜냐하면 이 범주는 불가피한 것으로 간주되었던 앞선 범주, 즉 '존재'에서의 모순을 해결하는 유일한 방법으로 도입되었기 때문이다. 다른 말로 하면 만약 '존재'가 적용되어야 한다면 '규정된 존재' 역시 적용되어야 한다. 왜냐하면 이 범주는 '존재'를 의미 있게 만드는 유일한 길이기 때문이다. 이렇듯 각각의 모순에서 나온 분명한 결과를 연역함에 있어서 사용되는 변증법적 논의는 선험 논리학으로 드러난다. 왜냐하면 한 개념의 비일관성을 보임으로써 변증법적 논의는 다음 개념의 불가피성을 논증하기 때문이다.

그러나 주어진 개념이 불가능한 실재를 묘사한다는 것을 우리는 어떻게 설명할 수 있는가? 우리가 본 내적 복합성을 우리에게 제시해 주는 것은 변증법에 본질적인가? 우리가 개념을 측정할 수 있도록 해주는 '기준'은 무엇인가? 그 답은 어떤 실재관에도 상응하는 특정한 표준적 특성들을 우리가 알고 있다는 것이다. 예를 들어 우리는 실재를 비존재와 구별할 수 있으며, 실재는 자신을 부정하는 것에 대항해서 자신을 유지하며, 따라서 지속적으로 실존할 수 있다는 것이고, 또한 전체로서의 실재는 자족적이라는 것 등이다. 따라서 우리는 8장에서 본 헤겔 변증법에 필수적인 세 항의 관계를 다시 보게 된다. 즉 우리가 이 실재 개념을 현실화하고자 할 때, 즉 체계적으로 세계에 적용하고자 할 때 우리는 이 개념이 자신의 표준적 특성들과 갈등에 빠지는 것을 보게 된다. 개념은 실재의 개념으로서 자기 자신의 표준적 특성들과 갈등에 빠진다. 따라서 이 개념에 상응하는 어떤 실재도 자기 자신과 갈등에 빠지지 않으면 안 된다.

그런데 헤겔의 논리학에서 모순은 어떤 개념들은 불가피**하면서도** 비일관적이라는 사실에서 온다. 다른 말로 하면 그 개념들은 실재의 개념들로서 자기 자신의 표준적 특성들과의 갈등에 빠진다. 하지만 이 개념들은 필연적으로 구체화되어야 한다. 이것이 바로 헤겔의 기획의 열쇠이며, 이를 좀더 자세히 고찰할 필요가 있다.

만약 어떤 개념이 비일관적이라면, 그 개념은 보다 적합한 개념을 위해 자리를 양보해야 한다. 혹은 불가피한 한 개념이 적합하지 않을 경우 그 개념은 보다 완벽한 개념에 의해 **보충되어야** 한다. 그런데 헤겔의 몇몇 이행은 단순히 부적합성에 기초해 있는 것 같다. 예를 들어 『논리학』 1장을 차지하고 있는 '존재'에서 '규정된 존재'로의 이행은 그런 부적합성에 기초한다. 개념의 적합성 요청과 개념의 사실상의 부적합성 사이에 모순이 놓여 있다(혹은 사람들은 헤겔이 이 개념에서 이런 모순 이상을 본다고 좀더 설득력 있게 말할 수 있다). 개념은 자신이 부적합하다는 사실을 고려하는 가운데 정확하게 실현되어야 한다는 요청, 즉 자신의 실존의 적합한 조건과 갈등하는 실재, 말하자면 모순된 실재가 있어야 한다는 요청, 그런 요청은 존재하지 않는다.

상당히 강력한 이런 주장은 다른 이행들에서 나타난다. 예를 들어 『논리학』 2장에 등장하며 『논리학』 전체 논의의 중심이 되는 '규정된 존재'와 '무한성' 사이에서 이런 주장이 관철되고 있다. 여기서 '규정된 존재'는 제약된 존재로서 실재의 개념으로 부적합하며, 따라서 전체의 관념에 의해 완성될 필요가 있다는 것을 말하고자 하는 것만은 아니다. 헤겔은 또한 이런 부적합성이 내적 갈등이라는 것을 보여 주고자 한다. 이런 갈등 속에서 규정된 실재는 자신의 부적합성, 자신의 특정한 한계를 수용하고자 하지 않으며, 그런 한계와 투쟁하는 가운데 자기 자신에 대항해서 싸운다. 이러한 경우 우리는 실재의 표준적 특성들이 서로 갈등 속에 놓여 있다고 말할 수 있다. 실재는 모순에 빠져 있다.

그러나 실재는 어떻게 모순 속에 있을 수 있는가? 다른 말로 하면 개념들은 어떻게 비일관적이면서 동시에 필연적으로 존립할 수 있는가?

우리가 이제는 알고 있듯이 헤겔에게는 이것이 아무 문제도 안 된다. 왜냐하면 실재는 비일관적이며 모순에 희생되기 때문이다. 부적합한 범주들에 상응하는 것은 부적합하고 부분적인 실재이다. 이것은 필연적으로 실존하면서도(따라서 범주들은 불가피하다), 모순적으로 존재함으로써 필연적으로 몰락한다(따라서 범주들은 비일관적이다). 그러므로 우리는 여기서 진리에 도달하고 나면 그 이전 것들을 망각해 버리는 가상의 변증법을 다루고 있는 것이 아니다. 오히려 우리는 실재의 변증법을 다루고 있다. 따라서 헤겔이 '이념'이라 부른 궁극적으로 적합한 범주는 앞선 범주들을 전혀 참조하지 않은 채 그것들을 초월하는 것이 아니라, 그것들을 모두 체화하고자 한다. 이 궁극적 범주는 전체 범주들의 연결의 필연적인 연관을 상승 과정 속에서 드러내고자 한다. 이때 낮은 단계의 범주는 불가피하면서도 비일관적인 것으로서 보다 높은 범주와의 관계 속에서만 현실성을 갖는다. 왜냐하면 이 범주들이 지시하는 실재는 '이념'의 필연적이지만 자기부정적인 구현물로서만 실존할 수 있기 때문이다.

이것이 바로 우리가 사물들의 필연적인 개념적 구조를 드러내는 방법이다. 우리는 불가피한 범주적 개념들이 모순적이라는 것을 보인다. 그러나 각각의 개념은 모순적인 것으로서 이 단계에서 모순을 해결하는 또 다른 범주와 필연적으로 연관된다. 따라서 우리는 여기서 모순에 기초한 필연적 관계를 보게 된다. 그리고 이것은 헤겔의 존재론과 완벽하게 일치한다. 주어진 범주적 개념은 불가피하면서도 비일관적이다. 이것은 그 개념이 지시하는 부분적 실재가 실존하면서도 동시에 스스로를 파괴해야 한다는 것을 의미한다. 하지만 이것은 이 단계에서 모순을 해결하는 보다 높은 범주에 의해 지시되는 보다 높은 실재가 실존하기 때문에, 그리고 이 부분적 실재가 이러한 보다 높은 실재에 달라붙음으로써 존재하게 되기 때문에 가능하다. 스스로를 지속적으로 파괴하는 부분적 실재는 자신이 부분으로 참여하는 보다 높은 질서에 의해 끊임없이 정립될 경우에만 실존할 수 있게 된다. 따라서 우리가 모순과 그 해결책에 의해 개념적 필연성의 연쇄를 관통하여 움직인다는 사실은 보다 낮은 항들이 이 항들에 의해 정립된 보다 높은 항과 관계를 맺는다는 것(왜냐하면 이 낮은 항들은 높은 항들에 의지해서만 실존하기 때문이다)을, 하지만 필연적으로 정립된 것으로서(왜냐하면 이 항들은 불가피하기 때문이다) 그리고 필연적으로 사라질 것으로서(왜냐하면 그것들은 모순적이기 때문이다) 관계 맺는다는 것을 의미한다. 하지만 이것은 정확히 헤겔의 존재론을 반영한다. 헤겔의 존재론에서 보다 큰 전체 혹은 절대자는 필연적으로 부분적·외적 실재의 문제를 제기하며, 이 외적 실재는 절대자의 표현으로서 모순적이며 몰락해야 한다.

그런데 헤겔은 실재가 모순적임을 보이고자 이러한 주장을 한 것인가? 독자들은 『논리학』을 연구하는 가운데 이 문제를 스스로 판단해야 할 것이다. 나는 그렇게 생각하지 않는다. 그러나 이것은 『논리학』의 논의가 실패했다고 말하는 것이 아니다. 반대로 이 작품은 다른 철학적 입장들의 약점을 보여 주는 강력한 논의의 직물이다. 그러나 헤겔은 결정적인 순간에 자신의 논의를 더 끝까지 밀고 나가 자신의 존재론적 비전을 산출하고자 한다. 그리고 그의 논의들이 실패하게 되는 지점은 바로 이곳이다. 사물들의 구조를 구현된 정신이라는 자신의 비전의 '흔적과 암시'를 제공하는 것으로 묘사하는 데서 헤겔은 성공을 거둔다. 그의 제안은 때때로 강력하지만, 결정적인 순간에 개념적 논증에서 실패한다.

따라서 『논리학』은 실재의 개념적 구조를 제공해 주는, 필연적으로 연관된 개념들의 연쇄를 제시한다. 이로 인해 우리는 헤겔이 범주적 개념으로 생각한, 위에서 제시된 문제에 만족스럽게 답할 수 있다. 변증법적 운동에서 발생하는 개념의 연쇄는 가장 빈곤하고 가장 일반적이며, 가장 거부할 수 없는 일반 개념인 '존재'로부터 출발하여 범주들의 항목을, 즉 실재의 서술을 위해 불가피한 일반 개념들의 항목을 구성할 것이다. 이것이 곧 헤겔의 의도인 것 같다. 하지만 사실은 그와 다소 다르다. 다른 변증법에서처럼 헤겔은 범주적인 것으로 이해될 수 있는 개념들과 자신의 존재론에 필수적인 개념들 이외의 모든 개념도 수용한다. 변증법은 이런 개념들을 자신의 개념적 연쇄로 결합시키는 방식으로 움직이며(왜냐하면 그런 연쇄는 이행들이 언제나 강제적이지만은 않다는 것을 의미하기 때문이다), 본질적인 문제를 다루는 데 있어 보다 높은 범주로의 즉각적 이행을 기대할 만한 곳에 다른 많은 우회로들이 존재한다.

『논리학』은 모순에 기초한 실재의 필연적인 개념적 구조를 보여 준다. 그것은 모순이 우리의 범주들(사유 규정들Denkbestimmungen[11])의 바로 그 본성에 속한다는 것을 보여 준다. 이 범주들은 스스로 움직이며, 따라서 근본적으로 이 범주들은 완벽한 헤겔적 의미에서 개념임을, 즉 스스로를 구체화하는 주체임을 보여 준다. 그러므로『논리학』은 자기 자신을 체현하고 있는, 따라서 우주 속에서 드러나는 합리적 필연성이라는 기본 공식을 우리에게 준다.

따라서『논리학』에서 제시된 공식은 어떤 의미에서 정신의 자기 인식의 내적 핵심이며, 신의 지적인 내적 삶의 핵심이다. 혹은 헤겔이 다소 오해할 만하게 말하듯이 그 공식은 "신이 자연과 유한한 정신을 창조하기 전에 자신의 내적인 본질 속에 존재하고 있을 때의 신의 서술이다".[12] 만약 우리가 바로 이 '전에'를 시간적인 것으로 해석하지 않을 때(만약 그것을 시간적인 것으로 해석한다면 이는 헤겔 존재론의 근본 생각과 어긋날 것이다), 우리는 이것을 다음과 같은 생각의 또 다른 표현이라고 말할 수 있을 것이다. 즉『논리학』은 정신의 본질 혹은 신 그 자체인 합리적 필연성이라는 개념

---

11) *WL*, I, 38.
12) *WL*, I, 31.

적 공식의 상을 우리에게 제시해 준다는 생각을 말이다.『논리학』은 자연이나 역사에 반영된 신이 아니라 자신의 내적 본성에 침잠해 있는 신을 우리에게 보여 준다. 그것은 본질적 비전이기는 하지만 그 자체로 충족적이지 않다.

10장

/

존재

1. 현존재

헤겔 논리학의 첫번째 운동은 『존재론』의 첫 부분인 「질」(Quality)의 처음 두 장('존재'와 '현존재')을 다룬다. 이 부분 이후 세번째 장[대자 존재]에서 헤겔은 이 첫번째 연구를 『존재론』의 두번째 부분인 「양」(Quantity)과 연결시키기 위해 또 다른 사유 규정을 도입한다. 하지만 처음의 두 장은 명백히 발전적 통일을 이루고 있다.

이 운동의 실마리는 '규정된 존재'라는 개념이다. 여기에서 헤겔은 유한한 존재가 무한한 존재의 필연적이지만 부적합한, 따라서 소멸하는 담지자라는 자신의 근본적인 존재론적 비전을 표현하기 위해 작업한다. 그는 이 비전을 '존재'에 대한 논의에서 확고히 한다.

전체 발전의 맹아는 이 작품의 처음에 등장하는 유명한 논의에 함축되어 있다. 존재라는 단순한 개념에서 시작해 보자. 우리는 그 개념이 부적합하다는 것을 알게 될 것이다. 어떤 것도 특정한 규정된 어떤 질 없이는 **존재하지 않는다**. 존재 이외에 아무것도 아닌 단순한 존재, 즉 동물적이지도, 식물적이지도, 물질적이지도 않은 단순한 존재는 아무것도 아닐 것이다[무에 불과할 것이다]. 이것이 바로 논리학의 첫번째 유명한 논의이다. 순수한 존재는 순수한 공허, 즉 무로 판명된다는 것이다. 그리고 무의 관점에서 보면 순수하게 무규정적인 무는 순수한 존재와 같다. 따라서 순수 존재라는 개념은 자신의 원래 목적을 좌절시킨다. 이 개념에 의지해서는 실재를 특징화할 수 없다. 우리는 규정된 존재 개념으로, 즉 어떤 다른 것이 아니라 바로 이 특정한 질을 가지고 있는 존재라는 개념으로 나아가지 않으면 안된다. 존재는 규정된 것으로서만 사유될 수 있다.

그러나 이것은 존재와 비존재가 서로 연결되어 있다는 것을 의미한다. 왜냐하면 규정된 존재를 특징화하는 유일한 방법은 어떤 성질을 통해서이며, 성질을 나타내는 술어들은 서로 대립되고 대조되는 존재에 의해서만 이해될 수 있기 때문이다. 이러한 의미에서 헤겔은 "모든 규정은 부정이다"라는 스피노자의 원리를 받아들이고 있다. 존재와 비존재 사이의 최초의 변증법의 결과는 '현존재'(Dasein)에서의, 혹은 규정된 존재에서의 이 양자의 종합이다.

그러나 헤겔의 설명에서 우리는 곧장 현존재에 도달하지는 않는다. 존재와 무의 최초의 종합은 '생성'(Werden)이다. 이 생성 역시 양자를 통일하고 있다고 말할 수 있다. 즉 존재하게 되거나 사라지는 것은 비존재에서 존재로, 혹은 존재에서 비존재로 움직이는 것이다. 헤겔은 여기서 생성 개념과 더불어 작업을 하고 있다. 왜냐하면 다음의 사실이 그의 존재론의 핵심이기 때문이다. 즉 정신은 체현될 수밖에 없지만, 이 체현물[구현물]은 전적으로 부적합하며, 따라서 사라져 다른 것들에게 자리를 양보한다. 그러므로 정신이라는 존재는 영원한 운동이며, 존재하면서 사라지는 영원한 도래이다.

그러나 여기서 생성의 도출은 현존재의 도출만큼 그렇게 단단하지 않다. 이것은 헤겔이 논의에 의해 엄격하게 형성된 것을 끝없이 초월해 가고자 하는 『논리학』에서 첫번째 위치에 있지 마지막 위치에 있지 않다. 왜냐하면 그는 개념들의 관계에서 자신의 존재론의 윤곽을 보기 때문이다. 즉 그는 존재와 비존재의 관계에서 운동과 생성의 보편성을 본다. 하지만 물론 이 부분은 논의로서는 그다지 설득력이 없다. 엄격한 개념적 논의라는 의미에서 보면 이 논의는 실패다. 하지만 다른 근거에서 헤겔의 견해를 지지하는 사람들에게 이 논의는 **해석들**(interpretations)로서 설득력이 있다. 따라서 이 경우에 생성의 개념은 존재에서 무로의 이행, 혹은 그 역으로의 이행 때문에 가설적으로 도입된 것이다. 하지만 이러한 이행은 우리의 사유가 심사숙고하면 피하기 힘든 그런 이행이다. 물론 우리가 알고 있듯이 사유와 실재 사이의 이러한 구분은 궁극적으로 유지될 수 없다. 그러나 우리는 이 단계에서 이 원리에 대해 판단할 수 없다.[1] 우리는 지금 칸트적인 유형의 범주들을 다루고 있다. 왜냐하면 이 범주들 속에서 우리는 사물들에 대해 생각하기 때문이다. 우리는 사물들에 대한 사유 속에서 우리가 하나의 범주에서 다른 범주로 이행한다는 것을 보여 줘야 하는 것이 아니라, 사물들이 다른 범주들을 사용하지 않고서는 특정한 범주 속에서 사유될

---

1) 물론 만약 우리가 '인식은 대상과 하나다'라는 『정신현상학』의 결론을 이용해도 된다면, 이러한 도출은 아무런 문제도 안 된다. 그러나 이것은 『논리학』 전체를 엄격한 증명으로부터 이미 확립된 원리들에 대한 단순한 해명으로 격하시킬 것이다. 이러한 방식은 『논리학』을 『논리학』에 의존하고 있는 변증법들과 동등한 수준으로 만들고 말 것이다. 『정신현상학』이 엄격한 변증법이라고 하기에는 많은 간극을 가진다는 견해에서 보자면 그런 방식은 헤겔 체계에 치명적이다.

『정신현상학』의 결론을 『논리학』의 출발점으로 볼 수 있게 하는 어떤 지점들(예를 들어 WL, I, 30, 53)이 있음에도 불구하고, 헤겔이 이 결론들을 『논리학』의 **과제**를 해명하는 것이 아닌 다른 목적을 위해 끌어들인 것인지는 확실치 않다. 하지만 그가 이 문제에 대해 전적으로 명확하게 사유하지 않았다는 것은 사실인 것 같다. 그리고 이러한 사실은 헤겔이 추정적 해석 문장을 논증으로 본 이유를 설명하는 근거가 된다.

수 없다는 것을 보여야 한다. 이것이 바로 존재는 현존재[규정된 존재]로서만 적용될 수 있다고 할 때 우리가 보여 주고 있는 것이다. 반대로 우리는 생성의 객관적 필연성을 아직 보여 주지 않았다. 이것은 우리가 현존재를 좀더 검토할 때, 그리고 현존재가 모순에 희생되고 따라서 운동하게 된다는 것을 볼 때 드러날 것이다.

현존재

현존재는 2장이 설명하고자 하는 기본 주제이며, 여기에 논의의 어려움이 있다. 모순은 부정 개념 때문에 현존재 혹은 규정된 존재의 속성이 된다. 우리는 위에서 현존재가 존재와 무의 결합물임을 보았다. 여기서 헤겔은 이에 대해 현존재는 실재와 부정의 결합물이라고 말할 것이다. 이 문제를 좀더 자세히 살펴보자. 이어지는 복잡한 논의에서 헤겔은 서로 분리된 수많은 가닥들을 엄격하게 구별하지 않고서 서로 엮는다.

우리는 규정된 존재를 우선 "모든 규정은 부정이다"라는 스피노자의 원리에 근거하여 실재와 부정의 결합물이라고 생각할 수 있다. 우리의 서술적(descriptive) 개념들은 다른 개념들과 대조된다는 것, 이것이 바로 서술적 개념들의 의미에 본질적이다. '사각형'은 '둥근'이라는 말과 대조된다. 그런데 우리는 '둥근'과 같은 그런 개념들 없이는 '사각형'과 같은 개념을 가질 수 없다. 우리는 '노란색'이나 '녹색' 혹은 '파란색' 등과 같은 것 없이는 '붉은색'을 가질 수 없다. 색깔의 어휘를 풍부하게 하는 것은 색깔의 차이를 풍부하게 하는 것이다. 따라서 규정된 존재를 특징지을 수 있게 해 주는 모든 성질 어휘는 본질적으로 다른 어휘들과 대조되기 때문에, 그리고 우리는 존재를 규정된 존재로서만, 즉 우리가 순수한 존재라는 공허에 빠지지 않으려면 그 존재를 특정한 성질을 갖는 것으로서만 파악할 수 있기 때문에, 현존재를 특정한 질을 갖는 것으로 특징짓는 것은 부정적으로 말해서 그것을 다른 질들은 갖지 않는 것으로 특징짓는 것이다. 붉은 대상은 본질적으로 파랗지 않다. 그 대상이 파랗지 않은 것으로 파악될 경우에만 그것은 붉은색으로 파악될 수 있다.

여기까지는 좋다. 하지만 걱정스러운 점은 헤겔의 이해 방식이다. 즉 헤겔은 '모든 실재는 대조의 방식으로 특징지어져야 하며, 이러한 의미에서 규정된 존재들은 다른 존재들을 부정한다'는 그런 절대적 입각점으로부터 출발하여 규정된 존재 개념을 타자에 직면하여 일종의 투쟁 속에서 자기 자신을 유지하는 것으로, 즉 적극적인 의미에서 서로를 '부정하는' 것으로 이해한다. 바로 이런 이해 방식이 문제가 있어 보인다. 앞으로 보게 되겠지만 이러한 관련성은 그의 논의의 핵심을 이룬다. 헤겔의 추론이 아주 명쾌한 것은 아니다. 그리고 그 논의는 『소논리학』과 『대논리학』에서 다른 방식으로 이루어지며, 전자에 비해 후자에서 훨씬 더 많은 단계를 거쳐 가며 진행된다. 그러나 우리는 그의 논의의 근본적 성격에 대해서는 해석을 시도할 수 있다.

주어진 현존재를 특징짓는 질이 현존하지 않는 상상적 성질들과의 대조 속에서 정의될 수도 있다. 하지만 그 경우에도 우리의 서술을 근거 짓는 어떤 대조들은 현존해야 한다. 이 경우 질들로서의 현존재들 사이의 대조는 분명히 구분되는 어떤 것들 사이의 대조이다. 헤겔은 여기서 '어떤 것' (Etwas)이라는 용어를 사용하고 있으며, 나중에 가서야 '사물'(Ding)이라는 용어가 등장한다. 그러나 단지 '질들'이 아니라 '어떤 것'들에 대해 말할 때, 우리는 그것들을 특징지음에 있어서 그것들이 서로 대조적으로 연관될 뿐 아니라 다양한 인과 관계로 들어가는 것을 볼 수 있다. 이때 그런 인과 관계는 그것들의 유지와 변화 그리고 소멸의 인과적 배경을 형성한다.

다른 것들(이것들 중 어떤 것은 잠재적으로 파괴적이다)과의 인과적 상호작용 속에 있는 존재로서 '어떤 것'은, 비유적으로 말해서, 오히려 자신의 환경의 압력에 저항하여 스스로를 유지하고 있는 것으로, 즉 완고한 몸체로 생각될 수 있다. 예를 들어 '어떤 것'은 주변 물체들의 (어느 정도의) 압력과 충격에 저항하며 자신의 형태를 유지한다고 할 수 있다.

그러나 여기 이 논의가 다소 느슨하다고 할 수도 있다. 왜냐하면 우리는 상식에 잘 부합하는, 하지만 존재의 필연적 모습으로 드러나지 않은 그런 사실들을 도입하고 있는 것 같기 때문이다. 모든 사람은 세계 안의 사물들이 인과적 상호작용 안에 있다는 것을 알지만, 우리는 이러한 사실을 현 단계에서 도출했다고 주장할 수 없다. 더욱더 놀라운 사실은 우리가 그런 사실을 그렇게 명시적으로 도출했었다고 주장할 수도 없을 것이라는 것이다. 왜냐하면 원인과 연결되어 있는 범주들이 나중에 『논리학』의 『본질론』 부분에 나타나기 때문이다. 하지만 아직은 모호한, 이 범주들과 연관된 일련의 함축적 고려 사항들이 여기서 나타나고 있는 것 같다. 그것들은 아마도 다음과 같이 설명될 수 있을 것이다.

우리가 사물을 특징짓게 해주는 성질들은 대조적인 방식으로 정의되지만은 않는다. 더 나아가 그런 성질들의 본질적 의미는 이 성질들이 그것들을 부여받은 사물들을 다른 사물들과의 잠재적인 인과적 상호작용의 측면에서 특징화한다는 데 있다. 어떤 사물을 딱딱하다고 규정하는 것은 다른 사물들과 비교해서 그 사물이 갖는 부드러움이나 유연성의 정도 등에 대해 말하는 것이다. 그 사물을 사각형이라고 규정하는 것은 그 변이 방형을 띠는지에 관해 말하는 것이다. 우리의 경험적 성질-언어라는 이러한 개념은 근본적으로 지각에 대한 사변적인 상으로부터 순수하게 현상적인 성질이라는 모델을 이끌어 낸 데카르트적-경험론적 전통과 구별된다. 이 모델에 가장 잘 어울리는 것으로 보이는 패러다임은 단 하나의 감각에만 유효한 성질들이었다. 색깔이 이런 감각에 가장 빈번하게 인용되는 예이다.

우리는 우리가 지각한 것을 성질들로 서술하는데, 순수하게 현상적인 색깔 용어들을 그런 성질들의 망에서 추상할 수 있는지는 매우 불분명하다. 사람들은 예를 들어 빨간색이 페르시아의 양탄자의 색깔로 있는지, 꽃병의 색깔로 있는지에 따라 그 빨간색이 매우 다르게 보인다는 사실을, 그리고 실제 지각된 장소에서 시각적인 것은 촉각적인 것과 얽혀 있을 수밖에 없다는 것을 매우 그럴듯하게 논증할 수 있다. 그러나 이러한 요점을 도외시하더라도 우리가 추상화된 색깔 용어들을 성질 용어 일반을 위한 모델로 취할 수 없다는 것, 그리고 적어도 대부분의 성질은 부분적으로 이 성질을 부여받은 것들 사이의 일종의 상호작용에 의해 이해된다는 것은 분명하다.

이러한 요점에서 출발할 경우 우리는 '규정된 존재의 질은 타자의 부정을 함축한다'는 말의 또 다른 의미에 마주한다. 규정된 존재의 질은 대조적으로 규정되지만은 않는다. 그것은 또한 부분적으로는 이러한 유의 존재를 포함하는 타자와의 인과적 상호작용의 유형에 의해 규정되기도 한다. 이러한 상호작용에서 중요한 것은 관련 사물이 유지되거나 변형되거나 파괴된다는 것이다. 약간 시적으로 표현해 보자면, 사물의 질이란 사물이 스스로를 유지해 가는 방식, 혹은 궁극적으로 자신의 환경 속에서 몰락해 가는 방식을 규정하는 것, 즉 사물로 하여금 타자에 대한 잠재적 '부정들'을 '부정하게' 하는 방식을 규정하는 것이라 할 수 있다.

나는 헤겔이 '어떤 것'(Etwas)을 "부정의 첫번째 부정"[2]이라고 말했을

---

2) *WL*, I, 102.

때 그가 이 두 가지 요점, 즉 대조적 부정과 상호적 부정 둘 다를 염두에 두고 있었다고 생각한다. 단순한 현존재[규정된 존재, Dasein]를 이렇게 요약하는 가운데 주체 속에서 완전히 실현에 이르게 되는 '타자 속에서의 자기 자신으로의 회귀'라는 원리가 드러난다. 물론 이것은 헤겔 존재론의 핵심에 속한다. 즉 가장 낮은 형태의 존재는 주체라고 하는 최고의 존재 형태의 불완전한 원형으로 이해될 수 있다.[3]

이 두 요점은 『대논리학』에서 '어떤 것'을 다루는 부분[4]의 근간을 이룬다. 헤겔은 우선 어떤 것은 필연적으로 다른 어떤 것과의 연관 속에 있다는 점을, 다른 말로 하면 어떤 실제적인 대조가 반드시 있어야 한다는 것을 지적한다. 사실 우리는 각각의 어떤 것이 다른 어떤 것의 타자라 말할 수 있다. 이로부터 그는 어떤 것을 상호작용으로 보는 견해를, 즉 즉자적으로 존재하는 어떤 것과 타자와의 관계에서 존재하는 어떤 것(대타 존재)이라는 두 가지 측면을 갖는 것으로 보는 견해를 발전시킨다. 헤겔의 요점은 이 두 가지가 분리 불가능하다는 것이다. 이로부터 그는 칸트의 물자체 개념, 즉 타자와의 관계 없이 존립하는, 특히 우리의 인식과 상관없이 존립하는 실체를 비판한다.[5] 여기서 헤겔은 앞서 『정신현상학』에서도 그랬던 것처럼 상호작용이라는 요점에 의존하는 것 같다.[6] 타자와의 모든 상호작용에서 추상된 것이라는 특징을 가진 '어떤 것'은 우리에게 철저히 공백으로, 규정되지 않은 것으로, 무로 남아 있을 수밖에 없다. 어떤 것을 특징짓는다는 것

---

3) *WL*, I, 102.

4) *WL*, I, 103~116.

5) *WL*, I, 108.

6) 이 책 2장을 참조하라. 나는 이 부분들을 4장에서 적절하게 논의할 수 없었다. 하지만 이에 대해서는 다음을 보라. Chales Taylor, "The Opening Arguments of the *Phenomenology*", ed. Alasdair C. MacIntyre, *Hegel*, Garden City, N. Y.: Anchor Books, 1972, pp. 151~187.

은 타자와의 상호작용의 방식을 말하는 것이지 않으면 안 되기 때문이다.

헤겔은 '어떤 것'이 모순 속에 있다는 것을 어떻게 확인하는가? 그는 부정 개념에 의지하여 이 일을 진행한다. 즉 어떤 것은 그것과 대비되는 타자를 지시함으로써만 정의될 수 있다. 이 타자는 자신의 부정이다. 그리고 이 부정은 대조의 의미에서 이해될 뿐 아니라 상호작용의 의미에서도 이해된다. 즉 타자는 어떤 것이 그것에 대립하여 스스로를 유지해야 하는 인과적 맥락이다. 따라서 이 타자는 가장 강한 의미에서 어떤 것을 부정하는 것이며, 이 어떤 것을 억압하는 경향이 있는 그런 것이다. 그러나 이때는 어떤 것이 본질적으로 자신의 부정태와 관련을 맺고 있다는 것을 의미하며, 이 부정태를 어떻게든 자기 안에 포함하고 있다는 것을 의미한다. 따라서 이 어떤 것은 모순에 처해 있으며, 사라질 운명에 놓여 있다.

이러한 논증은 우리에게 의심을 불러일으킨다. 왜냐하면 이런 논증은 수많은 혼돈을 야기하기 때문이다. 첫째, 부정의 두 의미, 즉 대조적 부정과 상호작용적 부정은 '경계'(Grenze)라는 개념에서 서로 혼합된다. 어떤 것은 타자와의 대조적 경계를 통해서만 규정된 존재를 갖는다. 이런 의미에서 그 경계는 어떤 것을 구성하는 측면을 갖는다. "어떤 것은 자신의 경계 속에서만, 이 경계를 통해서만 존재한다."[7] 경계는 지역의 가장자리와 같은 양적인 의미에서 이해되어서는 안 된다. 오히려 질적 경계는 "전체 현존재를 관통해 간다".[8]

그러나 이 경계는 다른 대조적 성질들을 공유한다. 또한 이 경계는 그 성질들을 규정하고 구성한다. 따라서 경계를 포함하고 있는 각자는 자기

---

7) *EL*, §92의 '추가'.
8) *EL*, §92의 '추가'.

자신을 본질적으로 구성하고 있는 것뿐 아니라 자신을 부정하고 있는 것도 포함한다.

이제 경계의 다른 의미, 즉 상호작용의 의미에서의 경계에 대해 말해 보자. 여기서 우리는 이 '부정'에 대조적인 논리적 의미뿐 아니라 구체적인 의미도 부여할 수 있다. 이것은 마치 각각의 실체가 본질적으로 자기 자신의 파괴의 씨앗을 내포하고 있는 것처럼 보인다. 어떤 것은 대조적인 의미에서의 자신의 부정태를 포함하고 있다고 말할 수 있다. 그러나 그렇다 하더라도 만약 사물들이 상호작용의 관계에서 스스로를 '부정하는' 그런 경계의 입장에서 볼 때 '각자는 자신의 부정태를 자신 안에 포함한다'고 말하는 것은 오류다. 그와 정반대로 사물들이 스스로를 유지하는 정도만큼 그 사물들은 자신의 '부정태'를 멀리한다. 그 사물들이 그렇게 하는 데 실패한다면, 그 사물들은 당연히 몰락한다. 하지만 그 사물들을 규정하는 바로 그 방식에 의해 그 사물들이 반드시 몰락하도록 규정되어 있는 것은 아니다.

헤겔은 다음의 예를 들어 이를 설명한다.[9] 어떤 영역은 예를 들어 숲과 연못으로 대조적으로 정의된다. 그 영역은 또한 자기 안에 떨어진 씨앗이나 이 영역으로 흘러들어 온 물에 의해 숲이나 습지로 바뀔 수도 있다. 그리고 이 영역은 나무의 성장에 좋지 않은 환경으로 인해, 혹은 배수의 성질 덕분에 자기 자신으로만 머물 수도 있다. 숲이나 연못은 어떤 의미에서 보면 규정상 본질적으로 목초지와 관련을 맺고 있다. 그런데 숲과 연못을 목초지와 관련 맺도록 하는 바로 그 의미는 나무와 숲은 이 목초지에서 실제적 발판을 갖는다는 것과는 아무런 상관이 없다.

사물들은 언제나 원리상 변형과 해체에 노출되어 있다는 사실은 필연

---

9) *EL*, §92.

적으로 서로 인과적 상호작용을 한다는 원리와 확실히 연결되어 있다. 이 최소의 의미에서 모든 것은 반드시 소멸한다. 그러나 헤겔은 보다 많은 것을 원한다. 그는 우리가 경험과 심오한 직관으로 알게 된 것, 즉 모든 사물은 원리상 소멸할 수밖에 없다는 사실을 개념적 필연성으로부터 보여 주고자 한다. 그 외에도 그는 '모든 유한한 사물은 모순 속에, 즉 무한자의 유한한 구현물 속에 존재하며, 따라서 그 사물들은 소멸**해야 한다**'는 사실이 자신의 존재론에 본질적으로 중요하기 때문에 저 사실들을 개념적 필연성에 따라 보이고자 한다. 그리고 그가 규정된 존재가 타자와 맺는 본질적 관계로부터 이끌어 낸 결론은 바로 이런 모순과 필연적 소멸의 개념이다.

그리고 헤겔은 이 전체 운동의 존재론적 결과를 말하기에 앞서 반드시 소멸하는 자기 모순이라는 이런 조건을 '유한성'(Endlichkeit)이라 부른다.

사물에 대해 사물들은 유한하다고 말할 때, 이 말은 사물들이 규정을 갖는다는 것, 즉 질은 즉자적으로 실존하는 실재이자 규정이라는 것, 따라서 사물들은 단순히 한계 지어져 있으며, 따라서 여전히 자신의 경계와 존재를 넘어서는 규정된 존재를 갖는다는 것을 의미한다. 이뿐 아니라 이 말은 또한 사물들은 자신의 비존재가 자신의 본질과 자신의 존재를 구성한다는 것을 의미하기도 한다. 유한한 사물들은 존재한다. 하지만 이 사물들이 자신과 맺는 관계는 이 사물이 자기 자신과 부정적으로 관계 맺는다는 것이고, 심지어 이러한 자기 관계 속에서 자기 자신과 자기 존재를 넘어서 간다는 것이다. 사물들은 존재한다. 하지만 이들 존재의 진리는 이들의 유한함[끝이 있음, Ende]이다. 유한자는 모든 어떤 것과 마찬가지로 스스로 변화할 뿐 아니라 사라져 간다. 그리고 이 유한자의 사라짐은 단순히 우연적이지 않으며, 따라서 사라짐 없이는 존재할 수도 없다. 반대로 유한한 사물들의 존재는 사라짐의 씨앗을 자기 내에 간직하고 있다. 그 탄생의 시간은 곧 그 죽음의 시간이다.[10]

우리는 여기서 훨씬 더 중요한 두번째 경우에 이른다. 이 두번째 경우에서 헤겔은 자신의 논의가 엄격하게 산출할 수 있는 것 이상으로 넘어가도록 강제하며, 결국 사물들에 대한 엄격한 논증이기보다는 자신의 존재론을 강력하게 연상시키는 사물들에 대한 해석으로 끝낸다. 모든 것이 소멸한다는 사실은 내적인 자기 부정의 선언으로 보일 수 있다. 우리는 세계에 대한 이러저러한 사실로부터 사물들에 대한 헤겔의 비전을 알 수 있다.

그러나 헤겔은 보다 많은 것을 목표로 하고 있으며, 또한 목표로 하지 않으면 안 된다. 변증법의 모든 단계에서 보듯이 모순은 엄격한 증명의 대상이라는 것만을 의미하지 않는다. 규정된 존재 개념에 나타나는 모순에서 보듯이 모순은 또한 '유한한 사물의 소멸'과 '그 사물들의 보다 큰 전체(곧 보게 되겠지만 헤겔은 이것을 '무한자'라고 부른다)에의 의존성'이 개념적 필연성의 문제임을 보인다. 왜냐하면 유한자의 소멸과 존재론적 의존성 둘 다 개념적 모순을 해결하고 합리적 필연성을 획득하기 위해 존립하기 때문이다.

9장에서 본 것처럼 헤겔 체계에서 필연성은 모순에 의해 그 힘을 부여받는다. 그리고 이것이 유한성으로서의 현존재에 대한 이러한 논의가 전체 『논리학』에서 결정적 역할을 수행하는 이유이다. 현존재에 대한 논의는 사물들의 필연적인 상호작용을 선언하고 있다. 우리는 세계가 필연적인 구조를 갖는다고 생각할 수 있다. 왜냐하면 모순적인 유한한 사물들이 필

---

10) *WL*, I, 116~117.

연성의 전체와 연결되어 있기 때문이다.

유한자에 내재한 모순은, 최초의 변증법에서 본 것처럼, 존재는 규정되어야 한다는 사실에 기초해 있음을 의미한다. 실존한다는 것은 다른 가능한 본성들이 아닌 어떤 특정한 본성과 더불어 실존한다는 것이다. 규정성은 실재의 표준적 특성이다. (이러저러한 성질을 갖는) 실재가 존재한다는 사실은 의심의 여지가 없기 때문에, 규정된 존재가 있어야 한다. 혹은 다른 방식으로 말하자면 '존재'는 적용을 가져야 한다. 그리고 존재는 규정된 것으로서만 적용될 수 있기 때문에 '규정된 존재'는 적용을 가져야 한다.[11]

그러나 이때 우리는 '규정되어 있는 것은 자기 안에서 자신의 부정을 함유하는 것'임을 발견하게 된다. 그리고 자신의 부정을 포함하고 있는 것은 그것이 무엇이든지 영속적으로 생존할 수 없다. 따라서 실재가 존재할 수 있기 위해서는 이 실재의 규정들이 자기 무화의 경향을 가져야 한다. 이것은 모순이다. 그리고 이런 모순은 자기 자신의 개념에 영향을 미친다. 여기서 우리는 예컨대 내가 어떤 질병을 치유하기 위해 먹은 약이 다른 것에는 나쁜 영향을 미칠 수 있듯이, 어떤 조건들의 우연적인 갈등만을 말하고 있는 것이 아니다. 이것은 나에 관한 우연적 사실들 때문에 존재하게 되는 조건들의 갈등이다.

그러나 여기서 우리는 반드시 적용을 가져**야 하는** 개념인 '실재' 혹은 '존재'의 표준적 성질들의 갈등에 대해서도 말하고 있다. 존재는 규정되어

---

11) '존재는 적용을 가져야 한다'는 말은 '정신은 반드시 자신을 외적으로 표현해야 한다'는 정신현상학의 원리, 혹은 헤겔 철학의 핵심 원리의 논리학적 표현이라 할 수 있다. 존재는 그 자체로 있을 수 없다. 존재는 반드시 무엇으로 있어야 한다. 우리는 "A is"라고 말하지 "is is"라고 말하지 않는다. 이렇게 말한다면 그것은 공허한 동어반복에 불과하다. 이것은 is(being)가 언제나 무엇으로, 여기서는 A로 있다는 것을 의미한다. 다른 말로 하면 존재가 여기서 A라는 적용을 갖는다는 것, 혹은 A로 적용되었다는 것을 의미한다.—옮긴이

야 한다. 그리고 동시에 존재는 소멸을 피해야 한다. 따라서 갈등은 개념적이고 필연적이며, 그 온전한 의미에서 모순이다. 그것은 또한 사물 속에 내재한다. 그리고 이는 유한자를 움직이는 운동이 왜 개념적으로 필연적인지, 그리고 그 유한자들이 보다 큰 전체와 관계를 맺고 있는지 말해 준다.

그런 필수적 개념에는 언제나 비일관적 적용이 뒤따른다. 우리는 이제 헤겔이 칸트의 안티노미를 자신의 『논리학』에서 해명하고자 한 만연한 갈등의 예로 본 이유를 알 수 있다. 그러나 그는 비일관성이 사물들 자체보다는 우리가 사물을 표상하는 방식에서 나타난다고 하는 칸트의 노선을 취하지는 않는다. 사실 칸트의 노선은 여기에 적합할 수 없다. 왜냐하면 우리는 시간과 공간 속에 놓인 사물들을 서술하기 위해 적용되는 '분할 가능성', '한계' 등과 같은 개념들만을 다루는 것이 아니기 때문이다. 우리가 들춰낸 모순은 '존재'에 대한 것, 즉 실재 일반의 개념에 대한 것이다.

여기서 헤겔의 논의는 존재론적 함의를 가진다. 만약 그 논의가 타당하다면 엄청난 결과가 나올 것이다. 그러나 불행하게도 규정성을 자기 무화에 연결시키는 그의 논의는, 우리가 본 것처럼, 모호한 부정 개념에 기초해 있다. 그리고 바로 이것이 그의 논의의 치명적 약점이 된다. 결국 헤겔의 공로는 오히려 모든 실재의 변화 가능성, 즉 모든 실재는 자기 부정이라는 내적인 갈등으로부터 생겨난다는 사실을 그려 주었다는 것이다. 하지만 그는 그 논의를, 비록 자기 모순이라는 논리적 언어를 사용하고 있음에도 불구하고 엄격한 증명을 통해 진행하기보다는 엄청나게 암시적으로 진행하고 있다. 그나마 유한한 사실들에 대한 다소나마 설득력 있는 윤곽을 제시한 점이 그의 논의가 성공적이라고 주장할 수 있는 부분이다.

헤겔은 '유한자'로서의 사물들 속에서 모순을 계속 논의해 간다. 그리고 '유한자'라는 이 개념을 취함으로써 그는 사물들의 필연적 소멸이라는 또 다른 설명을 제시한다. 그런데 이 필연적 소멸은 앞의 의미의 전복을 의미한다. 자기 자신을 유지하기 위해 노력하는 가운데 사물들은 자신의 부정을 극복하고자 투쟁한다. 그런데 이 부정의 경계는, 우리가 본 것처럼, 유한한 사물의 부정이다. 따라서 유한한 사물은 자신의 경계를 넘어서서 가고자 한다. 하지만 그 경계는 또한 사물을 규정하는 것, 따라서 사물을 구성하는 것이기 때문에, 그 경계를 넘어서서 가는 것은 자신을 해체하는 것이며, 자신과는 완전히 다른 것으로 변형되는 것이다. 물론 이러한 방법은 위에서 말한 것과 같이 다소 혼란스럽다. '발전 과정에 있는 혹은 자신을 유지하고 있는 사물은 상호작용의 경계로 내몰린다고 생각될 수 있다'는 말의 의미는 질적 경계의 폐지와 어떤 내적인 연관도 가지지 않는다. 사물을 서술하는 이러한 방식은 오히려 파괴를 향한 전진을 사물 자체에서 오는 것으로, 자신을 완전히 실현하고자 하는 노력에서 오는 것으로 서술한다. 그리고 이것은 물론 헤겔이 점진적으로 다가가고자 하는 근본적인 존재론적 결론에 적합한 방식이다. 그의 존재론적 결론이란 '유한한 사물은 무한자를 구체화하고자 하는 시도라는 바로 그 이유 때문에 소멸하며, 따라서 죽음은 그 사물의 결실이다'라는 것이다.

헤겔은 모순에 대한 이 후자의 해명을 다른 언어로 말한다. 즉 여기서 경계는 '한계' 혹은 '제한'으로 불리며, 완성을 향한 내적 전진은 '당위'(Sollen)로 불린다. 이 특수 언어들은 물론 칸트와 피히테의 실수를 지적하기 위해 도입되었다. 그들의 윤리학과 형이상학은 우리가 추구하지만 결코 도달할 수 없는 목적 개념과 연결되어 있다. 특히 헤겔의 칸트 윤리학비판은, 우리가 이미 본 것처럼, 칸트가 자연과 의무 사이의 대립을 서술했다는 데 모아진다. 칸트 윤리학에 따르면 인간은 자연을 의무와 일치시켜, 세계와 고유한 지각 능력이 도덕 법칙과 양심의 명령에 상응하도록 끊임없이 시도해야 한다. 하지만 사람들이 양자 사이의 구별을 파괴하고 도덕 법칙과 의무를 없애는 고통을 감내할 수 없기에 그런 시도는 결코 성공을 거둘 수 없다.[12] 헤겔은 칸트 도덕성의 이런 딜레마를 자주 다룬다. 그리고 이것은 당위와 제한 사이의 모순을 서술하는 모델로 작용한다. 여기서 모순은 다음과 같이 서술된다. 당위는 스스로를 실현하기 위해 구별 위에 구축되어 있는데, 이 '당위'는 그 구별을 파괴해야 한다.

무한성

'당위'라는 단어는 우리가 이 운동의 궁극적 개념에 아직 도달하지 않았다는 것을 명확히 하는 데 기여한다. 왜냐하면 '당위'와 연결되어 있는 유한성의 형태는 그에 상응하는 개념인 '악'무한을 만들어 내는 그런 것이기 때문이다. 악무한이란 헤겔에게 도달할 수 없는 무한성을 의미한다. 왜냐하면 그런 무한성은 일관적인 구조 속에 놓여 있지 않으며, 따라서 어떤 의미에서 한계가 없는 그런 것이기 때문이다. 우리는 여기서 헤겔의 무한성 개념이 어떤 다른 것에 의해 조건 지어지거나 한계 지어지지 않는 전체를 의미한다는 것을 상기할 수 있다. 하지만 이것은 무한자가 구조나 형태를 갖지 않는다는 것을 의미하지 않는다. 그것은 단지 어떤 외적인 것과 관계를 갖지 않는다는 것을 의미한다. 무한한 우주는 따라서 필연적으로 한계가 없다. 우주는 오히려 그 요소들이 서로 내적으로 연결되어 있는 질서 잡힌 전체이다. 이것이 바로 헤겔에게 참된 무한자의 개념, 즉 무한한 정신의 본성에 존재론적으로 구축된 개념이다. 참된 무한자는 아무런 내적 통일성도 없이 그저 한계 없이 무한히 연장되어 있는 그런 무한자와 대립된다.

---

12) 이 책 6장 3절의 논의를 참조하라.

따라서 헤겔에게 참된 무한자는 유한자와 무한자를 통일한다. 그 방식은 두 가지이다. 첫째, 그는 유한자와 무한자가 분리되어 있으며, 서로 대립 관계에 있다는 것을 거부한다. 서로 분리되어 있을 경우 유한자와 무한자는 서로 관계 맺을 수 없고, 무한자는 자신이 아닌 어떤 것과 관계를 맺어야 하며, 따라서 더 이상 무한자가 아닐 것이기 때문이다. 따라서 무한자는 유한자를 포함해야 한다. 이러한 사실은 헤겔이 절대자를 세계와 분리되거나 세계를 초월한 것이 아니라 세계를 자신의 구현물로 포함하는 것으로 본다는 것을 가장 근본적인 수준에서 반영하고 있다.

둘째, 끝이 없는 과정이 이 과정을 이루고 있는 개별적 항들을 포함하고 있는 것과 같은 방식으로 무한자가 유한자를 포함할 수는 없다. 헤겔적인 의미에서 보자면 이 끝없는 과정 역시 무한자와 유한자의 통일에 이를 수 없다. 왜냐하면 여기서는 통일이 완수될 수 없기 때문이다. 무한한 과정을 얼마나 멀리까지 취하든 간에 언제나 그보다 한 발짝 더 나아간 진행이 있을 수 있기 때문이다. 이러한 모델에 따를 경우 무한자는 다양한 유한한 요소들이 자신의 필연적 자리를 차지하고 있는 그런 질서 잡힌 전체로 나타날 수 없다.

그러므로 헤겔의 무한자 개념은 유한한 사물들의 원환 속에 체현된 무한한 삶이라는 개념이다. 이 사물들 각자는 무한자 개념에 부적합하며, 따라서 몰락하지만, 다른 것에 의해 필연적 질서 속에 재배치되며, 전체 계열은 끝이 없는 것이 아니라 원환 속에서 스스로에게 닫혀 있다. 논리학을 구성하고 있는 범주들의 원환, 자연철학과 정신철학을 구성하고 있는 존재 단계들의 원환, 국가를 구성하는 역할들의 원환 등이 바로 그렇게 있다. 질서 잡힌 그런 전체는 자기 밖의 어떤 것과도 관계 맺고 있지 않다. 사실 요소들은 유한하고 소멸하지만, 전체는 무한하고 영원하다. 그러나 둘 사이에 분리는 없다. 왜냐하면 무한자는 유한자의 필연적 질서 속에서만 실존하기 때문이다.

이것이 바로 헤겔이 우리에게 제시하는 무한자 개념이다. 필연적으로 몰락할 수밖에 없는 규정된 존재로서의 현존재는 유한하다. 규정된 존재는 자기 밖의 타자와 정태적으로만이 아니라, 즉 다른 유한한 사물들과 대조적 방식과 상호작용적 방식으로만이 아니라 역동적으로도 관계 맺는다. 이러한 관계 양식을 통해, 규정된 존재는 몰락하여 타자에 의해 대체된다. 하지만 이것은 또 다른 범주를 불러낸다. 이러한 방식으로 규정된 유한자는 자기 스스로 존립할 수 없다. 왜냐하면 유한한 존재는 언제나 자기 자신을 넘어서 있는 것을 우리에게 지시해 주기 때문이다. 우리에게는 이 전체 실재, 즉 자기 유지적인 실재를 포괄할 수 있는 또 다른 범주가 필요하다.

이 새로운 범주가 '무한성'이다. 무한자는 유한자를 넘어서 실존하는 어떤 것이 아니라는 데 우리는 동의할 것이다. 그 이유는 첫째, 우리는 유한하지 않은 존재, 규정되지 않은 존재가 무와 일치한다는 것을, 또한 그런 무한자는 공허하다는 것을 보았기 때문이다. 둘째, 이런 공허한 무한자는, 방금 논의한 것처럼, 자기 밖에 있는 어떤 것을 가져야 하며, 따라서 참된 무한자도 아니고 전체의 개념도 아니기 때문이다. 이런 무한자는 유한할 것이다. 하지만 또한 우리는 그런 무한자를 단순히 한계가 없는 것으로 생각할 수도 없다. 왜냐하면 이것 역시 자기 유지적 전체라는 개념을 우리에게 제시해 줄 수 없기 때문이다. 유한자는 시간적 계기에서뿐 아니라 공간적 계기에서도 다른 사물에 의존적이다. 하지만 의존 관계는 영구적으로 확장될 수 없다. 왜냐하면 그렇지 않을 경우 어떤 것도 결코 생성될 수 없을 것이기 때문이다. 의존 관계를 추적할 때 우리는 반드시 궁극적으로는 자기 외부의 어떤 것에도 의존하지 않는 자기 유지적 전체에 도달해야 한다.

따라서 무한자 개념은 유한한 사물들의 전체 체계, 그리고 어떤 다른 것에 의존하거나 그것에 의해 제약되지 않는 그들 사이의 관계의 전체 체계의 개념이어야 한다. 무한자는 유한자를 포함한다. 이런 의미에서 무한자는 유한자와 동일하지만, 그것은 또한 포괄적 전체이다.

비록 헤겔의 논의를 상세히 설명하지 않았고, 또 헤겔이 의미하는 바를 명백히 드러내지는 못했다고 하더라도 나는 이런 해명이 그의 논의의 요지라고 생각한다. 공허한 초월적 무한자에 대항하는 그의 논의는 충분히 명료하다. 하지만 『논리학』 두 판본에서 결정적으로 중요한 이행은 끝없는 과정이라는 악무한에서 참된 무한자로의 이행이다. 악무한은 유한한 사물들의 끝없는 과정을 보여 준다. 여기서 이 사물들 각자는 타자에 의해 대체될 때 소멸한다. 참된 무한자로의 이행은 사라진 각각의 어떤 것이 또 다른 유한한 어떤 것에 의해 대체될 때 이뤄진다. 변화 속에 동일성이 존재한다. 왜냐하면 "다른 어떤 것으로 이행 중에 있는 어떤 것은 자기 자신과 함께 그렇게 할 뿐"[13]이기 때문이다. 이것이 바로 '참된 무한성'이다.

나는 이런 이행을 다음과 같이 이해한다. 즉 만약 타자로 이행하고 타자에 의해 대체되는 유한한 사물들의 계열을 숙고해 볼 경우, 우리는 우리의 중심적 참고점이 개개의 유한한 사물들로부터 존재하고 또 사라지게 되는 그런 계속된 과정으로 이행하지 않을 수 없다는 것을 알게 된다. 이것이 바로 차이 속의 동일성이다. 그러나 이러한 과정의 장소는 어떤 특수한 유한한 사물이 아니라 제약된 유한한 사물들 전체의 체계이다.

제약되고 의존적인 실재 개념에서 자기 유지적 전체라는 좀더 포괄적 개념으로의 이러한 이행은 헤겔이 『논리학』을 전개시켜 가는 과정에서 수

---

13) *EL*, §95.

없이 강조하는 계기이다. 이것은 그의 병기고에 있는 가장 중요한 무기이다. 그리고 이 무기를 그는 여기서 아주 효과적으로 사용한다. 하지만 그가 여기서 이끌어 낸 무한성의 범주는 우리가 그의 논의에 기초해서 정당화하고자 하는 것보다 훨씬 더 풍부하다. 유한자, 의존적 존재라는 개념은 전체라는 보완적 개념을 필요로 한다는 사실은 쉽게 받아들여질 만하다. 그러나 헤겔의 '무한성'은 단순히 전체의 개념이 아니라 그 내적 명료화와 내적 과정이 필연성에 의해 전개되는 그런 전체 개념이다.

따라서 헤겔은 유한자와 무한자의 통일에 대한 이런 통찰을 '이상성'(Idealität)[14]의 발견이라고 말한다. 이로써 우리가 사물들을 필연성과 관련시킬 때 우리는 사물들에 대한 완벽한 이해에 도달하게 된다. 이때 필연성의 형식은 플라톤의 이데아와 유사한 '이념' 속에서 표현된다. 그러므로 "무한자의 진리는······자신의 '이상성'이며", 따라서 "참된 철학은 언제나 관념론[이상주의, Idealismus]이다".[15]

이런 강한 결론은 '유한자는 모순의 처소'임을 보여 준 앞에서의 논의를 보증한다. 만약 무한자가 유한자를 파멸시키는 변화의 전체 체계라고 한다면, 그리고 이런 변화가 모순에 의해 힘을 부여받는다면, 무한자의 내적 과정은 필연성에 의해 지배된다.

이러한 사실을 좀더 자세히 살펴보자. 유한한 사물은 필연적으로 몰락한다. 그러나 그것은 몰락하는 가운데 단순히 사라져 버리는 것이 아니다. 유한한 사물이 당하는 부정은 규정된 부정이며, 따라서 그것은 몰락하는 가운데 다른 규정된 것에 의해 대체된다. 예를 들어 불에 탄 나무는 연기와

---

14) *EL*, §95.
15) *EL*, §95.

재가 된다. 어쨌거나 우리는 규정된 존재들이 단순히 사라지는 것이라고 생각할 수 없다. 왜냐하면 존재는, 우리가 본 것처럼, 규정되어야 하기 때문이다. 그리고 존재는 불가결한 개념이기 때문에 현존재도 그렇다.[16]

따라서 유한한 한 사물의 소멸은 다른 유한한 사물의 출생이다. 비사변적인 일상적 사유는 이 문제를 회피하고자 한다. 유한한 사물은 반드시 소멸한다는 직관이 생겨날 때(그 직관이 모순을 보지는 않더라도), 유한자를 유한성을 초월한 무한자에 의해 지속하는 것으로 여기는 생각이 자연스럽게 발생한다. 이 존재는 유한한 사물들이 사라질 때 이 유한한 사물들을 대체한다. 그러나 이러한 유의 무한한 존재는 헤겔에 따르면 불가능하다. 첫째, 그런 무한자는 유한자 없이는, 즉 규정된 존재 없이는 존재할 수 없다. 둘째, 그런 무한자는 유한자와 **대립**되어 있기 때문에 이미 은근슬쩍 규정된 것으로 정의되고 있다. 그러한 무한자 개념은 모순이다.[17]

따라서 무한성 혹은 자기 유지적 전체는 규정된 존재를 변화시키는 전체 체계일 수밖에 없다. 유한자의 체계 외부에는 유한한 사물들을 위한 어떤 토대도 없다. 따라서 새로운 유한한 사물들의 도래를 설명할 수 있는 체

---

16) 우리는 이러한 사실을 다른 방식으로 설명할 수 있다. 만약 우리가 유한한 사물을 단순히 사라지는 것으로 생각한다면 우리는 무의 범주로 되돌아갈 것이다. 그러나 특정한 실재를 간직하는 범주들 혹은 개념들을 다루는 『논리학』의 부분에서 무는 절대적 비존재일 수 없다. 그것은 오히려 이것 혹은 저것이 아닌, 간단히 말해서 어떤 규정된 존재가 아닌 바로 그 실재로 간주되어야 한다. 따라서 무는 우리의 출발점인 존재와 등가이며, 그것 자체는 규정된 존재를 다시 한번 산출한다. 따라서 현존재는 사라질 수 없다. *WL*, I, 118~119를 참조하라. 여기서 헤겔은 무의 변증법과 유한자의 변증법 사이의 유사성을 암시하고 있다.

17) 무한자는 말 그대로 한계가 없는 것이다. 그런데 만약 무한자가 유한자와 대립된 것이라고 한다면 무한자는 유한자의 한계 밖에 있는 것이고, 그런 점에서 유한자에 의해 한계 지어진다. 무한자가 한계 지어진다면 '한계 없음을 의미하는 무한자는 한계 지어져 있다'고 하는 모순적 명제가 산출된다. 헤겔은 유한자와 무한자를 분리할 경우 이는 결국 모순에 빠질 수밖에 없음을 이런 방식으로 설명하고 있다. —옮긴이

계 외부에는 아무런 근원도 없다. 새로운 유한자의 생성은 그에 앞선 것의 소멸을 의미할 뿐이다.

그런데 이 선행자는 개념적으로 필연적인 방식으로 소멸한다. 왜냐하면 그것의 소멸은 모순의 해소이기 때문이다. 따라서 계승자는 개념적으로 필연적인 방식으로 존립하게 된다. 그러나 모든 유한한 사물은 다른 유한한 사물의 계승자이다. 따라서 유한한 사물의 소멸뿐 아니라 생성도 필연적으로 발생한다.

따라서 유한한 사물을 변화시키는 전체 체계로서의 무한자는 개념적 필연성의 전개이다. 왜냐하면 이 사물들은 모순을 해소하기 위한 영구적인 시도를 하는 가운데 스스로를 변화시키고 전개시켜 나가기 때문이다. 모순은 사물들의 엔진이다. 모순은 만물에 깃들어 있으며, 따라서 만물은 영원한 생성 속에서 사라져 간다.[18] 무한자는 전체에 다름 아니며, 변화의 전 과정을 관통해 가는 필연성의 공식은 언제나 동일하게 남아 있다.

무한자는 이런 내적 필연성 때문에 전체 유한한 사물들의 집합이라는 의미에서의, 즉 우연적인 인과적 상호작용 속에 놓여 있는 유한자들의 총합이라는 의미에서의 전체가 아니다. 그것은 자신의 모든 부분을 내적으로 서로 결합하는 총체성으로서의 전체, 즉 각자가 타자와의 관계 속에서만 존립할 수 있는 그런 총체성으로서의 전체이다. 왜냐하면 이 부분들, 즉 유한한 사물들은 개념적 필연성에 의해 생겨나고 계승되기 때문이다. 따라서 유한자의 모순이라는 헤겔의 생각은(우리는 헤겔이 이 생각을 유지할 수 없는 지점까지 밀고 갔음을 살펴봤다) 이미 중요한 결론을 내포하고 있다. 전체를 유한한 사물들의 우연적 집단으로 보는 것과 헤겔적인 의미에

---

18) *WL*, I, 138.

서 '무한자'로 불리는 총체성으로 보는 것에는 참으로 중요한 차이가 있다. 헤겔적인 의미에서 무한자는 이념 속에서 자신의 진리를 갖는 것이다.

이 때문에 헤겔의 이런 무한성 개념은 이미 그의 존재론적 비전과 『논리학』의 최종 범주인 '이념'의 특성을 보여 준다. 이념은 그 구조가 개념적 필연성에 의해 규정되고, 유한한 사물들 속에 구현된 자기 유지적 체계다.

그러나 무한성은 아직 빈곤하고 추상적인 이념의 형상이다. 왜냐하면 우리는 무한성이 시간과 공간 속에 전개된 필연적 구조라고만 알고 있기 때문이다. 우리는 아직 이 구조를 명료하게 분화할 수 없다. 이러한 일은 『논리학』의 더 풍부하고 더 나아간 범주에서나 가능하다.

현존재에서 무한성으로 이동하는 가운데 우리는 실재의 무게중심을 변화시켰다. 실재를 하나의 특수한 사물로 보는 대신 우리는 그 실재를 변형을 겪어 나가는, 즉 많은 사물들이 생성하고 소멸하는 그런 과정의 중심으로 보게 되었다. 그리고 이것은 논리학의 전체 발전과 함께한다. 이때 각각의 단계는 점점 더 내면으로, 즉 자기 자신에 초점을 맞춘 존재 개념으로, 자신의 자율적 활동성을 내적으로 명료하게 분화하고 전개시켜 나가는 방향으로 진행해 간다. 간단히 말하면 각각의 단계는 주체의 모델에 점점 더 다가가게 된다. 어떤 것(Etwas)을 부정의 부정으로, 자기 지속적 존재로 보기 시작한 순간부터 우리는 이러한 도정에 들어섰다. 이제 우리는 한 단계 더 나아간다. 우리는 이런 사물을 유지하기 위해서뿐 아니라 생성과 소멸의 질서 잡힌 일련의 변형을 위해서도 자신의 활동성을 유지하는 보다 심오한 중심에 도달하게 된다. 우리는 보다 깊은 차원에서 부정의 부정을, 보다 많은 것을 포괄하는 통일체를, 따라서 보다 진전된 내면성을 보게 된다. 달리 말하면 우리는 사물들 사이의 상호 관계를 보여 주는 보다 심오한 단계에 진입하게 되는데, 이 단계에서는 분리된 사물들의 유지뿐 아니라 하나의 사물에서 다른 사물로의 변형도 강조된다.

따라서 『논리학』의 첫번째 운동은 유한한 존재를 무한한 삶의 담지자로 보는 헤겔 자신의 존재론의 기본적인 비전을 확립하고 있다. 이때 무한한 삶은 유한한 존재와 분리되어 있지 않으며, 존재는 규정된 존재여야 한다는 최초의 출발점과도 분리되어 있지 않다. 존재의 변증법은 현존재를 발생시킨다. 실재와 부정의, 존재와 비존재의 혼합체인 현존재는 내적으로 모순적인 것으로 해석되며, 따라서 자신의 파괴를 자기 안에 간직하고 있는 것으로 해석된다. 이러한 모순적인 자기 파괴적 본성은 유한성이다. 하지만 해체를 향한 돌진은 자신의 한계를 초월하는 것으로, 따라서 무한성으로 돌진하는 것으로 해석된다. 그리하여 이러한 과정은 유한자가 생성되고 소멸하는 과정에 내재해 있는 삶으로 간주된다. 그러므로 존재와 비존재는 현존재 속에서뿐 아니라 생성 속에서도 통일된다. 이러한 운동이 최초의 변증법 속에 암시되어 있다고 할 수 있다.

2. 양

'대자 존재'라는 제목이 붙은 「질」의 마지막 장에서 헤겔은 '양'(quantity)으로 이행한다. 이런 이행은 다소 억지스러운 듯이 보인다. 이 이행은 헤겔 변증법에서 종종 나타나는 또 다른 예를 제공한다. 즉 이 이행은 헤겔이 다른 중요한 개념들과 이행들을 '살려 내기' 위해 자신이 이미 도달한 진전된 지점으로부터 다시 '되돌아온다'는 사실을 보여 주는 예이다.

이곳도 바로 그 경우이다. 왜냐하면 우리가 이미 본 것처럼 현존재에서 발생한 것은 현존재를 생성하고 소멸시키는 가운데, 즉 '이상성'과 결합되어 있는 실재를 생성하고 소멸시키는 가운데 지속적으로 유지되는 무한한 삶의 개념이기 때문이다. 따라서 우리는 이러한 질의 소멸에도 살아남는 존재의 이념에 마주한다. 좀더 헤겔적인 용어를 사용해 말하자면 우리는 자신의 특수한 규정성을 부정하는, 혹은 자신을 규정한 타자로부터 다시 자기 자신으로 귀환하는,[19] 혹은 "단순한 자기 관계"[20]에 머물러 있는 존재에 마주한다.

이것이 바로 헤겔의 대자 존재, 즉 자신을 향한 존재(Being-for-self) 개념이다. 우리는 이제 이 단계에 도달했다. 헤겔이 주체인 '나'를 그 범례로 끌어들인 것은 놀라운 일이 아니다. 왜냐하면 의식으로서의 주체는 자기 앞에 특정한 대상을 가지며, 자기 의식으로서 특정한 일련의 특징들을 가지지만, 이 주체가 이 대상 및 특징들과는 동일하지 않다는 의미에서, 그 대상 및 특징들이 이 동일한 인격체의 삶을 통해 변화한다는 의미에서 이 주체는 다시 이것들로부터 '자기 자신에게 돌아오기' 때문이다. 물론 인간 주체는 궁극적으로 스스로 몰락하며, 따라서 대자 존재의 최고의 사례는 외적 실재 속에서 끊임없이 변화하는 가운데서도 삶을 유지하는 절대적 주체이다.

헤겔의 관점에서 보면 이 모든 것은 아주 명료하다. 즉 우리는 대자 존재에서 자신의 외적 구현물로 생성되고 그 속에서 소멸하는 삶으로서의 주체 개념을 도출한 것 같다. 하지만 이것[삶으로서의 주체]은 우리가 『논리학』의 이 단계에서 습득하고자 한 것이 아니다. 오히려 삶으로서의 주체의 문제는 3권 『개념론』에 적절한 지점을 차지하고 있다. 이 단계에서는 단지 '양'만이 도출된다.

---

19) *WL*, I, 147.
20) *WL*, I, 147.

그러므로 헤겔은 우선 진행 상황을 보여 준다. 헤겔은 우리가 여전히 '존재'의 범주에 머물러 있다는 것을, 즉 실재를 어떤 것의 유출이나 표현으로 보지 않고 무차원적인 단순한 존재로 보는 단계에 머물러 있다는 것을 상기시킨다. 실재를 어떤 것의 유출이나 표현으로 보는 것은 2권 『본질론』에서 나타날 것이다. 따라서 여기서 주체 개념을 다룰 여지는 없다. 그러나 만약 우리가 보다 충족된 이 개념을 단순한 존재라는 보다 빈곤한 맥락으로 옮겨 놓을 경우 우리는 새로운 변증법의 출발점일 수 있는 새로운 형태를 인출하게 된다.

이 새로운 형태는 단순한 존재이지만, 이것이 포함하고 있는 주체의 계기, 즉 대자 존재로 불리는 계기는 자신에게 고유한 규정성에 대한 자신의 부정이다.[21] 그것은 어떤 특정한 질이 없는 그 어떤 것으로부터 나온 존재이다. 그러나 이것은 『논리학』의 출발이 되는 순수 존재의 무규정성으로의 후퇴가 아니다. 왜냐하면, 헤겔에 따르면, 이 무규정성은 대자 존재의 자기 관계에 의해 정립되며, 변증법으로부터 발생했기 때문이다. 물론 헤겔은 여전히 존재의 영역에 머물러 있음에도 자신의 논의를 위해 주체의 저 우선권들을 보존함으로써 이것과 저것 양 측면을 다 가지고자 하는 것 같다. 하지만 그의 논의를 따라가기 위해 일단 이런 반론을 접겠다.[22]

---

21) 자신이 질로 표현된다는 것을 자각한 존재(여기서는 '대자 존재')는 그렇게 질로 표현되어 있는 그 존재와 더 이상 동일하지 않다. 이렇게 자각한 존재는 그런 질적 수준을 넘어 자기 자신을 향하고 있다. 질적 수준을 넘어선 존재, 즉 현 단계의 대자 존재는 따라서 질에서 돌아온 존재이며, 따라서 '양'이다.—옮긴이

22) 이런 불만족스러운 점에 대한 논의로는 Jean André Wahl, *Commentaires de la logique de Hegel*, Paris: Centre de Documentation Universitaire, 1959, p. 95를 보라[여기서 테일러가 말하는 요점은 다음과 같다. '주체'는 『논리학』에서 3권인 『개념론』에나 등장한다. 그러나 헤겔은 1권인 이곳 『존재론』에서 자신의 논의를 정당화하기 위해 주체 개념의 논리를 사용하고 있다. 테일러는 이러한 방식에 문제가 있다고 말하는 것이다].

이 존재를 헤겔은 '일자'(das Eine)라고 부른다. 그리고 비록 헤겔의 논리적 절차가 다소 공상적이기는 하나 우리는 이 문제에 깔린 그의 논리를 볼 수 있다. 왜냐하면 이러한 종류의 존재는 추론되어 나올 수 있을 뿐이기 때문이다. 즉 이러한 유의 존재는 수를 계산하는 것과 비슷한 절차를 갖는다는 점에서 다른 것과 구별될 수 있다. 다른 말로 하면 우리는 이러한 유의 특수한 존재에 일련의 수의 속성[하나(일자)라거나 다수라거나 하는 속성]을 부여함으로써, 혹은 어떤 순서를 부여함으로써만 이 존재의 정체를 확인할 수 있다. 이러한 유의 모든 존재는 규정된 질을 갖지 않는 존재이기 때문에 그런 존재들은 수적인 방식으로만 서로 구별될 수 있다.

물론 이런 논증에서 나는 '일자'의 동일성을 확인하는 것과 이 일자를 다른 존재와 구별하는 것이 서로 다르지 않다는 가정을 하고 있다. 즉 이러한 유의 존재는 많은 존재 양식들 중 하나로서만 파악될 수 있다. 내적인 분화가 이뤄지지 않은 하나의 존재를 타자와 비교하지 않을 경우 어떻게 그 존재의 동일성을 얻을 수 있겠는가? 완전히 실현된 절대 정신은 대조 없이 자기 동일성을 가져야 한다. 그러나 절대 정신의 삶은 풍부하고 다양한 실재들 간의 필연적 상호 관계이다. 왜냐하면 이 실재들은 서로의 대조에 의해 그 동일성이 확보되더라도 아무런 문제가 생기지 않기 때문이다. 하지만 어떤 내적 분화도 갖지 않은 것은 자신이 포함하고 있는 것에 의해 자기 동일성을 얻을 수 없다. 그런 존재는 따라서 자신이 '부정한' 것에 의해서만 선택될 수 있다. 현존재가 바로 그런 경우였다. 단순한 질과 일치한 현존재는 분화되지 않았으며, 따라서 규정된 다른 존재들과 대조되어야 했다. 하지만 현존재와 달리 여기서 일자는 분화되지 않았을 뿐 아니라 특수한 질도 가지지 않는다. 그것은 질적으로 타자와 대조될 수 없고, 오로지 수적으로만 대조될 수 있다. '일자'(the one)는 많은 것들 중의 하나(one)

로 실존해야 한다.

이러한 논증의 결과 우리는 '양'의 범주에 이른다. 비록 그 논의가 헤겔의 추론의 근저를 이룬다고 생각할 수 있다 하더라도 그의 양의 범주의 추론은 전혀 다른 형태를 띤다. 헤겔은 여기서 반발[척력]과 잡아당김[인력]의 개념을 사용하여 추론한다. 이 개념들은 칸트의 물리학의 핵심 개념이었다(따라서 이 개념들이 『논리학』에서 하나의 단계로 추론될 만도 하다).

이것은 헤겔이 본질적 개념들이라고 판단한 것들을 얻기 위해 취한 우회로의 또 다른 예이다. 반발[척력]의 도출(여기서 이 문제를 중점적으로 다룰 수는 없다)로 인해 일자가 자기 자신의 질적 규정을 부정하는 가운데 '자기와의 부정적 관계'를 갖게 된다는 생각에 이르게 된다. 따라서 일자는 다자[많은 것, many]가 되어야 한다. 하지만 동시에 일자로부터 발생한 다자는 모두 동일하고 동종적이다. 또한 각자가 타자와 맺는 관계는 자기 관계이기도 하다. 따라서 잡아당김[인력] 역시 존재한다.

(『대논리학』에서) 반발[척력]을 도출하기 전에 헤겔은 일자의 이념을 데모크리토스에 의해 정립된 원자론 철학과 연관시킨다. 원자들은 사실 이런 의미에서 '일자들'이다. 왜냐하면 이 원자들은 내적으로 분화되어 있지 않으며, 아무런 질적 성질을 갖지 않기 때문이다. 원자들은 상호 간에 어떤 질적인 차이도 갖지 않는다. 헤겔은 원자들이 자신의 일자 개념의 의미에서 볼 때 공허하다는 것을 설명하고자 노력한다. 일자는 질적 성질이 없으며, 비어 있고, 바로 그런 의미에서 공허하다. 원자들을 주변의 공허 속에 정립시키기 위해 일자의 두 계기, 즉 일자의 적극적 규정성과 그 공허함을 분리시켜야 한다.

그러나 원자론은 일자에 대해 적절하지 않은 설명을 제시한다. 왜냐하면 원자론은 원자들의 상호 관계, 즉 원자들의 조합을 순수하게 우연적인 것으로 파악하기 때문이다. 그런 조합이 우연적인 사실이기 때문에 어떤 원자들은 상궤에서 벗어나 타자와 마주한다. 이에 반해 현실에서 일자들은 상호 관계 속에서만 실존할 수 있다. 헤겔이 반발[척력]과 끌어당김[인력]이라는 개념들로 설명하고자 한 것이 바로 이 필연적 관계성이다.

그러나 나는 양 범주로의 결정적 이행이 내가 위에서 소개한 보다 일반적인 술어들, 즉 구별과 동종성이라는 개념들에서 가장 잘 설명될 수 있다고 생각한다. 그리고 헤겔 스스로 양 범주를 해명하는 데 있어서 이 개념들과 유사한 보다 일반적 술어들, 즉 연속성과 단절성 개념을 도입한다. 왜냐하면 사물들을 동종적이고 구별된 요소들로 구성된 것으로 보는 것은 그 사물들을 측량할 수 있는 것으로, 양화할 수 있는 것으로 보는 것이기 때문이다.

따라서 헤겔에게서 양은 '순수 존재'로 규정된다. "여기서 규정성은 더이상 존재 자체와 일치하는 것으로가 아니라 무화된 것으로 혹은 무차별한[아무래도 상관이 없는] 것으로"[23] 정립된다. 여기서 결정적 단어는 '무차별한'(gleichgültig)이다. 질적인 관점에서 볼 때 한 사물의 규정성이나 한계는 무차별의 문제가 아니다. 한계를 변경시킨다는 것은 그 사물의 본성을 변경시키는 것이다. 그러나 순수하게 양적인 관점에서 볼 때 사물의 한계는 그 사물의 본성을 변경시키지 않고서도 변화시킬 수 있다. 사물은 그한계들에 '무차별'[무관심]하다. 따라서 헤겔에 따르면 우리가 무차별적인한계를 다루고 있다는 것, 사물들이 그 본성의 변화 없이 그 연장에 있어서증감할 수 있다는 것, 이것이 곧 사물을 양적으로 다룬다는 표시이다.

이러한 사실은 우리가 실재를 동종적인 것으로, 즉 질적인 차이로 나

---

23) *EL*, §99.

뉘지 않는 것으로 다룰 수 있으며, 또한 단위들로, 즉 분명한 '일자들'로 분할해 다룰 수 있다는 것을 전제한다. 일자들의 구별과 동종성을 이끌어 내는 가운데 우리는 양의 범주를 인출했다.

양적으로 고려된 실재의 이런 이중적 모습, 즉 내가 구별과 동종성이라고 불렀던 것과 헤겔이 지난 장의 마지막 부분에서 끌어당김[인력]과 반발[척력]과 연관하여 논의했던 것을 헤겔은 여기 이 「양」의 1장에서 연속성과 분리 개념을 사용하여 도입한다. 연속성과 분리는 양의 두 '계기'이다. 왜냐하면 양적으로 고려된 실재는 동종적이어야 하며(즉 실재는 연속적이다), 따라서 우리는 어떤 지점도 선으로 그을 수 있고 측정할 수 있어야 하기 때문이다. 즉 실재는 (그것이 어떤 것이든) 구별된 단위들로 절단될 수 있어야 한다.

문제는 순수하게 양적으로 고려된 실재는 이제 수많은 방식으로 분할될 수 있다는 것이다. 순수하게 양적인 개념들 속에는 다른 곳이 아닌 어떤 특정한 장소에서 실재를 분할해야 할 근거가 없다. 헤겔은 단순하게 양적인, 수학적인 개념들은 철학적 진리를 표현하기에 적절하지 않다는 사실을 분명히 한다. 그 이유는 다음과 같다. 양적인 개념들로 사물을 본다는 것은 사물들을 동종적인 것으로, 개개의 미립자로 본다는 것을 의미한다. 이에 반해 헤겔에게 사변적 진리는 분화된 전체에 관계한다. 여기서 중요한 것은 개념적 대립이다. 따라서 우리가 세계를 양적인 개념들로 이해할 수 있다는 신념은 유물론과 관계가 있다. 왜냐하면 물질만이 양의 개념들(물론 시간과 공간의 개념도 포함하여)로 적절하게 이해될 수 있기 때문이다. 그러나 유물론은 세계의 필연적 구조를 표현하는 중요한 연관을 놓친다.

따라서 헤겔은 수학을 철학적 언어로서는 낮은 단계에 속하는 것으로 본다. 물론 수학은 우리의 단순한 감각적 관찰을 넘어서 있다. 하지만 수학은 우리에게 가장 외적인, 즉 비개념적인 관계들만을 제공한다.

그러나 수학의 빈곤함을 인정한다 하더라도 사물들을 양의 술어들로 특징짓는 것이 어떻게 우리를 모순으로 이끌며, 따라서 보다 높은 범주들로 이끌어 가는가? 헤겔은 「양」의 2장['정량'] 3절['양적 무한성']에서 이 문제를 다룬다. 여기서 그는 우리가 앞에서 언급했던 형태를 취한다. 즉 양적으로 고려할 경우 사물들은 그들의 한계에 아무런 관심이 없으며, 어떤 다른 곳에서가 아니라 특정한 한 곳에서 그것들을 분할할 근거는 없다. 이것을 다루는 부분에서 헤겔은 어떤 점에서는 질에 대한 논의를 상기시킨다. 즉 하나의 정량(quantum)은 자신의 한계를 변경할 수 없고, 불가피하게 더 커지거나 더 작아진다. 따라서 그것은 또 다른 정량이 된다. 그러나 이런 과정이 자연스럽게 끝나는 지점은 없다. 따라서 정량의 자기 변경은 끝없는 과정이다. 이는 마치 현존재의 자기 타자화가 끝이 없는 것과 마찬가지다. 그리고 후자의 과정과 마찬가지로 헤겔은 이 과정을 모순적인 것으로, 어떤 해결책을 요하는 것으로 보는 것 같다.

그러나 사람들은 헤겔이 이 이행들에서 별로 신경을 쓰지 않았다고 생각할 수도 있다. 양의 영역에서는 사물들이 자신의 한계에 무관심하다는 사실을 받아들인다면(이것이 무엇을 의미하건 간에), 정량들은 어떻게 자신의 한계를 넘어 변화해 간다는 말인가? 그리고 이 정량들이 끝없이 그렇게 할 때조차, 헤겔이 끝없는 과정이라는 '악'무한을 싫어함에도 불구하고 이것은 보다 높은 범주에 의해 해결되어야 한다는 모순을 보여 주는 것인가?

헤겔의 이러한 문제제기 방식은 우리가 여기서 선험 논리학의 범주들을, 즉 우리에게 실재를 파악할 수 있게 해주는 범주들을 다루고 있다고 생각해 보면 그 뜻이 어느 정도 분명해진다. 그리고 우리는 그 범주들이 실재를 일관되게 파악할 수 있게 하는 방법을 제시하는지 보기 위해 이 범주들을 테스트하고 있다. 순수 존재는 이 기준에 맞아떨어지지 않으며, 그 자체 무와 다를 바 없는 것으로 드러났음을 상기할 필요가 있다. 그리고 순수하게 양적인 특징들 역시 이와 동일하게 부적절한 것으로 드러난다.

논의는 다음의 방식으로 진행될 수도 있다. 즉 사물들을 순수하게 양적으로 특징짓는 것은 모든 것을 동종적 단위들의 조합으로, 즉 질적으로 아무 차이가 없는 단위들의 조합으로 기술하는 것이다. 이것은 그들이 물리적 원자론자든 논리적 원자론자든 간에 원자론자들의 꿈이다. 그러나 이 꿈이 어떤 실현 가능한 형식으로 제시되건 간에 이 꿈은 질을 재도입하지 않을 수 없다. 왜냐하면 단위들의 조합의 집합을 다른 형태가 아닌 특정한 하나의 형태로 선택하기 위한 근거들이 있어야 하기 때문이다. 내가 100단위를 가진 대상 A와 50단위를 가진 대상 B를 선택한다고 해보자. 여기서 한계를 설정하는 이유는 무엇이며, 101이나 99가 아니라 100단위로 묶는 근거는 무엇인가? 그 근거들, 즉 'A'와 'B'의 기준은 단위를 나타내는 수의 개념들로 진술될 수 없다. 왜냐하면 여기서 문제가 되는 것은 단위들을 특정한 수, 예컨대 100이나 50으로 묶는 이유에 대한 것이기 때문이다. 우리는 이 기준을 설명하기 위해 다른 종류의 서술 개념들[즉 질적 술어들]을 도입해야 한다. 예를 들어 100으로 묶인 이 집단은 다른 것들과 떨어져 자기들끼리 서로 무리 지어 있어서 그렇게 **묶인** 것이라고 말하거나, 혹은 50으로 묶인 이 집단은 특정한 **모양**을 하고 있어서 그렇게 **묶인** 것이라고 말할 수 있다.

이러한 점은 우리가 수많은 다른 방식들로 세계를 특징지을 수 있다는 생각에 아무런 영향을 받지 않으며, 따라서 상상적 상황 속에서 우리는 집단의 단위들을 무한히 많은 방식으로 제시해 볼 수 있다. 예를 들어 A는 88단위로 이뤄진 M으로, 혹은 12단위로 이뤄진 N으로 서술될 수도 있다. 그리고 이런 방식은 계속될 수 있다. 왜냐하면 어떠한 경우에도, 어떤 방식으로든 세계를 꾸미기 위한 이유들이 있다면 그 이유들은 단위들이나 이 단위들의 덩어리들과는 다른 일련의 서술적 개념을 도입함으로써만 가능하기 때문이다. 오히려 사물들을 특징짓는 방식은 여러 가지라고 하는 이러한 생각은 그 논증을 훨씬 강화한다. 왜냐하면 사물들을 특징짓는 상이한 두 가지 방식 사이의 구분은 각자에게 적합한 서로 다른 계열의 개념에 의해서만 주어질 수 있기 때문이다.

우리가 여기서 말하고 있는 원자론을 철저한 개념적 원자론이라 명명할 수 있는데, 그런 원자론은 사물들이 어떻게 특징지어지는지, 즉 단위들이 어떻게 집단으로 묶이는지의 문제에 아무 관심도 갖지 않는다. 이런 원자론은 어떤 것도 집단으로 묶일 수 없는 그런 현상 세계를 상상해야 하며, 우리가 만드는 어떤 집단도, 그 원리에 대해서는 아무것도 말할 수 없는, 그런 점에서 철저히 자의적인 그런 세계를 상상해야 한다. 이것은 일종의 초유명론적 교설이다. 그러나 이러한 사실은 명백히 불가능하다. 왜냐하면 개념적 원자론이 말하는 이런 이상한 상상적 현상 세계에서 허용되는 유일한 사물들이 단 하나의 단위——단 하나의 단위로 이루어진 세계에서는 어떤 경우에도 하나의 종류의 사물만 있기에 어떤 질적 개념도 없을 것이고(왜냐하면 어떤 대조도 없을 것이기 때문에), 따라서 **어떤 유**의 사물도 없을 것이다(이 경우 우리는 순수 존재의 공허함으로 떨어지고 만다)——로 이뤄져 있지 않다면, 우리는 단위들의 덩어리인 단일체들을 인정하지 않으면 안 되기 때문이다. 그러나 그렇다면 n 단위의 덩어리들이 단순히 n 단위를 가지고 있다고 하기보다는 n 단위의 덩어리를 소여된 사물로 추출하기 위한 어떤 기준이 있어야 할 것이다. 왜냐하면 100단위로 이뤄진 한 사물을 인지하고서, A들이 100단위 덩어리로서 포함하고 있는 성질들, 예를 들어 A들이 이 단위를 어떤 방식이나 모양으로 하나의 집단으로 만들어 주는 성질들과는 다른 성질들을 갖지 않는다면 'A가 있다'고 말하는 것은 아무런 의미도 없을 것이기 때문이다. 보편적인 원자론적 요소에 대한 그럴듯한 해석에 기초할 경우 어떤 사람의 영역에도 어느 때나 수천 개의 그런 단위는 아닐지라도 의심의 여지 없이 수백 개의 단위는 있을 것이다. 따라서 A만이 100단위를 의미한다면 이 A는 결코 주어질 수 없을 것이다.

물론 이런 상상적인 현상 세계는 우리에게 다소 낯설며, 현실 세계에서 아주 동떨어져 있다. 왜냐하면 현실 세계는 다양한 질적 차이로 가득하며, 따라서 우리는 모든 사물을 하나의 요소로 환원하기가 극히 어렵기 때문이다. 아주 성공적인 과학에 의해, 즉 실제 원자론에 기반한 물리학에 의해 도달한 그런 환원들조차, 비록 외관상으로는 다양한 현상을 하나의 설명 토대로 환원하는 것처럼 보이기는 하지만, 덩어리를 동종적 단위로 설명하는 원자론과 아무런 관련이 없다. 위에서 한 말의 목적은 사물들을 질적 차이나 다양한 서술적 개념을 도입하지 않고서 순수하게 양적으로 특징짓는 것이 왜 불가능한지를 보이는 것이었다.

그리고 나는 상당히 우회하여 이 증명을 수행했는데, 나는 헤겔이 그러한 증명의 중요한 몇 가지를 이미 보여 주었다고 생각한다. 우리가 본 논증에서 헤겔은 양적으로 고려된 실재(간단히 말해 '정량')는 자신의 한계를 자의적으로 변경할 수 있다는 주장으로부터 그런 실재는 그렇게 하지 않을 수 없다는 주장으로 나아간다. 그는 여기서 모순을 본다. "따라서 양의 성질에 따르면 양은 자신의 외면 및 타자와의 절대적 연속성에 놓여 있다. 그래서 정량은 모든 규정된 규모를 넘어서 **갈 수 있고**, **변경될 수 있을** 뿐 아니라 변경**되어야 한다**고 정립된다."[24] 이보다 조금 앞부분에서 헤겔은 이 것을 '모순'이라고 말한다.

그런데 우리가 여기서 사물들을 일관되게 파악할 수 있게 하는 일련의 범주들을 찾고 있음을 이해한다면, 그리고 우리가 본 것처럼 순수한 양적 특성은 우리에게 사물에 대한 어떤 적절한 특화된 설명도 줄 수 없다는 점을 이해한다면, '될 수 있다'에서 '되어야 한다'로의 이행은 이해할 만하다. 순수하게 양적인 술어로는 어떤 한계를 그 어딘가에 놓아야 할 이유가 없다. 그런데 우리는 정량들의 '크기 규정'이 변경되는 것을 **볼 수 있다**. 그리고 그런 변경을 중지할 이유가 없다. 그러나 우리는 고정된 정량들을 말하는 것은 무의미하다고도 말할 수 있다. 우리가 정량에 부여하는 어떠한 크기도 완전히 자의적이다. 우리는 어떤 다른 것을 선택할 수도 있을 것이다. 따라서 정량들은 **변할 수 있다**고 말하는 것은 오해의 여지가 있다. 왜냐하면 그것은 어쩌면 동일한 것으로 머물 수도 있는 정량들이 있음을 함축하기 때문이다. 반면 사실 어떤 고정된 정량들을 추출할 절대적 근거는 없다. 정량은 동일한 것으로 머문다는 **생각에는 어떤 의미도 없다**. 그리고 이 점은 정량은 변하지 않을 수 없다고 말함으로써, 즉 "정량은 자기 자신을 넘어서서 타자가 되게끔 자신을 정립한다"[25]고 말함으로써 표현될 수 있다.

따라서 만약 우리가 이 논의를 위에서 상기했던 『논리학』의 기본 맥락에 놓을 경우 이 모순은 쉽게 이해될 수 있다. 『논리학』에서 우리의 목표는 현실을 파악하는 것, 사물에 적절한 규정을 제시하는 것, 여기서는 양의 술어로 그렇게 하는 것이다. 그리고 우리가 부여하는 그 규정, 즉 정량은 하나가 아니며 그 한계가 정해져 있지 않다. 정량은 결코 명료한 규정으로서는 성공할 수 없으며, 따라서 그 목적이 파괴되도록 운명 지어져 있다. '존재'

---

24) *WL*, I, 221(강조는 원문).
25) *WL*, I, 222.

와 마찬가지로(그리고 부분적으로 동일한 이유에서) 양의 개념들이 현실에 적용되어야 할 경우 다른 범주들에 의해 보충되어야 한다.

나의 해석이 목표물에서 아주 벗어나 있는 것처럼 보일 수도 있다. 왜냐하면 헤겔은 이러한 이행을 말함에 있어서 전혀 다른 술어들을 사용하기 때문이다. 헤겔은 자신의 한계를 넘어 또 다른 정량으로 돌진해 가는 정량의 존재를 말하고 있으며, 또 다른 이 정량도 동일한 운명을 가진다. 따라서 그 과정은 무한하다. 그러나 나는 이러한 이미지가 다음과 같은 해석의 관점에서 이해될 수 있다고 생각한다. 즉 정량이 끝없이 변형되는 이유는 양이 순수하게 양적 술어로 기술되는 적절한 규정을 찾고자 한다는 데 있다. 그런데 그러한 탐색의 대상은 언제나 빗나갈 수밖에 없으며, 따라서 무한히 진행된다.

모순을 무한한 과정의 형식으로 제시함으로써 헤겔은 자신의 해결책을 친숙한 주형으로 제시할 수 있었다. 양적으로 무한한 어떤 숭고한 것을 보는 사람들, 예를 들어 천체를 관찰하는 천문학자들에 대해 공격을 가한 후에(그리고 물론 헤겔은 칸트가 『실천이성 비판』에서 천체에 관해 기술한 부분과 무한한 과정이라는 생각을 도덕 영역에 적용한 것에 대해 비판한다), 그리고 칸트의 첫번째 안티노미를 비판한 후에 헤겔은 자신이 현존재의 무한한 과정에 대해 취했던 것과 유사한 해결책에 이른다. 왜냐하면 정량은 언제나 또 다른 양으로 움직여 가기 때문이다. 따라서 양은 이 타자에게서 자기 자신에게 돌아오는 길을 발견해야 한다. 그리고 우리가 그 길을 두 양 사이의 관계라는 술어로 파악할 경우 그 일을 할 수 있다.

헤겔은 여기서 「양」의 3장 전체를 관통하며 전개해 가는 해결책에 이른다. 그리고 완전하게 전개된 것이 존재의 세번째 부분, 즉 척도(Maß)이다. 척도는 양이 더 높은 단계에서 질로 귀환한 것이다. 이 단계는 양자의 종합을 포괄한다. 이러한 생각은 하나의 사물은 단 하나의 정량의 술어로 규정될 수 없고, 오히려 정량들 사이의 관계의 술어로 규정될 수 있다는 것에 기초해 있다. 헤겔은 여기서, 척도에 대한 이후의 논의에서 명백히 드러나듯이, 둘 혹은 그 이상의 변수들을 결합하는 자연과학의 작용 법칙을 생각하고 있다. 우리가 한 사물을 어떤 작용 법칙의 술어로, 혹은 관계의 술어로 특징지을 수 있을 때, 우리는 그 사물의 질이나 본성[자연]의 규정으로 되돌아올 수 있다. 우리는 이러한 방식으로 질과 양의 종합에 도달한다. 우리는 양적으로 규정된 질에 이르게 된다.

그러나 위의 해석에서 요점은 우리가 양들 사이의 관계를 도입함으로써 우리는 개념적 원자론자들의 동종적 우주를 넘어갔다는 것이다. 연관되어 있는 둘 혹은 그 이상의 정량들은 둘 혹은 그 이상의 서로 다른 사물이나 성질들 혹은 차원들의 치수이다. 즉 그것들은 상이한 단위 숫자[26]를 가지고 있다는 것 그 이상에 의해 구별된다(사실 그렇다면 그것들은 상이한 단위 숫자를 가진다. 예를 들어 길이 1미터, 깊이 1미터의 1제곱미터의 길이와 깊이는 그 크기에 있어서는 같지만, 서로 구별된다). 단일 차원에서 이렇게 벗어남으로써 정량을 한정된 크기로 고정할 수 있게 된다. 앞의 예로 돌아가 보자. 우리는 이 100단위를 A로 선택한다. 왜냐하면 그 단위들은 각자 d의 거리를 유지하기 때문이다. 따라서 우리는 이 100단위를 A로 묶어 주는 이유를 갖게 된다. 왜냐하면 100은 d의 거리를 유지한 채 서로 묶인 단위들의 수이기 때문이다. 그렇다면 A들은 정량들 사이의 관계에 의해, 서로

---

26) 예컨대 동일하게 10이라는 숫자라 하더라도 뒤에 길이를 나타내는 km가 붙는지, 무게를 나타내는 kg이 붙는지에 따라 그 숫자는 전혀 다른 의미를 갖는다. km와 kg은 서로 다른 척도이기 때문이다. — 옮긴이

특정한 거리를 유지하는 단위들의 덩어리로 정의된다. 그리고 정량 100은 여기서 타자와의 관계를 d로 표현하는 하나의 관계 술어이기 때문에 고정된다. 두번째 차원의 도입으로 인해(그 차원은 여기서 양화되지만 본질적이지는 않다) 우리는 그 단위들을 원래 차원에서 묶을 수 있게 된다. 나는 이것이 하나 이상의 차원으로 작동하는 다차원성의 중요한 속성이라고 생각한다. 왜냐하면 그것은 여기에서 무한한 과정에 대한 다음과 같은 헤겔의 해결책을 설명해 주기 때문이다. 즉 "정량은 따라서 자기 반발로 정립된다. 따라서 두 개의 정량이 있다. 하지만 그것들은 지양되고 하나의 통일의 계기로서만 존재하며, 이 통일은 정량의 규정성(Bestimmtheit)이다".[27] 하지만 물론 이것이 우리가 텍스트에서 보듯이 그의 논증이 아니라고 반복할 필요는 없다. 오히려 그는 유사한 논증을 통해 정량은 자기 자신에게 되돌아오며, 그래서 자신의 계기를 자신을 넘어선 곳에서, 즉 자신이 변화된 또 다른 정량에서 발견한다는 사실에 도달한다. 그리고 다른 정량 속에서의 이러한 자기 동일성은 곧 위에서 언급한 연관된 두 정량의 통일로 재해석된다. 그리고 이 통일은 3장 '질적 관계'의 초석이 되며, 우리가 『존재론』의 마지막 부분인 3부 「척도」에서 발견한 양과 질 사이의 완전한 종합의 초석이 된다.

3. 척도

따라서 척도의 범주로 현실을 이해한다는 것은 특정한 양들에 기초한, 혹은 정량들 사이의 관계에 기초한 질들을 이해하는 것이다. 우리는 매우 간

---

27) *WL*, I, 239.

단한 예로, 0℃와 100℃ 사이의 온도를 가져야 하는, 그 밖의 온도에서는 얼음이나 수증기로 변해 버리는 물을 들 수 있다. 이것은 척도를 한정하는 질과 양 사이의 단순한 통일체이다. 정량 0℃와 100℃는 이 한계 상황에서 발생하는 질적 변화로 인해 중요한 수로 선택되며, 이 질적 변화는 온도 변화에 의해 설명된다. 따라서 우리는 두 차원의 성질 사이의 관계, 즉 실체의 상태와 그 온도 사이의 관계를 갖는다. 우리는 이 관계를 위의 논의에서 양적 특성화에 본질적이라고 보았다.

그러므로 우리는 어떤 의미에서 『논리학』의 『존재론』 3부 「척도」에서 질로 되돌아왔다. 하지만 그 귀환은 양과 통합되어 있다는 점에서 보다 높은 수준이다. 왜냐하면 우리는 성질들을 이제 양적 가치 위에서 재정립되는 것으로 보고 있기 때문이다. 그래서 이 척도 범주는 보편적으로 적용된다. "존재하는 모든 것은 척도를 갖는다."[28] 우리는 여기서 척도에 대한 그리스인의 생각을 상기하게 되며, 또한 수많은 영역에서 사물들을 동일한 질적 특성으로 유지시키는 경계들을 발견한 근대의 물리학과 화학을 상기하게 된다.

그러나 이 범주 역시 그 보편성에 있어서 아주 부적절하다. 헤겔은 사물의 양적 특성이, 비록 척도에서 질과 연합되어 있다고는 하지만, 사물들의 표면 이상을 건드리고 있다고는 생각하지 않는다. 그것은 현실의 핵심을 파고들 수 없다. 그리고 핵심을 파고드는 것은 내면과 외면의 변증법적 관계로, 즉 양자는 동일하지만 아직 서로 대립해 있는 관계로 진입하는 것이다. 이것이 헤겔 존재론의 핵심을 이룬다. 우리는 「척도」에서 이러한 유형의 이행을 수행하고 있으며, 이는 우리를 『논리학』의 『본질론』으로 이끌

---

28) WL, I, 343.

어 간다. 본질 논리학에서는 한 개 층위의 존재 범주를 다루는 것이 아니라 두 개 층위의 범주를 다룬다.

『대논리학』에서 논증은 매우 복잡하며, 세세한 부분에서 헤겔 시대의 학문들과, 그리고 이 학문들에 대한 그의 입장과 밀접한 연관이 있다. 『대논리학』은 자연철학에서 다시 등장하게 될 주제들을 다룬다. 그러나 『소논리학』에서 논증은 매우 경제적으로 그려져 있다. 그것은 단순히 양으로부터의 이행에 중요한 고려 사항들의 연속이다. 척도는 질과 양의 직접적 통일이며,[29] 그 자체로는 단순히 정량이다. 그래서 증가하고 감소할 수 있다. 그러나 특정한 한계를 넘어서면 이러한 증가나 감소가 질을 파괴할 수 있으며, 이는 '측정할 수 없음'(das Maßlose)의 상태로 우리를 이끌어 간다. 그러나 이 새로운 상태는 그 자체로 새로운 질이다. 그래서 우리는 척도로 돌아온다. 그러나 이 새로운 척도는 다시 기준을 넘어갈 수 있으며, 이런 과정은 (잠재적으로) 무한 후퇴한다(예를 들어 얼음이 물로 변하고 계속하여 수증기로 변한다).[30] 그러나 우리는 언제나 질과 척도로 돌아오기 때문에 그 차이에도 불구하고 이런 변화를 새로운 술어의 무한 과정으로 보기보다는 차이 속에 있는 동일성으로 보아야 할 것이다. "그러나 척도는……그러한 이행 속에서 자신과 더불어 나아갈 뿐인 그런 이행을 수행한다."[31]

우리는 여기서 『존재론』의 세 부분[「질」, 「양」, 「척도」] 모두에서 등장하는 이행의 논증과 동일한 논의 유형을 마주한다. 첫째, 관련 실체의 유한성(「질」의 2장의 어떤 것Etwas, 「양」의 2장의 정량quantum), 즉 어떤 한

---

29) *EL*, §108.
30) *EL*, §109.
31) *EL*, §110.

계를 넘으면 그 실체는 몰락한다는 사실은 내적 필연성으로 기술된다. 하지만 유한한 실체의 몰락은 어떤 다른 것의 출생이다(1부에서는 타자das Andere가 그것이고 2부에서는 새로운 정량이 그것이다). 이것은 규정들의 무한한 과정이라는 표상을 산출한다. 헤겔이 수용할 수 없는 이런 결과는 이런 필연적 변화의 상이한 국면들 사이의 '차이 속에서의 통일'을 인식함으로써 회피될 수 있다.

그러나 이러한 사물관은 실재에 대한, 즉 변화하는 상태의 기저에 놓인 기체[토대, substrate]에 대한 이층위의 개념을 산출한다. 우리가 2권[『본질론』]에서 탐구할 것은 이러한 관점의 다양한 변형들이다. 어떤 의미에서 우리는 1부에서 참다운 무한성을 이미 도출해 냈었다. 그러나 우리는 약속된 땅으로의 진입을 연기했다. 왜냐하면 양은 이미 상론했던 여러 이유를 통해 종합으로 통합되어야 하기 때문이다. 그래서 우리는 대자 존재라는 우회로를 통해 양으로 나아갔다.

이와 대조적으로 척도의 변증법은 양의 변증법과 연속해 있으며, 양의 변증법의 연장이다. 이 변증법은 동일한 규정들——정량의 불안정성, 그 결과로 나오는 무한한 과정, 그리고 차이 속에서의 동일성이라는 해결책——을 통해 현실에 대한 이층위의 개념 속에서 궁극적인 해결책으로 나아간다.

척도와 더불어 우리는 사물들을 특정한 양적 한계에 이르면 몰락하지 않을 수 없는 어떤 질을 갖는 것으로 특징화한다. 이런 질 개념의 도입으로 인해 우리는 한계들을 정하는 특수한 정량들에 머물 수 있으며, 반면 이 정량들은 사물들이 질을 가지고 있음을 설명한다. 그래서 헤겔은 척도에서 질들과 결합된 정량들이 단순한 정량들로 머물러 있지 않고 스스로를 넘어 나아간다고 말하는 것 같다. 우리는 이것을 어떻게 이해할 수 있을까?

얼마간 동일한 방식으로 나는 다음과 같이 제안해 본다. 척도에 의한 서술은 어떤 점에서 보면 부적절하다. 그 이유는 그런 규정이 위에서 말한 것처럼 우리가 의식할 수 있는 세계가 가져야 한다고 여겨지는 최소한의 복잡성 이하로 떨어진다는 데 있는 것이 아니다. 오히려 그 이유는 척도를 나타내는 개념들이 필연적으로 또 다른, 보다 심층의 개념들, 척도의 영역을 넘어서는 개념들과 더불어 진행된다는 데 있다. 우리는 지금 사물들이 특정한 양적 한계 내에 머무는 동안 특정한 질을 가진다는 점을 말하고 있다. 그러나 이것은 어떤 성질에 의해 정체성이 부여되고, 이 성질이 사라질 경우 더 이상 존재하지 않게 되는 그런 독립체(entity)들을 의미하는 것이 아니다. 오히려 이 말은 독립체들이 지금까지 자신을 결정적으로 규정해 주는 속성을 버리고 새로운 속성을 얻을 수 있다는 것을 의미한다. 척도의 범주는 이행을 만들어 낸다. 왜냐하면 우리는 척도의 범주에서 지금까지 독립체를 정의하는 결정적 속성이었던 것이 사실은 그 독립체의 특정한 한계 내에서만 통용된다는 것을 명확히 볼 수 있기 때문이다. 예를 들어 우리는 물(액체 상태의 H_2O)이 0℃와 100℃ 사이의 온도에서만 존립한다는 것을 안다. 우리는 독립체를 특정한 한계 내에 머물러야 하는 것으로 생각하게 되었다. 그렇다면 우리는 새로운 독립체 개념을 도입하지 않으면 안 된다. 즉 독립체는 여기서 이러한 한계 외부뿐 아니라 내부에도 존재한다고 주장될 수 있다. 따라서 이 새로운 독립체 개념은 지금까지 정의한 성질들보다 훨씬 더 풍부하며, 이런 성질들에 의해 한정되는 수많은 상태들에서도 그 기저에서 꾸준히 존립하는 기체(substrate)를 의미하게 된다. 위의 예를 들어 설명하자면, 일상적으로 물은 0℃와 100℃ 사이에 존재하는 것이고, 그 이외의 온도에서는 얼음이나 수증기가 된다. 그렇다면 우리는 그 독립체를 표현하기 위해 보다 근본적인 개념을 도입하지 않으면 안 된다. 우리는 그것을 H_2O라 부른다. 우리는 특정한 한계 내에서는 그것을 물이라 부르고, 이 한계를 넘어설 경우 얼음이나 수증기라고 부른다.

따라서 척도 개념을 통한 사물들의 서술은 실재를 규정하는 데 있어서 다양한 상태에서도 존립할 수 있는 기체적 독립체들(substrate entities)이라는 개념으로 우리를 이끌어 간다. 즉 척도 규정들은 자신보다 더 깊은 단계의 규정으로 나아갈 때만 의미가 있다. 척도로 표시되는 양적 규정은 "그 자체로 자신을 넘어서는 행위"[32]라는 헤겔의 논증, 즉 자신의 한계를 넘어서는 내적 필연성이라는 헤겔의 주장을 잘 보여 주는 것으로 해석되어야 한다. 그리고 만약 이런 해석이 옳다면 우리는 동시에 자신의 한계를 넘어서는 이런 발걸음이 왜 차이 속에서의 동일성인지, "자기 자신과의 결합"인지를 이해할 수 있다. 왜냐하면 보다 깊은 기체적 독립체는 상태 변화 속에서도 동일자로 머무는 것이기 때문이다.

많은 단계들에 진입하고 또 그 단계들에서 떠날 수 있는 기체적 독립체를 도입할 수밖에 없는 상황에서 우리는 존재에서 본질로 이끌어 가는 주된 단계에 마주하게 된다. 헤겔이 『논리학』 1권인 『존재론』에서 보여 주는 범주들은 모두 다 일층위의 개념들로 사물들을 특징짓는다. 즉 어떤 것(Etwas)이라는 범주는 자신을 한정하는 질과 동등하며, 정량은 자신의 정도(degree)와 동등하다. 다른 한편 『본질론』에서 우리는 기저에 놓인 실재의 이층위의 개념들과 그 표현들을 다룰 것이다. 많은 단계들로 진입할 수 있는 기체로서의 실재를 고려하는 가운데 우리는 일층위의 개념을 이미 떠났다.

물론 만약 우리가 헤겔의 궁극적 목표에 도달하고자 한다면 일층위성

---

32) *EL*, §109의 '추가'.

의 영역을 떠나는 것이 중요하다. 왜냐하면 변형을 겪는 존재(Being)의 개념들은 몰락하여 다른 개념들에 자리를 내주지 않을 수 없기 때문이다. '어떤 것'은 사라지고, 그 자리에 다른 것이 들어서며, 정량은 잇따라 다른 것으로 변화한다. 헤겔 존재론의 핵심이 되는 변화 속에서의 동일성의 유지라는 주장은 본질에 대한 이층위의 개념에 의해서만 가능하다. 본질의 범주들은 단일한 개념들이 아니라 본질적으로 연관되어 있는 쌍들,[33] 예컨대 현상과 실재, 사물과 성질 등과 같은 것이다. 그리고 여기서 한 항이 다른 항보다 좀더 본질적인 것으로서 정의될 수 있다고 하더라도, 그것들은 둘 다 실재를 특징짓는 데 필수적이며, 하나는 다른 하나 없이 정립될 수 없다. 따라서 하나를 정립하는 가운데 우리는 필연적으로 다른 것을 정립하는 데로 나아간다. 그런데 이때는 존재의 범주들과는 달리 하나가 다른 것을 억압하지 않는다.

그러나 이층위성이 본질의 범주들에 대한 헤겔 생각의 전부는 아니다. 우리가 방금 말한 본질적 관계에는 또 다른 특징이 있다. 기체는 필연적으로 외적으로 표현되어야 하고, 이런 외적 표현은 다시 필연적으로 기체를 지시해 준다. 그런데 우리는 이런 필연성의 요소를 우리가 살펴본 척도 논의로부터 이끌어 낼 수 없다. 그러나 필연성은 이미 무한성의 범주에 확립되어 있다. 우리가 척도의 끝없는 과정을 넘어서 움직여 갈 때, 우리는 규정된 존재의 끝없는 과정을 넘어간 범주와 다시 만난다. 우리가 본 것처럼 거기서 우리는 존재를 넘어가는 단계에 진입한다. 무게중심은 규정된 사물로부터 이 사물들을 부분이나 국면으로 간직하는 전체 체계로 이동했다. 이때 우리는 이미 본질의 범주로 진입했다. 즉 기저의 전체와 그 국면들을

---

33) *EL*, §111의 '추가'.

연결하는 이층위의 개념으로 이동했다. 우리는 이 단계를 연기하고 양으로 진입했다. 그러나 이제 우리는 본질로 넘어갈 준비가 되어 있으며, 훨씬 더 풍부한 전체 개념을 보유하게 되었다. 모든 질이 양의 관계에 기초해 있다는 것을 보임으로써 척도는 우리에게 상이한 질들의 한계를 말할 수 있게 하는, 그리고 한 과정에서 다른 과정으로 우리를 인도하는 기저의 과정에 대해 말할 수 있게 하는 언어를 부여받는다.

그러나 척도를 넘어 진행하는 가운데 우리는 여전히 무한성을 다루고 있다. 즉 우리는 변화 가능한 유한한 사물들의 자기 유지적 체계, 그리고 필연성을 발생시키고 내적 모순에 의해 힘을 얻는 질서와 지속적 변화 등을 다루고 있다. 이렇듯 척도를 넘어가는 가운데 우리는 사물들이 하나의 기체 속에 내재하지 않을 수 없다는 것을 볼 뿐 아니라 그 사물들이 이 기체 안에서 부정에 의해, 즉 상호 배제에 의해 서로 연관되어 있음을(예컨대 각자는 타자에 의해 규정된다) 보게 된다. 더 나아가 타자에 의한 이런 부정은 각각에 내재적이며, 따라서 각각은 필연적으로 몰락하고 다른 것에 의해 승계된다.

기체 혹은 사물들을 유지하는 전체는 필연적으로 모순에 의해 전개된다. 이 기체의 구조와 시간 속에서의 전개는 부정이나 자기 배제에 의해 결정된다. 헤겔은 그것을 "부정적 총체성"[34]이라 말한다. 이것이 총체성인 이유는 그것의 부분들이 서로 무관심하게 놓여 있는 그런 집합이 아니라 각자가 전체와의 필연적 연관 속에 놓여 있기 때문이다. 그리고 그것이 부정적인 이유는 다음과 같다.

---

34) *WL*, I, 397.

그것은 단순하고 무한한 부정적 자기 관계이며, 자기 자신과의 양립 불가능성이고, 자기를 자기 자신으로부터 밀치는 것이다.[35]

왜냐하면 이런 필연적 관계는 모순을 통해 일어나기 때문이다.

『소논리학』에서 헤겔은 현재 범주[척도]가 현존재(Dasein)로부터 나타나는 무한성과 동일하다고 진술한다.[36] 『대논리학』의 「척도」의 마지막 장[본질의 생성]에서 그는 [『논리학』 2권인 『본질론』으로 들어가기 위해] 본질을 이끌어 내는 일에 착수한다. 이 작업은 기체가 자기 자신을 발견하는 상이한 상태들에 '무관심한', 따라서 한 상태에서 다음 상태로의 변화가 외적 요인들에 의해 설명되어야 하는 단순한 기체 개념과 더불어 시작된다.

헤겔이 여기서 사용한 '무차별성'(Indifferenz)이라는 말은 1800년대 초에 헤겔이 사상적 단절을 선언한 셸링을 참조하지 않을 수 없게 만든다. 셸링의 '무차별성' 개념은 주체와 객체가 통일되어 있다고 가정되는 지점이다. 헤겔은 이것을 지지할 수 없었는데, 왜냐하면 그런 통일은 차이를 통일 속에서 삼켜 버리기 때문이다. 그리고 이 개념은 스피노자에 대한 '주석'(Remark)[37]도 참조하게 한다. 스피노자의 절대자는 모든 차이를 사라지게 하는 심연과도 같다.

[셸링과 스피노자의 해결책들과 같은] 이런 해결책들은 모두 동일한 무능력을 보여 주는데, 왜냐하면 그것들은 차이가 어떻게 발생하는지를 설명할 수 없기 때문이다. 만약 기체(substrate)가 자신의 상태에서 일어나는

---

35) *WL*, I, 397.
36) *EL*, §111.
37) *WL*, I, 396.

변화들을 기체 그 자신에 의해 설명할 수 없고 오로지 외적인 요인들에 의해서만 설명할 수 있다면 우리는 아직 자기 유지적 체계에 도달한 것이 아니다. 우리가 만약 그런 자기 유지적 체계에 도달한다면 기체의 변화는 기체 자신으로부터 설명되어야 하며, 그 서로 다른 상태들은 이 기체의 외부에 있는 것의 작용으로 인해 생겨난 것으로 해명되어서는 안 된다. 무관심한 기체라는 생각은 그 자체로 모순이다.

따라서 우리는 존재의 범주들에서 본질의 범주들로 이행한다. 우리는 규정된 존재들을 생성과 소멸을 통해 스스로를 유지하는 전체 혹은 기체에 필연적으로 내재하는 것으로 보게 된다. 그러나 우리는 무한성의 범주 덕분에 이런 기체를 유한자를 넘어서 있는 어떤 자족적 실재가 아니라 유한한 사물들에서 필연적으로 생겨나는 실재로 볼 수 있게 되었다. 왜냐하면 이런 실재는 유한한 존재를 이 유한자라는 바로 그 모순의 토대에 놓여 있는 필연성에 따라 배치하기 때문이다. 여기서 우리는 전에 단순히 거기 있는 존재[현존재, Dasein]라고 본 것을 이제는 정립된 것으로, 필연성의 과정에 의해 배치된 것으로 보아야 한다.

그러나 규정들은 더 이상……자기 자신에게 속하지 않으며, 자립적으로나 외면적으로 등장하지 않는다. 대신 이 규정들은 계기들로서 처음에 즉자적으로 존재하는 통일에 속하는 것으로 등장한다. 이 규정들은 이 통일에서 벗어난 것이 아니라 기체로서의 이 통일에 의해 이끌리고, 이 통일로부터 자신의 내용을 부여받는다. 존재의 전 영역에 나타나는 **존재들** 대신, 이 규정들은 이제 단순히 **정립된** 실재일 뿐이다. 바로 이 규정과 의미와 더불어 이 규정들은 자신의 통일체와 관련을 맺고 있으며, 따라서 각자는 자신의 타자와 관련되어 있고 부정태와 연관되어 있다.[38]

우리는 3장에서 헤겔에게 실재를 정립된 것으로 보는 이런 생각이 얼마나 중요한지를 살펴보았다.

따라서 우리는 헤겔이 반성 규정들(Reflexionsbestimmungen)이라 부른 이충위의 범주의 영역, 즉 본질의 영역에 도달한다. 이 개념에는 참고할 만한 많은 것들이 있다. 첫째, 우리가 기억하고 있듯이 헤겔은 아주 이른 시기부터 분열이나 분리, 혹은 이원성 등을 지시하기 위해 '반성'이라는 개념을 사용해 왔다. 이 단어들은 최초의 원시적 통합과 마지막의 보다 고차적 통합 사이에서 압도적 힘을 발휘하는 오성의 개념들이다. 따라서 반성 규정들은 『논리학』에서 존재의 직접성과 개념의 보다 고차적인 통합 사이에 자리한다.

그러나 반성이라는 술어는 또한 반성적 오성도 지시한다. 왜냐하면 반성적 오성은 사물들을 매개된 것으로 이해하기 위해 이 사물들을 단순히 직접적인 것으로 파악하는 것을 넘어서고자 하기 때문이다. 이러한 사실은 본질의 중요한 형태를 우리에게 제시한다. 즉 본질의 모든 범주는 은연중에 인식 주체를 지시하게 만든다. 물론 논리학 전체를 관통해 우리는 세계를 인식할 수 있게 하는 범주들을 다루고 있다. 우리는 철저히 선험 논리학의 영역에 놓여 있다. 그러나 『존재론』에서 우리는 인식 주체를 참조하게 할 만한 어떤 암시도 제공하지 않는 범주들을 살펴보았다. 그 범주들은 단순히 실재를 특징짓고 있을 뿐이다. 그러나 『본질론』에서는 두 술어들 사이에 차이가 만들어지는데, 예를 들어 현상과 실재 같은 연관된 범주 쌍에서 그런 차이가 만들어진다. 이러한 차이들은 은연중에 인식 주체를 지시해 준다. 말하자면 그런 차이는 그런 주체의 관점으로부터 만들어진다.

---

38) *WL*, I, 398.

따라서 『본질론』의 범주들은 관계와 매개의 범주들이자 반성하는 오성의 범주들이기 때문에 반성 규정들이다. 그러나 셋째로 그리고 가장 근본적으로 이 범주들이 반성 규정인 이유는 이 범주들이 그 양자를 다 포괄하기 때문이다. 외적 실재를 매개하는 내적 구조들은 개념적 필연성에 기초한 것으로서 궁극적으로 사유의 구조들로(따라서 우리의 반성적 사유와 일치하는 것으로) 이해될 수 있다. 따라서 우리가 『본질론』의 변증법에서 추적하고자 하는 것은 이해하고자 하는 주체의 외적 반성이 아니라 본질 자신의 내적 명료화들이다. 물론 이때 이 내적 명료화는 반성적 오성의 개념들로 표현될 것이다. 좀더 정확히 말하자면 우리는 이 둘을 한꺼번에 따라가고자 하는데, 왜냐하면 본질의 내적 명료화를 위해 점점 더 적합한 관점으로 나아갈 때, 동시에 우리는 본질이 인식 주체와 순수하게 외적 방식으로 맺고 있는 부적합한 관계에서 떨어져 나올 것이기 때문이다. 이 두 전선에서의 운동은 분리할 수 없다. 왜냐하면 우리가 위에서 본 것처럼 본질의 모든 범주는 은연중에 인식 주체를 지시하고 있으며, 따라서 이 주체와의 특정한 관계를 정립하기 때문이다.

다른 말로 하면 근저에 놓여 있는 본질의 실재로 되돌아가는 존재의 반성은 현상과 실재, 본질과 외적인 표현 등을 구분하는 반성하는 주체에게만 존재할 수 있다. 본질의 모순과 본질에서의 이행을 따라가는 것은 주체가 알려진 실재와 맺는 관계에서의 모순과 변형을 따라가는 것이다. 따라서 이 두 반성은 처음에 대칭적이다. 즉 각자는 자신의 길을 따라간다. 그러나 우리가 실재의 궁극적 구조가 사유의 구조임을 알게 될 때, 따라서 인식하는 정신이 완전히 자기 안에 머물고 있어서 더 이상 사물의 내적 핵심에서 분리되어 있지 않음을 보게 될 때 결국 그 양자는 하나가 된다.

11장

/

본질

1. 반성에서 근거로

본질(Wesen)은 사물들을 그 자체로, 즉 '직접적으로' 보는 것이 아니라 근본적인 토대 위에 구축된 것으로 보는 영역이다. 본질은 매개의 영역이다. 왜냐하면 본질 개념은 헤겔적 의미에서 불가피하게 매개되어 있기 때문이다. 즉 우리는 다른 개념을 통해서만 본질에 이를 수 있다. 우리는 존재를 반성함으로써, 존재가 그 자신에 충분하지 않다는 것을 봄으로써, 따라서 존재를 넘어 그 존재의 근본에 놓여 있는 것으로 돌아감으로써 본질에 도달한다. 그러므로 본질은 언제나 출발점인 존재, (자기 유지적인 것으로서) 부정된 존재를 지시해 준다. 헤겔에 따르면 이러한 사실은 본질의 독일어 (Wesen) 어원에 이미 표현되어 있다. 이 단어는 sein(be) 동사의 과거분사 형인 gewesen에 흔적을 간직하고 있다. "본질은 지나간 존재이다. 물론 이때 지나갔다는 말은 시간적인 의미가 아니다."[1]

배후로의 이런 운동은 부분적으로 이 책에서 중요한 역할을 하는 반성

---

1) *WL*, II, 3.

의 이미지를 근거 짓는다. 그러나 헤겔은 우선 그가 논의할 『본질론』의 본성을 분명히 하고자 한다. 반성은 위 단락에서 언급한 일방적 운동에 의해 이해될 수 없다. 그 단락에서 말한 운동은 존재의 부적합성을 인식함으로써 존재로부터 근저에 놓인 기체(substrate)로 이행하는 것을 의미했다. 이러한 운동은 어떤 의미에서 '반성'의 운동이다. 그것은 자신이 본 것을 의미 있게 하기 위해 어떤 내적 실재를 요청하는 인식 주체의 외적 반성이다. 우리는 이 외적으로 관찰 가능한 실재를 본질에서 유출된 것으로 이해해야 한다. 외적 객체로부터 본질로의 운동만을 설명하는 일방적 견해는 이 외적 실재의 관찰된 성질들을 단순히 주어진 것으로 취하는 설명 방식이다. 반성이 그저 수용되어야 할 뿐 어떤 경우에도 사유에 의해 규정된 것으로 볼 수 없는 자료에 대해서만 작용한다면 그것은 외적이고 주관적이다. 따라서 이 반성은 자신이 관찰한 것에서 어떤 필연성을 발견하는 것이 아니라 자신이 관찰할 수 없는, 근저에 놓인 실재를 요청해야 한다.

그러나 우리가 알고 있듯이 이것은 헤겔의 실재 개념이 아니다. 반대로 실존하는 것은 단순히 거기 존재하는 것, 단순히 우연적으로 존재하는 것이 아니라 철저히 체계적인 필연적 연관들의 망의 표현으로 간주된다. 『존재론』의 근본 주제가 규정된 존재를 깨뜨리고 그 타자로 이행하는 것이었던 것처럼, 필연적인 자기 초월과 따라서 언제나 궁극적으로 자기 자신에게 귀환하는 것으로 드러나는 소멸은 『본질론』의 근본 주제이다. 이렇듯 『본질론』의 근본 주제는 필연적 연관들이 현상 속에서 점점 더 분명하고 명료하게 드러나게 된다는 것, 결국 이런 연관들이 사유 혹은 내적 필연성의 적절한 표현으로만 간주된다는 것이다. 그리고 우리는 개념을 다루는 『개념론』에 도달하게 된다. 이것이 이 책[『본질론』]에서 범주들의 적용의 초점이 특수한 사물에서 상호 연관된 사물들의 체계로, 결국에는 총체성으로서의 실재 전체의 체계로 이행하는 이유이다(우리는 총체성으로서의 사물 전체의 체계에 대해 무한성의 범주에서 이미 그 전조를 보았다). 왜냐하면 실재 전체란 결국 자기 충족적인 필연성을 드러내는 전체일 뿐이기 때문이다.

그러므로 헤겔은 『본질론』을 자기 충족적이지 않은 외적인 것, 관찰 가능한 외적인 것으로부터 얻을 수 있는 것으로 보지마은 않는다. 관찰된 것을 현재의 그것으로 만드는 것은 밑에 놓여 있는 필연성이다. 이렇듯 『본질론』은 소여된 것으로 간주되는, 따라서 전제된 것으로 간주되는 외적인 것으로부터 정립된 기체로 나아가는 반성의 운동으로만 이해되어서는 안 된다. 그것은 또한 관찰 가능한 외적인 것을 '정립된 것'으로 생각할 수 있게 하는 근저의 필연성으로부터 움직이는 운동으로도 이해되어야 한다. 더 나아가 근저의 필연성은 이런 관찰된 것을 외적인 것으로 '정립하며' (setzt), 따라서 독일어 언어 유희에서 우리는 이 정립함을 '전제하다'를 뜻하는 독일어 voraussetzen으로 볼 수 있다.[2] 첫번째 운동에서 외적 실재의 전제는 두번째 운동에서 우리가 파악하는 정립이다. 이러한 사실은 두 운동의 통일을 표현한다. 왜냐하면 외적인 것이 근거하고 있는 내적 실재는 그것을 정립하고 있는 필연성에 다름 아니기 때문이다. 오성적으로 볼 때

---

[2] '정립하다'는 독일어로 setzen, '전제하다'는 voraussetzen이다. 전제하다는 voraus와 setzen의 합성어로 '앞서 정립하다', '이미 정립해 있다' 등의 의미를 함축한다. 즉 전제된 것은 그 이전에 정립된 것임을 의미한다. 예컨대 과학적 관찰이 소여된 것에 대한 관찰을 의미한다면, 이 소여된 것은 관찰의 전제가 된다. 즉 과학적 관찰은 소여된 것 자체에 대한 반성은 하지 않은 채 당연히 주어진 것으로 전제한다. 그런데 헤겔은 무언가를 정립하기 위한 전제가 되는 이 소여된 것이 사실은 그 이전에 이미 정립된 것임을 말하고자 한다. 즉 어떤 것도 단순히 소여된 것이 아니라 어떤 운동의 결과라는 것이다. 헤겔에 따르면 이 소여된 것은 새로운 것을 정립하는 전제가 되며, 그런 점에서 정립된 것의 '근저에 놓인'(underlying), 즉 '앞서 놓여 있는 (voraus) 필연성'으로 작용한다. 전제와 정립은 상호작용하고 있다. ─옮긴이

외적 실재는 근본적인 본질적 기체에 의존하고 있는데, 이런 의존성은 이 외적 실재가 기체에 의해 정립되었다는 사실을 보일 뿐이다. 반면 외적 실재의 실제적 '귀환', 즉 외적 실재의 소멸은 우리의 개념적 오성에 의해 그 필연성이 파악되는데, 그런 소멸은 그다음 개념의 정립과 필연적으로 하나이다.

이러한 이중의 운동에서 '반성'은 첫번째 운동을 따라 나오는 외적 반성으로만 이해될 수 없고, 내적 반성, 객관적 반성, 외적 실재로 자기 전개하는 운동, 그럼에도 불구하고 외적 실재가 본질과 동일한 것으로 남는 운동으로도 이해되어야 한다. 다른 말로 하면 우리의 외적 반성은 단지 주어져 있는 것만을 다루는 것도 아니고 그것 뒤에 있는 어떤 것을 정립하기만 하는 것도 아니다. 오히려 그것은 본질적인 실제 필연성을 따라가며, 따라서 더 이상 단순한 외적 반성이 아니다.

그런데 헤겔은 『본질론』 첫 부분에서 본질이 연관된 이 두 운동으로 정의된다고 생각했다. 그가 이런 본질관을 이끌어 내는 이유는, 우리가 이미 본 것처럼, 그는 본질을 존재의 사멸로부터 이끌어 내기 때문이다. 이때 존재의 사멸은 특수한 다른 존재의 필연적 정립을 동반한다. 따라서 필연성과 정립의 개념은 [이 책의] 처음부터 존립한다. 사실 이 개념들은 어떤 의미에서 무한성의 범주 이래 언제나 있어 왔다. 왜냐하면 이 범주는 필연적인 생성과 소멸의 과정에 결합되어 있는 규정된 존재들을 보여 주기 때문이다. 따라서 『본질론』이 다루는 것은 이러한 내적 필연성의 도출이 아니라 점점 더 풍부해지는 필연성의 개념들의 발전 과정이다. 그 과정은 외적인 표현이 내적 필연성에 완전히 적합해질 때까지, 즉 『개념론』에서 다뤄지는 개념으로 이행할 때까지 진행된다.

그러므로 『소논리학』에서 헤겔은 정당하게도 '근거(Grund)로서의 본질'에서 시작한다. 그리고 '근거'는 『본질론』의 첫번째 삼각 운동(triad)이다.[3] 그러나 이전에 출판된 『대논리학』에서 헤겔은 철저히 자신이 이미 보여 줬던 것에 기초하여 새로운 것에 대해 서술하기 때문에 운동의 이런 이중성을 더 깊이 추론하지 않고 그저 전제한다. 이러한 사실은 우선 삼각 운동의 첫번째 장 '가상'[비춤, Schein]에서 드러난다.

『대논리학』 1장에서 헤겔은 본질의 두 방향성을 두 가지 방식으로 서술한다. 첫째, 외부 실재를 단순한 가상[비춤]으로, 즉 단순히 비본질적인 것으로, 진정으로 자기 유지적인 실재에 도달하기 위해 진입해야 하는(우리가 이 실재를 관찰하거나 도달할 수 있는지와는 상관없이. 우리는 칸트와 더불어 사물 그 자체는 인식될 수 없다고 믿을 수도 있다) 비실재의 장막으로 보는 생각에 대해 논의한다. 이런 견해는 관찰된 외적 사물이 단순히 주어진 것이 아니라 본질에서 유출되었음을 우리가 알게 되자마자 유지될 수 없다. 가상은 본질로 들어가는 길을 막는 장벽, 실재 앞에 놓인 장막이 아니라 실재에 의해 필연적으로 정립되며, 따라서 본질에서 분리되어 있지 않고 본질에 통합되어 있다. 이러한 사실은 외부 실재가 단순히 본질과 상관없는 가상이 아니라, 헤겔의 말로 하면 Schein이라는 것을 보여 준다.[4] 이 개념은 반성 개념과 유사한 측면을 갖는다. 그래서 그는 본질을 '자기 안에

---

3) 헤겔 논리학의 모든 장은 삼각 운동을 전개한다. 예컨대 『대논리학』의 『본질론』 첫 장은 '가상'(비춤, Schein)인데, 이 장은 'A. 본질적인 것과 비본질적인 것', 'B. 가상', 'C. 반성'으로 이뤄져 있다. 두번째 장은 '반성 규정들'인데, 이 장은 'A. 동일성', 'B. 차이', 'C. 모순'으로 이뤄져 있다. 우리는 이를 삼각 운동이라 부를 수 있다. 본문에서는 『소논리학』의 목차를 다루고 있는데, 『대논리학』의 목차와 다르게 첫 장이 '근거'(Grund)이고, 그것은 'a. 순수한 반성 규정들', 'b. 실존', 'c. 사물'로 이뤄져 있다. — 옮긴이

4) Schein은 일상적으로 '가상'으로 번역되지만, '비추다'라는 동사에서 나온 명사로서 '비춤'이라는 의미를 내포하고 있다. 따라서 가상은 본질과 상관이 없는 것이 아니라 본질이 비춰진 것이라는 의미를 내포한다. — 옮긴이

서 비춤'(Scheinen in ihm selbst)이라고 말할 수 있었다.

두번째 방식은 반성에 대한 논의에서 나온다. 이 논의에서는 본질에 중심적인 반성의 유형은 외적 반성과 '정립하는' 반성의 종합이라는 사실을 다룬다. 이 논의에서는 반성적 판단과 규정하는 판단을 나눈 칸트의 구별이 참조되고 있다. 반성의 본질적 본성을 표시하기 위해 헤겔은 이 변증법에서 나온 범주를 '규정하는 반성'이라 부른다.

본질의 변증법은 『소논리학』에서는 처음부터, 『대논리학』에서는 서론을 다루는 장에 이어서 이런 토대에 입각하여 진행해 가며, 이를 통해 사물들의 체계적인 필연적 연관의 상을 전개해 간다.

동일성과 차이

우리는 반성적 오성이라는 가장 기초적인, 부적합한 개념들로부터 시작한다. 반성적 오성에서는 정립된 존재의 지속성이 동일성의 범주와 이와 연관된 차이의 범주, 그리고 비모순이라는 범주 아래서 숙고된다. 헤겔은 여기서 오성의 잘못된 물화를 제거하고자 한다. 오성은 모순이 실재에 내재한다는 것을 수용할 수 없으며, 따라서 모순을 사물들에 귀속시키는 것이 아니라 인간의 이해력에 귀속시키고자 하는 그런 "사물에 대한 일상적 다정함"을 제시한다.[5] 이러한 정신으로 추동되는 오성에게 논리학의 가장 기본적인 진리는 모든 것은 자신과 동일하며 다른 모든 것과는 구별된다는 것이다. 버틀러 주교의 말로 하자면 "모든 것은 존재하는 바 바로 그것이지 다른 것이 아니다".

그러나 헤겔에게 사물들은 그렇게 단순할 수 없다. 모든 것은 자신과

---

5) WL, II, 40.

동일하다. 하지만 모든 것이 자신과 다르다는 것도 참이다. 동일성의 주체는 변화를 통해서도 동등한 것으로 남아 있는 것으로서 더 이상 단순한 질이 아니라 근저에 놓여 있는 본질이다. 그러나 우리는 내적 필연성을 처음에는 하나의 성질을 정립하고 그런 다음 그 성질을 다른 성질을 위해 제거하며 그런 과정을 계속 수행하는 것으로 여겼지만, 이제 우리는 본질을 이런 내적 필연성으로 이해한다. 따라서 헤겔의 용어로 말하자면 근저에 놓인 동일성은 차이, 자기 분화이며, 이런 분화는 상이한 성질들이 서로 필연적으로 맺는 연관 속에서 전개된다. 본질의 본성은 스스로를 이런 성질들 속에서 필연적으로 연관된 것으로 표현하는 것이다. 그것은 자신을 자기 자신으로부터 '밀치는 것'(Abstoßen)이다. 이런 밀침은 동시에 자기 자신에 대한 반성이다. 따라서 한 사물의 자신과의 동일성은——우리가 단일한 하나의 성질로 정의된 독립체가 아니라 많은 성질을 간직할 수 있는 것에 대해 말하는 한[6]——변화를 겪을 수 있을 뿐 아니라 변화 자체의 필연적 근원이 되는 근본적 기체에 간직되어 있다고 적절히 이해될 수 있다. 따라서 이런 동일성은 차이를 필연적 계기로 가지며, (두 개념의 필연적 연관을 통해) 자신에게 돌아가는 반성으로서의 차이는 따라서 동일성과 하나이다.

이러한 토대 위에서 헤겔은 이 절에서 동일성과 차이라는 범주로부터 다양성이라는 범주를 통해 대립의 범주로 나아간다. 여기서 그 유도 과정을 상세하게 다룰 수는 없다. 그 유도 과정은 어쨌거나 『존재론』에서 사용된 논의에 이미 나타난다. 이 변증법의 결말은 그저 다양하게 있는 사물들의 특성이 사물들이 서로 본질적인 혹은 양극적인 대립 가운데 놓여 있다

6) 헤겔이 이 장 A 절의 '주석 2'(WL, II, 30)에서 지적한 것처럼 이것만이 동일성 주장에 대한 그의 진술의 토대가 된다

는 특성으로 이행한다는 것이다. 양극적 대립 가운데서 각 항은 서로 대립된 그 항들 사이의 상호작용을 통해 그 자신의 실재를 구성하게 된다. 예를 들어 양전기와 음전기가 그렇고, 자석의 양극과 음극이 그렇다. 이 외에 헤겔은 그러한 예를 다음과 같이 말한다. 빛과 어두움, 덕과 악덕, 진리와 오류,[7] 그리고 유기적 자연과 비유기적 자연, 자연과 정신[8] 등.

그러나 헤겔이 다양성의 개념이 어떤 의미도 갖지 않는다는 것을 말하려는 의도를 지닌 것은 아니다. 당연히 세상에는 다양한 사물들이 있다. 그러나 그가 주장하고자 하는 것은 세계 안의 사물들이 단순히 다양한 것으로 존재하고 있으며, 그 사물들이 단순히 서로 우연적으로 연관되어 있다고 보는 견해는 피상적이라는 것이다. 보다 근본적인 수준에서 말하자면 각각의 사물은 다른 것과의 대조 속에서만, 상호작용적인 대립 관계 속에서만 존립하며, 따라서 이 다른 것은 여기서 "그 사물의 타자"가 된다.[9]

다양성에서 양극적 대립을 이끌어 낸 헤겔은 더 나아가 언제나 거기 함께하고 있었던 모순으로 진행한다. 왜냐하면 대립으로 존립하는 것은 자기 자신을 부정하는 것에 근거하며, 따라서 자신과의 모순에 있게 되고, 몰락하지 않을 수 없기 때문이다. 대립으로 존립하는 것은 자신의 본질적 부분인 자신의 대립자를 배제하는 데 의존한다. 그것은 홀로 서 있을 수 없다. 따라서 양 측면은 "근거(Grund)에로 떨어진다".[10]

---

7) *WL*, II, 55~56, 모순을 다루는 절의 '주석 1'.
8) *EL*, §119의 '추가 1'.
9) *EL*, §119.
10) *EL*, §120['근거'로 번역된 독일어 Grund는 다른 어휘와 합쳐져 다양한 뜻을 가진다. 여기서 사용된 'zu Grunde gehen'은 '땅으로 떨어지다', 즉 '몰락하다'를 의미하는데, 말 그대로 하면 '근거로 내려가다'를 함축하고 있다. 헤겔은 대립이 첨예화되어 모순에 이르게 되면 결국 대립자들은 서로 몰락할 수밖에 없다는 것을 보여 준다. 이것은 동시에 단순한 몰락이 아니라 새로 시작할 토대가

근거

이 지점에서 우리는 새로운 변증법적 운동에 들어서게 된다. 동일성과 모순에 대한 논의를 통해 우리는 본질이란 외부 실재의 전개를 규정하는 근본적 필연성이라는 것을 통찰하게 된다. 따라서 우리는 본질을 이러한 실재의 근거로 보게 된다. 이러한 내적 필연성의 본질은 자신이 전개한 것 속에서 드러나며, 따라서 본질과 외부 실재 사이의 분리가 다시 극복될 것이다. 그러나 현재 잠시나마 그런 분리는 현존하며, 우리 관심의 초점은 내적인 근거로 이동하는 것이었다.

우리는 어떤 의미에서 기나긴 서론 이후 이제야 본질의 변증법에 도달했다. 존재로부터 본질에 도달한 후, 따라서 본질을 요청으로 바라본 후 우리는 마침내 본질을 일차적인 것으로, 그리고 외부 실재를 본질에서 유출된 것으로 생각하게 하는 전환을 완성했다.[11] 근거로서의 본질이라는 주제를 취하고 나서야 우리는 이 책의 진짜 목적에 초점을 맞출 수 있다. 이 책의 목적은 근본적 실재는 자기 자신을 필연성에 따라 전개하는 사유임을 보이는 것이다.

모순 범주와 관련해 여러 개의 주석(Remark)이 달려 있다. 그 주석들 중 하나는 배중률[12]에 대한 날카로운 비판을 포함한다. 이 비판은 처음에 아주 어리석은 것처럼 보이지만, 중심 부분에서 전개되는 존재론적 견해를 의미 있게 만든다. 또 다른 주석은[13] 헤겔 철학의 중심 사상을 표현하고

되는 근거(Grund)로 내려감을 의미하기도 한다. 여기서 헤겔은 사물의 현상에 만족하지 않고 그 뿌리에서부터 근거를 추구하는 활동이 본질의 주된 운동임을 보여 준다. 그래서 헤겔은 본질론에서 모순의 범주는 근거의 범주로 이행하지 않을 수 없다는 것을 말한다].

11) 이것은 우리가 나중에 신의 실존 증명에서 보게 될 종류의 전환이다. 이 증명에서는 존재 근거(ratio essendi) 속에 이차적으로 존재하는 것이 원래 인식 근거(ratio cognoscendi)에 현존했음을 보인다.

있는데, 그것은 모든 삶과 운동의 근원으로서 모순의 필연성을 말한다. 논리학과 상식의 근본적 편견에 따르면

> 모순은 동일성만큼이나 본질적이고 내재적인 규정이 아니다. 하지만 어느 것이 더 우선하는가에 대해 물으면서 두 규정을 서로 분리된 것으로 고찰할 경우 모순이 더 심오하고 더 본질적인 것이라 할 수 있을 것이다. 왜냐하면 모순과 비교해 볼 때 동일성은 단순히 직접적인 것, 즉 죽어 있는 존재를 규정할 뿐이기 때문이다. 하지만 모순은 모든 운동과 생동성의 뿌리이다. 어떤 것이 자기 안에 모순을 간직하고 있을 때만 그것은 스스로 움직인다. 즉 그것은 충동과 활동을 갖는다.[14]

그래서 모든 것은 모순 안에 있으며, 이 모순은 이 모든 것을 근거로 보낸다[몰락시킨다]. 이 말은 모든 유한한 사물은 사멸할 수밖에 없으며 동시에 근저에 놓인 근거와 필연적 연관을 가질 수밖에 없다는 것을 의미한다. 왜냐하면 모순은 사멸뿐 아니라 필연적 발전도 의미하기 때문이다. 모순과 필연성은 밀접하게 연관되어 있다. 순수하게 우연적인 것을 넘어 필연적 연관을 추구할 때 근거의 변증법과 더불어 시작할 수 있음을 보이는 것이 이 절 전체의 요점이다. 이것은 적절한 철학적 임무가 될 것이다. "철학

---

12) 배중률(principle of the excluded middle)은 제3자 배제의 원리라고도 하는 전통 논리학의 핵심 중 하나로, 어떤 두 명제가 모순 관계에 있다면 하나가 참이면 다른 하나는 반드시 거짓이 되지, 그 중간은 없다는 것을 의미한다. 즉 배중률은 '모순 관계에 있는 두 명제가 모두 틀릴 수는 없다'는 것을 뜻한다. 이치논리학(二値論理學)에서만 타당한 배중률은 제3의 명제를 받아들이는 다치논리학(多値論理學)이나 변증법적 논리학에서 그 힘을 상실한다. —옮긴이
13) WL, II, 58~62의 '주석 3'.
14) WL, II, 58.

의 목표는……무차별성을 추방하고 사물들의 필연성을 인식함으로써 타자가 **자신의** 타자로 마주해 있는 것으로 드러나게 하는 것이다.”[15]

근거 범주와 더불어 우리는 실재를 현존으로서만이 아니라 근거 지어진 것으로 볼 수 있게 된다. 실존하는 모든 것은 이유를 갖는다.[16] 이것은 이 범주의 개념들의 근저에 놓여 있는 원리이다. 그리고 헤겔은 여기서 라이프니츠의 충족이유율을 인용한다. 이 원리를 받아들이는 것은 존재하는 것이 무엇이건 그것은 “직접적 실존으로서가 아니라 정립된 것으로 간주되어야 한다는 것”을 안다는 것이다.[17] 이렇듯 이 범주와 더불어 우리는 존재의 영역을 실질적으로 벗어나게 된다. 우리는 이제 모든 것을 그 근거에서 유출된 것으로 본다. 헤겔은 여기에 라이프니츠의 이름을 언급하면서 이 철학자가 충족이유들을 단순히 기계적인 작용인에서가 아니라 목적인에서 추구한 것은 옳았다고 덧붙인다.

그리고 물론 이것은 헤겔의 목표도 잘 표현한다. 우리가 위 문단들을 통해 본 것처럼 그의 목표는 실재가 필연성의 표현임을 보이는 것이다. 우리를 근거의 범주로 이끈 것은 대립자들 사이의 필연적 연관이었다. 그리고 이 범주로부터 체계의 요소들 사이의 필연적 상호 연관성이 드러날 것이다. 헤겔은 여기서 다시 한번 일반적으로 받아들여지는 일련의 개념들

---

15) *EL*, §119의 ‘추가 1’.

16) 소위 충족이유율(principle of sufficient reason)에 대해 말하고 있다. 충족이유율은 모든 것은 이유(근거)를 갖는다는 것으로, 논리학의 중요한 원리 중 하나이며, 특히 라이프니츠가 자신의 존재론을 개진할 때 중요하게 취급했다. 독일어 Grund는 일반적으로 그리고 헤겔 철학에서 ‘근거’로 번역되는데, 그것의 영어 번역 reason은 일반적으로 ‘이유’로 번역된다. 따라서 충족이유율은 결국 헤겔 논리학에서 근거에 대한 해명이다. 이 문맥에서는 이유와 근거를 같은 것으로 볼 것이다. —옮긴이

17) *WL*, II, 65.

이 어떻게 자신의 존재론적 상을 강화시키는지, 그리고 그 과정에서 어떻게 이러한 상에 대한 우리의 생각을 풍부하게 하는지를 보이기 위해 이 개념들의 분석에 깊이 몰두한다. 따라서 어떤 의미에서 우리는 근거에 대한 논의로부터 시작할 것인데, 그 논의는 우리가 출발할 때 다뤘던 '실재는 필연적 상호 연관 안에 있다'는 생각과 동일한 근본 구조를 가진다. 실재를 다룰 때 우리는 일련의 일상 개념들을 헤겔 존재론의 관점에서만 적절하게 이해될 수 있는 개념들에 덧붙였었다. 그러나 또 다른 의미에서 보자면 이러한 상은 이 절에서 보다 깊게 진척된다. 왜냐하면 우리가 연관된 존재들의 체계를 다루고 있다는 것, 즉 체계적·필연적으로 서로 연관된 외적 존재의 총체성을 다루고 있다는 것이 훨씬 더 분명해지기 때문이다.

이러한 사실이 논의에 등장한다.[18] 근거 개념 혹은 총족이유 개념에서 출발함으로써 우리는 구체적인 모순을 탐구하게 된다. 모순은 다음과 같이 이루어져 있다. 어떤 것의 존재가 진실로 충분한 이유를 가지기 위해 설명되어야 하는 사물이나 사건과 동등한 혹은 그것을 함유한 조건들의 윤곽이 제시되어야 한다. 그러나 설명되는 것과 동일한 것에 해당하는 이유 [근거]는 설명으로서 만족스럽지 않다. 왜냐하면 그것은 충분한 정보를 제공하지 않기 때문이다. 헤겔은 그의 주석에서 이것을 원인과 결과를 혼동하는 설명(virtus dormitiva)[19]이라고 강하게 비판한다. 물론 그가 선택

---

18) 나는 지금 『대논리학』을 따르고 있다. 『소논리학』은 이와 다소 다르지만 근본 착상은 같다.

19) virtus dormitiva(잠들게 하는 힘)는 과학철학에서 결과를 그 원인으로 정의하는 잘못을 저지를 때 사용하는 오류에 대한 명칭이다. 그 유래는 한 의사가 심기증으로 고통받는 환자에게 '아편에는 잠들게 하는 힘이 있기 때문에 아편은 나른하게 합니다'라고 말한 데서 생겨났다. 이러한 유의 설명은 질문에 대해 진실하긴 하지만 공허한 대답에 불과하다. 이런 설명은 문제가 되는 결과를 야기하는 뭔가가 있음을 진술하지만 그것이 무엇인지에 대해서는 어떤 통찰도 주지 못한다. 예를 들어 생기론(vitalism)이 생명을 야기하고 구성하는 것이 무엇인지에

한 어떤 예들은 이 비판에 맞아떨어져 보이지 않기도 하지만 말이다. 설명이 정보를 제공하려면 설명되고 있는 것과 동일하지 않은 근거를 우리에게 제시해야 한다. 그러나 그렇게 함으로써 우리는 이유가 언제나 충분하지 않다는 것을 알게 된다. 왜냐하면 근거 짓는 것과 근거 지어진 것은 더 이상 동일한 것이 아니며, 따라서 그것들은 오직 우연적으로만 서로 연결되어 있기 때문이다. A를 B의 우연한 원인으로 제시하는 것은 그 근거로서 충분하지 않다. 왜냐하면 A 그 자체는 B를 위해 충분하지 않고, A는 단지 B를 산출하게 하는 인과적 결합과 연결되어 있을 뿐이기 때문이다.

우리가 근거 개념에서 마주하는 딜레마 혹은 모순은 따라서 다음과 같다. 근거의 도입이 정보 제공을 하는 정도만큼 그 근거는 설명되어야 하는 독립체와 구분된다(헤겔은 이를 '실제적 근거'라고 부른다). 하지만 그렇다면 그것은 불충분할 것이다. 다른 한편 만약 그것으로 충분하다면 그것은 더 이상 피설명항과 구분될 수 없을 것이다. 그렇다면 그것은 공허하고 정보 제공 능력이 없을 것이다(헤겔은 이를 '형식적 근거'라고 부른다).

이러한 딜레마가 인식될 수 있는 한 이 딜레마를 해결하는 문제가 현대의 사상가들에게는 어렵지 않아 보인다. 사람들은 당시의 과학철학에서 상식화된 설명 개념을 차용한 것으로 보인다. 타당한 설명이 되려면 피설명항이 설명항으로부터 연역되는 그런 설명이어야 한다는 것 말이다. 하지만 동시에 원인과 결과의 관계의 우연성이라는 흄의 주장도 폐기될 수 없다. 그러나 이 두 요청은 많은 과학철학 저자들에 따르면 다음과 같은 설

대한 질문에 대해 생명력이라는 개념으로 답한다면, 그것은 위의 오류를 범하는 것이다. 생명체들은 살아 있는데, 왜냐하면 그것들은 일종의 생명력을 가지고 있기 때문이라고 설명하는 것이기 때문이다. 이런 것을 비르투스 도르미티바(잠들게 하는 힘)의 오류라 한다. 일종의 동어반복이고, 오늘날 선결문제 요구의 오류와 유사하다. —옮긴이

명의 표준형에 의해 충족되어야 한다. 그 표준형에 따르면 B는 A가 발생했고 A 뒤에 B가 따라 나왔다고 하는 두 전제의 조합에 의해 설명된다. 이것은 충분함의 조건과 정보성의 조건을 모두 만족시킨다. 여기서 충분함(sufficiency)의 조건이란 설명항과 피설명항 사이의 연역적 관계를 요구하는 것으로 해석되며, 정보성(informativeness)의 조건이란 원인과 결과가 우연히 연관되어 있다는 것을 의미한다. 주된 전제인 일반 법칙이 우연적인 한 후자의 조건은 충족된다.

그러나 충분함과 정보성의 요청에 대한 근대의 이러한 해석은 헤겔의 해석과 다르다. 이 문제가 여기서 아직 분명하게 드러나지 않는다 하더라도, 조건과 근거의 관계를 토론하는 곳에서는 확실히 분명하게 드러날 것이다. 왜냐하면 그것은 고전적 설명에서 나타나는 특수한 조건과 일반적 연관 관계 사이의 관계와 다소 유사하기 때문이며, 근거로부터의 이행을 가능하게 하기 때문이다. 오늘날 과학철학의 표준적 설명은 헤겔의 눈에는 여전히 불충분하다. 그 이유는 그런 설명은 우연적이기 때문이다. 'A가 B를 이끌어 낸다'는 것은 우연적이기 때문에 그것은 더 나아간 설명을 필요로 하며, 그 과정은 무한히 계속된다. 그리고 유사한 무한 퇴행이 왜 발생했는지를 물어볼 경우 그 퇴행은 조건 A의 뒤로 무한히 진행된다.[20]

우리가 앞에서 본 것처럼, 헤겔은 어떤 점에서 보면 오늘날 과학철학이 생각할 수 없는 완전한 설명을 추구한다. 그는 궁극적으로 우연적인 전제라고 할 수 있는 것에 근거한 것이 아니라 철저하게 필연적인 그런 연역적 필연성을 추구한다. 우리는 이러한 생각을 필연적 연관으로 맺어진 원에서 보았다. 필연적으로 서로 연관되어 있는 원에서 출발점은 처음에는

---

20) *WL*, II, 96을 참조하라.

단지 정립되어 있고 따라서 지지를 받지 못한 상태에 있지만 결국에 인출된 것으로 끝난다. 이것은 명백히 실재를 논리학의 변증법적 이행으로부터 주조된 철저한 필연성의 세계로 보는 상이며, 헤겔에게 충분함의 기준을 제공한 것은 바로 이것이다. 물론 이것은 오늘날 독자들의 관점에서 볼 때 그의 논증을 심각히 약화시킨다. 왜냐하면 이것은 그가 증명하고자 하는 결정적 측면을 단지 가정하고 있기 때문이다. 그러나 헤겔이 유사한 다른 부분에서 하듯이 여기서도 이 기준에 따라 진행하고 있다는 사실을 부인하기 어렵다.[21]

그러나 만약 우리가 느닷없이 과학적 설명이라는 이슈를 문제로 제기할 경우 이러한 유의 기준을 가정하는 것이 불필요해 보일 수도 있다. 하지만 헤겔 『논리학』의 맥락에서는 이러한 기준에 대한 어떤 정당화가 있다. 왜냐하면 우리는 이미 실재는 필연성에 의해 추동되는 변화의 체계를 형성한다는 사실을 확립했기 때문이다. 그러나 만약 변화가 필연성에 의해 발생한다면 이 변화의 근거들에 대한 아주 적절한 설명은 필연적 연관을 보여 주어야 할 것이다. 이러한 사실은 우리의 정당화가 단순히 표준적 설명 이론의 일반 법칙으로부터 연역하는 것 그 이상이어야 한다는 것을 보여 준다.

그리고 이러한 요구의 정당성을 인정할 경우 우리는 다음의 딜레마를 환영할 수 있다. 즉 만약 완전한 설명이 더 이상 '왜'를 물을 수 없다는 의미에서 완전해야 한다면, 그리고 만약 이것이, 명백히 드러났듯이, 설명되지 않은 우연한 전제에의 의존이라는 것과 공존할 수 없다면, 충분함과 정보성이라는 두 기준은 전면적으로 대립될 것이다.

---

21) 예를 들어 *PbG*, Chap. 3을 보라.

그리고 이 딜레마가 풀릴 수 있다면 그 유일한 길은 헤겔이 제안하는 노선에서 발견될 수 있을 것이다. 즉 특수한 사물들과 사건들의 경우 어떤 것은 다른 것을 위한 근거로서 선택되는 방식으로 서로 우연적인 관계를 형성하는 데 반해, 이 특수자들을 부분으로 가지고 있는 전체 체계는 필연적 관계들에 의해 구성되어 있다.

우연성은 다음 둘 중 한 가지 방식으로 필연성의 간극(interstice)들에 존재하는 것으로 생각할 수 있다. 하나는 우리가 우연성을 단순히 현상으로, 즉 두 사물이나 사건에 대한 우리의 관찰의 결과로 보는 것이다. 그리고 이 경우 우리가 전체를 바라볼 때 이것들이 왜 그러한 방식으로 관련되어야 하는지를 볼 수 있다. 비유적으로 말하자면 한 유기체 내의 두 형태 사이의 상관관계를 들 수 있다. 우리가 이 두 형태에만 집중할 경우 그것들은 그저 우연적인 것으로 드러날 수 있지만, 만약 우리가 전체 유기체의 맥락에서 그것들을 볼 경우(물론 여전히 철저한 필연성의 하나가 아니라 하더라도) 완전한 설명을 할 수 있을 것이다. 따라서 생명체들이 반드시 사멸한다는 사실은 이 생명체들에만 초점을 맞출 경우 단순히 우연적인 상관관계로만 나타날 수 있지만, 우리가 일단 정확한 존재론적 상을 붙들고 나면 본성상 필연성이 흘러나오는 것을 볼 수 있을 것이다.

또 하나는 우연성을 실재하는 것으로, 하지만 한계 지어진 것으로 생각하는 것이다. 물질과 물체 그리고 중력 등이 있다는 것, 서로 다른 종류의 동물들이 있다는 것, 인간이 실존한다는 것, 인간의 역사는 일반적 노선을 따른다는 것 등 세계의 이 모든 일반적 장치는 모두 필연성에 의해 그렇게 된다. 하지만 대서양 중간에 섬이 있다는 것, G 값[22]이 초당 32피트라는 것 등 이런 특수한 사실들은 그 상세한 점에서 차이가 날 수 있다.

헤겔은 이 두 종류의 간극적(intersticial) 우연성이 실존한다고 주장하는 것 같다. 이 두 종류는 우주의 근본 구조를 포괄하는 일반 공식 아래 포섭되며, 범주적 개념들과 이들의 연관에 의해 필연적인 것으로 서술된다. 이에 반해 보다 덜 일반적인 다른 개념들로 표현되는 서술들은 이 구조의 형태들을 다소 덜 필연적인 방식으로 서로 연관시키거나 이 구조에 상응하여 변할 수 있는 실재의 개별 측면들과 연관된다.

이 두번째 우연성이 철저한 필연성이라는 테제와 화해하기 어려운 것으로 보일 수 있는데, 이 경우 그 답은 사물들의 구조가 논리학의 범주들이 적용된 것이라는 사실이다. 사물들은 규정된 존재, 양 등으로 서술될 수 있다. 이러한 범주들을 넘어서는 변증법적 이행은 이 범주들이 공허하다는 것을 보이는 것이 아니라 부적합하다는 것, 그래서 다른 것들에 의해 보충되어야 한다는 것을 보여 준다. 따라서 그것들은 적용된다. 따라서 실재는 규정된 존재들, 정량 등으로 이루어져 있다. 따라서 실재 그 자체는 우연적 측면을 갖는다. 이러한 사실은 철저한 체계적 필연성과 화해될 수 있는데, 그것도 그런 우연적 사실들과 관계들이 그 자체 필연적인 어떤 구조틀 내에서 유지된다는 테제에 의해 그렇게 된다. 그리고 우리가 보았듯이 그런 화해는 모든 범주가 유지되는 방식을 갖는다. 왜냐하면 그럴 경우 규정된 존재, 양 등과 분리될 수 없는 우연성은 필연적으로 실존하기 때문이다.

그런데 충족이유들의 딜레마를 해결하는 문제에서 이 두 간극적 우연성 개념은 다음 두 견해 중 하나를 포함할 것이다. 즉 특수한 근거와 특수하게 근거 지어진 것의 우연적 관계는 이 관계를 전체 체계의 관점에서 본 이해에 의해 보충됨으로써 필연적 관계로 이행할 수 있다는 견해나, 아니

---

22) G 값(Value of G)은 방사선 조사에서 일어나는 물질의 화학적 변화의 양을 나타내는 수치이다.─옮긴이

면 세세한 특수자들의 근거들이 이 특수자들과 우연히 관계하는 것으로 머물러 있어야 하지만, 이들의 본질적 성질들로 특성화된 관련 실재들은 필연성에 의존한다는 견해가 그것이다. 우리가 세세한 것에서 체계로 움직인 것처럼 우리는 이 둘 중 어떠한 경우에도 피상적 우연으로부터 근저에 놓인 필연성으로 움직인다.

그리고 이것이 근거의 딜레마에 대한 헤겔의 해결책이다. 근거와 근거지어진 것 사이에는 개별적인 특별한 관계들이 있는데, 이 관계들은 그 자체로 보면 우연적이지만 그 근저에는 전체의 체계적 필연성이 있다. 따라서 우리가 세세한 특수자들의 수준에 머무는 한 우리는 필연적으로 불충분한 근거를 다룬다. 하지만 충족이유[충분한 근거]의 원리는 그 세세한 것들이 전체 속에 필연적으로 위치한다는 사실에 의해 충족된다. 그래서 철저한 필연성에 기초한 유일하게 충분한 설명은 전체 체계를 지시하는 설명이다. 그리고 이 경우 피설명항과 설명항은 더 이상 자립적인 특수한 요소들로 나타나지 않고, 반대로 전체와의 연관 속에서 설명된다. 이러한 요소들의 설명은 이 요소들이 속한 전체에 의해 이뤄진다. 그래서 피설명항은 더 이상 설명항과 구별되지 않고, 오히려 설명항 속에 체화된다.

따라서 인간의 죽음은 처음에 우리에게 우연적인 것으로 보인다. 하지만 우리가 그것을 유한자에게 체현되어야 하고 또 그것을 넘어가야 하는 정신의 모순에 근거한 것으로 볼 경우 우리는 인간의 죽음이 필연적임을 보게 된다. 그러나 동시에 죽음이 필연적임을 설명하기 위해 도입하는 정신의 필연적 과정은 그 죽음과 구별되지 않는다. 탄생과 마찬가지로 죽음도 정신의 과정의 한 국면이다.[23]

그럼에도 불구하고 이러한 설명은 원인과 결과를 혼동하는 설명 (virtus dormitiva)이 아니다. 왜냐하면 이러한 전체적 필연성을 파악하는 것은 서로 연관된 분화된 요소들의 체계를 파악하는 것이기 때문이다. 따라서 이러한 설명은 정보가 충만하고, 그 자체로 보면 우연적인 수많은 특수 관계들을 포함한다. 이런 방식으로 충족이유의 원리에 의해 요구되는 필연성은 근거와 근거 지어진 것의 관계에서 개념들의 실제적인 분화와 결합되어 있다. 그리고 이런 관계가 없다면 설명에 정보성이 생겨날 수 없을 것이다.

필연적으로 연관된 요소들의 총체적 체계로서의 실재 개념은 위에서 말한 동일성과 차이의 변증법에 또 다른 측면을 부여한다. 연관된 요소들의 체계는 전체로서 하나이며, 그것은 동일성을 반영한다. 그리고 전체에 의한 전체의 설명은 그 안에서는 근거와 근거 지어진 것이 동일한 것이다. 그러나 그 체계는 서로 다른 요소들의 체계로서, 더 나아가 분리된 채 실존하는 대상들인 그런 요소들의 체계로서 타자성, 차이를 갖는다. 근거와 근거 지어진 것은 이런 방식으로 서로 연관된 상이한 독립체이다. 실재는 필연적으로 이 양자다. 동일성이라는 필연적 연결이 없다면 실존하는 것은 어떤 근거도 갖지 못할 것이며, 토대 없이 존재할 것이고, 따라서 실존하지 않을 것이다. 그러나 차이, 요소들의 실제적 분화가 없다면 어떤 실존도 있

---

23) 헤겔이 『소논리학』(§121의 '추가')에서 말하듯이 우리는 일상적 삶에서 종종 설명항과 피설명항을 구별하지 못하는 설명을 한다. 예컨대 우리가 어떤 전기 현상을 전기에 근거하여 설명할 때 그렇다. 일상적 삶의 맥락에서 이런 설명은 결코 잘못이지 않다. 그러나 이러한 유의 근거는 철학에는 불충분한데, 왜냐하면 그 근거가 필연적 구조를 가진 전체 속에서 아직 명확해지지 않았기 때문이다. 근거는 아직 '즉자대자적으로 규정된 내용'을 갖지 않는다. 우리는 아직 활동적인 것(thätig)과 생산적인 것(hervorbringend, 『소논리학』 §122 참조)에 이르지 못했다. 따라서 이런 일상적 수준에서는 어떤 것도 가능하다. 어떤 것에 대해서도 근거[이유]가 발견될 수 있다.
『소논리학』에서 논증은 『대논리학』에서의 논증과 다르다. 그리고 이행은 이러한 일상적 이유 제시의 불충분함 때문에 발생한다. 일상적 이유 제시에서는 제시된 훌륭한 근거들이 동일한 내용을 뒷받침하기도 하고 허물기도 한다.

을 수 없다. 왜냐하면 우리가 본 것처럼 순수 존재는 순수 무와 동일하기 때문이다. 그리고 차이는 실제로 분리된 채 실존하는 대상, 외부 실재, 즉 시간과 공간에서 서로 분리된 채 실존하는 대상들을 요구한다. 차이가 없다면 실제 독립적인 실존[존립, Bestehen]은 없을 것이다.

우리는 매개와 직접성의 개념을 통해서 이 전체를 볼 수 있다. 존재의 영역과 달리 이 체계의 요소들은 모두 매개되어 있다. 각자는 타자에 의해 정립되고, 생겨나며, 근거 지어진다. 따라서 매개는 보편적으로 일어난다. 그러나 전체로서의 체계는 매개되지 않는다. 그것은 모든 매개의 장소이며, 자기 밖의 어떤 것에도 의존하지 않는다. 따라서 그것은 직접적이다. 그러나 그 직접성은 존재의 첫 범주들의 직접성과 같지 않다. 이 직접성은 매개에 기초한 직접성이고, 자기에게 복귀하여 매개의 순환을 닫는다는 의미에서 매개를 극복한다. 그것은 자기 스스로 충분하다는 점에서 자기 유지적 체계의 직접성이다. 따라서 헤겔은 그런 체계는 "근거가 없다" (grundlos)고 말한다.[24] 그것은 "직접성 혹은 존재의 복원이지만, 그것이 매개의 지양을 통해 매개되는 한에서의 존재의 복원이다".[25]

헤겔은 이것을 실존(existence)의 범주라고 말한다. 라틴어에서 유래하는 이 용어의 용법은 어원적으로 외면성을 지시하도록 설계되어 있다.[26]

---

24) *WL*, II, 99~100.
25) *EL*, §122.
26) '실존'으로 번역되는 영어 existence는 '밖에', '밖으로'를 뜻하는 ex와 '세우다', '설립하다'를 뜻하는 sistere의 합성어이다. '밖에 세워져 있는 것', '밖에 실제로 있는 것'을 의미하는 이 단어는 우리말로 '실존'으로 번역된다. 이 말은 존재[있음, being]와 구별되는데, 예컨대 인도유럽어에서는 '유니콘은 있지만 실존하지 않는다'는 용법이 가능하다. 신은 확실히 존재한다. 하지만 그것이 실제로 있는지는 다른 문제이다. 예를 들어 서구적 전통에서 '신은 전능하다' (God is omnipotent)라는 진술, 즉 신은 '전능한 존재'(omnipotent being)라는 진술은 아무런 문제없이 받아들여진다. 하지만 그런 존재가 실제로 현존하는지, 즉 실존하는지는 다른

왜냐하면 헤겔이 근거의 딜레마에 대한 이런 해결책에서 강조하고자 하는 것은 이 범주가 실재의 배후에 놓인 내적이고 숨겨진 무언가를 지시하는 것으로 간주되지 않는다는 것이기 때문이다. 실재가 근거 지어진 것이라고 할 때 이는 실재를 다른 어떤 것에 기대고 있는 것이라고 생각하는 것이다. 그리고 이를 인간에 적용해 보면, 인간이란 숨겨진 내적 토대인 어떤 다른 것들에 근거해 있는 자라고 생각하게 된다. 이 사실은 우리가 근거의 후보가 되는 특수한 외적 사건과 사물이 불충분하다는 사실을 숙고해 보면 훨씬 더 그렇다. 헤겔의 요점은 다음과 같다. 즉 한 사건을 충분한 이유를 가진 것으로 만드는 특수한 조건들이 있을 수 있다. 하지만 이 조건들로는 한 사건의 온전한 필연성을 설명할 수 없는데, 왜냐하면 이 조건들이 그 사건의 배후에 있는 숨겨진 것이 아니기 때문이 아니라, 그 사건이 부분으로 참여하는 전체 체계의 필연성을 드러내지 못하기 때문이다. 다른 방식으로 말하자면, 사물들의 내적 토대는 배후의 어떤 실체가 아니라 자신의 완전하고 유일한 표현을 외부 실재에서, 정확히 말하면 체계로서의 이런 실재의 필연적 연관들에서 발견하는 필연성이다. 근거에 대한 온전한 이해는 외부 실재 배후에는 아무것도 없다는 것을 우리에게 보여 준다. 그러나 이것은 우리가 단순한 존재와 마주했던 출발점에 있다는 것을 의미하지 않는다. 우리가 필연성의 충만함을 파악했다는 사실에 의해 우리는 이제 저기 밖에 있는 것이 정립된 것임을, 이 필연성에 의해 산출된 것임을 알게

문제이다. 신의 실존 증명은 그런 존재가 실재함을 보이는 증명이다. 이런 점에서 실존과 존재는 구별된다.

하이데거는 여타의 사물들을 존재자로 규정하는 데 반해 인간을 실존으로 규정한다. 인간은 현상태에 머물되지 않고 그 상태를 언제나 넘어서고자 하는 기투 행위를 한다는 의미에서이다. 그는 Existenz(실존)을 '현재하는 것'(sistere)에서 벗어나는(ex) 활동적 존재로 해석하고 있다. ─옮긴이

된다. 그래서 우리는 사물들을 외부 실재로만이 아니라 외부 실재가 된 것으로, 필연성의 내적 공식에 들어맞게 외적으로 존재하게 된 것으로도 볼 수 있게 된다. 그리고 이것이 바로 **실존** 개념에 힘을 부여하는 것이다.

그래서 실존으로의 이행과 더불어 헤겔은 『본질론』의 임무에 대해 볼 수 있게 하는 결정적 발걸음을 내딛는다. 즉 본질은 외부 실재의 근저에 놓인 것으로서 뒤에 숨겨진 것이 아니라 완전하게 명료한 필연성으로 드러난다. 체계적 필연성이라는 이런 개념을 풍부하게 하는 것은 이 책의 나머지 부분에서도 계속된다. 그러나 여기에서 결정적 문제가 제기된다. 이런 점에서 근거의 변증법은 일 진보한다. 요소들의 필연적 연관이라는 이 개념은 이미 이전에 있었으며, 이 책[『본질론』]의 앞선 논증에, 특히 근거를 도출하는 데 있어서 본질적이었다. 그러나 이 절에서 체계적으로 연관된 요소들의 전체라는 생각, 그리고 그 본성이 아주 분명하게 외적으로 표현될 수밖에 없는 내적 토대라는 생각이 좀더 분명하게 드러났다. 이것들은 보다 많은 전개를 필요로 하고 또 그렇게 될 결정적 주제들이다. 여기서는 다만 암시적으로 말하고 있을 뿐이다. 그래서 실존은

> 자기 내 반성된 존재이면서 동시에 타자 속에서 빛나는 무수한 양의 실존이다. 그런 점에서 이 실존들은 상대적이며, 상호 의존의 세계, 근거와 근거 지어진 것 사이의 무한한 상호 연관을 형성한다.[27]

이 무수한 실존들은 전체 속에서 서로 연관되어 있기는 하지만, 사물들의 적합한 근거인 필연성을 아직 완전하게 표현하지는 않는다. 이것이

---

27) *EL*, §123.

바로 이제 추론되어야 하는 것이다.

실존하는 것들의 총체로서의 세계의 이 다채로운 유희에서 우선 확고한 정지는 어디에도 없다. 여기서는 모든 것이 상대적인 것으로만 존재하며, 타자를 통해 제약되고, 또 타자를 제약한다. 반성하는 오성은 이런 전면적 관계를 조사하고 추적하는 일을 자신의 업무로 삼는다. 다만 여기서는 목적에 대한 질문이 제기되지 않은 채 남는다. 따라서 개념적으로 파악하는 이성에 대한 욕구는 단순한 상대성이라는 이런 관점을 넘어 논리적 이념의 더 나아간 발전을 추구한다.[28]

『대논리학』의 '근거' 장에서 헤겔은 형식과 본질, 형상과 질료, 형식과 내용 사이의 구분에 대한 논의를 수행한다. 뒤의 두 주제는 나중에 『소논리학』에서도 다소 논의된다. 그러나 이것은 실질적 개정이 아니다. 왜냐하면 여기서 헤겔의 임무는 다른 곳에서와 마찬가지로 이 근본 생각이 어떻게 이런 구별들을 검토하는 것으로부터 나오는지를 보이는 것, 또 이 과정에서 오성의 고정된 대립이 어떻게 무너지는지를 보이는 것이기 때문이다. 이 구별들이 이뤄지는 곳은 단 한 곳이 아니다.

헤겔은 현상(Erscheinung)의 범주를 관통하면서 명료한 필연성의 이념을 계속 발전시키고자 한다. 현상은 실존과 마찬가지로 단순한 형용사적 명사보다는 동사적 명사로 이해된다. 현상은 나타나는 것, 외면으로 걸어 나오는 것이다. 따라서 현상은 보다 본질적이며 숨겨진 실재와 대조되지 않을 것이다.

---

28) *EL*, §123.

사물

그러나 이 논의로 진입하기 전에 상식과 전통 철학에서 아주 중요하게 취급하는, 헤겔이 분명히 하고자 하는 아주 중요한 범주가 있다. 그것은 '사물'(das Ding)이다. 여기서 사물이란 성질(Eigenschaft)[29]들을 가지고 있는 것, 즉 성질들을 간직한 자를 의미한다. 존재의 영역에서는 이런 사물에 마주하지 않았다. 왜냐하면 『존재론』에서 존재와 하나인 질이 다뤄졌기 때문이다. 즉 어떤 것(Etwas)은 질이 변하면 더 이상 그것으로 존재하지 않는다. 따라서 '가지고 있음'(having)의 관계[소유 관계]는 거기서 다뤄지지 않았다.[30] 그러나 여기서 우리는 상호 연관된 요소들의 총체성의 이념, 서로 엮인 성질들의 다수성, 따라서 성질들을 가지고 있지만 그 성질들 속에서 변화를 유지할 수 있는 단일체에 도달했으며, 소유 관계에 도달했다.

'성질들'을 가지고 있는 사물 개념이 헤겔이 거부해야 하는 총체성의 개념은 아니다. 두 가지 이유 때문이다.

첫번째 이유는 연관된 다음의 세 가지 방식에 놓일 수 있다. 첫째, 우리가 본 것처럼 헤겔의 총체성 이념은 그 요소들이 불가피하게 서로 연결되어 있지만 아직 대립 가운데 있는 그런 총체성이다. 둘째, 헤겔은 모순, 즉 분리될 수 없는 것 내부에 있는 대립 속에서의 운동, 즉 생성의 원천을 보는 데 반해, 성질들을 간직한 사물이라는 개념은 오히려 안정적인 공존의 개념이다. 셋째, 총체성의 상이한 요소들이 필연적 연관들의 토대가 되는

---

29) 이 표현이 '소유', '재산'의 의미도 지님을 기억하자. —옮긴이

30) *EL*, §125. 헤겔은 여기서 많은 유럽어에서 '가지다'(have) 동사가 과거 시제를 형성하기 위해 사용된다는 것을 말하지 않을 수 없었다. 따라서 이 동사는 '지양된 존재'와 연관되며, 따라서 우리가 Sein(존재, 있음)의 과거분사와 연관시켰던 본질(Wesen)과도 연관된다[유럽어에서 have 동사는 다른 동사의 과거분사와 결합하여 현재완료형을 형성하는데, 현재완료형은 대개 과거를 지시하는 것으로 사용된다. 독일어에서는 더욱 그러하다].

모순에 의해 서로 연결되어 있다는 사실은 우리가 참으로 실존하는 사물들의 세계를 사유에 근거 지어진 것으로, 궁극적으로 주체로부터 유출되는 것으로 보도록 한다. 반면 성질들을 가진 사물이라는 모델은 외적·물질적 실재가 궁극적으로 자기 자신에 의지한다는 견해, 즉 지속적이고 자기를 유지하면서 존재하기 위해 자기가 아닌 다른 것에 호소할 필요가 없다는 견해를 우리에게 제공한다.

따라서 성질들을 가진 사물이라는 모델은 특수한 사물들에 적용되건 전체 우주로 확장되건 간에 헤겔에게는 대안적인 모델이다. 여기서 전체 우주는 상이한 측면들을 가진 하나의 사물로 간주될 수 있다. 이 모델에서는 외적·질료적 실존만으로도 충분한데, 왜냐하면 그 실존의 모든 상이한 측면은 외적인 질료적 실재의 통일성 속에서 서로 어울리기 때문이다. 반대로 헤겔에게서는 그렇지 않다. 즉 외적인 질료적 실재는 사유로부터, 따라서 정신으로부터 흘러나오며, 이 실재는 자기 자신을 유지하는 것으로 이해되는 것이 아니라 실제로는 사유에 기초해 있는 것으로 이해된다. 이것은 이 실재가 자기 유지적이지 않다는 사실에서, 그리고 이 실재가 서로를 전제하면서 동시에 서로 대립하는 여러 측면들의 관계라는 사실에서 현상하며, 더 정확히 말하자면 이것은 바로 그러한 사실 **자체이다**. 이로 인해서 실재는 모순이 되며, 따라서 몰락할 운명을 가지며, 영원한 변화를 겪는다. 그리고 이 때문에 실재는 일관되게 필연적인 연쇄로 파악될 수 있으며, 이런 모순을 해결할 수 있는 존재의 순환으로 파악될 수 있다. 다른 말로 하면 외부 실재의 모순에 의해 제기된 문제는 이 실재를 보다 큰 전체의 일부로, 내적 필연성의 표현으로 봄으로써, 따라서 자기 의존적인 것으로가 아니라 내적 필연성과 일치하는 사유에 의존하는 것으로, 그리고 나중에 『논리학』에서 정신으로 간주될 것에 의존하는 것으로 봄으로써 해결될 수 있을 것이다.

그러므로 어떤 의미에서 보면 성질들을 가진 사물이라는 우리의 개념이 일관성이 있는지의 문제는 결국 관념론에 대한 문제이다. 하지만 이것은 매우 특별한 의미에서만 그렇다. 왜냐하면 칸트처럼 사물을 이렇듯 변증법적으로 해체하는 데 반대하는 비유물론자들이 많이 있기 때문이다. 더 나아가 다른 편에서 맑스주의는 비록 반(反)관념론이지만 보편적 모순과 보편적 운동이라는 헤겔적 통찰에 근거하여 구축되었다. 성질들을 가진 사물이라는 관점은 안정적·동일적 사유의 정수이며, 이런 사유는 본질적으로 운동하고 있는 사물들을 파악할 수 없다. 맑스주의자들에 따르면 이러한 사유는 부르주아 시기에나, 즉 극도의 '물화'의 시기에나 그 타당성을 인정받는다. 이 범주가 소유 관계(having)와 '성질'[소유, property]의 개념을 이용한다는 사실에는 나쁜 말장난 이상이 있다.[31] 그러나 여기서 옹호되고 있는 관념론은 명백히 이원론적이지 않으며, 정신만을 확고히 함으로써 이원론을 해결하고자 하는 것도 아니다. 오히려 그것은 헤겔의 절대적 관념론이다. 이러한 형태의 관념론은 확실히 안정된, 자기 유지적 합성체로 이해되는 성질들을 가진 사물에 함축된 총체성이라는 개념과 조응할 수 없다.

헤겔이 이런 개념에 반대하는 두번째 이유는 다음과 같다. 즉 이 개념은 통일적 객체가 다양한 성질들에 상관없이 유지될 수 있는지의 문제를 이 통일체를 실체로 봄으로써, 그것도 인식할 수 없는 실체로 봄으로써 해결하는 경향이 있다는 것이다. 무엇을 관찰하든 우리가 언제나 성질들을 관찰하고 있다는 것은 전통 철학에서 아주 그럴듯한 논의였다. 성질들을

---

31) Eugène Fleischmann, *La science universelle*, Paris: Plon, 1968, p. 166을 참조하라.

서로 묶어 주는 통일체는 이 성질들 배후에 놓여 있는 뭐라 말할 수 없는 것(je-ne-sais-quoi), 그 자체로 관찰할 수 없는 것이다. 알 수 없는 실체라는 이 개념은 칸트 철학에서 '물자체' 개념으로 발전했으며, 헤겔은 이 개념을 이 형식으로 이 절에서 다룬다. 그러나 다른 모든 형태의 실체 개념과 칸트의 실체 개념은——헤겔은 이 개념에 대해 반박한다——인식 불가능성이라는 측면을 공유한다. 즉 어떤 실체는 정신이 도달할 수 없는 영역에 있으며, 따라서 여기에는 해소될 수 없는 이원론이 남겨진다. 물론 이것은 헤겔의 전체 철학이 추구하는 것과 근본적으로 상충한다. 헤겔은 칸트와 날카롭게 대립하는데,[32] 왜냐하면 물자체와 현상이라는 칸트의 구별이 자유의 의식과 대치되기 때문이다.

그러나 헤겔은 인식할 수 없는 실체에 이렇게 의존하는 것은 일관성 있는 통일체 문제를 해결하고자 도입된 사물 개념으로부터 자연스럽게 도출되는 것이라고 생각하는 것 같다. 헤겔은 『정신현상학』 2장의 논의에서 사실상 풀릴 수 없는 이 문제를 다뤘다. 헤겔은 우리가 방금 본 것처럼 해결할 수 없는 그런 모순이 총체성 속에서 통합되는 요소들 사이에서 존립한다고 생각한다. 그리고 성질들을 가진 사물의 개념에는 불가피하게 모순이 내재한다는 그의 주장은 유한한 사물 일반은 모순적이라는 자신의 주장보다 더 강하지 않다. 우리는 여기서 그의 논의를 따라갈 수 없다. 왜냐하면 그의 논의는 『정신현상학』 2장과 동일한 근거들로 이뤄져 있으며, 부분적으로 그 시대에 유행하던 개념들에 의존하기 때문이다. 예컨대 그의 논의는 다양한 '물질' 개념에 기초한 물리학에 의존하고 있다.

근대 인식론적 전통은 데카르트와 더불어 시작하고, 경험론자들과 더

---

32) *WL*, II, 111~112.

불어 발전하며, 칸트에 의해 부분적으로 풀려나는데, 헤겔은 바로 이 근대 인식론적 전통에서 사물의 통일을 파악하는 다양한 방법에 모순이 있음을 드러낸다. 주체가 세계를 파악하지 않고 세계에 의해 단지 영향을 받을 뿐이라는 너무나 사변적인 이 전통에서 사물의 통일성은 언제나 위험에 처해 있으며, 수많은 다양한 감각 데이터들로 해체될 수 있다. 그래서 그것은 알려질 수 없는 실체나 구성된 것으로, 하지만 진실로 경험될 수는 없는 것으로 파악되었다.

이 두 입장에 대한 헤겔의 기본적인 조치는 이러한 근대의 인식론에서 인출된 사물 개념들의 비일관성에 맞춰지며, 특히 『정신현상학』에서 그러하다. 우선 사물 자체는 다음과 같이 이해된다. 즉 물자체는 다른 사물들과의 관계에서, 특히 인식하는 정신과의 관계에서 다양한 성질들로 반성된 통일체라는 것이다. 하지만 그 성질들은 물자체와 분리될 수 없다. 왜냐하면 성질들이 없다면 그 사물은 다른 모든 것과 구별될 수 없기 때문이다. 그러므로 우리는 단 하나의 물자체가 있다고 말할 수 있다. 하지만 이때 그것은 상호작용할 어떤 것도 갖지 않으며, 다양한 성질들을 산출하는 것은 다른 것과의 이런 상호작용이었다. 만약 단 하나의 물자체가 있다면 그것은 스스로 다양한 외적 성질들로 이행해야 한다. 하지만 만약 우리가 많음[다수, Mannigfaltigkeit]의 개념을 유지한다 하더라도, 우리는 동일한 결론에 이른다. 왜냐하면 많음은 어떤 다른 성질들에 의해서만 구별될 수 있고, 따라서 각각의 성질들은 물자체와 분리될 수 없고, 물자체는 단순한 동일성으로 간주될 수 없기 때문이다.

그래서 물자체 개념은 인식될 수 없는 것, 단순한 기체, 다른 사물들과의 상호작용에서만 발생하는 눈에 보이는 성질들과 분리된 것으로서, 결코 유지될 수 없다. 우리가 사물을 하나로 보건 다수로 보건 간에 성질들은 그 사물에 본질적이다. 이렇듯 헤겔은 사물을 이런 성질들로 이뤄진 것으로 보는 견해, 사물을 성질들의 단순한 공존으로 보는 견해로 이행한다. 따라서 헤겔은 바로 여기에서 실재를 '물질들'로 이뤄진 것으로 보는 이론들을 다루고 있다.

그러나 특수한 사물은 성질들의 단순한 공존으로 환원될 수 없다. 왜냐하면 이 성질들 각각은 다양한 사물들 안에 실존하기 때문이다. 어떤 성질의 특수한 계기를 선정하기 위해 우리는 또 다른 차원의 성질을 일깨워야 한다. 만약 우리가 **이** 파란 것을 선정하고자 한다면 이 파란 것을 다른 파란 것과 구별해야 하며, 그 모양과 시-공간에서의 위치를 통해, 그리고 다른 것들과의 관계를 통해 그것이 무엇인지 확인해야 한다. 그러나 이것을 한다는 것은 다양한 성질의 특수자 개념을 도입하는 것이다. 왜냐하면 지금 문제가 되는 것은 예를 들어 파라면서 둥근 것, 혹은 파라면서 회색의 사물 왼편에 있는 것, 혹은 파라면서 오늘 발생한 것 등이기 때문이다.

특수자는 필연적으로 다양한 성질을 가지며, 이 다양한 성질의 특수자는 우리 경험에 본질적이다. 왜냐하면 그렇지 않을 경우 구별될 수 있는 유일한 독립체들은 성질들 그 자체일 것이며, 이 성질들이 결국 우리 우주의 사물들이 될 것이기 때문이다. 그러나 성질들은 다른 것과의 대조 없이는 구별될 수 없다. 그리고 성질들이 대조 속에서 발생한다는 것은 특수자들 속에서 발생한다는 것을 의미한다. 예컨대 특수자들은 서로 다른 영역에서 파란색으로 그리고 녹색으로 발생하거나 모양과 색으로서 구별될 수 있다. 왜냐하면 이것들은 특수자들을 대조하는 차원들이기 때문이다. 특수자 없는 질들의 세계는[이 세계는 『본질론』이 아니라 『존재론』에서 다뤄진다] 파악될 수 없는데, 왜냐하면 이 질들 사이에 어떤 소통도 없으며, 이 질들은 동일한 세계에 실존하지 않고, 따라서 대립될 수 없고, 그래서 질들일 수 없기 때문이다. 이 질의 세계는 타자의 부정을 통한 규정을 전제한다.

헤겔은 논의를 처음으로 되돌리기 위해 이러한 대립의 필요성을 사용하며, 사물과 그 성질들이 어떻게 일관성 있게 사유될 수 있는지로 요약되는 어려운 문제를 생각하고 있다. 성질들의 다양성을 철폐할 수 없듯이 '이것'(this)도 철폐할 수 없다. 따라서 사물은 자기 자신과 모순 속에 있다.

"사물은 이런 모순 이외에 아무것도 아니다. 이것이 사물이 현상(Erscheinung)인 이유이다."[33] 그래서 헤겔은 실재가 서로를 전제하지만 서로 대립하는 요소들의 총체성이며, 따라서 실재가 모순적 본성을 갖는다는 자신의 근본 이념을 확고히 한다. 여기서 성질들은 (사물이 철폐될 수 없기에) 공존할 수밖에 없지만 일관적일 수는 없다. 그는 사물은 자기 유지적 결합체라는 정적이고 물화된 견해에 대립하여 실재의 모순적 본성을 옹호한다. 따라서 그는 물질적 사물은 본질적으로 해체되고 현상으로 이행하는 것임을 보여 주었다. 이 말은 사물은 자기 유지적 독립체가 아니라는 것, 그리고 필멸할 뿐 아니라 내적 필연성의 표현으로서만 실존할 수 있는 총체성의 전개라는 것을 의미한다. 즉 그 총체성은 여러 요소들의 결합체가 아니라는 것이다. 즉 요소들은 대립적이고 모순적이기 때문에 이 요소들은 필연성에 의해 지배되는 총체성이 드러나는 계기로서만 서로 조화를 이룰 수 있다. 그래서 사물의 해체는 임박한 필연적 죽음을 의미할 뿐 아니라, 사물이 자기 충족적이지 않다는 것, 즉 사물은 어떤 다른 것, 즉 내적 필연성의 표현이라는 사실을 반영한다. 그리고 이것은 그 사물이 단순히 거기 있는 것이 아니라 고용되었음을 의미한다. 즉 그것은 **현상하게** 된다. 이것이 바로 현상으로의 이행의 배후에 놓인 과정이다.[34]

---

33) *WL*, II, 121.

2. 현상

「현상」(Erscheinung)에서는 주로 관계의 이념이 전개된다. 여기서 우리는 사물을 단순히 '직접적으로' 거기 있는 것으로서가 아니라 현상**하는** 것, 정립된 것, 필연성을 통해 표현되는 것으로 보는데, 이것이 '현상'의 힘이다. 사물을 현상으로 보는 것은 사물을 그것 자신에 의존하는 것이 아니라 보다 큰 전체의 계기로 보는 것,[35] 따라서 사물을 타자와의 필연적 관계 속에 있는 것으로 보는 것을 의미한다.

현상으로 간주되는 현실(Wirklichkeit)은 직접적 존재, 독립적 존재보다 더 고차적인 어떤 것이다. 이것은 일상 의식에게 놀라움으로 드러나는데, 왜냐하면 일상 의식은 현상을 현실 앞에 놓인 스크린으로 이해하기 때문이다. 사실 배후에는 아무것도 없다. 본질이 현상이라고 말하는 것은 본질이 현상**해야 한다**고 말하는 것, 즉 "본질은 현상의 배후에, 현상 너머에 남아 있는 것이 아니라"[36] 실존으로 나아가는 것이라고 말하는 것이다.

따라서 '현상'에 대한 헤겔의 용법은 칸트와는 정확히 대비된다. 초재적 현실이 본질적으로 숨겨져 있다고 말하는 대신 헤겔은 모든 현실이 본질적으로 완전히 드러난다고 말한다. 헤겔에게 현실을 현상으로 보는 것은 현실을 내적 필연성이 드러난 것으로 보는 것이고, 본성상 완전하게 표현되도록 규정된 필연성을 표현하기 위해 고용된 것으로 보는 것이다. 따

---

34) 사물의 문제를 헤겔은 『소논리학』에서는 첫번째 삼각 운동의 마지막 부분에서 다루고, 『대논리학』에서는 두번째 삼각 운동의 첫 부분에 등장시키는데, 이것은 『논리학』에 나타나는 범주들의 결합이 본질적으로 느슨하다는 사실을 보여 주는 또 다른 징후이다.

35) *EL*, §131의 '추가'.

36) *EL*, §131의 '추가'.

라서 이 현상 범주의 요점은 현실은 단순히 '거기 있는 것'이 아니라 '정립된 것', 충만한 이성적 공식 속에서 고용된 것이라는 헤겔의 중심 사상을 표현한다. 따라서 여기서는 본질이 외적 현실로 완전히 표현되어야 하는 필연성으로 전개된다는 것을 다룬다. 이 문제는『본질론』의 3부에서 당당하게 논의되는데, 헤겔은 이것을 현실(Wirklichkeit)이라고 부른다. 여기서 우리는 이 문제를 필연적 연관성이라는 사유를 통해 다룰 것이다.

논의된 연관성에는 두 종류가 있다. 첫째, 총체성의 상이한 요소들 사이의 연관성이 그것인데, 이것은 궁극적으로 필연성을 드러내지 않으면 안 된다. 둘째, 근저에 놓인 현실과 요소들의 외적 총체성 사이의 관계가 그것이다. 이 두 유형의 관계는 함께 전개되어 간다. 외부 현실의 총체성 속에서 필연성이 덜 나타날수록 우리는 더욱더 이 외부 현실을 근저에 놓인 본질과 구별해야 한다. 왜냐하면 그 안에서는 모든 것이 통일되어 있기 때문이다. 다른 말로 하면 궁극적으로 우리는 필연적으로 연관된 총체성을 다루고 있기 때문에 이 필연성이 외부 현실로 표현되지 않는 것은 이 외부 현실과 근저에 놓인 본질을 구별하는 것이다. 반대로 필연성이 더 많이 표현될수록 현실과 본질이 그만큼 더 동일한 것이 될 것이다. 이 두 전개는 이 부분에서 함께 일어난다.

「현상」은 다시 본질과 표현 사이의 추정적 구분에서 시작하여 그것을 극복한다. 그러나 이전 단계와는 달리 현실을 총체성으로, 연관된 총체성으로, 요소들이 그저 고요하게 공존하는 총체성이 아니라 변화와 발전을 겪는 총체성으로, 그래서 내적 대립을 가지는 총체성으로 다룬다. 따라서 내적 본질은 더 이상 사물과 같은 현실이 아니며 물자체도 아니다. 오히려 그것은 연관성의 내적 공식이다. 그러나 내적 본질은 내적인 것으로서 여전히 외부 현실과 분리되어 있으며, 따라서 **내적인** 공식이지 아직 본질이 현실의 체계에서 표현된 것이 아니다. 우리는 그런 통일된 표현을 '현실' 범주에서 보게 될 것이다. 우리는 내적인 것과 외적인 것의 이런 대립을 극복해야 한다. 이 대립은 2부 「현상」의 마지막 대립이 될 것이지만, 모든 다른 것은 이 대립 위에 구축되어 있다.

필연적 연관성을 고려하는 단계를 시작하기 위해 헤겔은 『대논리학』과 『소논리학』에서 상이한 방식으로 주제화했던 앞선 변증법을 관통해 간다. 『소논리학』에서 헤겔은 그런 연관성을 내용과 형식에 대한 논의로부터 다루는데, 이 문제가 『대논리학』에서는 간단하게 처리된다. 『대논리학』에서 이 연관성의 문제는 현상의 합법칙성에 대한 논의에서 다뤄진다.

이 두 경우에 논리 전개는 같다. 전통 철학에서 현상은 보다 근본적인 것과 대비된다. 그러나 우리가 본 것처럼, 이 단계에서 이 보다 근본적인 것은 사물과 같은 것일 수 없고, 근저에 놓인 연관성이어야 한다. 그러므로 이 단계에서는 이 연관성을 외부 현실 밖에 있는, 혹은 근저에 있는 것으로 파악하는 두 가지 대안적인 방식을 다룬다. 한 가지 방식은 이질적인 다양한 외부 현실을 그 근저에 놓여 있는 법칙들의 내적 연관성과 대조하는 것이다. 우리는 법칙의 영역을 "실존하는 혹은 현상하는 세계의 고요한 이미지"[37]로 알고 있다. 또 다른 방식은 직관의 내용을 이질적인 다양한 직관이 서로 연결되어 있는 것으로 보는 형식과 대비시키는 것이다. 앞의 방식은 『대논리학』의 방식이고, 뒤의 방식은 『소논리학』의 방식이다.

이 두 경우에 이러한 구별이 유지될 수 없다는 것을 보이는 것이 헤겔의 임무이다. 즉 형식과 내용은 분리될 수 없으며, 각자는 자기의 타자로 변한다는 것이다. 혹은 법칙의 내적인 동일성 혹은 연관성은 외부의 다양한

---

37) *WL*, II, 127.

현실들과 분리될 수 없다는 것이다. 전자의 경우에는 '형식'과 '내용'이라는 개념에 대한 헤겔의 독해가 이행을 충분히 보증해 주는 것 같다. 『대논리학』에는 우연한 법칙들의 부적합성을 이야기하는 헤겔의 다른 주제들도 나온다.

현상 세계의 '고요한 반영'으로 간주되는 법칙들은 동일한 내용을 갖지 않는다. 법칙에 순응하며 발생한 실제 사건들은 법칙이 설명하지 못하는 다른 독특한 특성들을 수많이 가지고 있다. 따라서 법칙과 사건들 사이에는 간극이 있다. 덧붙이자면 법칙 자체에는 두 항들 사이의 우연한 관계가 있을 뿐이다. 예를 들어 물체의 낙하 법칙에는 거리를 시간의 제곱에 결합할 필연성이 없다. 그러나 헤겔의 견해에 따르면 법칙의 요점은 설명하는 것이고, 설명은, 우리가 본 것처럼, 그 안에 어떤 우연성이 있는 한 완전하지 않다. 따라서 물체의 낙하 법칙이라는 말은 다음과 같다.

이것을 지배하는 법칙은 경험적으로 알려져 있다. 그런 한에서 그것은 단순히 직접적이다. 그리고 증명, 인식을 위한 매개는 여전히 남아 있다. 즉 법칙이 작동할 뿐 아니라 필연적이라는 것을 인식하기 위한 증명이 여전히 수행되어야 한다. 법칙 그 자체는 이 증명과 그 객관적 필연성을 함유하고 있지 않다.[38]

이 두 가지 경우에 법칙은 현상의 배후에 근저로 놓여 있는 실재를 위한 후보자로서 불만족스럽다. 왜냐하면 법칙은 실제로 모든 것의 근저에 놓여 있지도 않고, 원래 목표로 하는 내적인 연관성에도 도달하지 않기 때

---

38) *WL*, II, 129.

문이다. 이 법칙은 너무나 내적이면서(왜냐하면 외적인 것의 완전한 내용을 갖지 않기 때문이다) 너무나 외적이다(왜냐하면 필연성이 발생하지 않기 때문이다).

『정신현상학』(3장)에서와 마찬가지로 우리는 이러한 유의 필연성이 과학적 법칙에 대해 요구하는 것이 아님을 지적할 수 있으며, 물체의 낙하 법칙이 이러한 필연성을 이루지 못한다는 것이 이 법칙에 반대한다고 하는 것은 아니다. 그러나 헤겔에게는 여기서 다른 중요한 문제가 있다. 왜냐하면 우리는 이미 앞부분에서 필연적 연관성을 연역했기 때문이다. 그래서 이러한 배경에서 법칙은 현상의 근저에 놓여 있는 필연적 연관성을 파악하는 방법으로 간주된다. 법칙은 그 자체로는 실패다. 물론 법칙은 경험 과학의 기구로서는 완전히 유효하다. 어쨌거나 법칙은 최종적인 말일 수 없으며, 타당한 존재론에 대한 추구의 종착지를 이룰 수 없다.

『대논리학』의 이 변증법에서 법칙 속에 표현된 근저의 연관성과 이 법칙에 부합하는 외부 현실의 통일이 생겨난다. 그리고 이를 통해 우리는 서로 분리되어 있지만 본질적으로 연관되어 있는 요소들의 총체라는 이념에 마주한다. 따라서 본질과 외면성의 구별은 이 외부 현실의 요소들과 이들의 연관성 사이의 구별이 된다. 관계의 변증법을 통해 헤겔은 일련의 이러한 연관성 개념들을 전개할 수 있었고, 이 개념들의 부적합성을 제시할 수 있었으며, 동시에 내적인 것과 외적인 것의 통일인 요소들과 연관성 사이의 통일을 강조할 수 있었다.

그러므로 2부는 내적인 것과 외적인 것을 대조하는 이원론들과 요소들과 이 요소들을 묶어 주는 필연성을 대조하는 이원론들을 넘나든다. 우선 다양함을 가진 외부 세계와 다양한 요소들 사이의 연관에 다름 아닌 내적 법칙 사이의 이원론을 말한다면 우리는 이 두 이원론을 다 말하는 것이

다. 이제 강조점은 이원론으로 이행한다. 즉 요소들/필연성의 이원론. 이것
은 붕괴할 수밖에 없는 외적인 것과 내적인 것의 순수한 대립으로 다시 한
번 끝날 뿐이다.

전체와 부분

요소들/연관의 대립의 첫 단계는 부분과 전체의 관계이다. 헤겔은 각자가
그 타자를 요구한다는 것을 보임으로써 이 변증법을 수행한다. 즉 전체는
부분들과의 관계에서만 전체이고, 부분들은 전체와의 관계에서만 부분들
이라는 것이다. 만약 부분들이 독자적으로 고려될 경우 그것들은 더 이상
부분일 수 없으며, 오히려 전체가 된다. 헤겔은 이것이 무한한 분리라는 칸
트의 안티노미를 바라보는 한 가지 방식이라고 말한다.[39] 즉 우리가 부분
들을 취할 때 독자적으로 취하면 그것들을 전체로 만들며, 이 전체는 이번
에는 반대로 분리되어야 하고, 그리고 이 과정은 무한히 계속된다는 것이
다. 그러나 부분들은 전체와의 관계에서만 부분임이 인식되어야 한다.

그러나 다른 한편 부분과 전체는 동일하지 않다. 각자는 그 상대자와
의 대립 속에서만 실존한다. 그리고 각자는 독자적으로 존립하기 위해 자
기 상대자를 자기에게 의존하는 위성적 지위로 격하시켜야 한다. 전체는
자기 유지적일 수 있기 위해 부분들을 종속적 요소로 붙잡아야 하고, 부분
들은 자기 유지적이기 위해 자신을 벗어나야 한다. 그러나 그때 성공한 각
자는 자신을 부정하게 될 것이다. 전체는 자신의 부분들을 하나로 녹일 것
이며, 따라서 전체일 수 없을 것이다(왜냐하면 이 전체는 대조 속에서만 전
체일 것이기 때문이다). 그리고 부분들은 자신을 벗어날 것이며, 따라서 부

---

39) *WL*, II, 143~144.

분일 수 없을 것이다.

이렇듯 전체와 부분들은 각각 본질적으로 자기 상대자에게 연관되어 있는 항들로서 존재한다. 각자는 자신의 부정태인 자기 타자와의 관계에서만 자신으로 존립한다. 각자는 자기 타자를 우리에게 지시해 준다. 이 두 항의 이런 내적 관계는 우리가 일상적으로 생각하는 방식, 즉 전체를 평화롭게 공존하는 부분들의 합으로 여기는, 즉 양자는 동일한 것이라는 생각을 넘어선 것이다. 헤겔에 따르면 어떤 방식을 보더라도 우리는 모순을 발견한다. 왜냐하면 거기에서는 두 항이 서로를 함유하기 때문이다. 동일한 실재를 바라보는 두 선택 방식이 있다는 생각은 실제로 이 실재가 안정적임을, 그리고 두 가지 서술을 허용함을 전제한다. 반면 우리가 부분과 전체를 바라봄으로써 알게 되는 실재의 모순은 실재가 운동 중에 있다는 것, 실재가 끊임없이 통일성에서 다양성으로, 그리고 그 역으로 움직여 간다는 것을 보여 준다. 그러나 외면화의 이런 관계는 힘과 이 힘의 표현의 관계이다. 외부 실재를 자신의 표현으로 산출하는 것은 역동적으로 내적인 힘으로 간주되는 전체이다.

힘으로의 이런 이행은 『정신현상학』에 나오는 힘의 문제를 상기시킨다. 이 책에서 힘은 두 대립자를 객체에 대한 안정적 견해로 통합시키고자 하는 시도에서 나온다. 헤겔의 논의는 만약 전체가 존립하는 부분들로부터 나온다면 전체는 그저 부분들의 합이라고 할 수 있지만, 그렇게 되면 실제 부분들은 존재하지 않게 된다는 것이다. 그리고 유사하게 전체를 하나의 실재로 생각할 경우 부분들은 그저 우리의 추상일 뿐이다. 왜냐하면 실제 전체로 있지만 그럼에도 불구하고 부분들을 가지는 전체로 있기 위해 상호작용으로 서로 엮여 있는 요소들이 있어야 하기 때문이다. 상호작용 그 자체는 다음 절에서 등장할 것이다. 그러나 역동적 실재 안에는 상이한 외부 요소들이 우리가 주관적으로 만든 하나의 집단 외부에서 통일성으로 결합되어 있기에 바로 이 역동적 실재라는 생각은 여기서 위기에 처한다.

이를 통해 우리는 힘과 힘의 표현에 이른다. 이로써 우리는 외부의 다양한 것을 근저에 놓인 어떤 힘의 분출로 볼 수 있게 된다. 따라서 그것은 의심의 여지 없이 다양할 뿐 아니라 또한 의심의 여지 없이 총체성 속에서 서로 엮여 있다.

그러나 힘 개념은 우리가 추구하는 총체성의 상에 적합하지 않다. 헤겔이 엄격하게 말하듯이 힘은 정신을 표상하는 방식으로 적합하지 않다 (이것은 특히 헤르더와 대립된다). 힘은 합리적 목표를 향해 갈 때 목적에 따라서가 아니라 맹목적으로 수행한다. 그리고 힘들이 제약되어 있고 특수한 내용들과 조건들을 가진다는 사실은 이 문제와 연관되어 있다. 따라서 우리는 여기서 자기력(magnetism)과 같은 소여된 힘을 생각해 볼 수 있다. 그러나 이것은 철과 같은 특별한 종류의 기체를 전제한다.[40] 그리고 철은 본질적으로 자기력과 상관이 없는 수많은 다른 성질을 가지고 있다. 유사하게 힘들은 자신을 표현하기 위해 특정한 조건들을 요구한다. 헤겔은 이것을 첫번째 힘을 얻기 위해 요청한 또 다른 힘이라고 말한다. 그리고 우리는 여기서 『정신현상학』 3장을 다시 상기시키는 변증법을 보게 된다.

따라서 세계를 힘들의 표현으로 보는 것은 세계를 많은 힘들이 결합된 산물로 본다는 것이다. 왜냐하면 이 힘들은 서로를 얻거나 서로 관여하는 것으로 완전히 서로 연관되어 있기 때문이다. 헤겔은 『정신현상학』에서처럼 간섭받으면서 동시에 간섭하는 힘들을 다루며 헤쳐 나간다. 이 변증법의 배후에는 당시에 유행하던 용어들이 있다. 그러나 이행의 토대는 『존

---

40) *EL*, §136의 '추가 1'.

재론』의 질들의 이행과는 다른 단계로 나아가야 한다. 이전에『본질론』의 첫 부분에서 질들은 아주 많은 다양성을 갖는 것으로 드러났다. 하지만 여기서 다루는 힘들의 다양성은 근본적으로 질들의 다양성만큼 그렇게 다양한 것으로 허용될 수 없다. 우리는 본질적으로 연관된 총체성을 다루는 지점에 이르렀다. 그리고 이와 조응할 수 없는 어떤 범주도 초월해야 한다. 따라서 힘과 이 힘의 조건이 되는 '간섭하는' 힘의 관계는 본질적으로 다음과 같다. 즉 헤겔에 따르면 힘 그 자체는 어떤 외부 표현을 향한 찌르기로서, 자기 자신의 촉발적 조건을 규정하는 자로 간주될 수 있다는 것이다. 소여된 표현의 배후에서 단지 충동으로 머무는 대신 힘은 이런 표현을 자신을 규정하는 조건들로부터 가져오는 자로 간주되어야 하며, 그것은 조건들과 표현 사이의 내적 결합이다.

그러나 총체성에 대한 이런 생각과 새롭게 도달한 힘 개념을 함께 놓음으로써 우리는 총체성을 보는 새로운 길을 갖게 된다. 즉 총체성은 내적 결합의 표현으로, 즉 외적인 드러남으로 간주된다. 실재가 외부를 향해 전개된다는 이런 생각은 '실존' 장과 '현상' 장에 이미 등장했지만, 힘 개념을 체화하고 있는 범주에서 훨씬 더 적절하게 표현된다. 외부 실재는 본질적 연관이 표현된 것이다.

내적인 것과 외적인 것

이것은 실제로 요소들과 이들의 결합에 의해 정립된 이원성을 끝낸다. 왜냐하면 이제 이 요소들은 연관의 표현으로서만 실존하기 때문이다. 그러나 아직도 이원성의 마지막 외관을 없애는 일이 남아 있다. 내적 필연성과 그 표현 사이의 이원성이 그것이다. 그것은 위에서 말한 법칙의 경우와 달리, 외부와 내부 사이에 그 내용에 있어서 어떤 차이도 없는 내부와 외부 사이의 순수한 구별일 것이다. 왜냐하면 외부는 내부의 표현 이외에 다른 것이 아니기 때문이다. 그것들은 동일한 내용을 갖는다.

그러나 이러한 유의 이원성은 헤겔의 개념들에서 유지될 수 없으며, 우리는 이제 헤겔이 이러한 사실을 보여 줄 수 있는 지점에 도달했다. 3장에서 본 것처럼, 실재를 필연성의 표현으로 보게 될 경우 실재가 순수하게 내적으로 있는 상태(숨겨져 있다는 의미에서)와 순수하게 외적으로 있는 상태(어떤 필연적인 내적 연관이 아니라 자신에게 외적이라는 의미에서) 사이에 균형 잡힌 어떤 연결점이 생겨난다. 본질이 (내적으로) 숨겨질수록 실재는 순수하게 외적으로 연관된다. 이것이 바로 헤겔이 내적인 것과 외적인 것의 직접적 통일이라 부른 것이다. 반대로 본질적 실재가 표현된다는 의미에서 외면화될수록 실재의 관계성은 그만큼 더 전개되며, 실재는 그만큼 더 내면성을 가지게 된다. 이것은 매개된 통일이다. 헤겔은 직접적 통일의 또 다른 예를 제시한다. 아이는 인간성이 아직 내적으로, 전개되지 않은 채 머물러 있는 자이다. 전개되기 위해 이 아이는 자신의 인간성을 외부로부터의 훈련을 통해 받아들여야 한다. 외부와 내부의 이런 관계는 실재를 필연성의 표현으로, 관계성으로 보는 헤겔의 생각에 기초해 있다.

따라서 내부를 외부에서 분리하려는 시도는 어느 것이나 외부를 더 이상 내향적이지 않다는 의미에서 외적인 것으로 만든다. 그러므로 이 둘 사이에는 균열이 생겨난다. 둘 사이에 일단 균열이 생기고 나면 우리는 직접적 통일의 영역에 있게 된다. 이 영역에서는 하나가 다른 것에 아무런 힘도 없이 넘어갈 뿐이다. 그러나 이 양자가 진실로 같다면, 그리고 이것들이 동일한 내용을 갖는다면 그들 사이에 어떤 구별도 있어서는 안 된다.

그래서 내적인 것이 진실로 외적인 것과 하나인 이 영역에서 내적인 것은 자기 자신을 스스로 표현해야 하는 그런 것이다. 내적인 것의 본성은 자신을 드러내는 것, 자신을 명료하게 만드는 것이다. 내적인 것과 외적인 것이 동일하다고 말하는 것은 실재가 본질적으로 자기를 표현한다고 말하는 것이다. 그리고 이것이 바로 헤겔이 현실(Wirklichkeit)이라고 말한 것, 즉 본질과 현상의 통일체, 외면적이지만 동시에 본질적인 것이 완전히 드러난 그런 것이다. 현실로서의 실재는 이제 다음과 같다.

> 그 내용과 형식이 완전히 동일하기 때문에 그것은 즉자대자적으로 자신을 외화하는 그런 것이다. 그것은 자신의 본질의 현현이고, 따라서 본질은 스스로를 현현하는 데서 성립한다.[41]

3. 현실

현실(Wirklichkeit)[42] 개념과 더불어 우리는 헤겔의 중요한 범주에 진입한다. 그것은 본질의 완전한 표현인 외화된 실재이며, 그 배경에 숨겨진 것을 하나도 갖지 않는 그런 실재이다. 왜냐하면 그것은 본질적인 것의 완전한 표현이기 때문이다. 그것은 존재와 반성의 통일이며, 존재와 본질의

---

41) *WL*, II, 155.
42) 독일어 Realität와 Wirklichkeit을 테일러는 모두 reality로 번역한다. 일상 용어에서, 그리고 헤겔의 여러 문맥에서 이 두 개념은 크게 차이가 없지만, 헤겔이 이 둘을 구별하여 사용하는 경우가 많다. 우리 앞에 주어진 어떤 것을 '실재'라고 한다면, 그 실재가 우리에게 그저 주어진 것이 아니라 어떤 내적인 것, 본질적인 것이 드러난 것이라고 파악될 때 그것은 '현실'이다. 즉 현실은 본질이 드러난 것, 즉 현상한 본질로 이해된다. 이런 점에서 본질과 현상을 구별하는 서양의 오랜 철학적 전통, 특히 물자체와 현상을 구별하는 칸트의 철학은 헤겔의 가장 중요한 극복 대상이다. 테일러는 '현실'과 '실재'를 모두 reality로 번역하고 있어서 옮긴이는 문맥에 따라 그 의미를 살리고자 했다. 특히 논리학의 이 부분은 반드시 '현실'로 번역되어야 한다.—옮긴이

통일이다. 실존은 어떤 의미에서 현상으로서 이미 바로 이것이었다. 그러나 헤겔에 따르면 실존은 그것들의 직접적 통일일 뿐이다. 왜냐하면 실존은 근거로부터 매개되었고, 우리는 외적 실재와 내적 관계성의 변증법을 보여야 했기 때문이다. 실존은 "근거로부터 와서 근거로 떨어진다[몰락한다]".[43] 그러나 현실은 존재와 본질의 정립된 통일이며, 동일성으로 발전한 관계다. "현실은 이행을 면제받는다. 그리고 현실의 외면성은 그것의 에너지다. 에너지로 있는 이 현실은 자기 내부를 반영한다. 현실의 규정된 실존[현존재, Dasein]은 자기 자신의 표현일 뿐이며, 다른 어떤 것이 아니다."[44]

이 인용된 부분의 '추가'(Addition) 부분은 현실을 이념과 분리된 것으로 보는 오성적 방식을 신랄하게 비판한다. 반대로 현실은 내적인 것과 외적인 것의 통일이며, 따라서 진실로 합리적인 것이다.[45]

「현실」은 명백한 필연성, 표현된 본질이라는 이런 생각을 두 『논리학』에 공히 등장하는 두 개의 변증법을 통해 전개한다. 첫번째 변증법은 필연성, 현실성(actuality) 그리고 가능성이라는 양태 범주에 대한 연구이다. 이 연구는 현실성을 표현된 필연성의 상태로 변호하고, 동시에 필연성이 우연성과 맺는 관계를 설명하기 위해 고안되었다. 따라서 여기서 우리는 궁극적으로 『본질론』의 근저에 놓여 있는 필연성 개념을 파악하게 된다. 이제 이 양태 범주들을 우리의 체계에 끌어들일 시간이 되었다. 우리는 이 범주들을 칸트처럼 다뤄서는 안 된다는 것을 보여야 한다. 칸트는 실재를 직접 다루지 않고 그저 실재가 우리의 인식 능력과 맺는 관계만을 다룬다. 또

---

43) *EL*, §142.
44) *EL*, §142.
45) *EL*, §142. 합리적인 것과 현실적인 것에 관한 유명한 언급을 참조하라.

한 우리는 가능성을 라이프니츠식으로 이해해서는 안 된다. 그에 따르면 이 세계는 가능한 모든 것 중에서 최선의 것이며, 따라서 중요한 의미에서 우연적이다.

두번째 변증법은 칸트가 경험의 유비에서 특별한 역할을 하는 것으로 여겼던 실체적 관계들로 나아가는 변증법이다. 여기에는 실체-우연, 원인-결과, 그리고 상호작용의 범주가 해당하는데, 이것들은 필연성에 의해 지배되는 총체성으로 드러난 현실 속에 장소를 가지지만, 아직 주체성에 이르지 못한, 즉 [『개념론』에서 말하는] 개념에 이르지 못한 범주들이다. 3부 「현실」 전체에서 진행되는 주된 이행은 완벽한 필연성을 거쳐 자유로 나아가는, 따라서 주체의 활동성으로 나아가는 운동이다. 자기 자신에게만 의존하는 진정한 필연성은 자유, 즉 자기 전개와 동일하며, 이것을 우리는 주체에 귀속된 것으로 생각한다. 그러므로 완전히 전개된 필연성은 자유다. 그리고 헤겔의 언어로 말하자면 완전하게 전개된 것은 참된 것이기 때문에 우리는 필연성의 진리는, 곧 보게 될 것처럼, 자유라고 말할 수 있다.

그러나 이 두 변증법을 다루기 전에 『대논리학』에서 절대자와 관련된 첫 부분을 보면, 이것은 사실 스피노자 비판이며 헤겔의 입장을 스피노자의 일원론을 통해 위치 짓는 것이다.[46] 변증법에 본질적이지 않음에도 불구하고 스피노자를 이렇게 드러내는 것이 중심 주제에서 벗어난 것은 아니다. 스피노자는 헤겔에게 중요한 철학자이다. 그리고 이것은 자신의 입장을 본질적으로 이전의 모든 사유의 지양으로 표현하는 최초의 주된 사상가에게는 과거의 모든 철학이 중요하다고 하는 의미에서 그런 것만은 아니다. 과거 모든 철학이 일반적으로 중요한데, 몇몇 철학자들은 그 중에

---

46) 스피노자에 대한 언급은 *EL*, §151의 '추가' 부분에 있다.

서도 두드러진다. 아리스토텔레스와 칸트는 새로운 출발점을 제시한 철학자로서 헤겔은 이 둘을 극복하고자 한다. 그러나 스피노자는 칸트와 대비되는 의미에서 중요하다. 즉 그는 모든 것이 신이면서 전체인 절대자 안에서 통일되어 있다고 믿었다. 모든 것은 신, 즉 절대자에 의존하는 총체성 속에서 결합되어 있다. 그래서 스피노자는 헤겔의 입장과 매우 가까이 있다. 그리고 우리가 총체성으로서의 현실을 본질의 표현으로 보는 단계에 이른 지금은 스피노자를 통해 우리의 위치를 가늠해 볼 시간이다.

스피노자와 헤겔은 가까운 만큼 중요한 차이들도 있다. 스피노자가 헤겔과 아주 밀착되어 있기 때문에 헤겔 자신의 입장을 분명히 하는 최선의 방법은 이 차이를 표현하는 것이다. 그래서 그는 그런 방법을 자주 쓴다.

그 차이는 3부 「현실」의 마지막에서나 분명하게 드러날 범주들로 요약될 수 있는데, 즉 스피노자에게는 절대자가 실체일 뿐 주체이지 않다는 것이다. 절대자는 배후에 놓여 있는 것이지 세계에 있는 어떤 특수한 것과 동일할 수 없다. 헤겔은 모든 규정은 부정이라는 스피노자의 원리를 받아들이는데, 스피노자는 이로부터 절대자는 모든 규정을 넘어서 있고, 모든 부정을 넘어서 있다고 주장한다. 그러나 이 절대자는 특수한 사물들을 흔적 없이 흡수하는 자이며, 단순한 자기 동일자이다. 그리고 이러한 이유로 그것은 순수하게 숨겨진 내적 실재로 머문다. 따라서 그의 절대자는 내적 운동이 없는 현실이며, 외적으로 규정된 사물들이 그로부터 연역될 수 있는, 혹은 그로부터 본성적으로 흘러나오는 그런 것으로 이해되지 않는다.

이에 반해 헤겔의 절대자는 부정을 포함한다. 그것은 자기 자신을 넘어가도록, 자신의 타자인 규정된 존재로 이행하도록 규정되어 있다. 따라서 스피노자와 달리 헤겔에 따르면 세계의 외적 현실은 단순히 거기 있는 것, 단순히 발견되는 것이 아니라 내적 필연성을 표현하는 질서이다. 스피노자의 신은 순수하고 규정을 넘어서 있는데, 이런 존재는 순수하게 내적인 존재이고, 따라서 세계의 실재는 헤겔적 의미에서 순수하게 외적인 것이다. 헤겔은 특수자들이 절대자로부터 유출되어 나온다는 이런 생각은 동양의 몇몇 종교에서 발견되는 사상과 유사한 점이 있다고 본다. 이들 종교에서 절대자는 밖을 향해 비치면서 점점 더 낮은 단계의 존재들에서 점차 자신의 본성을 잃어 가는 빛으로 이해된다. 헤겔은 이런 생각이 고대 페르시아인의 종교에 밑바탕이 되었지만, 신플라톤주의에서도 유사한 것이 발견된다고 본 것 같다. 헤겔은 이러한 생각을 동양적 사유의 특징으로 부르며, 스피노자의 이런 사유 경향을 유대주의와 연결시킨다. 왜냐하면, 그도 기록하고 있듯이, "동양적 직관에 따르면 모든 유한자는 본성상 이행하는 것으로, 사라져 가는 것으로 파악되고, 이런 생각을 그[스피노자]는 자기 철학에 사상적으로 표현하고 있기 때문이다".[47]

이에 상응하여 특수자는 사라지는 것으로 사유되지만, 헤겔이 생각하듯 절대자와 내적으로 서로 연결되어 있는 것으로 사유되지 않는다. 헤겔에게 절대자의 본성은 특수자 속의 모순들로부터 읽힐 수 있다. 따라서 스피노자에게 없는 것은 모순의 사상, 대립자들의 통일인데, 이것은 운동의 원천이고, 절대자, 신 자신에게도 영향을 미친다. 스피노자의 철학은 모든 특수자의 근원이자 원천인, 하지만 자기 안에 특수성을 가지고 있는 절대자의 모순을 결하고 있다. 이 절대자는 특수자를 넘어서 있으면서 대립해 있으며, 그럼에도 불구하고 이 특수자를 자기 안에 포함하고 있다. 따라서 우리가 이 절대자로부터 유출되어 나온 것으로 보는 세계는 필연성을 결하고 있다. 수많은 종류의 특수자가 있다. 절대자는 규정되지 않은 수많은

---

47) *EL*, §151의 '추가'.

속성을 가진다. 비록 스피노자는 절대자의 속성으로 연장과 사유 둘만을 거명하지만, 그는 절대자의 속성이 이 두 개만이라고 생각하지 않았으며, 운동의 원천이 되는 절대자의 두 모순적 측면인 이 속성들이 필연성에 의해 연결되어 있다고 생각하지 않았다. 이것들은 대립을 드러내지 않은 채 결합되어 있고, 따라서 움직일 수 없으며, 필연적 연관도 없다.

스피노자의 절대자는 그 자체 비운동적이기 때문에 우리는 절대자의 양태들은 오성과의 관계에서 발생하는 것으로 생각해야 한다. 물론 그런 일은 체계에서는 실제로 일어나지 않는다. 스피노자의 체계는 여전히 순수 내적인 것이 외적인 것에 의해 균형을 잡는 그런 체계이다. 그러나 내적인 것과 외적인 것의 구별은 여전히 그 체계에 통합되지 않은 관찰자를 지시한다. 양태들이 실존한다는 것은 그 관찰자에게 상관하는 것이다. 이에 반해 헤겔의 체계는 관찰자도 그 안에 통합되는 체계, 그리고 우리가 앞으로 보게 될 것처럼 궁극적으로는 관찰자와 실재 사이의 이원성이 극복되는 체계이다.

스피노자 체계의 결함은 기하학적 방식으로 진행하는 그의 방법의 결함과 맞닿아 있다. 왜냐하면 그의 방법은 특정한 정의들을 출발점으로 받아들이기 때문이다. 하지만 그것들은 출발점으로서의 내적 필연성을 가지지 않는다. 이와 대조적으로 헤겔은 자신의 체계가 틈이 없는 철저한 필연성의 체계라고 생각한다.

『대논리학』에서 스피노자를 논의하는 마지막 부분에서 헤겔은 라이프니츠를 언급한다. 그는 스피노자와는 반대되는 실수를 하는 사람으로 간주된다. 라이프니츠는 모나드(monad)에 주체성의 개념을 부여한다. 이때 주체성이 뜻하는 바는 모나드가 자신의 성질들 속에서 자기 자신을 표현한다는 것이다. 모나드는 필연적으로 자신의 성질들 속에서 드러나며,

이 성질들을 의식한다. 그러나 이것은 세계를 상이한 관점에서 보는 모나드들이 무수하다는 라이프니츠의 생각에 의해 보충된다. 그런데 이런 다수성은 [필연성을 가지고서] 도출되지 않으며, 따라서 그것은 필연성의 표현으로 간주될 수 없다. 오히려 라이프니츠는 유약하게 신에게 의탁한다. 그에게 신은 모나드들을 예정 조화에 의해 만든 자로 사유된다. 그러나 모나드들은 스스로 조화를 이루지 못한다. 이들의 조화는 내재적이지 않다. 이 조화는 순수하게 외적인 것이며, 따라서 신의 설계 속에 숨겨져 있는 내적인 것이다.

모순이 없는, 따라서 운동이 없는 절대자라는 스피노자의 절대자 개념은 따라서 절대자를 주체가 아닌 실체로서 파악하게 만든다. 왜냐하면 주체는 스스로 움직이는 자이고, 자기 자신을 의식하는 자이며, 그러므로 필연적으로, 헤겔의 견해에 따르면, 자기 자신과는 다른 자이기 때문이다.

스피노자는 이런 방식으로 이해된다. 따라서 헤겔은 규정되지 않은 절대자 개념을 거부한다. 그러나 물론 이것은 외적인 것과 내적인 것의 구별과 더불어 이미 거부되었다. 왜냐하면 규정되지 않은 절대자는 순수 내적인 것이기 때문이다. 따라서 우리는 표현으로서의 현실로 되돌아온다. 그리고 우리는 우연과 필연의 변증법에 이른다.

가능성, 현실성 그리고 필연성

헤겔은 가능성의 개념을 간직하고 있는 이 양태 개념들과 더불어 논의를 시작한다. 가장 낮은 단계의 범주는 종종 순수한 가능성으로, 단순한 비모순으로 나타난다(물론 헤겔은 곧바로 그 안에 모순이 들어 있음을 덧붙인다. 실재하는—따라서 가능적이기도 한—모든 것은 자기 자신과 모순으로 있기 때문이다). 그러나 순수하게 가능적인 것은 모순적이지 않은 것으로서,

11장 | 본질 **521**

어떤 것(anything)에 관한 것만을 포함한다. 앞서 동일성에 대한 논의에서 본 것처럼 사물들에 대한 부분적 견해만을 취할 때 사물들은 비모순으로 보인다. 이렇듯 어떤 것은 어떤 추상의 틀 아래서 가능한 것으로 간주될 수 있다. 예를 들어 달이 오늘 저녁 땅에 떨어질 수도 있고, 혹은 터키의 술탄이 교황이 될 수도 있다.[48]

그러나 이것은 전혀 흥미롭지 않은 가능성 개념이다. 우리는 가능성을 현실적인 것보다 더 넓은 영역을 포괄하는 것으로 생각할 수 있지만, 그것은 상당히 특별한 의미에서만 그렇다. 그러므로 우리는 보다 완전한, 좀더 근거 있는 의미의 '가능성'으로, 진실로 가능한 것으로 움직여 간다. 그러나 진실로 가능한 것은 현실적인 것과 연결되어 있다. 어떤 것(something)은 당연한 것으로 여겨지는 현실이라는 배경에 대립해서만 실제로 가능한 것으로 판단될 수 있다. 이것이 바로 어떤 주어진 산출을 가능한 것이나 불가능한 것으로 만드는 것이다. 어떤 것이 가능한지 불가능한지는 "내용에 의존한다".[49]

따라서 이런 가능성 개념은 현실의 체계와의 관계에만 적용되며, 관련 내용의 비모순적 본성에만 의존하는 것으로 여겨진 이전의 개념과 달리 그렇게 간단한 개념이 아니다. 하나의 내용은 현실적인 것 안에 근거 지어질 수 있기 때문에 가능하다. 동일한 술어로는 아니지만 여기서 근거 관계가 복귀한다. 이러한 의미에서의 가능적인 것은 현실적인 것과 단순히 대립하는 것이 아니라 오히려 연관된다. 더 나아가 우리는 현실적인 것과 가

---

48) *EL*, §143의 '추가'. 이것은 '근거'에 대한 논의를 상기시킨다. 헤겔은 어떤 것을 어떤 추상적 측면에서 고려할 때만 그것에 대한 하나의 근거가 주어질 수 있다고 지적한다.
49) *EL*, §143의 '추가'.

능적인 것이 하나라고 말할 수 있다. 왜냐하면 내용 A를 가능한 것으로 만드는 것은 B라는 사태의 상태이며, B는 A가 일어나는 것을 허용하고 그것을 근거 짓고 그 가능태를 숨기고 있기 때문이다. 그래서 헤겔은 자신의 가능성 개념과 더불어 아리스토텔레스의 가능태 개념에 근접한다. B가 A에서 현실태가 될 때 B는 A의 가능태이다. 따라서 'A의 가능성'은 하나의 현실인 B이다.

우연성은 우선 현실성과 가능성의 관계에서 생겨나는 범주이다. 우연적인 것은 실재하는 어떤 것이긴 하지만, 이것을 고려하기 위해서는 자신의 타자들을 현실화시킬 수 있는 가능성의 영역을 전제해야 한다. 만약 그것이 유일하게 가능한 산출물이라면 그것은 우연적인 것이 아니다. 단순한 가능성의 관점에서 보면 모든 것은 우연적이다. 그러나 우리가 실제 가능성을 고려하기 시작하면 모든 것이 우연적이지는 않다. 반대로 어떤 산출물은 통제 밖에 있고, 다른 것은 주변 환경과의 고려에서 볼 때 불가피하다. 다른 말로 하면 어떤 산출물은 필연적이다.

따라서 실제적 가능성 개념은 실제적 필연성 개념과 연관된다. 실제적 필연성은 아직 어떤 우연에도 더 이상 의존하지 않는 절대적 필연성은 아니다. 왜냐하면 그것은 제한되어 있기 때문이다. 소여된 산출물은 어떤 조건이 주어질 경우에만 필연적이다. 즉 그 경우에만 불가피하다. 그럼에도 불구하고 우리는 서로를 제약하는 실재들이라는 생각과 더불어(이 생각은 실제적 가능성과 함께 도입되었다) 필연적으로 실제적 필연성이 도입된다는 것을 안다. 따라서 이것 역시 가능성과 현실성의 조합에서 생겨나며, 가능태를 배경으로 해서 볼 경우 유일하게 가능한 산출물로 간주될 수 있는 어떤 현실적 상태에 붙들려 있다.[50]

그러므로 실제적 필연성과 우연성은 '가능태'와 '현실태'를 어떤 식으로든 응용할 경우에만 사용될 수 있는 개념들이다. 만약 우리가 단순한 가능성과 연관된 공허한 의미의 우연성을 다루려는 것이 아니라면 우리는 우연적인 것을 다르게 있을 수도 있었을 현실태로 고려해야 한다. 여기서 조건을 만드는 현실태는 또 다른 산출물을 허용할 수도 있었을 것이다. 그리고 실제적 필연성은 다르게는 있을 수 없었던 것이다. 이 두 경우에 우리는 실재를 체계적으로 연관된 것, 제약하면서 제약받는 것으로 다룬다. 따라서 실제적 필연성은 여전히 우연성과 분리될 수 없다. 따라서 실제로 필연적인 것은 또 다른 관점에서 보면 우연적인 것이다. B는 A로부터 나온다. 하지만 A는 발생하지 않을 수도 있었다. 그리고 반대로 우연성은 또 다른 관점에서 보면 실제적 필연성이다. A'이 B로부터 나올 수도 있을 때 우리는 A를 우연적이라고 말한다. 그러나 A'이 아니라 A를 만든 것은 다른 요소 F였고, A는 B와 F가 전제될 때 실제적 필연성이다. 따라서 헤겔은 이 자연적 혹은 실제적 필연성을 "상대적인 것"[51] 혹은 "외적인 것"[52]이라 부른다. 왜냐하면 그것은 어떤 다른 것에 의존하기 때문이다.

그러나 우리는 또한 사물들은 절대적 혹은 무조건적 필연성에 의해 서로 연결되어 있음을 안다. "절대적으로 필연적인 것은 그것이 단지 **있기** 때문에 있다. 그것은 이것을 넘어서서 조건도 근거도 갖지 않는다."[53] 그것은 자기 원인(causa sui)이다. 필연적 변화의 체계는 전체로서 자기 외부에 있는 어떤 것에도, 필연성의 망 외부에 있는 어떤 토대에도 의존하지 않는다.

그렇다면 이 두 종류의 필연성의 관계는 무엇인가? 우연성이 있다는

---

50) *EL*, §147.
51) *WL*, II, 179.
52) *EL*, §148.
53) *WL*, II, 182.

것을 부정하는 것, 그리고 우연성을 단지 "주관적 표상"[54]이라고 생각하는 것은 문제가 있어 보인다. 이 부분에서 헤겔은 우연성을 없애고 모든 것을 연역하려는 철학자들을 맹비난한다. 이런 일을 시도하는 과학은 "공허한 장난, 혹은 뻣뻣하게 학자연하는 것"[55]이 되고 만다. 이러한 비판은 헤겔의 비판가들이 헤겔에게 퍼붓던 비판이 아니던가!

다른 한편 우리가 앞에서 본 것처럼, 헤겔에게 우연성은 필연적으로 있어야 한다. '근거'를 논의한 곳에서 다룬 것과 같이 우연은 필연성의 '간극'(intersticial)에서 출현한다. 하지만 우리는 그것을 '피상적'이라고 묘사할 수 있었다.[56] 세계의 근본적인 범주적 구조는 필연적이다. 그러나 이것이 체현되어야 한다는 바로 그 사실 때문에(체현과 외면성의 범주는 실재에 적용되어야 하는 범주이다) 그것은 외적 형식으로, 즉 그 모든 측면이 필연성의 내적 측면을 완전하게 드러내지는 않는 그런 형식으로 실존해야 한다. 사물들의 표피 혹은 상세한 측면들은 따라서 우연적으로 **있어야 한다**.

그렇다면 사물들을 이런 표피나 상세한 측면들에 의해서 부각시킬 경우 이 사물들은 필연적인 연관들을 드러낸다. 내 자동차는 빙판길을 달리다가 추돌했다. 사실 이것은 우연적인 사건이다. 어떤 특정한 세부적인 요소들(예를 들어 이날 내가 외출하기로 결정한 것)이 없었다면 다른 일이 일어날 수도 있었다. 그러나 내가 관련된 독립체를 '차'로, 그것도 '내 차'로 부각시킨다는 점에서 이 우연성은 명백하다. 만약 내가 그것을 유한한 사물로 고려한다면 나는 그것이 몰락**해야 함**을 안다. 비록 그 날짜와 빙판길

---

54) *EL*, §145의 '추가'.
55) *EL*, §145의 '추가'.
56) 헤겔이 우연을 "자연의 표면에서" 자유롭게 유희하는 것이라고 말할 때 그 자신이 '피상적'이라는 이미지를 사용한다. *EL*, §145의 '추가'.

로 달리는 것 등이 우연적이기는 하지만 말이다. 혹은 헤겔이 말하듯 고려하고 있는 사물의 "제한된 내용" 때문에 조건들과 조건 지어진 실재가 서로에 대해 분리된, 독립된 방식으로 실존하는 것으로 우리는 알고 있다.[57] 그러나 보다 심오한 수준에서 조건들과 조건 지어진 것은 내적으로 연결되어 있으며, 그것들은 다를 뿐 아니라 동일하다. 이 심오한 수준에서 명백한 형식은 필연적으로 연관을 맺는 형식이다. 즉 유한한 사물로서의 자동차는 언젠가 몰락해야 한다. 그러나 피상적 혹은 세밀한 수준에서 그 내용은 그 형식을 드러내지 않는다. 따라서 이 사고가 오늘 일어난 것은 하나의 우연이다.

> 따라서 사실 실제적 필연성은 그 자체로 우연적이다. 이것은 다음의 방식에서야 비로소 분명해진다. 즉 실제로 필연적인 것은 사실 그 형식에서 필연적이지만, 그 내용에서 그것은 제한되어 있고, 이 내용을 통해 자신의 우연성을 갖는다.[58]

> 그 내용은 그 형식에 외적이기 때문에 그것은 자기 자신에게 '외적'이다. 즉 우연적이다.[59]

이 절에서 헤겔은 사실 절대적 필연성을 실제적 필연성에서 이끌어 내지는 않는다. 무조건적 필연성은 이미 확립되었다. 왜냐하면 우리가 필연적 연관들의 자기 유지적 체계를 다루고 있음을 우리는 알고 있기 때문이

---

57) *EL*, §148.
58) *WL*, II, 180.
59) *EL*, §148.

다. 그가 보여 주는 것은 둘 사이의 관계, 이들의 공존 방식이다. 그리고 여기에 실제적 필연성에서 절대적 필연성으로의 이행의 결정적 요점이 있다. 실제적 필연성은 우연성과 통합되어 있지만, 단지 직접적으로만 그렇다. 이 단계에서 "필연성은 아직 스스로를 우연으로 규정하지 않았다".[60]

이러한 사태는 절대적 필연성에 의해 도달된다. 절대적 필연성은 우연성이 어떻게 실존해야 하는지를 보여 준다. 말하자면 절대적 필연성은 우연성을 자기 자신으로부터 산출한다. 그러나 이 경우 이 양자는 단순히 공존하지 않는다. 필연성은 보다 높은 위치에 놓인다. 실제적 필연성은 우연한 조건들의 필연적 결과들을 보여 준다. 필연성은 우연의 바다에 떠 있는 섬이다. 그러나 절대적 필연성의 범주에서 그 위치는 역전된다. 우연성이 오히려 사물들의 필연적 구조에 의해 탄생한 장신구가 된다.

따라서 필연성은 스스로를 조건 짓는 것으로, 자기 자신에게만 의존하는 것으로 드러난다. 그런데 이것은 필연성이 궁극적으로 자유와 동일한 것임을 의미한다. 우리는 일반적으로 필연성을 자유로운 목적적 행위와 대립하는 것으로 이해한다. 자유로운 합목적적 행위가 자신의 목표를 직시하는 데 반해, 필연성은 맹목적이다.[61] 그런데 필연성이 우연과 결합되어 있어서 우리가 결합된 항들의 연관을 볼 수 없을 때에만 그 필연성은 맹목적이다. 그러나 우리는 이런 우연성이 필연성 위의 단순한 표피임을 보았다. 적절히 이해해 보자면 근저에 놓인 이 필연성은 실제로 자기 자신에 의존하며, 투명하다. 더 나아가 그런 투명성은 우리에게만, 즉 관찰하는 의식에게만 투명한 것이 아니라 실재의 총체성을 산출하는 이성의 유출로서

---

60) *WL*, II, 179.
61) *EL*, §147의 '추가'. "따라서 절대적 필연성은 맹목적이다"(*WL*, II, 183)를 참조하라.

도 투명하다. 따라서 그것은 근저에 놓인 이성에게도 투명할 것이다. 그러나 실존하는 것은 그것을 정립한 것에게 투명하다는 것, 이것은 자기 의식을 위한, 목적적 행위를 위한 공식이다. 따라서 필연성의 진리는 헤겔이 개념이라 부른 것이다.[62] 그리고 세계와 역사의 구조는 목적의 결과로 간주되어야 할 것이다.

이것은 신적 섭리라는 개념을 의미 있게 만든다. 어떤 철학자들과 보통 사람들은 신적 섭리가 필연성을 위한 여지를 전혀 갖지 않는다고 믿는다. 그러나 이것은 섭리를 "맹목적이고 비합리적인 자의"[63]로 환원한 것이다. 헤겔에 따르면 신은 정신이다. 신은 전체의 합리적 구조이기도 한 주체이다. 따라서 필연성은 신을 제약하는 것이 아니라 신의 상표이다.

헤겔은 고대의 운명의 이념과 비교한다. 이 이념은 실제로 외적인 필연성, 자유와 모순되는 것으로 보이는 그런 필연성이다. 그러나 섭리는 필연성에 전혀 참여하지 않는 운명과 비교될 수 없다. 운명은 인간, 혹은 신조차도 주체로 상정하지 않는 데 반해, 기독교에는 절대자는 주체이며 살아 있는 우리는 어떤 다른 것으로 이행하는 가운데, 즉 죽음으로 이행하는 가운데 절대적 주체의 삶과 연합한다는 생각이 내재해 있다. 따라서 완전한 불운 속에서도 우리는 위안을 발견한다. 즉 우리가 일단 우리 자신을 절대적 주체의 유출 혹은 담지자로 보게 될 경우 우리는 어떤 의미에서 언제나 우리 자신과 하나임을 알게 된다. 이것이 기독교의 '위안'이다. 그리고 그것은 위안으로서 섭리가 필연성의 부재에 의해 구별되는 것이 아니라 운명과 구별될 수 있다는 것을 의미한다. 따라서 우리의 운명은 필연성에 참

---

62) *EL*, §147의 '추가'.
63) *EL*, §147의 '추가'.

여한다. 이때 이 필연성은 낯설거나 이상한 것이 아니라 우리가 참여하고 있는 합리적 주체성을 표현하는 필연성이며, 따라서 우리는 결코 외부에 추방되어 있는 것이 아니라 언제나 우리 자신에게 머물러 있다.

기독교에서는 신 자신이 절대적 주체로 알려지고 반대로 주체는 특수성의 계기를 포함한다. 이와 더불어 **우리의** 특수성이 단순히 추상적으로 부정될 수 있는 자로서만이 아니라 동시에 보존될 수 있는 자로 인정된다. 바로 여기에 기독교의 위안의 힘이 내재한다.[64]

실체

헤겔은 절대적 필연성으로부터 『본질론』의 마지막 최종적인 삼각 운동으로 이행한다. 이것은 절대적 관계라 불린다. 우리는 이미 절대적 필연성과 자유의 관계에서 개념의 범주에 다가가고 있음을 말했다. 그러나 헤겔은 우선 총체성과 그 요소들의 관계를 좀더 진척시키고자 한다. 그리고 그렇게 함으로써 그는 자신의 체계 안에 칸트의 경험의 유비들을 실체, 인과성 그리고 상호작용의 개념들과 더불어 연역하고 통합하고자 한다.

우리는 『본질론』을 우리가 무한성 개념으로 확립했던 필연적 변화들의 자기 유지적 체계라는 관점으로부터 출발했다. 이 책 전체를 통해 헤겔은 이 개념의 함의들을 낱낱이 들춰 냈다. 그는 우선 이러한 유의 체계가 그 각각의 요소가 전체 연쇄로부터 설명되어야 하는 필연적 연관들의 총체성임을 보여 주었다. 왜냐하면 적합한 설명은 자신의 필연성을 드러내야 하지만, 이 필연성은 필연적 연관들의 전체 체계로부터만 흘러나오기

---

64) *EL*, §147의 '추가'.

때문이다. 따라서 우리는 근거의 변증법에서 사물들이 충족이유로부터 필연적으로 도출되는 것은 사물들을 그것이 속한 전체에 연관시킴으로써만 만족될 수 있음을 배웠다. 이로부터 『본질론』의 마지막에 이르는 임무는 이 전체를 이 전체의 다양한 요소들과 연결시키는 것이다.

　사물들과 성질들의 변증법, 법칙의 변증법, 형식과 내용의 변증법, 전체와 부분의 변증법, 그리고 마지막으로 내적인 것과 외적인 것의 변증법 등을 통해 우리는 필연적 연관의 전체 체계가 외적인 다양성과 분리된 그리고/혹은 그 다양성의 배후에 있는 어떤 힘으로 간주될 수 없다는 것을 발견한다. 왜냐하면 필연적 운동의 동력인 모순이 모든 현실에 영향을 주기 때문이다. 따라서 사물들의 내적 연관성 혹은 총체성은 외적 현실의 배후에 놓여 있을 수 없고, 그것에 내재적으로 있어야 한다. 이것이 바로 현실의 범주에서 다룬 것이다. 필연성은 사물들 자체에서 흘러나오며, 따라서 사물들 자체 속에서 명백히 드러난다.

　그러나 동시에 내적인 통일체는 외적인 요소들과 분리되지 않는다는 바로 그 이유 때문에 모든 것을 포괄하는 것, 전능한 것으로 사유될 수 있다. 그런 내적 통일체가 분리되어 있는 정도만큼 그것이 행사하는 통합의 힘은 총체적이지 않을 수 있는데, 왜냐하면 외적 요소들의 어떤 측면들은 이런 통합을 빠져나가기 때문이다. 만약 그 통일체가 외적 현실을 외부로부터 형성한다면 이 현실의 원래 실존은 추정된 것이지 필연성에서 인출된 것이 아닐 것이다. 그러나 만약 통합의 힘이 사물들에 완전히 내재적이라면 이 사물들은 이 힘의 흔들림 속에 놓이게 된다. 사물들의 전개는 단순히 이 힘의 표현이다.

　더 나아가 모든 것을 포괄하는 필연성은 어떤 소여된 가정에도 의존하지 않는다는 의미에서 절대적이고 무조건적이다. 그리고 사실 필연성이 절대적이라는 말은 우리가 모순의 힘에 의해 추동되는 **자기 유지적** 변화의 체계를 다루고 있다는 사실에서, 따라서 필연적으로 발생한다는 사실에서 따라 나온다.

따라서 현실은 모든 것을 포괄하는 무조건적 필연성에 의해 전개된다. 이 필연성은 외적 현실의 '우연들'의 근저에 놓인 실체로 간주될 수 있으며, 더 나아가 이 우연들을 전개하는 실체로 간주될 수 있다. 그것은 실체적 힘이다. 따라서 우리는 스피노자의 생각에 이른다. 헤겔은 이 생각으로 『본질론』의 서술의 마지막을 장식한다. 우연들의 총체인 실체, 그리고 특정한 구조나 질서에서 전개되는 총체인 이 실체는 이러한 전개의 아래에 놓인 힘이다. '근거' 장을 나온 이래 우리의 변증법에 현존하는, 그리고 이제 행위의 질을 가지게 된 이 총체성은 실제로 외부 현실을 정립하는 것이, 이 현실 안에 항상 내재되어 있는 것이 된다.

이 실체는 이미 『대논리학』의 『본질론』 마지막 부분을 개시하는 절대자에서 언급되고 있다. 그러나 두 『논리학』에서 실체는 마지막 삼각 운동의 첫번째 항에서 분명하게 나타난다.

헤겔은 현실성(actuality)에 도달했기 때문에 이제 총체성의 내적 응집력과 그것의 외적인 다양성 사이의 이런 통일이 무엇을 의미하는지 보다 분명히 해야 한다. 그는 처음에 우연성과 필연성의 관계를 설정함으로써 이 일을 수행했다. 그리고 우연성 자체는 사물들의 필연적 구조 밖에 위치하는 것이 아니라 그 구조에서 유출된다는 사실을 보여 주었다. 그러나 이 관계는 양태의 추상에, 말하자면 위에서 논의한 단계에 놓여 있었다. 그 관계는 연관성을 나타내는 가장 구체적인 술어들에서 분명하게 드러나는 구체적 형식에서, 즉 인과성에서 확증될 필요가 있다.

따라서 마지막 단계는 주로 인과성과 관련이 있다. 그러나 인과성은 실체 안에서의 모든 것의 통일의 상이라는 맥락에서 드러난다. 헤겔은 상호작용의 범주를 끌어들이며, 따라서 이 마지막 삼각 운동을 칸트적 유비들에 대한 상기/해설로 설정할 수 있다. 그러나 이것은 오독이고 불행이다. 헤겔이 『소논리학』에서 말한 바와 같이[65] 상호작용은 아주 부정확한 개념으로 드러난다.

하지만 실체에서 출발점은 결코 인위적이지 않다. 우리는 모든 것을 실체적 힘에 의해 정립된 것으로 보는 스피노자의 상을 알고 있다. 절대적 필연성은 절대적 관계이다.[66] 이것은 있기 때문에 있는 존재, 자기 자신을 자기 자신과 절대적으로 매개하는 존재이다. '우연들'은 독립적 실재이지만, 그럼에도 불구하고 내적으로 서로 연결되어 있고, 그것들은 서로의 현실성에 가능성으로 존재하며, 그러므로 서로에게 이행하는 규정성을 갖는다. 내적인 것은 이제 결코 분리된 독립체가 아니라 이 우연들에 행사되는 힘이고, 또한 그것들의 힘이다. 그것은 창조하고 파괴하는 힘이고, 파괴하는 가운데 새롭게 창조한다. 실체는 따라서 실제 외적인 실체적 독립체들을 전개하면서 없애는, 따라서 자신의 '우연들'로 드러나는 힘이다.

그러나 실체는 필연성이며, 완전하게 드러난 힘이다. 그러므로 우연들을 창조하고 파괴하는 가운데 완전히 전개된다. 그리고 이 '우연들'은 지속하는 독립체들이다. 그러므로 이 동일한 힘은 또한 독립체들 사이에서 움직이는 필연의 흐름으로 간주되어야 한다. 그러나 이것은 원인이 결과와 맺는 관계이다.

---

65) *EL*, §156의 '추가'.
66) *WL*, II, 185.

인과성

우리가 이 관계를 볼 때 우리가 이해하고자 하는 기본 관계가 다시 나타나며, 화해되어야 할 문제가 다시 정립된다. 즉 내적 필연성을 실제 유지되는 차이와 어떻게 서로 관계시킬 수 있을까? 우리는 이 기본 관계를 실체-우연들의 관계로 취함으로써 점진적 통일을 강조할 수 있게 된다. 그러나 우리는 곧이어 우연들이 자립적이라는 사실을, 따라서 그것들이 서로에게 인과적 관계에 있는 것으로 간주되어야 한다는 사실을 상기하게 될 것이다. 이렇듯 귀로를 발견해야 할 문제가 발생한다. 이는 인과관계를 통해 수행되는데, 즉 우연들 상호 간의 관계와 이 우연들이 총체성에 귀속되어 있다는 사실에 의해 수행된다. 이때 총체성은 스스로를 산출하며, 자신을 자기 원인으로, 즉 존재하기 때문에 존재하는 존재로 정의하는 그런 존재이다.

이것은 쉽지 않으며, 자신이 이것을 어떻게 수행했다고 헤겔이 생각하는지 분명하지 않다. 이 관계의 본성은 아마도 이행보다 덜 분명할 것이다. 사실 인과성은 사물들의 근저에 놓여 있는 필연성의 이런 불완전한 표현들 중 하나로 간주된다. 여기서 표현은 외면성에 의해 촉발된다. 따라서 이런 외적 인과성은 자기 자신을 넘어서 총체성이라는 보다 깊고 본질적인 관계 속에 자신이 포함되어 있음을 지시하는 것으로 간주된다.

인과성은 우연적으로만 연관된 항들 사이에 놓여 있다는 의미에서 외적이다. 흄을 통해 배웠듯이 원인과 결과 사이에 필연적 관계는 없다. 그러나 경험주의적 의식에게는 이것이 사물에 대한 마지막 진술이지만, 헤겔에게 인과성이라는 외면성은 사물들에 근본적인 보다 심오한 필연성의 결합을 반영할 뿐이다. 사물들에 근본적이라는 말은 사물들의 근본 구조가 전개의 필연적 질서를 따른다는 사실을 의미한다. 사물들은 필연적으로 연관되어 있지만, 이 필연성은 외면성을 요청한다. 이 외면성에서 이 연관은 보다 느슨해지며, 순수하게 투명하지는 않거나 사물들 속에 완전하게 반영되지는 않는다. 이것이 바로 우리가 인과성에서 본 것이다.

두 『논리학』에서 헤겔은 인과성의 본성이 보다 심오한 통일의 흔적을 간직한 것처럼 보이는 인과성의 두 측면을 보여 준다. 한편으로 원인과 결과는 필연성 속에서 결합된 것으로 사유된다. 확실히 이 두 개념은 서로 연관되어 있다. 즉 결과 없는 원인은 없으며, 그 반대도 마찬가지다. 우리는 여기서 이것들을 결합하는, 이것들이 만나는 점이라 할 수 있는 하나의 내용을 볼 수 있다. 따라서 우리가 비는 풀을 젖게 한다고 말할 때 젖음은 두 항에서 나타난다. 이것은 둘의 내적 통일을 반영한다. 그러나 물론 이것이 전체 이야기는 아니다. 동일적 술어, 여기서는 젖음은 각자가 다른 성질들을 가진 서로 다른 술어들 양 측면에 각인되어 있다. 즉 이 성질들은 젖음에 내적으로 결합되어 있지 않으며, 서로 결합되어 있지 않다. 비가 풀을 젖게 한다는 것은 하늘에서 떨어지는 물 형식의 젖음이 잔디가 젖어 있는 이 상태에 책임이 있다는 것을 의미한다. 이것은 정보 제공적인 진술이지 젖음에 대한 동어반복적 지시를 말하는 진술이 아니다. 따라서 원인에 의한 설명은 이런 동어반복을 넘어서야 하며, 이것이 바로 원인의 외면성이다.

그러므로 원인/결과에는 내적 동일성을 반영하는, 하지만 상호 외면성으로 투사되는 그런 관계가 있다. 더 나아가 인과성에 대한 이런 독해는 헤겔이 원인들의 잠재적인 무한 후퇴와 결과들의 무한 전진을 다루는 데 반영되어 있다. 작용인(efficient causation)은 결코 완벽하지 않기 때문에 원인과 결과 사이의 이행을 설명하기 위해, 그리고 원인 자체의 발생을 설명하기 위해 언제나 또 다른 술어들을 요청한다. 그러므로 모든 결과는 또한 다른 측면에서 보면 하나의 원인이고, 모든 원인도 다른 측면에서 보면 하나의 결과이다. 헤겔에 따르면 이것은 원인과 결과의 동일성을 보여 준다. 그러나 이 동일성은 여기서 외면성에 의해 촉발되기 때문에 그것은 끝없는 계열의 형식으로 나타난다. 각각의 원인은 결과이지만, 그 자신의 결과가 아니라 어떤 다른 것의 결과일 뿐이다. 그리고 이와 유사하게 각각의 결과는 원인이다.

우리는 끝없이 전진해 왔기 때문에 이제는 새로운 영역으로 이행할 때가 되었다. 그리고 이 영역은 헤겔이 다소 부적절한 술어인 '상호작용'이라는 범주로 부른 영역이다. 논의의 핵심은 모든 각각의 결과는 스스로를 규정하는 데 도움을 주며, 또한 원인을 규정하는 데 도움을 준다는 것이다. 따라서 작용뿐 아니라 반작용도 있다는 것이다. 그러나 뉴턴의 작용과 반작용은 헤겔이 여기서 종합으로 생각하는 것과 같지 않다. 이러한 사실을 그는 『소논리학』에서 분명히 한다.[67] 그의 요점은 일상적 반성이 인과관계를 보다 심오한 총체성으로부터 설명하고자 할 때 종종 상호작용이라는 이 범주에 의존한다는 것이다.

그가 보여 주는 예들은 총체성으로부터 설명하는 이런 인과관계가 무엇인지를 잘 드러낸다. 그것은 한 유기체 내에서 기관들과 그 기능 사이의 관계이며, 한 민족의 법과 풍속이 이 민족의 체제와 맺는 관계이다. 이 『소논리학』의 '추가' 부분에 나타난 진술들은 『대논리학』의 한 부분[68]과 관련해서 고찰될 수 있다. 여기서 그는 인과관계는 유기적 혹은 정신적 영역에서의 관계에 적용될 수 없다고 말한다. 위에 언급한 '추가' 부분에서 헤겔은 스파르타인의 법들을 그들의 체제와의 관계에서 말하는 가운데 이 법들은 인과관계의 독립된 술어들로 취급될 수 없고, 각각은 제3의 보다 큰

---

67) *EL*, §156의 '추가'.
68) *WL*, II, 193~194.

독립체, 즉 '개념'(Begriff)의 계기들로 간주되어야 한다고 말한다.

헤겔이 언급하고 있는 것은 내가 총체성으로부터 설명되는 인과관계라 부른 것이다. 우리는 이것을 목적론적 설명(내적 목적론의 의미에서)에 대해 말한 영역에서, 혹은 의미의 관계들에 대해 언급한 영역에서 발견한다. 따라서 주어진 음악의 음표나 그림의 붓 터치 등은 그것이 펼쳐지는 전체 장의 구조에서 그것들이 하는 역할에 의해 설명되어야 한다. 혹은 한 민족의 주어진 관습이나 제도(스파르타인의 체제)를 설명하려면 그것이 이들의 전체 생활 양식에서 어떤 자리를 차지하고 있는지를 보아야 한다.

여기서 우리는 강한 의미에서의 총체성을 다루고 있다. 이때 이 총체성의 특징은 세밀한 요소들을 기술함으로써 주어질 수 없고, 반대로 이 요소들이 전체와 맺는 관계의 본성을 들춰냄으로써 제시될 수 있다.

이러한 종류의 설명이 우리가 근거의 딜레마를 풀었던 충족이유들을 제공했다. 그리고 우리는 그것이 특수한 형태들 사이의 단일한 인과적 관계로 이해될 수 없음을 볼 수 있다. 반대로 그것은 주어진 형태를 총체성을 참조함으로써 설명한다. 더 나아가 이 형태는 총체성의 본질적 부분이며, 따라서 이러한 양식으로 등장하는 피설명항은 설명항과 구별되지 않는다. 그러나 한 체계 내의 요소들 사이의 상호적 인과관계, 혹은 작용과 반작용에 의한 설명은 총체성에 대한 의존이라는 결정적 요인을 결하고 있기 때문에 부적합하다.

헤겔의 주장에 따르면 이것은 유기적 삶과 정신적 삶에 적합한 설명이다. 그러나 그것은 또한 우주를 실체로 보는 스피노자적 상에 함축된 인과관계이기도 하다. 실체는 세계 안에서 특수한 독립체들을 전개시키는 힘이다. 그것은 내적 필연성에 의해 전개되기 때문에 자기 원인이라 할 수 있는 총체성이다. 특수한 요소들의 실존은 전체적 필연성으로부터 설명된다.

우리는 이러한 사실을 헤겔의 상으로 알고 있는 것에 의존함으로써 좀더 분명히 할 수 있다. 세계의 구조, 그리고 세계는 물질·시간·공간, 모든 차원의 생명, 유한한 정신 등을 포함한다는 사실 등은 정신이 존재한다는 요청에 따라 볼 경우 필연적으로 실존하는 것으로 간주될 수 있다. 그러나 이때 이러한 형태의 실존이 어떠하든 그것은 자신이 본질적 부분으로 참여하고 있는 전체 필연성의 공식에 의해 설명된다.

그러나 필연적으로 존재하는 것으로 드러난 것의 부분은 부분 밖의 부분으로 존재하는 실재이며, 자기 자신에게 외적인 실재이다. 여기에서 모든 실재를 모든 실재에 연결하는 것은 더 이상 완전히 투명하지는 않으며, 혹은 완전히 투명하게 반영되지는 않는다. 그러나 만약 실제 외면성으로 존재하는 것이 있다면 그것은 이러한 연결이 충분히 필연적인 것으로 가시화되지 않았다는 것, 즉 이러한 연결이 완전히 필연적이지만 단지 그렇게 투명하게 드러나지 않았다는 것을 의미할 것이다. 이러한 연결들 또한 완전히 개념적으로 필연적인 것보다는 덜한 그런 연결임에 분명하다. 이것들은 실제 연결들이며 따라서 어떤 의미에서 필연적이지만, 이 필연성은 '실제적'이지 절대적이지 않다. 그것은 의존적이며, 따라서 우연과 묶여 있다. 다른 말로 하면 우리가 위에서 본 것처럼 우연은 있어야 한다. 그리고 이 우연적 연결들은 독립체들(예컨대 미끄러운 길과 망가진 펜더) 사이에서 유지될 것이다. 이것들 각자가 서로의 관계 속으로 진입하는 것이 그들 개념의 일부가 아니라는 의미에서 이것들은 실제로 서로 독립해 있다.

이것들이 바로 인과관계이다. 이것은 사물을 바라보는 특정한 방식에, 뿐만 아니라 특정한 단계의 실재에 상응한다. 어떤 측면에서 보면 사물들은 인과관계에 의해 연결된 것으로 이해될 수 있다. 그러나 우리가 일단 다른 수준으로 이동해 가려면 독립된 항들 사이의 이러한 관계를 넘어서서 그것들을 총체성으로부터 이해해야 한다. 우리는 인과관계를 넘어서야 한다. 이것은 일상적 오성이 이해하기 가장 어려운 부분이다. 그리고 이것이 체계의 본성과 연결될 때 그것은 특수한 항들의 상호적 관계를 표현하는 상호작용으로 나아간다.

따라서 이제 우리는 총체성의 가장 구체적 표상에 이른다. 물론 여기에서 총체성은 여전히 독립적 실재들로 이뤄져 있다. 어떤 의미에서 보면 우리가 본질을 관통하여 갈 때 외부 실재는 더욱더 독립성과 현실성을 얻게 된다. 외부 실재들은 '근거' 장을 거치면서 그저 몰락한[근거로 내려간] 대립된 성질들로 드러났다. '근거' 장 이후에 '사물' 장이 나왔는데, 여기서도 우리는 여전히 성질들을 다뤘다. '현상' 장부터 우리는 분리된 현존재를 다루고 있으며, 따라서 이 현존재의 외면성의 측면은 언제나 눈에 드러나게 유지되었다. 그리고 「현실」로 이행할 때 외적 실재는 더 이상 배후에 있는 어떤 참된 실재의 그림자가 아니라 자신의 견고함을 실제로 가지고 있는 독립된 존재임이 훨씬 더 강조된다. 그래서 우리는 여기에서 외적 존재의 가장 완전한 견고함에 도달한다. 그리고 이것은 체계에 필요하다. 왜냐하면 우리는 내적인 것, 즉 정신이 외부 실재로만 존재할 수 있다는 사실을 이미 보았기 때문이다. 그래서 내적인 것의 실재는 외적인 것의 견고함에 의존한다.

그러나 바로 이러한 이유 때문에 내적 필연성과 외적 실재는 이 외적 실재를 버리고서 화해될 수 없다. 외적 실재는 유지되어야 한다. 이 때문에 모든 것의 충족이유를 발견할 수 있게 하는 근거의 총체성은 특수한 근거와 근거 지어진 것의 실제적 차이와 더불어 진행되어야 했다. 절대적 필연성의 체계는 우연과 더불어 진행해야 했을 뿐 아니라 그런 우연을 자기 스스로 필연적으로 산출했다. 대립과 의존의 이런 관계, 하위 질서에서 다시 취해진 전제들의 이런 관계는 양태의 변증법으로 표현되거나 이 변증법에서 표현되고자 투쟁한다.

그러나 이런 관계는 인과성의 변증법에서 가장 완전하고 구체적으로 표현된다. 왜냐하면 우리는 여기서 특수한 원인과 결과의 실제 외면성, 수다한 그런 관계가 없는 다수성을 볼 수 있기 때문이다. 그런데 수다한 그런 관계는 그 구조가 총체성의 관점에서만 설명될 수 있는 체계의 일부이다. 더 나아가 필연성에 의해 지배되고 외면성이 있어야 한다고 요구하는 이 총체성은 필연적으로 인과성을 외면적 유형의 필연성으로 정립한다. 이것은 필연성을 우연과 통합하는 그런 필연이다.

따라서 여기서 상승하는 관계와 하강하는 관계가 나타난다. 외적인 인과성은 전체를 설명하는 데 충분할 수 없으며, 무한한 퇴행이 있을 뿐이다. 그리고 이런 인과성은 자신을 넘어 총체성으로부터 설명이 이뤄져야 함을 지시해 준다. 이렇게 이해된 총체성은 우리에게 이런 외적 인과성의 필연성을 보여 준다. 따라서 우리는 이러한 유의 총체성의 관계에 대한 구체적 표현을 갖게 되며, 이 관계는 위에서 다소 추상적으로 진행된 양태에 대한 논의를 충족시키는 그런 관계이다.

인과성으로부터의 이행은 상승하는 운동이다. 위에서 언급했듯이 이것이 독립적 논증으로 타당한지 아니면 이전 논증의 결론들을 단순히 인과성에 적용한 것인지는 분명하지 않다. 확실히 『대논리학』[69]과 『소논리학』[70]에서 나타나는 이 이행은 훨씬 더 그의 존재론적 상에 따라 독해된 인과성을 보여 준다.

---

69) *WL*, II, 198~202.
70) *EL*, §154.

헤겔은 무한 퇴행을 한 번도 논증으로 들먹이지 않는다. 그는 그것을 오히려 유한자의 외면성의 결과로 제시한다.[71] 원인과 결과는 이들의 '개념'에서 하나다. 하지만 유한한 실체에서 주어진 원인은 또 다른 관계에서만 결과이다. 따라서 내 망가진 펜더의 원인인 미끄러운 길은 하나의 결과인데, 어떤 다른 것의, 예컨대 얼음비의 결과이다.

『대논리학』에서 이행은 본질론의 이전 범주들에서 배웠던 것과 관련이 있다. 원인은 수동적 실체인 다른 것에 영향을 주는 것처럼 보인다. 그러나 외적 힘을 견뎌 나가는 수동적 실체는 그 본성이 어떤 다른 것에 의해 정립되어야 하는 그런 것이다. "수동적 실체는 힘의 작용에 의해 현재 **그렇게 있는 그대로만 정립**된다."[72] 그래서 결과들은 자기 자신 위에서 작용하는 어떤 것으로 변한다. 그러나 그렇다면 이것은 첫번째 실체에 대해 반작용한다. 왜냐하면 그것은 단순한 활동적 실체로, 유일한 원인으로 간주될 수 없기 때문이다. 따라서 우리는 작용과 반작용에 이르게 된다. 이로부터 헤겔은 총체성으로 옮겨 간다. 이런 방식으로 무한히 이뤄지는 인과의 과정은 "무한한 상호작용"으로 "되돌아온다".[73]

---

71) *EL*, §153의 '추가'.

72) *WL*, II, 200.

73) *WL*, II, 202. 이 부분(*WL*, II, 198~205)에 포함된 논의는 인과관계의 예를 총체성의 관점에서 설명하는 헤겔의 예들 중 하나, 예컨대 한 민족의 풍속과 체제의 관계를 염두에 둔다면, 그리고 또한 헤겔이 『개념론』 처음에 보여 주는 짧은 요약(*WL*, II, 214~216)과 함께 읽어 본다면 훨씬 더 쉽게 이해할 수 있을 것이다.
    실체는 둘로 나뉜다. 즉 명료하게 분화한다. 이렇듯 한 민족의 정신은 체제나 풍속, 그리고 삶의 양식 등 명료하게 분화된 전체에 각인되지 않으면 안 된다. 그래서 스파르타인은 법과 풍속 그리고 체제를 가진다. 풍속과 체제 사이의 인과성의 예를 살펴보자. 여기서 두 항이 나타나며, 이 이중성은 필연적으로 있어야 한다. 개인의 유약함과 변덕에 대항하여 특정한 정신의 필연성을 표현하기 위해서는 외적인 강제적 법률이 있어야 한다. 동시에 특정한 정신이 풍속 속에 표현되지 않는다면 이 법률은 부패할 것이며, 외부의 껍질로 머물 것이다. 따라서 이중성은 있지만 둘 사이에 심오한 통일이 이뤄져 있다.

그런데 이 두 요소를 인과적 관계로 볼 경우 우리는 체제가 풍속에 영향을 주고 그 역도 성립함에 주목할 수 있다. 각자는 자신의 타자에게 외적이다. 여기서 우리는 헤겔이 인과율의 조건 혹은 전제(*WL*, II, 198~199)라고 부른 것에 마주한다. 즉 원인은 자기 밖에서 자신을 향해 작용하는 어떤 다른 실체를 전제한다는 진술을 접하게 된다. 원인은 실제로 이렇게 작동할 때만 원인이다. 체제와 같은 능동적 실체가 있고 풍속과 같은 수동적 실체가 있다. 이렇듯 체제가 이 풍속에 작용하기 위해서는 풍속이 전제된 것으로, 이미 거기에 있어야 하는 것으로 간주되어야 한다.

그러나 두번째 계기에서 우리는 풍속이 이러한 유의 체제로 조직된 한 민족의 풍속이라는 방식으로만 존재한다는 것을 보게 된다. 동양의 전제주의로 조직된, 혹은 느슨한 종족 체계로 조직된 사람들 사이에는 그러한 풍속이 있을 수 없다. 따라서 전제된 것처럼 보이는 것(즉 풍속)이 사실은 체제와의 관련에서 정립된 것임을 알게 된다(그리고 물론 더 나아가 풍속은 사회적 삶의 다른 모든 측면과의 관련에서 정립된 것이다. ──인과성에서는 **고립되어 있는** 특정한 요소들만 있다). 따라서 "수동적 실체는 [다른 실체의] 힘의 작동에 의해 현재의 그것으로 **정립된** 것일 뿐이다. 말하자면 수동적 실체는 그렇게 실제로 밖에 서 있는 실정적인 것 혹은 직접적 실체라는 바로 그 이유 때문에 정립된 것이다. 이 수동적 실체를 조건 짓는 이전의 것은 작용하는 인과성이 자신과 떨어져 있는 직접적인 것이라는 가상을 제공한다"(*WL*, II, 200).

바로 직전에 헤겔은 다음과 같이 말한다. "타자에게 힘이 미치는 이유는 오로지 그 힘이 자신 안에서 자기뿐 아니라 타자도 표현하는 타자의 능력이라는 데 있다."

따라서 우리는 첫번째 계기로서 수동적 실체, 즉 풍속을 단지 작동을 기다리는 것으로 보았는데, 여기서는 그 대신 이 풍속을 이러한 영향으로부터 필연적으로 유출된 것으로 볼 수 있게 된다. 즉 그것은 체제와 풍속 양자를 통해 이들 양자의 상호 관계에서 흘러나오는 내적 정신으로부터 필연적으로 유출된 것이라는 것이다. 우리는 이 풍속들을 보다 심오한 어떤 것의 표현으로, 혹은 이런 정신의 표현으로 본다. 따라서 우리는 그것들을 처음으로 그 진리 속에서 본다. 즉 우리는 그것들을 보다 심오한 어떤 것의 유출로 본다. 왜냐하면 이 심오한 것은 그것들의 본성, 즉 이 심오한 실재에 의해 정립된 본성이기 때문이다. 이 심오한 실재는 사회의 상이한 측면들의 완전한 상호 영향을 통해 작동한다. 이 영향은 우리가 지금 보고 있는 풍속과 체제의 영향도 포함하고 있다.

그러나 그렇다면 이제 세번째 계기로서, 수동적 실체(풍속)는 사회의 다른 측면(체제)에 의해서만 영향을 받기에 즉자적이라고 인정한 후에 이 상태는 변화되어 다음과 같이 진술될 수 있게 된다. 즉 이런 영향은 수동적 실체의 내적인 즉자성이 현실화한 것이라고. 다른 말로 하면 이러한 방식으로 작동하는 것은 이러한 풍속의 실제 본성의 실현이다. 따라서 이런 풍속은 그 본성상 그런 체제의 규정을 요청한다. 그러므로 풍속은 수동적 실체가 아니라 그 자체 원인이다. "수동적 실체는 한편으로 능동적 실체에 의해 유지되거나 정립되며, 다른 한편 자신을 자기 자신과 결합하고 자신을 근원적인 것으로, 원인으로 만드는 것은 바로 이 수동적 실체의 작용이다"(*WL*, II, 201).

그러나 이때 두 가지 사실이 이로부터 따라 나온다. 첫째, 두번째 실체는 어떤 의미에서 어느 이 후자의 이미지는 이러한 이행의 근저에 놓인 고려 사항들을 암시한다. 충족이유의 연쇄에 놓여 있는 일련의 원인들은 실재에 끼어든다. 이것들을 이끌어 내는 것은 우리가 보다 넓은 영역을 받아들일 수 있음을, 그리고 A가 B를 산출한다는 측면에서만 A를 바라보는 것이 아니라 A와 B가 함께, 혹은 A와 B가 다른 규정들과 공동으로 형성한 체계를 바라볼 수 있음을 전제한다. 그러나 이 일이 행해질 때 우리는 사물들을 상호작용 속에서 보게 되는 견해를 갖게 된다.

의심의 여지 없이 이 논리는 훌륭하다. 기체의 압력이 그 온도의 기능임을 보여 줄 때 이것은 압력, 온도 그리고 다른 성질들을 서로 결합하는, 상호작용하는 요소들의 체계에 진입하는 것이다. 이런 보다 체계적인 수준을 불러일으킴으로써 우리는 보다 완전한 설명에 이른다.

정도는 자기 자신의 원인으로 간주될 수 있을 뿐 아니라 이것이 첫번째 실체와 맺는 관계의 본성은 상호적이다. 그것은 자기 자신의 원인일 뿐 아니라 첫번째 실체의 조건이기도 하다. 이 두번째 계기, 즉 풍속이 첫번째 계기만큼이나 원인으로 불릴 권리가 있다고 인정하고 나면 우리는 이 두번째 계기가 첫번째 것에 작용한다고 인정해야 할 것이다. 왜냐하면 실재에서는 이 양자가 서로 복합적으로 얽혀 있으며, 서로가 자기 타자에게 작용하기 때문이다. 체제가 풍속을 지배하기 때문에 이 풍속은 현재의 그 풍속이지만, 동시에 풍속은 이 풍속을 지배하는 이 체제가 유지될 수 있도록 돕는다.

따라서 우리는 작용과 반작용에 이른다. 그러나 이 단계는 다시금 빠르게 지나간다. 왜냐하면 우리가 분리된 항들의 기계적인 작용과 반작용을 다루는 것이 아님을 알고 있기 때문이다. 그 항들은 분리되어 있지 **않으며**, 각자는 그 타자에게 내적이라는 것이 전체적인 진리이다. 각자는 자신의 타자로 이행함으로써 "자기 자신과 결합하며", 혹은 "원인은······결과 속에서 원인으로서의 자기 자신과 연결되어 있다(*WL*, II, 203). 혹은 각자는 자기 타자와 동일하게 머물러 있다(*WL*, II, 216).

다른 말로 하면 우리가 이로부터 알게 된 것은 각 항은 다음의 의미에서 타자에게 내적이라는 것이다. 즉 우리는 각 항이 자기 타자들과 맺는 관계를 보지 못할 경우, 그리고 타자들이 어떻게 그것에 진입하는지를 보지 못할 경우 각 항에 대한 적합한 개념에 이를 수 없다. 따라서 우리가 진실로 가지는 것은 전체, 즉 이 모든 다양한 측면과 그들 상호 간의 관계를 관통하며 실존하는 민족의 정신이다. 이 측면들 각자의 정의에서 재출현하는 것, 그리고 각자를 타자에게 내적인 것으로 만드는 것, 그것은 바로 이 정신이다. 이것이 바로 실체다.

그러나 물론 상호작용하는 체계를 볼 수 있게 하는 지점에 진입했다고 해서 체계의 모양을 총체성으로부터 설명하는 지점에 이르렀다고 말하는 것은 아니다. 기체의 예에서 본 것처럼 우리는 과거의 충분히 훌륭한 인과율에 머물러 있을 수도 있다. 총체성으로부터 인과율로 움직일 필연성은 체계적 상호작용의 관점으로 움직여야 할 필연성과는 독립적으로 확립되어야 한다. 이 문제를 헤겔은 『소논리학』156절의 '추가' 부분에서 분명하게 언급하고 있다.

사실 우리는 다시 한번 헤겔이 상승하는 이행을 확신하고 있음을 보여주는 곳에 이르는 것 같다. 여기서 그는 보다 낮은 실재를 유출하는 것으로 여겨지는 보다 높은 실재에 대한 암시와 흔적만을 우리에게 제시하며, 이것들을 증거로 취한다. 상호작용이나 체계적 관점으로 움직일 필연성은 사실 [『개념론』에서의] 개념의 흔적으로 이해될 수 있다. 그러나 여기서 이것이 확립되지는 않는다. 이런 확신은 오히려 다른 곳에서 다시 제시된다. 상호작용으로부터 총체성에서 출발하는 인과율로의 이행은 이미 현존하며, 『논리학』의 이전 전체 논증에, 즉 자신의 부분들을 필연적으로 서로 연결하고 있는 총체성으로서의 본질 개념에 근거해 있다.

어쨌거나 우연을 정립하는 필연의 상을 이렇게 아주 구체적으로 표현함으로써 우리는 객관 논리학의 완전한 표현에 이르게 된다. 본질은 이제 존재와 하나다. 왜냐하면 본질은 존재로 완전하게 표현되기 때문이다. 필연성을 직접적으로 드러내지는 않는 것, 즉 우연적인 관계도 여전히 필연성의 표현인데, 왜냐하면 이 우연 자체가 필연이기 때문이다. 따라서 우리는 자기 관계하는 사물들 사이의 관계를 보게 된다. 여기서 말하는 것은 직접적 존재, 즉 자기 자신과 매개되어 있는 전체 체계의 존재이다. 우리는 여기서 무한한 자기 관계 속으로, 동일성으로 돌입하는 자립적 실재들에 마

주한다.[74]

따라서 외부 실재를 정립하는 내적 필연성으로서의 실체는 참으로 개념(Begriff)이다. 개념은 개념 자신을 표현하는 외부 실재를 산출하는, 혹은 그런 외부 실재로 돌입하는 내적인 개념적 필연성이다. 실체의 마지막 전개, 혹은 헤겔이 말하듯 실체의 진리, 즉 존재와 본질의 진리는 개념이다.

> 실체의 진리는 개념이다. 개념은 비의존성으로서 자신으로부터 벗어나 자신을 분명한 독립적 단위체들로 밀쳐 냄이며, 또한 이런 밀쳐 냄으로서 자기 자신과 동일하다. 다른 한편 개념은 상호적 운동으로서 자기 자신에게 머물면서 자기 자신과 상호작용한다.[75]

그러나 자신의 내적 필연성에 따라 하나의 세계를 산출하는 내적인 개념적 공식으로서의 개념은 맹목적 필연성의 영역을 넘어 주체성의 영역으로, 자유의 영역으로 우리를 인도한다. 우리는 모든 것을 포괄하면서 절대적인 필연성, 자기 자신에게만 의지하는 필연성, 완전히 투명한 필연성에 이른다. 그것은 자기 자신으로부터 자신의 본성인 필연적 질서를 산출한다. 이것을 자유 아니고 무엇이라 부를 수 있겠는가? 따라서 "필연성의 진리는……자유이다".[76]

『소논리학』 158절의 '추가' 부분에서 헤겔은 필연성과 자유의 관계로 돌아온다. 일상 의식은 이 둘을 서로 대립적인 것으로 본다. 필연성은 현

---

74) *EL*, §157.
75) *EL*, §158.
76) *EL*, §158.

재의 나라는 것이 곧바로 몰락해야 한다고 선언하기 때문에 아주 엄격하다. 그러나 이를 통해서는 실제 자유가 억압되는 것이 아니라 잘못된 자의적 자유(Willkür, "아직 내용은 없고 단순히 잠재적으로만 있는 자유"[77])만이 억압된다. 그러나 참된 자유는 필연성의 강요된 변형 아래 놓여 있는 내적 동일성으로의 침투를 통해서만 습득된다. 교양인의 자유는 근원적인 자신과는 다른 자로 있도록 강요하는 법들을 손상하는 데 있을 수 없다. 오히려 그 자유는 이러한 변화 속에서, 자신의 이런 변형 속에서 자신의 동일성을 발견하는 것이다. 그럴 경우 그는 합리적 필연성을 이해하고 그런 필연성을 살아간다. 이때 합리적 필연성은 그의 본성에 상응하며, 처음에는 외적 필연성의 가면을 쓰고 나타나지만, 합리적이고 그 자신의 것이라는 의미에서 자유이다. 자유는 합리적인, 즉 자기 자신의 필연성 속에서 사는 것이다. 그러나 이것은 현재의 모습의 변형을 요청한다. 따라서 이것은 비교양인에게 외적인 부가처럼, 자유의 억압처럼 나타난다. 그러한 사람은 우연의 영역에서, 사물들과 마찬가지로 순수한 외면성의 영역에서 살아간다. 그러나 정신으로서의 인간의 본성은 사물들과는 달리 자신의 직접적 본성을 부정하는 삶을 산다. 따라서 그것은 이런 직접성을 부정하고 자신을 초월하며, 필연성 속에서 자신의 자유를 발견한다.

필연성은 따라서 자유의 외적 형식이다. 그리고 우리는 내면의 존재로 살아가기 전에 외면의 존재로 살기 때문에 필연성은 전제이다. "자유는 필연성을 자신의 전제로 갖는다. 그리고 필연성을 자신 안에 지양된 것으로 간직한다."[78] 이러한 사실을 내적으로 파악하지 못한 사람들은 이해하지

---

77) *EL*, §158의 '추가'.
78) *EL*, §158의 '추가'.

못할 것이다. 범죄자는 형벌을 자기 자유의 제약으로 본다. 그러나 그에게 부과된 형벌은 낯선 힘이 아니라 그 자신의 행위의 드러남이다. 그가 이 사실을 일단 인지하고 나면 그는 자유로운 사람으로 안정을 찾는다.[79] 이것이 바로 스피노자가 신에 대한 지적 사랑(amor intellectualis Dei)이라 부른 것이다.

우리가 이제 도달한 자유는 주체로 나아가며, 따라서 『논리학』의 다음 권으로 이행한다. 이 다음 권은 '개념'을 다루는 책으로서 주관 논리학이라 불린다. 실재와 하나인 이 자유는 '나'로서 실존하며, "자신의 총체성으로까지 발전할 때 **자유로운 정신**이고, 느낌으로서는 **사랑**이고, 향유로서는 **지복이다**".[80]

---

79) *EL*, §158의 '추가'.
80) *EL*, §159.

12장

개념

주체에 도달한 헤겔은 이제 앞의 두 책[『존재론』과 『본질론』]에서 암묵적으로만 존재한 것을 명확히 해야 한다. 우리는 『본질론』의 범주들이 『존재론』의 범주들에 대항하는 것으로서 인식의 주체를 암묵적으로 지시해 준다는 것을 보았다. 이 암묵적인 지시는 이제 명료해질 필요가 있다. 그리고 현실은 주체를 위해 있다는 의식이 더 이상 『논리학』에서 소홀히 다뤄져서는 안 된다.

『개념론』을 다뤄야 하는 첫번째 근거는 바로 이것이다. 세계가 주체를 위해 있다는 것은 인식의 객체로서의 세계가 개념들에 의해 구조화되어 있다는 것을 의미한다. 이것은 범주들의 변증법인 『논리학』에서의 우리의 출발점에 이미 내재해 있었다. 그런데 이것이 이제 명료하게 검토될 필요가 있다. 그리고 이것은 헤겔이 칸트에게 진 빚을 보여 준다. 그러나 헤겔의 개념이라는 용어가 칸트에게 많은 영향을 받고 있기는 하지만, 그것은 칸트의 근본적인 사상들을 아주 많이 변형시킨다.

헤겔은 통각(Apperzeption)의 본원적 통일이라는 칸트의 기본 생각을 받아들인다. 헤겔에 따르면 칸트의 이 사상은 "그의 이성 비판에서 발견될 수 있는 가장 심오하고 정교한 통찰에 속하며",[1] 헤겔은 이 사상을 칸트도 경악할 만큼 변화시킨다. 이 본원적 통일은 상이한 표상들을 통합하는 것이며, 이 표상들에 객체성을 부여하는 것, 즉 이 표상들을 하나의 객체에 연관시키는 것이 바로 이 통일이다. 우리 경험의 내용들은 단순한 직관들로서 어떤 객체성도 갖지 않지만, 자아(I)에 의해 함께 산출된 것으로서, 개념들 아래로 모인 것으로서 그 내용들은 객체성에 도달한다. 파악된 이 내용들은 단순히 소여된 것이 아니라 정립된 실재가 된다.

이 모든 것은 칸트적이다. 그러나 헤겔은 이것에 전혀 다른 의미를 부여한다. 그에 따르면 칸트의 오류는 선험적 통각의 사유 속에서의 객체의 이러한 통일을 단순히 현상으로 생각하여, 인식될 수 없는 사물 자체에 대립시켰다는 것이다. 그리고 이러한 사유 노선에서 칸트의 범주 개념은 내용이 없이는 공허할 수밖에 없는 단순한 형식에 지나지 않았다. 따라서 이 형식은 실제 인식, 즉 (현상적) 객체들의 인식을 발생시키기 위해 외적 직관으로 채워져야 한다.

그러므로 칸트에게 개념의 작용은 직관적 채워짐이라는 수동적 수용을 기다려야 했다. 그것은 감각적 직관을 전제했다. 그것은 이 직관 위에서 작동했으며, 이 직관은 이전에 주어져 있어야 한다. 헤겔의 관점에서 볼 때 낮은 것은 높은 것에서 산출된다는 것, 그리고 전자는 자신의 실존을 스스로 갖지 못한다는 점이 아직 드러나지 않았고 인식되지도 않았다.

칸트와 헤겔 사이에서 쟁점이 되는 문제는 다음과 같다. 헤겔은 현실 혹은 객체가 감각적 직관의 질료가 사유에 의해 구성되는 곳에서만 존재한다는 칸트의 사상을 받아들인다. 그러나 칸트에게 이 원리는 우리의 세

---

1) WZ, II, 221.

계 인식에만, 즉 현상에만 유효하지 사물 자체에는 유효하지 않은 반면에, 헤겔에게 이것은 존재론적으로 유효하다. 왜냐하면 사물들의 내적 진리는 사물들이 사유로부터 나왔고, 합리적 필연성에 의해 구성되었다는 것이기 때문이다. 칸트에게 우리의 인식 능력에 참이었던 것이 헤겔에게는 우리의 인식 능력 속에 반영되어 나타나는 존재론적 사실이다. 자신이 느낀 이 모든 것을 그는 『논리학』 이전 부분들에서 보여 주었다. 왜냐하면 이 부분들은 현실을 사유에서 분리된 것, 단순한 존재, 숨겨진 본질, 그저 소여된 것 등으로 보는 관점이 부적합하며, 모든 것은 명백한 필연성 혹은 자유, 즉 개념을 자신의 진리로 갖는 실체로 이행한다는 것을 보여 주기 때문이다.

그러나 이때 개념 외에 인식의 다른 측면인 직관적 내용은 분리된 채 주어지지 않으며, 개념으로부터, 개념에 의해서 산출된다. 이것이 칸트가 오류를 범한 지점이다. 그러나 그가 객체에 대해 말한 모든 것, 즉 객체의 사유에의 의존성, 혹은 객체의 자아의 통일성은 현실 자체의 옳음으로 드러난다.

확실히 우리는 칸트 철학과는, 혹은 일상 의식과는 아주 다르게 개념(Begriff)을 다룰 것이다. 일상 의식에게 개념은 우리 인식의 도구, 우리가 현실을 파악하는 하나의 방식이다. 말하자면 개념에 대한 우리의 용법에는 현실 자체의 본성에 대해 아무런 선입견도 갖지 않음이 전제되어 있다. 반면 헤겔에게서 개념은 현실의 근저에 있는 활동적 원리, 그것을 그것으로[즉 현실을 현실로] 만드는 원리이다.

연관된 두번째 차이는 다음과 같다. 일상 의식에게 개념은 추상이다. 개념의 보편성은 이 추상과 연관이 있다. 하나의 단어는 수많은 유사한 예들에 적용된다. 그리고 개념은 이 예들의 특수성을 추상함으로써 이 일을 한다. 그러나 헤겔의 견해에 따르면 개념은 이 개념에 상응하는 현실을 이 개념 자체로부터 전개하는 그런 것이다. 왜냐하면 그것은 우리의 정신 안에 있는 내용일 뿐 아니라 현실의 근저에 놓여 있는 원리이기 때문이다. 따라서 개념은 보편적이다. 그러나 그것은 그 안에 차이를 간직하고 있는 보편자이다. 헤겔이 말하듯 개념은 자기 스스로 자신의 표현인 특수자들을 산출하며, "개념은 모든 유한한 규정과 다양성의 근거이자 원천이다".[2]

따라서 헤겔에게 세계라는 구조물에서 개념의 최상의 대리자는 '자아'[나, I]이다. 자아는 특수한 개념들을 가질 수 있지만, "자아는 그 자체로 순수한 개념이며, 개념으로 현존하게 되었다".[3] 왜냐하면 자아는, 헤겔이 말하듯이, 자기 동일적 통일체이며, 자기 동일성에 집중하기 위해 모든 특수한 규정으로부터 추상될 수 있기 때문이다. 그래서 그것은 보편자다. 그러나 동시에 그것은 다른 것들과 구별되는 특수성, 개별적 인격성이다. 요점은 자아의 특수한 성격은 단순히 소여된 것이 아니라 이것들로부터 추상될 수 있고 이것들을 변화시킬 수 있는 존재에, 모든 것의 저편에서 발견되는 동일성을 갖는다는 점에서 자유로운 그런 존재에 속한다는 것이다. 이러한 특성들은 이런 보편적 자기 동일성에 의해 확립된 것으로 간주될 수 있다. 자아가 이 특성들 중 어떤 것으로부터 자유롭기는 하지만, 다른 한편 몇몇 특성을 가지는 것에서 자유롭지는 않다. 특정한 특성이 없을 경우 그것은 존립할 수 없으며, 그 때문에 보편자는 특수자로 들어가야 한다.

그래서 유한한 정신은 가장 명료하고 쉽게 이용할 수 있는 개념의 표현이다. 그러나 그것은 최고의 표현은 아니다. 왜냐하면 특수한 유한한 정신은 자신의 특성에서 스스로 해방될 수 없고, 그 특성들을 완전하게 변화

---

2) *WL*, II, 227.
3) *WL*, II, 220.

시킬 수도 없기 때문이다. 헤겔의 이론에 따르면 유일하게 실제적으로 적합한 개념의 대리자는 무한한 정신, 실재의 전체 체계에서 재현되는 정신이다. 그러나 유한한 독립체들 중에서 유한한 정신은 최고의 독립체인데, 이후 살아 있는 존재들이 이를 뒤따른다.

따라서 개념은 스스로 특수성으로 전개되어 가는 보편자이다. 이러한 전개는 『존재론』의 단순한 이행과도 대조되고, 『본질론』의 반성[비춤]과도 대조된다. 『존재론』에서 첫번째 항은 두번째 항을 위한 길을 만들기 위해 사라진다. 『본질론』에서 첫번째 항은 자기 자신이 아닌 두번째 항을 지시해 준다. 그러나 『개념론』에서 이 개념으로부터 전개된 새로운 항들은 그 개념과 완전히 일치하는 것으로 남아 있다. 헤겔은 『소논리학』에서 이를 설명하기 위해 성장하는 식물의 이미지를 사용한다.[4] 식물은 자신을 전개하면서 명료하게 한다. 처음에 그것은 이후에 전개될 상황의 아직 분화되지 않은 원천이다. 이것은 맹아 혹은 아직 전개되지 않은 형식이라는 또 다른 헤겔적 의미에서의 개념이다. 따라서 분화되지 않은 이러한 원천은 보편자와 비슷하다. 왜냐하면 그것은 추상적이며 아직 분화되지 않았기 때문이다. 그러나 그것은 스스로 특수한 것으로 성장하고 발전할, 그리고 특수한 것을 생산할 힘, 필연성을 간직하고 있다.

『소논리학』에서 나타나듯이[5] 여기서 자연스럽게 다음의 질문이 따라 나온다. 헤겔은 왜 여기서 우리가 일상적으로 개념이라 부르는 그 낱말과 동일한 낱말을 사용하는 것일까? 이것은 오해와 혼동만을 불러오는 것은 아닌가? 간단한 대답은 이 두 용법, 즉 일상적인 의미와 헤겔적인 의미가

---

4) *EL*, §161의 '추가'.
5) *EL*, §160의 '추가'.

우리가 생각하듯 그렇게 동떨어져 있지 않다는 것이다. 그러나 곧 따라 나오는 보다 심오한 대답은 다음과 같다. 즉 헤겔의 개념은 일상적 개념에서 출발하여 변증법적 과정을 거치면서 드러나게 될 것이라는 점이다.

이제 우리가 탐구할 책[『개념론』]에서 우리의 임무는 객관 논리학의 방향과 정반대의 방향에서 움직이게 될 것이다.[6] 우리는 가장 빈약한 것, 즉 외부 실재에 대한 최소한의 내용을 담은 술어에서 출발하여 『본질론』을 관통해 갔으며, 마침내 이 외부 실재가 개념의 표현이라는 상에까지 이르렀다. 그러나 만약에 그렇다면, 즉 식물이 그 씨앗에서 성장하듯이 모든 것이 실제로 개념으로부터 전개되어 나온다면 이것은 개념 자체의 탐구를 통해서 드러나야 할 것이다. 물론 모든 것의 원천인 개념은 완전히 전개된 개념, 즉 이념이다. 이념에 대해서는 마지막에 다룰 것이다. 그러나 만약 이념이 실제로 모든 것의 원천이라면 우리는 일상적 의미의 개념으로부터, 즉 우리의 사유의 재료가 되는 주관적 개념으로부터 출발함으로써 이 이념에 도달할 수 있어야 할 것이다.

우리의 근본적인 존재론적 상에 따르면 개념은 세계를 배치하는 내적 필연성으로서 모든 것의 근저에 놓여 있으며, 우리의 개념적 인식이 이로부터 따라 나온다. 우리는 근저에 놓인 이러한 필연성이 동일하게 필연적인 자기 의식이 되게 하는 매개자[담지자]이다. 따라서 우리의 주관적 인식 속의 개념은 개념이 모든 것의 원천이자 토대라고 하는 것을 스스로 아는 개념의 자기 인식 도구이며, 개념이 우주적 필연임을 스스로 아는 개념의 도구이다. 그러나 만약 그렇다면 우리 마음속의 개념은 좀더 면밀하게

---

6) 헤겔의 논리학에서 존재론과 본질론은 객관 논리학으로, 개념론은 주관 논리학으로 분류된다.—옮긴이

검토해 보면 실재의 뿌리에 놓여 있는 개념과 같은 기능을 하는 것으로 드러나지 않을 수 없다. 실재의 뿌리에 놓여 있는 개념은 자기 스스로 실재를 산출하며, 특수자로 이행해 가는 보편자이다. 그리고 그것은 그 자체 외적인 것으로서 이런 필연성을 부정하면서 동시에 표현하는 외적 실재를 발생시키는 필연성의 내적 공식이다. 이 개념은 자신과 분리 불가능하게 통합되어 있는 자신의 대립자를 정립한다. 그것은 모순에 의해 움직이는 총체성이다. 우리 마음속의 개념이 이런 면밀한 검토를 통해 실재의 뿌리에 놓인 개념과 같은 기능을 하는 것으로 드러나지 않는다면, 그리고 그것 역시 대립자로 이행하여 자신의 타자에 의해 매개된 동일성을 갖는 것으로 드러나지 않는다면, 그리고 그것이 결국 실재의 근저에 놓인 사유와 결합하는 것으로 드러나지 않는다면 칸트와 이원론자들이 옳다. 이들에 따르면 우리의 사유와 실재의 토대 사이에는 연결할 수 없는 간극이 있다. 존재하는 것의 근저에 놓여 있는 개념적 필연성은 주관적 사유의 관할권 내에 있을 수 없고, 기껏해야 사유를 넘어서는 직관을 통해서만, 이미지나 암시나 상징의 형식으로 제시될 수 있을 뿐이다. 여기서는 이성으로서의 정신이 결코 자기 의식에 이를 수 없을 것이다.

어떤 의미에서 우리는 범주적 개념들을 이렇게 검토하는 가운데 이 개념들이 모순을 발생시키고, 자신의 대립자들과 연결되어 있다는 사실을 보았다. 그러나 우리는 이러한 사실을 개념의 바로 그 본질 속에서 드러낼 수 있어야 한다.

이것을 드러내는 것이 바로 『논리학』 세번째 책 첫 부분의 과제이다. 우리는 우리의 사유, 즉 개념들을 볼 것이다. 그리고 이와 더불어 판단과 추론도 볼 것이다. 간단히 말해서 우리는 일반적으로 형식 논리학의 이름으로 수행되는 영역의 많은 부분을 여기서 다루게 된다. 헤겔의 논리학(헤겔의 논리학은 기본적으로 선험 논리학임을 기억하자)이 일반적인 의미의 논리학과 어울리는 부분이 바로 여기다. 그리고 우리는 선험 논리학의 전략에서 왜 이 문제가 여기서 다뤄져야 하는지를 보았다.

그러나 또한 이로부터 헤겔이 형식 논리학의 이념을 받아들일 수 없는 이유도 따라 나온다. 즉 내용으로부터 추상된 사유의 형식만을 주장하는 형식 논리학은 헤겔에게 문제 있는 것이다. 헤겔의 전체 메시지는 '형식', 혹은 사유 자체의 본성은 그 대립자로 이행한다는 것이다. 개념들은 면밀히 검토해 보면 내적 모순을 드러낸다. 개념들은 보편자로서 결국 지양될 수밖에 없는 특수자와 필연적으로 연결되어 있음을 드러낸다. 그리고 이 내적인 모순 관계를 보이는 가운데 이 개념들은 사물의 본성을 향해 나아간다. 왜냐하면 우리의 개념들은 우주의 내적 필연성의 자기 의식을 매개하는 것이기에 이 개념들은 스스로 사물의 본성인 것처럼 처신하기 때문이다. 따라서 순수한 형식으로서의 개념들에 대한 연구는 사물들의 기본 구조 혹은 내용을 산출한다. 물론 이와 반대로 내용 혹은 사물들에 대한 연구는 내적인 개념적 필연성 혹은 형식을 드러낸다.

따라서 순수한 형식 논리는 키메라이다. 결정적인 한 부분[7]에서 헤겔은 이러한 점을 자신의 진리 개념을 논의하는 가운데 드러낸다. 형식 논리학에 대한 일반적인(그리고 칸트적인) 생각은 형식 논리는 개념들과 명제들을 그 (실체적) 진리와 상관없이 취급한다는 것이다. 말하자면 그것들은 논리적 진리만을 가져야지 사실들에의 적합성이라는 일상적 의미의 진리를 갖는 것은 아니다. 진리는 두 항을 필요로 한다. 그러나 만약 형식에 대한 우리의 연구가 사물들의 구조를 반영하는 내적 발전을 드러내는 것으

---

7) *WL*, II, 229~234. 또한 *EL*, §162.

로 끝난다면, 소위 형식 논리학 자체에서 실체적 진리에 대한 의문이 일어나지 않을 수 없다. 진리를 형식과 이 형식과는 동떨어진 경험적 내용이 일치하는 것으로만 여길 때 진리 문제는 추상적으로 되고 마는데, 이 경우 우리는 이런 추상 속에서 명제를 의미 있거나 의미 없는 것으로 판단한다. 추상적인 이러한 판단에서와 마찬가지로 일관성과 비일관성의 판단에만 관심을 갖는 형식들을 위한 독립된 영역은 없다. 오히려 형식들 자체는 사물들의 구조를 적절히 반영할 때까지 그 내적 모순으로부터 내적으로 전개되어 가기 때문에 그것들의 진리 문제는 필연적으로 발생한다. 사물들은 완전히 전개된 형식 속에서만 참되게 존재한다. 어떤 이른 형식에서도 그것들은 부적합하며, 따라서 참되지 않다.

따라서 실체적 진리는 형식 논리의 영역에서 배제될 수 없다. 다른 말로 하면 형식 논리학은 그 자체 존재론인 선험 논리학에서 자신에게 적합한 자리를 갖는다. 어떤 것의 진리는 그 사물 내에, 그 사물의 개념 내에 존재한다. 왜냐하면 모든 것은 개념의 유출이고, 따라서 개념과의 일치 아니면 불일치에 놓여 있으며, 따라서 참 아니면 거짓이기 때문이다. 헤겔의 절대적 관념론에서의 진리는 어떤 것이 완전하게 전개될 때의 그것의 형식이다. 왜냐하면 그 경우 그것은 자신의 개념과 완전히 일치하기 때문이다.

이 책 전체는 다시 한번 칸트와의 심오한 차이를 표현한다. 칸트는 인식하는 정신과 궁극적 실재의 이원성을 수용했다. 궁극적 진리, 사유가 궁극적 실재에 적합하다는 의미에서의 진리는 우리가 도달할 수 없는 영역이다. 반면 헤겔에게 진리는 우리의 파악 내부에 있다. 왜냐하면 실재는 사유에 낯선 것이 아니라 사유 자체로부터 전개되어 가기 때문이다. 칸트에게 범주들은 유한하다. 왜냐하면 그것들은 주관적이기 때문이다. 헤겔에게도 범주들은 유한한데, 왜냐하면 그것들은 부분적이고, 전체 과정 속에서 자기 자리를 가지며, 차례로 몰락해야 하기 때문이다.

헤겔이 칸트를 비난하는 마지막 이유는 칸트가 자신이 고안한 지적 직관의 개념을 유지하지 않는다는 데 있다. 지적 직관은 우리의 직관과는 달리 자신의 내용들을 위해 외적인 수용에 의존해서도 안 되고, 외부로부터 자극받는 것에 의존해서도 안 되며, 이 내용들을 사유 자체로부터 창조하는 그런 오성이어야 한다. 이런 원형적 지성을 칸트는 신에게 귀속시켰고, 그것은 우리의 영역을 철저히 넘어서 있었다. 그러나 헤겔에 따르면 신의 지성은 궁극적으로 우리에게 드러나며, 우리의 사유 속에서만 살아간다. 따라서 우리는 지적 직관에 참여할 수 있다. 신의 사유는 우리의 사유이다.

1. 주체성

주관 논리학의 첫 부분은 '주체성'이라 불린다. 그리고 이 부분의 목적은 사물에 대한 주관적 파악으로 간주되는 개념을 지나 자기 명료화하는 세계라는 개념으로 나아가는 것이다. 우리는 이미 그 자리에 있다. 왜냐하면 『본질론』의 과정을 관통해 오면서 이미 이 개념에 도달했기 때문이다. 그러나 우리는 다른 방향에서 진행함으로써, 그리고 사물을 아는 수단인 개념에서 출발함으로써 우리가 동일한 자리에 도달함을 보여 줄 것이다.

이를 행하는 과정에서 우리는 형식 논리학의 개념들 몇 개를 붙잡게 될 것이다. 그리고 그 과정에서 이 영역과 연관된 모든 사유를 변경시킬 것이다. 우리는 고착된 구별들을 취하여 움직이게 할 것이다. 이 책[『개념론』]의 구성을 보여 주는 「서론」에서 헤겔은 우리가 이 구성 부분을 다루게 될 것이라고 말한다.[8]

개념 그 자체는 순수하게 내적인 것이며, 따라서 단순히 외적인 것이다. 우리는 개념이 (내적인 것으로서) 주관적인 사유의 속성이라고 생각하며 출발한다. 그리고 바로 이런 이유 때문에 이 개념을 이 개념이 사유하는 대상과 외적으로만 관련된 것이라고 생각한다. 그리고 이러한 사유의 다양한 요소들(특수한 개념들)은 서로 외적으로만 연관되어 있다. 그러나 개념의 동일성은 그 요소들을 변증법적 운동에 착수하게 할 것이고, 이 요소들의 파편성과 실재로부터의 개념의 분리를 극복할 것이다.

『개념론』의 이 첫 부분은 세 부분으로 나뉜다. 개념 자체, 판단, 추론이 그것이다. 이것들은 객체성으로 나아가는, 즉 주관적 개념을 넘어 다시 한 번 자기 명료화된 실재의 총체성으로 나아가는 길 위에 놓인 단계들이다.

『개념론』[1부의] 1장에서 진행되는 것을 해명하는 최선의 방법은 헤겔의 견해를 명료하게 하고, 일상적인 주관적 개념이 어떻게 이에 상응하는지를 보는 것이다. 이런 방법은 적어도 『대논리학』을 온전히 해명하는 데 있어서 헤겔 자신의 절차에 가장 가깝다.

1장의 전개는 헤겔이 자신만의 방식으로 사용하는 보편자(Allgemeines)와 특수자(Besonderes) 그리고 개별자(Einzelnes) 사이의 잘 알려진 구분을 수행함으로서 시작한다.

개념

우선, 헤겔의 개념(Begriff)에 대해 살펴보자. 이것은 분화된 총체성의 보편적, 자기 동일적, 내적 원리이다. 그러나 그것은 또한 다[많음]로 분화된다. 왜냐하면 총체성이 있기 위해서는 분화가 있어야 하기 때문이다. 이런 분화는 보편자 아래로 떨어지는 특수성이다.[9]

---

8) *WL*, II, 236.

그러나 이때 이러한 총체성은 실제 외적인 실존을 가져야 하고, 그 자체로 특수한 것, 즉 개별자(Einzelnes)가 되어야 한다.

이전의 영역들과는 달리 여기에서의 발전은 순수하게 내적이다. 헤겔이 말하듯이 이 세 계기는 그 자체로 전체 총체성이다. 즉 하나는 다른 것들을 언급함 없이는 설명될 수 없다. 따라서 보편자에서 출발함으로써 우리는 이것이 분화된 총체성의 내적 원리였음을 언급하지 않으면 안 되었고, 다른 두 규정을 지시하지 않으면 안 되었다. 이 세 규정은 분리되지 않고 연결되어 있다.[10]

그런데 이전에 본 것처럼 이런 이상적 시나리오가 모든 곳에서 구체화되지는 않는다. 그런 이상적 시나리오는 무한한 정신의 체현인 전체에서만 구현되며, 본성상 무한한 정신에 가장 가깝게 있는 개별적 독립체들, 즉 삶, 자아, 유한한 정신들에서 구현된다.[11] 그러나 이 개별적 독립체들에서조차 전체에서 구현되는 것과 같이 구현되지는 않는다. 왜냐하면 여기서는 자기 분화가 "창조적 힘"[12]으로부터 흘러나오고, 따라서 어떤 다른 것에 의해서도 조건 지어지지 않기 때문이다.

개념의 또 다른 이미지는 유(類)다. 왜냐하면 유는 자기 종(種)들에서 자신을 특화시키기 때문이다. 그러나 여기서 이미 우리는 보다 덜 완전한 실현의 예를 보게 된다. 왜냐하면 일반적으로 유는 다양한 종들을 묶어 놓

---

9) 독일어 Besonderes[특수자]는 영어 sunder에 상응하는데, 이것은 일상적인 논리적 의미[특수자]뿐 아니라 자기 분리라는 뜻도 가진다. 헤겔은 자신이 사용하는 단어들에 대해 그런 사변적 유희를 한다[즉 헤겔은 Besonderes(특수자)라는 단어가 Sonder(분리)를 포함하고 있다는 사실에 착안하여 특수자는 (전체로부터의) 분리를 의미한다고 해석한다는 것이다].

10) *EL*, §164 참조.

11) *WL*, II, 244.

12) *WL*, II, 244~245.

은 것인데, 이 종들은 유 개념으로부터 연역될 수 있는 필연적 명료화를 반드시 따르는 것이 아니기 때문이다. 새들의 유는 그 수와 그 세부 사항에 있어 어떤 필연성도 보이지 않는 전체 종들을 묶어 놓은 것이다.

우리가 본 것처럼 헤겔의 체계에는 이런 우연성을 위한 자리가 마련되어 있다. 왜냐하면 그의 견해에 따르면 이념의 낮은 실현은 이러한 유의 불완전함, 느슨한 조화 등을 포함하고 있는데, 다른 관점에서 보면 이것은 우연성을 표현하기 때문이다. 따라서 종의 우연성에 대해 말하면서 헤겔은 다음과 같이 말한다.

> 개념의 엄격함을 확고히 유지하여 서술할 수 없다는 것, 그리고 이런 무개념적이고 맹목적인 다양성으로 진입한다는 것, 이것이 바로 자연의 무능이다.[13]

자연은 이렇듯 단순한 다양성으로 떨어지는데, 이것은 유한한 정신이 표상들로 다양성을 산출하는 것과 유사하다. 다양한 자연적인 유와 종, 그리고 정신의 임의의 착상들은

> 개념의 흔적과 예감을 보여 주지만, 이 개념의 참된 이미지를 제시하지는 않는다. 왜냐하면 그것들은 개념의 자유로운 자기 외타성의 측면이기 때문이다.[14]

---

13) *WL*, II, 247.
14) *WL*, II, 248.

그러나 이런 우연성은 그 자체로 개념 안에 포함되어 있다.

개념은 절대적 힘이다. 왜냐하면 개념은 독립적인 다양성, 외적 필연성, 우연성, 자의, 견해 등과 자신의 차이를 자유롭게 떠날 수 있기 때문이다. 물론 이때 이 모든 것[독립적인 다양성, 외적 필연성, 우연성, 자의, 견해]은 무실함(Nichtigkeit)이라는 추상적 측면 이상의 어떤 것으로 받아들여져서는 안 된다.[15)

따라서 불완전함은 다음의 형식을 취한다. 즉 여기서는 유로 나타나는 보편자가 반드시 어떤 특수한 모양을 띠게 되는 것은 아니라는 것이다. 그리고 이런 특수한 모양은 엄청난 자의이자 단순한 우연이고, 근본적인 필연성의 구조 주변에서 발생한다는 것이다. 그리고 이러한 필연성의 결여는 다른 방식에서도 드러날 수 있는데, 즉 상이한 종들, 그리고 이 종들이 구체화된 것의 상이한 부분들이 대립자들로서 내적으로 서로 결합되어 있지 않다. 그것들은 위에서 본 것처럼 어떤 필연적 명료화[분절, articulation]도 보여 주지 않는다. 헤겔에게서 필연적 명료화[분절]는 대립자들의 본질적 관계로 존재할 수 있을 뿐이다. 이런 관계를 통해 각자는 자신의 상대자에게 의지하며, 따라서 각자는 타자 없이는 존립할 수 없고, 이러한 의미에서 이 타자는 **자신의** 타자이다. 그것들은 모순적인 것으로서 운동 안에 있는 전체가 되며, 이것의 부분들은 이 전체의 필연적 명료화의 과정이다. 이것이 바로 헤겔에게 참된 유이며, 이 유는 본질적으로 서로 연관된 대립자인 단 두 종만을 가진 것으로 여겨진다. 자신을 필연적으로 정

---

15) *WL*, II, 248.

신과 자연으로 분할하지만, [정신과 자연의] 그런 대립 가운데서도 상호 관계로만 파악될 수밖에 없는 것, 바로 이것이 절대자다.

따라서 체현의 불완전함은 보편자가 구체화할 때 우연의 문제가 발생함을 보여 준다. 혹은 여기서 그것은 구체화된 요소들의 상호 관계들에서 대립의 결여라는 점에서 우연이라 할 수 있다. 그러나 개별성의 관점에서 볼 경우 전체로서의 유가 질서 정연한 개별자가 되는 것이 아니라 우연한 수의 개별자들이 이 유에 속하게 된다고 할 수 있다.

아주 우습게 들리기도 하지만 절대자와 새들의 유를 다시 비교해 보자. 절대자는 자기 운동하는 실제적인 외적 실존인, 개별자로 있는 총체성으로 명료하게 분절한다. 유한한 정신들은 이것에 근접하지만, 그 자체로 만족스럽지는 않다. 오히려 이 유한한 정신들의 근저에 놓여 있는 정신은 이 정신들이 각인된 질서 잡힌 사회에서 구체화된다. 그러나 여기서 우연의 요소가 진입한다. 여기서는 수많은 인간이 필연성에 의해 고착되지 않는다. 사회만이 (특정한 단계에서) 그 수가 하나로 고정되는 자기 유지적 전체이다. 우연한 수의 개별자들은 보다 큰 개별자, 필연적으로 분절화된 개별자에 꼭 들어맞는다.

그러나 새의 상이한 종들의 경우는 이에 해당하지 않는다. 종과 종의 개체들에 있어서 '불특정한 양'의 새들이 있다. 하지만 전체로서의 유는 분절화된 총체성으로 존재하지 않는다. 새들의 유는 하나의 개별자로서는 아주 어색한 독립체이다. 그래서 분절화된 단일한 실존은 자신이 귀속되어 있는 보편자와의 내적으로 밀접한 관계에서 벗어난다. 완전히 연장된 보편자는 더 이상 질을 갖지 않으며, 질을 갖는 것은 훨씬 더 우연적으로 분절된 불특정한 수로 실존한다.

그런데 앞에서 본 것처럼 헤겔은 개념이 자연에서 불완전하게 체현되는 문제를 정신의 우연적 재현[표상]과 병렬적으로 놓는다. 그리고 이제 우리가 보게 될 것처럼, 순수하게 주관적인 개념은 불완전하게 체현된 개념과 동일하게 무능력하다. 이러한 의미에서 주관적 개념은 어느 정도 정당성을 갖기는 하지만, 일상 의식과 오성 철학이 하듯이 자신이 철학적 개념의 참된 진리라고 주장할 경우 그런 정당성을 상실하고 만다.

이제 위에서 말한 세 항들과의 연관에서 주관적 개념을 살펴보자. 주관적 개념이 보편적이라고 하는 데는 아무런 문제도 없다. 개념에는 원래 '보편적'이라는 말이 각인되어 있기 때문이다. 그러나 그것은 또한 구체적으로 적용된다. 즉 그 개념이 적용되는 기준이 있으며, 이런 의미에서 어떤 내용을 가진다. 어떤 다른 기준과도 합치하지 않는 단순한 개념이라는 생각을 헤겔은 거부한다. 그런 생각은 [감각적] 표상을 [이성적] 파악과 혼동하는 것이다. 우리의 정신 앞에서 어른거리는 표상들이 있을 수 있다. 가장 풍부한 실재들, 예컨대 정신, 자연, 세계, 심지어 신도 우리 마음 안에서 아주 단순한 것으로 표상될 수 있다. 즉 우리는 이것들의 분절적 명료화로 진행하지 않을 수도 있다.[16] 그러나 만약 우리가 심각하게 이성적 파악에 대해 말한다면, 확실히 우리는 이것들을 개념들로 받아들일 수 없다. 이것들은 보편성을 특수성과 개별성을 추상한 채 생각하는 단순한 표상들이다.[17]

헤겔 자신의 언어로 헤겔을 해석하는 가운데 우리는 오늘날 광범위하게 수용되는 한 주장에 이르게 되었다.[18] 하나의 개념은 필연적으로 다른

---

16) *WL*, II, 255. 또한 *EL*, §164.

17) *WL*, II, 255.

18) 그 요점은 헤르더의 『언어의 기원에 대하여』(*Abhandlung über den Ursprung der Sprache*)에 예견되어 있었다. 어떤 것에 대한 언어적 의식을 갖는다는 것은 그것을 하나의 특징을 통해 식별한다는 것이다.

개념들과 연결되어 있다. 어떤 개념도 스스로 도입될 수 없다. 개념을 사물에 적용하는 것 외에는 이 사물에 대해 아무것도 말할 수 없다고 한다면 우리는 이 사물에 대한 **개념**을 가지고 있다고 할 수 없다. 이것이 바로 사적 언어에 대항한 비트겐슈타인의 논의의 배경이 된다.[19] 'E'라는 감각은 우리가 적어도 그것이 하나의 **감각**이라고 말할 수 있을 때, 그리고 그것을 우리의 다른 언어와 결합할 수 있을 때 바로 그런 감각으로 있을 수 있을 것이다. 그렇게 결합되지 않은, 따라서 어떤 방식으로든 다른 것들에 의해 해명될 수 없는 어떤 개념도 우리는 가질 수 없다.

단순한 개념이 있다는 믿음은 또 다른 의미 이론에 속한다. 이 이론에 따르면 단어들은 단순히 자신을 감각적 내용들에 연결시킴으로써 의미를 부여받는다. 이 경우 아주 단순한 감각 내용과 결합된 단어는 더 나아간 분절적 명료화를 수행할 수 없다. 그러나 헤겔은 이러한 유의 구분이 심리학과 논리학을 혼동한 것이라 주장한다. 단순한 감각적 소여물이 있을 수도 있고, 또 정신 안에서의 표상들도 있을 수 있다. 자서전적인 사실의 문제에서 볼 때 나는 내가 주어진 광경 혹은 주어진 관념을 분절적으로 명료화하기 이전에는 주목하지 못했던 것을 볼 수도 있다. 그러나 일단 개념의 문제로 접어들면 단순성이라는 이런 생각은 완전히 잘못된 것으로 드러난다.

따라서 보편자(개념)는 특수성(자신의 표준적 설명)을 갖지 않으면 안 된다. 그러나 위에서의 불완전한 구현과 마찬가지로 단순히 주관적인 개념은 둘 사이에 필연적 연관이 없는 그런 것이다. 물론 순수하게 분석적인 결합은 있을 것이다. 이런 결합에서 이 개념의 의미는 표준적 설명에 주어지는 것이다. 그러나 이 설명의 분절적 명료화에 필요한 것은 없을 것이다.

---

19) Ludwig Wittgenstein, *Philosophische Untersuchungen*, I, Paras 258 이하.

그 요소들은 완전히 우연적으로 결합된다. '앵무새'를 설명하는 가운데 우리는 특정한 색과 특정한 부리를 가진, 그리고 '말'할 수 있는 어떤 새를 말하게 될 것이다. 그러나 이 모든 특징은 완전히 서로 우연적으로 얽혀 있다. 단일한 하나의 사물을 분석적으로 명료화함에 있어서 어떤 필연성도 없다. 그것들은 하나의 총체성을 형성하지 않는다.

셋째, 자신의 특수성을 가진 보편적 개념은 개별자를 지시하기 위해 사용된다. 존재론적 개념을 해명할 때처럼 개별성의 계기는 외적인 것으로, 실제 실존으로 나아가는 계기이다. 그러나 주관적 개념의 경우에 실재로의 진행은 주관적인 것을 넘어가는 것이며, 세계 안에 있는 사물들을 지시하는 것이다.

따라서 보편자, 특수자, 개별자는 주관적 개념에, 그 특수성에, 그리고 지시하는 데 사용할 수 있는 사물들에 현재한다.

그리고 위에서 설명한 것처럼, 순수하게 주관적인 개념은 개별자와 개념 사이의 관계에서 드러나는 것과 동일한 우연성 혹은 외면성을 보여 준다. 이 우연성은 위에서 본 것처럼 이념이 자연에서 불완전하게 체현되는 것과 유비적이다. 완전한 체현은 필연적으로 분절화된 총체를 자신의 특수성으로 갖는 그런 체현이다. 따라서 필연적으로 이 총체는 명료하게 분절된 보편자로 되돌아간, 적절하게 이해된 개별자이다. 불완전하게 체현된 개념은 필연적인 어떤 분절적 명료화도 갖지 않는다. 그것의 연장은 따라서 개별자가 아니며, 이러한 개념 아래 포섭되는 개별자들은 수와 다양성에 있어서 우연적이다. 반대로 전체의 연장은 자신을 자신이 속한 보편자로 보여 주지 않으며, 구성적인 개별자로도 보여 주지 않는다.

유사하게 단순한 주관적 개념은 우연히 혹은 분석적으로만 자신의 설명[전개]과 연합되어 있다. 그리고 이 개념이 자기 아래 포섭되는 개별자들을 갖는 것, 그리고 얼마나 많이 갖는지의 문제는 우연적이다. 반대로 이 개별자들은 본질적으로 이러한 보편자에 의해 특징지어져야 하는 것이 아니며, 연관 없는 많은 다른 개념들 아래 포섭될 수 있다. 따라서 앵무새는 푸른색 대상, 소음을 만들어 내는 대상 등등이다. 다른 한편 정신적 독립체는 자신의 모든 상이한 성질을 전개시키며, 따라서 모든 것은 동일한 내적 필연성의 표현이다. 출발하기 위해 어떤 항을 선택하든 그것은 자신을 넘어 전체를 지시한다.

헤겔의 용어로 말하자면 주관적 개념은 그 형식과 내용이 통일되어 있지 않은 것,[20] 다른 말로 하면 형식과 내용이 무매개적으로만 통일되어 있는 것이다. 이 후자의 표현은 아마도 개념과 그 특수자 사이의 관계에 대한 가장 훌륭한 기술일 것이다. 왜냐하면 개념과 그 특수자는 분석적으로 통일되어 있으며, 따라서 강한 의미에서 어떤 개념적 통일도 재현하지 않기 때문이다. 이러한 결합에 매개는 없으며, 개념 속에 함유된 것을 그대로 옮겨 놓은 것일 뿐이다.

그러나 전자의 표현은 아마도 개념과 개별자 사이의 관계에 가장 적합할 것이다. 개념은 형식이며, 개별적 사물은 내용이다. 그리고 그것들은 개념이 스스로 자신의 개별자를 규정하지 않는 한 우연적 혹은 외적으로 연결되어 있다. 그리고 이것들은 스스로 자신들의 특성을 규정하지 않는다.

상식과 오성의 철학에서 드러나듯이 이것은 순수하게 주관적인 개념이다. 그것은 내용과 분리된 단순한 형식이다. 이것은 내용을 추상함으로써 얻어지며, 상이한 개별자들이 가지고 있는 차이들을 추상함으로써 얻어진다. 따라서 개념은 자기 아래 포섭되는 것들 중에서 공통의 요소들을

---

20) *WL*, II, 261.

포함하는 것으로 간주된다.

공통의 것(das bloß Gemeinschaftliche)이라는 생각[21]은 부분적으로 개념을 추상의 산물로 보는 잘못된 사유의 결과이고, 단순 개념이라는 사상을 산출한 심리학적 의미 이론과 동일한 사유의 열매이다. 그러나 다른 한편으로 그것은 부분적으로 실제 구분과 일치한다. 왜냐하면 사물들의 비본질적인 특성들이나 비본질적 사물들의 특성들은 단순한 공통성을 산출하기 때문이다. 모든 인간은 귓불을 가지고 있지만, 이것이 인간의 본질적인 특성을 부여하는 것은 아니다. 우리는 보편적 개념과 단순한 공통성을 구별해야 한다. 보편적 개념은 자기 아래 포섭되는 것을 실제로 산출하는 데 반해서, 공통성은 자신과 연관되어 있는 사물들과 내적 관계를 가지지 않고, 그것들을 산출하지 않으며, 외적인 비교에 의해서만 주목되기 때문이다.

『소논리학』163절의 '추가 1'에서 헤겔은 이러한 구분을 위한 중요한 두 가지 예시를 제시한다. 그에 따르면 그리스인은 신 혹은 인간이라는 보편자 개념을 실제로 가지고 있지 않았다. 그래서 그들은 자신이 야만인과 근본적으로 다르고, 어떤 사람들은 자연적으로 노예라고 믿을 수 있었다. 기독교는 보편자의 원리를 철저하게 인식하고 있었는데, 이것이 근대의 유럽에 노예가 없게 된 이유이다.

둘째, 이것은 일반 의지와 전체 의지에 대한 루소의 구별을 분명히 할 수 있다. 전체 의지는 단순히 공통의 것인 반면, 일반 의지는 의지의 개념이라 불릴 수 있다.

헤겔이 '추가 2'에서 말하고 있듯이 이 모든 것의 요점은 개념은 우선

---

21) *EL*, §163의 '추가 1'. 또한 *WL*, II, 263.

존재론적 버전으로 이해되며, 언제나 주관적 버전으로는 이해되지 않는다는 점이다. 이것이 바로 신이 무에서 세계를 창조했다는 생각의 배후에 있는 진리이다.

이로부터 상식적으로 이해된 주관적 개념이 그저 틀리기만 한 것은 아니라는 사실이 명백해진다. 자신의 비본질성 속에서, 그리고 자신이 포괄하고 있는 것과의 순수 우연적 관계 속에서(물론 그것은 실존하지 않았을 수도 있고 혹은 다른 개념들에 쉽게 포섭되었을 수도 있다) 그 개념은 세계 안의 우연적이고 비본질적인 많은 것들에 상응한다. 그것들은 불완전하게 체현된 (존재론적) 개념을 입은 우연적인 것들이다. 이런 주관적 견해가 무익하게 오류로 드러나는 곳에서 이런 비본질성이 그 자체 본질적으로 창조적인 개념에 의해 정립된다는 사실은 드러나지 않는다. 그리고 이것은 그 실패가 존재론적 개념의 실존을 무시하는 것이라고 말하는 것이다. 따라서 이런 주관적 견해는 모든 개념은 주관적이고, 내용과 분리된 형식임을 믿고 있다.

주관적 버전의 이런 개념이 내적인 모순들의 힘에 의해 스스로를 넘어선다는 것을 보여야 할 때이다. 그러나 결정적인 이행에서 종종 그러듯이 헤겔은 증명해야 할 것을 그저 가정하고 지나가 버리는 것 같다. 왜냐하면 여기서 근본적인 모순은 보편자와 그 특수자 사이의 '부적합성'(Unangemessenheit)이기 때문이다.[22] 그러나 이런 부적합함은 내적 결합의 결여가 부적합함을 구성한다는 가정을 할 경우에만 주장될 수 있다.[23] 헤겔에 따르면 오성은 감각적 변화의 유동성으로부터 보편자를 고착시킨

---

22) *WL*, II, 252.
23) 헤겔이 왜 이런 가정을 정당하게 여기는지는 아래에서 논의할 것이다.

다. 이것은 하나의 중요한 성취이다. 오성이 이런 고착화를 넘어, 자신이 고착시킨 보편적 개념들을 변증법적 유동성 안에 놓인 자기 자신으로 알게 된다는 것은 오성에 대해 너무 많은 기대를 한 것이다. 그러나 서로 분리된 채 유지되는 이런 고착된 생각들, 개별적으로 규정된 이런 개념들은 자신의 내적인 모순의 힘으로부터 변증법적 운동으로 이행한다. 그러나 이런 모순들은 규정이 체계의 전제가 되는 보편자에 적합하지 않다는 사실에 의존한다. 일상적 오성은 규정된 개념들에 아주 만족한다. 왜냐하면 여기서는 분절적으로 명료화된 어떤 본질적 관계도 없거나 혹은 분절적으로 명료화된 개별자와의 어떤 본질적 관계도 없기 때문이다. 그래서 일상적 오성은 여기서 모순을 느낄 수 없다.

그러나 헤겔의 객체성의 도출은 부적합성이라는 단순한 사실에 그저 기초하고 있는 것은 아니다. 그것은 다른 논리적 사유들을 수단으로 삼아 기나긴 발전을 통과해 가는 개념으로부터 시작된다. 그 첫번째가 바로 판단이다. 주관적 개념에는 이 개념에 포섭되는 개별자가 그 개념에 외적이라는 결론으로부터 이행이 일어난다. 그러나 이 이행은 어떤 관계가 없는 것이 아니다. 우리는 존재의 영역으로 돌아가지 않는다. 존재의 영역에서 우리는 단순한 독립체들 그 자체를 다뤘고, 이 독립체들은 다른 독립체들로 이행해 갔을 뿐이다. 우리는 숨겨진 실재를 다루는 본질의 영역에 있지도 않다. 우리는 개별자가 개념으로부터 나오는 것으로, 개념에 의해 지시되는 것으로 존재하는 개념의 영역에 서 있다. 따라서 우리는 개별자를 여기서 지시의 객체로 생각하고 있다. 그리고 개별자는 그 자체로는 개념과 분리되어 있다고 하더라도 분리 불가능하게 개념과 연결되어 있다. 따라서 개별성은 "자기 자신으로부터 보편자를 배제하지만, 보편자가 자신의 계기이기 때문에 이 보편자는 본질적으로 개별성과 관계되어 있다".[24]

판단

따라서 주관적 개념은 자신으로부터 산출되지 않는 개별자들과의 관련을 보여 줌으로써 본질적으로 판단과 관련이 있음을 드러낸다. 하나의 개념은 판단 없이는 사용될 수 없다. 이것은 이 절 전체의 상세한 설명은 일단 제치고 간단하게 정리한 짧막한 결론이다. 판단 없는 개념은 없다는 사실은 당연히 존재론적 개념에 의해 정립된 전제들을 배경으로 주관적 개념을 살피고자 하는 헤겔의 의도를 이해하는 데 중요하다. 이러한 관점에서 볼 때 판단 없이는 개념들을 가질 수 없다는 것, 개념들은 본질적으로 우리가 판단을 위해 사용한다는 것, 그리고 개념들은 돌과 같이 그 쓰임 외부에 하나의 실재를 갖는 그런 독립체가 아니라는 것만이 중요한 것은 아니다. 오히려 중요한 것은 판단은 두 측면이 완전하게 일치하지는 않는 분열, 분리로부터 태어난다는 것이다. 왜냐하면 우리가 다음 절에서 보게 될 것처럼, 이런 분리는 판단의 전개에 힘을 부여받기 때문이다.

판단은 헤겔에게 분리라는 생각, 즉 연결되어 있는 두 항이 서로 나뉘어 있다는 생각과 결합되어 있다. 그리고 이것은 그가 쉽게 이용할 수 있는 독일어의 언어 유희에 의해 덧붙여진다. 개별성의 운동은 자기 자신의 근원적 분리(ursprüngliche Teilung)이다. 그리고 이것이 판단(Urteil)이다.[25] 모든 것의 근저에 놓여 있는, 그리고 이후에 다시 통일체로의 복귀에 의해 화합하게 되는 분리, 혹은 Entzweiung['둘로 나눔'이라는 어원적 의미로부터 '분리'라는 뜻을 갖게 됨]의 운동은 판단의 근저에 놓여 있는 것이며, 이 판단을 통해 서로 다른 사물들이 동일한 것으로 천명된다. 이것이 바로 이

---

24) WL, II, 264. 사실 이 절은 『본질론』과 많은 공통성을 갖는다. 왜냐하면 추론으로 이행하기 전까지는 실제로 동일한 것으로 드러나지 않는 두 항들의 관계를 다루기 때문이다.

제 우리가 자세히 보려 하는 변증법적 내용이다.

판단에 대한 논의는 형식 논리와 헤겔 논리의 관계를 명확히 하는 데 도움을 준다. 일반적인 상식에 따르면 판단은 우리의 (유한한) 정신의 활동으로서, 우리가 대상에 어떤 성질들을 부여하는 행위이다. 우리는 두 개념을 우리 마음에서 결합한다. 그리고 우리가 이 두 개념을 가지고 말하는 그 사물들이 실제로 서로 결합되어 있을 경우 이 판단은 올바르다. 그러나 헤겔에게 판단은 무엇보다도 존재론적 실재이다. 『소논리학』 166절의 '추가'에서 헤겔은 선호하는 식물의 예를 든다. 식물은 씨로부터 발아하여 뿌리, 줄기, 잎 등으로 전개된다. 분화된 실재로의 이런 외적 전개는, 우리가 위에서 본 것처럼, 자신을 특수자로 분열시키는 보편자의 모습과 일치한다. 그러나 이런 분열은, 헤겔이 재차 상기시키듯이, 판단[근원적 분리, Urteil= ursprüngliche Teilung]이다. 따라서 이러한 전개는 "식물의 판단"[26]으로 간주될 수 있다. 따라서 판단은 우선 무엇보다 존재론적 실재이다. 왜냐하면 개념은 스스로를 분열시켜 개별적 실재들을 만들어 내기 때문이다.

이것이 바로 우리의 정신과 말에 내재한 판단의 근저에 놓인 것이다. 따라서 우리는 판단을 분리된 두 개념의 결합으로 생각할 수도 있지만, 이것은 완전히 잘못이다. 이런 생각은 판단이 원래 통일체의 분열, 분리라는

---

25) 독일어 Teil은 전체에서 나뉜 '부분'을 의미하고, '판단'으로 번역되는 독일어 Urteil은 근원을 의미하는 Ur와 부분을 의미하는 Teil의 합성어이다. 따라서 Urteil은 '근원적으로 나눈다'는 의미를 내포한다. 따라서 판단 행위는 부분들로 나누는 것, 나뉜 부분들의 연관성을 찾는 것을 의미한다. 헤겔은 이러한 판단이 단순히 사유에서만 일어나는 것이 아니라 실재에서도 일어난다고 한다. 식물이 자신을 여러 부분으로 분할하고, 그런 분할된 것의 총체가 하나의 식물을 이루듯이, 보편자는 자신을 부분들로 분열하고, 그 부분들 속에서 자신을 보존한다는 것이다. 이것은 판단과 같은 작용이다. 바로 이런 점에서 판단은 사유에만 국한되지 않고 실재로 확장되며, 존재론의 영역으로까지 확장된다. —옮긴이

26) *WL*, II, 366.

사실을 설명할 수 없다.

물론 판단이 통일체의 분리라고 하는, 상식적으로 통용되는 또 다른 견해가 있다. 우리가 장미는 빨갛다고 말할 때 우리는 현실적으로 분리할 수 없는 '빨간-장미'라는 것을 우리 마음속에서 분리하고서, 우리가 판단에 의해 결합한 두 부분, 두 측면이라고 생각한다. 그러나 이런 견해 역시 주관적 실수를 범하고 있다. 그것은 완전히 틀리지는 않지만, 결정적 차원을 놓치고 있다. 즉 우리는 이러한 분리의 행위를 근원적인 존재론적 행위에 대한 내적 성찰로 여긴다.

그러나 물론 모든 판단이 다 진실로 이런 존재론적 행위와 맞는 것은 아니다. 따라서 상이한 유형의 판단이 존재한다. 그러나 존재론적 판단에 맞지 않는 다양한 유형의 주관적 판단만 있는 것은 아니라는 것을 아는 것이 중요하다. 실재 역시, 우리가 본 것처럼, 다소간 개념의 기본적인 존재론적 분열에 대한 성찰이다. 이 반성이 좀더 외적일수록 그것은 그만큼 대략적이고, 부정확하고, 우연과 섞여 있다. 따라서 참되지 않은 실재에 상응하는 불완전한, '참되지 않은'(untrue) 판단들이 있을 것이다.

'참되지 않은'이라는 말을 여기서 사용할 수 있는데, 왜냐하면 우리는 헤겔에게 진리란 이념에의 상응함이라고 보았기 때문이다. 그러므로 우리는 이 절 전체를 통해 일반적으로 생각하는 판단의 진리와는 전혀 다른 모습, 즉 판단과 (대개는 우연적인) 사실들과의 일치라는 의미의 진리와는 전혀 다른 모습을 보게 될 것이다. 헤겔은 이런 상응함을 '옳음'(Richtigkeit)이라 부른다. 따라서 판단은 옳을 수 있지만, 참되지 않게 적용될 수 있다. 예를 들어 "누군가가 아프다"나 "누군가가 훔쳤다"[27] 등과 같은 내용은 참

---

27) *EL*, §172의 '추가'.

되지 않은데, 왜냐하면 이 두 경우에 실재는 그 개념[전자는 삶의 개념, 후자는 인간의 행위 개념]에 상응하지 않기 때문이다.[28] 그것들은 존재하지 않아야 하는 방식으로 존재한다.

그러나 어떤 내용들이 참되지 않은 것으로 특징지어질 수 있는 것과 마찬가지로, 우리는 그것들을 참되거나 참되지 않은 것으로 여기는 판단들을 그 옳음에 의해서가 아니라 그러한 유의 객체에 의해 특징지을 수 있다. 그리고 우리는 더 나아가 상이한 유형의 판단들을 진리를 담고 있는 크기에 따라, 즉 참된 객체를 싣고 있는 크기에 따라 구별할 수 있다. 이것은 우리가 규정된 내용을 추상하는 판단의 부류를 다루게 될 형식적 연구일 것이다. 그러나 물론 그것은 내용의 **유형**을 추상한다는 일상적인 의미에서 형식적이지는 않을 것이다. 왜냐하면 상이한 판단 유형들이 그것들이 세계에 대해 **말할** 수 있는 것에 따라 식별될 것이기 때문이다.

따라서 여기서 중요한 것은 자신의 개념과 일치하는 참된 객체들을 갖는 판단들에, 그리고 이러한 일치를 진술하는 판단들에 점진적으로 근접해 간다고 할 수 있는 그런 판단들을 어떤 크기로 범주화할 것인가이다. 우선 판단들은 참되지 않다고 선언될 것인데, 왜냐하면 이 판단들은 옳음과는 상관없이 이런 적합성을 진술할 수 없기 때문이다. 그 이유는 관련 실재

---

28) 일반적으로 옳음과 진리를 혼용하는 경우가 있는데, 정당하게도 헤겔은 이 양자를 서로 다른 것으로 구분한다. 그에 의하면 진리는 "대상이 자기 자신, 즉 자기 개념과 일치하는 것"인 데 반해 옳음은 "우리의 표상과 그 내용과의 일치"이다. 그는 다음과 같은 예를 들어 설명한다. 즉 "누군가가 아프다, 혹은 누군가가 훔쳤다는 것은 옳지만, 그것이 진리인 것은 아니다. 왜냐하면 병든 몸은 삶의 개념과 일치하지 않으며, 마찬가지로 절도는 인간의 행위 개념에 상응하지 않는 행동이기 때문이다"(*EL*, §172의 '추가'). 헤겔은 이로부터 "직접적으로 개별적인 것의 추상적 특성을 진술하는 직접적 판단은, 비록 옳을 수는 있지만, 어떤 진리도 함유할 수 없다"는 사실을 이끌어 낸다. 왜냐하면 "주어와 술어가 이 판단 속에서 실재와 개념의 연관 속에서 있지 않기 때문이다"(*EL*, §172의 '추가'). ―옮긴이

는 이런 적합성을 인정하지 않을 것이기 때문이다.

그러므로 우리는 일상적인 의미의 판단의 범주화뿐 아니라 실재 차원들의 범주화도 갖게 된다.

이것은 아마도 이러한 분열 속에 변증법의 동력이 있다는 사실을 훨씬 더 쉽게 이해하게 할 것이다. 판단의 기본 형식은 'S는 P이다'(S is P)이다. 헤겔은 더 나아가 이를 개별적 술어를 보편적 술어에 연결하는 것으로, 따라서 '개별자는 보편자이다'를 말하는 것으로 이해한다. 이 두 술어의 적합성의 결여가 곧 변증법의 동력이다.

개체가 보편자라고 하는 것은 확실히 참이 아니다. 그러므로 판단에는 모순적인 것이 있으며, 그래서 판단은 변화되어야 한다. 영국의 헤겔주의자들에 의해 본질적으로 중요한 것으로 받아들여지는 이러한 변증법적 운동은 종종 비웃음을 사며, 간단한 실수에 기초해 있다고 생각되었다. 즉 그 운동은 상이한 종류의 '이다'[있다, is]를 구별하지 못하는 실수를 범하고 있다는 것이다. '이다'[있다]는 술어로 쓰이기도 하고, 실존[존재]을 나타내기도 하며, 동일성을 표시하기도 하는데, 이를 구분하지 않았다는 것이다.

사소한 혼동을 고발하는 일이 어떻게 발생했는지 보기 위해, 그리고 그에 대한 답을 제시하기 위해 이 절의 운동을 따라가 보자. 보편자를 개별자에 귀속시키는, 예컨대 '장미는 빨갛다'라는 가장 간단하고 저차적인 판단을 생각해 보자. 우리는 이것을 두 가지 측면에서 생각해 볼 수 있다. 즉 장미를 '붉음'을 포함하여 많은 규정을 함유하고 있는 풍부한 어떤 것으로 생각하거나, 아니면 붉음을 무수히 현실화되고 이 장미를 하나의 견본으로 갖는 지극히 풍부한 성질로 생각할 수 있다. 그러나 이 두 경우에 둘 사이에는 부적합성[통약 불가능성]이 놓여 있다. 양자는 같지 않다. 이것들은 이 지점(장미는 빨갛다)에서만 서로 관계되는 적합하지 않은 두 현실이다.

의심 많은 독자는 이것이 술어의 '이다'[있다]와 동일성의 '이다'[있다]를 단순히 혼동했다고 말한다. 물론 우리가 '장미는 빨갛다'라고 말할 때 우리는 장미가 어떤 독립체들과 동일한지에 대해 아무런 말도 하지 않는다. 헤겔이 계사에 부가한 강조로 인해 혼동이 증가한다. 계사는 존재론적 판단을 표현하는, 즉 외부 실재의 실존의 근저에 놓여 있는 것을 표현하는 부담을 지고 있으며, 따라서 계사는 동시에 실존의 '있다'(is)에 연결되어 있다. 그러므로 이것은 일반적인 혼동 속에서 착각한 것으로 보인다. 그러나 여기에서 혼동으로 보이는 것은 헤겔의 존재론의 반성 이외에 아무것도 아니다. 만약 판단의 형식들이 진리와의 연관에서, 즉 존재론의 근본 진리들을 표현하는 적합성의 관점에서 고찰될 경우, 이것들을 결합하고 있는 술어들은 적합성[통약 가능성]의 관점에서 고찰되어야 한다. 모든 사물의 뿌리에는 외적 실재로 분열되는 이념이 내재한다. 그럼에도 불구하고 여기서 이 실재는 이념과 동등하게 머문다. 주체는 체현되어야 하며, 따라서 그것은 외적인 체현이면서 그 체현이 아니다. 실제로 참된 판단은 이러한 진리를 포착할 수 있는 판단이다. 그러나 이때 이 판단들은 이 판단을 통해 연결된 술어[항]들이 이러한 유의 동일성 관계를 확보해 주는 후보자가 되는 그런 판단이다. 다른 말로 하면 판단이 사물들의 존재론적 토대를 포획하는 정도만큼(**단 하나**의 판단은 실로 그럴 수 없다) 그 판단은 무엇보다도 동일성의 판단인데, 이 판단에서는 이 판단을 통해 연결된 술어들이 아주 중요한 의미에서 동일성을 표현하고 있다. 확실히 우리는 이러한 사실을 '장미는 빨갛다'와 같은 질적인 판단에서는 확인할 수 없다. 따라서 이러한 판단들은 여전히 부적합한 판단이다.

이러한 사실은 헤겔이 현재의 문제를 논증하는 데 있어서 [『존재론』과 『본질론』에서] 이미 확립된 자신의 존재론을 전제하고 있다는 것을 의미하는가? 때때로 그런 것 같기도 하다. 왜냐하면 주관적 개념에 대한 그의 논의는 자신이 『존재론』과 『본질론』에서 전개시켰던 술어들을 사용하기 때문이다. 헤겔이 이전의 논증을 이곳의 논증을 위해 차용하고자 했는지는 확실치 않다. 그러나 그가 이전 논증의 결론을 『개념론』의 변증법을 전개하기 위해 단순히 끌어들이는 것 같지는 않다.

오히려 이 변증법의 동력이 되는 것은 객체에 대한 진실로 적합한 사유의 기준에 도달하려는 시도이다. 진실로 적합한 사유는 객체의 어떤 피상적 측면만을 고려하는 것이 아니라 그 본질적 구조를 드러내는 것일 것이다. 바로 이런 전제에서 우리는 질에 대한 완전히 일상적인, 올바른 판단들은 그 술어들이 동일성 속에서 연결될 수 없기에 참되지 않다고 비난할 수 있다("그러한 단 하나의 질은 주체의 구체적 본성과 일치하지 않는다"[29]).

헤겔에 따르면 진실로 적합한 사유의 기본 성질은 철저한 필연성에 의해 지배되어야 한다는 전제를 갖는다. 이러한 전제는 우리가 나중에 보다 명료하게 보게 될 것처럼 부적합성의 참된 토대가 될 것이다. 물론 이러한 전제는 또한 헤겔의 존재론과도 연결되어 있으며, 이 존재론을 공유하지 않는 사람에 의해서는 주장될 것 같지 않다. 그러나 헤겔은 이런 전제가 모든 이론에 대한 사유의 불가피한 전제의 경우에서와는 달리 자신의 사물관에서 연역되는 논리적 귀결로 보는 것 같지는 않다. 우리는 이 문제를 아래에서 다룰 것이다.

헤겔은 질적 판단의 절을 그가 긍정적이라 부른 진술들, 예컨대 '장미는 빨갛다'와 같은 진술들과 더불어 시작한다. 그러나 그 부적합성으로 인해 우리는 개별자가 보편자와 실질적으로 연결되어 있지 않음을 인식하게

---

29) *EL*, §172.

된다. 각자는 자기 자신을 위해서만[대자적으로만] 존립하며, 자기 자신과만 동일하다. 개별자는 개별자고, 보편자는 보편자다. 동일성에 대한 이런 환기와 더불어 우리는 다음 범주인 반성적 판단으로 이행한다.

상이한 유형의 수많은 판단들, 즉 반성의 판단들, 필연성의 판단들, 개념의 판단들 등을 자세히 다룰 수는 없다. 이 판단들에서 계속 제기되는 문제는 두 술어[항] 사이의 부적합성의 문제다. 이 변증법의 이후 단계들은 이런 부적합성이라는 사유와 헤겔의 존재론 사이의 연관을 보다 분명하게 만든다. 예를 들어 '필연성'의 판단들, 예컨대 '인간은 동물이다'나 '금은 금속이다'와 같은 판단은 한 종을 그 유와 연관시키는 필연적인 판단이다. 그러나 이런 판단들도 여전히 부적합한데, 왜냐하면 이런 판단들은 반대 방향에서의 운동, 즉 유가 스스로를 종으로 규정하는 그런 운동을 반영하지 않기 때문이다. 금은 필연적으로 금속이지만, 금속이 자신의 종의 하나로 금을 가져야 할 필연성, 즉 금이 실존해야 할 필연성은 없다.

판단에서 술어들의 근본적 부적합성[통약 불가능성]은 계사 '이다'가 완전히 적합한 술어들을 통합할 능력이 없음을 드러내는 것이라 할 수 있다. 이 모순의 해결책은 단순한 계사를 추론으로 대체할 때만 나타난다. 이때 우리는 더 이상 'S는 P이다'(S is P)를 갖는 것이 아니라 'S는 X로서 P이다'(S, qua X, is P)를 갖는다. 헤겔이 자명한(apodictic) 판단[30]이라 부른 이

---

30) '자명한'으로 번역한 apodictic은 '필연적인' 혹은 '정언적인' 등의 말로 번역되며, '증명할 수 있는'을 의미하는 그리스어 ἀποδεικτικός에서 유래했다. 자명한 명제는 단언적(assertoric) 명제와 대조되는데, 후자는 어떤 것이 필연적으로 증명될 수 있지는 않지만 그것이 참(혹은 거짓)이라고 주장하는 명제이다. 예를 들어 '2+2=4'나 '인간은 동물이다' 등과 같은 명제는 자명한 명제이지만, '서울은 부산보다 크다', '그 여자는 키가 크다'와 같은 진술은 단언적 명제이다. 아리스토텔레스는 논리적으로 필연적이고 증명할 수 있는 명제를 '자명한 명제'라고 부르고는 이와 대조되는 명제가 변증법적 명제라고 말한다. —옮긴이

런 복잡한 판단만이 S와 P 사이의 연관을 진실로 보여 줄 수 있다.

다른 말로 하면 '판단' 장에서는 '이다'가 존재론적 관계의 완전한 실재를 표현하지 않았다. 그것은 두 술어[항] 사이의 연관이기는 하지만, 이 연관의 완전한 풍부함과 옳음을 표현하지는 않았다. 그런데 이런 풍부함과 옳음은 자명한 판단에서 나오지만, 이러한 연관을 단순한 '이다'로부터 매개적 특수자로 변형함으로써 나온다. 예를 들어 '이 집은 좋다'고 말하는 대신, 우리는 이제 '그 집은 그러그러한 방식으로 지어진 것으로서 좋다'라고 말하게 된다. 하지만 계사를 이런 식으로 보충함으로써 우리는 추론으로 넘어간다. 따라서 우리는 판단의 영역을 넘어 추리의 영역으로 넘어간다. 헤겔은 이를 추론[삼단논법, Schluß]이라 부른다.

추론

'추론' 장은 '개념' 장과 '판단' 장을 통합한다. 추론 역시 우선 존재론적으로 근거 지어져야 한다. 헤겔이 『소논리학』 181절의 '노트'에서 말한 것처럼, "모든 것은 추론이다". 판단은 존재론적인데, 왜냐하면 개념은 언제나 외적인 체현으로 나아가기 때문이다. 그러나 우리는 존재론적 버전의 추론과 더불어 보다 참되고 완벽한 실재의 상을 얻게 된다.

보편자는 스스로 분열함으로써 완전히 외적인 실존, 완전히 실재하는 개별자와 통합한다. 따라서 실재를 파악하기 위해서는 세 개의 술어[항]가 필요하다. ① 사물들의 내적 통일. 이것은 보편자로 간주될 수 있다. ② 분열. 하지만 이것은 언제나 그 관계가 하나의 총체성을 구성하는 대립된 두 항들로의 분열이다. ③ 총체성. 이것은 처음의 분화되지 않은 보편자의 외화이다. 이 술어들 각자는 우리의 출발점으로 취해질 수 있으며, 그렇게 취해지면 다른 하나와 세번째 술어를 통해 연결된다.

따라서 『소논리학』 187절의 '추가'에서 헤겔은 이념·자연·정신을 예로 든다. 이념은 모든 실재의 근저에 놓여 있는 필연성의 공식이다. 이념은 본성상 자연 속으로 외화되지 않으면 안 되고, 정신 속에서 자기 인식에 도달한다. 그런데 이 세 항은 각각 다른 하나와 세번째 항을 통해 연결된다. 자연은 이념을 외화함으로써 정신을 가능하게 만드는 것이다. 그리고 정신은 외면성 혹은 자연을 내면화한다. 그러나 자연은 이념을 정신을 통해서만 완전하게 표현할 수 있다. 그러나 셋째, 이념은 정신과 자연이라는 분열된 총체성 속에서 표현되는 전체이다.

따라서 모든 것은 합리적인 것으로서 추론이라는 말의 의미는 다소 독특하다. 여기서 헤겔이 이해하는 추론은 제3자를 통한 두 항의 결합이다. 실재하는 것은 추론인데, 왜냐하면 그것은 스스로를 다양하게 전개하며, 그럼에도 불구하고 이 다양한 요소들은 내적으로 서로 연결되어 있고, 따라서 자신들을 통합하기 때문이다. 하지만 더욱 중요한 것은 분열은 세 항들 속에서 표현될 수 있는데, 이때 각자는 제3자를 통해 서로 연결된다는 사실이다. 실재는 우선 자기 동일성으로 간주될 수 있는 전체이다. 그러나 둘째로 이 전체는 체계적으로 연관되고 대립된 두 실재로 실존한다. 이 실재들은 자신의 타자를 통해서만 실존할 수 있다. 따라서 이 실재들 각자는 이 타자를 통해 전체와 연결되며, 이 전체를 통해 그 타자와 연결된다. 따라서 모든 세 항[술어]은 차례로 중간 항으로 간주될 수 있다.

추론의 비유는 따라서 ① 각자는 제3자를 통해 자기의 타자와 통일되어 있음을, ② 이것은 어떤 의미에서 합리적·필연적·개념적 통일일 수 있다는 사실을, 그리고 ③ 관계 맺음의 양상이 세 겹임을 드러낸다.

그러나 이 관계가 철저히 대칭적이라는 점에서 그런 규정은 추론과 다르다. 그 항들 각자는 중간 항일 수 있다. 이 통일의 본성은 단일한 하나의 추론에서 포착될 수 있는 것을 넘어간다는 것이다. 그것은 세 개 속에서만 포착될 수 있으며, 그렇다면 여전히 이 세 공식들의 통일은 이뤄져 있지 않다. 사실 존재론적 실재는 추론에서 그저 암시될 뿐일 통일을 보여 준다. 이러한 사실은 첫 부분에 언급되는 것이 아니라 '추론' 장의 마지막 부분에서나 분명하게 드러난다.[31] 이런 대칭으로부터 논리적 술어들인 보편성·특수성·개별성을 헤겔의 존재론의 술어들로 귀속시키는 것이 상당히 자의적일 수 있다는 사실이 따라 나온다. 세 겹의 필연적 관계, 즉 제3자를 통한 각자의 자기 타자와의 필연적·개념적 통일이 있기는 하지만, 보편성-특수성-개별성의 언어로의 더 나아간 발걸음이 언제나 허용되는 것은 아니다.

그의 두 『논리학』에서 헤겔은 그의 시대(그리고 우리 시대)의 일상적 의미와 거칠게 대결한다. 일상적 의미의 논리학은 추론[삼단논법]을 추리의 핵심으로, 주관적 활동으로 받아들이기는 하지만, 신·자유·무한자 등과 같은 추리의 거대한 객체들의 존재론적 성질[32]로 보지는 않는다. 그러나 모든 것은 추론이다. 왜냐하면 근저에 놓여 있는 실재는 궁극적으로 세 겹의 항들로서만 이해될 수 있고, 그 항들 중 하나는 전체의 통일이고, 나머지 두 개는 이 전체의 실재를 대립된, 하지만 서로 의존적인 두 항으로 표현하며, 이 두 항이 총체성으로서 서로 전체를 이루는 그러한 것이기 때문이다. 사실 현실적이며, 개념을 적절히 반영하고 있는 모든 것은 세 개의 추론들의 체계라고 말하는 것이 좀더 진실하다.[33]

이렇듯 추론의 진리는 각 항이 진실로 전체이며, 다른 두 항의 내적 연결 항이라는 것이다. 그런 연결은 우리의 반성에 의한 외적인 연결일 뿐 아

---

31) *WL*, II, 351. 또한 *EL*, §192.
32) *EL*, §181의 '노트'. 또한 *WL*, II, 308~309.

니라 그 자체로도 그렇다.

헤겔은 상이한 판단 형식들을 이중의 요청으로 서술한다. 즉 하나는 일상적 구별표를 연역하는 것이고, 다른 하나는 점점 더 참된 형식으로 되어 가는 이런 구별들을 통해 주체성에서 나오는 이행을 가능하게 하는 것이다. 우리는 상이한 판단 형식들을 관통해 가는 발전의 세세한 과정을 다룰 수는 없다. 여기서 보다 높은 형식으로 추동해 가는 각각의 이어지는 형식은 결핍을 가지고 있는데, 이것이 바로 발전의 동력이 된다. 필연성의 부재가 바로 그런 결핍이다. 추론 혹은 추리는 극단적인 두 항[술어] 사이의 연관을 보여 주고자 한다. 그리고 이런 연관이 단순히 주장되는 것이라면, 혹은 전제들이 우연적이거나 혹은 더 나아간 추리에 의존한다면, 혹은 더 나쁘게도 전제들이 결론을 전제한다면 추리는 그 정도만큼 불완전하다.

그런데 여기서 추론은 우리가 일상적으로 추리라고 하는 것과 같지 않다. 결론이 전제로부터 따라 나올 뿐 아니라 이 전제들 역시 필연성 속에 근거되어 있다는 점에서 그렇다. 여기서 추구되고 있는 것——그리고 헤겔이 (별로 그럴듯하지는 않지만) '선언적'(disjuctive) 추론[34]에서 발견하고자

---

33) 이에 대해 우리는 4부에서 예를 들어 살펴볼 것이다. 예를 들어 *EL*, §198의 '노트'에는 다음과 같은 말이 있다. 개인은 욕구의 체계, 즉 시민사회(특수성)를 통해 국가(보편자)와 연결되어 있다. 그러나 동시에 개별적 의지는 그 두 항[시민사회와 국가, 특수성과 보편성]을 실제로 연결시키는 것이며, 사회에서 욕구를 만족시키고, 이 사회의 법[권리]에 현실성을 부여한다. 그러나 셋째, 국가는 개별자들과 그들의 시민사회를 일관된 전체로 유지하는 실체적인 중간 항이다.

34) 선언적 추론(선언적 삼단논법)의 영어 표기는 disjuctive syllogism이다. disjuctive는 '분리', '버림'의 뜻이 있다. 'A는 B 혹은 C다. A는 B가 아니다. 그러므로 A는 C다'(B ∨ C / ~B / ∴ C)가 대표적인 선언적 추론에 해당한다. 선언적 추론에는 크게 배타적 추론과 포괄적 추론이 있다. 배타적 추론은 한 항을 취하면 다른 항은 부정되는 것이고, 포괄적 추론은 한 항을 취한다 해도 다른 항이 반드시 부정되는 것은 아닌 추론이다. 포괄적 추론은 항들이 '또는'(or)으로 연결되고, 배타적 추론은 '~ 아니면 ~'(either~ or~)의 형식을 취한다. 예를 들어 '나는 커

하는 것──은 자기 유지적인 필연성의 형식, 즉 어떤 요청도 전제하지 않는 추리의 필연성이다. 여기서는 시초에 주어진 것이 어떠한 것이든 그것은 체계로부터 제시되어야 한다. 이러한 기준에 의하면 '인간은 포유류다'와 같은 부류의 판단도 적합한 전제를 제시하는 데 실패한다. 왜냐하면 우리가 위에서 본 것처럼 인간이 포유류라는 것이 의문시될 수는 없지만 인간이 실존하지 않을 경우 이런 판단을 할 수 없을 것이기 때문이다.

그러나 우리 사유에서 자기 유지적인 필연성에 도달하는 것은 사물들에 내재한 필연성의 상을 철저히 습득하는 것과 같다. 우리가 인식하는 필연적 연관들은 어느 정도는 이 실재와 **대립해 있는** 개념들 사이에서 존재한다. 그런데 우리가 실재에 대한 우연한 요청으로 시작할 경우 그 정도만큼만 참다운 사실적 결론들을 산출할 수 있다. 만약 삼각형의 세 각의 합이 180도라는 진술을 필연적 진리라고 말하고 싶다면, X의 각들이 180도임을 이끌어 낼 수 있기 위해 X가 삼각형이라는 전제가 **주어져** 있어야 한다. 역으로 말하자면, 자기 유지적인, 즉 우연한 전제를 필요로 하지 않는 실재에 대한 필연적 추리는 다르게는 존재할 수 없는 실재에 대한 진리들에, 즉 사물들에 내재한 필연성에 기초해 있어야 할 것이다. 그러나 물론 우리가 목표로 하는 것은 이러한 필연성의 상이다. 이것이 바로 실존의 함의가 없는 단순한 개념적 필연성이 우리에게 별 의미가 없는 이유이다.

물론 우리는 이미 이런 존재론적 필연성을 보았고, 『존재론』과 『본질

피를 시키거나 아니면 차를 시키겠다. 나는 커피를 시켰다. 그러므로 나는 차를 시키지 않았다'는 타당한 논증으로서 배타적인 선언적 추론이다. 이에 반해 '나는 영어나 수학을 잘한다. 나는 영어를 잘한다. 그러므로 나는 수학을 못한다'는 타당한 논증이 아닌데, 왜냐하면 첫번째 전제는 영어와 수학을 둘 다 잘한다고 해도 틀리지 않기 때문이다. 이는 두 항을 다 포괄할 수 있다는 의미에서 포괄적인 선언적 문장이라 할 수 있다.──옮긴이

론』의 불가피한 범주들이 전개되어 가는 과정에서 이러한 사실이 드러났다. 우리가 『개념론』의 이 첫번째 부분에서 수행한 것은 사유를 서술하는 범주들을 검토하는 과정에서도 그와 동일한 상이 드러난다는 것을 보이는 것이었다. 즉 검토되는 실재의 범주들이 내적 필연성의 표현을 향한 운동이라는 것을 보였던 것과 마찬가지로, 검토되는 사유의 범주들도 자기 충족적 필연성의 정점을 향한 움직임이라는 것이다.

따라서 개념이 세계 안에 있는 개별자들을 지시함으로써 스스로를 판단으로 분열시키는 단계에서부터 우리는 실재에 대한 사유의 전개를 따라가고 있었다. 그리고 이러한 전개는 자기 충족적 필연성이라는 목적지에 의해 유지되었다. 그렇다면 이것은 변증법의 동력인 부적합성의 실제 토대로 있어 왔다. 질에 대한 단순한 판단에서 주어와 술어의 비동일성이 이것들을 부적합한 것으로 만들었던 이유는 바로 이것이다(왜냐하면 어떤 의미에서 동일성은 헤겔에 따르면 필연적 연관에 함의된 것이기 때문이다). 이로 인해 우리는 상이한 수준의 판단들을 지나 왔으며, 추론으로 이행했다.

따라서 이런 전개[발전]는 모순에 의해 힘을 부여받고 있다고 할 수 있다. 왜냐하면 사유의 목표나 기준이 절대적 필연성이라고 생각할 경우, 모든 우연적 판단과 추리는 유지될 수 없기 때문이다. 이것이 바로 헤겔이 필연성에 대해 생각하는 방식이다. 사유의 본질은 합리성이며, 합리성은 필연성 속에서 완전하게 표현된다. 이런 사실이 일단 받아들여지면, 개념·판단·추론의 변증법은 엄격한 변증법으로서 자리를 잡을 수 있게 된다.

그러나 이러한 기준을 사유를 정의하는 기준으로 수용할 수 있는지를 질문할 수 있다. 그리고 어떤 근거에서 이 기준을 받아들여야 하는가? 『논리학』의 경우에 이 기준은 이전의 책들로부터 정당화될 수 있었다. 헤겔은 이것을 정당화했다고 생각했을 수 있다. 그러나 나는 헤겔이 이 모든 것에 대해 명쾌하게 대답했다고 생각하지 않는다. 나는 그가 적어도 자기 충족적인 합리적 필연성이 사유의 표준적 성질들 중 하나임을 부분적으로 인정하고 있었다고 생각한다. 그리고 물론 이러한 경우라면 주관적 개념의 변증법은 『논리학』에서 이에 앞서 나오는 변증법과는 완전히 독립해 있는 자족적인 변증법이라 할 수 있을 것이다. 헤겔은 우리의 사유가 순수하게 우연적인 상관 관계에 쉽게 만족하지 않는다고 성찰함으로써, 즉 우리 사유는 도처에서 근거를 찾는다고 성찰함으로써 이런 신념을 유지한 것으로 볼 수 있을 것이다.

그러나 그 원리를 어떻게 근거 짓든 이 1부의 변증법은 합리적으로 필연적인 사유에서 정점에 이르는 그런 운동을 한다. 그리고 이 정점은 사물들에 내재한 합리적 필연성의 상과 분리될 수 없기 때문에 주체가 객체로 이행해 간다고 말할 수 있는 지점은 바로 여기이다.

'주체성'[주관성]은 헤겔에게 두 가지 용례를 갖는다. 절대자는 주체이며, 자기 자신을 체현한다. 이런 의미에서 실재는 궁극적으로 주체이며, 이 주체야말로 궁극적 범주이다. 『논리학』 세번째 책[『개념론』] 전체가 '주관 논리학'이라 불리는 이유가 바로 이것이다. 그러나 주체라는 이 말은 일상적인 용법으로도 사용될 수 있다. 일상적 의미에서 우리가 '단순히' 주관적[주체적]인 것이라 말할 때 이것은 실재와 대비되는 것이다. 이 용법은 『개념론』의 1부인 「주체성」이라는 제목에 사용되는 개념에서 잘 나타난다.

이 두번째 의미는 주관적[주체적]인 것은 실재보다 못하며, 실재에 적합하지 않다고 할 때의 의미이고, 일상적으로 아주 정당한 용법으로 사용된다. 1부 전체에서 우리는 부적절한 의미에서 주관적[주체적]이라 했던 그런 사유의 양태들을 살펴보았다. 우리가 또한 본 것처럼 이에 상응해 이 불완전한 사유는 철저한 필연성을 노정하는 데 실패한 불완전한 실재다.

그러나 사유가 완전한 필연성을 드러낼 때, 따라서 사물들의 존재론적 상으로 드러날 때 이 사유는 더 이상 실재에 일방적으로 대립되는 것을 멈춘다. 이 사유는 실재 없이는 있을 수 없는, 그리고 실재보다 덜하지 않은 우주적 주체가 되며, 진실로 자기 자신으로부터 세계를 산출하게 된다.

주관적 사유는 최고로 완벽한 상태에서 객체성[객관성]으로 이행한다. 그것이 더 이상 실재와 구별되지 않는다는 점에서뿐 아니라 그것이 실재를 정립한다는 의미에서 '이행하는' 절대적 주체와 재결합한다는 보다 강한 의미에서 그렇다.

이것은 강력한 존재론적 논증을 상기시킨다. 그리고 헤겔은 자신이 이 문맥에서 전개시킨 이런 접근법을 인식하고서 환영한 최초의 사람이다. 물론 존재론적 논증에 올바른 형식을 부여할 경우에 우리는 이 논증을 잘 근거 지을 수 있다. 우리는 여기서 올바른 형식에 마주한다. 개념으로서의 절대자는——이것은 누군가의 마음속에만 있지 않으며, 이런 점에서 성 안셀무스는 여전히 부적합하다——실존으로 이행해야 한다. 왜냐하면 개념은 적절히 이해될 경우 자기 유지적인 개념적 필연성이며, 이것은 실재 속에 자리를 잡아야 하기 때문이다. 그리고 개념을 이해하는 것은 개념이 이러한 유의 개념적 필연성으로 존재할 수밖에 없다는 것을 이해하는 것이다. 그러나 물론 이는 개념에, 절대자에, 전체의 개념에, 혹은 전통적인 언어에서의 신의 이념에만 적용된다. 실존의 이런 필연성은 우리가 본 것처럼 우연성을 저버리지 않으며, 따라서 온갖 종류의 사물들은 완전히 우연적이며, 그것들의 실존은 자신의 개념에 함유되어 있지 않다. 이는 마치 내 지갑 안의 100달러와 같은데, 이 100달러는 당연히 내 마음속의 100달러와 어떤 필연적 연관에 있지 않다.

그리고 그 실존이 필연적인 그런 사물들에서조차, 예컨대 인간과 같은 보편자의 모양에서조차, 만약 개별적 개념으로서의 개념이 모든 개념을 규정하는 전체 체계에서 고찰될 경우 그 사물들의 필연성은 **그것들의** 개념에서만이 아니라 전체에서 정당화된다. 우리는 유한한 정신(인간들)의 필연성을 검토할 수 있지만, 이것은 합리적 존재와 같은 인간의 개념으로부터만이 아니라 전체 체계에서 정당화된다. 따라서 칸트의 반박은 그런 개별적 요소들, 특히 우연적인 것들을 충분히 음미하고 있다. 칸트의 반박은 개별적 요소들이 추상적으로 취해지는 한에서 이 개별적 요소들을 고찰하고 있고, 우연적인 것을 음미하는 이유는 이것이 스스로를 추상으로 취하기 때문이다. 그리고 이런 우연 안에서 개념은 실존과 분리되어 있다. 그러나 이런 반박은 존재론적 논증에 적용되는 요점, 전체의 증명을 완전히 놓치고 있다.

다른 한편 헤겔은 성 안셀무스, 데카르트, 라이프니츠 등의 공식을 단순히 수용할 수는 없었다. 한편으로 그들은 여기서 그 실존이 증명되는 그런 '신'에 대해 못마땅하게 생각했던 것 같다. 왜냐하면 이 실존은 질서 잡힌 전체에 다름 아닌 세계의 실존과 분리될 수 없고, 따라서 기독교에서 숭배되는 신이 아니기 때문이다. 그러나 헤겔은 특히 그 논증의 핵심적 부분이 남겨져 있으며, 결론이 '가장 완전하다면 실존해야 한다'는 안셀무스의 가정에 이미 내재해 있다는 점을 지적한다. '실존은 일반적으로 하나의 완벽함이다'라는 토대에서 이뤄진 그 논증은 칸트의 반박을 샀다. 여기서 필요한 사항은 유한자와 같은 방식으로 실존하지 않지만 필연적으로 실존하지 않으면 안 되는 그런 무한자 개념을 제시하는 것이다. 이것은 우리 마음속에 있는 개념에서 출발해야 하는 다른 전통적 증명이 실패한 것과 연관이 있다. 이 증명은 진실로 존재론적 개념으로부터 실존을 개진해 가는 방식을 따른다. 따라서 이 증명은 인식 근거에서 다른 방식의 신의 실존 증명들을 전제하지만, 실제로는 존재 근거에 바탕하고 있다.

이 마지막 성찰과 함께 우리는 헤겔이 일반적인 형식 논리학과 어떻게 어긋나는지를 좀더 분명하게 볼 수 있다. 사유의 '형식들'은 전통 논리학이나 헤겔의 논리학 모두에서 자신의 추리 기능에 의해 분류된다. 그러나 헤겔에게서 추리는 자기 충족적 필연성에서 그 정점에 이른다. 왜냐하면 이 추리는 사물들의 필연성의 상과 동일하기 때문이다. 따라서 형식 논리학의 기본적 과정은 내용에서 추상되어서는 **안 된다**. 반대로 형식 논리학은 형식과 내용이 통합되지 않은 불완전한 형식들의 표식이다. 이 불완전한 형식들은 '그저 형식적'일 뿐이다. 우리가 적절한 형식들로 점점 상승함에 따라 우리는 일상적인 형식 논리학이 형식적인 구별 기준으로 받아들인 것에서 벗어나게 된다. 우리는 어떤 것을 자신의 논증으로서만 취할 수 있는 명제적 기능들을 더 이상 다루지 않는다. 오히려 헤겔적 의미에서의 적절한 '형식'(합리적 필연성)의 추구는 그런 형식에 기여할 수 있는 개념들에 제약을 가하는 것이다. 따라서 반성의 판단 혹은 필연성의 추론은 부분적으로 그 객체들에 의해 제약된다. 그리고 최종적인 완전히 적합한 형식은 헤겔의 존재론적 상에서만 그 자리를 잡을 수 있다.

따라서 그의 논리학의 '형식적'인 부분과 일상적인 형식 논리학은 분명하게 다른 트랙 위에 서 있다. 그러나 이것은 그것들이 완전히 다른 두 업무로서 평화롭게 공존할 수 있다고 말하는 것이 아니다. 여기에는 철학적인 문제 제기가 함유되어 있다. 우선, 헤겔의 업무는 자신의 존재론적 상에 의해서만 생명력을 지니며 의미가 있다. 왜냐하면 그의 논리학에서는 형식이 이미 내용에 내재해 있으며(필연성은 사물들에 내재한다), 따라서 형식으로부터 내용을 이끌어 내고자 시도하기 때문이다(즉 형식적 기준에 의해 실재에 적합한 사유를 전개한다). 그리고 반대로 헤겔은 일상적인 형식 논리학의 타당성을 부정하는 대신 그 중요성을 감소시킨다. 그것은 최고 수준의 추론의 과학이 **아니다**. 최고 수준의 추론의 과학이라고 생각했다면 헤겔은 논리학이 수학적 사유와 연속선상에 있다는 것을 보여 준 근대의 발전에 깊은 감명을 받았을 것이다. 하지만 그는 언제나 수학을 사물들의 개념적 구조를 진실로 파악할 수는 없는 사유의 가장 외적인 형식으로 분류했다.

따라서 주관적 개념의 변증법에서 우리는 존재와 본질의 변증법에서와 동일한 결론에 이르렀다. 즉 합리적 필연성의 표현이라는 실재에 대한 총체성의 상에 이르렀다. 우리는 이것을 주관적 사유로부터도 증명해야 했다. 왜냐하면 만약 실재가 개념적 필연성을 드러낸다는 것이 옳다면 우리의 개념적 사유는 무조건적으로 필연적인 추리에서 그 완전함에 이르게 되기 때문이다. 지금까지 이에 대해 말했고, 이제 자기 유지적 총체성, 직접적 실재로 돌아가자.

> 이 총체성은 매개의 지양을 통해 출현했으며, 매개와 동일한 존재, 스스로를 타자로부터, 타자 속에서 구성한 개념이다. 이 존재는 따라서 즉자 대자적인 사태[실재], 즉 객체성이다.[35]

2. 객체성

따라서 개념은 객체성으로 이행한다. 자기 유지적 필연성의 추구는 실재를 필연적 총체성으로 보는 상에서만 완성된다. 따라서 우리는 어떤 의미

---

35) *WL*, II, 352.

에서 보자면 실체 범주의 마지막에서 드러난 사물들의 상으로 되돌아가 있다. 그러나 우리는 훨씬 더 풍부하고 충만한 실재의 형상을 이끌어 낼 수 있는 위치에 서 있다.

우리가 『존재론』과 『본질론』에서 배운 것은 실재는 필연성에 의해 지배되는 총체성을 구성하며, 이런 필연성을 표현하고 있다는 것이었다. 그러나 우리는 이러한 총체성의 구체적인 분절적 명료화에 대해서는 거의 배우지 못했다. 우리는 외적인 것과 내적인 것의 변증법, 필연과 우연의 변증법을 통해 전체는 외면성과 분리될 수 없기에 표면적으로는 우연을 드러내지 않을 수 없다는 것만을 알고 있다.

그러나 우리가 이로부터 알게 된 것은 실재는 절대자로서 혹은 무조건적 필연으로서 개념들에 의해 구조 지어져 있다는 것이었다. 이를 통해 우리는 주관적인 개념적 사유를 검토하게 되었고, 이 사유 역시 자기 충족적인 필연적 총체성의 상을 자기 의식적으로 획득하게 되는 내적 기준에 의해 추동된다는 것을 알게 되었다. 그러나 우리는 이제 주관적 사유가 실재와 동등한 것으로 나타나는 정점에 이르렀음을, 마음속의 개념은 근본적으로 존재론적 개념과 하나라는 것을 알게 되었다. 따라서 우리는 주관적 개념의 분절적 명료화에 대해 배운 것을 바탕으로 실재의 어떤 필연적인 분절적 명료화를 이끌어 낼 수 있다.

이것이 헤겔이 지금 하고자 하는 것이다. 필연성에 의해 지배되는 총체성은 이제 다양한 수준을 가진 하나의 구조로 드러난다. 실재는 필연적으로 상이한 수준의 존재를 표현한다. 객체성의 변증법은 상승적 질서 속에서 이러한 것들을 이끌어 낸다.

우리가 지나온 단계들은 헤겔이 '기계론', '화학 작용', '목적론'이라 부른 것이다. 그러나 우리는 이 제목들로부터 우리가 기계[물리] 이론들과 화학 이론들을 다룰 것이라고 생각해서는 안 된다. 이 이론들은 자연철학에서 다룬다. 오히려 우리는 기계적[물리적], 화학적 영역과 그 외의 영역에서 즐겨 적용되는 객체의 일반적 파악 방식을 다루고자 한다. 따라서 기계적인 것은 우리가 기계적으로 외울 때와 마찬가지로 마음의 어떤 기능들에도 적용된다. 그리고 이런 의미에서 '화학적인 것'은 성별들 사이의 끌림에서 볼 수 있다.[36]

이 분열의 전체 운동은 외면적 연관으로부터 우리의 삶에서 잘 드러나는 내적 필연성으로 진행된다. 왜냐하면 2부는 삶을 이해하는 범주인 '내적 목적론'으로 끝나고 다음 부분인 3부는 '삶'을 개시하기 때문이다. 그러나 헤겔은 그러한 과정에서 객체에 대한 상이한 지각 방식들을 제시하는데, 이 지각 방식들은 자기들만의 독특한 지위를 부여받으며, 그의 시대의 과학에서 이미 다뤄지고 있었다. 이 방식들 중 몇몇은 우리에게는 상당히 낯선데, 왜냐하면 이것들이 비록 당시의 과학에, 혹은 일부 사변 철학에 통용되었지만, 우리 시대에는 더 이상 통용되지 않기 때문이다.

이러한 발전의 원동력은 "절대적 모순"이다.[37] 여기서 절대적 모순은 실재는 그 부분들이 내적으로 서로 결합되어 있는 총체성이면서 동시에 자립적이면서 완벽한 부분들로 이뤄져 있다는 데서 성립한다. 실재는 매개와 연관성을 가질 뿐 아니라 객체성·직접성·외면성을 갖는다. 대립되는 이 두 서술을 완벽하게 충족시키기 위해 실재는 스스로를 상이한 수준들로 분절적 명료화를 드러내야 한다.

---

36) 친화[친밀감]의 개념이 여기에 속한다. 그것은 그 시기 문학적 삶의 영역에서 특정한 역할을 수행했다. 괴테의 소설 『친화력』(*Die Wahlverwandtschaften*)는 그 한 예이다.
37) *EL*, §194.

우리는 사물들이 순수하게 외적이고 독립적인 것이라는 관점에서 출발한다. 각각의 사물은 다른 것에 대해 외적이고 무관심하게 있다. 그러나 이것은 그 사물이 그 자체로 단순한 집적물이라는 것을 의미할 뿐이다. 왜냐하면 특정한 단계에 있는 한 사물이나 객체의 경계를 이끌어 낼 근거가 없기 때문이다. 따라서 각각의 객체는 그 자체로 내적 연관이 없는 객체들의 집적물이다.

기계론

이 단계가 바로 기계론의 수준이다. 이러한 직접성과 외면성의 단계에서 본 사물은 자기 자신의 특성들에 무관심하다. 혹은 달리 말하자면, 그것의 특성들은 그것 안에 어떤 내적 필연성도 없이 서로 결합해 있다. 바로 이런 이유 때문에 우리는 이 특성들을 다른 어떤 것에 의해 설명해야 한다. 즉 그것이 무엇인지를 설명하는 인과관계는 그 사물에 외적이고 낯설다.[38] 따라서 기계론은 작용인(efficient causation)만을 인지한다. 왜냐하면 그것은 흄이 보여 준 것처럼 언제나 단순히 우연적으로 연결되고 확인되는 항[술어]들 사이의 인과성만을 드러내기 때문이다. 하나의 객체 '내부'에서의 인과율조차 분리 가능한 이 객체의 부분들 사이의 인과관계로 변한다.

이것은 결정론의 상을 만들어 낸다. 결정론에서 한 개체의 특성들은 다른 것에 의해 설명되고, 이 다른 것은 또 다른 것에 의해 설명되며, 이 과정은 무한히 계속되는 악무한에 이른다.

그러나 순수하게 외적이고 우연적인 관계들을 표현하는 이 단계는 전체 이야기일 수 없다. 왜냐하면 우리는 사물들은 또한 내적으로 연결되어

---

38) *WL*, II, 360.

있으며, 필연성에 의해 연결되어 있다는 것을 알고 있기 때문이다. 따라서 이 단계는 이 관계를 점진적으로 내면화시키는 다른 것들을 전제하지 않고서는 지속될 수 없다. 이 객체는 하나의 중심을 둘레로 움직여야 하며, 점점 더 내적인 응집력으로 발전하지 않을 수 없고, 자신의 본성에 따라 특정한 방식으로 다른 것들과 연관되어 있음을 드러내지 않을 수 없다.

이러한 내면화 과정에서 헤겔은 여러 단계를 거쳐 가는데, 각각의 단계는 실재의 측면에, 다시 말하면 그가 타당한 것으로 여기는 과학에 따라 배치된 실재의 측면에 상응한다. 따라서 우리는 자신의 특성들에 순수하게 무관심한 대상, 그러므로 운동, 열, 자기력, 전기 부하 등과 같은 그런 헤아리기 힘든 성질들에 대해 아무 저항 없이 소통하는 그런 대상으로부터[39] 특정한 특성을 가진, 따라서 외부로부터의 영향에 저항하는 그런 대상으로, 따라서 외적인 힘으로 현상하는 대상[40]으로 이동한다. 그리고 이로부터 우리는 더 나아간 내면화로 이동해 가는데, 여기서 대상은 내적으로 다른 것들과 연결되어 있다. 예컨대 태양계가 그것이다. 태양계는 무관심한 대상들의 다발일 뿐 아니라 각각에 대해 특정한 역할을 수행하는 대상들의 다발이기도 하다. 즉 태양계는 태양, 행성, 위성 등으로 이뤄져 있다.[41]

---

39) 유사한 영향들이 인격들 사이의 정신적 영역에서만이 아니라 예컨대 이념들, 스타일 등과 같은 저항 없는 매개체에서도 나타난다. WL, II, 365~366.

40) 인간의 영역에서 이것은 운명으로 나타난다. WL, II, 370 참조. 여기서 헤겔은 다음과 같이 말한다. 자연적 대상들은 외면성과 우연성을 자신의 직접적 본성으로 갖기 때문에 외적이고 우연적인 방식으로 몰락한다. 반면 인간은 운명을 갖는데, 왜냐하면 인간은 보편적 본성에 따라 행동하지만 그럼에도 불구하고 이러한 본성에 대항하여 불가피하게 죄를 짓기 때문이다. 운명은 개별자로서 행위하는 인간에게 닥친 유(類, 보편자)의 형벌이다. 따라서 인간에게는 자기에게 닥친 것, 자신을 실패하게 만든 것도 의미가 있다. 따라서 인간은 사물에게는 없는 운명이 있다.

41) 헤겔은 이것들 사이의 관계를 각각이 서로 매개사가 되는 삼단논법의 예시로 본다. 이것은 시민사회 내의 개별자와 국가 사이의 관계에 비유된다.

그러나 타자와의 내적 관계는 이 단계에서 아직 그 객체의 내적 질료가 아니다. 참으로 지구는 태양에 의해 그 궤도가 유지되지만, 이것은 지구가 바로 이 지점에 존재하고 있다는 데 의존한다. 그것의 본질은 스스로 주어지는 것이 아니라 이 중심과 연관되어 있을 뿐이다. 따라서 우리는 화학 작용으로 이동한다. 여기에서 우리는 내적으로 연결된 서로 다른 실체들을 본다. 이것들은 결합하고자 하는 충동으로 서로를 향해 '긴장'의 끈을 놓지 않으며, 일방성을 극복하고 단일한 하나의 중립적 실체가 되고자 하는 열망으로 가득 차 있다. 화학 작용의 변증법은 2부 2장을 이루고 있는데, 당시의 자연철학자들이 수용했던 당대의 화학적 사유에 주로 의존하고 있다. 따라서 이 장은 따라가기도 어렵고 이해하기도 어렵다. 화학 작용의 장은 목적론으로의 이행과 더불어 끝난다.

목적론

우리는 여기서 세계가 드러내야 하는 실재의 최고 단계에 이른다. 왜냐하면 목적론에서는 내적 필연성이 완전히 체현되기 때문이다. 물론 이것은 아리스토텔레스로부터 나오는 내적 목적론 개념에 해당한다.[42] 왜냐하면 이것은 객체 자체에 내재해 있는 의미나 목적의 개념이기 때문이다. 목적

---

42) 헤겔은 여기서 아리스토텔레스를 염두에 두고 있지만 칸트도 고려하고 있다. 왜냐하면 칸트는 제3비판서에서 개념과 직관의 통일이라는 생각을 펴 보이는데, 이 통일에서 이 두 요소는 분리되어 있는 것이 아니라 결합되어 있기 때문이다. 내용은 일반 개념에 포섭되는 하나의 예에 불과한 것이 아니며, 그래서 이 양자는 서로 분리되어 있을 뿐 아니라 형식은 다소간 그 내용에 내적이기도 하다. 형식은 이 개별적 내용 없이는 바로 그 형식으로 있을 수 없다. 그러나 물론 칸트는 반성하는 판단과 규정하는 판단을 분리된 것으로 여기고, 사물들을 질서 짓는 데 있어서 목적론에 어떤 자리도(어떤 명예로운 자리도) 부여하지 않는 것에 대해 비판받는다.

은 그 객체의 본질이며, 이 객체의 가장 심오한 특성이다. 따라서 내적 목적론은 우리가 절대적 필연성의 체계를 특징지을 때 필요한 범주이며, 우리가 『본질론』의 마지막 이래 계속 가지고 있던 범주이다.

비록 삶이 목적론의 범주 이후에 나오는, 혹은 이 범주로부터 나오는 범주이긴 하지만, 생명체들 ─기계론으로 환원할 수 없는 것으로 지각되는─ 은 헤겔의 이 범주[목적론의 범주]의 최상의 예이다. 왜냐하면 생명체들은 자기 안에 내재한 하나의 형식을 갖기 때문이다. 즉 그 형식은 외적인 작용인의 위협에 의해 강제받지 않고, 오히려 생명체들이 성장하는 가운데 스스로를 실현해 간다. 이 형식은 이들의 내용과 분리될 수 없고, 물질적 유기체 내에 내재해 있는 형식이다.

또한 이들의 형식은 필연성이다. 즉 생명체들은 이 형식에 순응하고자 하지 않으면 안 된다. 그러나 동시에 이 형식은 생명체들 자체의 필연성이다. 그것은 생명체들을 규정하는 것이고, 이 생명체들에 낯선 것이 아니다. 형식에 순응하는 것은 생명체들에게는 자유이다.

전체 삶의 형식의 조건들은 부분적 행위나 과정들을 그 유기체에서 전체를 위해 필요한 것으로 설명할 수 있다. 그러나 이런 설명은 작용인의 설명 방식처럼 하나의 사실을 다른 것과 연관시킴으로써 그 사실을 설명하는 것만이 아니다. 이 설명은 이 사실을 하나의 목적과 연관시킨다. 이 목적은 사물들의 근거를 제시한다. 즉 목적은 사물들의 배후에서 이 사물들에 의미를 부여한다.

목적론적 설명은 총체성으로부터의 설명이다. 부분적 과정들은 전체에서의 그들 자신의 역할에 의해 설명된다. 그리고 이런 방식으로 피설명항과 설명항은 실제로 분리되어 있지 않다. 왜냐하면 설명되는 과정은 이 과정을 설명하는 것의 부분이기 때문이다.

목적론은 따라서 헤겔이 생각하는 총체성을 설명할 수 있는 범주이다. 왜냐하면 그것은 독립적·외적인 실재들로 이뤄져 있지만, 그럼에도 불구하고 그 전개는 필연성을 따르며, 이 필연성은 외부로부터 강제로 부과되는 것이 아니라 외부 실재 자체에 내재해 있기 때문이다. 말하자면 이 필연성은 전체의 삶의 형식이다. 내적 목적론은 따라서 외부 실재가 드러낼 수 있는 내적 연관의 최고 형식이다. 그러므로 그것은 기계론이라는 순수한 외적 무관심에서 출발한 이러한 발전 과정의 정점에 서 있다. 우주가 간직해야 하는 존재의 모든 단계는 이러한 형식적 기계론에서 목적론으로 나아간다.

이 최고 수준의 필연적 예화[현실화]의 배후에는 세상에는 살아 있는 존재들이 있다는 사실이 놓여 있다. 그러나 이 범주는 또한 전체 자체에 의해 예화[현실화]된다. 물론 다만 다른 생명체와 달리 전체, 절대자는 그저 주어진 삶의 형식을 갖는 것이 아니라 자신이 이성으로서 스스로 전개시킨 삶의 형식을 갖는다. 절대자의 삶의 피는 이성이며, 그것을 추동하는 심장은 모순이다.

그러나 삶에 관해 이야기하는 가운데 우리는 헤겔을 앞서 가고 있다. 왜냐하면 그는 이 범주를 『개념론』의 다음 부이자 최후의 부에서 다루기 때문이다. 그리고 헤겔은 더 나아가 화학 작용에서 곧바로 올바른 목적론으로 이행하지 않고, 한 번 더 이행한다. 그는 당시의 상식이나 오성 철학의 표상에서 출발하여 그것들을 비판하면서 진행한다.

이 부적절한 표상은 '외적 목적론'이다. 물론 이것도 실재의 한 단계[내적 목적론보다 낮은]로서 구체화된다. 이 범주를 통해 우리는 사물들을 하나의 목적이 완성된 것으로, 즉 이 사물들에 부가된 외적인 목적이 완성된 것으로 본다. 외적 목적론은 자신의 자리를 예를 들어 인간의 인위적 구조물이나 행위 속에서 차지한다. 우리는 살 집을 짓고, 먹을 음식을 재배한다. 집의 목적, 자동차의 목적, 곡물 지대의 목적 등은 그것들 각자의 외부에 있다. 그 목적은 또 다른 행위자를 지시한다.

그런데 헤겔은 언제나처럼 자신의 존재론의 근본 원리들이 오랫동안 사람들의 마음속에 혼란스런 형식으로 있었다고 믿는다. 그리고 그 혼란스런 견해들 중에는 목적론이 전체를 이해하는 중요한 범주라는 견해와 형식과 내용은 분리되어야 한다는 오성 철학에 의해 공유되는 상식적 견해 말고도, 세상을 외적 목적의 산물, 신의 산물로 보는 견해가 있다.

헤겔은 이러한 섭리 개념을 맹비난한다. 특히 당대에 유행하고 있던 낙관주의적인 다양한 이신론(Deism)을 비난하며, 오히려 그 반대쪽의 기계론을 더 선호한다. 사실 헤겔에 따르면 이신론은 세계의 개별적 사건들이 그렇게 있는 이유를 설명하기 위해서는 모든 종류의 우스운 개별적 의도들을 신에게 귀속시켜야 한다. 이것은 결과적으로 연관되지 않은 목적들의 전체 덩어리를 신에게 귀속시키는 것으로 끝난다. 반면 이성은 연관된 전체를 요구한다. 적어도 기계론은 세계가 연관되어 있다는 것을 제시하려 한다.[43] 그러나 기계론은 근거들을 통해 완전히 필연적인 설명을 제시하지 못하는데, 왜냐하면 신의 근거들이 알려지지 않은 채 남아 있기 때문이다. 따라서 우연성이라는 마지막 단어가 기계론에는 남아 있다. 이러한 점에서 기계론은 결코 더 훌륭하지 않다. 하지만 기계론은 이성[근거]에 의한 실제적 설명을 요청하지 않는다. 따라서 외적 목적론은 더 나쁜데, 왜냐하면 "외적 목적론은 이념 바로 앞의 단계이지만, 그렇게 문지방에 서 있는 것이 종종 가장 부적합한 것으로" 나타나기 때문이다.[44]

---

43) *WL*, II, 385~386.

헤겔은 따라서 '외적 목적론'을 넘어 '내적 목적론'으로 나아간다. 외적 목적론은 여전히 내용과 형식의 분리를 유지한다.[45] '내적 목적론'의 전체 관심은 목적은 이 목적이 작용하고 있는 대상과 내적으로 필연적으로 연결되어 있다는 것, 그리고 우리가 생명체를 분석하는 가운데 본 것처럼 형식은 질료에 내재해 있다는 것을 보이는 것이다. 그러나 헤겔이 절대자를 설명하는 곳에서 보여 주는 이러한 모양은 '외적 목적론'에는 현존하지 않는다. 이러한 견지에서 보면 나는 외부 세계와 대립하여 서 있다. 우선 나는 순수하게 주관적인 목적을 가지며, 이 목적을 실현시키고자 한다. 이렇듯 '외적 목적론'은 처음에 질료와 형식 사이의 분리, 채워져야 하는 이런 분리를 전제한다. 그리고 이 분리는 현실적으로 극복되지 않는데, 왜냐하면 형식은 내가 미리 존재하고 있는 질료에 부과한 것에 불과하며, 그 질료 자체에서 나온 것이 아니기 때문이다. 집을 짓는 예를 가지고 설명해 보자. 집을 짓는 데 사용되는 재료들은 내가 가공한다[형식을 만든다]. 이 형식은 이 재료들에 [고유한 것이 아니라] 외적이다. 이 형식은 그 재료들 입장에서 보면 스스로 형성된 것이 아니다. 이러한 현상은 유기체가 성장하면서 스스로를 형성해 가는 것과 다르다. 이 재료들에 대한 나의 간섭은 이 질료들에 순수하게 외적이며, 이 간섭은 기계론과 화학 작용에 속한다. 이 재료들은 외부의 힘에 의해 조형되고, 이 형식에 '무관심하게' 남아 있다.

이러한 사실은 우리의 외적 목적론, 즉 우리의 유한한 목적에만 해당하는 것이 아니라, 사물들을 신의 의도에 의해 목적론적으로 설명하려는 시도에도 해당한다. 왜냐하면 신이 특정한 목적을 부여한 대상들은 이러

---

44) *EL*, §205의 '추가'.
45) *EL*, §205.

한 의미에서 이 목적에 '무관심하게' 머물러 있기 때문이다. 그 목적은 그 대상들 자체에서 나온 것이 아니다. 이것은 우리가 대상들을 만든 존재를 이해하지 않을 경우 그 대상들의 목적이 우리에게 알려지지 않는 이유가 된다. 그리고 이러한 견지에서 보면 우리는 신을 이해할 수 없기 때문에 목적은 영원히 감춰져 있다. 헤겔은 이러한 사실을 수용할 수 없었다.

우리의 특수한 목적에 대해 말하자면 목적[끝]은 또 다른 의미에서도 유한하다.[46] 그것은 전체의 목적[끝]이 아니라 특수한 목적[끝]이다. 따라서 그것은 스스로 정당화되는 것이 아니다. 그것은 내가 사물에 부과한 목적이지 사물 자신에게서 나온 목적이 아니다. 그것은 자의적이다. 내 생각에 그것이 헤겔이 유한한 목적의 산출은 그 자체 수단이며, 이것은 무한 퇴행의 뿌리라고 주장한 바의 의미이다.[47] 우리가 외적으로 부과된 목적, 작동하도록 되어 있는 독립된 대상을 전제하는 목적을 다루는 한 목적이 되는 것과 수단이 되는 것은 자의적이고 주관적인 어떤 것이며, 행위하는 행위자에 의존한다. 우리는 빵을 만들기 위해 곡식을 재배하고, 살기 위해 빵을 먹는다. 그리고 무엇을 위해 사는가? 삶이 아마도 목적일지 모르겠다. 그러나 이때 먹는 것은 삶을 위한 수단인가, 삶의 일부인가? 다른 방식으로 말하자면 우리가 결정하는 것이 무엇이든 언제나 목적이 무엇인지 질문된다. 우리는 이것을 왜 찾는가? 우리는 사물들의 본성에서 나온 최종적 목적에 이르지 못한다. 그것은 내적 목적론에서만 가능하다.

그러나 일상 삶의 외적 목적의 근저에, 혹은 그 목적과 나란히 전체의

---

46) 유럽어에서 '목적'을 나타내는 단어 end, Ende 등은 동시에 '끝', '종말'을 의미한다. 목적지는 여행이 끝나는 지점이다. 유한자의 종말(소멸)은 어쩌면 자신의 목적의 성취이다. 헤겔은 유한자의 사멸이 필연적임을 이러한 방식으로 설명한다. — 옮긴이

47) *WL*, II, 397.

내적 목적이 놓여 있다. 이 목적은 우리의 행위를 포괄하고 있으며, 우리는 이 목적을 유한한 목적들을 통해 이해한다. 물론 이런 이행은 내적인 필연성을 객관적으로 파악해야 한다는 필요에 의해 힘을 받는다. 그리고 우리는 이런 필연성을 궁극적으로 내적 목적론에서만 발견할 수 있다. 헤겔은 수단(Mittel) 개념을 이용하여 이 이행을 수행한다.

유한한 행위자들은 자신의 유한한 목적들을 성취하기 위해 수단들을 사용한다. 즉 그들은 외부 세계의 일부를 취하여 자신의 목적을 위해 다른 것으로 바꾼다. 그들은 예를 들어 도구를 사용한다. 이러한 방식으로 세계의 일부는 그들의 행위로 포섭되며, 그들의 활동 속으로 진입한다. 유한한 목적의 성취는 추론[삼단논법]과도 같은데, 왜냐하면 행위자는 수단을 통해 대상과 관계를 맺기 때문이다.

그런데 행위자가 수단과 맺는 관계는 처음에는 단지 외적이고 기계적이다. 그러나 그것은 궁극적으로 좀더 내적인 관계로 진입한다. 여기서 헤겔이 말하고자 하는 것은 아마도 다음과 같은 것일 것이다. 수단이 행위자에게 외적이라는 생각을 극단으로까지 몰고 간다면, 그리고 하나의 목적에 봉사하는 모든 것이 수단으로 취급된다면 그런 생각은 결국 일관성을 상실하고 말 것이다. 왜냐하면 세계에서 기계적 수단을 이용하기 위하여 행위자는 스스로 하나의 몸체여야 하기 때문이다. 그러나 우리는 이 몸체를 도구로만 이해할 수는 없으며, 몸체가 단순히 수단으로만 일한다고 말할 수 없다. 왜냐하면 그렇게 말할 경우 행위자에게 남겨진 것은 아무것도 없을 것이기 때문이다. 예를 들어 더 이상 나뉠 수 없고 다른 행위들의 수행에 의해 수행될 수 없는 어떤 근원적 행위들이 있다. 이것들은 수단으로 간주될 수 있지만, 행위자와 분리되지 않는 수단이다. 그는 이 행위들을 조작하지 않는다. 그의 사물 조작이 바로 이 행위들**이다**. 이러한 사실, 그리고 이와 연관된 사실들이 당대 철학의 탐구 주제였다. 더 나아가 이 근원적 행위들 중 몇몇은 어떤 도구에 대한 우리의 기술적 조작을 포함한다. 그래서 이러한 의미에서 우리가 사용하는 수단-대상과 우리의 상호작용은 단순히 기계적인 것으로만 고려될 수 없다.

따라서 우리의 추론[삼단논법]의 첫번째 '전제'는 매개된 것으로 간주될 수 있다. 그러나 두번째 전제는 여전히 전혀 외적인 것으로 보인다. 내가 나무에 도끼를 사용할 때 나와 도끼의 관계는 숙련된 행위라는 연관에서 이해되어야 한다. 도끼는 나의 숙련된 행위 속으로 들어온다. 그러나 도끼와 나무의 관계는 완전히 기계적이다. 그러나 헤겔에 따르면 이 기계적 과정은 "그 자체 안에서 드러나듯이 스스로를 통해 목적으로 되돌아간다".[48] 다른 말로 하면 이 장의 전체 운동은 주관적인 목적 행위라는 개별적 현상들에 대한 검토로부터 좀더 높은 단계로 나아갈 것을 요구한다. 우리는 외적인 목적적 생산을 검토함으로써 행위자와 수단 사이의 통일을 볼 수도 있다. 그러나 여기서는 전체를 목적의 관점에서 볼 수 있기 위해 입장의 변화도 필요하다.

관점을 전체로 돌리는 이런 변화를 통해 우리는 '내적 목적론'에 진입한다. 우리는 이제 인간의 행위를 봐야 하고, 또한 이 행위의 배경을 형성하고 이 행위에 영향을 미치는, 스스로를 형성해 가는 세계의 과정을 인간의 삶의 보다 큰 과정의 하나로 봐야 한다. 세계의 작용은 행위자와 분리되지 않는다. 형성하는 행위자는 형성된 것에 내적[본질적]이다.

따라서 '내적 목적론'에서는 '외적 목적론'에서 분리된 채 유지되었던 항[술어]들이 함께 등장한다. 유기체를 예로 들어 말하자면, 간, 심장 등 모

---

48) *WL*, II, 397.

든 개별적 기관은 자신의 삶을 유지하기 위한 수단이다. 그러나 이 기관들이 올바로 기능하도록 하는 것은 전체 유기체의 삶의 목적이다. 왜냐하면 이 유기체의 본질은 전체 개별 부분들을 잘 기능하게 하는 데 있기 때문이다. 건강하게 성장한 상태에 있는 유기체는 현실화된 목적이다. 그러나 이 목적은 실현 과정과 분리될 수 없다. 따라서 이러한 과정은 스스로 현실화되고자 하는 경향[추동력]에 의해 유지된다. 따라서 경향[추동력], 수단, 실현된 목적 등 이 모든 것은 함께 온다. 그러나 이 모든 측면이 그저 붕괴하는 것은 아니다. 이것들은 객체의 실제 측면으로 남아 있다. 이것을 이해하기 위해 우리는 이 객체를 실현된 것이면서 실현하는 것으로 봐야 하며, 그 안에 내재한 목적-수단의 관계를 봐야 한다.

그러므로 이런 상승하는 변증법에서 기계론과 유한한 정신에 의한 유한한 목적의 추구는 세계의 과정이라는 보다 포괄적이고 완전한 목적을 지시한다. 이 목적은 언제나 실현되었고, 실현되고 있으며, 끝과 시작에 내재해 있다. 이러한 과정에서 모든 것은 수단이지만 목적의 일부이다. 그러나 기계적 관계들과 유한한 목적적 행위는 취소되거나 무화되지 않는다. 그것들은 실제적인 것으로 남아 있다. 다만 이것들의 작용은 특정한 방식으로 없어지며, 무한한 목적을 위해 가공될 뿐이다.

여기서 근저에 흐르는 관점은 존재에 대한 상이한 수준의 이해 방식 중 하나이다. 즉 이 수준의 존재는 독립적 외면성과 내적 연관 둘 다를 드러내야 하는 우주의 필연적인 분절적 명료화의 단계이다. 상이한 수준의 존재가 있기 때문에 또한 상이한 수준의 설명이 있다. 따라서 기계론은 자기 수준에서 적절한 설명을 제공하며(그리고 기계론의 상이한 수준들은 각자 기계론 내에서의 하위 단계들이다), 반면 그것이 설명하는 현상들은 보다 고차적인 범주 안에서, 궁극적으로는 목적론적으로만 이해될 수 있는 전체 안에서 설명되어야 하는 보다 복잡한 존재에 통합되어 있다.

우리는 『본질론』에서 사물들의 구조의 필연성이 어떻게 표면상에 나타나는 우연성을 요구하는지 보았다. 그런데 이제 둘 사이의 관계는 존재의 상이한 수준들을 밖으로 보여 주는 우주라는 상에서 새롭게 모습을 드러낸다. 사물들의 필연적인 구조는 우주를 내적 목적의 전개로 보는 상으로 표현된다. 그러나 이런 목적의 전개는 외적인 체현, 질료적 실재를 필요로 하며, 이 외적 체현물은 기계적·화학적 힘과 법칙에 종속된다. 사물들의 간극적 혹은 피상적 우연성은 언제나 합리적 구조의 경계 안에 남아 있고, 이 구조의 영원한 실현을 위해 역할을 수행하며, 이러한 보다 낮은 단계의 법칙들, 즉 기계론과 화학 작용의 법칙들에 의해 탐구되고 인도될 수 있다.

헤겔은 이러한 상이한 수준들이 서로 연관 맺는 방식에 대해 어디에서도 분명하게 말하지 않는다. 그러나 그는 다른 곳에서와 마찬가지로 여기에서도 '이성의 간지'라는 유명한 상을 불러낸다. 이성의 간지에 의해 보다 높은 목적은 자신의 목적을 포괄하고 있는 보다 낮은 수준의 원리들을 이용한다. 보다 높은 목적은 대상에 직접 작용하기보다는 자기 자신과 자신이 변화시키고자 하는 것 사이에 또 다른 대상을 끼워 넣는다. 만약 그 목적이 사물들의 상호작용에 직접 개입할 경우 그것은 특수한 사물이 되어 버릴 것이며, 그런 사물들처럼 사멸하고 말 것이다. 그러나 그 목적은 교활하게도 세계 안의 사물들이 기계적 상호작용에 의해 움직이게 하면서 은밀하게 작동함으로써 이러한 운명에서 자신을 구원한다.[49]

이러한 상은 완벽하게 명료화될 수 없다. 그러나 그것은 세계의 무한한 삶은 유한한 사물들의 종말을 통해, 그리고 그 종말을 넘어서서 진행된

---

49) *WL*, II, 398.

다는 헤겔의 사상을 반복하고 있다. 무한한 삶은 유한한 사물들 속에서만 살아가며, 따라서 이 유한한 사물들을 통해서 존립한다. 그러나 그것은 끊임없이 이 사물들의 필연적 목적보다 더 오래 지속된다. 더 나아가 우연성의 역할은 그 자체로 사물들의 필연적 계획을 실현하는 데 기여한다. 이것이 바로 헤겔의 상의 완전한 의미이다. 만약 우리가 사물들이 어떻게 이러한 방식으로 작동하는지를 묻는다면 우연성은 그 자체로 필연적 계획의 일부라고 대답할 수 있다. 우연 때문에 나는 오늘 죽을 수도 혹은 40년 후에 죽을 수도 있다. 그러나 어떤 경우에도 나의 죽음은 나의 삶과 마찬가지로 사물들의 필연적 구조, [무한한] 정신이 유한한 정신들 속에서 체현하는 그런 구조를 표현한다. 이때 유한한 정신은 유한자로서 [무한한] 정신의 무한성과 모순되고, 따라서 죽을 수밖에 없는 운명을 갖는다. 나는 결국에는 어떤 사소한 기계적 결함으로 인해 죽는다. 예를 들어 나의 심장이 펌프질을 못함으로써 죽는다. 그러나 이때 기계적 힘의 역할에 종속되는 것, 따라서 그런 실패에 노출되는 것은 질료적으로 체현된 존재인 유한한 주체의 본성에 속한다. 이러한 실패가 없다면 다른 종류의 실패가 있게 될 것이다.

그러나 이성의 간지라는 헤겔의 상은 또한, 그리고 특히 역사와 연관이 있다.[50] 이러한 의미에서 신의 섭리는 절대적 간지인데, 왜냐하면 신은 사람들에게 그들의 열정과 관심을 따르게 하지만, 그럼에도 불구하고 발생한 사건은 결국 **신 자신**의 의도를 충족하기 때문이다. 이러한 관계는 '기계론'과 '내적 목적론' 사이의 관계를 이해하고 신뢰하는 것보다 훨씬 더 어렵다. 우리는 4부에서 이 부분으로 다시 돌아올 것이다.

따라서 우주는 다양한 수준을 갖는다. 왜냐하면 우주는 내적인 필연성

---

50) *EL*, §209의 '추가' 참조.

을 외적인 실재 속에서 전개하기 때문이다. 무한한 목적은 유한한 목적들을 통해 실현된다. 따라서 이성의 목적은 언제나 실현될 뿐 아니라 실현되고 있어야 한다.[51] 유한한 주체들의 경험은 이성의 계획이 여전히 충족되어야 하는 그런 것이다. 유한한 주체들은 이것을 충족하기 위해 투쟁한다. 그러나 전체의 입장에서 보면 이러한 투쟁은 계획의 일부이며, 이 계획은 전체로서 이미 실현되었다.[52] 실현되지 않음의 출현은 오류이고 기만이다. 그런데 이런 기만은 그 자체 이념으로부터 산출된다. 이는 이런 오류의 극복이 우리 자신에 의해 성취되는 것과 같다.

따라서 우리가 『본질론』을 통해 따라갔던 필연성은 여기에서 목적으로 출현한다. 실재 안에 내재한 필연성은 우리가 본 것처럼 무조건적 필연성이다. 이것은 사물들의 과정이 그저 주어져 있는 이전의 것에 의해 규정되지 않으며, 주어진 어떤 전제의 불가피한 결과도 아니라는 것을 의미한다. 반대로 어떤 것도 무조건적 필연성의 체계 안에 단순하게 소여되어 있지 않다. 발생한 모든 것은 필연성에서 나온다. 따라서 우주를 무조건적 필연성의 장소로 보는 관점으로부터 목적을 최고의 것으로 여기는 사물관이 나온다.

어떤 이유에서건 하나의 목표가 이 목표의 완성에 앞서는 사건들에 작용하는 것으로 생각할 수 있을 때 목적이라는 말을 할 수 있다. 이때 이 목표는 이 사건들을 발생시키며, 따라서 이 사건들은 이 목표를 '위해' 발생

---

51) 언제나 실현되었고 실현되어야 한다고 하는 이러한 목적 개념은 헤겔 정치철학의 결정적 개념의 토대가 된다. 우리는 4부에서 이를 다룰 것이다. 이것은 인륜적 삶(인륜성) 개념이다. 인륜성은 당위[존재해야 함]의 도덕성을 넘어간다. 도덕성은 결코 충족될 수 없는 열망인데, 왜냐하면 도덕성은 사물의 본성에 근거해 있지 않기 때문이다. 따라서 도덕성은 외적 목적론의 특수한 목적이다.
52) *EL*, §212의 '추가'.

한다고 말할 수 있다. 그러나 이것은 목적 개념이 '세계 안의 변화가 개념적 필연성에서 온다'는 생각에 이미 함축되어 있었다는 것을 의미한다. 따라서 우리가 유한한 사물들에서의 변화를 설명할 때(우리는 이것을 '무한성'에서 설명했고, 모순에 의해 힘을 얻는다고 말했다), 그것은 세계에서의 변화의 사이클이 모순을 해결하고자 하는 영원한 시도에서 발생한다는 것을 의미한다. 다른 말로 하면 우리는 이런 변화를 그 사물들이 충족하고자 분투하는 하나의 규준에 의해 설명한다.

그런데 필연성을 절대적인 것으로 볼 경우 사물들이 목적을 갖는다는 관점은 보다 힘을 얻게 된다. 사건들을 직접 규준이나 목적과 연관하여 보는 것은 '이 사건들이 왜 발생하는지'에 대한 질문에 답을 한다는 관점에서 이 사건들을 보는 것이다. 그러나 일반적으로 우리는 근거에 대한 추구를 어떤 목적에 이르는 것으로, 주어진 어떤 목표에 도달하는 것으로 생각한다. 우리가 유한한 생명체의 삶의 형식을 기술할 때(우리는 이 삶의 형식에 의해 그 생명체의 구조와 활동성을 설명한다) '왜'라는 질문에 대한 더 나아간 답은 없다. 있는 그대로의 그것이 바로 삶의 형식이다.

그러나 절대적 필연성은 설명 없이 주어진 어떤 전제에 의존하지 않는다. 모든 것이 이성에서 인출될 수 있기 때문에 필연성은 절대적이다. 그러므로 '왜'라는 질문은 단순히 소여된 것에 존재하는 그런 장벽에 도달하지 않는다. 혹은 이러한 형식을 좋아한다면, 궁극적 목표는 그저 정신 혹은 이성은 존재해야 한다는 것이다. 즉 합리적 구조가 있어야 한다는 것이다. 이때 이 합리적 구조의 모든 측면은 '왜?'라는 질문에 대한 답을 제시하며, 그 구조 안에서는 어떤 것도 그저 단순히 '실정적으로' 거기 주어져 있지 않다. 이런 세계에서 목적은 최고의 것 혹은 절대적인 것이며, 목적적 설명은 근본적인 의미에서 궁극적이다.

따라서 우주는 목적의 전개로 간주될 수 있다. 더 나아가 목적은 내적이어야 한다. 왜냐하면 우리가 「주체성」의 마지막에서 본 것처럼 무조건적 필연성은 사물들 안에 있어야 하기 때문이다. 만약 우리가 외적인 목적, 즉 초월적인 신에 의해 부과된 목적을 다룬다면 필연성은 절대적이지 않을 것이다. 사물들의 모양은 궁극적으로 신적인 명령에 의지한다.

따라서 전체는 '내적 목적론'의 범주에서 봐야 한다. 모든 것을 포괄하는 목적은 우주 자체에 내재한다. 이것이 『본질론』의 마지막 단계에서 나타나는 실체·원인·상호작용의 범주의 근저에 놓여 있는 것이다. 왜냐하면 내적 목적에 의해서 전체를 설명하는 것은 우리가 총체성으로부터의 설명이라고 부른 것이기 때문이다. 자신의 목적에 따라 전개해 가는 우주는 자기 원인이다. 목적은 더 이상 외적이지 않은 원인이다. 목적은 자신의 결과 속에 유지된다("목적은 작용하는 가운데 이행하는 것이 아니라 스스로를 유지한다"[53]).

따라서 「객체성」의 마지막에 우리는 우주를 내재적 목적의 완성을 위한 전개로 보는 견해에 이르렀다. 그러나 우리는 생명체만을 다루는 것이 아니다. 우리는 이 객체성이 개념에 의해, 즉 필연성과 완전한 합리성을 추구하는 사유에 의해 정립되었음을 안다. 이렇게 그것은 실재에 대한 새로운 존재론적 범주, 즉 이성의 공식을 충족하기 위해서만 실존하는 실재의 범주로 이행한다. 이 실재가 실존하는 유일한 이유는 이념의 완성에 있다. 이것은 객체적인 것과 주체적인 것의 통일이다. 그러나 이 통일은 단순한 동일성이 아니다. 오히려 객체적인 것과 주체적인 것은 어떤 의미에서 보자면 하나가 다른 것을 정립하고, 그 하나는 다른 것이 다른 것 자신으로

---

53) *EL*, §204.

있도록 규정한다는 점에서 서로 구별된다. 그것들은 하나이지만 관계 속에서 그렇다. 한 주체에서처럼 그것들의 통일은 즉자적일 뿐 아니라 대자적이다.[54] 객체성은 사유의 이상적 공식을 충족할 뿐 아니라 이 공식에 의해 그렇게 하도록 만들어져 있다. 따라서 양자[객체성과 주체성]는 결합되어 있지만 영원히 서로 대립한다(마치 내적 목적론에서 목적이 언제나 충족되었고 충족되고 있는 것과 같다). 이러한 관계에서 우리는 불가피하게 플라톤의 이데아[이념]를 생각하지 않을 수 없다. 칸트는 플라톤의 이 개념을 처음으로 차용했으며, 헤겔은 이 개념을 이어받는다.

3. 이념

「이념」은 이렇게 시작된다. 이념은 우선 플라톤적 의미[이데아]에서 이해될 수 있다. 외부 실재를 지금의 모습으로 만든 것은 내적인 이성이다. 따라서 이념은 진리를 개념과 객체의 통일로 보는 헤겔의 진리관과의 연관 속에서 이해되어야 한다. "이념은 즉자대자적으로 존재하는 진리이다."[55] 왜냐하면 우리가 본 것처럼 진리란 실재가 그 개념과 일치하는 것, 실재가 이 실재를 산출하는 개념과 일치하는 것이기 때문이다. 그러나 실재를 산출하고 실재를 자신과 일치시키는 개념, 이것이 바로 이념(Idee)이다.

따라서 칸트가 이념을 무제약적인 것, 선험적인 것으로 생각한 것은 옳았다. 우리는 이 이념을 결코 경험적으로 적합하게 사용할 수 없기 때문이다.[56] 그런데 늘 그러하듯이 그는 전혀 잘못된 결론을 이끌어 냈다. 그는

---

54) *EL*, §212.
55) *EL*, §213.

이념은 어떤 존재론적 지위도 갖지 않고 그저 우리 사유를 규제할 뿐이라는 결론을 내리는 대신에 경험적 실재의 이러한 부적합함은 이념의 결여가 아니라 경험적 사물의 결핍이라고 했어야 한다. 이것이 경험적 사물들이 유한한 이유이다. "개별자 그 자체는 자신의 개념과 일치하지 않는다. 개별자의 현존의 이런 한계가 자신의 유한성과 소멸을 구성한다."[57]

그럼에도 불구하고 개별적 사물은 불완전하기는 하지만 어느 정도는 이념을 표현하기 때문에 존재한다. 나쁜 국가, 나쁜 인간, 즉 진실하지 못한 국가, 진실하지 못한 인간 등도 이것들이 전적으로 그렇게 나쁘지 않기 때문에 실존한다. 왜냐하면 존재하는 모든 것은 이념으로부터 오기 때문이다. 완전한 비진리, 이념과 결코 아무런 상응점도 없는 실재는 없다.[58]

『논리학』 3권의 전체 전개는 이러한 방식의 결론으로 끝나 가고 있다. 우리는 무한성에서 출발했다. 무한성은 전체를 총체성으로 드러내는, 필연적 변화들의 자기 유지적 체계라는 생각을 드러내는 첫번째 범주였다. 『본질론』을 통해 우리는 이러한 사실을 더 발전시켰고, 이런 필연성이 외부 실재 자체에 내재한다는 것을 보았다. 그러나 이 실재는 외적인 것으로서 우연을 드러낸다는 것도 보았다. 하지만 이런 우연성은 독립적이지 않았으며, 필연성에 의해 정립된 것이었다. 사물들 안의 필연성은 따라서 절대적이었다. 즉 단순하게 소여된 것에 제약되지 않았다.

절대적 필연성은 개념으로 나아갔다. 이로부터 우리는 실재의 총체성을 다시 검토하게 되었고, 실재의 분절적 명료화를 좀더 전개시켰다. 따라

---

56) *WL*, II, 407.
57) *EL*, §213.
58) *WL*, II, 309.

서 우리는 이제 개념이 실재의 다양한 수준의 위계로 분산되어 있으며, 기계적인 것에서 출발하는 그 위계의 낮은 단계는 좀더 큰 단계에 통합되고, 보다 높은 단계에 의해 좀더 강하게 결속한다는 것을 보게 된다. 최고의 수준은 목적의 단계이며, 전체는 이 목적을 구체적으로 실현한다. 따라서 우리는 전체를 필연성에 의해 지배되는 것으로뿐 아니라 목적을 드러내는 것으로도 알게 된다.

「객체성」에서 명시적으로 이끌려 나오는 것이 바로 이런 궁극적 목적이다. 그리고 이것은 이념이라는 보다 높은 범주로 나아간다. 왜냐하면 만약 절대적 필연성이 목적적 설명이 궁극적 설명이라는 것을 의미한다면 우리는 전체 세계를 목적을 위해 거기 있는 것으로, 이런 필연성을 표현하기 위해 거기 있는 것으로 보아야 하기 때문이다. 따라서 우리는 그 세계가 더 이상 그저 소여된 전체로, 사실상 필연성에 의해 지배되는 전체로 존립한다고 보지 않는다. 그 세계는 소여된 동물의 세계, 사실상 소여된 삶의 양식에 의해 형성된 동물의 세계와 같지 않기 때문이다. 필연성을 표현하는 이 전체는 목적을 위해 존립하며, 따라서 우리는 이 전체가 필연성을 표현하기 위해 존립한다고 말할 수 있다. 이런 개념적 필연성의 공식이 곧 이념이며, 따라서 세계는 이념을 실현하기 위해 실존한다.

그런데 우리는 세계를 이중 운동의 장소로 본다. 소멸해 가는, 그리고 유한자의 비일관성을 극복하고 합리성의 자기 일관성을 얻기 위해 노력하는 가운데 서로를 계승해 가는 유한한 사물들의 운동이 있다. 그러나 또한 합리성 그 자체의 이념의 운동이 있다. 이 이념은 외출하여 유한한 사물들의 세계를 정립한다. 우리가 『본질론』에서 보았던 이원적 세계 혹은 실재의 이원성은 스스로를 유지할 수 없었다. 왜냐하면 실재는 하나이기 때문이다. 그러나 지금 우리가 당도한 운동의 이원성은 실재의 통일성과 일치하는데, 왜냐하면 이 운동들은 원을 이루고 있기 때문이다. 우리는 자기 유지적인 하나의 총체성에 대한 우리의 이해를 풍부하게 하는 것 외에 아무것도 더 덧붙이지 않았다.

그러나 만약 이념 자체가 외출하여 외적인, 따라서 자신의 내적 연관들을 불완전하게나마 드러내는 하나의 세계를 정립한다면 그것은 또한 자기 안에 차이와 분열을 포함하고 있다. 왜냐하면 그것은 자신의 대립자, 즉 존립하기 위해 자신을 부정하는 자를 정립해야 하기 때문이다. 따라서 유한자 안에 있는 모순에 상응하는 것, 그리고 이 모순을 근거 짓는 것은 무한자 안에 있는 모순이다. 이는 무한자는 모순의 화해를 통해서만, 자신을 자신의 타자 속에서 발견함으로써만 자신의 동일성에 도달한다는 사실에 놓여 있다. 우리가 절대적 필연성을 받아들이는 순간 모순은 이런 중심적 지위를 획득하게 된다. 왜냐하면 만약 모순적이고 유한한 사물들의 세계가 필연적으로 실존한다면, 외적이고 무차별적인 특성으로 인해 필연성의 공식을 완전하게는 체현할 수 없는 그 세계가 그 공식에 따라 실존한다면 이 이념 자체는 자신의 대립물을 포함하기 때문이다.

따라서 이념은 자신의 타자를 정립하는 과정이고, 자신의 타자 속에서 자신과의 통일성을 재발견하는 과정이다.[59] 이 과정은 변증법적 과정이다. 그것은 투쟁이며, 이것을 빠뜨리는 어떤 이념관도 근본적으로 오류이다.

실재를 무모순적 변화라는 가상에서 해방시켜 이념으로 변형한 사상은 실재의 진리를 죽은 고요함으로, 단순한 상으로, 즉 생명이 없고 자극도 운동도 없는 것으로 보지 않는다. 개념이 이념 안에서 도달한 자유 덕분

---

59) *EL*, §215; *WL*, II, 412.

에 이념은 자기 자신 안에 **가장 완고한 대립**을 갖는다. 이념의 고요함은 안전함과 확신에 그 본질이 있는데, 이런 안전함과 확신과 더불어 이념은 언제나 자신의 대립자를 창조하면서 극복하며, 이 대립 안에서 자기 자신과 함께 거한다.[60]

전체 체계는 모순과 투쟁에 의해 유지된다. 이념은 존재하기 위해 실재를 앞에 내세운다. 그러나 이 실재가 모순적이지 않다면, 따라서 이행과 운동 과정에 있지 않다면, 이 실재는 필연성을 드러내지 않을 것이며, 따라서 이념은 존재하지 않을 것이다. 이렇듯 이념은 자기 자신의 타자일 뿐 아니라 자기 자신과 모순 속에 있는 세계를 산출해야 한다.

이러한 과정은 이성에 의해서만, 즉 대립자들을 그들의 운동 속에서 생각하고, 이로써 대립자들이 존재하면서 동시에 극복되는 그런 사유에 의해서만 파악될 수 있다. 대립을 고정시키고자 하는 오성은 여기서 힘을 갖지 못하며, 실재를 왜곡하는 운명을 갖는다.[61]

이로부터 마지막 범주인 이념이 『논리학』의 이전 단계의 단순한 결과인 것만은 아니라는 결론이 나온다. 어떤 의미에서 그것은 그 모든 것을 포괄한다. 왜냐하면 이념은 다른 범주들에 의해 포획되어 있는 개별적 실재들로 외화되기 때문이다. 그리고 동시에 이념은 그 모든 것을 결합하며, 따라서 그것들을 자기 자신에게로 귀환시킨다. 따라서 이념은 이전에 지나갔던 모든 것을 포괄한다.

---

60) *WL*, II, 412.
61) *EL*, §214.

절대자는 보편적인 하나의 이념이다. 이 이념은 판단하는(urteilend) 자로서 스스로를 규정된 이념들의 체계로 분절한다. 그런데 이 이념들은 바로 그 본성 때문에 자신들의 진리인 하나의 이념으로 되돌아온다.[62]

이런 분열은 실재를 이념에 의해 정립된 것으로, 목적에 의해 정립된 것으로 본다는 사실을 명료하게 분절할 것이다. 첫째, 물론 그것은 우리가 앞에서 본 것처럼 전체를 삶의 거대한 과정에 비유되는 것으로 보는 것이다. 그러므로 다뤄져야 할 첫번째 범주는 삶이다.

그러나 만약 우리가 전체를 개념적 필연성에서 유출된 것으로 생각한다면 이런 필연성은 하나의 주체와의 연관에서 존재해야 한다. 이제 헤겔은 자신이 그리는 실재의 상에 하나의 결정적 차원을 부가한다. 물론 주체의 실존은 언제나 암묵적으로 인정되어 왔다. 왜냐하면 우리는 범주적 개념들, 즉 주체가 자신의 세계를 생각하는 데 사용하는 범주들을 다루었기 때문이다. 그러나 주체의 바로 그런 실존은 우리의 출발점으로서 그저 주어져 있을 뿐이었다. 헤겔은 이제 세계가 하나의 주체에게 현상하는 것이 우주의 필연적 모습임을 보여 준다.

그 근저에 놓인 근거는 다음과 같다. 즉 개념적 필연성은 사유의 필연성을 의미하며, 이것은 사유하는 자를 전제한다. 세계가 개념적 필연성에 의해 정립되었다고 말하는 것은 사유가 세계의 기초임을 말하는 것이다. 그리고 사유는 필연적으로 자기 자신에게 현상한다. 따라서 개념적 필연성에 의해 정립된 우주는 자기 자신을 알아야 한다. 그러나 이런 인식은 단순히 암묵적이며 반(半)의식적인 것으로 머물 수 없다. 왜냐하면 만물의

---

62) *EL*, §213.

토대에 놓인 사유는 개념적 필연성이며, 이것은 아주 명료한 개념적 사유로만 드러날 수 있기 때문이다. 참된 필연성은 개념들에서만 자신을 적절하게 알 수 있다. 따라서 만약 사물들의 근저에 놓인 사유의 과정이 단순히 암묵적으로만 남아 있다면 그 과정은 역설적으로 자신이 정립한 철저한 필연성의 체계 외부에 머물러 있게 될 것이다. 그것은 사유 과정의 본질적 요구 조건에 위배된다.

그러므로 만약 필연성이 모든 것을 포괄해야 한다면, 필연성이 어떤 것을 자기 외부에 단순히 소여된 것으로 남기지 않는다면 그것은 자기 자신에게 현상해야 한다. 헤겔은 이념의 전능함과 이념의 자기 의식이라는 이 두 요구 조건이 불가피하게 서로 결합되어 있음을 본다. 이런 결합은 우리가 이미 『본질론』에서 본 것처럼 실재를 현상으로, 필연성을 표현으로 보는 생각에 내재해 있었다. 왜냐하면 거기에서는 우선 표현으로서의 필연성이 다른 것, 어떤 숨겨진 것에 의해 부과된 것이 아니라, 사물들 내에 실제로 현존하며, 따라서 그런 필연성은 총체적이라고 주장했기 때문이다. 즉 필연성은 이 필연성을 작동시키는 하나의 실재를 전제하지 않으며, 자신의 영역 외부에서 자신의 원래 실존을 갖는 그런 실재를 전제하지 않는다. 그러나 헤겔은 또한 동일한 곳에서 명료한 외부 실재에 내재한 필연성은 명료하게 표현되어야 한다고, 즉 그것은 주체에게 현상해야 한다고 주장한다. 명료하게 표현될 수 없는 필연성, 즉 숨겨져 있고 알려질 수 없는 필연성, 그런 의미에서 단순히 내적으로만 머물러 있는 필연성은 '외적'일 수밖에 없는데, 말하자면 그것은 실재를 온전하게 구속하지 못한다. 따라서 절대적인 개념적 필연성, 남김없이 실재를 관통하는 필연성은 사유 속에서 표현되어야 한다.

따라서 철학에서 명료함을 얻는 것은 이념을 세계에서 실현하는 일의 일부이다. 그리고 이것이 『논리학』 3권[『개념론』]이 실재를 명백히 주체와 연관하여 기술하는 이유이다.

따라서 이념과 실재의 통일은 단순히 삶에 내재하는 것과 같이 즉자적으로만 있는 것이 아니라 또한 대자적으로도 있다. 그래서 인식은 『논리학』의 근본 범주이다. 우리는 "절대 진리는 논리학의 대상이며, **진리** 그 자체는 본질적으로 **인식함 속에** 있다"는 것을 받아들여야 한다.[63]

그러나 이때 인식은 의식을 요구한다. 이 의식은 주체가 객체와 마주해 서 있는 구조이다. 다른 말로 하면 유한한 주체들이 있어야 한다. 왜냐하면 이 주체들은 의식으로서 객체들의 세계에 마주해 서 있어야 하고, 또한 실제로 현존하는 주체들로서 규정되어야 하기 때문이다. 그리고 이것은 세계에 또 다른 분리를 가져온다. 아니 이것은 우리에게 이념과 실재의 근본적 분리를 또 다른 각도에서 보여 준다. 이념은 자기 자신으로 귀환하기 위해 자신의 타자, 외적 실재로 이행해야 한다. 그러나 이런 귀환은 이런 필연성을 실재 속에서 명료하게 표현하는 것이다. 그러므로 귀환은 이 필연성이 주체에 의해 완전하게 파악될 때 완성된다. 그러나 주체성은 필연적으로 유한하다. 따라서 귀환을 위한 투쟁은 이런 유한성을 극복하기 위한 투쟁, 무한자·전체·절대자를 파악하기 위한 투쟁으로 간주될 수 있다.

그러므로 삶을 넘어 이념은 인식의 범주를 산출해야 한다. 그러나 인식 역시 유한한 주체의 의식으로서 극복되어야 한다. 이것은 자신을 초월하려는 유한한 주체의 투쟁이기 때문에, 그것은 앎의 문제만이 아니라 의지의 문제에도 관심을 갖는다. 우리는 유한한 인식을 넘어섬으로써 무한한 인식에, 즉 전체에 의한 전체에 대한 인식에, 절대적 이념에 이른다.

---

63) *WL*, II, 413~414.

그렇다면 이것은 이 마지막 부분의 설계도라고 할 수 있을 것이다. 이 부분은 우리를 삶에서 인식으로 이끌어 갈 것이며, 이 인식은 다시 인식함과 의지함을 논의하는 것으로 분리되어 마침내 절대적 이념으로 나아갈 것이다.

우리는 삶에서 출발한다. 왜냐하면 삶은 이념과 실재의 직접적 통일체이며, 따라서 인식은 삶을 전제하기 때문이다. 인식은 이념과 실재의 통일인데, 이러한 유의 통일은 직접적 통일, 즉 실재가 현실적으로 이념에 순응하는 그런 통일을 전제한다. 우리가 본 것처럼, 의식은 생명체에서만 일어날 수 있다. 이렇듯 이 직접적 통일은 『논리학』에서 '목적론'의 범주로부터 유도되기도 하고 또한 이 범주에서 필연적으로 따라 나오는 '인식'의 범주의 전제로서 유도되기도 한다.[64]

삶

헤겔은 삶을 아리스토텔레스와 마찬가지로 이해한다. 생명체는 내적 목적론이 거하는 장소이다. 그것은 수단이면서 목적이다. 생명체는 부분들의 결합이 아니라, 구성 요소들의 결합으로 이해될 수 있다. 즉 생명체의 부분들은 전체 삶의 과정에서 자신의 역할을 하는 가운데 본질적으로 서로 연결되어 있다. 각각은 수단이면서 목적이다. 따라서 헤겔은 아리스토텔레스를 칭송하면서 인용한다. 몸에서 분리된 손은 이름으로만 손일 뿐이라고 말이다.[65] 삶은 이념의 직접적 진리를 실현한다. 왜냐하면 삶은 형식과 내용의 통일을 드러내기 때문이다. 즉 목적 혹은 형식[형상]은 내용 혹은 질

---

64) *WL*, II, 414.
65) *EL*, §216의 '추가'.

료 자체에 내재한다. 생명체는 언제나 현실화되고, 또 되고 있는 단일한 삶의 과정에 내적으로 서로 묶여 있는 객관적 총체이다. 따라서 삶은 삶이 지속되는 한 종속적인 지위를 갖는 기계론과 화학 작용을 초월한다. 기계론과 화학 작용은 죽음이 닥치자마자 침범하기 시작한다. "영혼이 몸에서 떨어져 나갈 때 객체성의 근본적 힘들이 작용하기 시작한다. 이 힘들은 유기적 몸에서 뛰어놀 준비가 되어 있으며, 자신의 과정을 이 몸에 관철할 준비가 되어 있다. 그리고 삶은 이 힘들의 작용에 저항하며 서 있는 것이다."[66]

그러나 객체적인 것은 중요하다. 왜냐하면 죽음은 삶에 본질적이기 때문이다. 여기서 헤겔은 다시 자신의 근본적 주장을 반복한다.[67] 이념과 객체의 통일로서 삶은 체현되어야 하고, 따라서 어느 곳에 체현되어야 하며, 따라서 개별적 생명체로 존재해야 한다. 그러나 삶은 개별적 생명체로서 보편적 이념에 결코 일치할 수 없다. 이것은 모순적이며, 따라서 개별적 생명체는 반드시 죽는다. 그것은 몰락해야 한다.

그러나 개별적 생명체로서의 삶은 비유기적 자연에 마주해 서 있다.[68] 이것은 개념의 '판단'[근원적 분리, Urteil]이다. 즉 삶의 개념은 필연적으로 스스로를 생명체와 이 생명체에 마주서 있는 세계로 분열한다. 생명체는 이 실재와 마주하여 자신의 삶을 유지한다. 따라서 삶은 자신의 대립자[세계]와 대립적 투쟁의 상태에 있다. 삶은 스스로를 자신의 대립자로부터 산출해야 하는 과정이다. 왜냐하면 삶은 개별적인 생명체들이기 때문이다. 이것들은 외부 세계와 구별되고, 대립해 있다. 이것들은 이 외부 세계에 동

---

66) *EL*, §219의 '추가'.
67) *EL*, §216.
68) *EL*, §219.

화됨으로써 스스로를 유지해야 한다. 이것은 동물과 환경의 동화적 상호 작용을 변증법적으로 추론한 것이다.

이 투쟁은 스스로를 자신의 외적 자아에 대항해서 실현시켜야 하는 이념에 내재한 투쟁을 반영한다. 이 투쟁은 모순이며, 동물의 세계는 바로 이런 방식으로 존재한다. 동물은 어떤 것을 필요로 한다. 동물은 자기 밖의 이 사물이 자신의 일부여야 하지만 일부이지 않다는 것을 안다. 동물은 충동이나 고통 속에서 이러한 사실을 느낀다. 따라서 고통은 생명체의 '특권'이며, 이 고통은 실존하는 개념으로서 이 생명체들에만 속한다.[69] 이것은 살아 있는 모순이다. 왜냐하면 그것은 모순은 사유될 수 없다고 주장하는 모든 사람에게 답이 되기 때문이다.[70]

모순은 동물에 의해 해결된다. 왜냐하면 동물은 자신이 필요로 하는 것을 체화하고 있기 때문이다. 이것이 바로 동물이 할 수 있는 것이다. 왜냐하면 외부 실재는 이미 즉자적으로 이념이기 때문이다. 따라서 이념은 유기체에 통합된다. 유기체는 비유기체에 기계적인 방식으로 작용하지만, 그 반대는 아니다. 비유기체는 생명체를 자극할 수 있을 뿐이다.[71]

따라서 살아 있는 개체는 스스로를 산출하게 되며, 자신에게 대립하여 서 있는 비유기체의 '전제'를 지양하고 자신 안에서 통합한다. 그렇게 함으로써 살아 있는 개체는 실체적 보편자, 헤겔이 '유'(Gattung)라고 부른 보편자가 된다. 이 말은 그 개체가 또 다른 종류의 분열로, 이번에는 두 개별자로의 분열로 나아간다는 것을 의미한다. 이것은 성적 분화에 대한 변증

---

69) *WL*, II, 424.
70) *WL*, II, 424.
71) *WL*, II, 425.

법적 설명이다. 생명체는 스스로를 개별적 요소들로 분열하고 그것들을 통해 자신의 통일성을 유지하는 그런 이념의 체현물이다. 따라서 분리된 개체들은 통합하고자 열망한다. 그러나 그것들은 성공할 수 없다. 아니 성공하지만 제3의 개체에서만, 즉 아이에서만 성공을 한다. 그렇다면 이것은 새로운 개체로의 진전이다. 하지만 이들 모두는 개별자로서, 즉 보편자를 개체적으로 체현하고 있는 모순으로서 결국 죽는다.

> 생명체는 죽는다. 왜냐하면 그것은 즉자적으로는 보편자, 유이지만 직접적으로는 오직 개별자로서만 실존하기 때문이다.[72]

따라서 헤겔은 생명체들을 이념의 불완전한 실현으로 본다. 생명체는 삶이고, 질료에 내재한 목적이다. 그러나 생명체는 자신이 추구하는 통일 혹은 영원성을 유지하지 못한다. 여기서 통일과 영원성은 결합되어 있다. 왜냐하면 영원성은 시간을 넘어서는 통일이기 때문이다. 따라서 생명체는 반복을 통해서만, 즉 이후 세대로의 무한한 과정을 통해서만 이에 도달한다. 우리는 우선 개념에서 연역된 생명체를 보았고, 그다음 이 생명체가 비유기체로부터 산출된다는 것을 보았다. 이렇듯 생명체를 산출한 이념은 생명체 안에 실제로 있다. 생명체는 개념, 유이다. 생명체 그 자체는 스스로를 분열하여 세계에 서로 다른 실존으로 드러낸다. 그러나 그것은 이로부터 돌아와 자신의 통일성을 유지할 수 없다. 혹은 생명체는 자신과 같은 유의 것을 재산출하는 반복적 방식으로만, 그리고 죽음을 겪고 다른 것들에 의해 계승되는 방식을 통해서만 이에 도달할 수 있다.

---

72) *EL*, §221의 '추가'.

그러나 이러한 통일은 갑자기 원상태로 돌아간다. 왜냐하면 그것은 오직 즉자적이기 때문이다. 그것은 자신을 넘어 대자적 통일의 필연성을 지시한다. 여기서는 개별 존재들로 분리된 것에서, 외면성으로 흩어진 것에서 벗어나 내면성과 통일로 나아갈 수 있는 방법이 있어야 한다. 유한성을 넘어가는 이 발걸음은 개별자의 죽음을 통해, 개별자의 외면성의 지양을 통해 즉자적으로 실현되지만, 대자적으로는 자기 의식, 즉 지식[인식]에 의해 실현된다. 따라서 의식의 발생은 죽음과 연관이 있다. 의식은 죽음보다 변증법적으로 높은 형식이라 할 수 있다.[73] 그것은 정신 안에서 살아가는 실제적 불멸성이다. 그리고 그것은 유에서의 삶의 완성을 말할 때 불가피하게 나타나는 다음 단계이다.

> 삶의 이념은······따라서 어떤 직접적인 '이것'으로부터의 해방일 뿐 아니라 이 최초의 직접성 일반으로부터의 해방이다. 그러므로 삶의 이념은 자기 자신에게, 자신의 진리에 이른다. 이와 더불어 삶의 이념은 대자적인 자유로운 유로서 실존으로 진입해 간다. 직접적인 개별적 생명체의 죽음은 정신의 출현이다.[74]

인식

이렇듯 직접적 통일로서의 삶은 헤겔이 인식이라 부른 것으로 이행한다. 이것이야말로 참으로 이념의 주체이다. 즉 인식에서 이념은 자기 자신을

---

73) 죽음은 개별자의 자연적이고 **직접적인** 부정이다. 우리는 **지속적인** 부정, 즉 자기 의식을 필요로 한다. 『정신현상학』의 '주인과 노예의 변증법'을 참조하라. *PbG*, 145.
74) *EL*, §222.

그저 모든 것의 내적인 합리적 공식으로만 드러내는 것이 아니라 자기 자신의 외적 실재를 아는 주체로, 따라서 여느 주체가 그러하듯 그 외적 실재를 정립하는 자로 사유될 수 있는 주체로 드러낸다. 이런 이유 때문에 이 절에서는 좁은 의미의 인식만이 아니라 의지도 다룰 것이다.

간단히 말하자면 우리는 의식이나 자기 의식의 범주가 어떻게 필연적으로 적용되는지를 볼 것이다. 왜냐하면 이 범주는 이념에 필수적이기 때문이다. 그리고 의식은 필연적으로 유한하기 때문에 우리는 이념으로부터 세계의 또 다른 모양, 우리의 출발점에 함의되어 있었던 세계의 또 다른 모양을 검토할 것이다. 존재의 세계는 유한한 주체와 연관하여 있으며, 이 세계는 범주들로 파악된다는 것이 그것이다.

인식을 다루는 『대논리학』의 도입부에서[75] 헤겔은 당연히 칸트를 다시 한번 언급하지 않을 수 없었다. 물론 당연히 칭송과 비난이 함께 있다. 칸트는 이전의 형이상학자와 비교해서 보자면 확실히 옳다. 이전의 형이상학은 자기 의식을 필연적으로 단순한 영혼으로 이해하고자 했다. 반대로 우리는 의식이 필연적으로 분리라는 것을, 자신에 마주해 있는 객체를 정립한다는 것을 안다. 그리고 그것이 객체와 본질적인 관계에 있다는 것도 안다.

따라서 주체와 객체의 양극적 분열은 근본적인 것이다. 칸트는 이것을 봤고, 근본적인 것으로 만들었다. 그러나 그는 이로부터 주체는 결코 이해될 수 없으며, 주체는 인식의 객체[대상]일 수 없는 통각, 즉 인식할 때 언제나 동반되는 현존하는 통일체라고 결론을 내렸다. '나는 생각한다'(통각)는 언제나 주체이지 결코 객체일 수 없다는 것이 '나는 생각한다'의 '어려움'

---

75) *WL*, II, 429~439.

이다. 따라서 우리는 우리 자신에게 원본적 주체로서가 아니라 경험적 자아로서만 객체이다. 칸트에 따르면 이것이 바로 자기 의식에 대한 인식을 방해한다. 그러나 헤겔에 따르면 이러한 태도는 문제가 있다. 왜냐하면 주체가 필연적으로 양극의 한 점이라고 보는 가운데, 즉 주체가 자신과 마주하고 있는 객체에 직접 대면하지 않을 수 없으며, 그래서 인식을 가로막는 장애물을 가질 수 없다는 점을 알게 됨으로써 우리는 주체의 실제 본성에 대한 근본적 파악에 이르기 때문이다. 이로 인해 주체는 돌과 구별된다.[76] 주체란 내적 직관으로만 알려지는 것이라고 하는 흄의 태도를 받아들일 경우에만 우리는 주체를 결코 인식할 수 없다고 생각할 수 있다.[77] 물론 이 경우 '나는 생각한다'라는 사유의 기능은 여기서 어떤 특성도 부여받지 못한다. 왜냐하면 그것은 모든 내용의 전제이기 때문이다. 그러나 만약 우리가 그 대신 주체를 **파악**하고자 한다면 우리는 여기서 그것의 본성에 대한 근본적 실마리를 얻을 수 있다. 자기 분열이 그것이다. 그것은 스스로에게 내용을 제공하는 것이고, 스스로를 위해 형성되어 가는 것이다.

그러나 이런 자기 구별은 두 가지 형태를 취해야 한다. 이념은 타자 속에서의 자기 인식이면서 타자 속에서의 자기 창조이다. 따라서 이념의 주체성은 두 가지 양태 아래서 사유되어야 한다. 그것은 자기 자신을 타자로 인식하는 것이고, 또한 자기 자신을 자기와 독립해 있는 어떤 것으로 실현하는 것이다. 절대적 이념에서 이 두 측면은 하나다. 그러나 이 삶은 유한한

---

76) *WL*, II, 432.

77) 합리론자들에게 직관은 인식의 도구가 아니다. 직관은 기본적으로 내감이든 외감이든 감각 기관에 의해 수행되는 것이지 사유 기관에 의해 수행되는 것이 아니다. 버클리나 흄 같은 경험론자들에 따르면 주체는 인식되는 것이 아니라 그저 직관될 뿐이다. 예를 들어 버클리에게 주체는 경험적으로 인식될 수 없는데, 왜냐하면 그것은 경험하는 자이지 경험되는 자가 아니기 때문이다. 따라서 주체의 존재는 인식의 문제가 아니라 직관의 문제이다. ─옮긴이

주체들을 관통하여 살지 않으면 안 된다. 왜냐하면 무한한 주체는 유한한 주체들에 체현됨으로써만 실제적인 것으로 있을 수 있기 때문이다. 이러한 체현의 필연성으로 인해 절대적 주체에 대립과 불투명함이 도입된다. 왜냐하면 유한한 주체들은 이념의 자기 동일성의 투명함을 회복하기 위해 투쟁해야 하기 때문이다. 다른 말로 하면 필연적인 외적 체현물에서 따라 나오는 불투명함은 유한한, 체현된 주체들의 사유와 분리될 수 없는 불투명함으로 간주될 수 있다.

따라서 이념에서 하나가 되는 두 측면은 유한한 주체들의 삶에서 분리된다. 이 주체들은 자신의 통일을 파악하는 데서 나타나는 어려움을 극복해야 한다. 이를 통해 이념은 마침내 통합적 진리, 진리에 순응하는 실재를 산출한다. 이러한 분리는 이러한 측면들 각자 안에서 분리의 형식을 취한다. 유한한 주체들은 세계를 알지만, 그 세계를 일반적으로 분열된 것으로, 그들에게 대립해 서 있는 것으로 안다. 이것은 그들이 세계를 우연적인 것으로 지각한다는 것과 연관되어 있다. 왜냐하면 그들은 세계의 내적 필연성을 관통하지 못하기 때문이다. 그 내적 필연성은 개념과 다른 것이 아니며, 따라서 그들 사유의 바로 그 질료에 다름 아니다.

동시에 유한한 주체들은 선[좋음]에 대한 감각을 갖는다. 헤겔은 여기서 외적 목적론에서 논의했던 것과 같은 어떤 유한한 목적에 대해서만 말하고 있는 것이 아니라 절대적으로 정당화된 목적, 진리의 세계의 창조, 즉 이념에 순응하는 세계의 창조에 대해 말하고 있다. 그런 목적은 따라서 선[좋음]이다. 이제 사람들은 인식이라는 생각뿐 아니라 선에 대한 표상도 가지게 된다. 그러나 여기서도 그들은 이 선을 단순히 유한한 목적으로 오해한다. 즉 사람들은 그것을 절대적으로 정당화되었지만 그럼에도 불구하고 유한한 주체의 목적으로 외부에서부터 세계에 부과한다.[78] "여기에서 내용은 사실 유한하다. 그러나 그것은 그 자체로 절대적으로 타당하다." 따라서 그들은 자신의 활동을 아직 변형되지 않은 외부 세계에 대립시킨다.

다른 말로 하면 이념은 차이 속에서의 통일의 필연성을 산출한다. 이 필연성은 외적인 체현의 생산이자 이 외부 체현물에서의 자기 인식이다. 따라서 유한한 정신은 이념의 매개체[담지자]로서 인식하고 열망하지 않으면 안 된다. 유한한 정신은 인식의 이상과 선의 이상도 갖는다(헤겔은 『대논리학』에서 이를 각각 인식의 '이념'과 선의 '이념'이라 부른다). 그러나 유한자로서 그것은 이러한 이념들을 항구적으로 실현되지 않은 이상으로 가질 뿐이다. 인식은 온전한 필연성에 이를 수 없으며, 열망은 언제나 완성되지 않는다.

헤겔은 이를 또한 다음과 같이 설명한다. 인식에서 중요한 것은 객관적 측면이다. 요점은 우리의 인식을 외부 실재에 순응시키는 것이다. 열망에서 중요한 실재는 주관적인 실재다. 그것은 세계 안에서 실현되어야 하는 선[좋은 것]이다. 아직 변형되지 않은 실재로서의 외부의 것은 열망하는 주체에 의해 "그 자체로는 아무것도 아닌 것"으로 알려진다.[79]

이로 인해 두 측면에서 모순이 발생한다. 이 모순은 영원히 그 목표에 도달할 수 없는 형식을 취한다. 이론적인 영역에서 우리는 부분적이고 유한한 관점을 넘어서지 않고서는 사물들의 필연성에 도달할 수 없다. 실천적인 영역에서 모순은 좀더 확실한 모습을 보인다.

우리가 선의 유한한 행위자인 한에서 우리가 성취한 선은 우연적인 모든 행운에 개방되어 있다. 그것은 유한한 내용이다. 왜냐하면 그 내용은 외

---

78) *WL*, II, 479.
79) *EL*, §225.

부의 우연이나 악에 의해 파괴될 수 있기 때문이다. 더 안 좋은 것은 그것의 실현 조건들이 서로 갈등 관계로 진입할 수도 있다는 것이다.[80]

그러나 이것은 아직 모순이 아니다. 이것은 유한한 선의지가 완전한 성공에 이를 수 없음을 우리가 볼 때 밝게 드러난다. 왜냐하면 만약 세계가 선과 일치하도록 완전히 변형된다면 더 이상의 열망은 없을 것이기 때문이다. 왜냐하면 선의지는 정의상 세계에 마주하여 작용하는 유한한 의지로서, 실존하지 않기 때문이다.[81]

여기서 헤겔은 칸트와 피히테를 다시 한번 비판하고 있다. 그는 방금 인용한 부분의 '추가'에서 명시적으로 이 일을 하고 있다. 단순한 당위로서의 도덕성이라는 개념은 성취될 수 없는데, 왜냐하면 그렇게 성취된다면 더 이상 도덕성으로 존립할 수 없기 때문이다. 따라서 칸트적인 도덕성 개념은 헤겔이 극복하고자 노력했던 근본적 대립들 중 하나이다. 그러나 그는 이제 결코 완성에 이르지 못하는 '당위'의 무한한 과정이 갖는 이 모순을 유한한 선의지 자체의 관념에 내재하는 것으로 본다. 왜냐하면 유한한 선의지라는 생각은 이 선의지가 행사되는 외부 실재에 대립하여 서 있는 의지라는 생각이기 때문이다. 선한 모든 것이 총체적으로 그리고 분명하게 실현된다면 도덕성은 어떻게 되겠는가?

도덕성의 현실적 목표는 우리의 도덕적 활동을 본질적 요소로 구체화하는 것이라는 구상만이 대답으로 주어질 수 있다. 이것은 실현된 선인 세계의 과정, 하지만 우리의 행위와 떨어져서 실존하는 것이 아니라 이 행위를 포함하고 이 행위 위에서 서술되는 세계의 과정을 의미한다. 그러나 이

---

80) *WL*, II, 479~480.
81) *EL*, §234의 '추가'.

것은 선에 대한 다음과 같은 특정한 견해를 의미한다. 즉 그것은 도덕적 행위는 변형되기를 기다리는 비도덕적 혹은 몰도덕적 실재에 대항한 투쟁일 필요는 없으나, 실현된 선의 맥락을 완성하는 반응일 수는 있다는 견해이다. 이것은 물론 선의지와 경향성을 대립시킨 칸트적 견해와 단절하지 않으면 안 되는 도덕관이다.

　　그러나 이러한 비전은 인지의 입장과 의지의 입장 사이의 변증법적 종합으로 간주될 수 있다. 위에서 본 것처럼 전자[인지의 입장]에 따르면 외부 세계는 본질적인 반면, 우리는 우리의 마음을 인식하는 가운데 그 세계에 순응해야 한다. 그리고 후자[의지의 입장]에 따르면 우리의 기획이 본질적이며, 세계는 비본질적인 것, '무실한'(nichtig) 것으로서 우리의 이 기획에 순응해야 한다. 모순을 해결하는 참된 해결책은 이 두 요소를 통합하는 것이다. 이 해결책은 우리 기획의 본질적 측면을 간직하고 있으며, 우리가 진리에서 벗어나 있다고 느껴야 했던 인식의 오류로 떨어지지 않는다. 대신 이 해결책은 객체 혹은 세계가 이념의 본질적 체현이라는 인식의 진리를 첨가한다.

　　그렇다면 이제 우리는 세계의 과정이 완전하게 실현된 선이라는 생각—이런 생각을 우리는 인식으로부터 얻는다—에 도달한다. 하지만 우리는 우리 자신이 이러한 세계의 과정에서 분리되어 있다고 생각하지 않는다. 따라서 우리는 인식하는 가운데 그저 순응하고자 하면 된다. 세계의 선[좋음]의 필수적 부분, 혹은 세계가 실현된 선[좋음]이라는 사실은 세계가 선을 위한 우리의 행위, 우리의 열망을 포함하고 있다는 것이다. 유한한 의지로서의 선이라는 생각은 유한한 인지의 근본적 부적합성, 즉 그것이 주체와 객체를 분리된 것으로 유지하는 부적합성을 간직했다. 따라서 주체는 자기 자신을 세계에 대립시킴으로써만 선의지로 존립할 수 있었다. 이것은 객체와 화해할 수 없는, 객체와 엄격하게 다른 것으로 정의된 주체인데, 칸트 철학에 내재한 실수이다. 이것은 극복되어야 한다.

그리고 우리는 이것이 극복되어야 한다는 것을 안다. 왜냐하면 우리는 실재가 주체인 개념적 필연성으로부터 생겨나며, 따라서 모든 것은 자신의 진리 속에, 즉 이념과의 일치 속에 있어야 한다는 것을 알고 있기 때문이다. 따라서 그런 분열은 무의미하고 맹목적이며 난감한 난센스다. 이로 인해 이행이 생겨난다. 헤겔에게 유한한 의지는 자신이 선이 실현되는 이 세계에서 작동한다는 것을 알아야 한다. 『대논리학』에서 헤겔은 외적 목적론의 단계에서 나타나는 변증법적 결론을 이용한다. 즉 그 결론은 수단은 목적이며, 따라서 선을 얻기 위한 유한한 행위자의 열망인 수단적 행위는 선과 분리되어 있는 것이 아니라 일치한다는 것이었다. 이러한 통일은 즉자적으로 현재하며, 유한한 행위자에게 생성되어야 한다. 여기서 필요한 것은 영원히 실현되지 않는 원인들 안에서 발생하는 이러한 열망, 언제나 스스로를 넘어가고자 하는 이런 불완전함을 선 자체의 실현된 목표로 보는 것이다.

왜냐하면 우리가 본 것처럼 최고의 관점에서 볼 때 불완전함, 악, 불투명함, 분열 등은 헤겔이 보는 사물들의 과정에서 필연적 지위를 갖고 있기 때문이다. 이 외면성을 통해서만, 따라서 분열, 불투명함, 고통 등을 통해서만 선은 실현될 수 있다. 이것이 우리가 마침내 올라야 하는 비전이다. "무실한 것, 일시적인 것은 세계의 참된 본질이 아니라 표면만을 구성한다."[82]

『소논리학』 233~234절에서 헤겔은 모순을 다소 다른 방식으로 소개한다. 유한한 의지는 자신과 대립해 서 있는 세계가 비본질적이고 '무실'하

---

82) *EL*, §234의 '추가'.

지만 또한 그것이 없다면 이 선의지도 있을 수 없기에 본질적이라고 주장하는데, 이것은 모순이다.

우리는 이 두 태도, 즉 인지와 의지의 변증법적 종합이 유한한 의지의 문제를 어떻게 푸는지 보았다. 물론 이것은 헤겔에게 친숙한 주제이다. 이 문제는 『정신현상학』의 **가장** 핵심적인 주제는 아니지만 그런 핵심적 주제들 중 하나이다. 그것은 『정신현상학』에서는 다른 이름으로, 즉 의식과 자기 의식 사이의 관계라는 문제로 진행된다. 전자[의식, 인지]는 우리가 조응해야 하는 본질적 세계에 우리를 마주세우는 태도이고, 후자[자기 의식, 의지]는 비본질적 세계에 대립하여 선을 이루고자 하는 자아의 확신이다.

그러나 또한 우리는 종합이 유한한 인식의 문제를 어떻게 푸는지도 보아야 한다. 주체는 어떤 의미에서도 세계를 관통할 수 없거나 세계의 일부일 수 없기 때문에 세계와 분리되어 있을 수밖에 없는데, 이 주체가 세계에 대립하여 서 있는 한 인식의 문제는 풀릴 수 없다. 우리는 영원히 사물의 심연에서, 사물 그 자체에서 차단되어 있다. 우리는 우리에게 우연하게 남아 있는 어떤 사실들, 우리가 그 이유를 알 수 없는 거친 사실들만을 표명할 수 있다. 세계가 마음의, 이성의, 우리 이성의 타자가 아니라는 것을 통해서만 이러한 사실을 넘어설 수 있다. 이 세계는 그 이성에 의해 정립되기 때문에 타자가 아니다. 따라서 인식의 유한성과 한계 역시 다른 입장과의 결합에 의해서만, 즉 사물들의 지성적 계획인 선[좋음]을 실현하고자 하는 열망과 의지와의 결합에 의해서만 극복될 수 있다.

물론 유한한 정신의 차원에서 이 두 요소는 일치할 수 없다. 왜냐하면 우리는 부분적으로만 알며, 전체 계획의 일부에만 영향을 미치기 때문이다. 따라서 두 요소는 분리되어 있다. 우리는 우리가 영향을 미칠 수 있는 것보다 더 많은 것을 안다. 그리고 이것을 외적으로 안다. 그리고 우리는 우리가 진실로 이해하지 못하는 사물들에 작용을 가한다. 그리고 이러한 측면에서 우리는 우리가 하는 것의 실제 우주적 의미를 알지 못하고서 어둠 속에서 행한다. 그러나 우리가 무제약적인, 절대적인 주체로 일어날 때 우리는 두 요소가 반드시 합치되며 둘이 전체를 이루게 되는 것을 본다.

이것이 바로 이 장의 주된 드라마다. 따라서 이 장은 절대적 이념에서 정점에 이른다. 그러나 물론 많은 상세한 것도 있다. 이 장은 처음에 참된 것의 이념(『소논리학』에서는 '인식')에서 출발하며, 선의 이념(『소논리학』에서는 '의지함')으로 나아간다. 인지는 우선 의지함으로 진입하며, 그런 다음 의지함으로부터 다음 부분으로의 이행은 두 요소의 종합으로 나타난다.

여기서는 헤겔이 분석적 인식과 종합적 인식을 논의하기 위해 도약대로 사용하는 인지의 자세한 발전 과정을 다룰 수는 없다.[83] 그것은 순수하게 추상적인 필연성의 개념에서 정점에 이른다. 이것은 세계라는 내용의 외부에 있거나 순수하게 내적이다. 인지는 단순히 소여된, '주어진' 세계 앞에 있다. 필연성은 주관적이다.[84] 그리고 이것을 통해 의지함으로 이행

---

83) 『대논리학』에서 분석적 앎에 대한 논의에서 헤겔은 유명한 칸트의 주장, 즉 7+5=12와 같은 수학적 명제는 종합적이라는 주장에 대해 논의한다(WL, II, 446~449). 헤겔에게 이런 명제는 분석적이다. 그리고 분석적일 수밖에 없는데, 왜냐하면 그런 명제는 어떤 '개념적' 요소도 함유하지 않기 때문이다. 그 명제들은 모든 양과 마찬가지로 순수하게 추상적이다. 따라서 7+5와 12가 동일한 내용인지 아니면 다른 내용인지를 묻는 것은 결코 적절하지 않다. 헤겔은 수리철학에 대한 자신의 선입견으로부터 자신의 추론을 연역하는 것만은 아니다. 그의 논증은 흥미롭다.

우리가 7+5=12라고 말할 때 우리는 만약 당신이 7을 취하고, 1을 그것에 다섯 번 더할 경우 12라는 답이 나온다고 말한다. 따라서 7+5는 12를 함유하거나 할 수 없는 하나의 기술이 아니다. 그것은 그저 5를 7에 더하는 일련의 과제이다. 이 과제는 이 과제가 수행될 수 있게 하는 일련의 수용된 작동 방식, 여기서는 수와 관련이 있는 작동 방식을 전제한다. 이 과제를 잘 따라가면 12라는 결과를 얻는다. 여기에 칸트적인 의미의 종합은 없다. 왜냐하면 결과 12는 이 작동 방식을 단순히 계속 진행시킨 결과로 나온 것일 뿐이기 때문이다. 우리는 여기서 어떤 공리도 보지 못하며, 단지 과제만을 본다.

한다. 우리는 이를 통해 둘 사이의 종합이 어떻게 이뤄지는지를 보았다. 이렇듯 우리는 사변적 혹은 절대적 이념으로 올라간다.[85]

이것[세계의 본질―테일러]은 즉자대자적으로 존재하는 개념이다. 이렇듯 세계는 그 자체 이념이다. 세계의 궁극 목적이 스스로를 성취해 가듯이 우리가 그 목적이 성취되었음을 알 때 만족되지 않은 열망은 드디어 멈춘다. 그러나 존재하는 것과 존재해야 하는 것[존재와 당위]의 이런 일치는 무기력하지 않으며, 내적 과정이 없지 않다. 왜냐하면 선, 즉 세계의 궁극 목적은 이 목적이 자신을 끊임없이 산출하는 동안에만 존재하기 때문이다. 그리고 정신적 세계와 자연적 세계 사이에는 차이가 계속 남아 있는데, 즉 자연적 세계는 자기 자신에게로 귀환하는 데서 존립하는 데 반해 정신적 세계에서는 어쨌든 진보가 일어난다.[86]

우리는 "개념을 그 내적 근거와 실제 지속의 원리로 갖는 객관적 세계"를 갖는다. "이것이 바로 절대적 이념이다."[87]

절대적 이념

따라서 우리는 이제 인식과 삶의 종합으로 간주될 수 있는 절대적 이념에 도달하는데, 이것은 개념과 객체의 즉자대자적인 통일이다. "모든 다른 것은 오류이고 혼돈이며, 의견이고, 열망이며, 자의이고 지나가는 것이다. 절

---

84) *EL*, §232.
85) *EL*, §235.
86) *EL*, §234의 '추가'.
87) *WL*, II, 483.

대적 이념만이 존재이고 소멸하지 않는 삶이며, 자기 자신을 아는 진리이고 전체 진리이다."[88]

절대적 이념은 스스로를 분열하고 다시 자신과 통일하면서 귀환하는 자기 규정이다. 예술과 종교는 절대적 이념이 자기 자신을 파악하는 양태들이며, 절대적 이념에 적합한 실존을 부여한다. 그러나 철학이 최고의, 가장 순수한 방식이다. 왜냐하면 그것은 개념 그 자체의 방식이기 때문이다. 『논리학』은 이념을 순수하고 투명한 방식으로 붙잡는다.

> 따라서 논리학은 절대적 이념의 자기 운동을 표현[외면화]이라는, 하지만 표현과 동시에 다시 사라지고 마는 근원적인 **말**로서만 제시한다. 그러므로 이념은 **스스로를 파악할 수 있는** 이러한 자기 규정에서만 존재한다. 그리고 그것은 **순수한 사상** 속에서 존재하는데, 이 사상 속에서는 차이가 **타자**가 아니라 자기 자신에게 완전히 투명하게 존재하고, 그렇게 투명하게 남아 있다.[89]

『논리학』은 세계의 필연성의 순수한 내적 공식인 이념의 학이다. 이념은 스스로를 사유하고, 자신과 일치하는 세계를 산출한다. 만약 이것이 존재론적 진리라면 우리는 세계 안에 있는 다른 구체적 차원들에 대한 연구, 즉 자연의 구조, 정신의 구조, 정신 중에서도 정치와 역사에서의 정신의 구조, 마음의 구조 등에 대한 연구를 통해 이러한 사실에 도달할 수 있을 것이다. 이 모든 것은 이념의 근본적 형식을, 즉 이 모든 것이 이념에 의해 정

---

88) *WL*, II, 484.
89) *WL*, II, 485.

립된다는 것을 드러내야 한다. 그리고 이것들 각자는 『엔치클로페디』를 구성하고 있는 다른 학문들, 즉 자연철학과 정신철학에서 다뤄진다.

그러나 또한 그 구체적인 외적 체현을 통해서가 아니라 내적인 개념적 구조를 통해서 내적인 공식을 얻는 학이 있다. 따라서 이 학은 대상을 구체적 서술로 다루는 것이 아니라 범주적 개념들로만 다루며, 이 개념들이 서로 묶여 있다는 것을 보여 준다. 그런 학을 **논리학**이라 한다. 그리고 우리는 방금 이 학을 관통해 왔다. 그러나 그것은 다른 학이 구체성을 갖는 데 반해 추상적인 것이 아니다. 왜냐하면 논리학은 우리에게 자기 유지적 전체를 제시한다는 의미에서 구체적이기 때문이다. 논리학은 우리에게 이념이 외적 실재로 나아가며 다시 자기 자신에게 귀환하는 필연성을 제시한다. 그래서 논리학은 우리에게 추상적인 개념의 상을 제시하는 것이 아니라 개념을 완전히 구체적인 것으로 제시한다. 그러나 논리학은 순수한 사유 속에서, 범주적 개념 속에서 우주의 구조를 도출한다는 점에서 순수한 상이다. 그것은 헤겔이 말하듯이 이상적으로 투명하다. 왜냐하면 모든 다른 학이 어떤 개별적인 문제들에 대한 사유인 데 반해 논리학은 사유에 대한 사유이기 때문이다. 여타의 학은 우연적이며, 사유에 완전히 투명하지는 않다. 논리학은 순수 사유이다. 그것은 세계의 창조 이전의 신의 내적 삶이다. 이 표현은 헤겔이 『대논리학』「서론」에서 사용하는 유명한 이미지다.

헤겔은 두 『논리학』에서 '방법'을 상론하면서 마치는데, 그것은 자신이 따라갔던 전체 과정의 요약으로 간주될 수 있다. 이는 『대논리학』에서 상당한 양을 차지하며, 주석을 달 가치가 있다.

그 방법은 근본적 절차이다. 그러나 우리는 이러한 방법이 우리가 연구하는 것에 외적으로 선택되거나 적용되는 것이 아니라는 사실을 충분히 알고 있다. 그것은 범주적 개념들의 내적 운동이다. 그것은 개념 자체의 운동이다.[90] 논리학은 인식 주체와 반성되는 대상과 분리된 일종의 도구가 아니다.

우리는 직접적인 것에서 출발해야 한다. 그러나 그것은 감각이나 표상의 직접성이어서는 안 되고 사유의 직접성, 따라서 범주적 개념의 직접성이어야 한다.[91] 우리는 그 자체가 무언가에 의해 도출되어서는 안 되는 것을 필요로 한다. 왜냐하면 그렇지 않을 경우 우리는 출발하지 못할 것이기 때문이다. 그 명백한 후보는 '존재' 그 자체이다. 왜냐하면 다른 모든 것이 어떤 식으로든 적용될 수 있으려면 언제나 이 '존재' 개념을 전제해야 하는 것으로 보이기 때문이다. 즉 그 모든 것이 구체적으로 적용되려면 그것들이 적용되는 어떤 객체가 있어야 하기 때문이다.

따라서 '존재'는 일종의 절대적 시작이다. 그것은 어떤 다른 것에 의존하지 않는 것으로 보이기 때문이다. 반면 다른 모든 것은 존재에 의존한다. 물론 이것은 우리의 시작이 전제가 없다는 것을 의미하지는 않는다. 왜냐하면 사물들이 존재해야 한다는 것은 필연성의 문제인 것 같지 않기 때문이다. 존재는 우리가 원환을 끝내는 지점에서 다시 나타날 것이다. 그러나 그것은 어떤 것이 받아들여져야 할 경우 그것으로부터 출발해야 하는 그런 개념이다. 어떤 의미에서 우리는 존재를 그것 안에 모든 다른 범주를 총합하고 포괄하는 것이라고 말할 수 있다. 존재는 그것들의 보편자이다. 그러나 추상적인 의미에서만, 즉 모든 것의 차이를 추상한 상태에서만 이 존재는 그 모든 것에 공통적이다.

그것은 이런 추상적 의미에서 전체이다. 그리고 전체로서 그것은 그것

---

90) *WL*, II, 486.
91) *WL*, II, 488.

외부에 있는 어떤 다른 개념과도 연결되어 있지 않다. '원인'이 '결과'를 요구하고, '본질'이 '현상'을 요구하는 것과는 달리 그것은 어떤 다른 것을 요구하지 않는다. 헤겔은 '존재'는 추상적 자기 관계라는 말로 이것을 표현한다. 존재는 자기 관계인데, 왜냐하면 어떤 다른 것과 연결되어 있지 않기 때문이다. 하지만 존재는 추상적인데, 왜냐하면 내적 분화가 없는 추상적 보편자이기 때문이다.

그러나 존재는 자기 관계로서 이미 총체성을 함축하고 있다. 그리고 이미 존재는 절대적 의지가 존재하기 위해 자신을 드러내야 하는 체계 안에서 자기 관계하는 총체성이라는 실제 무한자의 맹아이다. 절대자 자체가 이미 거기에 있으며, 이어지는 과정은 절대자가 내적으로 더 풍부해지는 내적 발전이다. 그리고 그 과정을 통해 절대자는 명료하게 분화된 절대자, 즉 대자적 절대자가 된다.

그런데 우리가 본 것처럼 이 단순한 보편자는 분화·분열·판단으로 이행한다. 유한한 인식의 관점에서 볼 때 우리가 보편자에 부가해야 하는 특수한 내용은 실재에서 발견되거나 관찰된다. 그러나 우리는 그것이 보편자 자체에서 나오며, 보편자 그 자체는 자신의 타자로 이행한다는 것을 안다. 이것이 바로 보편자 안에서 일어나는 변증법적 운동이다. 우리는 존재가 현존재의 분화로 이행하고, 현존재는 자신의 타자로 이행한다는 것을 보았으며, 그것은 모순이고 영원히 생성과 변화 속에 있다는 것을 보았다.

그런데 이 변증법은 통상 이 변증법이 다루는 객체들이 무(nothing-ness)임을 보여 주기 위해서나(예를 들어 엘레아 학파), 아니면 이 변증법에 기여하는 사유가 무임을 보여 주기 위해(예를 들어 칸트) 취해졌다. 그러나 이 두 견해는 잘못됐다. 변증법의 결과는 부정적이지만은 않으며, 무로 끝나는 것도 아니다. 그래서 우리는 출발점으로 되돌아가야 한다. 모순은 규정된 모순이기 때문에 결과는 새로운 형식이다. 따라서 존재는 스스로 모순적이기에 다른 형식들을 지시해 주는 규정된 존재가 된다. 왜냐하면 그 형식들은 자신의 내적인 모순적 본성 때문에 그 존재를 따를 수밖에 없기 때문이다. 포기해 버리고 결국 무가 도출된다고 말해 버리는 것은 의미가 없다. 더 나아가 우리가 본 것처럼 무 자체는 안정적인 정거장이 아니다. 왜냐하면 존재는 피할 수 없기 때문이다. 무는 존재의 부정으로서만 이해될 수 있다.

따라서 모순에 대한 일반적 반응, 즉 결국에 무로 귀결한다는 추론에 대한 일반적 반응에 동의할 수는 없다. 그런 반응은 다음의 두 가지 이유에서 유지될 수 없다. 우리는 무의 부조리함에 이르지 않고서는 현실이 무라는 것에 이를 수 없다. 그리고 우리는 우리 사유의 단순한 실수로 결론 내릴 수 없는데, 그 이유는 우리가 이 모순이 존재 자체에 함의되어 있다는 것을 보았기 때문이다. 우리 사유는 분석적이지도 종합적이지도 않고, 그 양자이다.

모순적인 것은 실재한다. 혹은 우리의 출발점인 실제적인 것(존재)은 모순적인 것이다. 우리는 이러한 사실을 받아들여야 한다. 하지만 만약 모순적인 것이 실재하며 최초의 운동을 뒤집는다면, 그것은 어느 정도 자기 관계적인 것이어야 한다. 그것은 단순히 타자에 의존함으로써 확고한 토대에 이르지 못하고 무한 퇴행에 빠져서는 안 된다. 두번째 규정, 즉 차이 혹은 모순 혹은 분열 등은 첫번째 규정, 즉 통일 혹은 존재의 필연적 운동으로부터 생겨난다. 두번째 규정은 첫번째 규정의 타자이다. 그러나 그것은 첫번째 것을 자기 안에 포함한다. 왜냐하면 그것은 첫번째 것으로부터 생겨나기 때문이다. 만약 긍정적인 것 혹은 통일이 필연적으로 자기 안에 부정적인 것 혹은 분열을 필연적 운동 가운데서 포함하고 있다면 그 반대

역시 참이다. 분열은 통일되어야 한다.[92]

다른 말로 하면 실제 존재는 모순적인 것으로 밝혀진다. 그러나 이때 모순은 실제적이어야 한다. 헤겔은 이것을 전환 혹은 회귀점이라고 말한다.[93] 이 지점은 우리가 모순을 재난으로 보지 않을 때 도달한다. 그러나 어떤 실재가 있어야 한다고 봄으로써——그렇지 않다면 우리가 이 탐구에 어떻게 착수할 수 있을까?——우리는 모순이 그 실재의 종말 혹은 그것의 불가능성의 증명일 수 없고, 오히려 그것의 토대라고 추론할 수 있다. 그리고 모순은 필연적 생성이며, 변화 혹은 전개를 지배하는 내적인 개념적 필연성이기 때문에, 우리는 이 내적인 개념적 필연성을 모든 실재의 근저에 놓인 것으로 간주한다. 다른 말로 하면 위에서 본 것처럼 우리는 그 명제를 전복하며, 그렇게 함으로써 두번째 규정을 실체화한다. 모순은 이제 단순히 비실존을 함유하는 술어가 아니다. 그것은 그 자체로 실재, 주체, 작동하는 원리이다. 필연적 운동으로서 모순은 존재를 정립하거나 전개한다.

이렇듯 존재는 모순 안에 **있다**. 존재는 존재할 수밖에 없기 때문에 모순은 실재를 갖는다. 좀더 면밀히 검토해 보면 이것은 원환을 형성하는 것으로 드러난다. 모순은 존재를 해체하고 파괴하는 것이다. 그러나 만약 존재가 존재하고, 그럼에도 불구하고 모순이 이 존재에 본질적이라면 모순은 존재를 창조해야 한다. 이렇듯 모순, 필연적 운동은 존재를 전개한다.

따라서 우리는 첫번째 규정의 회복인 세번째 규정에 도달한다.[94] 부정적인 것은 부정되고, 긍정적인 것으로 복귀한다. 다시 한번 존재가 나타난

---

92) *WL*, II, 495~496.
93) *WL*, II, 496~497.
94) *WL*, II, 497.

다. 그것은 자기 관계적이고, 이런 의미에서 직접적이지만, 이제는 자기 안에 매개를 포함하면서 지양한다. 그것은 "직접적이지만 매개의 지양을 통해 나타나는 직접태이고, 차이의 지양을 통해 나타나는 단순자이며, 부정태의 지양을 통해 나타나는 긍정태이다".[95] 우리는 자기에게 되돌아온다.

그러나 이러한 회귀는 두 측면에서 볼 수 있다. 그것을 순수 존재가 매개의 극복을 통해 자기 자신에게 회귀하는 것으로 볼 수 있다. 즉 우리는 존재로부터 출발하여, 존재가 규정된 존재들로 쪼개어지고, 그런 다음 이 존재들이 모순에 의해 동력을 부여받은 필연적 운동과 결합함으로써 통일로 되돌아오는 것을 볼 수 있다. 그러나 이러한 과정에서 우리는 모든 것이 필연적으로 존재하며, 필연적 공식이나 이념을 따른다는 것을 발견하게 된다. 이렇듯 우리는 또한 이념으로부터도 출발할 수 있다. 우리는 이 이념이 객체로, 따라서 외면성과 무차별성으로 이행하는 것을 볼 수 있다. 그리고 이때 이 귀환을 주체성과의 통일의 회복으로 볼 수 있다. 물론 이 통일에서는 내적 연관이 분명하게 드러난다.

이 귀환을 다루는 이 두 가지 방식은 각각 발견의 과정과 실제적인 존재론적 질서에 상응한다.[96] 다른 말로 하면 명제의 전복에 의해 모순이 주체가 되는데, 이로써 우리는 사물들의 참된 질서로 나아간다. 이 모순을 적절하게 이해할 경우 이 모순이 내적 필연성이라는 것이 드러날 것이다. 왜냐하면 그것은 개념, 이념, 절대적 주체이기 때문이다.

이 모순 또는 부정성은

---

95) *WL*, II, 498.
96) *EL*, §242.

부정적 자기 관계의 단순한 요점, 모든 행위의, 살아 있고 정신적인 모든 자기 운동의 가장 내적인 원천이며, 참된 모든 것이 즉자적으로 가지고 있는, 그리고 이를 통해서만 참된 것이 되는 변증법의 영혼이다.[97]

그렇다면 세번째 규정은 체현된 주체성이다. 즉 그것은 "개별적·구체적 주체이다".[98]

자기에게로의 귀환 혹은 회귀의 이런 근본적 필연성은 전체 변증법의 동력이며 내적 공식이다. 그러나 논리학은 아직 한 단계를 더 가야 한다. 우리가 보았듯이 이런 필연성은 현존재의 무한성을 다루는 처음 부분에서 이미 발견되었다. 그러나 이때 우리가 실재는 자기 귀환적 원과 같이 존재해야 한다는 것을 알았다고 하더라도, 즉 실재는 존재와 하나인 운동의 내적 필연성으로 존재해야 한다는 것을 알았다 하더라도, 우리는 이 실재를 파악하는 적합한 방식을 얻지 못했다. 일층위의 존재 범주들로는 충분하지 않았다. 적합하게 통합되지 않은 반성의 범주들도 충분하지 않았다. 우리는 우리가 외적 실재를 다루고 있다는 것, 이것이 필연성에 의해 내적으로 연결되어 있다는 것을 알았지만, 이것들을 적절한 개념으로 묶어 내야 했다. 다른 말로 하면 우리는 적합한 존재론의 공식만을 가지고 있었다. 우리는 그것을 여전히 작동시켜야 했다.

이 변증법은 우리가 지금까지 논리학의 다양한 단계들, 『본질론』과 『개념론』을 거쳐 오며 살펴본 것이다. 주체, 즉 스스로 사유하는 합리적 필연성은 필연적으로 자신이 지배하는 외부 세계를 필연적으로 정립하고 이

---

97) *WL*, II, 496.
98) *WL*, II, 499.

세계 안에서 자기 자신을 인식하는데, 우리는 결국 바로 이 주체, 합리적 필연성만이 이 사실에 마주한다는 것을 알게 된다. 이것이 곧 이념이다. 그러나 그 사이 우리는 그것을 파악하는 다양한 모든 방식, 즉 근거와 근거 지어진 것, 현상과 법칙, 원인과 결과, 힘과 표현, 전체와 부분, 내적인 것과 외적인 것 등 이 모든 것이 스스로 부적합한 것으로 드러난다는 것을 발견하게 될 것이다. 이것들 모두는 자기 개념에 조응하지 못하고 결국 몰락한다.

그러나 이 단계들 각자는 어떤 의미에서 보자면 절대적이다. 각 단계는 전체 체계의 표현이다. 그것은 자기 자신에 대립해 있는 전체 체계를 파악하고자 하는 시도이다. 그리고 이념의 내적 응집력은 또한 외면성과 분열을 요청하기 때문에 이 불완전한 단계들 각자는 상대적인 진리를 갖는다. 각각의 단계는 "절대자의 이미지이며, 처음에는 제한된 양태로만 드러난다. 따라서 그것은 전체에로 추동해 간다".[99]

이렇듯 단계에서 단계로의 진전은 총체성에서 총체성으로의 진전이고, 이것을 뒤따르는 각각의 단계는 더 풍부하고, 더 구체적이며, 총체성의 본질의 실제 이미지에 더 가깝다. 그것은 우리의 개념을 더 풍부하게 하는 것이며, 여기서 외연의 확장은 고밀도의 응집을 의미한다.[100] 우리는 단순한 존재에서 출발했는데, 여기서 우리는 어떤 의미에서 총체성의 이미지를 가지고 있다. 왜냐하면 그것은 자기 관계적이기 때문이다. 존재는 현존재로의 분열의 고통을 겪지만, 무한성과 대자 존재에서 자기 자신에게로 복귀한다. 이것은 내적으로 더 풍부하다. 마침내 우리는 가장 풍부한 이념에 도달한다. 이런 내적 복합성에 도달하는 가운데 우리는 또한 내적 통일

---

99) *EL*, §237의 '추가'.
100) *WL*, II, 502.

의 보다 큰 내면성, 보다 큰 응집성에 도달했으며, 따라서 어떤 의미에서 풍부한 상호 침투와 보다 고차적인 단순성에 이르렀다. 마지막 순간에 우리는 주체성, 자기 의식에 도달하는데, 이것은 가장 복합적인 통일체이지만 동시에 가장 단순하다. 왜냐하면 그것은 완전히 투명하기 때문이다. 이 통일체에서 부분들의 분열, 상호 외타성 등은 완전히 극복된다. 우리는 가장 분명하게 명료화된 우리의 개념에 이르렀지만, 또한 가장 밀도 있는 통일체, 따라서 명석함과 단순함에 도달했다.

여기가 바로 우리가 이 거대한 단순성으로 인해 존재에로 다시 귀환한 지점이다. 단계들 각각은 거대한 필연적 귀환이라는 모델의 의미에서 귀환이기는 하지만, 이념과 더불어 비로소 그런 현실적 귀환에 이르게 된다. 여기서 적합한 귀환의 모델이 나타나며, 따라서 존재라는 이런 단순성이 실제로 도출된다[즉 『개념론』이 끝나고 다시 『존재론』으로 이행한다]. 이와 더불어 우리는 원환을 실제로 닫는다. 우리는 존재의 요청과 모순의 발견에서 흘러나오는 귀환의 필연성을 제시할 뿐 아니라, 자신의 실존을 정립해야 하는 필연성이라는 생각과 자신의 체현물을 정립해야 하는 주체라는 생각과 더불어 이러한 귀환에 이른다.

이념과 더불어, 즉 실재는 이중의 운동의 장소이며 이 운동 중 하나는 존재에서 출발한다는 이해와 더불어 비로소 존재는 존재 자신으로 귀환한다. 좀더 근본적인 다른 운동은 내적 필연성, 이념 그 자체로부터 출발한다. 따라서 존재는 사물들의 참된 출발점으로서의 지위를 박탈당하는 대가로 자기 자신에게 귀환한다.

존재는 규정된 사물들의 복잡한 다양성으로 분절한다. 존재가 자기 자신으로 귀환한다는 것은 이런 복합성에도 불구하고 혹은 이런 복합성을 통해 존재 범주의 단순성과 통일성을 회복한다는 것이다. 그러나 이것은 규정된 존재들의 다양성이 필연성에 의해 서로 묶여 있다는 사실을 봄으로써 도달된다. 통일성으로의 실제 회귀는 우리가 이런 필연성을 절대적인 것으로 볼 때 나타난다. 그러나 만약 필연성이 절대적이라면 실존하는 모든 것, 모든 존재는 하나의 목적을 위해 실존한다. 따라서 출발점은 실제로 이 목적 자체, 필연성의 내적 공식, 혹은 이념이다. 『논리학』 3권 전체는 이러한 역전이 본질적으로 절대적 필연성의 개념에 이미 내포해 있으며, 따라서 그것은 이념에서 정점에 이른다는 것을 보여 준다.

이렇듯 헤겔은 자신의 존재론을 확립했다. 일차적으로 중요한 것은 주체, 혹은 이성, 혹은 개념적 필연성이다. 이 술어들은 분리 불가능하게 연결되어 있다. 주체의 본질은 합리적 사유이며, 합리적 사유의 본질은 개념적 필연성이다. 혹은 반대로, 이성은 개념적 필연성을 요청한다. 그리고 이렇듯 지배적인 이성은 절대적 필연성을 요청한다. 그러나 만약 필연성이 절대적이라면 그것은 실재를 모두 자신에게 순응하는 것으로 만들어야 한다. 따라서 그것은 목적이다. 그리고 사유하는 (개념화된) 목적으로서 그것은 주체이다.

이 중요한 일차적 술어는 개념 혹은 이념이라고 불릴 수 있는데, 자기 자신으로부터 실제 세계를 산출한다. 그리고 그것은 이 일을 필연적으로 한다. 왜냐하면 주체성, 따라서 사유, 이성 혹은 개념적 필연성은 체현된 채로만 존립할 수 있기 때문이다. 이러한 체현은 필연적 구조를 가진다. 이 구조는 주체가 개념을 체현할 수 있으려면 가져야 하는 것이다. 그러므로 이성·주체·필연성이 있어야 할 경우, 이 세계가 실존한다는 사실과 이 세계의 현재 모습은 필연적이다. 외적인 것으로서의 이 체현은 개념을 부정하며, 따라서 이 체현물은 개념에 의해 정립된 것으로서만 실존하기 때문에 자기 자신을 부정한다. 이것이 체현물이 사멸하고 영원한 운동 속에 있는 이유이며, 이 운동은 이념으로 회귀한다.

따라서 『논리학』에서 드러나는 것은 사물들의 전체 구조(우연적인 것을 포함하여)가 필연적으로 출발점에서 흘러나온다는 헤겔의 상이며, 이성(혹은 정신 혹은 개념)이 있어야 한다는 것이다.

그러나 필연성의 원환을 닫기 위해, 그리고 이 존재론이 사물들에 대한 흥미롭고 아마도 설득력이 있을 해석(또 다른 논증인 설계 논증으로 전개될 수도 있다. 만약 ~라면 사물들은 있어야 하는 바대로 있어야 한다는 것이 그것이다)에만 그치는 것이 아님을 보이기 위해 헤겔은 이 출발점 자체를 증명해야 했고, 그것이 유한자의 검토로부터 불가피하게 생겨나야 한다는 것을 증명해야 했다. 그리고 이 증명은 이중적으로 필연적이었다. 다른 사람들을 확신시키기 위해서만이 아니라 자기 존재론의 전제 조건을 완성하기 위해서 필요했다. 정신이 인간을 통해 자기 자신에 대한 완전히 합리적인 인식으로 귀환한다는 것이 그것이다.

헤겔이 『논리학』에서 고투했던 것, 그가 스스로 이뤘다고 생각한 것은 바로 이 엄청난, 믿을 수 없는 과제이다. 왜냐하면 존재와 더불어 출발하는 가운데 가장 단순하고, 가장 공허하며, 가장 불가피한 전제는 (이러저러한) 어떤 실재가 있다는 것이었는데, 그는 모든 것이 이성 혹은 이념에 의존한다는 사실이 이로부터 불가피하게 따라 나온다는 것을 보여 주었다고 주장하기 때문이다. 따라서 원환은 닫힌다. 우리의 출발점인 존재는 필연적으로 존재해야 하는 것으로 드러났다는 점에서 삼켜져 버렸다. 이런 전도와 더불어 헤겔은 3장에서 말했던 매듭 없는 원을 완성했다.

물론 필연적 실존이라는 이 개념은 맹렬히 도전받을 것이며, 『논리학』 전체 논증과 동떨어져서 그것을 정당화하는 것은 불가능할 것이다. 그러나 이제는 아마도 3장에서 했던 것보다 좀더 분명해졌을 것이다. 필연적 실존은 우선 계획을 완수하기 위한 목적을 위해 실존하는 것을 의미한다. 사물들이 필연적으로 실존한다는 것은 그것들이 정립되었다는 사실과 더불어 시작한다는 것을 의미한다. 그러나 그러한 사실은 또한 계획 혹은 목적이 그 자체 필연적이라는 것을 전제하며, 그리고 헤겔에게 이것은 그 사실이 필연성의 사유에서 도출된다는 것, 이성·개념·주체 등과 연결되어 있다는 것을 의미한다. 이에 더해 우리는 제3의 조건을 덧붙여야 한다. 즉 계획 혹은 목적은 자신이 지배하는 세계와 분리된 채 존재하는 그런 주체의 계획이나 목적이 아니라는 것이 그것이다. 목적론은 내재적이다.

그런데 필연적 실존의 존재론은 필연성이 존재해야 한다는 것 외에는 어떤 것도 단순히 소여되어 있지 않은 존재론이다. 소여된 존재는 없다. 왜냐하면 존재하는 모든 것은 필연적 계획으로부터 도출되기 때문이다. 계획의 내용은 단순히 소여되어 있지 않다. 왜냐하면 그것은 필연성의 본성에서 도출되기 때문이다. 존재하는 모든 것은 필연성(혹은 정신 혹은 이성)을 위해 실존할 수도 있다. 그리고 모든 것의 토대에는 개념적 필연성 혹은 주체 혹은 이성이 있어야 한다는 요청이 놓여 있다. 따라서 이런 필연성은 사물들에 내재한다. 그것은 전체의 내적 목적이다.

실재의 실존은 필연적이다. 그뿐 아니라 우리가 사물들에 대한 외적인 이해로부터 이념의 상으로 상승해 가는 운동은 그 자체로 계획의 일부이다. 합리적 필연성으로부터 생겨나는 세계는 합리적으로 알려져야 한다. 인식하는 주체들은 유한하기 때문에 이 주체들은 우연성을 바라보는 유한한 관점으로부터 필연성의 상으로 인식상의 상승을 이뤄 내지 않으면 안 된다. 이러한 상승이 완전히 합리적이기 위해 그것은 철저히 필연적 추론들에 의해 이뤄져야 한다. 만약 그렇지 않다면 유한한 정신들은 결코 (사물들 내의 필연적인 것인) 합리적 실재의 (필연적 논증을 통한) 합리적 확신에 이를 수 없을 것이다. 그러나 유한한 정신이 그렇게 하는 것은 이념의 실현에 필수적으로 작용한다. 따라서 상승하는 운동의 합리적 추론들은 이념이 우리를 위해 전개하는 필연적 실존의 일부이다.

그리고 이것은 이념이 최종 범주로서 이전의 모든 범주를 자신 안에 포괄하는 또 다른 이유이다. 왜냐하면 이전의 범주들은 이념으로부터 필연적으로 생겨나는 존재의 수준들에 상응하기 때문만이 아니라, 또한 이념이 자기 자신에게 돌아오는 도정에서 유한한 의식들에 의해 수행되는 불완전한 통찰의 단계들이기 때문이다. 이런 불완전한 방식으로 바라볼 때 나타나는 오류는 따라서 절대적 오류가 아니다. 그 오류는 그런 방식이 일면적이라는 것을 보지 못하는 오류, 다른 말로 하면 자신들이 관계하는 것이 완전한 필연성에 의해 산출된 전체의 일부분임을 알아차리지 못하는 오류이다.

따라서 논리학은 유한한 의식으로부터 이념에서 생겨난 사물들이라는 상을 얻어 가는 상승하는 운동을 의미한다. 우리가 『정신현상학』에서 말했듯이 『논리학』은 헤겔에게서 이러한 운동을 가장 진지하게 다루는 유일한 후보이다. 그것에 성공을 거두었는가?

이 질문에 대한 답에서 결정적인 요인은 [『존재론』 1부의] 2장 '현존재'에서 나오는 유한자의 모순적 본성에 대해 헤겔이 증명한 것임이 명백히 드러난다. 왜냐하면 헤겔이 필연성을 실재에 귀속시킬 때 기초로 하는 것은 바로 이 모순이기 때문이다. 헤겔에게 무한성의 범주를 필연성에 의해 전개되는 자기 유지적 전체로 추론할 수 있게 한 것도 바로 이 모순이다. 그리고 바로 이 점에서 결정적 발걸음이 나타난다. 왜냐하면 이 작품의 나머지 전체는 당연하게도 필연적 총체성이라는 이 개념에 함축된 것을 전개하는 것이기 때문이다. 바로 이러한 생각 속에서 필연성은 사물들 안에 있게 된다.

이러한 사실로 인해 우리는 외부 현상의 배후에 놓여 있는 토대를 보여 주는 [『본질론』에서의] 본질의 다양한 관점들이 유지될 수 없음을 볼 수 있다. 왜냐하면 그 관점들은 내적 필연성을 사물들로부터 분리시키기 때문이다. 우리는 이로부터 필연성은 외적으로 표현되어야 한다는 것을 이끌어 낸다. 그리고 그 이후 그것이 절대적이어야 한다는 것도 이끌어 낸다. 그리고 절대적 필연성으로부터 우리는 총체성이 목적의 완성을 위해 현존한다는 것, 그것은 스스로를 아는 주체라는 것, 따라서 그것은 절대적 이념에 근거해 있다는 것을 도출한다. 다른 말로 하면 『논리학』의 상당히 앞부분에, 즉 무한성의 범주에서 이미 우리는 필연적 연관성이 세계에 관한 범주적으로 적합한 사유의 표준적 특성이 된다는 것을 확립했다. 그렇다면 필연적 연관성이라는 것은 이 작품의 나머지를 관통하고 있는 변증법을 위한 동력, 보다 높은 범주들을 만들어 내고 마침내 그 범주들이 모두 절대적 이념에 의존한다는 것을 드러내는 변증법을 위한 동력을 제공한다.

이러한 사실은 실제로 헤겔의 변증법이 9장(과 4장)에서 기술한 공식에 따라 작동하는 것이 아님을 의미한다. 그 공식에 따르면 각각의 규정은 스스로 모순적인 것으로 밝혀지고, 각각은 모순을 해결하고자 노력하는 가운데 새로운 모순을 산출하며, 그것은 다시 다른 모순을 산출한다. 처음 개시하는 부분들은 실제로 이러한 공식을 따른다. 『논리학』에서는 존재와 무의 변증법, 현존재의 변증법이, 『정신현상학』에서는 의식의 변증법이 이런 공식을 따른다. 따라서 존재는 자신의 대립자인 무로 바뀌고, 무는 다시 필연적으로 현존재로 변하는 모순을 겪는다. 존재하기 위해 존재는 규정되어야 한다. 그러나 이때 우리는 새로운 모순에 마주한다. 이 모순은 그것과는 대립되는 방향에서 우리에게 말을 한다. 즉 규정된 존재는 자기 자신의 부정을 함유하며, 따라서 필연적으로 몰락한다. 우리는 이 두 대립된 요청──즉 존재는 규정되어야 한다는 것, 하지만 존재의 규정성은 존재를 몰락으로 이끈다는 이 두 요청──의 힘 아래서 필멸하고 의존적인 유한한 존재들이 불멸하고 자기 유지적인 체계를 형성하는 것을 보게 된다. 그러나 무한성의 범주와 더불어 우리는 (모순을 포함하고는 있지만) 모순을 겪지 않는 한 규정에 도달한다. 그것은 궁극적인 화해의 종합에 이르기 위해 그 함의들이 완전하게 드러나야 하는 하나의 공식이다.[101]

이러한 점에서 해야 할 많은 것이 여전히 남아 있다. 낱낱이 거론되어야 할 많은 것이 아직 함축적으로 남아 있으며, 수많은 범주적 규정들이 아직도 더 고려되어야 한다. 그러나 이제부터 절차는 일단 생겨난 새로운 규정들을 그다음의 규정으로 밀고 가는 **새로운** 모순을 드러내는 것이 아니다. 헤겔은 그렇게 생각한 것 같다. 오히려 보다 높은 범주들은 무한성과 그 후속 규정들의 한계 근처로, 즉 필연적 변화의 자기 유지적 사슬이라는 개념 근처로 이끌려 오며, 결국 부적합한 것으로 드러난다. 이 과정에서 자기 유지적 필연성의 상은 무한성으로부터 절대적 이념으로 나아가는 가운데

---

101) 유사하게 『정신현상학』 1장에서 헤겔은 개별자에 대한 순수한 인식은 없고, 우리는 언제나 보편자들을 통해 개별자를 지시한다는 것을 보여 주었다. 그런데 지각의 변증법에서 헤겔은 보편자는 개별자들의 세계와 상관없이 지시될 수 없음을 보여 준다. 이 두 요청을 결합하는 어려움, 즉 개별적 사물과 그 성질들을 결합하는 어려움은 우리를 '힘'으로 이끌어 가며, 결국에는 동일자의 자기 반발로, 그리고 결국 자기 의식으로 이끌어 간다. 『정신현상학』의 나머지 부분은 크게 보면 해석적 변증법으로 간주되는데, 이 최초의 이행들에 의지하여 움직인다.

두 작품을 비교해 보면 『정신현상학』의 첫 논증에 나타나는 약점이 헤겔에 따르면 『논리학』에서 무한성으로의 이행을 통해 어느 정도 해소되었음을 볼 수 있다. 『정신현상학』의 논증의 약점에 대해서는 이 책 4장의 말미에 언급되어 있는데, 반드시 설명해야 할 내용을 그냥 전제하고 있다는 것, 즉 '선결문제 요구의 오류'라는 것이었다.

더 풍부해진다.

때때로 새로운 모순처럼 보이는 것, 따라서 논증의 독립적 토대처럼 보이는 것도 무한성을 중심에 두는 이념에서 출발하는 이 주된 논증에서 보면 의존적인 것으로 나타난다. 이 논증의 방식은 이전의 서술 방식, 즉 필연적 총체성의 개념에서 드러나는 서술 방식과 구별된다. 예컨대 어떤 것을 충분한 이유를 가지고 근거 짓는 것과 필연성은 전혀 없이 단순히 외적인 방식으로 근거 짓는 것 사이에는 갈등이 있으며, 일반적인 판단과 사유의 표준적 특성이라 할 수 있는 자족적 필연성에 의한 판단 사이에는 '통약 불가능함'이 있다. 헤겔은 그것들이 서로 의존하고 있다고 생각하지 않은 것 같다. 그 규정들의 상호 의존성은 판단에서 추론으로의 이행을 다루는 주체성에 대한 부분에서 명료하게 드러나는 것 같다. 그러나 또한 척도에서 본질로, 원인에서 상호작용으로, 가능성과 실재성에서 필연성으로 진행되는 많은 이행들 역시 헤겔은 필연적 총체성이라는 이 주된 결론에 반쯤은 독립해 있는 것으로 이해했다. 즉 그 모든 것은 필연적 총체성에 의지함이 없이 그 총체성으로 들어갔다. 그러나 이 독립성은 유지되기 매우 어려울 것이다. 사실 이 논증들 대부분은 존재론적 필연성이라는 근저의 전제가 없으면 불명예스럽게도 붕괴하고 말 것이다.

이 해석이 옳다면 헤겔 체계의 전체 조직을 위한 결정적 지원은 현존재 논증에서 나오는 유한자의 모순에 의존한다. 나와 같이 이 논증이 성공을 거두지 못했다고 생각하는 사람들에게 자신의 존재론에 대한 헤겔의 증명은 유한자의 사실들, 존재의 단계들, 삶과 의식적 존재들의 실존, 인간의 역사 등에 대한 다소간 일리 있는 해석의 힘을 단지 이 세계에서 전개되는 절대적 주체의 삶의 '암시이자 흔적'으로서만 가질 수 있다.[102]

그러나 이것이 낭만주의적 견해에는 만족스러울 수 있지만 헤겔에게

는 참으로 불만족스러웠다. 정신은 인간 안에서 완전한 합리적 자기 인식

---

102) 헤겔은 『논리학』 전체를 통해 다음과 같은 어려움에 직면한다. 즉 자신이 확립했다고 생각하는 근본적인 존재론적 구조는 '고차적' 존재의 차원, 예컨대 생명체나 의식적 주체들에서 좀더 쉽게 볼 수 있지만, 그의 기획은 그가 이 존재론을 처음에 가장 낮은 수준에서, 즉 단순한 규정적 존재에서 이미 확립하기를 요구한다는 것이 그러한 어려움이다. 그래서 그가 자신의 주장을 일리 있게 하기 위해 도입한 예들은 어떤 의미에서 보면 그가 실제로 그 예를 도입하는 순간 부적절한 것이 되고 만다.
따라서 헤겔은 때때로 보다 높은 영역으로부터 끄집어낸 예를 가지고서 하나의 범주를 제시하기도 한다. 그는 대자적 존재를 논의하는 가운데 '나'[자아]를 언급한다. 그는 양극적 대립을 말하면서 자기와 전기의 예를 인용할 뿐 아니라 덕과 악, 진리와 오류, 자연과 정신의 예를 끌어들인다.
헤겔은 다음과 같은 딜레마에 빠져 있다. 한편으로 그는 단순한 물질적 실재라는 낮은 단계의 형식들이 근본적인 존재론적 실재의 불완전한 표현, 정신에서야 가장 명료하게 드러날 그런 불완전한 표현이라고 주장한다. 따라서 태양을 중심으로 하는 태양계의 회전은 주체를 중심으로 하는 회전의 반영이지만, 태양계의 회전은 자기를 의식하는 가운데 그렇게 하는 것이 아니라 외적인 공간에서 그렇게 회전한다는 점에서 불완전한 회전이다. 유사하게 불과 물의 투쟁은 정신적 영역에서 가장 잘 드러나는 대립자들의 투쟁의 수준에서 보면 불완전한 형태의 투쟁으로 드러난다.
그러나 다른 한편 자연과학이라는 일종의 해석학에서 진리의 암시만을 얻는 것으로는 충분하지 않다. 자연과학에서 우리는 자연적 사물들에서 이 사물들이 이념과 맺는 존재론적 관계를 드러내는 '기호들'을 끄집어낸다. 이 존재론은 오히려 **증명**되어야 한다. 그리고 이 증명은 가장 낮은 단계의 범주들에서 이뤄져야 한다. 왜냐하면 그 범주들은 모든 것에 적용되기 때문이다. 즉 동물만이 아니라 인간과 사회에도 적용되기 때문이다. 그렇지 않을 경우 우리는 헤겔이 참으로 보편적이고 우주적으로 적용하기 위해 주체들의 삶으로부터 이끌어 낸 범주들을 제시하지 못할 것이다.
따라서 예를 들어 불과 물 같은 물질적 대립에서 우리는 근본적인 존재론적 구조가 투명하게 드러나지 않는 불완전하고 불명확한 표현을 보게 된다. 그리고 이런 불투명성으로 인해 낮은 단계에서, 즉 물질적 사물에서 이 구조를 증명하는 것은 불가능하지는 않지만 어려워진다. 그러나 만약 우리가 자연이 정신의 유출임을 입증해야 하고, 따라서 우리가 덕과 악, 몸과 영혼, 출생과 사망 등을 설명할 때 헤겔이 수행하듯 이런 구조에 의해 **정당화**해야 한다면, 그것은 여기서 증명되어야 한다. 헤겔의 존재론을 정신적 존재들과 맺는 관계에서 **설명**하기는 쉽다. 그러나 그것은 우선 단순한 규정된 존재들에서 출발하는 상승하는 변증법에서 **증명**되어야 하는데, 헤겔 자신의 이론에서는 그 단계에서 이러한 사실이 불완전하고 불명료하게 표현되어 있다.
이것은 헤겔의 작업의 딜레마를 말해 준다. 그는 이 딜레마를 유한한 존재에 모순이 있다는 것을 증명함으로써 피하고자 한다. 만약 이 증명이 확실하지 않다면, 그의 논증에는 간극이 있다. 이 간극을 그는 이후의, 존재론적 결론을 미리 차용함으로써만 메울 수 있다. 그러나

에 이르러야 한다. 그리고 이것은 인간이 절대자에 대한 합리적 확신에 이르러야 한다는 것을 의미한다. 만약 엄격한 논증에 기초한 이러한 유의 확신이 가능한 것이 아니라 단지 해석적 비전에 불과하다면 헤겔의 종합은 깨지고 만다.

신 역시 자신의 본성에 대한 완전한 자기 인식에 이르지 않고, 오직 심오한, 하지만 완전히 명료하지는 않은 직관에만 이르게 되며, 우리는 낭만주의적 범신론으로 미끄러져 들어간다. 혹은 신은 합리적인 자기 명료함에 이르기는 하지만, 인간을 초월해 있고, 따라서 세계를 초월해 있다(왜냐하면 인간은 세계에서만 자기 의식이기 때문이다). 그리고 우리는 정통 유신론으로 미끄러져 들어간다. 앞의 경우에 우리는 합리성의 원리를 희생하며, 두번째 경우에는 체현의 원리를 희생한다. 이 두 원리는 더 이상 서로 함께할 수 없다.

그러나 당황스런 이런 결론을 이끌어 낸 사람들조차 헤겔의 『논리학』에서 광대하게 이어지는 촘촘한 논증을 발견하게 될 것이다. 이 논증이 비록 약속된 결론에 이르지는 못했다고 하더라도 유럽 철학의 전통에 나타난 거의 모든 사상을 다루며, 탐구하여 흔들어 놓았다. 불가능해 보이는 결론에 도달하고자 헤겔이 논증의 원료와 싸워 나간 그 엄청난 사유의 에너지는 아직도 여전히 탐구할 가치가 있는 예측 불가능하고 풍부한 추론의 노선들을 발생시켰다.

이 대출은 파산한 은행에서 나온 것이다. 왜냐하면 이 결론들은 유한한 존재 안에 모순이 있다는 가설에 근거해 있기 때문이다.

13장

자연 안의 이념

우리는 논리학의 이념에서 세계의 순수 내적 사유를 보았다. 그러나 여기서 드러난 진리는 이 이념이 내적 필연성에서만이 아니라 실재 속에서 세계로 이행한다는 것이었다. 따라서 『논리학』은 자연이라는 사실을 이끌어냄으로써 끝난다. 다른 말로 하면 모든 것은 내적 필연성에서 유출되며, 그러므로 존재는 총체성으로서 자기 관계적임이, 그리하여 무매개적임이 드러났다. 그러나 헤겔이 말하듯이 이것은 어떤 이행이나 생성도 아니다. 그것은 덜 완벽한 형식에서 더 완벽한 형식으로의 움직임과 같지 않다. 이러한 이행들은 총체성 내의 수준들 사이에서의 이행이었다. 여기서는 존재해야 하는 것으로 드러난 총체성 그 자체만이 문제가 된다.

요점은 실제적인 자기 유지적 필연성은 독립적 실재로 내재해야 한다는 것이다. 그것은 자유로운 필연성이어야 하며, 실재 자체로부터 자기 자신의 것으로 유출해야 한다. 그리고 이것은 자기 자신의 필연성을 갖는 자유로운 자기 유지적 존재가 있어야 한다는 것을 의미한다. 따라서 헤겔은 이념의 자유는 "이념은 자기 자신을 자유롭게 떠난다"는 사실을 포함한다고 말한다.[1] 즉 이념은 이념에 의해 외적으로 통제되는 것이 아니라 그 자체로 이런 필연성을 가지는 그런 실재 속에서 발생해야 하고, 또 바로 그런 실재여야 **한다**는 것이다. 그러나 존재하는 것은 규정되어야 한다[존재는 규정된 존재이다]. 규정성은 사물들이 서로에게 서로 외적인 것으로 있다는 것을 함의한다. 그리고 이것은 사물들이 공간과 시간 속에 실존한다는 것을 의미한다.

따라서 공간과 시간 속에서의 이 실존적 총체성은 자기 안에 필연성을 가지는 것이어야 한다. 자유, 즉 실재의 자기 필연성은, 실재가 반드시 공간과 시간 속에서의 실존을 요구하기 때문에, 자신의 필연성을 분비하는 시공간 안의 총체성을 함축한다. 이 필연성은 주관적 개념의 형식 혹은 인지의 형식으로 있을 때 그러하듯 결코 자기 자신에게 외적인 것이 아니다. 따라서 이념을 내적 필연성의 풍부함으로 습득하는 것은 이 필연성이 완전히 외적이라는 것을 전제한다. 완전히 내적인 것은 완전히 외적이다. 우리가 본 것처럼 좋은 의미에서도 나쁜 의미에서도 둘은 일치한다.

따라서 여기에는 이행은 없고 동등한 것만 있다. 우리가 본 것처럼 이념은 자기 자신을 자유롭게 떠난다. "이 자유 때문에 자신의 규정성의 형식은 단적으로 자유롭다.──주체성 없이 절대적으로 독자적으로 존재하는 시간과 공간의 외면성."[2]

여기에서 기저에 깔린 이미지는 내적 필연성 없이 세계 앞에 서 있는 주체가 세계를 자기 자신으로 생각함으로써만 필연적 질서를 유지할 수 있다는 것이다. 주체는 항상 세계를 관찰해야 하고, 세계를 단순히 우연적인 것으로 떨어뜨리지 않기 위해 자기 사유의 지도하에 세계를 유지해야

---

1) *WL*, II, 505.
2) *WL*, II, 505.

한다. 그러나 만약 우리가 실제로 자유로운 필연성을 다루고자 할 경우에 세계는 자유롭게 남아 있을 수 있으며, 이 질서 자체를 드러낼 것이다. 따라서 이념의 자유는 이념이 "자신의 개별성의 계기, 최초의 규정과 타자 존재의 계기, 무매개적 이념을 자신의 반영으로 풀어 해방시키며, **자연**으로서의 자신을 자기 자신으로부터 자유롭게 나아가게 한다"는 것을 함축한다.[3]

따라서 자연은 이념으로부터 생겨난다. 이것은 자연철학의 출발점이며, 정신철학을 구성하는 의존적·해석적 변증법의 전체 구도이다. 불행하게도 이 모든 것을 여기서 다룰 수는 없다. 헤겔이 1817년에 출판하고 그의 죽음 이전에 세 번을 교정했던 『엔치클로페디』에서 그는 자신의 전체 체계를 압축적 형식으로 제시해 주었다. 논리학은 자연철학 이전에 나오며, 자연철학은 정신철학 이전에 나온다. 정신철학은 어떤 의미에서 보면 이념과 자연을 매개함으로써 삼각 운동을 완성한다.

정신철학은 세 부분으로 나뉜다. 첫번째는 주관 정신의 부분으로, 심리학이라 불리는 것과 사유하는 (개인) 존재로서의 인간의 능력을 다룬다. 두번째 부분은 객관 정신으로서 인간 사회에 체현된 정신을 다룬다. 헤겔의 역사철학과 정치철학이 여기에 속한다. 세번째 부분은 절대 정신으로서 절대자의 자기 인식을 다룬다. 이는 예술과 종교, 그리고 철학이라는 세 가지 위대한 매체를 통해 표현된다.

객관 정신의 영역과 절대 정신의 영역은 당연히 헤겔 만년의 다른 작품들의 대상이었다. 그가 스스로 출판한 『법철학』, 그리고 그가 죽은 직후에 출판된 『역사철학 강의』, 『미학 강의』, 『종교철학』, 『철학사』 등이 그것이다. 이 작품들은 헤겔의 가장 풍부한 해석적 변증법의 영역이었다. 그는

---

3) *EL*, §244.

이 변증법에 대해 아주 심오하게 사유했으며, 여기에서 그의 원본성이 가장 전면에 부각되었다. 우리는 4~5부에서 이를 다룰 것이다.

헤겔의 자연철학은 다소간 이차적인 중요성을 갖는 작업이다. 그는 셸링과 낭만주의자들의 이전 사변들에 기초해서 작업했다. 우리는 1장에서 시적 물리학의 이념이 어떻게 낭만주의자들에게 큰 흥미를 불러일으켰는지를 보았다. 시적 자연학은 자연 안의 신을 추적하고자 했다. 그리고 그것은 그들이 괴테와 공유했던 관심사였다. 헤겔은 1790년대 자신의 기이한 도정을 마치고서야 이 관심사에 늦게 합류했다.[4] 그는 종교사와 인간의 운명에 더 관심이 있었던 듯하다. 셸링은 그 시대가 열망한 정신화된 자연학이라는 이런 유행을 구체화한 철학자였다.

자연철학에서 헤겔의 첫번째 발걸음은 셸링의 영향하에서 이뤄졌지만, 그의 체계는 그만의 자연철학을 요구했다. 그러나 그 자신의 체계는 자연철학을 전제했다. 왜냐하면 모든 존재는 이념에서 생겨나며, 그는 실재를 모든 차원에서 검토함으로써 이러한 사실을 보여 주어야 하기 때문이다. 따라서 헤겔의 최종적인 자연철학은 셸링의 자연철학의 전위(轉位)다. 이러한 전위를 통해 이념의 구조들은, 헤겔이 생각하듯이, 자연 세계에 체현된 것으로 드러난다.[5]

---

4) 1790년대 헤겔이 이 영역에 보인 관심의 유일한 표시는 「독일 관념론의 최초의 체계 계획」 (Das älteste Systemprogramm des deutschen Idealismus)이라는 미출판 수고였다. 여기서 그는 "실험에 골몰하며 천천히 걸어가는 우리의 물리학에 다시 한번 날개를 달아 주고 싶다" 고 말한다(Werke, Frankfurt/M: Suhrkamp, 1971, Band 1, S. 234). 이 텍스트는 오랫동안 셸링의 것으로 여겨졌었다.
5) 당연히 헤겔은 자신의 자연철학을 낭만주의자들의 자연철학과 날카롭게 구별하고자 한다. 왜냐하면 그는 낭만주의자들의 자연철학이 상당히 자의적이고 근거가 없으며 직관에 의존한다고 생각했고, 또한 "비유에 근거한 표상과 환상의 절차일 뿐"(EN, §246의 '노트')이라고 생각했기 때문이다.

그러므로 자연철학은 진실로 우리가 해석적 변증법이라 부른 것이다. 헤겔은 아마도 이 술어를 좋아하지 않았을 것이다. 왜냐하면 이 말은 궁극적 확신은 결코 획득될 수 없다는 것을 함의하기 때문이다. 그러나 어떤 경우에도 이 변증법이 의존적인 것임은 분명하다. 그것은 부인할 수 없는 출발점에서 출발하여 엄격한 논증에 의해 움직이는 것이 아니기 때문이다. 오히려 자연철학은 논리학에서 증명된 것과 자연과학에 의해 드러난 것을 전제하며, 하나[자연과학]가 다른 것[논리학]을 어떻게 반영하는지를 보여 준다. 그것은 증명이기보다는 자연과 이념의 일치를 해명하는 것이다.

따라서 자연철학은 자연과학 이후에 오며, 자연과학과 일치해야 한다. 헤겔은 다음과 같이 말한다.

> 철학은 자연 경험과 일치해야 할 뿐만 아니라, 철학적 과학이 생성되고 성장하기 위해서는 경험적 자연학이 전제되고 조건으로 성숙해 있어야 한다.[6]

그러나 동시에 자연철학은 자연의 내적 필연성을 붙잡아야 한다. 자연철학은 자연을 "개념의 자기 규정에 따른 자기 자신의 내적 필연성"에서 본다.[7]

필연성은 개념에 속한다. 우리는 그 흔적을 자연 속에서 보여 주어야 하며, 이것은 자연과학의 경험적 결과들을 전제한다. 그러나 필연성은 경험에 호소하지 않는다. 왜냐하면 필연성의 구조는 개념에서 오기 때문이

---

6) *EN*, §246의 '주해'.
7) *EN*, §246.

다. 우리는 개념의 단계들을 연역하며, 이 단계들을 경험적 자연 안에서 인식한다. 헤겔은 다음을 우리에게 상기시킨다.

> 철학적 인식의 도정에서는 인식의 대상이 개념에 따른 자신의 규정으로 드러나야 할 뿐 아니라, 이 규정에 상응하는 경험적 현상도 특화되어야 하며, 그 현상이 사실은 이 개념적 규정에 상응한다는 사실도 드러나야 한다. 그러나 이것은 내용의 필연성과 관련해 경험에 호소하지 않는다.[8]

나중에 헤겔은 자연철학은 자연학이 자연철학을 위해 경험으로부터 준비한 재료를 취한다고 말한다. 자연학은 그 재료를 가져다 "재구성"하는데,[9] 그 지점에서 자연철학은 자연학이 마련한 재료를 취한다는 것이다. 자연철학은 자연학의 발견물에 자신의 필연성의 형식을 부여하는데, 이 형식은 "원래 필연적 전체로서, 개념으로부터 진행하는" 것으로 여겨진다.[10]

현재하는 자연학의 발견물들과 자연철학은 다툼이 있는데, 자연학의 발견물에는 이 필연성이 결여되어 있다는 것이다. 보편적인 것들은 단지 형식적이고 추상적일 뿐이다. 즉 이 보편자는 자신의 개별적 체현물과의 내적 연관이 없다. 그것은 보편자가 우연적임을 의미한다. 왜냐하면 보편자들은 자신과의 내적 연관이 없는 이런 체현물을 검토함으로써 발견되기 때문이다. 그리고 이렇듯 규정된 내용은 보편자 외부에 "쪼개지고 벗어나 있는 채, 특수화되고 분리된 채 존재하며, 자기 내부에서 어떤 필연적 연관

---

8) *EN*, §246의 '주해'.
9) *EN*, §246의 '추가'.
10) *EN*, §246의 '추가'.

도 결여하고 있고, 그런 한에서 단지 유한할 뿐이다".[11]

우리가 할 일은 이 분리를 다시 통일시키는 것이다. 그러나 여기서 우리는 수많은 저항에 부딪친다. 어떤 사람들은 보편자, 사유, 주체는 영원히 개별적 실존, 실재, 객체와 떨어져 있다고 믿는다. 우리는 그 장막을 관통해 갈 수 없다는 것이다. 그러나 사실 이 절대적 분열은 우리의 실제 활동에서 매일 부정된다. 동물들조차도 우리에게 대립해 있는 것이 아무것도 아니라는 이러한 직관을 가지고 있다. "사물들은 우리에 대항하여 절대적으로 고정되어 있기 때문에" 우리는 사물들에 대해 알 수 없다고 주장하는 형이상학자들에 대항하여 "우리는 동물들조차도 이런 형이상학자들만큼 그렇게 바보는 아니"라고 말할 수 있을 것이다. "왜냐하면 동물들은 사물들에게로 나아가 보고, 붙잡고, 먹어 버리기 때문이다."[12]

그리고 사실 사물들의 근저에 놓여 있는 것은 이념이다. 그것은 플라톤적인 의미에서 이데아이고, 사유이며, 보편자이다. 왜냐하면 이 보편자는 실존으로 이행해야 하고, 신은 세계를 창조해야 하기 때문이다.

어떤 사람들이 생각하는 것은 바로 이런 점이다. 이들은 자연학의 추상적인 보편자들의 세계를 만족스럽지 않은 것으로 본다. 그러나 이들은 이성에 실망하며, 단순한 직관을 통해 사물들의 통일을 재구성해야 한다고 말한다. 헤겔은 여기서 낭만주의자를 염두에 두고 있다. 그에 따르면 이들은 보편자에 대한 예감을 갖고 있기는 하지만 직관에의 호소는 "막다른 길"(Abweg)일 뿐이다.[13] 왜냐하면 우리는 사유를 통해 사유를 파악해야

---

11) *EN*, §246의 '추가'.
12) *EN*, §246의 '추가'.
13) *EN*, §246의 '추가'.

하기 때문이다. 따라서 이러한 유의 도피는 원시주의 현상과 연관이 있다.

자연철학의 소명은 정신의 목적을 실현하는 것인데, 정신은 자연 속에서 자기 자신을 인식하고, 거기서 자신의 '상대자'를 발견하려는 목적을 갖는다. 정신은 이브 앞에서 아담이 지녔던 확신을 가진다. "이는 나의 살 중의 살이요, 나의 뼈 중의 뼈다."[14]

나중에 헤겔은 우리가 자연을 개념으로부터 정의하는 것이 "자연에 대한 우리의 일상적 사유에 상응하는지"를 보기 위해 우리는 이들을 비교해 봐야 한다고 다시 말한다.[15] 왜냐하면 이 양자는 통상 일치해야 하기 때문이다.

자연은 타자 존재의 형식으로 있는 이념이다. 그것은 이념에 외적일 뿐 아니라 외재성 그 자체이다.[16] 신은 타자로 나가야 하고, 타자가 되어야 한다. 이것은 이념으로서 로고스이며, 신의 영원한 아들이다. 신은 또한 유한한 정신으로 나간다. 이 정신 역시 '타자 존재'로서의 정신이다. 그러나 자연은 이념이며, 신의 아들이다.

그것은 타자 존재 속에 거하는 것으로서, 이 타자 존재 속에서 신적인 이념은 잠시 동안 사랑의 외부에 머문다. 자연은 밖에 내던져져 있는 자기소외된 정신이며, 스스로를 억제하거나 통제하지 않는 디오니소스적 신이다. 자연 속에는 개념의 통일이 숨겨져 있다.[17]

---

14) *EN*, §246의 '추가'.
15) *EN*, §247의 '추가'.
16) *EN*, §247.
17) *EN*, §247의 '추가'.

그러나 이념으로부터 소외된 "자연은 오성의 시신일 뿐이다". 그것은 돌로 굳어진, 돌로 변한 이념이다. 그러나 신은 주체이고 무한한 활동성이기 때문에 이념은 이러한 상태로 남아 있을 수 없다.[18]

자연은 자신의 이념에 합치하지 않는다. 그것은 "해소되지 않은 모순"[19]이다. 물질은 스스로에게 외적인 것이다.[20] 이렇듯 물질은 맹목적 필연성이지만 아직 자유는 아니다. 이 필연성은 우연과 동일하다. 필연성은 외관상 독립적인 실체들의 관계이기 때문에 자연은 자유로운 것이 아니라 필연적이면서 우연적이다.

왜냐하면 필연성은 무차별적으로 현상하는 서로 다른 것들의 분리 불가능성이기 때문이다. 그러나 자기 밖에 있음[탈자 존재]이라는 추상도 자신의 권리를 갖는다는 사실은 우연성 혹은 외적 필연성이지 개념의 내적 필연성이 아니다.[21]

자연은 단계들의 체계인데, 이 체계에서 각각의 단계는 필연적으로 보다 높은 단계로 나아간다. 그러나 보다 높은 단계는 낮은 단계로부터 발생하지 않는다. 그것은 개념의 작용이다.[22] 여기서 헤겔은 진화와 관련한 어떤 것도 거부한다. 현실적으로 전개될 수 있는 유일한 것은 개념이다. 따라서 전개[발전]는 정신 안에서 개념의 표현으로 실존하지, 자연 안에서 실존

---

18) *EN*, §247의 '추가'.
19) *EN*, §248의 '주해'.
20) *EN*, §248의 '추가'.
21) *EN*, §248의 '추가'.
22) *EN*, §249.

하지 않는다. 자연은 자기 자신에 외적인 것이다. 그것의 원리는 개념이다. 하지만 이 개념은 순수하게 내적이다. "보편적 방식의 개념은 모든 개별성을 단번에 실존으로 정립한다."[23] 자연의 본질은 외면성이며, 따라서 그것의 전체 개념을 구성하고 있는 차이들은 "무차별적 실존들"[24]로서 서로서로의 외부에 존립한다. 이 논의는 만약 자연이 스스로 자신의 고유한 계기들을 완성하는 방향으로 전개되어 간다면 우선은 비유기체로, 그다음은 유기체로, 그리고 이런 방식으로 계속 진전해야 한다는 것인 듯하다. 이것은 개념의 힘을 자연 자체에 부여하는 것일 것이다. 왜냐하면 이 경우 자연은 스스로를 전개할 수 있는 힘을 갖기 때문이다. 그러나 개념은 정신 속에 내적으로만 체현되어 있으며, 따라서 정신은 역사를 갖는다.

이 부분은 재난에 가깝다. 『소논리학』 249절 '추가'에서 헤겔은 진화에 대립하는 논증을 할 뿐 아니라, 자연적 사물들의 차이를 보다 고차적인 것은 특정한 규칙에 따라 보다 낮은 것에서 생겨난다는 관점에서 이해하는 것도 비판한다. 자연은 도약한다. 왜냐하면 개념은 질적 차이들에 의해 움직이기 때문이다. 따라서 헤겔은 다윈뿐 아니라 멘델레예프의 주기율표도 배제한다.

자연은 단지 내적 필연성이기 때문에 그 안에 수많은 우연을 갖는다. 헤겔에게 우연은 외부로부터의 규정과 같은 말이다. 개별적인 구체적 사물들은 그런 우연으로, 외부로부터의 규정으로 가득하다. 이것은 "자연의 무능력을 드러내는데, 즉 자연은 개념을 추상적인 방식으로만 유지하며, 외적인 규정에 의해서만 개별자는 현실화된다는 것이다".[25] 이것은 철학

---

23) *EN*, §249의 '추가'.
24) *EN*, §249의 '주해'.

을 통해 추론될 수 있는 것에 한계를 설정한다. 그리고 이것은 자신의 펜을 연역하도록 자연철학에 요청했던 크룩(Wilhelm Traugott Krug)에 대한 답변이다. 우리는 개별자 속에서 "개념에 의한 규정의 흔적들"만을 본다.[26] 이것은 자연적 분류에 수많은 자의가 있는 이유이며, 자연에서 발생하는 기형의 출현은 말할 것도 없고 자연에 수많은 무질서가 있는 이유이다.

자연으로서의 이념에 관한 절에는 크게 세 단계가 있다.[27] 이 단계들에 대해서는 이미 『논리학』의 「객체성」에서 말한 바가 있다[기계론, 화학작용, 유기체가 그것이다]. 첫째, 자연은 물질 덩어리로 간주된다. 이것은 기계론의 영역이다. 이 영역의 최고의 실현태는 태양계이다. 태양계는 이 영역에서 중심을 향한 충동의 형식으로 이뤄진 대자 존재의 형식을 드러낸다. 이 체계는 질서 잡혀 있고, 가운데를 중심으로 돈다. 그러나 이 형식은 여전히 외적인 것이다. 상이한 역할을 하는 상이한 몸체들이 그들 자신의 실체에서 구별될 수 없으며, 그 역할에서만 구별된다.

따라서 우리는 다음 단계로 이행한다. 이 단계에서 형식의 차이들은 질료에 내적인 것이 된다. 그리고 여기서 우리는 상이한 종류의 실체로 분화된 질료를 가진다. 질서 잡힌 통일체를 이루기 위해 개념에 의해 요청되는 상이한 역할들은 질료 자체에 내재한다. 그러나 이 단계는 여전히 형식이 그 질료와 직접적으로 통일되어 있는 단계이다. 그것들은 오로지 긍정적[실증적]으로만 통합되어 있다. 질료는 자신의 질과 일치한다. 질료는 이러한 성질을 정립하는 내적 동일성이 아니다. 질료는 자신의 성질을 상실

---

25) *EN*, §250.
26) *EN*, §250의 '주해'.
27) *EN*, §252.

할 때 더 이상 스스로 존립하지 못한다. 이런 점에서 그것은 『논리학』 1권 [『존재론』]의 현존재(Dasein)와 같다.

그러나 유기체와 더불어 우리는 대자적으로 존재하는 총체성에 다가간다. 유기체는 스스로 자신의 차이들을 생성한다. 이러한 차이들의 삶은 자연적 개별자로 모이며, 자신의 가장 내적인 본성과 하나가 된다. 따라서 이 내적 필연성은 외적으로 표현되며, 자연적 존재에 고유한 것이다. 삶은 이제 단순히 성질들로 증식하는 것이 아니라 분리된 총체성들로 증식한다. 이것들은 구체적인 예들이고 구성 요소들이다. 그러나 이 총체성들은 하나의 삶의 과정에 의해서만 산출되고, 이 삶과의 관계에서만 유지된다.

1

기계론은 공간, 시간, 물질과 운동의 연역으로부터 시작한다. 그다음 2장 '유한한 기계론'은 중력을 다룬다. 3장 '천문학'은 기계론의 질서 잡힌 실현태, 즉 태양계를 다룬다. 이것은 『논리학』의 '절대적 기계론'이다.

공간(space)은 외면성 자체이다. 공간은 자연의 최초의, 추상적인, 근본적인 규정으로서, 자기 자신에게 외적이다. 그것은 동종적이지만, 어느 지점에서나 끊을 수 있다. 그것은 순수한 외면성으로서 어떤 내적 분화도 가지지 않는다. 따라서 헤겔은 칸트처럼 고전 이론들을 거부한다. 공간은 단순히 사물들의 성질이 아니다. 왜냐하면 그것은 사물들을 제거하더라도 거기 있기 때문이다. 그러나 또한 공간은 실체적 실재도 아니다. 그것은 스스로 어떤 실재도 갖지 않는다.[28] 칸트가 자신의 방식에 따라 공간은 단순

---

28) *EN*, §254의 '추가'.

한 형식이라고 말한 것은 옳다. 하지만 그가 이 공간을 통상 하듯이 주관적 방식으로 생각한 것은 잘못이다. 공간은 단순히 주관적이지 않다. 하지만 그것은 순수 추상이라는 의미에서 형식이다. 즉 그것은 자연적인 것, 외적인 것의 순수 추상적 실재이다. 따라서 그것은 채워져야 한다.[29] 그것은 "비감각적 감성이며, 감각적 비감성이다. 자연의 사물들은 공간 속에 존재하며, 자연으로서 그 사물들은 외면성의 조건에 종속된다. 공간은 자연의 토대로 남아 있다."[30]

따라서 헤겔은 공간의 세 단계의 차원[높이, 길이, 넓이]을 개념으로부터 연역하며, 이들은 결국 차이가 없는 것으로 드러나는데, 이런 결과를 그는 공간 규정의 이러한 실현이 갖는 외면성으로부터 연역한다.[31]

그러나 이러한 직접적인 외적 실존은 자기 안에 부정성을 갖는다. 왜냐하면 그것은 단지 외적인 것으로 실존할 수 없으며, 따라서 모순 속에 거하기 때문이다. 헤겔은 처음에 외면성으로부터 단수의 자기 동일성을 얻으려는 시도를 하는 가운데 점(point)에서 공간의 부정을 본다.[32] 그러나 공간의 본성은 공간은 어떤 연장도 가지지 않는 점의 부정이라는 성질을 가지며, 따라서 점은 선으로, 선은 표면[면적]으로, 표면은 전체 공간[입체]으로 이행한다.

그러나 이런 부정성은 현실적 실존을 시간으로 갖는다. 이렇듯 공간은 더 이상 고요하게 머물러 있지 않으며, 그것의 부분들은 고요하게 공존하지 않는다. 이제 그것은 운동 가운데 놓여 있다. 시간(time)은 무나 생성

---

29) *EN*, §254의 '주해'.
30) *EN*, §254의 '추가'.
31) *EN*, §225.
32) *EN*, §256.

과 연관이 있다. 시간은 공간의 외면성의 부정이지만, 순수하게 외적인 방식으로만 그렇다.[33] 이렇듯 시간 역시 순수한 감성 형식이며, "비감각적 감성"이다. 그것은 주체성의 원리, 따라서 운동이지만, 외적으로 머물러 있고, 따라서 단순한 생성으로 머문다.[34] 시간 역시 동일하게 유지되는 그릇이 아니다. 모든 것은 시간 속에 존재해야 하고 시간 속에서 사라져야 한다고 말해서는 안 된다. 오히려 시간 자체가 생성이며, 존재하게 되고 사라지는 것이다. 시간은 "모든 것을 산출하고, 자신이 산출한 것을 파괴하는 크로노스다".[35] 자연의 사물들은 이 생성 아래에 포섭된다. 왜냐하면 그것들은 자신의 개념과 완전하게 일치하지는 않기 때문이다.

이렇듯 공간과 시간은 그릇이 아니다. 이것들은 단순히 사물들의 성질이 아니다. 시간과 공간은 사물들의 조건이다. 왜냐하면 이것들은 그것 없이는 사물들이 존재하지 못하는 외적 형식이기 때문이다. "시간은 파괴를 이렇듯 추상한 것일 뿐이다.……사물들 자체는 시간적인 것이다. 시간성은 이 사물들의 객관적 규정이다. 따라서 그것은 시간을 구성하는 현실적 사물들의 과정이다."[36]

그러나 시간을 통한 공간의 부정은 만족스럽지 않다. 우리는 아직도 흘러가는 것 이외에 아무것도 가지고 있지 않다. 시간과 공간은 생성 가운데서 서로 통일되어 있는데, 더 나아가 현존재(Dasein)와 유사하게 지속적인 통일성도 가져야 한다. 헤겔은 이러한 사실을 장소(place), 운동, 그리고 마지막으로 물질을 통해 추론한다. 점은 지속적으로 유지되는 중심

---

33) *EN*, §257.
34) *EN*, §258.
35) *EN*, §258의 '주해'.
36) *EN*, §258의 '추가'.

을 향해 던져진, 실패한 최초의 일격이었다. 그러나 공간에서 시간으로의 운동으로부터, 그리고 그 역으로부터 우리는 점이 점점 더 구체성을 획득하여 장소로 나아가는 것을 본다. 다른 말로 하면 시간은 공간의 부정으로만 존재할 수 없으며, 공간은 시간의 부정으로만 존재할 수 없다. 그것들은 또한 통일되어 있어야 한다. 그리고 이 통일체는 장소이다. 이 장소는 지속(Dauer)이다. 장소는 시간을 관통하며 스스로를 유지한다. 지속적으로 유지되는 어떤 것이 있어야 한다. 모든 것은 그저 사라질 수 없다. 이렇게 사라지는 것은 어떤 실존도 산출할 수 없을 것이다. 지속은 여기 그리고 지금으로서의 장소이다.[37]

그러나 장소는 점과 동일한 변증법을 겪는다. [지속으로서의 공간인] 그것은 자기 내에서 부정된다. 따라서 그것은 자기 자신에게 무관심하다. 그것을 다른 모든 것과 구별할 수 있는 것은 없다. 혹은 그것은 외적으로만 구별된다. 공간과 시간의 종합으로서의 장소는 한계가 없으며, 지속적으로 타자로 이행한다. 그것은 규정되기 위해 자신의 외부에 지시 체계를 요구한다. 이렇듯 그것은 자기 자신에 외적이다. 그리고 우리는 다시 한번 변화 속에 놓인다. 그러나 이제 장소는 변화하며, 이것은 운동이다.[38]

그러나 우리는 그저 되돌아갈 수 없다. 이것은 단순히 장소의 추상적 부정이 아니다. 그것은 장소의 현실적 변화이고, 이것은 두 장소 사이에 어떤 통일성이 있어야 한다는 것을 요청한다. 왜냐하면 움직임이 있어야 하고, 물질이 있어야 하기 때문이다.[39]

---

37) *EN*, §260.
38) *EN*, §261.
39) *EN*, §261.

이렇듯 시간과 공간의 실제적 통일이 있어야 하기 때문에 물질이 있어야 한다. 실재란 부분 밖의 부분(partes extra partes)으로 이뤄진 것이지만, 어떤 통일성을 갖는다. 그것은 동일성이지만 차이이다. 그러나 그것은 단순한 자기 동일성이 아니기 때문에 운동 속에 있어야 한다. 물질과 움직임은 상관 관계가 있다. 이 둘은 공간과 시간의 통일로 간주되어야 한다. 움직임은 공간을 시간에 연관시킨다. "운동의 본질은 공간과 시간의 통일로 간주될 수 있다. 그것은 스스로를 실현하면서 공간 속에서 유지하는 시간이다. 혹은 시간을 통해 비로소 진실로 분화되는 공간이다."[40] 시간은 어떤 것이 변화할 때 비로소 실재를 갖는다. 그리고 공간은 어떤 것이 여기에서 저기로 움직일 때 비로소 분화된다. 다른 말로 하면 시간을 통한 공간의 부정은 운동 중에 있는 물질을 통해서만 현실이 된다. 왜냐하면 물질은 [공간과 시간에] 실재를 부여하며, 물질의 운동은 어떤 시간에는 그렇게 있고자 했던 자신의 외면성을 지양하는 것이기 때문이다.

그다음 헤겔은 중력으로 나아간다.[41] 물질은 우리가 양의 범주에서 본 것과 동일한 이유에서 인력이면서 척력이다. 중력은 이러한 계기들의 부정적 통일체로서 개별자이지만, 물질의 외면성과 아직 분리되어 있는 중심이다. 이것이 중력이다. 그리고 이것이 주체의 시작이다. 하지만 이 주체는 여전히 언제나 자신의 외부에 놓여 있다. 그것이 추구하는 중심점은 언제나 자기 외부에 있다.

이렇듯 우리는 자연스럽게 이 몸체들의 전체 체계로 이행한다. 여기서 우리는 절대적 기계, 즉 태양계에 다다른다.

---

40) *EN*, §261의 '추가'.
41) *EN*, §262.

그러나 이것은 형식[형상]과 물질[질료]의 통일로 이끈다. 형식은 스스로를 물질 속에서 발견한다. 혹은 총체성 속에 놓여 있는 물질은 이제 자신이 추구하던 중심을 발견한다. 이렇듯 우리는 다음 단계로 진행하는데, 질적인 물질이 그것이다. 질적인 물질이란 중력의 영향을 받는 동종적인 물질만이 아니라 특수한 실체적 본성을 가진 물질도 말한다.[42]

다른 말로 하면 우리는 단순한 외면성에서 출발했다. 그러나 외면성은 스스로를 유지할 수 없다. 그것은 인력과 척력을 통해 중력에 도달한다. 그리고 이것은 체계로 발전한다. 이로부터 우리는 더 나아가 물질을 분화된 것으로 보게 된다. "무게로서만 있던 추상적이고 무딘 자기 내 존재는 형식[형상]으로 해체된다. 이것이 **질적인 물질**이다."[43]

2

두번째 영역은 『본질론』의 본질에 상응한다. 이제 형식의 차이들은 물질을 분화한다. 이런 방식으로 형식과 물질은 서로 관계를 맺는다. 그러나 그 관계는 아직 외적으로, 혹은 단순히 은폐된 통일에 의해 이뤄진다.

이 영역은 그 접합 관계를 쉽게 이해할 수 없는 세 부분으로 나뉜다. 헤겔은 이것이 자연철학에서 가장 어려운 부분이라고 인정한다.[44] 그 요지는 다음과 같다.

첫째, 물리적 성질들의 단순한 분화가 나타난다. 이것들은 단순한 질

---

42) *EN*, §271.
43) EN, §271.
44) *EN*, §273의 '추가'.

들로 취해진다. 각자는 이전의 물질 자체처럼 내적으로 명료하게 분화되어 있지 않다. 그것들은 어떤 내적인 중심도 없지만, 여전히 물체로서 중력에 의해 그들의 중심과 연관을 맺는다. 왜냐하면 이들 각자는 타자와의 연관성이라는 이런 변증법에서 자신의 역할을 가지기 때문이다.

이 첫번째 장은 단순한 물리적 질들을 다루는데, 그것은 세 단계로 이뤄져 있다. 첫째, 그 질들을 상이한 천체들에서 나타난다. 즉 빛의 근원으로서의 태양·달·혜성·행성 등이 그것이다. 그다음 이 상이한 질들은 원소들 속에서 드러나는데, 헤겔은 네 개의 고전적 원소들, 즉 공기·불·물·흙을 취하여 각자에게 특정한 성질을 부여하며, 또 어떤 관련된 개념들을 부과한다. 셋째, 우리는 이 모든 것이 과정 중에, 상호작용 가운데, 기상학적 과정 중에 있음을 보게 된다.

둘째, 이를 통해 우리는 부정적 통일이지만 체계가 통일되어 있다는 상을 얻게 되며, 따라서 현실적인 개별성이라는 상을 얻게 된다.[45] 우리는 여기서 '자기성'(Selbstischkeit)에 도달한다. 그리고 이것은 이제 물질, 객체 가운데서 드러난다. 이것은 객체들이 내적 통일, 내적 과정, 혹은 삶을 가지고 있다는 것을 의미한다. 이것은 중력을 통한 타자와의 단순한 관계와는 구별된다. 객체들은 더 이상 단순한 물리적 질들이 아니며, 내적 활동성 혹은 내적인 힘의 장소인 객체들이다.

이 단계의 설명은 네 부분으로 이뤄져 있다. 첫째, 우리는 특수한 중력의 성질 속에서 '이기성'을 본다. 이러한 방식으로 물체는 자기 자신에게 특수한 '자기 안에 머묾'(Insichsein)[46]을 부여한다. 다른 말로 하면 우리는 더 나아가 내적인 한도에 의해 물체의 성질들을 설명하기 시작한다. 그다

---

45) *EN*, §289.

음 우리는 응집력에 이른다. 그러나 우리는 소리와 더불어 보다 높은 내면성에 이른다. 소리는 상이한 부분들로 이뤄진 사물의 외면성을 일종의 이상적 방식으로 지양한다. 이것은 자신의 내적 진동의 외적 표현이다. 따라서 소리는 사물의 공간성을 시간성으로, 즉 물체의 질료적 실존을 이상성으로 이끌어 가는 형식이다. 더 나아가 소리는 물체의 영혼과도 같다. 몸체가 위반으로 고통을 당하고 그 내부에 떨림이 있을 때, 혹은 의기양양하게 자신을 유지해 갈 때 소리로 울려 퍼진다. 넷째, 소리를 통해 이상적으로 표현되는 일종의 내적 통일은 열 속에서 물질적으로 드러난다. 왜냐하면 열은 내적인 차이들을 녹이고 해체하기 때문이다.

셋째, 이를 통해 우리는 보다 높은 형식의 내면성으로 나아간다. 여기에서 객체들은 내적 통일을 지닐 뿐 아니라 내적인 과정으로부터 스스로를 산출하는 것으로 간주된다. 우리는 단순한 질에서 그 근저에 놓인 내적인 분절적 명료화로 나아갈 뿐 아니라, 또한 형식을 그런 분절적 명료화 속에서 완전하게 체현된 것으로 보게 된다. 자신만의 특수한 질을 가진 객체는 형식[형상]에 의해 산출된다. 따라서 두번째 단계에서 객체는 중심(중력)과의 관계에 대항하여 자기 자신의 개별성을 갖는다. 이제 객체는 곧장 관계로부터 벗어난다. 우리는 객체를 (어떤 과정도 가져야 하는) 자기 자신의 중심을 가진 내적 과정으로 보게 된다. 이제 우리는 말할 필요도 없이 유기적 자연학에 속하는 삶으로 나아가는 지점에 서 있다.

이 장에서 헤겔은 특히 자기력과 전기력을 설명하고자 하며, 그다음으로 화학 작용으로 이행한다. 화학 작용은 직접적 실체들과 성질들의 상대

---

46) '자기 내 존재'로 번역되는데, 여기서는 '자기 안에 머묾'을 의미한다. 자기에만 갇혀 있는 존재, 이것이 바로 이기적인 존재이다.—옮긴이

성을 보여 준다. 그리고 이것들이 눈에 보이는 통합된 삶의 형식에 의해 전
개되는 것을 다음 단계에서 보게 되는데, 이것이 곧 삶이다.

3

삶은 세 부분으로 나뉜다. 첫째, 세계는 어떤 의미에서 하나의 유기체인 전
체로 등장한다. 물론 아직 하나의 생명체는 아니고, "삶의 과정의 사체일
뿐"이다.[47] 그것은 자기 자신에게 실제로 복귀하지 않는다. 이 세계는 자기
자신에게 외적이다. 이 세계는 자세히 보면 이전의 형식들에 속한다. 그러
나 전체로서의 세계는 개념의 질서인 하나의 질서를 드러내며, 따라서 여
기서 고찰해 볼 가치가 있다. 헤겔은 이 부분에서 다음의 사항들을 고찰한
다. 그는 세계의 역사, 세계의 지리학적 윤곽, 지질학적 현상, 대기의 기능,
바다와 땅을 다룬다.

　그러나 삶으로서의 세계는 실제적 삶으로 이행해야 한다. 이렇듯 실제
살아 있는 개별자가 있어야 한다. 실제 삶은 내적 필연성이 관련 실재 속에
서 표현되는 곳에 존재한다. 즉 개념의 통일이 현재 진행하고 있는 것을 설
명하는 데 있어 본질적인 것으로 나타나는 곳에 존재한다. 살아 있는 유기
체는 물질로서 개념의 법칙에 의해 작동하지만, 궁극적으로 개념과 연관
된 질서를 재현하는 것으로만 끝나지 않고, 오히려 자신의 이런 내적 통일
에 대해 아무것도 지시해 주지 않는 법칙을 통해서도 이해될 수 있는 질서
를 갖는다. 그것은 또한 이런 내적 통일을 결코 지시하지 않는 법칙들에 의
해 이해될 수 있다. 생명체는 그것들이 현재 행하는 것과 현재의 모습이 그

---

47) *EN*, §337.

것의 형식을 위해 형성된 것으로서만 설명될 수 있다는 것이다.

이렇듯 살아 있는 유기체들이 있어야 한다. 유기체는 세 가지 방식으로 비유기적 토대와 연관되어 있다.[48] 첫째, 비유기적 토대는 유기체와 하나다. 왜냐하면 생명체는 어떤 의미에서 자기 내부에 비유기적인 것을 가지기 때문이다. 유기체는 끊임없이 자기 자신을 하나의 삶으로 만들어 간다. 말하자면 소화 작용을 통해서 말이다.[49] 그것은 스스로를 구성 요소들로 명료하게 분절하며, 이 구성 요소들을 동일한 삶의 과정에서 유지한다. 둘째, 유기적 개별자는 비유기체에 맞서야 한다. 즉 그것은 비유기체를 먹어 없앤다. 유기적 개별자는 비유기체가 비본질적임을 알고 있다. 그러나 이것은 반전을 표현한다. 왜냐하면 그것은 크게 보면 비유기체인 전체에 의해 유지되기 때문이다. 그다음 셋째, 우리가 이미 본 재생산 과정이 등장한다. 개별자는 둘이 되고, 새로운 개별자를 생산하는 가운데 몰락한다.

그다음 2장은 가장 낮은 단계의 실제 유기적 삶, 즉 식물을 다룬다. 헤겔에 따르면 식물은 성장하여 스스로를 전개하지만, 자기 자신에게 귀환하는 요소를 결여하고 있다. 식물은 무한히 성장하기만 한다. 식물은 다양하게 성장하지만, 하나의 통일체로 모일 수 없다. 식물에는 내적인 종류의 어떤 분화도, 예를 들어 내장이 없다. 이러한 분화 없이, 통일의 계기 없이 식물들은 움직일 수 없는데, 그것들이 없기 때문에 식물은 자기 감각이 없고, 사물들과 관련되는 것이 아니라 원소들과만 관계를 맺는다. 이들의 자아는 실제로 객관적이지 않다. 이들은 내적이며, 따라서 외적이다. 그다음 헤겔은 식물을 세 과정으로 나눠 설명한다. 형성 과정, 동화 과정, 그리고

---

48) *EN*, §342.
49) *EN*, §342의 '추가'.

생산 혹은 재생산 과정이 그것이다.

다른 한편 동물은 자기 내에서 반성된 자아이다. 통일은 주관적인 보편성에 다다른다.[50] 동물적 유기체는 자기의 구성 요소들의 명료한 분절 속에서 통일을 유지한다. 이렇듯 동물들은 자기 운동을 가진다.[51] 하나의 동물은 자신의 영혼을 표현하고 자유로운 "자기 내 떨림"을 드러내는 목소리를 가진다. 동물은 자신의 응집력을 끊임없이 해체하는 과정으로서, 그리고 자신의 구성 요소들의 새로운 생산으로서 동물적 온기를 갖는다. 동물은 음식 섭취를 거부할 수 있다. 무엇보다 동물은 순수하게 개별적인 감정을 갖는다. 동물은 따라서 원소들과 관계를 맺는 것이 아니라 대상들과 관계를 맺는다. 이렇듯 짐승은 사물들과 이론적 관계를 가지며, 사물을 형성하려는 충동에서 이론적인 것과 실천적인 것의 통일을 갖는다.

그다음 헤겔은 동물들을 세 단계로 검토한다. 감각, 감수성, 재생산이 그것이다. 그러나 한 가지 중요한 주제는 재생산 과정과 죽음의 밀접한 연관이다. 동물들이 다른 성에게서 추구하는 것은 유이다. 동물들은 자신의 불충분함을 느낀다. 그들이 몰락하는 것은 이 때문이다. 유는 따라서 개별자들의 죽음이다. 낮은 유기체들은 종종 재생산의 행위 직후 죽는다.[52] 정신만이 몰락함 없이 유의 부담을 진다.

따라서 자연철학은 동물성의 죽음으로부터 정신으로의 이행과 더불어 끝난다. "동물의 원래 질병, 즉 태어날 때부터 가지고 있는 죽음의 씨앗은 개별적인 동물적 삶이 보편성에 적합하지 않다는 것을 의미한다."[53] 개

---

50) *EN*, §350.
51) *EN*, §351.
52) *EN*, §369의 '추가'.
53) *EN*, §375.

별자는 보편자를 자기 안에 체현하고자 하지만 이를 단지 추상적인 방식으로만, 즉 단순한 습관으로만, 규칙성으로 매몰된 채로만 그렇게 할 수 있다. 그러나 삶은 우리가 끊임없이 차이를 극복하길 요청한다. 다양성이 규칙성으로 사라짐으로써 삶을 유지하는 긴장의 끝이 온다. 즉 늙고 죽는다. 질병 자체[54]는 외부와의 갈등에서 발생하는 체계의 일부분이며, 전체에 대항하는 자신의 활동과 작업 속에 고착되어 있다. 이렇듯 질병은 죽음의 첫 번째 근원에 다름 아니다. 왜냐하면 우리가 본 것처럼 죽음은 삶의 긴장에 대항한 담금질이기 때문이다.

따라서 정신은 자연으로부터 걸어 나온다. 동물은 중력에서 벗어나 스스로 움직이며, 감각 속에서 스스로를 느끼고, 목소리에서 스스로를 듣는다. 그러나 여전히 전체 과정, 즉 유만이 개별자들의 무한한 과정 속에서 실존한다. 이렇듯 "이념은 이러한 순환을 단절하며, 이 부적합한 실존을 깨뜨림으로써 숨을 쉰다."[55] 다음 단계는 정신이다. 그것은 전체 이념을 통일 속에서 유지하는 의식이다. 자연의 목표는 죽는 것, 자신을 불사조로 다시 살리는 것이다. 따라서 정신은 일어날 수 있다.

정신은 자연으로부터 나온다. 정신은 또한 자연에 앞서지만, 스스로를 자연으로부터 걸어 나오게 한다. 정신의 무한한 자유는 자연을 떠나 자유롭게 내적 필연성에 의해 작동한다.[56] 우리는 『논리학』의 마지막 부분에서 이를 보았다.

그러나 정신은 스스로를 자연에서 인식함으로써 자유에 이르고자 한

---

54) *EN*, §371.
55) *EN*, §376의 '추가'.
56) *EN*, §376의 '추가'.

다. 그리고 이것은 자연철학의 작업이다. 우리의 목적은 자연이라는 프로테우스[57]가 우리 자신의 거울일 뿐임을 외적으로 드러내게 하는 것, 즉 자연이 정신의 자유로운 반영임을 드러내게 하는 것이다. 이것은 쉽지 않았는데, 왜냐하면 개념은 세부적으로 보면 다루기 힘든 매우 많은 것들에 침잠해 있기 때문이다. 그러나 이성은 자신을 신뢰해야 한다. 우리는 모든 것을 연역할 수는 없다. "따라서 우리는 모든 곳에서 개념의 규정들을 찾을 필요는 없다. 물론 그 규정의 흔적들이 도처에 있다는 것은 알지만 말이다."[58] 그러나 우리는 "무한한 수의 형식들의 상호 외면적 관계 속에 숨겨져 있는 개념의 현실적 모습"을 발견하고자 희망할 수 있다.[59]

정신을 도출함으로써 자연철학은 끝난다. 이제 정신의 활동이 좀더 투명하게 드러나는 영역으로 가보자. 처음으로 등장하는 것은 정신이 시간 속에서 전개되는 과정, 즉 역사이다.

---

57) 그리스 로마 신화에 등장하는 신으로 자유롭게 변신하는 바다의 신이다.—옮긴이
58) *EN*, §370의 '추가'.
59) *EN*, §376의 '추가'.

14장

/

인륜적 실체

1

헤겔의 역사철학과 정치철학은 서로 섞여 있으며, 소위 '객관 정신' 영역을 형성한다. 그의 체계에서 이 영역은 주관 정신 이후에, 그리고 절대 정신 이전에 등장한다. 우리가 보았듯이 모든 사물의 근저에 놓인 합리적 필연성은 자연 세계의 일반 구조들 속에서 표현된다. 그리고 이 필연성은 인간 세계의 현상들에서도 아주 잘 드러난다. 이런 현상들이 개별 의식의 실존과 관련이 있는 한 이 현상들은 주관 정신 영역의 대상이다. 『엔치클로페디』에서 이 주관 정신 영역은 『정신현상학』 일부를 자신의 영역으로 개괄적으로 받아들인다. 하지만 이제 이곳에서 개념적으로 해명되어야 할, 역사 속에 등장하는 모든 공적·사회적·정치적 실재의 영역은 이 영역을 넘어선다.

객관 정신의 영역은 『엔치클로페디』 468~535절에서 논의되고 있으며, 헤겔 사후에 그의 강의 노트를 기초로 하여 출판된 유명한 『역사철학 강의』 시리즈에서 다뤄진다. 『정신현상학』 6장은 역사철학의 요약본 구실을 한다. 마지막으로 객관 정신의 영역은 헤겔의 1821년 작품인 『법철학』을 포함한다. 『법철학』은 정치철학에 대한 그의 성숙한 표현으로 간주된다.

1800년대 초에 나온 그의 몇몇 초기 작품들도 우리의 이 작업에 유용하며, 따라서 때때로 여기에서 다뤄질 것이다.

헤겔의 역사철학과 정치철학은 연관된 세 개의 구조틀로 이루어졌다고 할 수 있다. 첫째, 객관정신에 대한 헤겔의 서술은 당대의 근본적 딜레마가 정치의 영역에서는 어떻게 등장하고 풀릴 수 있는지를 제시하는 시도로 간주될 수 있다. 당대의 근본적 딜레마란 완전한 도덕적 자율성과 공동체의 회복을 어떻게 서로 조화시킬 것인가 하는 문제이다. 이때 이 공동체에서의 공적 삶은 개별 구성원들의 표현이었으며, 그 역사적 실현 모델은 고대 그리스의 폴리스였다. 이러한 관점에서 헤겔의 작품은 오늘날 계속 유효하다고 할 수 있다.

둘째, 헤겔은 스스로 이 문제를 자신의 존재론적인 방식으로 풀었다고 믿었기 때문에 우리는 그의 정치철학을 이 [존재론적인] 구조틀에서도 봐야 한다. 셋째, 우리는 그의 정치철학을 그 시대의 정치 문제들 및 위기들과의 관계에서 봐야 한다. 왜냐하면 그의 시대는 프랑스혁명과 그 후폭풍에 의해 압도되어 있었기 때문이다. 이러한 정치적 사건들이 헤겔의 세계관을 형성하는 데 크게 기여했지만, 헤겔은 이 사건들을 철학의 범주들을 통해 읽었다. 따라서 그의 세 개의 구조틀은 서로 밀접하게 연관된 구조를 형성하고 있는 것으로 읽혀야 한다.

먼저 존재론적인 구조틀에서 그의 정치철학을 살펴보자. 모든 것이 지향해 가는 목표는 정신 혹은 이성의 자기 이해이다. 인간은 정신 혹은 이성의 자기 이해의 매개자이다. 따라서 정신이 자신을 안다는 것은 인간이 실재하고 있는 자기 자신과 자기 세계를 정신의 유출로 알게 된다는 것을 전제한다. 이러한 자기 인식은 예술, 종교 그리고 철학에서 표현된다. 이 세 분야는 절대 정신의 영역을 구성하고 있다. 성숙한 헤겔은 이 영역을 정치의 영역보다 더 높은 위치에 둔다.

하지만 물론 절대 정신의 완전한 실현은 역사 속에서의 인간의 특정한 발전을 전제한다. 인간은 보편자에 대한 아주 원시적 수준의 감각만을 간직할 뿐 특정한 욕구와 충동에 빠져 있는 직접적 존재로 출발한다. 이것은 정신이 처음에 자신과 분열되었지만 또 다른 방식으로 자신에게 복귀해야 할 지점을 정립한다. 만약 인간이 이 복귀의 매개자일 수 있는 지점으로 들어가려면 인간은 변해야 하며, 기나긴 문명의 도야 과정을 겪어야 한다.

하지만 인간의 관점의 변화만으로는 충분하지 않다. 구체화의 원리에 따르면 어떤 정신적 실재는 시간과 공간 속에서 외적으로 실현되어야 하기 때문에, 우리는 어떤 정신적 변화는 그에 상응하는 물체적 표현의 변화를 요구한다는 사실을 알고 있다. 이 경우에 정신은 역사 속에서 인간 삶의 형식의 변화를 통해서만 자신에게 복귀할 수 있다.

그렇다면 정신의 적절한 매개자일 수 있기 위해 인간은 어떠한 삶의 형식을 습득해야 하는가? 무엇보다도 우선 그 삶의 형식은 사회적 형식이어야 한다. 우리는 이미 3장에서 복수로 존재하는 유한한 정신들의 실존이 정신의 필연적 계획의 일부임을 살펴보았다. 체현되었다는 것은 특정한 시간과 공간에 존재하는 유한자가 되었음을 의미한다. 하지만 유한한 정신은 자신을 개별자로 동일화하는 것을 넘어가야 한다. 이것은 다수 인간의 실존과 사회에서 그들 공동의 삶의 실존이 왜 본질적인지를 보여 준다. 인간은 보편자로 고양된다. 왜냐하면 인간은 이미 사회에서 자신의 개별성을 넘어서 살고 있기 때문이다. 인간은 사회에서의 더 포괄적인 삶을 자신의 삶으로 포섭하며 살아간다.

따라서 세계에서 자기 자신을 알기 위해 정신은 인간의 삶에서 자신을 인식할 수 있게 하는 적절한 수단을 산출해야 한다.

세계사의 목표는 정신이 진실로 무엇인지를 알게 되는 것, 즉 정신이 이 지식을 객관적으로 표현하고 이 지식을 현존하는 세계에 현실화하는 것이며, 자신을 객체로 산출하는 것이다.[1]

바로 이런 이유로 헤겔의 눈에 사회의 최고의 분절적 명료화인 국가는 신적인 것으로 비쳤다. 신(정신)의 충만함을 깨닫기 위해 인간은 스스로를 더 큰 삶의 일부로 봐야 한다. 그리고 이러한 사실은 살아 있는 존재인 인간이 사실 더 큰 삶으로 통합되어야 한다는 것을 함축한다. 국가는 절대자의 상에 필수적인 구현체(이 구현체를 '질료적 토대'라고 말한다 해서 부적절한 것은 아닐 것이다)인 보편적 삶의 현실적 표현이다. 다른 말로 하면 국가는 세계에서의 신의 행보에 본질적이다. 잘못 해석될 경우 많은 문제를 불러일으킬 수 있는 『법철학』의 그 유명한 구절로 말하자면, 그것은 다음과 같다. "국가라고 하는 것, 그것은 세계 안에 있는 신의 통로이다."[2]

그러나 물론 국가는 역사 속에서 출발할 때 보편자의 매우 불완전한 구현체이다. 어떤 국가도 보편자를 구현하는 데 있어서 필요한 전제들을 온전히 충족하지 못한다. 정신이 자기 자신에게 되돌아오는 데 필요한 모든 것을 갖춘 국가는 완전히 **이성적인** 국가이다.

---

1) *VG*, 74.
2) *PR*, §258의 '추가' 부분에 "국가라고 하는 것, 그것은 세계 안에 있는 신의 통로이다"(Es ist der Gang Gottes in der Welt, daß der Staat ist)라는 문구가 있다. 이 문장은 처음에 (영어권에서) "국가는 세계를 관통해 가는 신의 행진이다"(The state is the march of God through the world)로 잘못 번역되었다. 그래서 이 문장은 헤겔을 '프로이센주의'라는 반자유주의의 옹호자로 비난하기 위한 문구로 인용되었다. 이 문구에 대한 잘못된 번역과 그 영향에 대해서는 Walter Kaufmann, "Introduction", Walter Kaufmann ed., *Hegel's Political Philosophy*, New York: Atherton Press, 1970을 보라.

이 문제를 어느 정도 더 깊이 고찰해 보는 것은 유용하다. 왜냐하면 국가가 이성적이어야 한다는 요구가 우리에게 분명하게 드러나지 않기 때문이다. 사실 이성을 도덕적·정치적 결단을 위한 기준으로 요청하는 것은 경험론의 세례를 받은 영미 철학의 중요한 분파에 의해 오랜 기간 동안 의심받아 왔다. 그러나 물론 이러한 이성에의 호소는 전체 유럽 철학의 전통에서 상이한 방식으로 재생되어 왔다. 이성에의 호소를 다루는 헤겔의 용법에는 헤겔 자신만의 고유한 방식이 있다. 그리고 만약 우리가 이성에의 호소를 실천이성의 전통의 중요한 이정표들과 연관시키고자 한다면 우리의 문제를 이해하기 위해 헤겔의 용법을 분명히 할 필요가 있다.

이성에 호소하고 있는 한 가지 유형은 플라톤에까지 거슬러 올라간다. 여기에서 '이성'이란 우리에게 사물의 참된 구조, 즉 이데아의 세계를 보게 하는 힘으로 이해된다. 이성에 따라 행위한다는 것은 이런 참다운 구조에 따라 행위한다는 것이고, 자연[본성]에 따라 행위한다는 것과 동일했다.

이제 이러한 관점은 인간이 본질적으로 그 속에 속하는 거대한 이성적 질서가 있다는 생각에 기초해 있다. 왜냐하면 인간이 이성적 삶이라면, 그리고 이성적이라고 하는 것이 이 거대한 질서에 대한 참다운 상을 가짐으로써 이 질서와 연결된다는 것을 의미한다면, 인간은 이 질서와 연관되어 있는 한에서만 자기 자신일 수 있기 때문이다. 하지만 우리가 1장에서 본 것처럼 17세기 혁명의 중요한 측면은 자기 규정하는 주체 관념을 살려 내기 위해 인간을 포함하는 이 고대적 질서관을 포기했다는 사실이다.

그러나 이 새로운 관점은 새로운 질서관을 불러일으켰으며, 따라서 이성과 자연에 대한 새로운 호소를 불러일으켰다. 이제 인간은 이성적 사유와 결단을 할 수 있는 주체로, 그리고 또한 특정한 욕망의 주체로 정의되었다. 플라톤과 아리스토텔레스 전통과는 대조되는 근대 사유의 중요한 특징은 이러한 욕망을 도덕적 추론을 위해 소여된 것으로 간주한다는 것이다. 따라서 욕망 그 자체는 이성의 척도로 판단될 수 없다. 이러한 견해의 최초의 중요한 옹호자는 홉스이며, 이러한 사상은 18세기 공리주의 사상가들에게 계승되었다. 이제 이성은 '계산'을 의미하게 되며, 실천이성은 이성의 중재 너머에 있는 목적들을 어떻게 파악할 것인지에 대한 지적인 계산 능력이다. 위에서 언급했듯이 바로 여기에 이성이 도덕적 판단의 기준을 제공할 수 없다는 관점의 역사적 기원이 놓여 있다.

이것은 홉스의 유산의 한 측면이었다. 이성과 자연은 궁극적 기준으로서의 지위에서 폐위되었다. 인간을 포함한 사물들의 본성에서는 이 사물들의 규범적 질서가 더 이상 분명하지 않게 되었으며, 책무의 토대는 자연[본성]에서 발견될 수 없게 되었다. 오히려 정치적 책무는 주권자에 복종할 것인지의 결단에 기초했는데, 물론 이때 이 결단은 (계산적 이성에 의지하여) 아주 신중하게 수행되었다. 자기 규정적 주체에게 책무는 자신의 의지에 의해서만 만들어질 수 있는 것이다. 따라서 여기서는 원초적 계약이라는 신화가 아주 중요하게 된다.

하지만 이러한 새로운 관점은 또 다른 방식으로 표현될 수도 있다. 욕망의 주체로서의 인간은 일차 욕망들이 만족되어야 한다는 위대한 이차 목표를 가졌다. 이 일차 욕망의 만족은 (홉스에게서 'felicity'[더 없는 행복]로 표현되는) '행복'을 의미했는데, 이것은 아리스토텔레스적 전통과는 아주 다른 의미를 가지고 있었다. 하지만 그렇다고 한다면 효과적인 교육이 어떤 것이든 간에 그것은 일차 욕망들의 세목을 고안해 내는 데 그 본질이 있었다. 이제 인간은 본성상 그리고 불가피하게 행복을 욕망한다고 말할 수 있었다.

이제 만약 인간이 모두 함께 행복에 도달하고 서로서로 좋은 관계를 유지할 수 있도록 지적인 계산이 인간과 환경을 형성할 수 있는 방법을 제시할 수 있다면, 이성(지적 계산)과 자연(행복에 대한 보편적 욕망)에 상응하는 것, 바로 그것이 최고의 목표가 아닌가?

여기에 새로운 질서관이 있다. 자연을 (관념들에 의해 설명되어야 하는) 의미 있는 질서의 표현으로 간주하는 대신, 우리는 작용인으로 그 관계를 설명할 수 있는 일련의 연동 체계로 본다. (무질서에 대립하는 것으로서의) 사물들 내의 질서는 이 사물들이 근본적인 관념들을 체현하고 있다는 것에 그 본질이 있는 것이 아니라 이 사물들이 갈등과 왜곡 없이 서로 **맞물려** 있다는 데 그 본질이 있다. 이러한 사실이 인간 영역에 적용될 경우 이것은 다음의 사실을 의미한다. 즉 욕망하는 주체들로 이뤄진 공동체가 완전한 만족(행복)에 도달하여 각자가 다른 모든 사람과 만족스런 관계에 있다면 인간은 자연적인 질서를 실현하게 된다. 욕망들을 완벽히 조화시키는 것은 자연과 이성이 인간에게 규정해 준 목표이다.

하지만 행위의 기준으로서의 이성의 세번째 개념이 있다. 이 관점은 18세기 후반 공리주의적 견해에 도전하며 생겨난 것으로, 칸트에 의해 주창된 급진적인 도덕적 자율성 개념에 의지한다. 이 관점은 헤겔이 그것의 선구자로 내세운 루소와 더불어 시작되었다. 이 관점은 선[좋음]을 이익과 동일화하고 이성을 계산과 동일화하는 견해에 대립한다. 이 관점은 홉스보다 훨씬 더 근본적인 의미에서 우리의 책무를 의지에 기초 지으려 한다. 홉스는 정치적 책무를 주권자에 복종할 것인지의 결단에 기초 지었다. 하지만 이 결단을 좌우하는 것은 신중함이었으며, 따라서 우리는 홉스에게서 책무의 토대를 죽음을 피하려는 보편적 욕구로 간주할 수 있다. 그러므로 '자연법, 제1항'은 '평화를 얻기 위해 노력하는 것'이다. 결국 공리주의적 전통에서 볼 때 우리, 우리의 욕망들 그리고 우리가 싫어하는 것들 등에 관한 자연적 사실들이 우리가 해야 할 바를 결정하는 데 있어서 결정적인 부분을 내포하고 있다.

칸트의 목적은 자연에의 이 의존성에서 완전히 벗어나는 것이었으며, 책무의 내용을 순수하게 의지에서 이끌어 내는 것이었다. 그는 순수하게 형식적인 기준들을 장래의 행위에 적용함으로써 이러한 주장을 제기했다. 바로 이러한 기준만이 합리적 의지를 만들어 낸다는 것이다. 합리성은 보편적 술어들로 이뤄진 사유, 일관된 사유를 내포한다. 그러므로 어떤 의도된 행위의 토대로 작용하는 준칙은 모순 없이 보편적으로 타당한 것이어야 한다. 만약 우리가 어떤 행위를 보편적으로 타당하게 할 수 없다면 우리는 합리적 의지의 담지자로서 의식적으로 이 행위를 수행할 수 없을 것이다. 이러한 원리에서 작용하는 의지는 자연에 내재한 어떤 규정 근거에서도 자유로울 것이며, 따라서 참으로 자유로울 것이다.[3] 따라서 도덕적 주체는 근본적 의미에서 자율적이다. 도덕적 주체는 자신의 명령에만 복종한다. 합리적 의지로서의 이성은 이제 기준이 되는데, 그것은 자연에 대립된다는 제3의 의미에서의 기준이다.

헤겔은 우리가 방금 대략적으로 그린 전체 발전 과정 위에 서 있다. 그는 인간을 포함하는 더 큰 질서 관념을 전혀 새로운 토대에서 재구성하고자 한다. 따라서 그는 중세와 초기 르네상스에서 나타났던 의미 있는 자연 질서라는 사상에 대한 근대의 거부 반응을 전적으로 인식하고 있다. 중세와 초기 르네상스에서 나타났던 의미 있는 자연 질서라는 사상들은 그 질서를 궁극적으로 신에 의해 주어진 것으로 간주했다. 존재들의 위계는 더 설명되거나 정당화될 수 없는 궁극적인 위계였으며, 이 위계질서에서 자

---

3) Immanuel Kant, *Kritik der praktischen Vernunft*, Riga, 1788, §5.

신에게 적절한 위치를 차지하는 것이 인간의 의무였다. 하지만 자유로 정의되는 헤겔의 정신 개념은, 우리가 본 것처럼, 단순히 주어져 있는 어떤 것에 순응할 수 없다. 모든 것은 이념으로부터, 정신 혹은 이성 그 자체로부터 필연적으로 흘러나와야 한다. 따라서 정신은 궁극적으로 단순히 주어져 있는 어떤 것에 대항해서 반란을 일으킨다.

이러한 이유 때문에 헤겔은 자기 규정하는 주체에 대한 근대적 확신을 필연적 단계로 본다. 그리고 그는 칸트적인 급진적 자율성 사상을 발전의 필연적 정점으로 본다. 자율성이란 정신의 전체 내용이 정신의 외부로부터 온 것에 붙들려 있는 것이 아니라 정신 자신에게서 이끌려 나와야 한다는 정신의 요구를 표현한 것이다.

참으로 올바른 것을 알기 위해 우리는 경향성·충동·욕구 등 특수한 모든 것을 추상해야 한다. 다른 말로 하면 우리는 의지 그 자체가 무엇인지를 알아야 한다.[4]

더 나아가

의지는 어떤 다른 것, 외적인 것, 낯선 것에 의지하지 않고──왜냐하면 그럴 경우 그 의지는 의존적이기 때문이다──오직 자기 자신, 즉 의지에 의지할 경우에만 자유롭다.[5]

헤겔은 자연과 정신을 근본적으로 대비시킨다. 물질적 자연의 '실체'

---

4) *GW*, 921.
5) *GW*, 921.

는 중력인 데 반해, 정신의 실체는 자유이다.[6] 정신의 자유는 그 자신에 집중되어 있다.

바로 이러한 의지 개념은 자유의 개념과 묶여 있다. 첫째, 사유는 의지에 본질적이다. 자유는 의지의 '실체'이다. "따라서 사유가 없다면 의지도 있을 수 없다."[7]

의지가 본질적으로 자유로 운명 지어진 이유는 의지가 사유의 실천적 표현이기 때문이다.

자유는 엄밀히 말해서 사유 그 자체이다. 사유를 부정하면서 자유를 말하는 사람은 누구나 자신이 말하고 있는 것을 알지 못한다. 사유의 자기 자신과의 통일은 자유, 자유의지이다.……의지는 사유하는 의지일 때만 자유롭다.[8]

헤겔은 『법철학』에서 동일한 주제를 다룬다. 여기에서 그는 의지를 "자기 규정하는 보편성"으로, 따라서 자유로 특징화한다.[9] "의지 속에서 자신의 길을 찾는 것이 사유이다." 헤겔은 여기에서 "의지는 사유하는 지성으로 있을 때만 참된 자유의지이다"라는 사실을 반복한다. 이 문단에 이

---

6) *VG*, 55. 물론 '자연'[본성]은 여러 다른 의미로 사용될 수 있다. 여기에서 자연[본성]은 사물의 개념을 의미하며, 이 경우 정신의 '자연'[본성]은 존재한다. 헤겔은 이 표현을 방금 언급한 인용문이 들어 있는 문단에서 사용한다("정신들의 자연"Die Natur des Geistes). 이것은 근대의 급진적 자율성 이념의 지지자임에도 불구하고, 혹은 그 이념을 지양하고 있는 자로서 헤겔의 사유가 아리스토텔레스의 사유와 유사함을 보여 준다.

7) *EG*, §468의 '추가'.

8) *SW*, XIX, 528~529.

9) *PR*, §21.

어 헤겔은 낭만주의적 자유 이론은 "사유를 배제하고서 감정·마음·가슴 등에 열광한다"고 비판한다. 또한 자유의지는 자기 자신이 곧 자신의 대상이기 때문에, 따라서 그 대상이 자기에게 타자도 한계도 아니기 때문에 자유의지는 참으로 무한하다.[10] 자유의지는 "그것이 무엇이든 다른 것에 의존해 있는 어떤 끈에서도 풀려나 있으며",[11] 그것은 보편적이다.[12]

순수하게 자신에 의해, 따라서 사유나 합리성에 의해 규정되는 이 의지는 법[권리]이라는 것의 궁극적 기준이다. 의지는 『법철학』에서 "법의 토대"(Boden des Rechts)이다.[13] 그리고 또한 그 때문에 의지는 완전히 실현된 국가의 근본 원리이다. 루소는 이 결정적인 원리를 알아본 최초의 사람으로 간주된다.

> 그는 그 형식에서 뿐 아니라 그 내용에서도 사유의 특성을 갖는 원리, 심지어 사유 그 자체인 원리, 즉 의지를 국가의 원리로 도입했다. 이 원리는 형식적 측면에서만 사유의 특성을 갖는 원리, 예컨대 사교적 본능이나 신적 권위 등과 같은 원리와 다르다.[14]

하지만 헤겔이 칸트에게 영향을 받기는 했지만 그는 이 자율성의 원리를 전혀 새롭게 구상한다. 헤겔은 자율성의 원리로부터 새로운 유형의, 근대의 의식이 거부하면서 출발했던 보다 큰 질서를 만들어 낸다. 이렇게 해

---

10) *PR*, §22.
11) *PR*, §23.
12) *PR*, §24.
13) *PR*, §4.
14) *PR*, §258.

서 그는 칸트 이론이 빠졌던 심각한 딜레마에서 벗어났다고 믿는다.

합리성에 대한 칸트적 기준의 문제점은 그가 급진적 자율성을 주장함으로써 내용 없이 공허하게 되었다는 것이다. 언젠가 한번 본 것처럼, 우리가 이성에 대한 플라톤적 기준에 동의하지 않음으로써 그 존재론적 토대 전체를 거부한다 하더라도, 우리는 그 기준이 어떤 것들을 올바른 것으로, 어떤 다른 것들을 그른 것으로 선택하는 방식을 볼 수 있다. 동일한 사실이 공리주의적 기준에도 적용된다. 하지만 칸트는, 그것이 질서건 관념이건 실제적 욕망이건 간에, 어떤 사물들의 존재 방식에 호소하는 것을 피하고자 했다. 법[권리]의 기준은 순수하게 형식적이다. 칸트는 이 형식적 기준이 어떤 행위들은 용인하고 다른 행위들은 배제하는 법칙들을 현실적으로 만들어 낸다고 보기 때문에 아주 생동적인 이론이라고 믿었다. 하지만 이러한 결과에 대한 논증은 매우 불확실하다. 따라서 일단 이 논증에 대한 신뢰가 상실될 경우, 구미에 당기지 않는 이 기준은 폐기된다. 또한 그 기준은 임의적인 행위 양식을 도덕적으로 가능한 것으로 승인할 수 있다. 형식적 기준에 기초한 도덕적 자율성은 공허하고 자의적인 규정일 뿐이다.

이것이 바로 헤겔이 지치지 않고 칸트에게 퍼부은 비판의 요지다. 우리는 『정신현상학』을 다룬 이 책 4장 3절에서 이와 관련한 헤겔의 논의가 부분적으로 칸트적 기준의 공허성에 맞춰져 있었음을 보았다. 그런데 요점은 다른 곳에서 발생한다. 1800년대 초에 나온 「자연법의 학적 취급 방식에 대하여」에서 헤겔은 칸트가 『실천이성 비판』 4절의 '주해'(Remark)에서 사용한 예, 즉 죽은 사람이 나에게 남긴 위탁물 문제를 직접 언급하면서 다루고 있다. '문서로 된 지침이 없고, 따라서 누구도 내가 위탁물의 수혜자임을 알아볼 수 없다고 할 때, 그럼에도 불구하고 나는 그것을 내 것으로 삼아도 되는가?'라고 칸트는 묻는다. 그리고 그는 결코 그럴 수 없다고 한다. 그 근거를 그는 다음과 같이 말한다. '위탁했음을 아무도 증명할 수 없는 그런 위탁물에 대해서는 누구라도 그것이 위탁물임을 부정해도 좋다'는 것을 보편적 법칙으로 내세울 경우 이 법칙은 법칙으로서의 자신의 지위를 스스로 파괴하고 말 것이라는 것이다. 왜냐하면 이 법칙은 위탁물과 관련한 제도나 습속을 없애 버릴 것이기 때문이다.

헤겔은 여기에 어떤 모순도 없다고 논증한다.[15] 나의 행위를 일반화함으로써 위탁물의 양도라는 구체적 실천이 폐기된다면 그것은 어떤 측면에서 '나는 할 수만 있다면 그 위탁물을 훔쳐도 된다'는 법칙에 모순될까? 만약 이 법칙이 저 실천을 준수하라고 나에게 명령한다면 거기에 모순이 있겠지만, 이것은 그 경우가 아니다.[16] 여기서 '위탁물을 훔치는 것이 일반화된다면 이러한 절도 행위는 위탁물을 타자에게 양도할 수 있다는 실천적 습속과 양립할 수 없다', 혹은 '절도의 일반화와 소유는 양립할 수 없다'는 단순한 '동어반복'에 지나지 않는다. 하지만 여기에는 우리가 소유를 가치로 확고히 하고 싶은 건지, 아니면 일반화된 절도를 그렇게 하고자 하는 건지, 아니면 완전한 공산주의를 그렇게 하고자 하는지를 결정해야 하는 문제가 남는다.

앞의 경우든 뒤의 경우든 칸트의 원리는 다음과 같은 것이다. 즉 만약 어떤 준칙에 대한 일반적 복종이 이 준칙을 간직하고 있는 현실 없이는 적

---

15) Hegel, *Schriften zur Politik und Rechtsphilosophie*, Hrsg. Georg Lasson, Leipzig: F. Meiner, 1923, S. 349 이하.
16) 만약 두 문장이 모순이려면 첫 문장을 '위탁물은 훔쳐도 된다'(p)로, 둘째 문장은 '위탁물은 돌려줘야 한다'(q)로 바꿀 수 있을 것이다. 둘째 문장에서 '돌려줘야 한다'는 것이 '훔쳐서는 안 된다'를 함의한다면 q가 ~p를 의미하기에 p와 q는 모순이다. 헤겔은 칸트의 논의가 이 경우에 해당하지 않는다고 말하고 있다. ―옮긴이

용될 수 없다면 그러한 준칙은 결코 수용될 수 없다.[17] 하지만 이러한 사실은 우리에게 '가난한 사람을 도우라', '적에 대항해서 네 조국을 지켜라' 등과 같은 그런 준칙들을 비도덕적인 것으로 거부하게 만들 것이다.[18]

헤겔은 『법철학』 135절에서 이 문제로 되돌아온다. 칸트의 기준은 "공허한 형식주의"로 이끌 뿐이라고 한다. '소유는 존재해서는 안 된다'는 명제에는 어떤 모순도 없다. 소유권은 보다 구체적으로 근거 지어져야 한다.

여기서 헤겔은 의무의 구체적 내용이 자유의 이념 그 자체에서 어떻게 연역되는지를 보임으로써 칸트의 딜레마를 풀 수 있다고 생각한다. 이 말이 무슨 의미인지를 우리는 이미 알고 있다. 하지만 이 문제를 상세히 고찰하기 전에 칸트의 논의가 공허하다는 이러한 비난이 왜 칸트와 전체 혁명의 시대에 대한 헤겔의 비판에 결정적으로 중요한지를 살펴보아야 한다.

칸트는 형식적 자유 개념을 가지고 있었기 때문에 정치적 질서는 이 개념으로부터 이끌려 나올 수 없다. 그의 정치 이론은 각자의 방식으로 행복을 추구하는 개별자들의 연합체라는 공리주의적 상에 불과하다고 말할 수 있다. 정치 문제는 보편적 법칙 아래서 다른 모든 사람의 부정적 자유[자의]와 공존할 수 있도록 각자의 자의를 한계 짓는 방식을 찾는 것이다. 다른 말로 하면 순수하게 형식적이며 따라서 공허한 칸트의 급진적 자유 개념은 자유를 실현시킬 수 있는 정치 질서에 대한 새로운 실체적 상을 산출할 수 없다. 이때 이 실체적 상이란 (즉자대자적으로 존재하는 합리적 의

---

17) 절도를 보편적 법칙으로 용인하는 곳에서 '절도하지 말라'는 말은 아무런 의미도 없다. 왜냐하면 절도가 보편적으로 행해지는 곳에서는 절도라는 개념이 있을 수 없기 때문이다. 이는 마치 키 3미터가 넘는 사람이 아무도 없는 곳에서 '3미터 이상의 키를 가진 사람은 입장할 수 없다'는 규칙이 아무런 의미를 갖지 않는 것과 같다. — 옮긴이
18) Hegel, *Schriften zur Politik und Rechtsphilosophie*, S. 345.

지로서의) 의지 자체의 본성에서 도출된 목표에 기초하고 있으며, 따라서 인간에게 무조건적으로 타당하다고 한다. 이렇듯 칸트의 정치 이론은 그 내용을 자연[본성]에서 가져와야 한다. 칸트의 정치 이론은 특정한 목적을 추구하는 개별자 인간에서 출발하며, 도덕성과 합리성, 즉 보편성에 대한 요청은 외부로부터 이 개별자들에게 부과된 제약과 한계로 도입된다. 합리성은 내재적 보편성이 아니라 모든 개별자의 부정적 자유를 양립 가능하게 할 뿐인 외적이고 형식적인 보편성이다.[19]

따라서 칸트가 도덕성에 대해 근본적으로 새로운 관점을 보여 주긴 하지만 그의 정치 이론은 실망스럽게도 구태의연하다. 그의 정치 이론은 개별자들의 의지를 조화하는 데 가장 큰 의미를 두는 공리주의에서 크게 벗어나지 못한다.

이러한 해석은, 우리가 다음에 다시 보겠지만, 의심의 여지 없이 칸트에 대해 불공정하다. 하지만 이 해석은 이 부분[20]과 다른 곳에서[21] 칸트와 동일하게 취급되어 같은 비판을 받는 루소에게는 훨씬 더 불공정하다. 『법철학』 258절에서 헤겔은 루소가 의지를 여전히 개별적 의지로 보고 있으며, 일반 의지를 "의지에 내재한 절대적으로 이성적인 것"으로 보는 것이 아니라 의식적인 개별적 의지들에 내재한 공통의 것으로만 본다고 불평한다. 그 결과로 국가는 궁극적으로 자의적인 결단과 합의(자의, 의견, 임의적이며 명문화한 동의 등)에 기초하게 된다.

이러한 해석은 확실히 루소에게 공정하지 못하다. 그의 '일반 의지'는

---

19) *PR*, §29.
20) *PR*, §29.
21) *PR*, §258; *SW*, XIX, 528 참조.

모든 사람의 특수 의지에 내재한 공통의 것 이상을 의미했으며, 계약의 임무는 이 특수 의지들을 어떤 합의에 의해 일치시키는 것이 아니었다. 하지만 헤겔이 이로써 원래 표현하고자 한 것은, 『법철학』 29절과 258절에서 암시되고 있듯이, 프랑스혁명이 가져온 무서운 파괴였다. 헤겔은 여기저기에서 프랑스혁명을 루소의 원리의 논리적 결과로 본다.

사실 형식적 자유의 공허는 위에서 행한 칸트에 대한 기술과는 완전히 다른 결과를 가질 수 있다. 그곳에서 우리는 자율성의 이론이 정치적 삶의 문제를 정의하기 위해 공리주의로 되돌아가는 것을 보았다. 하지만 급진적 자율성 이론가들은 이런 결점을 느끼고서 특수 의지들의 투쟁과 타협을 넘어 자유의 종합적 표현에 도달할 수 있는 사회를 추구할 수 있다. 이것이 바로 헤겔이 『정신현상학』에서 기술한, 그리고 그가 혁명적 공포정치(terror)가 판치던 자코뱅 시기에 보았던 '절대적 자유'를 향한 추구이다.

하지만 우리가 본 것처럼, 공허하다는 비난은 바로 이 혁명적 과업에도 따라붙는다. 혁명의 목적은 사회를 어떤 특수한 이해나 전통적으로 확립된 원리 위에 구축하려는 것이 아니라 오직 자유 위에 구축하려는 것이다. 하지만 공허한 이 자유는 사회에 대한 어떤 뚜렷한 구조를 제시하지 않는다. 그것은 단지 현재하는 체계들을 파괴하고 또 새로운 것이 일어나지 못하도록 위협할 뿐이다. 따라서 절대적 자유를 향한 추구는 파괴의 분노가 되며, "그 실험은 최고의 공포와 공포정치로 끝난다".[22]

하지만 일반 의지를 위해 개별적인 의지를 희생시킨 이 공포정치를 의지를 여전히 개별적 의지로 정의하는 이론과 연결하는 것은 어딘가 이상하다. 그러나 나는 헤겔이 참으로 말하고 싶은 것이 이 부분들에서 명백하

---

22) *PR*, §258.

게 표현되지는 않은 어떤 다른 것이라고 생각한다. 좀더 구체적으로 말하면, 루소와 칸트 둘 다 급진적 자율성에 대한 혁명적·자유주의적 옹호자로서 자유를 **인간의** 자유로, 의지를 **인간의** 의지로 정의했다는 것이다. 다른한편 헤겔은 '인간은 스스로를 정신의 담지자로 봄으로써 자신의 근본적 동일성에 도달한다'는 사실을 자신이 증명했다고 믿었다. 만약 의지의 실체가 사유나 이성이라면, 만약 의지가 자기 자신의 사유 이외에 어떤 것도 추종하지 않을 때만 자유롭다면, 문제가 되고 있는 사유나 이성은 인간의 사유나 이성으로 드러나는 것이 아니라 우주를 정립하는 우주적 정신의 사유나 의지로 드러난다.

이것은 상황을 변화시킨다. 급진적 자율성 이론에 짐을 지웠던 공허함은 극복된다. 급진적 자유의 딜레마는 다음과 같이 정식화될 수 있다. 만약 자유가 모든 타율성을 거부한다면, 즉 특수한 욕망, 전통적 원리 혹은 외적 권위 등에 의한 의지의 규정을 거부한다면 자유는 어떤 합리적 행위와도 양립할 수 없다. 왜냐하면 거기에는 어떤 행위 근거들도 남아 있지 않는 것처럼 보이기 때문이다. 이때 그 근거들은 전적으로 진공이어서는 안 된다. 즉 그것들은 어떤 행위는 실제로 작동하게 하고 어떤 다른 것은 작동하지 않도록 해야 하며, 따라서 타율적이지 않다.

그러나 인간은 의지의 자율성을 실현해야 한다고 하는데, 이 의지가 인간만의 의지가 아니라 정신의 의지이기도 하다면 모든 것은 변한다. 이 의지의 내용은 분화된 세계를 스스로 산출하는 이념이다. 따라서 행위를 규정하는 근거들이 더 이상 결여되어 있지 않다.

좀더 간단히 요약하자면, 헤겔의 합리적 자유의지는, 칸트의 경우와 달리, 단순히 보편자로 머무는 것이 아니라 특수한 내용을 그 자신으로부터 산출하기 때문에 공허함에서 빠져나온다. 하지만 이를 수행하는 것은 인간이 아니라 오히려 우주적 주체의 의지이다. 분화된 세계를 가져온 것은 절대적 이념이다. 형식적으로 존재할 수 있을 뿐인 자유와 보편성을 얻고자 노력하는 가운데 자신의 모든 특수성을 벗어 버림으로써가 아니라 자신이 우주적 이성과 연결되어 있음을 드러냄으로써, 따라서 특수한 존재로서 우리 삶의 어떤 측면이 참다운 구체적 보편자, 즉 이념을 반영하고 있는지를 인식하게 됨으로써 인간의 합리적 의지는 내용을 발견한다. 이성과 자유가 인간의 의지에 명령하는 것은 사물들이 자기 자신을 이념의 적절한 표현으로 드러내도록 사물의 구조를 진작하고 유지하는 것이다.

위에서 본 것처럼 이 말은 우선 사람들이 자신을 통합하는 보다 큰 삶으로서의 사회와 관련을 맺는다는 것을 의미한다. 다른 말로 하면 자유에 대한 요구는 원자론적인 자유주의적 형태를 넘어간다. 자유주의에서는 개별자와 이들의 목표가 가장 중요하며, 사회의 임무는 개별자들의 이익의 충족과 더불어 타자의 이익의 충족도 승인하는 것이다.

이것은 다시 특정한 형태의 사회 구조를 요구한다. 이 사회는 개념의 다양한 계기들, 즉 직접적 통일, 분리, 매개된 통일 등이 완전하고 적절하게 표현되게 해야 한다. 우리는 나중에 헤겔이 외관상 추상적인 이런 요구에 대해 어떻게 구체적인 내용을 가지고 설명하는지를 볼 것이다. 이 요구는 국가가 '신분들'과 상이한 사회의 수준(가족, 시민사회, 국가)으로 필연적으로 분절해 가는 데 있어 토대가 된다.

따라서 이성은 사람들이 개념에 따라 명료하게 분화된 국가에서 살기를, 그리고 이들이 집단적으로 확립된 이 기계[국가]에 의해 그저 이익을 제공받는 이기적인 개인으로서가 아니라 보다 큰 삶에 참여하는 자로서 이 국가와 관련을 맺기를 요구한다. 그리고 이 보다 큰 삶은 그들의 궁극적 충성에 의해 유지되는데, 왜냐하면 이 삶은 사물들의 바로 그 토대인 개념의 표현이기 때문이다. 자유는 실로 매우 구체적인 내용으로 주어진다.

그런데 여기에서 헤겔은 참으로 어려운 일을 해냈다. 왜냐하면 인간이 사회와 맺는 이러한 관계는 전근대적 관계와 병행하기 때문이다. 근대 주체성의 혁명에 직면해 인간은 자신의 사회 구조, 즉 군주제, 귀족제, 사제적 위계 등을 전복하도록 자극받았다. 이 구조들은 인간이 궁극적인 충성을 보여야 하는 신의 의지나 존재의 질서, 간단히 말해서 사물의 토대를 반영하는 것이었다. 왕에게는 복종해야 했다. 왜냐하면 그는 신에 의해 지명되었기 때문이며, 더 나아가 우주 안에 존재하는 신의 정치적 표현이었기 때문이다. 이제 이러한 사유 양식은 가장 놀라운 방식으로 전복되어서 자기 규정하는 근대의 주체성이라는 가장 극단적인 표현으로, 즉 극단적인 자율성의 이념으로까지 성장했다.

따라서 헤겔을 자유주의냐 보수주의냐 하는 스펙트럼에서 분류하는 것은 결코 쉬운 일이 아니다. 왜냐하면 그는 우주적 질서 개념을 정치 이론의 초석으로 복구하기 때문이다. 예를 들어 그는 국가가 신적인 것이라고 말한다. 그리고 우리는 이러한 부류의 사유를 보수주의자의 표징으로, 심지어 반동적 사유의 표징으로 간주한다. 하지만 그의 질서관은 전통의 사유와 명백히 다르다. 그의 질서에는 이성 자신에 의해 명령되지 않은 것은 하나도 없다. 따라서 인간이 단순히 수용해야 하는 것은 자신을 넘어선 질서가 아니다. 오히려 그것은 적합하게 이해된 자신의 본성에서 흘러나온 것이다. 따라서 그 중심에는 자율성이 놓여 있다. 왜냐하면 자기 자신으로부터 흘러나온 법칙에 지배된다고 하는 것은 자유롭다는 것을 의미하기 때문이다. 따라서 그 질서는 자율적이고 합리적인 개별자에게 결정적인 중요성을 갖는다. 헤겔의 정치 이론과 유사한 것은 이전에 전혀 없었다. 그래서 헤겔의 정치 이론을 자유주의적이냐 보수적이냐라는 기준에서 분류

하려는 것은 우스꽝스러운 오해를 불러일으킬 수 있다.[23]

그러므로 칸트의 도덕 이론의 공허성에 대한 헤겔의 답변은 의무의 내용을 자유의 이념에서 이끌어 내는 것이다. 이러한 작업은 가능한데, 왜냐하면 그는 단순히 인간의 자유의 이념을 말하는 것이 아니라 우주적 이념을 말하기 때문이다. 이로부터 그는 인간을 자신 안에 품고 있는 사회라는 생각을 인출해 낸다. 이러한 사회관은 사회의 구조를 확대하고 보존하도록, 그리고 그 규율에 따라 살도록 우리를 인도하는 그런 도덕적 책무에 구체적 내용을 부여할 수 있다. 도덕성은 전체 사회라는 관념을 통해서만 그 내용을 부여받는다. 따라서

> 내재적이고 일관성 있는 '의무론'은 자유의 이념에서 필연적으로 따라 나온, 따라서 총체성 속에서, 즉 국가 내에서 현실화된 그런 관계들의 전개 이외에 아무것도 아니다.[24]

그러므로 합리성은 헤겔에게서 도덕과 정치 양자의 실체적 기준이 된다. 그리고 바로 이것이 이전에는 찾아볼 수 없는 그의 독특한 점이다. 그의 견해는 어떤 점에서 플라톤의 견해와 유사한 점이 있다. 왜냐하면 그의 견해는 우주적 질서 이념을 함유하고 있기 때문이다. 그러나 그의 견해가 형성되는 데 있어서 위대한 공로자는 칸트이다. 왜냐하면 그 견해는 '의지는 자신 이외에 아무것에도 복종해서는 안 되고 오직 자신의 내적인 합리성

---

23) 불행히도 이러한 시도가 앵글로-색슨 세계에 만연해 있다. 가장 최근의 시도는 시드니 후크(Sidney Hook)에 의해 반복되었다. Kaufmann ed., *Hegel's Political Philosophy*에 들어 있는 그의 논문을 참조하라.
24) *PR*, §148.

에만 복종해야 한다'는 급진적 자율성의 요청 위에 세워져 있기 때문이다. 헤겔의 관점은 이 둘을 어느 정도 조합하였으며, 바로 이 속에 그의 관점의 원래성이 놓여 있다.

합리성의 기준이 실제로 헤겔의 정치학에 적용될 때 그것은 아주 복잡한 형태를 띤다. 그가 적용한 어떤 분야는 칸트가 이미 적용한 부분과 일치한다. 사실 어떤 부분에서 칸트의 적용은 정치 이론의 결과물이라는 관점에서 헤겔의 경우보다 훨씬 더 풍부하다.[25)

무엇보다도 합리성은 인간이 합리적 주체로, 칸트의 공식으로 말하자면, 수단이 아니라 목적으로 취급되어야 한다고 요청한다. 그리고 정치적 술어로 말하자면 이것은 근대 국가가 자율적 개인의 권리를 인정해야 한다는 것을 의미한다. 따라서 어떤 노예제도 인정될 수 없으며, 재산과 양심,[26) 직업의 자유로운 선택,[27) 종교의 선택[28) 등이 존중되어야 한다.

둘째, 칸트의 형식적 정의에서조차 드러나듯이, 합리적이기 위해 국가는 법에 의해 지배되어야지[29) 자의에 의해 지배되어서는 안 되며, 법은 모두를 동일하게 취급해야 한다. 이것은 법이 인간들로부터 이끌려 나왔다고 한다면 그것은 곧 모든 사람으로부터 동등하게 이끌려 나왔다는 것을 의미한다.

이러한 것들은 자유주의적인 칸트의 합리성 기준에서 이끌려 나온 결

---

25) 사실 칸트의 급진적 자율성 이론은 보편화 기준의 공허함이라는 말로 완전히 무시될 수 없는 중요한 다른 결과들을 산출한다. 왜냐하면 그 이론은 인간이 어떻게 취급되어야 하는지에 대해, 인간이 어떤 법에 복종해야 하는지에 대해서도 진술하고 있기 때문이다.

26) *PR*, §137.

27) *PR*, §206.

28) *PR*, §270.

29) *PR*, Preface.

과들이다. 헤겔은 이것들에 자신의 견해를 덧붙인다. 즉 정치적 사회는 이념을 실현하고 표현해야 한다는 사실을.

그러나 우리는 칸트의 기준이 공리주의적 계몽을 벗어나지 못한다고 하는 헤겔의 주장이 타당하다고 할 수 있다. 처음 두 원리에서 우리는 개별자들이 어떻게 취급되어야 하는지를 보며, 좋은 사회의 일반적·형식적 특성을 볼 수 있다. 즉 좋은 사회란 법에 기초해 있어야 한다. 세번째 원리, 즉 헤겔의 기준에서만 우리는 이 사회가 취해야 하는 실제적 형태를 도출할 수 있다. 칸트의 도덕 이론은 말하자면 정치학의 주변부에 머물러 있으며, 국가나 개별자들이 넘어서는 안 될 한계를 제시하고 있을 뿐이다. 이에 반해 헤겔에게서 도덕성은 정치에서만, 즉 장려되고 보존되어야 할 사회를 기획하는 가운데서만 구체적 내용을 얻을 수 있다.

헤겔이 '인륜성'(Sittlichkeit)이라 부른 것은 이념에 근거한 사회가 장려되고 유지되기 위해 우리가 가지는 일련의 책무들을 지칭한다. 인륜성이라는 용어는 영어로 다양하게 번역된다. 예를 들어 이 단어는 '윤리적 삶', '객관적 윤리', '구체적 윤리' 등으로 번역되는데, 이것들은 이 의미를 정확히 전달한 번역이 아니다. 나는 여기에서 원어 그대로를 사용하자고 제안한다. '인륜성'은 일반적으로 '윤리'(ethics)를 표현하는 독일어이며, 우리가 보통 '풍속'(custom)으로 번역하는 '습속'[관습, Sitte]을 표현하는 말과 어원적으로 동일하다. 하지만 헤겔은 여기에 도덕성과는 대조되는 특별한 의미를 부여한다(독일어에서는 Sittlichkeit[인륜성]와 Moralität[도덕성]의 어원적 차이가 드러나지 않지만 사실 양자의 어원적 의미는 같다. 도덕으로 번역되는 Moral은 라틴어 mores를 어원으로 하는 것으로 습속[관습, Sitte]을 의미하는 희랍어의 라틴어 번역이다).

'인륜성'은 내가 속한 공동체에 대해 내가 가지는 도덕적 책무(obligation)들을 지시한다. 이 책무들은 확립된 규범과 관례에 기초해 있다. 이러한 사실은 '습속'[관습]의 어원적 뿌리가 왜 헤겔에게 그토록 중요한지를 보여 준다.[30] 결정적으로 중요한 인륜성의 특징은 인륜성이 우리에게 이미 존립하고 있는 것을 산출하도록 한다는 것이다. 이 말은 역설적으로 들린다. 하지만 실제로 나의 인륜적 책무의 토대가 되는 공동체적 삶은 이미 실존하고 있다. 내가 이런 책무를 가지게 된 이유는 그런 삶이 이미 존재하고 있기 때문이다. 내가 이 책무를 수행하는 가운데 나는 그런 공동의 삶을 보존한다. 따라서 인륜성에는 존재해야 하는 것과 존재하는 것 사이에, 당위와 존재 사이에 아무런 간격이 없다.

도덕성의 경우에는 그렇지 않다. 여기에서 우리는 존재하지 않는 것을 현실화해야 할 책무를 갖는다. 존재해야 하는 것은 존재하는 것과 대조된다. 그리고 이와 연관하여 책무는 나를 보다 큰 공동체적 삶의 부분으로 간주하는 것이 아니라 개인의 합리적 의지로 간주한다.

따라서 헤겔의 칸트 비판은 이와 연관이 있다. 즉 칸트는 인륜적 책무를 도덕성과 일치시키며,[31] 이를 넘어갈 수 없다는 것이다. 칸트는 도덕적 책무의 추상적·형식적 관념에 머물러 있었기 때문에 인간을 개별자로 간주하며, 또한 자연과의 대비 속에 정의된 어떤 것도 존재하는 것과 무한히 대립한다고 간주한다.

우리는 칸트 도덕철학에 대한 헤겔의 비판들이 어떻게 체계적으로 서로 연관되어 있는지를 볼 수 있다. 칸트의 도덕철학은 순수하게 형식적인

---

30) Hegel, *Schriften zur Politik und Rechtsphilosophie*, S. 388 참조.
31) 다시 한번 말하지만 이것은 헤겔의 술어이다. 칸트 자신은 '인륜성'을 자신의 작품에서, 일반적인 용법과 같이, '윤리'와 같은 의미로 사용했다.

이성 개념에 머물러 있기 때문에 도덕적 책무에 어떤 내용도 제공할 수 없다. 칸트의 도덕철학은 우리가 속해 있는 현재의 사회에서 인출된 타당한 내용을 수용하지 않기 때문에 그것은 개별자의 윤리학으로 남는다. 칸트의 도덕철학은 우리가 속해 있는 보다 큰 삶을 염두에 두지 않기 때문에 권리[법]를 실재와 영원히 대립된 것으로 본다. 도덕성과 자연은 언제나 서로 다툰다.

헤겔의 인륜성 이론은 도덕성이 사회에서 그 완성에 이른다는 것을 보이는 것이다. 그의 이론은 책무를 실현할 뿐 아니라 이 책무에 특정한 내용도 부여한다. 이를 통해 당위와 존재의 간격이 지양된다. 우리가 본 것처럼 헤겔은 의지와 자유를 자연과 구별하는 칸트로부터 출발한다. 하지만 자유는 자연(여기서는 순수한 원시적 형태의 사회)이 이성의 요구에 굴복할 때 완성된다.

이념의 실현은 인간이 사회에서의 보다 큰 삶의 일부이기를 요구하며, 도덕적 삶은 인륜성 속에서 최고로 현실화된다. 이 최고의 현실화는 하나의 성취물이다. 물론 그 상태가 역사 전체에 걸쳐서 현재하지는 않는다. 심지어 역사에는 도덕성이 보다 고귀한 것을 표현하는 것으로 간주되는 시기들도 있다. 하지만 도덕의 완성은 현실화된 인륜성 속에서 이뤄진다.

바로 이것이 헤겔이 그때나 지금이나 자유주의의 도덕적 본능을 거스르는 지점이다. 우리는 여기서 특정한 공동체에 우리가 귀속됨으로써 갖게 되는 책무와 우연적이지 않은 책무라는 두 종류의 책무를 보게 된다. 이 두 책무를 비교하면서 우리는 두번째 책무를 첫번째 책무보다 더 뛰어난 참다운 도덕적 책무로 기술하는 경향이 있다. 헤겔은 이 관계를 역전시키며 정치적 사회를 강조하는데, 이것이 그를 '프로이센주의', 국가 숭배라고 비난하게 했으며, 심지어 파시즘의 원형으로 간주하게 했다. 우리는 이 낡인이 얼마나 불공정한지를 이미 봤다. 우리는 도덕성을 보다 근본적인 것으로 간주하는 경향이 있다. 왜냐하면 우리는 도덕적 인간을 공동체에 의해 요청된 비양심적인 것을 위험을 무릅쓰고 거부하는 존재로 보기 때문이다. 그리고 특히 민족주의가 득세하던 때 더욱 그랬다. 우리 시대에 이렇게 느끼는 것은 아마도 옳을 것이다. 하지만 그것은 헤겔이 예견한 것이 아니다. 우리의 가장 내적인 도덕적 삶의 장소로서의 공동체는 이념의 참된 실현에 가까이 다가간 국가이다. 헤겔은 당시의 국가들이 이 상태를 향해 가는 도정에 있다고 생각했다. 이 부분에 있어서 그는 분명 잘못 됐다. 이에 대해서는 나중에 좀더 자세히 논의할 것이다. 하지만 헤겔이 '내 정부가 옳은지 그른지'의 관점에서 국가를 다뤘다는 것, 혹은 제3제국[히틀러의 나치 시대] 시기에나 어울리는 독일 군사 체계와 기능 체계의 질서를 맹목적으로 추종했다고 생각하는 것은 웃기는 일이다. 왜냐하면 그 시기야 말로 그 어느 때 보다 그런 도덕성이 존귀하게 요청되던 시기일 것이기 때문이다.

우리는 헤겔이 역사 속에서 두 '영웅'이 있었다고 한 점을 잊어서는 안된다. 그 영웅은 소크라테스와 예수이다. 그 둘 다 그들 민중의 인륜성을 과소평가하거나 그들을 공격했다. 하지만 헤겔의 요점은 인간의(혹은 정신의) 참된 실현은 이런 방식으로 올 수 없다는 것이다. 어떤 사람이 아무리 위대한 정신적 진리를 발견했다고 하더라도 그가 자기 자신에만 머물러 있다고 한다면 그 진리는 실제로, 즉 구체적인 것이 될 수 없다. 그는 개별자로서 여러 부분에서 그의 사회에 의존해 있으며, 만약 그 사회가 재생산되지 않으면 그는 선[좋음]을 현실화할 수 없다. 만약 그가 자신의 진리를 위태롭게 하거나 자신의 메시지를 더럽히고 싶지 않다면, 그는 그리스도나 소크라테스와 같은 운명을 부여하는 그 사회에서 퇴각하거나 그리고/혹은 그 사회에 도전해야 한다.

자유의 완전한 실현을 위해서는 '사회가 최소한 자기 충족적인 인간적 실재여야 한다'는 아리스토텔레스적 통찰에 맞는 사회가 요청된다. 인류성을 최고의 사회적 성취물로 간주함으로써 헤겔은—의식적으로—아리스토텔레스를 따르고 있다. 그리고 아리스토텔레스를 따른다는 것은 고대 그리스 세계를 따른다는 것이다. 분열되지 않은 자연스런 인류성을 우리는 그리스 사람들에게서 마지막으로 보았다. 헤겔의 '인류성' 개념은 자신의 세대가 그리스 폴리스에서 보았던 명시적 통일에 대한 해석이다. 그리스 폴리스에서, 헤겔 세대가 믿고 있듯이, 사람들은 자신의 폴리스에서의 집합적 삶을 그들 자체의 삶의 본질이자 의미로 간주했고, 자신들의 영광을 공적인 삶에서, 그 보상을 권력과 명예에서, 불멸성을 폴리스가 그들에게 부여하는 기억에서 찾았다. 헤겔에 따르면 폴리스는 몽테스키외가 공화주의적 국가 형태의 원천으로 간주한 덕을 표현하고 있다. 자신의 세대와 동일하게 헤겔은 이 인류성이 그 원본적 형식을 영원히 상실했다고 인식했으며, 당대의 많은 사람과 더불어 이 인류성을 새롭게 복원하고자 노력했다.

2

우리의 가장 완전한 지고의 도덕적 실존은 우리가 공동체의 일원일 때만 습득할 수 있다는 생각은 명백히 근대 자연법의 계약 이론, 혹은 사회를 일반적 행복의 도구로 보는 공리주의적 관점을 넘어서 있다. 왜냐하면 이런 사회들은, 우리에게 제시될 수 있는 최고의 요청들을 충족하는 것은 말할 것도 없고, 독자적 책무들을 충족하기 위한 장소가 아니기 때문이다. 이런 사회의 실존은 이미 존재하는 도덕적 책무들, 예를 들어 '약속의 준수'나

'최대 다수의 최대 행복의 촉진' 등과 같은 책무들에 특정한 형태를 부여한다. 인륜성을 도덕적 삶의 최고의 단계라고 주장하는 이론은 사람을 그 구성원으로 다루는 보다 큰 공동체적 삶으로서의 사회 개념을 요구한다.

이 개념은 그 무게중심을 개별자에서 공동체로 옮긴다. 이때 공동체는 삶과 주체성의 현실화를 위한 장소로 간주되며, 개인들은 이 공동체의 구성 인자로 간주된다. 공동체는 정신(Geist)의 구현체이며, 개별자보다 더 완전하고 더 실체적인 구현체이다. 개별자를 넘어선 주체적 삶이라는 이런 이념은 헤겔 철학에 대한 저항의 원천이다. 왜냐하면 이 이념은 적어도 (특정한 철학적 전통에서 자라난) 앵글로-색슨 세계에서는 통상 사변적 의미에서 상식적으로 엄청나게 터무니없을 뿐 아니라 도덕적으로는 '프로이센주의' 혹은 심지어 '파시스트적' 결과를 낳을 수 있는 위험한 것으로 간주되었기 때문이다. 여기서 파시스트적이란 개별자와 그의 자유를 보다 고귀한 공동체의 제단에 바치기를 강요한다는 것을 의미한다. 따라서 더 진행하기 전에 우리는 이러한 사회 개념과 개별자가 이 사회와 맺는 관계를 살펴보아야 할 것이다. 우리는 사실 헤겔의 객관 정신의 개념이 쉽게 이해되지 않는다는 것을 볼 것이다. 하지만 그 개념은 경험론적인 원자론적 정신 세계가 생각하듯이 그렇게 터무니없는 것은 아니다.

헤겔은 인간이 공동체와 맺는 이 관계를 수많은 술어들을 사용하여 설명한다.

가장 일반적인 술어들 중 하나는 '실체'이다. 국가 혹은 인민은 개별자들의 '실체'이다. 이 이념은 『엔치클로페디』에서 분명하게 표현된다.

자신을 자유롭다고 알고 있는 실체에서는 절대적 **당위**가 **존재**와 동일하다. 실체는 **인민**의 정신으로 실재한다. 이 정신이 추상적으로 분열된다는 말은 인격체들로 개별화된다는 것이다. 이때 이 인격체들의 독립적 실존의 정신은 그 인격체들의 내적인 힘이자 필연성이다. 하지만 사유하는 지성으로서의 인격적 개체는 저 실체를 자신의 고유한 본질로 알며, 이러한 확신 가운데 이 인격체는 더 이상 저 실체의 단순한 우연물이 아니게 된다. 오히려 이 인격체는 저 실체를 현실 속에 존재하는 자신의 절대적 최종 목적으로, **지금 그리고 여기에서** 습득되지만 동시에 이 인격체가 **자신의 활동을 통해 산출한 것**으로, 하지만 사실은 그저 존재하고 있는 것으로 간주한다.[32]

우리는 이 인용문 말미에 인류성의 기본 모형이 지시되고 있음을 목격할 수 있다. 즉 인류성은 이미 실현된, 즉 과거에 산출되었지만 여전히 존재하는 목표를 제공한다. 하지만 여기서 주목할 가치가 있는 것은 '실체'를 설명하는 데 도움을 주는 일련의 연관 개념들이다. 헤겔에 따르면 공동체는 '본질'이며, 따라서 개별자들의 '최종 목적'이다.

'실체'와 '본질' 개념 뒤에 숨어 있는 생각은 개별자란 공동체와의 관계에서만 존재한다는 사상이다. 이 이념은 『역사에서의 이성』의 한 부분에 잘 요약되어 있다.

인간에 관한 모든 것에 대해 말하자면, 인간이란 국가 덕분에 있다. 인간은 국가 속에서만 자신의 본질을 갖는다. 인간이 가진 모든 가치, 즉 모든 정신적 현실을 그는 국가를 통해서만 갖는다.[33]

---

32) *EG*, §514. 또한 *PR*, §§145, 156, 258 참조.
33) *VG*, 111.

좀더 분명하게 쓴 부분도 있다.

개별자는 이 실체[인민 정신이라는 실체] 속에서 존재한다.……어떤 개별
자도 이 실체를 넘어갈 수 없다. 개별자는 다른 개별자들과 구분되지만
인민 정신(Volksgeist)과 구분되지는 않는다.[34]

'최종 목적' 뒤에 숨어 있는 사상은 인상이 좀더 안 좋다. 왜냐하면 그
말은 개별자를 단지 무자비한 신 몰록[35]에 다름 아닌 국가에 봉사하기 위
해 존재하는 것처럼 그리고 있기 때문이다. 이런 생각은 『법철학』258절의
내용에서 더 분명하게 드러나는 것처럼 보인다.

이 실체적 통일체는 자유를 자신의 최고의 권리로 갖는 부동의 절대적인
자기 내 목적이다. 다른 한편 이 최종 목적은 국가의 구성원이 되는 것을
자신의 최고의 의무로 삼아야 하는 개별자에 대해 최고의 권리를 가진다.

하지만 이러한 독해는 심각한 오해에 기초해 있다. 헤겔은 국가가 개
별자들을 위해 존재한다는 사실을 부정한다. 다른 말로 하면 그는 국가가
도구적 기능만을 갖는다는, 즉 국가가 봉사해야 하는 목적은 개별자들의
목적과 같다는 계몽의 공리주의적 이념을 거부한다. 하지만 그는 그 반대

---

34) *VG*, 59~60.
35) 몰록(Moloch)은 고대 팔레스타인 지역에 살던 암몬족의 신으로 '왕'이라는 뜻이다. 제사 때
에는 거대한 금속으로 만들어진 신상이 용광로처럼 가열되었는데, 그 뜨거운 팔에 살아 있는
어린아이를 올려놓았다고 한다. 피에 굶주린 왕이나 피와 고통을 요구하는 체제를 비판하기
위해 '몰록과 같다'는 비유를 사용하기도 한다. ─옮긴이

명제도 참으로 수용할 수 없다.

> 국가는 시민들을 위해 거기 현존하는 것이 아니다. 국가는 목적이며, 그
> 들은 국가의 도구이다. 하지만 목적과 수단의 이런 관계는 여기서 전혀
> 어울리지 않는다. 왜냐하면 국가는 시민들을 초월해 있는 추상적인 것이
> 아니기 때문이다. 오히려 시민들은 어떤 구성 요소도 목적이나 수단으로
> 존재하지 않는 그런 유기적 삶에서 계기로서 존재한다.……국가는 인륜
> 적 생동성을 그 본질로 한다.[36]

우리는 여기에서 오히려 목적과 수단 개념이 생명체의 이미지에 자리
를 양보하는 것을 볼 수 있다. 국가나 공동체는 더 고귀한 삶을 가진다. 이
공동체의 부분들은 유기체의 부분들처럼 서로 관련되어 있다.[37] 따라서 개
별자는 자신과 분리된 목적에 봉사하는 것이 아니라 자신의 동일성의 토
대가 되는 보다 큰 목적에 봉사한다. 왜냐하면 그는 보다 큰 삶 속에 존재
하는 개별자일 뿐이기 때문이다. 우리는 여기서 이미 자기 목적/타자 목적
이라는 대립을 넘어간다.

헤겔은 생명체로서의 이러한 공동체 개념에 '자기 의식'으로서의 공
동체 개념을 첨가한다. '정신', '인민 정신' 등과 같은 개념과 더불어 이 개
념으로부터 헤겔의 국가나 공동체는 초개인적이라는 이념이 생겨난다. 하
지만 '자기 의식' 개념을 도입하고 있는 『역사에서의 이성』에서 헤겔은 이

---

36) *VG*, 112.
37) 『논리학』의 용어로 말하자면 외적 목적론의 범주는 여기에 적합하지 않다. 국가는 내적 목적
론에 의해 이해될 수 있을 뿐이다.

개념을 개별자에 적용된다는 의미에서의 '인민 정신'과 연관하여 말하고 있는 것이 아니다. 그것은 오히려 "철학적 개념"이다.[38] 개별자보다 더 큰 어떤 정신과 같이, 자기 의식은 구체적인 개별 주체들을 수단으로 해서만 실존한다.[39] 따라서 자기 의식은 이 개별 주체들과 같은 의미에서의 주체가 아니다.

그런데 헤겔은 왜 개별자보다 더 큰 정신을 말하고 싶어 하는가? 개별자가 보다 큰 삶의 일부이며, 보다 큰 삶 속에 귀속된다고 말하는 것은 무슨 의미인가? 그리고 개별자가 그렇게 함으로써만 개별자라고 말하는 것은 무슨 의미인가?

이러한 생각들은 원자론적 편견에 사로잡혀 있는 우리에게 신비하게 보인다. 사실 원자론적인 사유는 근대의 정치적 사유와 문화에 매우 중요했다. 우리가 공동체를 유기체로 생각할 경우에만 [이 공동체와 무관한 순수한] 개별자란 이 공동체에서 추상된 것이라고 생각할 수 있다. 그러나 인간 존재를 고려할 때 그것은 단순히 살아 있는 유기체가 아니라 생각하고, 느끼고, 움직이고, 반응하고, 타자와의 관계로 진입하는 그런 존재로 이해된다. 이 모든 것은 언어를 함의하며, 세계를 경험하고 그의 느낌을 해석하며 타자·과거·미래·절대자 등과의 관계를 이해하는 관련 방식을 함의한다. 인간이 자신을 이 문화 속에 위치시키는 특수한 방식을 우리는 그의 동일성(정체성)이라 부른다.

그런데 언어, 그리고 우리의 경험과 해석의 근저에 놓여 있는 일련의

---

38) *VG*, 61.
39) 그러므로 *PR*, §258에서 헤겔은 국가란 "의지가 자신의 보편성으로 고양된 **특수한 자기 의식**, 즉 즉자대자적으로 합리적인 자기 의식을 갖는 실체적 의지의 현실"이라고 말한다(강조는 테일러).

연관된 구별들은 공동체 속에서만 성장할 수 있으며, 또한 공동체에 의해서만 유지될 수 있다. 이런 의미에서 인간 존재로서의 우리는 문화적 공동체 속에만 존재한다. 우리가 어떤 문화에서 성장한 후 그 문화를 떠날 수 있지만, 그래도 여전히 그 문화의 많은 부분을 유지할 것이다. 그러나 이러한 경우는 예외적이며, 또 어떤 중요한 의미에서 주변적인 것이다. 이민자들은 자신의 문화를 완전히 떠나서 살 수는 없으며, 언제나 자신이 편입한 새로운 사회의 방식의 특성을 수용하도록 강제받는다. 언어와 문화의 삶의 영역은 개별자의 삶의 영역보다 그 범위가 더 크다. 그 삶은 공동체에서 일어난다. 개별자는 이 문화를 소유하며, 따라서 그의 동일성은 보다 큰 이 삶에 참여함으로써 얻어진다.

나는 언어와 관련 구별들이 공동체에 의해서만 유지될 수 있다고 말하고 있는데, 이때 나는 언어를 의사소통의 수단으로만 이해하지는 않는다. 언어를 의사소통으로만 이해한다면 우리의 경험은 철저히 사적인 것일 수 있으며, 그저 서로 의사소통하게 하는 공적 매체를 필요로 할 것이다. 오히려 참다운 사실은 우리의 경험은 부분적으로 우리가 이 경험을 해석하는 방식에 의해 형성된다는 것이다. 이때 우리의 문화 속에 있는 개념들이 중요한 역할을 한다. 하지만 그 이상의 것이 있다. 우리의 가장 중요한 개념들 중 많은 것은 사회 밖에서는 불가능할 것이다. 왜냐하면 그것들은 사회적 대상들과 관련이 있기 때문이다. 예를 들어 의례에 참여하거나 우리 사회의 정치적 삶에 참여하는 경험, 혹은 우리 팀의 승리에 환호하거나 죽은 영웅에 대한 국민적 슬픔에 동참하는 경험 등이 그런 것이다. 이 모든 경험과 감정은 본질적으로 사회적인 대상들을 가진다. 즉 이것들은 (이) 사회 밖에 있지 않다.

따라서 우리 사회 속에 살아 있는 문화는 우리의 사적 경험을 형성하고 공적 경험을 구성한다. 그리고 반대로 이 공적 경험은 사적 경험과 심오하게 상호작용한다. 따라서 우리가 사회와 맺는 관계가 종종 그렇듯이 무의식적이고 수동적이라고 할지라도 '우리란 우리 사회라는 보다 큰 삶에 참여함으로써, 혹은 적어도 이 삶에 침잠함으로써 존재하는 우리다'라고 말하는 것이 크게 잘못된 것 같지는 않다.

물론 헤겔은 이것 이상의 것을 말한다. 왜냐하면 나의 사회의 문화와 맺는 이런 불가피한 관계는 가장 극단적인 소외를 배제하지 않기 때문이다. 극단적인 소외는 나의 사회의 공적 경험이 더 이상 나에게 아무런 의미도 가지지 않을 때 발생한다.

헤겔은 이러한 가능성을 부정하지는 않았다. 그는 소외 이론을 발전시킨 최초의 사람들 중 한 명이었다. 요점은 의례·축제·선거 등과 같은 공적 경험의 대상들이 자연의 사실들이 아니라는 것이다. 왜냐하면 이 대상들은 이 대상들 자체가 발생시킨 경험과 완전히 분리될 수 없기 때문이다. 이 대상들은 부분적으로 이 대상들 근저에 놓여 있는 이념과 해석에 의해서 구성된다. 공회나 근대의 선거 과정에서 투표하는 행위와 같은 사회적 실천은 통상적으로 이해된 이념과 의미 때문에 그런 사회적 실천으로 나타난다. 바로 이런 이념과 의미에 의해 선거함에 표를 던지거나 종이에 표시하는 것이 사회적 결정으로 간주된다. 현재 통용되는 것과 관련한 이러한 이념들은 제도를 규정하는 데 있어서 본질적이다. 따라서 여기에서 중요한 것은 바로 그런 이념이지 선거함에 투표용지를 넣는 것과 같은 행위가 아니다.

그런데 이 이념들은 보편적으로 수용되거나 이해될 수 있는 것이 아니다. 이 이념들은 인간과 사회에 대한, 그리고 예를 들어 다른 사회에서는 악하거나 이해될 수 없는 어떤 결정에 대한 특정한 견해를 함유한다. 투표 행위를 통해 사회적 결정을 한다는 것은 개인들의 결단에 근거하여 공동체 문제를 결정하는 것이 옳고 적절하며 이성적이라는 것을 함축한다. 어떤 사회들, 예를 들어 전 세계에 두루 퍼져 있는 전통적인 마을 공동체들에서 사회적 결정은 합의[만장일치]에 의해 이뤄졌다. 오늘날의 원자론적 결정 과정은 사회적 유대가 해체되면서 나타났다. 그것이 어떤 것이든 **사회의** 결정이란 것은 없다.

따라서 인간에 대한, 그리고 인간이 사회와 맺는 관계에 대한 특정한 관점은 사회의 실천과 제도에 다소나마 편입되어 있다. 따라서 우리는 이 실천들과 제도들을 어떤 이념들의 표현으로 이해할 수 있다. 그리고 실제로 사회가 자기 자신에 대한 상대적으로 명확하고 정확한 이론을 전개하지 못했다고 하더라도, 이 실천들과 제도들은 이념들에 대한 유일한 혹은 가장 적절한 표현일 수 있다. 어떤 실천의 기저에 있으면서 그 실천을 바로 그 실천으로 만드는 생각들, 예를 들어 기표(記票) 행위를 사회적 결정 행위로 삼는다는 생각들은 인간·의지·사회 등에 대한 명제들로 적절하게 설명할 수 없다. 실제로 그에 대한 적절한 이론적 언어가 아직 발전하지 않았다고 해야 할 것이다.

이런 의미에서 우리는 사회의 제도와 실천을 이 사회의 근본 이념들을 표현하는 일종의 언어로 이해할 수 있다. 그러나 이 언어에서 '말해지고' 있는 것은 특정한 개인의 마음속에만 있는 이념이 아니라 사회에 공통적인 것이다. 왜냐하면 그것은 그 사람의 집합적 삶에, 사회와 분리될 수 없는 실천과 제도에 포함되어 있기 때문이다. 바로 이것들 속에서 이 사회의 정신은 어떤 의미에서 객체화된다. 헤겔의 용어로 말하면 이것들은 '객관 정신'이다.

이러한 제도와 실천은 사회의 공적 삶을 형성한다. 이 제도와 실천을 유지하고 생존시키는 특정한 규범들은 이 제도와 실천 내에 조용히 머물러 있다. 선거 행위는 사회적 결정을 위한 절차이기 때문에 위조, 개인의 결정의 자율성 등에 대한 특정한 규범들은 바로 이런 절차로부터 흘러나온다. 사회의 공적 삶의 규범들이 인륜성의 내용이다.

헤겔은 사회의 규범과 목적이 우리의 행위에 의해 유지되지만, 이미 거기 현존하는 것이라 말한다. 따라서 사회 구성원은 "그것들을 자신의 행위를 통해 산출하지만, 단순히 거기 현존하는 것으로" 산출한다.[40] 우리는 이제 헤겔의 이러한 진술이 무엇을 의미하는지 좀더 잘 볼 수 있는 위치에 있다. 왜냐하면 이 실천과 제도는 바로 이것들에 순응해 수행되는 인간의 행위에 의해서만 유지되기 때문이다. 하지만 그것들은 어떤 의미에서 보면 이 행위 이전에 이미 존재했으며, 존재해야 한다. 왜냐하면 우리의 미래 행위를 보존해야 하는 규범을 규정하는 것은 오직 우리의 실천뿐이기 때문이다. 이 사실은 특히 규범에 대한 이론적 정식화가 아직 이루어지지 않을 때 잘 드러난다. 헤겔에 의하면 이것은 그리스 도시 국가에서 그 정점에 이르렀다. 말하자면 아테네 사람들은 "본능적으로"[41] 행위했으며, 인륜성은 '제2의 본성'이었다. 하지만 이론이 있다고 하더라도 이 이론은 표준이 되는 실천의 대체물일 수는 없다. 왜냐하면 어떤 정식화도 이러한 유의 사회적 실천에 포함되어 있는 것을 완전하게 드러내지는 못하기 때문이다.

사회가 현실화되지 않은 규범들을 현실화하기 위해 스스로를 변화시키고자 할 때 이 사회는 실천보다는 이론적 '가치'의 정식화를 자신의 규범으로 지시한다. 예를 들어 사회는 '사회주의를 형성하고자' 하거나 완전히

---

40) *EG*, §514.
41) *VG*, 115.

'민주적으로' 되고자 한다. 하지만 이러한 목표들은 당연히 도덕성의 영역에 속한다. 비록 근대 국가철학의 한계 내에서 헤겔이 이론적 정식화를 적절한 표현으로 고양함에도 불구하고 헤겔의 인륜성은 생동적 실천이 근본 규범들의 최적의 '상태'임을 전제한다. 따라서 우리는 여기서 최상의 인륜성에 의해 추구된 목표가 이미 실현되었다고 말하는 헤겔의 주장의 의미를 볼 수 있다. 그것은 최상의 규범이 현실에서 발견될 수 있고, 현실적인 것은 이성적인 것이며, 청사진으로부터 새로운 사회를 건설하고자 하는 기괴한 시도에서 벗어날 수 있다는 것을 의미한다. 헤겔은 다음과 같이 주장하는 사람들에 대해 강하게 반대한다.

> 국가철학은……여전히 또 다른 이론을 발견하고 공표하는 과업을 갖는다.……이 이념과 이 이념에 맞는 행위를 검토함으로써 우리는 어떤 국가나 체제도 지금까지 세상에 존재했던 것이 아니며, 오늘날에 와서야……처음부터 다시 시작해야 한다는 것을, 그리고 인륜적 세계는 바로 이 오늘의 기획들·증거들·탐구들 등을 기다려 오고 있었다는 사실을 볼 수 있을 것이다.[42]

사회의 공적 삶에 표현된 규범들과 목적들은 그 사회 구성원의 정체성을 결정적으로 규정하는데, 그의 정체성을 인간 존재로 정의하게 하는 그런 사회적 규범과 목적이 지배하는 곳에 그리스인들도 향유했던 가장 행복하고 소외되지 않은 인간의 삶이 있다. 왜냐하면 그 경우 그들의 삶의 경계를 그어 주는 제도적 틀들이 그들과 낯설게 있지 않기 때문이다. 오히려

---

42) *PR*, Preface, 4.

그 틀은 그들의 본질이자 '실체'이다.

따라서 보편 정신 속에서 각자는 자기 확신을 갖는다. 자기 확신이란 그가 현존하는 현실에서 자신 외에는 아무것도 발견하고자 하지 않는다는 것을 의미한다.[43]

그리고 이 실체는 시민들의 행위에 의해 유지되기 때문에 이들은 이 실체를 자신의 작품으로 본다.

따라서 이 실체는 모두와 각자의 행위에 의해 그들 자신의 통일체로, 그들의 등가물로 창조된 보편적 작품이다. 왜냐하면 이 실체는 대자 존재, 자아, 행위이기 때문이다.[44]

이러한 유의 국가에 산다는 것은 자유롭다는 것이다. 사회적 필연성과 개인의 자유의 대립은 사라진다.

합리적인 것은 필연적으로 실체에 속한 것으로 존재한다. 그리고 우리가 그것을 법칙으로 인정하고 우리 자신의 본질의 실체로 따르는 한 우리는 자유롭다. 이때 객관적·실체적 의지는 화해되며, 하나의 또렷한 전체를 형성한다.[45]

---

43) *PbG*, 258.
44) *PbG*, 314.

하지만 공동의 실천과 제도를 규정하는 목적, 규범, 혹은 목표가 별로 현실적이지 않거나 심지어 기괴해 보이기 시작할 경우, 혹은 규범들이 재규정되어서 실천들이 졸렬한 모조품으로 현상하기 시작할 경우 소외가 일어난다. 알려져 있는 수많은 종교적 실천은 역사에서 전자의 운명을 겪었다. 그 실천들은 이후 세대에게 '죽은 것'으로 현상했으며, 심지어 비합리적인 것, 불경스런 것으로 보이기까지 했다. 이것들이 공적인 의식의 일부로 남아 있는 정도에 따라 사회 내에서의 소외는 그만큼 컸다. 예를 들어 우리는 현재의 스페인 사회를 생각해 볼 수 있다. 스페인은 공식적으로 여전히 가톨릭을 받아들이고 있지만, 인구의 대다수는 반종교적 분위기에 처해 있다. 또 한 예로는 공산주의 사회를 생각해 볼 수 있다. 공산주의 사회는 그 구성원 중 상당수가 신을 믿고 있음에도 불구하고 무신론이라는 공적 종교를 표방한다.

하지만 서구 사회의 민주적 실천들은 우리 시대에 후자의 운명처럼 고통을 겪고 있는 것 같다. 많은 사람은 투표 행위의 합법성과 이와 관련한 제도들, 예컨대 선거·의회 등을 사회적인 결정의 수단으로 더 이상 수용할 수 없다. 그들은 개별자가 사회와 맺는 관계에 대한 자신들의 상을 새롭게 기획한다. 그들은 광범위한 투표 행위에 의해 개인의 결정과 사회적 산물 사이에서 산출된 매개와 간격을 수용할 수 없다. 모든 참여자가 관련된 사항에 대해서 완전히 알고 있고 또 집중적으로 토의한 것이 아닌 한에서는 어떤 것도 참다운 사회적 결정이라고 말할 수 없다. 선출된 대표들에 의한 결정은 가상으로, 합의라는 가면을 쓴 조작으로 표시된다. 집단적인 결정의 규범을 이와 같이 재정의함으로써(즉 결정을 인민을 위해서뿐 아니라 인

---

45) VG, 115.

민에 **의해** 이뤄진 것으로 재정의함으로써) 우리의 현재 대의제도는 하나의 사기로 그려지기 시작했으며, 인구의 대부분은 그 제도들에서 소외된다.

어떤 경우에도 공적 제도 속에 표현된 규범들은 우리의 신뢰를 유지할 수 없다. 그 규범들은 일관성이 없는 것이나 찬탈로 간주된다. 이것이 곧 소외이다. 이러한 사실이 발생할 때 사람들은 자신에게 아주 중요한 것을 정의하기 위해 다른 곳으로 돌아가야 한다. 때때로 그들은 정서적 종교 공동체와 같은 보다 작은 사회로 간다. 하지만 헤겔의 관점에서 보다 큰 역사적 중요성을 지닌 또 다른 가능성은 그들이 스스로 새로운 도정을 개척하고, 또 개별자로서의 자신의 정체성을 규정하는 것이다. 헤겔이 『역사에서의 이성』에서 말하고 있듯이, 사람들이 공동체적 삶과의 동일성에서 벗어날 때, 그리고 그들이 '반성할' 때, 즉 그들이 그들 자신에게 돌아올 때, 그리고 가장 중요하게는 그들 스스로를 개별적 목표를 가진 개인으로 볼 때 개별자가 등장한다. 이것이 인민과 인민의 삶의 해체의 계기이다.

여기서 중요한 것은 개별자가 더 이상 자신의 정체성을 원리상 사회의 공적 경험에 의해 규정하지 않는다는 것이다. 반대로 이 개인에게 가장 생동적으로 보이는, 그의 존재의 가장 핵심을 건드리는 것으로 보이는 가장 의미 있는 경험은 사적인 것이다. 공적 경험은 그에게 이차적이며, 협소하고, 국지적이며, 단지 그의 일부를 다루고 있을 뿐이다. 공적인 경험이, 과거와 같이, 그에게 중심적인 의미를 가져야 한다고 요청한다면 그 개인은 이 요청과 갈등 관계에 들어가며, 또 그 요청과 싸워야 한다.

물론 이러한 유의 패러다임 변화가 역사상 여러 번 나타났다. 하지만 헤겔에게서 이러한 유의 패러다임은 그리스의 도시 국가가 무너지면서 발생한다. 그리스 폴리스에서 사람들은 스스로를 그 공적인 삶과 일치시켰다. 그리스의 일상적 경험은 그들에게 패러다임적 경험이었다. 가장 근본적이고 도전할 수 없는 그들의 가치가 이 공적인 삶에 체현되었으며, 따라서 그들의 주된 의무와 덕은 이 삶을 유지하고 지탱하는 것이었다. 다른 말로 하면 그들은 철저히 자신의 인륜성에 따라 살았다. 하지만 이러한 폴리스들 각자의 공적 삶은 협소하고 국지적이었다. 그것은 보편적 이성과 일치하지 않았다. 국지적이고 단순히 주어진 것에 기초한 삶을 거부하고 보편적 이성의 토대를 요구한 인간의 도전은 소크라테스와 더불어 시작했다. 소크라테스 자신은 인륜성의 이념, 즉 사람들이 신뢰를 보여야 하는 법의 이념을 받아들인 이래 깊은 모순에 빠졌다. 그는 또한 이 이념을 보편적 이성으로부터 인출한다. 그리고 이성에 대한 그의 신뢰로 인해 그는 아테네의 현실 법과 더불어 살아갈 수 없었다. 오히려 그는 그 법을 침식해 갔으며, 젊은이들을 타락시켜 그 법을 최종적인 것으로 받아들이지 말고 그 법에 대해 질문하도록 유도했다. 그는 아테네 법에 대한 신뢰 때문에 그 법의 판결을 받아들였으며, 결국 죽음을 맞아야 했다.

그러나 이제 이 공공의 삶과 스스로를 동일화하지 않는 새로운 유형의 인간이 나타났다. 이 인간은 원리상 공공의 삶이 아니라 보편적 이성과 관련을 맺기 시작했다. 그를 이끌어 간다고 느끼는 규범들은 어떤 현실에서도 결코 유지되지 않는다. 그것들은 실재를 넘어가는 이념[이데아]들이다. 반성하는 개별자는 도덕성의 영역에 존재한다.

물론 자기 의식적 개별자조차도 특정한 사회와 관계를 맺고 있다. 사람들은 자신을 어떤 사회에 속해 있는 자로 생각했다. 예를 들어 스토아주의자들은 인간적이면서 동시에 신적인 도시에 속해 있다고 생각했으며, 그리고 그리스도인들의 신의 도시에 속해 있는 도덕적 존재라고 생각했다. 이 철학자들이나 신자들은 그들의 공동체에서 작업했으며, 그들 스스로의 정체성을 보장하는 언어를 유지했다. 그런데 그들의 실제 공동체는 흩어졌고 힘이 없었다. 합리적 개인, 혹은 신을 두려워하는 개인을 만들어 냈던 그들의 공동의 삶은 매우 유약했으며, 유약할 수밖에 없었다. 따라서 인간의 삶에서 가장 중요한 것은 인간을 참된 역사적 공동체의 공적 삶에 참여하는 것으로 생각하는 것이 아니라 개별자[단독자]로 생각하는 것이 었다(이러한 사실은 특히 성찬을 가장 중시하는 기독교 교회에는 타당한 것이 아니다. 그것은 오히려 고대 후기의 현인들에게 적용된다).

어쨌거나 성도들의 공동체와 마찬가지로 지혜로운 자들의 공동체는 역사 속에서 자기 유지적인 외적 실존 없이 존재했다. 공적 영역은 정당하지 않은 사적 권력에 양도되었다. 이것이 바로 도시 국가를 승계한 고대의 보편 제국, 특히 로마 제국에 대한 헤겔의 일반적 기술이다. 이 세계에서는 상실된 인류성의 통일과 충만함은 에테르와 같은 피안의 세계로 넘겨졌다.

그렇다면 인류성의 우선성, 이와 관련해 공동체를 '인류적 실체'로 보는 사상, 인간이 그에 참여하지 않으면 안 되는 정신적 삶 등을 말하는 헤겔의 사유는 어떤 의미를 갖는가? 우리는 이 의미를 세 명제로 기술할 수 있다. 여기서는 논증하기 쉬운 것부터 차례로 서술하고자 한다. 첫째, 인간에게 가장 중요한 것은 공동체의 공적 삶과의 관련 속에서 습득될 수 있을 뿐 소외된 개별자의 사적인 자기 규정에서 습득되는 것이 아니다. 둘째, 이 공동체는 비밀 회합이나 사적인 연합과 같은 단순히 부분적인 공동체여서는 안 된다. 이런 부분적 공동체에서의 삶은 보다 큰 사회에 의해 제약되며 통제되고 제한된다. 공동체는 최소한의 자기 충족적 인간 실재인 국가와 공동의 목적을 가져야 한다. 적어도 우리의 중요한 몇몇 규범들을 표현하는 공적 삶은 국가의 삶이어야 한다.

셋째, 국가의 공적 삶은 인간에게 이러한 결정적 중요성을 갖는다. 왜냐하면 국가가 표현하는 규범과 이상은 인간의 고안물이 아니기 때문이다. 반대로 국가는 이념을, 즉 사물들의 존재론적 구조를 표현한다. 결국 국가는 결정적으로 중요하다. 왜냐하면 국가는 인간이 이러한 존재론적 구조와 자신이 맺는 본질적 관계를, 혹은 헤겔이 '절대 정신'이라고 부른 의식 양태에서 다른 존재와 맺는 본질적 관계를 회복할 수 있게 하는 불가피한 도정들 중 하나이기 때문이며, 그리고 공동체적 삶을 통한 이런 참된 관계는 인간과 절대자 사이의 의식적 동일성(즉 절대자의 자기 동일성)을 회복하는 데 본질적이기 때문이다.

이 세 명제는 분명히 서로 연결되어 있다. 세번째 명제는 처음 두 명제의 토대를 이룬다. 만약 인간이 우주적 정신의 수단으로서의 자신의 참된 정체성에 도달하면, 그리고 이러한 매체를 표현하는 불가피한 수단들 중 하나가 그의 정치적 사회의 공적 삶이라면, 인간은 본질적으로 이 공적 삶과의 관련 속에서 자신의 정체성을 찾게 된다. 인간은 사적인 혹은 은밀한 정체성의 소외를 넘어서야 한다. 왜냐하면 사적이고 은밀한 정체성은 그를 결코 절대자에게 연결시키지 않기 때문이다.

이것이 그가 공동체를 말할 때 '실체', '본질', '최종 목적', '자기 목적' 등과 같은 술어를 사용해 진술하는 이유이다. 무엇보다 공동체의 공적 삶을 만들어 내는 일련의 실천과 제도는 구성원의 정체성을 형성하는 데 아주 중심적인 가장 중요한 규범들을 표현한다. 따라서 이 규범들은 구성원들이 이 실천과 제도에 참여함으로써 얻는 그들의 정체성 속에서만 유지된다. 그리고 그들은 반대로 이 실천과 제도에 참여함으로써 이 실천과 제도를 영속화한다. 둘째, 여기서 다루는 공동체는 국가, 즉 실제로 자기 충족적인 공동체이다. 셋째, 이 공동체는 이념을, 즉 인간과 그의 세계의 근저에 놓인 합리적 필연성의 공식을 표현하기 때문에 이 공동체가 그런 중심적 역할을 갖는다.

따라서 헤겔의 국가 이론에서 낯설고 다소 생소한 것은 인간을 포함하는 보다 큰 삶이라는 이념이나 사회의 공적 삶이 어떤 이념들을 표현하고 있다는 생각이 아니다. 이때 이 이념들은 어떤 의미에서 전체로서의 사회의 이념이지 개별자의 이념이 아니다. 따라서 우리는 인민을 어떤 '정신'의 담지자라고 말할 수 있다. 인간 역사의 대부분 동안 인간은 사회의 공적 삶에 표현되어 있는 의미와의 연관 속에 아주 밀착되어 살아 왔다. 과장된 원자론자들만이 소외된 인간의 조건을 불가피한 인간의 규범이기라도 되듯이 가르쳤다.

하지만 헤겔은 근본적인 존재론적 이해에 있어서 우리가 쉽게 받아들일 수 없는 주장을 제시한다. 인간은 우주적 정신의 매개자라는 것, 그리고 국가란 이 정신이 세계를 정립할 때 따르는 필연성의 근본 형식을 표현한다는 결론이 그것이다.

다른 말로 하면, '인민 정신'의 이념은 충분히 이해할 만하다. 이 말은 인민의 사상이 일반적인 제도 속에 표현되어 있으며, 이 제도들에 의해서 인민은 자신의 정체성을 규정하게 된다는 것을 의미하기 때문이다. 인간이 지나온 과거를 살펴본다면 이러한 생각은 충분히 이해할 만하다. 신뢰하기 어려운 것은 인간들——따라서 헤겔식으로 말하자면 인민 정신들——은 인간을 통해서 자기 의식에 이르게 되는 우주적 정신의 매개자라는 주장이다.

따라서 종종 주장되듯이 헤겔이 사회를 초개인적 주체로 규정했다는 생각은 특별하게 문제가 되는 것이 아니다. 다만 매우 어려운 점은 인간을 매개로 해서 드러나는 우주적 주체라는 교설이다. 이 교설은 사회 내의 인간이라는 이론과 엮여 있다. 그런데 이 이론은 어느 정도는 일리가 있어 보인다. 실제로 이 이론은 헤겔의 몇몇 자유주의적 적대자들이 제시하는 원자론적인 견해보다 분명코 더 우월하다.

그러나 헤겔을 자유주의적 사상의 주류에서 벗어나게 하는 것은 그의 존재론적인 견해이다. 자유주의 사상은 개인주의가 인간의 진화에서 궁극적인 단계라고 주장하는 경향이 있다. 문명화된 인간이 국가에서 소외되지 않을 때조차 인간의 동일성의 중점은 국가를 넘어선 종교에서, 혹은 개인적인 도덕적 이상이나 전체로서의 인류에서 발견된다. 따라서 인간이 자신의 공동의 삶과의 연관 속에서 스스로를 동일화하는 조건은 좀더 원시적인 단계이지 않으면 안 된다. 특히 이 공동의 삶이 우주적 혹은 종교적 의미로 사고되는 곳에서 그렇다. 왜냐하면 개인주의 시대를 **계승**하는 이러한 유의 사회는 퇴보를 표현할 뿐이기 때문이다. 물론 헤겔은 이러한 자유주의 물결에 의해서 비판받는다(물론 이 자유주의 물결에는 정당하게도 자유주의적인 것이라 부를 수 있는 것이 완전히 고갈되지 않았다. 몽테스키외, 토크빌, 헤르더, 훔볼트 등 자유주의 사상가들은 공적 삶의 질에 관심을 모았다. 왜냐하면 그들에 따르면 인간은 스스로를 바로 이 공적 삶과 동일화하기 때문이다).

하지만 이러한 자유주의적 전통의 개념들로 헤겔을 이해하려는 시도는 왜곡으로 나타날 수밖에 없다. 헤겔의 국가론은 그 악명 높은 예이다. 원자론적 자유주의 전통에서 '국가'는 '정부 기관'과 같은 것으로 이해될 뿐이다. 정부 기관을 시민의 '본질'이나 '최종 목적'이라고 말하는 것은 무책임한 전제 정치에의 종속을 의미할 뿐이다. 그러나 헤겔에게서 '국가'의 의미는 정치적으로 조직된 공동체이다. 그의 모델은 프리드리히 대왕의 권력 국가가 아니다. 그는 이 국가에 한 번도 경의를 표한 적이 없다.[46] 그의 모델은 오히려 그리스 폴리스였다. 따라서 그의 이상은 개별자가 목적을 위한 수단으로 나타나는 조건이 아니라 수단과 목적의 구분이 극복된 유기체처럼 모든 것이 수단이면서 목적인 공동체이다. 다른 말로 하면 국가는 내적 목적론이라는 범주의 적용을 받아야 한다.[47]

따라서 철저히 합리적인 의지인 국가는 시민들이 인정하는, 그리고 시민들이 자신과 동일화하는 가장 중요한 규범과 이상을 자신의 제도와 실천 속에 표현하는 국가이다. 그리고 이것은 국가가 이념을 명료화할 때 도달된다. 따라서 합리적 국가는 현재의 공적 삶에서 최고의 규범을 체현한 인륜성을 복원할 것이다. 그리고 이 국가는 그리스 사회의 몰락과 더불어 상실한 것을 보다 높은 단계에서 회복할 것이다. 완전하게 전개된 국가는 개인의 합리적 의지의 원리를 보편적 기준에 의해 판단함으로써 체화할 것이기 때문이다. 이때 개인의 합리적 의지 원리는 그리스의 폴리스를 갉아 먹었고 궁극적으로 파괴했었다.

개별성과 인륜성의 이러한 통합은 우리가 이념으로부터 연역할 수 있는 필요조건이다. 하지만 이것은 칸트의 급진적인 도덕적 자율성과 그리스 폴리스의 '표현적' 통일성을 다소간 통합하고자 하는 당대의 노력에 대한 헤겔식 정식화이자 답변이다. 이미 보았듯이, 이 문제에 대한 그의 답변

---

46) 헤겔 사후에 「독일 체제론」(Die Verfassung Deutschlands)이라는 이름으로 출판된 1800년대 초의 작품에서 헤겔은 "국가를 무한한 여타의 모든 톱니바퀴에 운동을 하게 하는, 유일하게 깃털을 가진 기계"라고 가르치는 근대의 이론에 분명하게 반대한다. Hegel, *Schriften zur Politik und Rechtsphilosophie*, S. 28; *Hegel's Political Writings*, trans. Thomas M. Knox, ed. Zbigniew A. Pełczyński, Oxford: Clarendon Press, 1964, p. 161. 혁명을 겪은 프랑스뿐만 아니라 프로이센도 이 부분에서 나중에 인용된다. Hegel, *Schriften zur Politik und Rechtsphilosophie*, S. 31; *Hegel's Political Writings*, pp. 163~164. 슐로모 아비네리의 논의도 참고하라. Shlomo Avineri, *Hegel's Theory of the Modern State*, Cambridge: Cambridge University Press, 1972, pp. 47~49.
47) *VG*, 112 참조.

은 자율성에 대한 근대의 엄청난 열정을 특이하고도 고유하게 해석한 것이었으며, 사회의 토대로서의 우주적 질서라는 상을 재생하나 것이었다. 그것은 우주적 질서를 급진적 자율성의 이념으로부터 도출한 것이며, 그것도 무게중심을 인간에서 정신으로 돌림으로써 수행하였다. 이러한 종합을 그는 역사의 목적으로 간주했다. 이제 목적이 역사에서 어떻게 전개되는지 보자.

15장

이성과 역사

1

그러므로 정신의 완성은 이성을 완전하게 표현하고 구현하고 있는 공동체의 성장을 전제한다. 그리고 정신은 자신을 실현하기 위해 시간과 공간의 세계를 정립하기 때문에 정신의 완성, 즉 이성의 공동체는 역사의 목적으로 간주될 수 있다. 이것이 바로 헤겔이 『역사에서의 이성』에서 말하고 있는 요점이다.

> 그런데 목표는 정신은 자기 자신을 즉자대자적으로 존재하는 것으로 아는 데로 돌진해 간다는 것을, 정신은 자신의 진리 속에서 자기 앞에 자신을 드러낸다는 것을, 즉 정신은 자신의 개념에 맞는 정신적 세계를 산출하며 자신의 진리를 완성하고 현실화한다는 것을 의식하게 되는 것이다. 종교와 국가는 이렇듯 정신에 의해 산출되며, 정신은 자신의 개념에 적합해진다.[1]

---

1) *VG*, 61.

이 부분에서 역사에서 정신의 목표는 두 측면을 갖는 것으로 드러난다. 한편으로 정신은 자신을 이해하고 알고자 한다. 하지만 다른 한편으로 정신은 이를 위해 스스로 하나의 실재가, 정신적 공동체가 되어야 한다. 이때 정신적 공동체는 그 개념에 적합한 실제 공동체여야 한다(정신적 세계는 국가에 체현되어야 한다). 그리고 헤겔은 다시 다음과 같이 말한다.

목표는 정신이 자기 자신을 의식하게 되고, 세계를 정신 자신에 맞게 만드는 것이다. 양자는 동일한 것이다.[2]

따라서 역사는 정신을 실현하기 위해 방향이 맞춰진 것으로서 목적론적으로 이해되어야 한다. 역사 속에서 발생한 것은 의미가 있고, 정당하며, 최고의 정당성을 갖는다. 그것은 선한데, 왜냐하면 그것은 신의 계획이기 때문이다.

참다운 선인 신적인 보편 이성은 스스로를 완성해 가는 힘이다. 가장 구체적 표상에서 드러나는 이러한 선, 즉 이성은 신이다.……철학의 통찰은 신의 타당성 실현을 방해하는 어떤 권력도 선, 즉 신의 힘을 넘어서지 못한다는 것이며……세계사는 신의 섭리를 서술하는 것일 뿐이라는 것이다. 신이 세계를 통치한다.[3]

역사는 섭리에 따르며, 참다운 역사철학은, 헤겔의 말로 하자면, 신정

---

2) *VG*, 74.
3) *VG*, 77.

론(theodicy)이다.

따라서 역사는 이성과 조화를 이룬 공동체에서, 다른 말로 하자면, 자유를 체현하고 있는 공동체에서 그 정점에 이른다. 왜냐하면 "세계의 최종 목적은 정신이 자신의 자유를 의식하는 것이며, 따라서 자신의 자유를 완전히 현실화하는 것"이기 때문이다.[4]

물론 이 자유는 내가 하고 싶은 것을 하는 개인적이고 부정적인 자유가 아니다. 그 자유는 인간이 자신의 본질인 이성에 따를 때 가지는 자유이다. 다른 한편,

> 개인의 자의적 선택은 엄밀하게 말해서 자유가 아니다. 제약된 자유는 욕구들의 특수한 요소와 관련이 있는 자의이다.[5]

하지만 이성을 따르는 것은 국가라는 보다 큰 삶에 참여하는 것이다. 왜냐하면 "국가 안에서만 인간은 합리적 실존을 가지기" 때문이다.[6] 그러나 완전히 합리적인 국가는 인간이 자신의 '실체'로서 동일시하는 그런 최초의 공동체가 아니다. 반면 모든 중요한 역사적 발전은 그런 국가 공동체들에서 일어난다. 국가 외부에 살고 있는 사람들, 예를 들어 가부장적인 부족 공동체에 사는 사람들은 철저히 역사의 주변부에 머물러 있다. 그들이 역사의 시작 이전에 있다고 말하건 역사의 테두리 맨 바깥에 있다고 말하건 상관없다. 역사의 종말에 형성되어 있을 것은 공동체 그 자체가 아니라

---

4) *VG*, 63.
5) *VG*, 111.
6) *VG*, 111.

철저히 그 개념에 적합한, 즉 자유와 이성에 적합한 그런 공동체이다.

따라서 역사의 진행은 그런 공동체들의 연쇄의 과정으로 고찰될 수 있다.[7] 이전의 공동체들은 이 이념을 적게 체현하고 있었지만 점차 이 이념을 더 많이 체현하고 있는 공동체들이 나타날 것이라는 것이다. 헤겔은 정신을 (다소간 적합하게) 체현하고 있는 구체적·역사적 공동체나 민족들을 '민족 정신'(Volksgeist)이라고 부른다.[8]

따라서 이념은 역사에서 실현된다. 하지만 이것은 단계별로 진행된다. 이 단계들은 역사적 문명들, 즉 민족[민중] 정신들이다.

세계사는 정신이 그 최고의 형태 속에서 전개되어 가는 절대적인 신적 과정에 대한, 그 단계들에 대한 서술이다. 이 단계들을 통해 정신은 자신의 진리에, 자신에 대한 자기 의식에 도달한다. 이러한 단계의 형태들은 세계사적인 민족정신들이다. 이 정신들은 그들 자신의 인륜적 삶, 체제, 종교와 학문 등의 특성을 형성한다. 각 단계들을 현실화하는 것, 이것은 세계 정신의 무한한 동력이자 없앨 수 없는 욕동이다. 왜냐하면 이러한 명료화와 현실화는 그의 개념이기 때문이다.[9]

---

7) "자체 내 합리적으로 조직된 민족들이 우리가 고찰하는 대상이다. 세계사에서 국가를 형성한 민족들만이 거론될 수 있다. 척박한 섬에서, 고립된 가운데서도 그러한 것이 발생할 수 있다고 상상해서는 안 된다"(VG, 113).
8) VG, 59. 반복해서 말하지만, 민족 정신의 개념은 사회를 초개인적 주체로 보는 특정한 사상을 내포하고 있지 않다. 민족 정신들은 역사적 문화들이다. 이때 이 문화들은 정신의 자기 실현과 자기 인식이라는 관점에서 특정한 단계에 도달한 정신의 구현체로 간주된다. 여기서 드러난 기본적인 어려움은 인간이 이 우주적 주체와 어떤 관계에 있느냐이다. 인간이 정신을 체현하기 위해 수용하는 역사적 구조들과 관련해서는 특별한 문제가 없다.
9) VG, 75.

마지막 문장은 일련의 이 단계들이 그 자체 필연적이며, 개념에 따른 것이라는 사실을 지적한다. 정신은 가장 외면적인 것에서 가장 내적인 자기 의식으로 진행해 가는데, 이것은 정신의 자기 실현에 필연적이다. 하지만 동일한 방식으로 도정 중에 나타나는 단계들은 필연성에 의해 정립된다. 각각의 단계는 스스로 운동해야 한다. 운동의 주된 힘은 모순, 즉 외적 실재와 현실화되어야 할 것의 모순이다. 모순은 궁극적으로 어떤 주어진 형태를 해체시킨다. 하지만 이러한 형태 안에 있는 모순의 특별한 본성은 결과를 규정하며, 따라서 최초의 형태의 붕괴에서 다른 형태가 발생한다. 나중의 형태는 선행하는 것의 모순을 해결한 이후 또 다시 자기 모순에 떨어진다. 이것이 바로 전체 역사를 관통해 오는 과정이다.

이렇듯 우리가 앞서 4장에서 기술한 방식으로 역사는 변증법적 운동을 보여 준다. 하지만 출발점과 목표는 이념에 의해, 따라서 필연성에 의해 정립되기 때문에 모든 중간 단계도 필연적이다. 출발점과 목표가 주어져 있다면 필연적으로 최초의 형태에는 모순의 특수한 본성이 내재하며, 이 모순의 해결과 더불어 두번째 형태가 발생한다. 이 두번째 형태와 목표 사이에서 두번째 모순이 따라 나오며, 이러한 과정은 계속된다. 따라서 역사는 필연적으로 변증법적 계획을 따라야 한다.

역사의 계획은 이념의 계획이며, 역사철학에 의해 전제된 철학적 이해이다.[10] 그러므로 역사의 변증법은 이념의 자기 전개 과정에서 개념적으로 필연적인 단계들을 반영하고 있는 것으로 이해될 수 있다.

그런데 사실상 역사와 논리 사이에는 연관성이 별로 없다는 사실에 대해 누구도 놀라지 않을 것이다. 역사와 논리 사이에서 드러나는 개념적 관

---

10) 이 책 8장 참조.

계들은 너무 많은 조합을 허용하기 때문에 정확한 일반적 형식을 형성할 수 없다. 역사적 사건들은 '보편적', '특수적', '개별적' 등과 같은 아주 고도의 개념들을 사용하여 너무 많은 해석들을 허용하기 때문에 그 해석 공간이 너무 크다. 사람들은 만약 우리가 과거에 대한 우리의 인식이 실수였다는 것을 발견할 수만 있다면 체계는 역사의 과정에서 광범위한 변화에 순응하게 될 것이라고 생각한다.

하지만 이러한 사실에도 불구하고 사물의 일반 계획에 일치하는 매우 강하고 심지어 강력한 확신에 찬 통일체가 있다. 사람들이 세세한 것을 넘어 더 높이 오를수록 역사철학은 더 설득력 있게 드러난다. 헤겔은 종종 세세한 것에 대한 탁월한 통찰들을 보여 주지만, 최고의 통찰은 이 세세한 것이 의심을 불러일으키는 전체와 조화를 이루고 있다는 것이다.

앞의 인용에서 말한 것처럼 역사의 단계들은 민족 정신들에 의해 대표된다. 각각의 단계는 자신의 노동을 통해 그 단계의 이념을 산출하는 특정한 민족 속에 체현된다. 이것이 민족의 일반적 목적이다. 민족은 전적으로 이 일반 임무에 붙들려 있으며, 이 임무가 완수될 때까지 이 임무와 전적으로 동일화된다. 그런 다음 모든 것은 서로 분열된다. 민족의 구성원들은 더 이상 자신을 전체의 일부로 여기지 않게 되며, 자신의 정체성을 공공의 목표 외부에 놓인 개별자로 간주하게 된다. 그들은 "정치적 제로"[11] 상태에 떨어진다.

헤겔은 이 부분에서 한 단계에서 다음 단계로의 이행이 내적 모순에 의해서라기보다는 각각의 세계사적 민족의 성취와 자연적 소멸에 의해서 이뤄지기라도 하듯이 말한다. 하지만 이것은 양립 불가능한 견해가 결코

---

11) *VG*, 68.

아니다. 어떤 주어진 민족 정신은 자신의 특수한 형식을 극단으로까지 발전시킴으로써 가장 부적합한 것을 산출했다. 더 이상의 이념의 발전은 없고 이제 부적합만이 눈에 띈다. 따라서 인간이 이 단계를 떠나 어떤 다른 것을 꿈꾸는 것은 당연해 보인다. 즉 인간은 그 단계에 보였던 근본적 신뢰를 떠난다는 것이다. 왜냐하면 그들은 언젠가 그 새로운 세계에서 행복하게 살고자 하기 때문이다. 하지만 어떤 다른 곳에서는 이미 다음 단계를 준비하는 새로운 힘이 일어나고 있다.

그러나 인간은 자신이 역사 속에서 행하고 있는 것을 완전하게 파악하지 못한다. 그들이 하나의 기준을 떠나 다음 단계로 이행한 이유는 그들에게 분명하게 드러나지 않는다. 그들이 몇몇 분명한 이념을 가지고 있을 수는 있다. 하지만 이 이념이 가장 깊은 진리는 아니다. 왜냐하면 역사의 초기 단계에 있는 인간은 정신의 계획을 철학자(헤겔)가 지금 이해할 수 있는 것처럼 그렇게 이해할 수 없기 때문이다. 바로 이것이 헤겔이 '이성의 간지'(List der Vernunft)라고 말한 유명한 이념을 도입한 이유이다. 이성의 간지라는 이미지에 따르면 이성은 자신의 목적을 위해 인간의 열정을 '이용하는' 자이다. 개별 인간들과 그들의 목적은 서로 싸움을 하지만, 보편적 목적은 이 단계들을 넘어서서 안전하게 계속 수행된다.

대립과 투쟁 속에 있는 것, 위험에 노출되어 있는 것은 보편 이념이 아니다. 보편 이념은 배후에서 공격받지 않으며 손상되지 않는다. 보편 이념은 열정이라는 특수자를 투쟁의 장에 보내 닳고 닳도록 만든다. 이념은 스스로를 실존하게 하고, 이로써 스스로를 상실하게 하여 상실의 고통을 당하게 한다. 이렇게 함으로써 이념은 열정으로 하여금 이념 자신을 위해 일하게 한다. 우리는 이를 **이성의 간지**라고 부를 수 있다.[12]

하지만 이러한 생생한 이미지는 초개인적 주체가 자신의 목적을 위해 도구를 이용하는 것과 같이 그렇게 문자적으로 해석되어서는 안 된다. 오히려 이것은 역사의 최초의 단계에 있는 인간들조차도 정신의 담지자로 이해해야 한다는 것을 의미한다. 최초의 인간들은 비록 다소 어둡고 또 환상적인 방식으로 표현되기는 하지만 정신의 요청의 어떤 의미들을 간직하고 있다. 따라서 중요한 것은 자신의 개별적 목적을 실현하고자 하는 인간의 개인적 열망이 아니라 개인적 열망을 정신의 관심과 일치시킨 사람들이 이러한 임무를 수행했다는 사실이다. 비록 위대한 인간과 그의 깃발 아래 모인 사람들이 자신들의 일의 중요성을 분명하고 정확하게 표현할 수 없다 하더라도 그들은 본능적으로 자신이 하고 있는 것의 중요성을 감지한다. 헤겔은 여기서 이 일의 중요성에 대한 이러한 무의식적 인식을 표현하기 위해 '본능'(Instinkt)이라는 용어를 사용한다.

따라서 이성의 간지라는 표현이 나오는 위의 인용문에서 헤겔은 카이사르의 경우를 인용한다. 카이사르가 정신의 일을 수행했을 때, 즉 공화국을 끝장냈을 때 그는 실제로 자객의 칼 아래 쓰러졌다. 이것은 이성이 소모적 도구들을 사용한다는 것을 보여 주는 예이다. 하지만 이전의 부분[13]에서 헤겔은 카이사르와 관련하여 그 자신의 목표를 세계 정신의 목표와 일치시킨 것이 그의 위대한 점이었다고 말한다.

그가 한 작업은 그 시대에 본질적이었던 것을 본능적으로 수행한 것이다.

---

12) *VG*, 105. 『논리학』에서 '내적 목적론'에 관한 부분도 참조하라(*WL*, II, 397~398).
13) *VG*, 89~90.

그리고 헤겔은 계속 말한다.

자신의 특수한 목적이 세계 정신의 의지의 실체적인 내용을 함유하고 있
는 자들은 역사에서 위대한 자들이다. 그들이 지닌 힘의 참다운 원천은
바로 이 의지의 내용이다. 그 사람들의 일반적인 무의식적 본능이 바로
그 내용이다. 그들은 내적으로 그 일을 하도록 이끌리며, 이 목표를 완수
하고자 하는 개인에 맞서서 저항하지 않는다. 오히려 인민이 그의 깃발
아래 모여든다. 그 개인은 그들에게 그들 자신의 내적 충동을 보여 주며
또 실행한다.

따라서 세계 정신의 과업은 사람들 사이에서 '내적 충동'으로 느껴진
다. 즉 그것은 단순히 '본능적'이지 이해되는 것이 아니다. 이것이 이성의
과업이 역사 속에 나타난 개별자들의 열망이 충돌하는 가운데 현실화되는
이유이다.

따라서 세계사적 개인들의 위대함은 그들이 단순히 세계 정신의 도구
라는 데 있는 것이 아니다. 그들은 역사의 다음 단계가 무엇이어야 하는지
를 처음으로 지각하고 분명히 한 사람들이다. 그들이 이 깃발을 들면 사람
들은 그들을 따른다. 하나의 형태가 그 사명을 다하고 정신이 그 옛 형태를
떠날 때 모든 인간이 본능적으로 추구하는 것에 길을 열어 주는 자는 세계
사적 개인들이다. "사람들이 원하는 것을 그들에게 처음으로 말해 주는 사
람은 세계사적 개인들이다."[14]

그들이 일단 이 새로운 형태를 분명히 하고 나면 이 새로운 형태에 관

---

14) *VG*, 99.

심을 갖는 사람들에게, 심지어 그것에 저항하는 사람들에게도 이 새로운 형태는 불가피한 힘으로 작용한다. 왜냐하면 그들은 바로 이 새로운 형태에 깊이 동화되지 않을 수 없기 때문이다.

왜냐하면 다음 단계로 이행한 정신은 개별자들의 영혼이기 때문이다. 물론 이때 이 영혼은 위대한 인간들이 그들에게 의식하게 한 무의식적 내면성이다. 하지만 그것은 그들이 진정으로 원한 것이며, 따라서 그들이 의식적 의지로 그것에 대항한다 하더라도 그것은 자신의 힘을 그 저항에 행사한다. 따라서 그들은 이 영혼의 지도자들을 추종한다. 왜냐하면 그들은 그들 자신에게 등장하는 자신들의 내적 정신의 철회할 수 없는 힘을 느끼기 때문이다.[15]

이해하기 어려운 '신비적인' 헤겔의 사상을 표현하는 '이성의 간지'와 같은 범주는 무의식적 동기에 어떤 역할을 부여하고자 하는 어떤 역사 이론에도 불가피하다.[16]

---

15) *VG*, 99.

16) Shlomo Avineri, *Hegel's Theory of the Modern State*, Cambridge: Cambridge University Press, 1972, p. 233 참조. 아비네리는 헤겔이 세계사적 개인이라는 자신의 이론에서 모순을 보인다고 한다. 왜냐하면 그 개인은 때때로 자신이 실현하고 있는 이념을 완전히 의식하고 있는 것으로, 다른 때는 본능적으로만 의식하는 것으로, 또 어떤 때는 전혀 의식하고 있지 못한 것으로 드러나기 때문이다. 아비네리의 인용의 출처는 『역사에서의 이성』이다. 이런 모순적 경향은 아마도 헤겔이 이 책 출판을 전혀 의도하지 않아서 정제하지 않은 채로 기록한 데서 찾을 수 있을 것이다. 따라서 어느 정도는 정상 참작을 해야 할 것으로 보인다. 하지만 어쨌거나 이 텍스트들은 세계사적 개인들이 그들 스스로 봉사하는 보다 높은 진리에 대한 감각을 가지고 있기는 하지만 다소 불투명하게 가지고 있다는 사상과 쉽게 융화될 수 있다.

이제 역사철학의 주된 테마들에 대해 이야기해 보자. 역사 흐름의 주된 드라마는 헤겔 정치철학의 주요 쟁점을 형성한다. 이 쟁점의 내용은 자신을 보편적 합리성으로 인식하는 개별자의 자유와 회복된 인륜성을 어떻게 화해시킬 것인가 하는 물음과 관계가 있다. 역사의 주된 드라마는 그리스 세계에 나타났던 인륜성의 완전한 통일이 깨어지면서, 그리고 보편의식을 가진 개별자가 생겨나면서 시작되었다. 그런 다음 이후 수세기 동안 개별자(개별자의 도야)가, 그리고 인륜성을 체현하고 있는 제도들이 점진적으로 출현한다. 따라서 개별자와 제도 이 양자는 궁극적으로 합리적 국가 안에서 통일될 수 있다.

우리가 『정신현상학』 6장에서 볼 수 있는 축약된 역사는 그리스 세계와 함께 시작된다. 하지만 『역사철학 강의』에서는 더 이른 시기를 출발점으로 삼는다. 그리스 시기 이전에 중국, 인도, 페르시아, 페니키아의 문명이 다뤄지며, 그리스로 이행하는 이집트 문명도 다뤄진다. 여기서는 물론 유대의 역사도 다뤄진다. 또한 헤겔이 이 두 판본[『정신현상학』과 『역사철학 강의』]에 공통으로 등장하는 영역들을 나누는 방식에서도 차이가 나며, 두 강의 사이에 상이한 원환 운동이 나타나기도 한다. 이 사실은 헤겔 역사철학의 세세한 점들에 관해 앞에서 언급한 것을 다시금 확증한다.

여기서 나의 목표는 앞서 언급한 정치적 문제를 설명하기 위한 예비 작업으로서 역사 변증법의 대략을 보여 주는 것이다. 그리스 이전의 문명들을 다룸에 있어서 헤겔은 이 문명들의 종교 의식에 대해 논의한다. 여기서 다뤄진 내용들 중 많은 부분은 그의 『종교철학 강의』에서 다시 나타난다. 그 문명들에서 정치적 구조와 공적 삶은 이 종교 의식과 밀접하게 연결되어 있다. 헤겔에 따르면 민중의 삶의 상이한 측면들은 그 정신 속에서 서로 묶여 있다. 하지만 이 초기 민중들에게 종교 의식은 이들이 처한 단계에 대한, 존재론적 실재, 즉 정신을 현실화하고자 하는 그들의 방식에 대한, 그리고 이 실재가 세계 및 주체와 맺는 관계에 대한 가장 적확한 표현이다.

정신은 자신을 정신으로, 자유로운 주체로 이해하는 데까지 도달하고자 투쟁하며, 이 주체를 절대자로 볼 수 있는 데까지 도달하고자 투쟁한다. 하지만 그리스 이전의 민중들에게——유대인을 제외하고——절대자는 주체가 아니었다. 절대자는 여전히 외적인, 따라서 비인격적인 실재, 즉 자연과 연관되어 있으며, 공허라는 완전한 추상(인도 종교의 한 측면)과 연관되어 있다. 페르시아아인은 절대자를 빛으로 상징화함으로써 이러한 생각을 보다 고차적으로 형상화했다. 하지만 그들 역시 획기적인 약진을 하지는 못했다.

유대인과 더불어 획기적인 전기가 마련된다. 여기서 우리는 갑자기 신이 순수한 주체, 즉 정신으로 나타나게 됨을 본다. 하지만 이때 신의 주체화는 신을 자연적이고 유한한 모든 실재에서 철저히 분리시킴으로써 가능했다. 따라서 헤겔에 따르면 유대의 정신은 분리의 정신이며, 급진적 초월의 정신이다. 아브라함은 갈대아 우르에 있는 자신의 가족과 친척을 떠나 방랑자가 되었다. 유대 민족은 신적인 것을 다시 유한자와 결합시키는 행위인 우상 숭배에 대항해서 끝없는 투쟁을 수행했다. 하지만 이러한 해결책은 근본적으로 불완전하기 때문에 완전한 해결책일 수 없었다. 신은 정신이지만, 세상, 존재하는 모든 것, 유한한 주체, 인간 등을 모두 초월해 있다. 인간은 신과 화해하지 않으며, 자신을 절대자와 하나로 보지 않는다. 그리고 인간은 스스로를 정신의 담지자로 보지 않는다. 반대로 절대자는 인간 위에 있으며, 인간은 그의 노예이고, 철저히 그에게 종속되어 있다. 이와 유사하게 자연 세계는 신적인 것을 철저히 결하고 있다. 즉 헤겔이 말하듯이, 자연 세계는 '탈신성화'되었다. 유대의 의식은 인간에 의해 사용되는 유한한 사물 세계만을 보며, 이 세계에서 신의 구현을 보지 못한다. 세계는 철저히 정신 아래 놓여 있으며, 우리는 철저히 신 아래 놓여 있다. 헤겔은 또한 이러한 신의 상을 '순수 사유'라고 말하며, 이 말은 헤겔의 용어에서 순수 주체와 밀접한 연관이 있다. 이러한 공식에서 그는 유대의 절대자 개념이 보편적인 것이며, 특수자를 철저히 배제하고 있다고 강조한다.

그리스의 해결책은 어떤 의미에서 유대의 해결책과 대립된다. 그리스인 역시 철저히 신을 주체로 인식한다. 하지만 이 신은 자연을 넘어서 있는, 순수 사유 속에서 자연적 표현을 부정하는 주체가 아니다. 오히려 그리스 신들은 그들의 자연적 표현과 전적으로 조화를 이루고 있다. 신을 비인격적인 어떤 것으로 보는 초기 자연종교에서와 달리 그리스인들은 신을 통상 알려진 주체의 형상, 즉 인간의 형상으로 표현했다.

하지만 그리스의 신은 유대의 신과 달리 국지적이다. 이러한 국지성이 그리스의 폴리스에 반영되어 있음을 보게 될 것이며, 폴리스의 몰락의 원인이 된다는 것을 보게 될 것이다. 유사한 장점은 유사한 것을 지불하고서야 습득된다. 한편, 그리스의 신 개념은 그리스의 자유의 특성을 보여 준다. 이것은 신적인 것은 전적인 타자가 아니며, 유한한 주체는 이 타자 속에 위치한다는 것을 의미한다. 따라서 인간은 절대자의 노예가 아니며, 혹은 자신의 의지와 아무런 상관이 없는 어떤 낯선 자의 노예가 아니다. 바로 이것이 그들의 자유의 감각이었다. 그러므로 그리스의 정체(政體)는 자유의 최초의 고향이라고 할 수 있을 것이다.

헤겔의 시대가 그렇게도 열망했던 인륜성을 그리스인이 구현할 수 있었던 것은 바로 이러한 특성 때문이었다. 그 인륜성 속에서 사람들은 아주 편안함을 느꼈으며, 그들의 전체 동일성은 그들 폴리스의 생동적인 공적 삶과 연관되어 있었다. 인간의 형태를 한 신 형상은 이러한 신을, 즉 도시의 신을 중심으로 서로 엮인 공적 삶의 토대였다. 이 공적 삶 속에서 시민들은 자신을 전적으로 인식할 수 있었다. 이 공적 삶은 전적으로 시민 그들의 것이었다. 그들의 활동은 공적 삶을 유지하는 것이었으며, 그들에게 가장 중요한 것을, 즉 신성의 표현을 재현하는 것이었다. 그러므로 그들에게 현실적인 공적 삶은 그들의 '실체'였으며, 그들 정체성의 토대였다. 그들의 윤리는 어디에서 무엇을 해야 하는 것인지에 대한 인륜성의 윤리였다.

하지만 이것은 제한된 자유였다. 시민만이, 특정한 폴리스의 구성원과 신의 봉사자만이 공적인 실재에 속하는 것으로 간주되었다. 노예와 주변부 인생은 그렇지 않았다. 각각의 도시 국가는 자신만의 신, 자신만의 법을 가지고 있었다. 바로 이것들을 통해 그 구성원들은 서로 연합되었다. 하지만 신과 법은 국가마다 달랐다. 안정을 주는 신적 형태는 소수의 인간에게만 안정을 부여했다. 그것은 소수의 인간에게만 해당되었다. 따라서 그리스인은 인간 그 자체가 자유롭다는 직관을 가지지는 않았다. 자유는 시민의 재산이었지 노예나 야만인에게는 해당되지 않았다.[17]

이에 상응하여, 시민들의 입장에서 도시와의 동일화도 보편적 반성에 기초해 있지 않았다. 그 동일화는 직접적·무반성적 접착이었다. 법은 우리 도시의 법이라는 바로 그 이유 때문에 복종되어야 했다.

---

17) 이것이 헤겔이 자유의 역사를 요약해 주고 있는 유명한 부분(VG, 62)의 배경이다. 동양 세계는 한 사람만이 자유롭다는 것을 알았다. 즉 절대적 원리를 반영하는 왕만이 자유롭다고 알았다. 예를 들어 페르시아의 군주가 그에 속한다(물론 어떤 의미에서 보면 그도 역시 자유롭지 않았으며, 진정한 합리적 주체가 아니었다). 그리스인은 자유에 대한 직관을 습득하긴 했지만, 몇몇 사람이 자유롭다는 사실만을 알았다. 기독교와 더불어서야 비로소 우리는 인간 그 자체가 자유롭다는 직관을 얻는다.

이 세계에서는 민주주의(직접 민주주의)가 가장 자연스런 정부 형태이다. 왜냐하면 모든 사람이 전체와 철저히 동일화되기 때문이다. 그들은 전체를 위해 살고 죽기를 원할 뿐이다. 따라서 그들은 전체를 신뢰할 수 있다. 하지만 그것은 국지적 민주주의이다. 왜냐하면 이 민주주의는 노예와 이주민을 배제하기 때문이다. 그래서 이 동일화는 국지적이다.

헤겔은 자신의 관점에서 고대의 민주주의가 근대 세계의 모델로 적합하지 않은 이유를 분명히 하고자 한다. 고대의 직접 민주주의가 가능했던 이유는 부분적으로 그 사회들이 아주 작았기 때문이다. 어떤 결정을 내려야 할 때 모두는 진실로 회의에 참여하고 참석할 수 있었다. 하지만 이것이 전부는 아니다. 그리스 민주주의의 본질적 조건은 정확히 말해서 배제에 기초해 있었다. 모든 비천한 경제적 임무는 시민이 아닌 자들에게 넘겨졌다. 이것은 시민들이 공동체에 참여하여 국사를 보는 것 외에는 일반적으로 더 많은 여가를 가지고 있었다는 것을 의미한다. 이 외에도 그것은 또한 모든 기능이 시민들에 의해 수행되는 근대의 정체(政體)에서는 습득될 수 없는 인구의 동질성을 의미하기도 한다. 그런데 헤겔의 관점에서 볼 때 근대 세계에서 인구의 이질성은 민주주의를 할 수 없게 하는 가장 본질적인 부분에 속한다.

그러나 고대 민주주의가 우리 시대의 모델에 적합하지 않은 세번째 이유가 있다. 그리스 국가는 사람들이 직접 그 국가와 동일화되기 때문에 작동할 수 있었다. 오늘날 우리는 인류성의 통합을 희망하지만 이 직접적·무반성적 통합을 복원할 수는 없다. 근대인은 보편적 개별자로 남아 있을 것이다. 그리고 이 개별성은 근대 사회의 구조에 반영될 것이고, 우리는 이러한 사실을 시민사회의 형태에서 본다. 훨씬 더 복잡해진 인간사를 다룰 수 있기 위해 정치 제도의 분화는 필연적이다. 그런데 이런 분화는 헤겔이 생각하기에 직접 민주주의와 양립 불가능한 제도들 사이의 균형을 요구한다. 이에 대해서는 앞으로 더 자세히 다룰 것이다.

그리스 국가의 이런 아름다운 통일은 소멸했다. 이 통일이 소멸한 이유는 그 한계들 때문이며, 그 국지성 때문이다. 세계 정신은 계속 행진해야 한다. 따라서 폴리스가 일단 실현되고 나면 이성의 간지는 기존의 상태를 넘어서는 새로운 길을 보여 주기 위해 세계사적 개인을 부른다. 여기서는 그 인물이 바로 소크라테스이다. 소크라테스는 보편적 이성에 신뢰를 보이는 데로 방향을 튼다. 그리고 그가 폴리스의 법에 복종하는 자로 남기를 원한다고 하더라도 그는 그 법들을 이성 위에 올려놓고 싶어 한다. 따라서 그는 죽을 때까지 아테네에 대한 신뢰를 유지했지만, 그의 가르침은 젊은 이들을 타락하게 만들지 않을 수 없었다. 왜냐하면 그의 가르침은 폴리스를 지탱하고 있는 공적 삶과의 직접적 동일화를 망가뜨렸기 때문이다. 사람들은 보편적 이성 쪽으로 방향을 틀었으며, 그들의 국지적 국가와 그 목표에서 등을 돌렸다. 하지만 이 보편적 이성은 공적 삶에 체현되어 있지 않았으며, 이상적인 것이었다.

폴리스라는 정체의 해체는 보편적 의식을 가진 개별자의 탄생을 의미한다. 자신을 보편적 이성의 주체로 정의하는 개별자가 바로 그것이다. 하지만 이 개별자는 그의 도시의 공적 삶의 동일화를 결코 발견하지 못한다. 그는 보다 큰 공동체에서, 스토아주의자들이 말하는 인간과 신들의 도시에서 살지만, 그런 공동체는 그에게 어떤 현실성도 갖지 않는다. 따라서 새로운 개인은 내적인 이민자이다.

하지만 이것은 삶이 폴리스의 공적 제도에서 벗어나게 되면서 나타난 필연적 결과이다. 이제 보편 제국에 굴복하고 길을 양보하는 것 외에는 아무것도 할 수 없다. 보편 제국이란 폴리스에서와 같은 동일화를 발견할 수 없는 위로부터의 지배 형태를 말한다. 이 보편 제국은, 폴리스와는 달리, 이제야 의식된 보편 이성의 실현이다. 이 제국은 보편 이성을 가진 개별자가 도시 국가를 붕괴시켜야 한다는 의미에서 어떤 상관성이 있지만, 이 이성의 공적 삶을 완전하게 표현하고 있지는 않다. 반대로 이 제국은 이 이성이 이제 세계를 넘어선 것으로 느껴진다는 사실에 대한 표현이다. 따라서 개별자는 이성에 의해서가 아니라 황제 혹은 강력한 전제 군주의 자의에 의해 지배되는 외적 세계로 내던져진다. 내적으로 그는 스스로를 보편 이성으로 규정하지만, 외적으로 그는 사건들의 거대한 홍수에 떠밀려 가는 한 조각의 난파선에 불과하며, 전적으로 외부 권력의 자비에 의존한다.

이 시기에 개인은 그 어느 때보다 자신에 대한 내적 규정을 시도한다. 이 시대는 스토아주의가 왕성하게 꽃피던 시기이다. 하지만 헤겔에게 스토아주의는 해결책일 수 없다. 왜냐하면 그것은 이성과 자유가 완전하게 실현된 형태가 아니기 때문이다. 그러므로 개인은 이성과 자유를 실현하기 위해 이 상태를 넘어가지 않을 수 없다. 이와 함께 불행한 의식을 위한 토대가 만들어진다.

이때는 로마 제국의 시대이다. 로마 사회는 인간을 인격체(person)로 보는 사상이 기원한 시대이다.[18] 이제 개인은 인류적 실체와의 관계에서

---

18) 로마 시대에 자유로운 시민은 인격체(person)로 간주되었다. 인격체로서 인간은 정치적·경제적·사회적 권리를 법적으로 보장받았으며, 노예나 이방인은 인격체로 간주되지 않았기에 그런 권리를 인정받지 못했다. 어쨌거나 person 개념은 인간 개별자가 공동체에 종속되기 이전의 단독자가 된다는 것을 함의한다. 근대가 인간 해방을 기획한 시기라고 할 때 그 말은 모든 인간이 인격체가 된다는 말과 동일했다. 그래서 헤겔은 로마법을 따라 인격체만이 소유권을 갖는데, 근대의 특성은 모든 인간이 인격체가 되었다는 데 있다고 한다. 그런데 person 이라는 말은 우리말로 번역하기에 어려움이 있다. 개인의 자유, 주체성 등을 함의하는 용어로 번역되어야 하는데, 마땅한 번역어를 발견하기 쉽지 않다. 번역자들에 따라 인격, 인격체, 개인, 인격적 개인 등 다양한 용어로 번역된다. —옮긴이

추상된 권리의 주체로 정의된다. 인격체로서의 인간은 '추상'권의 담지자이다.[19] 이때 이 권리는 특히 사회적·정치적 역할과 연관이 없는 권리이다. 인격체로서의 개인은 소유권의 담지자이다. 소유권은 근대 국가의 여러 차원들 중 하나가 될 것이다. 소유권의 기원은 바로 여기이다.

이 단계는 기독교의 탄생을 준비한다. 기독교는 보편적 개별자를 향한 열망에 대한 답변이다. 여기서 보편적 개별자란 정치적 세계에서 보편자와 화해할 수 없음에도 불구하고 유한한 주체와 절대자의 완전한 통일을 이룬 개별자를 말한다. 유한한 주체와 절대자는 그리스도의 인격 속에서 통일되었다. 물론 이러한 사상의 전례가 이 외에도 많이 있다는 데는 의심의 여지가 없다. 힌두교의 아바타[고대 인도의 신화에서 신의 화신]들은 그 예들 중 하나이다. 절대자는 하나이며, 근거를 부여하는 범례적 통일은 단 한 번만 현실화될 수 있다. 하지만 이러한 통일은, 우리가 이미 본 것처럼, 그 직접적 형태를 극복해야 한다. 그리스도는 죽어야 한다. 그리고 그리스도는 다시 살아나서 아버지에게 돌아가야 하며, 공동체에 활력을 불어넣을 수 있는 정신[성령]으로 되돌아와야 한다.

그러나 기독교의 탄생과 더불어 이러한 통일은 원리적으로는 실현되었지만, 현실 세계에서는 아직 실현되지 않은 채 있다. 새로운 공동체의 외적인 실현체인 교회 역시, 보편적 개별자와 마찬가지로, 우선은 내적 망명

---

19) 헤겔은 『법철학』 첫 부분을 '추상법'(추상권)에서 시작한다. 헤겔에게서 '추상'(abstraction)이란 '전체로부터 떼어 냄'을 의미한다. 전체에서 내용을 사상하고 형식만을 강조하는 것(합리론)뿐 아니라 형식을 배제하고 내용만을 강조하는 것(경험론)도 추상적인 이유가 바로 여기에 있다. 따라서 『법철학』 첫 부분의 추상법은 법(권리)의 전체 영역인 국가로부터 단절된 영역, 즉 공동체에 귀속되기 이전의 활동 영역에서의 인간의 권리를 의미한다. 헤겔은 이 활동 영역의 주체가 바로 인격체(person)이며, 그 최초의 권리가 소유권이라고 말한다. 국가 공동체의 활동 영역에서 주체는 인격체가 아니라 시민이다.—옮긴이

에 처해 있다. 이제 역사의 임무는 외적·정치적으로 이런 화해를 달성하는 것이다. 즉 교회 공동체를 어떤 의미에서 사회와 합치시키는 것이다. 그리고 이것은 제도들의 점진적 개혁을 의미하며, 인간의 점진적 변화를 의미한다. 이것이 바로 도야[형성, Bildung]이다. 이것이 바로 이후 18세기 동안의 과업이며, 새로운 세계사적 민족, 즉 게르만 민족에 의해 수행될 것이다.

헤겔이 의미하는 게르만 민족은 로마 제국을 궁극적으로 정복하고 서유럽의 새로운 나라들을 건립한 야만인이다. 헤겔이 게르만[독일]이라는 말을 사용한 곳에 특별히 어떤 맹목적 애국주의가 끼어 있지는 않다. 이와 같은 이유에서 몽테스키외 같은 사람들도 근대 유럽의 정치체가 야만족인 바로 이 게르만 왕국들의 정치체에서 유래했다는 것을 인정했다.

그런데 이 게르만들은 다음 단계의 역사를 착수하는 데 있어서 안성맞춤이었다(세계 정신은 언제나 재료와 목적의 이러한 융합을 본다). 왜냐하면 그들은 스스로가 권위로부터 독립해 있음을 자연스럽게 매우 잘 의식하고 있었기 때문이다. 그들은 권위에 복종하는 것에 어려움을 느꼈으며, 권위에 대해 불안해했다. 헤겔은 초기의 게르만을, 여러 군대의 연합체의 느슨한 수장이었던 아가멤논과 같은 지도자들 아래 느슨하게 모여 있는 자들로 묘사한다. 이러한 방식으로 그들은 개인의 자유에 기반을 둔 새로운 문명을 구축하기 위해 프로그래밍되었다. 그러나 우선 이러한 자유는 정화되어야 하며, 고대의 언어와 기독교에 의해 도달되었던 합리적인 내적 자유를 구체화하는 데까지 성장해야 한다. 숲 속에서 가지고 있었던 게르만의 실제적·외적 독립은 이런 정신적 자유와 통일되어야 하며, 이 자유는 현실성을 습득해야 한다. 하지만 둘째, 이를 위해 필수적인 것은 야생적·독립적인 게르만이 학습을 통해 합리적 권위를 수용해 가야 하며, 또 합리적 국가에 통합되는 것을 수용해야 한다는 것이다.

중세와 근대 유럽의 발전은 연관된 바로 이 두 과정이 작용하는 과정이다. 공적 영역을 철저히 사적 관계에 의해 관철시키는 봉건제는 게르만 원주민들이 처음에 가지고 있었던 자연스런 형태이다. 하지만 그다음 이런 느슨한 사적 관계를 국가와 분리할 수 없는 상위의 일반 의지로 편입하는 과정이 시작되었다. 유럽에서 이 과정은 군주가 점차 권력을 키워 가는 형태로 나아갔다. 샤를마뉴 대제는 이 과정의 결정적 단계를 대표한다.

우리는 여기서 헤겔이 근대 국가의 본질적 형태라고 말한 것들 중 하나의 토대에 마주한다. 근대 국가는 군주에 의해 통합되어야 한다. 헤겔은 이것이 본질적으로 개인의 자유라는 근대의 원리에 부합한다고 생각한 것 같다. 그리스 도시 국가는 모든 사람이 자신을 국가에 즉시 귀속시켰기 때문에, 그들이 국가 외부에서 어떤 사적인 의지도 가지지 않았기 때문에 공화국일 수 있었다. 하지만 근대의 보편적 개인은 사적 정체성[동일성]을 가지며, 단순히 국가의 구성원일 수 없다. 그런데 국가가 공동의 의지로 실재하기 위해서는 어떤 국가도 이러한 직접적 통일성의 계기를 자신 안에 가지고 있어야 한다. 어떤 점에서 전체 의지는 참으로 실존하는 의지와 하나여야 한다. 이 말은 국가가 행위할 수 있기 위해 어떤 사람들이 국가의 이름으로 행위해야 한다는 것만을 의미하지 않는다. 그것보다 오히려 헤겔은 구체적 의지와 일반의지의 직접적 통일을 실현하고 있는 어떤 장소가 있어야 한다는 존재론적 요점을 말하고 있다. 국가는 사람들의 행위와 의지의 많은 차원들 중 하나일 수 없다.

헤겔은 여기서, 그리고 나중에 『법철학』에서, 대표하는 개인, 즉 공동의 삶의 근본 원리를 체현하고 있는 개인이라는 중세 사상을 새롭게 변형하고 있다. 여기서 '대표'라는 말은 근대적 의미에서 다른 사람이나 다른 존재를 대신한다는 것이 아니라, 모두의 신뢰를 받는 근본적인 공동의 실재를 체현 혹은 육화하고 있다는 것을 뜻한다. 제왕적 위엄이라는 관념, 즉 왕은 전체의 위엄이 표현되는 지점이라는 관념이 바로 이 이념에 속한다. 헤겔은 국가의 구조를 '개념'에서, 즉 사물들의 존재론적 구조에서 도출한다. 그는 자신의 정치 사상의 이런 존재론적 차원에 의지하여 자신의 생각을 전개한다. 이런 의미에서 상이한 유형의 체제는 존재론적 실재의 상이한 측면을 '대표한다'.

제멋대로인 신민들을 한데 모으는 강력한 군주 외에 (영국에서 의회로 성장해 가는) 신분제로 알려진 제도들이 성장한다. 이 제도들은 주권자의 의지와 특수 의지를 매개하는 필수적 요소이다. 따라서 우리는 여기서, 헤겔에 따르면, 근대 국가의 또 다른 본질적 제도를 보게 된다. 전체로서의 인민은 바로 이 신분제를 통해서 국가의 삶에 참여한다. 여기서 다시 우리는 인민의 참여라는 헤겔의 관념이 근대의 대의 정부 이론에서 나오는 근대적 '대표' 개념에 기초해 있지 않다는 것을 보게 될 것이다. 여기서 중요한 것은 대중적 선택에 의지하여 결정들을 합법화하는 문제가 아니라 일종의 동일화를 확립하는 문제이다.

동시에 국가는 점점 더 비인격화된다. 즉 국가는 점점 더 법에 의존하게 된다. 막스 베버는 나중에 이것을 합리성이라 불렀다. 제왕의 권력은 점점 더 사적인 성격을 상실하며, 공적인 정부의 권력으로 간주된다. 귀족의 업무는 수세기 동안 잘 훈련된 관료제로 대체되었다. 국가는 점점 더 일반 원리에, 즉 법의 합리성에 의지하게 된다.

이 제도들이 발전함에 따라(이 제도가 어떤 방향으로 발전해 가는지에 대해서는 다음에 설명할 것이다) 인간의 조야하고 원시적인 기질들을 순화시키는 정신화의 과정과 그 도야 과정도 병행하여 발전한다. 이 단계에서 가장 결정적인 순간은 종교개혁이다. 기독교는 원시적 야만인들을 가공할 임무의 많은 부분을 떠맡았다. 하지만 역사의 진행 과정에서 기독교는 어느 정도 야만의 수준으로 전락하고 말았다. 기독교의 보다 고귀한 정신적 진리들이 거친 외부 실재와 연합되었다. 사람들은 성지[예루살렘]를 실제로 정복함으로써 신을 발견하고자 했으며, 신은 성체[예수의 몸과 피로 상징되는 빵과 포도주]로 현전하는 것으로 물신화되었다. 헤겔은 이것이 바로 중세 가톨릭 신앙의 토대라고 생각했다. 정신이 진보하기 위해서는 순수성이 재전유되어야 했으며, 정신이 세계에 현존한다는 말의 정신적 의미가 다시 발견되어야 했고, 이 의미를 거친 감각적 관점에서 해석하는 가톨릭 신앙과 결별해야 했다. 이것은 근대 국가의 발전에 본질적이다. 이로부터 가톨릭 나라들이 이러한 국가를 완벽하게 실현할 수 없다는 사실이 드러난다.

종교개혁과 더불어, 정신성을 조야한 외적 사물의 감옥에서 해방시킴으로써, 그리고 순수하게 정신적인 공동체에서 신의 현전의 의미를 회복함으로써 이런 현전을 외부 세계에서 객관적이고 실제적으로 현실화하기 위한 길이 열리게 되었다. 이때 이 현실화는 가톨릭 신앙이 내세우는 기사도 제도와 위계질서라는 조야하고 부적절한 방식에 의해서가 아니라 보편자, 즉 이성을 실현할 지상의 참된 공동체를 구축함으로써 이뤄진다. 세계는 점차 이성에 기초한 국가를 준비해 가고 있다. 다른 말로 하면 신과 인간의 통일은 외적으로 실현되어야 한다. 하지만 우리는 원시적이고 순수하게 외적인 현실화, 따라서 성체, 성지의 성전, 유물들, 그리고 면죄부 등과 같은 것에 부여한 전혀 부적절한 현실화를 극복해야 한다. 정치적 공동체에서 적합한 현실화에 도달하고자 한다면 우리는 참된 정신적 차원을 해방시켜야 한다. 따라서 종교개혁을 단행한 유럽에서 합리적 국가를 실현하고자 하는 시도, 교회와 국가의 대립을 극복하고자 하는 시도가 나타난다. 개신교는 이런 국가의 초석이다.

하지만 종교개혁에 의해 시작한 정신화 과정은 우리가 계몽이라 부른 것을 수행하고 산출한다. 사람들은 점점 더 스스로가 보편자와 하나라고 인식하게 되며, 순수 사유의 자유와 더불어 내적으로 자유롭다는 인식에 도달한다. 정신화를 통해 그들은 자신의 정체성[동일성]이 보편적 사유의 자유에 의존해 있다고 이해하게 된다. 하지만 이것은 단순히 고대인으로의 회귀가 아니다. 왜냐하면 고대인은 보편적 이성에 철저히 반하는 세계 안에 있었기 때문이다. 고대인들이 스스로를 이성적 존재라고 할 때 그들의 정체성[동일성]의 관념은 순수하게 내적인 것이었으며, 세계의 힘에 의해 밀려난 것이었다. 이성의 세계는 초월적인 것이었다. 하지만 그 이래로 사람들은 자신이 사물의 바로 그 내적 근거와 하나라고 하는 것을 볼 수 있게 되었다. 이것이 바로 기독교 문화의 업적이었다. 결과적으로 근대의 계몽은 인간을 사유로 정의할 뿐 아니라 외부 실재 전체가 사유에 상응한다는 것도 확신한다. 이것이 바로 세계를 법이 지배하는 질서로 이해하고자 하는 새로운 과학적 의식에 대한 헤겔의 독해이다.

다른 말로 하면 사유와 존재는 하나다. 이것은 데카르트의 '나는 생각한다, 그러므로 존재한다'(cogito ergo sum)에 대한 헤겔의 독특한 이해 방식이다. 여기서 요점은 인간은 이성이며, 그 자체 사물의 원리와 동일하다는 것이다. 이렇듯 인간은 이성을 추구할 경우 외부 세계에서 이성을 발견할 수 있다.[20]

이러한 정신화는 사물의 탈신성화 과정을 완성한다. 세계는 단순히 인간의 의식 앞에 투명하게 놓여 있는 일련의 외적 실재가 된다. 하지만 우리

---

20) 이는 또한 『정신현상학』 5장 '이성의 확신과 진리'의 논의 방식이기도 하다.

는 계몽이 왜 탈신성화를 의미해야 하는지를 물을 수 있다. 확실히 정화된 종교 역시 모든 실재 배후에 놓인 사유를 본다. 물론 저 물음에 대한 대답은 계몽은 근본적으로 정화된 종교와 일치한다는 것이다. 종교에 대한 계몽의 투쟁은, 헤겔이 『정신현상학』의 한 부분에서 보여 주고자 한 것처럼, 자기 기만에 기초해 있다. 그러나 이 자기 기만은 계몽의 결정적 결함이다. 계몽은 자기 자신을 순수하게 인간적이라고 생각한다. 계몽은 자신을 이성으로 이해한다. 즉 계몽은 인간의 자아를 이성으로 이해하며, 외부 실재의 세계를 이성에 의존하는 것으로 이해한다. 하지만 계몽은 보다 포괄적인 우주적 자아인 정신(Geist)의 관념을 상실했다. 그런데 이 정신이야말로 이성의 참된 장소이다.

헤겔은 여기서 계몽이 오성의 수준에 머문 근거를 본다. 오성의 단계에서는 사유가 사물들을 명백하게 구분하고 그 사물들을 분리할 뿐 이성의 단계로 이행하지 못한다. 바로 이 이성의 단계에서 우리는 모든 분리된 실재들을 연결하는 내적 연관, 그 분리된 실재들을 하나로 엮는 변증법적 삶을 본다. 따라서 계몽은 인간들이 서로 독립적인 개별자로 존립하고 있다는 상을 가지고 있을 뿐, 이 인간들을 서로 연합하고 있는 공동체에 대한 상을 상실한다. 계몽의 정치 이론은 원자론적이다. 따라서 계몽은 우리를 둘러싼 세계에서 외적·개별적 대상들만을 본다. 또한 계몽은 세계를 신, 정신 혹은 이성에 의해 정립된 질서로 보지 않는다. 계몽이 보는 것은 참이지만, 필연적으로 부분적으로만 참이다. 계몽은 세계를 단순히 인간의 탐구와 처분에 열려 있는 외적 사물들의 집합으로 보기 때문에 세계를 탈신성화한다. 또한 계몽은 세계를 이성의 표현으로, 이성의 유출로 보지 않는다.

이것이 계몽의 가치 이론이 공리주의적인 이유이다. 모든 대상은 응용 가능한 것으로 고찰된다. 모든 것을 존경할 만한 보다 고귀한 것의 표현으로 보게 하는 차원이 여기에서는 완전히 차단되어 있다. 이 사물들의 유일한 가치는 이 사물들 외부에 놓여 있다. 즉 그 가치는 주체, 즉 인간을 위한 용도에 있다. 결론적으로 말해서 가치의 보편적 범주는 다음과 같은 외재적 질문에서 추구된다. 즉 사물의, 행위의, 정책의 유용성은 무엇인가? 그것은 인간의 욕망에 어떤 결과를 가져오는가?

이런 점에서 보면 계몽은 필연적으로 종교와 갈등 관계에 놓인다. 실제로 갈등은, 위에서 말한 것처럼, 두 가지 측면에서 자기 기만에 기초해 있다. 하지만 이 기만은 그 자체로 강력하며 효력이 있다. 계몽이 우주적 주체인 정신을 수용할 수 있는 유일한 방법은 이 정신에서 모든 내용을 빼 버리는 것이다. 그 경우 정신은 더 이상 주체일 수 없으며, 활동적일 수 없다. 왜냐하면 인간 주체와 법의 지배를 받는 자연만이 존재할 것이기 때문이다. 따라서 신은 이신론에서 말하듯이 비인격적이고 어떤 색채도 갖지 않는 '최고 존재'로 환원되어야 한다. 다른 말로 하면 총체성의 원리는 공허해진다. 헤겔에 따르면 바로 이 점에서 유물론적인 계몽의 형태와 이신론적인 계몽의 형태가 서로 구별되지 않는다. 왜냐하면 유물론자들의 '물질'이라고 하는 것도 역시 공허하며 색채가 없는 범주이기 때문이다. 이 물질은 이신론이 말하는 최고 존재(être suprème)와 구별될 수 없다.

자신을 이성으로 확신하고 이성을 실재에 대한 지배자로 확신하는 계몽의 인간은 모든 권위를 거부하고, 실재를 이성에 따라, 즉 인간 자신에 따라 형성하기 시작한다. 하지만 인간의 일방성은 결국 재난으로 드러나고 만다. 왜냐하면 우리가 일단 정신의 관점을 상실하고 나면 이성의 형태는 남지만, 실체적 내용은 상실되기 때문이다. 즉 우리는 더 이상 사물의 존재론적 구조에 대한 상을 가지지 않는다. 그런데 여기서 사물의 존재론적 구조란 우리 삶의 모든 것이 이성에 적합할 수 있으려면 그에 순응해야 하는 그런 것이다. 우리 모두는 세계를 지배하고 형성할 준비가 되어 있다. 하지만 우리는 그 설계도를 상실했다. 대안을 찾고자 하는 전망을 전혀 갖지도 못한 상태에서 우리는 사물들을 산산이 찢어 놓는다.

계몽이 이성의 내용을 결여하고 있다는 사실을 확인하기 위해 우리는 우선 계몽의 가치 체계인 공리주의를 검토해 보면 된다. 유용성의 원리는 사물들의 가치를 외적으로 측정한다. 즉 이 원리는 사물들이 인간의 목적을 위해 어떻게 봉사하는가에서 그 가치를 측정한다. 하지만 이 과정은 어디에서 그쳐야 하는가? 실제적인 인간의 욕망에서 그쳐야 하는가? 하지만 우리가 왜 여기서 멈춰야 하는가? 욕망을 가진 인간은 그 자체로 세계 안의 외적 사실이다. 인간은 왜 '사회' 혹은 미래의 이해관계 속에서 외적으로 평가되어서는 안 되는가? 우리는 여기서 헤겔이 '악무한'이라고 부른 무한 후퇴에 빠질 수 있다. 이런 비판의 요점은 단순히 공리주의적 윤리의 문제점을 노정하려는 것이 아니라 체계 내에서의 실제적 경향성을 확인하려는 것이다. 공리주의적 사유는 인간을 목적이 아니라 수단으로 대할 가능성이 크다. 예를 들어 1834년 시행된 '영국 구빈법'이 그것이다. 이 법은 실업자를 일반 이익을 위해 강제로 구빈원에 집어넣을 수 있게 했다. 이 법에는 내재적 선 개념이 결여되어 있다.

실제적인 욕망의 기준을 현실적으로 작동할 수 없게 하는 그런 경계선은 아주 쉽게 넘어갈 수 있다. 왜냐하면 욕망 역시 사람들마다 매우 다양하고 모순적이기 때문이다. 도덕적 갈등은 욕망들 사이의 충돌에서 발생하며, 내재적 선의 기준, 즉 욕망을 선하게 만드는 기준이 발견되어야 한다.

이 외에, 우리의 욕망을 역사 세계에서 실현시키기 위해 우리는 공동의 목표에 도달해야 한다. 왜냐하면 유일하게 자기 유지적인 실재는 공동체이며, 자기 유지적이고자 하는 사물들의 어떤 형태도 공동체의 형태여야 하기 때문이다. 공동의 열망이 있어야 한다.

이제 이러한 사실은 우리가 위에서 찾고자 했던 답, 즉 욕망들 사이를 판단하기 위한 기준을 제공하는 것 같다. 그 욕망들은 참으로 일반적인, 모두의 선을 위해 추구되어야지 자기 자신만을 위해 추구되어서는 안 된다. 우리는 여기서 일반 의지의 토대를 보게 된다. 이것은 계몽의 윤리 이론의 또 다른 위대한 발견이다. 인간은 사회를 온전히 일반 의지를 토대로 하여 공정한 이성에 따라 구축해야 한다. 왜냐하면 합리적인 것은 보편적인 것, 즉 모든 사람을 붙들어 주고 모두를 묶어 주는 것이기 때문이다.

공리주의에서 일반 의지 이론으로의 이행은, 우리가 바로 앞 장에서 보았듯이 보다 폭넓은 이성의 실현이다. 유용성의 윤리는 자연스럽게 주어져 있는 실제적인 인간의 욕망 이상으로 나아갈 수 없다. 일반 의지의 윤리는 단순히 소여된 것, 인간이 우연히 바라는 것을 넘어 합리적 의지 자체에서 이끌려 나오는 목적으로 갈 것이라 약속한다.

어쨌든 이것은 헤겔이 루소와 이후 칸트에 의해 전개된 이론을 어떻게 바라보고 있는지를 보여 준다. 하지만 이 새로운 이론[일반 의지 이론]은 그 이전의 이론들처럼 내용, 혹은 일련의 본질적 목적들을 이성의 이념으로부터 도출할 수 없다. 왜냐하면 이 이론은 인간의 자유롭고 합리적인 의지에만 관심을 집중하고 있기 때문이다. 이 이론도 공리주의와 마찬가지로 '오성'의 영역에 붙들려 있다. 오성은 유한자를 무한자에서 분리하고, 유한한 정신들이 보다 위대한 정신의 현실과 연결되어 있다는 사실을 인식할 수 없다.

일반 의지의 윤리, 즉 형식적 보편성의 윤리는 공허하게 머문다.

하지만 공허한 윤리 이론들을 인간의 고유한 탐구로 삼는 것과 이 공허한 일반 의지를 역사의 실재로 만들고자 하는 것은 별개의 문제이다. 독일인은 첫번째 것만을 했고, 프랑스인은 두번째 것만을 했다. 그리고 끔찍하고 파멸적인 결과는 이 공허 속에 들어 있는 것을 폭로했으며, 그 단계를 넘어 다음 단계로 이행해야 할 욕구를 드러냈다. 그 잊지 못할 결정적 사건은 프랑스혁명이었다.[21]

3

이제 우리는 헤겔의 청년 시절에 일어난 위대한 정치적 사건에 이르렀다. 이 사건은 헤겔 세대의 모든 사람에게 자신의 정치철학을 돌아보게 했고, 계몽에 대한 입장을 다시 생각하게 했다. 우리가 보게 되겠지만, 헤겔에게 자코뱅의 공포정치(terror), 즉 혁명이 궤도를 이탈하여 나타난 공포정치의 재난은 계몽의 근본적 부적합성을 말하는 것으로 이해된다.

합리적 의지의 규정에 따라 세계를 새롭게 형성하고자 한 노력은 '절대적 자유'에 대한 추구이다. 하지만 이것은 본질적으로 종교개혁과 계몽을 그 중요한 단계로 품고 있는 전체 근대의 발전에서 발생한다. 이 발전 과정을 뒷받침하고 있는 근본적 통찰은 세계가 정신에 의해 정립되었다는 것, 우리는 사물들의 토대와 하나라는 것, 혹은 사유와 존재는 하나라는 것이다. 하지만 사유 혹은 정신은 단순히 인간의 사유나 정신과 동일화된다. 그러므로 사회 전체는 인간의 의지에만 기대고 있는 것처럼 보인다. 사회를 이성에 맞게 재형성하는 것은 사회를 철저히 인간 의지의 규정에 맞게 재형성하는 것이며, 따라서 한계 없는 무제약적 자유를 실현하는 것이다.

이와 더불어 정신은 **절대적 자유**로 현존한다. 정신은 자기에 대한 자신의

---

21) *PR*, §258 참조.

확신이 실제적인, 그리고 초감각적인 세계의 모든 정신적 구조의 본질이라고 파악하는 그런 자기 의식, 혹은 반대로 본질과 현실이란 의식이 자신에 대해 아는 것이라고 파악하는 그런 자기 의식이다.[22]

이러한 열망은 끔직한 파괴를 수행한다. 우리는 『정신현상학』의 공포 정치를 다룬 부분에서 절대적 자유에 대한 추구는 사회에 필수적인 분화를 인정할 수 없기 때문에 실패할 수밖에 없다는 것을 보았다. 절대적 자유에 대한 추구는 공허할 수밖에 없다. 이 공허함은 완전한 파괴의 분노로 나아간다. 하지만 우리는 분화가 왜 근대 사회에 본질적인지를 이해할 위치에 있지 않았다. 우리는 그 이유를 14장에서 보기 시작했다. 14장에서 개념의 분절적 명료화들은 국가에서 서로 조응해야 한다고 했다. 하지만 이런 분절적 명료화가 왜 이뤄져야 하는지, 그리고 절대적 자유에 대한 추구가 왜 이런 명료화를 불가능하게 하는지를 좀더 면밀하게 검토할 경우 우리는 헤겔의 근대 국가 이론의 핵심에 더 들어가게 될 것이다.

절대적 자유의 사회는 전적으로 그 구성원들의 창조물이어야 한다. 첫째, 그 사회는 그 안에 있는 모든 것이 인간의 의지와 결정의 산물인 그런 사회여야 한다. 둘째, 그 결정들은 모든 구성원의 실제적인 참여로 이뤄져야 한다.[23] 보편적 혹은 총체적 참여라고 할 수 있는 이러한 조건은 모두가 결정에 참여하게 하는 조건이다.

이것은 한 집단이 기능들을 분배하고, 이로써 어떤 하위 집단은 사물

---

22) *PhG*, 415.
23) "세계는 [자기 의식에게—테일러] 단적으로 자기 의식의 의지이며, 이 의지는 보편적 의지이다. 게다가 그 의지는 암묵적 혹은 대의적 승인으로 형성된 의지의 공허한 사변이 아니라 실제로 보편적 의지, 즉 모든 **개체**의 의지 그 자체이다"(*PhG*, 415).

들의 어떤 한 측면을 결정하고 다른 하위 집단은 다른 측면을 결정하는 그런 체계와 대조된다. 우리는 또한 이 집단과 관련하여 총체적 결과는 모든 구성원의 의지에 의해 결정된다고 말할 수 있다. 하지만 개별 구성원이 모두 동일하게 그 총체적 결과에 관해 결정을 내렸다고 하는 것, 혹은 그들이 그 총체적 결과에 대해 다른 구성원들과 일치하여 표를 던졌다고 하는 것을 그 어떤 구성원도 사실로 받아들이지 않을 것이다.

이상적인 자유 기업 경제에서 모든 사람은 독립적인 사업가이다. 이 경제에서 결과는 구성원들의 결정에 의해 규정되지만, 누구도 결정에 참여하지 않았으며, 총체적 결과에 관한 결정에 참여하지 않았다. 이에 반해 전통 사회는 역할의 분할을 정당화하는 구조를 가지고 있는데, 이 구조는 결정의 영역 외부에 있는 것으로 간주된다. 이 구조는 결정의 영역 내부에 있는 문제들이 어떻게, 그리고 누구에 의해 결정되어야 하는지를 규정할 것이다. 이와 유사하게 이 구조는 상이한 사람들을 상이하게 결합하여 결정에 참여하도록 할 것이다. 그래서 어떤 결정은 수장에게, 또 어떤 결정은 원로에게, 그리고 또 어떤 결정은 의료인에게, 또 어떤 다른 결정은 여성에게, 또 다른 결정은 전체 민중에게 책임이 지워진다.

절대적 자유를 목표로 하는 사회는 앞에서 대충 살펴본 자유 기업 모델이나 전통 사회 모델과 다를 수밖에 없다. 그 사회는 전통 사회 모델과는 달리 결정의 영역을 넘어서는 구조의 실존을 인정할 수 없다. 그런데 전통 사회에서 이 구조는 사물의 본성에, 신의 의지에, 시간에 드리워진 법칙에 뿌리박고 있는 것으로 간주되었다. 헤겔이 본 것처럼, 어떤 권위도 수용하지 않는 것이 계몽의 본성이다. 모든 것은 인간 이성으로부터 진행해 가야 하며, 이성에 따라 인간의 의지에 의해 결정되어야 한다. 헤겔이 자기의 초기 신학 저술들에서 사용한 언어로 말해 보자면, 합리적 의지는 단순히 '실정적인 것'[24]을, 즉 단순히 거기 놓여 있을 뿐 합리적으로 정당화되지도 않고 이성에 필연적이라거나 이성에 의해서 바랄 만하지도 않은 그런 제도와 구조를 수용할 수 없다. 따라서 일반 의지에 기초한 국가는 결정의 결과가 아닌 구조들을 포함하지 않는다. 하지만 이때 일반 의지를 산출하는 결정 그 자체의 본질적인 부분들은 예외이다. 이때 결정 과정에서 숙의 (deliberation)는 파벌에 관계없이 자유 토론에 의해 전체 회합에서 이뤄져야 한다. 하지만 이 외의 모든 것, 예를 들어 정부의 형태, 정부의 역할을 충족할 주체, 소유권 등은 결정에 따라 이뤄진다. 로크의 주장과 달리 정부 영역 외부에 놓인 개인의 확고한 권리 같은 것은 없다.

따라서 절대적 자유는 의지에 근거하지 않은, 즉 결정의 결과에 의지하지 않은 구조들을 거부한다. 그러나 동시에 절대적 자유는 예를 들어 자유 기업 경제에서 실현된 다른 모델도 거부한다. 자유 기업 경제를 가능하게 하는 이 모델 역시, 주지했듯이, 전통 사회와 단절한다. 이 모델은 계몽의 자식이다. 이 모델은 재산 제도, 그리고 재산의 교환·양도·계약·매매 행위들을 수반하는 제도들, 다른 말로 하면 이 모델에 따라 수행된 결정들을 의미 있게 하는 제도들을 제외하고 어떤 다른 '실정적' 제도들도 가질

---

24) 실정성(實定性, Positivität)은 청년기 헤겔의 가장 중요한 비판적 개념에 속한다. 그것은 굳어 있고 딱딱한 객관성을 지칭하는 말로서 주관이 개입할 가능성이 없는, 아니 오히려 주관을 억압하는 객관의 특성을 의미한다. 유대교의 율법, 기독교의 교리, 억압적인 법 등이 헤겔에 따르면 대표적인 실정적 대상들이다. 이것들은 인간에 의해 정립(positum)되었지만 인간을 도리어 억압하는 딱딱하고 완고한 대상이 되었다. 바로 이런 점에서 이 개념은 개념사적으로 이후 맑스의 '소외' 개념으로 연결된다. 실정성은 주관이 관여할 수 없을 만큼 완고해 보이는 객관성도 사실은 주관과 관계 맺고 있음을 보여 준다. 이것은 변증법적 사유로 나아가는 헤겔의 통찰력의 첫 단계를 보여 준다. 참고로 헤겔 초기에 이 단어는 '자연성'(Natürlichkeit), 예를 들어 '도덕성', '인간의 욕구', '삶' 등과 대립되며, 후기에는 '부정성'(Negativität)과 대립된다. ―옮긴이

필요가 없다. 이때 이 모델에 따른 결정들이란 자기 재산을 양도하고자 하는 개인 기업가들의 결정을 말한다. 전통적 권위에 근거한 어떤 구조도, 비록 그것이 신에 의한 사물의 질서라고 하더라도, 존중되거나 복종될 수 없다. 합리적 인간 의지의 실행에 본질적인 것들만이 근본적인 것으로 간주된다. 이런 방식으로 자유 기업 사회는 절대적 자유 사회와 유사하다. 자유 기업 사회와 절대적 자유 사회의 결정적 차이점은 합리적 의지의 실행에 대한 그들의 이해에 있다. 한편에서 이 의지는 자신의 선에 대한 개인들의 결정에서 표현되며, 다른 편에서는 그들의 공동의 관심사에 대한 전체 사회의 결정에서 표현된다. 하나는 특수자의 영역이고, 다른 하나는 일반 의지의 영역이다. 각자의 근본 구조는 각자에게 관련 결정들을 범례적으로 가능하게 한다. 그러나 일반 의지 모델은 자유 기업 모델을 수용할 수 없다. 왜냐하면 자유 기업 모델이 '실정적 제도들'을 거부한다 할지라도 이 모델은 총체적 결과가 의지나 결정의 결과로 나타난 것이 아니라는 사실에 붙들려 있기 때문이다. 각각의 인간은 자기 자신을 위해 결정한다. 따라서 그 결과가 이 결정으로부터 나온 것인 한 이 결과는 그 자신의 결과이다. 하지만 그 사람은 전체 결과에 대해 상대적으로 작은 영향만을 미친다. 그는 자신이 산출하지 않은, 수많은 다른 사람들의 의지의 산물인 그런 조건들에 마주해 있다. 그 수많은 사람들 각자도 이와 유사한 상황에 처해 있다. 이 의지들을 연결하는 방식은 의지의 기능이 아니라 맹목적인 자연법의 기능이다. 그러나 만약 자유가 '나의 삶은 나의 결정에 의존하는 것'이라는 데서 성립한다면, 내가 부분적으로만 내 결정의 결과일 뿐인 그런 조건에서 살고 있다면, 나는 전체적으로 그 정도만큼은 자유롭지 않다고 할 수 있다.

완전한 자유는 전체 결과가 나에 의해 결정되어야 한다는 것을 전제한다. 하지만 물론 전체 결과란 사회적인 것이기 때문에 그 결과는 나 혼자만의 결정에 의한 것일 수는 없다. 혹은 내가 그것을 혼자 결정한다면 이 결과 아래 종속되어 사는 사람은 누구도 자유롭지 않다. 우리 모두가 자유로울 수 있으려면 우리 모두는 결정에 참여해야 한다. 하지만 이것은 우리 모두가 전체 결정에 참여해야 하며, 우리 모두는 총체적 결과의 본성을 결정하는 데 참여해야 한다는 것을 의미한다. 여기서는 보편적·총체적 참여가 불가피하다. 참여는 보편적이어야 한다. 즉 참여는 모든 사람을 포함해야 한다. 그뿐 아니라 또한 모두가 전체 결정에 있어서 하나의 발언권을 갖는다는 점에서 참여는 총체적이다. 물론 이것만으로는 충분하지 않다. 해소할 수 없는 관점의 차이가 존재하여 우리 중 몇몇이 투표를 강제당한다면 우리는 자유롭지 않고 강제 속에 있을 것이다. 따라서 절대적 자유 이론은 우리의 실제 의지의 일치라는 관념을 전제한다. 그리고 이 관념은 우리가 일반 의지 이론에서 가지고 있는 바로 그것이다.

보편적·총체적 참여에 대한 열망은 루소의 『사회계약론』의 공식에 함축적으로 포함되어 있다. 이 저작의 목적은 사람들을 서로 묶을 수 있는, 하지만 그들을 '자기 자신에게만 복종함'으로써 전과 같이 여전히 자유롭게 머물도록 하는 그런 연합체의 형태를 발견하는 것이다. '자기 자신에게만 복종함'이라는 생각은 사람들의 삶을 지배하는 법칙이 전적으로 그 자신의 결정에서 나와야 한다는 것을 전제한다. 자기 복종과 사회적 삶을 화해시킬 수 있는 유일한 방법은 일반 의지의 공식인 보편적·총체적 참여에 의하는 것이다.

하지만 그렇다면 절대적 자유에 대한 열망은 사회의 어떠한 분화[차이를 냄, 차별]와도 결코 함께할 수 없다. 신성불가침한 것으로 수용될 수 있는 유일한 구조는 결정에 기초한 것, 모두에 의해 총체적으로 합의된 것에 기초한 것들뿐이다. 따라서 이 구조들은 시민들의 극단적 동질성에 기초해 있으며, 또 그런 동질성을 보장한다. 왜냐하면 모두가 총체적 결정을 내려야 한다면 이 결정의 측면에서 모두는 동일한 자로 나타나야 하기 때문이다. 더군다나 사회에 의해 창출된 이 제도들 중에서 결정에 참여한 모두의 근본적 유사성과 평등을 부정하는 어떤 것도 허용될 수 없다. 예를 들어 재산은 평등해야 한다(루소는 이렇게 생각했다)는 주장이 이 목적에 필연적인 것으로 드러나면 이것은 실행되어야 할 것이다. 결정 과정에 불평등하게 관련 맺게 하는 어떤 차별[분화]도 허용될 수 없다. 심지어 재산에서의 불평등처럼 이런 차별이 간접적 결과로 나타난다 하더라도 그렇다. 사회는 동질적 사회여야 한다. 일반 의지의 주권 아래서 분화들은 당연히 허용되고 필연적이다. 어떤 사람은 정부의 역할을 충족해야 한다. 하지만 루소에 따르면 이 말은 그 사람들은 전체에 의해 결정된 것만을 수행해야 한다는 것을 의미한다. 즉 그들은 일반 의지를 실행에 옮길 뿐이다. 이런 역할 분화는 결코 법을 철폐하는 과정과 다시금 관련을 맺어서는 안 된다.

그러므로 절대적 자유의 요구는 사회를 자신만의 삶의 방식으로 살아가는, 사회의 정부와 서로 다르게 관계 맺는 신분들로 분화되는 것을 거부한다. 그리고 또한 절대적 자유의 요구는 권력 분립의 노선을 따르는 정치 체계의 분화를 허용하지 않는다. 왜냐하면 여기서도 상이한 집단들이 결과의 일부에만 영향을 미치는 결정을 내리기 때문이다. 사실 견제와 균형의 체계로 유의미할 수 있는 권력 분립은 권력들 각자가 상이한 사람에 의해 수행되어야 한다는 전제를 갖는다. 하지만 우리가 절대적 자유라는 초미의 관심사를 유지하고자 한다면 중요한 어떤 결정도 전체보다 더 작은 자들에 의해 이뤄져서는 안 된다. 우리는 대표자들에게 순수하게 실행적인 결정을 하게 할 수는 있지만, 우리 사회의 설계에 영향을 주는 것에 대해서는, 혹은 우리 삶을 지배하는 법에 대해서는 그들이 결정을 하게 할 수 없다. 일반 의지 이론은 우리가 루소에게서 보듯 대의제를 허용할 수 없다.

따라서 분화[차이]를 배제하는 절대적 자유에 대한 열망은 분화를 합리적 국가에 필연적이라고 보는 헤겔의 관점과 모순된다. 나는 위에서 헤겔의 존재론에서는 이런 분화를 정당화하는 논리가 발견될 수 있다고 말했다. 하지만 이 심오한 존재론적 토대는 헤겔이 자기 시대의 역사 발전 과정에서 본 통찰과 섞여 있다. 나는 위에서 헤겔이 폴리스에 관해 논의한 부분을 언급하면서 그가 폴리스를 근대 국가의 모델로 여기지 않았다고 말했다. 직접 민주주의가 가능했던 이유는 사회들이 작았기 때문이고, 그 사회들이 노예와 외국인에게 많은 기능을 양도함으로써 동질적이었기 때문이며, 또한 근대의 개인주의가 전혀 발전하지 않았기 때문이다. 근대를 폴리스와 구별시키는 근대의 이 모든 변화로 인해, 헤겔에 따르면, 분화[차이]는 불가피하다. 헤겔의 이러한 생각과 판단은 동시대의 사상가들도 공유하고 있었다.

이제 모두가 인정하듯이, 근대 국가는 그 크기가 너무 커서 보편적·총체적 참여의 체계 아래서 모두가 함께 통치하는 것은 불가능해졌다. 대표들이 있어야 한다. 따라서 총체적 참여를 지지하는 당대의 사람들은——오늘날 이 지지자들은 그 어느 때보다 많다——루소를 따라 권력의 근본적 탈중심화를 유일한 해결책으로 선택한다.

하지만 근대 국가의 규모가 정치적 역할의 분화를 불가피하게 하는 측면이 있다고 하더라도 그것이 사회적 분화가 있어야 한다는 것을 보여 주는 것은 아니며, 이런 분화가 결정 과정에 중요하게 작용한다는 것을 보여 주는 것도 아니다. 그런데 바로 이것은 어떤 사회나 분절되어 있다는 헤겔의 '신분'(Stände)관으로 몰고 간다. 신분들 각자는 상이한 경제적 토대와 생활 양식을 가지고 있을 뿐 아니라 자기 방식대로 지배 과정에 관계한다.

신분 분류에 대한 헤겔의 설명은 1800년대 초의 작품들과 성숙한 『법철학』 사이에 약간의 차이가 있기는 하지만, 기본적으로 다음과 같이 정리될 수 있다. ① 농민, ② 지주 계층, ③ 사업가 계층, ④ 근대 국가의 운영을 책임지는 전문가 계층과 기능인 계층. 헤겔은 또한 ⑤ 프롤레타리아트의 발생을 목격했다. 헤겔은 이 프롤레타리아 계층을 국가에 통합하기 위해 자기들만의 특징적인 길을 발견해야 하는 새로운 계층으로 보기보다는 피해야 할 재난으로 봤다.

헤겔의 견해를 이해하기 위해 우리는 이 사회 집단들이 우리 시대의 계급들과 완전히 다르다는 것을 기억해야 한다. 농촌의 농민, 도시의 부르주아지, 그리고 몇몇 나라에 존재하는 토지 귀족은 당시에 인생관과 삶의 양식, 정치적 이해관계, 정치관 등에서 서로 완전히 달랐다. 부분적으로 일반 의지 이론과 계몽적 사유 양식의 자극에 의해 이뤄진 근대 사회의 발전은 점점 더 동질화되어 갔으며, 이런 관점에서 근대 서구 사회는 19세기 초 유럽인에게 인식될 수 없었을 것이다(토크빌이 말한 것처럼, 비록 당시 미국이 장차 다가올 것을 미리 보여 주고 있기는 했지만).

하지만 당시의 분화 현상에 직면하여 헤겔은 보편적·총체적 참여의 이념은 터무니없는 것이라고 생각했다. 고대 폴리스와 대립되는 근대 국가는 보편적 시민을 지향한다. 이것은 모든 경제적 기능이 시민들에 의해 수행될 것이라는 것을 의미한다. 하지만 헤겔의 생각에 따르면 이런 임무의 분화는 확실히 서로 매우 다른 전망과 삶의 양식, 매우 다른 가치와 생활 태도 등에서 기인한다. 따라서 무엇보다도 우선 이 상이한 '신분들'은 전체로서의 국가의 관할권 아래로 떨어지지 않는 자기들만의 고유한 삶을 가져야 할 것이다(이는 실제로는 지주 계층과 부르주아 계층에만 적용되었다. 헤겔은 농민과 프롤레타리아트가 자기 지배를 할 수 있다고 생각하지 않았다. 이런 점에서 그는 이 계급들이 대체로 어떤 투표권도 가지지 않았던 그 시대 유럽에서 결코 예외적인 인물이 아니었다). 둘째, 이 때문에 그들은 정부의 업무와 다른 방식으로 관계하고자 한다(유럽의 전통적 신분제의 모델을 정당화하기 위해 헤겔이 이 문제를 어떻게 이용하는지를 나중에 설명할 것이다. 전통적 모델에 따르면 귀족은 개인으로 참여하고 공동체는 대표를 보내 참여한다). 이 두 전제는 보편적·총체적 참여의 원리를 위반하고 있다.

현실적 삶이 이렇게 분화된 상황에서 모두가 동일하게 총체적 결정 과정에 참여하는 방법을 찾는다는 것은 이상한 일이 아닐 수 없다. 집단들은 당연히 어떤 영역에서 자신과 관련된 부분을 결정할 때 부분으로 참여하고자 한다. 그 외에 그들이 전체와 맺는 관계 양식과 전체와 동일화하는 양식은 근본적으로 매우 다를 것이다. 예를 들어 헤겔의 견해에 따르면 농민 계층은 민족의 습속에 무반성적으로 맹종하며, 지도자들에 대해 기본적으로 무조건적인 신뢰를 보였다. 농민들은 결과를 인정하기 위해 결정의 중심에 서는 것도, 결과를 자신의 것으로 인식하는 것도 요구하지 않았다.

이와 달리 주로 사적인 이익을 추구하고 생산과 교환 업무에 종사하는 부르주아들은 대체로 국가의 일에 관심을 가질 시간도 성향도 가지고 있지 않다. 부르주아들은 대표를 보냄으로써 정부의 통치 과정에 더 행복하고 적절하게 관여한다. 이에 반해 지주 계급은 전적으로 땅에 투신하는 삶을 살며, 따라서 그들에게 국가 일에 관여하는 것은 단지 부차적인 일일 수밖에 없다.

부르주아에 대해 설명하는 가운데 헤겔은 이 계층을 고대 폴리스에서는 발견되지 않고 근대 국가에서만 발견되는 독특한 위치로 설명한다. 우리는 사라진 고대 폴리스에서는 없었던 개별자 의식이 발전한 모습을 보았다. 이러한 개별자 의식은 아테네인이나 스파르타인, 독일인이나 프랑스인, 유대교도나 기독교도를 지칭하기 위해 사용되는 것이 아니라 그저 한 인간을 지칭하기 위해 사용된다. 이러한 개별자 의식은 거칠게 말해 부르주아 경제라고 불릴 수 있는, 헤겔이 '시민사회'라고 부른 것 속에서 표현된다. 근대의 인간은 고대의 인간과 비교해 볼 때 아주 복잡한 차원을 가진다. 근대의 인간은 자기 나라의 시민(citizen)일 뿐 아니라 스스로를 다른 모든 사람과 구별되지 않는 인간으로 생각한다. 그리고 인간 자체는 보편적 이성의 담지자이기 때문에 [특정한 나라의 시민으로서가 아니라] 인간으로서의 근대의 인간은 그의 정체성의 중요한 일부가 된다.

모든 사람이 다 공적 삶에 전적으로 헌신할 수는 없다. 대부분의 사람들은 사적 삶의 영역의 일부분만을 이 공적 영역에 투신한다. 하지만 국가는 어떤 사람들이 자신과 국가를 일치시키고 국가의 삶을 자신의 삶으로 삼을 경우에만 존립할 수 있기 때문에 정치적 노동 분업이 있어야 한다. 따라서 다시 한번 말하지만 보편적·총체적 참여는 불가능하다. 사적 삶에 대부분을 투신하는 계층은 부르주아 계층이다. 따라서 그들은 그들 중 몇 명을 대표로 보내 일을 하게 하는 것에 만족한다. 하지만 또 다른 집단이 있는데, 헤겔이 예나 시기의 이론에서는 이 집단을 귀족이라고 불렀고, 그 이후에는 관료 계층 혹은 보편 계급이라고 불렀다. 이 계층은 국가의 일에 전적으로 헌신한다.

사적인 일을 온전히 수행하면서도 국가의 공적인 일에 완전히 참여할 수 있는 전인적 인간의 사회가 형성된다면 공적 영역과 사적 영역을 분리함으로써 발생하는 이러한 어려움이 극복될 수 있을 것이다. 하지만 헤겔은 두 가지 이유에서 이런 가능성을 거부한다. 첫째, 인간의 개별적 성장 과정에 대한 그의 이론에 따르면, 어떤 일에 온전히 투신하고 이 일을 위해 다른 일을 포기할 때만 우리는 그것에서 중요한 결과에 도달할 수 있다고 한다.[25] 모든 것을 얻고자 하는 삶은 아무것도 얻지 못한다. 완전하게 현실화된 것은 개별화된 것이다. 헤겔의 존재론과 세상의 지혜가 여기서 수렴하고 있다.

하지만 사회의 필연적 분화라는 이러한 생각의 배후에는 또한 '개념의 상이한 측면들은 국가에서 구체화된다'는 이념의 요청이 있다. 하지만 명료하게 분화된 전체가 가장 완전하게 구체화되는 것은 그 다양한 측면들이 서로 다른 부분들과 기관들로 현실화될 때이다. 원시적인 단계에서는 모든 것이 분화되지 않은 채 서로 섞여 있다. 따라서 완전하게 발전한 국가는 개념의 서로 다른 계기들이——즉 직접적 통일, 분리, 그리고 매개된 통일이——분리된 집단들로 현실화되어 있다는 의미이다. 여기서 집단들이 분리되었다는 말의 의미는 집단들 각자가 적절한 삶의 양식을 가지고 있다는 것이다. 이것이 바로 근대 사회의 신분을 개념으로부터 변증법적으로 인출한 것이다. 이에 대해서는 16장에서 검토할 것이다.

따라서 근대 사회의 불가피한 다양성에 대한 헤겔의 이해는 존재론적 차원으로 수렴된다. 근대 사회가 정치적·경제적·사회적 역할로 다양하게 분화된 것을 목격한 헤겔은 이런 불가피한 현실적 분화가 문화와 가치와 삶의 양식의 차이를 가져왔다고 한다. 이러한 차이들은 반대로 각각의 신분 내에서 어느 정도의 자율적 삶을 전제하며, 더 나아가 각 신분이 전체와 관계 맺을 수 있는 방식, 그리고 전체와 관계 맺고자 하는 방식을 서로 다르게 한다. 이것이 바로 절대적 자유에 대한 열망이 잘못되었고 또 헛된 이유이며, 이는 근대 국가의 문제가 그 크기와 관련이 있기보다는 오히려 바로 이런 문제와 관련이 있다는 것을 보여 준다.

---

25) *PhG*와 *PR*, §207 참조.

우리는 헤겔이 이 문제에서 옳지 않고 반동적이며, 이후의 발전 과정은 이러한 사실을 보여 준다고 결론 내릴 수도 있을 것이다. 물론 근대의 정체의 크기에 대한 그의 최초의 논의는 아주 적합하다. 그리고 그가 근대의 인간이 사적인 영역을 갖는다고 한 것도 옳다. 이 사적인 영역으로 인해 근대의 모든 사람은 고대처럼 전적으로 사회의 공적인 일에 헌신할 수 없다. 하지만 사회적 분화에 대해 헤겔은 확실히 논증을 잘못했다. 근대 사회의 거대한 동질화로 인해 시민에 의해 수행되는 기능들이 아주 다양해졌다고는 하지만, 이 기능들은 결정 과정에 상이하게 접근할 수 있음을 보장하는 논의에 개방됨으로써 조망과 삶의 양식의 통일을 전개할 수 있게 된다. 근대 사회의 점증하는 '무계급화'는 이런 방향을 보여 주는 것 같다. 물론 헤겔은 '추상적' 평등을 믿었던 당대의 지식인들보다 더 현실적인 사람이었다. 하지만 당대의 그 지식인들은 이러한 원리에 기초한 사회가 산출할 수 있는 동질성을 예견했다.

그러나 만약 우리가 헤겔 이론을 그의 시대의 '신분제'에 적용해 볼 경우 오늘날 쉽게 결론 내릴 수 없는 중요한 문제가 있다. 근대 사회는 어떤 종류의 분화를 용인할 수 있는가? 이것은 우리가 아직도 풀어야 하는 딜레마이다.

우리는 헤겔이 '절대적 자유'라 부른 것에 대한 열망, 혹은 보편적·총체적 참여에 대한 열망을 근대 사회의 내적인 욕구를 드러내고자 하는 시도로 볼 수 있다. 전통 사회들도 분화에 기초해 있었다. 즉 전통 사회는 왕족·귀족·평민으로, 제사장과 평신도로, 자유인과 농노 등으로 분화되어 있었다. 이러한 분화는 사물의 위계질서를 반영하는 것으로 정당화되었다. 자기 규정적 주체성이라는 근대의 혁명 이후 우주적 질서라는 이러한 견해는 허구로 간주되기 시작했고, 왕·제사장·귀족 등이 신하들에 대한 그들의 지배를 정당화하기 위해 고안한 것으로 해석되기 시작했다. 하지만 우주적 질서라는 이러한 견해가 의식적으로건 무의식적으로건 사회 질서를 정당화하기 위해 사용되었다고 하더라도 이 견해는 인간과 그의 삶의 현장인 사회의 동일화를 위한 근거였다. 인간은 우주적 질서와의 관계 속에서만 인간일 수 있었다. 국가는 이러한 질서를 구현해야 했고, 따라서 인간이 이 우주적 질서와 만나는 중요한 통로 중 하나였다. 이로부터 인간은, 예를 들어 손이 신체의 일부이듯이, 스스로를 사회의 일부로 보았다는 유기적·총체적 은유의 위력이 나타났다.

근대 주체성의 혁명은 또 다른 유형의 정치 이론을 산출했다. 사회는 사회의 본질 혹은 사회가 표현한 것에 의해 정당화되는 것이 아니라, 사회가 성취한 것, 즉 인간의 욕구·욕망·목적 등의 완성에 의해 정당화되었다. 사회는 도구로 간주되었고, 그 상이한 양태와 구조가 인간의 행복에 어떤 영향을 미치는지 과학적으로 연구되어야 했다. 정치 이론은 신화와 전설을 추방하고자 했다. 이러한 생각은 공리주의에서 가장 잘 표현되었다.

하지만 이 근대 이론은 인간이 자기 사회와 동일화하기 위한 토대를 제공하지 않았다. 전통 사회의 단절과 더불어 나타난 간헐적인 소외의 위기에 대해 공리주의 이론들은 그 약점을 메우는 데 무기력했다. 그래서 근대 사회는 영국에서처럼 전통적 질서를 실제로 거의 손도 대지 못한 채 놓아두거나, 혹은 매우 느린 속도로 개조했을 뿐이다. 혹은 급진적 단절이 추구될 때 근대 사회는 훨씬 강력한 무기에 호소했으며, 여러 갈래의 일반 의지 전통(자코뱅주의, 맑스주의, 무정부주의)을 혁명적 이데올로기로 삼았다. 혹은 근대 사회는 혁명의 시기 아니면 '정상적' 시기에 민족주의라는 강력한 세속 종교에 의지했다. 공리주의적 전통에 근거해 있는 것처럼 보이는, 혹은 미합중국에서 보이듯이 그보다 더 이른 시기의 로크 이론에 근거해 있는 것처럼 보이는 사회들조차 신화에, 예를 들어 개척자 신화, 끊임없는 새로운 시작의 신화, 미래를 자기 창조에 무한히 열려 있는 것으로 보는 신화 등에 의존했다.

이런 신화는 참으로 아이러니가 아닐 수 없다. 왜냐하면 공리주의 이론은 이러한 종류의 신화를 위한 여지를 남겨 두지 않았기 때문이다. 공리주의는 사회, 자연 그리고 역사와 관계하고 있는 인간의 삶의 목적에 대한 사변적 해석을 성숙한 사회의 정당화 신념으로 받아들이지 않는다. 이러한 사변적 해석은 덜 진화된 이전 시기의 사유에 속한다. 성숙한 사람들은 사회가 그들을 위해 산출한 것 때문에 이 사회에 귀속되어 있다고 느낀다. 최근에 이러한 관점은 미국과 서구 세계의 진보적(liberal) 지식인들 사이에서 광범위하게 받아들여지고 있다. 그들은 임박한 '이데올로기의 종언'을 선언했다. 하지만 그들은 이후에 산문이 아니라 부지불식간에 신화를 말하고 있는 주르댕의 전도된 변종이 되었다.[26] 오늘날 공리주의적 관점은 그 반대자들과 똑같이 하나의 이데올로기로, 또 결코 합리적이지 않은 것으로 드러났다. 공리주의적 인간이 자신의 사회에 충성을 보이는 이유는 그 사회가 그에게 만족을 제공하기 때문이다. 따라서 그런 충성은 아주 우연적인 것이다. 공리주의적 인간은 진정한 의미에서 자신의 동료를 필요로 하지 않는 하나의 종이다. 그리고 일단 우리가 만족이 '기대들'과, 그리

---

26) 주르댕(Monsieur Jourdain)은 몰리에르의 희극 작품 「서민 귀족」(Le bourgeois gentil-homme, 1670)에 등장하는 주인공으로 귀족 행세를 하는 돈 많은 직물상이다. 몰리에르는 이 작품에서 돈을 무기로 신분 상승을 노린 주르댕의 행위를 희화화하고 있다. 근대 시민사회는 이전의 신분제적 질서를 비판하면서 자유와 평등을 최고의 가치로 여겼다. 이들의 글쓰기는 법칙과 규칙에 따르는 운문보다는 자유분방한 산문에 가까웠다. 헤겔이 근대를 '산문의 시대'로 부른 이유가 바로 여기에 있다. 테일러는 이러한 시대정신을 반영하고 있는 대표적 이론 체계를 공리주의로 본다.―옮긴이

고 적절하고 공정한 것에 대한 신념들과 얽혀 있음을 알고 나면, '만족'이라는 바로 이 개념은 그렇게 확고한 지반을 갖지 않는다. 우리 시대의 가장 부유한 몇몇 사회, 예를 들어 미국에는 불만에 찬 사람들이 가득하다.

절대적 자유를 향한 열망은 근대 정치 이론에서 이런 결함을 충족시키려는 시도로, 그 구성원이 근대 주체성의 정신으로 충만한 사회와의 동일성을 발견하려는 시도로 간주될 수 있다. 아주 강한 의미에서 사회가 우리의 창조물이라고 말할 때, 더 나아가 그 창조물은 우리에게 최고의 것이며 가장 진실로 우리의 것이라고 말할 때——왜냐하면 사회는 우리의 도덕 의지(루소, 피히테) 혹은 우리의 창조적 활동(맑스)의 산물이기 때문이다——바로 이때 우리는 우리 스스로를 사회와 동일화할 수 있는 근거들을 가지며, 사회와의 완전한 동맹 의식을 갖는다. 루소에서 맑스와 무정부주의자들을 거쳐 우리 시대의 참여 민주주의 이론에 이르기까지, 사회를 재구성해야 한다는 반복적 요구가 있었다. 즉 타율성을 철폐하고 소외를 극복해야 한다는, 혹은 자발성을 회복해야 한다는 그런 요구가 있었다. 자유로운 도덕 의지에서 유출된 사회만이 전통 사회의 요청에 비견될 수 있는 자신에 대한 우리의 동맹을 요청할 수 있다. 그렇게 되면 사회는 절대적 가치를 지닌 것을 반영하거나 구현하게 될 것이다. 그것은 더 이상 우주적 질서가 아닐 것이다. 근대의 혁명을 간직하고 있는 절대자는 인간의 자유 그 자체일 것이다.

그러므로 절대적 자유에 대한 열망은 사회를 이익 증진을 위한 도구로 보는 공리주의적 사회 모델에 대한 깊은 실망으로부터 생겨났다. 공리주의적 모델에 기초한 사회는 정신적 황무지로 혹은 기계로 경험된다. 이 사회는 정신적인 것을 결코 표현하지 않으며, 이 사회의 규율과 체제는 절대적 자유를 추구하는 사람들에게 참을 수 없는 부담으로 느껴진다. 따라서 절대적 자유 이론가들이 종종 자유주의 사회에 대한 반동적 비판가들에 접근해 있다는 것, 그리고 스스로를 이전 사회를 열망하는 자로 표현하는 것은 놀라운 일이 아니다.[27]

헤겔은 절대적 자유에 대한 이러한 추구를 이해했다. 우리가 이미 본 것처럼 그는 급진적 자율성에 대한 요구를 자신의 이론의 중심으로 삼았다. 그는 실제로 루소에서 맑스를 거쳐 그 이후까지 지속되는 절대적 자유를 추구하는 이러한 발전 노선에서 중요한 위치를 차지한다. 왜냐하면 그는 루소와 칸트의 절대적 자율성에 대한 요구를 헤르더에서 유래하는 표현주의 이론과 융합하는데, 이런 융합은 맑스의 사유에 아주 중요한 기초가 되기 때문이다. 그런데 그는 절대적 자유에 대한 결정적 비판가였다. 그의 반론을 좀더 자세히 고찰해 보는 것은 유용할 것이다.

사회 분화에 대한 헤겔의 특별한 이론에서 발생하는 이 반론의 요점은 다음과 같다. 즉 절대적 자유는 동질성을 요구한다는 것이다. 절대적 자유는 어떤 차이도 감내하지 못한다. 왜냐하면 모두는 사회의 결정에 무제약적으로 참여해야 하기 때문이다. 더 나아가 절대적 자유는 숙의를 통한 의지의 만장일치를 요구한다. 왜냐하면 그렇지 않을 경우 다수가 소수를 강제하게 되며, 이 경우 자유는 보편적이지 않을 것이기 때문이다. 하지만 다

---

27) 근대의 정치체는 그것이 자유주의적이건 공화주의적이건 간에 어떤 방식으로든 자유를 실현하고자 하는 열망을 가졌다. 절대적 자유에의 열망은 정치체를 인간의 의지에 철저하게 종속시키려는 시도를 해왔다. 루소의 일반 의지 이론, 사회주의의 인민의 의지 이론 등이 그런 열망의 표현이다. 그런데 자유주의적 견해에서 보면 루소의 공화주의나 사회주의는 모두 자유의 이름으로 자유를 억압하는 체제, 전체의 이름으로 개인이나 소수자를 억압하는 체제, 전체주의와 별 다를 바 없는 체제에 불과하다. 하지만 공화주의나 사회주의 입장에서 보면 자유주의는 정치체를 인간의 의지 아래 두는 것이 아니라 시장이라는 우연의 영역에 둔다. 이 것은 인간의 의지와 자유의 포기로 간주되어 공화주의와 사회주의의 비판의 대상이 된다. 테일러는 바로 이런 맥락에서 위의 진술을 하고 있다. ―옮긴이

소 공정한 분화는 불가피하다(헤겔이 정당한 분화가 무엇인지 말하지 않았다는 사실에 대해서는 잠시 논의를 유보하자). 더 나아가 이런 분화는 낭만주의 이후의 시대에 살고 있는 우리에게 인간의 정체성에 본질적인 것으로 간주된다. 인간은 자신을 단순히 인간으로 동일화할 수 없다. 인간은 오히려 보다 더 직접적으로 그들 자신이 참여하고 있는 문화적·언어적·종교적 공동체에 의해 규정된다. 따라서 근대의 민주주의는 난처한 상태에 있다.

나는 이러한 종류의 딜레마가 우리 시대의 사회에도 나타난다고 생각한다. 근대 사회는 점점 더 동질화되어 가고 있으며, 또 점점 더 상호 의존적으로 되어 간다. 따라서 부분적 공동체는 그 자율성을 상실하며, 또 어느 정도 자신의 정체성을 상실한다. 하지만 커다란 차이는 여전히 남아 있다. 오로지 동질성이라는 이데올로기 때문에 이런 분화된 특성들은 이 특성들을 소유한 사람들에게 더 이상 의미와 가치를 갖지 않는다. 시골 사람들도 대중 매체에 의해 자신들이 보다 진전된 생활 양식을 결여한 삶을 살고 있음을 알게 된다. 그리고 예를 들어 미국에서 가난한 자들은 사회의 주변부 인생임을 알게 되며, 그들의 운명은 어떤 점에서 볼 때 신분사회의 가난한 자들의 운명보다 더 나쁘다.

따라서 동질화는 소수자의 소외와 분노를 증가시킨다. 그리고 이에 대한 자유주의 사회의 첫번째 응답은 이런 동질화를 더 강화하는 것이다. 즉 가난을 제거하고, 인디언들을 동화하며, 쇠퇴 지역에서 인구를 이끌어 내고, 시골에 도회지풍의 생활 양식을 도입하는 것 등이 그것이다. 하지만 근본적 응답은 이러한 의미의 소외를 '절대적 자유'에 대한 요구로 변화시키는 것이다. 소외를 극복하는 길은 '소외받는' 집단들을 포함해서 모두가 결정에 총체적으로 참여하는 사회를 만드는 것이다.

그러나 이 두 가지 해결책은 모두 문제를 가중시킬 뿐이다. 왜냐하면 동질화는 이전에 사람들의 정체성을 형성시켰던 공동체들이나 특성들을 망가뜨리기 때문이다. 거의 모든 곳에서 인종적·민족적 정체성[동일성]은 간극을 만들어 낸다. 민족주의는 근대 사회에서 정체성[동일성]을 형성하는 가장 강력한 중심점이 되었다. 급진적 자유에 대한 요구는 민족주의와 결합할 수 있고, 또 종종 결합해 왔다. 그리고 이를 통해 급진적 자유에 대한 요구는 특정한 방향성을 띠게 되었고, 또 특정한 동력을 얻게 되었다.

하지만 이러한 일이 발생하지 않을 경우 절대적 자유에 대한 요구는 그 딜레마를 해결할 수 없다. 절대적 자유에 대한 요구는 대중의 참여에 의해 대중 사회의 소외를 극복하고자 한다. 하지만 근대 사회의 크기, 복잡성 그리고 상호 의존성으로 인해 이 요구는 기술적인 문제와 함께 점점 더 어려워진다. 보다 심각한 문제는 전통적 유대의 힘을 상실한 사회에서 소외가 급격히 증가했는데, 이로 인해 급진적 민주주의에 필수불가결한 기본적 합의와 '일반 의지'에 도달하는 것이 점점 더 어려워졌다는 사실이다. 합의나 일반 의지를 받아들일 근거가 소멸함으로써 전통적 경계들이 희미해졌고, 이로써 사회는 파편화되어 갔다. 그리고 부분 집단들은 '체계'와 타협해야 할 이유를 거의 보지 못했기 때문에 점차 자신들의 요구를 반항적으로 제기했다.

하지만 급진적 참여의 요구는 이런 파편화를 저지할 어떤 투쟁도 할 수 없다. 어떤 것을 결정할 때 **모두**의 참여는 일치의 근거가 있을 경우에만, 공동의 목적이 있을 경우에만 가능하다. 급진적 참여는 이러한 근거와 목적을 만들 수 없다. 이런 근거와 목적은 급진적 참여를 전제한다. 이것이 바로 헤겔이 반복적으로 말하는 것이다. 절대적 자유에 대한 요구 그 자체는 공허하다. 헤겔은 그러한 요구의 결과를 강조한다. 즉 그런 공허함은 순수한 파괴를 낳는다. 하지만 그는 『정신현상학』에서 또 다른 결과를 이야기한다. 즉 사회에는 실제로 방향이 주어져 있어야 하기 때문에 어떤 집단은 권력을 양도받을 수 있고, 이 집단은 '일반 의지'를 대표한다고 주장하면서 자신의 목적을 사회에 부과할 수 있다. 이 집단은 다양성의 문제를 힘으로 '해결한다'. 오늘날의 공산주의 사회는 이런 사회의 한 예이다. 어떤 식으로 변명하든 이런 사회는 자유의 모델로 고려될 수 없다. 더군다나 절대적 자유의 공허함에 대한 그들의 해결책은 어떤 의미에서 임시방편에 불과하다. 사회적 목표를 선택하고 구조를 채택하려는 문제는 자유로운 사회를 향한 활동과 투쟁을 요청한다고 해서 해결되지 않는다. 계급 적대를 철폐하거나 아니면 근대의 경제를 구축함으로써 공산주의를 충족하기 위한 선결 조건을 형성해야 한다는 이유에서 어떤 사회는 스스로 특정한 임무를 정립할 수 있다. 하지만 그 사회는 그런 동원이 끝날 경우 무질서에 빠지게 될 것이다(그 이유는 이런 사회는 지배 정당의 사체들을 넘어갈 경우에만 끝나기 때문이다).

하지만 보편적 동원이라는 이런 총체적 노선을 취하고 싶지 않은 참여 이데올로기는 우리 시대의 거대한 복잡성과 파편화를 극복할 수 없다. 이 이데올로기를 옹호하는 많은 사람은 이러한 사실을 알고 있으며, 고도로 탈중심화된 사회 연방체라는 루소의 원래 생각으로 되돌아간다. 하지만 그 사이 엄청난 크기의 동질적 사회가 출현함으로써 이 생각은 별로 의미가 없어졌다. 인구가 광범위하게 집중되고 경제적 상호 의존성이 증가했다고 해서 수많은 결정이 사회 전체를 위해 이루어져야 하는 것은 아니다. 그리고 탈중심화가 우리에게 이 문제를 극복할 길을 제시하지는 않는다. 보다 심각한 것은 이런 동질화가 과거 그런 탈중심적 연방체의 토대였던 부분 공동체들을 해친다는 것이다. 사회를 경영 가능한 단위들로 인공적으로 분절화시킨다고 해서 어떤 장점이 생겨나는 것은 아니다. 만약 누구도 실제로 이 단위를 인정하지 않는다면 참여는, 우리가 오늘날 도시의 정치에서 자주 보듯이, 최소화하고 말 것이다.

따라서 근대 민주주의에 대한 헤겔의 딜레마는 간단히 말해서 다음과 같다. 즉 평등과 총체적 참여라는 근대의 이데올로기는 사회의 동질화를 가져올 것이라는 것이다. 이 이데올로기는 사람들을 전통적 공동체에서 해방시킬 것이지만, 그것이 정체성[동일성]의 초점으로서의 이 공동체들을 대신할 수는 없다. 아니 오히려, 이 이데올로기는 이 전통적 공동체들을 버리는 대신 다양성과 개별성을 무시하거나 뭉개 버리는 군사적 민족주의나 어떤 전체주의적 이데올로기를 촉진하는 초점으로 작용할 수 있다. 이런 이데올로기는 어떤 사람들에게는 정체성의 초점이 되고, 다른 사람들에게는 소리 없이 소외로 이끄는 역할을 한다. 헤겔은 개인의 자유의 원리를 이미 알고 있는 근대 세계에서는 그리스 도시 국가의 끈끈한 유대가 반복될 수 없다는 사실을 끊임없이 강조한다.

따라서 자유를 억압해도 실제로 해가 되지 않는 그런 보편적, 총체적 참여 사회로 나아감으로써 주어진 간극을 메우고자 하는 시도는 헛되다. 이러한 시도는 동질성을 가속화시킴으로써 문제를 어렵게 할 뿐이며, 또한 절대적 자유 자체는 공허하고, 정체성[동일성]을 형성하는 데 거의 아무런 역할도 수행하지 않기 때문에 이런 시도는 어떤 개선책도 될 수 없다. 그 외에 총체적 참여는 거대 사회에서는 실현될 수 없다. 사실 절대적 자유라는 이데올로기는 이 이데올로기를 현실화하고자 하는 강력한 비전을 가진 소수자에 의해서만 무언가를 산출할 수 있다.

이러한 질병에 대한 현실적으로 유일한 치료 방법, 즉 의미 있는 분화의 회복은 근대 사회에서 이뤄질 수 없다. 왜냐하면 근대 사회는 끊임없이 동질성을 강요하는 이데올로기에 묶여 있기 때문이다. 남아 있는 어떤 차이들은 과소평가되며, 소외와 분노를 산출하는 근거가 된다. 다른 차이들은 실제로 간극을 메워 주며, 정체성 형성의 중심이 된다. 이것들은 원칙적으로 인종적 혹은 민족적 차이들이다. 그러나 이 차이들은 배타적이고 분열적인 경향이 있다. 이 차이들이 분화된 사회의 기초를 형성하는 것은 아주 어렵다. 반대로, 다민족 국가는 근대 사회에서 생존하는 데 많은 어려움이 있다. 민족주의는 단일한 동질적 국가들로 이끄는 경향이 있다. 민족주의가 강한 곳에서 민족주의는 개인의 정체성[동일성]을 형성하는 데 있어 강한 중심이 되며, 분열을 방지하는 기능을 한다. 하지만 이때 의견의 불일치와 다양성을 억압할 위험이 있으며, 속 좁은, 비합리적인 쇼비니즘으로 떨어질 위험이 있다.

다시 아래에서 보겠지만, 헤겔은 민족주의에 거의 중요성을 부여하지 않았다. 그리고 바로 이것이 근대 사회에서 민족주의의 결정적 역할을 예견하지 못한 그의 실패의 원인이었다. 민족주의는 유대의 원리로서 받아들이기에는 충분히 합리적이지 않으며, 순수한 감정에 너무 밀착되어 있어서 국가의 기초로 작용할 수 없다는 것이다. 그리고 헤겔에 따르면 민족주의가 근대 사회의 필요를 충족시키지 못한다는 것 역시 참이다. 그리고 이것이 관련된 사람들에게 중요한 분화의 근거이다. 그러나 동시에 이 분화는 부분 공동체들을 서로 적대시하는 것이 아니라 보다 큰 범위에서 서로 연결한다.

자신의 딜레마를 풀기 위해 근대 사회는 분화와 공동성을 동시에 충족시켜야 한다. 그런데 전통 사회도 분화와 공동성을 충족시켰다. 왜냐하면 [전통 사회의 세계관인] 우주적 질서, 혹은 유기적 유비의 세계관은 집단들 사이의 차이에 의미를 부여하면서 동시에 그 차이를 하나로 통일하기 때문이다. 하지만 근대 사회에서 이런 표상이 어떻게 회복될 수 있을까? 우리가 이미 본 것처럼, 헤겔의 대답은 사회적·정치적 분화를 우주적 질서의 표현이라 함으로써 그런 분화에 의미를 부여하는 방식을 취한다. 하지만 헤겔은 이 질서를 자율성을 향한 근대의 열망의 최종적이고 완전한 완성으로 고찰한다. 이 질서는 이성에만 기초한 질서이며, 따라서 자유의지의 궁극적 대상이다.

우리는 이제 사회의 필연적 분화에 대한 헤겔 사유의 두 차원이 어떻게 서로 융합되어 있는지를 더 분명하게 볼 수 있다. 첫번째 차원은 그리스 폴리스와 비교함으로써 나온 일련의 고려 사항들이다. 즉 근대 국가의 크기, 시민들의 모든 기능이 수행되려면 국가가 포괄해야 하는 광범위한 분화들, 그리고 근대적 개별성 개념 등이 그것이다. 이 사항들이 얼마나 중요한지에 대해 서로 논쟁할 수는 있겠지만, 이것들이 근대 사회의 특징이라고 하는 데는 일반적으로 이의가 없을 것이다. 또 다른 차원은 사회에 반영되어야 하는 이념의 필연적 명료화가 있다는 것이다. 헤겔의 마음에서는 이 두 차원이 결코 분리된 사항들로 작동하지 않는다. 이 두 차원은 서로 얽혀 있으며, 따라서 헤겔은 당시에 현존하던 사회 분화를 이념의 분화를 반영하는 것으로, 혹은 역사에서 자신을 실현하기 위한 이념의 아주 적절한 반영을 준비하는 것으로 본다. 그리고 물론 이것은 헤겔이 이러한 분화들을, 당대의 급진적 사상가들이 생각했듯이, 철회되어야 할 이전 역사의 유물로 보는 것이 아니라, 궁극적으로 '개념에 적합한' 국가의 상태에 접근하는 것으로 본다.

우리는 오늘날 헤겔의 해결책을 수용할 수 없다. 그러나 풀려야 한다고 생각했던 그 딜레마는 여전히 남아 있다. 그 딜레마란 토크빌이 상이한 방식으로 분석했던 바로 그 딜레마이다. 토크빌은 강력한 구성적 공동체라는 민주주의 정체를 위해 탈중심화된 권력 구조를 무한히 중요한 것으로 보았으며, 또한 동시에 평등에 대한 추구는 근대 사회를 동질성의 방향으로 이끌고 가며, 경우에 따라서는 이 사회를 강력한 정부 아래 복종시키는 경향이 있다고 보았다. 두 사상가가 이렇게 유사하게 접근하고 있다는 사실은 그리 놀랄 일이 아니다. 왜냐하면 이 두 사상가는 몽테스키외에게 강한 영향을 받았으며, 미래에 대해서뿐 아니라 과거에 대해서도 깊은, 서로 교감 있는 이해를 보여 주기 때문이다. 헤겔이나 토크빌로부터 근대 민주주의 정체의 가장 큰 욕구들 중 하나는 중요한 분화에 대한 이해를 회복하는 것임이 드러난다. 여기에서 부분 공동체들은, 그것이 지리적으로 형성된 것이든 문화적으로 형성된 것이든 아니면 직업으로 형성된 것이든 간에, 구성원들을 전체와 연결시키는 방식으로 그들의 관심과 행위의 중심이 될 수 있다는 것이다.

4

이제 프랑스혁명에 대해 헤겔이 어떻게 생각하고 있었는지 살펴보자. 우리는 여기서 절대적 자유를 밀어붙이는 것이 왜 실패할 수밖에 없는지를 볼 수 있다. **어떤** 분절적 명료화에도 적대적인 절대적 자유는 과거의 폐허 위에서 사람들을 보편자와 다시 한번 연결할 수 있을 새로운 사회를 재구축할 수 없었다. 절대적 자유는 이로부터

> 언어의 영역에서건 실재의 영역에서건 어떤 구체적 실현으로도, 어떤 보편적 성취들로도 나아갈 수 없었으며, 의식적 자유의 법이나 제도로도, 그리고 실천적 자유의 실행이나 성취로도 나아갈 수 없었다.[28]

그런데 이때 혁명의 전체 에너지는 부정적인 방식으로 소모되어야 한다. 현존하는 사회, 즉 구체제에 직면하여 절대적 자유에 대한 추구는 현존하는 제도들의 파괴로 이끌며, 과거의 분화들을 파괴하는 데로 이끈다. 하지만 그 자리에서 아무것도 산출할 수 없었기에 절대적 자유는 이 부정적 계기 안에 갇히고 말았으며, 그것의 에너지는 지속적 파괴를 위해 소진될 수밖에 없었다.

보편적 자유는 어떤 실증적 작품이나 실행도 산출할 수 없다. **부정적 행위**만이 그것에 남아 있다. 보편적 자유는 파괴를 위한 **분노**일 뿐이다.[29]

여기에서 헤겔은 공포정치의 본질을 이끌어 낸다. 공포정치는 프랑스 혁명 시기에 활동한 자코뱅 파당과 다른 급진주의자들이 추구한 것의 우연적 결과가 아니었다. 헤겔은 자유 그 자체에 대한 요구를 (『법철학』 5절에서) '부정적 자유' 혹은 '공허한 자유'라고 부른다. 왜냐하면 이런 자유는 제약을 가질 수밖에 없는 모든 내용으로부터 달아나기 때문이다. 그런데 우리는 자유 그 자체에 대한 요구가 공허하다는 사실을 칸트의 보편화 기준이 공허하다고 논의한 부분에서 이미 철학적으로 살펴보았다. 이제 이 자유는 어떤 분화된 구조도 광적으로 거부하는 정치적 무대로 나타난다. 혁명은 "예컨대 보편적 평등과 같은 어떤 긍정적 상태에 이르고자" 하지만, 실제로는 아무것도 이룰 수 없다.

---

28) *PbG*, 417.
29) *PbG*, 418.

왜냐하면 그런 현실은 즉시 어떤 질서를 이끌어 내며, 기구들뿐 아니라 개인들의 파편적 특수화를 이끌어 내기 때문이다. 하지만 이러한 부정적 자유의 자기 의식이 진행하는 과정은 특수화와 객관적 규정을 철저히 파괴하는 것이다. 결과적으로 부정적 자유가 의도하는 것은 구체적인 어떤 것일 수 없으며, 단지 추상적 관념일 뿐이다. 그리고 이 관념의 현실화는 파괴의 분노일 뿐이다.[30]

하지만 체제 전체가 완전히 파괴되고 나면 이 부정적 자유는 무엇을 더 파괴할 수 있는가? 그 대답은 자기 자신, 자기 자신의 자식들이라는 것이다. 왜냐하면 실제로 총체적이고 완전한 참여에의 요구는 거의 불가능하기 때문이다. 현실적으로 특정한 집단이 지휘권을 넘겨받아야 하고 정부를 구성해야 한다. 이 집단은 실제로 하나의 파당이다. 이 집단은 이러한 사실을 인정할 수 없다. 왜냐하면 이것을 인정하는 것은 자신의 정당성에 어긋나기 때문이다. 반대로 이 집단은 스스로를 일반 의지의 구현체라고 주장한다. 다른 모든 파당은 범죄 집단으로 취급된다. 왜냐하면 이 집단들은 일반 의지로부터 벗어나고자 하며, 또 일반 의지를 훼방하고자 하기 때문이다. 이 집단들은 보편적·총체적 참여에서 스스로를 분리시키고자 한다. 그들은 스스로를 사적 의지로 정립하며, 따라서 붕괴되어야 한다.

하지만 현실적으로 반드시 하나의 파당에 참여해야 하는 것은 아니다. 정당성을 이루는 근본 개념이 일반 의지이기 때문에, 적대적이고 반동적인 **의지**를 가진 사람들조차도, 그들이 혁명 정부에 반대하든 그렇지 않든 간에, 자유와 인민의 적이 된다. 긴장과 위기의 시기에는 이들 역시 처리되

---

30) *PR*, §5.

어야 한다. 하지만 악한 의지는 반혁명적 행위와 같은 방식으로 입증될 수 없다. 만약 우리가 행위의 적들뿐 아니라 의지의 적들도 모두 처벌하고자 한다면, 우리는 애국자들이 제시한 합리적 혐의[의심]를 받아들여서 일을 진행해야 할 것이다.

혐의를 받는다는 것은 **죄인**의 위치에 선다는 것, 혹은 죄인이라는 의미와 결과를 갖는다는 것이다.[31]

따라서 헤겔은 공포정치의 최고점에서 혁명적인 '혐의자 법'을 이끌어 낸다.[32] 그리고 동시에 그는 반동적인 의도 역시 ('주관적'이지는 않다 하더라도 적어도 '객관적'으로는) 범죄 행위와 동등한 것으로 삼는 미래의 공포정치들의 기초를 말한다.

따라서 공포정치는 자신의 적들을 향한 태도와 이 적들을 분쇄하는 방식에서 특징적인 태도를 가진다. 인류의 본성은 일반 의지에서 발견될 수 있다. 인간의 참된 자아, 그의 자유의 내용은 바로 거기에 있다. 비록 인간 안에 사람에 대한 혐오나 종잡을 수 없는 완고한 변덕이 숨어 있다 하더라도 일반 의지에 반항하는 것은 비합리적일 뿐이다. 그런 적들을 제거하는

---

31) *PhG*, 419.
32) 프랑스혁명 당시 혁명에 반하는 사상을 가진 자들을 처형하기 위해 제정된 법으로 공포정치의 절정을 이루었다. 반혁명적 행위를 한 자만이 아니라 그럴 행위를 할 가능성이 있는 자까지 단두대에 보내졌다. 아나톨 프랑스(Anatole France)의 소설 『목마른 신들』(*Les dieux ont soif*)은 프랑스혁명기에 사람들이 '혐의자 법'에 의해 처형되는 모습을 그려 준다. 판결은 피고당 3~4분의 심리 후에 이뤄졌고, 모두 사형에 처해졌다. 사형을 승인한 배심원은 처음에는 정직하고 애국심이 강한 지식인들이었으나, 판결의 졸속함과 혁명의 광기에 점차 혁명에 대한 흥미를 잃어 가는 것으로 그려진다. 헤겔은 절대적 자유에 기초한 혁명이 그런 절대적 부정으로 갈 수밖에 없음을 말하고자 한다.―옮긴이

것은 자신의 독립적 정체성에 기반하여 저항하는 자율적 인간들을 죽이는 것이 아니라, 인간미를 더 이상 포함하고 있지 않는 공허하고, 완고하며, 딱딱한 자아들을 죽이는 것이다. 그들의 죽음은 따라서

어떤 내적 영역도 갖지 않고, 어떤 성취도 드러내지 않는 죽음이다. 왜냐하면 부정되는 것은 절대적으로 자유로운 자아라는 충족되지 않은 지점이기 때문이다. 따라서 그 죽음은 양배추 머리를 자르는 것, 혹은 물 한 모금 마시는 것보다 더 큰 의미를 가질 수 없는 가장 차갑고 단순한 죽음일 뿐이다.[33]

이 예언적 문장에서 헤겔은 정치적 공포정치의 현대적 현상을 그려 주고 있다. 이 현상을 우리는 헤겔 시대의 사람들보다 훨씬 더 유사하게 관찰한다. 즉 그 현상은 '인민의 적들'을 인간성으로 규정된 참된 의지의 이름으로 말소하는 테러이며, 혐의[의심]를 말소하려고 활동적 적대자들을 제거하는 테러이다. 이러한 현상 그 자체는 새로운 것이 아니다. 전제 군주의 법정은 언제나 의심스러운 사람들에게 사형을 언도했다. 하지만 현대의 공포정치에서 혐의[의심]는 더 이상 적대적 행위와 유사성을 갖는지를 계산하는 데 있지 않다. 현대의 공포정치는 이것을 넘어서서 반동적 의지나 미온적 의지까지도 벌하는 데로 상승한다. 왜냐하면 인간성의 진보에 참여하지 않은 것 자체가 반인륜적 범죄의 본질이기 때문이다. 이와 더불어 희생자들은 인류의 계열에서 배제되며, 따라서 그들은 기생충 정도로 취급된다. 따라서 고도로 문명화된 국가들은 칭기즈칸과 아틸라[훈족의 정복

---

33) *PbG*, 418~419.

자]가 범한 최악의 야만을 능가했다. 그리고 인종주의와 혼합된 집단 의지라는 이 완고한 이데올로기는 이전의 모든 인간적 범죄를 능가했다.

헤겔에 따르면 공포정치 혹은 파괴적 분노는 절대적 자유를 밀어붙이는 데서 필연적으로 따라 나온다. 공포정치는 어떤 지속적인 구조도 용납할 수 없다. 심지어 그것이 자신의 과거 창조물이라 하더라도 그렇다. 왜냐하면 그 구조들은 현재 활동하고 있는 의지의 유출이 아니기 때문이다. 결과적으로 공포정치는 파괴적인 활동을 하고 있을 때만 자신에게 참되다고 느낀다. "무언가를 파괴하는 행위에서만 이 부정적 의지는 자신이 실존한다고 느낀다."[34] 우리는 헤겔이 마오쩌둥의 문화혁명과 더 일반적으로는 관료화에 대한 오늘날 혁명 세력의 공포 같은 것을 생각했을 것이라고 쉽게 상상할 수 있다. 그런데 헤겔은 절대적 자유의 이름으로 어떻게 긍정적 목표와 구조가 부과될 수 있는지, 그리고 그런 절대적 자유가 얼마나 더 가공할 만할지를 예견하지 못했다.

그러므로 헤겔의 분석에 따르면 프랑스혁명은 계몽의 정점이며, 계몽의 내적 모순의 절정이다. 계몽은 근대의 인간의 정신화 운동의 정점이다. 계몽은 인간이 합리적 의지의 담지자이며, 어떤 것도 합리적 의지를 대신할 수 없다는 사실을 알고 있다. 계몽은 스스로를 모든 '긍정적인 것'[실정적인 것]의 속박에서 해방하며, 단순히 주어져 있는 제도와 과거의 비합리적 권위를 수용하지 않는다. 하지만 '오성'의 협소한 능력에 맹목적으로 이끌리기 때문에 계몽은 인간이 보다 큰 주체의 담지자임을 볼 수 없다. 계몽은 인간을 단지 합리적 의지의 원천으로만 정의한다. 그리고 그 결과 계몽은 이 의지의 내용을 발견할 수 없다. 계몽은 파괴할 수 있을 뿐이다. 따라

---

34) *PR*, §5.

서 계몽은 결국 자기 자신과 자기의 자식들도 파괴하고 만다.

그 이후 국가는 다시 재발견된 분화로 되돌아간다. 하지만 이번에는 아무것도 얻지 못한 그런 상태가 아니다. 과거의 실정적 구조들, 비합리적 과거의, 좀더 정확히 말하자면 합리성을 불완전하게 체화하고 있는 과거의 제도들을 일소해 버렸다. 구체제의 제도들은 파괴되어야 했고, 이 제도들을 대체하는 새로운 구조들을 위한 여지를 만들어야 했다.

따라서 프랑스혁명으로 표현된 세계사적 전환을 진실로 체현하고 있는 국가는 복원된 분화된 국가이다. 앞으로 보게 되겠지만, 이 국가는 자신에 앞선 국가가 가진 신분 구조와 유사한 어떤 연속성을 갖는다. 하지만 그 구조는 재구성된 것이며, 무엇보다 이성에 기초해 있다. 이것이 바로 헤겔이 『법철학』에서 그려 주고 있는 국가이다.

하지만 이 국가의 모습을 자세히 보기 전에 우리는 역사에서 이 국가의 출현, 이 국가의 현실화는 이 국가의 본성에 상응한다는 진술을 해야 한다. 이 국가는 인간 의지의 유출로 간주되지 않는다. 즉 이 국가는 의식적인 인간의 계획에 의해 산출되지 않는다. 사실 이 국가는 역사 속에서의 인간 행위에 의해 이루어졌지만, 이 국가에서 이루어지는 것은 언제나 인간이 기대하는 것 이상이다. 프랑스혁명 세력들은 불가능한 것을 하고자 시도하는 가운데 소멸해 갔지만, 그들은 새로운 국가의 초석을 명확히 하는 데 일조했다. 나폴레옹은 유럽을 정복하고, 자신의 권력을 위해 움직였다. 그런데 이로부터 결과한 것은 복원된 국가였다. 가장 큰 재난의 결과들까지도 이 일을 수행하는 데 기여했다. 왜냐하면 공포정치는 죽음과 밀접한 연관성을 갖는 결과를 가지고 왔기 때문이다.[35] 공포정치는 인간을 보편자로 되돌렸으며, 새로운 국가의 초석을 놓는 것을 용이하게 했다.[36] 이것이 바로 이성의 간지이다.

여기서 우리는 헤겔과 맑스의 결정적 차이점을 본다. 절대적 자유에
대한 비판에서 우리는 헤겔이 루소 및 프랑스혁명과 거리를 두는 것을 본
다. 그런데 이것은 맑스에 대한 비판을 선취하는 것이었다.[37] 왜냐하면 맑
스 역시 우리가 궁극적으로 보편적·총체적 참여의 사회에 도달할 것이라
는 점을, 즉 우리가 노동 분업을 극복함으로써 새로운 동질성에 이를 것이
라는 점을 믿기 때문이다. 맑스는 헤겔의 분화를 거부하는데, 우리가 본 것
처럼 이러한 거부는 궁극적으로 헤겔을 혁명주의자와 구별하는 문제와 관
계가 있다. 즉 역사의 목적인 자유는 맑스에게 순수하게 인간적인 자유이
지 정신의 자유가 아니다. 결과적으로 자유의 실현은 의식적 행위이다.

따라서 맑스는 헤겔의 이성의 간지 개념을 수용하지만, 이것은 최후의
위대한 혁명에 적용될 수 없다. 맑스 사상에서 부르주아와 이전의 정치 행
위자들은 자신의 행위의 중요성을 이해할 수 없다. 그들은 그들 자신이 생
각한 것 이상의 것을, 그들 자신이 생각한 것과는 다른 것을 행한다. 하지만
이것은 프롤레타리아트에게는 사실이 아니다. 이들은 맑스주의에서 과학

---

35) 죽음과 보편성의 관계는 『정신현상학』의 「자기 의식」에 등장하는 '주인과 노예의 변증법'에
서 명시적으로 드러나며, 이 모티브는 헤겔의 변증법적 사유 곳곳에 등장한다. 두 의식이 마
주쳐 생사를 건 투쟁이 발생할 때 죽음을 두려워하지 않고 싸운 자는 주인이 되고, 죽음을 두
려워한 자는 노예가 된다. 죽음에 직면했던 노예는 사물과 직접적 대면을 하는 가운데 사물
과 자연에 대한 보편적 지식을 획득하고, 자신이 사물의 주인이자 역사의 추동자라는, 자신
이 보편적 의식이라는 통찰에 이르게 된다. 절대적 자유에 기초한 프랑스혁명의 공포정치는
인간이 절대적 자유, 부정적 자유, 추상적 의지로 머물 수 없다는 것을 가르쳤으며, 이를 통
해 사람들은 자유의 구체적 구현체로서의 분화된 국가가 필요하게 되었음을 통찰하게 되었
다.—옮긴이
36) *PbG*, 420.
37) 헤겔의 체현의 원리를 나름대로 변형시켜 인간을 자연의 구조 속에 정립시킨 맑스가 이러한
비판에서 벗어난 부분이 있다 하더라도 이러한 사실은 정당하다. 이에 대해서는 이 책 20장 2
절을 보라.

적 세계관을 본다. 이 경우에 이들의 혁신적 행위의 의미는 이 행위자들에 의해 이해된다.

맑스에서 이성의 간지에 상응하는 테제는 인간의 유적 본성 개념에 기반한다. 역사 안에서 수행되는 인간의 행위에 숨겨진 의미를 부여하는 것은 아직 알려지지 않은 인간 본성이다. 그러나 이러한 사실은 최종적인 모순이 근절되고서야 의식된다. 인간은 자신이 무엇인지를 본다. 그리고 행위자는 유적 인간이기 때문에 인류 전체[인간성]의 수준에서 행위할 수 있는 사람들, 즉 프롤레타리아트는 자신들이 행하고 있는 것을 분명하게 볼 수 있다. 다른 말로 하면, 역사 속의 보이지 않는 행위자는 헤겔의 '이성'에 상응하는 것으로 유적 인간이다. 유적 인간이 자신의 현실적·역사적 현실에서 모순으로 존립하는 한, 즉 계급 사회에 처해 있는 한, 인간은 자신이 행하고 있는 것을 분명하게 볼 수 없다. 하지만 이러한 모순이 프롤레타리아트와 더불어 걷히고 나면 그의 행위는 자기 의식적으로 된다.

다른 한편 헤겔에 따르면 인간은 사건이 일어나는 시간 동안 자신이 행하고 있는 것을 분명하게 인식할 수 없다. 왜냐하면 행위 주체가 단순히 인간이 아니기 때문이다. 우리는 모두 우리 스스로는 진실로 이해하지 못하는 드라마의 행위자들로 붙잡혀 있다. 우리가 이 드라마를 완전히 연기했을 때에만 우리는 무엇을 행했는지를 이해한다. 미네르바의 부엉이는 황혼이 깃들어서야 난다.

그러므로 행위 주체가 전적으로 우리인 것은 아니다. 우리는 합리적 국가를 설계하고 계획하지 않았으며, 그것을 현실화하고자 하지 않았다. 그 국가는 역사를 관통하며 성장했다. 이 국가는 시대를 관통하여 전개된 제도들 속에서 성장했다. 이 제도들은 게르만의 숲에서 발생해서 중세를 관통하여 발전했으며, 왕과 귀족 제도로, 그리고 입헌 군주제로 성장했다.

이 제도들은 변화되고, 정화되고, 합리화될 필요가 있었다. 이것조차도 계획에 의해 이뤄진 것은 아니다. 오히려 이것은 이성의 간지의 작용으로 다른 목표를 가진 혁명가와 위대한 정복자의 행위로부터 발생했다.

헤겔의 정치 이론에 따르면 국가는 이성에 적합하게 만들어져야 한다. 이러한 생각은 그의 역사철학에서 나온다. 그의 역사철학에 따르면 이성, 즉 정신은 스스로를 실현하는데, 이때 이러한 실현은 이성의 청사진을 보고서 이 청사진에 기초하여 국가를 건설하는 몇 사람에 의해 이뤄지지 않는다. '이성은 스스로를 실현한다'는 말은 결과물이 이성의 행위였음을 지각하지 못하는 사람들의 행위에서 도출된다는 것을 의미한다. 왜냐하면 행위자는 '거울로 보듯 희미한' 상태에서 행위하지만 이성의 간지에 의해 인도되기 때문이다.

심지어 사람들이 어떤 낯선 사건에 의해 국가의 올바른 형태를 인식할 수 있게 되었다 하더라도 이 형태가 간단히 적용될 수는 없을 것이다. 왜냐하면 참다운 국가 형태의 본질적인 부분은 사람들이 실현된 공적 삶과 자신을 동일화할 수 있는지에 있기 때문이다. 하지만 이것은 자의로 이뤄질 수 없는 일이며, 오랜 시간을 거쳐 우리의 무의식적인 정신적 삶의 깊은 곳으로 스며들어야 가능한 일이다. 이것이 바로 헤겔이 다음과 같이 말한 이유이다. 나폴레옹이 스페인에서 발견한 것처럼, 사람들은 좋은 체제를 아무 곳에나 임의로 이식할 수 없다. 스페인 민중의 인륜성은 자유주의적인 인륜성과 양립할 수 없었다.[38]

이와 유사하게 올바른 체제[헌법]라는 인륜태도 서서히 성장하며, 특정한 사람들에게서만, 특정한 장소와 특정한 조건에서만 성장한다. 이것

---

38) PR, §274의 '추가'.

이 현존하게 되기까지는 이해되지 않는다는 사실은 불행한 우연이 아니다. 이 인륜태가 존립하기 전에는 인간이 이 인륜태만큼 성장하지 못했기 때문에 사람들이 이 인륜태를 사전에 이해하는 것은 불가능하며, 사람들이 이 인륜태를 인식하지 못하는 것도 이상한 일이 아니다. 인간은 자신들의 인륜태를 가지고 있다. 하지만 이 인륜태는 아직 완전한 합리성을 획득하지는 않았다. 인륜태의 성장은 이해되지 않는다. 왜냐하면 그것은 이성의 성장, 이성 안에서의 성장을 포함하기 때문이다. 그리고 보다 높은 단계로의 성장은 낮은 단계의 관점에서 이해될 수 없다. 성장은 우리가 이 성장을 이해할 수 있기 이전에 이미 이루어져 있다.

이성의 성장의 정점으로서의 합리적 국가는, 이 국가가 이미 등장하기 전에는 완전하게 이해될 수 없다. 그리고 몇몇 사람이 이런 국가를 사전에 파악할 수 있다고 하더라도 그들은 이 국가를 실현하는 데 아무런 힘을 가지지 못할 것이다. 왜냐하면 이 국가는 이해될 수 없으며, 동시대인들에 의해 거의 동의받지 못할 것이기 때문이다.

체제[헌법]를 설계하고 나서 이것을 실현시키고자 하는 사상이 곧 계몽의 사상이다. 계몽은 모든 일을 공학적 문제로 생각하며, 수단과 설계라는 외적인 문제로 생각한다. 그러나 체제[헌법]는 인간이 스스로를 어떻게 이해하는지의 문제, 즉 인간 정체성[동일성]의 특정한 조건들을 요구한다. 따라서 이러한 계몽의 사상은 근본적으로 천박하다. 철학에서 자신의 시대를 넘어서고자 하는 시도는 로도스 섬을 뛰어넘는 것과 같다.[39]

---

39) *PR*, Preface, 11[여기가 로도스다, 여기서 뛰어 봐라." 이 문구는 이솝 우화에 나오는 것이다. 어떤 사람이 자신이 로도스 섬에 있을 때 사람 키 몇 배나 되는 것을 뛰어넘었다고 허풍을 떨었다. 그러고는 로도스 사람에게 물어 보라고 한다. 그 말을 듣고 있던 사람 중 한 명이 '증인은 필요 없고 여기가 로도스이니 여기서 뛰어 봐라'고 주문함으로써 그의 허풍을 폭로했다. 헤겔은 철학이 자신의

우리는 프랑스혁명에 대한 헤겔의 견해를 통해 그의 역사철학과 자기 시대의 사건들에 대한 그의 독해가 어떻게 서로 엮여 있는지를 볼 수 있다. 이러한 관점으로부터 우리는 헤겔이 그의 당대 정치적 논쟁에서 어떤 위치를 차지하고 있었는지를 알 수 있다. 『법철학』「서문」은 그의 정치적 입장이 간략하게 서술되어 있는 좋은 지점이다. 왜냐하면 그는 이 「서문」을 자신의 역사철학을 간단하게 서술하는 가운데 자신이 혐오하는 것을 통렬히 비난하는 기회로 활용하고 있기 때문이다.

따라서 우리는 헤겔이 합리적 세계를 설계하여 공학적 계획에 따라 구체화하고자 하는 계몽주의자들의 상을 수용할 수 없다는 것을 본다. 여기에는 공리주의의 원리에 따른 것과 일반 의지의 원리에 따른 것이 포함된다. 하지만 「서문」에서 헤겔은 이러한 합리적 기획자들에 대한 주된 비판가들, 예컨대 야코비, 프리스, 슐레겔 등과 같은 낭만주의자들도 비난한다 (「서문」에서는 프리스의 이름만이 거론된다).[40] 왜냐하면 그들은 이성이 인

시대를 뛰어넘을 수 없으며, 모든 철학은 시대의 아들임을 말한다("미네르바의 부엉이는 황혼이 깃들어서야 난다"). 우리는 로도스를 뛰어넘어 갈 수 없다. 철학은 훈고학이나 주석이 아니라 우리가 처해 있는 바로 이곳을 대상으로 한다는 의미로 헤겔은 저 문구를 인용한다].

40) 야코프 프리드리히 프리스(Jakob Friedrich Fries, 1773~1843)에 대한 공격으로 인해 헤겔은 강하게 비난받는다. 프리스는 학생 조직인 부르셴샤프텐(Burschenschaften)에 공감하는 교수였다. 부르셴샤프텐은 프랑스에 저항해서 애국적 전쟁을 치러야 하고 통일 독일을 건설해야 한다고 천명한 학생 조직이었다. 그들의 낭만주의적 민족주의는 1815년 이후 시기에 재건된 독일 정부에 깊은 호감을 보였다. 프리스는 1817년 바르트부르크에서 개최된 부르셴샤프텐 축제에 참여하여 생동적 독일이 되기 위해 낭만주의적 열광이 필요하다는 연설을 수행했다. 이 연설 때문에 그는 해고되었고, 부르셴샤프텐은 정부의 억압을 받았다.

이 때문에 헤겔이 프리스를 공격한 행위는 비열한 것으로 간주되었다. 왜냐하면 그 행위는 넘어진 사람을, 그것도 자유주의적 좌파의 사람을 발로 찬 것으로 보였기 때문이다. 이러한

간을 보다 높은 정치적 삶으로 이끌 수 있다는 사실을 거의 믿지 않기 때문이다. 낭만주의자들은 오히려 감성을, 좋은 혹은 따를 만한 삶에 대한 자발적 사랑을 강조한다. 물론 이때 이러한 것은 이성에 의해 파악되지도 계획될 수도 없는 것이다.

헤겔은 이러한 유의 사유에 총체적으로 저항했으며, 이러한 사유를 아이러니의 대상으로 삼았다. 왜냐하면 정치란 혁명가들의 천박한 이성 개념은 결코 아니지만 어쨌거나 이성에 근거해야 하기 때문이다. 헤겔은 낭만주의 학파를 비난했는데, 그 이유는 그들이 이성을 과소평가했을 뿐만 아니라 또한 감정에 호소함으로써 법을 별로 중요하지 않은 것으로 만들어 버렸기 때문이다. 그리고 이 두 가지 실수는 근본적으로 동일하다.

법(Recht)과 인륜성(Sittlichkeit), 법과 현실적 세계라는 인륜태는 사유를 통해 이해되며, 사유를 통해 합리적 형식을, 즉 보편성과 규정성을 부여받는다. 이러한 합리적 형식이 곧 법률[법칙, Gesetz]이다. 법률은 자의를

행위는 헤겔을 현상을 유지하고자 하는 천박한 보수주의자로 낙인찍는 계기가 되었다.

하지만 우리는 이 사건에서 이 문제만을 보아서는 안 된다. 부르센샤프텐의 젊은이들은 낭만주의적 민족주의자들이 아니었다. 그들의 말들을 분석해 보면 쇼비니즘과 반유대주의가 많이 포함되어 있다. 바르트부르크 축제에서는 이들이 반대하는 작가들의 많은 책들이 불태워졌다. 그 작가들 중 한 명인 시인 코체부(August Friedrich Ferdinand von Kotzebue, 1761~1819)는 러시아 스파이라는 혐의로 살해되었다.

이때부터 이러한 종류의 행위에 대해 공개적으로 비난을 하거나 아니면 모호하게도 젊은이들의 행위를 용납하지 않으면서도 그들의 순수한 의도를 칭찬하는 지식인들이 생겨났다. 열정과 환호로 무장한 젊은이들이 당대의 장년층에 폭력으로 다가가던 그런 시대에 헤겔이 이런 천박한 윤리적 주관주의를 탄핵하고 또 특히 그 가장 악명 높은 옹호자에 반기를 든 사건을 보면서 그가 자유주의의 적, 혹은 지식인으로서의 의무를 저버린 자라고 말할 수는 없을 것이다. 이에 대해서는 Walter Kaufmann ed., *Hegel's Political Philosophy*, New York: Atherton Press, 1970에 들어 있는 시드니 후크와 슐로모 아비네리 사이의 논의를 참조하라. 또한 Avineri, *Hegel's Theory of the Modern State*, pp. 119~121도 참조하라.

포함하고 있는 저런 감정, 법을 주관적 확신으로 위치 짓는 저런 양심[즉 낭만주의적 양심―테일러]을 정당하게도 자신에게 가장 적대적인 것으로 간주한다.[41]

순수하게 주관적인 낭만적 양심은 인도자가 될 수 없다. 양심에 의존한다는 것은 사유와 이성을 떠나는 것이며, 순수하게 자의적인 것에, 기분에 빠지는 것이다. 이것은 정치적 삶의 토대일 수 없다.

이와 연관된 낭만주의의 세번째 오류는 낭만주의가 현재의 실재를 무질서로, 신이 떠난 상태로 본다는 점이다. 낭만주의적 사유는 통합의 시대를 향한 향수에 젖거나, 아니면 적어도 사람들이 안식을 느끼지 못하는 현재의 죽은, 무의미한 사회 세계를 넘어 사회적 형제애의 이상으로 나아간다. 하지만 여기서 문제가 되는 것은 국가가 이성에 이상적으로 기초한다는 것이 아니라 이 이성이 역사 속에서 스스로를 현실화한다는 것이다. 따라서 이성은 세계에 이상적으로 놓여 있을 뿐 아니라 실존하는 세계 속에서 발견되어야 한다.

헤겔은 여기에서 슬로건으로 자주 인용되는 문구를 쓴다. "이성적인 것은 현실적인 것이고, 현실적인 것은 이성적인 것이다."[42] 이 문구로 헤겔은 자신의 역사철학의 근본 원리를 표현한다. 역사는 이성의 자기 실현이다. 낮은 단계에서 높은 단계로 수많은 단계를 거쳐 진행해 가는 것이 곧 실현이다. 이것은 물론 이전 단계들에서 이성이 불완전하게 실현되었다는 것을 의미한다. 이러한 의미에서 현실적인 것은 비합리적일 수 있다. 혹은

---

41) *PR*, 7.
42) *PR*, 10.

완전히 합리적인 것이 아닐 수 있다. 그러나 이 단계들은 필연성을 따라가기 때문에, 혹은 이 단계들은 이성에 의해 인도되기 때문에 우리는 이성이 당대에 도달한 상대적으로 불완전한 단계가 그 자체 이성을 따른 것이라고 말할 수 있다. 주어진 시점에 이성이 역사에서 현실화된 정도만큼은 이성의 인도를 받은 것이다.

간단히 말해서 역사에서 작용하는 것은 이성이다. 따라서 아주 깊은 수준에서 우리는 이성을 존재로 가져오는 힘, 이성을 존재로 형성하는 힘을 관찰할 수 있는데, 바로 이 수준에서 이해된 현실적인 것은 이성적이다. 보다 피상적인 수준에서 볼 때 우리는 우연적인 변이들에 관심을 두게 되는데, 여기서 고찰된 현실적인 것은 이성적이지 않으며, 또 이성적이 아니라고 말할 수 있다. 그러나 이 변이들은 헤겔이 '현실'이라고 부른 것의 일부가 아니다.[43) 현실적인 것은 그 아래 놓인 필연성의 관계에서 이해된 현실이다. 이 현실은 이성적이다. 왜냐하면 현실적인 것을 정립하는 것은 합리성이기 때문이다.

따라서 세계를 신의 부재로 보는 사람들은 눈먼 자들이다. 철학의 과제는 이 합리성을 드러내는 것이다. 그러나 이 과제는 우리를 합리주의적 개혁가들에게 저항하게 만든다. 즉 우리는 세계를 계획하여 이성에 따라 개조하려는 그런 합리성을 드러내는 것이 아니다. 이성을 드러낸다는 것은 이미 작동하고 있는 힘, 계획을 드러내는 것이다. 우리는 계획할 수 없다. 왜냐하면 우리는 이 이성의 현실을 철학에서 선취할 수 없기 때문이다. 즉 "철학은……언제나 세계가 어떻게 존재해야 하는가를 가르쳐 주기에

---

43) 『엔치클로페디』 후기 판에 덧붙인 『법철학』의 이 슬로건에 대한 헤겔의 주석을 참조하라(*EL*, §6). 또한 『논리학』의 '현실' 범주와 이 책 11장에 있는 '피상적 우연성'의 개념도 참조하라.

는 너무 늦게 출현한다".[44] "미네르바의 부엉이는 황혼이 깃들어서야 난다."[45] 우리는 그 이유를 위에서 살펴보았다.

따라서 "존재하는 것을 파악하는 것, 이것이 철학의 과업이다. 왜냐하면 존재하는 것은 이성이기 때문이다".[46] 헤겔에 따르면 『법철학』의 목적은 "국가를 본질적으로 이성적인 것으로 파악하고 그려 주는 것이다".[47] 그러나 이것은 '좌파' 낭만주의 비판가들과, 그리고 또 다른 사회를 추구하는 사람들과 충돌을 일으킨다. 뿐만 아니라 이것은 또한 군주의 통치권을 순수한 소유권에, 이성으로부터 도출될 수 없는 '자연적'인 토대에 기초 지으려는 법치주의적 사유에 대한 격렬한 거부를 포함한다. 1820년대 초 베를린에서 이러한 종류의 사상에 가장 큰 영향력을 행사한 사상가는 칼 루트비히 폰 할러(Carl Ludwig von Haller)였다. 헤겔은 할러에 대해서도 서술하는데, 이 「서문」에서 하는 것이 아니라 『법철학』 258절의 '주해'에서 수행한다. 이러한 사유 형태는 현존하는 질서에 대한 낭만주의자들의 거부와 동일한 오점을 가지고 있다. 양자는 사물의 이성적인 질서를 꿰뚫지 못한다.[48]

이로부터 명백해지는 사실은 프랑스혁명에 대한 이러한 비판에도 불구하고 헤겔은 버크와 완전히 다르다는 점이다. 헤겔과 버크는 이 혁명이 파괴적 과정으로 기울었으며, 이 혁명으로부터 어떤 긍정적인 것도 건설되지 않았다는 사실에 동의한다. 하지만 버크에 의해 이끌려 나온 도덕은

---

44) *PR*, 12.
45) *PR*, 13.
46) *PR*, 11.
47) *PR*, 11.
48) 이에 대해서는 다음을 참조하라. Franz Rosenzweig, *Hegel und der Staat*, München und Berlin: Verlag R. Oldenbourg, 1920, Band 2, S. 190.

인간이 그들의 긍정적[실증적] 제도의 정신에 머물러 있어야 하며, 이 제도를 판단할 수 있는 더 높은 합리성은 존재하지 않는다는 것이었다. 헤겔에게 철학의 목적은 이 제도들 속에서 보편적 합리성을 발견하는 것이다. 하지만 이러한 합리성은 발전해 가며, 자신의 역사적 실현태인 실증적 제도들을 변화시키고 변형시킨다. 이것은 인간에 의해 계획된 것이 아니라 이성에 의한 것이다. 그리고 이 계획은 혁명을 이용하기도 하고 또 혁명을 이용해야 하기도 한다.

다른 말로 하면 버크에게서 인간은 변화를 계획하고 개혁을 한다. 하지만 인간은 이러한 활동에서 한계를, 즉 그들의 제도적 전통의 한계를 인정해야 한다. 왜냐하면 그렇지 않을 경우 그들은 야만성과 파괴로 나아갈 것이기 때문이다. 프랑스혁명과 같은 혁명은 언제나 파괴적이며, 따라서 후퇴를 막을 수 없다. 반면 헤겔은 인간은 거의 아무것도 계획할 수 없으며, 의식적인 개혁을 수행할 수 없다고 주장한다. 이 문제에 관해서 보자면 헤겔은 버크보다 훨씬 더 비관적인 것 같다. 하지만 그는 버크에 반해 역사에서 작동하는 보편적 이성을 본다. 그리고 이 이성은 혁명을 이용해야 할 때도 있다. 왜냐하면 이 이성은 그 목적을 완전하게 이해하지 못하는 인간을 사용하기 때문이다. 따라서 이성의 진보는 혁명을 요구하기도 한다. 비록 이러한 사실이 나중에야 명료하게 드러나고, 획득된 것이 혁명가들이 목표했던 것과 다르다고 하더라도 말이다. 따라서 혁명이 필연적으로 파괴적이거나 퇴보일 필요는 없다.

프랑스혁명은 헤겔의 눈에 퇴보가 아니었다. 이 혁명은 근대 국가의 완성을 시작하는 세계사적 사건이었다. 인생 말년에 그는 다음과 같은 말을 할 수 있었다.

태양이 하늘에 떠 있고, 행성들이 그 주위를 돌고 있는 한, 인간이 머리로, 즉 사상으로 서 있고, 현실은 이 사상에 기초하여 세워졌다는 사실이 관찰되지 않았다. 아낙사고라스에 이르러 처음으로 누스[이성]가 세계를 지배한다고 천명되었다. 이때에야 비로소 인간은 사상이 정신적 현실을 지배한다는 사실을 인식하게 되었다. 따라서 이러한 언명은 장엄한 일출이었다. 사유하는 모든 존재는 이 시기를 함께 기뻐했다. 이 시기에 숭엄한 분위기가 지배했고, 비로소 신과 세계의 현실적 화해에 도달하기라도 하듯이 정신에 대한 열광이 세계에 파다해졌다.[49]

이러한 일출에서 드러난 생동성은 아직 완전한 기쁨이 아니다. 하지만 이러한 열광은 버크가 말했을 법한 진술이 결코 아니다. 피상적인 유사성에도 불구하고 이 두 입장은 현실적으로 양립 불가능하다.

이로부터 우리는 헤겔을 보수주의자로 분류하기 쉽지 않다는 것을 볼 수 있다. 첫째, 현실에서 이성적인 것을 본다는 생각은 보수적인 언명이 아니다. 특히 이 합리성[이성성]이 현실을 변형시키는 활동적인 것일 때 더욱 그렇다. 따라서 역사를 이성의 실현으로 보는 헤겔의 관점은 맑스가 하듯이 쉽게 혁명 이론으로 전이할 수 있다. 맑스 이론에서 본질적으로 합리적인 것은 현재하는 실재를 변형시키는 혁명적 힘, 즉 프롤레타리아트이다.

헤겔은 혁명가가 아니었다. 그러나 합리적인 것은 현실이 된다는 그의 테제는 당대의, 혹은 다른 시대의 표준적인 보수적 입장을 수용할 수 없게 한다. 보수적 입장은 고대, 전통, 오래전에 확립된 것에 붙들려 있다. 헤겔은 이러한 보수적 입장과 계속 투쟁했다. 이런 입장은 합리적 법전화에 반

---

49) *GW*, 926.

대하는 법 역사학파에서 유래하기도 하고, 통치권을 규정이나 신의 의지에 기초 지으려는 복고주의 철학자들(예를 들어 『법철학』 258절에서는 할러를 공격한다)에게서 유래하기도 하며, 혁명 이전의 체제를 순수하게 복고하고자 하는 뷔르템베르크의 전통주의자들에게서 유래하기도 한다.[50]

단순히 주어져 있을 뿐 합리적 의지에서 이끌려 나오지 않은 '실정적인 것'에 대한 헤겔의 반대는 그의 초기 글들에서부터 마지막까지 줄곧 나타나는 현상이다. 물론 합리적 의지에서 이끌려 나오는 것이 무엇인지에 대해서는 초기와 후기 사이에 아주 많은 변화가 있었다. 바로 이런 이유 때문에 그는 프랑스혁명을 합리적 국가의 출현을 가능하게 한 결정적 사건으로 꾸준히 생각했다. 프랑스혁명은 이성의 원리를 정립했다.

법 사상, 법 개념은 이제야 비로소 단번에 타당성을 얻게 되었다. 부정의 한 과거의 철갑은 이에 대해 어떤 저항도 할 수 없었다.[51]

헤겔을 보수주의자, 혹은 적어도 반혁명주의자로 보는 이유는 그가 현실의 합리성을 인간의 합리성이 아니라 정신의 합리성이라고 주장한다는 데 있다. 이러한 사실은 그가 계몽과 혁명의 원리들에 무조건적인 최우선성을 부여하지 않는다는 것을 의미한다. 왜냐하면 계몽과 혁명의 원리는 원자적 개별자의 사회, 혹은 완전히 동질적인 일반 의지의 국가로 이끌기 때문이다. 이것은 우리가 지난 절에서 이미 살펴보았고, 16장에서 더 자세

---

50) 이에 대해서는 다음을 참조하라. Hegel, "The Württemberg Estates", *Hegel's Political Writings*, trans. Thomas M. Knox. ed. Zbigniew A. Pełczyński, Oxford: Clarendon Press, 1964.
51) *GW*, 926.

히 살펴볼 합리적 사회의 분절적 명료화들의 토대이다.

우주적 정신을 역사의 주체로 보는 이러한 견해는 이성에 기초한 혁명적 실천의 가능성을 배제한다. 혁명은 이성에 의해 사후에야 이해되고 정당화될 뿐이다. 인간 이성이 할 수 있는 것은 이미 실현된 것을 파악하는 것뿐이며, 이성이 이미 성취한 것을 이해하는 것뿐이다. 물론 이를 통해 철학은 현실의 합리성을 방어하고 순화한다. 이로써 철학은 현실의 합리성이 비합리성의 다양한 추종자들, 예컨대 낭만주의자나 반동주의자에 의해 오해될 경우 발생할 수 있는 타락으로부터 이 현실의 합리성을 보존한다. 왜냐하면 현 국가가 도달한 합리성의 수준은 합리성에 대한 시민들의 주관적 이해의 수준을 전제하기 때문이다. 따라서 헤겔은 『법철학』에서 자신의 임무를 국가에 내재한 합리성을 해명하고 밝히는 것이라고 한다. 그는 인간의 시선을 불가능한 초월자에 두게 하거나, 현실을 아주 합리적인 근거를 들이대며 칭찬함으로써 현실을 왜곡하는 사람들에 대응해서 이러한 자신의 상을 방어한다.

하지만 현존하는 실재에서 현실적 단절이 수행되어야 하고, 혁명적 변혁이 필연적이고 또 철저히 가능하다 할지라도, 철학은 이러한 사실을 알 수 없을 것이다. 철학은 현재하는 체계에서 합리적인 것을 해명할 수 있다. 이에 반해 건전한 사유의 은혜를 받지 못한 혁명가들은 행동을 시작할 수 있다. 나중에 보다 높은 종합에 이르게 되면 양자의 이해가 부분적이었음이 드러날 것이다.

하지만 이러한 사실은 명백히 혁명가에게 불만족스럽게 다가온다. 혁명가는 자신이 실재의 본질을 파악했다고 믿어야 하며, 현존하는 것을 정당화하는 자기 적대자는 접근이 불가능한 진리를 자신은 보았다고 믿어야 한다. 그와 그 적대자는 둘 다 머지않아 이성의 전 체계에서 개별적 계기로 드러날 부분적인 상을 가지고 있을 뿐이다. 이러한 사실은 청년 헤겔주의 자들과 맑스가 자신들의 철학으로 나아가기 위한 본질적 단계로서 헤겔의 정신 개념을 거부한 이유이다. 헤겔을 인간화한다는 것은 역사의 우주적 주체를 없앤다는 것이며, 인간의 이해력을 넘어서는 기지를 가진 이성을 없앤다는 것이다. 인간을 역사의 주체로 만듦으로써 인간이 수행하고 있는 변혁이 궁극적으로 인간 자신에 의해 완전히 이해될 때가 올 것임을 이들은 인정한다. 이때란 곧 프롤레타리아트 혁명의 시기이다.

하지만 헤겔의 역사철학은 사건이 발생한 후에야 혁명을 방어한다. 헤겔은 더 나아간 혁명적 변혁에 확실히 반대한다. 더 이상 수행되어야 할 변혁이 없다는 것이 아니다. 왜냐하면 완전히 합리적인 국가가 여전히 완성되어야 하기 때문이다. 헤겔이 현존하던 프로이센의 옹호자였다는 이론은 유감스럽게도 역사적 무지의 결과이다. 이 이론은 그가 당대의 프로이센에서 실현되어야 한다고 강조한 합리적 국가에 대한 다양한 모습들을 간과하고 있다. 이에 대해서는 16장에서 좀더 분명하게 고찰할 것이다. 정신은 여전히 작용해야 한다. 하지만 혁명은 이 일을 수행하기 위한 최선의 길이 아니다.

때로 사람들은 성숙한 헤겔의 이러한 '보수주의'가 프로이센 국립 대학에서의 자신의 위치를 보존하기 위해서였다고 하기도 한다. 하지만 이 설명은 거의 근거가 없다. 혁명에 대한 헤겔의 전체 경험, 그리고 프랑스혁명에 대한 판단은 혁명적 방식에 대한 반대가 그의 철학의 중심 입장에서, 그리고 시대에 대한 그의 판단에서 나왔음을 보여 준다. 이러한 반대는 후기 헤겔의 태도만은 아니다. 이 입장은 그의 성인 시기를 관통하고 있다.

하지만 성숙한 헤겔의 입장이라고 말할 수 있는 것은 다음과 같다. 즉 그는 더 나아간 혁명적 변화를 거부하는데, 그 이유는 공포정치에 대한 반감에, 혹은 예언적·혁명적 행위의 불가능성에 있지만은 않다. 더 나아가 그는 역사가 과거의 운동을 주도했던 그런 혁명을 더 이상 필요로 하지 않는 발전 단계에 도달했다고 믿었기 때문에 혁명적 변화를 거부했다. 왜냐하면 합리적 국가의 토대는 이미 놓여 있기 때문이다.

사실 이와 유사한 것이 역사의 합리성을 이해했다는 주장에 이미 놓여 있다. 왜냐하면 그렇지 않을 경우, 즉 이성이 사회의 더 나아간 혁명적 변혁을 요구한다면, 현재 살아 있는 자들은 당연히 그것을 이해할 수 없을 것이기 때문이다. 그런 혁명으로부터 도출된 보다 높은 종합도 이와 유사하게 이해되지 않을 것이다. 따라서 역사와 정치에서 합리성을 파악했다는 주장은 주된 변혁이 우리 뒤에 있다는 가정을 전제한다. 왜냐하면 미네르바의 부엉이가 황혼이 깃들 때만 날갯짓을 한다면 역사는 그 주된 변형이 현실화될 때만 이해될 수 있을 것이기 때문이다.[52]

위에서 지적한 것처럼 이것은 합리적 국가가 완전히 현실화되었다거나 역사가 그 끝에 도달했다는 것을 의미하지 않는다. 반대로 자신의 모든 부분에까지는 아직 현실화되지 않은 합리성의 원리가 엄청나게 더 발전해야 한다. 사실 헤겔은 그 원리가 아직 절대적인 수준까지 도달하지는 않

---

52) 헤겔 이론 자체가 시민사회의 모순을 끝내기 위해, 그리고 인륜적이지 않은 현존 주권 국가로부터 하나의 세계 국가를 산출하기 위해 더 나아간 변형을 수행해야 한다는 논의를 하고 있다는 주장이 있다(Éric Weil, *Hegel et l'état*, Paris: Librairie Philosophie J. Vrin, 1950). 하지만 이것은 내 견해에 따르면 세부적인 사항에서 지탱될 수 없다(이에 대해서는 다음을 참조하라. Franz Grégoire, *Études hégéliennes: Les points capitaux du système*, Louvain: Publications Universitaires de Louvain, 1958, IV). 더 나아가 나는 계속된 변형이라는 그런 생각이 '표상'과 종교적 사유가 도달한 것과 같은 흐릿한 형태에서가 아니라 완전히 명료한 철학적 사유에서 그런 국가의 합리성을 파악했다는 주장과 양립할 수 없다고 생각한다. 국가가 이성의 계획하에 세계 국가로 대체되어야 한다면 국가의 완전한 합리성은 어떻게 드러날 수 있을 것인가?

았다고 본 것 같다. 설령 이념에 아주 가까이 다가서 있는 서유럽 국가들이 완전하다고 할지라도 역사는 세계의 나머지 부분에서도 해야 할 일이 많이 남아 있다(헤겔은 러시아와 미국의 미래에 대해 간략히 적고 있다).[53]

하지만 이미 자신의 모습을 드러낸 원리를 구체적으로 표현하는 일이 여전히 남아 있다. 새로운 세계는 『정신현상학』 「서설」에서 말하고 있듯이,[54] 그러한 "질적 도약"을 현존하게 하는 것이다. 하지만 기초가 놓였다고 해서 새로운 건물이 완성된 것이 아니듯이, 새로운 세계가 그 기초를 다졌을 때에도 역시 아직 해야 할 일이 아주 많이 남아 있다.[55] 앞으로 계속 수행되어야 하는 일은 아주 중요하다. 하지만 그 일은 혁명을 승인하지도 않으며 혁명에 의해 진전되지도 않을 것이다.

우리는 지금 어떤 단계에 서 있는가? 『법철학』의 체계를 검토할 때 우리는 이 문제를 좀더 자세히 다룰 것이다. 하지만 그 대충의 윤곽은 우리가 검토한 역사철학에 명백히 드러나 있다. 여기서 다뤄지는 것은 소크라테스와 그리스도의 보편적 주체성을 고대의 인륜성과 다소나마 연결하는 국가이다. 이 국가는 그 인륜성이 보편적 개별자에 의해 스스로 자기 동일화되는 그런 국가일 것이다.

근대 국가의 원리는 주체성의 원리를 개인적 특수성의 자립적 극단들로 완성하게 하면서 동시에 이 원리를 실체적 통일로 이끄는, 따라서 이 원리 속에서 그런 통일을 보존하는 엄청난 힘과 깊이를 가지고 있다.[56]

---

53) 이에 대해서는 다음을 참조하라. Hegel, *Philosophy of History*, trans. John Sibree, New York: Dover, 1956, pp. 82~87, 350.
54) *PhG*, 15.
55) *PhG*, 16.

이런 상태에 도달할 수 있다. 왜냐하면 양자가 서로를 향해 움직이기 때문이다. 보편적 주체는 자신이 국가 속에서 체현되어야 한다는 것을 보게 될 것이다. 그리고 단순히 인간의 의지에 기초한 국가가 아니라 오히려 정신의 유출물로서 인간 의지에 기초한 국가가 실현되기 위해 더 나아간 진행이 필요하다. 따라서 개별자가 보다 포괄적인 질서 속에서 자신의 위치를 차지하게 될 것이다. 하지만 그럼에도 불구하고 이 질서가 이성의 체현물이기 때문에 개별자는 이 질서를 자신과 일치시킬 것이다.

따라서 보편적 개별자는 자신이 합리적 사회를 창조할 수 없고, 다만 합리적 사회를 역사에 전개된 질서로 발견해야 한다는 것을 이해하게 될 것이다. 그리고 보편적 개별자가 이 일을 행할 때 그는 개인주의를 넘어갈 수 있으며, 다시 한번 '인륜적 심정'(sittliche Gesinnung)으로, 즉 실현된 질서와의 내적인 일체감으로 되돌아올 것이다. 바로 여기에서 자유의 최고 형태가 발견된다.

하지만 동시에 질서 그 자체는 진화해야 했다. 질서는 이성과 조화를 이뤄야 한다. 따라서 보편적 주체는 자기 자신에 머무를 수 있으며, 자신의 인륜성인 질서와 동일화될 수 있다.

헤겔에 따르면 이러한 진화는 이제 막 발생했다. 세계를 이성과 조화시키려는 이성의 노력은 파산했다. 하지만 이 과정에서 이러한 노력은 이 노력의 주체들이 아직 적절하게 파악하지 못한 국가의 합리화를 산출했다. 이들은 과거의 실정적인 것을 일소했으며, 따라서 붕괴 이후 발생한 국가는 과거의 것과 연속선상에 있는 것이 아니라 과거의 것의 정화된 형태이다. 주체성을 완전하게 발전시킨 합리적 인간은 이제 이 새로운 국가와

---

56) *PR*, §260.

자신을 동일화할 준비가 되어 있다. 철학의 임무는 현실의 합리적 토대를 드러냄으로써 이러한 동일화를 계속 진행하는 것이며, 이러한 동일화를 통해 합리적 국가 의지는 완성에 이를 것이다. 이제 헤겔이 『법철학』에서 수행하고 있는 합리적 국가상을 좀더 자세히 살펴보자.

16장

실현된 국가

1

『법철학』은 합리적 의지 개념에서 출발하여 인간의 일들에 대해 탐구해 나간다. 이 저작은 단순한 정치 이론을 넘어선다. 이 저작은 헤겔이 시민사회와 가족이라고 부른 것도 포함한다. 그러나 이 저작은 또한 도덕성과 사적 권리의 영역들도 논의한다.[1]

헤겔은 가장 추상적인 것에서 가장 구체적인 것으로 진행해 가고자 한다. 그는 국가의 상을 제시함으로써 끝내고자 한다. 왜냐하면 국가는 '인간은 합리적 의지의 담지자'라는 생각에 함축되어 있는 인륜성의 최고의 구현체이기 때문이다.

그러나 우리는 사적 권리 개념에서 출발한다. 인간은 본질적으로 합리

---

1) 물론 이러한 영역은 그만이 생각해 낸 것이 아니었다. 법이나 권리에 대한 표준적인 취급 방식은 가족·결혼·유산 등과 같은 사적인 권리와 법을 논의하는 것이었다. 그리고 칸트도 법을 다루는 자신의 글에서(「도덕 형이상학」Metaphysik der Sitten) 도덕성과 의무론을 논의했다. 헤겔에서 새로운 것은 시민사회와 국가를 나눈 것이며, 또한 물론 이 상이한 부분들을 모두 하나의 이념에서 이끌어 내는 그의 전체 체계의 '건축술'이다.

적 의지의 담지자이기 때문에 사적인 권리를 지닌다. 인간은 바로 이런 이유로 그 자체로 존경을 받을 만하다. 인간은 살기 위해 외부 세계와 교류해야 하는 육체적 실존이다. 인간은 사물들을 전용하고 이용해야 한다. 하지만 이러한 사실은 인간이 이성 혹은 정신의 현실화를 위한 본질적 담지자이기 때문에 가치를 지닌다. 이것은 인간이 의지를 부여받았다고 말하는 것과 동일하다. 따라서 인간이 무엇인가를 전용한다는 것은 존재론적으로 근거 지어진 목적을 충족하는 것으로 이해될 수 있다. 따라서 이러한 전용은 무한히 가치 있는 존경의 대상이다. 그러므로 전용의 실제 과정은 정당한 소유권이 된다. 인간은 권리의 담지자인데, 왜냐하면 인간은 의지로서 존경받을 가치가 있기 때문이다. 따라서 인간의 외적인 육체적 실존 혹은 그의 소유를 공격하는 것은 범죄이며, 실재 전체를 근거 짓는 목적 그 자체를 공격하는 것이다. 사물에 대한 전용의 권리는 이 사물이 어떤 본래적 목적도 갖지 않는다는 사실에서 나온다. 이 목적은 의지에 의해 사물에 부과된다. 의지는 권리를 갖는다.[2]

따라서 헤겔은 소유권을 정당화한다. 그는 이 권리를 사적 소유의 권리로 이해한다. 이 권리는 개인의 합리적 의지라는 측면에서 추상적 의지의 영역에 속한다. 그 이유는 여기서 인간이 직접적이고 개인적인 차원에서 사물과 관계를 맺고 있으며, 또 그런 차원에서 자연과 상호작용을 하기 때문이다.[3] 인간은 또한 인륜적 공동체의 일부이다. 하지만 이 공동체는 인

---

2) *PR*, §44.

3) 우리는 여기서 맑스와의 중요한 차이를 본다. 우리가 앞으로 보게 되겠지만, 헤겔이 노동 분업의 중요성을 이해했고, 또 그 결과를 놀라울 정도로 정확하게 묘사해 주고 있다 할지라도, 그는 이 필연적인 상호 의존성을 인륜적 실체의 통합적·의식적 표현으로 보지 못했다. 자연 혹은 시민사회와의 상호작용의 영역은 개별자의 행위와 목표의 영역으로 남는다. 여기서 인간을 통일시키는 실체적 요소는 완전히 무의식적이다. 그 요소는 '보이지 않는 손'의 작용이다.

간이 사물과 맺는 방식과는 다른 보다 높은 수준에서 인간과 관계한다. 공동체는 인간이 자신의 삶과 소유를 포기하고서라도 지키고자 하는 그의 정체성과 정신적 삶에 관여한다.

그러므로 소유의 영역에서 중요한 것은 개별자로서의, 인격으로서의 인간의 의지이다.[4] 물론 인간을 인격으로, 추상적 권리의 담지자로 보는 이런 근본적 이해가 『법철학』에서는 논리적 출발점을 이룬다고 할 수 있지만, 역사적인 관점에서는 출발점이 아니다. 우리가 앞에서 역사철학을 고찰하면서 살펴본 것처럼, 인간이 역사에서 실제로 인격으로 고려되기까지는 기나긴 과정이 있었다. 이러한 일은 로마 세계에서야 비로소 일어났다.

따라서 헤겔은 권리들, 특히 소유권과 관련한 수많은 다른 문제들을 고려하는 데로 나아간다. 예를 들어 그는 계약, 범죄와 형벌을 다룬다. 헤겔에 따르면 범죄는, 논리학의 용어로 말하자면, 부정적인 무한 판단이다. 이러한 판단은 예를 들어 소유와 관련하여 나의 상대자가 민사 소송에서 '이 특정한 물건은 나의 것이 아니다'라고 표현하듯이 말하는 것이 아니다. 그것은 오히려 '나의 것'과 '너의 것'이라는 범주 자체를 부정하는 판단이다.[5]

범죄는 사물의 근저에 놓인 목적 그 자체를 공격하는 것이며, 심지어 범죄자의 목적 자체도, 그의 의지 자체도 공격한다.[6] 형벌은 사물의 목적에

---

4) *PR*, §46.
5) 헤겔은 여기서 부정 판단과 무한 판단이 어떻게 다른지를 설명하고 있다. 부정 판단은 'p는 q가 아니다'의 형식을 갖고, 무한 판단은 'p는 비q이다'의 형식을 갖는다. 예를 들어 '영혼은 죽지 않는다'는 부정 판단이고, '영혼은 불사이다'는 무한 판단이다. 부정 판단은 술어를 부정하지만, 무한 판단은 술어의 반대를 적극 옹호한다. 예를 들어 수학에서 마이너스(-)와 영(0)은 둘 다 자연수를 부정하는 것이지만, 영이 자연수의 소극적 폐기라면 마이너스는 비자연수의 적극적 정립을 의미한다. ―옮긴이
6) *PR*, §100.

대한 이러한 반란을 잠재우려는 목표를 갖는다. 이러한 공격은 의지 자신을 의지의 원리 그 자체에 대립하여 정립하는 의지에서 나왔다. 따라서 반란을 잠재우는 행위는 범죄자의 특수 의지에 대항하는 동등한 앙갚음이어야 한다.

상해는 범죄자의 특수 의지로서만 실존한다. 현존하는 의지인 바로 이 특수 의지를 상해하는 것(혹은 처벌하는 것)은 따라서 그러지 않을 경우 계속 유효한 것으로 남아 있을 수 있는 범죄 행위를 지양하는 것이며, 또 권리[법]를 복원하는 것이다.[7]

따라서 헤겔은 형벌을 예방이나 억제 혹은 개전(改悛) 등으로 보는 다양한 자유주의 형벌 이론에 반대한다. 그리고 헤겔은 이러한 유의 철학에서 기인하는 형법전의 완화에 반대한다. 특히 그는 사형제의 폐지에 반대한다. 만약 형벌이 범죄를 잠재우기 위한 것이라면 이 형벌은 범죄에 상응해야 한다. 형벌의 목적이 범죄자의 개전에 있다고 말하면서 그 범죄자를 방임한다면 이것은 인간을 존엄하게 다루지 않는 것이다. 인간이 존엄한 이유는 인간이 잘못된 것도 의지할 수 있는, 따라서 잘못했을 경우 형벌도 받아야 하는 의지의 담지자라는 데 있다. 이러한 취급 방식은 범죄자를 "해롭지 않아야 할 해로운 동물"로 다루는 것을 의미할 것이다.[8] 형벌은 범죄자의 **권리**이다. 범죄자의 의지 자체가 형벌을 요청한다.

'인간은 합리적 의지이다'라는 말은 우선 인간이 권리의 담지자로 고

---

7) *PR*, §99.
8) *PR*, §100.

찰된다는 것, 그리고 어떤 정치적 관계와도 상관없는 인격으로 고찰된다는 것을 함유한다. 이제 한 발 더 나아가자. 의지로서의 인간은 권리만 갖는 것이 아니다. 그는 또한 스스로를 규정할 의무도 갖는다. 인간은 자신의 의지에 내용을 부여함으로써 스스로를 규정한다. 그리고 그 내용은 합리적이고 보편적인 내용이어야 한다. 이것이 곧 도덕의 영역이다.

인간은 의지의 담지자로서 자신의 의지를 보편적 이성에 맞춰야 하기 때문에 도덕적 행위자이다. 의지하는 존재로서의 인간은 우선 완전히 자연적인 존재이며, 자신의 경향성·욕구·정열 등을 충족시키고자 하는 존재이다. 하지만 그는 자신의 의지를 순화해야 하며, 합리적으로 고안된 선을 자신의 목표로 삼아야 한다.

하지만 도덕성의 주체로서의 인간은 여전히 개별자로 현상한다. 도덕성에 대한 요청은 내가 인간 존재라는 바로 그 이유 때문에 보편적 이성을 의지해야 할 의무 아래 서 있음을 내가 인정하게 된다는 것이다. 이것은 또한 내가 나 자신의 이성을 통해 이것을 실현한다는 것을 의미한다. 도덕성의 주체는 고대 도시의 폐허에서 생겨난 보편적 주체이다.

다른 말로 하면 도덕성에 대한 요청은 외부에서만이 아니라 내부에서도 온다. 나는 올바른 일을 한다는 사실만으로는 충분하지 않다. 내가 나의 의지를 보편적 이성에 맞춰야 한다고 한다면, 나는 올바른 것[9]을 해야 할 뿐 아니라 올바른 것을 올바른 것으로 의지해야 한다. 다른 말로 하면 나는 올바른 것이 올바른 것이기에 올바른 것을 행해야 한다. 이로부터 나는 나의 권리를 스스로 이해해야 한다는 결론이 나온다. 물론 이것은 칸트가 도

---

9) '올바른 것'으로 번역한 the right는 이 책에서 주로 '권리'로 번역했는데, 여기서는 문맥상 '올바른 것'으로 번역한다. —옮긴이

덕성의 중심으로 삼은 것이다. 그리고 이것은 또한 '도덕성의 본질은 의지의 순수성이다'라는 루소의 입장을 따르고 있다. 헤겔에 따르면 이것은 도덕성 범주의 최고의 표현으로 간주된다. 도덕성은 우리의 행위뿐 아니라 의도들을 다룬다.

하지만 이것은 물론 오늘날 우리에게 익숙한 근거들에서 볼 때 전적으로 불완전하다. 도덕성은 외적인 세계에서, 즉 도덕성이 실현되는 공적 삶과 실천의 세계에서 보충될 필요가 있다. 왜냐하면 이 외적인 세계가 없을 경우 도덕성은 순수한 열망에 불과할 것이며, 헤겔이 말하듯이 순수한 당위로 머물 것이기 때문이다. 즉 도덕성은 이 경우 순수하게 내적인 것으로 남을 것이다. 하지만 그 이상의 것이 있다. 개별자의 의지로서의 합리적 의지 개념 그 자체는, 14장에서 본 것처럼, 궁극적으로 공허하다. 우리는 의무를 위한 의무 개념으로부터 어떤 내용을 인출할 수 없다.[10] 합리적 의지는 어떤 필연적 구조를 가진 공동체에서 자신의 구현물을 추구하는 존재론적 이성으로서만 존재하며, 그런 합리성이 선의 기준을 산출한다. 이 공동체가 우리에게 요구하는 것은 합리적 의지의 내용이다. 이것이 바로 우리의 의무이다. 그것은 형식적 이성에서 인출되는 것이 아니라 이성을 체현할 수 있는 공동체에서 인출된다.

따라서 도덕성은, 즉 자신의 의지를 보편성에 일치시키고자 하는 개별자의 추구는 권리를 이성으로부터 도출하고자 하는 자신의 시도를 완성하기 위해서뿐 아니라 이 권리를 효과적으로 현실화하기 위해서 자기 자신을 넘어서기를 요구한다. 따라서 인간을 합리적 의지의 담지자로 요청한다는 것은 인간이 이성을 체현하고 있는, 이성의 완성된 목표인 공동체에

---

10) *PR*, §135.

산다는 것이다. 즉 합리적 의지의 담지자라는 인간 개념에 함축되어 있는 것은 그러한 공동체에서만 완전하게 실현된다.

따라서 앞의 두 단계[권리와 도덕성]는 『법철학』의 세번째 단계이면서 주요 부분에 해당하는 인륜성 개념으로 이행해야 함을 시사하고 있다. 법 [권리, right]은 부적절한 단어인데, 왜냐하면 이 단어는 인간이 의지의 담지자라는 사실에 대한 외적 표현일 뿐이기 때문이다. 이 단어는 내면성을 갖지 않는다. 이 외에도 법[권리]은 정치적 힘에 의해 방어되어야 한다는 사실을 전제한다. 법[권리] 그 자체로는 그럴 힘이 없다. 도덕성은 권리가 결여하고 있는 것들 중 하나에 응답하는 인간의 삶의 차원을 보여 준다. 도덕성은 의지의 내적 순수성으로서의 도덕적 삶을 보여 준다. 하지만 도덕성은 인간의 도덕적 의무의 완전함을 이성으로부터 도출하고자 하는 자신의 목적에 도달할 수 없다. 또한 도덕성을 단순히 당위로 머물도록 놔두지 않고 공적 삶에서 실현시키는 공동체에 의해 보충하지 않으면 이 도덕성은 저 의무들을 현실화하지 못한다. 따라서 권리와 도덕성은 보다 큰 전체의 일부로서만 자신의 위치를 가지며, 또 그 전체에서만 안전해진다.

그러나 도덕성의 본질적 모습은 자신의 성숙한 형식을 역사 속에서 간직하듯이 이 공동체에서도 보존되어야 한다. 이것은 초기 도시 국가가 도덕적 인간을 위한 자리를 전혀 가지지 않았던 것과는 다르다. 반대로 인간으로서의 도덕적 인간의 근본적 자유, 즉 양심에 따라 판단할 자유가 공동체에 보존되어야 한다. 이것이 바로 근대 인간을 통합하는, 그리고 근대 인간이 자신과 동일시하는 인륜성의 본질적 전제이다. 그러므로 근대 국가의 경우 양심은 침범되어서는 안 되는 성역이다.[11] 인간은 이러한 반성적

---

11) *PR*, §137.

차원을 보유한다. 그리고 이 때문에 근대의 인간은 폴리스에 아주 특징적이었던 시민과 국가의 직접적 통일과 동일성을 수용할 수 없다. 하지만 이것은 근대 국가 혹은 어떤 국가가 법에 복종할 것인지를 오직 양심에 따라 판단하도록 인간에게 맡길 수 있다는 것을 의미하지 않는다. 오히려 그것은 양심의 자유가 근대 국가에서 본질적 권리임을 의미한다.

따라서 우리는 헤겔의 용어로 말하자면 실체적 자유를 의미하는 인륜성에 도달한다. 그것은 실현된 선이다. 인간은 이 인륜성과 자신을 동일화한다. 인륜성은 인간의 "제2의 본성"[12]이 되며, 인간은 주체성 속에서 이 본성을 효과적으로 실현한다.

인륜적인 것(sittlich)은 공적인 혹은 일상적인 삶에서 선을 실현시키는 공동체와 관계가 있다. 따라서 이 인륜성의 범주는 국가 이상의 것을 포괄한다. 그리고 헤겔은 이 영역에서 일반적 삶의 세 형태를 다룬다. 이 형태들은 상승하는 질서로 배열되어 있다. 그 영역은 각각 가족, 시민사회, 그리고 국가이다.

가족은 감정에 기초한 무반성적인 직접적 통일이다. 시민사회는 근대의 원자론적 계약 이론의 상에 상응하는 사회이다. 이 사회는 상호 필요에 의해 서로 모여든 개인들의 사회이다. 국가 이론으로는 근본적으로 부적합한 이러한 상은 헤겔의 견해에서 보면 근대 부르주아 경제에서 실현된다. 시민사회는 욕구의 주체로 간주되는 인간들 사이의 생산과 교환의 경제로 드러난다. 이것은 가족의 반정립이다. 왜냐하면 시민사회에서는 직접적 통일성이 존재하는 것이 아니라 인간을 외적인 끈으로 묶어 주는 의식, 즉 개별성을 최고로 치는 의식이 존재하기 때문이다.

---

12) *PR*, §151.

국가는 이 삼자를 완성하기 위해 나타난다. 왜냐하면 국가는 다시 한 번 보다 심오한 통일을, 가족과 같은 내적 통일을 제시하기 때문이다. 그러나 국가는 더 이상 감정에 기초한 직접적 통일이 아니다. 오히려 여기서 통일은 이성에 의해 매개된다. 국가는 보편적 주체들을 그 자체 서로 인정하면서 묶어 주는 공동체이다.

첫째, 가족은 감정의 통일, 사랑의 통일이다. 인간은 가족 내에서 스스로를 상대방에 대해 권리를 가지는 인격으로 느끼는 것이 아니라 구성원으로 느낀다. 권리가 가족 안으로 들어올 때 가족은 해체된다. 가족의 영역에서 헤겔은 결혼, 가산(家産), 아이들의 교육 등을 다룬다. 인륜태로서의 가족의 주된 요점은 가족 내에서 인간은 스스로를 보다 큰 어떤 것의 구성원으로 본다는 사실, 즉 자신의 동일성을 공동의 삶의 일부로 갖는다는 사실에 있다.

그러나 물론 가족 자체로는 완전한 인륜성으로 부적절하다. 왜냐하면 가족 내에서 인간은 참으로 개인으로 있지 않으며, 공동의 삶에의 유대는 이성에 기초해 있는 것이 아니라 감정에만 기초해 있기 때문이다. 따라서 인간은 가족을 넘어 순수하게 개별자로 기능하는 공동체에 속하게 된다. 이것이 바로 헤겔이 시민사회라고 부른 것이다.

시민사회는 개별자들 사이의 일련의 경제적 관계로 고려된 사회이다. 헤겔은 영국 정치경제학자들, 특히 제임스 스튜어트와 애덤 스미스의 글을 읽었고 또 주의 깊게 고찰했다. 그들의 작품은 독일어로 번역되어 있었다. 그의 시민사회 모델은 이 작가들에게 많이 빚지고 있다.

시민사회는 인간을 가족의 구성원이나 국가나 교회와 같은 인륜적 공동체의 구성원이 아니라 그 자체 개별 인간으로 보는 인륜적 단계이다. 시민사회는 인간이, 헤겔적 의미로 말하자면, 서로 인격으로, 즉 추상적 권리의 담지자로 관련 맺는 영역이다. 이 영역에서 "인간은 자신이 유대인이나, 가톨릭교도, 프로테스탄트교도, 독일인, 혹은 이탈리아인이기 때문이 아니라 자신의 인간성 때문에 인간으로 간주된다".[13]

시민사회라고 불리는 사회적 관계의 단계에서 인간은 그 자체로 개별자로서의 인간이다. 그들 간의 상호 관계는 그들이 자신의 욕구를 충족시키기 위해 상대방을 전제한다는 사실에 기초한다. 다른 말로 하면 이 영역에서 우리는 인간을 개별적 목적의 주체로 본다. 이 인간들은 그 충족을 위해서는 사회적 협동을 전제하는 이런 개별적 목적을 통해 서로 연결된다.

따라서 시민사회는 무엇보다 욕구의 체계로 간주될 수 있다. 인간들은 욕구를 갖는데, 욕구를 노동과 노력에 의해 충족하고자 한다. 그러나 그렇게 함으로써 그들은 동시에 타자의 노동과 노력을 필요로 한다. 이들은 상호 교환의 과정으로 돌입해야 한다. 그러나 이 욕구의 체계는 정적인 것이 아니다. 인간과 동물의 차이는 인간이 시간을 관통해 오면서 모든 인류에게 언제나 동일하게 머물러 있는 종의 욕구들을 넘어선다는 데 있다. 인간은 자신의 욕구와 이 욕구를 만족시키는 수단을 증폭함으로써 자신의 초월성과 보편성을 드러낸다.[14] 욕구와 수단의 이러한 증폭은 사회적 비교에 의해 강화된다. 인간은 타자를 열심히 흉내 내며, 특정한 사물이 타자의 가치의 조건이 될 경우 그것을 욕망한다. 여기서 헤겔은 루소의 주제를 다룬다. 하지만 루소에게 인간의 타락과 악의 토대로 간주된 것이 헤겔에게는 이성의 발전의 필연적 부분으로 간주된다. 루소의 견해는 사회가 자기 의식의 성장과 개별적 선의 추구를 포괄할 수 없었던 고대 세계에서는 옳다.

---

13) *PR*, §209의 '주해'.
14) *PR*, §190.

전체와의 단순한 동일성이 자기 의식의 성장과 개별적 선의 추구에 의해 파괴되었다. 그러나 근대 국가는 개별자의 주관성과 보편자를 화해시킬 수 있다. 따라서 근대 국가는 욕구의 증폭을 두려워할 필요가 없다.

욕구는 무한히 증폭될 수 있다. 그러나 그렇게 함으로써 욕구는 보다 강력한 사회적 협동을 강제한다. 보다 많은 생산이 필요해지고 이는 다시 노동 분업을 더 가속화시킨다. 따라서 그것은 더 많은 노동을 인간에게 강요한다. 이때 이 노동은 보다 복잡한 상호 의존의 관계와 체계 속에서 이뤄진다. 이것은 인간을 보편자로 형성하고 교육하는 데 도움을 준다.

사회적 관계가 보다 강력하고 복잡해질수록 자신의 욕구를 만족시키기 위해 노동하는 인간은 더욱더 모든 타자의 욕구를 만족시키기 위해 노동한다. 헤겔은 여기에서[15] 보이지 않는 손이라는 애덤 스미스의 유명한 테제를 끌어들이며, 이 테제에서 이성의 간지의 예를 본다. 개별적인 자기 이익을 추구하는 행위가 동시에 타자의 욕구의 충족과 연결된다는 사실이 곧 변증법적 운동이다. 따라서 스미스의 보이지 않는 손은 여기서 보편자의 힘을 보여 준다. 이것이 헤겔이 이 영역은 보편자가 추상적으로만 드러나는 개별자의 영역이라고 말할 때 의미하는 것이다. 인간들을 서로 묶어 주는 것은 살아 있는 힘이 아니라 외적인 메커니즘에 불과하다.

이렇듯 시민사회에 대한 헤겔의 상은 공리주의자와 고전 경제학자의 사상으로부터 큰 영향을 받은 것이다. 그리고 우리는 이러한 시민사회가 그의 체계에서 어떤 역할을 하는지를 이미 볼 수 있었다. 이 단계의 사회적 삶은 개별자로서의 인간의 차원을 표현한다. 인간이 개별자로 드러났다는 것은 도시 국가에서 나타난 옛 인륜성이 파괴되었음을 의미한다. 하지만

---

15) *PR*, §199.

이것은 논쟁할 필요가 없는 진보이며, 인간의 본질적 차원을 드러내 준다. 왜냐하면 이 차원의 사회적 삶은 인간이 자신의 완성을 추구하는 개별자로, 하지만 협소한 지평에 갇혀 있지 않은 개별자로 존재함을 보여 주기 때문이다. 협소한 지평에 갇혀 있기보다 오히려 이 개별자로서의 인간은 점점 더 확대되는 노동 분업과 교환의 체계로 빨려 들어간다. 그가 원하는 것들은 바로 이 사회에서 성취될 수 있다. 그는 자신의 독창성을 살려 생산하는 법을 배우는데, 그런 배움은 자신을 위해서뿐 아니라 세계 시장을 위해서이기도 하다. 그는 보편성으로 도야된다. 시민사회는 근대의 보편적 주체성의 본질적 구현물이며, 이렇게 말해도 된다면 이 주체성의 물적 토대이다. 따라서 시민사회는, 앞으로 보게 되겠지만, 비록 불완전하고 따라서 보다 높은 단계에 의해 보충되어야 한다고 하더라도 결코 근절될 수 없다.

그러나 헤겔은 이제 자신의 이념에 알맞은 시민사회의 특징들을 전개시킨다.[16] 그는 시민사회가 계급 혹은 계층으로 필연적으로 분절화된다고 말한다. 필연적인 노동 분업은 상이한 유형의 노동뿐 아니라 상이한 유형의 생활 양식과 가치를 가지는 집단들도 산출한다.[17] 이 집단들이 헤겔에게 신분(Stände)이다. 헤겔은 계층[계급]이라는 용어보다는 이 옛 언어를 사용한다. 그런데 여기에서는 이 옛 용어가 더 잘 어울리는데, 왜냐하면 헤겔에 따르면 이 집단들은 생산수단과의 관계에 의해 분리될 뿐 아니라 그 이상으로 생활 양식에 의해 분리되기 때문이다.

헤겔은 여기서 세 가지를 지적한다. 첫째, 실체적 계층 혹은 농업 계층. 이 계층은 자연과 밀접한 관계를 맺으며 생활하며, 일반적으로 무반성적

---

16) *PR*, §201~207.
17) *PR*, §201.

이고 직접적으로 살아간다. 이 계층의 삶은 "가족 관계와 신뢰에 기초하는 직접적인 인륜적 삶"이다.[18] 둘째, 반성적 계층 혹은 사업 계층. 이 계층은 개별자의 삶을 살아간다. 즉 이 계층은 합리화된 노동을 통해 개별적 욕구의 완성을 지향한다. 이 계층은 욕구의 체계인 시민사회와 가장 잘 어울리는 계층이다. 셋째, 보편 계층. 이 계층은 자신을 공동체 전체의 이익과 일치시키는 시민의 종복[공무원] 계층이다.

우리는 여기서 사회가 필연적으로 분화되어야 한다는 헤겔의 생각을 볼 수 있다. 이러한 생각은 프랑스혁명의 주동자들에 대한 그의 비판과 총체적 참여의 정권에서 차이들을 철폐하고자 한 이들의 시도에 대한 그의 비판의 토대가 된다. 인간은 자신의 욕구를 만족시키기 위해 이러한 방식으로 스스로 분화되지 않으면 안 된다. 따라서 이러한 분화[차이]를 제거하고자 하는 정치는 곤란에 처할 수밖에 없다. 그러나 분화는 단순히 노동 분업의 부산물로 이해되어서는 안 된다. 우리는 또한 이 분화에서 합리적 필연성의 구조를 예견할 수 있다.

이 세 계층은 각각 근대 국가에서 현재하지 않으면 안 되는 차원을 대표한다. 자신보다 위에 있고 더 위대한 전체에 대한 유대감, 즉 보다 큰 것에 대한 의존이 있어야 한다. 실체적 계층이 바로 이것을 무반성적인 방식으로 가지고 있다. 개별자를 보편적 주체로 느끼는 것도 있어야 한다. 사업계층이 이것을 가지고 있다. 마지막으로 보편자를 체현하고 있는 의지 속에서 이 보편자와의 이성적인 일치도 있어야 한다. 시민의 종복 계층이 바로 이것을 가지고 있다. 이 세 계층은 인륜성의 세 단계, 즉 가족, 시민사회 그리고 국가에 마주하여 서 있다.

---

18) *PR*, §203.

헤겔 철학의 결정적 요점들 중 하나는 모든 시민의 참여에 의해서는, 그리고 그들 각자 속에서의 조화를 통해서는 이 세 계층이 결코 종합에 이를 수 없다는 그의 신념이다. 종합은 오히려 상이한 차원들을 대표하는 특정한 집단으로 이뤄진, 하지만 이 상이한 차원들이 서로 엮여 있으며, 전체에 대한 공동의 유대를 가지고 있는 공동체에 의해 성취된다. 모두를 동일한 방식으로 공동의 삶의 원리와 직접적으로 동일화시키는 국가, 이런 국가는 고대인에게는 가능했지만, 훨씬 더 복잡해진 근대인에게는 더 이상 가능하지 않다. 오늘날 우리는 신분으로 분화됨으로써 개별성과 국가와의 동일성을 통합한다. 분화된 이 신분 질서에서 서로 다른 차원들은 상대적으로 우세하지만, 모두는 공동의 삶의 감각을 가지며, 자신이 보다 큰 전체의 일부분임을 인정하게 된다.

각각의 인간이 총체적 종합을 이룰 수 없다는 이러한 신념에는 그 첫 번째 단계로 인간은 가치를 효과적으로 실현하기 위해 그 가치에 깊이 연결되어 있어야 한다는 헤겔의 통찰이 근저에 놓여 있다. "개별자는 특정한 존재가 되어 가는 과정 속에서만, 즉 특별한 개별자가 되어 가는 과정 속에서만 자신을 현실화한다."[19] 헤겔은 "위대하고자 하는 자는 자기 자신에게 집중해야 한다"는 괴테의 격언을 받아들인다. 근대 사회의 정신 영역은 한 인간에게는 너무 크다. 그가 이 정신 영역을 그의 일생 동안 완전하게 실현할 수는 없다. 따라서 사람들은 특수화되어야 한다. 종합은 각자가 자신의 특수성 속에서 자신을 보다 큰 공동의 삶의 일부로 느낀다는 사실에서 와야 한다.

그리고 여기에서 우리는 이러한 신념을 근거 짓는 헤겔의 철학적 토대

---

19) *PR*, §207.

의 두번째 단계에 마주한다. 즉 전체는 이성의 존재론적인 구조를 스스로 드러내야 한다는 것이다. 하지만 이를 위해 전체는 분화되어야 한다. 왜냐하면 이성 그 자체, 혹은 이념은 차이로부터 통일을 회복하기 위해 스스로를 분화하기 때문이다. 분화되지 않은 것은 맹아의 단계와 같은 원시적 단계이다. 이 맹아의 단계로부터 자기 자신으로 귀환하는 차이가 흘러나온다. 따라서 그리스 도시 국가의 직접적 통일성은 원시적 단계를 지시한다. 근대 국가의 분화는 성숙함을 보여 준다. 따라서 사회는 신분으로 분화되어야 한다. 하지만 여기에서 근대 세계의 원리, 즉 개인의 선택의 자유는 존중되어야 한다. 기회를 규정하는 외적 세계의 테두리 안에서 개인은 자신의 삶의 과정을 선택할 수 있는 권리를 갖는다.[20]

이러한 사실은 당연히 헤겔의 신분이 전통 사회의 신분과 다르다는 것을 보여 준다. 전통 사회의 신분은 통상 인간의 출생에 의해 규정되며, 이상태가 일생 동안 지속되었다. 하지만 헤겔은 비유동적인 이러한 사회를 거부했으며, 이와 더불어 카스트 제도와 같은 어떤 것도 거부했다. 왜냐하면 이런 제도는 완전히 실현된 국가의 중심 계기가 되는 개인의 자유의 원리와 양립 불가능하기 때문이다. 이러한 사실은 헤겔을 보수주의자로 분류하는 사람들에 의해 일반적으로 간과되었다.[21]

---

20) *PR*, §206.

21) 하지만 동일한 이 사안에 대해 우리는 이런 체계의 실행 가능성을 의심하지 않을 수 없다. 진실로 유동적인 한 사회에서, 인간이 자신의 직업을 선택할 자유를 갖는 사회에서 진실로 상이한 삶의 양식을 가진 신분들이 함께 유지될 수 있을까? 예를 들어 농민 계층의 무반성적인 충성은 태어날 때 획득한 삶의 양식을 전제하지 않는가? 따라서 입구는 다른 두 계층에게만 자유롭게 출입이 허락된다. 일반화된 유동성은 강력한 용매제이다. 이런 유동성은 신분을 파괴시키고 말 것이다. 이러한 사실이 실제로 발생했다. 물론 우리가 이러한 문제와 관련해서 헤겔을 사후적으로 아주 자유롭게 해석할 수 있는 장점을 갖는다는 사실을 부정할 수 없다.

욕구의 체계로서의 시민사회는 생산과 교환이라는 단순한 관계를 넘어가기를 강요받는다. 시민사회는 인간들이 인격체로 서로 관계 맺는 영역이기 때문에 인간의 권리를 보호하고 유지해야 한다. 따라서 시민사회는 정의의 수행에 영향을 끼친다. 그러나 이를 넘어 시민사회의 구성원들의 재화[선]를 위해 존재하는 경제의 작용은 보이지 않는 선한 손의 작용에도 불구하고 자동적인 메커니즘에 의해 결코 보증되지 않는다. 수많은 사물들은 잘못될 수 있다. 개별자의 선을 위해 공적 권위가 간섭해야 한다.

따라서 헤겔은 경제적 기능 관계들의 수준을 넘어서는 시민사회의 두 번째와 세번째 단계로 우리를 이끈다. 이 단계는 법적인, 그리고 더 적절히 말하자면 정치적인 단계이다. 하지만 여기서는 아직 국가를 다루지 않는다. 그 이유는 여기서 여전히 개별자 인간, 욕구의 주체, 이 주체들의 공통된 이익과 연관이 있는 것 등이 다뤄지기 때문이다. 우리가 발견하게 되는 것은 이러한 공동 이익의 추구가 가져다주는 위중함으로 인해 생산과 교환의 관계를 넘어서야 할 필연성이 생겨난다는 것이다. 그리고 또한 이로 인해 정의의 체계와 경제적 활동에 대한 수많은 조정 장치가 생겨나게 된다. 그러나 우리는 아직 자기 자신을 자신의 목적으로 삼는 실체로서의 정치 공동체를 보는 단계에 있지 않다. 시민사회의 이 세 단계들에서 다뤄지는 모든 조정 장치의 목적은 여전히 개별자들의 선이다.

헤겔은 필수적인 조정 행위가 부분적으로는 공적 권위에 의해, 또 부분적으로는 다양한 집단과 전문가들을 대표하는, 공개적으로 인정된 지위를 가지고서 활동하는 연합체에 의해 이뤄지는 것을 본다. 그러나 여기서 특히 관심을 불러일으키는 것은 시민사회 문제에 대한 헤겔의 통찰이다. 이것은 그가 경제적 삶의 엄청난 우연성, 자연적 재해, 과잉 생산 등으로 인해 인간이 가난에 처할 수 있으며, 따라서 사회는 일종의 복지 체계를 갖춰야 한다고 역설했다는 데만 있지 않다. 오히려 그 통찰은 시민사회 내에 문제 해결을 위한 내적인 동력이 있다고 한 데 있다.

만약 시민사회가 아무런 방해도 없이 확장된다면 시민사회의 국민총생산과 인구는 무한히 성장할 것이다. 이는 몇몇 사람을 엄청나게 부유하게 만든다. 하지만 이것은 또한 노동 분업을 강화하며, 직업의 지속적인 분화를 촉진하고, 이런 유의 작업에 묶이는 엄청난 수의 프롤레타리아트를 양산할 것이다. 이 프롤레타리아트는 그 일의 협소함과 단조로움으로 인해 물질적으로뿐 아니라 정신적으로도 빈곤하다. 하지만 인간이 일단 이런 방식으로 정신적·물질적으로 협애해지고 나면 이들 인간은 자존감을 상실하게 되고, 전체 공동체와의 일체성을 상실하게 된다. 그리고 그들은 실제로 전체 공동체에 통합되지 못하고 '천민'(Pöbel)이 된다. 이런 천민은 부가 몇 사람의 손에 집중되면서 자연스럽게 생겨난다.[22]

이번에는 과잉 생산의 위기가 나타난다. 저소득층은 복지 체계에 의존하며 생존한다. 그러나 이것은 '인간은 자신의 삶을 위해 일해야 한다'는 부르주아 경제학의 원리에 모순된다. 아니면 인간은 국가에 의해 일자리를 제공받을 수 있지만, 이것은 과잉 생산의 위기를 증가시킬 것이다.

따라서 아주 부유함에도 불구하고 시민사회는 충분히 부유하지 않다는 사실이 분명해진다. 즉 시민사회 자체의 자원은 그 지나친 가난과 궁핍한 천민의 산출을 제지하기에는 충분하지 않다.[23]

---

22) *PR*, §244.
23) *PR*, §245.

이러한 사실을 분석하고 있는 절에서는 영국과 스코틀랜드가 예로 다뤄지고 있다.

시민사회의 내적인 변증법은 해외 시장을 발견하고 식민지를 개척함으로써 이 문제를 해결하고자 하는 가운데 시민사회 자신을 넘어서도록 추동한다.[24]

이 부분은 그 당시 단지 세 살이었던 헤겔의 뛰어난 상속자[맑스]의 작업을 충격적으로 상기시켜 준다. 이것은 그들 사이의 피상적인 일치를 보여 주는 것이 아니다. 1800년대 초의 몇몇 작품에서 헤겔은 점점 커져 가는 산업 사회와 점증하는 물질적·정신적 빈곤 사이에 깊은 연관이 있다는 것을 보여 주었다.[25] 헤겔은 아주 놀라울 정도로 맑스의 소외 이론에 접근해 있다. 왜냐하면 그는 노동 분업과 교환의 체계를 시민사회 자체의 계기로 보기 때문이다. 이 체계는 (수요와 공급의) 법칙에 의해 작동하는 낯선 힘이 되며, 인간의 삶을 "무의식적이고 맹목적인 운명"으로 만들어 버린다.[26] 이러한 운명은 전체 인간 집단을 맹목적이고 예견할 수 없는 방식으로 부유하게 할 수도 있고 파괴할 수도 있다.

하지만 더 나아가 시민사회는 자기 자신의 동력을 가진다. 부가 단순히 사물을 이용하기 위한 직접적인 소유에 그치지 않고 추상될 경우 이 부는 부를 더 살찌우는 경향을 가지며,[27] 이것은 결국 권력이 된다.[28] 따라서

---

24) PR, §§246~248.
25) 1801~1802년의 『인륜성의 체계』와 체계를 위한 예나 시기의 두 기획인 『예나 실재 철학』 (Jenaer Realphilosophie) 1~2가 그 작품에 속한다. 이 작품들은 헤겔 생전에 출판되지 않았으며, 최근에 와서야 공정하게 취급되고 있다. 이에 대해서는 슐로모 아비네리의 흥미로운 논의를 보라. Shlomo Avineri, *Hegel's Theory of the Modern State*, Cambridge: Cambridge University Press, 1972, pp. 87~98.
26) *SdS*, 80~81.

극단적인 부유함과 소비자들의 취향의 끝없는 개선 과정으로 인해 대중은 가난에 떨어지고 "둔감한, 건강하고 안전하지 못한, 협소한……노동"의 저주에 떨어지고 만다.[29] 잘게 나뉜 이런 체계는 산업의 종류를 끝없이 더 확장시킨다.[30] 이러한 체계가 진행되어 가는 가운데 대중은 모든 인간적 문화를 탈취당하고 만다. 대중이 보다 고귀한 것들을 음미할 수 없는 곳에서 이 체계는 이들을 "야수"로 만들어 버린다.[31] 그리고 이 체계는 이들이 모든 체계에 분노하고 혐오감을 갖도록 변화시킨다.[32]

헤겔과 맑스 사이의 이런 특별한 유사점에도 불구하고[33] 그들 사이에는 서로 대조되는 점도 있다. 왜냐하면 노동 분업과 교환에 기초한 경제 체제의 내적인 경향에 대한 이 분명한 견해에도 불구하고 헤겔은 이 체제를 근대 사회의 본질적 차원으로 보는 관점을 변경시키지 않기 때문이다. 헤겔은 '보이지 않는 손'이 정의로운 사회를 산출하는 데 있어서, 그리고 사회를 해체로부터 구하는 데 있어서 지독히도 부적합하다고 파악함에도 불구하고, 이 '보이지 않는 손'을 이성의 간지의 도구로 보면서 진행한다. 노동 분업, 취향의 개선, 개별 기업의 경제 등 이 모든 것은, 위에서 봤듯이, 근대 개별성의 발전 및 이 발전에 불가피한 특수화와 분화에 본질적이었다. 헤겔에게서 부르주아 경제의 해체 문제는 있을 수 없다. 오히려 부르주아

---

27) *Realphilo*, II, 232~233.

28) *SdS*, 83.

29) *Realphilo*, II, 232.

30) *Realphilo*, II, 233.

31) *SdS*, 84.

32) *Realphilo*, II, 233.

33) 이러한 유사성은 맑스가 헤겔의 생각을 차용한 데서 형성된 것이 아니다. 맑스는 헤겔의 초기 수고들을 결코 본 적이 없다. 그는 『법철학』에 응축된 논의만을 볼 수 있었다.

경제의 해체를 향한 추동력은 좀더 궁극적인 공동체인 국가의 요청에 종속됨으로써 억제되어야 한다. 보다 궁극적인 이 연대체, 그리고 이로부터 흘러나오는 규칙들은 사람들이 자기 이익에 심취해서 사회를 통제되지 않는 성장의 허방에 빠뜨리는 우를 범하지 않도록 한다.

이에 반해 맑스의 견해에 따르면 이러한 해결책은 기괴한 것이었다. 왜냐하면 국가 그 자체는 경제에 의해 조건 지어져 있었기 때문이다. 국가는 경제를 통제하는 대신 오히려 경제에서 빚어진 긴장을 반영하고 있으며, 경제 내의 지배 관계를 반영한다. 시민사회의 모순은 해결될 수도, 억제될 수도 없다. 그 모순은 폐기되어야 한다.

물론 부르주아 경제를 통제할 수 있는 가능성의 관점에서 볼 때 맑스는 헤겔보다는 훨씬 더 통찰력이 있었다(맑스는 헤겔보다 이후 시대에 태어났다는 장점을 가진다). 그런데 이 둘의 차이는 경험적 판단에 국한되지 않는다. 분화된 집단들에 체현되어 있는, 존재론적으로 정초된 질서로서의 헤겔의 종합은 필연적으로 대립자들 사이의 통제된 긴장을 자기 안에 간직하고 있었다. 이에 반해 맑스의 관점은 정신의 실현이 아니라 인간의 실현에 집중한다. 인간의 자유의 실현은 우리가 일반 의지의 사회에 본질적인 것으로 보았던 보편적·총체적 참여를 전제한다. 그리고 이것은 동질적이고 통합된 사회를 요구하는데, 이 사회에서는 모든 구별이 극복된다고 한다. 시민사회에 내재한 긴장들을 극복하는 방식은 서로 완전히 다른데, 한편에서는 하위의 질서 개념으로, 다른 한편에서는 시민사회의 폐지에 의해 달성된다. 이런 상이한 방식은 이 사상가들의 근본 개념과 밀접히 연관되어 있다.

헤겔에게 시민사회는 보다 심오한 공동체에 연합됨으로써 균형을 유지할 수 있다. 시민사회는 시민사회 자신을 통치할 수 없다. 시민사회의 구성원은 보다 높은 공동체에 대한 유대를 필요로 하며, 이로써 그들은 무한한 자기 이익의 추구를 목표로 삼지 않을 수 있고, 따라서 시민사회의 자기 파괴를 피할 수 있다. 연합을 통한 자기 통제는 이 과정에서 한 단계로 간주될 수 있다. 이 단계는 개별자를 보다 큰 전체의 구성원으로 만들며, 이로부터 이 개별자를 국가로 향하게 한다. 단순한 개별자로서 무한한 자기 이익을 추구하던 이 개별자는 협동체에서 존경과 위엄을 갖는다.[34]

2

우리는 이제 인륜성의 이념의 완전한 실현태인, 즉 공동의 삶에서 선을 실현하는 공동체인 국가에 도달한다. 가족과 시민사회는 부분적이며, 비자립적인 현실태이다. 국가와 더불어 우리는 완전하고 자립적인 현실태를 갖는다. 국가는 실체적 의지가 드러난 것이다. 국가는 공적인 삶에서 합리적 의지의 완전함을 드러내는 공동체이다. 완전하게 실현된 국가는 완전하게 발현된 개별적 주체성과 보편자를 화해시킨다. 그것은 구체적 자유이다.

> 국가는 구체적 자유의 현실태이다. 구체적 자유는 개인의 개별성과 특수 이익이 완전히 전개되고 또한 (가족과 시민사회의 체계 내에서) 그 권리가 명시적으로 인정된다는 사실에 그 본질이 있다. 그뿐 아니라 한편으로 이 개별성과 특수 이익은 보편자의 이익과 조응하는 데로 이행하고, 다른 한편으로는 이 보편자를 알고 의지한다. 즉 그것은 보편자를 자신의 고유한 실체적 정신으로 인정하며, 자신의 최종 목적으로 삼아 활동한다.[35]

---

34) *PR*, §253의 '주해'.

이것이 바로 근대 국가가 도달한 것이다.

국가는 합리적 필연성의, 이념의 실현태로 간주될 수 있다. 국가의 명료화는 따라서 그 자체로 이념의 자기 명료화로 이해될 수 있다. 헤겔은 국가를 '유기체'로 간주한다. 하지만 이것은 필연적 계획에 의해 자신의 명료화를 산출하는 것으로 사유된 그런 유기체이다. 이런 명료화는 개념에 의해 고착된다.[36] 이 명료화가 국가의 헌법[체제]을 형성한다.

여기서 헤겔은 교회와 국가의 관계에 대해서 논한다. 종교는 국가가 현실에서 표현하는 것과 동일한 진리를 포함한다. 참된 종교는 따라서 국가를 지지해야 한다. 즉 종교는 국민은 국가에 복종해야 하고 국가를 지지해야 하며 국가와의 동일성을 가져야 한다는 그런 내적 확신을 진작시켜야 한다. 종교가 다른 세속적인 것으로 퇴각하거나 스스로 국가에 반하는 것으로 돌변할 때 그것은 일탈이다. 국가는 교회를 돕고 보호해야 한다. 왜냐하면 종교는 정신의 자기 인지의 한 형태이기 때문이다. 하지만 국가는 교회가 자신보다 고귀하다는 교회의 주장을 수용할 수 없다. 왜냐하면 이 것은 국가가 시민사회와 같이 유용성의 연합체로서 단순한 외적 권위일 뿐 그 자체로 이성의 체현이 아니라는 사실을 함축하고 있기 때문이다.[37]

국가의 체제[헌법]는 합리적이기 때문에, 즉 국가는 유기체처럼 상이한 구성요소로 명료하게 나뉘기 때문에 우리는 권력 분립을 통제와 균형의 정신에서 생각해서는 안 된다. 통제와 균형의 정신에서 바라본 권력분립은 각각의 권력들이 이미 자립적임을 전제하며, 또 이 권력들이 서로에

---

36) *PR*, §269.
37) *PR*, §270의 '주해'.

대항해서 투쟁하거나 아니면 타협에 도달해야 한다는 것을 전제한다. 하지만 이것은 유기적 전체로서의 국가의 원리에 어긋난다. 이 유기적 전체는 스스로를 분절하는 가운데 명료하게 하며, 일상의 삶의 모든 구성원들을 관통해 간다. 만약 우리가 통제와 균형의 게임에 종사한다면, 그것은 즉각적으로 "국가의 파괴"를 의미한다.[38]

바로 여기에 헤겔 국가철학의 중심이 되는 중요한 요점이 있다. 이성을 체현하고 있는 공동체로서의 국가는 유기적 전체로 생존해야 한다. 국가는, 그것이 집단들이건 개별자들이건 간에, 그 구성 요소들의 단순한 집적일 수 없다. 왜냐하면 그럴 경우 국가의 시민은 국가를 자신이 동일시하는 보다 큰 삶의 요체로 간주하며 살 수 없을 것이기 때문이다. 헤겔은 원자론적 혹은 합성론적 국가관에 기초한 체제나 그런 유형에 대해 아주 강력하게 반대 의견을 개진한다. 이러한 관점은 사회 안의 사람들을 분절적으로 명료화 된 통일체가 아니라, 단순한 덩어리로 보는 견해이다. 만약 우리가 인간을 개별적 원자로 생각하여 출발할 경우, 어떤 합리적 국가도, 혹은 어떤 공동의 삶도 가능하지 않을 것이다.

국가를 개념에 따라 명료하게 한 그런 체제[헌법]는 세 구성 요소를 갖는다. 보편적 법을 규정하는 입법권, 특수자를 보편자로 포섭하는 행정권, 그리고 주관적 결단의 권력으로서 왕권. 헤겔은 세번째 것을 먼저 다룬다.

우리는 앞에서 이미 군주의 필연성을 개념으로부터 연역하는 헤겔의 논의를 언급했다. 전체로서의 국가는 의지를 가져야 한다. 즉 국가는 일들을 결정해야 한다. 결정 과정은 많은 사람들, 기능 주체들, 그리고 대표자들을 포함할 수 있고, 또 포함해야 한다. 하지만 이것들은 상호 간의 의존성에

---

38) *PR*, §272의 '주해'.

의지해 작동한다. 이때 이 작동은 공식적으로 이뤄지지 인격적 능력에 의해 이뤄지지 않는다. 국가의 의지를 드러내는 결정의 순간이 국가의 자기표현일 수 있기 위해 국가는 성숙한 체제[헌법]를 가져야 하며, 이와 동일하게 단 한 사람의 인간 속에서 그 정점에 도달해야 한다. 이때 국가의 의지는 구체적 개별자의 의지 속에서 그 현실성을 얻게 될 것이다. 왜냐하면 주체로서의 국가는 하나의 주체에서만 진리를 습득하기 때문이다.

우리는 그렇게 행위하는 군주가 그의 공적인 역량에 의해서만 그렇게 행위한다고 생각할 수 있다. 하지만 왕은 다른 사람들과 같은 그런 공무원이 아니다. 왜냐하면 그는 자신의 공적 업무를 매개에 의해, 예를 들어 선거나 그에 합당한 자격 기준에 따라 얻는 것이 아니라 직접적이고 자연적인 방식으로, 즉 탄생과 더불어 가지기 때문이다. 세습 군주제는 국가의 의지를 직접적 개별자 속에서 표현한다. 이 개별자는 "자신의 다른 모든 특징을 추상한 채 본질적으로 바로 이 개별자로 특징지어지는" 개별자다.[39] 이것은 세습 군주를 개념으로부터 연역한 논증이다. 이 논의는 신중한 고려에 의해 정당화되지 않으며, 따라서 왕권은 논쟁과 파당의 문제가 아니다.

고대 세계에서 "자기 규정적인 최종적 의지 결정의 이러한 계기는 국가에 내재하는 유기적 계기로서, 아주 적절한 현실성을 가진 모습으로 등장하지 않는다".[40] 물론 고대의 민주주의는 지도자들을 가지고 있었고, 다른 고대 정치체는 왕들을 가지고 있었다. 현실적으로 말하자면 모든 사회적 결정은 지도자들에 의해 시작되고 완성되어야 한다. 그러나 여기에는 절대적으로 자유로운 결정이라는 이념이 없었다. 지도자들의 권력은 제약

---

39) *PR*, §280.
40) *PR*, §279의 '주해'.

되어 있었고, 운명이나 신탁 등에 호소하였다. 우리는 여기서 그리스 세계에서는 한계를 가진 개별 신들이 비인격적 운명으로 작용했지, 현실에 대한 절대적이고 궁극적인 지배로 작용하지 않았다는 헤겔의 논의를 이해할수 있다. 고대인은 모든 실재에 대해 최종적인 말을 하는 주체성에 대한 비전을 가지고 있지 않았다. 운명에 사로잡혀 있는 주체는 언제나 제약되어있었다. 신들에 해당한 것은 국가들에도 해당했다. 이 제한된 개별자들(국가들)은 특정한 사안에 대해 운명이 신탁에 의해, 혹은 예언에 의해 결정되어야 한다고 믿었다.

하지만 근대에 기독교는 우리에게 절대적 주체의 상을 제공했으며, 따라서 근대에 인간은 "자기 내에서 최종적인 말씀을 볼 수 있는 힘"을 소유했다.[41] 자기 규정적 의지의 이런 완전함은 사회의 결정이 단일한 하나의의식 속에서 최고조에 이를 경우에만 적절하게 표현될 수 있다.

이것은 헤겔의 상세한 논의들 중 상당히 자의적인 느낌을 갖게 하는그런 논의에 속한다. 사회적 결정이 궁극적으로 몇몇 사람에 의해 이뤄져야 한다고 할 때, 근대 이념의 현실화가 대통령이나 총독이 아니라 세습 군주여야 한다고 전제하는 이유는 명확하지 않다. 우리는 자립적으로 결정하고 또 외부에서 유도된 어떤 규칙도 따르지 않는 사회는 지도자들·대표들이 중심이 되는 정치적 삶을 전제한다는 사실에 동의할 수 있다. 이때 이들의 결정과 선언은 곧 우리의 결정이자 선언으로 나타난다. 하지만 이것이 세습 군주여야 한다는 것은, 비록 헤겔이 '직접성', '자연성' 등의 개념으로 현란하게 논의를 전개하고 있기는 하지만, 신뢰하기 어렵다. 이런 의미에서 대표자들의 기능은 우리 시대에 아이젠하워나 조모 케냐타 같은 존

---

41) *PR*, §279의 '주해'.

경받는 아버지 형상이나 케네디와 같은 카리스마를 지닌 정치 지도자들에
의해 충족된다고 생각할 수 있다.

　그러나 여기서 헤겔이 보다 일반적인 문제를 다루고 있으며, 행정부
의 수반(그것이 왕이든 대통령이든 수상이든 상관없이)을 정점에 두어야 할
필요성을 보이고자 했다고 함으로써 헤겔을 논쟁에서 벗어나게 하는 것은
별로 소용이 없다. 헤겔은 일의 책임을 어디선가는 최종적으로 져야 할 그
런 정치적 필연성을 인식하고 있었다. 방금 언급한 부분에서 보듯 헤겔은
고대에도 이런 필연성이 유지되었다고 인정했다. 그러나 그는 자신의 입
장을 자신이 근대에만 해당하는 것이 아니라 일반적인 것이라 생각했던
이런 정치적 필연성으로부터 구별했으며, 절대적 결정의 근대적 의미를
특히 군주제와 접목시켰다. 사실 여기서 중요한 것은 정치의 실천적 필연
성이 아니라 개념에 근거한 분화라는 헤겔적 이념이다. 헤겔은 여기서 전
체의 필연적 계기가 특화된 인격체에 의해(혹은 어떤 경우에는 하나의 집단
에 의해) 충족된다는 생각을 전개하고 있다. 이때 이 인격체는 그럼에도 불
구하고 전체와의 보다 포괄적인 공동의 삶에 묶여 있다고 한다. 이 인격체
는 이 공동의 삶 속에서 타자와 함께하고 있기 때문에 전체의 계기를 체현
할 수 있는 개별자이다. 따라서 근대의 군주제는 입헌 군주제이다. 헤겔에
게 통일은 그 구성 요소들이 여전히 전체와의 일치 속에 있으면서도 명료
하게 분화되어 있는 훨씬 더 발전된 형태이다. "이념의 참된 자유는 합리성
의 계기들 각자에게 자기 자신의, 현재적인, 자기 의식적인 현실태를 지금
바로 여기서 부여하는 것이다. 따라서 의지 개념에서 그 정점을 이루는 자
기 규정적인 최종적 확신을 단일한 하나의 의식의 기능으로 만드는 것은
바로 이 자유이다."[42] 중세적 의미에서 말하자면 왕은 진실로 대리하는 개
별자이며, 자유로운 주관적 결정의 계기를 표상한다.

왕의 특권은 따라서 행정적인 일의 결정을 위한 최정점에 위치한다는 것이며, 범죄자를 용서할 수 있고, 또한 셋째로 자신의 개인적인 양심에 보편자를 체현하고 있다는 것이다. 이때 보편자는 또한 전체 체제[헌법]에 객관적으로 체현되어 있다.

체제의 두번째 부분은 행정권이다. 행정부는 나라의 법을 집행하면서 법을 적용하는 임무를 떠맡는다. 행정권은 왕의 권한에 종속된다. 헤겔은 행정권을 이러한 목표에 자신의 삶을 헌신하는 공무원 계급에게 할당한다. 물론 어떤 점에서 법의 집행은 조합[협동체]에 위임될 수도 있다. 하지만 이것이 해결책일 수 없는 곳에서는 어디나 법의 집행권이 사회의 이해관계와는 독립해 있는 공무 집행자의 손에 주어져야 한다. 이런 자는 왕 아래 있는 행정 요원이다. 이 사람들은 이 일을 자신의 전문 직업으로 여기며, 이 일의 대가로 보수를 받는다. 공무를 직업으로 만든 목적은 기능 그 자체에 최대한의 독립성을 보장해 주는 것이며, 그 기능에 헌신할 수 있게 보장해 주는 것이다. 그리고 또한 사적 이해관계들에서 최대한 자유로울 수 있게 하기 위해서이다. 동일한 이유에서, 그리고 가장 효과적인 서비스를 보증하기 위해서 그 직위는 많은 장점들로 채워진다. 헤겔은 여기에서 개인적인 것과 공무 사이에 어떤 직접적인 자연적 연결점도 없다는 것을 받아들인다.[43]

공무는 헤겔이 시민사회에 대한 이전의 논의에서 보편 신분이라고 불렸던 중간 신분[44]에 의해 주로 구성된다(그리고 나머지는 부분적으로 협동

---

42) *PR*, §279의 '주해'.
43) *PR*, §§291~292.
44) *PR*, §297.

체의 임원과 그 밖의 전문가들로 구성된다고 하는 것 같다). 여기에서 우리는 종합의 본질적 계기들의 분절적 명료화라는 헤겔의 원리가 다른 방식으로 적용되고 있음을 본다. 국가의 삶이란 공적인 업무와 완전히 일치하는 삶을 산다는 것인데, 모든 사람이 동일한 방식으로 그 삶을 사는 것은 아니다. 그러한 차원은 특정한 집단의 생활 양식이다. 물론 이 집단은 전체 국가라는 보다 큰 삶 속에서 타자와 함께 살고 있으며, 보다 큰 유기체의 한 기관에 불과하다.

'공적인 것에 완전히 침잠함'이라는 기능은 고대의 시민에게는 당연한 것이었다. 그런데 이 기능은 헤겔의 성숙한 정체에서는 보편 신분에서 전개된다. 이 기능은 직업적인 공무원에 의해 수행된다. 이러한 사실은 예나 시기 헤겔의 사상과 비교해서 중요한 변화를 보여 준다. 1800년대 초의 글, 예컨대 『인륜성의 체계』와 그의 강의록인 『예나 실재 철학』에서 헤겔은 여기서와는 다른 형태의 신분 체계를 보여 준다. 분절적 명료화[분화, 신분 구분]의 근본 원리는 동일하다. 하지만 그 작용은 엄청나게 다르다. 이 체계에서도 두번째 신분은 사업 계층이며, 이 계층은 1821년 체계에서 서술한 것과 동일한 정치적·윤리적 문화를 가진다. 하지만 보다 직접적이고 무반성적인 인륜적 삶을 반영하고 있으며, 그의 삶이 자연과 밀접한 연관 속에 있고, 또 신뢰와 충성을 자신의 심오한 감성으로 받아들이는 계층은 지주 계층(땅을 소유한 세습 귀족층)이 아니라 소작농에 국한된다. 농촌의 귀족은 오히려 제1신분의 배경을 이룬다. 헤겔은 초기에 이 제1신분을 절대적 계층이라 부르며, 이 계층은 국가의 보편적·공적 삶에 완전히 몰입하는 역할을 수행한다.[45]

---

45) 예나 강의에서 헤겔은 이 계층을 '보편성의 신분' 혹은 '공적 신분'이라고 부른다.

20년 사이에 나타난 이러한 변화(정확히는 예나 강의가 1805~1806년에 이뤄졌기 때문에 15년)의 배후에는 귀족 정치에서 관료 정치로의 변화가 놓여 있는가? 부분적으로 헤겔은 나폴레옹 국가의 영향 아래 근대 국가에서 관료정이 중요할 뿐 아니라 필연적이라고 함으로써 이 변화를 수행했다고 할 수 있다. 그리고 부분적으로 관료정은 당대의 귀족정에 비해 진보적 계몽이라고 할 수도 있을 것이다. 독일의 특권적 지주 계층은 나폴레옹 정권이 무너지자마자 구체제의 진부하고 비합리적인 특권을 복권시키는 데 몰두했다.

이런 변화는 또한 군주정에 대한 헤겔의 강조를 드러내는 것일 수 있다. 자기 고향인 뷔르템베르크 공국에서 군주는 왕정 복고 이후 자유주의적 체제를 세우고자 했지만, 과거의 계층을 지배했던 이해관계에 의해 격렬한 반항에 부딪쳤다. 여기서 자극을 받은 헤겔은 그의 정치적 진화를 보여 주는 주된 증거로 거론되는 정치 저술들 중 하나를 썼다. 1817년에 나온 「신분 의회의 절차」(Proceedings of the Estates Assembly)에 대한 주석에서 헤겔은 25년 전의 상태로 되돌아가고자 하는 반동적 시도에 대항하여 왕을 강력하게 지지한다. 단순히 정립돼 있는 것은 지양되어야 하며, 국가는 이성을 반영하기 위해 개혁되어야 한다. 프리드리히 왕에 우호적으로 주석을 달고 있는 여기에서의 그의 입장은 모든 점에서 『법철학』과 관점을 같이한다. 여기에서 우리의 목적은 이러한 경험을 통해 헤겔은 귀족 신분은 보편성을 위한 적절한 담지자가 아닐 뿐 아니라 혁명 없는 개혁의 적절한 수단은 군주제여야 한다는 사실을 확신하게 되었다는 것을 보는 것이다. 초기 근대의 왕들이 귀족들의 적대적 혼란으로부터 국가 권력을 확실히 했던 것과 똑같이 근대의 왕들은 단순히 정립돼 있는 것의 이해관계에 대립해서 합리적인 것을 구체화하는 데 도움을 줄 것이라는 것이다.

하지만 보편 계급에 대한 이전의 이러한 상이 헤겔 시대의 귀족이었던 것 같지는 않다. 그 상은 오히려 고대 폴리스에서 발견된다. 1800년대 초 절대적 신분은 고대 공화국의 시민 계층과 같다. 그 계층은 그 공화국에서 전사 계층이기도 했다. 스스로 공적 삶에 완전히 투신한 사람들은 또한 국가를 위해 전쟁에 나가는 사람들이기도 하다. 군주제가 헤겔의 초기 다양한 국가 형태들 중에서 아무런 역할도 하지 않고 있다는 사실은 고대 정체에 대한 그의 선호를 강조한다. 우리는 분화된 특화의 원리를 체현했으며, 이를 통해 보편적 주체성을 고려했던 귀족적 공화국의 상을 가지고 있다. 『인륜성의 체계』에는 심지어 체제의 순수성을 보존하는 임무를 맡은 계층들 위에 사제-장로 계층, 즉 일종의 감독들이 나타난다. 『인륜성의 체계』의 체계에서 『법철학』의 체계로의 이행은 당대의 사람들처럼 헤겔도 그리스의 인륜성에 대해 무한한 향수적 존경과 열망을 가지고 있었음에도 불구하고, 그 시대는 이미 영원히 잃어버린 시대이며, 따라서 다시 돌아갈 수 없다는 헤겔의 신념을 보다 성숙하게 반영하고 있다고 할 수 있다. 근대는 관료 신분의 도움을 받는 [민중을] 대표하는 군주제를 통해 고대를 넘어 진보해 갈 수 있을 뿐이다.

이제 우리는 입법권에 도달한다. 입법권은 왕, 장관들 그리고 신분의회로 구성되어야 한다. 여기에서 우리는 헤겔 체계의 결정적인 측면들 중하나를 본다. 신분의회의 역할은 헤겔적 국가의 본질적 목표에 도달하는것, 사적인 개인들을 공적인 힘에 통일시키는 것, 그리고 개별자들을 이 힘과 일치시켜 이 힘에 참여하도록 하는 것이다.

신분의회는 공적인 일들을 즉자적으로 뿐 아니라 대자적으로도 자기 안에 실존하게 하는 기능을 한다. 말하자면 신분의회는 주관적, 형식적 자유의 계기, 즉 공개된 의식이 많은 사람들의 견해와 사상들의 경험적 보편자로 자기 안에 실존하게 하는 사명을 갖는다.[46]

따라서 신분 의회는 시민사회의 사적 의지의 혼란으로부터 결정(結晶)화되어 국가의 의지와 하나가 되는 공동의 의지가 나타나는 장소이다. 여기는 시민사회가 정치적 표현을 하는 장소이며, 공동의 정치적 의지에 도달하는 장소이다.

따라서 헤겔에 따르면 '대의제도의 정당화는 인민들 혹은 그 대표들이 자신의 최고의 이익을 알고 있다거나 혹은 다소 공평하여 일반적 선에 봉사한다'는 사실에 있지 않다. 사실 이러한 명제들은 우리가 대표자들을 공무 집행자들과 비교해 볼 때 참이라기보다는 오히려 거짓이다. 신분 의회의 참된 요점은 시민사회를 국가의 공동의 의지에 포함시킴으로써 정치적인 것으로 규합해 낸다는 것이다. 그것은 사적 의지와 사적 판단을 전체와 이 전체의 목적에 초점을 맞춘 정치적 의지와 의식으로 고양시킨다. 그리고 이러한 방식으로 사적 영역에 살고 있는 사람들은 전체의 공적 영역으로 결합되며, 따라서 이 사람들은 바로 이 공적 삶과 그 행위에서 자기 동일성을 발견하게 된다.

따라서 개념이 신분 의회에 할당한 특수한 기능은 신분 의회 내에서 보편적 자유의 주관적 계기가 —즉 이 책에서 '시민사회'라고 불리는 영역에서의 사적 판단과 사적 의지가— 국가와 완전하게 관계 맺는 존재가 된다는 사실에서 추구될 수 있다.[47]

---

46) *PR*, §301.

그리고 이것이 단순히 신중하게 숙고한 데서 나온 것이 아니라 존재론적으로 정초되었다는 사실을 헤겔은 다음과 같이 덧붙인다.

이 계기는 이념이 일단 총체성으로 전개되고 나면 나타나는 이념의 규정이다. 이 계기는 외적 필연성들 및 경험들과는 혼동될 수 없는 내적 필연성의 결과로 나타난다. 이것의 결과는……철학적 관점을 채택함으로써 따라 나온다.

하지만 시민사회로부터 결정화된 의지는 정부와 대립되는 의지여서는 안 된다. 대의제를 국가에 대항해 사회의 권리를 얻기 위해 투쟁하는 투쟁체로 보는 당시의 일반적 사상을 헤겔은 단호하게 거부한다. 이런 대립을 불러일으키는 국가는 물론 더 이상 유기적 통일체가 아니다. 이런 국가는 모든 구성원의 자기 정체성을 보장해 줄 공동의 삶과 의지를 더 이상 갖지 않는다. 이런 국가는 한편에서 주권적 통치 의지로, 다른 한편에서 이 의지에 저항하는 의지로 분열될 것이며, 사적 투쟁의 파당들의 집합체로, "개인과 사회와 연합체들의 특수한 이익"[48]을 가진 파당들로 분해될 것이다.

유기적 조직을 독립적 부분들로 해체하는 이런 상은 여기 헤겔의 논의에서 아주 중요한 역할을 한다. 헤겔은 국가를 유기체로 보는 상을 중시한다. 국가가 인륜성을 실현할 수 있으려면 모두가 그곳에서 자신의 정체성을 발견할 수 있는 그런 공동의 삶을 구성해야 한다. 하지만 인민들이 자신의 사적 이익에만 매달려 국가를 타협을 통한 사적 이익의 실현 장소로만

---

47) *PR*, §301의 '주해'.
48) *PR*, §302.

간주할 경우 이러한 일은 발생할 수 없다. 이러한 종류의 국가를 헤겔은 단순한 집합체, 그의 용어로 하자면 '집단'(Menge), 혹은 '덩어리'(Haufen)라고 부른다.[49] 그리고 이런 국가는 해체 상태에 있는 국가를 의미한다. 이러한 상황에서 정부는 누구도 동의하지 않는 법의 멍에를 씌워 사적 의지를 뭉개는 개별자에 대한 전제 정치로만 살아남을 수 있다.

따라서 신분 의회의 기능은 정부의 대립자들 중 하나로 간주될 수 없다. 오히려 신분 의회는 매개하는 요소, 즉 헤겔의 추론에서 중심을 의미한다. 이러한 기능이 신분 의회에 대한 헤겔의 전체 논의를 지배한다.

이것은 대의제도로서의 신분 의회가 사회 신분의 유기적인 분화에 기초해야 한다는 것을 의미한다. 헤겔은 독일어 '신분'(Stände)이 사회적인 실체이면서 또한 정치적인 표현(여기서 '신분' 의회의 신분)을 의미한다는 사실을 잘 알고 있었다. 실체적 분화[분절적 명료화]를 통해서만 인민은 정부와 연결될 수 있다. 인민은 이미 보다 큰 전체의 구성원이라는 사실을 통해서 개별 의지를 보편 의지에 접속시키는 작업의 일부를 수행했다. 정치적인 표현을 향한 한 발 더 나아간 단계는 바로 이것 위에 세워져야 한다. 이와 동일한 원리가 바로 공적 행정에서 연합[조합]의 중요한 역할의 토대가 된다.

따라서 헤겔은 근대 민주 국가의 절대적으로 근본적인 원리, 즉 보편적 직접 선거에 반하는 데로 향한다. 직접 선거의 이념은 인민이 개별자로 직접 투표 행위를 한다는 것이며, 능력이 있는 사회의 특정한 신분이나 집단 혹은 사회의 다른 분절이 그들을 대표하지 않는다는 것을 의미한다. 헤겔은 이 원리를 "원자론적·추상적 견해"[50]라고 부르며, 이런 국가상을 개

---

49) *PR*, §302 참조.

별자들의 단순한 집합체, 단순한 덩어리라고 부른다. 이 원리를 채택하는 것은 실체적인 공동의 삶의 희망을 포기하는 것이며, 더 나아가 공동의 의지의 희망을 포기하는 것이다. 인민이 일단 단순한 대중들의 집합체로 나타나게 되면 이 인민은 "그 활동과 행위가 파편적이고 비합리적이며 야만적이고 기괴한 그런 무정형의 대중"이 될 뿐이다.[51] 우리가 사회의 격변과 해체를 피할 때조차도 이러한 모델에 기초한 정치적 삶은 추상적으로 되며, 우리가 원하건 원하지 않건 이미 명료화되어 있는 사회적 삶에서 단절된다. 따라서 정치는 인간이 그 안에서 자신을 인식할 수 없는 무언가가 된다.[52] 여기서 우리는 맑스에게서 변형된 형태로 다시 나타나는 비판을 본다. 맑스에게 부르주아 신분으로부터 시민의 소외는 자본주의 사회의 모순들 중 하나이다.

따라서 신분 의회는 양원으로 명료화된다. 하나는 지주 계층[세습 귀족]을 대표하고, 다른 하나는 부르주아 경제를 대표한다. 이들은 그 삶의 양식이 서로 다르기 때문에 보편자와 상이한 방식으로 관계 맺는다. 세습 재산을 가지고 있는 지주 계층은 왕으로부터도, 변덕스런 사업의 운으로부터도 독립해 있다. 이 계층은 "행정부의 호의이건 대중의 호의이건 간에 그런 호의로부터 독립해 있다".[53] 그리고 특히 이 계층의 이러한 특성은 이 계층이 공적 삶에 잘 어울린다는 사실을 보인다(헤겔은 여기서 예나 시기에 가졌던 견해의 흔적을 보여 준다). 이 계층은 공적 삶을 위한 특별한 소명을 가지고 있으며, 따라서 선거를 통해서가 아니라 출생에 의해 신분 의회에

---

50) *PR*, §303의 '주해'.
51) *PR*, §303의 '주해'.
52) *PR*, §303의 '주해'.
53) *PR*, §306.

자리를 차지할 권한을 갖는다.[54] 그 구성원들은 스스로 인격으로 현재하지, 대표자로 파견된 것이 아니다.

상원은 사회와 국가를 매개한다는 의미를 지니는 신분 의회의 전 체제 안에서 매개 기능을 수행할 수 있다. 왜냐하면 상원의 구성원은 왕과 공유하는 것이 있으며, 그들의 지위는 자연으로부터, 출생과 더불어 주어진 것이기 때문이다. 하지만 동시에 그들은 사회의 나머지 부분들처럼 욕구와 권리를 가지고 있기도 하다. 그들은 하원과 왕을 매개한다.

이에 반해 하원은 대표자들로 구성된다. 하지만 이들은 대규모로 선출되는 것이 아니다. 위의 원리를 유지하는 가운데 이들은 시민사회를 구성하고 있는 다양한 연합체, 공동체, 그리고 조합들에 의해서 지명된다. 이러한 방식으로 개별자는 보편자와 직접적으로 관계 맺는 것이 아니라 그가 속해 있는 분화된 집단의 특별한 계기를 통해 간접적으로 관계 맺는다. 그리고 헤겔은 원자론적 국가는 합리적 유기체가 아니라는 자신의 입장을 다시 말한다.

> 모든 개별자는 국가의 구성원이며, 국가의 관심사는 그들의 관심사이고, 국가에서 행해지는 것은 그들의 지식과 의지로 행해져야 한다는 사실에 기초하여 모든 개별적 인격체가 일반적 관심사를 다루는 정치적 문제들을 숙고하고 결정하는 데 참여해야 한다고 주장할 수 있다. 하지만 이런 주장은 어떤 합리적 형식도 고려하지 않고서 민주주의의 요소를 국가 유기체로 정립하자고 제안하는 것과 같다. 그런데 국가는 유기체의 형태를 가지고 있을 때만 국가라고 할 수 있다.[55]

---

54) *PR*, §307.

인간이 정치체와 관계 맺을 때는 개별자가 아니라 사회의 분화된 구성 단위의 구성원으로 관계 맺어야 한다. 모든 인간이 정치 권력과 동일하게 관계 맺어야 한다고 요구하는 것은 순수한 추상이다.[56]

신분 의회가 국가와 사회를 매개한다는 원리와 동일한 원리에서 헤겔은 대표들이 그들을 선출해 준 자들의 대리인으로 간주되어서는 안 된다는 결론을 이끌어 낸다. 왜냐하면 신분 의회 역시 단순히 개별적 대표들의 집합체가 아니라 공동선에 기초한 하나의 유기적 전체로 기능해야 하기 때문이다.

그리고 이 원리는 또한 공중의 견해[여론, public opinion]에 대한 헤겔의 논의의 기초를 이룬다. 헤겔은 의회의 논의가 공개되어야 한다고 주장하며, 언론과 여론 기관이, 특정한 한계 내에서긴 하지만, 자유로워야 한다고 주장한다. 하지만 이것은 그가 공중의 논의를 통해 형성된 공중의 견해[여론]는 밝게 드러나야 한다는 계몽의 중심 전통을 믿고 있기 때문이 아니다. 반대로 그는 공중의 견해를 통찰과 특수한 편견의 혼합물로 본다. 공중의 견해는 진흙 속에 숨겨진 금이다. 이것은 멸시되기보다는 존중될 가치가 있다.[57] 왜냐하면 본질적 진리들은 날것의 혼돈과 섞여 있기 때문이다. 그런데 공중의 견해[여론]는 그 자체로 기준이 아니다.

따라서 공중의 견해[여론]에서 독립한다는 것은 삶에서건 학문에서건 간에 위대한 어떤 일을 성취하는 데 있어 첫번째 조건이 된다. 하지만 위대

---

55) *PR*, §308의 '주해'.
56) *PR*, §279의 '주해'에 있는 '인민의 주권'에 대한 논의를 보라.
57) *PR*, §318.

한 성취는 과정 중에 하나의 편견으로 드러나게 될 공중의 견해[여론]에 의해 결과적으로 인정받고 수용된다.

위대한 행위는 공중의 견해[여론]에 기댈 필요가 없다. 이 행위는 미래의 형태를 조성한다. 따라서 공중성[공개성]의 요점은 정부를 개선하는 것이 아니라 신분 의회의 매개 기능의 본질적 일부로서 공적·정치적 의지를 사적 의지로부터 순화하는 과정을 돕는 것이다. 이것은 국가의 행위에서 <u>스스로</u>를 발견하고자 하는 행위이다. 공중은 토론에 의해 교육되고, 여론 [공중의 견해]의 발전에 따라 <u>스스로</u>를 정치적인 영역으로 형성해 간다.

우리는 헤겔의 국가의 내적인 체제가 갖는 본질적 모형을 살펴보았다. 우리는 헤겔의 국가관이 반동적이라는 평판을 얻게 된 이유를 볼 수 있다. 그 이유는 그가 군주제를 옹호했다는 데만 있는 것이 아니다. 그것보다는 그가 근대 민주주의 국가의 핵심적 토대는 사람들이 개별자로 직접 투표하는 국민 투표에 의한 선거에 있다고 생각한 데 있다. 우리가 확인한 어떤 다른 정부 형태도 투표권이 주어지지 않은 사람들의 이해관계를 경시하게 되며, 또한 대중들 스스로 정치적 시민의 권리와 의무를 깨우쳐 갈 기회를 제공하지 않는다.

인간은 정치 영역에 직접 들어가서는 안 되고 보다 유기적인 방식으로 연합체나 조합을 통해 들어가야 한다고 하는 헤겔의 주장은 근대의 조합주의(corporatism)를 상기시킨다. 근대의 조합주의는 파시스트 국가에서 독재 권력의 보호막으로 이용되었으며, 확실히 보다 의미 있는 참여를 제공하지 못했다. 우리는 조합주의가 위로부터 통제되지 않는다 하더라도 그 연합체에서 파견된 대의적 입법 기구들이 인민을 통제하는 경향이 있는 엘리트 집단에 이 인민이 휘둘리게 내버려 둘 것이라 생각한다. 일반적인 인민 대중은 엘리트 집단의 이익을 위해 영원히 고통받으며 살 것이다. 수많은 급진주의자의 눈에 우리의 현재 사회는 이미 이러한 상태에 너무 가까이 다가와 있다. 이 급진주의자들은 심지어 의회 정부를 포기하고 직접 민주주의로 돌아가고자 한다. 그들은 조합적 해결도 결코 수용하고자 하지 않는다.

그러나 우리는 헤겔의 작품을 단순히 우리 시대의 경험으로부터 이해하고 판단하려는 자연적 경향에서 벗어나야 한다. 나는 조합주의에 대한 위의 비판에 전적으로 동의한다. 하지만 나는 헤겔의 작품이 다른 방식으로 조망되어야 한다고 생각한다.

나는 이 문제를 잠시 후 보다 상세히 다룰 것이다. 그 전에 우선 먼저 헤겔의 국가상을 그 외적 관계들을 살펴봄으로써 완성해 보고자 한다. 물론 여기서 우리는 당대의 많은 사람이 그에게 가졌던 깊은 불신의 또 다른 원천을 알고 있다. 『법철학』 다음 부분[58]에서 헤겔은 자유주의가 국제적 차원에서 전개시키고자 하는 두 가지 근본 목표를 거절한다. 그 목표란 이미 칸트가 지지한 것으로서 나라들 사이의 영구 평화와 세계 국가 연합이다.

자유주의를 거부한 이유는 앞에서 이미 함축적으로 말했다. 국가는 인간이 자기 정체성을 확인할 수 있는 보다 높은 삶의 장소여야 한다. 하지만 인간은 자신의 동일성[정체성]을 모든 사람을 포함하는 데까지 확장할 수 없다. 국가는 자신과의 동일성을 강력하게 느끼게 하는 대상, 헤겔이 '인륜적 심정'(sittliche Gesinnung)이라고 부른 애국심의 대상이어야 한다. 그러나 이런 감정은 모든 인류를 포괄하는 데로 자의로 확장될 수 없다. 이 감정은 반대로 인민의 "자기 감정"에 의존해야 한다.[59] 다른 말로 하면 헤

---

58) *PR*, §§321~329.

겔에게 국제 정치 연합체의 기획은 국가라는 것은 개별자의 행복을 위한, 혹은 도덕성을 진작시키고자 하는 외적 도구에 지나지 않는다는 자유주의적 가정에서만 의미가 있다. 이러한 자유주의적 견지에서 볼 때 세계 국가는 보다 상위의 형태이다. 우리는 칸트가 이를 변호한다는 것을 알고 있다. 하지만 우리가 일단 국가가 우리의 정체성의 중심이 되는 유기적인 공적 삶의 장소라고 이해하게 되면 우리는 국가가 다른 국가들에 마주하여 하나의 개별자로 남아야 한다는 것을 알게 된다.

하지만 국가가 다른 국가들에 마주하여 유지하는 자신의 개별성, 헤겔의 용어로 하자면 타자와의 부정적 관계는 '자기 자신과의 부정적 관계'와 연결되어 있다. 즉 개별자로서의 국가는 자신의 모든 부분을 전체에 결합할 수 있고, 이 부분들을 전체의 선을 위해 희생시킬 수 있는 자신의 힘과 연결되어 있다. 이러한 관계는 국가가 "재산과 목숨을 걸고서라도" 자신의 이 실체적 통일체를 유지하기 위해 인민을 효과적으로 소집할 수 있는 전쟁에서 잘 드러난다.[60]

따라서 전쟁은 헤겔에게 생산적인 의미에서 진리의 계기이다. 왜냐하면 전쟁은 국가와 사회의 참된 관계를 드러내는 계기이기 때문이다. 평화시에 국가는 구성원의 재산과 사적 이해관계를 유지하고 보호하는 것을 자신의 최고 목적 중 하나로 가진다. 그리고 이러한 사실로 인해 정치적 사회란 단지 개인의 삶과 재산을 보호하는 것이라는 잘못된 견해(예를 들어 로크)가 생겨나기도 한다. 그러나 사실 국가는 실체의 구현물이며 공동체이다. 바로 이 공동체에서만 사람들은 합리적 의지로서의 자신의 동일성

---

59) *PR*, §322의 '주해'.
60) *PR bee*, §209.

[정체성]에 도달하게 된다. 따라서 **국가**는 목표이다. 국가의 전개가 역사의 목표이기 때문에, 그리고 시민사회는 국가의 필연적인 구성 요소이기 때문에 우리는 국가가 스스로 가족, 시민사회, 권리의 영역 등으로 명료화되었다고 생각해야 한다. 이것은 가족, 시민사회, 권리의 영역 등을 국가를 구성하는 것으로 보는 것과는 차이가 난다.

이제 품위 있고 목적을 가진 이런 참된 질서는 국가가 위험에 빠져 있을 때, 그래서 국가가 구성원에게 보다 고귀한 목적을 위해 재산과 생명을 바칠 것을 요구할 때 그 본래 모습을 드러낸다.

하지만 헤겔의 존재론적 원리에 따르면 전쟁은 국가의 본질적 계기를 반성하게 하는 것으로서 반드시 발생해야 한다. 개념의 본질적 계기를 반성하게 하는 것은 무엇이나 그 외적 실존에 도달해야 한다. 따라서 전쟁이 순전히 우연적으로 발생하는 것처럼 보여도, 그리고 세세한 부분에서 보면 매우 자주 그렇게 나타난다고 하더라도 전쟁 자체는 필연적이다. 전쟁은 우연적인 것으로 간주될 수도 없고 절대적인 악으로 간주될 수도 없다. 전쟁의 필연적 기능은 보편자의 우선성을 체현하는 것이다. 따라서 전쟁이 없다면 인민은 사적 이해관계의 늪에 빠져 허우적거릴 수밖에 없다. 헤겔은 여기서 자신의 이전 작품의 한 구절을 인용한다.

인민은 유한한 제도들이 고착화되는 것에 무관심해질 수 있는데, [전쟁은] 인민의 인륜적 건강을 이런 무관심으로부터 지켜낸다. 거대한 바람이 오랜 기간 고요함으로 인해 생겨난 게으름으로부터 바다를 보호하듯이, [전쟁 역시] 지속적인, 심지어 영구적인 평화로 인해 생겨난 나라의 부패로부터 [인민들의 인륜적 건강을] 보호한다.[61]

또한 헤겔은 이 부분에서 죽음이 유한자의, 특수자의 운명임을 말하고 있다. 이것은 일반적으로 자연이 부여한 것이다. 하지만

인륜적 실체, 즉 국가에서 자연은 이런 힘을 빼앗으며, 자유의 활동을 위한, 즉 인륜태를 위한 필연성이 고양된다. 유한자의 덧없음은 의지에 의한 통과 과정이 되고, 유한자의 근저에 놓인 부정성은 인륜적 실체에 적합한 실체적 개별성이 된다.[62]

화약의 발견 이후 근대의 전쟁은 전쟁의 이러한 기능을 최고도로 보여준다. 왜냐하면 우리는 여기서 인격체들의 투쟁이나 개인적 원한에 의한 투쟁이 아니라 보다 큰 목적을 위한, 그리고 (화포의 발견으로 가능해진) 거리라는 비인격성을 가지는 보편적 갈등 상황을 보기 때문이다. 국가의 이러한 측면 역시 특정한 집단에 체현된다. 따라서 현존하는 군대는 이성의 필연성이지 어떤 신중함의 산물이 아니다.[63] 전쟁과 외교 업무에 대한 힘은 왕의 손에 있다.

국제법에 대한 논의를 담고 있는 다음 부분[64]에서 헤겔은 어떤 세계 국가 혹은 국가 연합체도 키메라에 불과하다는 요점으로 다시 돌아온다. 국제법의 규범들이 있지만, 이 규범들은 순수한 당위로만 머물러야 한다. 이 규범들은 실체적 삶이, 자기 유지적인 공동의 삶의 일부가 될 수 없다.[65]

---

61) *PR*, §324의 '주해'. 이 부분은 「자연법의 학적 취급 방식에 대하여」(Über die wissenschaft-lichen Behandlungsarten des Naturrechts, 1802~1803)에 나온다. "영구적인 평화"는 칸트의 '영구 평화론'을 지시하고 있다.
62) *PR*, §324의 '주해'.
63) *PR*, §326.
64) *PR*, §§330~339.

그다음 부분[66]에는 세계사에 대한 설명이 나온다. 그 윤곽을 우리는 이미 살펴보았다.

3

헤겔의 정치적 목적과 상을 어떻게 요약할 수 있을까? 그에게 적용되는 일반적인 낙인은 사태를 더 모호하게 만들 뿐이다. 헤겔은 보수주의자이면서 자유주의자로 불렸으며,[67] 프로이센 국가의 복원을 옹호하는 자이면서 개별자를 국가라는 신의 제단에 희생시켜야 한다고 하는 원형적 전체주의자로 불렸다. 나중의 두 규정은 과녁을 너무 벗어났다. 하지만 처음의 두 규정은 그저 틀린 것은 아니다. 이 두 규정은 그것들이 포함하고 있는 진리의 요소들 때문에 근본적으로 오해의 여지가 있기는 하다.

헤겔이 1789년의 원칙[프랑스혁명에서 유래한 근대의 원리인 자유, 평등, 인민 주권]을 자신의 사상의 중심에 둔다는 점에서 자유주의자라고 불리는 것은 틀리지 않다. 첫째, 국가는 전통이 아니라 이성에 근거해야 한다는 것이다. 헤겔은 당대의 실제 보수주의자들을 일관되게 공격한다. 보수

---

65) 여기서 당위에 대한 이런 언급에 기초하여 에릭 베유는 헤겔이 역사의 보다 높은 단계를 바라보았다는 견해를 피력한다. 이때 보다 높은 단계란 세계 국가가 존립할 수 있는 있는 그런 단계이다. Éric Weil, *Hegel et l'état*, Paris: Librairie Philosophie J. Vrin, 1950, pp. 75~79 참조. 그러나 이러한 견해는 설득력이 없다. 부분적으로는 위에 언급된 이유들 때문이고, 또 다른 한편으로는 *PR*, §322에 지적된 사항 때문이다. 즉 국가는 정체성 형성의 장소로서 어떤 더 큰 연합체에 의해 대체될 수 없다는 것이다.

66) *PR*, §§341~350.

67) 예를 들어 즈비그뉴 A. 펠친스키는 헤겔을 자유주의적 '우파'로 규정한다. Zbigniew A. Pełczyński, "Hegel Again", Walter Kaufmann ed., *Hegel's Political Philosophy*, New York: Atherton Press, 1970, p. 85 참조.

주의자들은 '실정적인' 옛 체제와 권위들이 숭엄하고 규정적인 토대가 된다는 이유로 유지되어야 한다고 주장한다. 헤겔은 군주의 가부장적 권력을 옹호하고 군주가 신적인 통치권을 갖는다고 옹호하는 사람들을 공격한다. 둘째, 근대 국가는 자유롭고 합리적인 개별자에 기초하여 구축되어야한다는 것이다. 근대 국가는 양심의 자유, 직업 선택의 자유, 재산의 안전과 경제 행위의 자유 등을 존중해야 한다. 또한 근대 국가는 정보를 유포하고 여론을 형성할 수 있도록 허용해야 한다. 근대 국가는 법의 지배에 기초해야 한다.

우리는 오늘날 이러한 것들이 1815년 이후 신성동맹에 의해 지배되었던 복권된 유럽에서 '우파'의 원리가 아니었다는 것을, 하지만 1970년대 서구 민주주의에서는 이것들 중 몇 개가 '보수주의적' 색채를 띠고 있다는 것을 기억할 필요가 있다.

하지만 헤겔은 자유주의자에게 결정적인 반론을 제기한다. 왜냐하면 그는 이러한 원리들이 국가의 토대로는 근본적으로, 실로 재난에 가까울 정도로 부적합하다고 믿기 때문이다. '자유주의적'이라는 꼬리표는 엄청나게 넓고 느슨한 말이지만, 그럼에도 불구하고 가장 중심적인 특성은 개별자의 자유, 평등(이는 노력으로 얻어지지 않은 특권을 철폐한다는 사실도 포함한다), 그리고 피통치자들에 대한 정부의 책임 등을 정당한 정치체의 세 가지 본질적 특성으로 삼는다는 것이다. 우리가 자유주의적이라고 부르는 많은 사상들도 이 원리들 중 하나 혹은 몇 개를 과소평가했다. 로크는 재산이 없는 대중을 선거권을 부여해서는 안 되는 자들로 간주했다. 존 스튜어트 밀은 많은 인민이 대의 정부를 할 마음이 없다고 생각했다. 하지만 우리가 자유주의자의 부류에 넣는 사상가들은 이것들 외에 어떤 다른 근본 원리도 인정하지 않았다(물론 우리가 법의 지배를 자유와 평등과는 독립적으로 존립하는 원리로 생각하지 않는다고 할 경우에 그렇다. 만약 독립적인 원리로 생각할 경우 위에 언급한 세 가지 요소는 네 가지 요소로 수정되어야 할 것이다).

자유주의 전통의 근본적 신념은 이러한 가치들이 생동적 사회를 위한 충분한 토대였다는 것이다. 즉 이러한 가치를 체현한 사회는 그 구성원의 충실한 협력을 요청해야 한다고 한다. 인간은 그러한 협력의 정당성에 만족하거나, 아니면 계몽된 인간은 그러한 사회의 유용성을 인식하고서 그 규칙에 맞게 처신하게 된다고 생각되어 왔다. 혹은 그 인간은 인간을 자유롭고 지배적인 자로 여기는 사회, 사회를 인간 자신의 것으로 여기는 그런 사회와 자신을 동일시한다고 생각되어 왔다.

하지만 이러한 이유이건 저러한 이유이건 간에 사회에서의 불만족과 퇴행에 자유주의적 전통은 언제나 저 세 원리에 대한 보다 진전되고 철저한 적용에 호소함으로써 반응했다. 더 많은 자유, 불평등에 대한 더 진전된 철폐, 정부의 더 완벽한 책임 등에 근거해서만 소외나 분열이 충분히 극복된다고 보았다.

이러한 의미에서 헤겔은 자유주의 전통에 강하게 반발했다. 이 세 원리에만 기초한 사회는 개별자로서의 인간이 최대한 자유로운 사회이며, 동질적이고 차이가 없는 삶의 양식을 가진 사회이다. 이 사회에서는 정부가 분화되지 않은 이런 동질적 개별자들의 의지에 대해 반응한다. 하지만 이러한 국가는 '덩어리'나 '떼'로 불리는 것이 더 어울릴 그런 유의 사회일 뿐이다.[68] 그것은 "형태 없는 군중"일 뿐이다.[69]

---

68) *PR*, §§302~303.
69) *PR*, §§279, 303.

이러한 사회 모델에 대한 헤겔의 거부는 그의 철학적 입장에, 그의 사유의 근본적 모티브에 깊이 스며들어 있다. 그리스에서 아름답게 체현되어 있었던 인간과 사회의 표현적 통일이라는 이상은 이러한 원자론적 모델에 의해 철저히 거부된다. 만약 국가가 독립적이고 평등한 개별자들의 의지에 반응해야 한다면 이 국가는 그들의 손에 들린 도구일 뿐이다. 이런 국가는 보다 큰 삶의 장소일 수 없다. 여기에는 인륜성을 위한 여지가 없다. 우리는 15장에서 검토했던 문제로 되돌아온다. 단순히 인간의 의지가 중심일 경우 국가는 도구적 위치로 환원된다. 그런 국가는 개별자들을 구성원으로 가지는 보다 큰 삶의 과정일 수 없다.

하지만 이것이 없다면 인간은 정신과 통일을 이룰 수 없으며, 뿐만 아니라 생동적인 국가란 결코 존재할 수 없다. 이런 필연적인 분절적 명료화[구분]가 없다면 국가로서의 인민들은 서로 상관없이 아주 해체된다.[70] 헤겔은 '인민의 자기 해체'라는 루소의 생각을 그와는 다른 근거에서 차용한 것처럼 보인다. 루소에게 전체의 일부에 복종하는 것은 결국 정치적 유대를 파괴하는 것을 의미한다.[71] 즉 그에게 분절적 명료화는 파멸에 이르게 하는 정치적 죄악이라고 말해도 될 것이다. 이에 반해 헤겔에게는 분절적 명료화의 철폐야말로 국가를 파괴하는 것이다. 이러한 파괴는 단순히 은

---

70) *PR*, §279.

71) '분절적 명료화'로 번역한 articulation은 주체(정신이든 개인이든 국가든 간에)가 자신을 명료하게 표현한다는 것을 보여 주기 위한 용어이다. 이 용어는 주체의 수준에 따라 다른 의미를 가지게 되는데, 지금 다루고 있는 국가적 차원에서는 국가가 자신의 목적을 달성하기 위해 자신의 구성원을 신분(혹은 계층)으로 나눈다는 것을 의미한다. 즉 신분(계층)으로 나눠지지 않은 국가는 하나의 '떼'나 '덩어리'에 불과하다는 것이다. 그런데 테일러는 이런 생각이 루소에게서 온 것으로 평가하는데, 루소는 그와 반대의 의미에서 그 용어를 사용했다는 것이다. 즉 그런 구분은 인민의 자기 해체를 의미할 뿐이라는 것이다.—옮긴이

유적인 것으로 생각되고 있는 것이 아니다. 그렇게 원자화된 국가는 그 시민들의 유대를 상실할 수밖에 없다. 이런 국가는 합의가 도출될 수 없기에 행위 능력이 없으며, 파당들의 자의적 의지의 노리개에 불과해진다.

따라서 (이 논의의 목적을 위해 혁명의 3원칙이라고 수정해도 된다고 할 경우) 헤겔은 1789년에 세워진 세 원리, 즉 자유, 평등, 인민 주권이라는 원칙에 기초한 보통의 자유주의적 관점을 수용할 수 없다. 자유주의적 관점은 합리적이고 생동적인 사회에, 즉 최고의 정치적 완전함에 도달하기 위해서는 이 원리들이 통합적으로 적용될 필요가 있으며, 이 원리들 이전의 모든 것을 일소할 필요가 있다고 한다. 이에 반해 헤겔은 이 원리들의 완전한 현실화에 반대해서 투쟁한다. 이때 그는 전혀 연관이 없는 보수적 원리처럼 보이는 것에 의지하여 그렇게 한다. 즉 이 원리에 따르면 상이한 신분들이 정치적 권력에 상이한 방식으로 관계 맺도록 사회는 분화된 구조를 가져야 하며, 궁극적으로 우주적 질서의 반영물로 정당화되어야 한다. 그런데 전근대적 이론도 사물의 질서를 참고하면서 사회 구조를 정당화했다. 예를 들어 신이 세계의 상관자라면, 왕은 사회의 상관자였다. 혹은 사회란 왕을 머리로 하는 몸체였다.

따라서 헤겔은 전근대적 원리처럼 보이는 것에 의지하여 혁명의 3원칙을 적용하는 데 엄격한 제한을 가했다. 경제 행위의 자유는 경찰 국가에 의해 정립된 어떤 한계를 넘어가서는 안 된다. 더 나아가 그 행위는 조합의 한계 내에서만 수행되어야 한다. 평등이 동질화를 의미해서는 안 되고, 권리와 의무와 생활 양식에서 드러나는 신분들 사이의 차이를 파괴해서도 안 된다. 무엇보다 인간은 공동의 의지를 형성하는 데 있어서 투표로 자신들의 개인적 선택을 표현하는 개별자로 참여할 수 없다. 사람들은 주어진 신분에 주어진 역할을 통해, 그리고 그들이 속해 있는 협동체를 통해 참여해야 한다. 이러한 공동의 의지는 개별자의 선택의 결과가 아니라, 국가의 유기적 구조를 반영하는 숙고의 결과일 수 있을 뿐이다.

그렇다면 헤겔이 자주 보수주의자로 분류되는 것도 이상한 일이 아니다. 하지만 이것은 그를 자유주의자로 부르는 것만큼이나 합리적이지 않다. 왜냐하면 그는 사실상 단순히 주어져 있는 사물들의 질서를 전제하면서 정치철학을 전개하는 전근대적 이론들 중 어떤 것도 붙잡지 않기 때문이다. 또한 그는 전통이나 규정에 근거해 있는 복종의 구조를 수용하지 않는다. 그가 수용하고자 하는 유일한 토대는 이성 그 자체이다. 헤겔의 참된 위대함은 그가 이성과 자유로부터 새로운 분절적 명료화를 연역하며, 따라서 이것에 의해서만 1789년의 중심적인 열망이 참되게 완수될 수 있다고 한 것이다. 원자화된, 동질적 개별자들의 국가는 그러한 열망의 논리적 결과가 아니라 억압된 발전에 의해 산출된 일탈이자 괴물이다. 왜냐하면 사실상 이성과 자유를 향한 열망은 인간 주체를 보다 큰 정신의 담지자로 봄으로써 완성되기 때문이다. 동질화, 무한한 자유, 혹은 보편적 참정권을 보장하는 민주주의 등을 옹호하는 사람들은 이러한 변화를 자신의 사유의 무게중심으로 삼는 데 실패했다. 그들은 유한한 주체와 이 주체의 독립성에 붙잡혀 있으며, 국가의 생동적인 토대를 찾아낼 수 없다. 따라서 헤겔은 자신이 어떤 낯선 질서의 원리에 입각해 1789년 원리들의 실현을 포획하거나 제한한다고 생각하지 않았다. 그는 분절적으로 명료화된 국가를 그 원리들의 참된, 실로 유일하게 생동적인 완성으로 본다.

헤겔은 이러한 본원적 입장에 기초하여 당대의 국가와 정치를 판단한다. 그를 '보수주의자', 심지어 '반동주의자'로 규정하는 널리 퍼진 평판은 그가 프로이센을 근대 국가의 완전한 실현태로 인정했다는 사실에 기반을 두고 있다. 하지만 이러한 견해는 통탄할 만한 역사적 무지에서 기인한다.

사실 『법철학』에서 기술된 헤겔의 국가는, 15장에서 지적했던 것처럼, 전체적으로 봐서 그 어디에도 존재하지 않았다. 새로운 단계는 그 대충의 윤곽을 가진 채 여전히 존재하고 있기는 했지만, 아직 완성되지 않았다. 1821년 당대의 프로이센은 명백히 요구를 충족시키지 못했다. 예를 들어 전체 제국을 포괄하는 신분 의회는 없었고, 단지 개별적 성들을 포괄하는 의회가 있었을 뿐이다. 이 의회에서 논쟁은 공적이지 않았다. 법에 의한 심리는 아직 확립되지 않았으며, 완고한 검열로 인해 자유로운 공론을 형성할 수 없었다. 프로이센의 군주는 『법철학』에서 기술된 입헌 군주라기보다는 무제약적인 군주였다. 이러한 차이를 당대의 어떤 사람도 포착할 수 있었다. 이 시기의 역사를 잊어버렸거나 관심이 없는 이후의 주석가들만이 이런 꾸며 낸 이야기를 신뢰할 수 있었다.

하지만 우리가 일단 헤겔을 '프로이센주의'의 사도라고 하는 신화를 제쳐 두고 나면 우리는 헤겔이 프로이센을 전위(前衛)로 보고 있다고 이해하지 않으면 안 된다.

적어도 이러한 사실은 헤겔이 나폴레옹의 공적에 대한 존경을 극복했던 왕정 복고 이후의 경우에는 타당한 말이다. 이때 그는 다시 한번 국가는 정신적 삶의 전권적 기초가 된다고 믿기 시작했다(그가 이런 신념을 포기한 적이 결코 없었다고 하더라도). 아니면 적어도 그러한 국가가 독일에서 세워질 수 있다고 믿기 시작했다(하지만 전체 독일 제국이 아니었다. 이것은 헤겔의 목표가 아니었다).

오늘날 이러한 생각은 우리에게 아주 기괴해 보인다. 왜냐하면 우리는 자유주의적 3원칙의 신봉자로서 좋은 국가를 보편적 투표권을 가진 대의제에 기초한 정치체로 생각하기 때문이다. 1820년대와 1830년대 초로 되돌아가 이러한 관점에서 당시의 유럽 국가들을 평가해 보자면, 우리는

1830년 이후의 프랑스, 특히 1832년 이후의 영국에 높은 점수를 줄 수 있다. 헤겔은 1832년 이전에 죽었다(1831년 사망). 하지만 그는 선거법 개정안(Reform Bill)을 읽고서 글을 하나 썼다. 그의 비판은 논점을 벗어난 것처럼 보이며, 심지어 근대적 개혁에 인색한 것처럼 보인다. 선거법 개정안이 국민 투표를 확대하고자 한다는 사실이 그에게는 중요해 보이지 않은 것 같다. 오히려 개정안으로 인해 결국은 공적 기능, 즉 대리의 기능이 재산 문제에만 관심을 가지는 사적 개인들에 의해 남용되고 말 것이라는 사실에 관심을 가진 것 같다. 하지만 헤겔은 이 개정안이 또 다른 보다 포괄적인 개혁안으로 나아가게 될 것이라는 사실을 믿지 않았다. 왜냐하면 영국은 그에게 시민사회의 원리가 해체되는 곳으로 보였기 때문이다.

그러나 프로이센을 프랑스와 영국보다 앞선 것으로 위치시킨 사실은 많은 것을 알려 준다. 왜냐하면 이 두 나라는 헤겔이 근대 국가의 전개를 위협하는 것으로 본 매우 파괴적인 두 개의 힘을 대표하기 때문이다. 첫번째 힘은 자코뱅의 예에서 보듯 혁명적 지식 계층에 의해 영감을 받고 통제되는 일종의 대중 행동이었다. 두번째 힘은 시민사회에 내재해 있는 사적 이해관계의 힘이었다. 이 힘은 언제나 자신의 한계를 넘어 국가의 유대를 해체하고 위협한다. 이 두 힘은 자유로운 개별성이라는 근대의 원리에 함축되어 있는 위험 요소였다. 물론 이 두 힘은 상이한 철학적 단계에 상응한다. 첫번째 위험 요소를 표현하는 철학은 어떤 의미에서 광포한 루소의 철학이었고, 두번째 철학은 야생적 공리주의였다(급진화된 벤담 철학).[72]

프랑스는 그 종교사적인 이유 때문에 특히 첫번째 위험에 노출되어 있

---

72) 물론 이러한 위험들이 전적으로 분리되어 있는 것은 아니다. 통제를 상실한 시민사회는 가난한 프롤레타리아트를 산출함으로써 대중의 폭력과 혁명을 촉진시킬 수 있다.

었다. 15장에서 살펴본 것처럼 근대 국가는 부분적으로 종교개혁과 더불어 발달해 왔다. 종교개혁은 인간이 우주와 맺는 관계를 내면화함에 있어서 중요한 단계를 드러낸다. 왜냐하면 이 관계는 여기서 더 이상 외적인 위계와 거친 감각적 형태에 의해 매개되지 않기 때문이다. 따라서 가톨릭 국가들에서는 인민과 국가의 심오한 내적 동일화에 기초한 안정적인 체제가 있을 수 없다. 교회는 아주 강력하게 이 도정을 막아선다. 가톨릭 교회는 순수하게 정신적인 힘의 역할을 인정하고자 하지 않는다. 이 교회는 기독교 신학에 반영된 특수자와 보편자의 통일이 국가에서 실제적이고 외적인 역사적 실존에 도달한다는 것을 의미한다고 생각하지 않는다. 따라서 가톨릭 국가들에는 언제나 분리가 있다. 즉 국가는 보편적 유대, '인륜적 심정'을 획득할 수 없다. 하지만 프로테스탄트 나라들에서는 그것이 가능하다.

그런데 이런 무능력이 프랑스에 영향을 미친다. 따라서 프랑스는 근대 국가의 발전에 있어서 그 주도적 지위를 갖추지 못한다. '인륜적 심정'의 결여 때문에, 그리고 인륜성에 적대적인 이런 강한 이념들 때문에 프랑스는 폭력적이고 급진적인 변화와 불안정에 희생되었다. 자유주의적 국가에 대한 가톨릭 교회의 거부로 인해 엄청나게 추상적인 국가 개념이 생겨났다. 즉 헤겔이 투쟁한 원리에, 국가는 개별자들의 의지를 통합하고 표현한다는 원리에 기초한 국가 개념이 생겨났다. 1830년의 무질서는 프랑스에 대한 헤겔의 판단을 결코 변경시키지 못했다. 7월 정권에 의해 도입된 확대된 선거권이 헤겔에게는 진보로 각인되지 않았다.

그러나 영국은 어떤가? 영국은 프로테스탄트 교회 국가이다. 하지만 영국은 두번째 위험에 노출되어 있다. 사유 재산, 개인적 재산이라는 원리는 영국을 황폐하게 만들었고, 많은 공적 기능을 전복시켰다. 영국인은 자유를 특수자의 권리와 혼동했다. 보편자를 위한 참다운 영역은 없으며, 사적 권리들을 협상하는 혼돈만이 있을 뿐이다. 그리고 더 나쁜 것은 상황이 변화될 것 같지 않다는 데 있다. 왜냐하면 이것을 치유할 수 있는 유일한 힘은 고집불통의 영주들에 대항해서 보편자의 권리를 관철시켰던 중세 후기의 왕들과도 같은 강력한 군주제뿐일 것이기 때문이다. 하지만 영국인은 결정적으로 군주제를 약화시켰다. 군주는 사적 이해관계에 몰두하는 의회 앞에서 무능했다. 따라서 영국인은 교정될 희망을 결코 가질 수 없었다. 이것이 바로 헤겔이 자신의 마지막 작품인 '영국 선거법 개정안'에 대해 쓴 글에서 표현한 염세주의의 근거가 된다.

하지만 우리는 왜 헤겔이 이러한 사적 이해관계(적어도 그 일부)를 치유할 수 있는 힘이 현실적으로 등장했음을 보지 못했을까에 대해 질문하고 싶어진다. 나는 지금 다수의 대중이 그런 힘임을 말하고 있다. 사실 헤겔은 만약 영국인이 자신들의 문제를 정상적인 방식으로 충분히 빠르게 풀지 못할 경우 혁명적 행위에 위험스럽게 노출될 것이라고 경고했다. 그리고 대체적으로 말해서 그는 이것을 1848년 유럽을 휩쓸었던 유령인 소외된 프롤레타리아트의 형태와 같이 통제를 벗어난 시민사회를 위협하는 형벌로 간주했다. 그리고 실로 혁명은 비합리적이고 단순히 '실정적인' 특권을 제때 정리하지 못한 사회의 운명일 것이다.

하지만 헤겔에게 혁명은 근대 국가의 해결책이 아니었다. 혁명은 단순히 재난의 또 다른 형태일 뿐이었다. 위에서 대략적으로 설명했던 경험과 이론 양자에서의 이유들 때문에 헤겔은, 혁명에 의해서건 대중의 압력에 의해서건 간에, 대중의 힘과 그로 인한 변화를 무서워하고 불신했다. 그러한 투쟁은 실체적 의지의 통일에 이를 수 없었다. 사회가 이성의 활동을 완성하기 위해 또 다른 혁명을 필요로 한다고 할 경우에만 그러한 투쟁이 정당화되었는데, 헤겔은 이를 믿지 않았다.

따라서 합리적 체제를 가장 잘 도입할 수 있고 현실화할 수 있는 담지자는 현대화된 강력한 군주제였다. 이 관점에서 프로이센의 왕은 바람직하지 않았다. 전쟁 이후 처음에 왕은 하나의 체제를 만들겠다고 약속했지만, 이후 이 약속을 파기했으며, 신하들에게 이 일을 상기시키지 못하게 했다. 장차 프리드리히 빌헬름 4세가 되는 왕자는 지독한 반동분자였다. 그럼에도 불구하고 헤겔은 시대의 분위기에 기초해 미래에 대한 희망을 가지고 있었다. 독일은 충격을 겪었고, 나폴레옹 정복에 의해 개혁의 소용돌이에 빠졌다. 독일은 합리적 계몽의 원리들을 어느 정도 반영한, 그리고 장차더 그렇게 될 것 같은 그런 법에 기초한 사회들로 구성되었다. 독일은 프로테스탄트 정치 문화를 가지고 있었으며, 따라서 라틴계 유럽의 미개한 인민들과 달리 합리적 체제에 도달할 수 있었다. 그리고 독일은 영국과 달리지나치게 부패하지도 않았다. 독일은 군주제의 원리를 붙잡고 있었고, 군주들은 영국과 달리 실제적인 힘을 소유했다. 하지만 그 사회들은 법의 사회였다. 법의 한계 내에 있지만 주도적 힘이 있는 군주제에서, 그리고 철학이 그 정점에 이른 프로테스탄트 나라에서 개혁적 왕이 합리적 국가를 구체화하기 위해 움직일 것이라는 희망은 그렇게 과한 것이 아니었다.[73]

---

73) 이 문제에 대한 헤겔의 답은 상이하게 나타나는데, 정치철학자로서의 헤겔과 당대의 정치적 광경을 관심 있게 지켜보는 관찰자로서의 헤겔을 구분할 필요가 있다. 근대 국가의 사명에 대한, 혹은 근대 국가를 실현하는 방식에서 출현할 수 있는 장애물과 위험 요소에 대한 그의 관점에서 그런 상이한 답이 나온다는 것이 아니다. 오히려 결과에 대한 그의 신뢰에서 차이가 있는 것 같다. 철학 작품들에 등장하는 이성의 승리를 확신하는 차분한 음조는 '영국 선거법 개정안'에 대한 현실주의적 염세주의와, 그리고 사적인 대화에서의 분노 및 절망과 대조를 이룬다. 헤겔은 관련된 관찰자로서 자신의 철학 작품에서 주장한 것과 같은 확신을 가지지 못했던 것 같다. 철학 작품에서 그는 맹목적 전통주의, 실재에 대한 낭만주의적 거부, 혁명적 열광주의 등과 같은 비합리성의 다양한 형태들과 시민사회에 내재해 있는 해체를 향한 동력 등이 이성의 자기 실현을 좌절시키지 않을 것이며, 또한 합리적 국가의 완성을 향한 도정에 걸림돌이 되지 않을 것이라고 확신한 것 같다.

하지만 우리가 알고 있듯이, 역사는 독일에 대해서뿐 아니라 근대 세계의 전개에 대해서도 헤겔의 희망을 배신했다. 사실 개인의 자유, 평등, 인민 주권이라는 자유주의적 3원칙은 빠른 속도로 견고하게 자신의 입지를 굳혀 갔으며 확대되어 갔다. 이 3원칙이 보충되거나 일시적으로나마 기능을 발휘하지 못하게 되기도 했다. 하지만 이 일은 전통 혹은 이성에 근거한 질서의 표상에 의해 발생한 것이 아니라 근대의 다른 이데올로기에 근거한 질서의 표상에 의해서 발생했다. 예를 들어 맑스-레닌주의가 우리 세기에 범례로 제시해 주고 있는, 하지만 이해 가능한 모든 방식으로 모방되고 풍자되는 총체적 동원 이데올로기는 오늘날 자유주의의 주된 경쟁자이다. 그러한 이데올로기는 헤겔이 커다란 관심을 가지고 묘사했던 절대적 자유를 추구할 경우 따라 나오는 직접적 결과이다. 그리고 이 이데올로기는 자유, 평등, 인민 주권이라는 3원칙을 자신만의 방식으로 변경하여 힘을 부여받는다.

그러나 전통적 신뢰가 쇠퇴하면서 남겨진 간격을 메우려는 힘 중 가장 강력한 것은 민족주의였다. 사실 동원 이데올로기에서 드러나는 힘의 대부분은 민족적 열정과 결합함으로써 나타났다. 그리고 민족주의는 자유주의 사회에서도 역시 힘을 가지고 있었다. 민족주의가 다가올 시기 동안에 중요한 기능을 할 것이라는 사실을 헤겔이 적절히 평가하지 못했다는 말들을 종종 하곤 한다. 하지만 그것은 새로운 질서관이 개인주의와 동질화를 향한 추진력을 가지고 있다는 그의 신념의 당연한 결과였다. 왜냐하면 이러한 추진력이 제어되지 않고 지속적으로 작동될 때 모든 전통적 권위와 사회적 분화를 일소하게 되는데, 이것은 민족주의가 채워 넣어야 할 진공을 만들어 내기 때문이다. 그리고 이에 맞춰 전통의 형식과 자유롭게 단절한 엘리트들에 의해 채택된 민족주의라는 종교는 동질화의 강력한 도구가 되었다. 민족주의라는 강력한 약물이 없었다면 그렇게도 많은 근대 사회들이 충성과 시민 정신에 대한 충분한 기준들을 마련할 수 있었을까? 명확한 답을 제시할 수는 없지만, 아마도 그 수는 아주 적을 것이다.

다른 말로 하면, 헤겔은 당대에 만들어지고 있던 새로운 시대를 정확히 파악하는 데 실패했다. 왜냐하면 그는 그 시대의 추진력인 자유, 평등, 인민 주권을 존재론적 필연성에 입각한 새로운 합리적 질서 속에서 지양되어야 할 것으로 보았기 때문이다. 그는 이러한 힘들을 어떤 제지도 없이 독자적으로 개인의 유동성[자유]과 사회적 동질성을 확대하는 방향으로 이끌고 가는 그런 세계의 형태를 결코 생각하지 못했다. 그는 그러한 세계가 성장 가능한 전망을 결코 제시하지 못한다고 생각했다.

하지만 이것은 헤겔이 이런 (그에게는) 파괴적인 힘들의 본성을 이해하지 못했다는 것을 의미하지는 않는다. 반대로 어떤 의미에서 그는 당대의 다른 사람들보다 그 힘들을 더 잘 이해했다. 왜냐하면 그는 자유와 평등에 대한 생각과 이미지가 달라서 이 양자를 서로 다른 방식으로 결합하여 추구했던 거대한 두 조류, 즉 공리주의와 절대적 자유 추구[자유주의]에 대해 심오한 이해를 가지고 있었기 때문이다. 그리고 그는 **이념들**인 이 양자의 내적인 역학을 이해했다.

그뿐 아니라 그는 또한 근대 '시민사회'의 역학도 보았다. 즉 그는 노동 분업과 교환에 기초한 매뉴팩처 경제가 어떻게 무한히 확대되는 경향이 있는지, 어떻게 그 과정에서 사람들이 특정한 집단에의 귀속감을 상실하는지, 그리고 어떻게 그들이 자유롭게 이동함으로써 거대한 비인격적 체계를 강화하는 동시에 상호 의존성을 강화하는지 등을 보았다. 다른 말로 하면 근대의 경제는 스스로 개인주의와 동질화라는 강력한 동력을 자체 내에 가지고 있다는 것이다. 부르주아 경제는 사실 부와 빈곤의 차이, 그것도 극단적인 차이를 발생시킨다. 그러나 이 차이는 전통적인(혹은 헤겔적인) 사회의 신분과는 달리 합리성을 결여하고 있으며, 근대 사회에서 누가 어떤 계급에서 얼마나 오랫동안 지속될 것인지는 철저히 우연과 행운에 남겨져 있다.

따라서 헤겔은 동질성을 향한 근대의 추진력을 이념들에만 거주하는 것으로 보지 않고 특정한 제도들과 공동의 삶의 양식들에도 내재하는 것으로 본다. 사실 헤겔은 소수의 다른 사회 사상가들처럼 이념들이 어떻게 실천과 제도에 얽혀 있는지를, 실천과 제도를 규정하는 데 있어서 이념이 본질적으로 어떻게 함유되어 있는지를, 그리고 반대로 실천과 제도가 자신을 구성하고 있는 이념을 어떻게 표현하고 있으며 또 규정하고 있는지를 이해하고 있었다. 이것은 14장에서 본 것처럼 '객관 정신'으로서의 헤겔의 제도 개념에 함축되어 있는 일련의 연관들이다. 부르주아 경제는 근대 개인주의로 간주될 수 있으며, 그 공리주의적인 변형 속에서 일련의 실천과 삶의 양식으로 표현된다. 하지만 그 과도함으로 인해 사회와의 어떤 동일성도 없는 대중, 즉 소외가 산출되며, 따라서 혁명의 기운이 싹튼다. 이 혁명은 또한 절대적 자유를 향한 열망에 의해 힘을 부여받지 않으면 안 되며, 근대의 개인주의에 의해 생긴 진공을 채우고, 스스로를 표현하는 사회를 회복하고자 하는 근대의 시도를 대표한다.

헤겔은 이 전체 역학을 잘, 아주 엄격하게 이해했다. 그는 이 전체 역학이 이념에 근거한 근대 국가의 합리적 질서 속에서 통제되고 지양될 것이라고 확신했기 때문에 이 역학이 앞으로 어떻게 전개될 것인지를 **예견하는 데** 실패했다.

하지만 일들이 이러한 방식으로 진행되지 않았기 때문에 그 이후의 지성사는 불가피하게 헤겔에게 공정하지 못했다. 왜냐하면 ('실정적' 권위에 근거한) 전통적 질서와도, 그리고 우리가 (자유주의적 3원칙 혹은 민족주의 혹은 동원 이데올로기 등에 근거한) 근대적인 것으로 인정한 질서와도 구분되는 그의 질서관은 자연스럽게 적절한 평가를 받을 전망을 상실했기 때문이다. 그렇게 되면 그의 견해는 사람들에게 익숙한 위에 언급한 범주들 중 하나에 쉽게 동화되고 만다.

이것이 바로 헤겔이 '프로이센주의자'라는 평판을 얻게 된 기원이다. 프로이센은 19세기에 수많은 단계를 거쳐 갔다. 프리드리히 빌헬름 4세가 지배하던 반동적 통치의 시기에 프로이센은 1848년의 자유주의적 민족주의 요소를 갖지 않았다. 그 이후 비스마르크 치하에서 프로이센은 통일 독일에 대한 주도권을 쥐었다. 프로이센의 왕을 황제로 하는 바로 이 호헨촐레른 가문[74]의 독일은 전통에 대한 신뢰와 자유주의적 실천의 특이한 결합이었으며, 민족주의라는 강력한 접착제에 의해 결합되었다.

전통주의 아니면 근대화의 이데올로기가 전면에 등장함으로써 헤겔의 견해가 갖는 실제적 내용은 점차 그 전망을 상실했다. 바로 그 때문에 그에 대한 기억은 그가 ① 프로이센이 올바른 도정에 있다고 생각했다는 것과, ② 국가가 다소간 신적이며 지상에서 가장 높은 개별자의 신뢰를 간직하고 있다고 믿었다는 것으로 국한되었다. 프로이센이 1820년대에 어떤 노선을 택하고 있다고 헤겔이 생각했는지, 그리고 무엇보다 그에게서 신과 국가가 무엇을 의미했는지 하는 문제는 잊혀졌다. 따라서 친구와 적들

---

74) 호헨촐레른(Hohenzollern) 가문은 유럽 역사에서 중세 이후 제1차 세계대전에 이르기까지 가장 큰 영향력을 발휘했던 통치자 가문의 하나이다. 프로이센 왕국의 건설과 프로이센을 중심으로 한 독일의 통일이 모두 이 가문의 주도로 이뤄졌으며, 빌헬름 1세는 1871년 통일 독일 제국의 초대 황제가 되었다. 1918년 바이마르 공화국의 성립과 더불어 호헨촐레른 가문 역시 통치권을 상실했다. ―옮긴이

둘 다 자연스럽게 헤겔이 전통적 권위와 근대의 극단적 민족주의에 함께 호소하면서 프로이센 독일 국가를 지상에서 가장 신뢰할 만한 것으로 여길 수 있도록 근거들을 제시했다고 말하고 만다. 합리적인 우주적 철학자인 헤겔이 단순히 실정적인 것과 비합리적인 것을 그렇게 섬뜩하게 혼합해 놓은 샐러드를 만들었다고 말하는 것은 근대의 지성사에서 정말 커다란 아이러니가 아닐 수 없다. 이것은 헤겔이 원래 생각했던 것에서 너무 나아간 형벌이다.[75]

그러나 헤겔의 주된 이념들이 망각되었다는 사실은 헤겔의 정치적 사유의 비일관성을 보여 주는 것이 아닐까? 개인주의와 동질화의 힘이 아주 빠른 속도로 퍼져 나갔기 때문에 그런 세례를 받은 사람들은 그렇게 생각할 수도 있었을 것이다. 출생이나 사회적 지위에 기초한 어떤 형태들뿐 아니라 생물학적 차이, 예컨대 성의 차이 등과 같은 모든 사회적 분화[차별]가 공격받았다. 근대의 평등 개념은 개인들이 자기 앞에 가지는 기회의 장(場)에서 어떤 차이도 인정하고자 하지 않는다. 개인들은 선택하기 이전에 교환할 수 있어야 한다. 다른 말로 하면 차이들이 어떠한 것이든 그것들은 선택되어야 한다. 오늘날 평등의 원리에서 선택에 대한 이러한 강조는 자기 창조라는 급진적 자유 개념과 결합되었다.[76]

이 두 원리[자유와 평등]는 전통 사회의 모든 지절들을 제거하며, 새로 생겨난 사회는 이 원리에 의해 검증을 받았다. 우리가 지난 두 세기의 역사

---

75) 헤겔을 '프로이센주의'로 정착시켜 가는 과정은 심지어 비스마르크의 독일이 생겨나기 이전부터 시작되었다. 루돌프 하임(Rudolf Haym)의 영향력 있는 전기인 『헤겔과 그의 시대』 (Hegel und seine Zeit, 1857)가 아마도 그 출발점일 것이다. 하지만 하임은 헤겔을 1848년의 프로이센과 일치시켰다. 이때의 통치자는 헤겔이 지지했던 것과 어떤 공통성도 없었다.
76) 따라서 평등에 대한 우리 시대의 요구는 자유라는 용어 속에서 이뤄진다. 예를 들어 '여성 해방[자유]'과 같은 용어로 나타난다.

를 조망해 보면 한 가지 분명한 흐름이 나타난다. 즉 단계마다 차이[차별, 분화]들이 제거되고 중립화되며, 이로써 잠재적으로 무한한 가능성의 영역 앞에서 모두를 (적어도 이론에서나마) 타자와 평등하게 취급하는 그런 사회가 진행되어 왔음을 볼 수 있다. 자유 속에서의 이러한 평등의 이름으로 우리는 이제 여성의 지위에서, 심지어 어느 정도는 소수자의 지위에서 심오한 혁명을 착수하고 있다(예를 들어 투표권을 18세로 낮추는 것은 거의 모든 서구 국가에서 받아들여진다).

이러한 운동은 결코 자유주의 사회에만 한정되지 않는다. 오늘날 전체주의 사회는 개인의 자유를 제한할 수도 있지만, 이런 사회도 자기 창조로 정의되는 자유의 원리를 아주 강하게 주장한다. 그리고 이 사회는 개인들의 유동성을 훨씬 더 강화하며, 이 개인들을 일차 집단과의 동일화에서 해방시켜 그들이 보다 큰 사회와만 관계를 맺도록 영향을 미친다. 이런 사회역시 모든 인간이 자신의 운명의 주인일 수 있는 그런 사회를 만들고자 한다. 즉 여러 가능성 중에서 어떤 것을 스스로 선택함으로써 자신의 운명을 스스로 만들어 갈 수 있는 그런 사회를 만들고자 한다. 물론 이 경우 이 사회는 이런 선택을 개인들의 일련의 선택으로 보지 않고 필연적으로 공동의 집합적 행위로 간주한다.

헤겔 자신은 이러한 발전 과정을 예견하지 못했을 뿐 아니라 논의상 불가능한 것으로 간주한다. 그렇다면 그는 이러한 발전 과정에 직면하여 무엇을 말해야 하는가? 사실 그 답은 엄청난 것이다. 왜냐하면 그가 이런 발전 과정을 예견하지 못했다 하더라도 그는, 위에서 논의한 것처럼, 그 발전의 역학에 대해 많은 것을 이해했기 때문이다.

사실 교환 가능한 자유로운 개별자들의 사회는 헤겔의 관점에서 '군중 덩어리'(Haufen)에 불과하다. 헤겔은 그런 사회가 생동적이라고 생각하지 않았다. 즉 그런 사회는 충성을 요구할 수 없으며, 이 사회의 근본 규칙에 대한 최소한의 신뢰나 수용을 요구할 수 없다. 또한 그런 사회는 스스로 유지되는 데 필요한 근본 토대에 대한 동의를 산출할 수 없다. 바로 이런 점에서 헤겔이 완전히 틀리지는 않았다. 왜냐하면 사실 근대 사회가 그 구성원에게 명령할 수 있는 신실한 상호 협력은 이 사회가 체현하고자 하는 자유, 평등, 인민 주권 등을 실현하는 것과 별 관련이 없었기 때문이다. 사람들의 신뢰를 얻을 수 있을 만큼 이 원리들을 충분히 만족시킬 수 있다고 하는 것이 자유주의 전통의 근본 신념이다. 하지만 사실 이 사람들은 적지 않게 전통적 신뢰 관계에 물들어 있기 때문에 근대의 다른 모든 사회처럼 자유주의 사회도 이 원리들을 유지하기 위해 다른 힘들에 의지했다.

우선 이 힘들 중 가장 강력한 것은 민족주의이다. 둘째, 동원 이데올로기는 몇몇 사회에서 중요한 역할을 수행했다. 이 이데올로기는 인간의 주의력과 충성심을 전에 없던 미래에 맞추고 있는데, 현존하는 모든 구조(특히 어디에나 존재하는 제도인 정당)에 대한 정당화는 바로 이런 미래의 구축에 있었다.

하지만 셋째, 자유주의 사회들은 자기만의 '신화'를 가지고 있는데, 이 신화의 구조와 실제에 표현되어 있고, 이 구조와 실제를 정당화하는 인간적 삶과 목적에 대한 견해를 가지고 있다는 의미에서 그렇다. 널리 알려져 있는 자유주의적 신화에 따르면 자유주의는 자유나 평등이나 번영과 같은 자신의 재화에 의존한다고 하는데, 사실은 그렇지 않다. 자유주의 사회의 이러한 신념의 배후에는 1950년대 말에 유행했던 '이데올로기의 종언'이라는 관념이 깔려 있다.

하지만 사실 이데올로기의 종언처럼 보인 것은 자유주의의 중심 이데올로기가 도전을 받지 않던 짧은 기간이었다. 이 이데올로기가 다시 공격을 받게 되자 그것의 특징이 다시 명백히 드러났다. 자유주의적 합의를 떠받치고 있는 중요한 것은 인간을 일차적으로 생산자로 보는 것, 즉 자연과 환경의 원재료를 자신의 욕구에 맞도록 만드는 데 종사하는 자로 보는 것이었다. 오늘날 (맑스주의와 대척점에 있는) 자유주의자들은 이 문제를 재공식화하는데, 그들은 인간을 무엇보다 개인적인 생산 행위자로 본다. 인간은 노동 분업을 통해 타자와 협동해야 한다. 하지만 이런 협동은 언제나 지속적인 재협상에 종속되는 것으로 간주된다. 생산자들의 사회는 자유로우면서도 자신의 구성원에게 반응하는 것으로 간주되었다. 왜냐하면 이 사회가 구성원과 맺는 관계는 언제나 협상에 의해 이뤄지기 때문이다. 이런 사회는 개별자들의 주도권을 광범위하게 인정한다는 점에서 창조적이고 생산적인 것으로 간주되었다.

어떤 사람들은 이런 생각을 사회에 대한 중립적 서술로 받아들였다. 사회의 중립성이라는 생각이 광범위하게 받아들여짐으로써 실제로 이데올로기는 곧 위축되었다. 하지만 사회의 중립성이라는 이러한 서술 역시 다른 것과 마찬가지로 '이데올로기'이다. 이는 이 서술이 불평등·결점·착취 등과 같은 어떤 중요한 사실들을 설명하는 데 실패했다는 그리 중요하지 않은 이유 때문이 아니다. 그 이유는 오히려 사회적 관계들을 이러한 방식으로 보는 것, 따라서 사회적 관계를 이 모델에 따라 바꾸는 것이 다른 것들과 경쟁 가능한 특정한 인간관과 삶의 목적을 전제한다는 점에 있다. 예를 들어 이러한 생각은 인간이 세계와 맺는 일차적 관계는 생산자로서 맺는 관계이고, 인간에게 자연은 일차적으로 원재료로서 중요하다는 견해를 가지고 있으며, 또한 인간은 자신의 목적을 협상의 구조에 앞서 있고 이 구조에 상대적으로 독립해 있는 개별자로서 정의하고, 기획으로서의 미래는 언제나 개별자들에게 과거보다 더 의미가 있다는 견해를 피력한다.

적어도 몇몇 나라에서 자유주의적 합의가 이러한 유의 복합적 견해들에 의존해 있다고 하는 사실은 새로운 세대의 많은 사람이 더 이상 이 견해들을 믿지 않게 되었을 때 명백하게 드러났다. 자연을 정복하고 인간을 노동과 생산을 통해 규정하려는 목표에 어떤 신뢰도 보이지 않는 세대가 등장함으로써 위기가 촉진되기 시작했다. 오늘날 우리는 재화들의 유통만으로는 한 사회를 그 내적 분열과 수렁, 그리고 가능한 몰락 등으로부터 지켜내기 힘들고 또 효과도 없다는 사실을 볼 수 있다.

이러한 경험은 자유주의 사회가 다른 사회들과 마찬가지로 구성원의 욕구와 이익을 만족시키는 것만으로는 유지될 수 없다는 것을 드러낸다. 이 외에 광범위하게 받아들여지는 공동의 신념들을 통해 그 사회는 자신의 구조와 실천을 구성원에게 가장 소중한 것과 연결시켜야 한다. 생산자 사회라는 자유주의적 사회상은 인간 사회에 반영되어 있는 우주적 질서라는 전통적 관점과 아주 차이가 나는 관점이다. 하지만 자유주의적 사회상은 사회의 제도와 실천을 인간 삶의 중요한 목적의 측면에서 해석한다는 점에서, 그리고 이러한 해석이 그 제도들을 정의하고 정당화한다는 점에서 전통적 사회상과 유사하다. 근대의 견해는 전통적 견해만큼이나 하나의 '이데올로기'이다. 혹은 전통적 견해만큼이나 이데올로기가 아니다.

그러나 이러한 관점에서 기능을 잘하는 자유주의 사회가 전적으로 헤겔적 의미에서의 '군중 덩어리'였던 것은 아니다. 왜냐하면 그 구성원은 그 공동의 제도들에 표현된 일련의 공동의 의미들에 함께 붙들려 있었기 때문이다. 비록 자유주의 사회가 인륜성에 대한 요구를 거부하고 이상적 사회를 그 구성원의 의지에 의해 창조되고 유지되는 것으로 묘사하고 있다고 하더라도, 자유주의 사회는 역설적이게도 자신만의 인륜성을 가지고 있다. 다른 말로 하면 자유주의 사회는 이런 관점에서 자신의 특성에 따라 유지되지 않을 경우에 성공적이라 할 수 있다.

이런 공동의 의미가 사라질 경우 자유주의 사회의 토대는 위험에 처한다. 그리고 이것은 실로 오늘날 분명한 가능성으로 드러난다. 인륜성을 발견하는 문제, 사람들의 정체성을 규정하는 제도와 실천을 개혁하는 문제는 근대 사회의 냉담함과 소외에 직면한 우리에게 급박한 문제가 되었다. 예를 들어 대의제 정부의 중심 제도들은 개별자의 투표가 아무런 의미도 가지지 않는다는 생각이 점증하면서 도전받고 있다.

그렇다면 헤겔이 『법철학』에서 선거에 대한 무관심의 현상을 언급했다는 사실이 그리 놀랄 일은 아닌 것 같다.[77] 사실 소외 문제와 인륜성의 회복은 헤겔 이론에서 중심 문제이며, 이 문제가 논의의 중심이 될 때면 헤겔 사상은 언제나 아주 중요한 의미를 가진다. 물론 이 말이 헤겔의 독특한 해결책이 오늘날 그 자체로 어떤 관심을 받는다는 것을 의미하지는 않는다. 오히려——동일성과 소외의 관계, 분화[차이]와 부분 공동체들의 관계 등으로 나타나는——인간과 사회의 관계에 대한 그의 파악,[78] 그리고 역사를 통해 이 관계가 진화한다는 그의 이해로 인해 우리는 오늘날 이 문제를 이해하는 데 필요한 중요한 언어들을 가질 수 있게 되었다.

헤겔이 근대 사회의 발전을 예견하지 못했다는 것은 결코 중요하지 않다.[79] 중요한 것은 그가 끊임없이 되풀이되는 문제들 중 하나에 대한 통찰을 가지고 있었다는 것이다. 그것은 1789년의 3원칙인 자유, 평등, 인민 주

---

77) 헤겔은 특히 규모가 큰 사회에서는 "수많은 선거권자가 있는 곳에서 한 표를 던지는 것이 아무런 의미도 없기 때문에" 선거에 대한 무관심이 명백하게 드러난다고 진술한다(*PR*, §311).

78) 이에 대해서는 15장에서 논의했다.

79) 물론 헤겔의 작품은 거의 어떤 예견도 포함하지 않는다. 왜냐하면 예견이란 철학에는 허용되지 않는 활동이기 때문이다. 다만 나는 근대 시기의 도드라진 특징들에 대한 그의 입장을 말하고 있다. 그런데 헤겔은 위에서 말한 방식으로 엄청난 오류를 범하고 있다.

권을 지지한 자들이——자유주의자건 혁명론자건 간에——대부분 거부하던 문제, 즉 인륜성의 문제이다. 그들은 보수주의자나 반동주의자가 인간과 사회(사회는 인간 자신이 참여하고 있는 보다 더 큰 삶으로 간주된다)의 동일성을 다루는 인륜성의 문제를 가장 본질적인 것으로 간주한다는 이유에서 그 문제를 거부했다. 자유롭고 평등한 시민사회를 완전히 실현한다는 것은 소외와 분업[분열]의 문제를 모두 푼다는 것이었다. 그러나 오늘날 자유주의와 맑스주의에 동일하게 기초가 되고 있는 것, 즉 인간을 생산자로 숭배하는 것은 환경 재난에 임박하여, 그리고 통제되지 않은 기술적 성장의 잘못된 우선성에 임박하여 비틀거리기 시작했다. 따라서 우리는 우리 문명의 토대를 재평가하고 우리 역사를 재해석해야 한다는 압박을 받고 있다. 우리는 소외를 결코 해결할 수 없는 자유롭고 평등한 사회가 삶의 목적에 대한 뿌리 깊은 공동의 관점들을 전제하고 있으며, 우리가 언제나 자연과 역사와 관계 맺고 있음을 전제하고 있음을 알 수 있다.[80]

이것은 우리에게 확실히 하나의 딜레마인데, 이런 상황은 헤겔과 낭만주의 시대의 딜레마와 다르지 않다. 우리는 외견상 통합될 수 없는 것처럼 보이는 것들을 통합할 필요가 있다. 우리와 동일화할 수 있는 사회를 복

---

80) 자유와 평등에 기초한 사회를 구상하는 자유주의자는 국가나 사회가 특정한 목적을 가져서는 안 되고, 따라서 구성원의 삶의 목적을 규정해서도 안 된다고 주장하며, 그런 목적을 철저히 개인의 선택의 문제로 돌린다. 여기서 개인은 사회와 역사와 자연과의 관계 이전에 존재하는 원자적 존재이다.
공동체주의자인 테일러는 사회의 가치 중립성, 무목적성이라는 자유주의의 이러한 테제 역시 특정한 가치에 기초한 하나의 이데올로기로 본다. 자유주의자는 인륜성을 거부하지만, 테일러에 따르면, 인간이 인륜성을 떠날 수 없다면, 자유주의자들 역시 왜곡된 형태로나마 인륜성을 드러내지 않을 수 없다. 인륜적 장을 전제하지 않으면 개인의 정체성 형성의 문제를 설명할 수 없기 때문이다. 이런 점에서 테일러는 우리의 관심과 도덕적 선택은 어떠한 경우에도 공동체의 역사와 문화에서 동떨어질 수 없으며, 이러한 논리의 한 전범이 헤겔임을 역설한다.——옮긴이

원하기 위해서는, 낭만주의자들에게서 나타나듯이, 다시 한번 자연에 대한 새로운 입장을 취해야 한다. 그러나 우리는 더 이상 자원 개발의 의미만을 갖지 않는 자연과의 새로운 관계에 대한 이런 재인식을 자유롭고 평등한 근대 사회의 개인과 결합시켜야 한다. 우리는 자유뿐 아니라 탈산업적 인류성도 필요로 한다. 이러한 딜레마는 낭만주의의 선구자들이 그런 것처럼 해결할 수 없을 수도 있다. 그러나 그렇다고 해서 노력을 멈춰서는 안된다. 그리고 어떤 진지한 시도도 과거 인물들의 언어와 통찰을 포함해야 한다. 이것들 중에서 헤겔의 시도는 정말 대단한 것이다.

1

국가는 지상에 있는 인간 공동체의 최고 실현태이다. 전체로서의 삶의 형태를 고려할 때 우리는 국가가 인간 삶의 최고 형태라고 말할 수 있을 것이다. 하지만 국가가 정신의 최고 실현태는 아니다. 왜냐하면 정신의 목적은 완전함에 도달하는 것, 즉 합리적인 자기 인식에 도달하는 것이기 때문이다. 이처럼 국가는 정신의 자기 인식에서 정점에 이르는 계획에 따라 역사 속에서 전개되는 것으로 간주될 수 있다. 우리는 14장에서 국가의 기본 구조가 이러한 정점의 요구 조건들로부터 연역될 수 있다는 사실을 보았다.

하지만 정신의 자기 실현이라는 이 마지막 단계는 국가에 의해 제공될 수 없다. 국가가 어떤 의미에서 이념의 표현이라는 것은 맞다. 즉 국가는 공동의 삶의 양식으로 구체화된 이념이다. 국가는 객관 정신이다. 그러나 우리가 지금 필요로 하는 것은 자기 이해의, 순수한 자기 관조의 담지자가 될 또 다른 표현 양식이다. 이 양식은 실천과 제도 속에서 이념을 실현하는 데 그 본질이 있는 국가를 넘어서 있다.

그리고 정신의 자기 인식은 또 다른 측면에서도 국가를 넘어서야 한다. 정치 공동체는 특정한 시기 특정한 인민의 실체이다. 그러나 스스로를 인식해야 하는 우주적 정신은 나 자신의 공동체뿐 아니라 모든 역사에, 또 이를 넘어서는 전체 우주의 근본에 놓여 있다.

따라서 하나의 의식 양태가 필요하다. 이 의식은 전체, 절대자, 사물의 바로 그 토대가 되는 것이며, 바로 이러한 것들에 대한 의식이다. 헤겔은 『엔치클로페디』에서 다음과 같이 말한다.

> 특수한 민족 정신과 그 실재의 한계들을 벗어 버린 세계사의 사유하는 정신은 자신의 구체적 보편성을 파악하여 스스로 영원한 현실적 진리인 절대 정신의 자기 인식으로 고양된다. 이 진리 속에서 인식하는 이성은 그 자체로 자유롭다. 그리고 이 진리 속에서 필연성, 자연 그리고 역사는 절대 정신의 현현에 봉사할 뿐이며, 절대 정신을 드러내는 그릇으로 존재할 뿐이다.[1]

이러한 의식 형태는 당연히 인간 의식의 양태이지만, 이 속에서 인간은 정신의 담지자[매개자]이고자 한다. 그리고 이 의식 형태는 이 의식이 최고의 형태에 도달할 때 명확해질 것이다. 인간을 통한 신의 이러한 자기 인식을 헤겔은 절대 정신이라 부른다. 그것이 '절대적'인 이유는 그것이 궁극적이고 최고의 정신 형태이기 때문이다. 여타의 모든 것은 이 최고의 형태를 위해 존재하며, 이러한 의미에서 절대 정신은 모든 것의 토대이다(절대 정신은 "본질적으로 결과"이다[2]).

---

1) *EG*, §552.
2) *PhG*, 21.

절대 정신은 세 가지 형태를 취한다. 그 형태는 예술·종교·철학이다. 이 배열은 상승의 관계이다.

따라서 절대 정신은 완전한 자기 인식에 아직 도달하지 않은, 객관적 실재라는 옷을 입고 있는 객관 정신보다 고차적이다. 하지만 이것은 절대 정신이 국가 이후에야 비로소 역사에 등장한다는 것을 의미하지 않는다. 반대로 국가와 절대 정신의 형태들은 역사적 과정을 통해 가장 저속한 단계에서 최고의 단계까지 진행해 간다. 그리고 그것들 상호 간의 발전은 서로 엮이고 꼬인다. 각각의 진보는 다른 것의 진보를 전제한다. 우리는 14장에서 세계 속에서 인간의 구체적 삶의 양태가 정신의 자기 인식의 담지자로 적합할 수 있기 위해 이러한 삶의 양태가 특정한 합리성의 단계에 도달해야 한다는 것을 보았다. 그리고 그 삶의 양태들이 합리적 국가를 유지할 수 있으려면 이 삶의 양태들은 상호적으로 특정한 단계의 종교적·철학적 발전 단계에 도달해야 한다. 따라서 유럽은 합리적 법치 국가가 건립되기 전에 종교개혁을 통과해야 했다. 가톨릭 형태의 기독교는 외적 형태들과 얽혀 있어서 아직 순수하지 않으며, 제의와 사제의 권력에 여전히 묶여 있다. 따라서 가톨릭은 지상에서 기독교 공동체의 실현이 곧 국가라고 말하는 대신 지상의 최고 권력을 놓고 세속 국가와 투쟁했다. 그러므로 가톨릭 나라들은 근대 국가의 형성과 발전에 걸림돌이었다.

이것은 또한 정신의 최고의 실현태로서의 절대 정신이라는 보다 고귀한 존엄이 국가라는 최고 권력 없이는 존재할 수 없다는 것을 의미한다. 왜냐하면 참다운 종교는 국가에 반대하는 것이 아니라 국가의 권위를 전체적 삶의 형태에서 이념을 최고로 실현한 것으로 인정하기 때문이다. 물론 국가에의 복종은 기독교 왕국에서 오랫동안 지켜져 오던 계율이며, 무엇보다 루터교 나라들에서 더욱 그랬다. 그러나 여기서 이 생각은 교회가 보다 고귀한 것들에 주의를 기울일 수 있기 위해 국가를 보다 열등한 세계의 통치자로 인정한다는 것이 아니다. 국가는 외적·역사적 삶에서 최고의 실현태이다. 그리고 또한 국가는 사유와 정신의 자기 인식이라는 내적인 삶을 발생시키는 본질적 장소이다. 국가가 거칠고 덜 발전된 상태로 있는 곳에서 교회가 국가를 대신할 수는 없다. 왜냐하면 그러한 시대에 정신의 자기 인식, 즉 종교적 삶도 역시 거칠고 덜 발전된 상태로 있기 때문이다. 맹인은 맹인을 인도할 수 없다(물론 중세 교회에서 볼 수 있는 것처럼 교회가 국가를 대체하고자 한다. 그런데 이러한 사실은 정신으로 하여금 운동하게 하는 동력이 되었다. 그러나 이것은 이성의 간지의 또 다른 예이다). 사실 정신의 자기 인식은 정신의 담지자인 인간에 의해 습득된 삶의 최고의 형태로 조화롭게 맞물려 들어가야 한다.

2

절대 정신은 세 가지 수준을 갖는다. 유일하게 완전한 정신의 자기 인식은 순수한 개념적 사유 속에서 유지되는 것이다. 사유에서 정신은 완전히 평안함을 느끼며, 여기에서야말로 정신은 완전히 자기 투명하다. 신적인 내용은 "자신의 가장 참된 형식 속에, 가장 내적인 요소들 속에, 즉 사유의 형식 속에" 존재한다.[3]

헤겔은 개념적 사유를 자기 투명한 것으로 파악하는데, 이 사실은 오늘날 이해하기 쉽지 않다. 오늘날 많은 철학은 우리의 가장 분명한 개념적 형식들의 명료함이 어떻게 우리가 완전하게 알지 못하는 근거에, 아마도

---

3) *I & I*, 154.

우리가 결코 완전하게 탐구할 수 없을 그런 근거에 의지하고 있는지를 보이고자 했다. 예를 들어 우리의 가장 명료한 사유를 공식화하기 위해 우리는 개념 체계나 분류 체계를 사용하는데, 이런 개념 체계나 분류 체계에는 진술되지 않은 많은 것들이, 혹은 진술될 수 없는 많은 것들이 함유되어 있다. 예를 들어 비트겐슈타인, 하이데거, 폴라니 그리고 메를로-퐁티 등이 서로 매우 다른 방식이긴 하지만 이런 분명한 해명 혹은 명료한 해명의 한계를 탐구했다. 헤겔과 오늘날 철학 사이에 걸려 있는 중심 문제는 아래에서 좀더 분명하게 다룰 것이다. 여기서 나는 다만 완전한 명료함이라는 헤겔의 생각을 절대 정신의 등급을 설명할 수 있게 하는 지침으로 삼고 싶다.

사유의 완전한 투명성은 철학에서 발견된다. 하지만 그런 명료한 개념이 결여된 상태에서, 그리고 인간이 그런 개념을 찾아가는 과정에서 인간은 '표상'(Vorstellung, representation)이라는 불명료한 양식을 사용한다. 이것이 바로 헤겔이 '표상'이라는 술어로 표시했던 영역이며, 이 영역을 그는 사유(Denken)와 대립시킨다. '재현'[표상, representation]의 일반적 용법과의 혼동을 피하기 위해 나는 독일어 Vorstellung(표상)이라는 단어를 헤겔의 예술을 지칭하는 술어로 사용할 것이다.[4]

표상의 영역은 종교적 사유의 영역이다. 여기서 사람들은 신을 명료한

---

4) 헤겔은 인간이 절대 정신을 표현하는 방법, 아니 절대 정신이 인간을 통해 자신을 드러내는 방식을 예술·종교·철학이라 한다. 예술은 절대자, 즉 이념을 직관(Anschauung), 즉 감각적 비춤과 이미지의 방식으로, 종교는 표상(Vorstellung), 즉 서사 혹은 이야기라는 말의 방식으로, 철학은 개념(Begriff)이라는 말의 형식으로 표현한다고 한다. 예술은 감각 대상을 가진다는 점에서 가장 낮은 단계의 표현 양식이며, 종교와 철학은 말이라는 내적 매체를 사용한다는 점에서 보다 정신적이다. 그런데 종교의 서사적 혹은 (여전히 예술적인) 이미지적 방식은 철학의 개념적 방식에 비해 불명료한 표현 양식이라는 점에서 종교는 철학보다 열등하다. 여기서 테일러는 표상을 예술의 술어로 사용한다고 하는데, 종교의 술어로 바꿔야 할 것 같다. ─옮긴이

개념으로 생각하는 것이 아니라 하나의 이미지로 생각한다. 이 이미지들은 부분적으로는 우리가 신을 아주 명료하게 파악함에 있어서, 신과 세계의 관계를 아주 분명하게 파악함에 있어서 방해를 하기도 하는 불투명한 매체이다. 이러한 불투명성의 원인은 이 이미지들이 궁극적 의미를 암시하는 일차적 의미만을 가진다는 데 있다. 일차적인 영역의 성질들은 궁극적 영역의 성질들과 같지 않기 때문에 이미지들은 결코 완전하게 적합한 것이라 할 수 없다. 이 이미지들은 오류를 만들어 내거나, 아니면 우리는 표현되지 않은 것 혹은 신비한 것에도 어느 정도의 활동 공간을 주어야 한다.

우리는 그 한 가지 예로 헤겔이 「창세기」에 나오는 인간의 타락 이야기를 해석하는 방식을 제시할 수 있다. 헤겔이 적절히 말했듯이 타락이란 인간이 보편자에게서 등을 돌려 스스로를 특수자로 확증한 운동이라고 이해할 수 있다. 종교적 상상, 표상의 방식으로 이 운동을 설명하자면 이 운동은 일어났을 것 같지 않은, 하지만 태초에 발생한 행위의 결과로, 즉 아담의 죄의 결과로 생겨난다.

이제 우리가 여기서 표현하고 싶어 하는 사변적 진리는 유한한 정신인 인간이 무한한 정신에서 방향을 돌림으로써 이 정신과 단절되었다는 것이다. 그리고 자신을 유한한 정신으로 주장할 수 있기 위해서는 이 '타락'이 필요하다는 것이다.[5] 다른 말로 하면 이 타락은 유한한 정신에 필연적이고 근본적이다. 그러나 이러한 진리는 필연성·무한성·보편자·특수자 등과 같은 철학적 언어가 등장하기 전까지는 완전히 명료하게 언술될 수 없다. **서사**(narration)라는 거친 매체에서는 필연적이고 근본적인 것이 시간적**으로 태초에** 발생했지만 크고 지속적인 결과를 가지는 어떤 것으로 등장한

---

5) *PbG*, Chap. 7 참조.

다. 여기서 일차적 영역의 성질들이 서사적 방식으로 주어질 경우 어떤 것이 인간과 신의 관계에 근본적이라는 통찰을 얻을 수 있는 유일한 방법은 바로 그런 서사적 진술뿐이다.

　물론 일단 헤겔 철학이 기독교 신학을 해석하는 가운데 나왔다고 하면, 우리는 이런 부적합한 매체의 성질이 무엇인지와 이 매체가 얼마나 많은 것을 왜곡하는지를 명확히 구별할 수 있다. 하지만 철학의 혜택을 전혀 받지 못하고 종교적 의식에 전적으로 침잠해 있는 사람들은 그 한계를 파악할 수 없다. 그들은 그 매체를 왜곡되지 않은 진리로 여기거나(예를 들어 『성서』를 문자적으로 믿는다), 혹은 어떤 것이 언표되지 않은 것을 남겨 두고 있다는 것을 인정함으로써 신이 이 정도만큼은 알려질 수 없다는 결론을 내린다.

　따라서 표상은 사유보다 아래며, 종교는 철학보다 절대 정신을 표현하는 보다 덜 적합한 단계이다. 하지만 그것이 가장 낮은 단계는 아니다. 왜냐하면 표상은 넓은 의미에서 사유이기 때문이다. 즉 비록 표상 속에서 실재의 관념들이 이미지들과 섞여 있고, 그래서 불명료하기는 하지만, 표상은 이 관념들에 대한 내적인 재현이기 때문이다. 그리고 바로 이러한 방식으로 표상은 사유 내에서 자신을 알고자 하는 정신의 요청에 부분적으로 마주한다. 그러나 표상보다 낮은 단계도 존재한다. 이 낮은 단계에서는 내적인 사유 대신 신화나 신학의 담론으로 옷을 입고 나타나는 이미지들이 주를 이루는데, 이 이미지들은 직관의 대상들로서 그저 저 세계 안에, 감각적 형식으로 존재한다.

　절대자, 정신 혹은 세계가 정신으로부터 유출해 낸 진리가 감각적 실재의 옷을 입고 현존할 때 우리는 그것을 예술의 영역이라고 한다. 이것은 헤겔이 예술을 어떻게 이해하는지를 보여 준다. 일상적인 의미에서 예술 작품의 주제가 무엇이든 간에 우리를 유인하고 기쁘게 하는 아름다움의 성질은 감각적 형태로 체현되어 있는 이념의 표현에서 온다. 아름다움은 "이념에 대한 감각적 비춤"(das sinnliche Scheinen der Idee)[6]이다. 무의식에서 자기 인식에 이르는 정신의 도정에서 이 정신은 순수하게 직관적인 의식 양태에서, 외적이고 감각적인 것에 묶여 있는 의식 양태에서 출발해야 한다.

예술을 이념에 대한 감각적 비춤, 혹은 "절대 정신에 대한 직관적 의식"[7]이라 말함으로써 헤겔은 전통적인 미학 개념으로 되돌아가는 것이 아닌가? 전통적인 미학 개념에 따르면 예술은 우선 미메시스로, 실재에 대한 모방으로 이해된다. 대체로 말해서 헤겔은 전통적 이해로 돌아가지 않는다. 헤겔은 사실 칸트와 실러의 미학 이론뿐 아니라 질풍노도 운동의 새로운 출발도 수용하여 자신의 이론을 세웠다.

칸트는 제3비판서에서 바움가르텐의 작품에 표현된 볼프적 계몽주의의 전제를 강하게 거부했다. 즉 그는 예술은 혼란스런(즉 판명하지 않은) 인식 양태로 이해되어야 한다는 전제를 거부했다. 칸트는 이러한 지성주의적 미학뿐 아니라 흄과 허치슨 같은 감각주의자의 미학도 거부한다. 감각주의자들은 심미적 경험을 인간의 영혼과, 그리고 인간의 감각 능력과 연관시키고자 한다. 칸트에 따르면 심미적 경험은 우리가 대상을 숙고할 때 상상력과 오성 사이의 조화에서 오는 즐거움의 경험이다. 어떤 대상들의 형태는 우리의 오성과의 일치를 간단히 드러낸다.

하지만 지성주의자들에 대항해서 칸트는 이러한 일치가 개념으로 표

---

6) *I & I*, 163.
7) *I & I*, 151.

현되지 않는다고 주장한다. 즉 이런 일치는 대상의 개념에의 복종을 함의하지 않는다. 그것은 앎의 양태가 아니다. 감각주의자들에 대항해서 칸트는 이러한 즐거움이 우리의 실제적인 욕구나 욕망에 관련된 만족이라고 주장하지 않는다. 그런 즐거움은 이런 욕망의 만족과 아무런 관련이 없다. 그것은 우리가 소유함으로써 얻는, 심지어 대상의 실존에서 얻는 즐거움이 아니라 우리의 재현 능력을 유희하는 가운데 순수하게 나타나는 즐거움이다. 아름다움에 대한 심미적 판단은 역설적으로 주관적이면서(인식을 포함하지 않는다) 보편적으로 타당하다(선천적이다).

우리는 헤겔 철학 전체가 직접적으로 그리고 동시에 실러를 통해 우회하는 방식으로 칸트의 제3비판서에 얼마나 많은 영향을 받았는지 살펴보았다. 헤겔의 미학 이론이 특히 칸트와 실러에게 빚지고 있다는 사실은 그리 놀랄 일이 아니다. 헤겔 역시 예술 작품을 합목적성을 드러내는 것으로 본다. 그리고 그는 칸트를 따라 이런 합목적성이 행복한 삶과 같은 외적 목적에 의해 설명될 수 없으며, 또한 우리가 예술 작품에 목적에 대한 개념적 정의를 부여할 수 없다고 한다. 왜냐하면 이는 우리를 예술의 영역에서 벗어나게 하기 때문이다. 다른 말로 하면 헤겔은 예술 작품을 '목적 없는 합목적성'을 드러내는 것으로 역설적으로 공식화한 것을 받아들였다. 사실 이러한 공식은 내적 목적론이라는 헤겔의 중심 범주의 한 근원이다.

왜냐하면 이것은 실체에 외적이지 않은, 아니 오히려 전체의 삶이 우리에게 어떤 부분적 과정을 설명할 수 있게 하는 목적을 드러내는 그런 실체라는 생각이기 때문이다. 목적의 이러한 내재성은 아름다운 대상에 대한 칸트적 사유에 이미 나타나 있다. 왜냐하면 그 대상이 아름다운 이유는 어떤 유용성에 있는 것이 아니기 때문이다. 이것이 바로 '목적 없는 합목적성'이라는 말의 의미를 부분적으로는 표현하고 있다. 이 말은 그가 심리학적 이론들을 거부하고 심미적 경험의 무이해관계성을 방어한다는 것을 의미한다. 하지만 칸트의 문구는 또한 아름다움이라는 대상의 합목적성에 대해 어떤 개념적 형식화도 가능하지 않다고 하는 반주지주의적 요점도 간직하고 있다. 이러한 생각은 정신만이 완벽한 외적인 체현을 통해 적절한 자기 규정에 도달한다고 하는 헤겔의 내적 목적론의 사상 속에 변형되어 반복된다. 다른 말로 하면 자신의 외적인 체현으로 표현되지 않는 이념에 대해서는 어떤 개념적 정의도 내려질 수 없다. 따라서 정신의 목적론은 어떤 외적 목적도 주어지지 않는다는 의미에서뿐 아니라 목적에 대한 어떤 앞선 외적인 정의도 가능하지 않다는 의미에서 내재적이다. 정신이 자신을 합리적 우주로 체현한다는 사실은 합리적으로 필연적인 자신의 계획의 완성, 즉 이념의 완성일 뿐 아니라 목적이라고 하는 것의 범례적 표현이다. 왜냐하면 목적은 순수한 개념적 공식에 의해 미리 규정될 수 있는 성질의 것이 아니며, 오히려 미네르바의 부엉이가 황혼이 깃들어야 날갯짓을 하듯이 철학은 그 완성을 따라가야 하기 때문이다.

따라서 헤겔의 범주는 칸트가 제시한 생각으로, 즉 목적 없는 합목적성으로 아리스토텔레스를 보충한다. 그리고 그는 칸트를 우리가 1장에서 설명했던 표현주의 이론으로 보충한다. 따라서 목적 없는 합목적성은 헤겔 철학의 '자기 목적'이 된다. 왜냐하면 헤겔은 자신의 철학을 실재 자체의 목적에 대한 범례적 표현으로 간주되어야 하는, 예술 작품뿐 아니라 국가도 포함하는 그런 실재들에 적용하기 때문이다.

따라서 헤겔 존재론의 원천들 중 하나는 칸트의 미학이다. 하지만 이것은 헤겔을 칸트의 예술 이론에 접근시키기는 하지만 동시에 그들 사이의 분기점이 되기도 한다. 헤겔에게 예술은 존재론적 사유의 담지자이다. 칸트는 대체로 대상의 아름다움을 우리가 대상 속에서, 혹은 대상을 통해

보는 것과 아무런 관계가 없는 것으로 보고자 한다.[8]

그러나 여기에서 헤겔은 주지주의적 전통으로, 혹은 예술을 미메시스로 보는 견해로 되돌아오지 않는다. 예술은 이념의 **의식 양태**이지만, 이념의 **재현**[표상]이 아니다. 헤겔에게 사유에서의 표현주의적 혁명으로 드러난 이러한 구별은 그의 예술 이론의 기초가 된다.

이 구별에 함축되어 있는 것을 좀더 자세히 살펴보자. 우리는 4부에서 실천들이 어떻게 특정한 이념들의 표현으로 간주될 수 있는지를, 그럼에도 불구하고 개념적 형식화를 향한 어떤 병렬적 시도도 그 이념들에 상응하지 않을 수 있는지를 보았다. 이런 의미에서 결정을 투표 행위에 의해 수행하는 어떤 실천과 대의제 의회는, 이것들에 대해 적절한 이론적 형식을 제시하지 못한다고 하더라도, 의지에 대한 어떤 이념들을 체현하는 것으로, 개별자와 그의 사회가 맺는 관계를 체현하고 있는 것으로 간주될 수 있다. 따라서 실천은 우리 자신을 사회 안에서의 개별자들로 보는 (명확하게 형식화되지 않은) 의식 양태로 간주될 수 있었다. 하지만 이 의식 양태는 **재현**[표상]이 아니었다. 즉 그것은 우리를 사회 안의 개별자로 묘사하거나 기술한 것이 아니며, 혹은 어떤 다른 것을 묘사하거나 기술한 것이 아니다.

---

8) 칸트에 대해서는 이렇게 평가할 필요가 있다. 왜냐하면 칸트의 제3비판은 다른 이론과도 유회하기 때문이다. 취미 판단은 우리에게 세상에 대해 어떤 것도 말해 주지 않지만 우리의 표상 능력과 일치한다는 중심적인 테제 외에 예술에 대한 또 다른 견해도 나타난다. 따라서 (49절에서) 정신은 '심미적 이념'을 표현할 수 있는 능력으로 정의된다. 그리고 '심미적 이념'은 사유에 많은 영양을 공급하는 '상상력의 표상'으로 기술된다. 어떤 특정한 사유 혹은 개념도 그 표상에 적합할 수 없으며, 따라서 어떤 언어도 그것에 충분히 도달할 수 없고 또 이해될 만큼 서술할 수 없다. 이러한 견해에 따르면 위대한 예술, 정신을 가진 예술은 자신의 표상 능력과 상상력 때문에 말들이 표현할 수 있는 것을 넘어선다. 이 두 교설은 서로 보완적일 수 있다. 하지만 그 결과는 일반적으로 칸트의 중심 테제로 간주될 수 있는 것과 다르며, 본질적으로 헤겔에 더 가깝다.

그러나 우리가 이미 본 것처럼, 객관 정신의 이러한 표현들이 의식 양태로 구별될 수 있다 하더라도 오성이나 사변의 담지자들은 아니다. 이 의식은 행위와 행위의 규범들 속에 단순히 함축되어 있는 의식이다. 하지만 최고의 단계에 있는 정신은 자기 사변에 이르러야 한다. 재현[표상]이지 않은 사변적 의식 양태가 있는가?

이에 대한 대답은 그런 의식 양태가 있으며, 그것이 예술이라는 것이다. 예를 들어 바흐의 칸타타는 신, 그리스도, 그리고 인간의 구원 등에 대한 어떤 상을 제시한다. 하지만 그 음악은 이러한 주제들을 표상[재현]하거나 묘사하지 않는다. 이 음악이 그리려고 생각하는 유일한 것은 기도하는 인간이다. 하지만 이것도 역시 틀렸다고 할 수 있다. 그것은 기도하는 자를 그리지 않는다. 우리는 그것이 기도하는 자라고 말하고자 하는 유혹을 느낀다. 하지만 이 음악은 그 기원을 기도 형식(혹은 좀더 분명히 말해 미사 형식)에서 취하고 있음에도 불구하고 기도 형식이 아니다. 왜냐하면 우리가 그것을 들을 때, 그리고 우리가 그것을 듣고서 기도하고자 하는 영감을 받는다고 하더라도 그것은 경청될 수 있을 뿐이기 때문이다. 그것은 일종의 기도를 표현하고 있으며, 우리가 숙고할 수 있는 인간과 신의 관계를 표현하고 있다. 그것이 기도의 형식 혹은 예배라고 한다면 신의 의식은 위의 객관 정신의 표현에서처럼 실천 속에 함축되어 있을 것이다. 그러나 근대적 의미의 예술 작품으로서 그것은 숙고할 뭔가를 제공하는 것으로, 여기서는 들을 수 있는 것으로 제공된다.

칸타타가 묘사하고 있는 것이 무엇인지 생각해 내기 매우 어렵다는 사실이 여기서 말하고자 하는 중요한 요점은 아니다. 이에 관한 다른 예를 들어 보자. 예를 들어 십자가상 그림은 분명히 어떤 것, 즉 십자가에 매달린 그리스도를 그리고 있다. 그것은 신의 상 혹은 고통의 상을 그린 것이라고 말할 수 있을지 모르지만, 여기에 그려진 것은 어떤 직접적 의미에서도 그것을 말하고 있지 않다. 이 그림이 신의 상, 고통의 상을 그리고 있다고 말하고자 하는 유혹은 어떤 것, 즉 십자가에 달린 인간이 재현[표상]되고 있다는 사실로부터 온다. 보다 심오한 상은 이 그림을 통해 보이는 것이라고 생각될 수 있다. 하지만 이러한 유혹은 칸타타와 같은 작품과 더불어 완전히 사라진다.

소설에 대해서도 유사한 점을 말할 수 있다. 소설에서는 행위와 감정을 이야기로 표현하며 따라서 행위와 감정을 그린다. 하지만 소설은 이런 행위와 감정을 넘어서는 것을 표현할 수 있다. 톨스토이가 『전쟁과 평화』에 이론적 해명을 하는 단락들을 덧붙이지 않더라도 우리는 그것으로부터 위대한 사람들은, 이들의 숭배자들이 생각하는 것과 달리, 역사를 설계하고 통제하는 것이 아니라 오히려 역사라는 거대한 파고의 가장 높은 지점에 내던져져 있다는 상을 이끌어 낼 수 있을 것이다. 하지만 소설에서는 등장인물들의 행위와 생각만이 서술될 뿐 이러한 것들이 서술되지 않는다.

이는 예술과 보다 높은 단계의 절대 정신을 구별하는 헤겔의 관점을 보여 준다. 철학과 종교적 표상 둘 다 (헤겔적인 특수한 의미에서가 아니라 보다 넓은 의미에서) 재현들이다. 철학과 종교는 둘 다 절대자를 정확한 서술을 목표로 하는 설명적 명제들로 표현한다. 어떤 측면에서 보면 그런 방식은 그것들이 말하고자 하는 바로 그것, 즉 그것들이 실제 사용하는 말들의 바로 그 수준에 머문다. 물론 이때 우리가 종교적 표상에서 보듯이 철학과 종교가 이미지 언어에 의존한다면 우리가 좀더 나아가고자 할 때 해석의 어려움이 나타나는 것을 피할 수 없는 것도 사실이다.

이와 대조적으로 예술 작품은 엄격한 의미에서 어떤 것을 '말하지' 않는다. 메시지나 상은 우리가 그것에서 보는 것이고, 그 내용에 대한 어떤 진술도 해석의 결과이며, 도전과 영원한 재형식화에 종속된다.

따라서 절대자에 대한 개념적 서술과 예술적 표현 사이의 중심적 차이는 다음과 같은 방식으로 말해질 수 있다. 즉 철학에서 절대자에 대한 나의 인식은 사유의 내적이고 투명한 담지자인 개념들 속에 놓여 있다. 이때 이 개념들의 기능은 자기 자신을 넘어 자신이 정확하게 그려 내거나 특징화하는 바로 그 대상들의 영역을 꼭 집어낸다. 예술에서 나의 인식은 외적이고 감각적인 대상인 작품 속에서 구현된다. 이때 이 작품은 자기 자신을 넘어 스스로가 묘사하고 있는 것을 나에게 결코 지시해 주지 않는다. 오히려 이 작품은 절대자를 감각적 대상으로서의 자신의 현존을 통해서만 보게 한다. 서술적 담론에서 우리는 자주 사용된 단어들을, 혹은 심지어 언표된 언어들을 잊어버리지만, 그럼에도 불구하고 그것에 의해 전달되는 것을 기억한다. 하지만 예술 작품의 '메시지'는 그 감각적 매체가 사라지면 살아남지 못하거나 거세된 방식으로만 존재한다.

종교적 표상은 두 극단 사이를 매개한다. 철학처럼 종교적 표상은 신을 설명적 문장으로, 서술적 문장으로 말한다. 하지만 종교는 예술처럼 이미지를 사용한다. 이 이미지 속에서 절대자는 다른 영역의 성질들을 통해서만 그려진다.

따라서 예술은 철학이나 종교보다 낮다. 왜냐하면 예술은 절대자를 특징화하거나 서술하는 것이 아니라 절대자에 대한 비재현적 인식을 감각적으로 파악하기 때문이다. 헤겔은 그것을 이념에 대한 '표상'[재현]이 아니라 이념에 대한 감각적 형태의 '서술'(Darstellung) 혹은 '비춤'(Scheinen)이라고 말한다. 말하자면 예술 작품은 어떤 내적 광휘를 가진다. 예술 작품은 그 표면의 매 지점마다 전체를 관통하여 정신적인 것을 표현한다. 예술 작품 속의 모든 것은 이념을 비추기 위해 거기에 있다.

이것은 바로, 우리가 비록 '예술이란 인간의 작품보다 우수한 자연의 작품을 칭송하기 위해 행하는 모방이다'라고 말하는 이론들에 의해 오도되기도 하지만, 예술 작품이 단순한 자연의 작품들보다 비교할 수 없이 더 고귀한 이유이다. 특히 생명체는 자연의 그러한 구현물이며, 그 정점에 있는 인간은 최고의 구현물이다. 하지만 이것이 곧바로 예술은 아니다. 가장 완전한 인간의 형상조차도 그 안에 순수하게 우연적인 것이, 즉 정신을 구현하고자 하는 임무에 필연적이지 않은 것이 포함되어 있다. 심지어 필연적인 것으로 고찰된 것에서조차 그 필연성은 드러난 것이 아니라 내적인 것이다. 즉 그것은 사유에 의해 발견되지 사물들의 표면에 놓여 있는 것이 아니다. 자연적인 생명체들 앞에서 우리는 개념에 대한 '예감'에 이르게 되지만, 우리는 개념의 명백한 표현을 가지지 않는다.[9]

그러한 감각적 표현을 가지기 위해서 인간은 예술 작품을 창조해야 한다. 따라서 예술 작품은 단순히 자연에 대한 모방이 아니다. 왜냐하면 만약 예술 작품이 자연에 대한 모방이라 한다면, 가장 완벽한 모방조차도 그저 또 하나의 모사된 견본에 불과할 것이기 때문이다. 예술은 자신의 형식에서 특정한 것들을 배제하지만, 그렇게 하는 이유는 모든 측면에서 정신의 필연성을 명확히 드러내는 그런 대상을 창조하고자 하는 데 있다. 따라서 예술 작품은 철저히 내적 필연성에 의해 추동된다. 그리고 헤겔은 그것을 자기 목적(Selbstzweck)이라고 말한다. 내적 필연성이란 모든 부분이 전체 메시지를 구현하기 위해 존재한다는 것을 의미한다. 그러나 이 메시지는 예술 작품 밖에 존재하는 것이 아니라 그 안에 존재한다. 따라서 우리는 내적 목적론의 한 경우를 여기서 본다. 예술 작품은 생명체와 비교될 수 있

---

9) *I & I*, 168~186.

다. 그리고 우리가 본 것처럼, 헤겔은 예술 작품에서 '목적 없는 합목적성'을 본 칸트를 수용한다. 그러나 유기체와는 달리 예술 작품은 이념의 완벽한 표현이며, 이념의 표현일 뿐이다. 그것은 자유로운 무한성이다.[10] 생명체가 실제로, 그 자체로 무엇인지를 예술 작품은 드러낸다. 예술 작품이란 이런 내적 필연성을 드러내는 것이다. 이러한 사실이 감각적 형태로 완벽하게 표현된 것을 볼 경우 우리는 고양된다. 그것은 아름답다. 그리고 여기서 감각적인 것이 이념을 표현하는 것이기 때문에 예술은 '이해관계에 얽매이지 않는다'. 예술에 표현된 감각적인 것은 욕망의 대상이 아니다.[11]

예술은 정신의 순수한 서술이지 정신의 표상[재현]이 아니기 때문에 우리의 예술관은 언제나 정확한 정의를 허용하지 않는다. 그리고 동일한 이유 때문에 보다 높은 단계의 반성적 명료성을 결하고 있다. 우리가 설명적 문장들로 서술할 때 우리는 우리가 적용하는 서술적 술어들에 대해 숙고하고, 그 기준들을 명확히 하며, 따라서 그렇게 사용한 이유를 분명히 할 수 있다. 하지만 예술가는 자신이 이 패턴이나 음조, 혹은 단어들을 사용한 이유를 명확히 할 수 없다. 그가 그 이유들을 분명히 했다고 하더라도 그 이유들은 일반적으로 선택 가능한 이러저러한 심미적 힘들을 의미하지 체현된 상의 구체적 진리를 의미하지는 않는다.

따라서 예술에서 우리는 예술이 그 작품 속에서 구현하고 있는 일관성의 근거가 되는 것에 대해 기껏해야 무반성적이고 무인식적인 사물의 형상에 도달한다. 예술가는 자신이 파악할 수 없는 '필연성'을 따른다. 헤겔은 예술가의 영감을 "자신에게 낯선 힘"(eine ihm fremde Gewalt)이라고

---

10) *I & I*, 166.
11) *I & I*, 65, 167.

말한다.[12] 심오한 진리를 드러내는 자로 간주되는 예술가는 마치 꿈속에서 걷는 자와 같다. 그는 몽유병자다. 반성적 불투명성은 언표되기는 했지만 수수께끼 같고 논란이 많은 본성을 가진 말과 일치한다.

메시지를 정의하기 어렵다는 것은 예술의 본성에 속한다. 헤겔은 사유 속에서 이미 명확해진 것을 단순히 말하고자 하는 예술 작품은 아무 흥미도 유발하지 않는다고 지적한다. 다른 말로 하면 명확히 정의 내릴 수 없다는 것과 반성적 불투명성이 예술의 본질에 속하는데, 왜냐하면 예술은 개념적 서술이라는 내면성보다는 외적 작품에 체현된 의식 양태이기 때문이다. 개념적으로 명확해진 곳에서 작품은 불필요하다. 헤겔이 말하고 있듯, 그런 작품은 공허한 껍데기에 불과하다.[13] 그리스의 시와 예술은 위대하다. 왜냐하면 그것은 '보편 종교적 명제들' 속에 이미 추상적으로 형식화되어 있는 가르침을 알려 주는 것이 아니라 시인들이 "자기 안에서 들끓는 것을 단지 예술과 시라는 이러한 형식 속에서 가공하고자 하기 때문이다".[14]

절대자에 대한 우리의 인식이 이러한 방식으로 외적 대상에 묶여 있기 때문에 헤겔은 예술을 정신의 의식의 '직관적' 단계라고 말한다.[15] 그리고 이것은 절대 정신이 예술의 단계를 넘어가야 하는 이유가 된다. 예술은 여전히 외적·감각적 실재에 붙잡혀 있다. 절대자는 예술에서 아직 자신의 토대인 사유에, '자기 자신'(bei sich)에 완전하게 머물지 않는다. 사유 속에서 사람의 생각은 자신이 이해한 필연성을 따르지 모호하고 수수께끼 같은 것을 따르지 않는다. 이러한 의미에서 사유는 자유다. 그리고 정신적 존

---

12) *EG*, §560.
13) *I & I*, 44.
14) *I & I*, 152.
15) *I & I*, 151; *EG*, §556.

재로서의 인간은 생각할 때만 자유롭다.[16] 왜냐하면 이 인간은 자신에게서 발생하는 필연성을 따르기 때문이다. 따라서 정신은 사유 속에서 자연과의 더 나아간 '정신적' 통일을 이루기 위해 예술을 넘어가야 한다.[17]

개념적 명료성의 우선성을 말하는 이러한 사상은 당연히 헤겔의 기본 존재론과 일치한다. 그러나 이런 사상은 그의 예술 이론을 결정적으로 비트는 역할을 한다. 그리고 이것은 그를 다시 주지주의자로 돌리는 것 같다. 그러나 헤겔은, 우리가 본 것처럼, 볼프나 바움가르텐과 같은 주지주의자가 결코 아니다. 반대로 그는 칸트와 질풍노도 운동 양자의 상속자이다. 예술 작품은 혼란스런 재현[표상]이 아니라 재현적이지 않은 의식 양태이다.

헤겔은 이러한 생각을 표현주의적 사유의 발전에서 가져왔다. 표현주의적 사유 이전에 의식은 언제나 재현적인 것으로 간주되었다. 표현주의적 사유로의 이런 패러다임 전환의 아주 좋은 예는 헤르더가 『언어의 기원에 대하여』에서 잘 보여 준다. 헤르더가 지적하고 있듯이 과거에 언어를 습득하는 문제는 기호와 언어의 일치 문제였다. 그러나 이것은 기호와 사물들의 지시 관계를 당연히 이미 이해된 것으로 간주한다. 그러나 이 문제는 언어에서 가장 문제가 있는 요점이다.

그래서 헤르더는 언어적 의식의 탄생에, 즉 기호를 통해서 사물을 파악하는 일종의 사물 인식에 그 주의를 기울인다. 이것은 언어에 대한 완전히 새로운 견해를 만들어 낸다. 이 견해는 언어를 사물과 일치하는 기호들의 연합체로 보는 대신 특정한 의식 형태를 필수적으로 구현하고 있는 것으로 본다. 이때 이 의식 형태는 그러한 사물이 그 속에서는 기호로 현존하

---

16) *PbG*, 152.
17) *EG*, §557.

는 그런 형태이다.

하지만 일단 우리가 사유의 외적 구현을 그저 지시적 기호로가 아니라 상이한 의식 형태들의 담지자로 보게 될 경우, 우리가 이 형태들을 재현적 형태를 넘어 확장되는 것으로 보지 못할 이유는 없다. 여기서 우리는 어떤 것을 서술하는 용어들을 사용한다. 따라서 우리는 예술 작품을 그저 모호한 재현으로가 아니라 또 다른 유의 인식의 담지자로 볼 수 있게 된다.

사유의 표현들을 상이한 유의 인식들의 구현으로 봄으로써 언어에 대한 두번째 차원이 개시된다. 그리고 이것은 언어 밖의 실재와의 관계라는 두번째 유형이 표현되고 있음을 의미한다. 그런 명백한 관계는 재현적 관계이다. 말들은 어떤 것을 서술하고 특징화한다. 말들이 어떤 것을 그리고 있는 정도만큼, 즉 우리가 이 말들로 주장하는 것이 거기에 있는 것에 상응하는 정도만큼 이 말들은 그것에 충실히 머문다.

하지만 인식의 구현으로서 말들 속에 주어진 형식화는 이 형식화를 통해 표현되어야 하는 불투명한, 전(前)언어적인 예감이나 실마리와 연관될 수 있다. 여기에서도 역시 언어 밖의 항에 대한 신뢰의 문제가 있다. 하지만 이것은 정확한 묘사의 문제가 아니다. 우리는 그런 예감을 서술하고자 하는 것이 아니라──이 일은 아주 어려운 일이며, 심지어 불가능할지 모른다──그것이 암시하고 있는 것을 충실하게 드러내고 명확히 하고자 한다.

때때로 이 두 차원은 서로 상응한다. 최초의 불명료한 직관을 따라가면서 우리는 새로운 서술적 언어를 정교하게 다듬으며, 우리가 이 언어로 말하는 것은 바로 그 언표되는 것과 잘 혹은 잘못 상응하거나 다소간 상응한다. 하지만 서술적 차원이 꼭 들어맞지 않을 수도 있다. 그리고 이러한 사실을 우리는 위에서 이해된 예술 작품과 관련하여 보았다. 왜냐하면 예술 작품 역시 최초의 모호한 영감을 충실히 재현하고자 시도하기 때문이다.

그렇게 함으로써 예술 작품은 어느 정도나마 공개적이고 설명적인 방식으로 표현되며, 따라서 보다 고차적인 인식 단계로 고양된다. 하지만 그 단계는 아직 서술이나 묘사로 판단될 수 없다.

예술 작품은 어떤 것을 만들며, 어떤 것에 충실히 머문다. 하지만 예술 작품이 사물에 충실히 머물러 있는 것을 서술로 간주할 수는 없다. 만약 최초의 영감이 실재에 대한, 혹은 절대자에 대한 감각으로 간주될 수 있다면 예술 작품은 실재나 절대자에 대한 보다 높은 인식의 담지자일 것이다. 이 작품은 자의적이지 않으며, 어떤 것을 충실하고 완전하게, 그리고 완전한 깊이에서 재현하고자 하는 노력으로부터 나온다. 하지만 그것이 서술은 아니다. 그것은 일치에 의해 판단될 수 없다. 왜냐하면 최초의 어둡고 함축적인 감각이 통찰에 대한 정확한[분절된] 표현과 완전히 상응하는 것은 아니기 때문이다.

이것이 바로 헤겔이 자신의 예술 작품 개념을 이끌어 낸 배경이다. 하지만 그의 방식과 후기 낭만주의의 방식에는 결정적인 차이가 있다. 헤겔은 명료성의 우선성을 주장한다. 이것은 궁극적으로 그가 서술적 차원을 강조한다는 것을 의미한다. 어떤 의미에서 이 차원은 절대 정신의 발달에서 최고의 위치를 통과해야 얻어진다.

처음에 단지 직관적 예감에 불과한 것을 분명한 표현으로 탈바꿈시키는 것을 표현하기 위해 (하이데거를 따라) '탈은폐'(entbergen)라는 단어를 사용한다면, 우리는 탈은폐가 비록 인식을 엄청나게 강화한다고는 하더라도, 탈은폐 그 자체는 언제나 명료성에서 상대적으로 낮은 지평에 머문다고 말할 수 있다. 아마도 이러한 형식화는 분명하며, 우리의 작업에 의미가 있을 수 있을 것이다. 하지만 여전히 문제는 남는다. 즉 우리는 원래의 영감을 완전히 재현했는가? 이 문제에 대답하기 위해서 우리는 우리의 원래의 불명료한 직관을 어스름하게 드러냈다고 해야 할 것이다. 서술적 담론의 명료성조차도 일차적으로는 우리에게 적합한 서술적 언어를 찾는 데 도움을 주는 탈은폐의 성공에 의해 획득된다. 따라서 이 언어가 사물들을 구별하고 분류하는 방식이 실제로 분명하게 하는 것인지, 혹은 이 방식이 실재의 어떤 중요한 측면을 왜곡하거나 감추지는 않는지 하는 문제가 언제나 남아 있게 마련이다. 탈은폐에 초점을 맞춰 말하자면 우리는 어떤 것이 불명료하고 함축적이며 부정확한 사유의 지평에 의해 둘러싸여 있다고 해도 그것에서 명료하고 분명하며 정확한 사유를 봐야 한다.

이것은 내가 위에서 언급한 철학자들을 포함하여 많은 현대 철학의 전회였다. 물론 그 철학자들 각자가 많은 차이를 갖는 것은 사실이다. 예를 들어 폴라니나 하이데거에게는 우리가 가장 명료하고 분명하며 모호하지 않은 사유를 하게 해주는 명료한 서술적 언어조차 실재를 분류하는 많은 방식들 중의 한 가지 방식으로서, 혹은 수많은 격자들 중 하나로서 우리가 완전히 알 수는 없는 수많은 함의를 가진다. 그리고 이 함의들은 우리의 분명한 의식을 둘러싸고 있는 불명료하고 초점 없는 지평을 형성한다.

물론 우리가 의식을 단지 그리고 언제나 재현적인 것일 뿐이라고 생각할 경우 탈은폐와 이를 동반하는 함축의 전 영역은 아무런 의미도 없을 것이다. 이러한 사실은 대부분의 경험주의적 사유와 계몽이라는 주지주의적 전통에 동시에 해당한다. 이 양 사유 전통에서 서술적 담론은 성취가 아니다. 세계에 대한 명료성을 획득한다는 것은 우리의 표상[재현] 안에 있는 혼돈을 극복한다는 것일 뿐이다.

그러나 이것은 헤겔의 견해가 아니었다. 헤겔은 표현주의적 이론의 본질적 관념들을 받아들여 그 위에 자신의 철학을 구축했다. 게다가 그는 철학은 완벽한 명료성을 얻을 수 있고 얻어야 한다고 주장했다. 이러한 사실은 오늘날 그에 대해 가해지는 혹평과 분명한 차이가 있다. 이 문제는 20장에서 논의할 것이다.

헤겔은 탈은폐의 차원을 인정한다. 그는 더욱더 적합한 서술적 언어를 통해 습득된, 그리고 근원적으로 비재현적인 의식 속에서 표현된 통찰이 재현적인 사유의 명료성으로 전이함으로써 습득된 개념적 명료성을 성취로 본다. 따라서 절대자에 대한 우리의 의식은 우선은 모호하고 수수께끼 같다. 우리의 의식은 이후 탈은폐를 수행하는데, 탈은폐란 그 근원적 영감이나 직관을 충실히 재현했다고 확신하지 않는 그런 의식 상태이다. 그리고 우리의 의식은 완전히 명료해지는 곳까지, 심지어 불투명성이라는 근원적 지평이 사라질 때까지 상승한다. 우리의 의식이 탈은폐를 수행한다고 말하는 이유는 개념적 명료성의 영역이 확장되어 궁극적으로 불명확한 근원적 직관도 바로 이 개념적 명료성 안으로 수용된다는 데 있다. 왜냐하면 이러한 사실은 궁극적으로 개념적 필연성을 갖는 것으로 보이기 때문이다. 결과로서의 이념은 단순히 함축적이고 미발전된 것으로부터 성장해야 한다. 하지만 이런 필연적 전개는 이념 그 자체인 합리적 필연성의 공식의 일부이다. 따라서 불명확한 시초는 결과적으로 이념에서 연역된 것으로 드러난다.

따라서 헤겔의 체계에서는 모호하고 불명확한 것조차도 궁극적으로 명료한 개념적 서술의 그물에 포획된다. 궁극적으로 서술은 완전한 승리를 거두며, 순수하지 못한 자신의 출생의 조건을 벗겨 낸다. 우리가 본 것처럼 필연성의 원환은 마침내 그 출발점으로 되돌아온다. 정신은 궁극적으로 자기 자신만을 본다. 이런 완전한 명료성에의 도달은 헤겔의 존재론에 본질적이다. 이 문제는, 우리가 이후 결론 부분에서 보겠지만, 오늘날 헤겔 철학에 대한 논의의 중심을 이룬다.

3

절대 정신의 형태로서의 예술은 역사 속에서 발전해 간다. 그리고 여기에서 가장 순수한 예술의 시기는 그리스 문명의 시기였다. 왜냐하면 예술이 처음으로 이념의 적절한 표현으로 된 때가, 하지만 동시에 보다 고귀한 표상이 아직 습득되지 않은 때가 바로 이 시기이기 때문이다.

감각적으로 유일하게 적합한 이념의 형태는 궁극적으로 인간이다. 왜냐하면 인간은 정신이기 때문이다. 그리스인이 바로 이 통찰에 도달했다. 그리고 그들의 예술은 인간 안에 구현된 정신과 완전하게 조화를 이루는 정신의 자유의 예술이다. 이 시기야말로 신들이 인간의 형태로 이해된 바로 그 위대한 시기이다.

그 이전에 사람들은 절대자를 숭고한 것, 초월적인 것으로 보는 견해, 즉 절대자는 어떤 감각적 형태일 수 없다는 견해를 애써 가지고 있었다. 따라서 신을 표현하기 위해 이용된 형상들, 예를 들어 동물의 형상은 신을 형태화할 수 없다는 것을 암시하기 위한 상징으로만 사용되었다. 그리고 상징적 질료와 이념은 서로 통약 불가능하다는 생각이 널리 퍼져 있었기 때문에 그리스 이전의 종교 예술가들은 자신이 사용한 형태들을 비틀어서 어떤 환상적인 존재, 예를 들어 반수, 반조, 거인, 괴물과 같은 것을 창조했다. 이를 통해 사람들은 절대자는 한계가 없으며 측정될 수 없다는 것을 의식하게 되었다. 헤겔은 이러한 "상징적 예술"을 동양 종교 일반의 특징이라고 했다.[18] 하지만 여기서 그가 주로 생각하고 있는 것은 이집트 예술이다. 헤겔은 이집트 예술을 정신은 자유롭다는 상을 획득하기 위한 하나의

---

18) *I & I*, 114~117.

투쟁으로 간주했다. 자유로운 정신이라는 이러한 상은 궁극적으로는 신을 인간과 같은 것으로 이해하는, 따라서 신을 단순히 숭고한 실체적 힘이 아니라 자유로운 주관성으로 이해하는 그리스와 더불어 승리한다. 이것이 바로 『정신현상학』 7장에서 논의하고 있는 이집트 종교에 대한 초상이다. 하지만 이러한 투쟁은 철저히 무반성적 투쟁이었다. 그것은 새로운 예술 형태를 향한 더듬거림이었으며, 따라서 인간은 자신이 더듬거리며 나아가는 그것이 보다 높은 이념의 상이라는 것을 의식하지 못했다.

그리스 문화에서야 비로소 인간은 절대자를 자유로운 주체성으로, 따라서 그 안에서 인간이 자유로워지는 그런 실재로 이해하는 상에 도달했다. 그리고 이것은 신을 인간의 형상으로 서술하는 형태로 나타난다. 하지만 이것은 보다 고귀한 신학적 작업에 의해 습득되는 것이 아니라 처음으로 정신으로서의, 즉 주체성으로서의 절대자의 본성에 적합한 흐릿한 예술의 형태를 통해 습득되었다. 이것이 곧 '예술-종교'이다. 헤겔은 이 술어를 그리스의 종교에 적용한다. 왜냐하면 그에 의하면 그리스 종교는 정신으로서의 절대자를 적절한 예술적 재현으로 드러낸 최초의 종교일 뿐 아니라, 더 나아가 원리상 예술에 의존하는 마지막 종교이기 때문이다. 그리스에 이어 나오는 종교들은 예술을 더 이상 절대자에 대한 자신의 의식을 표현하는 표준적 매체로 간주하지 않는다. 이러한 표준적 매체는 '종교'에서, 즉 신학과 신화에서 나타날 것이다. 예술은 정신에서만 파악될 수 있는 것을 표현하기 위한 부차적 역할로만, 즉 이차적 실례로만 합당하게 될 것이다. 실제로 이런 보다 고차적인 종교들, 예컨대 유대교와 이슬람교는 재현적 예술을 우상으로 거부했다.

예술-종교가 그리스에서 최고의 번영을 누렸다고 하는 사실은 여기서 이미 문화적 전환점에 도달했다는 사실과 깊은 연관이 있다. 이것이 바로, 우리가 본 것처럼, 정신이 작용하는 방식이다. 그리고 우리는 이미 이러한 전환이 불가피하다는 것을 탐구했다. 신적인 것과 인간적인 것을 조화시킨 것은 신을 특수화하는 대가를 지불하고서야 가능하다. 따라서 많은 신들이 존재하게 되며, 만물에 대한 절대적 힘은 이 신들도 복종하지 않으면 안 되는 운명의 형태로 이 신들 뒤에 머문다. 인간의 측면에서 보면, 실체적인 것과의 그의 일체감은 신적인 것에 대한 그런 특수한 상과의 일치를 통해 도달한다. 그리스인은 국지적인, 편협한 존재이다. 그는 반성과 보편적 주체성을 아직 얻지 못했다.

보편성과 반성의 능력에 도달한 주체는 그리스도의 형상에서 인간과 통일된 하나의 절대적 신이라는 보다 고차적인 개념에 도달한다. 그러나 이러한 통일은 직접적인 통일이 아니다. 오히려 이 통일은 부활과 승천을 통해 그리스도 안에서의 첫번째 통일의 불가피한 지양을 경험하게 되며, 공동체에 거주하는 성령의 형태로 복귀한다. 이런 변증법적 통일은 그리스의 다신론에서 특정한 형상을 가진 신의 직접적 통일과는 다르며, 예술 속에서는 이런 통일을 표현할 아주 적합한 수단을 발견할 수 없다. 따라서 절대 종교, 즉 기독교는 예술-종교일 수 없다. 예술이 여기서 일부일 수 있지만, 그것은 사유에 종속된다. 여기서 사유란 일반적인 의미로 말해 개념적 담론과 형상적 담론을 포함하는 것이다. 절대 종교는 담론 속에서 내적으로 이해되어야 한다.

예술은 다시 한번 이념에 적합하지 않다는 의미에서, 그리고 스스로를 이념으로 알지 못한다는 의미에서 다시 상징적으로 된다. 전에는 예술이 희미하고 불분명한 무한정자에 대한 감각에 의해 추동되면서 점차 적절함을 향해 나아가는 유일한 매체였던 데 반해, 이제 사람들은 예술보다는 높은 매체 속에서 절대자를 주체로 볼 수 있는 적절한 상을 가지게 되었다.

따라서 새로운 예술은 이전의 예술과는 다른 방식으로 자유롭다. 예술은 자유로우며, 스스로 "상상력의 모험"에 양도될 수 있다.[19] 근대 이래로 특수한 주체성이 온전한 권리를 획득하며, 만물의 절대적 주인은 주체라고 알려지게 되고, 개별자 인간들의 행위는 예술에 아주 의미 있는 것이 된다(이렇게 개별자들이 중요해진 것은 근대에 신탁에 대한 욕구가 극복된 것과 동시적으로 일어난다). 기독교 시대 이래로 성립한 예술의 이러한 국면을 헤겔은 '낭만주의 예술'이라 부른다.

따라서 이념은 우리에게 예술이 필연적인 패턴에 따라 역사에서 어떻게 발전해 가는지를 보여 준다. 역사의 필연성은 상이한 예술 양식에서 유사하게 추적될 수 있으며, 예술의 양식은 다시 상이한 역사적 발전 단계와 유사성을 가진다. 비조형적 형식의 거대한 형상인 건축은 상징적 예술의 시기에 해당한다. 이 시기에는 건축이 지배적이다. 하지만 완벽한 신전이 건설된 이후 신에 대한 표상이 생겨나기 시작한다. 그리스 시대에 그 정점에 이르는 이러한 신에 대한 표상은 조각의 전성시대에 상응한다.

이제 신전은 신을 위해 구축된다. 신의 집은 완성되어 서 있고, 외부 자연은 가공된다. 그리고 갑자기 개별성이라는 섬광이 이 자연을 관통해 간다. 신은 자연 속에 서 있으며, 자연은 그를 전시한다. 즉 조각상이 성전에 우뚝 선다.[20]

회화, 음악 그리고 시는 좀더 내면적이다. 건축이나 조각이 그들의 불

---

19) *I & I*, 123.
20) *I & I*, 127.

가피한 매체인 삼차원적 외부 실재에 묶여 있는 데 반해 이 장르들은 그렇지 않다. 회화는 "추상적으로 볼 수 있게 함"(abstraktes Sichtbarmarchen)이다.[21] 음악은 눈에 보이지 않는 소리를 다룬다. 시는 말들을 다루는데, 이 말들 속에서 소리는 기호라는 정신적 실재로 나타난다. 따라서 이 예술들은 낭만주의 예술의 시기에 지배적으로 된다.

시는 최고의 예술 형태이다. 여기에서 예술은 표상[재현]으로 넘어갈 준비를 한다. 시의 매체는 언어이다. 언어가 궁극적으로 서술적 명료성을 획득하게 될 때 물질적 매체로서의 그것의 속성은 더 이상 중요하지 않게 된다. 언어는 여기서 사용된 넓은 의미로 볼 때 철저히 표상적[재현적]이다. 즉 언어의 기능은 우리의 마음의 오직 서술된 대상에 초점을 맞추게 하는 것이며, 이 대상들을 정확히 특징화하는 것이다. 따라서 말의 현실적 소리나 단어의 모습은 중요하지 않게 된다. 우리가 '의자'라고 하건 '체어'(chair)라고 하건 '슈툴'(Stuhl)이라고 하건, 혹은 이 말들의 동의어들 중 하나를 사용하건 간에 그것은 별로 중요하지 않다. 중요한 것은 서술적 의미이다. 서술적 술어는 "철저하게 무차별적이고 가치에 연연 않는 기호"이다.[22] 우리의 매체의 감각적 성질들은 더 이상 중요하지 않다. 여기서 사람들은 예술의 영역을 초월했다.[23]

새 시대에는 예술의 자리에 무엇이 들어올까? 한편으로 낭만주의 시기, 혹은 기독교 시기는 상상력을 해방시켰다. 예술은 이제 우연적인 것을,

---

21) *I & I*, 131.

22) *I & I*, 133.

23) 헤겔은 감각적 매체의 이런 초월성을 시에 귀속시키는데, 이런 견해는 그 자체로 낯설 뿐 아니라 헤겔 자신의 이론의 관점에서 보더라도 쉽게 믿기지 않는다. *I & I*, 133 참조. 여기서는 단지 헤겔의 『미학 강의』가 출판을 의도하지 않은 순수한 강의록이었다는 사실만 기억하자.

주관적인 것을 묘사할 수 있다. 그러나 이것은 이념이 예술이 표현할 수 없는 보다 고차적인 의식 양태를, 즉 종교와 궁극적으로는 철학을 발견했다는 사실과 관련이 있다. 따라서 예술은 "더 이상 정신의 최고의 욕구"[24]가 아니다. 이러한 사실이 근대 시대 전체에 적용된다. 사람들이 철학 속에서 이념에 대한 완전히 적절한 표현 수단을 발견하게 될 때 예술의 상황은 더욱 나빠질 것이다. 예술은 다른 매체에서 명쾌하게 알려진 진리를 예시하는 단순한 부차적 역할만을 하는가? 기독교 예술이 기독교 신학을 위해 존립했듯이 예술은 사변 철학을 위해 존립할 것인가? 물론 신학은 신이나 성육신과 같은 신비들을 완전히 관통해서 파악하기를 요구하지 않는다는 점에서 철학과 신학 사이에는 큰 차이가 있다. 따라서 예술은 결국에는 철학의 명료성에 의해서만 종결될 수 있는 무한한 변방 지대를 남겨 둔다.

예술에 대한 헤겔 주장의 논리는, 비록 그가 직접 언급하지는 않지만, 이런 음울한 전망에 노출되어 있는 것 같다. 확실히 이 사실은, 사람들이 그의 미학 저술들에서 엿볼 수 있듯이, 그가 예술의 미래에 대해 생각한 바가 아니다. 여기서는 철학자로서 그의 이성보다는 낭만주의 세대의 구성원으로서 그의 감수성이 더 선견지명이 있었다. 왜냐하면 현대인의 정신적 삶에서 결코 종속적 지위만을 취하지 않은 예술은 우리 시대 많은 사람의 삶에서 종교의 지위를 넘겨받았기 때문이다. 이들이 예술을 한편으로는 궁극적으로 중요한 것에 대한 최상의 표현으로 간주한다는 점에서, 다른 한편으로는 예술을 인간의 최상의 활동으로 본다는 점에서 그렇다. 그리고 이것 자체는 우리가 헤겔의 종합의 영역에서 얼마나 벗어나 있는지를 보여 준다.

---

24) *I & I*, 153.

18장
/
종교

1

이제 우리는 두번째 단계, 즉 종교에 도달한다. 종교는 표상(Vorstellung)의 영역이다. 표상은 좀더 내적인 의식 형태이다. 종교는 어떤 측면에서 보면 예술에서 감각적 형식으로 체현된 것을 좀더 내면화한다. 왜냐하면 표상 행위는 상들, 즉 감각적이고 구상적인 것들을 이용하기 때문이다.

그러나 종교는 그러한 것들을 단지 더 나아간 목적을 위해, 즉 절대자를 묘사하고 특징화하기 위해 이용한다. 종교적 사유는 표상적 의식 양태이다. 종교적 사유는 감각적 상을 이용하지만, 이는 그 감각적 지시체를 숙고하기 위해서가 아니라 보다 고차적인 내용을 재현하는 상징으로 사용하기 위해서이다. 보다 높은 영역을 보다 낮은 영역에서 이끌려 나온 이미지들로 표현하는 이런 서술은 종교적 사유의 특징이다. 예를 들어 이념 혹은 보편자의 필연적인 자기 분열은 신학에서 출산의 상으로 재현된다. "하나님은 자기 아들을 만세 전에 출산했다." 물론 모든 사람이 이 상이 일반적인 감각적 방식으로 이해될 수 없고, 다만 초감각적인 것을 지시하기 위해 이용되고 있다는 것을 이해한다.

따라서 표상은 보편자에 도달하기 위해 단순히 감각적인 것에서 스스로를 해방하는 의식 양태이다. 그러나 종교는 아직 완전한 성공을 거두지는 못한다. 즉 종교는 여전히 감각적인 것에 붙들려 있으며, 감각적 상을 이용해야 한다. 물론 종교는 또한 개념적 사유를 이용한다. 우리는 때때로 철학들이 신학적 맥락에서 수행되는 것을 본다. 예를 들어 교부들이나 스콜라 철학자들이 그런 자들이다.[1] 하지만 우리는 신학에서 거의 언제나 감각적 상과 보편적 개념이 서로 혼합되어 있음을 본다. 예를 들어 '전능자'라는 신학적 개념이 그러하다.[2]

그러나 보다 순수한 형식의 종교조차 이념의 명료한 분절들을 결합하고 통일하는 그런 내적 필연성을 파악하지 못한다. 종교는 본질적으로 서로 연관된 두 개의 규정을 취해서 이 규정들이 시간 속에서 서로 잇따르는 것으로 이야기한다. 예를 들어 인간의 창조와 타락, 혹은 창조의 상이한 단계들이 그것이다. 표상은 단순히 **이야기한다**(erzählt).[3] 표상은 내적인 연관을 보여 주지 않는다. 내적인 연관을 보여 주는 것은 사유의 과업이다.

하지만 절대 정신의 한 단계로서의 종교, 즉 정신의 자기 의식의 한 단계로서 종교는 단순히 절대자, 즉 신에 대한 일련의 표상들이 아니다. 오히려 이 표상들은 종교의 본질에 속한다. 그리고 헤겔은 여기서 야코비나 슐라이어마허의 낭만주의적 정신성을 반박한다. 이들은 종교의 핵심을 예배자의 헌신에 두었으며, 신의 인식 불가능성을 강조했다. 헤겔은 이것을 계몽에 대한 반작용으로 이해할 수 있었다. 사실 헤겔은 젊은 시절인 1790년

---

1) *GPhil*, 169.
2) *GPhil*, 171.
3) *BRel*, 297.

대에 낭만주의적 정신을 공유했지만[4] 단순히 주관적인 것으로의 이러한 도피를 단호히 거부했다.

그 이유는 낭만주의적 신앙은 몇몇 본질적 가정에 있어서 계몽의 가정에 붙잡혀 있다는 데 있다. 낭만주의는 계몽처럼 유한한 주체와 이 주체의 자유를 강조하며, 신이 인식의 대상이 아니라는 계몽의 인식론의 결론을 수용한다. 따라서 낭만주의는 신을 순수한 느낌에 다름 아닌 신앙의 대상으로 만들어 버린다. 이 신은 존재하고 있다는 사실 외에 결코 알려질 수 없는 그런 존재다. 따라서 신앙의 중심은 예배자의 헌신에 모아진다. 그리고 헤겔에 따르면 이것은 종교의 본질에 대한 고유한 파악이 아니다.

종교라는 이 개념은 무엇인가? 그리고 왜 종교는 신의 표상을 전제하며 또 그것은 무엇을 더 전제하는가? 사변적 관점에서 볼 때 종교는 정신의 자기 인식의 양태이다.

신이 자신을 알 경우에만 신은 신이다. 더 나아가 신의 자기 인식은 인간 안에서의 자기 의식이며, 신 **안에서** 인간의 자기 인식에 도달하기 위해 나아가는 신**에 대한** 인간의 인식이다.[5]

다른 말로 하면 신은 인간의 신 인식을 통해 자기에 대한 인식에 도달한다. 인간은 신의 자기 의식의 담지자이다. 하지만 이때 만약 신이 헤겔적 의미에서 정신이라면 신은 본질적으로 자기 인식으로 규정된다. 그리고

---

4) 이 책 2장 참조.
5) *EG*, §564. *BRel*, 302~303 참조. "종교는 신적인 지식이며, 신에 대한 인간의 지식이고, 신 안에서 자기에 대한 인간의 지식이다."

만약 이런 자기 인식이 신에 대한 인간의 인식에 의해 매개된다면, 신은 알려질 수 없다고 말하는 종교의 사상은 종교의 본질을 직접 반격하는 것이다. 낭만주의적인 헌신의 종교에 대립하여 헤겔은 신은 본질적으로 자신을 드러내도록 규정되어 있으며, 혹은 위에서 인용한 것처럼 "신이 자신을 알 경우에만 신은 신이다"라고 주장할 것이다.[6]

물론 이러한 자기 인식의 과정은 역사를 통해 점진적으로, 그리고 고통스럽게 실현되어 간다. 왜냐하면 이러한 과정 자체가 정신의 자기 실현의 일부이기 때문이다. 초기 단계에 신의 자기 의식은 매우 조야하고 부적절하며, 매우 뒤틀려 있다고 말할 수 있을 것이다. 하지만 이러한 원시적 형태에서조차 그것은 명백히 인지적 차원에서의 신 의식이며, 따라서 낭만주의적 일탈보다 더 진정한 종교이다. 따라서 신을 표상하는 것은 종교에 본질적이다. 그러나 이것이 종교 전체는 아니다. 왜냐하면 표상되고 있는 것은 절대자, 즉 유한한 정신인 우리 자신을 포함하여 만물의 토대가 되기 때문이다. 더 나아가 이때 절대자란 궁극적으로 우리와 분리되어 있는 자가 아니라 우리가 그것의 담지자로 있는 그런 자이다. 우리는 절대자와 분리되어 있지만 궁극적으로는 동일한 존재이다. 우리가 절대자와 맺는 관계를 이렇게 이해하는 것은 종교적 표상 그 자체에서 드러나지 않는다. 즉 어떤 경우에도 명확한 관념으로 드러나지 않는다. 왜냐하면 그렇게 명확하게 드러난다면 우리는 사유의 영역에 있게 될 것이며, 표상을, 따라서 종교를 넘어서 있을 것이기 때문이다. 하지만 종교는 어떤 특정한 형태로 있어야 한다. 그리고 종교 안에서 절대자는 헌신의 형태로 나타난다.

---

6) 이것은 낭만주의적 헌신에 대한 헤겔의 독특한 견해를 보여 준다. 그에 의하면 낭만주의적 헌신은 종교의 계시보다는 원시적 자연 신앙에 더 가깝다.

따라서 낭만주의자들이 완전히 틀린 것은 아니다. 그들은 종교의 본질적인 요소들을 결하고 있기는 하지만 여전히 종교의 차원들 중 하나를 붙들고 있다. 왜냐하면 종교적 의식은 이러한 절대자가 우리와 무관한 그런 대상이 아니라는 감각을 가져야 하기 때문이다. 이 종교적 의식은 절대자가 어떤 방식으로든지 우리를 규정하도록 우리와 결합되어 있다고 느낀다. 따라서 신앙인은 신에 대한 상을 가질 뿐 아니라 신과 하나가 되고자 갈망한다. 신앙인은 신에게 헌신하고자 나아간다. 물론 우리가 궁극적으로 무한한 주체와 통일되어 있다는 사실뿐 아니라 우리가 유한자로서 그와 단절되어 있다는 사실도 참되다. 사변적인 진리 전체에 따르면 통일은 분열에서 회귀할 경우에만 달성될 수 있다. 우리는 신과 분리되어 있다는 것, 그럼에도 불구하고 이 신과 우리는 분열되어 있지 않다는 것, 따라서 우리는 되돌아와서 그와 통합되고자 갈망한다는 것, 이것이 바로 종교적 헌신에서 지각되는 것이다.

따라서 종교는 두 가지 차원을 갖는다. 즉 신의 표상과 신앙인이 극복하고자 하는 그와의 강력한 분리감. 하지만 역시 세번째 차원이 있다. 제의가 그것이다. 종교는 이러한 의식과 갈망의 바로 그 장소일 뿐 아니라 또한 인간이 이런 분리를 극복하고자 노력하는 방식을 포괄한다. 이것이 바로 제의의 본질이다.

제의 가운데 인간은 신과의 분리, 자신의 협소한 주관성, 그리고 자신을 무한자와 분리시키는 유한한 측면 등을 극복한다. 인간은 그러한 분리를 포기함으로써 그 분리를 극복한다. 제의는 희생의 요소를 포함하며, 여러 특수한 제의들 중에는 실제적인 외적인 희생도 있다. 특정한 것이 실제로 바쳐져서 태워진다. 동시에 인간이 자신의 분리된 주관성을 포기하기 때문에, 그리고 희생 가운데서 스스로 유한자와의 접촉점에서 벗어나기 때문에 신은 그 안에서 실제적 존재가 된다. 즉 희생은 종종 공동의 식사로 끝난다. 이 식사 속에서 인간은 마침내 신과 통일된다.

따라서 제의는 종교의 본질적인 세번째 차원이다. 그것은 절대자에 대한 재현일 뿐 아니라, 분리에 대한 인식과 통일에 대한 사명이며, 또한 이러한 통일을 현실화하는 수단이기도 하다. 물론 이런 통일이 비록 단지 간헐적이고 결코 확정적이지 않다 하더라도 말이다. 그리고 이러한 제의는 단순히 인간의 행위로 간주되어서는 안 된다. 신은 인간을 통해 자기 인식에 도달하며, 인간의 신과의 통일은 신이 자기 자신과의 조화로 되돌아온 것이다. 따라서 화해의 작업은 인간의 작업일 뿐 아니라 신의 작업이기도 하다. 그리고 이것은 신이 인간의 반응 속에서 행위한다는 것만을 의미하지 않는다. 더 나아가 그것은 신 자신이 인간의 배후에 놓여 있다는 것을 의미하기도 한다. '절대 종교'의 신학 용어로 말하자면 우리는 성령에 의해 예배하도록 강제받는다. 결국 제의는 두 개의 행위가 아니라 두 주체를 결합하는 단 하나의 행위이다. 신의 은총에 의한 구원과 인간의 자유에 의한 구원 사이에 놓인 신학의 모순은 헤겔의 사변 철학의 체계 내에서 해결된다. 아니 오히려 화해된다.

종교는 이 세 차원에서 살펴져야 하기 때문에 헤겔은 종교철학을 과거의 자연 신학과 구분한다.[7] 자연 신학은 신에 대한 우리의 인식에만, 즉 첫번째 차원에만 관련된다. 하지만 헤겔에 따르면 우리가 일단 신을 사변적으로 이해할 경우 우리는 불가피하게 신의 바로 그 관념에 반하는 연구로

---

7) 청년기에 쓰인 1790년대의 작품에서부터 헤겔은 신학으로서의 종교보다는 생동적인 경건함으로서의 종교에 훨씬 더 많은 관심을 가졌다. 따라서 주관 종교와 객관 종교에 대한 초기의 구분(2장 참조)은 이러한 사실을 보여 준다. 철학에 의해 적절하게 재해석된 신학의 중요성을 알아차린 것은 성숙한 시기의 헤겔이라고 말할 수도 있을 것이다.

이끌린다. 왜냐하면 신은 분리된 채 사유될 수 없기 때문이다. 신을 분리한 채 사유하는 것은 오성의 단계에 머무는 것이다. 신은 자기 의식으로 와야 하고, 신은 이 일을 신자들의 공동체에서만, 제의 공동체에서만 수행한다.

신이라는 개념은 스스로 객체가 되고 스스로를 자신에게 객체로 만들기 위한 신의 이념이다. 이것은 **정신**으로서의 신 안에 내재한다. 즉 신은 본질적으로 공동체 안에 있으며, 공동체를 가지며, 스스로의 대상으로 존재한다. 그리고 이것은 자기 의식 속에서만 참되다. 신에 대한 최상의 규정은 자기 의식이다. 따라서 신 개념은 그 자체 필연적으로 종교로 이끈다.[8]

따라서 헤겔에게 종교는 절대자에 대한 의식 양태 그 이상이다. 협소한 의미의 종교는 종교의 첫번째 차원만을 지시한다. 따라서 종교는 주체의 태도이며, 무엇보다도 절대자와의 통일을 목표로 하는 실천이다. 이러한 사실은 헤겔이 철학이란 종교의 내용을 사유 속에서 반복하는 것이라 말하는 장면에서 많은 문제들을 불러일으킬 것이다. 왜냐하면 종교가 진실로 예술과 철학과 더불어 절대자의 의식의 고차적 단계로 취해질 수 있는지, 단순히 의식 양태는 아닌지, 혹은 어떤 점에서 예술과 철학과는 다른지 등의 문제가 발생하기 때문이다.

종교가 단순한 의식의 차원을 넘어서게 하는 것이 제의이다. 통일을 실현하는 것, 혹은 유한한 정신과 무한한 정신의 통일을 복원하는 것이 제의이다. 그러나 이때 이 제의는 종교를 인간의 실천의 영역에, 인간과 정신의 화해를 산출하는 생활 형식과 행위를 구축하는 영역에 올려놓는 것 같

---

8) *BRel*, 156.

다. 간단히 말해서 제의는 종교를 객관 정신의 영역에도 올려놓는 것 같다. 왜냐하면 우리가 알고 있는 객관 정신이란 그러한 집합적 삶의 형식과 실천의 영역이기 때문이다. 바로 이 영역에서 정신은 스스로를 실현하고, 정신의 자기 의식을 담지할 수 있는 역사의 주체를 독자적으로 창조한다. 따라서 현실적인 활동적 자기 의식은 절대 정신의 영역을 체현해야 한다. 종교는 이러한 (객관 정신과 절대 정신의) 구별에 양다리를 걸치고 있는 것 같다. 왜냐하면 제의는 생활 형식과 실천의 측면에 더 가까이 있으며, 실제로 고대 문명에서 제의는 폴리스에 속한 다른 실천이나 제도와 분리되어 있지 않았기 때문이다.

만약 근대 세계에서는 종교가 객관 정신의 다른 제도들과 분리된 것으로 고려될 수 있다면, 이는 종교와 객관 정신 사이에는 간극이 있다는 것을 의미한다. 객관 정신의 위치는 인민이다. 고대 세계에서와 마찬가지로 근대 세계에서도 객관 정신은 인민에 위치한다. 인민은 자신의 군주, 자신의 법, 자신의 대의제도들 둘레에 모인다. 하지만 고대 세계에서와는 달리 근대인의 제의는 단순히 인민의 제의가 아니다. 제의는 원리상 보편적이며, 실제로 국가의 영역을 넘어선다. 하지만 이 제의는 소여된 정치 공동체의 모든 시민을 통일하고 유지하는 데 매우 자주 실패한다. 이러한 의미에서 제의는 근대 국가의 제도들에서 다소 벗어나 있다. 헤겔은 종교가 합리적 국가에서 결정적인 역할을 하는 것으로 생각하면서도 신앙 고백적 국가를 피한다는 사실을 우리는 보게 될 것이다. 헤겔은 인간은 국가에서 신앙 고백과는 상관없이 자신의 위치를 시민으로 취해야 한다는 자유주의적 노선을 지지한다. 그는 심지어 유대인에게 완전한 권리를 주는 것에도 찬성한다. 이러한 사실은 당대의 분위기와 상당히 다른 것이었다.[9] 헤겔에 따르면 속인주의적 원리는 프로테스탄티즘에 함축되어 있다. 하지만 이러한 입장은 또한 헤겔 사유의 자유주의적 계몽의 측면에서 기인한다. 왜냐하면 그는 신앙과 계몽의 궁극적 수렴을, 철학에서 종교를 재해석하는 데 본질적인 그런 수렴을 보았기 때문이다. 이에 대해서는 다음에 더 자세히 다룰 것이다.

그러나 만약 우리가 제의의 역할을 인간을 그 유한한 주체성에서 되돌려 보편자와 통일시키는 것으로 생각할 경우, 이것은 우리가 객관 정신에서 본 제도들과 근본적으로 다르지는 않다. 따라서 헤겔이 다음과 같이 말한 것은 결코 놀랄 일이 아니다.

마음과 의지가 철저히 보편자로까지, 그리고 진리로까지 진지하게 도야된다면 우리는 우리가 인륜성으로 알고 있는 것을 실제로 가지게 된다. 그런 한에서 인륜성은 가장 참다운 제의이다.[10]

하지만 헤겔은 다음 문단에서 이렇게 덧붙인다. "그런 한에서……**철학**은 영원한 제의이다."[11]

이 모든 것은 매우 혼란스럽다. 우리는 물론 철학이 오성을 통해 인간을 정신과 통일되게 하는 하나의 길임을 분명하게 감지할 수 있다. 그러나 헤겔의 전체 입장은 사유 속에서의 이러한 귀환이 삶과 실천에서의 귀환을 전제하고 요구한다는 것이다. 귀환한 사유는 탈육신화될 수는 없지만 보편자로까지 고양된 삶에 의해 수행되어야 한다. 이러한 삶의 형식은 발

---

9) *PR*, §270.
10) *BRel*, 236.
11) *BRel*, 236.

전된 인륜성의 형식이다. 이러한 의미에서 양자[사유와 삶]는, 비록 첫번째 것이 두번째 것을 전제하고 그것에 의존한다고는 하지만, 제의로 생각될 수 있다. 내적 통찰의 형식으로서의 철학은 사실상 끝없는 '제의'이다. 그 것은 대부분의 종교가 간헐적으로 시기에 따라 하는 그런 제의 행위와 다 르다. 그러나 인간이 삶의 실천에서 보편자와 효과적으로 하나가 된다는 의미에서 인륜성은 사실 '가장 참다운' 제의라고 할 수 있다.

간단히 말해서 보편자로의 인간의 회귀는 삶에서뿐 아니라 사유에서 도 성취되어야 한다. 실제로 적절하게 도야된 인간의 사유가 없을 경우 삶 에서의 회귀는 불가능하다. 그러나 이와 상호적으로 발전하는 사유로의 이러한 회귀는 발전된 '마음과 의지'에 의해 수행되어야 하며, 이 마음과 의지는 어떤 공적인 제도 속에서만 가능하다. 지적인 발달과 삶의 발달은 불가피하게 서로 엮여 있다.

그러나 종교를 위한 자리는 어디에 있는가? 우리는 헤겔의 범주들에 의지하여, 정신이 완전하게 개화한 곳에서는 결코 성립할 수 없는 하나의 가능한 논의 노선을 볼 수 있다. 만약 종교가 (종교적 표상에 의한) 의식에 서, 그리고 (제의에 의한) 효과적 실천에서 인간과 절대자의 연합이라면 종 교는 이 두 측면에서 (정신의 자기 의식의 보다 높은 양태인) 철학과 (근대의 어떠한 종교 공동체도 주장할 수 없는 참으로 효과적인 실재이자 자기 유지적 인 삶의 형태인) 국가에 의해 지양되지 않겠는가? 인간의 궁극적 문명은 신 학과 제의의 전통적 융합 대신 합리적 국가와 사변적 철학의 새로운 조합 을 만들지 않겠는가?

헤겔은 이러한 입장을 취하지 않는다. 물론 그가 그러한 입장을 취하 는 듯한 구절들이 있다. 예를 들어 근대 국가의 세속화에 대해서 논의할 때 그는 정치적 사회의 우선성을 완고하게 주장한다. 따라서 『법철학』 270절에서 헤겔은 종교가 참으로 합리적인 국가에 대립해서 자신의 임무를 주장할 수 없다고 말한다. 왜냐하면 국가는 권리를 세계 안에서 실제적으로 표현한 것이기 때문이다. 오히려 종교는 국가가 자신의 근본적 이상을 완성한 것임을, 국가가 "지상에 존재하는 신적 의지이자 정신임을, 국가 스스로가 세계의 형상과 조직을 실제로 전개하는 것임을" 인정해야 한다.[12] 종교가 관여하고 있는 것의 본질은 국가라는 인륜성 안에서 권위적으로 체현되어 있다. 인륜적 삶이 국가 안에서 구체적으로 표현되지 않고서는 종교의 도덕적 교훈은 그 정확한 표현에 있어서 부정확하게 머물러 있게 되며, 그 적용에 있어서 무규정적이고 주관적으로 남아 있게 된다.

> 인륜적인 것, 권리, 법, 제도 등에 영향을 미치는 문제에서 교회의 신앙과 권위와는 대조적으로, [즉 이 문제들에 대한] 교회의 주관적 확신과는 대조적으로 국가는 [이 문제를 객관적으로] 알고 있는 자이다.[13]

따라서 헤겔은 국가가 신앙 고백적 국가일 수 없다고 결론 내린다. 국가는 자신의 본질에 맞게 스스로를 분명하게 전개해야 한다. 국가는 철저히 이성에 근거해야 하고, 따라서 진리에 대한 단순한 믿음에 근거할 수 없으며, 이성의 본능에 의해서 믿길 뿐인 표상에 근거할 수 없다. 이것이야말로 가장 참된 종교(루터교)조차 피할 수 없는 것이다. 국가는 이성 안에 독립적인 토대를 가져야 한다.

---

12) *PR*, §270.
13) *PR*, §270.

더 나아가 국가가 **자기를 아는** 정신의 인륜적 실재로 존립하기 위해 권위의 형식과 신앙의 형식의 구분이 불가피하다.[14]

헤겔이 진술하는 국가의 이러한 세속화는 역사적으로 교회의 분열로부터 발생한다. 따라서 결코 불행이라 할 수 없는 이러한 분열은 이성의 간지의 또 다른 예이다.

하지만 사실 헤겔은 종교가 지나가 버렸다고 생각하지 않는다. 이것은 무신론자라는 비난을 피하기 위한 그의 기회주의적인 처신에서 나온 것이 아니다. 사실 당시에 피히테는 무신론자로 탄핵받았고, 무신론적 사상은 당시의 복고주의적 분위기에서 학문적 경력을 불가능하게 했다. 헤겔이 루터 교회를 지지했을 때 그가 실제로 그렇게 생각했는지가 아니라 그의 입장이 진실로 이러한 서술과 부합하는지를 질문할 수 있다.

종교가 세 차원을 갖는다는 것, 즉 신에 대한 인식과 제의뿐 아니라 헌신과 감정도 갖는다는 것을 상기한다면 왜 종교가 지속적인 역할을 수행하는지 볼 수 있다. 종교는 인간을 마음과 감성 속에서 절대자와 통일시킨다. 우리는 헤겔이 이 사실을 자신의 지적인 삶을 시작한 순간부터 종교의 생동적 기능으로 간주했다는 것을 알고 있다. 지적인 삶을 시작한 튀빙겐 시절에 그는 합리적일 뿐 아니라 '마음, 감성과 상상력'을 강조하는 그런 종교를 추구했다. 그리고 그 이후 철학이 더 중요하다는 것을 보기 시작했다 하더라도 그는 결코 철회할 수 없는 종교의 역할을 부정하지 않았다. 변한 것은 오히려 정통 기독교에 대한 평가에 있다. 그는 정통 기독교를 사변 철학의 눈을 통해 절대 종교로 본다. 즉 이제 그는 더 이상 기독교를 예수

---

14) *PR*, §270.

의 순수한 도덕적 가르침에서 벗어난 '실정적' 일탈의 종교로 보지 않는다.

철학에서의 절대자와의 화해는 우리가 본 것처럼 삶 속에서의 화해를 전제한다. 이것은 국가에서 체현된다. 그러나 이것은 인간이 마음과 감정에서 절대자와 통합되지 않을 경우 성취될 수 없다.

사실 철학은 나중에 온 것이다. 왜냐하면 잘 조직된 국가가 이성에 근거해 있다고 하더라도 이념의 궁극적이고 합리적인 형태는 합리적 국가의 역사의 단계에 진입하고서야 나타나기 때문이다(물론 그것은 '일반적인 윤곽'에서만 그렇고, 완성되기 위해서는 아직 많은 것이 남겨져 있다). 그러나 국가가 효과적인 현실을 담아 내기 위해 불가피하게 요청하는 것은 자신의 합리성에 대한 어떤 느낌, 이념에 근거한 철회할 수 없는 권위에 대한 어떤 느낌, 간단히 말하면 시민들에게 내재한 '인륜적 심정'이다. 그리고 이것은 바로 종교에 근거한다.

따라서 철학에서 신과의 통일은 종교가 제공하는 마음과 감정에서의 신과의 통일을 전제한다. 그리고 종교에서의 통일이 이후에 완성되길 기다려야 하는 시간적으로 앞선 단계인 것은 아니다. 오히려 이것은 지속적으로 작용한다. 왜냐하면 사유에서의 통일은 삶에서의 통일이 지속되는 한에서만 지속될 수 있기 때문이다.[15] 따라서 철학은 철학과 종교 양자를 이해하는 반면 종교는 그렇지 않다는 점에서 철학이 종교보다 높긴 하지만, 철학이 종교를 대체할 수는 없다. 헤겔은 이러한 사실을 『철학사』에서 다음과 같이 분명하게 말한다.

---

15) 이것이 바로 Emil L. Fackenheim, *Religious Dimension in Hegel's Thought*, Blooming-
ton and London: Indiana University Press, 1967, pp. 206~214에서 지적하고 있는 것이다.
물론 헤겔의 종교철학에 대한 그의 해석은 본질적으로 나와 다르다.

철학은 종교에 대립하지 않는다. 철학은 종교를 파악한다. 그러나 절대적 이념에게서, 즉 절대 정신에게서 종교의 형태는 있어야 한다. 왜냐하면 종교는 모든 인간에게 있는 진리의 의식의 형태이기 때문이다. 인간의 도야는 다음과 같다. ① 감각적 지각, ② 감각적 지각과 보편자의 형태의 혼합, 즉 반성, 사유. 이때 사유는 외면성을 아직 많이 보유하고 있는 추상적 사유이다. 그다음으로 인간은 사상이라는 구체적 도야의 단계로 이행하며, 참된 것에 대해 사변하고, 이 참된 것을 그것의 참다운 형식 속에서 의식한다. 하지만 어떤 지점에서 문명의 과정에 진입하는 이런 사변적 행위는 모든 인간에게 공통적인, 외적으로 보편적인 사유 형식이 아니다. 따라서 즉자적으로 참된 것의 의식은 종교의 형식을 가져야 한다.[16]

헤겔은 여기서 외견상 다음과 같은 사실을 말하고 있는 것 같다. 즉 종교의 지속적 필연성은 모든 인간이 다 완전한 합리성에 도달할 수 있는 것은 아니라는 사실에 달려 있다. 그리고 이러한 해석에 따라 우리는 종교를 빈곤한 인간이 철학 대신 가지고 있는 것으로 보게 된다. 즉 종교란 실제로 지성을 가지지 못한 자들의 통합을 유지하기 위해 고안된 것으로 간주된다. 이러한 생각은 위에 인용한 『법철학』 270절에 나오는 또 다른 문장에도 나타난다. "종교는 인간의 마음속 깊은 곳에 통일감을 심어 주는 국가 안에서의 통합의 토대이기 때문에 국가는 모든 시민을 하나의 교회 공동체에 속하게 해야 한다"(여기서 헤겔은 성급하게도 '**하나**의 교회'를 강조하는데, 그 이유는 국가가 인간의 신앙의 내용에 간섭할 수 없기 때문이다).[17]

---

16) *GPhil*, 192.
17) *PR*, §270.

하지만 종교를 국가 시민을 조용히 만들기 위한 수단으로 보는 것은 헤겔을 심각하게 잘못 해석하는 것이다. 종교의 필연성은 대중의 열등성을, 대중이 엘리트의 합리성을 습득할 수 없음을 말하는 것이 아니다. 반대로 우리가 본 것처럼, 분화[차이]는 합리적 국가의 본질에 속하며, 바로 그렇게 분화된 모든 집단은 본질적 측면의 담지자이다. 모든 인간이 다 철학자일 수는 없다. 왜냐하면 철학자가 되는 것은 다른 임무와 능력의 발전을 배제하고 어떤 특수 분야에만 헌신하는 것이기 때문이다. 이것은 모두가 다 공무원이나 사업가가 될 수 없는 것과 같다. 이들 역시 자신의 특수 분야에서 다른 분야에서는 가질 수 없는 특질을 가진다. 농업이나 무역에 종사하는 사람은 철학 전문가일 수 없다.

하지만 이것은 철학자가 다른 사람들이 결하고 있는 완전함을 습득한다는 것을 의미하지 않는다. 모든 것을 두루 갖춘 이런 고귀한 이상은, 헤겔이 주장하고 있듯이, 하나의 환상일 뿐이다. 그런 이상은 그리스 사회의 몰락과 더불어 사라졌다. 근대의 인간의 영역은 너무 넓어서 단 한 사람에 의해 장악될 수 없다. 특화[전문화]는 불가피하며, 합리적인 사회에서 각각의 특수성은 모든 다른 사람이 각자의 방식으로 참여하는 인간 삶의 본질적 측면을 표현한다. 따라서 모든 인간은 어떤 방식으로든 사업가 계급에 의해 가장 완벽하게 표현되는 자유로운 개별성의 삶에 포함된다. 비록 하나의 신분, 즉 공무원만이 보편자와의 연관에 직접 투신하고 있기는 하지만 모든 사람은 보편자와 연결되어 있다. 유사하게 비철학자들은 사물들의 근저에 놓여 있는 합리성과 어떤 방식으로든 연결되어 있다. 그리고 철학자 또한 절대자를 마음과 상상력 속에서 느낀다. 정치 사회의 신분들에서처럼 각각의 특수성의 발전은 다른 특수한 삶의 양식들의 종속적 측면을 유지하는 데 필수적이다. 철학자의 작업은 보통 사람을 사물들의 합리적 토대와 연결하는 데 필수적이다. 철학자의 사유가 마르지 않으려면 많은 사람의 순수한 종교적 헌신이 필요하다.

이러한 의미에서 종교의 계속적인 실존은 완전히 개화된 사회에서도 인간 그 자체에게, 철학자와 비철학자에게 본질적이다. 따라서 "국가가 종교적 목적을 위해 존재하는 교회 공동체를 진작하고 보호하는 것은 자연스러운 일이다".[18]

따라서 종교는 신에 대한 헌신으로서 본질적인 의미를 지닌다. 이로부터 우리는 종교의 재현 양태, 즉 표상이 어떻게 궁극적으로 제거될 수 없는지를 쉽게 이해할 수 있다. 하지만 제의는 어떤가? 제의는 종교에 본질적이다. 왜냐하면 이 제의를 통해서 나는 내가 헌신적으로 갈망하는 신적인 것과의 통일을 산출하기 때문이다. 이것이 제의가 언제나 희생과 밀접히 연관되어 있는 이유이다. 희생을 통해 나는 나의 특수성을 포기하며, 보편자와 통합된다. 우리가 철학과 인륜성 이 양자를 일종의 제의로 생각할 수 있는 이유는 이 제의가 본질적으로 이러한 특수성의 초월이자 보편자와의 재결합이기 때문이다.

하지만 이제 위의 사실로부터 철학과 인륜성 외에, 혹은 이 양자 사이에 종교적 제의를 위한 장소가 남아 있는 이유가 명확히 드러날 것이다. 왜냐하면 순수한 사유 속에서의 절대자와의 통일은 마음과 감정에서의 통일을 지속적인 조건의 하나로 요구하기 때문이다. 그러나 왜 이러한 욕구는 인륜성에 의해 충족될 수 없는가? 왜냐하면 합리적 국가에서 이뤄지는 인간과 절대자의 화해는 본질적으로 국지적이기 때문이다. 인간은 특수한 민족 정신으로 표현된 정신과 화해한다. 그러나 인간은 특정한 민족을 넘

---

18) *PR*, §270.

어서서 걸어가는, 모든 역사의 주인이자 모든 자연의 배후에 놓인 필연성인 바로 그 정신의 담지자로 부름받았다. 만약 정신이 인간 안에서의 자기 인식에 도달할 경우 인간은 이 단계에서 바로 이 정신과의 일체감에 도달해야 한다.

우주적 의미에서 보편자로의 이러한 이행은, 17장에서 본 것처럼, 객관 정신에서 절대 정신으로의 운동 속에 포함된 변화들 중 하나이다. 내가 여기서 주장하고 있는 것은 절대 정신, 즉 인간이 우주적 정신과 맺는 관계는, 철학이라고 하는 순수한 개념적 사유의 제의를 보조하기 위해 마음, 감정, 그리고 효과적 실천 등과 같은 제의를 요구한다는 것이다. 이것은 인륜성에 의해 대체될 수 없다. 오히려 국가에 대한 우리의 신의는 부분적으로 국가가 절대자에 근거해 있다는 통찰에 의존하기 때문에 인륜성은, 앞에서 언급했듯이, 건강한 종교적 삶을 전제한다.

물론 고대 시대에는 두 개의 제의, 즉 정치체와 연관된 제의와 신적인 것과 연관된 제의가 혼합되어 있었다. 하지만 그것은 고대적 자유의 국지적 본성을 드러낼 뿐이다. 개별자를 보편적 이성의 주체로 보는 의식을 가진 근대 세계에서 이 두 제의는 필연적으로 분화된다. 국가와 교회는 더 이상 하나가 아니다. 합리적 문명에서 이 두 제의 공동체는, 그렇게 말할 수 있다면, 서로 투쟁하지 않을 것이다. 반대로 헤겔이『법철학』270절에서 기술하고 있듯이, 각자는 상대방을 유지시킬 것이다. 그러나 그것들은 같은 것이 아니다. 보편자로서의 교회는 어떤 특수한 국가의 한계를 넘어서는 구성원들을 가진다. 그리고 교회는 자유로운 개별적 확신에 호소하기 때문에 주어진 어떤 공동체가 만장일치로 충성할 것을 명할 수 없다. 따라서 교회들은 국가보다 더 협소하면서도 더 포괄적이다.

따라서 종교적 제의는 단순히 과거의 유물이 아니다. 이 제의는 근대 세계에서도 그 자리를 갖는다. 이것이 바로 헤겔이 성찬에 대해 가톨릭뿐 아니라 개혁 교회[칼뱅주의]의 견해와도 대립되는 루터교의 견해를 지지 하는 이유이다.[19] 가톨릭에 대항해서 헤겔은 신은 감각적·외적·물적인 방 식으로 성체에 현재하는 것이 아니라고 주장한다. 오히려 성체를 먹을 때 이 참여자에게서 변형이 수행된다고 한다. 신은 현재하지만, "정신과 신앙 속에" 현재한다.[20] 하지만 칼뱅주의에 대항하여 그는 신은 실제로 현재하 게 되며, "과거에 대한 생동적일 뿐인, 하지만 비정신적인 상기의 형태로" 기억되는 것만은 아니라고 주장한다.[21] 헤겔은 여기에서 과거 어떤 종교의 제의에 대해서가 아니라 자신이 속해 있다고 주장하는 종교개혁 이후의 교회의 제의에 대해서 말하고 있다. 종교의 시대는 결코 지나가지 않았다.

2

합리적 문명의 토대로 남아 있는 종교는 물론 '절대 종교'인 기독교이다. 기독교는 역사 속에서 종교의 오래고도 느린 발전 과정의 정점이다. 이에 대해서는 3절에서 탐구할 것이다. 기독교는 절대 종교이다. 왜냐하면 기독 교는 사물의 존재론적 구조에 대한 완전한 이해를 제시하기 때문이다. 이 종교는 철학과 동일한 내용을 갖는다. 그 형식만이 다를 뿐이다. 그 형식은 표상의 형식이다.

　따라서 헤겔은 자신의 사변 철학의 원리적 교의를 기독교 신학의 주된

---

19) *AbsRel*, 210~215.
20) *AbsRel*, 214. 또한 *GPhil*, 180도 참조하라.
21) *AbsRel*, 214.

교리에서 발견한다. 물론 이 신학은 자신의 표현 매체인 상과 상징으로 희미하게 변장하고 있다.

삼위일체 교리는 헤겔의 목적을 표현하는 데 있어서 이상적이다. 보편자는 자신으로부터 나가서 자기 분열을 겪으며, 특수자를 산출한다(아버지는 만세 전에 아들을 낳았다). 그럼에도 불구하고 이 특수자는 공동의 삶 속에서 보편자와 통일된다(성령은 아버지와 아들로부터 진행하여 그들을 통일시킨다). 따라서 헤겔은 영원한 삼위일체 관념에서 심오한 사변적 의미를, 즉 절대자 자신 안에서의 사랑의 유희를 본다. 하나의 신을 가진 모든 이전의 종교들에 대항해서 삼위일체적인 신에 따르면 신은 특수자를 향한 운동, 자기 초월이며 통일로의 귀환이라고 한다. 그리고 그의 통일은 근본적으로 분열로부터의 복귀이며, 이 신은 셋이면서 하나이다. 신은 자신 안에 미동도 하지 않은 채 머물지 않는다.

물론 이것은 여전히 표상의 양식으로 표현된 것이다. 따라서 신학은 신이 그의 아들을 '낳았다'고 말하며, 만세 전에 이러한 생산을 수행했다고 함으로써 이 생산의 필연성을 제시한다. 하지만 여전히 신학은 정당한 생각을 가지고 있다.

사랑의 자기 유희 안에 있는 영원한 삼위일체적 신은 헤겔이 『논리학』에서 이해한 바로 그런 이념에 상응한다. 즉 이 이념은 그 자체 구체성을 추상한 이념이다.[22] 그러나 이념은 또한 외적 실존으로 나가야 한다. 이것은 우리가 창조 교리에서 가지고 있는 것이다. 이러한 창조는 무로부터의 창조이다. 즉 모든 실재는 이념으로부터 유출되어야 한다. 우리가 본 것처

---

22) 헤겔은 『논리학』 「서론」에서 다음과 같이 말한다. "신이 자연과 유한한 정신의 창조 이전에 자신의 영원한 본질 속에 존재하고 있을 때의 신에 대한 서술"(WL, I, 31).

럼, 헤겔은 태초를 맹목적 사실에, 단순히 주어진 것에 위치시킬 수 없다. 따라서 이 교리 역시 사변적 진리와 조화된다. 물론 여기서 이 도그마의 **표상** 형식이 창조의 근본성을 다시 한번 시간적으로 앞섬이라는 언어로 그려낸다는 사실만은 예외이다. 창조는 시간이 시작할 때 나타난다("태초에 하나님이……창조하시니라"). 그리고 창조는 신이 반드시 할 필요가 있었던 것은 아니라는 의미에서 신의 자유로운 행위로 간주된다. 하지만 이러한 생각은 잘못이다. 이념은 필연성에 의해 그 외적 실재로 외화된다.[23] 왜냐하면 이념이 없다면 신은 자신의 본질적 목표인 자기에 대한 의식에 도달할 수 없기 때문이다. 그 존재는 실제로 신일 수 없다. "신은 세계 없이 신이 아니다."[24]

창조는 자연에서만 문제되어서는 안 되고 유한한 정신에서도 문제되어야 한다. 따라서 인간은 창조된다. 하지만 유한한 정신은 유한자로서 무한자와 단절되어 있다. 유한한 정신이 자신을 실현하고, 어떤 방식으로든 행위한다면 그것으로 충분하다. 그리고 이런 것들은 불가피하게 이 정신의 유한성을 규정한다. 행위하는 인간은 자신의 의도·목표·생각을 실현하며, 따라서 자신을 보편자와는 다른 것으로 실현한다. 이것이 곧 타락이다.

그러나 여기에서도 역시 이 표상은 우리에게 필연적이고 근본적인 것과의 의사소통을 위해 태초에 일어난 우연적 사건으로 나타난다. 왜냐하면 인간은 순진무구하게 머물 수 없기 때문이다. 그가 순진무구하게 머물 수 있는 유일한 방식은 그가 행위를 하지 않는 경우일 뿐일 것이다. 행위 없음만이 순진무구하다.[25]

---

23) *BRel*, 146~148 참조.
24) *BRel*, 148.

그러나 필연적인 것으로서의 타락은 분명한 사건이 아니다. 그것은 신으로부터의 분리라는 의미에서, 신에 대항한 피조물의 의지의 표현이라는 의미에서 악의 출현이다. 그러나 이것은 또한 구원과 화해의 시작이다. 신으로부터의 인간의 분리는 인간이 자연적 존재이며, 따라서 유한하다는 사실에서 오는 것은 아니다. 그 이유는 인간이 유한한 **주체**이며, 유한한 **의지**라는 데 있다. 영혼이 없는 자연과 다른 동물들은 악할 수 없다. 그것들은 정신으로서의 신의 완전함을 반영할 수 없기 때문에 그 완전함을 반영하지 않는다. 하지만 그것들은 악하지 않다. 인간은 신의 의지에 반대하기 때문에 악하다.

따라서 자신의 의지의 이러한 관철은 화해의 도정에 이르는 본질적 단계이다. 왜냐하면 정신의 참된 자기 의식의 담지자가 되기 위해 인간은 자신의 단순한 자연적 욕망과 목표를 넘어가야 하기 때문이다. 인간은 자신의 의지를 발전시켜야 한다. 인간은 스스로를 자연에 대립시켜야 한다. 따라서 인간을 짐승과 구별시키는 것, 즉 그의 유한성을 의지 속에서 **관철시킬 수 있는** 힘은 그를 보편자와 단절시키는 것이며, 이것이 악의 기원이다. 그러나 동시에 이러한 사실은 인간을 정신적 존재의 범주에 놓는다. 여기서 이 정신적 존재는 신의 자기 인식의 담지자이며, 그의 의지의 관철은 신의 적합한 담지자가 되기 위한 과정의 첫번째 단계이다. 더군다나 다른 화해의 길은 없다. 창조 이야기의 결론에도 불구하고 인간은 타락 이전에도 신과 단순히 통일되어 있을 수 없었다. 왜냐하면 그렇게 머물러 있다는 것은 짐승으로 머물러 있다는 것을 의미하기 때문이다. 그러나 그 경우 신은 참된 신일 수 없으며, 자기 실현에 이를 수 없다. 왜냐하면 이 신은 적절한

---

25) *PbG*, Chap. 7.

담지자를 결하고 있기 때문이다. 신은 자기 인식에 도달하기 위해 유한한 정신, 유한한 의지를 가져야 한다. 하지만 유한한 의지의 탄생은 타락이다. 따라서 타락은 필연적이며, 신과의 통일을 위한 첫번째 본질적 단계이다. 혹은 사변적으로 말해서, 정신은 자신으로부터의 소외에서 다시 자기 자신에게 되돌아옴으로써만 정신이다. "오 행복한 죄여!"(O felix culpa)[26]

헤겔은 타락을 구원의 질서의 일부로 받아들이는 이러한 해석의 정당성을 그리스도를 통한 구원은 인간을 타락 이전보다 더 고귀하게 만든다고 주장하는 기독교 신학의 관점에서만이 아니라 창조 이야기에 나타난 신의 말씀에서도 이끌어 온다. "보라. 아담이 우리들 중 하나처럼 되었도다"[「창세기」 3장 22절]. 타락은 선악을 알게 하는 나무의 과실을 먹음으로써, 그리고 따라서 이러한 의미에서 신과 같은 존재, 즉 정신적 존재가 됨으로써 온다.[27]

그러므로 인간은 분리로부터 스스로를 화해시킴으로써만 신과 통일될 수 있다. 분리는 인간의 유한한 실존이 유한한 정신으로 머물러 있는 것이다. 물론 유한성을 부정할 수 있는 첫번째 길은 죽음이다. 따라서 죽음은 사변적인 필연성으로 간주된다. 그리고 실제로 『성서』는 "죄의 삯은 사망이다"라고 우리에게 말한다. 인간은 아담 때문에 죽는다. 하지만 인간은 자신의 자연적 실존을 무화하지 않고서도 자신의 유한성을 극복할 수 있는 길을 찾아야 한다. 이것이야말로 자신을 정신적 존재로 기초 짓는 불가피한 토대이다. 그렇지 않으면 신은 자신에게 돌아올 수 없다.

---

26) 죄가 없으면 구원도 없다는 의미의 역설적 경구. 정신도 스스로 소외되어야 자기 자신에게 되돌아올 수 있다는 의미를 담고 있다. ―옮긴이
27) *AbsRel*, 102~109 참조.

이렇듯 인간은 자신의 유한성을 극복하고 자신을 보편자로 구축할 수 있게 하는 삶의 양식을 발전시켜야 한다. 이것은 우리가 본 것처럼 합리적 국가에서 그 정점에 이른다. 그리고 이것은 인륜성이 '가장 참된 제의'인 이유이다. 그러나 종교의 영역에서 이러한 귀환은 성육신과 하나님의 나라 교리에 반영되어 있다.

화해가 일어나기 위해 인간은 무한자와의 거리를 고통스럽게 느껴야 하며, 이로부터 그 자신이 **즉자적으로** 무한한 주체와 통일되어 있다고 보아야 한다. 그다음에 그는 이러한 통일이 인간 공동체에서 **즉자대자적으로** 실재가 되도록 스스로를 형성해야 한다.

그러나 이러한 사변적 필연성은, 비록 표상적 방식으로이긴 하지만, 기독교의 중심 교리에 이미 놓여 있다. 신의 계획에 놓여 있는 적절한 시간이 지나고 나서 신은 인간이 되었다. 두 개의 본성이 한 인격체에서 통일되었다. 그러나 물론 우리는 정신은 유한한 주체와 단순히 통일될 수 없다는 사실을 사변의 관점에서 이해할 수 있다. 이 두 요소가 통일되어 있다면 이것들은 필연적으로 다시 분리될 것이다. 왜냐하면 어떤 유한한 정신도 무한자를 현실화할 수 없기 때문이다.

따라서 예수는 죽는다. 그러나 이 죽음이 이야기의 끝은 아니다. 특정한 사항이 결정적으로 바뀐다. 성육신의 결과로 인간은 이제 전에는 가능하지 않았던 방식으로 신과의 통일의 삶을 발전시킬 수 있다. 따라서 그리스도의 죽음은 부활과 승천으로, 즉 아버지에게로의 귀환으로 이끌려 간다(헤겔에게 이 두 요소는 결코 분리될 수 없다). 그리고 이러한 귀환은 정신[성령]이 내려오는 계기가 된다. 성령은 공동체 안에 거주하며, 이 공동체를 신과의 삶으로 고양한다. 따라서 성육신은 그리스도의 몸으로 간주되는 교회의 삶에서 계속된다.

그리스도의 죽음은 정통 신학의 다른 위대한 계기들, 즉 창조와 타락 만큼이나 필연적이다. 그리스도는 무한자와 통일되어 있는 특별한 유한적 주체가 되어야 했으며, 따라서 이러한 통일은 직접태를 넘어서 보편자가 될 수 있었다. 성육신은 단순한 외적 통일이기를 멈춰야 했으며, 내면화되고 정신화되어야 했다. 이 두 발전들, 즉 정신화와 보편화는 실제로 하나다. 우리의 전체 삶의 일부가 되기 위해 성육신은 정신화되어야 하고, 특수하고 외적이며 자연적인 실재에서 자유롭게 벗어나야 한다. 그러나 이러한 정신화에 대한 통찰은 기독교 공동체에서 아주 서서히 일어난다. 우리는 『정신현상학』에서 헤겔이 십자군 전쟁을 역사적 구원자와의 접촉을 회복하고자 한 (헛된) 시도로 해석하는 방식을 보았다.

이런 심오한 사변적 연관들은 종교적 표상 속에서 시간의 관계로 재현된다. 지양된 직접태인 그리스도는 과거에 존재한 자로 간주된다. 왜냐하면 과거라는 것은 지양된 직접태를 재현하는 시간 차원이기 때문이다.[28]

동시에 신자들은 신과의 통일이 완전하게 실현되지 않았으며, 그러한 실현이 미래에, 재림의 시기에 이루어지리라는 것을 안다. 물론 사변적 사유는 분리가 영원히, 결정적으로 통일의 계기라는 것을 이해한다. 신의 왕국의 완성은 신으로부터의 분리가 끊임없이 발생하면서 동시에 끊임없이 극복된다는 사실에 놓여 있다. 헤겔은 놀라울 정도로 많은 정통 기독교의 신념들을 자신의 체계에서 재해석한다. 그러나 일반적인 신자는 그때나 지금이나 자신의 신앙의 의미가 미묘하지만 근본적으로 변했다는 느낌을

---

28) 헤겔은 『논리학』에서 Wesen[본질]과 gewesen[있었음, sein 동사의 과거완료형] 사이의 관계에 대해 진술한다. WL, II, 3[본질은 존재의 과거임을, 즉 존재는 본질이 드러난 것임을 말하고자 한다는 뜻이다].

벗어 버릴 수 없다. 정통 교리에 대한 헤겔의 반항에도 불구하고 이것은 사실이다.

　경건의 본능은 의심의 여지 없이 옳다. 물론 헤겔은 자유주의적인 '탈신화적' 프로테스탄티즘의 직접적 후계자가 아니다. 그리고 이러한 자유주의적 사상은 우리를 탈선하게 할 수 있다. 사실 칸트나 레싱과 같은 계몽 사상가와 더불어 나타난, 교리의 기초를 뒤엎는 과정은 종교를 이성과 화해시키고자 하는 가운데 아주 멀리까지 가 버렸다. 레싱에게 합리적 종교는 철저히 무시간적 이성에 근거하는 것처럼 보인다. 인간과 신의 관계에서 위대한 역사적 사건들, 예컨대 출애굽 사건, 성육신, 부활 등과 같은 사건들은 비합리적인 것으로 드러난다. 이 이야기들은 아마도 인류의 도야의 초기 단계에서 신에 대한 교수법으로 유용했을 것이다. 이는 마치 아이들이 도덕의 일반 원칙들을 아직 이해할 수 없을 때 그들에게 계도적인 이야기를 해주는 것과도 같다. 그러나 성숙해지면서 우리는 이러한 이야기들을 넘어서 합리적 개념으로 진리를 파악하게 된다.[29] 헤겔은 기독교의 이런 탈역사화에 대항한다. 왜냐하면 이런 탈역사화는 기독교 신앙의 중심적인 교리를 위반하기 때문이다. 헤겔의 견해에 따르면 무시간적인 진리는 그 자체로 역사에서 전개되어야 한다. 역사적 사건들은 보편적 진리를 기껏해야 예시하거나 극화하는 비합리적인 보조 역할에 머무는 것이 아니라 이 진리들을 실현하고 표현하는 불가피한 매체이다. 따라서 기독교 신학의 해석이기를 주장하는 헤겔의 철학은 기독교 신앙의 결정적 사건들에 그 역사적·핵심적 중요성을 되돌려 준다. 따라서 헤겔은 성육신은 참다운 역사적 사건으로 간주되어야 하며, 그것은 정신의 역사에서 결정

---

29) 레싱의 『인간의 교육』(*Die Erziehung des Menschengeschlechts*, 1780)을 참조하라.

적 역할을 수행했던 사건이라고 주장한다.[30] 이것은 계몽이 다루기를 꺼려 했던 기독교의 교리들, 예컨대 삼위일체론과 같이 아주 중심적이고 신비스런 교리들을 헤겔이 자신의 철학에 이끌어 들인 것과 연관이 있다. 그리고 우리는 어떻게 헤겔이 당대의 지식인들에게 계몽의 '합리적 신학'에 대립하는 복고주의자로 비쳤는지를 알 수 있다. 헤겔의 눈에 계몽의 합리적 신학은 계몽적 지성의 형식에 부합하도록 아주 축소된 신학에 불과했다. 이것이 바로 헤겔의 입장이다.[31]

하지만 우리는 이런 외관들에 속아서는 안 된다. 기독교에 대한 헤겔의 새로운 해석은 사실상 기독교 신앙의 바로 그 본질 내지 아브라함의 신과 관계가 있는 기독교 신앙의 본질을 떠난다. '정신으로서의 신의 삶의 유일한 장소는 인간이며, 이 정신적 삶은 개념적 필연성의 전개 이외에 아무것도 아니다'라는 그의 철학의 중심적인 가르침은 신앙의 대상이 되는 신의 근본적 자유를 배제한다. 헤겔 체계에서 신은 스스로 인간이 될 수 없다. 창조에서도, 계시에서도, 자기 아들을 보낸 구원 행위에서도 신은 인간이 될 수 없다. 이것들을 신의 행위로 본다는 것은 그것들을 표상의 매체에서 본다는 것이다. 그리고 그것들을 행위로 만드는 것은 부적절한 서사 매체에 속해 있는 것이다. 이 서사 매체는 철학에서 극복된다. 왜냐하면 그것들을 올바로 보는 것은 더 이상 신의 필연성이 아니라 인간의 필연성인 그런 필연성의 유출로 파악하는 것이기 때문이다. 물론 여기에는 신 혹은 절대자는 전체 혹은 실체이며, 인간은 부분 내지 우연자라는 조건이 있다. 그러나 전체는 부분 없이 존재할 수 없다. 신은 나에게 삶을 '부여'하지만, 신

---

30) *AbsRel*, 130~142. 또한 *PhG*, Chap. 7 참조.
31) *GPhil*, 198~199.

은 이 삶을 통해서만 존재한다는 것, 그리고 신은 합리적 필연성이어야 한다는 것도 진리이다. 신은 자신을 인간에게 '드러낸다'. 그러나 이것은 또한 그 자신에게 자기 자신을 계시하는 것이기도 하며, 이런 동일한 필연적 과정은 정신의 담지자로서의 인간의 자기 계시라 불릴 수 있다.

신을 수여자로 보는 생각을 결하고 있는 헤겔은 신과 인간의 관계를 기독교 신앙에서 말하는 것처럼 수용할 수 없다. 그는 기독교적 의미에서의 은총을 위한 자리를 인정하지 않는다. 칼 바르트는 다음과 같이 말한다.

> 헤겔은 논리학의 변증법적 방법을 신의 고유한 본성으로 삼았으며, 이로써 그는 신의 자유에 그 토대를 갖는 은총을 현실 변증법적으로 인식할 수 없게 만들었다.[32]

그리고 그는 기독교적 의미에서의 신의 사랑을 위한 자리도 인정하지 않는다. 왜냐하면 피조물에 대한 신의 사랑은 수여라는 표현과 분리 불가능하기 때문이다.[33] 신이 인간과 맺는 관계에 대해 진술될 수 있는 것은 완전하게 전개된 인간과 신의 관계여야 한다. 이 관계 속에서 인간은 신과의 동일성을 인식하게 된다.

---

32) Karl Barth, *From Rousseau to Ritschl*, London: SCM Press, 1959, p. 304. 이 작품에서 헤겔에 대해 탐구하는 장은 헤겔 철학의 야망과 이 철학이 신학과 맺는 관계를 집중적으로 연구하고 있다.

33) 나는 여기에서 Fackenheim, *Religious Dimension in Hegel's Thought*가 수행한 통찰력 있는 해석에 대부분 동의한다. 그러나 파켄하임이 "**그럴 필요가 없는데도** 신이 **인간에게 베푸는 총체적**이고 값없는 신적 사랑을"(*Ibid.*, p. 153) 헤겔의 신이 지닌 속성이라고 말하는 것에는 동의할 수 없다. 내가 보기에 헤겔의 작품이나 그의 전체 체계에서 그러한 생각을 발견할 수는 없다.

신에 대한 감사와 칭송이라는 피조물의 반응은 이념의 차원에서 전혀 다른 의미를 갖는다. 이러한 반응들은 우주적 필연성과 나의 동일성으로 변모하며, 따라서 의미심장한 어떤 의미에서 보자면 더 이상 감사를 표하지 않는다(합리적 필연성의 건축술에 경탄해 하는 것과 같이 신에게 영광을 돌리는 것과 유사한 것이 여전히 남아 있기는 하다).

간단히 말해서 헤겔 같은 철학자는 어떻게 기도하는가? 확실히 그는 결코 경건한 기도자가 아니다. 그리고 그런 철학자는 신에게 감사할 수도 없다. 그가 하는 것은 우주적 정신과 자신의 동일성을 숙고하는 것이다. 이것은 기도하는 것과는 완전히 다른 것이다.

키르케고르는 기독교적 관점에서 헤겔주의를 기독교 신앙으로 해석하는 것에 저항했고, (신이 아브라함에게 아들을 바치라고 명령할 때처럼) 신에 의한 인간의 부름을 합리적 의지의 보편적 요구와 양립할 수 없는 것으로 만들었는데, 이것은 완전히 옳았다. 그리고 신비를 추방해야 한다는 요청, 신과 같음의 문제를 철저히 이성의 문제로 만들어야 한다는 요청, 이런 요청이 신에 대한 아브라함의 신앙과 전혀 양립할 수 없지 않은가 하는 문제가 발생한다. 삶의 수여자이며 인간을 죄로부터 구원한 주재자인 신의 방법들은 우리의 방법들을 넘어서 있어야 한다. 그의 삶이 우리에 의해 완전하게 파악될 수 있는 그런 신은 근본적으로 새로운 관계를 시작할 수 있는, 우리를 죄에서 끌어내 새로운 삶으로 인도할 수 있는 그런 중재자가 아닐 것이다. 신의 구원은, 바르트의 말로 하자면, "파악할 수 없는 화해"여야 한다.[34] 그렇지 않을 경우 그 구원은 수여로서의, 자유로운 행위로서의 성격을 상실하고 말 것이다.

---

34) Barth, *From Rousseau to Ritschl*, p. 302.

따라서 모든 것이 합리적 필연성에 기초해 있기 때문에 모든 것을 이성에 의해 파악할 수 있는 것으로 간주하는 헤겔의 존재론은 궁극적으로 기독교 신앙과 양립할 수 없다. 헤겔의 철학은 기독교의 본질을 포기하는 대신 기독교의 '현상(즉 교리)을 구출하는' 독특한 변형물이다. 그것은 유신론이 아니지만 무신론적 교의도 아니다. 무신론적 교의에 따르면 자연적 존재로서의 인간이 사물들의 정신적 정점에 서 있다. 헤겔 철학은 진실로 제3의 입장이다. 이러한 이유로 해서 그의 철학은 쉽게 오해된다.

헤겔의 체계와 정통 기독교가 분리되어 있는 간격을 측정해 보면 모든 교의가 다 '구출'되는 것이 아니라는 점에 주목하게 될 것이다. 물론 삼위일체의 교리는 자랑스러운 자리를 차지하고 있다. 하지만 성육신은, 헤겔이 그 역사성을 주장한다고 하더라도, 본질적으로 다른 의미를 부여받는다. 우리는 앞에서(7장 385~391쪽) 성육신이 어떤 점에서 역사적 사건으로 구성되는지를 보았다. 그리고 헤겔이 예수를 그의 시대나 이전 시기 누구도 도달하지 못했던 신과의 조화 속에서 살았던 예외적인 개별자로 계속해서 본 것 같기는 하지만, '우리 모두는 신과 동일하다'는 것과는 다른 의미에서 '예수는 신이다'라고 말할 수는 없었다는 사실을 우리는 보았다. 즉자적으로 우리는 이런 측면에서 모두 동일하다. 예수는 당시에 어떤 다른 사람도 할 수 없었던 방식으로 대자적으로 이러한 동일성을 살다 간 특별한 자였다.

부활과 승천에 대해 말하자면, 헤겔이 비록 이에 대해 어떤 진술도 하지 않지만, 이것들을 역사적 사건으로 고려하지 않은 것 같은 인상을 준다. 이것들의 전체 요점은 오순절, 즉 성령이 사도들에게 임한 것에 포함된다. 헤겔의 관점에서 보자면 성령의 임함은 그리스도의 죽음 이후 사변적 필연성을 충족시킨다. 즉 그리스도는 특수자로서, 인간과 신의 외적 결합점으로서 사라져야 했다. 따라서 성육신은 정신화되고 보편화될 수 있다. 복음의 이야기에 따르면 십자가 사건은 오순절로, 즉 성령의 임재로 이어지는데, 기독교 신학은 부활을 십자가 사건의 승리의 징표로 이해하는 데 반해, 헤겔은 성령의 임재를 십자가 사건의 승리의 출발로 간주한다. 왜냐하면 부활과 승천은 그의 해석에서 아무런 역할도 수행하지 않기 때문이다. 이것들은 순수하게 표상의 수준에 머물러 있다.

따라서 헤겔은 자유주의적 프로테스탄티즘의 주된 노선에 서 있지 않다. 오히려 그는 탈신비화된 기독교, 혹은 그렇게 말해도 된다면 '탈신학화된' 기독교를 향한 운동이라는 또 다른 중요한 신학 운동의 기점을 이룬다. 오늘날 나타나는 '신의 죽음'의 신학[사신 신학]은 헤겔의 정신적 자손이다. '신의 죽음'의 신학은 이러한 유의 신학자들에게 많은 영향을 미친 폴 틸리히처럼 직접 헤겔의 사상에 기원을 두기도 하고, 아니면 청년 헤겔주의자인 포이어바흐에 기원을 두기도 한다. 어떤 의미에서 헤겔은 최초의 '신의 죽음'의 신학자였다. 왜냐하면 우리는 그리스도의 죽음이 성령의 임재를 위한, 즉 신의 현존의 정신화를 위한 불가피한 토대로서 결정적이고 필연적인 역할을 수행한다고 해석하는 것을 보았기 때문이다. 여기서 신의 현존의 정신화란 신의 현존을 공동체에서의 삶으로 구축한다는 것과 동일한 의미를 갖는다. 사람들은 신을 무엇보다 단 한 인간에 집약된 것으로 보아야 한다. 그러나 '인간은 신을 공동체로 간직하며, 신은 각자 안에, 그리고 각자를 넘어 존재한다'는 완전한 진리가 출현할 수 있으려면 이러한 집약은 사라져야 한다. 신은 사라져 버릴 하나의 초에서 사라져 버릴 다른 초로 이동해 가는 불꽃과 같다. 각각의 초는 빛을 밝힌 후 사라지게 규정되어 있지만 그 불꽃은 영원히 타오른다.

3

따라서 절대자를 주체로 보는 참된 상을 가진 기독교는, 비록 표상의 방식 속에 놓여 있기는 하지만, 절대 종교이다. 하지만 기독교는 투쟁으로 얼룩진 오랜 발전의 한 단계로 역사에 나타난 것이다. 그러나 만약 기독교가 절대 종교라면 기독교는 헤겔이 생각하는 그 이전 모든 종교의 진리여야 한다. 즉 기독교는 필연적으로 그 종교들의 결과로서 이 종교들로부터 발전한 것으로 드러나야 한다. 이러한 사실을 헤겔은 자신의 종교철학 강의에서 보이고자 한다. 이에 대해 살펴보자.

헤겔의 종교철학은 그의 모든 작품처럼 아주 많이 연구되었으며, 흥미로운 부분들로 가득 차 있다. 비교 종교라는 관점에서 그의 작품은 오늘날 거의 지지를 받지 못할 것이다. 하지만 그 작품은 당시에 사용되었던 수많은 것들을 고려하고 있는 엄청난 업적물이다.

마법에 대해 간단히 논의한 후 헤겔은 인간의 종교에 대해 자연 종교라는 일반 범주 아래서 시작한다. 여기서 그는 인간이 절대자를 자유로운 주체로 이해하게 되기 이전의 종교를 다룬다. 여기에는 중국 종교, 인도 종교, 페르시아 종교, 시리아 종교, 그리고 이집트 종교가 속한다. 그러나 이들 종교의 공통점은 자연적 실재의 역할이나 인간의 신 관념 안에 들어 있는 상징들의 역할에 있지 않다. 오히려 그 공통점은 인간이 절대자를 자유로운 주체로 아직 인식하지 못했다는 사실에 있다. 따라서 인도 종교에서 절대자는 순수한 추상으로, 모든 규정을 넘어선 것으로 파악된다. 그러나 이러한 생각은 신을 하늘이나 땅과 같은 것으로 보는 훨씬 더 자연주의적인 상들보다 신을 주체로 보는 상에 더 가까이 간 것이 아니다.

사실 헤겔에게 순수 추상적 신 관념과 가장 외적이고 자연주의적인 신 개념 사이에는 어떤 연관성이 있다. 왜냐하면 여기에는 '단순히 내적으로 존재하는 것은 단지 외적으로 존재하는 것이다'라는 원리가 작용하기 때문이다. 즉 만약 사물의 토대가 숨겨져서 알려지지 않으면 우리는 실재를 무형식적이고 분명하지 않은 것이라고 생각해 버린다. 우리가 사물의 토대를 알면 알수록 우리는 그것을 더 분명하게 인식할 것이다. 그리고 이런 명료화는 그만큼 덜 외적인 것일 것이다. "내면적으로만, 즉자적으로만, 혹은 추상적으로만 존재하는 것, 그것은 외적으로만 존재한다."[35] 따라서 힌두교가 신이 무질서한 무수히 많은 실재들, 예컨대 소나 돌, 나무 등에 육화되어 있다고 한 것은 놀라운 일이 아니다. 매우 추상적인 신 브라마로 인해 신성은 자연 속에서 현기증 나는 이런 격정으로 출현한다.[36]

헤겔에 따르면 조로아스터교는 보다 고차적인 종교이다. 왜냐하면 이 종교는, 물론 빛이라는 수순한 자연적 현상에 기반을 둔 자연 종교이긴 하지만, 보다 고귀한 윤리적 관점을 가지기 때문이다. 이 종교에서 선과 악은 결정적 대립 관계에 있다. 그러나 여기에서 우리는 아직 선과 악의 통일에 대한 통찰을 얻지 못한다. 각자는 다른 것에 대립해 서 있다. 이 대립의 극복은 신의 죽음과 부활을 말하는 시리아와 이집트 종교에서 시작한다. 그리고 이집트 종교에서 우리는 신을 자유로운 정신으로 보려는 투쟁을 보게 된다. 신을 자유로운 정신으로 보려는 상은 이집트 예술에 표현되어 나타나며, 우리는 이미 17장에서 이에 대해 논의했다.

이로부터, 서로 다르고 또 심지어 대립적이기도 하지만, '신은 자유로

---

35) *NatRel*, 173.
36) 브라마(Brahmā)는 힌두교의 주신 중 하나로 범천(梵天)으로 번역되기도 한다. 우파니샤드 사상의 최고 원리인 브라만(범梵)을 신격화한 것으로, 조물주, 창조신을 나타낸다. —옮긴이

운 주체다'라고 파악하는 위대한 두 종교가 성장한다. 유대교와 그리스 종교가 그것이다(헤겔 종교철학 강의에서는 세 종교를 말한다. 로마의 종교가 그것인데, 하지만 사실 이 종교는 그리스 종교의 연속이라 할 수 있다).

유대교는 여기서 '숭고'의 종교로 묘사된다. 신은 정신으로, 주체로 간주되며, 궁극적으로 순수한 사유로 파악된다. 그러나 이것은 신을 세계라는 특수자, 자연적 사물들 위에 두는 대가를 치른다. 신은 위에 존재하며, 단순한 자연적 사물은 그에 도달할 수 없다. 오히려 신이 세계와 맺는 관계는 지배의 관계이다.

그러므로 유대교는 처음으로 세계의 탈신화화에 도달했으며, 이 방식에 있어서 근대적 의식을 구성하는 하나의 중요한 흐름의 기원이 된다. 하지만 물론 유대교는 비인격적 법칙에 의해 지배되는 계몽의 세계관으로 이행하지 않았다. 오히려 이 종교는 기적 신앙으로 나아갔다. 기적이란 신이 사물들의 세속적 과정 속에 특별히 개입하는 것을 의미한다.

신은 주님이다. 신은 주체로서 목적을 가진다. 그리고 피조물들은 그의 종이라는 것을, 그의 목적을 따라야 한다는 의미를 지닌다. 따라서 인간의 소명은 그에게 봉사하는 것이다. 도덕 법칙은 그의 명령으로 제시된다. 인간은 신 앞에서 아무것도 아니다. 따라서 인간은 두려움을 느끼며 그 앞에 서야 한다.

그러나 이렇게 세계의 위에 있는 자로서의 신은 아직 추상적이고 명료하지 않은 그런 보편적 목적의 주체이다. 이것은 세계의 분절된 명료화와 어떤 관련도 없는 절대자의 불가피한 형태이다. 그의 목적은 특화될 수 없으며 추상적이다. 그렇다면 가장 거친 특수자로 이행하는 것은 추상적 보편자의 운명이다. 따라서 이 숭고한 신은 결국 특별한 한 종족에 묶이게 된다. 이 종족은 그의 민족이다. 그의 목적은 이 특수한 민족의 운명과 안녕에 관심을 갖는다. 이 민족은 반대로 그의 하인이며 종이다.

헤겔은 유대의 신의 민족적 유래를 이 신의 숭고한 본성에서 이처럼 특별하게 이끌어 내는데, 하지만 이슬람에는 이러한 방식을 적용하지 않는다. 헤겔은 이슬람에 대해서 대체로 관심을 두지 않는다. 왜냐하면 이슬람은 절대 종교의 출현 이후에야 오는, 시간적으로 오히려 늦게 성립된 종교이기 때문이다. 헤겔은 이슬람을 유대주의와 관련이 있는 현상으로 생각한다. 이슬람은 특정한 공동체의 종교로 간주되며, 직접 외부로 나가는 정복 종교로 간주된다. 헤겔은 이 종교가 원래 광적인 종교라고 생각한다.

유대인에게 다시 돌아오자. 신의 민족은 따라서 신에 의해 선택된 자로, 절대적으로 복종하는 가운데 이 신에게 복종할 사명을 가진 자로 간주된다. 헤겔은 그들은 두려움 속에서, 일종의 이성 없는 예속 상태에서 봉사한다고 말한다. 하지만 그들이 모든 것을 신에게 양도한다는 사실, 그들이 신에게 봉사하기 위해 자신의 모든 특수성을 포기한다는 사실은 그들을 일반적인 의미에서의 두려움 속에, 즉 자연적 혹은 인간적 행위에 의해서는 모든 것을 상실하게 될 것이라는 두려움 속에 놓는다는 것을 의미하지 않는다. 반대로 그들은 신이 자신들에게 부여한 것이 궁극적으로 타자에 의해 탈취될 수 없다는 자신감을 갖는다. 그들은 그들 자신을 위한 신의 목적에 대해 자신감 있는 확신을 가지고 있다.

하지만 헤겔에 따르면 이러한 자신감과 더불어 유대 종교의 근본적인 부적합성이 드러난다. 즉 바로 이 자신감은 모든 개별적 사물 아주 위에 있는 신을 우리에게 보여 준다. 이 사물들은 신과 통일될 수 없으며, 신과의 화해 없이 머물러 있다. 따라서 『구약성서』는 타락을 인간이 선과 악을 인식하게 됨이라고 강조하는 것이 아니라 신에게서의 돌아섬이라고 강조한다. 인간은 형벌로서 자신의 빵을 위해 땅을 파는 수고를 해야 한다. 하지만 이것이 형벌인가? 인간을 짐승으로부터 구별시키는 것은 세계를 변형시키고, 따라서 자신을 변형시키는 그런 노동 아닌가? 이 노동이야말로 인간을 자유롭게 만드는 것이다.[37)]

유대주의에 대한 헤겔의 부정적이고 희화적인 상이 종종 논란을 불러일으킨다. 하지만 파켄하임과 더불어 나는 헤겔이 유대교를 이렇게 보는 근본적인 이유가 그리스에 대한 그의 사랑에 있다고 주장하고 싶다. 헤겔이 유대교를 이와 같이 평가한 배후에는 신과 자연이 아름답게 조화를 이루었던 그리스의 통일이 깨졌다는 그의 통찰, 그리고 낭만주의 세대에 속한 자로서 헤겔이 이런 파열을 아주 비통하고 씁쓸하게 느꼈다는 사실이 놓여 있다. 유대교는 불행한 의식의 원형적 종교이다. 이후에 헤겔은 그리스 문명이 지나가 버렸다는 낭만주의적 후회를 넘어서고자 한다. 그는 그리스 문명을 원초적으로 부적합한 것으로 판단하고자 하며, 불행한 의식을 보편적 합리성을 향한 인간의 도정의 본질적 단계로 보고자 한다. 이러한 생각은 (자신이 이해한) 정통 기독교에 대한 그의 견해를 바꾸었다. 그러나 유대주의에 대해서는 그 입장을 바꾸지 않았다. 우리는 불행한 의식의 종교에 대한 그의 판단의 부정적인 전체 측면이 유대주의에 해당하는 것이라고 말할 수도 있을 것이다.[38)]

그럼에도 불구하고 헤겔은 유대교에 대한 부정적인 평가로 인해 이 종교의 역사적 의미까지 과소평가하지는 않는다. 유대주의는 그리스 종교와 더불어 기독교의 도래의 조건과 기독교의 도래의 시간적 성숙을 위한 본

---

37) *RelGI*, 87.

38) 헤겔의 초기 저작에 대해서는 이 책 2장에서 논의하고 있다. 특히 「기독교의 정신과 그 운명」에서 그는 아브라함의 종교를 다룬다.

질적인 단계이다. 혹자는 기독교가 유대교로부터 나왔다고 하지 않고 그리스 종교와 유대교 양자로부터 나왔다고 하는 것만으로도 충분히 비정통적이라고 말할 수 있을 것이다. 하지만 이것은 헤겔의 제3의 길이 갖는 중심적인 비정통성이다.

유대주의는 성육신을 위한 도정을 준비했다. 유대주의는 인간과 연합할 수 있는 어떤 희망도 갖지 않은 신의 극단적인 숭고함에 의존함으로써 궁극적으로 그런 숭고함을 고통으로 겪을 수밖에 없는 그런 종교이다. 유대교에서 인간은 이 고통을 통해 자신이 사물의 근원적 토대와 분리되어 있다는 사실을 의식한다. 따라서 이 고통은 이런 참된 토대의 완전한 부재 상태이다. 이러한 고통은 인간의 옷을 입은 신인 구세주를 필요로 한다. 그러나 동시에 신의 이런 도래는 자신의 부적합함 속에서 유대교를 보충하는 또 다른 종교적 발전에 의해 준비된다.

이것이 곧 그리스 종교이다. 헤겔은 『종교철학 강의』에서 그리스 종교를 아름다운 개별성의 종교, 필연성과 아름다움의 종교라고 부른다. 그리스인은 신을 자유로운 주체로 보는 관점을 획득했다. 이 신적 주체 속에서 인간은 완전히 자기 자신에게 머물렀으며, 이 신과 하나일 수 있었다. 따라서 이 신들은 통상 인간의 형상으로 재현되었다. 하지만 이들이 이를 위해 지불한 대가로 인해 이 신들은 유한한 존재가 되었다. 즉 많은 신들이 있었지만 만물의 토대이자 실체가 되는 절대자와 등가인 신은 없었다.

따라서 우리는 여기서 유대교를 보충하는 부적합함을 본다. 우리는 이 길을 다음과 같이 해석할 수 있다. 즉 이 시기에 인간은 제한되어 있었다. 사람들은 인간 그 자체의 관념을, 즉 이성이라는 인간의 보편자에 의해 자신을 동일시하는 보편적 주체의 관념을 불러일으킬 수 없었다. 따라서 이런 국지적 인간들은 그 자체 국지적인 그런 신과 통일되었다고 느낄 수 있을 뿐이다. 이 국지적 신은 그 사람들의 유한한 동일성을 표현한다. 그러나 이때 많은 신들이 있지만 절대자는 없다. 그렇지 않다면 그들은 진실로 만물 위에 있는 단 하나의 정신으로서의 절대적 신의 관념에 도달했을 것이지만, 이때 이 신은 만물의 아주 위에 있으며, 여기서는 이 신 안에서 인간이 자기 자신 안에 머무는지, 혹은 신과 하나가 되었다고 느끼는지의 질문이 도대체 생겨나지 않는다. 이 신은 인간이 도달할 수 없을 만큼 높은 곳에 있다. 이 신은 세계와 통합될 수 없다. 왜냐하면 국지적 인간은 이 신과 통하는 세계의 목적을 이해할 수 없기 때문이다. 그의 목적은 탐구될 수 없다(절대적으로 추상적이다). 따라서 그 목적들은 (부분적으로) 가장 위대한 특수자의 목적, 즉 그가 선택한 민족의 목적과 동일하다. 이것은 국지적 인간이 이 신과 맺을 수 있는 유일한 방법이다. 그러나 이 신은 실제로 초월적이며 인간과 통합할 수 없기 때문에, 그에게 속한다는 것은 예속으로 머문다는 것이다. 하지만 그리스인에게는 신에게 속한다는 것이 예속을 의미하지 않았다.

그리스 종교는 인간과 신의 아름다운 통일의 종교이며, 인간이 신과 아주 평온하게 거하는 그런 종교다. 그리고 이 종교는 우리가 이미 본 것처럼 이들의 국지성에 묶여 있으며, 따라서 아직 보편적 반성의 의식을 가지지 못한다. 이 종교는 이 민족의 정치체의 관습적 법칙과 완전히 일치한다. 한 인간은 이 공동체적 삶의 담지자일 뿐이다. 그리고 이 공동체적 삶은 신과 일치한다. 이때 이 신은 그 도시를 구축했으며, 현재는 이 도시를 지키고 있는 그런 신이다. 바로 이런 점에서 우리는 그의 인민이다. 하지만 이때 우리는 그와의 행복한 통일에 놓여 있지 분열과 초월의 관계에 놓여 있지 않다. 도시와 신의 이런 무반성적 통일, 아직 반성적이지 않은, 보편적 주체성이 아닌 이 통일은 예술 종교로서의 이 종교의 본성에 깊이 뿌리박혀 있다.[39] 그러나 그 국지성 때문에 이 종교는 인간 자체가 자유롭다는 것을, 인간이 신과 연합되어 있다는 것을 이해할 수 없다. 따라서 이 종교 역시 여전히 예속에 젖은 문명이다.

예술 종교로서 이 종교는 자연 종교에 특히 잘 나타나는 자연 내재적 신의 실체적 힘에 대한 희미한 표상을 인간의 형태로 아주 분명하게 드러내 주는 데 성공했다. 정신적 주체성은 자연적인 것을 정복하며, 이를 통해 자유에 도달한다. 이것이 투쟁의 결과라는 사실은 그리스 신화에 잘 나타난다. 올림포스의 신들은 우라노스(하늘)나 크로노스(시간)와 같이 자연과, 혹은 타이탄과 같이 낮은 단계의 정신적인 것들과 여전히 얽혀 있었던 이전의 신들을 정복함으로써 지배적인 신들이 되었다.

이 신들에 대한 제의는 신적인 것과 연합된다는 것을 의미했다. 따라서 희생 제의는 체념을 의미하는 것이 아니다.[40] 오히려 고기와 희생물은 공여자들에 의해 향유된다. 신은 인간의 형상으로 표현된 채, 석상으로뿐 아니라 살아 있는 사람의 의례적인 행동으로 공동체 속에 현재하게 된다. 이 제의는 인간을 둘러싸고 있는 위대한 힘들, 인간이 그와 더불어, 그 아래서 살아가는 그런 힘들, 즉 자연적·사회적 능력들을 인간의 형상으로 가져왔다. 그리고 바로 여기에서 인간은 평안함을 느낀다. 신을 이렇게 형상화함으로써 이 제단은 참으로 아름다운 제단이 된다.

하지만 그리스의 제의는 보편자에 대한 감각도 가지고 있었다. 이 제의는 인간이 특수한 신들을 초월해 있는 방식으로 신적인 것과 연합해 있

---

39) *EG*, §557에서 헤겔은 절대 정신의 한 양태로서 예술의 무반성적 본성을 그리스 인륜성의 무반성적 본성과, 즉 예술 종교의 시기와 연결시킨다.
40) *RelGI*, 169~170.

었던 그런 신비로부터 걸어 나왔다. 그러나 여기서 그리스 종교는 여전히 초기 자연 종교의 상징들과 결합해 있었으며, 이 제의들을 아주 명석하게 해명하는 데까지 나아갈 수 없었다. 이 신비들 속에서 인간의 불멸성이라는 생각이 움트기 시작했다.

헤겔은 다시 한번 그리스 종교를 운명 개념과 결합시킨다. 아름다운 개별성들은 절대자가 아니기 때문에 모든 것의 근저에 놓인 이 보편적 힘은 그리스 종교에서 어두운 상태로 머물러 있다. 그것은 인간뿐 아니라 신들도 어찌할 수 없는 불가사의한 숙명으로서의 운명으로 희미하게 감지될 뿐이다. 이 신들 각자는 어떤 의미에서 스스로가 전적으로 지배할 수 없는 불가해한 필연성의 구조 속에 묶여 있다.

따라서 역사 속에서 일어나는 사건들의 우연적 과정은 불가사의한 운명의 손아귀에 잡혀 있는 것으로 간주된다. 한 신의 주관적 자유는 그 정도까지만 확장되며, 따라서 이 신도 운명의 손아귀에 잡혀 실패할 수 있다. 자연을 형성하고 지배하는 자유로운 주관성, 따라서 우리를 자연 종교 위로 고양시키는 자유로운 주관성은 특정한 정도까지만 확장된다. 운명의 매트릭스는 초월적이며, 신들의 목적조차도 무화시킬 수 있다. 이 신들은 불멸이며 개별적으로 존중되지만, 인간들 사이에 있는 뛰어난 자들과 다르다. 신들의 자유라는 것은 당연히 이 신들과 연합되어 있는 인간의 도시들에만 타당하다. 물론 이 경우에 훨씬 더 배가된 방식으로 그렇다. 왜냐하면 인간은 불멸이 아니기 때문이다.

따라서 헤겔은 국지적 신과의 통일성을 발견하는 것과 운명이 있다고 믿는 신앙에 필연적으로 수반되는 것 사이에 어떤 연관이 있음을 본다. 국지적 신이 아니라 만유의 주인인 절대자와 연합되어 있다는 느낌이 생겨날 때 불가해한 운명 개념은 사라질 것이다. 왜냐하면 자유로운 주체성은 만물을 통제하며, 운명은 섭리에 의해 대체될 것이기 때문이다. 그럴 경우 사물의 전체 과정은, 심지어 아주 우연적인 세부 부분에 이르기까지, 신적인 계획의 일부로, 주관적 목적의 표현으로 간주된다.[41]

이로부터 헤겔은 고대의 의식과 근대의 의식의 차이점들을 이끌어 낸다. 고대인은 스스로 특수한 결단을 내릴 수 있다고 느끼지 않는다. 특수하고 우연적으로 진행되어 가는 사건을 특정한 방향으로 결말이 날 수 있게 하는 자신만의 결단, 예컨대 지금 전쟁을 하는 문제, 혹은 오늘 여행이나 결혼을 하는 문제 등에 대한 결단을 내릴 수 있다고 고대인은 느끼지 않는다.[42] 고대인은 운명으로부터 미래의 일어날 사항들을 알아내기 위해 신탁에 자문을 구하거나 점을 친다.

이에 반해 근대인은 주체로서의 절대자 개념에 기초해 있다. 더군다나 근대인은 절대 종교 속에서 이 절대자와 연합되어 있다는 보증에 도달했다. 따라서 불가해한 어떤 운명을 위한 여지는 없다. 사물의 토대와 연합되어 있다는 확신은 근대 세계에서 부분적으로 이성에 대한 믿음으로 발전해 갔다. 이 믿음은 인간의 이성이 자연을 과학적으로 이해할 수 있다는 믿음이다. 따라서 특수하게 진행되어 가는 과정에서 그 결과에 영향을 미칠 수 있는 결정들은 합리적 예측의 토대에서 이뤄진다. 불가해한 운명의 이러한 측면은 인간의 응시에 열려 있게 된다. 우리 근대인은 부분적으로 우리의 결단이 불완전한 신의 목적이 아니라 절대적으로 타당한 목적에 근거해 있다고 확신한다. 왜냐하면 불완전한 신의 목적은 신의 불완전성 때

---

41) 물론 이것이 참된 우연의 여지가 없다는 것을 말하는 것은 아니다. 우리는 헤겔에게 참된 우연성이 있다는 것을 보았다. 단지 확실한 것은 정신의 계획이 스스로 허용하는 우연적 변형들을 통해 그 내적인 필연성으로부터 진행해 간다는 사실이다.

42) *RelGI*, 187.

문에 제한적으로만 타당하며, 따라서 그 자체로 실패하거나 파기될 수 있기 때문이다. 따라서 우리 목적의 절대적 타당성(과 궁극적 성공)의 문제에서, 그리고 적절한 시간과 수단을 선택하는 문제에서 우리는 운명의 베일을 뚫으려는 시도로 신탁에 의지할 필요가 없다. 우리는 스스로 결단할 수 있다. 사건 속에 내재한 불가피한 우연성의 요소에 관해 말하자면, 이것은 예측의 한계를 설정하는 것이다. 하지만 우리는 이것을 이해하며, 이것이 신탁이나 점에 의해 개선될 수 없다는 것을 안다. 우리는 우리의 최상의 지식으로 결단하며, 그 여타의 것을 위험 부담으로 받아들인다. 하지만 이 위험 부담이 그렇게 크지 않다는 것을 우리는 안다. 왜냐하면 우리는 합리적 절대자가, 비록 우리가 계획한 방식으로는 아니더라도, 승리할 수밖에 없다는 것을 알고 있기 때문이다. 우리는 이것을 섭리에 대한 우리의 믿음을 통해서, 혹은 이 섭리에 대한 헤겔의 사변적 해석을 통해서 안다.

스스로 결정할 수 있는 이러한 능력은 모든 것을 포괄하는 주체로서의 절대자 상, 우리가 이 절대자와 통일되어 있다는 그런 상에 기초해 있다. 이것은 물론 또한 우리가 우리 자신을 보편적 주체성으로 규정하게 되었다는 사실을 전제한다. 이러한 사실은 그리스에는 없었다. 그리스인은 그의 도시의 공적 삶에 침잠해 있었다. 따라서 그가 개별자로 내린 특수한 결정들과 도시가 내려야 하는 특수한 결정들은 모두 그의 독립적인 힘을 넘어서 있는 것으로 느껴졌다. 그래서 신탁에 자문을 구하는 것이 필요했다. 결단의 자율성을 드러낼 수 있는 사건들의 진행 과정에는 내적인 자신감, 자신의 지성에 대한 의식, 혹은 자신에게 머물러 있음 등이 없었다. 소크라테스조차도 자신의 다이몬에 호소함으로써 결정을 내렸다.

그러나 이것 이상의 것도 있었다. 신들의 목적조차도 운명 아래 놓여 있었고 무화될 수 있었다. 따라서 "신에 의해 정당화된" 목적도[43] 실패할 수 있다. 이러한 사실에 직면하여 그리스인은 필연성에 대한 경외심을 발전시켰다.[44] 그리스인은 필연성에 대해 불평하긴 했지만 그것에 굴복했고, 그 필연성을 자신의 운명으로, 운명의 일부로 받아들였다. 그리스인은 이러한 필연성을 자신의 것으로 취함으로써, 그리고 이 필연성을 자신의 동일성[정체성]의 일부로 받아들임으로써 화해에, 일종의 자유에 도달했다. 아킬레스의 이른 죽음은 그의 **일부**이며, 그의 위대한 힘이나 그 불사성 못지않게 그의 동일성을 구성하는 본질적 요소이다. 이러한 동일화에는 아름다운 어떤 것이 내재한다. 그리스 문명의 모든 아름다운 것을 헤겔은 자신의 체계에서 재통합하고자 한다.[45]

이에 반해 근대인은 절대적 목적은 수행되어야 한다는 것, 이 목적은 우연한 사건에 의해 어떤 모습을 취하든 결국 승리하게 될 것임을 확신한다. 하지만 이로 인해 근대인은 운이 전복될 때 분개한다. 근대인은 운의 전복을 수용하여 자신의 것으로 삼을 수 없다. 근대인은 그의 목표를 절대적인 것으로 생각한다. 하지만 물론 헤겔에게는 이것 역시 높은 단계의 지혜가 아니다. 근대인이 인간적으로 규정된 자신의 목표를 절대적인 것으로 취하는 대신 정신의 목표와 동일화할 경우 그는 이 전복에서도 평안함을 느낄 것이다. 그가 겪는 어떤 전복도 정신의 목적과 관련이 있는 한 결코 이 목적을 뒤집을 수 없기 때문에 중요하지 않다. 필연성과 아름답게 조화를 이루고 있는 고대적 동일화를 다시 받아들일 수 있는 유일하게 참된 방

---

43) *RelGI*, 153.
44) *RelGI*, 150~154.
45) 그리스식의 이런 운명과의 화해 개념은 프랑크푸르트 시기에 쓰인 「기독교의 정신과 그 운명」까지 거슬러 올라간다. 여기에서는 오로지 이 그리스 문명이 더 이상 회복될 수 없는 과거로 분류되고 있으며, 또 보다 높은 화해의 양식에 의해 대체되었다는 사실을 확고히 하고 있을 뿐이다.

법은 섭리와 동일화하는 것이다. 그렇게 할 경우 인간은 자유로우며, 사물들의 과정과는 상관없이 완성된다. 그리고 사람들은 여기서 사건의 과정과 화해한다. 하지만 이것은 고대인의 경우와는 달리 더 이상 신적으로 보증된 목적이 실패했다는 것을 의미하지 않는다. 하지만 지혜의 이 두 형태 사이에는 근대인의 무익한 반항이 놓여 있다.[46]

그리스인은 필연성의 합리적 구조에 대한 느낌인 예감을 비극에서 얻기 시작했다. 헤겔에 따르면 이것이 그리스의 의식이 삶의 형식에 놓여 있는 깊은 모순을 인식하게 된 방식이다. "나[헤겔]에게 비극의 절대적 예가 되는"[47] 『안티고네』에서 우리는 크레온으로 대표되는 국지적 도시의 법과 안티고네로 대표되는, 가족에 대한 사랑의 요청의 형식으로 나타난 절대적 도덕성의 법 사이의 충돌을 본다. 사람들에게 발생한 것, 즉 그들의 운명은 비극에서 그 형태를 취하기 시작한다. 여기서 우리는 신이 뒤에서 조정하는 실체적 목적과 스스로를 동일화하는, 그래서 몰락하는 영웅들(안티고네, 오이디푸스)을 본다. 하지만 그들을 파멸시킨 것은 불가해한 운명으로만 그려지지 않는다. 이러한 파멸의 필연성은 그들이 지지한 바로 그 목적에 이미 얽혀 있다. 왜냐하면 이 목적은 부분적이며, 따라서 그 반대자와의 갈등 상태로 돌입해야 하기 때문이다. 부분 속으로의 이러한 완전한 침잠이 곧 그들의 파토스다.

따라서 비극은 인간이 자신의 동일성을 자신에게 일어난 일들에서 찾아야 한다는 느낌을 강화시키며, 사건들이 일으키는 충격이 인간이 자기 동일적인 것이라고 여기고 있던 것과 본래 결합되어 있는 것임을 그려 준

---

46) *RelGI*, 152~154.
47) *RelGI*, 156.

다. 하지만 이러한 운명의 연극을 우리의 지성에 더 밀접히 가지고 옴으로써, 그리고 운명에 내재한 의미를 분별함으로써 비극은 인간이 이 부분적 동일화를 넘어갈 수 있는 계기를 준비한다. 인간의 파멸의, 따라서 운명의 필연적 메커니즘을 파악하기 시작한다는 것은 이미 이 파멸과 그 운명을 넘어서 가기 시작한다는 것이다. 그리고 인간이 일단 이런 동일화를 넘어서서 성장하고 나면 그는 이미 보편적 주체성으로 성장한 것이다. 인간은 도시를 떠났으며, 궁극적으로 그 신을 떠났다.

우리는 앞에서 그리스 도시들의 몰락과 함께 이러한 과정을 보았다. 이것은 그리스 종교의 몰락과 동일한 과정이다. 이 두 과정은 상이한 측면에서 본 동일한 과정이다. 인간은 그것이 도시건 습속이건 신들이건 간에 더 이상 국지적인 것에서 자기 동일성을 발견할 수 없다. 보편적 주체성이 형성되었다. 하지만 그렇게 함으로써 인류성과 통일의 아름다운 제단 이 양자는 그 생명력을 상실했다. 개별자는 홀로 자신과 관계하지만, 그는 자기와 더 이상 통일되어 있지 않은 세계, 도시 그리고 자연 안에 존재한다. 이 개별자는 낯선 땅에 존재한다. 그는 무한한 상실감에 고통받는다. 유대인의 고통은 신을 떠난 세계 안에 거하는 그리스인의 상실감과 통합된다.

고대인의 신의 상실을 드러내는 마지막 장소, 그리고 이로 인해 성육신을 고대하는 소외된 개별자가 거주하는 마지막 장소는 로마 제국이다. 로마 제국은 보편적 주체성의 발흥에 상응하는 보편적 제국이다. 보편적 주체성에 의해 고대 도시 국가들이 내적으로 붕괴했다면 외적으로 이 도시 국가들은 보편적 제국들에 의해 점령당해 붕괴되었다. 이 제국들의 정점이 로마 제국이다. 따라서 고대에 나타난 신들과의 접촉의 상실은 정치적으로 이뤄진 로마의 판테온에서 그 강력한 통합으로 나타난다.

그리고 이 두 경우에 연합의 상실이 있다. 개별자는 자기 위에서 권력으로 존재하는, 그리고 그가 어떤 방식으로든 자기 동일자로 생각하지 않는 이 추상적 세계 국가와 통합될 수 없다. 이 국가는 이 개별자의 의도와 일치하는 어떤 합리적 근거나 목적도 없이 그를 보호할 수도 있고 탄압할 수도 있다. 동시에 신들과의 통일 역시 상실되었다. 로마 제국에서 신들은 더 이상 자율적 목표의 중심이 아니며, 국가의 목적을 위한 수단이 된다. 이러한 사실은 로마 제국 후기에 나타난 황제 숭배에서 그 정점에 달한다.

『종교철학 강의』에서 헤겔은 바로 이 로마 종교의 단계를 유대와 그리스를 이어받는, 변증법적 삼각 운동의 정점에 선 세번째 단계로 본다. 이러한 도식은 그가 이 재료들을 다루는 유일한 방식이 아니다. 다른 곳에서 그는 그리스와 유대 종교로부터 곧바로 종합으로서의 기독교로 진행해 간다. 그리고 이러한 도식이 헤겔의 규정에서 보다 일리 있어 보인다. 즉 그의 도식을 따르면 육화된, 하지만 국지적인 신[그리스 신]과 절대적인, 하지만 분리된 신[유대교의 신]은 육화된 최고 신 속으로 통합되어야 한다.

그러나 여기에 예비적인, 매우 부적합한 종합이 있다. 즉 그리스의 운명의 필연성은 신들 위의 필연성을 특수한 목적으로 여기지만 이 목적을 모든 타자에 대한 지배를 요청하는 것에서 찾는 그런 종교에서 유대교의 목적의 특수성과 통합된다. 이것이 로마인을 보편적 제국으로 몰고 갔다. 신들도 결국에는 이 제국에 봉사하는 것으로 나타난다. 이것을 헤겔은 종교의 합목적성이라 부른다. 하지만 그것은 외적 목적론이다. 아테나 여신의 목적은 아테네 사람들에 의해 실현될 수 없었다. 우리는 여기서 우리가 유기체에서 발견하는 아름다운 통일에, 내적 목적론을 가진 실체에 마주한다. 하지만 로마의 종교는 외적 목적론의 종교이다. 여기에서 모든 것은 자기 밖의 목적에 봉사하며, 수단과 목적은 서로 외적이다.

헤겔의 어투에 익숙해 있는 독자들은 헤겔이 로마인에게 동정심을 보이지 않았다는 사실을 이미 알 것이다. 그래서 그 독자는 로마인에 대한 헤겔의 상세한 서술에도 그다지 놀라지 않을 것이다. 로마인에게 그들의 세계사적 공헌을 부여함에도 불구하고 헤겔은 로마인에게 매우 만족하지 않았다. 그는 이러한 차가운 초점을 외적 목적론에 맞추는데, 이런 외적 목적론은 로마 후기의 일탈에 의해서 생겨난 것이 아니라 그들의 종교의 초기부터 기본적으로 있었던 것이라고 한다. 로마인에게는 아름다운 통일의 사상이 없다. 모든 것은 처음부터 그들 국가의 목적을 위해 기울어져 있었다. 로마인은 절대적이고 보편적인 목표가 아니라 제한된 목표, 즉 한 인민의 보편 제국이라는 목표를 위해 스스로를 헌신했다. 모든 것은 소름끼칠 정도로 이 목표를 향해 있었고, 어떤 것도 자신의 목적이나 필연성을 자기 내에 갖지 않았다. 그런데 바로 그런 목적과 필연성이 아름다움의 비밀이 아니던가? 그들은 자신의 삶도 이런 외적인 방식으로 이끌어 갔다. 검투사 경기는 이러한 문명을 반영한다. 왜냐하면 이 경기에서 죽음이란 냉정하고 무의미한 것에 불과하며, 이 죽음의 전체 의미는 이 죽음 외부에 있었기 때문이다.

어쨌든 고대 세계는 신과 거리를 취한다(유대교)는 의미에서, 그리고 신의 상실(그리스 종교)이라는 의미에서 그 정점에 도달한다. 세계는 통일을 갈망한다. 그리고 앞에서 서술한 것처럼 신이 육화되어 활동할 때가 이르렀다.

이제부터 종교사는 기독교의 역사이다. 이것을 우리는 이미 다른 측면에서, 즉 국가의 측면에서 다뤘다. 왜냐하면 이 두 영역은 서로 얽혀 있기 때문이다.

처음에 신과 인간의 통일은 즉자적이기만 했다. 기독교 공동체는 신이 없는 세계에서 스스로를 아직 낯설게 느꼈다. 하지만 계속 그러지는 않았다. 교회는 스스로 세계와 통일되어 갔다. 야만인에 의해 로마가 정복되면서 교회는 야만의 왕국들의 선생이자 개화자로 활동함으로써 세계와 하나가 되어 갔다. 그러나 이 야만인을 교육하는 가운데 교회는 야만인의 미숙함을 받아들였다. 교회는 자신의 임무를 수행하기 위해 세속 권력에 적응해야 한다는 압력을 받았는데, 이 세속 권력에 의해 타락하게 되었다. 교회는 타락하여 신의 현전을 다시금 성체나 유물 등 천박한 외적 실재로 환원함으로써 그리스도의 말씀을 물화했다. 그리고 나서 교회는 이러한 타락에 맞서 수도원적 이상에 기초한 과장된 현실 도피를 주장했다.

그러나 조잡한 세속 세계와 그 반대 형태인 현실 도피적인 또 다른 세계는 둘 다 인간의 삶과 공동체의 완전한 정신화[영성]와 함께할 수 없다. 인간 삶의 완전한 정신화는 정상적인 삶을 살아가는 인간이 아주 적절한 정신의 담지자가 된다는 것을 함의한다. 인간은 가정에서, 삶의 수단을 위해 활동하는 작업장에서, 그리고 지성에 의한 선택을 실행함에 있어서 정신의 담지자여야 한다. 하지만 가난, 순결 그리고 복종 등과 같은 수도원적인 서약은 곧바로 일상적인 삶에서 이 세 영역을 무시하는 데로 진행된다. 따라서 이러한 정신성은 빗나간 정신성이다. 이러한 정신성은 정신적인 것의 조야한 물화에 대한 표징으로서만 이해될 수 있다.

하지만 이 두 형태는 없어져야 한다. 정신적인 것은 삶에 활력을 불어넣고 변형시키기 위해 순수하게 외적인 현존으로부터 구출되어야 한다. 생동적이고 변형된 삶은 더 이상 세계 안의 다른 정신성으로 대체될 수 없다. 수도승의 삶은 가족·노동·책임을 가지는 그리스도인의 참된 임무에 반한다. 수도승은 결혼하고 일하고 선택하는 문제에 대해 스스로 책임을 져야 한다.[48]

따라서 교회와 세계의 대립이라는 첫번째 단계와 교회의 세속 권력이라는 두번째 단계에 이어 말씀이 다시 정신화되는 세번째 단계가 따라 나와야 한다. 이것이 바로 종교개혁이다. 하지만 종교개혁의 탄력은 유럽의 계몽으로 지속된다.

종교개혁의 메시지는 기독교의 신앙이 정신[성령] 속에서 추구되어야 한다는 것이다. 즉 우리의 삶을 세계 안에 구축하고 세계 속에서 변형시켜야 한다는 것이다. 이것은 주체와 절대자의 기독교적 화해의 완전함이 인륜성으로, 즉 주권적이고 자기 유지적인 공동체의 삶의 양식으로 구축되어야 한다는 것을 의미한다. 따라서 국가는 하나님의 나라의 제도적 실현을 위한 특권적 장소가 된다. 그리고 세속 국가와 분리되어 있고 또 대립함으로써 지상의 권력이 구원되지도 않고 구원될 수도 없는 본성을 지닌다고 선언하는 가톨릭과 더불어서는 이런 일이 일어날 수 없다. 정신은 순수하게 정신성을 갈망하는 자들에게 승복을 입게 할 만큼의 힘을 가지고 있는데, 가톨릭의 병렬적 권력은 세속 국가가 이런 정신에 무감각해야 한다는 조건 아래서 이 세속 국가를 유지한다. 프로테스탄트의 원리는 따라서 국가의 선차성을 수용하는 것이며, 국가를 지지하는 것이고, 또 사람들을 발전하고 있는 인륜성과 완전히 동일화시키도록 밀고 가는 것이다.

기독교의 첫번째 시기는 세계와 대립하는 시기이다. 두번째 시기에 세계를 보호하고자 하는 시도가 있다. 그러나 세번째 시기에 사람들은 세계가 정신성을 스스로 자유롭게 실현해야 한다고 보게 된다. 이것이 완전히 이뤄지면 우리는 계몽에 이르게 된다. 인간, 세속 인간이 정신의 최고의 목표를 실현해야 한다는 원리, 인간이 이미 전체의 주인이라는 원리는 순수

---

48) 헤겔은 자유주의적 프로테스탄트가 그러하듯 기독교의 수도원적 삶의 양식의 토대에 대한 이해가 부족하다.

하게 인간적인 이성의 우선성이라는 개념에 잘 표현되어 있다. 자기 자신을 그저 인간으로 동일화하는 인간은 이성의 우선성을 지상에 실현하고자 희망한다. 따라서 신은 단지 공허한 최고 존재, 즉 내용이나 주도권이나 의지 없는 이신론의 신에 불과해진다.

그러나 우리가 본 것처럼 모든 인간의 목표와 목적을 자기 자신으로부터 이끌어 내고자 하는 계몽은 결정적으로 내용을 결하고 있다. 그것은 참된 객관성을 발견할 수 없다. 참된 객관성을 발견하기 위해 계몽은 인간이 더 위대한 정신, 즉 신과 연결되어 있다는 것을 재발견해야 한다. 즉 계몽은 순수한 종교와 화해해야 한다. 이러한 화해가 철학의 임무이다. 인간 해방은, 끝까지 추동하다 보면, 정신의 담지자로서 자신의 참된 자아를 발견하게 한다. 그리고 여기가 철학이 종교와 계몽을 통합하는 장소이다.

4

이제 우리는 절대적 인식의 최고 형태인 철학에 도달했다. 철학이 완전히 발전하게 될 때 철학은 종교와 동일한 내용——심오한 사변적 진리를 우리는 절대 종교에서 발견했다——을 표현한다. 하지만 그 형식은 다르다. 철학에서 형식은 사유의 형식이다. 절대자를 개념으로 파악함으로써 철학은 계시된 종교의 내용에 기초가 되는, 이 종교를 분명하게 만드는 내적 필연성을 본다. 숨겨진 형태로 표상 속에 나타났던 것이 여기서는 아주 명료하게, 정신의 전 구조를 알려 주는 철저한 필연성으로 드러난다. 그러나 정신의 바로 그 본성은 사유, 즉 합리적 필연성이다. 따라서 개념 속에서 정신의 본성을 파악한다는 것은 궁극적인, 철저히 적합한 형식 속에서 그것을 파악한다는 것이다. 이때 이 형식은 내용과 일치하며, 형식 그 자체를 내용으

로 규정한다. 혹은 이 형식은 이러한 내용을 자기 자신으로부터 산출한다. 그것은 이러한 형식들을

> 절대적 형식으로 고양한 것이다. 이 형식은 스스로를 자신의 내용으로 규정하고, 이 내용과 동일하게 머물며, 따라서 이 내용이 갖는 즉자대자적 필연성에 대한 인식이다.[49]

예배를 드리는 신자는 신에 대한 표상이 자신을 절대자와 접촉하게 한다는 것을 느낀다. 이것은 이러한 내용이 정신임을 그에게 말해 주는 '정신의 증언'이다. 그러나 철학과 더불어 이런 모호한 지각은 이성의 확실성으로 대체된다.

이것은 최고에 도달한 철학의 단계이다. 뒤에서 자세히 살펴보겠지만, 전체 철학사는 바로 이 지점을 향한 발전이다. 하지만 어떤 단계에서든 철학은 절대자를 개념들 속에서 파악하고자 하는 시도로 이루어진다. 물론 보다 원시적인 이전 단계에서 철학적 파악은 매우 불완전할 수밖에 없다. 심지어 이 시기의 철학은 그리스도의 도래 이후 표상의 양식으로 나타난 구조를 철저히 드러내 주는 그런 종교보다도 불완전하다고 할 수 있다. 하지만 궁극적·사변적으로 전개된 철학은 지금까지 상술한 모든 내용을 사유 속에서 포착하여 개괄한다.

우리가 본 사유는 모든 것을 철저히 명료하게 드러내는 매체이다. 사유 속에서는 최고의 반성적 명료함이 우리의 인식에 동반되며, 따라서 그것은 최고의 인식이다. 총체적인 반성적 명료함과 더불어 우리는 사유의

---

49) *EG*, §573.

완전한 투명성에 이르게 된다. 어떤 이유를 대서 우리가 이 절대적 명료함의 가능성을 의심할 수는 있겠지만, 반성적 명료함을 통한 사유의 완전한 투명성은 헤겔의 중심적인 주장이었다.

따라서 이 철학은 정신의 자기 인식을 위해 적합한 장소이다. 철학은 정신이 자연과 유한한 정신으로 표현된 자신의 외적 실재로부터 논리적 이념으로서의 자기 의식으로 돌아오게 하는 매체이다. 철학은 "스스로 사유하는 이념"이다.[50] 따라서 체계는 출발점을 지시하면서 끝난다.

이제 이 철학은, 우리가 이미 본 것처럼, 계몽과 종교를 화해시킨다. 계몽에서 인간은 교회의 외적 권위로부터 스스로를 해방시키며, 자신의 이성만을 신뢰한다. 하지만 계몽은 이러한 해방을 권위와의 단절과 대립의 감각을 통해 일방적으로 추구한다. 심지어 인간에 의해 매개되지 않은 신의 정신적 권위에 대해서도 부정적 태도로 일관한다. 그러나 더 이상 절대자와 어떤 동일성도 갖지 않는, 따라서 대립자로 이행했다가 다시 자기 자신에게 돌아오는 이념과 어떤 동일성도 갖지 않는 인간의 사유는 변증법적 차원을 결여한다. 그런 사유는 '오성'이지 '이성'이 아니다. 오성은 사유의 명료함을 극단으로까지 끌고 가서 구별들을 만들고 또 그 구별들을 고정시키지만, 이것을 넘어서서 구별들이 스스로 극복된다는 것, 이 구별에 의해 만들어진 대립자들이 궁극적인 것이 아니라 화해로 나아가야 한다는 것을 보지 못하며 볼 수도 없다. 계몽은 '명석하고 판명한 사유'라는 의식이고, 명석한 구분들이 최대한 완고하고 고정된 형태를 취하는 의식이다. 계몽은 종교에 나타나는, 따라서 참된 종교에 나타나는 변증법적 진리를 이해할 수 없다. "계몽, 즉 오성의 이러한 허영은 철학의 가장 격렬한 반대

---

50) *EG*, §574.

자이다."[51]

계몽은 모든 것을 협소하게 이해된 인간의 이성에 의해 이해하고자 하기 때문에 이 계몽은 신을 점점 더 활동적인 정신으로 이해하지 않게 되고, 점점 더 추상으로 이해하게 된다. 변증법적 운동을 이해할 수 없는 무능력으로 인해 계몽은 신에 대한 추상적인 관점에 이르게 된다. 이 신은 자연에 관여할 힘을 전혀 갖지 않는 공허한 최고 존재이며, 또 이성의 법칙이 아닌 것을 명령할 수 없는 합리적으로 이해된 존재이다.

그러므로 계몽은 종교에 대항한다. 그러나 우리는 앞에서 이러한 단순한 오성의 실행과 인간을 단순히 인간으로만 정의하는 것을 통해서는 이성의 임무를 수행할 수 없으며, 이성의 의지를 위한 적절한 내용을 발생시킬 수 없다는 것을 보았다. 계몽이 일단 인간에게 권위에 대항하는 본분을 부여하게 되면 오성의 분열적 구별화의 경향은 원자론적 인간상을 만들어 낸다. 이것은 인간의 목표가 자기 안에서 발견되어야 한다는 것을 의미한다. 그러나 인간은 자기 안에서 궁극적 목적과 일치하지 않는, 그리고 그런 목적으로서 가치가 없는 수많은 욕망을 발견할 뿐이다. 그래서 인간은 이러한 욕망을 넘어 일반 의지의 개념 속에서 도덕적 관점을 불러일으키고자 한다(루소). 그러나 이것은 여전히 일반 의지일 뿐이다. 즉 그것은 모든 원자적 주체들에 의해 형성된 의지이지, 이 주체들의 공동의 실체인 참된 주체의 의지가 아니다. 이 참된 의지를 파악하기 위해 우리는 이성으로 이행하여 사변적 사유를 불러일으키거나, 아니면 종교가 여전히 가지고 있는 절대자와의 확신에 찬 관계 속에 머물러야 한다. 이 둘 중 하나라도 없다면 계몽의 인간은 유효한 행위의 어떤 구체적 내용도 산출할 수 없을 것

---

51) *AbsRel*, 225.

이며, 따라서 칸트의 공허한 형식주의와 프랑스혁명의 파괴적 분열에 희생되고 말 것이다.[52]

계몽은 그 자체의 모순 때문에 스스로를 넘어서서 사물의 중심을 인간의 자아에서 실체적 주체로 대체시키는 지점으로 가야 할 운명을 갖는다. 그러나 그렇게 함으로써 계몽은 종교의 가르침의 본질을 수용하게 된다. 하지만 여전히 분열적 오성에 머물러 있는 사람들은 이러한 진행에 대항해 싸운다. 따라서 그들은 철학에 대항한다.

철학이 계몽을 종교로 되돌린다면, 이것은 또한 종교를 완전히 합리적인 술어로 다시 표현한다는 것을 의미한다. 하지만 이로 인해 철학자들의 저항만큼이나 격렬하게 수많은 경건한 신자들도 이에 저항한다. 이 신자들은 신앙의 내용이 헤겔이 하듯 사변적으로 재구성될 수 있다고 여기지 않는다(그리고 위에서 본 것처럼, 그들이 책망받을 수는 없다).

그러나 더 나쁜 것은 이 두 가지 종류의 대립이 함께 일어날 수 있다는 것이다. 우리는 이런 현상을 특정한 종류의 낭만주의적 헌신에서 본다. 낭만주의적 헌신은 칸트와 피히테에 의해 논박되었으며, 야코비와 슐라이어마허에서 다시 숙고되었고, 헤겔에게는 가장 큰 혐오의 대상이 되었다. 사실 헤겔의 『종교철학 강의』는 이런 낭만주의자들에 대한 논박으로 시작하며, 따라서 이 강의가 낭만주의에 대한 논박을 종결하는 것으로 끝나는 것이 그의 전체 구상에 맞는 것 같다.

낭만주의자들은 신앙인과 철학자라는 두 대립자를 결합시킨다. 왜냐하면 그들은 철학(즉 헤겔)을 신앙에 대한 과도한 합리화라고 공격하기 때문이다. 그리고 오히려 그들은 직관적인 헌신과 신앙에 호소한다. 하지만

---

52) 이 책 14~15장 참조.

동시에 그들은 정통 노선에 서 있지 않으며, 이 노선에 어떠한 동정심도 보이지 않는다. 낭만주의자들은 신 인식에 도달할 수 있다는 희망을 포기한다는 점에서 계몽과 똑같이 타락했다. 그들에게 신은 인식될 수 없고 초월적이다.

계몽은 신적인 것을 우리가 인식할 수 없다고 회의한다. 계몽의 이러한 회의와 나란히 낭만주의적 경건도 권위를 거부한다. 낭만주의적 경건은 단순한 '실정적' 종교에 대항해서 반란을 일으키며, 마음에서 우러나오는 신에 대한 신앙을 고집한다.

그러나 그 경우 그것은 계몽과 동일한 난관에 봉착한다. 신을 알 수 없는 혹은 권위를 수용하지 않는 사람은 '오성'을 가진 동일하게 유한한 주체일 뿐이다. 이 사람은 자신이 무한한 주체와 구별된다는 사실만을 파악할 수 있을 뿐이며, 분리를 극복한 동일성을 볼 수 없다. 그 사람은 계몽주의자와 동일한 무능력으로 고통을 겪는다. 그의 신앙은 어떤 내용도 발생시킬 수 없으며, 이 신앙을 표현하고 있는 삶의 방식을 산출할 수 없다. 마음의 법칙은 공리주의나 칸트의 형식주의만큼이나 공허하다. 마음의 법칙은 그 자체로 어떤 규정된 결론도 산출하지 않는다. 사실 그 내용은 변덕에 의해, 우연한 욕망에 의해 채워진다. 마음의 법칙은 도덕성으로 변장한 임의의 충동으로 머물 뿐이다. 그렇지 않을 경우 그것은 외적인 행위에서 내적인 의도로 움츠러들며, 이러한 형식 속에서 무로 사라지고 만다.[53]

낭만주의자들은 자신의 감정의 충동, 자신의 도덕적 본능을 넘어 자신의 인륜적 삶에 실체적 내용을 부여할 수 있는 실체적 주체에 이를 수 없다. 그들이 추구하는 진리는 인간이 바로 이런 도덕적 주체에 뿌리박고 있

---

53) '마음의 법칙'과 '아름다운 영혼'에 대한 논의는 각각 *PhG*, 266~274, 445~472 참조.

다는 것이다. 그리고 이것은 종교가 그리고자 한 진리이다. 그리고 그들은 여전히 경건해야 한다고 요청한다. 우리는 이 장의 서두에서 신 인식을 포기하고 감정으로 도피한 낭만주의적 경건이 어떻게 종교 개념 그 자체를 위반하고 있는지를 보았다.[54]

헤겔은 이러한 입장이 문제가 있다고 생각한다. 왜냐하면 이 입장은 한편으로 극복될 수 없을 만큼 너무 완고하며, 다른 한편으로 헤겔이 마음의 자발적 헌신을 위해 실정 종교를 거부했던 1790년대의 종교관과 너무 닮아 있기 때문이다. 낭만주의는 권위를 명백히 거부하는데, 이에 대한 헤겔의 비판은 헤겔의 사유 발전을 재는 한 척도로 작용한다. 낭만주의자들은 당연히 프로테스탄트 기독교의 원리를 참된 종교의 원리로 수용한다. 왜냐하면 참된 종교의 원리는 "자신의 확신에서 나와야 하며, 단순히 권위에 근거해서는 안 되기" 때문이다.[55] 헤겔은 이 원리를 평생 간직한다. 그러나 낭만주의자와 계몽주의자가 헤겔을 외적 권위를 맹목적으로 추구하는 자라고 비난하는 반면 헤겔은 그들이 정통 신앙인과 다를 바 없다고 비난한다. 왜냐하면 그는 오히려 종교의 절대적 내용에 의해 불려 나온, 자기 안에 있는 '정신의 증언'에 의해 움직이기 때문이다.

일반적인 신앙인이 실정적 권위에 단순히 복종하지 않을 수 있다 하더라도 실정성을 완전히 벗어나게 하는 유일한 인물은 사변적 철학자이다. 확실히 낭만주의적 자유 사상가는 그렇게 하지 못한다. 그가 하는 모든 것은 자발적 느낌에서 그에게 다가오는 비합리적인 관념과 편견을 성스러운 것으로 만드는 것이다. 사실 자유롭게 생각하는 것은 단순히 권위를 부정

---

54) 특정한 경건주의 분파들도 이런 비난을 받는다. *AbsRel*, 226.
55) *GPhil*, 193~194.

하는 것 이상이다. 그것은 자신의 출발점을 정당화할 수 있다는 것을 의미한다. 그리고 철학만이 이것을 주장할 수 있다.

철학이 이제 모든 권위에서 자유롭다는 것, 자유로운 사상의 원리를 관철한다는 것은 철학이 자유로운 사상의 개념이 되었다는 것, 철학이 자유로운 사상에서 출발한다는 것, 그리고 바로 이것이 원리라는 것을 의미한다. 따라서 자기 자신의 사유, 자기 자신의 확신이 권위로부터의 해방을 의미하지는 않는다.[56]

따라서 철학은 두 개의 전선에서 싸워야 한다. 하나는 경건주의자들이고, 다른 하나는 계몽주의자들이다. 그리고 철학은 이것들이 실제로 동일하며, 동일한 진리의 상이한 측면일 뿐임을 보여 준다. 그것들은 "개념 속에서 화해"되어야 한다. 헤겔에 따르면 이것이 바로 그의 강의의 목적이다.[57] 하지만 이 일은 아주 어려운 일처럼 보인다. 그리고 이것은 화해가 현실적으로 어느 정도나 이뤄질 수 있는지에 대해 의심하게 한다. 왜냐하면 이 두 전선에 대한 헤겔의 논박의 힘은 오히려 대립이 어떻게 확산되고 또 유지되고 있는지를 반영하고 있기 때문이다. 『종교철학 강의』의 마지막 쪽들[58]은 심지어 절망적인 기록들을 담고 있다. 그 부분은 로마 제국의 분열과 아주 유사하게 당대의 분열을 보여 주고 있다. 그리고 마지막에 철학자들이 지성소로 퇴각해야 한다는 수수께끼 같은 언급을 하고 있다.[59]

---

56) *GPhil*, 169.
57) *AbsRel*, 228.
58) *AbsRel*, 229~231.

이것은 성숙한 헤겔이 당대의 사태를 숙고할 때 주기적으로 빠지곤 했던, 그리고 자신의 체계와 쉽게 하나가 될 수 없는 염세주의를 반영하고 있는 것인지도 모른다. 공식적으로 말해서 이러한 분열은 종교에 이성의 참다운 형식을 부여함으로써 종교를 반복하면서 구출하는 철학에 의해 극복되어야 할 운명을 가지며, 그렇게 함으로써 계몽의 한계를 넘어선다.

---

59) *AbsRel*, 231["이 강의의 목적은 이성을 종교와 화해시키는 것, 다양한 형태를 가진 종교를 필연적인 것으로 인식하는 것, 그리고 진리와 이념을 계시 종교 속에서 다시 발견하는 것이었다. 그러나 이러한 화해는 외적 보편성이 없는 부분적인 화해일 뿐이다. 이러한 관계에서 철학은 지성소이며, 철학의 시종들(철학자들—옮긴이)은 그들만의 독립적인 성직자 계급을 형성한다. 이 계급은 세계와 함께해서는 안 되며, 진리의 소유지를 보호해야 한다"].

19장

철학

1

따라서 이 철학은 역사를 가진다. 철학을 검토하기 전에, 우리가 서로 착종되어 있는 수많은 역사를 거쳐 왔으므로 우선 재고 조사를 할 필요가 있다.

　사실 단 하나의 역사만이, 즉 정신의 역사만이 존재한다. 정치적 사회, 예술, 종교 그리고 지금은 철학 등의 전개를 검토한다는 것은 우리가 정신의 상이한 측면들을 따라가고 있다는 것이다. 역사의 특정한 단계는 동일한 정신이 이 상이한 양식들로 드러난 총체성이다. 한 시대의 서로 다른 양태들은 모두 상호 귀속적이다.

　본질적 범주는 통일이라는 범주, 모든 상이한 형태들의 내적 연관이라는 범주이다. 우리는 이러한 사실을, 즉 단 **하나**의 정신, **하나**의 원리만이 있다는 것을 확고히 파악해야 한다. 이 원리는 종교, 예술, 윤리, 사회성, 상업과 산업 등만이 아니라 정치적 상황에도 자신을 각인한다. 따라서 이 모든 상이한 형태는 한 본체의 가지들일 뿐이다.[1]

철학은 바로 이런 원리의 한 측면이다. 철학은 시대정신의 반영이다. 따라서 철학은 시대를 뛰어넘을 수 없다. 혹은 철학은 언제나 동일한 근본적 통찰을 가지기 때문에 어떤 의미에서 시대를 뛰어넘는다.[2] 따라서 신플라톤주의 철학이 기독교가 성취한 화해를 사전에 알려 주는 것이었다고 할 수 있듯이, 동시에 그와 반대로 철학은 세계가 진행해야 할 길을 사후에 그 세계에 보여 준 것이라고 생각될 수 있다.[3] 하지만 영원한 진리의 측면에서 바라본 철학이 아니라 자기 자신의 발전 단계에서 본 철학은 자기 시대를 넘어설 수 없다.

철학은 무엇보다도 자기 시대의 현실에 대한 사유일 뿐이다. 철학은 자기 시대를 넘어설 수 없으며 단지 그 시대의 내용을 사유 속에서 생산할 뿐이다.[4]

그러나 한 시대의 철학이 그 시대의 다른 표현들과 전적으로 동시적이지는 않다. "주어진 정신의 형태 내에서 철학은 다른 측면들과 동시적으로 등장하는 것이 아니라 특정한 시간에 등장한다."[5] 왜냐하면 사유는 반성적이기 때문이다. 사유는 직접적 삶의 흐름에 저항하며 그것을 부정한다. "따라서 사유는 자연적 삶의 양식의 부정이다."[6] 따라서 철학은 한 시대가 그 정점에 있을 때, 젊음이 만개했을 때 발생하는 것이 아니라 그 시대가 늙어

---

1) *GPhil*, 148.
2) "따라서 단적으로 전체 역사를 통틀어 단지 **하나**의 철학이 있을 뿐이다"(*GPhil*, 124).
3) *GPhil*, 150.
4) *GPhil*, 150.
5) *GPhil*, 150.
6) *GPhil*, 151.

가기 시작할 때 발생한다. 그리고 철학은 반성적 입장을 취함으로써 현실 참여의 직접성을 약화시키고 쇠락의 과정을 돕는다.

따라서 만약 철학이 한 민족 사이에서 발생하려면 현실의 세계에 불화가 있어야 한다. 이때 철학은 사유 자체가 주도하는 폐허와의 화해이다. 이러한 화해는 이상적 세계, 즉 정신의 세계에서 발생한다. 인간은 지상의 세계가 인간을 더 이상 만족시킬 수 없을 때 바로 이 정신의 세계로 도피한다. 철학은 현실 세계의 쇠락과 함께 시작한다. 철학이 등장할 때, 그리고 철학이——회색에 회색을 덧입히며——자신의 추상을 전개시켜 갈 때 젊음과 생동성이라는 다채로운 색은 이미 지나가 버렸다.[7]

우리는 이러한 사실의 예를 자신의 나라가 페르시아의 통치에 떨어지게 되었을 때 철학하기 시작했다고 하는 이오니아의 철학자들에게서 볼 수 있다. 그리스 철학의 위대한 시기는 폴리스의 쇠락과 함께 온다. 로마인은 공화국의 몰락과 더불어 철학에 이른다. 헬레니즘과 로마 시기의 위대한 철학적 성취, 즉 신플라톤주의는 제국이 사양길에 접어들 때 나온다.[8]

철학은 한 시대의 삶이 끝난 이후에 나타난다. 이러한 사실은 사유 안에서 유한한 정신과 무한한 정신의 화해를 단적으로 보여 주는 철학에도 역시 사실인 것 같다. 이러한 화해는, 우리가 18장에서 본 것처럼, 삶에서의 참다운 화해를 전제하며 또 그런 화해 위에 건립된다. 물론 명시적으로

---

7) *GPhil*, 151. 이 부분은 몇몇 표현 용법에서조차 *PR*, Preface, 13에 나오는 유명한 문구를 상기 시킨다.
8) *GPhil*, 152.

헤겔은 자기 시대의 철학의 성숙함의 정도가 쇠락의 신호가 아니라고 생각했던 것 같다. 새 시대는 오히려 자신의 원리를 완성하기 위해 위대한 일을 했다(그리고 아마도 이 일은 무한한 과업일 것이다). 이전 시기에 이 시기의 원리들이 충분히 이해되었을 때는 더 이상 그 원리들이 유지될 수 없는 것이었기 때문에 철학은 쇠락을 표현했다.

그러나 이것은 '존재는 의식에 선행한다'는 유명한 맑스주의의 표어가 헤겔에게도 해당한다는 것을 의미하는가? 결코 그렇지 않다. 헤겔에게 실재는 이러한 방식으로 분리될 수 없다. 인간의 삶의 형식에서 어떠한 진보도 그들의 의지, 감정, 정열, 그리고 자기 자신과 세계에 대한 의식 등에서의 변화를 포함하고 있다. 소여된 삶의 양식을 구성하고 있는 실천과 제도는, 14장에서 본 것처럼, 인간에 대한, 그리고 인간이 사회와 맺는 관계에 대한 이념과 밀접하게 연관되어 있다. 인간 존재의 변화와 의식에서의 변화는 하나의 총체성의 부분들이며, 맑스가 하듯 하나가 다른 하나에 인과적 원인으로 작용하는 그런 것일 수 없다.

하지만 헤겔에게 철학이라는 특수한 의식 양태는 삶에서의 변화 이후에 나타나는 것 같다. 삶의 형식과 분리될 수 없는 의식은 다른 담지자들에 의해 작용한다. 의식은 14장에서 기술된 방식으로 실천 그 자체 속에서, 혹은 예술과 종교 속에서 표현된다. 철학은 한 시대의 표현 양식들 중에서 보다 나중에 출현하고 요약적 기능을 하는 다소 특수한 것이다.

왜 그런가? 철학은 다른 표현들[예를 들어 예술과 종교]은 해당되지 않는 순수한 의식 양태이기 때문에 그런 것 같다. 우리는 18장에서 종교가 어떻게 의식 양태와 효과적 실천 사이에서 엉거주춤하며 서 있는지 보았다. 종교는 인간의 헌신을 매개로 신에 대한 상을 제의[예배]와 연결한다. 예술이 문명의 기초인 시기, 예를 들어 그리스인들 사이에서 예술은 종교와 분리될 수 없다. 그리스의 예술 종교는 예술의 형태를 가진 제의 의식, 예컨대 축제나 비극을 가졌다. 이에 반해 철학은 순수한 사유의 영역 안에 있다. 철학의 순수함은 철학이 삶의 다른 수준들과, 예컨대 감정과 착종되어 있지 않다는 데서, 철학은 철저히 명상적이고 이론적이라는 데서 나온다.

따라서 철학은 결정적 단계들에 있는 예술과 달리, 그리고 종교와 달리 전체 사회의 활동이 아니다. 철학은 오히려 그들의 시대에 의해 실제적으로 이해받지 못한 개별자들, 혹은 조그만 공동체(예컨대 피타고라스 학파)의 소관이다. 따라서 철학의 발전은 역사 속에서의 삶의 양식의 실제적 발전의 요인이나 그러한 발전을 위한 담지자가 아니다. 이와 달리 종교는 그런 담지자이다. 이러한 사실은 왜 종교적 제의가 [철학이 그것을 파악할 수 있기 전에 삶 속에서 현실화되어야 하는] 바로 그 근대 세계에서도 유한한 정신과 무한한 정신을 효과적으로 화해시키는 본질적 요소로 여전히 작용하는지를 설명한다.

철학의 역사적 무효력이라는 규칙에 하나의 명백한 예외가 있다. 소크라테스가 바로 그 예외인데, 그는 유일하게 세계사적 인물의 철학자였다. 하지만 이것은 어떤 의미에서 저 규칙을 증명하는 예외이다. 왜냐하면 소크라테스의 세계사적 효력은 폴리스의 붕괴와 맞물려 있었기 때문이다. 그가 심혈을 기울여 일궈 낸 보편적 주체성의 발흥은 바로 인륜적 체제의 내적인 붕괴를 의미했다. 그리고 그것은 새로운 인륜적 체제를 불러일으킨 것이 아니라 개별자들이 자기 반성하게 하는 데로 이끌었다.

이론의 참다운 출생은 실체와의 무반성적 통일을 뭉개도록 돕는다. 그러나 철학은 새로운 세계를 산출할 능력을 갖지 않는다. 철학은 소수의 외떨어진 개별자들의 속성으로 머물지 집단적 실천 속에서 표현되지 않는다. 효과적인 화해, 새로운 세계의 출생은 예수의 도래를 기다려야 했다.

따라서 철학은 의식의 철저한 숙고 양식이다. 사유는 정신의 참된 매체이며, 사유 속에서 정신은 참으로 자유롭게 거하고, 자기 자신에 머문다. 처음부터 철학의 소명은 존재하는 모든 것에서 정신이 자신을 인식하는 것이라는 소명이다. 따라서 처음부터 철학은 사유는 정신의 매체일 뿐 아니라 대상이라는 직관을, 모든 것은 근본적으로 사유라는 직관을 갖는다.

따라서 철학사는 어떤 의미에서 단 하나의 철학만을 상이한 형태로 전개한다.[9] 하지만 처음에 이런 근본적 통찰은 불명료하다. 철학은 처음에 올바른 내용을 갖지만 동시에 부적합한 형식을 갖는다.[10] 그리고 철학은 스스로의 모순에 의해 전진을 강요받는다. 모순에 의한 발전, 그리고 그 발전 단계들은 필연적이다.

역사의 진보는 필연적이다. 모든 철학은 자신이 현상한 시기에 필연적으로 현상했다. 따라서 모든 철학은 올바른 시기에 현상했으며, 어떤 것도 자기 시대를 넘어설 수 없다. 모든 철학은 오히려 자기 시대의 정신을 사유 속에서 파악했다.[11]

그러나 우리는 어떤 의미에서 단 하나의 철학을 다루기 때문에 어떤 것도 상실하지 않는다. 앞선 철학들은 적절한 하나의 철학 안에서 모두 계

---

9) *GPhil*, 124.
10) *GPhil*, 126.
11) *GPhil*, 125.

기들로 유지된다. 왜냐하면 정신의 참다운 자기 이해는 소외로부터 자기 자신에게 돌아오는 것이기 때문이다. 상이한 철학들은 이러한 귀환의 필연적 단계들이며, 따라서 정당하게도 궁극적 종합의 일부분이다.

> [역사에 등장한—테일러] 철학들은 단적으로 필연적이며, 따라서 전체, 즉 이념의 불가피한 계기들이다. 따라서 그 철학들은 기억 속에서뿐 아니라 단언적 방식으로도 보존된다.[12]

동양에서 정신은 여전히 자연 속에 침잠해 있으며,[13] 사유는 아직 실제로 자유롭지 않다. 동양의 정신은 미발달의 상태에 있으며, 이 정신이 파악한 보편자는 모든 것을 삼킨 절대적 추상의 상태에 있다. 따라서 진정한 의미의 철학은 그리스에서 시작한다. 물론 그리스에서도 폴리스가 소크라테스와 더불어 쇠퇴하기 전까지는 철학이 정상 궤도에 있지 않았다.[14]

그리스 철학의 최초의 운동은 아낙사고라스에서 정점에 이른다. 그의 철학은 사유란 모든 것의 토대라는 통찰을 철저히 한다. 즉 그의 철학에서 사유는 정신적이고 자기 운동하는 것이다. 하지만 이오니아인과 함께 시작한 이러한 통찰은 여전히 매우 불완전했다. 그들은 근본적인 원리를 추구했지만, 이 원리는 여전히 물질적인 것과 연관되어 있었다. 이 철학은 자연 종교의 의식을 넘어 성장하지 못했다. 그리고 이 철학은 내적 운동의 원리를 결하고 있었다.

---

12) *GPhil*, 126.
13) *GPhil*, 229~231.
14) 정치적 자유와 철학 사이의 관계에 대해서는 *GPhil*, 225~228, 232~235를 참조하라.

따라서 피타고라스는 이 두 가지 관점에서 진일보한다. 그러나 그도 역시 가장 외적이고 비정신적인 사유 형식만을 가지고 있을 뿐이다. 그에게서 그것은 '수'로 나타난다. 우리가 보았듯이 헤겔은 철저한 수학적 사유를 합리성의 정점으로 보지 않았다. 근대의 합리주의적 전통은 그런 수학적 사유를 합리성의 최고의 형태로 보는 데 반해 헤겔은 가장 죽어 있고 외적인 사유의 영역으로 간주한다. 왜냐하면 수학적인 것은 오성의 영역, 함축된 결과를 전개할 뿐인 고정된 구별과 연역의 영역에 속하기 때문이다. 수학적인 것은 질적 사유의 구별들을 결하고 있으며, 질적인 대립을 표현하는, 즉 사변적인 것을 표현하는 힘을 결하고 있다. 왜냐하면 근본적인 대립자들이 질적인 술어들로 드러날 때에만 우리는 대립자들의 상호 이행을 통찰할 수 있기 때문이다. 사변 이성은 수학적 술어들로 표현될 수 없다.

엘레아 학파 사람들은 순수 사유의 원리에 한 발 더 가까이 다가간다. 그들은 변증법을 정당하게 취급한 최초의 사람들이었다. 그들은 경쟁적 입장들이 서로를 지양한다는 사실을 보여 줄 뿐 아니라 그 입장들이 어떻게 스스로에 모순되는지를 보인다. 그러나 그들의 변증법은 주관적인 것에 머문다. 그들의 변증법은 잘못된 견해를 반박하는 변증법이지 사물들에 내재한 변증법이 아니다. 이에 반해 헤라클레이토스는 실재 안에 있는 변증법을 인식한다. 그는 비존재를 존재에서 배제하지 않으며, 이 양자가 서로 생성을 불러일으킨다고 생각했다. 따라서 헤겔은 헤라클레이토스에게서 자기의 『논리학』의 주된 이행들 중 하나[즉 대립자의 상호 이행]를 읽어 낸다.

그러나 헤라클레이토스의 변증법도 여전히 추상적이다. 그것은 사물들 속에 구체화되어 있지 않다. 이에 반해 엠페도클레스는 완전히 구체적인 대립자들의 통일관을 가지고 있었다. 그의 원소 이론이 그것이다. 하지만 그의 변증법은 이번에는 살아 있는 통일성을 결하고 있다. 그의 통일 관념은 혼란스러우며, 또한 종교적 표상과 같은 이미지에 의존하고 있다.

레우키포스와 데모크리토스의 원자론은 구체적·객관적 실재에서 개념의 중요한 측면들 중 하나를 보고자 한 또 다른 시도를 보여 준다. 원자와 공간의 이론은 존재를 비존재와 관계시키는 구체적 표현이다. 따라서 원자론 역시 이러한 방식에서 엘레아 학파를 넘어선다. 이 이론은 어떤 의미에서 보면 엠페도클레스의 이론보다 더 순수한 표현이지만, 물질적 원자라는 이념 속에서 질료적 표현에 묶여 있다. 원자론은 또한 오성의 구별에 너무 확고하게 붙들려 있다. 즉 원자와 공간은 서로 외적인 것이다. 따라서 사물들에 내재한 모든 질적 차이를 관통하는 운동의 원리는 불명확하게 남아 있다.

원자론은 헤겔 『논리학』의 또 다른 중요한 개념을 생각나게 한다. '대자 존재'가 그것이다. 실로 이 시기는 헤겔의 『논리학』을 생각나게 하는 사람들로 가득 차 있다. 『논리학』은 헤겔이 그들을 어떻게 해석했는지 알 수 있게 하는 실마리를 제공한다.

그리스 철학의 이 최초의 운동은 아낙사고라스와 함께, 특히 **누스**[이성, 정신, nous] 개념과 더불어 정점에 이른다. 이제 마침내 사유는 사물들의 토대로, 즉 추상적으로가 아니라 사물의 운동의 영혼으로, 운동의 근원으로, 다른 말로 하면 목적의 주체로 간주된다. 아낙사고라스는 세계란 목적론적으로 이해되어야 한다는 통찰을 가지고 있었다. 여기서 헤겔은 소크라테스가 아낙사고라스에게서 발견한 것에 대한 플라톤의 설명을 따르고 있다. 하지만 아낙사고라스는 이러한 생각을 끝까지 관철시키지 못했다. 내적인 목적은 단순히 주어져 있는 외적 실재의 현재 질료에 대립해 존재한다. 그러한 목적은 외부 실재 그 자신에 의해 정립된 것이 아니다. 따라서 우리는 다음 단계로 넘어가야 한다.

그다음의 운동은 주체의 자유로운 사유라는 주제로 그 관심 영역이 옮겨 간다. 이 운동은 소피스트들에 의해 시작된다. 인간의 사유는 모든 사물의 척도이며, 외부에 있는 모든 고정된 지침은 의심의 대상이 된다. 이전에 의심 없이 수용되었던 법칙들은 이성에 의해 인간에게 정당화되어야 한다. 이러한 사실은 (몇몇 소피스트가 그러한 것처럼) 모든 규범과 자의에 의한 지배를 해체시키는 데로 나아갔다.

그러나 소크라테스는 주체성의 심연 속에서 이성의 보편적 기준을 발견하고자 했다. 소크라테스는 보편적으로 타당한 규범, 즉 선을 추구했다. 그는 도덕성의 창시자이다.

그러나 소크라테스의 사유 양식에는 뿌리 깊은 모순이 있다. 헤겔에 따르면 그의 변증법은 우리가 합리적 주체성의 원리로부터만 나오는 인륜적 규범들의 구체적 내용을 생산할 수 없다는 것을 보일 뿐이다. 우리는 이성을 완전히 체현하고 있는 공동체의 형태에서만 구체적인 내용을 인출한다. 다른 말로 하면 이성은 이성 자신의 실현을 위해 필요한 인륜적 공동체 개념을 통해서만 우리에게 규범적 내용을 부여할 수 있다. 우리 의무의 구체적인 내용은 이 공동체가 우리에게 부여한 구체적인 요구로만 주어질 수 있다. 만약에 우리가 어떤 사회적 맥락에도 구애되지 않는 일반적 규칙성을 띠는 도덕성을 도출하고자 할 경우 우리는 시험을 견뎌 낼 어떤 규칙도 결코 발견할 수 없을 것이다. 모든 규칙은 예외를 인정해야 한다. 그리고 문제는 그 규칙들을 언제 적용하고 적용하지 않을 것인지를 판단할 때 생겨난다. 헤겔은 소크라테스의 변증법이 보여 주는 것이 바로 이것이라고 한다. 물론 이러한 설명은 나중에 헤겔이 칸트에 대해 설명하는 부분과 중첩된다.

그 시대가 보편적 주체의 동일성으로부터 완전한 이성적 인류성으로 발전할 만큼 아직 성숙하지 않았음에도(그런 시대는 2,200년 동안 여전히 오지 않을 것이다) 소크라테스의 가르침이 그때 현존하던 유일한 인류성, 즉 무반성적 인류성을 파멸시키는 데 도움을 주었다는 것은 커다란 모순이다. 그를 사형에 처한 죄명은 어느 정도 사실이다. 그의 반성적 의식은 그리스 인류성의 종말을 의미했다.

그를 이어 플라톤이 뒤따른다. 플라톤에 대한 헤겔의 논의, 그리고 또한 그가 많은 부분을 할애해서 설명하는 아리스토텔레스에 대한 논의를 정당하게 평가하는 것은 거의 불가능하다. 그 이유는 헤겔이 고대 철학의 이 두 거장, 특히 아리스토텔레스를 아주 장구하게 다루고 있다는 데서 명백하게 드러난다. 나는 헤겔이 그들이 철학사의 발전에서 어떤 기여를 했다고 보는지를 간단하게 서술하고 넘어갈 것이다.

플라톤은 소크라테스 이전의 철학과 소크라테스 철학을 통일한다. 그는 사유를 인간의 본질로 볼 뿐 아니라 모든 사물의 토대로 본다. 선의 이데아는 모든 것의 뿌리이다. 선의 이데아는 초감각적 실재라기보다는 근원적 합리성이다. 이 합리성은 존재의 토대이다. 따라서 플라톤은 사변의 근본적 진리를 파악했다. 그는 철학의 원리, 즉 이상주의의 원리에 순수하고 고결한 표현을 부여했다. 이데아는 부차적인 것, 술어가 아니라 실체적인 것, 자기 유지적인 것이다.

둘째, 플라톤은 인식은 자기 자신으로부터 와야 한다고 파악한다. 따라서 그는 사유의 참다운 인식은 외부로부터 설득되는 것이 아니라 내적으로 발전되어야 한다고 하는 사변적 진리에 대한 통찰을 가졌다. 궁극적으로 사유는 자신의 전제를 정당화해야 하며, 따라서 철저히 자기 의존적이다. 물론 플라톤은 이러한 사실을 이렇듯 명료한 형식으로 파악하지 않왔다. 진리는 오히려 상기(reminiscence)설로 알려진 흐릿한 형태로 온다고 가르친다. 헤겔은 자신의 이론을 설명하기 위해 이 상기를 독일어 Erinnerung[기억, 상기]이라는 단어와 연결하는 것을 주저하지 않았다. 이 독일어 단어 Er-innerung[내적인 것을 일으킴]은 내면화의 관념을 간직하고 있다.

셋째, 플라톤은 사멸하는 것이 이데아에 부적합한 것이라는 사실을 알고 있다. 그의 변증법은 특수자가 그 자신을 어떻게 보편자로 해소시키는지를 보이는 것으로 시작한다. 보편자는 모순을 자신 안에 용해하고 있는 것으로서 참된 구체자이다. 하지만 플라톤은 여기서 자기 자신의 통찰을 끝까지 밀고 나가지 않으며, 변증법은 종종 단순히 부정적인 결과로 끝나고 만다.

그러나 물론 플라톤은 그 단계에서 사변 철학의 완전함을 파악할 수 없었다. 우리는 우리의 논의와 연관된 세 가지 통찰만을 간략하게 서술하고자 한다. ① 이데아[이념]는 실제로 활동적이지 않으며, 자신의 감각적 내용을 발생시키지 않는다. ② 이데아들의 질서는 내적인 발전 원리도 가지지 않는다. 이 원리가 있어야 이데아들의 질서가 설명될 수 있다. 다른 말로 하면, 플라톤의 이데아의 세계는 헤겔의 논리학의 영역이 아니다. ③ 이와 연관하여, 신은 이데아의 세계와 동떨어진 채 남겨진다. 신은 여전히 '표상'된다.

헤겔은 플라톤의 작품에 대한 논의에서 플라톤의 글들 중 많은 분량을 인용한다. 자신이 문자 그대로 반동적 작품으로 칭하는 『국가』에 대해 헤겔이 어떻게 평가하는지 살펴보자. 플라톤은 주관성의 원리를 부정하고자 했다. 플라톤은 주관성을 철폐하고 주관성의 여지가 전혀 없는 인륜성을 재정립하고자 했다. 하지만 이러한 시도는 실현 불가능했다. 근대의 인륜성은 결혼과 가족, 그리고 재산을 위한 자리를 가져야 한다.

헤겔에 따르면 플라톤에게서 부정확하게 다뤄졌던 두 영역을 진지하게 진전시킨 사람은 아리스토텔레스이다. 아리스토텔레스에게 이데아는 활동적이며, 형상은 사물을 형성하는 원리이다. 아리스토텔레스는 헤겔 체계의 가장 중요한 원리들 중 하나, 즉 내적 목적론의 원리를 완전하게 전개시킨 사람이다. 형상들은 사물과 분리되어 있는 것이 아니며 사물들 안의 형성적 원리이다. 감각적인 것은 형상에 의해 형태 지어진다.

또한 아리스토텔레스는 좀더 만족스러운 신 이념을 제시한다. 그에게 신은 부동의 동자(unmoved mover)로서 이 신의 순수한 활동은 곧 사유이다. 그리고 이 신 속에서 형상과 질료는 동일하다. 따라서 사유의 최고의 활동성은 스스로를 실현하고자 할 때 결코 선재하는 물질적 실존에 의존하지 않는다. 헤겔은 아리스토텔레스의 이러한 생각을 아주 중요한 발견으로 간주한다.

또 이성과 욕구의 상호 침투로 설명되는 아리스토텔레스의 덕(virtue) 관념은 헤겔 사유의 또 다른 중요한 기초이다. 헤겔은 쾌락주의와 그가 칸트에서 발견하는 의무와 경향성의 엄격한 분리 둘 다 거부한다.

그러나 위에 말한 세번째 관점에서 아리스토텔레스가 헤겔 시대의 통찰에 도달했다고 기대하는 것은 가능하지 않다. 아리스토텔레스의 형상의 세계는 자기 도출이라는 내적인 원리를 가지지 않는다. 그것은 헤겔적 의미의 논리학이 아니다. 반대로 아리스토텔레스는 형식 논리학의 아버지, 오성의 논리학의 아버지이다. 하지만 헤겔은 사변적 관계들에 대한 그의 파악이 아주 심오하여 그의 현실적 통찰이 종종 그의 논리 이론을 넘어선다고 덧붙인다.

이렇듯 이 두 거장에게 결여되어 있는 것은 전체 체계 내에서 스스로 특수자를 전개시켜 나가는 보편자라는 관념이다. 플라톤에게 이데아는 추상적이다. 스스로 사유하는 사유라는 개념을 전개시킨 아리스토텔레스조차 모든 것을 그 자신으로부터 산출하는 이데아 관념에 도달하지 못한다. 그렇게 하기에는 문화와 과학의 발전 정도가 불충분했다.

이는 이 세계에서 특수자는 보편자와의 내적인 연결 없이 단지 보편자에 종속된다는 것을 의미한다. 따라서 우리는 여기서 교조주의 아니면 그 대립자인 회의주의를 볼 뿐이다. 서로 다른 학파들은 자신이 선호하는 원리가 모든 것의 토대라고 주장할 뿐이다. 스토아주의자들은 사유를 원리로 삼는다. 에피쿠로스 학파는 특수한 감각, 특수한 존재들, 원자 등을 원리로 삼는다. 하지만 회의주의자들이 올바르게 지적하듯이 이것들 중 어떤 것도 증명되지 않는다.

그러나 이 모든 학파는 자신의 선행자들로부터 사물의 원리는 주관성에서 발견될 수 있다는 사실을 받아들인다. 그리고 이 시기는 인륜적 공동체가 붕괴되고 인간이 자기 자신에게로 후퇴한 시기이다. 따라서 다양한 보편적 원리들이 스스로를 실재의 다양성으로 명료하게 전개시킬 수 없다는 사실은 보편적 주체가 그의 열망에 내용을 부여하고 그가 평안히 거할 인륜적 세계를 명료하게 전개시킬 수 없다는 사실과 맥을 같이한다. 이 두 차원은 서로 밀접하게 연결되어 있다.

따라서 스토아주의적 도덕성은 외적 세계에 대한 모든 요청을 포기한 자아와의 공허한 우연의 일치로 끝나고 만다. 스토아의 현인은 그가 왕좌에 있든 사슬에 묶여 있든 상관없이 내적으로 자유로운 자이다. 스토아주의는 추상적·보편적 인간의 도덕성을 지닐 뿐, 삶과 정치에 어느 정도 관여하고 있는 분화된 구체적 개별자의 도덕성을 지니지 않는다. 철저히 지성적인 사람이라면 순수 사유에 기초한 윤리학을 생각할 수도 있을 것이다.

그러나 에피쿠로스 학파에서 상황이 더 좋아지지는 않는다. 왜냐하면 그들 역시 무능의 윤리학을 가지기 때문이다. 그 목표는 쾌락인데, 결국에는 자기 충족과 내적 만족에 대한 스트레스로 인해 가장 내적이고 사유 의존적인 쾌락만을 가치 있는 것으로 간주한다. 그들 역시 외부 세계에 대해 어떤 것도 요구하지 않는다. 회의주의자들과 마찬가지로 그들의 입장은 외적인 것의 포기를 표현하고 있다. 이러한 논의는 부분적으로 『정신현상학』 4장에서 다뤄지고 있다.

하지만 이는 고대 철학의 세번째 운동, 즉 신플라톤주의 운동을 촉발한다. 헤겔은 이 시기를 두번째 시기의 추상적 보편자가 스스로 분화된 것으로, 하지만 순수하게 초감각적인 세계에서 분화된 것으로 본다. 플로티노스의 세계는 아리스토텔레스의 스스로 생각하는 사유라는 관념으로의 귀환이다. 물론 이때는 지성 세계를 구성하는 모든 형상이 일자로부터 유출된 것이라고 보는 위대한 사변적 발전이 동반된다. 자기 발생하는 운동이라는 원리는 여기서 지성 세계에 속한다. 물론 이러한 전개가 완전하게 이뤄지지는 않았다. 그 세계는 여전히 표상들로 가득 차 있으며, 무엇보다도 지성 세계의 운동일 뿐, 아직 감각 세계의 운동은 아니다. 지성 세계와 실재 사이의 화해, 다른 말로 하면 이데아, 즉 우주적 정신과 실제적·구체적인 유한한 정신 사이의 화해라는 심오한 진리는 아직 현존하지 않는다. 이러한 화해는 기독교에서야 이뤄진다. 하지만 어떤 점에서 신플라톤주의는 기독교의 사변적 진리를 지성 세계의 상이라는 비효과적 양식 속에서 예시하고 있다. 신플라톤주의는 새로운 계시 종교와의 역사적 만남을 수행한 철학의 고대 세계로 간주될 수 있다.

따라서 고대 세계의 1기는 추상적 원리에 의해 구축되었다(엘레아 학파). 2기는 주체성의 원리, 자기 의식의 원리를 생성했다. 3기는 구체적인 것이 되며, 사유에서 발생한 세계를 본다. 하지만 그 세계는 여전히 초감각적이며, 유한한 주체성 안에 있는 무한한 주체성에, 절대적 자유에, 인간 안에 있는 신에 도달하지 못했다.

육화가 일어나야 한다. 왜냐하면 신플라톤주의는 참된 대립자를 통합하는 지점을 결하고 있기 때문이다. 즉 신플라톤주의는 지성 세계를 외부의 실제 세계, 즉 참된 특수자인 '이것', 현실성의 계기와 통합시키는 지점을 결하고 있다. 지성 세계는 육화된다. 즉 기독교 공동체가 건립된다. 이 공동체는 인간에게 새로운 종교적 발전을 강요한다.

하지만 이러한 발전에서 인간은 이미 도달한, 인간이 내면화해야 하는 그런 화해 앞에 서 있다. 이러한 화해는, 우리가 앞에서 본 것처럼, 인간 앞에 감각적으로 현존하는 사실이다. 이 화해는 인간이 자신의 사유에서 산출할 수 있다거나 사유를 통해 완전하게 이해할 수 있는 그런 것이 아니다. 그것은 그냥 주어진 사실이다.

따라서 인간은 외적인 결정적 사실에 복종해야 하는 한 시기로 진입하며, 그 의미와 중요성을 완전히 내면화할 때까지 도야되어야 한다. 인간은 훈육의 시기로 접어든다. 그러나 이것은 참된 철학적 사유와 양립 불가능하다. 철학은 정의상 합리적 타당성의 내적 확신에 기댄 자유로운 사유이다. 이에 반해 중세의 사유는 철학이 종으로, 신학의 시녀로 봉사하는 시기이다. 교회는 야만 국가가 이념[이데아]에 이를 때까지 그 국가를 훈육해야한다. 이와 마찬가지로 교회는 철학이 종으로 봉사하도록 압력을 가하며, 신의 비전을 완성하는 도구로 사용한다. 따라서 어떤 의미에서 우리는 중세가 철학의 시기가 아니라고 말할 수도 있다. 고대와 근대 세계만이 참으로 철학의 시기이다. 중세 기간 동안 철학은 동양의 아랍에서만 순수 이념적으로 발전했다. 그러나 이것이 중세가 흥미롭고 중요한 지적 구성물로 가득 차 있지 않다는 것을 의미하지는 않는다. 혹은 중세가 이후 철학에 중요한 영향을 미치지 않았다는 것을 의미하지는 않는다. 중세는 결코 철학사의 공백기가 아니다. 인간은 여기서 주어진 전제에서, 철학에 의해 정당화되지 않은 계시에서 출발했다(물론 이러한 신학적 전제들은 그 자체로 사변적이다).[15]

3

이제 우리는 근대 세계에 도달했다. 철학은 독립적 활동으로 다시 태어났다. 왜냐하면 인간은 다시 한번 자기 의존성으로 되돌아오기 때문이다. 종교개혁은 정신적인 것을 단순히 외적인 어떤 것으로 보는 것에 대한 거부이다. 즉 종교개혁은 사물로 존재하는 성체, 카리스마적 권위, 유물, 혹은 무덤 등과 같은 어떤 외적인 것에 정신적인 것을 양도하는 행위를 거부한다. 대신 종교개혁은 정신적이고 내적인 방식으로 신과의 연합을 발견하고자 한다. 따라서 인간은 외적 권위에서 자신의 정신의 내적 증언으로 이동한다. 동시에 이러한 정신화와 더불어 이 세계에 대한 관심이 훨씬 더 커진다. 중세 종교의 조야하고 물화된 신성함은 자신의 자연스런 장식품인 피안의 세계와 함께 진행해 갔다. 물화된 신성함은 조야함과 길들여지지

---

15) 이 중요한 이념들 중 하나는 성 안셀무스의 존재론적 신 존재 증명이다. 헤겔은 이 증명이 진실로 사변적 증명이라고 한다. 왜냐하면 이 증명은 사유에서, 이념에서 출발하여 실존으로 나오기 때문이다. 이에 반해 여타의 증명은 실존, 우연자로부터 출발하여 신으로 나아간다. 따라서 그 여타의 증명들은 내용에 부적합하다. 왜냐하면 그 증명의 형태는 신이 세계에 부속되어 있지 그 반대가 아니라는 사실을 함유하고 있는 듯이 보이기 때문이다. 존재론적인 증명만이 올바른 순서이다. 그러나 안셀무스에 의해 주어진 증명은 적합한 형태를 띠지 않는다. 이에 대해서는 이 책 11장을 보라.

않은 자연성을 표현했다. 이 피안의 세계에서 가장 고귀한 정신성이란 도 피를 의미했다. 그러나 종교개혁의 새로운 원리는 기독교인의 현존을 정 신화하여 이 정신성을 그들의 전체 삶에 관철시키고자 한다. 따라서 세속 적 삶이 중요해진다.

그러므로 종교개혁은 르네상스와 동일한 운동의 연속이다. 르네상스 는 탐구에 많은 관심을 갖게 했으며, 과학적 업무에 많은 노고를 쏟아붓게 했다. 이러한 환경에서 자유로운 독립성에 대해 다시 한번 생각하게 하는 시도로서의 철학이 자연스럽게 재생되었다.

이제 다시 한번 인간은 소크라테스 후계자들의 입장을 수용한다. 즉 우리는 사물의 원리를 우리 자신의 자기 의식 안에서 발견할 수 있으며, 사 유에 의해 사물의 근본 토대를 관통해 볼 수 있다고 확신한다. 그러나 이러 한 확신은 이전보다 더 강력한 힘으로 존재한다. 고대인들이 사유 안에서 지성 세계의 원리를 발견했지만 감각 세계와의 이원론을 근본적으로 극복 할 수는 없었던 데 반해, 근대인들은 이념[이데아]이 감각 세계에 전적으로 반영되어 있다는 기독교의 확신에 기반하고 있다. 다른 말로 하면 감각 세 계가 정신적인 것의 소외와 상실의 원인이 되는 것이 아니라, 그 세계가 곧 정신적인 것에 의해 정립된다. 이러한 사실은 신에 의한 세계 창조라는 기 독교 교리에 표현되어 있다. 신은 그 창조물을 보고서 "보기에 좋았더라" 고 말하였다. 따라서 기독교인들, 심지어 아우구스티누스와 같이 신플라톤 주의에 영향을 받은 자들도 감각적 창조물을 부정적인 것으로, 소외의 근 원으로 볼 수 없다.

이 교리에 포함된 사변적 본능은, 비록 처음엔 명확히 드러나지 않지 만, 근대 철학의 토대가 된다. 합리적 사유는 존재에 표현되어 있는, 심지어 가장 외적이고 감각적인 존재에 표현되어 있는 자기 자신을 발견할 것이라는 어떤 본능적 확신이 근대 철학에 내재해 있다. 즉 사유와 존재는 하나라는 확신을 근대 철학은 가지고 있다. 이러한 화해에는 기독교에서 영감을 받은 확신이 놓여 있다. "이 화해는……즉자적으로 발생했다."[16] 그리고 존재 속에 표현된 이러한 이성은 유한한 주체에게도 부여된다.

따라서 근대는 대립자들을 가장 순수하고 근본적인 형식으로 표현할 수 있는 담대함과 용기를 가지고 있으며, 그런 대립자들을 극복할 수 있다는 자신감을 가지고 있다. 그리고 근대의 주된 대립은 가장 근본적인 대립, 즉 존재와 사유 사이의 대립이다. 하지만 이것은 자유와 필연성 사이의, 영혼과 육체 사이의 관계 같은 다른 형태를 띠고 나타난다. 이 대립자에 접근하는 근본적으로 다른 두 가지 방식이 있다. 하나는 자연적인 것에서 출발하는 것이고(경험론, 자연철학, 권리를 자연에서 인출하는 것 등), 다른 하나는 이념에서 출발하는 것이다(상이한 유형의 관념론).

헤겔은 원래 서로 어울릴 수 없는 두 철학자, 즉 베이컨과 뵈메를 다루면서 출발한다. 베이컨은 경험론의 주창자로, 스콜라주의와 목적인의 적대자로 거론된다. 헤겔은 경험론이 그 대립자를 준비하고 있다는 사실을, 즉 경험론이 사물들의 지절[분절적 명료화]을 발견함으로써 사물들이 이념에서 생겨난다는 상을 미리 준비하고 있다는 사실을, 그리고 실제로 경험론은 완전히 무의식적으로 이러한 상을 위한 개념들을 준비하고 있다는 사실을 제시한다.

뵈메는 낭만주의 시기에 중요한 인물이었다. 헤겔은 그의 형상적·신비적 언어에 사변 철학의 참된 진리가 내장되어 있다고 본다. 그의 사상이 철학으로 간주되어야 할 이유가 분명하지는 않지만, 그 사상은 어떤 실정

---

16) *SW*, XIX, 274.

적 권위에서 출발하려 하지 않는 신학이라는 점에서 그저 철학이라 부를 수 있다.

이렇듯 우리는 17세기에 근대 철학이라고 부르기에 합당한 운동에 진입한다. 이 철학은 고대의 철학과는 달리 경험적인 것에 어떤 특권을 부여하고자 한다. 이 운동은 경험적이고 우연한 것, 외적 실재를 진지하게 취급하고자 하며, 그러한 것들을 포함하는 사유를 전개하고자 한다. 따라서 근대 철학은 이제 막 싹이 트기 시작한 경험 과학에 길을 제시한다. 그러나 동시에 근대 철학은 사유와 존재의 대립을 사유 속에서 극복하고자 한다. 근대 철학은 그 대립을 극단으로까지 밀고 갈 용기, 이 대립이 극복될 수 있다는 본능적 자신감에서 생겨난 용기를 가지고 있다.

따라서 근대 철학은 과학 운동에 의해서도, 형이상학적 운동에 의해서도 특징적인 형태를 갖는다. 양자는 때로는 서로 공모하고 때로는 서로 대립한다. 데카르트는 근대 유럽의 형이상학을 연 주된 인물이다. 데카르트는 우리를 그리스의 철학 전통으로 온전히 돌려놓는다. 그는 모든 권위에서 자유롭다. 그의 질문은 근본적이다. 그의 질문은 고대의 회의주의자를 연상하게 한다. 그러나 그 차이점은, 헤겔에 따르면, 고대의 회의주의자가 이런 회의적 질문을 통해 자신의 자유에 도달하고자 하는 데 반해, 데카르트는 그런 회의를 통해 객관적 실재에 대한 확고한 인식을 얻고자 한다는 점이다. 근대인으로서 그는 사유를 외적 실재에 통합하는 데 관심을 가지고 있었다.

그러나 데카르트의 사유는 철저히 철학적이다. 그는 모든 인식을 사유의 힘에만 기초 지으려고 한다. 어떤 전제도 받아들이지 않는다. 이것이 바로 방법적 회의의 요점이다. 사유는, 헤겔의 말로 표현하자면, 철저히 자기 자신(bei sich)에 머물며, 자기 밖의 어떤 낯선 물질도 받아들이지 않는다.

그러나 데카르트는, 헤겔의 판단에 따르면, 이 원리를 철저히 밀고 가지 못했다. 이 부분에 대해서는 앞으로 보게 될 것이다.

그러므로 그의 근본적 사유는 '나', 즉 사유하는 자로서의 자기 의식으로부터 출발한다. 그리고 이로부터 데카르트는 그 유명한 '코기토'[나는 생각한다]를 인출한다. 헤겔은 바로 이것에서 근대 철학 전체의 어떤 윤곽을 본다. 즉 사유와 존재의 직접적 동일성이라는 근대 철학의 큰 윤곽을 본다. 그 공식은 다음과 같다. "나는 생각한다. 그러므로 존재한다"(cogito, ergo sum). 그 동일성은 직접적이다. 왜냐하면 데카르트가 주장하고 있듯이 이것은 어떤 추론이 아니기 때문이다.

그러나 여기서 사유는 순수하고 추상적이다. 즉 내 사유의 어떤 내용도 이 확신 속에 포함되어 있지 않다. 즉 '존재'라는 분리 불가능한 부수물을 자기 내에 간직한, 자기 자신에 대한 사유는 회의를 확신으로 변화시키는 지점이다. 여기서 사유는 모든 내용으로부터 추상된 보편자이다. 그러나 물론 이러한 사실은 헤겔의 『논리학』의 주제들 중 하나를 놀라울 정도로 잘 보여 준다. 즉 모든 내적 규정을 부정한 사유는 직접성으로 되돌아오며, 사유는 그 직접성 속에서 존재와, 『논리학』의 출발점이 되는 순수 존재와 동일하다. 『논리학』의 끝 부분에서 사유는 존재로 이행한다. 왜냐하면 사유의 순수한 자기 매개는 일종의 직접성으로의 회귀이기 때문이다.

그러나 물론 데카르트는 그렇게 하지 않는다. 왜냐하면 그는 사유의 무한한 내적 자기 분화[명료화]를, 따라서 참으로 사유로부터 전개되어 가는 존재의 내적 자기 분화를 알아차리지 못했기 때문이다. 그의 사유는 철저히 추상적이며, 모든 발전 원리를 결하고 있다. 따라서 데카르트는 회의에 대립해 경험 세계의 내용을 확립하고자 하지만 자신의 약속을 충족시킬 수 없으며, 그가 단순히 받아들인, 사유에 의해서만 확립될 수는 없는 그런 전제들, 그런 가정들과 요소들에 의존해야 하고, 단순하게 주어진 원리들에 의존해야 한다. 예를 들어 『성찰』에서 보이듯, 신을 나의 지각의 확실성의 보증자로 끌어들이는 것이 그런 것이다. 물론 데카르트는 사유 그 자체가 존재로 이행한다는 사실을 보지 못한다. 그의 출발점인 사유는 나의 주관적 사유일 뿐이다. 모든 것의 기초가 되는 사유, 즉 신은 나와 분리되어 있으며, 나에 대립해 있다.

이러한 사유의 결과 데카르트는 사유와 존재의 대립으로 끝나고 만다. 코기토에서의 이 대립자들의 통일은 단순히 직접적이며, 추상적 사유를 단순히 존재와 결합시키고 있기 때문에 그것들의 참된 통일은 포착될 수 없다. 그리고 사유로 있는 존재인 코기토에는 근본적으로 사유가 아닌 물질이라는 또 다른 양식의 존재가 마주하게 된다. 따라서 데카르트는 사유와 존재라는 근본적으로 이분법적인 대립을 정립한다. 이런 대립 구도 때문에 그는 근대 세계의 전체 구도를 정초한 사상가가 된다. 우리가 본 것처럼, 근대 세계는 이러한 기본적 대립을 순수하고 그 근본적인 형태로까지 밀고 간다.

그러나 데카르트에서 근본적으로 이분법적으로 분리되는 사유와 물질은 그 자체로 매우 추상적이며, 따라서 사유로부터 인출된 것이다. 물질의 본질은 연장(extension)인데, 이것은 순수 사유에서 이끌려 나올 수 있는 사물의 성질로, 냄새·색 등 감각에 의존하는 다른 성질들과 구분된다. 근대 철학에서 순수 물질은 사유의 통찰의 결과이지 끊임없이 기만하는 감각적 경험의 결과가 아니라고 하는 것은 빈번히 등장하는 헤겔의 주제이다. 물질의 술어들로 실재를 설명하는 철학자들은 근본적으로 비정신적 술어들로 설명하며, 철저한 자연주의로 발전해 간다. 그러나 사실 이런 순수한 물질은 사유에 의해 정화되며, 따라서 사유의 개념으로 포착되는 물질에 대한 설명 역시 그 대립적인 의미를 가지는 것으로, 정신적인 것, 사유에 근본적으로 정신적인 역할을 부여하는 것으로 간주될 수 있다. 이러한 물질은 사유물(Gedankending)이다. 물론 이 말은 경멸적 의미로 사용되는 것이 아니라 그 자체 가장 심오한 실재를 건드리는 것으로 사용된다.[17]

헤겔에 의하면 데카르트의 물질은 추상적 사유가 외적 실재로 전이한 것이다. 사유의 개념이 추상적이며 풍부한 내적 발전을 결하고 있기 때문에 물질의 개념 역시 그렇다. 물질은 궁극적으로 단순한 연장이다. 그리고 이 물질은, 사유란 본래 활동적이기 때문에, 운동이다. 자연 안의 모든 것은 연장과 운동의 관점에서 설명된다. 운동은 사유의 풍부한 활동성의 추상적이고 외적인 변형이다. 만물을 연장과 운동으로 설명하는 것은 만물을 기계적으로 설명하는 것이며, 이것은 데카르트의 해명 방식에서 주된 범주가 된다. 따라서 데카르트는 기계론의 아버지이다. 그러나 동일하게 그는 삶을 진실로 이해할 수 없으며, 정신철학이라 불릴 수 있는 철학의 영역, 즉 심리학·정치학 등은 이러한 그의 사유에서 적절하게 해명될 수 없다.

반대로 그는 자연학[물리학, physics]을 발전시킨다. 그러나 여기에서 데카르트와 그의 시대는 자연학에서 관찰에 기초한 과학과 자신의 규정을 순수한 개념으로부터 전개시키는 과학을 명쾌하게 구분할 수 없었다.[18]

스피노자는 한 걸음 더 나아간다. 그는 데카르트로부터, 사유와 연장의 대립으로부터 출발하여 양자를 통일하고자 한다. 이러한 사유는 추상적 사유와 존재의 단순한 동일성을 주장하는 것보다 훨씬 더 내용이 풍부하며 또 어렵다. 연장에서 우리는 존재에 대한 보다 덜 추상적이며 보다 진

---

17) 순수 물질과 사유의 등가성에 대한 논의는 계몽의 유물론을 다루는 *PbG*, Chap. 6 참조.
18) "개념으로부터의 도출, 개념의 자립적 전개."

전된 규정을 가지며, 따라서 통일의 문제는 보다 위대해지고, 통일의 관념은 훨씬 더 고귀해지고 발전한다.

스피노자는 사실 중요한 철학자이다. 그는 헤겔 사유에서 가장 중요한 철학자 중 한 명이다. 그는 헤겔 사유에서 아리스토텔레스와 칸트에 버금가는 비중을 갖는다. 스피노자는 전체를 그 존재론적 토대인 신의 체계로 보고자 한다. 이때 신은 사유와 존재를 통합하는 자이다. 따라서 헤겔은 언제나 무신론자라는 비난에 저항해서 스피노자를 방어한다. 오히려 헤겔이 말하듯이 신만이 모든 규정을 포섭하는 실체이기 때문에 우리는 스피노자를 그 반대인 무우주론(acosmism)으로 기소해야 할 것이다.

그리고 사실 이러한 규정은 스피노자에 대한 헤겔 비판의 부담이 된다. 이때 스피노자는 셸링과 전체 낭만주의의 선구자로 간주된다.[19] 따라서 스피노자는 헤겔 사유의 결정적 이정표가 되는데, 헤겔은 스피노자에 대항해서 자신의 입장을 규정한다.

스피노자와의 갈등은 그가 절대자를 주체가 아니라 단지 실체로 간주한다는 점에 있다. 스피노자는 사유와 연장이라는 '속성'을 포함하여 세계의 모든 규정을 실체적 토대로, 근본적 통일성으로 되돌린다. 그러나 스피노자의 이러한 신은 다른 방향에서의 운동을 결하고 있다. 즉 그 신은, 헤겔이 이념으로 행하는 것과는 달리, 세계의 모든 분절들을 그 내적 필연성에서 산출하는 것으로 그려지지 않는다. 따라서 스피노자의 신은 아직 살아 있는 정신이 아니다. 이때 정신이란 자신의 구현물을 산출해야 하며, 이 구현물로부터 다시 자기 자신에게 귀환해야 하는 그런 주체이다. 스피노자에게서 모든 규정은 취소되고 무화되지만, 이 규정들은 내적 필연성에 의

---

19) 이 책 1장을 참조하라.

해 발생하지 않는다. 이러한 의미에서 신은 헤겔적 주체가 갖는 결정적 특성을 결하고 있다. 신은 실체일 뿐이며, 실로 이 신은 모든 차이를 사라지게 하는 공허한 '심연'일 뿐이다. 즉 그 신은 모든 차이가 내적 필연성에 의해 전개된 것으로 볼 수 있게 하는 중심으로 간주되지 않는다. 세계의 현실적 규정들은 필연성에 의해 인출되는 것이 아니라 단지 상정될 뿐이다.

유대인인 스피노자는 이러한 방식으로 분화된 경험 세계와 화해하지 않은 채 머무는, 유한한 주체성과 화해하지 않은 채 머무는 유대교의 절대자를 남겨 둔다. 이 절대자는 유한자와의 화해로 되돌아오지 않은 채 이러한 유한자를 부정하는 운동으로만 실존한다. 그러나 물론 스피노자의 신은 유대의 신보다는 철학적으로 보다 고차화된 신이다. 이러한 관점에서 이 신은 엘레아 학파의 존재와 비견된다. 엘레아 학파의 존재는 내적 발전의 원리를 결하고 있다.

헤겔은 스피노자의 중요한 원리를 자신의 원리로 사용한다. "모든 규정은 부정이다"(omnis determinatio est negatio). 이 원리는 그가 스피노자에게 빚고 있는 또 다른 양식을 보여 준다. 그러나 여기에서 다시 우리는 그의 근본적인 비판을 볼 수 있다. 스피노자에게 이 말은 세계의 모든 규정된 실재는 전체로부터 분할되어 있다는 것을 의미한다. 그러한 규정된 실재는 자신을 전체로부터 떼어 내어 나머지를 부정함으로써 도달된 것이다. 따라서 철저히 긍정적인 것은 부정으로부터 완전히 자유롭다. 그러나 헤겔에게 긍정적인 것은 부정의 부정으로서만 존재할 뿐이다. 긍정태는 특수자 속에 구현되어 있는 자신의 부정 없이는 실존할 수 없다. 이 특수자는 자기의 소외, 자기의 상실 그리고 자기의 무한성의 부정을 가진다. 긍정적인 것, 신, 무한자, 즉 사물들의 바로 그 토대는 이러한 부정으로부터 자신에게 되돌아옴으로써만 존재할 수 있다. 따라서 만약 규정된 존재가 절대자 혹은 무한자의 부정이라는 것이 사실이라면 이러한 무한자가 이러한 부정 속에서 다뤄져야 하는 것도 사실이다. 절대자는 스스로를 부정해야 한다. 그리고 이런 절대자는 이러한 부정으로부터 되돌아와야만 궁극적으로 자신과 하나가 된다.

우리는 또한 스피노자의 속성과 양태 이론에서 이와 동일한 차이를 발견할 수 있다. 절대적 실체에 내재한 이런 구별들은 주관적 사유를 통해 바로 이 실체에 도입된 것으로 간주된다. 절대자는 이러한 방식으로 유한한 사유에 굴절된다. 차이들은 절대자에 필수적인 것으로 간주되지 않는다.

헤겔에 따르면 스피노자 철학의 내용에 나타나는 이러한 결핍은 그 형식에서의 결핍과 맞물려 있다. 스피노자는 기하학적 방식으로 진행해 간다. 우리는 헤겔에게서 수학적인 것은 사유의 가장 빈곤한 모델이며, 사변적인 것에서 가장 멀리 떨어져 있는 것임을 본 바 있다. 스피노자의 이러한 방식은 자연스럽게 이념의 내적 발전의 원리를 파악하는 데 실패할 수밖에 없다. 따라서 우리는 정의들로부터, 정의에서 시작하는 연역들로부터 출발한다. 우리는 이 관념들이 어떻게 사유·연장·오성·의지와 같은 개념들로부터 필연적으로 도출되는지를 볼 수 없다. 우리는 여전히 전제들과 씨름하고 있다.

그러나 아리스토텔레스에게서처럼, 결과들은 종종 이론보다 훨씬 더 고차적이다. 스피노자의 정의들 중 몇 가지는 심오한 사변적 내용을 포함하고 있다. 예를 들어 헤겔은 신을 '자기 원인'(causa sui)이라고 한, 한계 없는 총체성이라고 한 스피노자의 신 개념을 언급한다. 이러한 신 개념은 헤겔의 신 개념과 아주 유사하다.

그러나 데카르트에 의해 만들어진 사유와 연장의 구별은 단순히 사라지지 않는다. 또 다른 학파인 경험론자들은 스피노자적 '심연'에 대항하여 확고한 구별을 방어한다. 근대 세계는 자신의 내적 원리로서 사유와 존재의 통일을 가지지만, 이것은 또한 근대 세계가 외적이고 경험적인 실재를 아주 진지하게 취한다는 것을 의미한다. 이 두 관심 영역은 참다운 사변 철학이 나올 때까지는 효과적으로 통합될 수 없다. 그때까지 이 두 관심 영역은 상이한 철학에 상이한 우선권을 부여하면서 생명을 부여한다. 따라서 이 철학들은 서로 대립한다. 따라서 스피노자가 통일에 우선권을 부여했다면 로크와 라이프니츠(라이프니츠에 대해서는 뒤에서 잠시 언급할 것이다)는 외적이고 경험적인 실재의 참다운 독립성에 우선권을 부여한다.

따라서 로크의 사상은 의식 밖에 존재하는 실존으로부터 시작한다. 그는 데카르트의 이원론을 취하고서 연장에 우선권을 부여한다. 보편자는 만물의 뿌리가 아니며, 사유는 실체가 아니다. 반대로 보편자는 경험적 대상으로부터 주관적으로 인출된다.[20] 이것은 경험적 사유가 실제적 본질을 탐구하는 데 유용하지 않으며, 따라서 본질을 경험적 객체성을 정립하는 유(類)로 이해할 수 없다는 것을 의미한다. 데카르트주의와 마찬가지로 경험주의 역시 필연성으로부터 이끌려 나온 실재가 아니라 단순히 '부여된' 그런 실재를 다룬다. 하지만 그런 실재는 여기서 공개적으로 인정되고 이 철학의 주된 가치로 간주된다.

이러한 도정은 필연적인 과정이다. 우리가 외적 실재 안에서 개념의 작용을 분별할 수 있기 이전에 우리는 관찰을 통해 이 외적 실재에 대한 보다 큰 인식을 얻어야 한다. 이 단계에서 근대 의식의 경험론적 측면과 관념론적 측면 둘 다, 즉 통일성을 강조하는 측면과 구별을 강조하는 측면 둘 다 궁극적 통합을 이루기 위해 자동적으로 완전한 발전으로 나아가야 한

---

20) *SW*, XIX, 419.

다. 따라서 뉴턴과 또 다른 영역에서 휘호 흐로티위스가 대변하는 경험론적 노고는 아주 중요한 측면을 갖는다. 하지만 이 사상가들은 종종 스스로도 알지 못하는 가운데 특정한 사변적 개념들을 다루고 있다는 사실도 강조되어야 한다. 뉴턴의 과학은 헤겔 『논리학』의 중간 부분, 즉 힘으로 등장하는 반성의 영역에서 본질적으로 중요한 역할을 한다. 그러나 이 영역의 온전한 의미는 나중에야 비로소 명확해진다. 그 모든 것은 개념이 불가피하다는 것을 보여 준다.

라이프니츠 역시 스피노자적 심연에 대항해서 분화된 실재를 강조한다. 하지만 여기서 그의 반박의 주된 요점은 개별자, 주체성에 의지한다. 라이프니츠의 모나드는 자아 관념에 대한 심오한 사변적 표현이다. 왜냐하면 모나드는 자아와 마찬가지로 단순성과 차이의 참다운 통일이기 때문이다. 그것은 운동의 원리, 즉 부정성의 원리를 자기 안에 가지고 있다. 즉 모나드는 통일일 뿐 아니라 본래 분화되어 있다. 모나드는 "다양성 안의 단순성이지만, 동시에 다양성을 변화시키고 운동시키는 단순성이다".[21] 모나드는 표상하는 주체이면서 활동적이다.

이 외에 헤겔은 라이프니츠의 식별 불가능자들의 동일성 원리를 칭찬한다.[22] 이 원리를 그는 라이프니츠로부터 수용한다. 하지만 그는 이 원리에 보다 심오한 사변적 해석을 부가한다. 헤겔에 따르면 이 원리는 '모든

---

21) *SW*, XIX, 459.
22) 식별 불가능자들의 동일성 원리(principle of Identity of Indiscernibles)는 '충족이유율'과 함께 라이프니츠 형이상학의 가장 중요한 원리에 속한다. 이 원리는 모든 속성을 공통으로 가지고 있는, 서로 분리된 실체는 존재할 수 없다는 것을 표시한다. 즉 어떤 x와 y에 대해서도 x와 y가 완전히 동일한 속성을 갖는다면 x는 y와 동일하다는 것이다. 이 말은 분명하게 나뉜 어떤 두 사물도 완전하게 동일할 수 없다는 것을 함축한다. 라이프니츠는 여기에서 동일자들의 식별 불가능성의 원리를 도출한다. ―옮긴이

사물은 타자와 구별되는 원리를 자신 안에 가지고 있다'는 것을 의미한다. 즉 타자와의 차이는 단순히 그곳에 타성적으로 주어져 있는 것이 아니라 그 자신들이 적극적으로 주장하고 방어하는 어떤 것이다. 이러한 사실 때문에 우리는 예를 들어 발톱의 모양에서 특정한 동물들의 특성들을 발견한다. 그렇게 분류하는 것은 그 모양이 그 동물들을 유지하는 바로 그것이기 때문이다. 따라서 우리가 『논리학』에서 본 것처럼 차이 짓기의 한계는 대립의 한계이다.

하지만 라이프니츠의 실수는 그가 이룬 성과와 밀접히 연관되어 있다. 그는 스피노자에 대항해서 놀라울 정도로 주체성의 장소, 즉 활동적으로 자기를 분화하는 것, 다른 말로 하면 개별자를 위한 장소를 마련한다. 이러한 사변적 원리는 모나드론에서 아주 심오한 단계까지 나아갔다. 그러나 그가 지불한 대가는 그가 사물들의 통일을 설명할 수 없었다는 것이다. 그 모든 모나드들은 어떻게 서로 명료화되는가? 라이프니츠에게는 이 문제에 대한 명쾌한 답이 없다.

모나드들이 서로 응집하는 방식, 그들 간의 조화는 그들 자신의 본성에서 이해되지 않는다. 그 내적인 필연성은 명확하지 않다. 그 필연성은 외부로부터 그들에게 단순히 부여된 것으로, 신에 의해 '예정 조화된' 것으로 정립된다. 우리가 그것의 내적 필연성을 이해하지 못하는 그런 통일성은 신에게 귀속된다. 그런 필연성은 밝혀지지 않은 채 남겨진다. 우리는 이 세계와 그 조화를 확립하는 신의 작용의 목적을 잠정적으로 알고 있다. 그리고 여기에서 신은 가능한 최선의 세계를 창조하는 행위와 같은 그런 행위를 하는 자로 간주된다. 하지만 이러한 설명은 철저히 형식적으로 남는다. 우리는 이 세계가 왜 가능한 최선의 세계인지를 알 수 없다.

이러한 사실은 라이프니츠에게 세계 안에 있는 악은 선을 위해 필요하다는 사실을 의미한다. 하지만 왜 그런지, 왜 악은 유한자와 결부되어 있는지, 혹은 유한자는 왜 필연적인지 등 이 모든 물음은 만족스럽게 설명되지 않는다. 물론 헤겔은 이러한 사실을 설명하고자 한다.

다른 말로 하면 라이프니츠는 연관들의 내적 필연성을 관통해 갈 수 없다. 그의 개념적 통일성 관념은 아주 연역적인 것처럼 보인다. 우리가 모든 규정을 내적으로 연관된 것으로 볼 때조차도 이 규정들은 전체 세계를 자신의 관점에서 지각하는 하나의 모나드의 지각 속에 존재하기 때문에, 이것은 모나드의 표상 내부에서 발견되는, 신의 행위에 귀속된 불가해한 사물들의 일치를 재생산하는 것일 뿐이다. 우리는 연관의 필연성을 연관된 사물들 그 자체의 본성에서 기인하는 것으로 볼 수 없다. 우리는 연관이 없는 개별적 실재들과만 머문다. 우리는 사실 개별성을 얻었지만, 전체를 잃었다.

따라서 라이프니츠는 스피노자와 로크처럼 실재를 자신의 내적 필연성에 따라 자기 자신으로부터 전개시키는 사변적 개념상에 아직 도달할 수 없다.

헤겔은 여기서 라이프니츠에 대한 특이한 해석가인 크리스티안 볼프를 다룬다. 물론 그의 의견에 동의하지는 않는다.

그러나 이 점에서 철학에서 나타나는 근대의 도전은 좀더 급진적이다. 근대의 확신은 사유 혹은 절대자가 존재와 일치한다는 것이다. 이때 존재는 그것이 세계의 외적 실재, 경험적 실재이건 유한한 주체의 실재이건 상관이 없다. 그리고 이러한 확신은 철학에 생기를 불어넣는다. 즉 이러한 확신은 계시 종교의 심오한 진리로 수용되는 것이 아니라 인간의 사유에 포착된다는 것을 의미한다. 말하자면 인간은 이러한 권리를 확고히 주장한다. 어떤 의미에서 유한한 정신, 무한한 정신 그리고 세계라는 삼각형이 여기에 있다. 이것들은 궁극적 연합체이며, 여기에서 정신과 물질은 하나다. 하지만 유한한 정신은 이러한 통일성을 홀로 실현하지 못하며, 그럴 수도 없다. 그 정신은 무한한 정신을 통해서만 그렇게 할 수 있다. 데카르트가 우리의 정신을 세계와 연결시키는 것은 신을 통한 지각의 확신 속에서다. 스피노자에게 사유와 연장은 절대자에서 만난다. 라이프니츠의 모나드들은 신에 의해 조화된다.

그러나 여기서 인간의 자기 의식은 보다 근본적인 주장을 한다. 즉 인간의 자기 의식은 신의 간섭 없이 세계와 통일을 이루고자 한다. 유한한 정신으로서의 인간은 세계의 비밀들을 헤아리고 세계를 인간의 이성에 맞게 재구성함으로써 이러한 통일에 도달할 수 있다. 따라서 인간은 이 목적을 이루는 데 아주 유연하다. 사유와 존재의 화해, 정신과 외적 실재의 화해는 전자가 후자를 지배하고 완전히 정복함으로써 도달될 것이다. 그러나 이러한 단계는 유한한 정신에 의해서는 성취될 수 없다. 우리는 이제 계몽의 시대로 넘어간다.

다른 말로 하면 데카르트에서 라이프니츠에 이르는 근대 철학은 경험적 세계를 지탱하는 초감각적 존재 질서를 요청함으로써 사유와 존재를 통일한다는 점에서 '형이상학적'이다. 이제 인간의 자기 의식의 근원적 자기 확신은 초월자에 대한 그러한 사변을 수용할 수 없다. 이러한 확신은 형이상학에 대항하여 괴멸적 회의주의로 방향을 튼다. 그리고 이러한 형이상학은 오성의 학이기 때문에, 즉 실재가 이념으로부터 전개된다는 사상을 갖는 것이 아니라 사유의 존재론적 우선성을 교조적으로 진술하고 있을 뿐이기 때문에 이러한 회의주의에 쉽게 먹히고 만다.

그러나 이러한 회의주의가 반드시 절망적이거나 허무주의적인 것은 아니다. 그것은 유한한 인간 정신은 화해에 도달할 수 있으며, 근본적으로 외적 실재와 통일되어 있다는 심오한 자신감에서 나온다. 사유와 존재의 통일이라는 근대의 근본적 전회는 유한한 사유에서 그 통일을 이룰 수 있다고 하는 데까지 나아갔다. 물론 이것은 형이상학에 적대적인 만큼 오성의 이론으로 남는다. 그것은 또한 사물들 사이의 구분을 고착시키는 것으로 끝나며, 그 내적 연관성을 볼 수 없다. 그것은 또한 일방적이다. 그러나 그러한 사유는 형이상학을 비판하는 데 있어서 진일보일 수 있다. 형이상학의 실수는 그것이 교조적**이라는** 데 있기 때문이다.

계몽은 두 가지 양태로 나타난다. 거칠게 표현해서 영국의 계몽주의와 프랑스의 계몽주의가 그것이다. 영국의 계몽주의는 보다 사변적이다. 그 중심 인물은 외적 존재를 나의 지각들로 붕괴시킨 버클리다. 그러나 이 지각들은 여전히 신에 의해 산출된 것으로 간주된다. 헤겔이 지적하고 있듯이, 이러한 등치에 의해서는 어떤 사변적 진전도 이뤄질 수 없다. 왜냐하면 지각들의 내적 필연성은 그것들이 사물로 간주되었을 때만큼이나 이해되지 않기 때문이다.

흄은 경험주의를 참으로 급진화한다. 모든 것이 근본적으로 경험에 의지한다는 것은 그런 경험에는 어떤 필연성도 없다는 것을 의미한다. 인과율조차도 그 필연성을 탈취당하며, 주관적 연상 작용으로 환원된다. 헤겔은 흄의 주관주의를 인간 사유의 무능력에 대한 절망적 고백으로 읽기 보다는 실재의 토대와 관련해 중요한 모든 것이 유한한 자기 의식의 처분에 달려 있다고 하는 심오한 감각을 표현한 것으로 읽어야 한다고 주장한다.

따라서 도덕의 영역에서 흄의 회의주의는 모든 객관적인 인륜적 기준을 파괴한다. 하지만 그 결과 이 영역에서 우리는 도덕적 감수성의 영역으로 되돌려진다. 그리고 흄과 당대의 다른 사상가들로부터 총체적 확신의 원리를 다시 자기 의식 속에서 표현하는 도덕 의미 이론이 발전한다. 헤겔에 따르면 이것은 정신이 이 단계에서 획득한 형태이다.

프랑스 계몽주의는 이 방면에서 더 공세적이다. 프랑스 계몽주의는 실천적 현실화를 추구한다. 프랑스 계몽주의는 모든 실재를 유한한 자기 의식에 의해 전개된 명령과 규범에 따라 재구성할 권리를 요청한다. 따라서 그것은 모든 전통적 도덕성, 신에의 복종의 의무, 그리고 자기 의식에 의해 타당성을 인정받지 못한 규범들 모두를 거부한다.

신이 실존한다 하더라도 이 신은 공허하며 창백한 최고 존재로 환원된다. 심지어 계몽주의는 더 급진적으로 나아가 유한자를 제외한 어떤 것도 존재하지 않는다고 한다. 외적인, 우연적인 존재 외에 어떤 것도 존재하지 않는다. 그런 존재란 궁극적으로 물질적 존재이다. 따라서 급진적 계몽주의는 유물론으로 이행한다. 유한한 정신은 그 자체로 사물과 동일하다. 우리는 사유와 존재의 동일성을 말하는 또 다른 형태를 여기서 보게 된다. 그러나 여기에서 그런 동일성은 다시 직접적이고 무의미한 그런 동일성이다. 따라서 이런 계몽의 과학은 그 선행자들과 마찬가지로 사물들의 내적 분화를 필연성에 의해 설명할 수 없으며, 혹은 사물들의 전개를 이해할 수 없다. 이러한 과학은 경험주의로 분류된다.

최고 존재라는 공허한 사유와 유물론이 말하는 비활동적인 추상적 물질은 우리가 이미 본 것처럼 서로 아주 멀리 떨어져 있는 것이 아니다. 이 둘은 유한한 자기 의식의 한계 없는 자기 확신을 표현하며, 무한한 정신적 실재에 대한 거부를 표현한다. 따라서 우리는 계몽을 유한자의 절대적 지배로 기술할 수 있다. 모든 것은 유한하며, 그 자체로 유한한 세계의 모든 내용은 유한한 주체성 앞에 놓여 있다. 만물은 유한하기 때문에 어떤 것도 자신의 존재 이유를 자기 안에 가지지 않는다. 그러므로 이것은 유용성의 이데올로기, 보편적 유용성의 이데올로기이다. 어떤 것을 유용성의 관점에서 본다는 것은 그것의 존재 이유를 다른 어떤 것의 관점에서 본다는 것이고, 다른 어떤 것에 좋은지의 관점에서 본다는 것이다. 유한자의 관점을 취하는 계몽은 공리주의의 시대이다.

그러나 이렇듯 자신감 있는 자기 의식은 행위로 이행한다. 루터와 더불어 시작되어 근대에 계속 진전한 한 운동이 이제 극단적인 형태를 띤다. 유한한 자기 의식을 넘어서는 어떤 것도 없다. 루터의 생각은 모든 인간은 진리를 정신적으로 내면화해야 한다는 것이다. 성스러운 것을 외부로부터, 사제들로부터 받아들여야 하는 평신도는 더 이상 없다. 이 원리는 이제 정치적인 영역에도 적용될 수 있다.

이는 정신의 부정, 보다 커다란 질서에 대한 부정, 여기서는 인륜성의 실제 조건의 부정을 낳는다. 우리는 이미 이러한 재앙적 운동을 추적했다. 그 운동은 프랑스혁명에서 절정에 이른다. 프랑스혁명은 자유의지라는 본질적 이념, 혹은 사유는 외적 실재를 자신에 맞게 만들어 낸다는 본질적 이념을 가지고 있다. 하지만 이 운동은 사유 혹은 정신의 참된 본성을 인정하는 데 결정적으로 실패한다. 이 운동은 정신을 순수하게 인간적인 것으로 보며, 따라서 그 어떤 적절한 실존도 실현할 수 없다. 우리도 사유의 형식을 가지고 있지만, 윤리의 내용은 단지 욕망에 의해 주어진다. 혹은 루소가 말한 것처럼, 우리는 올바른 내용, 즉 일반 의지를 가지지만, 엄청나게 잘못된 형태로 가진다. 즉 총체적 참여의 국가이지만 분화되지 않은 인륜적 국가, 이런 재앙적 결과를 우리는 이미 보았다.

주체성의 이런 분노는 우리를 밀치고 넘어간다. 구체적인 것을 다시 발생시키고 신에게 되돌아가야 할 절대적 필연성이 있다. 이것이 바로 다음의, 그리고 마지막 단계의 임무이다.

헤겔은 야코비의 사유를 잠시 다룬다. 야코비는 우리가 이미 본 것처럼 계몽에 감염되어 신에 대한 인식을 부정하는 데까지 나아간 낭만주의적 종교 노선을 대표한다. 신은 직접적 신앙을 통해서만 도달할 수 있다. 그러나 사유를 포기한 이 종교는 신앙을 부정하는 계몽에 대한 대답일 수 없다. 이성은 자기 자신을 넘어가야 한다.

헤겔 사유에 영향을 미친 세번째 위대한 사상가인 칸트는 또 다른 위대한 진보를 이뤄 낸다. 그는 자유를 원리로 삼는 계몽의 노선에 철저히 서 있다. 사유는 완전한 자율성 속에서 발전해야 하며, 어떤 외적 권위도 받아들여서는 안 된다. 그리고 그는 계몽이 근대적 이념에 부여한 근본적 왜곡, 즉 '사유는 자기 의식 속에 현존할 수 있는 것에만 의존한다'는 왜곡과 더불어 나아간다. 따라서 칸트는 독일의 라이프니츠와 볼프에 의해 대표되는 두번째 단계의 위대한 형이상학적 구조를 거부하면서 흄의 입장을 수용하고 있다.

그러나 칸트는 비록 자기 의식에 머물러 있기는 하지만 사유의 참된 본성을 활동성으로 보았다는 점에서 엄청난 진보를 이뤘다. 그는 필연적 연관이 경험의 문제가 아니라고 하는 데서 흄에게 동의한다. 그러나 흄과 달리 그는 그런 필연적 연관을 의식의 바로 그 구조에서, 즉 개념에서 인식하는 데로 나아간다. 개념은 경험에서 추상된 것이 아니라 경험을 형성하는 것이다. 따라서 칸트는 사유의 참된 본성을 발견했다. 사유는 수동적인 것이 아니며, (합리론자들이 하듯) 단순히 사변적이고 추론하는 것이 아니고, 또한 (경험론자들이 하듯) 공통의 것을 기입하는 것이 아니다. 그것은 경험의 사물들을 형성하는 활동적 원리이다.

그러나 칸트의 위대한 발견은 여전히 불완전하다. 그것은 한 가지를 결하고 있다. 그것은 이러한 사유, 활동적인 형성적 개념을 단순히 자기 의식의 사유로 간주한다. 이와 반대로 그것은 사실 실재의 존재론적 토대이다. 결과적으로 칸트는 개념적 형식을 외부에서 내용을 받아들여야 하는 것으로 간주한다. 따라서 그것은 기능할 수 있기 위해 외부로부터 촉발되어야 한다는 의미에서 궁극적으로 수동적이다. 하지만 사변 철학의 진리는 사유, 즉 개념은 자신의 내용을 스스로 산출한다는 것이다. 결국 모든 물질은 이념에 의해 정립된 것으로 간주되어야 한다.

칸트의 사유는 결정적으로 중요한, 결코 작지 않은 변형이 필요하지만, 헤겔 체계의 중심적 사유에 접근할 수 있는 길을 열었다. 즉 칸트로부터 우리는 이제 정문에 도달했다. 왜냐하면 헤겔의 중심적 술어들 중 많은 것들이 칸트를 해석하는 데서 나오기 때문이다. 칸트의 형성 원리에 존재론적인 지위를 부여할 경우 그것은 헤겔의 '개념'이 된다. 헤겔의 '논리학'은 칸트의 선험 논리학의 관점에서 볼 때만 이해될 수 있다. 그의 '이념'[이데아]은 플라톤으로부터가 아니라 칸트를 통해서만, 즉 경험적 실재가 지향하는 완성된 형식으로 이해될 수 있다. '오성'과 '이성'의 구분도 칸트에서 이뤄진다. 그 외에도 수많은 것들이 칸트 없이는 헤겔을 이해할 수 없음을 보인다.

그러나 이 모든 경우에 체계적 변형이 있다. 칸트에게서 정신의 구조인 것이 헤겔에게서 존재론적 토대이다. '개념'은 사물들의 토대이며, '이념'은 현실을 정립한다. 이념은 단순히 완성되지 않은 경향이 아니다. 그것은 어떤 다른 것보다 더 근본적인 의미로 **존재한다**. 헤겔의 철학은 칸트를 번안한 것으로 간주될 수 있다. 칸트에게는 단순히 주체의 추구물인 것이 헤겔에게는 완전히 자립적인 총체성이다.

따라서 칸트는 "'나는 생각한다'는 나의 모든 표상을 동반한다"고 말하는데, 이것은 그가 사유의 우선성을 보고 있음을 말한다. 유일하게 가능한 객관성은 사유에 의해 구조 지어진 것이다. 그러나 그는 이 객관성을 주관적 인식의 요구로 보지 존재론적 원리로 보지 않는다. 그의 도식론(Schematismus) 개념은 경험적 실재를 사유에 의해 구성한다고 하는 심오한 사상이었지만, 동일한 비판이 그것에도 적용된다.

칸트는 결정적인 측면에서 계몽에 머무는데, 즉 그는 유한한 자기 의식을 철회할 수 없는 입각점으로 간주한다. 그러나 이런 한계 내에서 그는 위대한 진보를 이뤄 낸다. 그는 사유를 활동적인 것으로, 형성하는 것으로 본다. 따라서 그는 고대 이래 철학에 명백하게 존재했던 결핍을 채우기 시작한다. 그는 범주들을 경험적으로가 아니라 합리적 구조 속에서 배열하기 시작한다. 그가 제시한 범주들의 삼박자 형식은 "개념의 위대한 본능"을 반영한다. 하지만 물론 그는 이러한 통찰을 『논리학』에서야 비로소 완성되는 완전한 자기 전개로까지 밀고 갈 수는 없었다. 그럼에도 불구하고 헤겔의 '범주'는 칸트를 변형한 개념이다.

그러나 칸트의 치명적인 약점은 의식 밖의 실재, 즉 사물 그 자체가 개념의 영역을 넘어서 있다는 것을, 즉 개념이 형성한 현상과 구별된 채 머물러 있다는 것을 받아들인다는 것이다. 이것은 '치명적인 구별'이다. 바로 이런 구별이 그의 철학의 모든 오류의 원천이 된다.

칸트의 결정적인 강점과 약점은 선험 변증법(transcendental dialectic)에 다시 나온다. 칸트가 우리의 기본 범주들에서 심오한 모순들을 본 것은 그의 불멸의 장점이다. 하지만 그는 특징적이게도 이러한 모순들이 우리의 사유에만 있는 것이 아니라 존재론적이라는 것을 보지 못한다. 헤겔은 이에 대해서 칸트가 "사물들에 너무 유하다"고 말한다. 칸트는 또한 안티노미를 네 가지로 제약하는 오류를 범한다. 모든 범주는 안티노미의 장소이다.[23]

칸트의 도덕철학의 영역에서도 동일한 기본적 실수가 보인다. 계몽의 원리에 충실한 실천이성은 모든 것을 스스로 결정할 수 있다. 실천이성은 어떤 외적 권위도, 심지어 신도 받아들이지 않는다. 실천이성은 완전한 자율성을 실현한다. 그러나 이러한 주권적 자기 의식은 다시 한번 세계에 대립하여 정립된다. 나의 실제적인 욕망 등을 포함하여 경험적인 영역은 실천이성의 영역에 귀속되지 않는다. 이성은 그런 경험적 영역에서 필수적으로 실현될 수 없다. 만약 실현될 수 있다면, 그리고 우리가 순수한 욕망에 의해 선을 실현하고자 하는 경향이 있다면 자율적인 도덕의 영역은 사라질 것이다. 그러나 도덕 법칙의 본질은 실현되어야 한다. 따라서 우리는 실현되어야 하지만 필수적일 수 없는 법칙을 가지고 있다. 그러므로 우리는 영원히 과정 중에 놓여 있다. 우리는 실현되지 않은 당위의 영역에 영원히 놓여 있다. 우리는 무한한 진보의 과정에 있으며, 실천이성의 요청에 의해 사유 속에서만 그것을 완성할 수 있다. 칸트의 당위의 윤리학에 대한 이러한 비판은 헤겔에게 가장 자주 반복되는 주제들 중 하나이다.

오로지 자기 의식으로부터 인출된 윤리는 아무런 내용도 만들지 못한다는 사실은 이와 연관이 있다. 그러한 윤리는 순수하게 형식적인 기준에 의지한다. 왜냐하면 세계 안의 어떤 구체적인 내용도 표준을 제공할 수 없으며, 모든 것은 자의적인 것으로 보일 뿐이기 때문이다. 참다운 통찰은 이성 자신이 분절적으로 명료한 내용을, 즉 인륜성의 장소인 공동체를 산출한다는 것을 보는 것이며, 이것이 우리의 윤리에 내용을 부여한다는 것을 보는 것이다. 그러나 우리가 이 모든 것을 추상하고자 결정하는 한, 그리고 우리가 자율적인 유한한 자기 의식의 자원에 단순히 의지하는 한 우리는 형식적 기준, 즉 자신과 모순되지 않는 규준인 칸트적 기준만을 가질 수 있

---

23) 이에 대한 『논리학』의 논의는 이 책 9장을 참조하라.

다. 우리는 이미 이러한 기준이 공허하다는 것을 보았다. 그리고 헤겔은 여기서 절도와 재산에 대해 논의하면서 이것을 반복하고 있다.[24]

하지만 칸트가 처음의 두 비판서만을 썼다면 그는 사변 철학의 발전에서 현저한 위치를 차지했을 것이다. 하지만 그는 더 나아갔다. 그는 『판단력 비판』도 썼다. 이 작품은 그의 철학의 어정쩡한 이원론을 종합하기 위한 기본서이다. 『판단력 비판』은 헤겔의 철학을 이해하는 데 있어서 칸트의 다른 작품들보다 더 중요하다. 사실 이 작품은 칸트 이후의 철학적 발전의 출발점이 된다.

반성적 판단의 대상들에서, 즉 예술 작품과 살아 있는 존재에서 우리는 이론적 판단과 실천적 판단에서는 단호하게 부정되었던 형식과 내용의 통일, 내적 법칙과 외적 실재의 통일을 가진다. 왜냐하면 제3비판서에서 연구되는 이 대상들에서는 질료와 형식이 분리되어 있지 않기 때문이다. 반성적 판단에서 우리는 보편적 형식을 외부로부터 주어진 내용에 적용하는 것이 아니다. 이와 반대로 개별자인 구체적 내용에 직면한 우리는 독특하게 그 개별 내용에만 해당하는 형식을 추구한다. 따라서 우리는 이론적 판단에는 존재하지 않는, 내용에 내재한, 내용 안에 통합된 그런 형식을 발견한다. 물론 이것은 내적 목적론이라는 아리스토텔레스의 이념과 밀접한 연관이 있다. 내적 목적론이란 사물들이 자기 안에 자신의 고유한 형식을

---

24) *SW*, XIX, 592. 이 논의는 14장에서 다뤘듯이 1800년대 초에 나온 「자연법의 학적 취급 방식에 대하여」(Über die wissenschaftlichen Behandlungsarten des Naturrechts)라는 글에서도 나타난다. 근본적으로 칸트의 도덕철학에 대한 동일한 비판이 헤겔의 작품에 끊임없이 반복해서 나타난다. 즉 칸트는 도덕적 의지를 순화하고 자연에 묻히거나 신에게 의존하는 것 등에 반대하여 이성의 자율성을 지키고자 하는데, 이를 통해 도덕성의 요청을 내용에 있어서는 무규정적으로 만들며, 완성이 불가능하게 만든다는 것이다. *PhG*, 301~312, 424~444; *PR*, §135 등 참조.

형성할 힘을 가지고 있다는 것을 의미한다. 헤겔에게 이러한 내적 필연성은 당연히 자유와 등가이다.

우리는 살아 있는 유기체에서 바로 이런 내적 목적론을 본다. 그리고 우리는 또한 헤겔이 어떻게 예술 작품을 이와 동일한 내적 필연성에 의해 움직이는 것으로 이해하는지를 살펴보았다. 예술 작품은 유기체와는 달리 스스로를 드러내며, 이런 자유로운 필연성을 보이기 위해서만 존재한다. 왜냐하면 예술 작품은 자유의 선언이며, 우리는 그것을 숙고하는 가운데 자유를 느끼고, 매혹되기 때문이다. 우리는 헤겔의 미학이 얼마나 칸트에 빚지고 있는지를 보았다.

그러나 칸트는 결정적인 한 걸음을 내딛지 않았다. 내적 목적론이라는 이 위대한 통찰은 그에게 바라보는 방식(façon de voir)으로 남는다. 그것은 사물들 자체의 실재는 아니다. 그러나 그는 자신의 입장을 초월할 근거를 준비한다.

그것은 또한 신은 알려질 수 없다는 계몽의 이념을 수용하는 그의 여타의 체계와 일치한다. 신은 신앙의 대상일 뿐이며, 양심에 대해 갖는 신의 권위는, 만약 이 권위가 합리적 의지를 반영하고 있지 않을 경우, 아무것도 아니다.

그러나 칸트의 사유를 넘어서고자 하는 철회할 수 없는 충동이 나타났다. 이것은 두 방향에서 이뤄졌다. 하나는 사유의 범주들을 일관되게 질서 짓는 임무를 완성하는 것이고, 다른 하나는 형식과 질료라는 칸트적 이원론을 극복하는 것, 즉 실재를 사유로부터 도출하는 것이다. 첫번째 열망은 피히테에 의해 대답되었고, 두번째 것은 셸링에 의해 대답되었다.

『역사철학 강의』의 마지막 80여 쪽의 분량은 피히테와 셸링, 그리고 그와 연관된 작은 철학자들을 다루는 것으로 채워진다. 이것은 헤겔이 이들을 자기 철학의 직접적 선구자로 보고 있다는 것을 의미한다. 피히테와 더불어 모든 범주를 단 하나의 원리로부터 체계적으로 전개시키고자 하는 시도가 생겨난다. 피히테의 출발점은 자아이다. 모든 것은 이 자아로부터 전개되어야 한다. 피히테는 자아를 비아(非我), 즉 대립적 실재를 정립할 필연성 아래 있는 것으로 본다. 이것들 각자는 타자와의 관계에서만 존재할 수 있다. 관계에는 두 가지가 있다. 비아가 활동적일 때 우리는 이론적 관계를 가지며, 자아가 활동적일 때는 실천적 관계를 갖는다. 모든 범주는 이러한 관계의 구체화에서 연역될 수 있다.

자아는 끊임없이 비아를 없애고 극복하고자 한다. 그러나 이러한 이원론은 궁극적으로 극복될 수 없다. 칸트처럼 피히테도 무한한 진행의 철학, 순수한 당위의 철학을 갖는다. 간단히 말해서 그는 칸트의 한 가지 단점을 극복했다. 즉 그는 처음으로 범주들을 완전하고 체계적으로 인출하고 연역했다. 그러나 그는 자기 의식, 자아의 관점에 여전히 붙들려 있다는 점에서 칸트의 또 다른 단점을 극복하지 못한다. 따라서 그의 체계는 완전할 수 없고, 총체성에 도달할 수 없다.

자기 의식의 관점, 개별적 의지의 관점에 머물러 있음으로 인해 피히테의 정치철학은 루소와 칸트의 정치철학만큼이나 불만족스럽다. 보편자는 참된 정신이 아니며, 개별자의 자유의 구현체가 아니다. 그것은 오히려 개별자들에 대항하는 부정적 힘으로만 남는다. 피히테는 루소와 칸트처럼 국가를 자유 위에 기초 지으려고 시도하지만, 그 정반대에 도달하고 만다.

피히테의 자아 숭배는 이성 대신 내적 감정을 숭상하고 외적 권위와 역사 안에서의 행위를 도외시하는 낭만주의의 어떤 측면과 일치한다. 헤겔은 예를 들어 슐레겔과 노발리스를 언급한다. 우리는 이들의 연관을 밝힌 바 있다.[25]

이제 헤겔의 방으로 통하는 대기실인 셸링으로 돌아오자. 헤겔은 셸링과의 몇 년간의 공동 작업 이후 『정신현상학』이 집필될 때쯤 자신이 셸링과 다르다는 것을 알았다. 셸링은 궁극적으로 유한자와 무한자, 주체와 객체가 그 자체로 참되지 않다는 것을 알고 있다. 유일하게 구체적인 통일은 이 대립자들의 통일이며, 그것도 단순한 동일성에서가 아니라 생동적 과정과 운동 속에서의 통일이다. 셸링은 따라서 심오한 자연철학을 전개시킨다. 헤겔은 셸링의 자연철학에서 많은 것을 이끌어 온다.

그러나 셸링이 이러한 통일을 직관에 의해 도달할 수 있는 것으로 본 것은 그의 부족한 점이다. 그는 통일이 사유 속에서 파악되어야 한다는 것을, 통일이 개념의 순수한 자기 매개 속에서 인출될 수 있다는 사실을 이해하지 못했다. 그는 처음으로 구체적 내용을 파악했지만, 발전의 적절한 형식이 논리적이라는 사실을 보지 못했다. 그의 직관은 증명될 수 없다. 따라서 셸링에게 이념의 최고의 표현은 예술 작품 속에 있다. 여기에서 이념은 직관에 개방되어 있다. 예술 작품은 "이념이 정신과 마주해 있는 최고의 그리고 유일한 양식이다". 그러나 헤겔에게는 사유가 더 고차적이다. 이념은 사유 속에서 자신에게 되돌아와야 한다.

형식에서의 이러한 부적합성은 그의 체계의 내용에 분명하게 반영된다. 따라서 그의 자연철학은 이념의 보다 고차적 실현, 즉 주체와 객체의 구체적 통일의 보다 고차적 실현을 보여 주고자 기획되었음에도 불구하고, 그리고 그것이 무한히 가치 있는 시도임에도 불구하고 엄밀하게 수행되지 못했다. 그리고 이런 엄밀함의 결핍으로 인해 셸링의 제자들은 자의적이고 무책임한 유비로 모든 영역을 활보하며 다니게 되었고, 이것은 자연철

---

25) 이 책 1장과 6장을 참조하라.

학에 좋지 않은 명성을 부여하는 결과를 가져왔다.

다른 방식으로 말해 보자. 피히테는 최후의 극단으로까지 밀고 간 자기 의식의 자율성을 확고히 했다고 말할 수 있다. 자아는 더 이상 타자에 의해 제약되지 않으며, 무한히 자신을 실현하는 도정에 있다. 자아는 자신이 결코 침해할 수 없는 그런 실재에 대립해서 존재하지 않는다. 하지만 그것이 여전히 자아라는 바로 그 이유 때문에 자아는 언제나 자기에 대립된 어떤 것이 있어야 한다고 **요구한다**. 의식으로 있기 위해, 그리고 '자아는 자아다'라는 공허한 진술에 떨어지지 않기 위해 자아는 자신과 겨뤄야 할 비아를 언제나 가져야 한다. 따라서 비아를 침해하는 자아의 과정은 무한하다. 이것은 무한한 자기 실현이라는 최초의 참된 철학이다. 그러나 여기서 무한자는 '나쁜' 무한자이다. 과정은 결코 완성에 이를 수 없다. 그것은 당위로 남는다.

유한한 주체성에 대한 피히테의 이러한 급진적 주장은 이 입장이 극복되어야 한다는 것을 보여 준다. 그리고 우리는 유한한 주체성 외부에 놓여 있는 내용으로 돌아가야 한다. 이것은 무한한 주체성인 살아 있는 총체성 속에서 주체성과 객체성의 통일을 봄으로써만 이뤄질 수 있다. 이것이 바로 셸링이 행한 것이다. 그러나 그는 그것을 증명할 수 없었다. 그는 그 통일의 자리를 사유에 부여하지 않았다.

따라서 우리는 헤겔과 더불어 그 끝에 이르게 된다. 그는 절대자를 자기 전개하는 삶 속에서의 주체와 객체의 동일성으로 증명해 내는 최종적 발걸음을 내딛는다. 그는 절대자가 사유임을 보여 주며, 절대자는 궁극적으로 사유 속에서 파악된다. 절대자는 자신의 적절한 매체 속에서 자신에게 온다. 참으로 지성적이고자 하는 셸링의 '지적 직관'은 사유가 되어야 한다. 그리고 이러한 완성 속에서 세계 정신은 낯설고 외적인 모든 자기 이해의 양식을 제거하며, 스스로를 절대 정신으로 파악한다. 이 정신은 대상적인 것이 자기 자신으로부터 산출된 것임을 보인다.

우리는 이제 언제나 하나의 철학만이 있어 왔다는 것을 볼 수 있다. 그 철학은 이제 궁극적 형식에 도달했다. 하지만 처음부터 철학은, 비록 한 순간 그 발전이 은폐되기도 하고 또 분명히 드러나지 않기도 했지만, 앞을 향해 진보해 왔다. 사유는 언제나 자기 자신을 구체적인 것으로 파악하고자 한다. 아리스토텔레스는 누스[정신]가 사유에 대한 사유임을 알고 있었다.

그러나 이러한 과정은 상이한 단계를 거쳐 간다. 각 단계는 이 단 하나의 철학이 그때 도달할 수 있는 최고의 형태들임을 우리에게 보여 줬다. 그리고 상이한 경쟁적 철학들이 있는 곳에서도, 그 철학들은 하나의 연쇄로 묶여서 전체를 형성한다. 물론 많은 경우 그러한 사실은 이후의 시대에나 명확히 드러나지만 말이다.

그러나 이제 우리는 그 정점에 도달한 것 같다. "새로운 시대가 세계 안에 생겨났다."[26] 정신이 마침내 자신의 모습을 드러냈다. 정신에게 객체로 있는 것은 모두 정신 자신의 산물이며, 정신 자신의 권력 속에서 평화롭게 유지되고 있다. 유한한 자기 의식이 절대적 자기 의식과 벌이는 투쟁은 끝난 것 같다. 유한한 자기 의식은 더 이상 유한하지 않으며, 따라서 절대적 자기 의식은 자신에게 결여되어 있던 현실을 가진다. 세계사는 "그 목표에 도달한 것 같다".[27]

---

26) *SW*, XIX, 689.
27) *SW*, XIX, 690.

20장

/

헤겔과 현대

1

이 광대한 헤겔의 종합은 해체되었다. 헤겔은 1820년대와 1830년대 독일 지성계에서 아주 특별한 성공을 거둔 이후 1831년 죽었다. 그 성공은 그의 사후 몰락하기 시작했다. 1840년대는 헤겔의 체계에 저항하는 위대한 반항의 시대, 포이어바흐, 루게, 슈티르너, 맑스, 키르케고르 등이 자신의 학문적 업적을 쌓아 가기 시작한 청년 헤겔주의자들의 시대이다.

헤겔의 종합은 젊은 세대에게 점점 더 격렬한 논쟁의 대상이 되었다. 그런데 헤겔의 절대적 관념론은 19세기 중반 잊혔다. 비스마르크 시대에 사람들은 헤겔을 프로이센 '왕정 복고' 시기의 국가 철학자로 모호하게 기억했다. 맑스와 엥겔스는 1870년의 한 서신 교환에서 젊은 세대의 무지에 대해 비판했다. 이들의 서신 교환은 헤겔을 "왕립 프로이센의 국가 이념"의 철학자로 표현한 사회민주주의 노선의 한 젊은 편집자의 주석에 자극을 받아 이뤄진 것이다.[1] 이러한 사실은 맑스와 엥겔스의 사유에 내재한 헤겔적 요소가 심지어 그들의 노선에서도 얼마나 오해를 빚고 있는지를 분명하게 보여 준다.

하지만 세기말쯤 헤겔에 대한 관심이 다시 일어났다. 그리고 이에 자극을 받은 라손(Georg Lasson)은 헤겔의 작품을 새롭게, 그리고 한층 학문적인 형식으로 다시 선보였다. 딜타이는 헤겔이 정신과학의 지위에 대한 독일의 거대한 논쟁——특히 막스 베버가 이 논쟁의 영향을 받았다——에서 아주 중요한 참조점이 된다는 것을 강조했다. 딜타이는 헤겔의 발전에 대해 탐구할 때 1790년경에 기록된 헤겔의 초기 작품들을 새롭게 고찰하면서 시작했다. 그 연구는 오늘날도 여전히 주목받고 있다. 동시에 헤겔은 외국에도 영향을 미쳤다. '헤겔주의'는 서로 아주 모순적이리만치 다양하게 나타나는데, 어쨌거나 그린(Thomas Hill Green), 브래들리(Francis Herbert Bradley), 보상케(Bernard Bosanquet), 로이스(Josiah Royce) 등을 통해 영국과 미국에서 중요한 의미를 부여받았다. 헤겔은 수십 년간 옥스퍼드를 지배했다. 1930년대에는 맑스에 대한 관심과 함께 헤겔에 대한 관심이 프랑스 철학에서 일어났다. 반면 이탈리아에서는 이미 세기의 전환기에, 특히 크로체와 젠틸레[2]의 작품을 통해 헤겔이 철학적 사유의 중요한 한 지점을 차지했다.

다시 생겨난 이런 관심은 오늘날도 유지되고 있다. 앵글로-색슨 세계

---

1) Karl Marx & Friedrich Engels, *Marx-Engels-Werke*, Band 32, S. 501, Brief Nr. 280(엥겔스가 맑스에게 쓴 편지). 1870년 5월 8일자 편지. 이 편지를 Brief Nr. 281(맑스가 엥겔스에게 쓴 편지)과 비교해 보라(*Ibid.*, S. 503). 그 편집인은 빌헬름 리프크네히트(Wilhelm Liebknecht)였다. 그는 엥겔스가 쓴 글 아래에 그런 주석을 달아 놓았다.

2) 조반니 젠틸레(Giovanni Gentile, 1875~1944)는 이탈리아의 철학자로서 베네데토 크로체(Benedetto Croce)와 함께 철학 잡지 『크리티카』(*La critica*)를 발간하였다. 피사 대학과 로마 대학 교수를 역임했고, 무솔리니 집권 시 교육부 장관을 역임하면서 파시즘을 공공연하게 지지했다. 주요 저서로는 『헤겔 변증법의 개혁』(*La riforma della dialettica hegeliana*, 1913), 『순수 행위로서의 정신의 일반 이론』(*Teoria generale dello spirito come atto puro*, 1916) 등이 있다.─옮긴이

에서 영국의 헤겔주의자에 대한 반발로 그 관심이 다소 주춤하기는 했지만, 헤겔의 귀환은 계속되었다. 하지만 당시에 헤겔이 중점적으로 주목받기는 했지만 그의 원래의 종합은 더 이상 존립하지 않았다. 우주는 그 본질이 합리적 필연성인 정신에 의해 정립되었다는 주장을 누구도 더 이상 믿지 않는다. 많은 사람은 오늘날 세계가 신에 의해 창조되었다고 믿는다. 다른 많은 사람은 이러한 생각을 탈신화화한다. 온갖 유형의 유물론적·자연주의적 견해를 가진 많은 사상가가 이 후자의 입장을 대변한다. 하지만 누구도 헤겔의 존재론을 대변하지 않는다. 엘베시우스나 돌바크, 그리고 벤담 등과 같은 계몽의 주된 작가들이나 버크와 같은 '복고주의자'들처럼 (우리 시대의 눈으로 볼 때) 상대적으로 덜 '중요한' 많은 사상가들이 오늘날 자신과 존재론적 혹은 형이상학적 세계 이해를 공유하는 추종자들을 훨씬 더 많이 가지고 있는 것 같다.

19세기 후반에 등장한 헤겔에 대한 새로운 관심은 헤겔의 주된 주장을 다시 복고시키는 것을 의미하지 않는다. 크로체는 1907년에 쓴 자신의 중요한 책 『헤겔 철학에서 살아 있는 것과 죽은 것』(*Saggio sul Hegel*)에서 죽은 것의 범주에 논리학과 자연철학을 꼽았다. 딜타이는 이와 유사한 방식으로 역사적 형식들에 대한 헤겔의 날카로운 해석들을 구하고자 했고, 반면 체계는 합리적 필연성의 형식으로 드러나야 한다는 헤겔의 요청은 거부했다. 역사는 끝이 개방된 일련의 변형들·형태들을 제시해 주는데, 바로 그런 점으로 인해 그 변형들·형태들의 의미가 (해석학에서 말하는 '이해'의 의미에서) 이해될 수는 있다. 하지만 역사는 그것들 중 어느 것에도 자신의 궁극적 의미를 부여하지 않는다.

영국의 헤겔주의자들은 헤겔 자신보다도 더 강력한 존재론적 요청을 제기하는 것 같다. 그러나 엄밀하게 검토해 보면 그들의 견해는 대체로 헤겔과 아주 다르다. 예컨대 브래들리의 변증법은 유일하게 완전하며 왜곡되지 않은 진리, 즉 전체의 진리가 어떻게 개념적으로 형식화될 수 없는지를 보여 준다. 그의 결론은 헤겔의 논리-존재론과 정확히 반대된다.

헤겔의 중심 테제는 왜 죽었는가? 그리고 동시에 그의 철학은 왜 전체적으로 보자면 오늘날 여전히 우리에게 의미를 갖는가? 나는 그의 철학이 현재의 우리에게 아주 중요한 의미가 있음을 이 작품 전체에서 계속 보여주고자 했다. 나는 이 마지막 장에서 이 두 질문에 나름대로 답하고 싶다. 대체로 사람들은 헤겔에 관한 책의 결론에서 그의 사유가 이후에 미친 영향이 어떠했고, 그 사유가 이후에 어떤 새로운 출발을 가능하게 했는지를 보게 될 것이라 기대한다. 그러나 그 리스트의 중요 항목들 — 예컨대 맑스, 키르케고르, 실존주의 등 — 은 너무나 잘 알려져 있으며, 전체 리스트는 또 너무 길어서[3] 다 기술할 수도 없다. 그의 철학의 배경에 놓여 있는 근본 문제와 열망이 그의 시대 이래 어떻게 진화해 왔는지를 봄으로써 그의 지속적 영향력을 설명하고자 하는 것이 훨씬 더 유용할 것이다. 왜냐하면 우리는 우리의 이중의 질문, 즉 그의 결론은 거의 유지되지 못하는 반면 그의 사유는 어떻게 지속되는지에 대한 답을 발견할 필요가 있기 때문이다.

헤겔의 존재론이 포기된 이유에 대한 답은 부분적으로 근대의 문명이 점차 산업과 기술, 합리화의 방향에서 전개되었다는 사실과 관계가 있다. 이 문명은 어떤 의미에서 계몽의 유산이다. 그런데 헤겔의 철학이 계몽적 사유의 완성이고자 하는 데 반해, 사실상 그는 사유와 감성이라는 두 흐름

---

3) "지난 세기의 모든 위대한 철학적 관념들 — 맑스와 니체의 철학, 현상학, 독일 실존주의, 정신분석학 등 — 은 그 기원을 헤겔에 두고 있다"는 메를로-퐁티의 진술(*Sense and Non-sense*, Evanston: Northwestern University Press, 1964, p.63)을 굳이 언급하지 않더라도 헤겔이 미친 영향의 영역은 의심의 여지 없이 엄청나다.

을 계몽과 결합하고자 했다. 이런 시도는 계몽에 대한 반작용이면서 동시에 계몽의 확대로 간주될 수 있다. 만약 우리가 1장에서 다뤘던 근본 의도로 돌아가 보면 헤겔 철학은 낭만주의 세대가 지향했던 종합을 실현하고자 한 시도로 간주될 수 있다. 낭만주의 세대는, 그 시대가 갈망했듯이, 칸트적 주체의 합리적이고 자기 입법적인 자유를 인간 내부에서 표현적 통일과 결합하고자 했으며 그 자유를 자연과 결합하고자 했다.

헤겔은 이러한 종합을 완전히 합리적인 형식으로 실현하고자 했다. 이것은 그를 계몽의 상속자로 만들었으며, 그를 낭만주의자와 구별시켰다. 그러나 그가 계몽의 주된 흐름을 넘어섰고 또 그 흐름에 저항했다는 것 역시 사실이다(계몽의 주된 흐름은 이신론 아니면 유물론이었다). 나는 이 문제를 1장에서 거칠게나마 자기 규정하는 정체성[동일성]이라는 개념으로 해명하고자 했다. 17세기의 혁명을 이어받은 사람들은 스스로를 더 이상 우주적 질서와의 연관에서 정의하지 않고, 세상에 대한 자신만의 상을 스스로 소유할 뿐 아니라 내적인 동기나 자신만의 목적 혹은 충동을 가진 주체로 간주하기 시작했다. 이런 새로운 주체 개념과 더불어 세계의 '객체화'[대상화]가 진행되었다. 즉 세계는 더 이상 인간을 본질적으로 포섭하고 있는 우주적 질서의 반영이 아니라 중립적·우연적 사실의 영역으로 간주되었다. 이 영역은 상호 연관들을 추적함으로써 배치되고, 궁극적으로 인간의 목적을 완성하기 위해 조작된다. 객체화된 중립적 세계라는 상은, 우리가 이미 본 것처럼, 자연에 대한 인간의 지배의 토대를 형성하는 중요한 선결 조건이 되었으며, 세계의 새로운 정체성[동일성]으로 확립되었다.

객체화[대상화]는 외적 자연을 넘어 인간의 삶과 사회를 포괄하는 데까지 확장된다. 그 결과 특정한 인간상, 연상심리학, 공리주의 윤리학, 사회 운용에 대한 원자론적 정치학, 그리고 결국 기계론적 인간학이 생겨난다.

내가 '표현주의적'이라 부른 인간의 삶의 개념은 특히 헤르더와 루소 등이 발전시켰는데, 이 표현주의적 인간상은 부분적으로 이런 운동에 대한 반작용으로 나왔다. 표현주의적 인간상은 인간의 삶을 요소들 사이의 내적인 연관이 없이 단지 외적인 연합으로 보는 관점을 거부한다. 모든 것을 객체화시키는 근대의 정신은 인간의 정신을 '기능들'의 집적으로, 인간을 육체와 영혼의 복합체로, 사회를 개별자들의 연속된 그물로, 행위를 외적인 목적에 도달하기 위한 적절한 수단들의 선택으로, 쾌락을 어떤 행위들의 우연적 결과로, 옳음과 그름을 행위들의 외적 결과에 거주하는 것으로, 덕과 악덕을 상이한 연합의 망을 산출하는 환경들의 상이한 연쇄들의 결과로 본다. 표현주의는 어떤 행위나 삶의 양식의 내적 가치라는 의미로 귀환하며, 선과 악 사이의 질적 구별로 되돌아온다. 그리고 이런 행위와 삶의 양식은 전체로, 우리의 진정한 현재의 모습의 참된 표현 아니면 왜곡으로 간주된다. 표현주의는 인간을 육체와 영혼으로, 정신과 자연으로 이분화하는 것을 거부하며, 사회를 독립적 개인들의 도구로 보는 관점에 비판적이고, 자연을 인간의 목적을 위한 단순한 원료로 보는 견해를 반박한다.

유사하게 합리적 자율성이라는 칸트의 견해는 부분적으로 인간을 오로지 공리주의적 관점에서 보는 견해에 대한 반박을 내포한다. 칸트의 견해는 선과 악 사이를 단순히 보다 크거나 작은 욕망의 만족으로 환원하는 것에 대해 반발한다. 여기서 중요한 것은 합리적 존재로서의 자기 규정과 타율성 사이에 근본적인 질적 구분이 있다는 사실이었다.

그러나 18세기 이래로 성장한 합리화된 산업적·기술적 문명은 계몽의 주된 흐름에 속하는 인간관을 실제와 제도에서 확고히 했다. 낭만주의는 이런 흐름에 적대적이었는데, 왜냐하면 낭만주의는 계몽에 대한 반발로서 이런저런 형식으로 표현주의적 조류와 자율론적 흐름을 결합하고자 했기 때문이다. 산업 사회의 기술은 자연에 대한 지배를 점점 더 강화했다. 그러나 보다 더 중요한 사실은 산업 문명이 효율성과 보다 높은 생산이라는 이름으로 사회와 인간의 삶의 양식을 완전히 새롭게 재편했다는 것이다. 도시화, 공장 생산, 시골 내지 전체 지역 사회의 인구 감소, 대규모 이주, 그 이전에 주로 나타났던 계절에 따른 규칙적 삶의 양식 대신 정확하게 계산된 합리화된 삶의 속도 등 모든 것은 변했고, 계획에 의해서건 시장과 투자 패턴의 위험에 의해서건 간에 이런 것들과 연관된 다른 모든 것도 생산 목표에 얼마나 효율적으로 도달하는지에 의해 설명되고 정당화된다. 이런 관점에서 공리주의적 관점은 우리의 실제와 제도에 깊이 각인되어 있으며, 우리 시대의 사유 양식이 되었다. 즉 공리주의적 사유 양식에 따르면 상이한 삶의 양식은 추정되는 어떤 내적 가치나 어떤 표현적 의미에 의해 평가되는 것이 아니라, 궁극적으로 개인들에 의해 '소비되는' 편익을 생산하는 데 있어서의 효율성에 의해 평가된다. 이러한 문명에서는 자연뿐 아니라 사회적 관계와 실천도 점진적으로 객체화된다.

이런 도구적 양식의 가치 평가는 근대 산업 경제의 제도들에 본질적으로 내재한다. 즉 이 제도들에 의해 이뤄지는 활동들은 이윤, 효율적 생산 혹은 성장 등과 같은 외적인 목표와 결합되어 있다. 그리고 발전된 산업 사회는 바로 이러한 특성에 의해 특징지어진다. 심지어 소련에서도 소비자는 국가적 안전이나 '자본주의 능가하기' 혹은 미래의 만족 등과 같은 어떤 다른 외적 목표에서 만족을 얻는다. 중국은 이와 확실히 다른 예를 보여 준다. 즉 중국은 이러한 의미의 경제적 고려가 궁극적일 수 없음을 보여 주는 또 다른 모델을 현실화하고자 했다고 할 수 있다. 그러나 이러한 실천들 역시 산업 문명에 죽 있어 왔다.

그리고 서구에서 자본주의 경제의 냉혹한 결과들을 완화하고자 촉발된 많은 보완적 사회 개념들은 계몽의 분파에 지나지 않는다. 예를 들어 개인들 사이의 평등과 재분배, 약자에 대한 휴머니즘적 방어 개념 등이 그렇다.[4] 물론 낭만주의 개념들도 근대 문명에 기여했다. 예를 들어 각각의 인간의 완성은 자신만의 독특한 것이며, 사전에 알려질 수 없고, 다른 사람에 의해 규정될 수 없다는 표현주의적 관념은 개별적 자유에 대한 우리 시대 신념의 본질적 부분을 이룬다. 그리고 우리는 이런 생각을 근대적 자유에 대한 상당히 유명한 이론가들에게서, 예컨대 훔볼트나 토크빌, 그리고 존 스튜어트 밀 등에게서 볼 수 있다.

그러나 낭만주의적 요소는 확실히 근대 서구 문명에 함유되어 있었다. 물론 근대 세계에 공통으로 나타나는 주요 제도들은 그 근본 아이디어에서 계몽을 반영하고 있다. 이러한 사실은 경제 제도에서 잘 드러나지만, 동시에 계속 성장하고 있는 합리화된 관료주의에도 해당하며, 또한 정치 구조에도 반영되어 있다. 왜냐하면 오늘날 정치 구조는 대개 (투표 행위를 통해) 일련의 개별적 결단들로부터 집합적 결정을 산출하도록, 그리고/혹은 집단들 사이의 절충을 산출하도록 조직되어 있기 때문이다. 발전된 산업 사회의 거대한 집합적 구조들은 기껏해야 생산이나 결단의 도구로(최악의 경우 억압자들을 위협하는 도구로) 등장하는 경향이 있다. 이때 이 도구의 가치는 궁극적으로 이 도구가 개별자들의 역경에 어떤 영향을 미치는지에 의해 측정된다. 낭만주의적 아이디어들이 여기에 미친 영향은 대개 개인

---

4) 여기서 테일러가 존 롤스(John Rawls)를 염두에 두고 있는지는 확실치 않지만, 그 개연성은 충분하다. 테일러의 이 책이 출판되기 4년 전 롤스는 『정의론』(A Theory of Justice)을 출간하는데, 이 저작은 근대와 계몽주의의 가장 중요한 가치인 개인의 자유와 평등을 계약론뿐 아니라 칸트의 자율성의 관점에서 다시 정당화하는 작업을 한다. 이것은 계몽주의적 사유의 현대적 버전이라 할 수 있을 것이다. —옮긴이

의 완성이라는 규정에 근거해 있었으며, 이 거대한 구조들은 바로 이를 위해 작동해야 한다는 것이었다.

따라서 근대 문명은 집합적 구조들의 점증하는 합리화와 관료주의, 그리고 자연에 대한 착취적 태도뿐 아니라 이와 더불어 사적 삶과 완성이라는 낭만주의적 견해의 발흥도 보았다. 근대 사회는 사적인 삶과 상상적 삶의 영역에서 낭만주의적이었으며, 공적이고 효율적인 삶의 영역에서는 공리주의적이고 도구주의적이었다. 후자의 모습을 형성함에 있어서 가장 중요한 것은 그 구조들이 표현하고 있는 것이 아니라 그 구조들이 행한 것이다. 근대 사회는 이러한 구조들을 객체화된 중립적 영역으로 취급해야 하고, 이 구조들이 최고의 효과라는 관점에서 다시 조직되어야 한다고 한다. 물론 이 영역은 낭만주의 시기에 그 뿌리를 두고 있는 강력한 집합적 감정에 의해, 주로는 민족주의에 의해 억제되거나 혹은 때때로 제지되기도 했었다. 그러나 이 집합적 구조들은 날마다 사적인 낭만주의를 압도해 가는데, 이러한 사실은 우리 시대의 많은 광고에서 드러나듯이 산업의 바퀴를 계속 돌아가게 하기 위해 완성이라는 낭만주의적 상들을 쓸모없는 것으로 취급하는 데서 명백히 드러난다.

이것이 낭만주의적 혹은 표현주의적 전통에 서 있는 모든 사상가가 근대 서구 사회를 낯설게 느끼는 이유이다. 그런 전통에는 루소나 토크빌, 혹은 맑스의 제자들이 포함된다. 이들은 사회주의자, 무정부주의자, 혹은 한나 아렌트와 같은 '참여 민주주의'의 지지자 내지 고대 폴리스의 숭배자로 넓게 분포해 있다. 그리고 그러한 전통에서 평안함을 느끼는 사람은 계몽의 주된 흐름의 상속자들인데, 왜냐하면 그들은 최근에(그리고 다소 이른 시기에) '이데올로기의 종언'을 주장하며, 지난 10년간 미국 정치학자들에게 유행이 된 '대화 과정'으로서의 정치 체계 모델을 수용하기 때문이다.[5]

어떤 관점에서 보자면 우리는 낭만주의를 근대 산업 사회의 출생과 더불어 생겨난 위기로, 이행기의 뿌리 깊은 사회적 불안과 병행하여 나타나서 이 불안에 영향을 주기도 하고 또 영향을 받으며 성장한 위기로 간주할 수 있다. 사회적 불안과 같은 위기는 새로운 사회가 확립되면 극복되었다. 낭만주의는 사적 삶에 영향을 미침으로써 사회적으로 수용되었으며, 따라서 새로운 사회에서 자신의 자리를 잡을 수 있었다. 이런 사회적 수용과 병행하여 철학적 수용도 일어났다. 19세기 후반의 학문적 경향을 보면 표현주의자와 낭만주의자가 원래 의지했던 철학적 범주들은 별 중요성을 얻지 못했지만, 그들의 많은 통찰들이 구체화되었다.

유기체적 관점은 다시 한번 기계론적 방향을 취하던 생물학에 영향을 주었다. 유기체적 관점은 콩트 사회학의 기초가 되었다. 물론 그럼에도 불구하고 콩트는 학문에서 표현의 범주와 목적인의 범주를 몰아냈다. 전개[발전]라는 관점은 다윈과 더불어 정통 과학의 중심 부분이 되었다. 그리고 프로이트는 자신의 핵심 개념들이 어떻게 낭만주의 작가들에 의해 예견되었는지를 지적했다.

그러므로 어떤 의미에서 보자면 19세기 후반 유럽에서 발전한 문명은 계몽의 인간관을 확고히 하는 경향을 가졌다. 이러한 사실은 자연의 점진적 변형의 결과였고, 집단적인 구조와 가장 위엄 있는 지적 성취물인 과학의 진보의 결과였다. 그리고 이것은 왜 헤겔의 종합이 19세기 중반에 몰락했는지를 우리에게 어느 정도 설명해 준다. 그 이유는 헤겔의 종합이 표현주의적 흐름을 부차적인 방식 그 이상으로 통합하고자 한 데 있었다. 헤겔의 국가의 구조는 국가가 이념을 표현하거나 체현했는지에 의해 이해되고

---

5) David Easton, *A Systems Analysis of Political Life*, New York: Wiley, 1965 참조.

평가되었지, 그 결과나 성취로 평가되지 않았다. 헤겔적 국가의 합리성은 관료주의적 구조의 합리화와 다른 것이었다. 사적 낭만주의와 공적 공리주의의 근대적 혼합은 오히려 시민사회가 야만적으로 흘러가도록, 그것을 하나의 '덩어리'에 불과한 사회로 만들었다. 산업 사회는 역동적 혹은 생산적 효율성을 추구하고 보다 수준 높은 개인적 삶의 표준을 찾기 위해 지속적으로 변형을 경험하는데, 이런 지속적 변형은 헤겔의 국가에 본질적인 분화들을 평가절하하며, 개인들을 어떤 집단에서 떼어 내도록 장려하였다. 헤겔이 다가올 시대의 특징을 묘사할 때 가장 심각하게 실수한 것이 바로 이 역동성에 대한 과소평가이다.

그러나 이 실수는 그의 존재론과 직접 연결되어 있다. 헤겔에 따르면 인간은 이념을 구현하고 있는 구조 속에서 스스로를 인식할 수 있기 때문에, 시민사회를 해체하고 [모두를] 동질화하려는 힘들이 이미 내포되어 있다고 한다. 인간은 새로운 인륜적 제도를 재발견하고 보다 큰 삶과 하나가 될 것이라고 한다. 하지만 이 힘들이 계속 진행될 경우 그의 관점은 새로운 사회의 성장과 더불어 점점 더 개연성이 부족하고 비현실적인 것이 될 수밖에 없다. 만약 헤겔이 옳다면 인간은 합리적인 국가 구조에서 스스로를 인식해야 할 것이고, 산업 사회는 자신이 취하고 있는 도정을 취하지 않을 것이다.

근대 사회는 헤겔의 국가의 경계를 깨뜨리며 계속 발전해 가는데, 이 발전과 병행하여 근대 과학도 발전한다. 경험 과학은 헤겔에게서 '절대학' (absolute Wissenschaft) 내에 포함되어 있다. 즉 경험 과학의 결과는 그때까지 도달한 관련 실재가 개념에 비추어 어느 정도나 발전했는지를 포함하여 개념의 구조를 드러내야 한다는 것이다. 하지만 과학은 헤겔이 이 과학에 부과했던 종합의 경계들을 그의 시대에 이미 깨뜨렸다. 그리고 새로 발견된 과학적으로 중요한 결과들을 이론적으로나마 종합할 수 있는 가능성이 남아 있기는 했지만 과학의 발전은 자연철학 전체의 프로젝트를 무익하고 잘못된 것으로 만들어 버린 듯했다. 근저에 놓인 의미 있는 구조에 대한 탐색은 과학적 지식이 확장되고 다변화되면서 아주 자의적인 것으로 드러나지 않을 수 없었던 것 같다.

근대의 문명은 우리 모두를 자연과 사회적 삶에 대해 객체화하는 입장을 취하도록 하는 자기 규정적 주체로 바꾸었다. 따라서 우리는 헤겔의 존재론을 더 이상 무의미한 것으로 결론 내려야 하는 것은 아닐까? 결코 그렇지 않다. 이러한 설명은 너무 단순하다. 왜냐하면 사실 우리가 완전히 자기 규정하는 주체로 바뀐 것은 아니기 때문이다. 낭만주의 시기 이래로 근대적 정체성에 대한 불편함이 형성되었다. 확실히 우리 시대의 많은 사람들은 우리 자신을 우선적으로 특정한 욕망과 목표를 가진 개별자로, 그리고 우리가 속한 사회를 생산·교환 등을 수행하는 공동의 기업으로, 이상적으로 말하자면 우리 각자의 욕망을 만족시키기 위해 고안된 상호 도움의 장소로 생각한다. 따라서 합리적 조직, 분배 정의, 그리고 개인의 독립성의 안전한 보호 등이 사회의 중요한 덕들이 된다.

그러나 동시에 많은——종종 위와 동일한——사람들은 근대 사회가 아주 부적합하다는 감각에 의해 움직였는데, 이런 생각은 낭만주의적 저항에 그 근원을 두고 있다. 18세기 말 이래로 근대 문명을 속물이라 비난하는 지속적 흐름이 있었다. 즉 근대 문명은 평범함과 순응을 만들어 내고 저질의 이기적 존재를 만들어 내는 데 그 원본성이 있으며, 자유로운 표현과 모든 영웅적 덕들을 '한심한 안락'(erbärmliches Behagen)[6]으로 치부해

---

6) Friedrich Nietzsche, *Also sprach Zaratustra*, Zaratustra's Preface, §3.

버린다는 것이다. 근대의 이런 질서에 대한 질책 내지 그런 질서를 불길하게 바라보는 시선은 아주 예민한 최고의 지성들로부터 나왔으며, 광범위한 스펙트럼을 자랑한다. 예컨대 '부르주아' 문명에 적대적인 입장을 취한 많은 작가와 예술가는 말할 것도 없고, 토크빌과 존 스튜어트 밀과 같은 아주 온건하고 건설적인 비평가부터 니체와 조르주 소렐과 같은 아주 거친 아웃사이더에 이르기까지 다양하다.

이러한 비평가들은 다양한 방식으로 근대 사회를 표현 가능성이라는 관점에서 보면 죽은 것이라 생각했다. 표현 가능성은 순응의 힘에 의해 혹은 유용성이라는 완고한 요청에 의해 질식되었다고 한다. 그런 요청은 모든 행위·대상·제도를 유용성의 관점에서만 바라보는 세계를 산출한다. 이 세계에서는 누구도 인간이 무엇이고 무엇일 수 있는지 표현하지 않는다. 이런 사유에 대한 반대 흐름은 그 근원을 18세기 말에 나타난 표현주의적 흐름에 두고 있다. 그리고 이 흐름은 계속 힘을 발휘하고 있는데, 이것은 근대가 자신의 일의적 동일성을 안전하게 확립하지 못했음을 반영한다.

우리에게는 이러한 표현주의적 흐름이 소수의 지식인과 예술가에게만 해당하지, 다수의 '일상'인에게는 해당하지 않는다고 생각하는 경향이 있을 수 있다. 그러나 이러한 유의 비판은 아주 광범위하게 퍼져 있었는데, 이는 산업화된 문명에 큰 타격을 가한 불안한 사건들이 그 시기에 다양하게 폭발했다는 사실에서 잘 드러난다. 표현주의적인 심각한 불만족으로 인해 파시즘이 발흥하게 되었고, 오늘날 서구 사회의 '체계'에 대항한 당대 젊은이들의 혁명이 가시화되었다.

따라서 우리는 헤겔의 존재론에 대한 관심이 사라진 것을 과거에 대한 낭만주의적 저항을 떨쳐 버린 근대적 동일성의 승리로 해석할 수는 없다. 그러한 일은 결코 일어나지 않았다. 오히려 계속 번창하는 낭만주의적 혹은 표현주의적 저항이 왜 더 이상 헤겔의 상에서 철학적 표현을 발견할 수 없게 되었는지를 질문해야 한다.

이 문제에 대한 답의 일부는 **저항**이라는 말과 연관이 있다. 헤겔의 비전은 정신과 화해한 세계였다. 그러나 낭만주의적 정신은 자신이 근대 사회와 대립되어 있음을 의식한다. 그것은 과거에 대한 향수이고, 아직 완성되지 않은 희망에 대한 갈망, 혹은 전례 없는 미래를 실현하고자 하는 결단이기는 하지만, 확실히 실제의 합리성에 대한 지각은 아니다. 그리고 만약 표현적 완성을 추구한 사람들이 19세기 후반 근대사의 과정에서 어떤 일탈을 느꼈다면 그 계승자들은 오늘날 이런 일탈을 얼마나 더 크게 느낄 것인가? 1914년 이전 속물 사회는 본질적으로 선에 대한 제한된, 한심한, 비영웅적 형식을 실현하려는 확고한 질서를 보여 주었다. 그러나 그 이후 나타난 격변들은 이 질서에 의문을 던졌지만, 서구 문명을 표현적 완성이라는 더 고차적 도정에 올려놓지는 못했다. '한심한 안락'에 대한 열정적 추구는 새로운 고차적 문화를 향한 출발보다는 난잡하기 그지없는 기괴한 비인간성에 의해 중단되었다. 그리고 참으로 아이러니하게도 낭만주의적 저항은 이 섬뜩한 막간들에 대해 책임이 있다. 낭만주의의 다양한 주제들은 우리 시대의 무분별한 암살에 가담한 무당파적 행동주의자들은 말할 것도 없고, 파시즘, 스탈린주의에 봉사하는 것으로 왜곡되었다.

따라서 우리 시대는 쉽게 역사를 "인민의 행복, 국가의 지혜 그리고 개별자들의 덕 등을 희생시킨……살육의 장"[7]으로 보도록 유혹한다. 헤겔을 이해하기 어려운 부분은 그가 이 문장을 쓴 이후에도 역사를 여전히 이성과 자유의 실현으로 본다는 점이다. 이를 받아들이려면 역사의 공포

---

7) *VG*, 80.

와 악몽, 행위자와 희생자에게 수수께끼로 남아 있는 파괴와 잔인함의 격랑 등을 이미 지나간 것으로 받아들여야 한다. 이러한 의미의 헤겔 철학은——비록 그가 때때로 사적 판단에서는 약해지기도 하지만——우리 시대의 가장 낙관주의적인 사람들에게도 발견되지 않는다.

따라서 자신감을 가지고 성장하는 근대 사회의 일원으로서건 이러한 사회의 해체의 증인으로서건 간에 낭만주의의 상속자는 낯섦[소외]을 느끼지 않을 수 없다. 그는 역사를 정신의 전개로 볼 수 없다. 그리고 동시에 그는 자연을 정신의 유출로 볼 수 없다. 과학의 확산과 더불어 근대의 기술은 자연에 대한 통제를 점차 확대해 왔는데, 이로 인해 세계는 더 이상 18세기 후반의 표현주의적 흐름의 정점이었던 정신적 힘의 선언으로, 신적 원리로 간주될 수 없게 되었다. 표현주의적 범신론, 질풍노도의 '스피노자주의'는 레싱을 유혹했고, 무엇보다 헤르더를 정복했으며, 괴테와 낭만주의자들의 공동의 재산이었다. 그러나 이것은 근대의 문명이 스스로를 견고히 하고자 할 때 더 이상 살아 있는 선택지로 기능하지 못했다. 하지만 헤겔의 종합은 이 위에 구축되었다. 그의 철학의 목표는, 내가 해명하고자 했듯이, 자연을 정신의 표현으로 보는 이런 비전을 한편으로 인간이 자연과 표현적으로 통합되어 있어야 한다는 요청과 결합하고자 하며, 다른 한편으로 합리적 자율성에 대한 열망과 결합하고자 한다. 합리적 필연성으로 이뤄진 세계의 존재론적 토대로 간주되는 정신이 이런 종합을 실현하는 것으로 이해된다. 정신은 인간이 이런 합리적 자유를 잃지 않고서도 전체와 통일될 수 있음을 보증한다. 그러나 표현적 범신론이라는 이런 비전이 빛을 잃게 되면, 그리고 "모든 자연"[8)과의 통일의 열망이 더 이상 의미가 없어지면 괴테의 **원현상**(Urphänomene), 노발리스의 '마법적 관념론' 그리고 낭만주의자들의 환상적 창조 등과 더불어 절대적 이념의 토대도 사라지고 만다.

따라서 헤겔의 종합은 어떤 추종자도 더 이상 가질 수 없다. 그 이유는 그 종합이 부분적으로 현대 문명이 점점 더 보호하고자 하는 근대의 정체성에 대한 표현주의적 반동 위에 구축되었다는 데만 있지 않다. 그것은 또한 그 종합이 이런 반동의 이전의 철지난 형식 위에 구축되어 있기 때문이다. 그의 종합은 근대적 동일성에 대립하면서도 궁극적으로 이성의 승리라는 상을 우리에게 제시한다. 그것은 더 이상 성공할 수 없을 것 같은 이런 대립의 단계에 속한다.

2

따라서 우리는 아주 거칠게나마 헤겔의 주된 주장이 왜 효력을 상실했는지를 볼 수 있다. 그러나 그의 철학이 여전히 아주 의미 있게 남아 있는 이유는 무엇인가? 이러한 사실은 우리가 헤겔 시대의 형식들을 계승한 낭만주의적·표현주의적 이의 제기의 형식들을 볼 경우 명백해질 것이다.

거대한 삶의 흐름과의 통합으로 복귀하고자 하는 목표는 더 이상 이치에 맞지 않게 되었으며, 심지어 주관적 자유를 체현하고 있는 회복된 통일을 꿈꾸는 나선형적 역사관도 더 이상 이치에 맞지 않게 되었다. 그리고 이론과 실천에서 자연을 객체화하고 변형하는 그런 역사적 경험이 너무 강력하여 자연을 대화 상대자로 보는 것이 더 이상 합리적인 것으로 보이지 않게 되었다. 이런 상황에서 근대 문명에 대한 표현주의적 이의 제기는 인

---

8) Friedrich Hölderlin, *Hyperion oder der Eremit in Griechenland*, Frankfurt: Fischer Bücherei, 1962, S. 9.

간[의 본성]에 초점을 맞추지 않을 수 없다. 인간의 본성[자연] 혹은 인간의 창조적·표현적 잠재력은 근대 사회에 의해 포박되었으며, 근대의 순응성에 의해 제약되었고, 유용성이라는 거대한 기계에 의해 으깨졌으며, '체계'에 의해 억압되었다.

그러나 표현적 완성은 삶의 어떤 통합성, 삶의 전체성을 포함한다. 즉 그것은 육체와 영혼, 의지와 경향, 정신과 자연 등의 분리를 인정하지 않는 삶의 전체성을 함유한다. 이런 완성이 정신의 체현물로서의 자연과의 유대를 의미하지는 않는다 하더라도, 자연은 여전히 어떤 방식으로 정신과 관련을 맺어야 한다.

나중에 나타난 표현주의의 형식들은 이러한 사실을 두 가지 방식으로 보여 준다. 우선, 현실화된 삶의 형식은 자연 존재인 우리의 심층 동기, 인위적인, 분열된, 혹은 억압된 사회에 의해 통제되거나 좌절된 혹은 숨겨져 있는 우리의 심층 동기를 표현하는 것으로 간주된다. 근대 사회는 인간 안에 있는 자연발생적인 것, 자연적인 것, 감각적인 것, 혹은 '디오니소스적인 것' 등을 억압하는 자로 나타난다. 어떤 의미에서 보자면 낭만주의 이후에 나타난 민족주의의 많은 부분은 억압되어야 하는 이 큰 범주에 놓일 수 있다. 왜냐하면 민족주의는——인간의 유전적 상황, 그들이 사는 나라, 그가 속한 언어 집단 등——인간에 관련된 특수한 사실들을 인간적 삶의 완성을 위한 결정적 동기들로 복원하고자 하기 때문이다. 민족주의의 이러한 특성은 확실히 인간의 '추상적', '세계시민적' 이상들과 충돌한다.

아니면 둘째로, 인간은 자연을 변형함으로써 자연과 조화를 이루는 자로 간주된다. 자연과 역사에 내재한 이념에 대해 숙고하는 철학은 우리가 전체와의 통일을 회복하는 '제의'로서의 자연에서 신적인 것을 느끼지 못하는 사람들에게 아무런 의미도 없으며, 무기력하고 억압적인, 그리고 비인간적인 사회에 대항하여 변혁을 수행하는 사람들에게 터무니없는 것으로 보일 수 있다. 이러한 지평에서 볼 때 인간 자신이 의지하고 있는 자연 세계, 사회 세계와 표현적으로 통일되고자 하는 열망은 인간이 자연과 사회를 자유롭게 재형성함으로써만 완수될 수 있다. 이러한 관점에서 볼 때 표현적 통일은, 헤겔 철학에서 드러나듯, 급진적 자유 개념과 연합되지만, 그 방식은 근본적으로 다르다. 말하자면 헤겔의 종합은 인간화되었다. 즉 정신에서 인간으로 이행되었다.

물론 이것은 1830년대와 1840년대 청년 헤겔주의자들에 의해 수행된 혁명적 전이였다. 그리고 그것은 상당한 반향을 불러일으켰다. 왜냐하면 근대 문명의 과정에 대한 거대한 표현주의적 저항은 (인간의 자연[본성]이든 외부 자연이든 간에) 자연의 의지적 변형이라는 생각을 인간 완성의 본질적 부분으로 체현하고 있었기 때문이다. 물론 근대 문명의 표현적 빈곤함에 대한 다양한 반응이 나타났다. 세계를 버려진 것, 표현적으로 죽은 것으로 간주하는 데서 오는 깊은 절망감, 즉 '세계고'[9]나, 혹은 회복할 수 없는 이전 시대에 대한 향수 등이 그런 반응이다. 혹은 신앙의 시기로의 복귀나 오늘날 중도 탈락한 많은 사람들이 갈망하는 자연과 균형을 이룬 원시 상태로의 복귀를 추구하는 시도도 그런 반응의 하나이며, 노동의 세계와 전혀 다른 이차적인 예술 세계를 만들려는 시도도 그런 반응의 결과다. 그러나 능동적인 저항은 대개의 경우 인간의 삶과 그 자연적 토대를 능동적

---

9) 세계고(Weltschmerz)는 세계(Welt)와 아픔 혹은 고통(Schmerz)의 합성어로, 세상이 주체와 인격의 자유에 대한 권리를 파괴한다고 보고 거기에 적응하길 거부하거나 적응하지 못함으로써 생겨난 고통의 현상을 지칭한다. 낭만주의자들의 우울하고 비관적인 분위기를 그리기 위해 사용되는 개념으로 장 파울(Jean Paul)에 의해 처음 조어(1823년)되었다. 오늘날 이 개념은 세계의 잔인함이나 악에 대해 아무것도 할 수 없다는 데서 오는 슬픔의 감정, 혹은 이 감정에서 오는 심리적 고통을 의미한다.―옮긴이

으로 재형성하려는 꿈에 의해 이뤄졌다. 이는 맑스주의나 무정부주의 같은 좌파 이데올로기에만 해당하는 것이 아니라 인간 안의 원초적 힘들을 해방하고자 한 파시즘과 같은 이데올로기에도 해당한다. 파시즘은 사실 혼란스런 방식으로이긴 했지만 위의 '디오니소스적' 대안을 '프로메테우스적' 대안과 결합하고자 했다.

프로메테우스적 열망의 중요성 때문에 청년 헤겔주의자들 중 가장 위대한 인물[맑스]의 이론에 나타난 아주 영향력 있는 공식을 살펴보는 것은 가치 있는 일이다.

많은 맑스주의자와 다른 많은 사람들은 맑스주의를 내가 표현주의 전통이라 부른 곳에 위치시키는 해석에 반대한다. 물론 맑스주의는 이것 이상이다. 그러나 나는 만약 우리가 이 차원을 도외시한다면 맑스주의와 그 영향력을 이해할 수 없을 것이라 생각한다.

사실 청년 맑스가 헤겔을 통해 표현주의적 열망을 상속했다는 주장을 부정하는 사람은 거의 없다. 그리고 1840년대 초에 이미 표현주의적 열망은 급진적 계몽의 추진력과 결합하여 아주 강력한 맑스적 종합을 산출할 수 있었다.

청년 맑스는 급진적 계몽의 상속자이다. 첫째, 인간은 자연과 사회를 자신의 목적을 위해 형성한다는 생각에서, 둘째, 현 질서의 비인간성에 대한 비판에서 그에게 미친 계몽의 영향을 볼 수 있다. 계몽은 세계의 부정의에 맞서 새로운 종류의 분노 어린 저항을 했다. 우주적 질서라는 과거의 상들을 몰락시키고 그런 상들은 기껏해야 환상이라고, 심지어 허풍이라고 폭로함으로써 계몽은 과거 사회의 모든 세분화된 조직과 이를 유지하기 위한 특별한 훈육의 척도들을 무화시켰다. 만약 어떤 농민이 농민으로서 그의 위치가 신과 자연이 그에게 부과한 위계질서에 속한 것이라고 말하는 이데올로기에 붙잡혀 있다면, 그는 자신의 운명을 훨씬 수월하게 지고 갈 것이다. 그러나 사회란 그런 우주적 질서의 구현물이라는 사상이 없어지고 사회는 오히려 행복을 추구하는 공동의 정치적 지붕 아래 살아가는 인간의 공통의 도구라는 생각이 지배하게 되면, 이 신분을 유지하고 이 신분을 착취하는 행위는 이성과 정의에 반하는 것으로서 거짓과 폭력에 의해서만 유지될 것이다. 그들은 시정과 심지어 복수를 요구하면서 하늘나라——하늘나라가 여전히 실존한다면——을 향해 울부짖을 것이다. 따라서 계몽은 비인간성, 무익하고 불필요한 고통, 그리고 그에 맞서 싸우기 위한 긴급한 결단 등 새로운 의식을 불러일으켰다. 왜냐하면 만약 인간이 충족되기를 갈망하는 욕망(예를 들어 행복)의 주체일 뿐이라고 한다면 하늘이나 땅에 있는 어떤 것도 이러한 행복의 상실을 보상하지 못하기 때문이다. 상대가 전혀 알아주지 않는 착취는 슬픔을 가눌 수 없는 절대적 상실이다.

맑스는 비인간성에 대한 이런 급진적 비판을 수용한다. 그러나 그는 과거의 종교가 아니라 원자론적·공리주의적인 새로운 계몽 철학이 착취와 억압을 변명하는 새로운 정당화의 신화라고 맹비난한다. 그런 정당화의 신화는 주로 고전 경제학에 반영되어 있다. 사실 정통 종교는 이들과 비교해 보면 양호한 편이다. 왜냐하면 정통 종교는 "무자비한 세계의 심정"[10]이며, 그것이 제공하는 환상적인 행복의 표상은 인간의 사슬에 핀 환상적인 꽃이고, 불의한 세계에서 고통당하는 인간에게 반드시 필요한 위안이기 때문이다. 오늘날 이 불의는 공리(功利)라는 부르주아 철학에 의해 지탱되고 있다.

---

10) Marx, *Early Writings*, trans. Thomas B. Bottomore, London and New York: McGraw-Hill, 1964, pp. 43~44.

그러나 맑스 이론의 엄청난 힘은 그가 급진적 계몽의 이런 날카로운 공격을 표현주의 전통과 결합한 데서 나온다. 1844년에 쓰였지만 맑스 생전에 출간되지는 않았던 『경제학–철학 수고』에서 자연의 변형은 또한 인간 자신의 변형으로 나타난다. 자신의 자연환경을 변화시키는 인간은 동시에 자신의 '비유기적 몸'을 재형성한다. 인간은 소외로 고통을 당하는데, 왜냐하면 무엇보다 계급 사회에서 그의 노동과 생산물, 즉 변형된 자연은 그에게서 이탈하여 그것의 산출자인 그에게 저항하고 대립하는 그것만의 역동성을 가지는 소외된 실재가 되기 때문이다. 이때 그의 생산물, 즉 변형된 자연은 원래 그 생산자의 일부분이라는 강한 의미에서 그에게 귀속되어야 한다. 따라서 이 소외 개념은 원래 표현주의적 사유 구조에 속한다. 인간의 노동과 그 생산물, 즉 인간에 의해 만들어진 환경은 인간의 표현이다. 그러므로 그것의 상실은 박탈일 뿐 아니라 자기 분리이다. 그리고 그것의 회복은 행복의 수단일 뿐 아니라 전체성과 자유를 다시 얻는 것이다. 왜냐하면 인간의 생산은 인간의 '자기 산출'(Selbsterzeugung)이기 때문이다.

그래서 맑스는 근대 문명에 대한 표현주의적 비평가들의 공동의 주제를 자신의 방식으로 받아들인다. 그리고 표현을 버리고 소유를 인간의 중요한 목표로 삼는 사회를 비난한다. 소유에 대한 열망은 소외된 세계에 속한다. 이 소외된 세계에서 인간의 인간적 힘들은 인간에게서 떨어져 나와 전이되어 재산의 형식으로 순환될 수 있다. 이것은 참된 회복의 빈곤하고 왜곡된 대체일 뿐이다. "사적 소유는 우리를 아주 바보로 만들고 부분적인 존재로 만든다. 그래서 하나의 대상은 우리가 그것을 소유할 때만, 그것이 우리에게 자본으로 있을 때만, 혹은 그것이……어떤 방식으로든 **유용할** 때만 **우리의 것이다**."[11]

급진적 계몽과 표현주의의 이런 강력한 조합은 헤겔의 종합을 정신에서 인간으로 전이함으로써 이뤄진다. 헤겔의 원래 입장에서 보자면 이념은 자연으로 나가며, 여기서 일단 자신을 상실한다. 즉 이념은 아직 적절한 표현을 갖지 않으며, 따라서 이 세계 안에, 그리고 세계와 자신을 아직 인식할 수 없는 정신 사이에 분열과 분리가 존재한다. 역사가 하는 일은 적절한 구현체를 전개하고, 그리하여 정신을 자기 자신으로 복귀시키는 것이다.

그런데 정신을 대체한 인간은 개별적 인간이 아니라 '유적 존재'로서의 인간이다. 맑스에 따르면 원래 인간은 자연적 존재이다. 인간은 자연 속에서 실존하며, 자연과의 항구적인 교호 작용을 통해서만 스스로를 유지한다. 처음에 인간이 놓여 있는 이 자연적 매트릭스는 인간을 결코 표현하지 못한다. 그러나 짐승과 달리 인간은 보편적·의식적으로 산출할 수 있기 때문에 자연과의 이런 교호 작용은 [삶의] 순환을 계속 지속시킬 뿐 아니라 변형시키기도 한다. 인간은 자연을 넘어 자신을 표현하는 데로 이행하며, 그 과정에서 적절한 의미에서의 인간이 된다. 맑스에 따르면 인간의 이러한 자기 창조는 인간 종의 삶이 적절한 외적 표현을 발견함으로써, 즉 인간 종의 삶이 '대상화'(Vergegenständlichung)됨으로써 이뤄진다.[12]

그러나 인간은 욕구를 충족시켜야 할 필요성에 따라 세계를 만들어 가는데, 이 세계를 만들어 가는 최초의 시도는 분열의 산출이다. 인간은 자신의 사회적 관계를 다시 질서 지음으로써만 자연과의 상호작용의 유형, 혹은 생산양식의 유형을 보다 고차적으로 이뤄 낼 수 있다. 그리고 이는 처음에 광범위하게 퍼져 있던 후진성과 빈곤으로 인해 어떤 사람들은 명령을 하달하고, 따라서 다른 사람들을 착취하지 않을 수 없다는 것을 의미한다.

---

11) Marx, *Early Writings*, p. 159.
12) *Ibid.*, p. 128.

아이러니하게도 보다 차원 높은 삶을 향한, 인간의 참다운 실현을 향한 이 최초의 시도는 인간을 낙원과도 같은 원시 공산 사회로부터 이끌어 내 고통과 잔인함이 지배하는 계급 사회로 끌고 간다. 우리는 『성서』의 타락 신화에 대한 헤겔의 해석을 잘 기억하고 있다.[13] 그 신화는 인간이 자신을 주체로, 즉 정신적 존재로 확증하는 원시적 형태이다. 왜냐하면 이 최초의 인간은 순수한 특수성이 지배하는 초기의 조건에서 자기 자신을 보편자로부터 잘라 내며, 결국 자기 자신을 정신의 적합한 담지자로 만들어 가는 오랜 형성 과정을 시작하기 때문이다.

그러나 분열된 인간은 적절한 표현에 도달할 수 없다. 왜냐하면 변형의 주체는 개별자가 아니라 자연의 매트릭스 속에 놓여 있는 '유적 존재', 즉 인간 사회이기 때문이다. 따라서 계급 사회에서 사람들은 자기 자신의 표현을 통제하지 못한다. 그들이 수행한 표현은 그들 자신을 벗어나 그 자체 운동을 수행한다. 그들은 자기의 삶에서 소외를 경험한다. 그리고 세계를 낯선 힘에 의해 지배되는 장소로 보는 소외된 의식이 이에 상응하여 발생한다. 그 낯선 힘이란 이전 시기에는 신이었고, 부르주아 시기에는 계급 경제라는 철의 법칙이었다. 헤겔이 말한 불행한 의식 시기의 정신과 마찬가지로 유적 인간은 자기 자신이 그렇게 객체화되었다는 것을 인식하지 못한다.

그러나 만약 계급 분열이 궁극적으로 빈곤 때문에 발생했다면, 인간이 자연에 대해 충분한 지배를 행사할 경우 이 분열은 극복될 수 있을 것이다. 유적 인간은 자신의 구현체에서 자기에게 돌아갈 것이며, 이로써 자유의 왕국, 통합적 표현을 시작할 것이다. 왜냐하면 통합적 표현은 불가피하게

---

13) 이 책 865쪽 이하 참조.—옮긴이

인간과 인간을 화해시키는 전체 사회에 귀속되기 때문이다. 공산주의는 "인간의 자기 소외를 철폐"하고자 한다. 즉 "공산주의는 인간을 통해, 그리고 인간을 위해 인간 본성의 실제적 착취를 철폐하고자 한다. 그러므로 공산주의는 인간이 진정한 의미의 인간적 존재인 사회적 존재로서의 자기 자신에게 복귀하는 것이다. 그것은 이전의 발전으로 이뤄진 모든 부를 흡수하는 완전하고 의식적인 복귀다".[14]

표현적 완성으로서 공산주의는 인간의 삶과 사유를 희생시킨 그런 분열과 대립을 극복하고자 한다.

> 완전하게 전개된 자연주의로서 공산주의는 휴머니즘이고, 완전하게 전개된 휴머니즘으로서는 자연주의다. 공산주의는 인간과 자연, 인간과 인간 사이의 적대성을 **결정적으로** 해체한다. 그것은 실존과 본질 사이, 자유와 필연성 사이, 개체와 유 사이에 존재하는 갈등의 참된 해결책이다. 공산주의는 역사의 수수께끼의 해답이며, 스스로가 이런 해답임을 안다.[15]

이 목록에서 우리는 헤겔의 야망, 즉 대립자들의 화해가 변형된 형식으로 등장함을 본다. 이때 특히 고려되는 대립은 자연 안에서의 인간의 필연적 객체화(여기서 인간은 자연과 조화를 이뤄야 한다)와 (처음에 자연과 대립함으로써 자신에게 구멍으로 남아 있는) 인간의 자유 요청 사이에 있는 대립이다. 맑스 역시 자기만의 방식으로 표현주의를 피히테의 급진적 자유와 연합시킨다. 맑스의 인간은 스스로를 창조하는 데 반해, 헤겔에게 화해

---

14) Marx, *Early Writings*, p. 155.
15) *Ibid.*, p. 155.

는 대부분 이미 현존하는 정신의 구현체를 인식함으로써 도달된다. 이러한 인식은 역사에서 정신의 담지자인 인간의 삶의 형식이 변화되어야 한다고 요구한다. 그러나 이런 변화의 궁극적 목적은 정신의 자기 인식이기 때문에 변형된 사회조차도 하나의 인식에 의존한다. 왜냐하면 사회는 인간이 보다 큰 질서를 보고서 사회의 분화된 구조를 이 질서의 반영으로 여기길 요구하기 때문이다.

다른 한편 맑스에게는 그러한 인식이 없다. 도달해야 할 화해는 철저히 창조된다. 인간은 자신의 표현을 자연 위에 각인하기 때문에, 그리고 그런 정도만큼 인간은 자연과 하나다. 인간 사회의 변화는 보다 큰 질서의 인식을 목표로 하는 것이 아니라 궁극적으로 자연을 인간에 의해 자유롭게 창조된 설계에 종속시키는 것이다.

헤겔은 실재를 숙고한다고 말하는 반면, 맑스는 실재를 변화시켜야 한다고 말한다는 말은 이 두 사상가를 구별해 주는 잘 알려진 작은 공식인데, 이것은 궁극적으로 그들 존재론의 차이에 기초해 있다. 헤겔에게 주체는 정신이기 때문에 화해는 인식을 통해 이뤄져야 한다. 여기서 전체 우주의 변형은 아무런 의미도 없다. 반면 맑스에게 화해는 변화를 통해 오지 않으면 안 된다. 왜냐하면 그의 주체는 유적 인간이기 때문이다. 신과 달리 인간은 자신을 노동[작품]을 통해 자연 안에 각인시키기 전까지는 자기 자신을 인식할 수 없다. 물론 맑스의 화해는 언제나 불완전하다. 화해는 변화된 자연의 한계(이 한계는 언제나 뒤로 물러난다)를 결코 뛰어넘을 수 없다. 그러나 이것은 그가 자기 창조라는 프로메테우스적 개념을 받아들이는 한 어쩔 수 없이 치러야 할 대가이다.[16]

정신으로부터 인간으로의 이행이 일단 일어나고 나면[17] 헤겔의 분화된 전체 구조는, 구체제의 구조처럼, 신적 질서를 가장한 억압과 부정의로 사라지고 만다. 그래서 맑스는 자신이 헤겔에게 빚지고 있음을 인정함에도 불구하고 헤겔의 국가관에 대해 급진적 계몽의 분노를 드러낸다. 헤겔의 종합은 사유에서만 도달하는 것으로 강등되며, 실재의 실질적 구원에 이르지 못한다. 헤겔과 자신을 이렇게 양극화함으로써 맑스는 헤겔이 '추상적 사유'에만 관심이 있고 다른 종류의 실천의 옹호자가 아니라는 듯 헤겔을 왜곡한다. 하지만 그가 헤겔에게 진 빚은 부정할 수 없으며, 그가 그 빚을 인정하지 않는 그의 텍스트에도 그 모습이 드러난다. 급진적 자유와 자연의 화해를 위해, 헤겔은 정신으로서 급진적 자유는 모든 것의 토대에 있다는 생각을 발전시킨다. 근본적으로 모든 것은 자유의 유출이다. 그에게는 인간을 무한히 활동적인 존재로 보는 헤겔의 이런 인간관을 가장 강력한 혁명적 교설로 바꾸는 일만 남았다.

초기 맑스의 이러한 해석에 동의하는 많은 주석가는 맑스의 성숙한 사유가 이와 완전히 다르며, 1840년대 초의 헤겔적·표현주의적 사유 형식을 자본주의 사회에 대한 완고한 과학을 위해 버렸다고 주장한다. 그의 성숙

---

16) 제우스의 명령을 어기고 불을 훔쳐 인간에게 준 프로메테우스는 독수리에게 간을 쪼이는, 하지만 언제나 되살아나서 다시 쪼이는 형벌을 받는다. 이것이 바로 복종 대신 자율성과 자기 창조를 택한 프로메테우스의 운명이다. 테일러는 완성과 화해를 인식이 아니라 노동을 통한 자기 창조에서 본 맑스의 철학이 그런 운명과 유사하다고 한다. 노동을 통한 자기 창조와 이를 통한 화해는 언제나 다시금 연기되기 때문이다.—옮긴이

17) 테일러는 헤겔의 관념론에서 청년 헤겔주의자들의 철학, 예컨대 포이어바흐나 맑스 철학으로의 이행을 정신철학에서 인간학적 철학으로의 이행으로 해석한다. 맑스의 철학을 그렇게 해석하는 것이 옳은지는 모르겠지만, 세계의 변화의 동인을 인간의 행위, 노동에서 본다는 점에서 그렇게 틀렸다고 할 수는 없다. 확실히 인간학으로의 전환은 맑스에게 깊은 감명을 준 포이어바흐에게서 나타난다. 포이어바흐는 신의 본질이 곧 인간이며 신은 인간이 창조한 것이라고 함으로써, 지금까지 학문이 신을 추구하는 신학 중심이었다고 한다면 이제 학문의 중심은 인간을 탐구하는 것이어야 한다고 역설한다. '신학에서 인간학으로'가 그의 학문의 모토였다.—옮긴이

한 사유에서 나온 사회과학으로서의 그의 철학은 자본주의의 내적 발전과 궁극적 종말이라는 철의 법칙을 해명하고 있다. 맑스는 『자본』을 과학적 작품으로 보았다. 이때 '과학'이라는 용어는 19세기 후반에 일반적으로 퍼져 있던 그런 의미로 사용된다. 그래서 우리는 다윈의 진화론이나 프로이트의 정신분석학과 마찬가지로 『자본』을 초기 낭만주의 시기의 통찰을 체현하고 있는 성숙한 과학의 위대한 작품들 중 하나라고 볼 수도 있다. 그런데 맑스가 1844~1847년에 받아들였던 입장이 자신의 주저와 함께 수정되었다고 하는 주장은 그렇게 올바른 해석으로 보이지 않는다. 내가 위에서 대강이나마 설명한 입장은 『경제학-철학 수고』에서 이끌어 왔으며, 『공산당 선언』으로 약간 보충한 것이다. 나는 맑스가 본질적인 측면에서 이 입장에서 벗어났다거나 그럴 필요가 있다고 느꼈다는 증거를 알지 못한다.

이후의 주석가들은 성숙한 맑스의 '과학적' 입장과 맑스가 헤겔을 표현주의적으로 변형한 입장 사이에 갈등이 있다고 한다. 이 점에서는 그들이 맑스보다 더 현명할 것이다. 하지만 저 두 입장이 맑스에게 서로 통용 불가능하다고 해석하는 것은 부당해 보인다. 처음부터 그의 입장은 급진적 계몽과 전체를 향한 표현주의적 열망의 종합이었다(계몽에 따르면 인간은 자연과 사회를 지배하기 위해 과학이라는 이름으로 그것들을 객체화할 수 있다). 이것이 그가 공산주의를 휴머니즘과 자연주의의 통합이라고 한 말의 의미이다. 표현적 완성은 인간(유적 인간)이 자연을 지배하고 자신의 자유로운 설계를 자연에 각인할 수 있을 때 이뤄진다. 그러나 동시에 그는 과학적 실천을 통해 자연을 객체화함으로써 자연을 지배한다. 공산주의 아래서 인간은 존재하는 사회적 기구들을 자유롭게 형성하고 변경할 수 있다. 사람들은 그 기구들을 도구로 취급한다. 그러나 동시에 이들의 사회적 실존의 이런 집단적 형성은 이들의 자기 표현이다. 이런 점에서 자연의 객체화와 이를 통한 표현은 양립 불가능하지 않다. 이 양자는 조각가가 자신의 작품을 완성하는 데 있어서 기술공학을 사용하는 것 그 이상으로 서로 통합되어 있다.

다른 말로 하면 표현적 완성은 자연을 형성하기 위한 급진적 자유와 더불어 오기 때문에, 그것은 과학과 기술로 자연과 사회를 지배하고자 하는 극단적인 계몽의 열망과도 조화를 이룰 수 있다.

청년 맑스에서 성숙한 맑스로의 이행에서 우리가 볼 수 있는 것은 관점의 변화가 아니라 그에게 언제나 존재해 왔던 입장 내에서의 강조의 전환이다. 19세기 후반의 분위기에서 지배적인 경향은 당연히 '과학적 사회주의'의 차원이었다. 그리고 이러한 방향은 마침내 후진 국가의 맑스주의 혁명 정당의 성공에 의해 유지되었다. 맑스주의는 이데올로기를 현대화하는 역할을 떠맡았다. 레닌의 유명한 문구에 따르면 '사회주의=소비에트 권력+전기화(electrification)'이다.[18] 이 두 목표는 지배 엘리트가 기껏해야 관성적인, 심지어 난처한 사회 문제들을 다룰 때 엔지니어들의 입장을 수용해야 도달할 수 있다. 맑스-레닌주의는 새로운 자유 시대의 의식보다는 오히려 건축자의 손에 들린 청사진으로 간주되기 시작했다.

그러나 공식적 맑스주의는 종합의 표현주의적 요소들을 결코 철회하지 않았다. 공식적 맑스주의 운동에서 자유와 공산주의적 인간의 온전함이라는 이상은 이들이 부르주아 사회를 비판하는 데서 잘 드러나듯이 표

---

18) 레닌은 국가 경제를 발전시키기 위해 1920년에 5년간 이뤄질 GOELRO(러시아 전체의 전기화를 위한 국가위원회) 계획을 선포한다. 이때 그가 한 중요한 언급, 즉 "공산주의는 소비에트의 권력+전체 나라의 전기화이다"는 사회주의가 단순한 권력의 쟁취에 머물러서는 안 되고 물질적 생산을 증가시켜야 한다는 그의 사고를 반영한다. 전기 시스템의 확장은 전 국토의 과학화와 산업 영역에서의 선진화를 의미했다. ─옮긴이

현주의적 전통에 머물러 있다. 사실 전체성에 대한 이러한 과시는 소비에트 맑스주의의 전체주의적 경향들, 예컨대 예술과 문화적 삶에 제기되는 요구들의 배후에 놓여 있으며, 이는 공산주의적 인간이라는 원래의 요청들의 관료주의적 타락이다.

그러나 소비에트의 경험은 표현적 완성과 과학적 객체화 사이의 맑스적 종합을 약화시키는 계기가 되었다. 조각가의 예는 확실히 인간이 자연과 표현적 관계 및 객체화의 관계를 동시에 가질 수 있음을 보여 준다. 그리고 우리는 효율성뿐 아니라 표현의 기준들까지도 충족하기 위해 자신의 사회적 기구들을 형성하고 재조정하는 조화로운 집단을 상상할 수 있다. 그러나 이때 사람들은 공학이나 기술에 의존하여 업무나 어떤 다른 것들을 분배한다. 그리고 이들은 인간 행동의 결정 요소들이 확인되는 사회에서 인간과학을 사용하지 않는다. 왜냐하면 이 과학이 사용되고 있다면 어떤 사람들이 다른 사람들을 통제하거나 조작하고 있는 것이기 때문이다.

다른 말로 하면 인간이 어떻게 행동하고 느끼는지를 결정하는 요소들, 그리고 대부분의 그리고/혹은 만인의 의지를 넘어서서 존재하는 요소들을 추구하는 인간에 대한 과학적 객체화는 진실로 공산주의 사회의 실천의 토대가 될 수 없다. 이것은 이러한 유의 과학이 잘못된 목적에, 자유의 문제를 훼손하는 데 이용될 수밖에 없다는 것을 말하는 것이 아니다. 반대로 이러한 유의 객체화이기를 요청하는 정신분석학은 어떤 사람이 다른 사람을 치유하는 데 이용될 수 있고, 그 사람의 자유를 확장시킬 수도 있다. 그러나 맑스주의적인 공산 사회는 사람들이 함께 결정하는 사회이다. 결정들은 어떤 의미에서 보자면 일반 의지를 대표한다. 즉 개별적 결정들의 단순한 집적이 아니라 참다운 공동의 목적을 대표한다. 이것은 예를 들어 병든 자를 치유할 목적으로 인간을 통제하는 그런 기술들을 부분적으로 사용할 수 있음을 배제하지 않는다. 그러나 의식적인 집단적 결정으로서 사회가 취하는 절차는 그 규정 요소들이 이러한 유의 응용과학에 포획된 그런 산물일 수 없다.

그렇다면 만약 『자본』 혹은 맑스-레닌주의의 다른 작품들이 우리에게 부르주아 사회를 지배하는 '법칙들'을 제시한다면, 따라서 자본주의 사회를 파괴하는 최상의 방법을 우리에게 말해 준다면 이 사회를 넘어선 사회는 이 법칙들의 정지를 의미한다. 왜냐하면 부르주아 사회의 과학은 사람들이 어떻게 자신들이 이해할 수도, 통제할 수도 없는 구조와 역학에 포획되어 있는지를 보여 주기 때문이다. 이 과학은 부르주아 사회를 넘어가는 혁명적 실천의 토대로 남을 수 없으며, 혹은 이러한 실천은 그 가장 중요한 정당화와는 모순된 채 조작적으로 남을 것이다.

따라서 두 시기 사이의 혁명적 경계에는 도약이 있어야 한다. 말하자면 사회에 적용되는 법칙에서의 혁명적 변화가 있어야 한다. 그리고 사실 이것은 위에서 기술한 소외 이론에서 제공된다. 소외 아래서 자신의 역학을 따라가는 부르주아 사회의 실천들, 맑스적 과학이 추적하는 부르주아 사회의 실천들은 공산주의와 더불어 인간에 대한 통제로 되돌아온다. 이때 이것은 유사한 외적 규정 요인들로 떨어지는 것이 아니라 오히려 자유로운 사회에서 결정을 위해 참으로 장려되는 것이다.

물론 자유로운 표현을 위해 외적인 규정 요소들을 뛰어넘는 것은 헤겔 철학의 범주에서도 아주 의미가 있다. 이것은 헤겔의 자연철학에서 예를 들어 비유기적 자연에서 삶으로 존재의 수준들이 상승할 때, 혹은 정신철학에서 소외에서 인륜적 세계로 움직일 때 나타난다. 그러나 이것은 계몽에 뿌리박고 있는 기존의 과학 전통에는 낯설다. 기존의 과학은 인간이 한편으로 표현적 객체를 형성하기도 하지만, 다른 한편으로 자연을 중립적 도구의 영역으로 객체화할 수 있다고 한다. 하지만 과학은 역사의 특정한 단계에 객체화와 자연법칙의 영역에 놓여 있는 것이 역사의 다른 시기에 그것을 뛰어넘어 표현의 영역으로 변화된다는 것에, 즉 그 경계가 쉽게 변화된다는 것에 동의할 수 없다. 계몽의 과학은 자신의 법칙이 '지양'된다는 사실을 인정하지 않는다.

인식론적으로 보자면 이것은 성숙한 맑스가 결코 명료하게 밝히지 못했고 아마도 보지 못했을 모호함이다. 사회 법칙들은 역사의 결정적 순간에 지양되며, 따라서 한 시기를 설명하기 위해 필요한 개념들은 다른 시기를 설명하는 데 적용될 수 없다. 그런데 이러한 사실은 확실히 헤겔에게서와 마찬가지로 청년 맑스의 원래 이론에 함의되어 있었다. 그것은 맑스의 혁명 이론의 논리에, 그리고 공산주의로의 이행에 본질적으로 남아 있었다. 그러나 그것은 맑스가 『자본』을 세상에 내놓을 때 호소한 것으로 보이는 과학의 모델의 일부는 아니었다.

맑스는 이 문제를 결코 풀지 않았다. 그가 이 문제를 지적했다 하더라도 그것은 그에게 너무 철학적인 것으로 보였을 것이다. 그의 과학적 작업은 자본주의에 대항한 혁명에 긴급히 필요한 사항들에 의해 정초되었다. 사변은 공산주의로의 이행의 관점에서 볼 때 사치였으며, 그러한 이행이 실제로 발생할 때 생기는 인식론적 문제에 비춰 볼 때 부차적인 것이었다.

그러나 만약 이 문제를 보다 깊이 숙고해 보면 맑스에게 이 문제가 떠오르지 않았음을 알 수 있다. 왜냐하면 그는 이행에 대해 극단적으로 단순한 견해를 가지고 있었기 때문이다. 혁명은 부르주아 사회와 이 사회의 작동 법칙을 혁파하는 것이었고, 통일된 프롤레타리아 계급은 부르주아 사회가 물려준 경제를 넘겨받아 자유롭게 처분할 수 있는 것으로 그려졌다. 제약되지 않은 자유로의 이러한 도약이 진정한 변증법적 지양은 아니다.

왜냐하면 지양에 따르면 보다 높은 단계의 통일은 언제나 낮은 단계에 이미 그 전조가 드리워져 있으며, 이 두 단계 사이에 불연속성뿐 아니라 연속성도 있기 때문이다. 이것도 역시 실재론적이지 않다. 맑스는 거대한 인간 집단에서 의사소통과 결정이 불가피하게 불투명하고 또 직접적이지 않다는 사실을 별로 의식하지 못한 것 같다. 크고 포괄적인 사회는 말할 것도 없고 작고 간단한 인간 집단에서도 인간들 사이의 상호작용의 역학은 부분적으로 완전히 투명할 수 없다.

도약의 이미지와 보다 긴급한 문제의 해결을 위해 맑스는 자유를 조직하는 문제를 심각하게 생각하지 않은 것 같다. 이로 인해 그는 공산주의가 자본주의 사회의 한계보다는 덜 협소하고 덜 비인간적이긴 하지만 여전히 한계를 가진 사회적 범주라는 사실을 볼 수 없었다. 따라서 이러한 한계들이 자본주의 사회의 한계들과 맺는 관계의 문제는 발생할 수 없다. 오히려 부르주아 사회의 법칙들은 부르주아 사회의 지양과 더불어 사라질 것이다. 이는 마치 우리가 내연기관을 없애 버리면 기화기(氣化器) 기술이 필요 없어지는 것과 같다.

이러한 유의 이행은 가장 완고한 실증주의자에 의해서도 이해될 수 있다. 그리고 이러한 생각은 『자본』이 지적한 부르주아 사회의 지양이 고전적 과학의 틀에 정확하게 들어맞는다는 것을 보여 준다. 그러나 주류 과학과 이렇게 양립 가능하다고 함으로써 이행을 한계 없는 자유로의 도약이라고 하는 아주 비실재론적인 생각이 나타났다. 하지만 이런 생각은 과거의 제약들을 단순히 방기하는 것이다.

맑스는 계몽의 과학과 표현적 완성을 종합한 것으로 평가될 수 있는데, 맑스적인 이러한 종합은 결국 성공할 수 없다. 변증법적 이행에 함축된 것을 서술할 경우, 한 국면에서의 사회 법칙들과 그다음 국면에서의 사회 법칙들 사이의 관계를 규명할 경우, 그리고 자유를 사회적으로 명료히 할 경우[즉 제도적으로 구현할 경우] 계몽의 과학의 한계는 명백히 드러날 것이다. 우리는 인간의 행위가 외적 법칙에 의해 지배되는 단계, 즉 누구나 바라지도 않고 적절히 이해할 수도 없는 규칙들을 따르는 어떤 단계로부터 사람들이 (부분적으로) 이해하고 또 선택의 방향을 정하는 그런 상태에 의해 제약되는 다른 단계로의 이행을 생각해 볼 수 있다. 그러나 이러한 유의 이행은 고전 과학의 한계를 넘어선다. 외적 법칙을 통한 하나의 규정으로부터 의미 있는 상황이 지배하는 방향으로 나아가는 이행은 헤겔의 변증법적 이행의 범주들에서 훨씬 더 쉽게 설명될 수 있다.

다른 한편, 이행을 과학의 주된 흐름에 흡수할 수 있기 위해 이행은 맹목적인 법칙에서 의미 있는 상황으로의 진전으로뿐 아니라 제약의 철폐로도 이해되어야 한다. 새로운 사회구성체에서 주체의 본성과 이 주체의 행위 능력은 완벽한 자발성이라는 탐구되지 않은 지점으로 남아 있다.

이후의 주석가들은 정당하게도 맑스 이론에 내재한 표현주의와 과학주의 사이의 간극을 지적했다. 그러나 이것은 청년 맑스와 성숙한 맑스의 차이가 아니다. 오히려 그의 원래 입장에는, 즉 자기 정립하는 정신이라는 헤겔의 개념을 인간에게 전이시킨 그의 입장에는 이런 간극을 볼 수 있는 여지가 없었다. 자신의 구현체를 스스로 창조하는 정신의 힘들이 일단 인간에게 귀속되고 나면 이전보다 훨씬 더 급진적으로 자유를 자기 창조로 여기는 이해 방식이 산출된다. 소외가 일단 극복되고 나면 이러한 이해 방식은 유적 인간의 자유로운 자기 활동으로의 도약이라는 관점을 개시한다. 이때 유적 인간은 진압되지 않은 자연의 (끝없이 뒤로 물러나는) 까다로운 경계들에 의해서만 제약을 받는다. 자유의 영역에 대한 맑스적 사유로는 이러한 간극이 드러나는 영역에 대한 탐구가 불가능하다.

그러나 이것은 맑스에게만 특별히 나타나는 맹점은 아니었다. 이것은 전체 공산주의 운동에 영향을 미친다. 1917년 10월 혁명이 일어나기 몇 개월 전에 레닌은『국가와 혁명』에서 여전히 공산주의 사회의 행정에 대해 믿을 수 없을 만큼 간단한 견해를 표현하고 있다. 볼셰비키 정당은 국가 권력으로서의 자신의 실제 역사를 바로 이 레닌의 사상에 기초하여 시작했다. 레닌은 인간적 자유를 사물들을 매끄럽게 다루는 행정의 문제로 여겼다. 그리고 소비에트 공산 사회는 이러한 생각에 확고히 머물러 있었다. 지금까지 유래가 없었던 규모로 인간을 사물을 다루듯 행정의 문제로 재편하여 안정화시켰음에도 불구하고 소비에트 공산 사회는 자신의 사회적 형식에 적합한 정치적 입장을 기획하는 것에 저항했다.

소비에트 공산주의의 공포스런 역사는 독립적 맑스주의자들에게 맑스의 이론을 다시 한번 생각해 보도록 했으며, 이를 기회로 1840년대의 '철학적' 작품들이 주목받기 시작했다. 공식적 공산주의는 초기 맑스의 작품을 헤겔 철학에서 완전하게 벗어나지 못한 미성숙한 시도들로 간주했던 데 반해, 많은 '수정주의자들'(revisionists)에게 이 초기 맑스의 작품들은 새로운 출발점을 제시했다. 이것은 공식적 맑스주의가 맑스주의의 표현주의적 요소들을 버리고자 했다는 것을 말하는 것이 아니다. 오히려 그들은 표현주의와 과학주의 사이의 실행 불가능한 맑스적 종합을 면밀하게 검토하지 못하도록 투쟁했다. 볼셰비즘은 한편으로 표현적 자유의 약속과 다른 한편으로 역사에 대한 공학적 청사진으로서 '과학적 사회주의'를 소유하는 것이 가능하다고 본다. 이 모순을 폭로하여 해결하지 않고 그대로 유지하려고 한 데는 볼셰비즘의 이러한 관심이 반영되어 있다. 세련된 형식의 과학주의를 추구하는 가운데 맑스에게서 헤겔적인 관념을 제거하고자 했던 루이 알튀세르의 작품에서처럼 이러한 모순이 해결되었을 때, 그 결과는 주석으로서 확신을 주지도 못하고 정치적 비전으로서 매력적이지도 않다. 사회의 모순을 과학적으로 분석한다고 하는 레닌주의 정당에서 드러난 엘리트 지배의 정당화는 동시대 역사에 대해 성찰하는 독자에게서 불쾌감을 산출하지 않을 수 없다.

프롤레타리아 정당은 역사의 법칙에 순응하여 작업하는 '엔지니어들'로 구성되어 있다고 주장하는 볼셰비키의 표상은 인간의 근본적 상황에 대한 대립적인 두 상을 결합한다. 한편으로 그것은 역사 속에 등장하는 모든 어려움과 곤란에 대항하여 자신의 의지를 부여하는 인간이라는 상을 제시한다. 이것은 '영웅적' 이미지이다. 다른 한편 변증법적 유물론은 인간과 역사를 강력하게 지배하는 법칙들을 제시한다. 이 두 상은 그 자체로 양립 불가능한 것은 아니다. 그러나 그것들은 기대되는 방식으로 그렇게 결합될 수 없다. 만약 엄격한 필연성으로 유지되는 법칙이라는 말로 우리가 인간의 결정과는 아무런 상관도 없이 그 법칙에 의지해서만 사건을 설명하는 것을 뜻한다면, 자신의 의지를 사건들에 부여하는 엔지니어들에 의해 사용되는 법칙들은 그러한 엄격한 필연성으로 유지되는 법칙일 수 없다. 역사 발전의 참된 법칙이 있다면 그것은 그 이전의 사건들이 조작될 수 없는 법칙일 것이다. 그런 법칙은 우리가 사건들에 좀더 조화롭게 적응하고, 이행들을 매끈하게 하는 데 기여하지, 우리의 의지를 사건에 부과하게 만들지는 않을 것이다. 그 법칙은 '엔지니어들'의 적용에 의해 이리저리 변경될 수 없다.

그런데 사실 볼셰비키 당원들은 1917년 혁명에서뿐 아니라 1928년 이후 농업 집단화를 추진하는 과정에서도 사건들에 자신의 의지를 부과했다. 이런 행위가 얼마나 강압적이었는가 하는 문제는 흘린 피로 측정될 수 있으며, 약 50년 후의 소비에트 농업 경제의 상태로 측정해 볼 수 있다. 스탈린과 그의 동료들은 법칙의 필연성에 따라 이 일을 추진했다고 느꼈던 것 같다. 그들은 농민을 굴복시키지 않으면 신경제정책(NEP)하에서 상대적으로 자유로운 농업 경제의 성장이 자신의 권력의 토대를 약화시킬 것이라고 느꼈던 것 같다. 우리에게 혹은 그들에게 중요한 것은 사실상 권력의 경제적 하부구조와 관련이 있는 일종의 강력한 필연성이었는데, 이 필연성은 역사의 필연적 방향과는 아무런 관련도 없었다. 반대로 중요한 것은 가혹한 투쟁이었다. '역사의 법칙'은 공산주의의 필연적 승리를 지시해 주기 때문에 이 법칙은 결과적으로 사건들에 부과된 결정을 위한 알리바이로 봉사한다. 보다 높은 문명을 향한 인류의 불가피한 전진을 위해 흘린 피에 대한 애석함이 있을 수는 있지만 결코 회한은 있을 수 없다.

따라서 맑스-레닌주의는 양립 불가능한 것을 결합했다. 무엇보다 극단적인 주의주의와 과학주의를 결합하여 완고한 결정론을 산출했다(역사 과학은 물리학이 자연을 객체화하듯 사회를 조작 가능한 영역으로 객체화한다). 주의주의와 과학주의는 다루기 힘든 대중에게 새로운 방향을 제시하는 엘리트를 위해 자연스럽게 조합된다. 그러나 이러한 사실은 표현적 자유라는 맑스적 전망과 쉽게 조화될 수 없다. 이렇듯 이런 대규모의 사회공학은 대중으로부터 자신의 불가피한 의지이자 운명으로 출현하는 역사 법칙의 결과로 제시된다. 이러한 입장에는 엄청난 모순이 있다. 즉 역사의 법칙은 사회공학의 토대**이면서** 사건의 불가피한 경향을 드러낼 수는 없다는 것, 주의주의와 공학의 혼합은 자유의 성장을 위한 어떤 자리도 허용하지 않는다는 것, 그러나 그런 조합이 오늘의 역사에서 정치적 경합 지점으로서 강력한 힘을 발휘한다는 것이 그것이다.

수정주의적 맑스주의자들은 이 세 항의 결합에 문제가 있음을 보았다. 즉 이들은 혁명을 의지에 의해 부과된 것으로 보는 상과 강력한 필연성에 의해 결정된다고 보는 견해가 서로 모순적임을 보았다. 그래서 이들은 맑스주의를 새롭게 독해하는 가운데 이 둘을 떼어 내고자 했다. 이를 통해 우리는 혁명의 조건들의 성숙을 추적할 수 있다. 물론 이때 이 조건들은 "대안들 사이에서 인간의 결단을 통해서만 현실로 번역될 수 있다".[19] 맑스의 초기 비전의 도움으로 사물 자체에 내재한 혁명적 변형의 경향성이 재발견되었는데, 이러한 재발견은 한편으로 무기력한 설교, 순수한 '당위'의 정치에 저항하며, 다른 한편으로 공산주의를 강요하려는 시도에 저항한다. 그것은 해방이 혁명적 엘리트만의 작품이 아니라 거대한 대중의 자발적 활동의 작품임을 드러내며, 공산주의에 도달하기 위해 사용된 수단들이 그 목적과 일치해야 한다는 것을 확인해 준다.

동시에 사물들에 내재한 이러한 [해방으로의] 경향은 강력한 필연성이 아니며, 따라서 자유로의 이행이 자유로운 행위에 의해 매개되지 않을 경우 모순은 자유로의 이행에 이르지 못할 것이다.

사물들에 내재한 경향이란 라이프니츠의 용어로 하자면 '필연성이 없는 성향'을 의미할 수 있는데, 이러한 경향을 재발견하고자 하는 수정주의적 시도는 곧바로 초기 맑스의 공식에 들어맞는다. 그러나 초기 맑스로는 충분하지 않다. 왜냐하면 맑스 자신은 초기든 후기든 사회적 삶이 드러내는 불투명함, 분열, 왜곡 그리고 상처됨 등을 완전히 극복한 정말로 비현실적인 자유 개념에 붙들려 있기 때문이다. 상황에 거의 의존하지 않는, 표현주의와 과학주의의 확고한 종합의 토대에 놓여 있는 이러한 자유의 상은 볼셰비키의 주의주의를 자유의 실현으로 제시할 수 있는 가능성을 내포하

---

19) István Mészáros, *Lukacs' Concept of Dialectic*, London: Merlin Press, 1972, p. 44에서 죄르지 루카치의 말 재인용.

고 있다. 반면 수정주의의 일반적인 경향은 자유로운 행위란 행위자가 받아들이거나 거부할 수 있는 특정한 상황에서 실행된다는 관념을 복원하고자 한다.

그런데 상황을 고려 않는 이러한 자유는 헤겔이 '절대적 자유'라고 부른 것이다. 이런 자유는 그의 관점에서 보면 무익하고 공허하다. 왜냐하면 그런 자유 개념은 우리가 저 방식이 아니라 이 방식으로 행위한 이유를 제공해 주지 않기 때문이다. 그리고 그런 자유 개념은 파괴적이었다. 왜냐하면 그런 공허한 자유는 어떤 다른 긍정적인 활동도 자유에 방해되는 것으로 기각하기 때문이다. 나는 15장에서 헤겔이 프랑스혁명을 다루면서 절대적 자유를 비판했으며, 이것은 어떤 의미에서 맑스에 대한 비판을 선취하는 것이었다고 말했다. 물론 다른 의미에서 맑스는 헤겔의 상속자라고 말하기도 했다. 우리는 이제 이러한 판단이 어째서 옳은지, 그리고 초기 맑스가 어째서 상황 의존적인 자유의 정의를 찾으려는 수정주의적 시도에 훌륭하면서도 불충분한 원천이 되는지를 좀더 명료하게 살펴볼 것이다. 맑스는 [절대적 자유에 대한] 헤겔의 비난을 벗어나 있다. 왜냐하면 그는 칸트와 달리 순수하게 자율적인 합리적 의지 개념에서 출발하지 않기 때문이다. 반대로 인간은 자연과의 교호 작용의 순환 속에 놓여 있다. 즉 인간은 자유를 이 자연[본성]을 추상하거나 중립화함으로써 얻는 것이 아니라 변형함으로써 얻는다. 그리고 이러한 사실로 인해 인간은 매우 제한된 임무에 놓이게 된다. 즉 한편으로 인간은 자연을 가공하는 일에 놓여 있고, 다른 한편 이러한 변형의 초기 단계에 발생한 분열[분업]과 소외를 극복하는 일에 놓여 있다. 따라서 인간은 상황 속에 놓여 있으며, 자신에게 임무를 부과하는 보다 큰 사물의 질서의 일부분으로 머문다. 이러한 방식으로 맑스의 이론은, 우리가 본 것처럼, 헤겔의 이론의 변형으로 간주될 수 있다.

처음부터 인간은 자유의 조건을 창조해야 한다. 그리고 이러한 사실은 맑스주의적 사회로의 방향을 제시했다. 사회주의 역시 건설되어야 하며, 공산주의의 선결 조건들은 발전되어야 한다. 그러나 그런 조건들이 현실이 되고 나면 맑스주의적 자유 개념은 더 이상 도움이 되지 않는다. 여기서 문제가 되는 것은 자유로운 사회를 위한 상세한 청사진을 제공하는 문제, 즉 종종 정당하게도 모순으로 거부되었던 요구의 문제가 아니다. 반대로 중요한 것은 모든 소외와 분열의 극복은 인간을 상황에 구애받지 않는 존재로 남긴다는 것이다. 그리고 절대적 자유의 공허함을 지적한 헤겔의 요점이 '전(前)역사'의 종말인 이 단계에 적용되기 시작한다.

만약 공산주의 사회의 청사진을 요청하는 것이 모호하다면, 인간의 상황이 어떻게 변할 것인지, 그리고 어떤 다른 강제나 분열, 긴장과 투쟁 그리고 소외 등이 우리가 오늘날 알고 있는 것들을 대체할 것인지를 일반적인 술어로 물어보는 것은 불합리한 일일 것이다. 고전 맑스주의만이 이 문제에 대해 대답하지 않는 것은 아니다. 누구도 우리의 상황만이 자연과 경쟁하는 가운데 조화롭게 통합된 유적 인간에 도달한 상황이라고 말할 수 없을 것이다. 그러나 이런 난점은 믿을 수 없을 뿐 아니라 유지될 수도 없다. 그것은 말 그대로 공허한 자유일 뿐이다.

상황에 구애받지 않는 이러한 자유 개념은 헤겔이 예견한 것과 완전하게 일치하지는 않지만 매우 파괴적이었다. 왜냐하면 맑스주의적인 사회들은 사회주의의 기초를 **건설**하고 세우는 데 아주 관심이 많았기 때문이다. 그러나 '절대적 자유'의 맑스적 버전은 역사의 최종적 정당화에 강력히 의지한 채 자신의 도정에 놓인 모든 장애물을 잔인하게 뭉갠, 그리고 헤겔이 뛰어난 통찰로 서술했던 공포정치를 다시 불러일으킨 볼셰비키적 주의주의의 토대에 놓여 있다.

우리는 맑스의 프로메테우스적 표현주의를 살펴보았다. 왜냐하면 맑스의 프로메테우스적 표현주의는 우리 문명의 과정에 대항하는 광범위한 근대적 저항을 가장 영향력 있는 방식으로 형성하고 있기 때문이다. 우리의 자유로운 설계에 의거하여 우리 세계를 다시 통제하고 근본적으로 재형성함으로써 우리 세계의 부정의와 표현적 죽음을 단번에 극복하려는 생각은 공식적 맑스주의의 경계를 넘어 심오한 매력을 발산한다. 우리는 오늘날 수행되는 거의 모든 저항과 해방 운동에서 이러한 사실을 발견한다.

위에서 우리는 헤겔 철학의 유의미성에 관한 질문을 제기했다. 이 질문에 대한 대답은 무엇보다 이 문제와 연관되어 있다. 급진적 자유를 향한 이러한 열망들은 맑스에게 영향을 받은 만큼 또한 헤겔에게도 영향을 받았다. 그러나 더욱 중요한 것은 그러한 열망들은 우리가 맑스를 다루면서 보았던 것과 동일한 딜레마에 빠진다는 것이다. 그 열망들은 동일한 공허함에, 완고한 세계에 자신의 해결책을 강제적으로 부과하고자 하는 동일한 유혹에, 그리고 현재의 불완전한 상황이 제거된 후 인간의 상황을 더 이상 규정할 수 없는 동일한 무능력에 직면한다. 1968년 5월의 저항 세력들은 이러한 관점에서 보자면 그들이 그토록 경멸했던 소련의 무뎌진 정치국원들과 다르지 않다. 다른 점이 있다면 후자가 사회주의의 '토대들'이라는 잘 계획된 건축물에 기초한 프로그램을 가지고 있는 반면, 전자는 아주 올바르게도 그 건축물이 이미 충분히 오래 지속되었으며, 이제는 자유의 영역에 들어갈 때라고 주장한다는 점이다.

그러나 맑스주의자든 무정부주의자든 상황주의자든 간에 이들은 모두 자유로운 사회가 공허한 공식을 넘어 어떤 모습을 가져야 하는지에 대해 아무런 생각도 보여 주지 않는다. 즉 이 전통은 그런 사회는 무한히 창조적이어야 한다거나, 사람들 사이에서건, 사람들 내부에서건 혹은 현존하는 수준들 사이에서건 간에 그것들 사이에는 어떤 분열도 있어서는 안 되며, 어떤 강압도, 어떤 대리도 포함해서는 안 된다고(즉 유희는 노동과 하나이며, 사랑은 정치와 다르지 않고, 예술은 삶과 같다고) 말할 뿐이다. 이러한 부정적 특성들로 행해진 모든 것은 결국 전체 인간 상황을 놓치고 만다. 그렇게 되면 이런 자유는 아무런 내용도 갖지 않게 되는데, 이것은 그리 놀랄 일이 아니다.

투쟁의 열기와 바리케이드 뒤편에 표현의 참된 해방이 있고, 바로 여기에서 창조적 행위가 일어나며, 장벽이 무너지고, 참된 참여 민주주의가 생겨났다. 그러나 물론 이런 표현의 해방은 매우 실제적인 **상황**에서 발생한다. 여기서 실제적인 상황이란 틀에 박힌 일상적 상황이나 구조와의 단절을 의미하며, '질서의 힘들'에 대항한 투쟁을 의미한다. 그러나 승리한 혁명의 이미지 속에서 이러한 상황 역시 곧 억압된다.

1968년 5월의 저항은 아이러니하게도 과거의 혁명가들이 그들 자신의 논리에 직면하도록 신의 섭리에 의해 이뤄진 혁명 같아 보인다. 절대적 자유의 딜레마는 헤겔이 생각했던 문제이고, 우리 시대 사람들이 계속해서 헤겔을 검토하는 이유들 중 하나이다. 헤겔은 근대 사유의 중요한 특성을 본 최초의 사람에 속한다. 그는 근대 사유의 근본적 딜레마를 그의 계승자들보다 더 심오하게 파악했다.

그러나 우리가 자유와 상황의 상관 관계라는 관점에서 다룬 이 문제는 맑스적 전통이나 혁명적 전통보다 더 많은 영향을 미친다. 그것은 모든 종류의 표현주의적 전통에 내재한, 그리고 어떤 의미에서는 근대적 주체성 개념에 내재한 문제이다.

이 근대의 주체성 개념은 많은 종류의 자유관을 산출했다. 이때 이 자유는 사람들이 장애물을 제거함으로써, 혹은 외부의 방해물이나 연결 끈들, 서로 얽혀 있는 것들에서 벗어나 그런 것들과 단절함으로써 얻어지는 것으로 이해된다. 자유롭다는 것은 속박받지 않는다는 것, 자기 자신에 의존한다는 것을 의미한다. 더 나아가 이런 자유관은 근대 주체성 개념을 정의함에 있어서 단순한 하나의 주석이 아니라 중심 이념이었으며, 이런 자유는 근대 시기에 가장 가치 있는 것들 중 하나로 등장했다. 애초에 자기 규정하는 주체라는 이 새로운 정체성은 우주적 질서라는 보다 큰 매트릭스와 그 질서의 요청에서 자유롭게 벗어남으로써 얻어졌다.

이러한 유형의 자유관은 자유를 [타자 의존성이 아니라] 자기 의존성으로 주조했다. 이러한 생각은 그 이전(혹은 그 이후) 시기의 자유와 구별된다. 그 이전에 자유는 질서나 올바른 관계라는 관점에서 정의되었다. 예를 들어 아리스토텔레스 철학에 함유된 자유 개념은 자유를 극단들의 무질서한 헤게모니에 대항한 조화나 평형 등과 연결시켰다.

이것은 어떤 점에서 보자면 부정적 자유관이지만, 통상적으로 이해되는 '부정적 자유' 개념에 상응하지는 않는다.[20] 부정적 자유는 일반적으로 외부의 간섭을 받지 않는 것으로 이해된 자유를 의미한다. 반면 '긍정적' 자유관은 자유를 참된 자아에서 도출되는 혹은 참된 자아를 표현하는 행위 속에서 실현되는 것으로 이해한다. 그러나 근대의 긍정적 자유관들도 자기 의존성의 개념을 가진다. 자유는 자아가 보다 낮은 자아 혹은 자연[본성]에 붙잡힌 것에서 벗어나 자신의 (참된) 자아에 복종할 경우에만 습득

---

20) Isaiah Berlin, "Two Concepts of Liberty", *Four Essays on Liberty*, Oxford: Oxford University Press, 1969 참조.

된다. 칸트의 자아 개념은 많은 긍정적 자아의 기원을 이루는데, 그의 자아 개념은 자유를 타자의 의지나 외적 권위 혹은 자연[본성]에 의존하는 것이 아니라 합리적 자아에 의해 만들어진 법칙에 복종하는 것으로 정의한다.

따라서 자유를 자기 의존성으로 보는 이런 사유 양식은 근대 자유 개념의 혁명적 발전의 근저에 놓인 공통의 토대였다. 로크에서 벤담에 이르는 고전적 자유주의의 부정적 자유관, 자유를 자기 자신에게 복종하는 것으로 이해한 루소적 자유관, 그리고 칸트적 자율성 개념과 맑스까지 이어지는 칸트의 계승자들에 이르기까지 이 사유 양식은 공동의 토대로 작용한다. 맑스가 생각한 자유의 영역에서는 인간이 모든 소외를 극복하고, 자신의 유적 활동을 지배하는 자연의 매트릭스를 지배하며, 자신의 운명을 다시 한번 스스로 규정할 수 있다고 한다. 물론 맑스에게 이 자유의 주체는 유적 존재이지 개별 존재는 아니긴 하지만 말이다.

이러한 근본 사상은 사실 계속 발전해 왔다. 이 사상의 첫번째 경험주의적 혹은 자연주의적 버전은 자아의 목표를 자연에 의해 소여된 것으로, 즉 욕망이나 충동으로 보았다. 나중에 그 다양한 변이들이 등장했는데, 그것들은 이 소여를 넘어서고자 했다. 이 관점에서 분수령이 되는 자는 칸트다. 급진적 자율성에 대한 칸트의 열망은 헤겔과 맑스에 의해 변형되는데, 즉 인간의 자연[본성]은 단순이 소여된 것이 아니라 형성되는 것이라는 사상으로 변형되었다. 인간은 온전히 자유롭게 되기 위해 자신의 본성을 재형성해야 한다.

그런데 자유와 자기 의존성을 등치시키는 문제는 우리가 위에서 맑스와의 관련 속에서 검토한 딜레마를 발생시킨다. 왜냐하면 완벽한 자유는 모든 상황의 철폐를 의미하기 때문이다. 즉 완벽한 자유는 우리가 자유로울 수 있으려면 우리에게 어떤 임무를 부과하거나 우리에게 어떤 반응을 요구하는 그런 난관이 철폐되어야 한다는 것을 의미한다. 이러한 견해에 의해 수용될 수 있는 유일한 상황은 자유로운 행위를 방해하며 서 있는 장애물을 통해 정의된 상황이다. 그런 장애물은 외적인 억압, 사회에 의해 부과된 사이비 열망, 소외, 자연적 한계 등이다. 이러한 종류의 상황은 '해방' 되어야 한다. 이 단어는 오늘날 상상할 수 있는 모든 맥락에서 다시 나타나고 있다. 그러나 해방은 자유로 **귀결되는** 과정으로 이해된다. 이런 관점에서 완전히 자유로운 행위를 하기 위해서는 방해되는 모든 것이 완전히 제거되어야 한다고 한다면, 그런 행위를 요청하는 상황은 존재하지 않는다. 완벽한 자유는 상황과 아무런 상관이 없어야 한다.

그리고 그와 동일하게 그런 자유는 공허하다. 완전한 자유는 그 안에서는 어떤 것도 행해질 가치가 없는 공허이고, 어떤 것도 무언가를 위해 고려될 필요가 없는 공허이다. 모든 외적인 장애물과 난관을 제거함으로써 자유에 도달한 자아는 특성도 없고 목적도 없다. 물론 이러한 사실은 대개 '합리성'이나 '창조성'과 같은 외관상 긍정적인 술어들에 의해 은폐되어 있다. 이 개념들은 인간의 행위나 삶의 양식의 기준으로 규정되지 않는다. 이 개념들은 어떤 상황의 외부에서 우리 행위에 어떤 내용도 부과할 수 없다. 왜냐하면 상황은 우리에게 목표를 세우도록 하고, 따라서 합리성에 형태를 부여하고 창조성에 영감을 제공하기 때문이다.

우리는 이 공허를 자유를 자기 의존성으로 보는 근대적 자유 개념의 초기 유형들로 돌아감으로써 채울 수 있을 거라고 희망할 수 있다. 그 초기 유형들은 우리의 목표는 자연에 의해 소여되어 있다고 가정한다. 이 경우 자유는 욕망의 한계 없는 충족일 것이고, 욕망의 형태는 (자연적으로) 소여되어 있을 것이다. 하지만 이것은 적절한 자유관이 아니다. 왜냐하면 자유로운 활동이 (비록 고통스런 공허를 그 대가로 받는다 하더라도) 우리의 본성과 상황에 대립하여 정의될 수 없다면, 그런 활동은 우리의 가장 강력한, 가장 지속적인, 혹은 우리를 대부분 지배하는 욕망을 따르는 것과 일치할 수도 없기 때문이다. 왜냐하면 그러한 자유관에서는 우리의 자유가 우리 자신의 충동이나 공포 혹은 망상 등에 의해 위축된다고, 혹은 자유는 밝게 깨어 있음이나 깨어 있는 열망 등에 의해 확장된다고 말할 수 없을 것이기 때문이다. 그리고 우리는 삶에 대한 일상적 성찰에서 그런 말들을 자연스럽게 한다. 뿐만 아니라 그런 말들은 사이비 욕망과 꽉 막힌 열망이 갖는 협소함과 왜곡을 넘어 완전한 자기 표현에 관심을 두는 표현주의적 관점에 아주 본질적인 말들이다. 우리는 충동이나 공포, 중독 등을 우리의 건전한 전체 인격에 의해 지지되는 열망과 구별할 수 있어야 한다. 이때 그 구별은 단순히 양적 기준에 의해서가 아니라 이 후자의 열망을 보다 진실한 우리의 열망으로 보여 주는 방식으로 이뤄진다. 즉 자유를 자기 의존으로 보는 급진적 자유관은 우리의 진실한 열망을 우리에게 단순히 소여된 것으로 보는 것이 아니라 우리에 의해 **선택된** 것으로 보고자 한다. 그러나 이런 급진적 자유 개념에는 공허함의 문제가 남아 있다.

헤겔은 칸트의 도덕성과 절대적 자유의 정치를 비판하는 가운데 자유로운 자아와 순수한 합리적 의지가 갖는 공허함을 날카롭게 지적했다. 그리고 그는 합리적 의지 개념을 포기하지 않으면서도 인간에게 상황을 부여함으로써 이런 공허함을 극복하고자 했다. 이것은 인간이 스스로 자신의 분절적 명료화들을 산출하는 우주적 이성의 담지자라는 것을 보임으로써 이뤄졌다.

그러나 우주적 정신이라는 개념으로 수행되는 이런 해결책이 우리가 위에서 검토한 이유들 때문에 유지될 수 없다면 문제는 이전보다 더 크게 발생한다. 왜냐하면 독일 관념론과 그 계승자인 맑스의 유물론적 변형의 과정에서 자유의 개념은 더욱 강화되고, 더욱 긴박한 문제가 되며, 훨씬 더 포괄적인 문제가 되었기 때문이다.

표현주의의 한 흐름은 [자아의] 완성을 의식적 합리성이라는 질서 잡힌 한계를 넘어 본능적 혹은 기초적 심연의 해방으로 보는 생각을 개진했다. 그러나 이것은 결국 근대적 의미나 고대적 의미의 자유의 이상을 완전히 파괴한다. '기초적' 자유 개념은 자기 소유를 위한 자리, 따라서 인간에게만 해당하는 자유의 의미를 위한 자리를 갖지 않는다.

쇼펜하우어의 철학은 이런 '디오니소스적' 표현주의로 나아가는 도정에서 중요한 길목에 위치한다. 그러나 그 자신의 이론은 어떤 점에서 그런 표현주의를 염세주의적으로 전도한 것이다. 쇼펜하우어의 '의지' 개념과 이 의지가 '객체화'된 육체 개념은 표현주의적 사유의 흐름에서 이끌려 나왔지만, 여기에는 완성의 이념이 없다. 반대로 의지의 기본적 힘은 인간을 고통과 타락으로 가져갈 뿐이다. 쇼펜하우어에 따르면 유일한 희망은 우파니샤드적이고 불교적인 사유의 모델을 따라 지상의 것들에 집착하는 모든 의지에서 풀려나는 것이다.

쇼펜하우어의 꿈은 인간의 자유에 대한 심오한 염세적 견해의 모델을 제공하는 것이다. 이 모델은 인간의 본능적 자연은 합리적 자유와는 다르고 양립할 수 없으며, 그것을 정복할 수도 없다는 사실에 기초한다. 쇼펜하우어를 그의 선배인 칸트와 구별하는 것은 바로 이 후자이다.

이러한 인간관은 자기 의존으로 이해되는 자유에 대한 절망을 낳을 수 있다. 왜냐하면 본능적 자아의 한계 없는 '자유'는 혐오스럽지는 않다 하더라도 무가치하거나, 아니면 본능적인 것과 대립하는 것으로 정의되는 자아는 상대적으로 무력하기 때문이다.

그리고 '절망'은 키르케고르가 자신을 수용할 수 없는 자아의 이런 무능력을 표현하기 위해 『죽음에 이르는 병』에서 사용한 단어이다. 키르케고르는 이것을 탈출구로 삼는다. 말하자면 그는 이로부터 자기 의존으로서의 자유라는 전통 밖으로 나가고자 한다. 절망은 자기 자신을 "전체 관계를 구성하는 외부의 힘",[21) 즉 신과 연결시킴으로써만 극복될 수 있다.

그러나 자유의 긍정은 더 깊은 딜레마로 이끈다. 그리고 이런 문제를 가장 비타협적인 표현으로까지 밀고 간 사람이 니체였다. 자기 의존이라는 급진적 자유가 궁극적으로 공허하다면 그런 자유는 결국 허무주의로 끝나고 말 것이다. 즉 모든 '가치'의 거부를 통한 자기 확인만이 남게 될 것이다. 삶의 권위적 지평들은, 그것이 기독교적이든 휴머니즘적이든 간에, 의지의 족쇄로 드러난다. 힘에의 의지만이 남는다. 니체 작품의 힘과 영향은 그가 극단으로까지 몰고 간 이런 파괴적 운동에 대한 열광에서 나온다.

그러나 그는 또한 자기 규정적 인간의 권력 의지가 파괴적이라고 주장하는 것 같다. 인간은 순수하게 자기 의존적인 권력 의지로서, 차라투스트라의 말을 빌리면 '극복'되어야 한다. 니체는 인간의 의지와 세계의 과정 사이의 화해의 이념을 영원 회귀라는 형상 속에서 구현했다. 물론 그의 이 비전을 이해하기는 쉽지 않다. 그러나 이 이념은 순수한 자기 긍정은 난관에 이끌릴 수밖에 없으며, 그것은 어떤 측면에서 사물의 과정을 확인하는 것에 지나지 않는다는 것을 보여 주는 것 같다. "과거의 인간을 구하고 각각의 과거의 모습을 내가 원래 원하던 것으로 변화시키는 것, 이것을 나는 구원이라 부른다."[22)

---

21) Søren Kierkegaard, *Sickness unto Death*, Anchor Edition, Garden City, N.Y., Doubleday, 1954, p. 147.
22) Nietzsche, *Also Sprach Zaratustra*에서 '구원'을 다루는 2부.

따라서 근대 자유 개념은 두 측면에서 위협을 받는다. 한편으로 자유의 실현에 대한 절망이 있으며, 심지어 자유에의 열망이 인간 내부의 비합리적이고 근본적인 것에 직면하여 어떤 의미를 가질 수 있는지에 대한 회의도 있다. 다른 한편 자기 의존적 자유의 궁극적 공허함은 허무주의로 이끄는 것 같다. 따라서 지난 세기 대부분의 철학적 사유는 이 문제에 관여했다. 즉 자기 의존적 의지의 주체로서의 자아 개념을 어떻게 극복할 것인지, 우리를 둘러싸고 있는 우리 자신의 자연[본성]은 어떻게 처리할 것인지, 즉 자유를 어떻게 상황화할 것인지가 중요한 문제가 되었다.

　　이것은 자유로운 활동에 대한 다음과 같은 견해를 회복했다는 것을 의미한다. 즉 우리는 자연적 존재이자 사회적 존재라는 조건 때문에, 혹은 어떤 불가피한 소명이나 목적 때문에 어떤 상황을 우리의 것으로 가지고 있는데, 자유로운 활동이란 사실 바로 이런 상황에 대한 반응이었음을 알게 되었다는 것이다. 상황화된 다양한 자유 개념은 자유로운 활동이 우리가 규정하는 상황을 **수용**하는 것에 기초한다고 한다. 내적·외적 기원을 갖는 한계·억압·왜곡 등에 대항해서 자유롭고자 하는 투쟁은 이런 규정적 상황을 우리의 것으로 확고히 함으로써 힘을 얻는다. **이러한 사실**은 단순히 극복되어야 할 일련의 한계들로 간주될 수 없으며, 혹은 자유롭게 선택된 어떤 기획을 수행하기 위한 단순한 경우로 간주될 수 없다. 왜냐하면 그것은 상황이 자기 의존으로서의 자유관 내에 있을 수 있다는 것을 의미하기 때문이다.

　　상황화한 자유관을 찾으려는 이러한 시도에서 인간의 사유와 행태에 대한 환원론적 기계론은 아무런 도움이 되지 못한다. 기계론적 이론들은 자유로운 활동을 자연 안에 위치시켜 버린다. 왜냐하면 자유로운 활동은 자연 체계의 여러 가능한 산출물들 중 하나이기 때문이다. 그러나 이런 이론은 자유를 욕망의 한계 없는 충족으로 보는 정의로 되돌아가는 것이고, 그리고 우리가 본 것처럼 이러한 자유관은 부적절하다. 이러한 자유관은 [자유와 필연적 행위 사이의] 어떤 본질적 구별점을 제시하지 못한다. 우리의 본성에 뿌리박은 자유 개념, 하지만 우리 자신의 욕망이나 우리의 제한된 열망에 의해 좌절될 수 있는 그런 자유 개념은 좀더 분화된, 보다 다양한 수준을 다루는 인간의 동기 이론을 필요로 한다. 작용인만을 인정하는 이론이 이 일을 정당하게 다룰 것 같지는 않다. 우리는 우리의 상황 속에 지지하거나 거부할 수 있는, 혹은 재해석하거나 왜곡할 수 있는 그런 경향이 있음을 인정해야 한다. 이것은 우리가 일상적으로 욕망이라 부르는 것과 구별되어야 한다. 하지만 이러한 유의 경향이 우리의 욕망과 맺는 관계는 말할 것도 없고, 그 경향이 어떻게 기계론적 술어들로 설명될 수 있는지 인식하기 쉽지 않다.

환원론적 이론들은 자유와 본성[자연]의 관계 문제를 억누를 수 있다고 주장한다. 그러나 사실 이 이론들은 이 문제를 회피할 수 없다. 환원론적 이론은 인간 본성의 과학적 객체화가 과학의 주제임을 전제하는데, 설명의 참됨과 심오함에 대한 과학의 활동과 판단 그 자체는 환원론적 이론에서 설명될 수 없다. 환원론적 이론은 스스로를 객체화된 삶의 흐름의 외부에 천사와도 같이 머물러 있는 관찰자를 자처한다.

자유를 상황화하는 문제는 오늘날 보다 눈에 띄게 되었는데, 이러한 사실은 1절에서 언급한 대로 정치적·사회적 발전과 무관하지 않을 것이다. 근대 사회에는 자연의 착취와 사회의 조직이 개별자들의 이익을 위해 설계된 것처럼 보인다. 이 사회가 부드럽게 진행되어 갈 때 인간이 스스로를 자유롭게 선택된 욕망과 목적에 영향을 미치는 자율적 주체로 보는 상에 안주할 것이라는 사실은 너무나 당연하다. 과학적 관점에서 보자면 이들은 사실 충동에 의해 움직이는 자들이며, 이들의 행태는 결정론적 인과 체계의 일부일 뿐이다. 그러나 이 두 관점이 양립 가능할 수 없다고 하더라도 이 두 입장 중 어떤 것도 자유에 관한 혹은 자유와 자연의 관계에 관한 심각한 문제를 제기하지 않는다. 첫번째 관점은 자연을 객체화하고 자신의 자유를 당연한 것으로 여기는 주체의 관점이다. 그런데 이때 이 주체의 목표는 개별적 행복을 찾아 가는 거대한 생산적 활동에서 그가 특정한 역할을 담당한다는 요구 조건에 의해 제약된다. 두번째 관점에서 자유와 본성[자연]의 관계 문제는 우리가 방금 본 것처럼 처음부터 억눌린다. 자유는 우리 안에 있는 혹은 외부에 있는 자연에 의해 규정되는 욕망의 과정을 따른다. 그리고 이 욕망이 칸트적인 의미에서 자율적이지는 않다고 하더라도, 내가 나 자신을 나의 본성[자연]과 동일화하는 한 이 욕망이 나의 것이라는 사실은 너무나 분명하다.[23]

그러나 이 사회가 도전을 받고 그 평형 상태를 상실했을 때, 총체적 자유를 향한 보다 근본적인 표현주의적 열망이 광범위하게 유포될 때, 그리고 사회적 삶과 개인적 삶이 비합리적 힘에 희생되는 것으로 보일 때—그 이유는 사회적 메커니즘이 (예를 들어 억압으로 인해) '합리적' 규정에 따라 기능하지 않거나, 아니면 도구적으로 합리화된 협동적 행위의 근본적 틀을 위협하는 욕망이나 열망(예를 들어 쇼비니즘, 인종주의, 전쟁에

---

23) 우리는 동기와 만족에 대한 환원론적 기계론들을 수용하는 것과 우리 문명의 원자론적·공리주의적·조작적 경향 사이에 왜 특정한 연결점이 있는지를 볼 수 있다. 위에서 우리가 본 것처럼 이 이론들은 우리의 충동이나 열망을 통해 자유의 자기 좌절(self-thwarting)에 지적으로 대처할 수 없다. 따라서 환원론적 이론들은 이 문제가 두드러지지 않는 곳에서, 즉 인간이 사회를 통해 충족하고자 하는 욕망이 일반적으로 받아들여지고 자연발생적으로 작동하는 곳에서 잘 수용될 수 있는 것 같다. 이에 반해 표현주의적 사유는 루소 이래로 자유의 자기 좌절이라는 주제를 발전시켜 왔다.

의 열광 등)이 전면에 부각된 데에 있다——자율적 자아의 개념은 의문에 붙여지지 않을 수 없다. 절대적 자유의 요청은 자기 의존의 딜레마를 첨예한 형식으로 제기한다. 비합리적이고 파괴적인 열망이 새롭게 두드러지는데, 이로 인해 우리는 자율성의 이념을 의문에 붙이게 되고, 욕망에 명확한 속성이 있다는 생각이나 우리는 우리 안에서 욕망하는 자연과 명확히 일치한다는 생각에는 심대한 타격이 가해진다. 근대사의 과정은 쇼펜하우어의 전망을 우리에게 매우 익숙하고 그럴듯한 것으로 만들었다. 쇼펜하우어의 전망은 프로이트와 그 외 다른 사람들에 의해 계속 계승되어 우리에게 전승되었다.

현상학적 운동의 역사를 간략하게 살펴보면 철학에서 주체성을 상황에 두고자 하는 시도로 전향해 가는 모습을 명료하게 보여 준다. 에드문트 후설은 심리주의에 대항해서, 혹은 논리학을 심리학으로 환원하는 것에 대항해서 합리적 주체의 자율성을 방어하는 세기적 전환을 시도한다. 이때 그는 주체성의 구조들을 탐구하기 시작한다. 그는 1920년대 후반에도, 예컨대 『데카르트적 성찰』에서 어떤 의미에서 자신이 여전히 데카르트의 후예라고 생각한다. 그러나 그의 마지막 작품은 '생활 세계'를 다루는 것으로 전향하는데, 이것은 우리의 주체성이 자연적·육체적 존재인 우리의 상황에 끼워져 있다는 것을 밝히는 것이다. 이러한 사실은 그의 후예인 하이데거와 메를로-퐁티 등에 의해 부각되고 발전된다. 최종적으로 살아남은 것은 체현된 사유에 관한 통찰이다. 주체성에 대한 '순수한 기술 방법'으로서의 현상학은 무대에서 사라지고 만다.

영미 철학에서도 이와 유사한 발전 과정이 진행됨을 볼 수 있다. 영미 철학에서는 최근 수십 년간 사유·감정·의도 등과 이것들의 구체적 표현들 사이의 개념적 연관을 추적하는 작업이 점차 관심을 받고 있다.

그러나 20세기 철학의 가장 중요한 발전은 의미론과 언어철학에의 관심 집중이다. 나는 이것 역시 부분적으로 상황 속에 놓여 있는 주체성 개념을 정의하고자 하는 열망의 반영이며, 이 새로운 출발의 동기들 중 하나라고 생각한다.

물론 의식적·담론적 사유의 매개체인 언어는 다양한 의도 아래 철학에 의해 탐구될 수 있다. 그러나 의미 그 자체가 문젯거리가 되어 왔다는 것이 언어에 대한 20세기의 논의의 특징을 이룬다. 즉 언어에 대한 20세기의 논의는 다음의 질문에 집중되어 있다. 단어, 언어 혹은 기호가 의미 담지자인가?

주체로서의 우리의 행위, 예컨대 우리가 세계에 대해 지각하고 생각한다는 사실은 너무나 분명하여 문젯거리가 없어 보인다. 그리고 세계는 우리가 살아 있는 존재로서 행하고 느끼는 여타의 것과 관계를 맺는데, 이런 관계가 이상해 보이지 않는다. 그런 한에서 언어의 기능은 대상을 직접 지시하는 것처럼 보인다. 단어들은 사물을 지시하고, 우리는 단어들을 사용하여 사물에 대해 생각한다. 단어들은 세계 안에 있는, 혹은 사유 안에 있는 사물을 지시함으로써 의미를 가진다. 이러한 지시 관계가 아무런 문제가 없어 보인다는 것은 주체성에 관한 질문이 제기되지 않았다는 것, 그리고 사물들이 우리가 이름을 부여하고 분명하게 인식하는 객체로 현상한다는 사실에 관한 질문이 제기되지 않았다는 것을 보여 준다.

그러나 명료한 의식이라는 것이 더 이상 우리가 당연한 것으로 받아들일 수 있는 것이 아니라 오히려 하나의 성취물, 그것도 아주 특이한 성취물임을 알게 될 때 우리의 언어관은 변한다. 왜냐하면 이러한 성취물은 그 매개자인 언어를 통해서만 가능하기 때문이다. 따라서 언어는 우리가 사물을 지시하기 위해 사용하는 술어 덩어리로서 연구 대상이 되는 것이 아니다. 언어를 연구하기 위해 우선 지시하는 행위 자체, 사물들을 끄집어내서 말들로 고정시킬 수 있게 하는 명료한 의식의 영역이 있음을 인정해야 한다. 이러한 관점에서 의미는 단순히 각 단어에 개별적으로 관련되는 속성이 아니라, 어떤 의미에서 개별 술어들보다 앞서는 전체로서의 담론 활동과 관련이 있다.

언어를 일단 말을 통해 도달하게 되는 어떤 의식 양태의 매개자로 간주하고 나면 언어가 다른 인식 양태와 맺는 관계, 그리고 삶의 다른 기능이나 활동과 맺는 관계는 어떠한지에 대해 수많은 질문들이 쏟아진다. 간단히 말해 언어가 '삶에서 어떤 자리를 차지하는지' 질문이 제기된다. 이 경우 언어의 주된 활동이 사물을 지시하고 서술하는 것이라는 생각, 그리고 다른 모든 활동을 설명할 수 있기 위해서는 범례적인 이 언어 활동과 연관되어야 한다는 생각은 더 이상 당연한 것으로 여겨지지 않는다. 반대로 예컨대 어떤 힘을 일으키는 것, 의례를 수행하는 것, 어떤 사태를 불러일으키는 것, 우리의 비전을 분명히 하는 것, 의사소통의 영역을 확립하는 것 등 수행되기 위해 언어적 의식을 요구하는 활동들도 언어 활동보다 더 근원적이지는 않지만 적어도 동등한 근원을 갖는다고 할 수 있다. 즉 우리가 어떤 술어나 표현을 이러한 활동의 맥락에서 발생한 것으로 이해할 경우에만 그 술어나 표현의 의미들이 분명해질 수 있다. 이 경우에 의미는 언어를 우리의 관심사, 우리의 실천과 활동 등의 매트릭스에서 상황화함으로써만, 간단히 말하자면 언어를 우리의 '삶의 형식'과 연관시킴으로써만 명료해질 수 있다.

그리고 만약 언어적 의식이 덜 명료한 의식 양태들로부터 도달한 성취물이라면, 더 나아가 우리가 언어와 상징을 통해 수행하는 활동들이 다양하다면, 단어나 기호로 체현될 수 있는 세계 인식에는 다양한 유형과 수준들이 있게 된다. 어떤 문화든지 문화 안에 거주한 사람들은 수많은 그런 수준들 속에서, 예를 들어 예술, 대화, 제의 의식, 자기 현시, 과학 연구 등에서 살아갈 것이다. 그리고 역사를 관통해 가면서 새로운 개념화[세계관]와 새로운 인식 양태가 출현한다. 이는 아마도 특정한 수준의 우리의 사유가 다른 수준들과의 연관에 의해서만 이해될 수 있음을 의미할 것이다. 특히 우리의 '보다 고차적'이고 보다 명료한 인식은 언제나 함축적이고 반성되지 않은 배경에 의존하고 있다고 말할 수 있다.

우리는 여기서 현대 철학의 몇몇 주제를 쉽게 인지할 수 있다. 후기 비트겐슈타인은 즉물적 정의[24]가 제기하는 문제를 다루는 가운데 개별 단어들보다 언어[체계]가 앞선다는 공동의 논증의 장을 만들었다. 그리고 그는 의미의 해명이 결국 어떻게 삶의 형식을 지시하는 것으로 끝날 수밖에 없는지를 보여 준다. 폴라니는 우리의 명료한 사유를 하나의 성과물로 그려 주는데, 이 사유는 언제나 함축적이고 부수적인 인식의 지평에 둘러싸여 있다고 한다. 하이데거는 언어적 의식을 '탈은폐'하는 것, 즉 사물들이 현상하게 하는 인식의 장을 창조하는 것이라고 말하며, 사물들에 대한 우리의 의식을 우리의 '관심'에 의해 형성된 것이라고 말한다. 보다 최근에 '구조주의' 사상가들은 언어[체계]를 세계에 대한 어떤 인식을 체현하고 있는 '격자'틀로 탐구했다.

언어적 사유에 대한 이러한 이해 방식들은 이 사유를 '자연' 속에, 즉

24) 즉물적 정의(ostensive definition)는 예들을 직접 보여 줌으로써 개념의 의미를 제시하는 것을 말한다. 이러한 유형의 정의는 그 개념을 말로 정의하기 어려울 때 자주 사용된다. 예컨대 사과, 붉은 신호등, 장미 등을 보여 줌으로써 '붉음'을 정의하는 것은 즉물적 정의를 하는 것이다. 즉물적 정의는 질문 제기자가 소여된 것의 정보 유형을 충분히 이해할 수 있다는 전제하에 이뤄진다.─옮긴이

체현된 사회적 존재로서의 인간의 삶에 위치시킨다. 이러한 이해 방식은 기계론적 인과론을 통해 언어와 의미를 환원론적으로 설명하는 행동주의나 심리주의를 피한다. 왜냐하면 환원론적 설명은 상이한 인식 양태들을 분명하게 서술할 수 없다고 함으로써 그 양태들 사이의 모든 구별을 억제하기 때문이다. 그리고 이러한 언어적 사유 방식들은 환원론적·기계론적 이론과 체현되지 않은 사유로서의 주체라는 '천사적' 개념틀 사이에서 선택해야 한다는 압박에서도 벗어나게 한다. 이러한 언어적 사유 방식들은 상황 속에 위치하는 주체라는 견해를 개시한다. 물론 이것은 폴라니, 하이데거, 메를로-퐁티 그리고 다른 대륙 철학자들의 철학적 의도의 일부일 뿐이다. 그러나 영미 세계에서도 역시 이런 연관성이 전면에 부각된다. 왜냐하면 행위와 감정이라는 주제들을 체현된 행위자에 귀속하는 것으로 탐구하는 현대의 철학자들이 비트겐슈타인의 후기 작품들에서 대단히 큰 영향을 받았기 때문이다.

헤겔의 철학은 오늘날 철학의 이런 전회와 어떤 연관이 있는가? 우리가 본 것처럼 헤겔 철학에 근본적인 것은 체현의 원리였다. 주체성은 필연적으로 삶 속에서, 자연 속에서, 사회적 실천과 제도 속에서 상황화되었다. 우리가 5부에서 살펴본 것처럼, 헤겔은 언어와 상징을 인식의 매개체로 보았다.[25] 그리고 그는 예술·종교·철학이라는 다양한 단계들에서 상이한 수준에 상응하는 상이한 매개체들을 보았다.

어떤 의미에서 헤겔은 오늘날의 이런 언어 이해 방식을 이끌어 갔던 발전 노선에 서 있다. 근대 사유에서 그 원래의 출발점은 헤르더일 것이다.

---

25) 언어를 기호들의 덩어리보다는 인식의 체현으로 보는 이런 견해는 특히 *PbG*, 496에 잘 나타난다. "……언어, 직접적으로 자기 의식적 실존인 현존재."

그는 위에서 기술한 양식으로 근본적 변화를 이끌었다. 그는 더 이상 지시 관계를 당연한 것으로 여기지 않았다. 언어 지시 관계 이론에 따르면 특정한 기호들은 특정한 대상들과 연합하며,[26] 인간의 언어적 의식에는 우리가 아직 적절하게 이해하지 못하는 뛰어난 인간의 능력으로서 기호들이 있다는 사실에 초점을 맞춘다. 헤르더에 따르면 언어[체계]는 더 이상 기호들의 덩어리가 아니라 이러한 의식의 매개자이다. 1장에서 언급한 것처럼, 콩디야크와 이미 확립된 언어 이론에 대한 헤르더의 반응은 후기 비트겐슈타인의 이론에 특정한 지점에서 어떤 영향을 미친다. 언어를 특정한 의식을 표현하는 활동으로 봄으로써 헤르더는 언어를 주체의 삶의 형식 속에 상황화하며, 따라서 언어를 하나의 표현으로서 언어 공동체에만 특이하게 나타나는 것으로 보는 언어관을 발전시킨다.

이러한 통찰은 낭만주의 시기에 표현주의적 사유의 흐름에서 영향을 받은 사상가들, 예컨대 훔볼트에 의해 발전했다. 그러나 이런 흐름은 19세기 후반에 일시 중단되었던 것 같다. 이 시기는 낭만주의의 통찰이 확장된 기계론적 과학에 다시 편입되던 때이다. 의미에 관한 관심과 이와 연관된 어려운 문제는 세기말에 다시 주제화되었다. 딜타이와 더불어 시작된 이 운동은 인간에 관한 과학은 '이해'를 목표로 한다는 새로운 성찰을 제시했다. 그리고 이러한 생각은 의미 개념에 대한 프로이트의 혁명적 확장의 불가피한 부산물이었고, 물리학의 새로운 발전 및 마흐와 그의 빈의 후계자들에 의해 탐구된 인식론적 문제 제기의 영향이었다.

헤겔은 과거 이론의 점진적 몰락에 영향을 미친 이러한 노선에 위치한다고 할 수 있다. 비록 그가 어떤 의미에서 이 노선과 거리를 두기도 하

---

26) 이 책 1장을 보라.

지만, 그 세기 후반부의 공백에 어느 정도 책임감을 간직한 것 같다. 우리는 그 이유에 대해 17장에서 검토한 바 있다. 당대 철학에 다시 등장한 언어에 대한 헤르더적 접근 방법은 언어 행위를 우리가 사물에 대해 명료한 자기 인지적 의식을 얻게 되는 활동으로 간주한다. 이때 이 의식 그 자체는 언제나 이 의식에 앞서는 무반성적 경험, 이 의식이 밝게 드러내고 따라서 변형하는 그런 무반성적 경험과 관련을 맺고 있다. 이것이 바로 내가 17장에서 '탈은폐'라고 불렀던 언어의 차원이다. 다른 한편 언어를 기호들의 집합으로, 그리고 언어의 가장 중요한 기능을 지시의 기능으로 보는 언어상은 또 다른 차원인 서술의 차원을 언어의 가장 중요한, 실제로 유일하게 의미 있는 차원으로 삼는다.

그런데 헤겔은 의심의 여지 없이 첫번째 군에 속한다. 그는 예술, 종교, 담론적 사유 등이 절대자 인식을 표현하는 서로 다른 언어라고 생각한다. 절대자는 처음에는 (예술에서) 결코 서술적이지 않다. 혹은 서술적이지만은 않다. 왜냐하면 종교에서의 계시와 철학이 절대자의 **실현**을 보충하며, 절대자를 단순히 **그리지**는 않기 때문이다. 그럼에도 불구하고, 절대자는 궁극적으로 개념적 진술에서 완벽하고 분절적 명료함에 이르게 된다는 그의 주장은 결과적으로 서술적 차원에 우선성을 부여하는 것이다. 우리의 명료한 의식은 더 이상 함축적이고 반성되지 않은 삶과 경험의 차원에 의해 둘러싸이지 않는다. 왜냐하면 그런 차원이 삶을 신실하게 드러내고자 하지만, 삶은 그 차원에서 결코 완벽하고 적합하게, 그리고 단언적으로 파악될 수 없기 때문이다. 헤겔의 종합에서 처음의 불분명한 의식은 개념적 필연성의 연쇄의 부분이 된다. 불명료하고 불명확한 것은, 외부의 사물과 우연적인 것이 그러하듯, 필연적 실존을 가지는 것으로 드러난다. 대충의 것, 그리고 불완전하게 형성된 것은 정확하고 명료한 개념들로 이끌려 들어간다.

개념적 명료함의 이런 궁극적 승리는 물론 헤겔의 존재론에 기인한다. 그의 존재론에 따르면 우리는 모든 것의 토대에서 궁극적으로 이념, 즉 개념적 필연성을 발견할 수 있다고 한다. 개념적 사유는 그 토대들이 단언적으로[즉 명료하고 분명하게] 확인될 수 없는 실재들을 재현하고자 하지 않으며, 보다 심층적인 본능이나 열망이 완벽하게 헤아려질 수 없는 주체의 사유도 아니다. 반대로 주체는 자기 자신의 심연에서처럼 실재의 뿌리에서 명료한 개념적 필연성을 발견한다.

그러나 이 존재론이 일단 빛이 바래고 나면 서술적인 개념적 사유가 전권을 가지게 되고 궁극적으로 이 사유만으로도 자족적이라는 생각이 남게 된다. 즉 개념적 사유는 결국 [예술이나 종교에서 나타나는 것과 같은] 함축적 이해라는 배경에 의지할 필요가 없다. 이런 점에서 헤겔은 근대 주체성의 전통에서 서술적 탈은폐의 실존을 아무런 문제가 없는 것으로 받아들이는 사람들과 동맹하고 있는 것으로 보인다. 왜냐하면 이들은 서술적 차원만이 과학적 혹은 정보 제공적 담론에 의의를 가질 수 있다고 주장하며, 그런 분명한 사유가 무반성적 경험과 갖는 관계는 의미와 아무런 관련이 없고 (기계론적이고 객체화하는) 심리학의 한 문제일 뿐이라고 주장하기 때문이다. 그러나 언어적 의식을 무반성적 삶의 구조와 연관시키고자 하는 사람들은——헤겔의 논리-존재론이 철폐되고 난 후——명료한 사유의 뿌리에 결코 완벽하게 탐구될 수 없는 상황의 함축적 의미가 필연적으로 놓여 있다고 한다.

다른 말로 하면 계몽의 결과에 반대하면서 등장한, 헤르더에 의해 시작된 새로운 노선은 우리의 언어적 의식이 보다 심층에 있는 무반성적 수준의 경험과 관계를 맺고 있다는 문제를 개시한다. 정신의 완벽한 자기 명료화를 주장하는 헤겔은 이 문제가 결정적으로 해결된 것으로 여긴다. 그러나 그의 해결책이 빛을 잃을 경우 개념적 사유에 대한 그의 지나친 주장들은 오늘날 그를 헤르더의 상속인으로 더 이상 여기지 않게 만든다. 헤르더에 따르면 우리의 상황에 대한 무반성적 경험은 완벽하게 설명될 수 없다. 개념적 사유를 지나치게 강조할 경우 헤겔은 이러한 문제가 결코 제시될 필요가 없다고 하는 사람들에게 가까이 다가가 있는 듯이 보인다.

4

헤겔은 헤르더에서 이어지는 이 전통에 본질적으로 귀속되면서도 동시에 거리를 두고 있다. 이런 이중의 관계는 근대 철학과의 그의 연관성을 잘 보여 준다. 내가 처음에 말한 것처럼 그의 결론은 이미 의미 없게 되어 버렸지만, 그의 철학적 반성의 과정은 매우 중요한 요점을 보여 준다. 우리는 그 이유를 이제 좀더 분명히 볼 수 있다.

헤겔의 철학은 근대 자유 개념의 발전에서 중요한 진전이다. 그는 총체적 자기 창조라는 자유관을 발전시키는 데 도움을 주었다. 물론 총체적 자기 창조는 그의 철학에서 오로지 우주적 정신에만 해당하는 것이다. 하지만 자기 의존으로서의 자유 개념을 궁극적 딜레마로까지 밀고 가기 위해서는 그 개념을 인간에게 전가하기만 하면 된다. 따라서 그는 근대 자유 개념을 둘러싼 갈등의 증폭에서 중요한 부분을 담당한다. 왜냐하면 절대적 자유는 맑스와 그의 후계자들을 통해(이들이 헤겔에게 빚지고 있다는 것은 말할 필요도 없다) 정치적 삶과 열망에 유래가 없는 영향을 미쳤기 때문이다. 그리고 니체는 이런 사유의 허무주의적 결론을 이끌어 내는데, 그의 사유의 자원들 중 하나는 1840년대 청년 헤겔주의 운동이었다.

동시에 헤겔은 자기 의존으로서의 자유 개념에 대한 심대한 비판가들 중 한 사람이었다. 그는 그런 자유의 공허함과 잠재적 파괴성을 놀랄 만한 통찰력과 혜안으로 보여 주었다. 그는 역설적으로 이런 근대적 교설을 가장 극단적으로 표현하면서 동시에 우리도 빠져나가지 못하는 이 교설의 딜레마를 볼 수 있도록 도움을 주었다.

그런데 우리 시대에는 이런 딜레마를 넘어서서 주체를 객체화하는 자연의 기능으로 환원하지 않고 오히려 주체를 우리의 삶과 연관시켜 상황화하고, 주체를 체현된 것으로, 사회적 존재로 보고자 하는 시도가 있는데, 이런 시도는 무엇보다도 헤겔에게 빚지고 있다. 어떤 의미에서 상황화된 주체에 대한 근대의 추구는 급진적 자율과 자연과의 완벽한 표현적 통일을 결합하고자 한 낭만주의 시기의 주된 열망을 상속하는 것인데, 헤겔은 자신이 이 문제에 대해 결정적인 답을 제시했다고 생각했다.[27] 자연은

---

27) 따라서 하이데거 사유의 심오한 동기들 중 하나는 지배와 객체화라는 자연에 적대적인 태도를 극복하는 것이다. 그는 그런 태도가 우리의 형이상학적 전통과 그 곁가지들, 예컨대 기술 문명에 함축적으로 포함되어 있다고 생각했다. 그리고 그는 최고의 인식이 '사물의 진행대로 두는'(Den Dingen ihrer Lauf Lassen) 방식, 즉 탈은폐의 방식을 제시(혹은 복원)한다. 하이데거는 헤겔의 친구인 횔덜린에게서 자신의 입장의 예비적인 모습을 보았다. 횔덜린은 아마도 낭만주의 세대의 가장 위대한 시인에 속할 것이다(이에 대해서는 각주 28을 보라).
이러한 관점에서 하이데거가 헤겔에게 중요한 위치를 할당하는 것은 놀랄 일이 아니다. 그는 헤겔이 형이상학의 전통에서 정점에 서 있다고 말한다. 그러나 그는 하이데거가 반대하는 패러다임 그 이상이다. 명백히 그는 헤겔에게서 많은 것을 이끌어 왔다. 그리고 아마 가장 눈에 띄는 것은 진정한 의식 개념을 망각이나 실수로부터의 복귀로 보았다는 사실일 것이다(이에 대해서는 『정신현상학』 「서론」을 다루는 Heidegger, "Hegels Begriff der Erfahrung", *Holzwege*, Frankfurt: Vittorio Klostermann, 1950을 보라). 따라서 그의 실질적인 철학적 주장은 헤겔의 주장이 그러하듯 철학사 독해와 밀접하게 연관되어 있다. 그러나 하이데거의 독해는 헤겔의 독해와는 체계적인 관점에서 아주 다르다. 왜냐하면 그는 주체성의 완전한 자기 명료화에서 정점에 이른다는 헤겔의 주장을 거부하기 때문이다. 그는 이런 주장에서 오히려 전통적 사유의 한 극단을 본다. 그것은 객체화라는 형이상학적 입장의 최고의 표현이라는 것이다.

우리에게 그 시대에 이해된 자연, 즉 정신적 힘들의 표현일 수 없기 때문에 그 시대의 종합은 오늘날 우리에게 더 이상 유효하지 않다.

그러나 그 세대의 관심을 끈 문제, 그들이 화해시키고자 한 대립은 우리 시대에 다른 형식들로 계속된다. 그 문제는 근대 문명에서 불가피하게 나오는 것으로 보인다. 근대 문명은 계몽의 상속자로서 표현주의적 저항을 꾸준히 불러일으켰을 뿐 아니라 동시에 절대적 자유에 대한 요청도 제기했다. 이러한 요청은 긴요하게 제기되었는데, 이런 긴요함은 상황적 주체에 대한 탐구를 더 활기차게 만들었다. 그리고 그 욕구는 오늘날 공공 의식 속에 급진적으로 확산되어 가는 생태 위기의 영향 아래 아주 중대한 문제로 성장했다. 우리가 여전히 자유와 자연을 화해시키고자 한다는 사실은 낭만주의 시기의 문제 의식이 여전히 우리에게 살아 있음을 보인다. 낭만주의가 가끔 환상적인 방식으로 출현하기는 하지만 그 가르침들은 우리 시대에도 여전히 우리의 시선을 붙잡는다.[28]

그리고 상황적 주체에 대한 탐구가 철학적 형태를 취하는 한 헤겔의

---

28) 결과적으로 낭만주의 세대의 일원들 중 가장 중요한 인물은 횔덜린일 것이다. 그는 헤겔의 친구이자 튀빙겐 대학 학급 동료였다. 횔덜린은 자연과의 통일, 명료하게 자기 규정을 간직한 통일을 추구했다. 그리고 그의 신들은 인간 주체성 안에서만 신이 되었다. 그러나 그 신들은 절대 정신의 토대에 의존하지는 않았다. 오히려 그 신들은 인간의 시와 노래의 힘을 통해 원시적 혼돈의 상태에 있는 요소들로부터 이끌려 나와 척도와 질서의 빛으로 나아갔다.
따라서 횔덜린은 자연을 진작시키는 데서, 그리고 자연을 어떤 의미에서 자유의 빛으로 가져오는 데서 인간 자유의 최고의 표현을 보는 그런 전망을 개시하였다. 그러나 이 자연은 정신의 유출이지 않고 유출일 수도 없다. 자연은 고갈될 수 없고, 근거를 모두 드러낼 수 있는 것이 아니며, 자신에게 빛을 비추는 창조적 활동에 언제나 열려 있다.
횔덜린의 입장은 해석하기 쉽지 않다. 어떤 경우에도 그의 입장은 철학적으로 일의적으로 접근될 수 없다. 그리고 누군가는 그의 사유가 성숙해지기 전에 광기가 그를 덮쳤다고 생각하기도 한다. 헤겔만이 이들이 튀빙겐과 프랑크푸르트에서 공유한 생각과 통찰에 결정적인 형태를 부여했다. 그러나 헤겔 세대의 임무를 요약하고 싶은 사람들에게는 아주 이른 시기에 침묵에 빠진 그의 친구는 보다 확실한 길을 제시해 줄 것이다.

사유는 반드시 거론되어야 한다. 왜냐하면 그의 존재론적 비전이 우리의 비전과 다르다 하더라도——사실 우리가 오늘날 받아들이는 문제들을 그의 존재론은 부정하는 것 같다——삶의 흐름에서 출현하는, 사회적 실존의 형식으로 표현되는, 그리고 그런 실존의 형식을 자연과 역사의 관계에서 드러내는 체현된 주체상, 체현된 사유와 자유의 상을 얻고자 할 때 헤겔의 글들은 가장 심오하고 설득력 있는 시도들 중 하나일 것이기 때문이다. 만약 자유를 상황화하려는 철학적 시도가 특정한 인간 개념, 즉 자유로운 행위를 어떤 것에 대한 우리의 반응으로 여기는 그런 인간 개념——혹은 자유로운 행위를 자연으로부터, 혹은 자연을 넘어선 곳에 있는 신으로부터 우리에게 다가온 부름에 대한 응답으로 여기는 그런 인간 개념(이에 대해서는 오늘날도 논쟁이 끊이지 않는다)——을 얻는 데 그 본질이 있다면, 우리는 언제나 체현된 정신에 대한 끈질기고 정열적인 숙고를 수행한 헤겔에 의존하지 않을 수 없을 것이다.

헤겔의 생애

게오르크 빌헬름 프리드리히 헤겔(Georg Wilhelm Friedrich Hegel)은 1770년 8월 27일 슈투트가르트에서 뷔르템베르크 공국 공무원의 아들로 태어났다. 그는 세 자녀 중 장남이었다. 그의 바로 아래 누이동생은 크리스티아네(Christiane)로, 일생 동안 아주 가깝게 지냈다. 그리고 그의 남동생 루트비히(Ludwig)는 군대의 장교였다. 어머니는 1784년 그가 십대일 때 사망했다.

헤겔은 슈투트가르트에서 초등학교를 다녔고, 1780년부터 김나지움(Gymnasium)을 다녔다. 그는 성실한 학생이었고 고전 공부에 많은 투자를 했다. 그는 학급에서 수석으로 졸업했다.

1788년 튀빙겐 대학의 신학부(Tübinger Stiftung)에 입학했다. 이곳에서 젊은 학생들은 대개 정부나 교회에서 봉사하는 일 혹은 가르치는 일을 준비했다. 헤겔은 공국의 장학생으로 신학부를 다녔다. 그는 철학과 신학을 공부했다. 그가 '민중 종교'(Volksreligion)의 이념을 발전시킨 곳이 바로 여기였다. 그는 이 신학부에서 셸링, 횔덜린 등과 친분을 쌓았다.

1793년 이 학교를 졸업한 후 그는 베른에 있는 한 귀족 집안의 가정교사로 취직했다. 이것은 대학을 졸업한 학생들의 일반적인 과정에 속한다.

(칸트나 피히테를 포함하여) 유명한 대학의 많은 선생들이 자신들의 첫 경력을 이러한 방식으로 시작했다. 베른에서 헤겔은 읽고 생각하는 일을 계속했지만, 왠지 동떨어져 있다는 느낌으로 살았다. 그래서 그는 1797년 초에 횔더린이 자기를 위해 마련해 준 프랑크푸르트의 한 가정의 가정교사로 자리를 옮겼다.

그다음 몇 년간 그는 활기찬 프랑크푸르트에서 횔덜린과 다른 친구들과의 교우 관계를 유지하며 보냈다. 1799년 아버지가 죽으면서 상당한 재산을 남겼다. 이 재산을 손에 쥔 그는 대학에서 직업을 가져야겠다고 생각하기 시작했다. 이때쯤 그는 철학이 자신이 추구하는 화해의 필수적 매체임을 자각하기 시작한다. 그는 셸링에게 다가갔고, 셸링은 1801년 헤겔이 예나에 정착하도록 도움을 주었다.

예나 대학은 1790년대 독일에서 가장 흥미로운 대학이었다. 실러, 피히테, 슐레겔 형제 등이 이때 이 대학에 있었다. 헤겔이 이 도시에 왔을 때는 이런 지적 분위기가 막 쇠퇴하고 있었다. 피히테는 1799년 이 대학을 떠났고, 셸링도 1803년 떠나야 했다. 그러나 헤겔은 예나 시기에 자신의 철학체계의 토대들을 작업해 낼 수 있었고, 몇몇 작은 출판물들로 인해 철학계에 자신의 이름을 알리게 되었다.

헤겔은 처음에 사강사(Privatdozent)가 되었는데, 이 직분은 공식적봉급 없이 학생들의 수업료에 의해 봉급을 받는 자리였다. 이 시기의 강의에서 그는 나중에 논리학과 정치철학으로 발전해 가는 것의 초기 버전을 선보였다. 처음에는 다소 셸링의 영향 아래 있었지만, 나중에는 점점 더 독자적인 모습을 보여 준다. 예나 초기에 헤겔은 『피히테와 셸링 철학 체계의 차이』와 (칸트, 피히테, 야코비를 비판한) 「신앙과 지식」, 그리고 다른 많은 논문을 발표했다.

1805년 그는 예나 대학의 비정규 교수로 임명된다. 그리고 그는 자기 체계의 중요한 부분을 작업하기 시작한다. 그 첫 부분이 『정신현상학』이 되었다. 그러나 1806년 10월, 그의 삶은 예상외의 방해를 받았다. 나폴레옹이 예나 전투 후에 시를 장악했고, 헤겔은 『정신현상학』 수고의 후반부를 들고서 임시 숙소를 떠나야 했다. 자신의 삶에서 가장 격동의 시기였던 이때, 1807년 2월 5일 헤겔은 집주인의 부인과의 사이에서 루트비히라는 세례명의 아들을 낳았다.

헤겔은 이제 다시 직업을 찾기 시작했다. 그리고 그의 유산은 바닥이 났다. 『정신현상학』이 1807년 나왔을 때 명성이 올라가기 시작했지만, 이 혼란의 시기에 대학에서 임명될 희망은 거의 없었다. 헤겔의 친구인 니트함머(Friedrich Immanuel Niethammer)는 『밤베르크 신문』(*Bamberger Zeitung*)의 편집 일을 소개해 주었다. 헤겔은 그 기회를 놓치지 않았다. 그는 신문 편집을 어느 정도 즐겼지만, 그것이 그의 일은 아니었다. 그래서 다음 해에 니트함머가 뉘른베르크 김나지움의 교장으로, 그리고 그곳의 철학 교수로 자리를 마련해 주었을 때 기뻐했다.

자존심의 문제와는 상관없이 김나지움에서 재정 상황은 아주 나쁘지는 않았지만 빠듯했으며, 그의 봉급은 때때로 늦게 지불되었다. 그러나 철학을 가르치는 것은, 비록 고등학교 학생들에게 가르치는 것이었지만, 확실히 그가 자신의 사유에 집중하도록 도움을 줬다. 뉘른베르크 시기(1808~1816)는 그에게 매우 생산적이었다. 『대논리학』(1812~1816)이 바로 이 시기에 쓰였다.

그의 삶은 이제 상당히 안정되었다. 그의 철학적 작업은 성숙해져 갔다. 그는 계속하여 대학에서 매력적인 기회가 오기를 기다렸다. 41세가 되던 해인 1811년에 그는 결혼했다. 그의 부인은 뉘른베르크 상원의원의 딸인 20세의 마리 폰 투허(Marie von Tucher)였다. 그들은 두 아들, 칼(Karl)과 임마누엘(Immanuel)을 두었으며, 다른 아들인 루트비히를 집으로 불러들였다.

1816년에 헤겔은 마침내 과거에 고대했던 하이델베르크 대학 철학과로부터 교수직을 제안받았다. 동시에 1814년 피히테가 죽은 이후 베를린 대학의 교수 자리가 비어 있다는 사실도 알게 되었다. 베를린 대학의 교수직은 훨씬 더 위신도 높고 매력적인 자리였다. 그러나 헤겔은 확실한 것을 선택하고서 하이델베르크로 갔다. 헤겔은 다시 대학에서 강의에 헌신했다. 하이델베르크에서 살던 첫 해에 그는 자신의 전체 체계를 보여 주는 『엔치클로페디』를 준비하기 시작하며, 이를 1817년에 출판한다.

그러나 베를린 대학의 교수 자리는 계속 비어 있었고, 독일에서 헤겔의 명성은 커져 갔다. 프로이센의 교육부 장관인 알텐슈타인(Karl vom Stein zum Altenstein)은 헤겔에게 교수직 수락을 강력히 제안했고, 헤겔은 이를 받아들였다. 1818년 그는 베를린 대학 교수가 되었으며, 죽을 때까지 베를린에서 살았다.

베를린에서 헤겔은 명예를 얻었다. 베를린은 독일 연방의 가장 강력한 두 강대국(프로이센과 오스트리아 공국) 중 한 곳의 수도였다. 이곳에서 영향력이 있는 것은 다른 곳에 곧바로 퍼졌다. 헤겔은 영향력이 있었다. 그는 빠른 속도로 독일 철학의 가장 중요한 인물로 성장했으며, 그의 사유는 연관된 다른 분야, 예컨대 법학·정치학·신학·미학·역사학 등으로 확산되었다. 많은 사람이 그의 강의를 들으러 왔으며, 많은 수의 제자가 생겨났다. 헤겔의 사유는 1820년대와 1830년대, 대략 20여 년간 독일 철학을 지배했다. 그런데 그는 최고의 순간이 끝난 다음이 아니라 한창 최고일 때 죽었다.

베를린 시기에 헤겔은 『법철학』을 썼고(1821년 출간), 사후에 출판되는 많은 강의를 수행했다. 거기에는 역사철학, 미학, 종교철학 그리고 철학사가 포함되어 있다.

1829년, 그의 명성이 한창일 때 헤겔은 베를린 대학의 총장으로 선출되었다. 하지만 1831년 11월 14일 그 당시 유행한 콜레라로 예기치 않게 숨을 거뒀다. 하지만 몇 년 전부터 그에게 고통을 주었던 위염이 영향을 미쳤을 수도 있다. 그는 피히테 바로 옆자리에 묻혔으며, 학생들, 동료들, 그리고 제자들로 이루어진 긴 행렬이 그의 마지막 길을 동행했다.

참고문헌

1. 헤겔의 저작

Sämtliche Werke, Jubiläumsausgabe in XX Bänden, Hrsg. Hermann Glockner, Stuttgart: Frommann, 1927~1930.

Hegels theologische Jugendschriften, Hrsg. Herman Nohl, Tübingen: J. C. B. Mohr, 1907. 1790년대 헤겔의 미간행 수고들의 모음집. (일부분의) 영어 번역은 *Early Theological Writings*, ed. Thomas M. Knox, Chicago: University of Chicago Press, 1948. [『청년헤겔의 신학론집』, 정대성 옮김, 인간사랑, 2005.]

Differenz des Fichteschen und Schellingschen Systems der philosophie, Hrsg. Georg Lasson, Leipzig: F. Meiner, 1928. 1801년 예나에서 『철학 비평지』에 실린 그의 최초 출판물. [『피히테와 셸링의 철학체계의 차이』, 임석진 옮김, 지식산업사 1989.]

Glauben und Wissen, Hrsg. Georg Lasson, Leipzig: F. Meiner, 1928. 1802~1803년 셸링과 함께 편집한 『철학 비평지』에 실린 글로서, 칸트, 야코비, 피히테에 대한 비판을 담고 있음.

Schriften zur Politik und Rechtsphilosophie, Hrsg. Georg Lasson, Leipzig: F. Meiner, 1923. 「독일 체제론」, 「영국 개혁 법안」 등 그 시대 정치 상황에 대한 헤겔의 많은 단상을 담고 있음. 또한 출판되지 않은 두 개의 중요한 다른 작품, 즉 「자연법의 학적 취급 방식에 대하여」와 『인륜성의 체계』도 포함. 영어 번역은 *Political Writings*, trans. Thomas. M. Knox, with introduction by Zbigniew A. Pełczyński, Oxford: Clarendon Press, 1964. [『자연법』, 김준수 옮김, 한길사, 2004; 『인륜성의 체계』, 김준수 옮김, 울력, 2007.]

Jenenser Realphilosophie, I, Hrsg. Johannes Hoffmeister, Leipzig: F. Meiner, 1932. 1803~1804년 예나 대학에서의 강의 노트 모음집.

Jenenser Realphilosophie, II, Hrsg. Johannes Hoffmeister, Leipzig: F. Meiner,

1931(*Jenaer Realphilosophie*, Hamburg: F. Meiner, 1967로 재출간). 1805~1806
년 예나 대학에서의 강의 노트 모음집. [이 강의록의 일부: 『예나 체계기획 III: 자연철
학과 정신철학』, 서정혁 옮김, 아카넷, 2012.]

Phänomenologie des Geistes, eds. Georg Lasson & Johannes Hoffmeister,
Hamburg: F. Meiner, 1952. 예나 시기 말년인 1807년에 쓴 책. 영어 번역은 *The
Phenomenology of Mind*, trans. James B. Baillie, London: Allen and Unwin,
1931. [『정신현상학』 전 2권, 임석진 옮김, 한길사, 2005.]
또 다른 번역을 Kenley R. Dove가 작업 중이다. 그가 번역한 「서론」이 Martin
Heidegger, *Hegel's Concept of Experience*, New York: Harper & Row, 1970에
들어 있다.
매우 중요한 『정신현상학』 「서설」을 Walter Kaufmann이 번역한 것이 그의 *Hegel:
Texts and Commentary*, New York: Anchor Books, 1966에 들어 있다.

Nürnberger Schriften, Hrsg. J. Hoffmeister, Leipzig, 1938. 여기에 뉘른베르크 시기의
『철학적 예비학』(*Philosophical Propaedeutic*)이 포함되어 있다.

Wissenschaft der Logik, Hrsg. G. Lasson, Hamburg, 1963. 1812~1816년에 뉘른베르
크에서 출판됨. 1권은 헤겔 사망 전에 개정됨. 종종 『대논리학』이라 불림. 영어 번역
은 *Hegel's Science of Logic*, trans. W. H. Johnston and L. G. Struthers, London,
1929; *Hegel's Science of Logic*, trans. A. V. Miller, london, 1969. [『대논리학』 전 3권,
임석진 옮김, 지학사, 1982~1983.]

Encyclopädie der philosophischen Wissenschaften im Grundrisse, Published as
System der Philosophie in Sämtliche Werke, vols. VIII, IX and X, edited by H.
Glockner, Stuttgart, 1927~1930. 초판은 1817년 하이델베르크에서 출판되었고, 2
판은 1827~1830년 사이 저자에 의해 준비됨. 그 내용은 『논리학』(『소논리학』), 『자
연철학』, 『정신철학』으로 이뤄짐. 영어 번역은 *The Logic of Hegel*, trans. William
wallace, Oxford, 1874; *Hegel's Philosophy of Nature*, trans. M. J. Petry, London,
1970; *Hegel's Philosophy of Mind*, trans. William wallace and A. V. Miller,
Oxford, 1971. [『정신철학』, 박구용·박병기 옮김, 울산대학교출판부, 2000; 『헤겔 자연
철학』 전 2권, 박병기 옮김, 나남출판, 2008.]

Grundlinien der Philosophie des Rechts, Hrsg. Johannes Hoffmeister, Hamburg:
F. Meiner, 1955. 1821년 베를린에서 출판됨. 영어 번역은 *Hegel's Philosophy of
Right*, Thomas M. Knox, Oxford: Clarendon Press, 1942. [『법철학』, 임석진 옮김,
한길사, 2008.]

Berliner Schriften, Hrsg. Johannes Hoffmeister, Hamburg: F. Meiner, 1956. 베를린
시기의 강의, 논문들 모음.

2. 사후 편집된 강의록

역사철학: in *Sämtliche Werke* XI, also edited by Georg Lasson & Johannes
Hoffmeister in 4 volumes: *Die Vernunft in der Geschichte*, Hamburg: F.
Meiner, 1955; *Die Orientalische Welt*, Leipzig: F. Meiner, 1923; *Die griechische
und römische Welt*, Leipzig, 1923; *Die germanische Welt*, Leipzig: F. Meiner,
1920. 영어 번역은 *Lectures on the philosophy of History*, trans. John Sibtree,
New York: Dover, 1956; *Reason in History*, trans. Robert S. Hartman, New
York: Liberal Arts Press, 1953(이 번역은 「서론」의 일부임). [『역사 속의 이성』, 임석
진 옮김, 지식산업사, 1997; 『역사철학 강의』, 권기철 옮김, 동서문화사, 2008.]

미학: in *Sämtliche Werke*, Vols. XII, XIII and XIV, also Georg Lasson, edition of the
introductory part, *Die Idee und das Ideal*, Leipzig: F. Meiner, 1931. 영어 번역
은 Thomas M. Knox, Oxford: Oxford University Press, 1975(근간). [『헤겔의 미
학 강의』 전 3권, 두행숙 옮김, 은행나무, 2010.]

종교철학: in *Sämtliche Werke* XV and XVI, also edited by Georg Lasson & Johannes
Hoffmeister in 4 volumes: *Begriff der Religion*, Leipzig: F. Meiner, 1925;
Die Naturreligion, Leipzig: F. Meiner, 1927; *Die Religionen der geistigen
Individualität*, Leipzig: F. Meiner, 1927; *Die absolute Religion*, Leipzig: F.
Meiner, 1929. 영어 번역은 *Lectures on the Philosophy of Religion*, 3 Vols., trans.
E. B. Speirs and J. B. Sanderson, New York: Humanities Press, 1962. [『종교철학』,
최신한 옮김, 지식산업사, 1999.]

철학사: in *Sämtliche Werke*, Vols. XVII, XVIII and XIX, also Georg Lasson edition
of the introductory part, *Geschichte der Philosophie*, Leipzig: F. Meiner, 1940.
영어 번역은 *Hegel's Lectures on the History of Philosophy*, 3 Vols., trans. E. S.
Haldane and F. H. Simpson, London: Routledge, 1896.

3. 이차 문헌

(1) 생애 관련 문헌

Fischer, Kuno, *Hegels Leben, Werke und Lehre*, 2 Vols., Heidelberg: C. Winter,
1911.

Haering, Theodor. *Hegel: Sein Wollen und sein Werk*, 2 vols., Leipzig and Berlin: B.
G. Teubner, 1929, 1938.

Haym, Rudolf. *Hegel und seine Zeit*, Berlin: R. Gaertner, 1957.

Rosenkranz, Karl, *George Wilhelm Friedrich Hegels Leben*, Berlin: Duncker & Humblo, 1844.

Wiedmann, Franz. *Hegel: An Illustrated Biography*, New York: Pegasus, 1968.

(2) 일반적 주석서

Bloch, Ernst, *Subjekt-Objekt: Erläuterungen zu Hegel*, Berlin: Aufbau-Verlag, 1951.

Findlay, John N.. *Hegel: A Re-Examination*, London: Allen and Unwin, 1958.

Kaufmann, Walter. *Hegel: A Re-Interpretation*, New York: Doubleday, 1965. [『헤겔』, 김태경 옮김, 한길사, 1985.]

Kroner, Richard. *Von Kant bis Hegel*, 2 Vols., Tübingen: J. C. B. Mohr, 1921, 1924. [『칸트에서 헤겔까지』, 유헌식 옮김, 청아출판사, 1990.]

Marcuse, Herbert. *Reason and Revolution*, New York: Columbia University Press, 1955. [『이성과 혁명』, 김현일 옮김, 중원문화, 2011.]

Mure, Geoffrey R. G., *An Introduction to Hegel*, Oxford: Clarendon Press, 1940.

_____. *The Philosophy of Hegel*, London: Oxford University Press, 1965.

(3) 논문 모음집

Grégoire, Franz. *Etudes Hegeliennes*, Louvain and Paris: Béatrice-Nauwelaerts, 1958.

Henrich, Dieter. *Hegel im Kontext*, Frankfurt: Suhrkamp, 1967.

Hypollite, Jean. *Etudes sur Marx et Hegel*, Paris: M. Rivière, 1955; *Studies on Marx and Hegel*, trans. John O'Neill, New York: Basic Books, 1969.

MacIntyre, Alasdair C. ed.. *Hegel*, Garden City, N. Y.: Anchor Books, 1972.

Steinkraus, Warren E. ed.. *New Studies in Hegel's Philosophy*, New York: Holt, Rinehart and Winston, Inc., 1971.

Travis, Don C. ed.. *A Hegel Symposium*, Austin TX: University of Texas, 1962.

(4) 헤겔의 발전사와 청년기

Asveld, Paul. *La pensée religieuse du jeune Hegel*, Louvain and Paris: Desclée de Brouwer, 1953.

Dilthey, Wihelm. "Die Jungendgeschichte Hegels", *Gesammelte Schriften* Vol. 4, Stuttgart: B. G. Teubner, 1962~1965.

Haering, Theodor. *Hegel: Sein Wollen und sein Werk*, 2 vols., Leipzig and Berlin: B.

G. Teubner, 1929, 1938.

Harris, Henry S.. *Hegel's Development*, Oxford: Clarendon Press, 1972.

Lukács, György, *Der junge Hegel*, Berlin: Aufbau-Verlag, 1954; *The Young Hegel*, trans. Rodney livingstone, London: Merlin Press, 1975. [『청년 헤겔』 전 2권, 서유석·이춘길 옮김, 동녘, 1987.]

Peperzak, Adrien T. B.. *Le jeune Hegel et la vision morale du monde*, Hague: M. Nijhoff, 1960.

Rohrmoser, Günter. *Théologie et aliénation dans la pensée du jeune Hegel*, Paris: Beauchesne, 1970.

(5) 현상학

Heidegger, Martin. "Hegels Begriff der Erfahrung", *Holzwege*, Frankfurt: Vittorio Klostermann, 1950; *Hegel's Concept of Experience*, trans. Kenley Royce Dove, New York, Harper & Row, 1970.

Hyppolite, Jean. *Genèse et structure de la phénoménologie de l'esprit de Hegel*, Paris: Aubier, 1946. [『헤겔의 정신현상학』 전 2권, 이종철·김상환 옮김, 문예출판사, 1986~1988.]

Kojève, Alexandre. *Introduction à la lecture de Hegel*, Paris: Gallimard, 1947; *Introduction to the Reading of Hegel*, ed. Allan Bloom, trans. James H. Nichols, New York: Basic Books, 1969.

(6) 논리학

Fleischmann, Eugène. *La science universelle*, Paris: Plon, 1968.

Hyppolite, Jean. *Logique et existence*, Paris: Presses Universitaires de France, 1953.

Mure, Geoffrey R. G., *A Study of Hegel's Logic*, Oxford: Clarendon Press, 1950.

(7) 역사와 정치

Avineri, Shlomo. *Hegel's Theory of the Modern State*, Cambridge: Cambridge University Press, 1972. [『헤겔의 정치사상: 근대 시민사회의 변증법』, 김장권 옮김, 한벗, 1990.]

Bourgeois, Bernard. *La pensée politique de Hegel*, Paris: Presses Universitaires de France, 1969.

Fleischmann, Eugène. *La philosophie politique de Hegel*, Paris: Plon, 1964.

Hyppolite, Jean. *Introduction à la philosophie de l'histoire de Hegel*, Paris: Librairie M. Rivière, 1947.

Kaufmann, Walter ed.. *Hegel's Political Philosophy*, New York: Atherton Press, 1970.

Kelly, George Armstrong, *Idealism, Politics and History*, Cambridge: Cambridge University Press, 1969.

Marcuse, Herbert. *Reason and Revolution*, New York: Columbia University Press, 1955. [『이성과 혁명』, 김현일 옮김, 중원문화, 2011.]

Pełczyński, Zbigniew A. ed.. *Hegel's Political Philosophy*, Cambridge: Cambridge University Press, 1971.

Riedel, Manfred. *Bürgerliche Gesellschaft und staat bei Hegel*, Neuwied and Berlin: Luchterhand, 1970.

_____ Hrsg.. *Studien zu Hegels Rechtsphilosophie*, Frankfurt: Suhrkamp, 1969.

Ritter, Joachim. *Hegel und die französische Revolution*, Köln: Westdeutscher Verlag, 1957. [『헤겔과 프랑스 혁명』, 김재현 옮김, 한울, 1983.]

Rosenzweig, Franz. *Hegel und der Staat*, München und Berlin: Verlag R. Oldenbourg, 1920.

Weil, Éric. *Hegel et l'état*, Paris: Librairie Philosophie J. Vrin, 1950.

(8) 미학

Kedney, John S.. *Hegel's Aesthetics,* Chicago: S. C. Griggs & Co., 1885.

Knox, Israel. *The Aesthetic Theories of Kant, Hegel and Schopenhauer,* New York: Columbia University Press, 1936.

(9) 종교

Chapelle, Albert. *Hegel et la Religion*, Paris: Éditions universitaires, 1967.

Christensen, Darrel E. ed.. *Hegel and the Philosophy of Religion*, Hague: M. Nijhoff, 1970.

Fackenheim, Emil L.. *The Religious Dimension of Hegel's Thought*, Bloomington and London: Indiana University Press, 1967.

Iljin, Iwan. *Die Philosophie Hegels als kontemplative Gotteslehre*, Bern: A. Francke, 1946.

Léonard, André. *La foi chez Hegel*, Paris: Desclée, 1970.

옮긴이 후기

자유주의와 공동체주의 논쟁에서 공동체주의의 유력한 변호인으로 활동하고 있는 찰스 테일러(Charles Taylor)의 작품이 오늘날 한국에서 다수 번역 소개되고 있다. 테일러를 비롯한 공동체주의자들의 작품이 어느 때보다 활발하게 소개되고 연구되는 이유는 수십 년간 아무런 저항 없이 전 세계에 자신을 각인시켰던 신자유주의가 오늘날 그 한계를 극명하게 드러내고 있다는 데서 찾을 수 있다. 신자유주의의 상징적 장소인 월가(Wall Street)에서 진행된 시위에서 저항자들이 외친 '월가를 점령하라', '우리는 99%다' 등의 구호는 단일 이념으로서의 신자유주의가 받아 든 영수증이라 할 수 있다.

많은 철학사가들이 주장하듯이 근대를 인간해방의 기획이 수행된 시기로 규정할 수 있다면 자유와 평등한 권리는 근대를 특징짓는 가장 중요한 이념에 속한다. 어떤 종류의 억압과 타율적 강제도 거부하는, 혹은 최소한의 간섭만을 허용하는 자유주의의 출현은 근대 인간 해방의 기획의 자연스런 결과일지 모른다. 존 로크, 애덤 스미스, 임마누엘 칸트 등은 이러한 계보 속에서 읽힐 수 있는 사상가들이다.

자유주의는 유기체적 세계관, 절대주의적 혹은 전체주의적 세계관에 뿌리를 두고 있는 서구의 봉건적 질서를 무너뜨리고 개인의 자유와 평등이라는 근대적 가치에 기초한 정치 공동체를 형성하는 데 지대한 영향을 미쳤다. 즉 개인의 권리 문제, 인권 문제 등이 정치철학적 주제로 중요하게 다뤄질 수 있는 기틀을 제공했다.

하지만 자유주의는 공동체보다는 개인에 최우선적 가치를 두고, 이로부터 자연스럽게 타자와의 경쟁을 통한 진보라는 관념을 내세웠으며, 이로써 타자와의 공동의 삶에 주안점을 두는 인간의 공동체성에 대한 추구를 등한시하는 경향을 보인 것도 사실이다. 예컨대 오늘날 사회적 약자나 소수자가 사회의 구성원으로서 제 목소리를 낼 수 있도록 정치적·제도적 장치를 구축하는 것은 국가가 개인의 삶에 무분별하게 개입하는 조처로 보기보다는 정의의 실현의 차원에서 보는 경향이 많다. 거기에는 특정 계층에 특혜를 주는 것이 아니라 공동체 전체를 위해서도 훨씬 더 바람직하다는 계산도 깔려 있다. 또한 나의 직접적 행위에서 기인하지 않지만 역사를 공유하고 있다는 바로 그 이유 때문에 나 역시 특정한 사안에 대해 역사적 책임을 가져야 한다는 생각, 나와 아무런 직접적 이해관계도 없는 특정 개인이나 집단의 고통을 함께하고자 하는 연대 의식 등도 자유주의적 모델로 설명하기 어려운 영역들이다. 공동체의 복지와 유지를 위해서는 희생과 책임의 가치가 강조될 필요가 있음을 공동체주의자들은 이러한 방식으로 확인해 준다. 자유와 권리, 의무 담론이 자유주의의 주된 논의 구조라면, 희생과 책임, 연대 담론이 공동체주의자들의 주된 논의 구조를 이룬다.

이러한 공동체주의 진영의 주요 이론가인 테일러가 헤겔에 주목한 것은 당연해 보인다. 헤겔 자신이 이미 구자유주의의 가장 강력한 비판가였다는 것은 잘 알려진 사실이다. 청년기의 미발표 글인 「독일 체제론」(Die Verfassung Deutschlands, 1800~1802)은 "독일은 더 이상 국가가 아니다"라는 말로 시작하고 있는데, 이는 국가의 복지가 아니라 개인의 사적 삶에만 매몰된 당시 독일에 대한 그의 비판적 문장으로 잘 알려져 있다. 곧이어 집필한 「자연법의 학적 취급 방식에 대하여」(Über die wissenschaft-lichen Behandlungsarten des Naturrechts, 1802~1803)에서 그는 이러한 사실을 좀더 철학적으로 개진하는데, 그는 이 책에서 근대 영국의 경험론적 계약론과 칸트의 형식적 계약론이 모두 단독자로서의 '개인', 모든 사회적-역사적 영향 관계에서 추상된 개인이라는 반사실적 실험에 입각한 개인주의에 다름 아님을 보여 주었다. 그는 오히려 인간은 자연과 사회의 영향 아래 형성되어 가는 존재임을, 자아의 정체성은 완성된 것이 아니라 형성되어 가는 것임을 보이고자 했다. 자아 형성이 공동체와의 연관 속에서 이뤄지는 것이라면, 공동체 이전의 자아라는 관념은 하나의 허구에 불과하다고 할 수 있으며, 다른 한편 공동체 전체에 대한 배려는 단순히 나의 희생이 아니라 나의 실현의 중요한 부분임을 인정하지 않을 수 없을 것이다. 헤겔의 이러한 생각은 후기에 출간되는 『법철학』(Grundlinien der Philosophie des Rechts, 1821)에서도 명료하게 제시되며, 그는 논리학과 자연철학에서도 원자론적 세계가 아니라 관계의 세계를 보이고자 노력했다.

헤겔의 이런 관계적 사고는 공동체의 상대적 중요성을 강조하는 이후 철학자들의 한 모범이 되었으며, 테일러 역시 그런 계열의 사상가에 속한다. 테일러는 자신의 주저 중 하나인 『자아의 원천들』(Sources of the Self: The Making of the Modern Identity, 1992)에서 나의 정체성이 어떻게 형성되고 질문되고 답변되는지를 탐구하는데, 여기에는 헤겔의 자아관이 녹아 있다. '당신은 누구인가?'라는 질문은 사회에서 누군가를 잠재적인 상대편으로 놓고 있음을 전제한다. 즉 우리는 우리의 이름이나 다른 사람과의 관계(가령 '나는 존의 누이이다'), 사회적 역할('나는 대통령이다') 혹은 신념('나는 무정부주의자다')을 이야기함으로써 그 질문에 답한다. 따라서 이 질문의 잠재적 대상으로 거론되는 사람은 제각기 자신의 입장이나 역할을 지닌 사람들 속에서 자신 또한 그런 입장이나 역할을 갖고 있는 사람이다.

테일러가 이러한 설명으로 자아 정체성 문제를 다루는 것은 자아가 하나의 점, 혹은 진공 속의 자아가 아니라 특정한 장소에 놓인 자아, 상황 속에 놓인 자아라는 것, 즉 자아의 형성에 공동체의 서사가 중요한 역할을 한다는 것을 부각하기 위해서이다. 다른 말로 하면 인간은 공동체 속에서 이야기하는 존재이며, 자기 해석적 동물이라는 것이다. 인간은 자신이 속한 언어 공동체의 토대에서 도출되는 선 관념에 대한 지향과 애착을 통해 자신의 정체성을 형성해 간다. 따라서 사회 이전에 개인이 존재한다는 것은 테일러류의 공동체주의자들이 받아들이기 힘든 주장이다.

사실 테일러가 언어 문제에 먼저 관심을 가졌는지, 아니면 공동체주의적 문제의식이 먼저 있었는지는 분명치 않다. 확실한 것은 그가 언어와 공동체적 문제의식, 언어 사용과 자아 형성의 밀접한 연관성을 드러내고 있다는 점이다. 그가 후기 비트겐슈타인에 주목한 이유가 여기에 있다. 비트겐슈타인에 따르면 우리의 일상적 언어 사용에 의해 우리는 우리의 '의미를 만들어' 가며, 의미 생산은 특정한 생활 형식의 공동체 안에서 이루어지는 활동이다.

우리의 번역서인 『헤겔』(*Hegel*, 1975)도 큰 틀에서 보면 바로 이런 문제의식을 드러낸다. 사실 『헤겔』은 테일러를 세계적인 철학자로 알리는 계기가 된 작품이다. 이 작품은 영미권에 헤겔에 대한 새로운 붐을 조성했으며, 헤겔을 현대적 문제의식에서 탁월한 방식으로 재조명했다는 평가를 받는다. 난해하기 그지없는 헤겔의 작품을 독해 가능하고 이해 가능한 방식으로 풀어낸 그의 솜씨는 단순화와 추상화의 오류를 상쇄하고도 남는다. 헤겔의 주요 저작 전체에 대한 그의 평가는 오늘날에도 중요한 참고 자료로 남아 있다.

헤겔을 보는 그의 눈은 1부 1장인 '새 시대의 목표'에 잘 드러나 있다. 그는 헤겔의 사유를 당대의 철학적·학문적 문제의식의 지평에 탁월하게 위치시킨다. 계몽이 자신의 한계를 극명하게 드러낸 이후(헤겔과 당시의 사람들은 프랑스혁명을 계몽의 종말로 본다. 프랑스혁명은 근대의 이상인 자유·평등의 이념을 정치적으로 실현하고자 했지만, 헤겔의 평가에 의하면 칼로 '양배추 머리를 자르듯' 사람의 머리를 치는 공포정치로 막을 내리고 말았다는 것이다) 그 시대는 질풍노도 운동과 낭만주의로 빠르게 이동하고 있었다. 헤겔에게 강한 인상을 심어 준 것이 바로 헤르더 등에 의해 주도된 질풍노도 운동이다. 질풍노도 운동의 계승자들인 괴테와 실러, 그리고 셸링을 포함한 대부분의 사상가는 낭만주의로 나아가지만 헤겔은 여기서 절대적 관념론으로, 변증법으로 나아간다. 테일러는 이 지점에 주목한다. 아니 테일러는 헤겔을 바로 이런 문제 지평에 올려놓는다.

헤르더의 언어학은 20세기 인문학의 언어적 전회를 가능하게 한 최초의 언어철학으로, 혹은 언어철학을 연 신기원적 언어 이론으로 평가받는다. 헤르더는 인간의 활동과 인간의 삶을 '표현'(Ausdruck)들로 간주한다. 이는 표현된 것들은 인간의 자기 실현물이며, 대상들은 주체와 연관되어 있다는 것을 의미한다. 즉 나와 나의 표현, 나와 대상이 분리될 수 없다는 것이다. 계몽의 언어관에서 언어는 대상에 대한 객관적 서술을 위한 도구로 이해된다. 혹은 객관적 서술만이 언어를 언어가 되게 하는 것이다. 이 말은 언어가 주체의 표현이 아니라, 대상을 기술하는 수단적 기능을 하는 것임을 의미한다. 따라서 계몽의 세계관에서는 대상은 단순히 소여된 것이며 의미는 주체에게만 귀속되는 것이라는 신념이 지배적이었다. 의미는 주관적인 것, 비객관적인 것, 비학문의 영역으로 강등된다. 계몽의 주체는 '의미', '목적' 등과 같은 개념들을 객관적 실재에 대한 부적절한 기술로서 금기시했다.

물론 여기에서 사용되는 '표현'은 고대적 의미, 아리스토텔레스적 개념들을 어느 정도 복원시키기도 한다. 삶을 표현으로 본다는 것은 삶을 목적의 실현으로 본다는 것, 더 나아가 이념의 실현으로 본다는 것을 의미할 수 있기 때문이다. 그러나 이것은 또한 자아의 실현으로 이해되어야 한다는 점에서 그 이념은 단순히 외적으로 주어진 것이 아니라 스스로 만들어 가는 것이며, 이런 점에서 이 개념은 근대적이다. 여기에서 말하는 자아의 실현은 적절한 인간적 삶은 단순히 인간 외부에 놓여 있는 이념(아리스토텔레스의 '형상'처럼)이나 계획을 완성하는 것이 아니라 오히려 주체가 그 삶을 자신의 것으로 인정할 수 있는 부가된 차원을 가져야 한다는 것을 의미한다. 자기 연관성이라는 이런 차원은 아리스토텔레스적 전통과 철저히 단절되어 있다. 근대의 표현주의적 전통에서 적절한 인간적 삶은 오로지 나는 한 인간이라는 의미에서 '나 자신의 것'이며, 따라서 이러한 삶은 나에게 고유한 삶이다.

바로 이런 표현주의적 모델이 헤겔의 '정신', '절대자', '자아' 개념의 형성에 결정적인 역할을 했다는 것이 테일러의 생각이다. 헤겔이 '사변 이성'을 요청한 것은 계몽의 계산적 이성인 오성을 비판하고, 감정이나 정서로 도피해 버린 낭만주의자들과 자신을 구별하기 위해서이다. 사변 이성은 대상이 주체와, 정신과 밀접한 연관이 있음을 밝혀내는 변증법적 이성을 의미한다. 그런 점에서 이는 계몽의 이성주의를 계승한다고 할 수 있다.

작게는 자아의 형성에서, 크게는 절대 정신의 차원에서 전개되는 이러한 변증법적 운동은 서양 철학사에서 가장 방대하고 최종적인 철학 체계로까지 발달했다. 단순한 개체 발생에서 계통 발생에 이르기까지, 논리와 자연과 정신의 영역에 이르기까지 모든 요소가 관계의 망을 형성한다는 그의 논의들은 세세한 부분에서 지나친 왜곡과 편향을 드러낼 수 있다. 실제로 테일러는 헤겔이 지나치게 체계에 집착한 나머지 근대 개인의 긍정적 측면과 사적 이익을 추구하는 시민사회의 역동성을 과소평가했다고 비판한다. 그럼에도 불구하고 과학주의적 이상이 지배하고 있는 현대에서 표현적 통일의 형상은 새로운 탈출구를 제시할 수 있는 것으로서 생산적으로 해석될 수 있다는 것이 테일러의 생각이다.

『헤겔』은 방대한 저서이다. 처음 이 저작을 번역하기로 계획한 것은 이미 수년 전이다. 철학에 입문하게 한 철학자였던 헤겔을 좀더 체계적으로 공부하고 싶은 생각에 시작했다. 영미권뿐 아니라 출간 얼마 후에 독일에서도 번역될 만큼 인정받는 헤겔에 대한 이차 문헌이자 테일러의 일차 문헌, 그것도 주저라는 생각에 이 저술을 선택했다. 그리고 이처럼 중요한 책이 아직도 번역되어 있지 않은 것은 학문 세계의 태만이라는 반성도 번역을 시작하게 한 동기이다. 하지만 처음 생각처럼 그렇게 쉽게 진행되지 않았다. 역시나 헤겔 철학의 난해함은 아무리 테일러가 쉽게 서술한다고 해도 해소되지 않는 부분이 많았다. 이때 독일어 번역본이 아주 큰 힘이 되었다. 독일 개념이 영어로, 그리고 그 역으로 어떻게 번역되는지를 보는 것은 번역 가운데 느끼는 큰 즐거움과 놀라움이었다. 독일 관념론의 사변적 언어가 좀더 구체적인 현실의 옷을 입었다고나 할까. 이 저작은 헤겔의 입문서로서 아주 훌륭한 자료가 될 것이라 확신한다. 독일의 한 헤겔 전문가는 사적인 자리에서 이 작품을 자신이 헤겔과 관련하여 가장 흥미진진하게 정독한 책이라고 고백했는데, 이 말이 결코 과장이 아니라는 것을 발견할 수 있을 것이다. 물론 그 방대함이 보여 주듯 이 책은 단순한 입문서가 아니다. 헤겔의 문제의식의 형성과 문제를 풀어 가는 방법을 테일러의 눈으로 감상하다 보면 장대한 파노라마가 펼쳐지는 것을 보게 될 것이다. 특히 헤겔 『논리학』 출간 200년이 되는 시기에 이 책이 번역 출판되는데, 헤겔 부흥의 한 기회가 되었으면 하는 바람이 있다.

이 책을 번역하는 데 많은 사람의 도움을 받았다. 대학원생들과의 독회, 헤겔 전문가인 이정은 박사의 지적은 이 책의 완성에 많은 도움이 되었다. 인문학의 부흥이라는 사명으로 이 책의 출판을 흔쾌히 허락한 그린비 출판사에도 감사드린다. 특히 김재훈 선생의 꼼꼼한 읽기와 교정 제안은 자칫 엉뚱한 번역으로 끝날 수 있었던 많은 것을 교정할 수 있게 해주었다. 하지만 원고를 다시 봐도 어색하고 잘못된 번역이 눈에 들어온다. 그때마다 출판사에 교정을 요구하지만, 출판된 이후에도 그런 문제는 계속 나올 것이다. 완전한 번역은 없다는 통설이 유일한 위안이지만, 좀더 좋은 책으로 거듭날 수 있도록 독자 제현의 아낌없는 질책을 기다린다. 그리고 이 책이 출판사에 부담으로 작용하지 않았으면 하는 바람이 간절하다.

철학의 길, 삶의 길에서 만난 은사 박순영 교수님께 감사의 마음으로 이 책을 드립니다.

2월 14일 북아현동에서

정대성

찾아보기